Colecção «Livros de Bolso Europa-América»

ALMEIDA GARRETT

FREI LUÍS DE SOUSA

8.ª edição

PUBLICAÇÕES
EUROPA-AMÉRICA

1945-1995
50 anos a editar

Capa: estúdios P. E. A.

Editor: Francisco Lyon de Castro

PUBLICAÇÕES EUROPA-AMÉRICA, LDA.
Apartado 8
2726 MEM MARTINS CODEX
PORTUGAL

Edição n.º: 140503/6439

Execução técnica:
Gráfica Europam, Lda.,
Mira-Sintra — Mem Martins

Depósito legal n.º: 93614/95

ÍNDICE

NOTA INTRODUTÓRIA

ALMEIDA GARRETT — O HOMEM E A OBRA

I — Biografia

Se é um lugar-comum reconhecer em Garrett um dos maiores vultos da cultura portuguesa do século XIX e mesmo de todos os tempos, manda a verdade acrescentar que a sua vida foi também uma das mais aventurosas e agitadas que a história da literatura portuguesa regista. Grande escritor, a tradição reteve de Garrett a imagem do homem elegante, do dândi que ditava a moda no Chiado. A esta faceta algo superficial haverá que acrescentar, sob pena de traçar uma imagem deformada, também o perfil do homem de carácter, que soube ser sempre fiel às suas ideias e lutar por elas, arrostando com todos os sacrifícios. Essa inteireza, avessa a todos os oportunismos, e aliada ao talento impresso nas páginas que nos legou, bem chega para lhe fazer perdoar a ponta de vaidade que não conseguiu disfarçar e o exibicionismo com que não se inibiu de alardear os seus dotes literários.

1

Nasceu no Porto a 4 de Fevereiro de 1799 e foram seus pais António Bernardo da Silva e Ana Augusta de Almeida Leitão. O nome que lhe puseram — João Leitão da Silva — não foi aquele por que ficou conhecido e se tornou célebre. Com efeito, em 1818, já em Coimbra, tomou a iniciativa de assumir os apelidos de «Almeida Garrett» e passou a assinar oficialmente João Baptista da Silva Leitão de Almeida Garrett. O último nome foi buscá-lo à avó paterna, D. Ana Antónia Margarida Garrett, que o neto supunha descendente de nobre família irlandesa (os Gerott) entrada em Portugal na pessoa duma dama do séquito da rainha D. Margarida, mulher de D. José I.

Seja como for, o título de visconde, que mais tarde virá a ser-lhe atribuído, coaduna-se melhor com um aristocrático Almeida Garrett, do que com um plebeu e vulgar Silva Leitão, ou Leitão da Silva. É pelo menos mais elegante, e tanto bastaria para justificar aos olhos daquele árbitro das elegâncias esta mudança de inegável bom gosto. Tanto mais que, logo na infância, começou a ter dissabores por via daquele apelido Leitão: o garotio do Porto com quem convivia tinha-lhe posto a alcunha de Bacorinho.

2

A história, que deixou esbater a memória dos avoengos Garretts, conservou-nos, porém, a certeza das origens próximas. Assim, o pai de Almeida Garrett era proprietário açoriano da ilha Terceira, e desempenhava no Porto as funções de selador da Alfândega. A mãe, por seu turno, vinha duma família de modestos comerciantes que tinham feito fortuna no Brasil. Deste modo «a burguesia letrada e a burguesia brasileira, dois tipos sociais muito característicos do Portugal setecentista, estão na cepa do nosso escritor».

A infância passou-a no Porto e nas quintas do Castelo e do Sardão, propriedades da família. Da paz e serenidade que rodearam os seus primeiros anos, principalmente durante as estadas no campo, deu explícito testemunho o escritor, quando afirmou: «A vida que ali vivíamos ficou sendo sempre para mim o tipo da vida feliz, da única vida natural neste mundo.» De facto, para além do mais, ali o rodeou o carinho de duas criadas: a velha Brígida e a mulata Rosa de Lima. Ambas embalaram os sonhos com contos populares, rimances e xácaras.

Esta experiência infantil iria mais tarde dar os seus frutos e fazer de Garrett o primeiro português que se preocupou com a recolha do património cultural popular, metendo ombros à tarefa da organização do Romanceiro. É de resto o próprio Garrett quem explicitamente vai filiar nestas experiências infantis as suas preocupações etnográficas: «São as reminiscências da minha infância e o estudo que incessantemente tenho feito da linguagem, do sentir, do pensar e do crer do nosso povo, o mais poético e espirituoso da Europa.»

No entanto, a placidez da infância foi quebrada por uma primeira emigração: as invasões francesas, concretamente a invasão comandada por Soult, aconselharam a família a buscar refúgio nos Açores donde, como vimos, era oriundo o pai.

Em *Angra do Heroísmo* pôde o jovem João Leitão da Silva prosseguir a sua formação, agora entregue aos cuidados de seu tio, D. Frei Alexandre da Sagrada Família, bispo da diocese, que, naturalmente, entreviu para aquele superdotado sobrinho uma carreira eclesiástica semeada de glórias.

Para tanto, inicia-o no estudo das humanidades clássicas, bem na linha da cultura setecentista. O futuro escritor familiariza-se assim com os clássicos gregos e latinos, mas não só: pela mão do tio, inicia-se também no conhecimento dos autores franceses, espanhóis e italianos dos séculos XVI e XVII, e não lhe escapam autores ingleses como Pope, Thomson e o teatro de além-Mancha. Estuda também história sagrada e retórica, parecendo revelar desde logo uma notável propensão para a oratória: com 15 anos apenas, mas tendo já recebido as ordens menores, subiu ao púlpito na igreja da Graciosa, e, na falta de pregador, improvisou o sermão da festa do orago.

O gesto terá tido a sua pitada de exibicionismo. De resto, o entusiasmo pela carreira eclesiástica fazia-se sentir mais no tio bispo do que no sobrinho clérigo. Este, breve se entregou aos devaneios amorosos em que a adolescência é pródiga. E amores em alma de poeta geram poesia. Garrett, rico já da sua formação arcádica, deu em *Versejar* odes anacreônticas em que cantava a beleza duma jovem inglesa, Isabel Hewron. Quando disso se apercebeu, D. Frei Alexandre compreendeu a violência que seria forçar aquele temperamento ardente a uma carreira para que não estava vocacionado. E concordou em que o futuro do sobrinho estaria melhor nas lides do foro do que na austeridade dos hábitos talares. Assim, em 1816, o jovem João encontra-se em Coimbra a cursar direito, preparando-se para ser um digno bacharel em leis. A compreensão de que o tio bispo deu mostras neste passo valeu-lhe a gratidão do escritor que, mais tarde, a ele se referirá como «verdadeiro mestre, educador e segundo pai».

4

Em Coimbra, o jovem Garrett é conquistado pelas ideias liberais então em voga, que abraça e de que nunca abdicará, mau grado os sacrifícios que o mantê-las e defendê-las lhe irá custar.

Em Coimbra também, e além de mudar de nome, inicia-se nas letras. Profere discursos em que defende as ideias revolucionárias e compõe odes em que as canta, ainda à boa maneira arcádica. Mas, sobretudo, inicia uma actividade de dramaturgo que deixa prenunciar já o futuro homem de teatro que veio a ser. São tragé-

dias filosóficas à maneira clássica, mas de denso conteúdo político,
já que também elas se destinavam a fazer a defesa das novas
ideias. Datam desta época Lu=récia *e* Xerxes *que, representadas*
em Coimbra, o autor não veio contudo a dar à estampa. Mérope *é a*
única tragédia deste período que Garrett julgou merecedora de ser
publicada. Note-se que todas elas são anteriores à Revolução de
1820.

O triunfo dos liberais deu-lhe oportunidade de publicar uma pri-
meira obra — um Hino Patriótico *de exaltação dos ideias revolu-*
cionários, aparecido ainda em 1820, era então Garrett o chefe dos
estudantes liberais. A tragédia Catão, *também de expressão clássi-*
ca e de conteúdo igualmente liberal, surge no ano seguinte e foi re-
presentada várias vezes em Portugal, e depois também entre os
exilados em Portsmouth.

O fervoroso adepto do vintismo terminara entretanto o seu cur-
so de Direito e enveredava pelo funcionalismo público, tornando-se
chefe de repartição da instrução no Ministério do Reino.

Em Lisboa, a sua actividade literária continua. A tragédia Ca-
tão é aqui levada à cena e Garrett figura no elenco dos actores. A
peça alcança grande êxito, nomeadamente entre o público femini-
no. E logo o autor se apaixona por uma admiradora de 15 anos, Luí-
sa Midosi, com quem não tarda em casar. Mas encontra tempo
também para compor um poema didáctico sobre pintura, em verso
branco: O Retrato de Vénus.

Estava-se em tempo de refluxo liberal, e a reacção absolutista
começava a fazer-se sentir. Foi assim que o autor se viu processa-
do por ofensa à moral por causa da publicação daquele poema.
Garrett foi absolvido após uma defesa brilhante, que, a fazer fé nas
palavras do incriminado, levou o prestigioso Abade Correia da Ser-
ra a levantar-se depois de a ter ouvido, e a vir, de lágrimas nos
olhos, abraçar o réu.

No entanto, este primeiro incidente era apenas um prenúncio. A
Vilafrancada repõe em Maio de 1823 o regime absolutista e Gar-
rett, ao ver a perseguição de que eram objecto os liberais, seus cor-
religionários, resolve embarcar para a Inglaterra em Junho desse
mesmo ano. Confiado, porém, na benevolência das autoridades, re-
gressa em Agosto. Saíram-lhe errados os cálculos: a polícia impôs-
-lhe mesmo o exílio, e ele partiu de novo para a Inglaterra, mas
agora como proscrito. Era o primeiro exílio a sério.

5

Em Inglaterra foi recebido pelos Hadley, uma rica família bur-
guesa de Edgbaston, no condado de Warwick, perto de Londres.
Apesar das agruras do exílio, foram tempos fecundos estes na vida

de Garrett. Toma contacto com o movimento romântico inglês, lê Byron e Walter Scott, e sob a influência deles apaixona-se pelo novo gosto que nascera na Alemanha, dominava na Inglaterra e passara já à França. Na esteira das preferências do romantismo dá em admirar o passado, as velhas catedrais, as ruinas góticas, ao mesmo tempo que a leitura das colectâneas da literatura popular inglesa desperta nele a recordação dos rimances da velha Brígida e da mulata Rosa de Lima.

Assim, se romântico se pode chamar (e Garrett sempre recusou denominações de escola) foi ali que tal se tornou; foi pelo menos ali que começou a despir as roupagens do arcadismo que lhe vinham da sua formação juvenil, aprendendo as novas formas de expressão em voga, as regras da nova estética, os temas e os acentos novos que ela propunha.

Receando tornar-se pesado aos seus anfitriões, parte para Londres em Janeiro de 1824, na tentativa de arranjar meios de subsistência que lhe permitissem sustentar-se a si e à sua mulher. Acolhe-o Freire Marreco, negociante português radicado em Londres, que lhe consegue um lugar de correspondente no Banco Laffite, na sucursal do Havre. É então que se traslada para esta cidade francesa, e, ao serviço da casa bancária, ocupa-se da correspondência com Portugal e o Brasil.

E recomeça a escrever. São os poemas Camões *e* D. Branca *que marcam a introdução do romantismo em Portugal. Para além da alegria da escrita, punha também na composição dos poemas esperanças de compensação material. Porque Garrett vivia com dificuldades. Eloquente testemunho do seu estado de espírito naquele tempo são estas palavras que escreveu mais tarde: «Passei ali [no Havre] cerca de dois anos da minha primeira emigração, tão só e tão consumido, que a mesma distracção de escrever, o mesmo triste gosto que achava em recordar as desgraças do nosso grande génio, me quebrava a saúde e destemperava mais os nervos.» De facto, o* Camões *foi escrito numa espécie de tentativa de catarse por transposição das próprias desgraças para a figura daquele que o infortúnio tão duramente marcara.*

E as desgraças não paravam de se acumular: acabara por perder o emprego no Havre e tivera de se mudar para Paris, onde se fixa na Rua Coq Saint-Honoré. «Se faço fortuna [com a publicação do Camões] *e encontro quem me dê a mão, talvez esta coisita me ajude a levantar da lama» — escreve a Duarte Lessa.*

Assim não aconteceu e o cerco das privações mais e mais se foi apertando à sua volta, a ponto de o levar a apresentar requerimento a D. João VI em que solicitava a anulação do decreto que o deportava. Sem sucesso: o requerimento foi indeferido após consulta ao intendente-geral da Polícia, que considerou desaconselhável o regresso do emigrado, por reconhecer em Garrett «carácter em-

preendedor e revolucionário, espírito irrequieto, exaltado génio, ideias subversivas».

Assim, só em 1826, após a morte de D. João VI e a outorga da Carta Constitucional por D. Pedro IV, foi o escritor autorizado a regressar ao País.

6

As dificuldades do exílio não lhe fizeram estiolar o ânimo de lutador, e em Lisboa Garrett mergulha de imediato na efervescência da vida política, servindo a seu modo os ideais que lhe eram caros.

Dentro das suas preocupações didácticas, publica um interessante volume que levava o elucidativo título de **Carta de Guia para eleitores**, em que se trata da opinião pública, das qualidades para deputado e do modo de as conhecer. *Ao mesmo tempo funda o jornal* O Cronista *e colabora em* O Português, *onde prossegue a propaganda das suas ideias constitucionalistas e liberais. Logo lhe sai à estacada o P.e José Agostinho de Macedo, que impiedosamente o ataca, vazando sobre ele impropérios e sarcasmos. E os ataques deram seus frutos: a polícia suspendeu* O Português, *e Garrett, acusado de incitamento à rebelião e de crime de lesa-majestade, passa três meses na prisão do Limoeiro, onde já Bocage estivera preso também.*

Entretanto, em 1828, chega a Portugal D. Miguel, vindo de Viena, o qual, contrariando o juramento que fizera na capital austríaca, se proclama rei absoluto. De novo inseguro e em grave perigo perigo, Garrett toma o caminho do exílio, e ainda desta vez para Inglaterra.

No exílio, o escritor prossegue o combate político, que não deixa de conjugar com a actividade literária. Com Ferreira Borges, redige o jornal O Chaveco Liberal, *em que se defendiam as teses da ala esquerda dos emigrados. A pensar na jovem rainha D. Maria II, redige o tratado pedagógico* Da Educação, *e ao mesmo tempo faz sair dos prelos de Londres as suas obras* Lírica de João Mínimo, *colectânea de poemas da mocidade, que fora precedida pelo romance em verso* Adozinda.

Entretanto, os acontecimentos em França, com a revolução de 1830, favoreciam o derrube do miguelismo com a união das tendências dos exilados portugueses. Garrett compõe então a obra Portugal na Balança da Europa, *e dispõe-se a regressar ao país, integrado nas forças de D. Pedro IV, apostadas na restauração do constitucionalismo. «D. Pedro IV, apostadas na restauração do constitucionalismo. «D. Pedro vai em pessoa a Portugal», escreve a um amigo, «e eu estou deliberado a não ser dos que ficam no quartel de saúde. Nunca tive, certo, a balda de valentão; mas agora, sem a mínima fanfarronada, prefiro muito e muito antes morrer de uma bala, do que estar mais tempo emigrado.»*

E não ficou. Embarcou da França para os Açores na corveta *Amélia* como soldado voluntário de caçadores. Nos Açores, transitou para o batalhão académico e assessorou Mouzinho da Silveira no trabalho legislativo com que o estadista reformulou a administração portuguesa.

Quando as forças de D. Pedro IV se dirigiram para o continente, desembarcou no Mindelo e tomou parte no cerco das tropas liberais ao Porto. Foi aqui, na terra da sua infância, que começou a escrever o seu primeiro romance, O Arco de Santana. Este ter-lhe-á sido inspirado pela obra de Victor Hugo Notre-Dame de Paris, como diz em carta a Gomes Monteiro: *«Se ler Notre-Dame de Paris de Victor Hugo, é um tanto nesse género o meu romance...»* Fornece-lhe o cenário o ambiente redescoberto do velho Porto: da porta do Convento dos Grilos, onde se encontrava aquartelado, podia ver ainda, na Rua de Santana, o arco da muralha primitiva. Daí o título da obra.

7

A guerra civil termina com a Convenção de Évora Monte, que consagra o triunfo dos liberais. Com ele, uma nova fase se abre na vida de Garrett, menos agitada do que a anterior, mas igualmente rica de acção e pródiga de iniciativas culturais do maior alcance.

De facto, logo após o fim das lutas, Garrett fica a secretariar uma comissão encarregada de elaborar um projecto global de ensino público, após o que é nomeado encarregado de negócios do Reino na Corte de Bruxelas, donde passará depois à Dinamarca. Esta fase diplomática marca a iniciação do escritor como homem de salão, que procura no refinamento da elegância realizar as suas tendências de dândi. De par com isso, permite-lhe iniciar-se na cultura alemã com a leitura das obras de Goethe, Herder e Schiller, que irão influenciar as suas obras posteriores.

É este também o tempo da crise conjugal que o levou a romper o imaturo matrimónio com Luísa Midosi. A crise sentimental teve repercussões dolorosas na sua vida: impossibilitado de dissolver pelo divórcio o vínculo daquele primeiro matrimónio, não lhe será possível legitimar mais tarde a filha nascida da sua ardente ligação com Adelaide Deville Pastor. O drama de Maria no Frei Luís de Sousa terá sido, de certo modo, a transposição teatral do drama da sua própria filha.

Quanto ao mais, a sua missão diplomática foi marcada também pela penúria dos meios postos à disposição da delegação portuguesa, e de que o escritor amargamente se queixava. Carregado de dí-

vidas, volta a Portugal e empenha-se activamente na oposição ao governo cartista, preparando com os seus artigos em O Português Constitucional *o movimento de Setembro de 1836, que levaria ao poder o grupo do seu amigo Passos Manuel.*

8

Inicia-se, então, a fase culturalmente mais fecunda da vida de Garrett, que logo é encarregado de propor «sem perda de tempo, um plano para a fundação e organização de um teatro nacional, o qual, sendo uma escola de bom gosto, contribua para a civilização e aperfeiçoamento moral da nação portuguesa».

Garrett toma a peito esta missão e, no seu desempenho, tem oportunidade de manifestar as suas qualidades de homem de acção. No seu plano indicam-se como prioridades absolutas a criação de um Conservatório de Arte Dramática encarregado de preparar os actores e de animar o aparecimento de peças de teatro nacionais, a fundação de uma Inspecção-Geral dos Teatros que garantisse a continuidade do esforço empreendido, e a construção de um Teatro Nacional.

Todos estes objectivos foram alcançados, ainda que não de imediato. Garrett foi o primeiro inspector-geral dos Teatros e voltou a sua actividade literária para a criação de um reportório dramático nacional. É assim que aparecem, de sua autoria, as peças Um Auto de Gil Vicente, D. Filipa de Vilhena *e* O Alfageme de Santarém, *a que se seguirão* A Sobrinha do Marquês *e* Frei Luís de Sousa.

A instabilidade governativa, se não teve efeitos muito negativos na renovação do teatro empreendida por Garrett (o Conservatório fora criado e o Teatro de D. Maria viria a ser inaugurado em 1849), reflectiu-se todavia na vida do escritor que, na sequência da queda do governo de Passos Manuel, perde o seu lugar de inspector-geral dos Teatros, embora continuando presente na cena política. É deputado à Assembleia Constituinte em 1838 e membro da Comissão para a Reforma do Código Administrativo. Deve-se-lhe entretanto — e não será de mais assinalá-lo — a apresentação do primeiro projecto de lei da propriedade literária.

Mais, porém, do que na vida política, a sua presença impõe-se como mentor respeitado e seguido nos planos estético e social, em que pontifica incontestado. De qualquer modo, a acção que empreendera em favor do teatro nacional é uma das mais fecundas da nossa história cultural e não será exagerado dizer que os seus efeitos perduram ainda, passado que vai mais de um século sobre as medidas que preconizou e tomou.

De resto, a sua vida sentimental agita-se de novo com a paixão já atrás referida por Adelaide Deville Pastor. A morte prematura

desta e o drama da filha que lhe deixou, marcada pelo ferrete insa-
nável da ilegitimidade, amarguraram, de par com os desaires polí-
ticos, esta fase da vida do escritor.

9

A restauração em 1842, por Costa Cabral, da Carta Constitucional de 1826 e a instauração do governo ditatorial que caracterizou o
cabralismo deram a Garrett a oportunidade de novos combates. É
certo que amortecera já nele o radicalismo dos verdes anos, e, assim, a sua oposição não se dirigia tanto contra a restauração da
Carta, como contra a forma de governo. Não será difícil ao leitor
atento encontrar nas obras destes anos uma crítica velada ao regime cabralista, apoiado numa oligarquia financeira de «barões». É
nesse contexto de crítica social e política que devem ser lidas nomeadamente a refundição de O Arco de Santana e O Alfageme de
Santarém.

Aliás, o regime encarregava-se de «retribuir» as críticas: «a
censura de Costa Cabral impediu durante alguns anos a representação de Frei Luís de Sousa, onde as autoridades viram indícios de
inimizade contra a Espanha e de desrespeito pelo Núncio». O pretexto é, como se vê, suficientemente absurdo para nos permitir
afirmar que não foi mais do que a máscara invocada para justificar uma mesquinha vindicta política.

Mas os reveses não lhe estancam a inspiração nem lhe tolhem a
vontade de viver. Em 1843, em folhetim da Revista Universal Lisbonense, inicia a publicação do mais belo dos seus romances, Viagens na Minha Terra. E em 1844 conhece a viscondessa da Luz, Rosa Montufar Infante.

Deram brado na época os amores da jovem dama espanhola, na
flor dos seus 26 anos e unida em matrimónio a um oficial do exérci-
to, com o escritor maduro e requintado. Deram brado, já que Garrett resolveu contar em verso essa paixão seródia na obra Folhas
Caídas. A lírica sublime e em certa medida despudorada desta
obra tem muito de exibicionismo, já que toda a gente sabia a quem
se dirigiam aquelas trovas. Pondo de parte juízos de ordem moral
que não vêm para o caso, não podemos deixar de bendizer a paixão
que deu origem a uma das mais belas expressões poéticas do amor
que é possível encontrar na literatura portuguesa.

Na roda da fortuna, o ano de 1851 ia trazer a Regeneração, com
a queda de Costa Cabral e o regresso ao poder dos amigos de Almeida Garrett. Este é nomeado visconde e par do Reino. A aceitação do título nobiliárquico era, de certo modo, ou podia pelo menos
parecer, um renegar dos ideiais por que se batera toda a vida. O es-

critor justifica-se invocando a necessidade de o legar à filha Maria Adelaide, que não pudera legitimar.

Ocupa ainda, mas apenas por escassos meses, o lugar de ministro dos Negócios Estangeiros. Rodeado do respeito e da admiração gerais, a morte colheu-o a 9 de Dezembro de 1854, quando trabalhava no romance Helena, que não chegou a terminar.

10

Da breve nota biográfica que aí fica, não é difícil concluir ter sido Almeida Garrett uma das mais fascinantes figuras do século XIX português.

No percurso duma vida agitada, muitas vezes marcada pelas provações e pelo infortúnio, soube ele derramar uma extraordinariamente intensa actividade de escritor e homem público. Romancista, dramaturgo, publicista, poeta, ensaísta, bem pode dizer-se que não houve género literário a que tenha ficado alheio. E tudo isso fez, não à maneira de Eça de Queirós, barricado atrás do monóculo crítico que o defendia da intervenção directa. Garrett não teve medo de «sujar as mãos» na intervenção política, não desdenhou empenhar-se e comprometer-se nas causas que identificava como justas e boas para o povo que pretendia servir. Pagou a sua conta em desgostos e agruras, exilado por duas vezes, arrostando numa delas com o espectro da miséria. Correu o risco da acção, fazendo «coisas» e sujeitando-se à crítica que sempre espreita quem faz.

Temperamento ardente e exaltado, viveu uma vida passional agitada em que avultam três figuras de mulher: Luísa Midosi, Adelaide Deville Pastor, Rosa Montufar Infante. A seu modo, cada uma delas o influenciou e pesou na sua existência, repercutindo-se na obra que produziu.

Ficou proverbial o seu exibicionismo e a sua vaidade narcisista. Consciente do seu valor, não deixava os créditos por mãos alheias, e à míngua de elogios de outrem, a si próprio se encarregava de os tributar. Para o Universo Pitoresco escreveu a sua própria biografia. Ali qualifica o seu estilo de «próprio, corrente, original, cheio de força, actualidade e convicção» — o que aliás é verdade; classifica a Memória com que ao Conservatório apresentou o Frei Luís de Sousa de «um verdadeiro prólogo de Victor Hugo».

Se chamámos à colação este aspecto da sua personalidade foi tão-só porque, sem ele, o seu retrato não ficaria completo. Mas, como Herculano, depois de ler as Folhas Caídas, não deixaremos de acrescentar, generalizando a toda a sua obra: «Este fará que se lhe perdoe tudo.»

De facto, não será este pequeno senão que nos fará esquecer a enorme influência que exerceu sobre a sociedade do seu tempo *nem a sombra tutelar que projectou sobre o futuro. Não poderemos esquecer que foi Garrett quem abriu Portugal ao espírito europeu, que foi com ele, no dizer de Ramalho Ortigão, «que nós aprendemos a estimar a beleza, a amar a liberdade, a compreender as artes e a querer o progresso».*

II — A obra de Almeida Garrett

Afonso Lopes Vieira, grande admirador de Almeida Garrett, escreveu com razão que este foi «genial, muito mais pelo que descobriu e indicou do que pelo que realizou». Não há nestas palavras qualquer laivo de menosprezo pela obra acabada que nos deixou. Há, sim, a constatação de que o génio que os momentos mais altos da sua produção indiciam poderia ter-se concretizado num maior número de obras realmente grandes, se não fora a agitação que marcou a sua vida.

Aliás, não poderemos nunca esquecer, ao abordar a obra de Almeida Garrett, que este não foi um profissional da escrita. Não equivale isto a dizer que ele tenha sido apenas um diletante, mas sim a verificar que, acompanhando sempre as várias fases do seu viver, a escrita lhe aconteceu como actividade secundária no contexto de uma carreira de lutador e de homem público cujas preocupações objectivas em larga medida se destinou a servir.

1

Ao abordar a obra de Garrett encontramo-nos perante uma produção invulgarmente extensa, não apenas pela quantidade do material produzido como também pela diversidade dos géneros literários em que se vazou, e que foram praticamente todos. Neste aspecto, não nos ocorre exemplo semelhante em toda a literatura portuguesa. De facto, Garrett cultivou praticamente todos os géneros literários, desde o jornalismo à oratória, ao teatro, passando pela etnografia, pelo ensaio, pelo romance e pela poesia. Parte da sua produção encontra-se ainda inédita, outra conheceu edição póstuma. Vamos tentar um elenco tão completo quanto possível da produção garrettiana.

No jornalismo, Garrett deixou o seu nome ligado a publicações várias, de que fomos já dando notícia na nota biográfica. A sua colaboração foi quase sempre marcadamente política e de intervenção. Assim aconteceu com O Português *(1826),* O Chaveco Liberal *(1827),* O Precursor *(1831),* O Português Constitucional *(1836).*

Mas a esta lista há que acrescentar dois títulos que indiciam outras preocupações do autor: O Toucador — periódico sem política dedicado às senhoras portuguesas *(1822) e* O Cronista *(1827), igualmente dedicado às damas. Eram publicações de cariz didáctico, em que o galanteador gentil que sempre foi Garrett procurava «reagir contra a falta de ar livre, de larga convivência e expansão cultural da mulher portuguesa.*

Garrett foi também um orador notável, que expandiu os seus talentos sobretudo em orações parlamentares que foram publicadas em 1871 no volume intitulado Discursos Parlamentares e Memórias Biográficas.

No campo do ensaio podem apontar-se a Carta de Guia para Eleitores *(1826),* Da Educação *(1829),* Portugal na Balança da Europa *(1830).*

Particularmente extensa é a lista das produções teatrais de Almeida Garrett. Há que destacar, antes de mais, as tragédias, filosóficas da juventude: Xexes, Mérope, Lucrécia *(1820),* Catão *(1822), a que acrescentaremos a farsa anti-reaccionária* O Corcunda por Amor *(1822) e a tragédia incompleta* Afonso de Albuquerque *(1819). Vêm depois os dramas da fase romântica, peças integradas no seu projecto de renovação do teatro português. São elas* Um Auto de Gil Vicente *(1838),* D. Filipa de Vilhena *(1840),* O Alfageme de Santarém *(1842),* Frei Luís de Sousa *(1843) e* A Sobrinha do Marquês, *a que na primeira edição se juntavam* As Profecias do Bandarra *e* Um Noivado no Dafundo *(1948).*

Não é muito numerosa a produção romanesca de Garrett. Para além das Memórias de João Coradinho, *novela picaresca que deixou incompleta, e de* Helena, *romance exótico em que trabalhava quando a morte o levou, apenas nos restam* O Arco de Santana, *que escreveu durante o cerco do Porto, mas que só veio a publicar, já depois de refundido, em dois volumes, o primeiro dos quais em 1845 e o segundo em 1850, e* Viagens na Minha Terra, *a sua obra-prima como romancista, cuja publicação se inicia em 1843.*

A veia poética de Garrett desdobrou-se numa infinidade de composições que tentaremos enumerar. É de 1821 o Retrato de Vénus, *poema didáctico em verso branco sobre pintura. A* Lírica de João Mínimo, *que edita em Londres em 1829, reúne os poemas da mocidade que julgou dignos de publicação. Seguem-se-lhe os poemas* Camões *e* D. Branca, *escritos ambos em França, praticamente em simultâneo, e publicados em Paris, o primeiro em 1825 e o segundo em 1826. A musa só volta a despertar mais tarde com* Flores sem Fruto *(1845) e* Folhas Caídas *(1853). Inéditos ficavam* O Roubo das Sabinas, *poema da juventude, marcadamente libertino e anti-monástico, tal como* Magriço ou os Doze de Inglaterra, *cujo original o autor dera como perdido no Douro, mas que recentemente foi dado* à *estampa a partir de manuscrito encontrado na Biblioteca Nacional.*

Haverá que referir ainda, para completar o quadro, o romance em verso Adozinda *e o* Romanceiro, *em cujo 1.º volume o autor veio a integrar aquele romance, a* Memória Histórica de José Xavier Mousinho da Silveira *(1849) e as* Cartas de Amor à Viscondessa da Luz, *surgidas em edição póstuma.*

Um espólio lilterário impressionante, como vemos, que prima pela diversidade dos géneros cultivados, pela versatilidade das formas assumidas, pela quantidade das obras produzidas, sobretudo se tivermos em conta que Garrett não morreu propriamente de velho e que sempre levou a literatura de mãos dadas com uma vida agitada pelo torvelinho da política.

2

«Que quer dizer horacianos, filintistas, elmanistas, e ultimamente clássicos e românticos? Quer dizer tolice e asneira sistemática debaixo de diversos nomes.» São palavras que Garrett escreveu na Lírica de João Mínimo *e que evidentemente traduzem o seu repúdio por qualquer filiação de escola, como se sentisse que o génio que lhe fervilhava lá dentro não poderia conter-se nos limites duma escola. E, de facto, como nota Ema Tarracha Ferreira, «a evolução estética de Garrett, exemplificada na sua obra literária, é marcada por uma originalidade que o distingue de todos os outros escritores portugueses: a combinação equilibrada entre duas estéticas opostas, a clássica e a romântica».*

Temos assim, sucintamente resumida, a situação da obra de Garrett na geografia estética em que forçosamente tinha de se enquadrar. Garrett começa por ser um clássico, um arcádico de formação clássica, se preferirmos. Mas, ao contacto com o romantismo inglês, primeiro, através das leituras de Byron e Walter Scott, do romantismo francês, depoism ainda que em menor grau, e, por último, do romantismo alemão, deixa-se contagiar pela nova escola. Absorve-lhe os princípios, sim, mas principalmente a temática, e as obras que a partir daí produz trazem já a marca romântica, sem perderem, contudo, o melhor que lhe viera da sua formação clássica que o bom D. Frei Alexandre da Sagrada Família sabiamente orientara.

O romantismo tivera a sua origem na Alemanha e foi dali que lhe vieram as características fundamentais, nomeadamente «o amor, fonte de felicidade e de desespero, a nostalgia do paraíso perdido, o nacionalismo exacerbado, normalmente acompanhado dum pendor medievalista». A estas características juntaram os românticos ingleses «uma temática poética preferencialmente inci-

dente na natureza, na noite e na morte», e os franceses o sentido da solidão do homem, a sua angústia e o sentimento da saudade, frutos sobretudo do exílio a que a Revolução Francesa a tantos condenara.

Curiosamente, foi num situação de exílio que Garrett tomou contacto com a nova corrente na sua versão inglesa. De como lhe absorveu os princípios fala toda a sua obra posterior ao Camões: seguir os títulos das suas produções é recapitular os traços dominantes que há pouco apontámos como características do romantismo. Não deixa, aliás, de ser interessante, notar como aquele poema, composto em França, começa com aquela inesquecível evocação da saudade, que quase podemos considerar a expressão finalmente encontrada de um dos sentimentos mais caros ao romantismos francês e que só na nossa língua podia encontrar expressão adequada.

Garrett é assim quem introduz o Romantismo em Portugal, e do mesmo passo integra Portugal no grande movimento estético e cultural que varria a Europa. Fá-lo sem, no entanto, se deixar deslumbrar pelos valores da nova corrente a ponto de abdicar dos antigos que lhe estavam na memória. E na memória lhe estavam os clássicos sim, e os árcades, mas também os pré-românticos Filinto Elísio, Bocage, Marquesa de Alorna, em cujas obras há como que um pré-anúncio do romantismo. Aliás, o poema D. Branca publicá-lo-á Garrett sob o pseudónimo de F. E., como que querendo fazer acreditar tratar-se de obra póstuma de Filinto Elísio, cuja protecção tutelar parece querer invocar sobre a sua obra. Nisto, aliás, se distingue de Herculano, que directamente absorve logo os princípios do romantismo germânico sem os vasar no substracto duma formação arcádica. É assim que, para Garrett, o «romântico» é um género que emparceira com outro género, o «clássico», situando-se ao lado de ambos um terceiro género que é a combinação daqueles dois e no qual, subentende-se, a produção garretiana devia ser situada.

3

Como certamente já foi notado, a obra de Almeida Garrett desdobra-se por três géneros literários fundamentais para efeitos de estudo: a lírica, o teatro e a novela. Deixamos assim de lado os outros que atrás enunciámos por de menos interesse.

Antes de considerarmos cada um deles em particular, podemos examiná-los em conjunto e tentar estabelecer as fases da evolução sofrida pelo escritor, para o que devemos, desde logo, tomar em conta um marco fundamental que é a composição de Camões e de D. Branca. Assim, teremos a carreira de Garrett dividida em dois troços fundamentais: o pré-romântico e o romântico. As obras da primeira fase têm um interesse meramente documental: as tragédias filosóficas, as odes e outros escritos produzidos nesta fase, o próprio Garrett de certo modo os renegou, na medida em que apenas deu à estampa e considerou, portanto, dignos de passarem à posteridade, os poemas constantes da Lírica de João Mínimo, e mesmo este, para citarmos António José Saraiva, «pelo seu carácter artificioso, pelos enfeites arcádicos e postiços [...] merece o esquecimento a que foi votada».

Para as obras produzidas no troço romântico, sem falarmos propriamente em fases distintas, há contudo que ter em conta o amadurecimento natural em todo o escritor, a determinar um desigual valor de qualidade. Mantendo, embora, todas as obras o seu interesse, três há que marcam o ponto mais alto do engenho garrettiano em cada um dos campos contemplados: Viagens na Minha Terra para a novela, Folhas Caídas para a lírica, e Frei Luís de Sousa para o teatro. Quase poderíamos dizer que rasgada toda a produção restante, com estas três obras, Garrett teria o seu nome inscrito na literatura portuguesa, com todo o brilho que lhe compete.

4

Ao olharmos o conjunto da sua obra, não podemos furtar-nos à conclusão de que Garrett era um dramaturgo nato. Fruto talvez do seu próprio temperamento, da sua forma de estar na vida, em tudo quanto nos deixou transparece a intenção teatralizante, na prosa como no verso. Revelador é, aliás, o facto de ser uma obra de teatro que fixou o nome de Garrett na memória do povo e lhe garantiu como autor uma actualidade perene. Referimo-nos, naturalmente, ao Frei Luís de Sousa.

Judiciosamente observa, pois, Antonio José Saraiva que «a prosa de Garrett, como o seu verso, é radicalmente dramática» para concluir que «Garrett é essencialmente um homem de teatro, nas suas obras em prosa e em verso». Da alta conta em que o escritor tinha o teatro dá mostras o que escreveu na Memória de apresentação do Frei Luís de Sousa ao Conservatório, definindo o teatro como «Um género que é, não me canso de o repetir, a mais verdadeira expressão literária e artística da civilização do século, e reciprocamente exerce sobre ela a mais poderosa influência».

Como se sabe, a actividade de Garrett como dramaturgo vem já da fase pré-romântica, a denunciar, portanto, um pendor que não bebe em qualquer voga de escola. Depois, assumirá, como homem público, a tarefa de criar um teatro genuinamente português, e contribuirá de forma decisiva para um dos pressupostos da consecução desse projecto, qual era o da criação dum reportório verdadeiramente nacional, compondo as cinco peças da fase romântica atrás mencionadas.

Um traço comum as une a todas, que é a sua situação no contexto de momentos históricos bem determinados do nosso percurso como nação: a idade de ouro manuelina para Um Auto de Gil Vicente, a crise de 1383 no caso de O Alfageme de Santarém, a perda da independência e a era pombalina para Frei Luís de Sousa e A Sobrinha do Marquês, respectivamente.

Em todas estas obras se encontra Garrett dominado pelos pressupostos do romantismo no teatro, a que não se furta senão o Frei Luís de Sousa, obra, até por isso, ímpar na produção garrettiana. De facto, o romantismo tentara banir a distinção entre tragédia e comédia, e apresentar um novo género teatral, o «drama», para o qual exigia «multiplicidade de localização e alongamento do tempo para permitir uma acção mais livre; recurso ao característico, local, histórica e psicologicamente; efeitos de contraste entre o grotesco e o sublime; diversidade de tipos humanos, até nas suas formas patológicas e vulgares».

Estes ingredientes entram todos em maior ou menor grau nas obras dramáticas de Garrett. É claro que, vistas à distância a que nos encontramos, é fácil identificar-lhes defeitos, o menor dos quais não será certamente a falta de densidade psicológica com que são tratadas as personagens, e a falta também daquele quid que dita a perenidade duma obra. De resto, as peças tinham todas elas um objectivo didáctico dentro da missão que se atribuía ao teatro. Assim, talvez lhes tenha faltado aquela liberdade inicial pressuposta para a produção duma verdadeira obra de arte. Um pouco o que acontece, com os resultados que se conhecem, às obras que pretendem servir os ideais do realismo socialista. É o pecado original de toda a arte subalternizada a um objectivo que não é o seu. Será este, quiçá, o grande e fundamental motivo por que, no dizer de um crítico, Garrett «não conseguiu inspirar sopro de vida a este conjunto de peças ditadas por um objectivo didáctico. Por isso nenhuma delas sobreviveu».

5

Um caso à parte e verdadeiramente singular é o Frei Luís de Sousa. Único e singular não apenas no conjunto do teatro garrettiano como no contexto global do teatro português. Sem entrarmos em juízos absolutos, havemos de reconhecer ser esta, em toda a nossa literatura, a obra que mais fundamente tocou o coração do povo e a que conseguiu manter a actualidade que a torna ainda hoje aceitável das plateias mais exigentes.

O Frei Luís de Sousa *não pode ser classificado de drama român-tico. O próprio Garrett entendeu sublinhar este aspecto, ao escre-ver explicitamente que «pela índole há-de ficar pertencendo sem-pre ao antigo género trágico», o que foi perfeitamente entendido por Antscherl, que a propósito desta obra escreve: «Não hesito em considerar a tragédia portuguesa como a obra mais brilhante que o teatro romântico produziu.» Mas importa sublinhar que se ela é produto do «teatro romântico» é só na medida em que surge naque-le tempo — que era o do romantismo — e levava a assinatura de um romântico. Quanto ao mais afasta-se, de maneira muito clara, dos cânones estabelecidos para o drama.*

De facto, o tempo é curto: *entre o segundo e o terceiro actos me-deiam algumas horas, e da primeira cena até ao desfecho da acção vai o tempo de uma semana; dois solares e uma igreja contígua constituem o lugar onde decorre toda a acção; não há cenas cómi-cas e é total a ausência de tipos grotescos ou simplesmente cómi-cos. Quanto à cor local e à ambientação cronológica esbatem-se pe-rante a profundidade intemporal da acção. É verdade que esta de-corre no Portugal dominado pelos Filipes depois de Alcácer Quibir; mas era perfeitamente enquadrável por outra moldura: é a tragé-dia duma família cuja felicidade assentava no pressuposto da mor-te (não confirmada de forma definitiva) de alguém, e que fatal-mente se faz em escombros quando esse alguém regressa do reino das sombras a que o tinham relegado e impõe a sua presença ao mundo dos vivos.*

Há, pois, *um nítido regresso às fontes gregas da tragédia com uma flagrante intervenção do Fado, essa força a que nem os ho-mens nem os deuses conseguem subtrair-se. Em tudo isto há, pois, muito pouco de romântico: apenas a cor local e o uso da prosa em vez do verso, explicado por Garrett pela repugnância que tinha em pôr na boca de Manuel de Sousa Coutinho (Frei Luís de Sousa) ou-tra coisa que não fosse a prosa que ele tão bem dominou.*

Não serão, *porém, estas miudezas que nos impedirão de consi-derar a peça uma verdadeira tragédia. E quanto à sua qualidade, temos de subscrever a opinião de Herculano, segundo a qual ao drama genial de Garrett «não faltou senão a fortuna de ser escrito em alguma das duas línguas principais da Europa, o francês e o alemão, para ser um dos mais notáveis monumentos literários da nossa época».*

6

Na lírica de Garrett, *o momento mais alto é indubitavelmente constituído por* Folhas Caídas.

Não podemos, *no entanto, esquecer que vem dos primórdios o* *seu pendor para a poesia. É claro que os princípios arcádicos que marcaram os seus começos não eram de molde a permitir que a exuberância da sua alma encontrasse expressão nas líricas que então compôs. Assim, mesmo o que de melhor terá feito, e que nos deixou reunido na* Lírica de João Mínimo, *mal deixa adivinhar o portentoso poeta que se virá a revelar depois. O próprio autor terá dado conta da inautenticidade daquela poesia, quando caustica-mente escreve, referindo-se justamente à* Lírica de João Mínimo: «Fala de amor o poeta... [...] Falso amor e falsa poesia.»*

Entretanto, o contacto com o romantismo despertou-o para os temas históricos e no seu espólio literário vamos encontrar dois poemas em verso branco: Camões *e* D. Branca. *O primeiro é uma evocação do nosso épico, um desterrado como o próprio Garrett também foi. Profundamente marcado de influências byronianas, este longo poema narrativo tem páginas de grande beleza, como são, por exemplo, as da evocação da saudade, que aparecem em to-das as antologias. No entanto, o verso tem ainda um sabor arcádico e, como nota um crítico, «o* Camões *vive de luz emprestada e de al-gumas expansões elegíacas, e revela em Garrett sobretudo um apreciável talento de imitador».*

O mesmo ou quase se poderá dizer de D. Branca, *em que se con-ta a história de uma princesa portuguesa, raptada pelo último rei mouro de Silves. «Aportuguesamente do* Oberon *do pré-romântico alemão Wieland»,* D. Branca *enferma dos mesmos defeitos do Ca-mões e não consegue sequer os altos momentos dispersos que neste é possível encontrar.*

Assim, pode dizer-se que, em Garrett, o verdadeiro poeta só des-perta em Flores sem Fruto. *Embora ainda um tanto marcados pelo arcadismo das origens, os versos desta obra deixam já adivinhar o esplendor que irá explodir com toda a exuberância em* Folhas Caí-das.

Esta obra escreveu-a Garrett já no declinar da vida. Esteve-lhe na origem a paixão louca do poeta, já então com 54 anos, por Rosa Montufar Infante. Lisboa inteira conhecia e comentava aqueles amores. E quando Garrett deu à estampa os versos da sua paixão, fez aquilo a que poderíamos chamar um strip-tease *sentimental.*

Mas os versos eram sublimes, e Gomes de Amorim conta-nos a reacção de Herculano quando viu, sobre o balcão da Livraria Ber-trand, as provas do livro:

«— Ainda há quem faça disto em Portugal?» — perguntou des-denhoso.

Mas começou a ler. E não parou mais.

«— De quem diabo é isto? Não há senão um homem em Portu-gal capaz de fazer tais versos. São do Garrett?»

Claro que eram do Garrett. Mas o editor quis saber a opinião do oráculo e arriscou a pergunta: «Que lhe parece?» E o historiador, peremptório, respondeu:

«— Penso que, se Camões fizesse versos de amor na idade em que está Garrett, não era capaz de o igualar. São belíssimos! Aquele diabo não pode com o talento que Deus lhe deu.»

Efectivamente, há alguma coisa de novo nesta obra de Garrett que não aparecia nas produções anteriores, nem do autor, nem de outros poetas seus pares. Não é só o eruditismo arcádico das primeiras composições que é aqui abandonado, como também as formas clássicas que prevalecem ainda nas primeiras obras da época romântica. Garrett deixa-se conduzir agora para formas mais simples como a quadra e a redondilha, aproximando-se dos modelos populares que aliás recolhera.

Para além disso, a temática do amor aparece-nos aqui marcada por um individualismo bem individualizado, passe a redundância, de tal modo que o tom de confidência, no contexto que conhecemos, quase roçou o escândalo. Quão longe estamos do «falso amor e falsa poesia», nestes versos tão sentidos que transpiram emoção amorosa por tudo o que é palavra!

Mas necessário se torna apontar também o toque dramático que marca esta obra, como se todos os poemas fossem pedaços de uma fala com um interlocutor invisível. Pode-se notar, como aliás já foi feito, que, por via deste pendor dramático, «raramento o autor alcança o puro lirismo». Mas a verdade é que Folhas Caídas é obra a ser colocada entre as que maiores alturas alcançaram no conjunto da poesia portuguesa.

7

No campo da novela, a produção literária de Garrett limita-se a O Arco de Santana e Viagens na Minha Terra, a primeira de cariz histórico, e a segunda, novela contemporânea. Pode-se lamentar que a morte não lhe tenha deixado levar a termo Helena, novela exótica, ambientada nas selvas do Brasil, e onde parecia acentuar-se a tendência mais moderna que desponta nas Viagens.

O Arco de Santana é um romance histórico à boa maneira romântica, em que o autor teve como modelo a obra de Victor Hugo Notre-Dame de Paris. Nela se evoca o Porto medievel e a revolta do povo contra o bispo, conduzida, aliás, por um personagem, Vasco, que no momento do ajuste de contas, vem a descobrir que é afinal filho desse mesmo bispo que se preparava para matar.

Vale a pena determo-nos sobre este pormenor, a filiação clerical do herói, já que ele se repete nas Viagens na Minha Terra: também Carlos, o protagonista, é filho de um frade, e o reconhecimento final acontece em circunstâncias semelhantes. Ora, não será difícil encontrar uma certa intencionalidade política (ou várias) de comentário ao que então acontecia na sociedade portuguesa. Também esta, que nos tempos de Garrett reagia contra o que considerava a prepotência clerical, acabava por se reconhecer filha daquela mesma força de que pretendia libertar-se.

No caso de O Arco de Santana será esta transposição histórica de situações, e o pretexto que o autor colhe para fazer a crítica da sociedade do seu tempo, que constituirá um dos principais motivos de interesse da obra. De facto, através da trama da acção, vai Garrett alinhando o juízo que faz sobre as instituições e os grupos sociais do seu tempo. O bispo não é apenas o representante da força que no passado dominou o povo. É também o protótipo dos novos dominadores, designadamente a oligarquia que a reacção cabralista trouxera de novo ao de cima; os juízes da cidade bem podem ser olhados como os antepassados remotos de um parlamento que estava longe de representar e defender os interesses do povo; e o mesmo povo não reflecte a idealização que dele faziam os teóricos da «liberdade, igualdade, fraternidade», mas uma força acéfala, facilmente manipulável e consequentemente à mercê de um qualquer condottiere que se resolvesse a encabeçá-lo. Justamente como no tempo de Garrett.

Quanto ao mais, falta à novela profundidade psicológica. «Obra inautêntica e caída no esquecimento», como nota um crítico. Mas que nem por isso deixa de ter os seus méritos. Nela se adivinha já em Garrett o prosador de estilo vivo e linguagem coloquial que havia de se afirmar com toda a pujança na sua segunda tentativa novelística.

De facto, entre O Arco de Santana e Viagens na Minha Terra vai a mesma distância que separa, no teatro, Um Auto de Gil Vicente e Frei Luís de Sousa.

8

Viagens na Minha Terra é, como dissemos, um romance contemporâneo. Podemos apontar-lhe modelos na literatura europeia, como Viagem à roda do Meu Quarto de Xavier de Maistre, e Viagem Sentimental de Sterne. Mas, no contexto da literatura portuguesa, Garrett movimenta-se sem guião, e oferece-nos não só uma das três obras mais notáveis que lhe saíram da pena, como um dos mais belos livros da nossa literatura oitocentista.

Livro estranho, desde logo, pelo hibridismo que o marca e que faz o desespero de quem pretende enquadrá-lo num género literário determinado, já que, se geralmente se classifica (e nós o classificámos) como romance sentimental, há nele muito de livro de viagens, de crónica jornalística, de comentário político e até de auto-

biografia. Inicialmente publicado em folhetim na Revista Universal Lisbonense, *esta circunstância é de ter em conta na análise da
estrutura da obra, nomeadamente para compreender como, ao fim
de cada «episódio», o autor encontra artes para manter desperto o
interesse do leitor e lhe aguçar o apetite para aquilo que vai seguir-
-se. Uma técnica que, como se vê, não nasceu propriamente com a
telenovela.*

*A obra parte de um facto real, uma viagem que Garrett fez a
Santarém e que teve o cuidado de situar com todo o rigor no tempo.
O conteúdo da obra é constituído pela narrativa dessa viagem — ou
melhor, das várias viagens que, no contexto daquela, o autor vai
fazendo no seu jeito digressivo incomparável. Tantas e tais viagens, que uma delas o leva justamente, e pela mão de um companheiro de itinerário,a adentrar-se no drama sentimental de Carlos
e da «Menina dos Rouxinóis».*

*E aqui, de novo assistimos à projecção da situação nacional que
já evocámos a propósito de* O Arco de Santana, *e assistimos também à projecção da própria personalidade do autor no protagonista
do enredo amoroso. Nele retrata Garrett a sua própria volubilidade
amorosa, e dela se desculpa assumindo, à boa maneira byroniana,
as suas mazelas de herói romântico: «Eu não me fiz o que sou, não
me talhei a minha sorte, e a fatalidade que me persegue não é obra
minha.»*

*Tudo isto é escrito duma maneira nova e tão fresca que o livro,
passado mais de um século, mantém vivo todo o seu encanto e o seu
interesse. As personagens têm aqui, em contraste com o que acon-
tecera em* O Arco de Santana, *uma profundidade psicológica até aí
nunca atingida por autor português. O estilo, em que se misturam a
frescura da linguagem oral e os recursos da expressão escrita,
mantém um tom de coloquialidade que faz o leitor julgar-se o confi-
dente do escritor, como se só para si aquele tivesse escrito. Realmente, não é de mais repeti-lo, foi com este livro de Garrett que
nasceu a prosa moderna portuguesa.*

*Mas, também aqui, Garrett continua a ser um homem de comu-
nicação, e, mais do que isso, um homem de teatro. Homem de
comunicação, desde logo na forma coloquial que o faz supor, quando escreve, a dirigir-se a um interlocutor invisível, que será afinal
cada um dos leitores. Homem de teatro, antes de mais pelo sentido
dramático que empresta à novela sentimental, tão facilmente
transformável em drama. Mas também pela arte consumada com
que maneja o diálogo, ao longo de toda a obra, e que é notável,
mesmo no contexto das outras obras do autor.*

III — O «Frei Luís de Sousa» no contexto da obra de Almeida Garrett

Modestamente apresentado como um drama, o Frei Luís de Sousa *configura, na realidade, as características da tragédia. E o próprio Garrett teve o cuidado de o sublinhar na* Memória *com que fez acompanhar a apresentação da obra ao Conservatório: «Esta é uma verdadeira tragédia — se as pode haver e como só imagino que as possa haver sobre factos e pessoas comparativamente recentes. Não lhe dei, todavia, este nome porque não quis romper de viseira com os estafermos respeitados dos séculos...»*

Se é certo que não se lhe pode dar esse nome em sentido rigorosamente exacto, é no entanto à luz da estrutura da tragédia que a obra adquire a sua plena inteligibilidade, como veremos. De resto, pouco importa o género onde haja de ser classificada: estamos sem dúvida perante uma obra-prima, quiçá a mais perfeita que a dramaturgia nacional já produziu.

1

É muito simples o enredo posto em acção por Garrett.

Supondo morto seu marido, D. João de Portugal, na batalha de Alcácer Quibir, casa D. Madalena de Vilhena em segundas núpcias com Manuel de Sousa Coutinho, que começara a amar assim que o vira, na vigência, portanto, do primeiro matrimónio. Desse casamento nasce uma filha, D. Maria de Noronha, criada por Telmo Pais, que já fora aio e escudeiro fiel de D. João de Portugal. Mas sobre aquele lar, aparentemente feliz, faz D. Madalena pairar sempre a sombra duma desgraça, atormentada que vivia com o receio do regresso de D. João de Portugal. Receio infundado, a acreditar nos resultados de todas as longas diligências que fizera para determinar da sua sorte. Receio que, no entanto, se lhe impunha pela má consciência de, sem atraiçoar embora o marido, ter amado Manuel de Sousa. «Este amor», são palavras de D. Madalena, «começou com um crime, porque eu amei-o assim que o vi... D. João de Portugal ainda era vivo...»

A alimentar esse receio contribuía a crença de Telmo na sobrevivência de seu amo, e o clima de expectativa sebastiânica em que se movia ele e a sua nova pupila, filha do amor de D. Madalena e de Manuel de Sousa.

A fatalidade tão receada acontece quando, na sequência do incêndio do palácio em que vivia Manuel de Sousa, para não receber os representantes do rei espanhol, a família se muda para a antiga casa de D. Madalena, o palácio de D. João de Portugal. À imagem das chamas a devorarem o retrato de Manuel de Sousa suceder-se-á nos olhos de Madalena o reencontro com o retrato de D. João de Portugal, numa associação agoirenta que pressagia um final trágico. E este acontece com o aparecimento de um Romeiro que outro não é que o próprio D. João de Portugal, regressado de um cativeiro de vinte anos na Terra Santa. O morto ressuscitado das sombras do passado determina que os vivos da suposição da sua morte se retirem da cena da vida: Manuel de Sousa e D. Madalena morrem para o mundo, professando em religião. E à inocente Maria, sobre quem recaía a mácula da ilegitimidade, liberta-a da infâmia a morte que a vem colher aos pés do mesmo altar em que os seus pais vão professar.

2

A história tem raizes fundamentadas. O próprio Garrett faz questão de o sublinhar na **Memória**: «[...] cuido que, fora dos algarismos das datas, irreconciliáveis com todo o trabalho de imaginação, pouco haverá, no mais, que ou não seja puramente histórico, isto é, referido como tal pelos historiadores e biógrafos, ou implicitamente contido, possível e verosímil de se conter no que eles referem.»

Garrett foi despertado para o tema por uma representação a que assistiu na praia da Póvoa do Varzim, dada por uma companhia ambulante de comediantes espanhóis. A representação começou por lhe causar riso, mas impressionou-o o assunto. Sobre ele se debruçou, nomeadamente através da **Memória** escrita sobre o caso pelo bispo de Viseu, D. Francisco Alexandre Lobo, e da narrativa «romanceada mas sincera» de Frei António da Encarnação. O drama tem, pois, um fundamento histórico que parte da inopinada e súbita entrada em religião de Manuel de Sousa Coutinho e de sua mulher, D. Madalena de Vilhena. Mas, como o autor sublinha, resolvido a sacrificar por amor da arte não às musas de Heródoto mas às de Homero, não se julgou obrigado a cingir-se à realidade dos factos. Assim, um primeiro notável desvio está em considerar estéril o primeiro, casamento de D. Madalena de Vilhena que, na realidade, teve de D. João de Portugal nada menos que três filhos.

Mas esse desvio permite-lhe pôr em maior destaque a personagem de D. Maria de Noronha, a filha sobre quem recai a infâmia que atinge a união dos pais. Há na criação desta personagem muito de transposição para o drama duma situação pessoal do próprio Garrett. Da sua ligação com Adelaide Deville Pastor, na vigência ainda do casamento com Luísa Midosi, nascera-lhe uma filha que, consequentemente, nunca conseguiu legitimar. O drama de D. Maria de Noronha é, digamos, o drama da própria filha de Garrett levado à exacerbação.

Falámos atrás na configuração de tragédia que a peça encerra. Falta-lhe, para o ser no sentido clássico, estar vasada em verso. A explicação para este desvio deu-a o próprio Garrett e a ela nos referimos atrás.

Quanto ao mais, tudo ou quase foi respeitado.

A tragédia clássica exigia as chamadas «três unidades»: de tempo, de espaço e de acção. Ora, no Frei Luís de Sousa, *o tempo e o espaço só se diversificam na exacta medida que é exigida pela verosimilhança da acção. Entre o primeiro e o segundo actos medeiam oito dias, e escassas horas separam a acção do segundo e do terceiro actos. Tudo se passa em Almada, e a própria mudança de cenário intervém, se assim se pode dizer, na acção, pois pesa decisivamente no ânimo de D. Madalena de Vilhena para lhe acentuar o clima de agouros e presságios que se adensa a preparar o desenlace temido.*

Tudo isto é possível porque a acção é colhida muito perto já do desenlace, como manda as regras, e é ao longo dela que vamos tomando conhecimento dos pressupostos que fazem duma situação em si perfeitamente normal uma caixa incubadora da tragédia em que se resolverá a acção.

De acordo com as regras, ali se encontram todos os elementos de que se alimentava a tragédia clássica. O desafio ao destino (a hybris) está no casamento de D. Madalena de Vilhena com Manuel de Sousa Coutinho, na presunção fundada (mas não desmonstrada) da morte do primeiro marido. D. Madalena de Vilhena é a anti-Penélope, que se entrega nos braços do primeiro pretendente, e assim desafia o destino. Por isso mesmo, a felicidade que era suposto encontrar num grande amor realizado não consegue alcançá-la atormentada que vivia pela dúvida e pelo temor do que viria a acontecer: «este medo, estes contínuos terrores, que ainda me não deixaram gozar um só momento de toda a imensa felicidade que me dava o seu amor». E aqueles terrores, aqueles medos vão-se encaminhando, nomeadamente através das palavras e da simples presença de Telmo, como das falas de Maria, para um clímace de fatalismo agourado nomeadamente na contraposição dos retratos ao de Manuel de Sousa, que ela tenta desesperadamente salvar das chamas, vem substituir-se o de D. João de Portugal, que parecia esperá-la na casa para onde se mudam. E tudo vai culminar na anagnórise (reconhecimento) com a chegada do Romeiro, identificado com D. João de Portugal, que desfaz as incertezas, ilumina a situação destruindo as ilusões, mostrando que o desafio fora aceite e respondido. A anagnórise culmina o ciclo em que os intervenientes ainda agem e marca o ponto de viragem a partir do qual entram em paixão (como realidade contraposta a acção). E vem pathòs, *o sofrimento que envolve toda a família e que tem expressão nas cenas lancinantes do final do 3.º acto, nomeadamente na fala desvairada de Maria na cena XI, a culminar na catástrofe que se consuma com a morte — física de Maria e social de Madalena e Manuel de Sousa.*

A presidir a todo o desenrolar da acção, a ananké, o destino, ou o fado. O fado rege a vida dos homens e nem os deuses se lhe subtraem. E é bom notar como, neste caso concreto, ele escapa ao próprio contexto cristão em que o drama tem lugar. Castigo de Deus, o aparecimento do Romeiro? Mas nem o Deus dos cristãos é um Deus castigador, nem havia falta que merecesse tal castigo. Ressalta com toda a clareza, ao longo da acção, a perfeita boa-fé dos intervenientes. D. João de Portugal não morrera, é verdade, mas tudo se fizera para determinar o seu paradeiro — sem resultado. «Cabedais e valimento, tudo se empregou... Tudo foi inútil; e a ninguém mais ficou resto de dúvida... «Havia, é certo, aquela inclinação de Madalena para Manuel de Sousa: inclinação inconsequente, tanto quanto dependia da vontade humana, a que não obedecem, como se sabe, as razões do coração. Mas tanto basta para que o destino desafiado se encarregue da vingança. Destino que se mostra nos agouros (substituição dos retratos), nas coincidências «Hoje... hoje! Pois hoje é o dia da minha vida que mais tenho receado... É um dia fatal para mim...»), no trans-sentido de que carrega a própria acção dos personagens (veja-se o incêndio do palácio e as suas consequências).

Não falta sequer, como nas tragédias gregas, o coro, que explicitamente aparece na recitação do ofício dos mortos com que acompanha e comenta as cenas IX e X do último acto, traduzindo o seu sentido mais profundo. Como presente está, de certo modo, ao longo de toda a peça, na pessoa de Telmo, que assume o papel de consciência colectiva da família, como memória do passado, alerta do presente e premonição do futuro.

4

Além de outras qualidades, Frei Luís de Sousa *apresenta-nos uma galeria de personagens extremamente interessantes e sobre que vale a pena determo-nos um pouco.*

Sublinhe-se, antes do mais, a densidade psicológica de todos os personagens, em contraste com os de outras obras dramáticas do mesmo Garrett, como, po exemplo, Um Auto de Gil Vicente *ou O Alfageme de Santarém. Aqui, todos os principais personagens têm vida própria e um perfil interior perfeitamente delineado. Alguns apresentam-se mesmo aos olhos do leitor como particularmente fascinantes.*

D. Madalena de Vilhena, por exemplo, é o retrato acabado da

fragilidade feminina, da mulher apaixonada a quem o amor corres
pondido devia tornar feliz, mas a quem a felicidade escapa por cau
sa da sombra dum remorso original. É esse remorso, nascido de
sua paixão por Manuel de Sousa, que a torna tão vulnerável às dú
vidas e aos terrores quanto a um possível reaparecimento em cene
de D. João de Portugal. Se objectivamente levara ao extremo limi
te o esforço de busca do esposo perdido, a ponto de poder, em per
feita boa-fé, encarar novas núpcias, o remorso da paixão que senti
ra por este leva-a a subjectivamente, nunca se convencer, e dá-lh
aquela agudez de entendimento que a leva a interpretar como si
nais os factos mais comezinhos e ocasionais. Tudo o que diz em fa
vor da evidência objectiva, mais do que aos seus interlocutores, é
si própria que o dirige, num esforço de auto-sugestão que acaba po
não resultar. É que ela, no fundo, sente-se culpada da suposta mor
te de D. João: quando amou Manuel de Sousa, implicitamente e in
conscientemente terá desejado a morte do marido. Além de ator
mentada e frágil, é ela que está na origem do desencadear das for
ças do destino e será ela também quem mais pateticamente sentir
a catástrofe. Vejam-se as cenas VII, VIII e IX do 3.º acto.

Manuel de Sousa é um personagem viril, um patriota exemplar
homem de coragem e bravura. Não hesita em lançar fogo ao se
próprio palácio para vincar publicamente, num gesto temerário,
sua aversão ao castelhano. Telmo define-o como «um português à
direitas». Dos três directamente implicados na trama do destino
só ele parece não se deixar impressionar por fantasmas e agouros
seguro que está, adultamente, da boa-razão de todos os seus proce
dimentos. E, no entanto, também no seu falar alguma coisa denun
cia que tal imunidade não era total: «Meu pai», dirá ao incendiar
palácio, «morreu desastrosamente caindo sobre a sua própria es
pada: quem sabe se eu morrerei nas chamas ateadas por minha
mãos?»

Sobre os ombros de Maria fez Garrett recair o peso maior da ca
tástrofe urdida pelo destino. Sobre ela, e sobre ela só, recai a mort
física, que de resto sempre a rondara em vida através da doença
Garrett terá posto um especial cuidado na construção desta figura
feminina, misto de adolescente e adulta. Adolescente pela idad
— teria os seus 12-13 anos —, adulta no perfil psicológico a lev
a afastar-se dos folguedos próprios das donzelas, para, em compen
sação, se interessar por «aquele livro» que reclama de Telmo, par
pensar como ele no mito sebastianista. As suas falas são falas d
pessoa adulta — veja-se em grande parte o seu diálogo com Telm
na Cena I do 3.º acto, nomeadamente a descrição que faz do «ou
tro»: «Aquele aspecto tão triste, aquela expressão de melancol
tão profunda... aquelas barbas tão negras e cerradas... aquela mã
que descansa na espada como quem não tem outro arrimo, nem o
tro amor nesta vida...»

Por outro lado (fruto da doença?), há nela um dom quase divinatório que a leva a saber coisas que ninguém lhe disse e a tomar conhecimento antecipado, em sonhos, daquilo que vai acontecer.

Telmo é, já o vimos, uma espécie de substituto do coro. Ao longo de toda a peça comporta-se como a consciência moral da família, criando uma figura que embaraça o relacionamento com ele, por exemplo, de D. Madalena de Vilhena, que, na sua presença, não sabe assumir o papel de ama. Único naquela casa que amava realmente D. João de Portugal, o filho que criara, acaba por sofrer ele também os reflexos do drama, cujo advento parecia desejar. E o drama, ao estalar, dá-lhe a oportunidade de ver que a fidelidade que guardava a seu amo e senhor não era tão tersa como ele próprio imaginava. É que, na ausência dele, afeiçoara-se à nova filha, e está a ponto de ceder e renegar o primeiro amo e filho, quando se trata de salvar a felicidade da segunda.

O Romeiro é o braço do destino, o anjo da vingança. Por detrás do seu aspecto humilde escondia-se a figura temida de D. João de Portugal. E realmente, embora o Romeiro não verbalize nunca a sua identidade — revela-a de maneira soberba no ninguém com que responde a Frei Jorge —, é a altivez de um nobre ofendido que perpassa por todas as suas palavras. Tão altivo que é ainda para defender o seu nome que toma a decisão de tentar in extremis salvar o que a sua simples presença irremediavelmente deitara a perder.

Mas convém atentar num pormenor que normalmente não é referido quanto ao Romeiro: a dose de sofrimento que também sobre ele recai. De facto, a obra está construída para despertar a piedade por aqueles sobre quem se abate a catástrofe. Mas há uma catástrofe marginal em que ninguém atenta: a que atinge D. João de Portugal que, ao fim de vinte anos de cativeiro, encontra sua mulher casada feliz com outro, constata o seu desamor e, pior do que isso, se apercebe de que, até no coração de Telmo, que ele considerava como o único amigo que lhe restava, à sua imagem se sobrepusera a da filha de Manuel de Sousa. Desta outra catástrofe se faz eco timidamente Frei Jorge, quando responde a Manuel de Sousa: «Tu chamas-te o homem mais infeliz da terra. Já te esqueceste que ainda está vivo aquele...»

Finalmente, Frei Jorge é quem, ao longo de toda a acção, mantém o discurso adulto, por mais dramáticas que sejam as situações. Acalmando temores, dissipando dúvidas, confortando dores, ele é o bom senso, a razoabilidade, a frieza de pensamento. É o homem que sabe pesar e medir as situações e tem a resposta certa no momento certo. Sem tergiversar, porém, quando se trata de tomar decisões, nem ceder a criar, por compaixão, esperanças infundadas. Frei Jorge é, bem se pode dizer, o amigo com que todas as famílias gostariam de poder contar nos momentos difíceis da vida.

Não podemos terminar sem referirmos uma questão sobre a qual se têm dividido as opiniões de críticos e estudiosos. É a questão de determinar quem é, no drama, de Garrett, o personagem principal.

O nome, Frei Luís de Sousa, parece apontar para Manuel de Sousa Coutinho. No entanto, não é essa a posição generalizada da crítica. O facto de ter dado nome à obra não é indicação de proeminência na acção e deve-se seguramente à intenção de Garrett de identificar imediatamente aos olhos dos leitores o episódio histórico em que o drama se baseava. Manuel de Sousa é, de facto, o autor do único assomo de acção no drama, consubstanciada no incêndio do palácio. Mas é por de mais evidente que tal acto é marginal quanto ao fundo do problema.

A Maria tem sido atribuída por alguns essa qualidade de personagem principal. Já vimos que a ela dedicou Garrett um tratamento muito especial e lhe reservou, no conjunto dos personagens, um destino único. É também ela o alvo principal das preocupações de D. Madalena de Vilhena, e é para ela que prevalentemente vão os cuidados de Manuel de Sousa na hora da desgraça. Ela configura, mais do que ninguém, a vítima inocente sobre quem se abate um castigo que de todo em todo não merecera, já que, dos que sofrem, só ela não teve, nem podia ter, parte no desafio feito ao destino. Tanto basta para que a D. Maria de Noronha caiba, de direito, um lugar muito especial no contexto de toda a obra.

No entanto, se por personagem principal enterdermos aquele à roda de quem gira toda a acção, não temos dúvida em apontar D. João de Portugal. Uma das grandes performances de Garrett neste drama terá sido justamente a de ter conseguido constituir em personagem principal uma figura que, como tal, só entra na cena V do 3.º acto, já que, nas suas outras breves aparições, reveste o disfarce de Romeiro, a ponto de D. Madalena nunca chegar a conhecer a sua verdadeira identidade. A verdade é que, apesar destas aparências, a presença de D. João de Portugal é constante em palco, do princípio ao fim do enredo. E nem precisaria para tanto do auxílio que lhe dão as falas e as atitudes de Telmo: é a sua presença ou a sombra da sua presença que, desde o princípio, dá sentido a tudo quanto se vai passando. Como já foi notado, a verdadeira acção da peça consiste na progressiva corporização de um espectro que, finalmente, se faz personagem na pessoa do Romeiro.

Muito mais haveria a dizer ainda sobre esta obra ímpar da nossa literatura, mas não cabe nos parcos limites deste estudo. Poderíamos, por exemplo, falar do diálogo e da arte do diálogo que aqui atinge os maiores píncaros da perfeição jamais conseguida por Garrett. Mais, porém, do que todas as considerações possíveis, valerá o deleite que a leitura destas páginas proporciona. De facto, e como diz um crítico, o Frei Luís de Sousa «é a obra-prima do nosso teatro. Não possuímos uma peça de tão perfeito, equilíbrio, na qual as paixões humanas enrubescem no auge, sem que percam um só momento a sua austera simplicidade».

J. TOMAZ FERREIRA

FREI LUÍS DE SOUSA

Representado a primeira vez em Lisboa
por uma sociedade particular
no teatro da Quinta do Pinheiro,
em 4 de Julho de 1843

Personagens:

MANUEL (FREI LUÍS) DE SOUSA
D. MADALENA DE VILHENA
D. MARIA DE NORONHA
FREI JORGE COUTINHO
O ROMEIRO
TELMO PAIS
O PRIOR DE BENFICA
O IRMÃO CONVERSO
MIRANDA
O ARCEBISPO DE LISBOA
DOROTEIA

*Coro de frades de S. Domingos
Clérigos do arcebispo, frades, criados, etc.
Lugar da cena: Almada*

ACTO PRIMEIRO

Câmara antiga, ornada com todo o luxo e caprichosa elegância portuguesa dos princípios do século XVII. Porcelanas, xarões, sedas, flores, etc. No fundo, duas grandes janelas rasgadas, dando para um eirado que olha sobre o Tejo e donde se vê toda Lisboa; entre as janelas o retrato, em corpo inteiro, de um cavaleiro moço vestido de preto, com a cruz branca de noviço de S. João de Jerusalém. Defronte, e para a boca da cena, um bufete pequeno, coberto de rico pano de veludo verde franjado de prata; sobre o bufete alguns livros, obras de tapeçaria meias feitas e um vaso da China de colo alto, com flores. Algumas cadeiras antigas, tamboretes rasos, contadores. Da direita do espectador, porta de comunicação para o interior da casa, outra da esquerda para o exterior. É no fim da tarde.

CENA I

> MADALENA, só, sentada junto à banca, os pés sobre uma grande almofada, um livro aberto no regaço e as mãos cruzadas sobre ele, como quem descaiu da leitura na meditação.

MADALENA (repetindo maquinalmente e devagar o que acabava de ler):

> «Naquele engano d'alma ledo e cego
> Que a fortuna não deixa durar muito...»

Com paz e alegria de alma... um engano, um engano de poucos instantes que seja... deve de ser a felicidade suprema neste mundo. E que importa que o não deixe durar muito a fortuna? Viveu-se, pode-se morrer. Mas eu!... (Pausa.) Oh! que o não saiba ele ao menos, que não suspeite o estado em que eu vivo... este medo, estes contínuos terrores, que ainda me não deixaram gozar um só momento de toda a imensa felicidade que me dava o seu amor. Oh! que amor, que felicidade... que desgraça a minha! *(Torna a cair em profunda meditação: silêncio breve.)*

CENA II

MADALENA e TELMO PAIS

TELMO *(chegando ao pé de Madalena, que o não sentiu entrar)* — A minha senhora está a ler?...

MADALENA *(despertando)* — Ah! sois vós, Telmo... Não, já não leio: há pouca luz de dia já; confundia-me a vista. E é um bonito livro este!, o teu valido, aquele nosso livro, Telmo.

TELMO *(deitando-lhe os olhos)* — Oh! oh! Livro para damas — e para cavaleiros... e para todos: um livro que seve para todos; como não há outro, tirante o respeito devido ao da palavra de Deus! Mas esse não tenho eu a consolação de ler, que não sei latim como meu senhor... quero dizer como o senhor Manuel de Sousa Coutinho — que, lá isso!... acabado escolar é ele. E assim foi seu pai antes ·ele, que muito bem o conheci: grande homem! Muitas letras, e de muito galante prática — e não somenos as outras partes de cavaleiro: uma gravidade!... Já não há daquela gente. Mas, minha senhora, isto de a palavra de Deus estar assim noutra língua, que a gente... que toda a gente não entende... confesso-vos que aquele mercador inglês da Rua Nova, que aqui vem às vezes, tem-me dito suas coisas que me quadram... E Deus me perdoe, que eu creio que o homem é herege, desta seita nova da Alemanha ou da Inglaterra. Será?

MADALENA — Olhai, Telmo; eu não vos quero dar conselhos: bem sabeis que desde o tempo que... que...

TELMO — Que já lá vai, que era outro tempo.

MADALENA — Pois sim... *(Suspira.)* Eu era uma criança; pouco maior era que Maria.

TELMO — Não, a senhora D. Maria já é mais alta.

MADALENA — É verdade, tem crescido de mais, e de repente, nestes dois meses últimos...

TELMO — Então! Tem treze anos feitos, é quase uma senhora, está uma senhora... *(Aparte.)* Uma senhora aquela... pobre menina!

MADALENA *(com as lágrimas nos olhos)* — És muito amigo dela, Telmo?

TELMO — Se sou! Um anjo como aquele... uma viveza, um espírito!... E então que coração!

MADALENA — Filha da minha alma! *(Pausa; mudando de tom.)* Mas olha, meu Telmo, torno a dizer-to: eu não sei como hei-de fazer para te dar conselhos. Conheci-te de tão criança, de quando casei a... a... a primeira vez, costumei-me a olhar para ti com tal respeito — Já então eras o que hoje és: o escudeiro valido, o familiar quase parente, o amigo velho e provado de teus amos...

TELMO *(enternecido)* — Não digais mais, senhora, não me lembreis de tudo o que eu era.

MADALENA *(quase ofendida)* — Porquê? Não és hoje o mesmo, ou mais ainda, se é possível? Quitaram-te alguma coisa da confiança, do respeito, do amor e carinho a que estava costumado o aio fiel de meu senhor D. João de Portugal, que Deus tenha em glória?

TELMO *(aparte)* — Terá...

MADALENA — O amigo e camarada antigo de seu pai?

TELMO — Não, minha senhora, não, por certo.

MADALENA — Então?...

TELMO — Nada. Continuai, dizei, minha senhora.

MADALENA — Pois está bem. Digo que mal sei dar-vos conselhos, e não queria dar-vos ordens... Mas, meu amigo, tu tomaste — e com muito gosto meu e de seu pai — um ascendente no espírito de Maria... tal que não ouve, não crê, não sabe senão o que lhe dizes. Quase que és tu a sua dona, a sua aia de criação. Parece-me... eu sei... não fales com ela desse modo nessas coisas.

TELMO — O quê? No que me disse o inglês, sobre a Sagrada Escritura que eles lá têm em sua língua e que...?

MADALENA — Sim... nisso, decerto... e em tantas outras coisas tão altas, tão fora de sua idade, e muitas de seu sexo também, que aquela criança está sempre a querer saber, a perguntar. É a minha única filha: não tenho... nunca tivemos outra... e, além de tudo o mais, bem vês que não é uma criança... muito... muito forte.

TELMO — É... delgadinha, é. Há-de enrijar. É tê-la por aqui, fora daqueles ares apestados de Lisboa; e deixai, que se há-de pôr outra.

MADALENA — Filha do meu coração!

TELMO — E do meu. Pois não se lembra, minha senhora, que ao princípio era uma criança que eu não podia... — é a verdade, não a podia ver: já sabereis porquê... mas vê-la era ver... Deus me perdoe!... nem eu sei... E daí começou-me a crescer, a olhar para mim com aqueles olhos... a fazer-me tais meiguices e a fazer-se-me um anjo tal de formosura e de bondade, que — vedes-me aqui agora, que lhe quero mais do que seu pai.

MADALENA (sorrindo) — Isso agora!...

TELMO — Do que vós.

MADALENA (rindo) — Ora, meu Telmo!

TELMO — Mais, muito mais. E veremos: tenho cá uma coisa que me diz que, antes de muito, se há-de ver quem é que quer mais à nossa menina nesta casa.

MADALENA *(assustada)* — Está bom; não entremos com os teus agouros e profecias do costume: são sempre de aterrar... Deixemos-nos de futuros...

TELMO — Deixemos, que não são bons.

MADALENA — E de passados também...

TELMO — Também.

MADALENA — E vamos ao que importa agora. Maria tem uma compreensão...

TELMO — Compreende tudo!

MADALENA — Mais do que convém.

TELMO — Às vezes.

MADALENA — É preciso moderá-la.

TELMO — É o que eu faço.

MADALENA — Não lhe dizer...

TELMO — Não lhe digo nada que não possa, que não deva saber uma donzela honesta e digna de melhor... de melhor...

MADALENA — Melhor quê?

TELMO — De nascer em melhor estado. Quisestes ouvi-lo... está dito.

MADALENA — Oh, Telmo! Deus te perdoe o mal que me fazes. *(Desata a chorar.)*

TELMO *(ajoelhando e beijando-lhe a mão)* — Senhora... senhora D. Madalena, minha ama, minha senhora... Castigai-me... mandai-me já castigar, mandai-me cortar esta língua perra que não toma ensino. Oh! senhora, senhora!... É vossa filha, é a filha do senhor Manuel de Sousa Coutinho, fidalgo de tanto primor e de tão boa linhagem como os que se têm por melhores neste reino, em toda a Espanha. A senhora D. Maria... a minha querida D. Maria é sangue de Vilhenas e de Sousas; não precisa mais nada, mais nada, minha senhora, para ser... para ser...

MADALENA — Calai-vos, calai-vos, pelas dores de Jesus Cristo, homem.

TELMO (soluçando) — Minha rica senhora!...

MADALENA (enxuga os olhos e toma uma atitude grave e firme) — Levantai-vos, Telmo, e ouvi-me. (Telmo levanta-se.) Ouvi-me com atenção. É a primeira e será a última vez que vos falo deste modo e em tal assunto. Vós fostes o aio e o amigo de meu senhor... de meu primeiro marido, o senhor D. João de Portugal; tínheis sido o companheiro de trabalhos e de glória de seu ilustre pai, aquele nobre conde de Vimioso, que eu de tamaninha me acostumei a reverenciar como pai. Entrei depois nessa família de tanto repeito; achei-vos parte dela, e quase que vos tomei a mesma amizade que aos outros... Chegastes a alcançar um poder no meu espírito quase maior... — decerto maior — que nenhum deles. O que sabeis da vida e do mundo, o que tendes adquirido na conversação dos homens e dos livros — porém, mais que tudo, o que de vosso coração fui vendo e admirando cada vez mais —, me fizeram ter-vos numa conta, deixar-vos tomar, entregar-vos eu mesma tal autoridade nesta casa e sobre minha pessoa... que outros poderão estranhar...

TELMO — Emendai-o, senhora.

MADALENA — Não, Telmo, não preciso nem quero emendá-lo. Mas agora deixai-me falar. Depois que fiquei só, depois daquela funesta jornada de África que me deixou viúva, órfã e sem ninguém... sem ninguém, e numa idade... com dezassete anos! — em vós, Telmo, em vós só achei o carinho e protecção, o amparo que eu precisava. Ficastes-me em lugar de pai; e eu — salvo numa coisa! — tenho sido para vós, tenho-vos obedecido como filha.

TELMO — Oh, minha senhora, minha senhora! Mas essa coisa em que vos apartastes dos meus conselhos...

MADALENA — Para essa houve poder maior que as minhas forças... D. João ficou naquela batalha com seu pai, com a flor da nossa gente. *(Sinal de impaciência em Telmo.)* Sabeis como chorei a sua perda, como respeitei a sua memória, como durante sete anos, incrédula a tantas provas e testemunhos de sua morte, o fiz procurar por essas costas de Berberia, por todas as séjanas de Fez e Marrocos, por todos quantos aduares de Alarves aí houve... Cabedais e valimentos, tudo se empregou; gastaram-se grossas quantias; os embaixadores de Portugal e Castela tiveram ordens apertadas de o buscar por toda a parte; aos padres da Redenção, a quanto religioso ou mercador podia penetrar naquelas terras, a todos se encomendava o seguir a pista do mais leve indício que pudesse desmentir, pôr em dúvida ao menos, aquela notícia que logo viera com as primeiras novas da batalha de Alcácer. Tudo foi inútil; e a ninguém mais ficou resto de dúvida...

TELMO — Senão a mim.

MADALENA — Dúvida de fiel servidor, esperança de leal amigo, meu bom Telmo, que diz com vosso coração, mas que tem atormentado o meu... E então sem nenhum fundamento, sem o mais leve indício... Pois dizei-me em consciência, dizei-mo de uma vez, claro e desenganado: a que se apega esta vossa credulidade de sete... e hoje mais catorze... vinte e um anos?

TELMO *(gravemente)* — Às palavras, às formais palavras daquela carta, escrita na própria madrugada do dia da batalha, e entregue a Frei Jorge, que vo-la trouxe. — «Vivo ou morto...» — rezava ela. — «Vivo ou morto...» Não me esqueceu uma letra daquelas palavras; e sei que homem era meu amo para as escrever em vão: «Vivo ou morto, Madalena, hei-de ver-vos pelo menos ainda uma vez neste mundo.» Não era assim que dizia?

MADALENA (*aterrada*) — Era.

TELMO — Vivo não veio... inda mal! E morto... a sua alma, a sua figura...

MADALENA(*possuída de grande terror*) — Jesus, homem!

TELMO — Não vos apareceu decerto.

MADALENA — Não: credo!

TELMO (*misterioso*) — Bem sei que não. Queria-vos muito; e a sua primeira visita, como de razão, seria para minha senhora. Mas não se ia sem aparecer também ao seu aio velho.

MADALENA — Valha-me Deus, Telmo! Conheço que desarrazoais: e contudo as vossas palavras metem-me um medo... Não me façais mais desgraçada.

TELMO — Desgraçada! Porquê? Não sois feliz na companhia do homem que amais, nos braços do homem a quem sempre quisestes mais sobre todos? Que o pobre de meu amo... respeito, devoção, lealdade, tudo lhe tivestes, como tão nobre e honrada senhora que sois... Mas amor!

MADALENA — Não está em nós dá-lo, nem quitá-lo, amigo

TELMO — Assim é. Mas os ciúmes que meu amo não teve nunca — bem sabeis que têmpera de alma era aquela – tenho-os eu... aqui está a verdade nua e crua... tenho-os eu por ele. Não posso, não posso ver... e desejo, quero forcejo por me acostumar... mas não posso. Manuel de Sousa... o senhor Manuel de Sousa Coutinho é um guapo cavalheiro, honrado fidalgo, bom português... mas – mas não é, nunca há-de ser, aquele espelho de cavalaria e gentileza, aquela flor dos bons... Ah, meu nobre amo, meu santo amo!

MADALENA — Pois sim, tereis razão... tendes razão, será tudo como dizeis. Mas reflecti, que haveis cabedal de inteligência para muito: eu resolvi-me por fim a casar com Manuel de Sousa; foi do aprazimento geral de nossas famílias, da própria família de meu primeiro marido, que bem sabeis quanto me estima; vivemos *(com afectação)* seguros, em paz e felizes... há catorze anos. Temos esta filha, esta querida Maria, que é todo o gosto e ânsia da nossa vida. Abençoou-nos Deus na formosura, no engenho, nos dotes admiráveis daquele anjo... E tu, tu, meu Telmo, que és tão seu que chegas a pretender ter-lhe mais amor que nós mesmos...

TELMO — Não, não tenho!

MADALENA — Pois tens: melhor! E és tu o que andas, continuamente e quase por acinte, a sustentar essa quimera, a levantar esse fantasma, cuja sombra, a mais remota, bastaria para enodoar a pureza daquela inocente, para condenar a eterna desonra a mãe e a filha!... *(Telmo dá sinais de grande agitação.)* Ora dize: já pensaste bem no mal que estás fazendo? Eu bem sei que a ninguém neste mundo, senão a mim, falas em tais coisas... falas assim como hoje temos falado... mas as tuas palavras misteriosas, as tuas alusões frequentes a esse desgraçado rei D. Sebastião, que o seu mais desgraçado povo ainda não quis acreditar que morresse, por quem ainda espera em sua leal incredulidade — esses contínuos agouros, em que andas sempre, de uma desgraça que está iminente sobre a nossa família... não vês que estás excitando com tudo isso a curiosidade daquela criança, aguçando-lhe o espírito — já tão perspicaz! — a imaginar, a descobrir... quem sabe se a acreditar nessa prodigiosa desgraça, em que tu mesmo... tu mesmo... sim, não crês deveras? Não crês, mas achas não sei que doloroso prazer em ter sempre viva e suspensa essa dúvida fatal. E então considera, vê: se um terror semelhante chega a entrar naquela alma, quem lho há-de tirar nunca mais? O que há-de ser dela e de nós? Não a perdes, não a matas... não me matas a minha filha?

TELMO (*em grande agitação durante a fala precedente, fica pensativo e aterrado; fala depois como para si*) — É verdade que sim! A morte era certa. E não há-de morrer: não, não, não, três vezes não. (*Para Madalena.*) À fé de escudeiro honrado, senhora D. Madalena, a minha boca não se abre mais; e o meu espírito há-de... há-de fechar-se também... (*Aparte.*) Não é possível, mas eu hei-de salvar o meu anjo do Céu! (*Alto, para Madalena.*) Está dito, minha senhora.

MADALENA — Ora Deus to pague. Hoje é o último dia de nossa vida que se fala em tal.

TELMO — O último.

MADALENA — Ora pois, ide, ide ver o que ela faz (*levantando-se*); que não esteja a ler ainda, a estudar sempre. (*Telmo vai a sair.*) E olhai: chegai-me depois ali a S. Paulo, ou mandai, se não podeis...

TELMO — Ao convento dos Domínicos? Pois não posso!... Quatro passadas.

MADALENA — E dizei a meu cunhado, a Frei Jorge Coutinho, que me está dando cuidado a demora de meu marido em Lisboa; que me prometeu de vir antes de véspera, e não veio; que é quase noite, e que já não estou contente com a tardança. (*Chega à varanda e olha para o rio.*) O ar está sereno, o mar tão quieto e a tarde tão linda!... quase que não há vento, é uma viração que afaga... Oh! quantas faluas navegando tão garridas por esse Tejo! Talvez nalguma delas — naquela tão bonita — venha Manuel de Sousa. Mas neste tempo não há que fiar no Tejo dum instante para o outro levanta-se numa nortada... e então aqui o pontal de Cacilhas! Que ele é tão bom mareante... Ora, um cavaleiro de Malta! (*Olha para o retrato com amor.*) Não é isso o que me dá maior cuidado: mas em Lisboa ainda há peste, ainda não estão limpos os ares... e essoutros ares que por aí correm destas alterações públicas, destas malquerenças entre Castelhanos e Portugueses! Aquele carácter inflexível de Manuel de

Sousa traz-me num susto contínuo. Vai, vai a Frei Jorge, que diga se sabe alguma coisa, que me assossegue, se puder.

CENA III

MADALENA, TELMO e MARIA

MARIA (*entrando com umas flores na mão, encontra-se com Telmo, e o faz tornar para a cena*) — Bonito! Eu há mais de meia hora no eirado passeando — e sentada a olhar para o rio a ver as faluas e os bergantins que andam para baixo e para cima — e já aborrecida de esperar... e o senhor Telmo aqui posto a conversar com a minha mãe, sem se importar de mim. Que é do romance que me prometestes? Não é o da batalha, não é o diz:

«Postos estão, frente a frente,
Os dous valorosos campos»;

é o outro, é o da ilha encoberta onde está el-rei D. Sebastião, que não morreu e que há-de vir um dia de névoa muito cerrada... Que ele não morreu; não é assim, minha mãe?

MADALENA — Minha querida filha, tu dizes coisas! Pois não tens ouvido, a teu tio Frei Jorge e a teu tio Lopo de Sousa, contar tantas vezes como aquilo foi? O povo, coitado, imagina essas quimeras para se consolar na desgraça.

MARIA — Voz do povo, voz de Deus, minha senhora mãe: eles que andam tão crentes nisto, alguma coisa há-de ser. Mas ora o que me dá que pensar é ver que, tirado aqui o meu bom velho Telmo (*chega-se toda para ele, acarinhando-o*), ninguém nesta casa gosta de ouvir falar em que escapasse o nosso bravo rei, o nosso santo rei D. Sebastião. Meu pai, que é tão bom português que não pode sofrer estes Castelhanos, e que até, às vezes, dizem que é de mais o que ele faz e o que ele fala... em ouvindo duvidar da morte do meu querido rei D. Sebastião... ninguém tal há-de dizer, mas põe-se logo outro, muda de semblante, fica pensativo e carrancudo; parece que o vinha afrontar, se voltasse, o pobre do rei. Ó minha mãe, pois ele não é por D. Filipe; não é, não?

MADALENA — Minha querida Maria, que tu hás-de estar sempre a imaginar nessas coisas que são tão pouco para a tua idade! Isso é o que nos aflige, a teu pai e a mim; queria-te ver mais alegre, folgar mais, e com coisas menos...

MARIA — Então, minha mãe, então! Vêem, vêem?... também minha mãe não gosta. Oh! essa ainda é pior, que se aflige, chora... Ela aí está a chorar... *(Vai-se abraçar com a mãe, que chora.)* Minha querida mãe, ora pois então! Vai-te embora, Telmo, vai-te; não quero mais falar, nem ouvir falar de tal batalha, nem de tais histórias, nem de coisa nenhuma dessas. Minha querida mãe!

TELMO — E é assim: não se fala mais nisso. E eu vou-me embora. *(Aparte, e indo-se depois de lhe tomar as mãos.)* Que febre que ela tem hoje, meu Deus! Queimam-lhe as mãos... e aquelas rosetas nas faces... Se o perceberá a pobre da mãe!

CENA IV

MADALENA e MARIA

MARIA — Quereis vós saber, mãe, uma tristeza muito grande que tenho? A mãe já não chora, não? Já se não enfada comigo?

MADALENA — Não me enfado contigo nunca, filha; e nunca me afliges, querida. O que tenho é o cuidado que me dás, é o receio de que...

MARIA — Pois aí está a minha tristeza: é esse cuidado em que vos vejo andar sempre por minha causa. Eu não tenho nada, e tenho saúde, olhai que tenho muita saúde.

MADALENA — Tens, filha... se Deus quiser, hás-de ter; e hás-de viver muitos anos para consolação e amparo de teus pais, que tanto te querem.

MARIA — Pois olhai: passo noites inteiras em claro a lidar nisto, e a lembrar-me de quantas palavras vos tenho ouvido, e a meu pai... e a recordar-me da mais pequena acção e gesto, e a pensar em tudo, a ver se descubro o que isto é, o porquê, tendo-me tanto amor... que, oh! isso nunca houve decerto filha querida como eu!...

MADALENA — Não, Maria.

MARIA — Pois sim; tendo-me tanto amor, que nunca houve outro igual, estais sempre num sobressalto comigo?

MADALENA — Pois se te estremecemos!

MARIA — Não é isso, não é isso; é que vos tenho lido nos olhos... Oh, que eu leio nos olhos, leio, leio!... e nas estrelas do céu também, e sei coisas...

MADALENA — Que estás a dizer, filha, que estás a dizer? Que desvarios! Uma menina do teu juízo, temente a Deus... Não te quero ouvir falar assim. Ora vamos: anda cá, Maria, conta-me do teu jardim, das tuas flores. Que flores tens tu agora? O que são estas? *(pegando nas que ela traz na mão).*

MARIA *(abrindo a mão e deixando-as cair no regaço da mãe)* — Murchou tudo... tudo estragado da calma... Estas são papoulas que fazem dormir; colhi-as para as meter debaixo do meu cabeçal esta noite; quero-a dormir de um sono, não quero sonhar, que me faz ver coisas... lindas às vezes, mas tão extraordinárias e confusas...

MADALENA — Sonhar, sonhas tu acordada, filha! Que, olha, Maria, imaginar é sonhar, e Deus pôs-nos neste mundo para velar e trabalhar, com o pensamento sempre nele, sim, mas sem nos estranharmos a estas coisas da vida que nos cercam, a estas necessidade que nos impõe o estado, a condição em que nascemos. Vês tu, Maria: tu és a nossa única filha, todas as esperanças de teu pai são em ti...

MARIA — E não lhas posso realizar, bem sei. Mas que hei-de eu fazer? Eu estudo, leio...

MADALENA — Lês de mais, cansas-te, não te distrais como as outras donzelas da tua idade, não és...

MARIA — O que eu sou... só eu o sei, minha mãe... E não sei, não: não sei nada, senão que o que devia ser não sou... Oh! porque não havia de eu ter um irmão que fosse um galhardo e valente mancebo, capaz de comandar os terços de meu pai, de pegar numa lança daquelas com que os nossos avós corriam a Índia, levando adiante de si turcos e gentios! Um belo moço que fosse o retrato próprio daquele gentil cavaleiro de Malta que ali está. *(Apontando para o retrato.)* Como ele era bonito, meu pai! Como lhe ficava bem o preto!... E aquela cruz tão alva em cima! Para que deixou ele o hábito, minha mãe, porque não ficou naquela santa religião, a vogar em suas nobres galeras por esses mares e a afugentar os infiéis diante da bandeira da Cruz?

MADALENA — Oh, filha, filha!... *(Mortificada.)* Porque não foi vontade de Deus, tinha de ser doutro modo. Tomara eu agora que ele chegasse de Lisboa! Com efeito é muito tardar... Valha-me Deus!

CENA V

JORGE, MADALENA e MARIA

JORGE — Ora seja Deus nesta casa!

(Maria beija-lhe o escapulário e depois a mão; Madalena somente o escapulário.)

56

MADALENA — Sejais bem-vindo, meu irmão!

MARIA — Boas tardes, tio Jorge!

JORGE — Minha senhora mana! A bênção de Deus te cubra, filha! Também estou desassossegado como vós, mana Madalena; mas não vos aflijais, espero que não há-de ser nada. É certo que tive umas notícias de Lisboa...

MADALENA (assustada) — Pois que é, que foi?

JORGE — Nada, não vos assusteis; mas é bom que estejais prevenida, por isso vo-lo digo. Os governadores querem sair da cidade... é um capricho verdadeiro... Depois de aturarem metidos ali dentro toda a força da peste, agora, que ela está, se pode dizer, acabada, que são raríssimos os casos, é que por força querem mudar de ares.

MADALENA — Pois coitados!...

MARIA — Coitado do povo! Que mais valem as vidas deles? Em pestes e desgraças assim eu entendia, se governasse, que o serviço de Deus e do rei me mandava ficar, até à última, onde a miséria fosse mais e o perigo maior, para atender com remédio e amparo aos necessitados. Pois rei não quer dizer pai comum de todos?

JORGE — A minha donzela Teodora! Assim é, filha, mas o mundo é doutro modo; que lhe faremos?

MARIA — Emendá-lo.

JORGE (para Madalena, baixo) — Sabeis que mais? Tenho medo desta criança.

MADALENA (do mesmo modo) — Também eu.

JORGE (alto) — Mas, enfim, resolveram sair; e sabereis mais que, para corte e buen retiro dos nossos cinco reis, os senhores governadores de Portugal por D. Filipe de Castela, que Deus guarde, foi escolhida esta nossa boa vila de Almada, que o deveu à fama de suas águas sadias, ares lavados e graciosa vista.

MADALENA — Deixá-los vir.

JORGE — Assim é: que remédio! Mas ouvi o resto. O nosso pobre Convento de S. Paulo tem de hospedar o senhor arcebispo D. Miguel de Castro, presidente do Governo. Bom prelado é ele; e, se não fosse que nos tira do humilde sossego de nossa vida, por vir como senhor e príncipe secular... o mais, paciência. Pior é o vosso caso...

MADALENA — O meu!

JORGE — O vosso e de Manuel de Sousa; porque os outros quatro governadores — e aqui está o que me mandaram dizer em muito segredo de Lisboa — dizem que querem vir para esta casa e pôr aqui aposentadoria.

MARIA (com vivacidade) — Fechamos-lhes as portas. Metemos a nossa gente dentro — o terço de meu pai tem mais de seiscentos homens — e defendemo-nos. Pois não é uma tirania?... E há-de ser bonito!... Tomara eu ver seja o que for que se pareça com uma batalha!

JORGE — Louquinha!

MADALENA — Mal que mal fizemos nós ao conde de Sabugal e aos outros governadores, para nos fazerem esse desacato? Não há por aí outras casas? E eles não sabem que nesta há senhoras, uma família... e que estou eu aqui?...

MARIA (que esteve com o ouvido inclinado para a janela) — É a voz de meu pai! Meu pai que chegou!

MADALENA (sobressaltada) — Não oiço nada.

JORGE — Nem eu, Maria.

MARIA — Pois oiço eu muito claro. É meu pai que aí vem... e vem afrontado!

JORGE, MADALENA, MARIA e MIRANDA

MIRANDA — Meu senhor chegou: vi agora daquele alto entrar um bergantim, que é por força o nosso. Estáveis com cuidado; e era para isso, que já vai a cerrar-se a noite... Vim trazer-vos depressa a notícia.

MADALENA — Obrigada, Miranda. É extraordinária esta criança; vê e ouve em tais distâncias...

(Maria tem saído para o eirado, mas volta logo depois.)

JORGE — É verdade. *(Aparte.)* Terrível sinal naqueles anos e com aquela compleição!

CENA VII

JORGE, MADALENA, MARIA, MIRANDA e MANUEL DE SOUSA, entrando com vários criados que o seguem, alguns com brandões acesos. É noite fechada.

MANUEL — *(parando junto da porta, para os criados).* — Façam o que lhes disse. Já, sem mais detença! Não apaguem esse brandões; encostem-nos aí fora no patim. E tudo o mais que eu mandei. *(Vindo ao proscénio.)* Madalena! Minha querida filha, minha Maria! *(Abraça--as.)* Jorge, ainda bem que aqui estás, preciso de ti. Bem sei que é tarde e que são horas conventuais; mas eu irei depois contigo dizer a *mea culpa* e o *peccavi* ao nosso bom prior. Miranda, vinde cá. *(Vai com ele à porta da esquerda, depois às do eirado, e dá-lhe algumas ordens baixo.)*

MADALENA — Que tens tu? Nunca entraste em casa assim. Tens coisa que te dá cuidado... e não mo dizes? O que é?

MANUEL — É que... Senta-te, Madalena; aqui ao pé de mim, Maria. Jorge, sentemo-nos, que estou cansado. *(Sentam-se todos.)* Pois agora sabei as novidades, que seriam estranhas se não fosse o tempo em que vivemos. *(Pausa.)* É preciso sair já desta casa, Madalena.

MARIA — Ah! inda bem, meu pai!

MANUEL — Inda mal! Mas não há outro remédio. Sairemos esta noite mesmo. Já dei ordens a toda a família. Telmo foi avisar as tuas aias do que haviam de fazer, e lá anda pelas câmaras velando nesse cuidado. Sempre é bom que vás dar um relance de olhos ao que por lá se faz; eu também irei por minha parte. Mas temos tempo: isto são oito horas, à meia-noite vão quatro; daqui lá o pouco que me importa salvar estará salvo... e eles não virão antes da manhã.

MADALENA — Então sempre é verdade que Luís de Moura e os outros governadores...?

MANUEL — Luís de Moura é um vilão ruim: faz como quem é. O arcebispo é... o que os outros querem que ele seja. Mas o conde de Sabugal, o conde de Santa Cruz, que deviam olhar por quem são, e que tomaram este encargo, odioso... e vil, de oprimir os seus naturais em nome de um rei estrangeiro... Oh, que gente, que fidalgos portugueses!... Hei-de-lhes dar uma lição, a eles e a este escravo deste povo que os sofre, como não levam tiranos há muito tempo nesta terra.

MARIA — O meu nobre pai! Oh, o meu querido pai! Sim sim, mostrai-lhes quem sois e o que vale um portugês dos verdadeiros.

MADALENA — Meu adorado esposo, não te deites a perder, não te arrebates. Que farás tu contra esses poderosos? Eles já te querem tão mal pelo mais que tu vales que eles, pelo teu saber, que esses grandes fingem que desprezam... Mas não é assim: o que eles têm é inveja! O que fará se lhes deres pretexto para se vingarem da afronta em que os traz a superioridade do teu mérito! Manuel, meu esposo, Manuel de Sousa, pelo nosso amor...

JORGE — Tua mulher tem razão. Prudência, e lembra-te de tua filha.

MANUEL — Lembro-me de tudo, deixa estar. Não te inquietes, Madalena: eles querem vir para aqui amanhã de manhã; e nós forçosamente havemos de sair antes de eles entrarem. Por isso é preciso já.

MADALENA — Mas para onde iremos nós, de repente, a estas horas?

MANUEL — Para a única parte para onde podemos ir: a casa não é minha... mas é tua, Madalena.

MADALENA — Qual?... a que foi...? a que pega com S. Paulo? Jesus me valha!

JORGE — E fazem muito bem: a casa é larga e está em bom reparo, tem ainda quase tudo de trastes e paramentos necessários; pouco tereis que levar convosco. E então para mim, para os nossos padres todos, que alegria! Ficamos quase debaixo dos mesmos telhados. Sabeis que tendes ali tribuna para a Capela da Senhora da Piedade, que é a mais devota e mais bela de toda a igreja... Ficamos como vivendo juntos.

MARIA — Tomara-me eu já lá. (*Levanta-se, pulando.*)

MANUEL — E são horas, vamos a isto. (*Levantando-se.*)

MADALENA (*vindo para ele*) — Ouve, escuta, que tenho que te dizer; por quem és, ouve: não haverá algum outro modo?

MANUEL — Qual, senhora, e que lhe hei-de eu fazer? Lembrai vós, vede se achais.

MADALENA — Aquela casa... eu não tenho ânimo... Olhai: eu preciso de falar a sós convosco. Frei Jorge, ide com Maria aí para dentro; tenho que dizer a vosso irmão.

MARIA — Tio, venha, quero ver se me acomodam os meus livrinhos *(confidencialmente)* e os meus papéis... que eu também tenho papéis. Deixai, que lá na outra casa vos hei-de mostrar... Mas segredo!

JORGE — Tontinha!

CENA VIII

MANUEL DE SOUSA e MADALENA

MANUEL *(passeia agitado de um lado para outro da cena, com as mãos cruzadas detrás das costas e parando de repente)* — Há-de saber-se no mundo que ainda há um português em Portugal.

MADALENA — Que tens tu, dize, que tens tu?

MANUEL — Tenho que não hei-de sofrer esta afronta... e que é preciso sair desta casa, senhora.

MADALENA — Pois sairemos, sim; eu nunca me opus ao teu querer, nunca soube que coisa era ter outra vontade diferente da tua; estou pronta a obedecer-te sempre, cegamente, em tudo. Mas, oh! esposo da minha alma... para aquela casa não, não me leves para aquela casa! *(Deitando-lhe os braços ao pescoço.)*

MANUEL — Ora tu não eras costumada a ter caprichos! Não temos outra para onde ir; e a estas horas, neste aperto... Mudaremos depois, se quiseres... mas não lhe vejo remédio agora. E a casa que tem? Porque foi de teu primeiro marido? É por mim que tens essa repugnância? Eu estimei e respeitei sempre a D. João de Portugal; honro a sua memória, por ti, por ele e por mim; e não tenho na consciência porque receie abrigar-me debaixo dos mesmos tectos que o cobriram. Viveste ali com ele? Eu não tenho ciúmes de um passado que me não pertencia. E o presente, esse é meu, meu só, todo meu, querida Madalena... Não falemos mais nisso: é preciso partir, e já.

MADALENA — Mas é que tu não sabes... Eu não sou melindrosa nem de invenções; em tudo o mais sou mulher, e muito mulher, querido; nisso não... Mas tu não sabes a violência, o constrangimento de alma, o terror com que eu penso em ter de entrar naquela casa. Parece-me que é voltar ao poder dele, que é tirar-me dos teus braços, que o vou encontrar ali... — oh, perdoa, perdoa-me, não me sai esta ideia da cabeça... —, que vou achar ali a sombra despeitosa de D. João, que me está ameaçando com uma espada de dois gumes... que a atravessa no meio de nós, entre mim e ti e a nossa filha, que nos vai separar para sempre... Que queres...? Bem sei que é loucura; mas a ideia de tornar a morar ali, de viver ali contigo e com Maria, não posso com ela. Sei decerto que vou ser infeliz, que vou morrer naquela casa funesta, que não estou ali três dias, três horas, sem que todas as calamidades do mundo venham sobre nós. Meu esposo, Manuel, marido da minha alma, pelo nosso amor to peço, pela nossa filha... Vamos seja para onde for, para a cabana de algum pobre pescador desses contornos, mas para ali, não, oh, não!

MANUEL — Em verdade nunca te vi assim; nunca pensei que tivesses a fraqueza de acreditar em agouros. Não há senão um temor justo, Madalena: é o temor de Deus; não há espectros que nos possam aparecer senão os das más acções que fazemos. Que tens tu na consciência que tos faça temer? O teu coração e as tuas mãos estão puras; para os que andam diante de Deus a Terra não tem sustos, nem o Inferno pavores que se lhes atrevam. Rezaremos por alma de D. João de Portugal nessa devota capela que é parte da sua casa; e não hajas medo que nos venha perseguir neste mundo aquela santa alma que está no Céu, e que em tão santa batalha, pelejando por seu

Deus e por seu rei, acabou mártir às mãos dos infiéis. Vamos, D. Madalena de Vilhena, lembrai-vos de quem sois e de quem vindes, senhora... e não me tires, querida mulher, com vãs quimeras de crianças, a tranquilidade do espírito e a força do coração, que as preciso inteiras nesta hora.

MADALENA — Pois que vais tu fazer?

MANUEL — Vou, já te disse, vou dar uma lição aos nossos tiranos que lhes há-de lembrar, vou dar um exemplo a este povo que o há-de alumiar...

CENA IX

MANUEL DE SOUSA, MADALENA, TELMO, MIRAN- DA e os outros criados, entando apressadamente

TELMO — Senhor, desembarcaram agora grande comitiva de fidalgos, escudeiros e soldados que vêm de Lisboa e sobem a encosta para a vila. O arcebispo não é decerto, que já cá está há muito no convento; diz-se por aí...

MANUEL — Que são os governadores? (*Telmo faz um sinal afirmativo.*) Quiseram-me enganar, e apressam-se a vir hoje... Parece que adivinharam... mas não me colheram desapercebido. (Chama à porta da esquerda.) Jorge, Maria! (*Volta para a cena.*) Madalena, já, já, sem mais demora.

CENA X

MANUEL DE SOUSA, MADALENA, TELMO, MIRAN- DA e os outros criados; JORGE e MARIA, entrando

MANUEL — Jorge, acompanha estas damas. Telmo, ide,

ide com elas. *(Para os outros criados.)* Partiu já tudo, as arcas, os meus cavalos, armas e tudo o mais?

MIRANDA — Quase tudo foi já; o pouco que falta está pronto e sairá num instante... pela porta de trás, se quereis.

MANUEL — Bom; que saia. *(A um sinal de Miranda saem dois criados.)* Madalena, Maria: não vos quero ver aqui mais. Já, ide; serei convosco em pouco tempo.

CENA XI

MANUEL DE SOUSA, MIRANDA e os outros criados

MANUEL — Meu pai morreu desastrosamente caindo sobre a sua própria espada. Quem sabe se eu morrerei nas chamas ateadas por minhas mãos? Seja. Mas fique-se aprendendo em Portugal como um homem de honra e coração, por mais poderosa que seja a tirania, sempre lhe pode resistir, em perdendo o amor a coisas tão vis e precárias como são esses haveres que duas faíscas destroem num momento... como é esta vida miserável que um sopro pode apagar em menos tempo ainda! *(Arrebata duas tochas das mãos dos criados, corre à porta da esquerda, atira com uma para dentro; e vê-se atear logo uma labareda imensa. Vai ao fundo, atira a outra tocha; e sucede o mesmo. Ouve-se alarido de fora.)*

CENA XII

MANUEL DE SOUSA e criados; MADALENA, MARIA, JORGE e TELMO, acudindo

MADALENA — Que fazes?... que fizeste? Que é isto, oh, meu Deus!

MANUEL *(tranquilamente)* — Ilumino a minha casa para receber os muito poderosos e excelentes senhores governadores destes reinos. Suas Excelências podem vir quando quiserem.

MADALENA — Meu Deus, meu Deus!... Ai, e o retrato de meu marido!... Salvem-me aquele retrato!

> *(Miranda e o outro criado vão para tirar o painel; uma coluna de fogo salta nas tapeçarias e os afugenta.)*

MANUEL — Parti! Parti! As matérias inflamáveis que eu tinha disposto vão-se ateando com espantosa velocidade. Fugi!

MADALENA *(cingindo-se ao braço do marido)* — Sim, sim, fujamos.

MARIA *(tomando-o do outro braço)* — Meu pai, nós não fugimos sem vós.

TODOS — Fujamos, fujamos!

> *(Redobram os gritos de fora, ouve-se rebate de sinos; cai o pano.)*

ACTO SEGUNDO

É no palácio que fora de D. João de Portugal, em Alma-
da; salão antigo, de gosto melancólico e pesado, com gran-
des retratos de família, muitos de corpo inteiro, bispos, do-
nas, cavaleiros, monges; estão em lugar mais conspícuo, no
fundo, o de el-rei D. Sebastião, o de Camões e o de D. João
de Portugal. Portas do lado direito para o exterior, do es-
querdo para o interior, cobertas de reposteiros com as ar-
mas dos condes de Vimioso. São as antigas da casa de Bra-
gança, uma aspa vermelha sobre campo de prata com cinco
escudos do reino, um no meio e os quatro nos quatro extre-
mos da aspa: em cada braço, e entre dois escudos, uma
cruz floreteada, tudo do modo que trazem actualmente os
duques de Cadaval; sobre o escudo, coroa de conde. No fun-
do um reposteiro muito maior e com as mesmas armas
sobre as portadas da tribuna, que deita sobre a Capela da
Senhora da Piedade, na Igreja de S. Paulo dos domínicos de
Almada.

CENA I

MARIA e TELMO

MARIA (*saindo pela porta da esquerda e trazendo pela mão*
a Telmo, que parece vir de pouca vontade) — Vinde, não
façais bulha, que minha mãe ainda dorme. Aqui, aqui
nesta sala é que quero conversar. E não teimes, Telmo,
que fiz tenção e acabou-se!

TELMO — Menina!...

MARIA — «Menina e moça me levaram de casa de meu pai»
— é o princípio daquele livro tão bonito que minha mãe
diz que não entende; entendo-o eu. Mas aqui não há menina nem moça; e vós, senhor Telmo Pais, meu fiel escudeiro, «faredes o que mandado vos é». E não me repli-

ques, que então altercamos, faz-se bulha, e acorda minha mãe, que é o que eu não quero. Coitada! Há oito dias que aqui estamos nesta casa, e é a primeira noite que dorme com sossego. Aquele palácio a arder, aquele povo a gritar, o rebate dos sinos, aquela cena toda... oh! tão grandiosa e sublime, que a mim me encheu de maravilha que foi um espectáculo como nunca vi outro de igual majestade!... à minha pobre mãe aterrou-a, não se lhe tira dos olhos: vai a fechá-los para dormir e diz que vê aquelas chamas enoveladas em fumo a rodear-lhe a casa, a crescer para o ar e a devorar tudo com fúria infernal... C retrato de meu pai, aquele do quarto de lavor, tão seu favorito, em que ele estava tão gentil-homem, vestido de cavaleiro de Malta, com a sua cruz branca no peito aquele retrato não se pode consolar de que lho não salvassem, que se queimasse ali. Vês tu? Ela, que não cria em agouros, que sempre me estava a repreender pelas minhas cismas, agora não lhe sai da cabeça que a perda do retrato é prognóstico fatal de outra perda maior, que está perto, de alguma desgraça inesperada, mas certa que a tem de separar de meu pai. E eu agora é que faço de forte e assisada, que zombo de agouros e de sinas... para a animar, coitada!... que aqui entre nós, Telmo nunca tive tanta fé neles. Creio — oh, se creio! — que são avisos que Deus nos manda para nos preparar. E há... oh! há grande desgraça a cair sobre meu pai... decerto e sobre minha mãe também, que é o mesmo.

TELMO *(disfarçando o terror de que está tomado)* — Não digais isso... Deus há-de fazê-lo por melhor, que lho merecem ambos. (Cobrando ânimo e exaltando-se.) Vosso pai, D. Maria, é um português às direitas. Eu sempre o tive em boa conta; mas agora, depois que lhe vi fazer aquela acção — que o vi, com aquela alma de português velho, deitar as mãos às tochas e lançar ele mesmo o fogo à sua própria casa; queimar e destruir numa hora tanto de seu haver, tanta coisa de seu gosto, para dar um exemplo de liberdade, uma lição tremenda a estes nossos tiranos... Oh, minha querida filha, aquilo é um homem A minha vida que ele queira é sua. E a minha pena, toda a minha pena, é que o não conheci, que o não estime sempre no que ele valia.

MARIA *(com lágrimas nos olhos e tomando-lhe as mãos)*
— Meu Telmo, meu bom Telmo: é uma glória ser filha de
tal pai, não é? Dize!

TELMO — Sim, é; Deus o defenda!

MARIA — Deus o defenda! Ámen. E eles, os tiranos governadores, ainda estarão muito contra meu pai? Já soubes-
te hoje alguma coisa das diligências do tio Frei Jorge?

TELMO — Já, sim. Vão-se desvanecendo, ainda bem! Os
agouros de vossa mãe... hão-de sair falsos de todo. O arcebispo, o conde de Sabugal e os outros já vosso tio os
trouxe à razão, já os moderou. Miguel de Moura é que
ainda está renitente; mas há-de-lhe passar. Por estes
dias fica tudo sossegado. Já o estava se ele quisesse dizer
que o fogo tinha pegado por acaso. Mas ainda bem que o
não quis fazer: era desculpar com a vilania de uma men-
tira o generoso crime por que o perseguem.

MARIA — Meu nobre pai! Mas quando há-de ele sair daquele homizio? Passar os dias retirado nessa quinta tão
triste dalém do Alfeite e não poder vir aqui senão de noite, por instantes, e Deus sabe com que perigo!

TELMO — Perigo nenhum; todos o sabem e fecham os
olhos. Agora é só conservar as aparências aí mais uns
dias, e depois fica tudo como dantes.

MARIA — Ficará, pode ser; Deus queira que seja! Mas tenho cá uma coisa que me diz que aquela tristeza de minha mãe, aquele susto, aquele terror em que está, e que
ela disfarça com tanto trabalho na presença de meu pai
(também a mim mo queria encobrir, mas agora já não
pode, coitada!), aquilo é pressentimento de desgraça
grande... Oh! mas é verdade... vinde cá. *(Leva-o diante
dos três retratos que estão no fundo; e apontando para o
de D. João.)* De quem é este retrato aqui, Telmo?

TELMO *(olha e vira a cara de repente)* — Esse é... há-de
ser... é um da família destes senhores da casa de Vimioso, que aqui estão tantos.

MARIA *(ameaçando-o com o dedo)* — Tu não dizes a verdade, Telmo.

TELMO *(quase ofendido)* — Eu nunca menti, senhora D. Maria de Noronha.

MARIA — Mas não diz a verdade toda o senhor Telmo Pais, que é quase o mesmo.

TELMO — O mesmo!... Disse-vos o que sei, e o que é verdade: é um cavaleiro da família de meu outro amo, que Deus... que Deus tenha em bom lugar.

MARIA — E não tem nome o cavaleiro?

TELMO *(embaraçado)* — Há-de ter; mas eu é que...

MARIA *(como quem lhe vai tapar a boca)* — Agora é que tu ias mentir de todo... Cala-te. Não sei para que são estes mistérios: cuidam que eu hei-de ser sempre criança! Na noite que viemos para esta casa, no meio de toda aquela desordem, eu e minha mãe entrámos por aqui dentro sós e viemos ter a esta sala. Estava ali um brandão aceso, encostado a uma dessas cadeiras que tinham posto no meio da casa; dava todo o clarão da luz naquele retrato... Minha mãe, que me trazia pela mão, põe de repente os olhos nele e dá um grito. Oh, meu Deus!... ficou tão perdida de susto, ou não sei de quê, que me ia caindo em cima. Pergunto-lhe o que é; não me respondeu: arrebata da tocha e leva-me com uma força... com uma pressa, a correr por essas casas, que parecia que vinha alguma coisa má atrás de nós. Ficou naquele estado em que a temos visto há oito dias, e não lhe quis falar mais em tal. Mas este retrato que ela não nomeia nunca de quem é, e só diz assim às vezes: «O outro, o outro...», este retrato e o de meu pai que se queimou são duas imagens que lhe não saem do pensamento.

TELMO *(com ansiedade)* — E esta noite ainda lidou muito nisso?

MARIA — Não; desde ontem pela tarde, que cá esteve o tio Frei Jorge e a animou com muitas palavras de consolação e de esperança em Deus, e que lhe disse do que contava abrandar os governadores, minha mãe ficou outra; passou-lhe de todo, ao menos até agora. Mas então, vamos, tu não me dizes do retrato? Olha (designando o de el-rei D. Sebastião), aquele do meio bem sabes se o conhecerei: é o do meu querido a amado rei D. Sebastião. Que majestade! Que testa aquela tão austera, mesmo dum rei moço e sincero ainda, leal, verdadeiro, que tomou ao sério o cargo de reinar e jurou que há-de engrandecer e cobrir de glória o seu reino! Ele ali está... E pensar que havia de morrer às mãos de mouros, no meio de um deserto, que numa hora se havia de apagar toda a ousadia reflectida que está naqueles olhos rasgados, no apertar daquela boca!... Não pode ser, não pode ser. Deus não podia consentir em tal.

TELMO — Que Deus te ouvisse, anjo do Céu!

MARIA — Pois não há profecias que o dizem? Há, e eu creio nelas. E também creio naqueloutro que ali está (indica o retrato de Camões), aquele teu amigo com quem tu andaste lá pela Índia, nessa terra de prodígios e bizarrias, por ele ia... Como é? Ah, sim...

«Numa mão sempre a espada e noutra a pena...»

TELMO — Oh! o meu Luís, coitado! Bem lho pagaram. Era um rapaz mais moço do que eu, muito mais... e quando o vi a última vez... foi no alpendre de S. Domingos, em Lisboa — parece-me que o estou a ver! —, tão mal trajado, tão encolhido... ele, que era tão desembaraçado e galã... e então velho!, velho alquebrado — com aquele olho que valia por dois, mas tão sumido e encovado já que eu disse comigo: «Ruim terra te comerá cedo, corpo da maior alma que deitou Portugal!» E dei-lhe um abraço... foi o último... Ele pareceu ouvir o que me estava dizendo o pensamento cá por dentro e disse-me: «Adeus, Telmo! S. Telmo seja comigo neste cabo de navegação... que já vejo terra, amigo» — e apontou para uma cova que ali se estava a abrir. Os frades rezavam o ofício dos mortos na igreja... Ele entrou para lá e eu fiu-me embora. Daí a um mês vieram-me aqui dizer: «Lá foi Luís de Camões num lençol para Sant'Ana.» E ninguém mais falou nele.

MARIA — Ninguém mais!... Pois não lêem aquele livro que é para dar memória aos mais esquecidos?

TELMO — O livro, sim; aceitaram-no como o tributo de um escravo. Estes ricos, estes grandes, que oprimem e desprezam tudo o que não são as suas vaidades, tomaram o livro como uma coisa que lhes fizesse um servo seu e para honra deles. O servo, acabada a obra, deixaram-no morrer ao desamparo, sem lhes importar com isso... Quem sabe se folgaram? Podia perdir-lhes uma esmola — escusavam de se incomodar a dizer que não.

MARIA (com entusiasmo) — Está no Céu, que o Céu fez-se para os bons e para os infelizes, para os que já cá da Terra o adivinharam! Este lia nos mistérios de Deus; as suas palavras são de profeta. Não te lembras o que lá diz do nosso rei D. Sebastião?... Como havia de ele então morrer? Não morreu. (Mudando de tom.) Mas o outro, o outro... quem é este outro, Telmo? Aquele aspecto tão triste, aquela expressão de melancolia tão profunda... aquelas barbas tão negras e cerradas... e aquela mão que descansa na espada, como quem não tem outro arrimo, nem outro amor nesta vida...

TELMO (deixando-se surpreender) — Pois tinha, oh!, se tinha!...

> (Maria olha para Telmo, como quem compreendeu, depois torna a fixar a vista no retrato; e ambos ficam diante dele como fascinados. No entretanto, e às últimas palavras de Maria, um homem embuçado com o chapéu sobre os olhos levanta o reposteiro da direita e vem, pé ante pé, aproximando-se dos dois, que o não sentem.)

CENA II

MARIA, TELMO e MANUEL DE SOUSA

MANUEL — Aquele era D. João de Portugal, um honrado fidalgo e um valente cavaleiro.

MARIA *(respondendo sem observar quem lhe fala)* — Bem mo dizia o coração!

MANUEL *(desembuçando-se e tirando o chapéu com muito afecto)* — Que te dizia o coração, minha filha?

MARIA *(reconhecendo-o)* — Oh, meu pai, meu querido pai! Já me não diz mais nada o coração senão isto. *(Lança-se-lhe nos braços e beija-o na face muitas vezes.)* Ainda bem que viestes; mas de dia!... Não tendes receio, não há perigo já?

MANUEL — Perigo, pouco. Ontem à noite não pude vir; e hoje naõ tive paciência para aguardar todo o dia. Vim bem coberto com esta capa...

TELMO — Não há perigo nenhum, meu senhor; podeis estar à vontade e sem receio. Esta madrugada, muito cedo, estive no convento, e sei pelo senhor Frei Jorge que está, se pode dizer, tudo concluído.

MANUEL — Pois ainda bem, Maria. E tua mãe, tua mãe, filha?

MARIA — Desde ontem está outra...

MANUEL *(em acção de partir)* — Vamos a vê-la.

MARIA *(retendo-o)* — Não, que dorme ainda.

MANUEL — Dorme? Oh, então melhor. Sentemo-nos aqui, filha, e conversemos. *(Toma-lhe as mãos; sentam-se.)* Tens as mãos tão quentes! *(Beija-a na testa.)* E esta tes-

ta, esta testa... escalda! Se isto está sempre a ferver!
Valha-te Deus. Maria! Eu não quero que tu penses.

MARIA — Então que hei-de eu fazer?

MANUEL — Folgar, rir, brincar, tanger na harpa, correr
nos campos, apanhar das flores... E Telmo que te não
conte mais histórias, que te não ensine mais trovas e so-
laus. Poetas e trovadores padecem todos da cabeça... e é
um mal que se pega.

MARIA — E então para que fazeis vós como eles?... Eu bem
sei que fazeis.

MANUEL (sorrindo) — Se tu sabes tudo! Maria, minha Maria! (Amimando-a) Mas não sabias ainda agora de quem
era aquele retrato...

MARIA — Sabia.

MANUEL — Ah, você sabia e estava fingido?

MARIA (gravemente) — Fingir, não, meu pai. A verdade...
é que eu sabia de um saber cá de dentro; ninguém mo tinha dito, e eu queria ficar certa.

MANUEL — Então adivinhas, feiticeira. (Beija-a na testa.)
Telmo, ide ver se chamais meu irmão; dizei-lhe que estou aqui.

CENA III

MANUEL DE SOUSA e MARIA

MANUEL — Ora ouve cá, filha. Tu tens uma grande propensão para achar maravilhas e mistérios nas coisas mais
naturais e singelas. E Deus entregou tudo à nossa razão,
menos os segredos de sua natureza inefável, os de seu
amor e de sua justiça e misericórdia para connosco. Es-

74

ses são os pontos sublimes e incompreensíveis da nossa fé! Esses crêem-se; tudo o mais examina-se. Mas vamos *(sorrindo)*: não dirão que sou da Ordem dos Pregadores? Há-de ser destas paredes, é unção da casa: que isto é quase um convento aqui, Maria... Para frades de S. Domingos não nos falta senão o hábito...

MARIA — Que não faz o monge...

MANUEL — Assim é, querida filha! Sem hábito, sem escapulário nem correia, por baixo do cetim e do veludo, o cilício pode andar tão apertado sobre as carnes, o coração tão contrito no peito... a morte — e a vida que vem depois dela — tão diante dos olhos sempre, como na cela mais estreita e com o burel mais grosseiro cingido. Mas, enfim, chega-te aos bons... sempre é meio caminho andado. Eu estou contentíssimo de virmos para esta casa — quase que nem já me pesa da outra. Tenho aqui meu irmão Jorge e todos estes bons padres de S. Domingos como de portas adentro. Ainda não viste daqui a igreja? *(Levanta o reposteiro do fundo e chegam ambos à tribuna.)* É uma devota capela esta. E todo o templo tão grave! Dá consolação vê-lo. Deus nos deixe gozar em paz de tão boa vizinhança. *(Tornam para o meio da casa.)*

MARIA *(que parou diante do retrato de D. João de Portugal, volta-se de repente para o pai)* — Meu pai, este retrato é parecido?

MANUEL — Muito; é raro ver tão perfeita semelhança: o ar, os ademanes, tudo. O pintor copiou fielmente quanto viu. Mas não podia ver, nem lhe cabiam na tela, as nobres qualidades de alma, a grandeza e valentia de coração e a fortaleza daquela vontade, serena mas indomável, que nunca foi vista mudar. Tua mãe ainda hoje estremece só de o ouvir nomear; era um respeito... era quase um temor santo que lhe tinha.

MARIA — E lá ficou naquela fatal batalha!...

MANUEL — Ficou. Tens muita pena, Maria?

MARIA — Tenho.

MANUEL — Mas se ele vivesse... não existias tu agora, não te tinha eu aqui nos meus braços.

MARIA *(escondendo a cabeça no seio do pai)* — Ai, meu pai!

CENA IV

MARIA, MANUELA DE SOUSA e JORGE

JORGE — Ora alvísseras, minha dona sobrinha. Venha-me já abraçar, senhora D. Maria. *(Maria beija-lhe o escapulário; e depois abraçam-se.)* Inda bem que vieste, meu irmão! Está tudo feito: os governadores deixam cair o caso em esquecimento; Miguel de Moura já cedeu. O arcebispo foi ontem a Lisboa e volta esta tarde. Vamos eu e mais quatro religiosos nossos buscá-lo para o acompanhar, e tu hás-de vir connosco para lhe agradecer; que não teve parte no agravo que te fizeram, e foi quem acabou com os outros que se não ressentissem da ofensa ou do que lhes prouve tomar como tal... Deixemos isso. Volta para o convento e quase que vem ser teu hóspede! É preciso fazer-lhe cumprimento, que no-lo merece.

MANUEL — Se ele vem só, sem os outros...

JORGE — Só, só; os outros estão por essas quintas daquém do Tejo. E nós não chegamos aqui senão lá por noite.

MANUEL — Se entendes que posso ir...

JORGE — Podes e deves.

MANUEL — Vou, decerto. E até eu preciso de ir a Lisboa: tenho negócio de importância no Sacramento, no vosso convento novo de freiras abaixo de S. Vicente; necessito falar com a abadessa.

MARIA — Oh! meu pai, meu querido pai, levai-me, por quem sois, convosco. Eu queria ver a tia Joana de Castro: é o maior gosto que posso ter nesta vida. Quero ver aquele rosto... De mim não se há-de tapar...

MANUEL — E tua mãe?

MARIA — Minha mãe dá licença, dá. Ela já está boa... oh, e em vos vendo fica boa de todo, e eu vou.

MANUEL — E os ares maus em Lisboa?

JORGE — Isso já acabou de todo; nem sinal de peste. Mas enfim, a prudência...

MARIA — A mim não se me pega nada. Meu querido pai, vamos, vamos.

MANUEL — Veremos o que diz tua mãe e como ela está.

CENA V

MARIA, MANUEL DE SOUSA, JORGE e MADALENA, entrando

MADALENA (*correndo a abraçar Manuel de Sousa*) — Estou boa já, não tenho nada, esposo da minha alma. Todo o meu mal era susto, era terror de te perder.

MANUEL — Querida Madalena!

MADALENA — Agora estou boa: Telmo já me disse tudo e curou-me com a boa nova. Maria, Deus lembrou-se de nós; ouviu as tuas orações, filha, que as minha... (*Vai a recair na sua tristeza.*)

JORGE — Ora pois, mana, ora pois!... Louvado seja Ele por tudo. E haja alegria! Que era sermos desagradecidos para com o Senhor, que nos valeu, mostrar-se hoje alguém triste nesta casa.

MADALENA (*fazendo por se alegrar*) — Triste porquê? As tristezas acabaram. (*Para Manuel de Sousa.*) Tu ficas aqui já de vez, não me deixas mais, não sais de ao pé de mim? Agora olha, estes primeiros dias, ao menos, hás-de-me aturar, hás-de-me fazer companhia. Preciso muito, querido.

MANUEL — Pois sim, Madalena, sim; farei quanto quiseres.

MADALENA — É que eu estou boa... boa de todo, mas tenho uma...

MANUEL — Uma imaginação que te atormenta. Havemos de castigá-la, ainda que não seja senão para dar exemplo a certa donzela que nos está ouvindo e que precisa... precisa muito. Pois olha: hoje é sexta-feira...

MADALENA — Sexta-feira! (*Aterrada.*) Ai, que é sexta-feira!

MANUEL — Para mim tem sido sempre o dia mais bem estreado de toda a semana.

MADALENA — Sim!

MANUEL — É o dia da paixão de Cristo, Madalena.

MADALENA (*caindo em si*) — Tens razão.

MANUEL — É hoje sexta-feira; e daqui a oito... vamos, daqui a quinze dias, bem contados, não saio de casa. Estás contente?

MADALENA — Meu esposo, meu marido, meu querido Manuel!

MANUEL — E tu, Maria?

MARIA (*amuada*) — Eu não.

MANUEL (*para Madalena*) — Queres tu saber porque é aquele amuo? É que eu precisava de ir hoje a Lisboa...

MADALENA — A Lisboa... hoje!

MANUEL — Sim; e não posso deixar de ir. Sabes que por fins desta minha pendência com os governadores eu fiquei em dívida — quem sabe se da vida? Miguel de Moura e esses meus degenerados parentes eram capazes de tudo! Mas o certo é que fiquei em muita dívida ao arcebispo. Ele volta hoje aqui para o convento; e meu irmão, que vai com outros religiosos para o acompanharem, entende que eu também devo ir. Bem vês que não há remédio.

MADALENA — Logo hoje!... Este dia de hoje é o pior... Se fosse amanhã, se fosse passado hoje!... E quando estarás de volta?

JORGE — Estamos aqui sem falta à boca da noite.

MADALENA (*fazendo por se resignar*) — Paciência; ao menos valha-nos isso. Não me deixam aqui só outra noite... Esta, esta noite, particularmente, não fico só...

MANUEL — Não, sossega, não; estou aqui ao anoitecer. E nunca mais saio de ao pé de ti. E não serão quinze dias: vinte, os que tu quiseres.

MARIA — Então vou, meu pai, vou? Minha mãe dá licença, dá?

MADALENA — Vais aonde, filha? Que dizes tu?

MARIA — Com o meu pai, que tem de ir ao Sacramento, de caminho. E bem sabeis, querida mãe, o que eu ando há tanto tempo para ir àquele convento, para conhecer a tia D. Joana.

JORGE — Sóror Joana: assim é que se chama agora.

MARIA — É verdade. E andam-me a prometer, há um ano, que me hão-de levar lá... Desta vez hão-de-mo cumprir... não é assim, minha mãe *(acarinhando-a)*, minha querida mãezinha? Sim, sim, dizei já que sim.

MADALENA *(abraçada com a filha)* — Oh, Maria, Maria... também tu me queres deixar! Também tu me desamparas... e hoje!

MARIA — Venho logo, minha mãe, venho logo. Olhai, e não tenhais cuidado comigo: vai meu pai, vai o tio Jorge, e levo a minha aia, a Doroteia... E, é verdade, o meu fiel escudeiro há-de ir também, o meu Telmo.

MADALENA — E tua mãe, filha, deixa-la aqui só, a morrer de tristeza *(aparte)* e de medo?

MANUEL — Tua mãe tem razão: não há-de ser assim; hoje não pode ser.

(Maria fica triste e desconsolada.)

JORGE — Ora pois: eu já disse que não queria ver hoje ninguém triste nesta casa. Venha cá a minha donzela dolorida *(pegando-lhe na mão)*, e faça aqui muitas festas ao tio frade, que eu fico a fazer companhia a sua mãe. E vá, vá satisfazer essa louvável curiosidade que tem de ir ver aquela santa freirinha que tanto deixou para deixar o mundo e se ir enterrar num claustro. Vá, e venha... melhor de coração não pode ser — que tu és boa como as que são boas, minha Maria —, mas quero-te mais fria da cabeça: ouves?

MARIA *(à parte)* — Fria!... Quando ela estiver oca! *(Alto.)* Vou-me aprontar, minha mãe?

MADALENA *(sem vontade)* — Se teu pai quer...

MANUEL — Dou licença: vai.

(Maria sai a correr.)

CENA VI

MANUEL DE SOUSA, MADALENA e JORGE

MANUEL — É preciso deixá-la espairecer, mudar de lugar, distrair-se: aquele sangue está em chamas, arde sobre si e consome-se, a não o deixarem correr à vontade. Há-de vir melhor, verás.

MADALENA — Deus o queira! Telmo que vá com ela; não o quero cá.

MANUEL — Porquê?

MADALENA — Porque... Maria... Maria não está bem sem ele, e ele também... em estando sem Maria, que é a sua segunda vida, diz o pobre do velho. Sabes? Já treslê muito... já está muito... e entra-me com cismas que...

MANUEL — Está, está muito velho, coitado! Pois que vá; melhor é.

CENA VII

MANUEL DE SOUSA, MADALENA, JORGE, MARIA, entrando com TELMO e DOROTEIA

MARIA — Então vamos, meu pai.

MANUEL — Pois vamos.

JORGE — E são horas, vão. À Ribeira é um pedaço de rio; e até às sete, o mais, tu precisas de estar de volta à porta da Oira, que é onde irão ter os nossos padres à espera do arcebispo. Eu cá me desculparei com o prior. Vão.

MARIA — Minha mãe! (Abraçando-a.) Então! Se chorais assim, não vou.

MANUEL — Nem eu, Madalena. Ora pois! Eu nunca te v
assim.

MADALENA -- Porque nunca assim estive... Vão, vão..
adeus! Adeus, esposo do meu coração! Maria, minha fi
lha, toma sentido no ar, não te resfries. E o sol... nãc
saias debaixo do toldo no bergantim. Telmo, não te tires
de ao pé dela. Dá-me outro abraço, filha. Doroteia, levais
tudo? *(Examina uma bolsa grande de damasco que Do
roteia leva no braço.)* Pode haver qualquer coisa
molhar-se, ter frio para a tarde... *(Tendo examinado (
bolsa.)* Vai tudo bem. *(Baixo, a Doroteia.)* Não me apar
tes os olhos dela, Doroteia. Ouve. *(Fala baixo a Doroteia
que lhe responde baixo também; depois diz alto.)* Esti
bom.

MANUEL — Não tenhas cuidado; vamos todos com ela.

*(Abraçam-se outra vez; Maria sai apressadamente,
para a mãe não ver que vai sufocada com choro.)*

CENA VIII

MANUEL DE SOUSA, MADALENA e JORGE

MADALENA *(seguindo com os olhos a filha e respondendo (
Manuel de Sousa)* — Cuidados!... Eu não tenho já cuida
dos. Tenho este medo, este horror de ficar só... de vir i
achar-me só no mundo.

MANUEL — Madalena!

MADALENA — Que queres?... não está na minha mão. Ma
tu tens razão de te enfadar com as minhas impertinêr
cias. Não falemos mais nisso. Vai. Adeus! Outro abraço
Adeus!

MANUEL — Oh! querido mulher minha; parece que vou eu agora embarcar num galeão para a Índia... Ora vamos: ao anoitecer, antes da noite, aqui estou. E Jesus!... Olha a condessa de Vimioso, essa Joana de Castro, que a nossa Maria tanto deseja conhecer... Olha se ela faria esses prantos quando disse o último adeus ao marido...

MADALENA — Bendita ela seja! Deu-lhe Deus muita força, muita virtude. Mas não lha invejo, não sou capaz de chegar a essas perfeições.

JORGE — É perfeição verdadeira; é a do Evangelho: «Deixa tudo e segue-me.»

MADALENA — Vivos ambos... sem ofensa um do outro, querendo-se, estimando-se... e separar-se cada um para a sua cova! Verem-se com a mortalha já vestida e... vivos, sãos... depois de tantos anos de amor... e convivência... condenarem-se a morrer longe um do outro, sós, sós! E quem sabe se nessa tremenda hora... arrependidos!...

JORGE — Não o permitirá Deus assim... oh, não. Que horrível coisa seria!

MANUEL — Não permite, não. Mas não pensemos mais neles: estão entregues a Deus... *(Pausa.)* E que temos nós com isso? A nossa situação é tão diferente... *(Pausa.)* Em todas nos pode ele abençoar. Adeus, Madalena, adeus, até logo. Maria já lá vai no cais a esta hora... Adeus! Jorge, não a deixes.

(Abraçam-se; Madalena vai até fora da porta com ele.)

CENA IX

JORGE *(só)* — Eu faço por estar alegre e queria vê-los contentes a eles... mas não sei já que diga do estado em que

vejo minha cunhada, a filha... Até meu irmão o desco-
nheço! A todos parece que o coração lhes adivinha desgraça... E eu quase que também já se me pega o mal.
Deus seja connosco!

CENA X

JORGE e MADALENA

MADALENA *(falando ao bastidor)* — Vai, ouves, Miranda?
Vai e deixa-te lá estar até veres chegar o bergantim; e
quando desembarcarem vem-me dizer, para eu ficar
descansada. *(Vem para a cena.)* Não há vento e o dia está lindo. Ao menos não tenho sustos com a viagem. Mas a
volta... quem sabe? O tempo muda tão depressa...

JORGE — Não, hoje não tem perigo.

MADALENA — Hoje... hoje! Pois hoje é o dia da minha vida
que mais tenho receado... que ainda temo que não acabe
sem muito grande desgraça... É um dia fatal para mim:
faz hoje anos que... que casei a primeira vez, faz anos
que se perdeu el-rei D. Sebastião e faz anos também
que... vi pela primeira vez a Manuel de Sousa.

JORGE — Pois contais essa entre as infelicidades da vossa
vida?

MADALENA — Conto. Este amor, que hoje está santificado e
bendito no Céu, porque Manuel de Sousa é meu marido,
começou com um crime, porque eu amei-o assim que o
vi... e quando o vi, hoje, hoje... foi em tal dia como hoje!
D. João de Portugal ainda era vivo. O pecado estava-me
no coração; a boca não o disse... os olhos não sei o que fizeram, mas dentro da alma eu já tinha outra imagem se
não a do amante... já não guardava a meu marido, a meu
bom... a meu generoso marido... senão a grosseira fidelidade que uma mulher bem nascida quase que mais deve
a si do que ao esposo. Permitiu Deus... quem sabe se pa

ra me tentar?... que naquela funesta batalha de Alcácer, entre tantos, ficasse também D. João...

CENA XI

MADALENA, JORGE e MIRANDA

MIRANDA (*apressado*) — Senhora... minha senhora!

MADALENA (*sobressaltada*) — Quem vos chamou, que quereis? Ah! és tu, Miranda. Como assim? Já chegaram? Não pode ser.

MIRANDA — Não, minha senhora: ainda agora irão passando o pontal. Mas não é isso.

MADALENA — Então que é? Não vos disse eu que não viésseis dali antes de os ver chegar?

MIRANDA — Para lá torno já, minha senhora: há tempo de sobejo. Mas venho trazer-vos recado... um estranho recado, por minha fé.

MADALENA — Dizei já, que me estais a assustar.

MIRANDA — Para tanto não é, nem coisa séria, antes quase para rir. É um pobre velho peregrino, um destes romeiros que aqui estão sempre a passar, que vêm das bandas de Espanha.

MADALENA — Um cativo... um remido?

MIRANDA — Não, senhora, não traz a cruz, nem é: é um romeiro, algum destes que vão a Sant'Iago; mas diz ele que vem de Roma e dos Santos Lugares.

MADALENA — Pois, coitado, virá. Agasalhai-o; e dêem-lhe o que precisar.

MIRANDA — É que ele diz que vem da Terra Santa, e...

MADALENA — E porque não virá? Ide, ide; e fazei-o acomodar já. É velho?

MIRANDA — Muito velho, e com umas barbas!... Nunca vi tão formosas barbas de velho e tão alvas. Mas, senhora, diz ele que vem da Palestina e que vos traz recado...

MADALENA — A mim?

MIRANDA — A vós; e que por força vos há-de ver e falar.

MADALENA — Ide vê-lo, Frei Jorge. Engano há-de ser; mas ide ver o pobre do velho.

MIRANDA — É escusado, minha senhora: o recado que traz diz que a outrem o não dará senão a vós e que muito vos importa sabê-lo.

JORGE — Eu sei o que é: alguma relíquia dos Santos Lugares, se ele com efeito de lá vem, que o bom do velho vos quer dar... como tais coisas se dão a pessoas da vossa qualidade... a troco de uma esmola avultada. É o que ele há-de querer: é o costume.

MADALENA — Pois venha embora o romeiro! E trazei-mo aqui, trazei.

CENA XII

MADALENA e JORGE

JORGE — Que é precisa muita cautela com estes peregrinos! A vieira no chapéu e o bordão na mão às vezes não são mais do que negaças para armar à caridade dos fiéis. E nestes tempos revoltos...

MADALENA, JORGE e MIRANDA, que volta com o ROMEIRO

MIRANDA *(da porta)* — Aqui está o romeiro.

MADALENA — Que entre. E vós, Miranda, tornai para onde vos mandei; ide já, e fazei como vos disse.

JORGE *(chegando à porta da direita)* — Entrai, irmão, entrai. *O romeiro entra devagar.)* Esta é a senhora D. Madalena de Vilhena. É esta a fidalga a quem desejais falar?

ROMEIRO — A mesma.

(A um sinal de Frei Jorge, Miranda retira-se.)

CENA XIV

MADALENA, JORGE e o ROMEIRO

JORGE — Sois português?

ROMEIRO — Como os melhores, espero em Deus.

JORGE — E vindes?...

ROMEIRO — Do Santo Sepulcro de Jesus Cristo.

JORGE — E visitastes todos os Santos Lugares?

ROMEIRO — Não os visitei; morei lá vinte anos cumpridos.

MADALENA — Santa vida levastes, bom romeiro.

ROMEIRO — Oxalá! Padeci muita fome, e não a sofri com paciência; deram-me muitos tratos, e nem sempre os levei com os olhos n'Aquele que ali tinha padecido tanto por mim... Queria rezar e meditar nos mistérios da Sagrada Paixão que ali se obrou... e as paixões mundanas e as lembranças dos que se chamavam meus segundo a carne travavam-me do coração e do espírito, que os não deixavam estar com Deus, nem naquela terra, que é toda sua. Oh! eu não merecia estar onde estive: bem vedes que não soube morrer lá.

JORGE — Pois bem; Deus quis trazer-vos à terra de vossos pais; e quando for sua vontade ireis morrer sossegado nos braços de vossos filhos.

ROMEIRO — Eu não tenho filhos, padre.

JORGE — No seio de vossa família...

ROMEIRO — A minha família... Já não tenho família.

MADALENA — Sempre há parentes, amigos...

ROMEIRO — Parentes!... Os mais chegados, os que eu me importava achar... contaram com a minha morte, fizeram a sua felicidade com ela; hão-de jurar que me não conhecem.

MADALENA — Haverá tão má gente... e tão vil que tal faça?

ROMEIRO — Necessidade pode muito. Deus lho perdoará, se puder!

MADALENA — Não façais juízos temerários, bom romeiro.

ROMEIRO — Não faço. De parentes já sei mais do que queria. Amigos tenho um; com esse conto.

JORGE — Já não sois tão infeliz.

MADALENA — E o que eu puder fazer-vos, todo o amparo e gasalhado que puder dar-vos, contai comigo, bom velho, e com meu marido, que há-de folgar de vos proteger...

ROMEIRO — Eu já vos pedi alguma coisa, senhora?

MADALENA — Pois perdoai, se vos ofendi, amigo.

ROMEIRO — Não há ofensa verdadeira senão as que se fazem a Deus. Pedi-lhe vós perdão a Ele, que vos não faltará de quê.

MADALENA — Não, irmão, não, decerto. E Ele terá compaixão de mim.

ROMEIRO — Terá...

JORGE (cortando a conversação) — Bom velho, dissestes trazer um recado a esta dama: dai-lho já, que havereis mister de ir descansar...

ROMEIRO (sorrindo amargamente) — Quereis lembrar-me que estou abusando da paciência com que me têm ouvido? Fizestes bem, padre: eu ia-me esquecendo... talvez me esquecesse de todo da mensagem a que vim... Estou tão velho e mudado do que fui!

MADALENA — Deixai, deixai, não importa, eu folgo de vos ouvir: dir-me-eis vosso recado quando quiserdes... logo, amanhã...

ROMEIRO — Hoje há-de ser. Há três dias que não durmo nem descanso, nem pousei esta cabeça, nem pararam estes pés dia nem noite, para chegar aqui hoje, para vos dar meu recado... e morrer depois... ainda que morresse depois; porque jurei... faz hoje um ano... quando me libertaram, dei juramento sobre a pedra santa do Sepulcro de Cristo...

MADALENA — Pois éreis cativo em Jerusalém?

ROMEIRO — Era; não vos disse que vivi lá vinte anos?

ROMEIRO — Sim, mas...

ROMEIRO — Mas o juramento que dei foi que, antes de um ano cumprido, estaria diante de vós e vos diria da parte de quem me mandou...

MADALENA *(aterrada)* — E quem vos mandou, homem?

ROMEIRO — Um homem foi — e um honrado homem... a quem unicamente devi a liberdade... a *ninguém* mais. Jurei fazer-lhe a vontade, e vim.

MADALENA — Como se chama?

ROMEIRO — O seu nome, nem o da sua gente, nunca o disse a ninguém no cativeiro.

MADALENA — Mas, enfim, dizei vós...

ROMEIRO — As suas palavras trago-as escritas no coração com as lágrimas de sangue que lhe vi chorar, que muitas vezes me caíram nestas mãos, que me correram por estas fazes. Ninguém o consolava senão eu... e Deus! Vede se me esqueceriam as suas palavras.

JORGE — Homem, acabai!

ROMEIRO — Agora acabo; sofrei, que ele também sofreu muito. Aqui estão as suas palavras: «Ide a D. Madalena de Vilhena e dizei-lhe que um homem que muito bem lhe quis... aqui está vivo... por seu mal... e daqui não pôde sair nem mandar-lhe novas suas, de há vinte anos que o trouxeram cativo.»

MADALENA *(na maior ansiedade)* — Deus tenha misericórdia de mim! E esse homem, esse homem... Jesus! esse homem era... esse homem tinha sido... Levaram-no aí donde?... De África?

ROMEIRO — Levaram.

MADALENA — Cativo?...

ROMEIRO — Sim.

MADALENA — Português?... cativo da batalha de...

ROMEIRO — De Alcácer Quibir.

MADALENA *(espavorida)* — Meu Deus, meu Deus! Que se
não abre a terra debaixo dos meus pés?... Que não caem
estas paredes, que me não sepultam já aqui?...

JORGE — Calai-vos, D. Madalena! A misericórdia de Deus
é infinita. Esperai. Eu duvido, eu não creio... estas não
são coisas para se crerem de leve. *(Reflecte, e logo como
por uma ideia que lhe acudiu de repente.)* Oh! inspiração
divina... *(Chegando ao romeiro.)* Conheceis bem esse homem, romeiro, não é assim?

ROMEIRO — Como a mim mesmo.

JORGE — Se o víreis... ainda que fora noutros trajes... com
menos anos, pintado, digamos, conhecê-lo-eis?

ROMEIRO — Como se me visse a mim mesmo num espelho.

JORGE — Procurai nestes retratos, e dizei-me se algum deles pode ser.

ROMEIRO *(sem procurar, e apontando logo para o retrato
de D. João)* — É aquele.

MADALENA *(com um grito espantoso)* — Minha filha, minha filha, minha filha!... *(Em tom cavo e profundo.)* Estou... estás... perdidas, desonradas... infames! *(com outro grito do coração.)* Oh! minha filha, minha filha!...
(Foge espavorida e neste gritar.)

CENA XV

JORGE e o ROMEIRO, que seguiu MADALENA com os olhos e está alçado no meio da casa, com aspecto severo e tremendo

JORGE — Romeiro, romeiro, quem és tu?

ROMEIRO *(apontando com o bordão para o retrato de D. João de Portugal)* — Ninguém!

(Frei Jorge cai prostrado no chão, com os braços estendidos diante da tribuna. O pano desce lentamente.)

ACTO TERCEIRO

Parte baixa do palácio de D. João de Portugal, comunicando, pela porta à esquerda do espectador, com a capela da Senhora da Piedade, na Igreja de S. Paulo dos dominicos de Almada; é um casarão vasto, sem ornato algum. Arrumadas às paredes, em diversos pontos, escadas, tocheiras, cruzes, ciriais e outras alfaias e guisamentos de igreja de uso conhecido. A um lado um esquife dos que usam as confrarias; do outro uma grande cruz negra de tábua com o letreiro J. N. R. J. e toalha pendente, como se usa nas cerimónias da Semana Santa. Mais para a cena uma banca velha com dois ou três tamboretes; a um lado uma tocheira baixa com tocha acesa e já bastante gasta; sobre a mesa um castiçal de chumbo, de credência, baixo e com vela acesa também, e um hábito completo de religioso domínico, túnica, escapulário, rosário, cinto, etc. No fundo, porta que dá para as oficinas e aposentos que ocupam o resto dos baixos do palácio. É alta noite.

CENA I

MANUEL DE SOUSA, sentado num tamborete ao pé da mesa, o rosto inclinado sobre o peito, os braços caídos e em completa prostação de espírito e de corpo; num tamborete do outro lado, JORGE, meio encostado para a mesa, com as mãos postas e os olhos pregados no irmão.

MANUEL — Oh, minha filha, minha filha! *(Silêncio longo.)* Desgraçada filha, que ficas órfã!... órfã de pai e de mãe... *(pausa)* e de família, e de nome, que tudo perdeste hoje...*(Levanta-se com violenta aflição.)* A desgraçada nunca os teve. Oh, Jorge, que esta lembrança é que me mata, que me desespera! *(Apertando a mão do irmão, que se levantou após deles e o está consolando do gesto.)* É o castigo terrível do meu erro... se foi erro...

crime sei que não foi. E sabe-o Deus, Jorge, e castigou-me assim, meu irmão!

JORGE — Paciência, paciência: os seus juízos são imperscrutáveis. *(Acalma e faz sentar o irmão; tornam a ficar ambos como estavam.)*

MANUEL — Mas eu em que mereci ser feito o homem mais infeliz da Terra, posto de alvo à irrisão e ao discursar do vulgo?... Manuel de Sousa Coutinho, o filho de Lopo de Sousa Coutinho, o filho de nosso pai, Jorge!

JORGE — Tu chamas-te o homem mais infeliz da Terra... Já te esqueceste que ainda está vivo aquele...

MANUEL *(caindo em si)* — É verdade. *(Pausa; e depois, como quem se desdiz.)* Mas não é, nem tanto: padeceu mais, padeceu mais longamente, e bebeu até às fezes o cálix das amarguras humanas... *(Levantando a voz.)* Mas fui eu, eu que lho preparei, eu que lho dei a beber, pelas mãos... inocentes mãos!... dessa infeliz que arrastei na minha queda, que lancei nesse abismo de vergonha, a quem cobri as faces... as faces puras e que não tinham corado doutro pejo senão do da virtude e do recato... cobri-lhas de um véu de infâmia que nem a morte há-de levantar, porque lhe fica perpétuo e para sempre lançado sobre o túmulo a cobrir-lhe a memória de sombras... de manchas que se não lavam! Fui eu o autor de tudo isto, o autor da minha desgraça e da sua desonra deles... Sei-o, conheço-o; e não sou mais infeliz que nenhum?

JORGE — Vê a palavra que disseste: «desonra»; lembra-te dela e de ti e considera se podes pleitear misérias com esse homem a quem Deus não quis acudir com a morte antes de conhecer essoutra agonia maior. Ele não tem...

MANUEL — Ele não tem uma filha como eu, desgraçado... *(Pausa.)* Uma filha bela, pura, adorada, sobre cuja cabeça — oh, porque não é na minha?! — vai cair toda essa desonra, toda a ignomínia, todo o opróbrio que a injustiça do mundo, não sei porquê, me não quer lançar no rosto a mim, para pôr tudo na testa branca e pura de um anjo, que não tem outra culpa senão a da origem que eu lhe dei.

JORGE — Não é assim, meu irmão, não te cegues com a dor, não te faças mais infeliz do que és. Já não és pouco, meu pobre Manuel, meu querido irmão! E Deus há-de levar em conta essas amarguras. Já que te não pode apartar o cálix dos beiços, o que tu padeces há-de ser descontado nela, há-de resgatar a culpa.

MANUEL — Resgate! Sim, para o Céu; nesse confio eu... Mas o mundo?

JORGE — Deixa o mundo e as suas vaidades!

MANUEL — Estão deixadas todas. Mas este coração é de carne.

JORGE — Deus, Deus será o pai de tua filha.

MANUEL — Olha, Jorge: queres que te diga o que eu sei de certo, e que devia ser consolação... mas não é, que eu sou homem, não sou anjo, meu irmão... devia ser consolação e é desespero, é o coroa de espinhos de toda esta paixão que estou passando... É que a minha filha... Maria... a filha do meu amor, a filha do meu pecado, se Deus quer que seja pecado, não vive, não resiste, não sobrevive a esta afronta. *(Desata a soluçar, cai com os cotovelos fixos na mesa e as mãos apertadas no rosto; fica nesta posição por longo tempo. Ouve-se de quando em quando um soluço comprimido. Frei Jorge está em pé, detrás dele, amparando-o com o seu corpo, e os olhos postos no céu.)*

JORGE *(chamando timidamente)* — Manuel!

MANUEL — Que me queres, irmão?

JORGE *(animando-o)* — Ela não está tão mal; já lá estive hoje...

MANUEL — Estiveste!... Oh! conta-me, conta-me; eu não tenho... não tive ainda ânimo de a ir ver.

JORGE — Haverá duas horas que entrei na sua câmara e estive ao pé do leito. Dormia, e mais sossegada da respiração. O acesso de febre, que a tomou quando chegámos de Lisboa e que viu a mãe naquele estado, parecia declinar... quebrar-se mais alguma coisa. Doroteia e Telmo — pobre velho, coitado! — estavam ao pé dela, cada um de seu lado... Disseram-me que não tinha tornado a... a...

MANUEL — A lançar sangue?...Se ela deitou o do coração! Não tem mais. Naquele corpo tão franzino, tão delgado, que mais sangue há-de haver? Quando ontem a arranquei de ao pé da mãe e a levava nos braços, não mo lançou todo às golfadas aqui no peito? *(Mostra um lenço branco todo manchado de sangue.)* Não o tenho aqui... o sangue... o sangue da minha vítima?... que é o sangue das minhas veias... que é o sangue da minha alma, é o sangue da minha querida filha! *(Beija o lenço muitas vezes.)* Oh, meu Deus, meu Deus! Eu queria pedir-te que a levasses já... e não tenho ânimo. Eu devia aceitar por mercê de tuas misericórdias que chamasses aquele anjo para junto dos teus, antes que o mundo, este mundo infame e sem comiseração, lhe cuspisse na cara com a desgraça do seu nascimento. Devia, devia... e não posso, não quero, não sei, não tenho ânimo, não tenho coração. Peço-te vida, meu Deus! *(ajoelha e põe as mãos)*, peço-te vida, vida, vida... para ela, vida para a minha filha!... saúde, vida para a minha querida filha!... e morra eu de vergonha, se é preciso; cubra-me o escárnio do mundo, desonre-me o opróbrio dos homens, tape-me a sepultura uma loisa de ignomínia, um epitáfio que fique a bradar por essas eras desonra e infâmia sobre mim! Oh, meu Deus, meu Deus! *(Cai de bruços no chão. Passado algum tempo, Frei Jorge se chega para ele, levanta-o quase a peso e o torna a essentar.)*

JORGE — Manuel, meu bom Manuel, Deus sabe melhor o que nos convém a todos. Põe nas suas mãos esse pobre coração, põe-no resignado e contrito, meu irmão, e Ele fará o que em sua misericórdia sabe que é melhor.

MANUEL *(com veemência e medo)* — Então desenganas--me... desenganas-me já... É isso que queres dizer? Fala, homem: não há que esperar?... não há que esperar dali, não é assim? Dize: morre?... morre?... *(Desanimado.)* Também fico sem filha!

JORGE — Não disse tal. Por caridade contigo, meu irmão, não imagines tal. Eu disse-te a verdade: Maria pareceu-me menos oprimida; dormia...

MANUEL *(variando)* — Se Deus quisera que não acordasse!

JORGE — Valha-me Deus!

MANUEL — Para mim aqui está esta mortalha *(tocando no hábito)*: morri hoje... vou amortalhar-me logo; e adeus tudo o que era mundo para mim! Mas minha filha não era do mundo... não era, Jorge; tu bem sabes que não era: foi um anjo que veio do Céu para me acompanhar na peregrinação da Terra, e que me apontava sempre, a cada passo da vida, para a eterna pousada donde viera e onde me conduzia... Separou-nos o arcanjo das desgraças, o ministro das iras do Senhor, que derramou sobre mim o vaso cheio das lágrimas e a taça rasa das amarguras ardentes de sua cólera... *(Caindo de tom.)* Vou com esta mortalha para a sepultura... e, viva ou morta, cá deixo no meio dos homens, que a não conheceram, que a não hão-de conhecer nunca, porque ela não era deste mundo nem para ele... *(Pausa.)* Torna lá, Jorge, vai vê-la outra vez, vai e vem-me dizer; que eu ainda não posso... mas hei-de ir, oh! hei-de ir vê-la e beijá-la antes de descer à cova... Tu não queres, não podes querer...

JORGE — Havemos de ir... quando estiveres mais sossegado... havemos de ir ambos. Descansa, hás-de vê-la. Mas isto inda é cedo.

MANUEL — Que horas serão?

JORGE — Quatro, quatro e meia. *(Vai à porta da esquerda* *volta.)* São cinco horas, pelo alvor da manhã, que já d nos vidros da igreja. Daqui a pouco iremos; mas sosse ga.

MANUEL — E a outra... a outra desgraça, meu irmão?

JORGE — Está —imagina por ti—, está como não podia de xar de estar; mas a confiança em Deus pode muito: vai-conformando. O Senhor fará o resto. Eu tenho fé neste e capulário *(tocando no hábito em cima da mesa)* para ti para ela. Foi uma resolução digna de vós, foi uma insp ração divina que os alumiou a ambos. Deixa estar; aind pode haver dias felizes para quem soube consagrar Deus as suas desgraças.

MANUEL — E isso está tudo pronto? Eu não sofro nestes h bitos, eu não aturo, com estes vestidos de vivo, a luz de se dia que vem a nascer.

JORGE — Está tudo concluído. O arcebispo mostrou-se bo e piedoso prelado nesta ocasião; e é um santo homem, O arcebispo já expediu todas as licenças e mais papé necessários. Coitado!, o pobre do velho velou quase to a noite com o seu vigário para que não faltasse nada de de o romper do dia. Mandou-se ao provincial, e pela s parte e pela nossa tudo está corrente. Frei João de Port gal, que é o prior de Benfica, e também vigário do Sacr mento, sabes, chegou haverá duas horas, noite fecha ainda, e cá está: é quem te há-de lançar o hábito, a ti e Dona... a minha irmã. Depois ireis segundo vosso dese um para Benfica, outro para o Sacramento.

MANUEL — Tu és um bom irmão, Jorge. *(Aperta-lhe* *mão.)* Deus to há-de pagar. *(Pausa.)* Eu não me atrevo tenho repugnância... mas é forçoso perguntar-te por guém mais. Onde está *ele*... e o que fará?...

JORGE — Bem sei, não digas mais: o romeiro. Está na n nha cela, e de lá não há-de sair — que foi ajustado en nós — senão quando... quando eu lho disser. Descansa: não verá ninguém, nem será visto de nenhum daqueles que o não devem ver. Demais, o segredo do seu nome verdadeiro está entre mim e ti — além do arcebispo, a quem foi indispensável comunicá-lo para evitar todas as formalidades e delongas, que aliás havia de haver numa separação desta ordem. Ainda há outra pessoa com quem lhe prometi — não pude deixar de prometer, porque sem isso não queria ele entrar em acordo algum —, com quem lhe prometi que havia de falar hoje, e antes de mais nada.

ANUEL — Quem? Será possível?... Pois esse homem quer ter a crueldade de rasgar, fevra a fevra, os pedaços daquele coração já partido? Não tem entranhas esse homem: sempre assim foi, duro, desapiedado como a sua espada. É D. Madalena que ele quer ver?...

RGE — Não, homem; é o seu aio velho, é Telmo Pais. Como lho havia de eu recusar!

ANUEL — De nenhum modo: fizeste bem; eu é que sou injusto. Mas o que eu padeço é tanto e tal!... Vamos; eu ainda me não entendo bem claro com esta desgraça. Dize-me, fala-me a verdade: minha mulher... — minha mulher! Com que boca pronuncio eu ainda estas palavras! — D. Madalena o que sabe?

RGE — O que lhe disse o romeiro naquela fatal sala dos retratos... o que já te contei. Sabe que D. João está vivo, mas não sabe onde; supõe-no na Palestina, talvez; é onde o deve supor, pelas palavras que ouviu.

ANUEL — Então não conhece, como eu, toda a extensão, toda a indubitável verdade da nossa desgraça. Ainda bem! Talvez possa duvidar, consolar-se com alguma esperança de incerteza.

RGE — Ontem de tarde não; mas esta noite começava a raiar-lhe no espírito alguma falsa luz dessa vã esperança. Deus lha deixe, se é para bem seu.

MANUEL — Porque não há-de deixar? Não é já desgraça
bastante? E Maria, a pobre Maria!... Essa confio no S[e]-
nhor que não saiba, ao menos por ora...

JORGE — Não sabe. E ninguém lho disse, nem dirá. N[em]
sabe senão o que viu: a mãe quase nas agonias da mor[te].
Mas o motivo só se ela o adivinhar. Tenho medo que o [fa]-
ça...

MANUEL — Também eu.

JORGE — Deus será connosco e com ela! Mas não: Teln[o]
não lhe diz nada, por certo; eu já lhe asseverei —
acreditou-me — que a mãe estava melhor, que tu ias l[á]
vê-la... E assim espero que, até lá por meio do dia, a p[os]-
samos conservar em completa ignorância de tudo. [De]
pois ir-se-lhe-á dizendo, pouco a pouco, até onde for ine[vi]-
tável. E Deus... Deus lhe acudirá.

MANUEL — Minha pobre filha, minha querida filha!

CENA II

JORGE, MANUEL DE SOUSA e TELMO

TELMO (batendo de fora à porta do fundo) — Acordou.

MANUEL (sobressaltado) — É a voz de Telmo.

JORGE — É. (Indo abrir a porta.) Entrai, Telmo.

TELMO — Acordou.

JORGE — E como está?

TELMO — Melhor, muito melhor, parece outra. Está mu[ito]
abatida, isso sim; muita fraca, a voz lenta, mas os ol[hos]
serenos, animados como dantes e sem aquele fuzilar [de]
ontem. Perguntou por vós... ambos.

ANUEL — E pela mãe?

ELMO — Não, nunca mais falou nela.

ANUEL — Oh, filha, filha!...

RGE — Iremos vê-la. *(Pega na mão do irmão.)* Tu prometes-me...?

ANUEL — Prometo.

RGE — Vamos. *(Chamando a Telmo para a boca da cena.)* Ouvi, Telmo: lembrais-vos do que vos disse esta manhã?

LMO — Não me hei-de lembrar?

RGE — Ficai aqui. Em nós saindo, puxai aquela corda que vai dar à sineta da sacristia: virá um irmão converso; dizei-lhe o vosso nome, ele ir-se-á sem mais palavra e vós esperai. Fechai logo esta porta por dentro, e não abrais senão à minha voz. Entendestes?

LMO — Ide descansado.

CENA III

TELMO; depois o IRMÃO CONVERSO

LMO *(vai para deitar a mão à corda, pára, suspenso, algum tempo, e depois):* — Vamos; isto há-de ser. *(Ouve-se tocar longe uma sineta; Telmo fica pensativo e com o braço alevantado e imóvel.)*

NVERSO — Quem sois?

LMO *(estremecendo)* — Telmo Pais.

(O converso faz vénia e vai-se.)

CENA IV

TELMO *(só)* — Virou-se-me a alma toda com isto: não sou já o mesmo homem. Tinha um pressentimento do que havia de acontecer... parecia-me que não podia deixar de suceder... e cuidei que o desejava enquanto não veio. Veio, e fiquei mais aterrado, mais confuso que ninguém! Meu honrado amo, o filho do meu nobre senhor, está vivo... O filho que eu criei nestes braços... Vou saber novas certas dele, no fim de vinte anos de o julgarem todos perdido; e eu, eu que sempre esperei, que sempre suspirei pela sua vinda... — era um milagre que eu esperava sem o crer! — eu agora tremo... É que o amor destoutra filha, desta última filha, é maior, e venceu... venceu... apagou o outro... Perdoai-me, Deus, se é pecado. Mas que pecado há-de haver com aquele anjo? Se me ela viverá, se escapará desta crise terrível! Meu Deus, meu Deus *(ajoelha)*, levai o velho que já não presta para nada, levai-o, por quem sois! *(Aparece o romeiro à porta da esquerda, e vem lentamente aproximando-se de Telmo, que não dá por ele.)* Contentai-vos com este pobre sacrifício da minha vida, Senhor, e não me tomeis dos braços o inocentinho que eu criei para vós, Senhor, para vós... mas ainda não, não mo leveis ainda. Já padeceu muito, já traspassaram bastantes dores aquela alma; esperai-lhe com a da morte algum tempo!...

CENA V

TELMO e o ROMEIRO

ROMEIRO — Que não oiça Deus o teu rogo!

TELMO *(sobressaltado)* — Que voz! Ah! é o romeiro. Que me não oiça Deus! Porquê?

ROMEIRO — Não pedias tu por teu desgraçado amo, pelo filho que criaste?

TELMO *(aparte)* — Já não sei pedir senão pela outra. *(Alto.)* E que pedisse por ele, ou por outrem, porque não me há-de ouvir Deus, se lhe peço a vida de um inocente?

ROMEIRO — E quem te disse que ele o era?

TELMO — Esta voz... esta voz!... Romeiro, quem és tu?

ROMEIRO *(tirando o chapéu e alevantando o cabelo dos olhos)* — Ninguém, Telmo; ninguém, se nem já tu me conheces!

TELMO *(deitando-se-lhe às mãos para lhas beijar)* — Meu amo, meu senhor... sois vós? Sois, sois. D. João de Portugal, oh, sois vós, senhor?

ROMEIRO — Teu filho já não?

TELMO — Meu filho!... Oh! é o meu filho todo; a voz, o rosto... Só estas barbas, este cabelo não... Mais branco já que o meu, senhor!

ROMEIRO — São vinte anos de cativeiro e miséria, de saudades, de ânsias, que por aqui passaram. Para a cabeça bastou uma noite como a que veio depois da batalha de Alcácer; a barba acabaram de a curar o sol da Palestina e as águas do Jordão.

TELMO — Por tão longe andastes!

ROMEIRO — E por tão longe eu morrera! Mas não quis Deus assim.

TELMO — Seja feita a sua vontade.

ROMEIRO — Pesa-te?

TELMO — Oh, senhor!

ROMEIRO — Pesa-te?

TELMO — Há-de-me pesar da vossa vida? *(Aparte.)* Meu Deus, parece-me que menti...

ROMEIRO — E porque não, se já me pesa a mim dela, se tanto me pesa ela a mim? Amigo, ouve... Tu és meu amigo?

TELMO — Não sou?

ROMEIRO — És, bem sei. E, contudo, vinte anos de ausência e de conversação de novos amigos fazem esquecer tanto os velhos! Mas tu és meu amigo. E se tu o não foras, quem o seria?

TELMO — Senhor!

ROMEIRO — Eu não quis acabar com isto, não quis pôr em efeito a minha última resolução, sem falar contigo, sem ouvir da tua boca...

TELMO — O que quereis que vos diga, senhor? Eu...

ROMEIRO — Tu bem sei que duvidaste sempre da minha morte, que não quiseste ceder a nenhuma evidência; não me admirou de ti, meu Telmo. Mas também não posso — Deus me ouve —, não posso criminar ninguém porque o acreditasse: as provas eram de convencer todo o ânimo; só lhe podia resistir o coração. E aqui... coração que fosse meu... não havia outro.

TELMO — Sois injusto.

ROMEIRO — Bem sei o que queres dizer. E é verdade isso? É verdade que por toda a parte me procuraram, que por toda a parte... ela mandou mensageiros, dinheiro?

TELMO — Como é certo estar Deus no Céu, como é certo ser aquela a mais honrada e virtuosa dama que tem Portugal.

ROMEIRO — Basta: vai dizer-lhe que o peregrino era um impostor, que desapareceu, que ninguém mais houve novas dele; que tudo isto foi vil e grosseiro embuste dos inimigos de... dos inimigos desse homem que ela ama... E que sossegue, que seja feliz. Telmo, adeus!

TELMO — E eu hei-de mentir, senhor, eu hei-de renegar de vós, como ruim vilão que não sou?

ROMEIRO — Hás-de, porque eu te mando.

TELMO (em grande ansiedade) — Senhor, senhor, não tenteis a fidelidade do vosso servo! É que vós não sabeis... D. João, meu senhor, meu amo, meu filho, vós não sabeis...

ROMEIRO — O quê?

TELMO — Que há aqui um anjo... uma outra filha minha, senhor, que eu também criei...

ROMEIRO — E a quem já queres mais que a mim, dize a verdade.

TELMO — Não mo pergunteis.

ROMEIRO — Nem é preciso. Assim devia de ser. Também tu! Tiraram-me tudo. (Pausa.) E têm um filho eles?... Eu não... E mais, imagino... Oh! passaram hoje pior noite do que eu! Que lho leve Deus em conta e lhes perdoe, como eu perdoei já. Telmo, vai fazer o que te mandei.

TELMO — Meu Deus, meu Deus! Que hei-de eu fazer?

ROMEIRO — O que te ordena teu amo. Telmo, dá-me um abraço. (Abraçam-se.) Adeus, adeus, até...

TELMO (com ansiedade crescente) — Até quando, senhor?

ROMEIRO — Até ao dia de juízo.

TELMO — Pois vós...?

ROMEIRO — Eu... Vai, saberás de mim quando for tempo. Agora é preciso remediar o mal feito. Fui imprudente, fui injusto, fui duro e cruel. E para quê? D. João de Portugal morreu no dia em que sua mulher disse que ele morrera. Sua mulher honrada e virtuosa, sua mulher que ele amava... — oh, Telmo, Telmo, com que amor a amava eu! — sua mulher que ele já não pode amar sem desonra e vergonha!... Na hora em que ela acreditou na minha morte, nessa hora morri. Com a mão que deu a outro riscou-me do número dos vivos. D. João de Portugal não há-de desonrar a sua viúva. Não, vai; dito por ti terá dobrada força: dize-lhe que falaste com o romeiro, que o examinaste, que o convenceste de falso e de impostor... dize o que quiseres, mas salva-a a ela da vergonha e ao meu nome da afronta. De mim já não há senão esse nome, ainda honrado; a memória dele que fique sem mancha. Está em tuas mãos, Telmo; entrego-te mais que a minha vida. Queres faltar-me agora?

TELMO — Não, meu senhor; a resolução é nobre e digna de vós; mas pode ela aproveitar ainda?

ROMEIRO — Porque não?

TELMO — Eu sei! Talvez...

CENA VI

ROMEIRO, TELMO e MADALENA, de fora, à porta do fundo

MADALENA — Esposo, esposo, abri-me, por quem sois! Bem sei que aqui estais! Abri!

ROMEIRO — É ela que me chama! Santo Deus! Madalena que chama por mim...

TELMO — Por vós?!

ROMEIRO — Pois por quem?... Não lhe ouves gritar: «esposo, esposo»?

MADALENA — Marido da minha alma, pelo nosso amor te peço, pelos doces nomes que me deste, pelas memórias da nossa felicidade antiga, pelas saudades de tanto amor e tanta ventura, oh! não me negues este último favor!

ROMEIRO — Que encanto, que sedução! Como lhe hei-de resistir?!

MADALENA — Meu marido, meu amor, meu Manuel!

ROMEIRO — Ah! E eu tão cego que já tomava para mim!... Céu e Inferno! Abra-se esta porta... *(Investe para a porta com ímpeto; mas pára de repente.)* Não: o que é dito, é dito. *(Vai precipitadamente à corda da sineta, toca com violência; aparece o mesmo irmão converso, e a um sinal do romeiro ambos desaparecem pela porta da esquerda.)*

CENA VII

TELMO, MADALENA; depois JORGE e MANUEL DE SOUSA

MADALENA *(ainda de fora)* — Jorge, meu irmão, Frei Jorge, vós estais aí, que eu bem sei; abri-me, por caridade, deixai-me dizer uma única palavra a meu... a vosso irmão, e não vos importuno mais, e farei tudo o que de mim quereis, e...

   (ouve-se do mesmo lado ruído de passos apressados, e logo a voz de Frei Jorge.)

JORGE *(de fora)* — Telmo, Telmo, abri, se podeis... abri já.

TELMO *(abrindo a porta)* — Aqui estou eu só.

MADALENA *(entrando desgrenhada e fora de si, procurando com os olhos todos os recantos da casa)* — Estáveis aqui só, Telmo! E ele, para onde foi?

TELMO — Ele quem, senhora?

JORGE *(vindo à frente)* — Telmo estava aqui aguardando por mim, e com ordem de não abrir a ninguém enquanto eu não viesse.

MADALENA — Aqui havia duas vozes que falavam; distintamente as ouvi.

TELMO *(aterrado)* — Ouvistes?

MADALENA — Sim, ouvi. Onde está ele, Telmo? Onde está meu marido... Manuel de Sousa?

MANUEL *(que tem estado no fundo, enquanto Madalena, sem o ver, se adiantara para a cena, vem agora à frente)* — Esse homem está aqui, senhora; que lhe quereis?

MADALENA — Oh, que ar, que tom, que modo esse com que me falas!...

MANUEL *(enternecendo-se)* — Madalena... *(Caindo em si e gravemente.)* Senhora, como quereis que vos fale, que quereis que vos diga? Não está tudo dito entre nós?

MADALENA — Tudo! Quem sabe? Eu parece-me que não. Olha, eu sei... mas não daríamos nós, com demasiada precipitação, uma fé tão cega, uma crença tão implícita a essas misteriosas palavras de um romeiro, um vagabundo... um homem, enfim, que ninguém conhece? Pois dize...

TELMO *(aparte a Jorge)* — Tenho que vos dizer, ouvi. *(Conversam ambas à parte.)*

MANUEL — Oh! Madalena, Madalena! não tenho mais nada que te dizer. Crê-me, que to juro na presença de Deus: a nossa união, o nosso amor, é impossível.

JORGE (*continuando a conversação com Telmo e levantan-do a voz com aspereza*) — É impossível, já agora... e sempre o devia de ser!

MADALENA (*virando-se para Jorge*) — Também tu, Jorge!

JORGE (*virando-se para ela*) — Eu falava com Telmo, mi-nha irmã. (*Para Telmo.*) Ide, Telmo, ide onde vos disse, que sois mais preciso lá. (*Fala-lhe ao ouvido; depois al-to.*) Não ma deixes um instante, ao menos até passar a hora fatal.

> (*Telmo sai com repugnância, e rodeando, para ver se chega ao pé de Madalena. Jorge, que o percebe, faz-lhe sinal imperioso; ele recua, e finalmente se retira pelo fundo.*)

CENA VIII

MADALENA, MANUEL DE SOUSA e JORGE

MADALENA — Jorge, meu irmão, meu bom Jorge, vós que sois tão prudente e reflectido, não dais nenhum peso às minhas dúvidas?

JORGE — Tomara eu ser tão feliz que pudesse, querida irmã.

MADALENA — Pois entendeis?...

MANUEL — Madalena... senhora! Todas estas coisas são já indignas de nós. Até ontem, a nossa desculpa, para com Deus e para com os homens, estava na boa fé e segurida-de de nossas consciências. Essa acabou. Para nós já não há senão estas mortalhas *(tomando os hábitos de cima da banca)* e a sepultura dum claustro. A resolução que tomámos é a única possível; e já não há que voltar atrás... Ainda ontem falávamos dos condes de Vimioso... Quem nos diria... oh, incompreensíveis mistérios de Deus! Ânimo, e ponhamos os olhos naquela cruz! Pela última vez, Madalena... pela derradeira vez neste mundo, querida... *(Vai para a abraçar e recua.)* Adeus, adeus! *(Foge precipitadamente pela porta da esquerda.)*

CENA IX

MADALENA e JORGE; CORO DOS FRADES, dentro

MADALENA — Ouve, espera; uma só, uma só palavra, Manuel de Sousa!...

(Toca o órgão dentro.)

CORO *(dentro)* — *De profundis clamavi ad te, Domine; Domine, exaudi vocem meam.*

MADALENA *(indo abraçar-se com a cruz)* — Oh, Deus, Senhor meu! Pois já, já?... nem mais um intante, meu Deus? Cruz do meu Redentor, ó cruz preciosa, refúgio de infelizes, ampara-me tu, que me abandonaram todos neste mundo, e já não posso com as minhas desgraças... e estou feita um espectáculo de dor e de espanto para o Céu e para a Terra! Tomai, Senhor, tomai tudo... A minha filha também?... Oh! a minha filha, a minha filha... também essa vos dou, meu Deus. E agora, que mais quereis de mim, Senhor?

(Toca o órgão outra vez.)

CORO *(dentro)* — *Fiant aures tuae intendentes, in vocem deprecationis meae.*

JORGE — Vinde, minha irmã, é a voz do Senhor que vos chama. Vai começar a santa cerimónia.

MADALENA *(enxugando as lágrimas e com resolução)*
— Ele foi?

JORGE — Foi, sim, minha irmã.

MADALENA *(levantando-se)* — E eu vou.

(Saem ambos pela porta do fundo.)

CENA X

Corre o pano do fundo e aparece a igreja de S. Paulo: os frades sentados no coro. Em pé, junto ao altar-mor, o PRIOR DE BENFICA. Sobre o altar dois escapulários dominicanos. MANUEL DE SOUSA, de joelhos, com o hábito de noviço vestido, à direita do Prior. O ARCEBISPO, de capa magna e barrete, no seu trono, rodeado dos seus clérigos em sobrepelizes. Pouco depois entra JORGE, acompanhando MADALENA, também já vestida de noviça e que vai ajoelhar à esquerda do Prior. Toca o orgão.

CORO — *Si iniquitates observaveris. Domine; Domine, quis sustinebit?*

PRIOR *(tomando os escapulários de cima do altar)* — Manuel de Sousa Coutinho, irmão Luís de Sousa, pois em tudo quisestes depir o homem velho, abandonando também ao mundo o nome que nele tínheis! Sóror Madalena! Vós ambos, que já fostes nobres senhores do mundo e aqui estais prostados no pó da terra, nesse humilde hábito de pobres noviços, que deixastes tudo, até vos deixar a vós mesmos... filhos de Jesus Cristo, e agora de nosso padre S. Domingos, recebei com este bento escapulário...

CENA XI

O PRIOR DE BENFICA, o ARCEBISPO, MANUEL DE SOUSA, MADALENA, etc. MARIA, que entra precipitadamente pela igreja em estado de completa alienação, traz umas roupas brancas desalinhadas e caídas, os cabelos soltos, o rosto macerado, mas inflamado, com as rosetas hécticas; os olhos desvairados; pára um momento, reconhece os pais e vai direita a eles. Espanto geral; a cerimónia interrompe-se.

MARIA — Meu pai, meu pai, minha mãe, levantai-vos, vinde! *(Toma-os pelas mãos; eles obedecem maquinalmente, vêm ao meio da cena: confusão geral.)*

MADALENA — Maria! Minha filha!

MANUEL — Filha, filha... Oh, minha filha...

(Abraçam-se ambos nela.)

MARIA *(separando-se com eles da outra gente e trazendo-os para a boca da cena)* — Esperai: aqui não morre ninguém sem mim. Que quereis fazer? Que cerimónias são estas? Que Deus é esse que está nesse altar e quer roubar o pai e a mãe a sua filha? *(Para os circunstantes.)* Vós quem sois, espectros fatais?... Quereis-mos tirar dos meus braços?... Esta é a minha mãe, este é o meu pai... Que me importa a mim com o outro?, que morresse ou não, que esteja com os mortos ou com os vivos, que se fique na cova ou que ressuscite agora para me matar?... Mate-me, mate-me, se quer, mas deixe-me este pai, esta mãe, que são meus. Não há mais do que vir ao meio de uma família e dizer: «Vós não sois marido e mulher... e esta filha do vosso amor, esta filha criada ao colo de tantas meiguices, de tanta ternura, esta filha é...» Mãe, mãe, eu bem o sabia... nunca to disse, mas sabia-o: tinha-mo dito aquele anjo terrível que me aparecia todas as noites para me não deixar dormir... aquele anjo que descia com uma espada de chamas na mão, e a atravessava entre mim e ti, que me arrancava dos teus braços quando eu adormecia neles... que me fazia chorar quando meu pai ia beijar-me no teu colo. Mãe, mãe, tu não hás-de morrer sem mim... Pai, dá cá um pano da tua mortalha... dá cá, eu quero morrer antes que ele venha. *(Encolhendo-se no hábito do pai.)* Quero-me esconder aqui, antes que venha esse homem do outro mundo dizer-me na minha cara e na tua — aqui diante de toda esta gente: «Essa filha é a filha do crime e do pecado!...» Não sou; dize, meu pai, não sou... dize a essa gente toda, dize que não sou... *(Vai para Madalena.)* Pobre mãe! Tu não podes... coitada!... não tens ânimo... Nunca mentiste?... Pois mente agora para salvar a honra de tua filha, para que lhe não tirem o nome de seu pai.

MADALENA — Misericórdia, meu Deus!

MARIA — Não queres? Tu também não, pai? Não querem. E eu hei-de morrer assim... e ele vem aí...

CENA XII

MARIA, MADALENA, MANUEL; o ROMEIRO e TELMO, que aparecem no fundo da cena, saindo de trás do altar-mor

ROMEIRO *(para Telmo)* — Vai, vai; vê se ainda é tempo; salva-os, salva-os, que ainda podes...

(Telmo dá alguns passos para diante.)

MARIA *(apontando para o romeiro)* — É aquela voz, é ele, é ele! Já não é tempo... Minha mãe, meu pai, cobri-me bem estas faces, que morro de vergonha... *(Esconde o rosto no seio da mãe.)* Morro, morro... de vergonha.

(Cai e fica morta no chão. Manuel de Sousa e Madalena prostam-se ao pé do cadáver da filha.)

MANUEL *(depois de algum espaço, levanta-se de joe-*

lhos) — Minha irmã, rezemos por alma... encomende-
mos a nossa alma a este anjo, que Deus levou para si
Padre Prior, podeis-me lançar aqui o escapulário?

O PRIOR *(indo buscar os escapulários ao altar-mor e tornan-
do)* — Meus irmãos, Deus aflige neste mundo àqueles
que ama. A coroa de glória não se dá senão no Céu.

(Toca o órgão; cai o pano.)

PREFÁCIO ORIGINAL DO AUTOR

Não havia a mínima tenção de entregar nunca à cena *Frei Luís de Sousa*, nem tão cedo à imprensa, quando se acabou de compor, nos fins do Inverno passado. Resolveu, porém, o autor apresentá-lo ao Conservatório, com a memória que adiante vai transcrita, em testemunho de consideração por aquele estabelecimento, que fundara.

Lida a memória em conferência, segundo o costume académico, e deposta na mesa com o drama, foram gerais as instâncias para que este se lesse também. O autor não se fez muito rogar, porque bem desejava observar o efeito que produziria em auditório tão escolhido a sua nova tentativa.

Se o não iludiu a cegueira de poeta, nem o quis enganar a benevolência dos muitos amigos que ali estavam, o efeito foi maior do que nunca se atreveriam a prevê-lo as mais sanguíneas esperanças do escritor mais seguro de si e do seu público.

A imprensa fez eco ao favorável juízo do Conservatório; e o drama teve a boa estreia de começar a ser benquisto do público antes ainda de lhe ser apresentado.

Foi isso causa de lhe pedirem, e o autor fazer com muito gosto, outra leitura dele na sociedade íntima de uma família que preza como sua e à qual o prendem de sincera e estreita amizade — não só, nem tanto, as relações de algum contraparentesco, mas muito mais as de afeição verdadeira, de estima bem fundada e experimentada em qualidades que se vão fazendo cada dia mais raras nesta terra.

Em tudo e sempre — excepto numa coisa que não vem para aqui — se pode e deve ter mais fé nas mulheres que nos homens: em coisas de arte o seu voto é decisivo. Desde aquela leitura o autor começou a acreditar na sua obra como composição dramática, pois até então ingenuamente a reputava mais um *estudo* para se examinar no gabinete do que próprio quadro para se desenrolar na exposição pública da cena.

Resolveu-se ali logo, e na excitação do momento, representar o drama em um teatro particular. Distribuíram-se as partes, começaram os ensaios, e em poucas semanas, apesar de todas as dificuldades, subiu à cena na Quinta do Pinheiro, a cujos amáveis donos não há obséquio nem fineza que não deva o autor e a peça.

O teatro é pequeno, mas acomoda muita gente; e encheu-se do que há mais luzido e brilhante na sociedade. As lágrimas das senhoras e o aplauso dos homens fizeram justiça ao incomparável mérito dos actores, principalmente das damas, a que, sem a menor sombra de lisonja, nem sequer de cumprimento, o autor pode dizer que deve a mais apreciável coroa literária que ainda recebeu.

Na tribuna e no foro, nos teatros e nas academias, nas assembleias do povo e nos palácios dos reis, em toda a parte lhe têm cortado dessas palmas que verdejam um dia, que hoje dá o favor, que amanhã tira a inveja; que, enquanto estão no viço, fazem curvar o joelho ao vulgo dos pequenos e ao vulgo

— muito mais vulgo — dos grandes; mas que, em secando, no outro dia, são açoite que empunha logo a vileza desses covardes para se vingarem nas costas do que os humilhou, e a quem não perdoam o tempo que estiveram de joelhos... Coitados! Pois não é essa a sua vida, a sua posição natural? É; mas querem fingir, de vez em quando, que não e que podem estar direitos como a gente de bem. O autor de *Frei Luís de Sousa* avalia isso no que isso vale; e só pendura destoutras coroas no templo singelo da sua memória, onde o fasto nunca entrou nem foi adorada a vaidade.

Para lembrança daquela noite de satisfação tão pura se escrevem aqui os nomes dos amáveis artistas que verdadeiramente foram os que realizaram e deram vida às vagas concepções que o poeta esboçara neste drama. Eram distribuídos os papéis deste modo:

Ex.mos Srs.

D. Emília Krus de Azevedo	MADALENA.
D. Maria da Conceição de Sá	MARIA.
Joaquim José de Azevedo	MANUEL DE SOUSA.
António Pereira da Cunha	FREI JORGE.
Duarte Cardoso de Sá	ROMEIRO.
António Maria de Sousa Lobo	PRIOR.
Duarte de Sá Júnior	MIRANDA.

O autor supriu, no papel de Telmo, a falta de um amigo impossibilitado. Ponto, coros, e os mesmos comparsas, tudo eram parentes ou amigos íntimos.

Faz gosto recordar todas estas circunstâncias: é roubar uma página à monótona história da sensaboria do tempo.

Lisboa, 31 de Dezembro de 1843.

AO CONSERVATÓRIO REAL[1]

[1] Foi lida esta memória em conferência do Conservatório Real de Lisboa em 6 de Maio de 1843.

Um estrangeiro fez, há pouco tempo, um romance da aventurosa vida de Frei Luís de Sousa. Há muito enfeite de maravilhoso nesse livro, que não sei se agrada aos estranhos; a mim, que sou natural, pareceu-me empanar a singela beleza de tão interessante história. Exponho um sentimento meu; não tive a mínima ideia de censurar, nem sequer de julgar, a obra a que me refiro, escrita em francês, como todos sabeis, pelo nosso consócio o Sr. Fernando Dinis.

É singular condição dos mais belos factos e dos mais belos caracteres que ornam os fastos portugueses serem tantos deles, quase todos eles, de uma extrema e estreme simplicidade. As figuras, os grupos, as situações da nossa história — ou da nossa tradição, que para aqui tanto vale — parecem mais talhados para se moldarem e vazarem na solenidade severa e quase estatuária da tragédia antiga do que para se pintarem nos quadros — mais animados talvez, porém menos profundamente impressivos, do drama novo — ou para se entrelaçarem nos arabescos do moderno romance.

Inês de Castro, por exemplo, com ser o mais belo, é também o mais simples assunto que ainda trataram poetas. E por isso todos ficaram atrás de Camões, porque todos, menos ele, o quiseram enfeitar, julgando dar-lhe mais interesse[1].

Na história de Frei Luís de Sousa, como a tradição a legou à poesia, e desprezados para este efeito os embargos da crítica moderna — a qual, ainda assim, tão-somente alegou mas não provou —, nessa história, digo, há toda a simplicidade de uma fábula trágica antiga. Casta e severa como as de Ésquilo, apaixonada como as de Eurípides, enérgica e natural como as de Sófocles, tem de mais do que essoutras aquela unção e delicada sensibilidade que o espírito do cristianismo derrama por toda ela, molhando de lágrimas contritas o que seriam desesperadas ânsias num pagão, acendendo até nas últimas trevas da morte a vela da esperança, que se não apaga com a vida.

A catástrofe é um duplo e tremendo suicídio, mas não se obra pelo punhal ou pelo veneno: foram duas mortalhas que caíram sobre dois cadáveres vivos; jazem em paz no mosteiro, o sino dobra por eles; morreram para o mundo, mas vão esperar ao pé da Cruz que Deus os chame quando for a sua hora.

A desesperada resignação de Prometeu, cravado de cravos no Cáucaso, ódeado de curiosidade e compaixões, e com o abutre a espicaçar-lhe no fíga-

---

[1] Profunda observação de Mr. Adamson, citando um crítico alemão, a respeito das causas por que entre tantas tragédias de *Inês de Castro* — portuguesas, castelhanas, francesas, inglesas e alemãs — nenhuma tinha saído verdadeiramente digna do assunto. (V. *Memoirs of Camoens*, by John Adamson.)

do, não é mais sublime. Os remorsos de édipo não são para comparar aos esquisitos tormentos de coração e de espírito que aqui padece o cavalheiro pundonoroso, o amante delicado, o pai estremecido, o cristão sincero e temente do seu Deus. Os terrores de Jocasta fazem arrepiar as carnes, mas são mais asquerosos do que sublimes; a dor, a vergonha, os sustos de D. Madalena de Vilhena, revolvem mais profundamente no coração todas as piedades, sem o paralisar de repente com uma compressão de horror que excede as forças do sentimento humano. A bela figura de Manuel de Sousa Coutinho, ao pé da angélica e resignada forma de D. Madalena, amparando em seus braços entrelaçados o inocente e mal-estreado fruto de seus fatais amores, formam naturalmente um grupo que, se eu pudesse tomar nas mãos o escopro de Canova ou de Torwaldson, sei que o desentranhava de um cepo de mármore de Carrara com mais facilidade, e decerto com mais felicidade, do que tive em pôr o mesmo pensamento por escritura nos três actos do meu drama.

Esta é uma verdadeira tragédia — se as pode haver e, como só imagino que as possa haver, sobre factos e pessoas comparativamente recentes. Não lhe dei, todavia, esse nome porque não quis romper de viseira com os estafermos respeitados dos séculos que, formados de peças que nem ofendem nem defendem no actual guerrear, inanimados, ocos e postos ao canto da sala para onde ninguém vai de propósito, ainda têm, contudo, a nossa veneração, ainda nos inclinamos diante deles quando ali passamos por acaso.

Demais, posto que eu não creia no verso como língua dramática possível para assuntos tão modernos, também não sou tão desabusado, contudo, que me atreva a dar a uma composição em prosa o título solene que as musas gregas deixaram consagrado à mais sublime e difícil de todas as composições poéticas.

O que escrevi em prosa pudera escrevê-lo em verso — e o nosso verso solto está provado que é dócil e ingénuo bastante para dar todos os efeitos de arte sem quebrar na natureza. Mas sempre havia de aparecer mais artifício do que a índole especial do assunto podia sofrer. E di-lo-ei, porque é verdade: repugnava-me também pôr na boca de Frei Luís de Sousa outro ritmo que não fosse o da elegante prosa portuguesa, que ele, mais do que ninguém, deduziu com tanta harmonia e suavidade. Bem sei que assim ficará mais clara a impossibilidade de imitar o grande modelo; mas antes isso do que fazer falar por versos meus o mais perfeito prosador da Língua.

Contento-me para a minha obra com o título modesto de drama; só peço que a não julguem pelas leis que regem, ou devem reger, essa composição de forma e índole nova; porque a minha, se na forma desmerece da categoria, pela índole há-de ficar pertencendo sempre ao antigo género trágico.

Não o digo por me dar aplauso, nem para obter favor tão-pouco; senão porque o facto é esse, e para que os menos reflectidos me não julguem sobre dados falsos e que eu não tomei para assentar o problema que procurava resolver.

Não sei se o fiz: a dificuldade era extrema, pela extrema simplicidade dos meios que adoptei. Nenhuma acção mais dramática, mais trágica, do que esta; mas as situações são poucas; estender estas de invenção era adelgaçar a força daquela, quebrar-lhe a energia. Em um quadro grande, vasto — as figuras poucas, as atitudes simples —, é que se obram os grandes milagres da arte pela correcção no desenho, pela verdade das cores, pela sábia distribuição da luz.

Mas ou se há-de fazer um prodígio ou uma sensaboria. Eu sei a que empresa de Ícaro me arrojei, e nem tenho mares a que dar nome com a minha queda: elas são tantas já!

Nem amores, nem aventuras, nem paixões, nem caracteres violentos de nenhum género. Com uma acção que se passa entre pai, mãe e filha, um frade, um escudeiro velho e um peregrino que apenas entra em duas ou três cenas — tudo gente honesta e temente a Deus —, sem um mau para contraste, sem um tirano que se mate ou mate alguém, pelo menos no último acto, como eram as tragédias dantes — sem uma dança macabra de assassínios, de adultérios e de incestos, tripudiada ao som das blasfémias e das maldições, como hoje se quer fazer o drama —, eu quis ver se era possível excitar fortemente o terror e a piedade ao cadáver das nossas plateias, gastas e caquéticas pelo uso contínuo de estimulantes violentos, galvanizá-lo com sós estes dois metais de lei.

Repito sinceramente que não sei se o consegui; sei, tenho fé certa, que aquele que o alcançar, esse achou a tragédia nova e calçou justo no pé o coturno das nações modernas; esse não aceite das turbas o τϸχγος consagrado, o bode votivo; não subiu ao carro de Téspis, não besuntou a cara com borras de vinho para fazer visagens ao povo; esse atire a sua obra às disputações das escolas e das parcialidades do mundo e recolha-se a descansar no sétimo dia de seus trabalhos, porque tem criado o teatro da sua época.

Mas se o engenho do homem tem bastante de divino para ser capaz de tamanha criação, o poder de nenhum homem só não virá a cabo dela nunca. Eu julgarei ter já feito muito se, directamente por algum ponto com que acertasse, indirectamente pelos muitos em que errei, concorrer para o adiantamento da grande obra que trabalha e fatiga as entranhas da sociedade que a concebeu, e a quem peja com afrontamentos e nojos, porque ainda agora se está a formar em princípio de embrião.

Nem pareça que estou dando grandes palavras a pequenas coisas: o drama é a expressão literária mais verdadeira do estado da sociedade: a sociedade de hoje ainda se não sabe o que é: o drama ainda se não sabe o que é; a literatura actual é a palavra, é o verbo, ainda balbuciante, de uma sociedade indefinida, e contudo já influi sobre ela; é, como disse, a sua expressão, mas reflecte a modificar os pensamentos que a produziram.

Para ensaiar estas minhas teorias de arte, que se reduzem a pintar do vivo, desenhar do nu, e a não buscar poesia nenhuma, nem de invenção nem de estilo, fora da verdade e do natural, escolhi este assunto, porque em suas mesmas dificuldades estavam as condições de sua maior propriedade.

Há muitos anos, discorrendo um Verão pela deliciosa beira-mar da província do Minho, fui dar com um teatro ambulante de actores castelhanos fazendo suas récitas numa tenda de lona no areal da Póvoa de Varzim — além de Vila do Conde. Era tempo de banhos, havia feira e concorrência grande; fomos à noite ao teatro: davam a *Comédia Famosa*, não sei de quem, mas o assunto era este mesmo de *Frei Luís de Sousa*. Lembra-me que ri muito de um homem que nadava em certas ondas de papelão, enquanto num altinho, mais baixo que o cotovelo dos actores, ardia um palaciozinho também de papelão... Era o de Manuel de Sousa Coutinho em Almada!

Fosse de mim, dos actores ou da peça, a acção não me pareceu nada do que hoje a acho — grande, bela, sublime de trágica majestade. Não se obliteram facilmente em mim impressões que me entalhem, por mais de leve que seja, nas fibras do coração: e as que ali recebi estavam inteiramente apagadas quando, poucos anos depois, lendo a célebre *Memória* do Sr. Bispo de Vieu, D. Francisco Alexandre Lobo, e relendo, por causa dela, a romanesca mas sincera narrativa do padre Frei António da Encarnação, pela primeira vez atentei no que era de dramático aquele assunto.

Não passou isto, porém, de um vago relancear do pensamento. Há dois anos, e aqui nesta sala, quando ouvi ler o curto mas bem sentido relatório da comissão que nos propôs admitir às provas públicas o drama. O *Cativo de Fe* é que eu senti como um raio de inspiração nas reflexões que ali se faziam sobre a comparação daquela fábula engenhosa e complicada com a história tão simples do nosso insigne escritor.

Quiseram-me depois fazer crer que o drama português era todo tirado, ou principalmente imitado, desse romance francês de que já vos falei e que eu ainda não tinha lido então. Fui lê-lo imediatamente, e achei falsa de todo a acusação, mas achei mais falsa ainda a preferência de ingenuidade que a esse romance ouvia dar. Pareceu-me que o assunto podia e devia ser tratado de outro modo, e assentei fazer este drama.

Escuso dizer-vos, Senhores, que me não julguei obrigado a ser escravo da cronologia nem a rejeitar, por impróprio da cena, tudo quanto a severa crítica moderna indigitou como arriscado de se apurar para a história. Eu sacrifico às musas de Homero, não às de Heródoto: e quem sabe, por fim, em qual dos dois altares arde o fogo de melhor verdade!

Versei muito e com muito afincada atenção a *Memória* que já citei do doutro sócio da Academia Real das Ciências o Sr. Bispo de Viseu; e colacionei todas as fontes donde ele derivou e apurou seu copioso cabedal de notícias e reflexões; mas não foi para ordenar datas, verificar factos ou assentar nomes, senão para estudar de novo, naquele belo compêndio, caracteres, costumes, as cores do lugar e o aspecto da época, aliás das mais sabidas e averiguadas.

Nem o drama, nem o romance, nem a epopeia são possíveis se os quiserem fazer com a *Arte de Verificar as Datas* na mão.

Esta quase apologia seria ridícula, Senhores, se o meu trabalho não tivesse de aparecer senão diante de vós, que por intuição deveis de saber, e por tantos documentos tendes mostrado que sabeis, quais e quão làrgas são, e como limitadas, as leis da verdade poética, que certamente não deve ser opressora, mas também não pode ser escrava da verdade história. Desculpai-me apontar aqui esta doutrina, não para vós, que a professais, mas para algum escrupuloso mal-advertido que me pudesse condenar por infracção de leis a que não estou obrigado porque as não aceitei.

E todavia cuido que, fora dos algarismos das datas, irreconciliáveis com todo o trabalho de imaginação, pouco haverá, no mais, que ou não seja puramente histórico, isto é, referido como tal pelos historiadores e biógrafos, ou implicitamente contido, possível e verosímil de se conter no que eles referem.

Ofereço esta obra ao Conservatório Real de Lisboa, porque honro e venero os eminentes literatos e os nobres caracteres cívicos que ele reúne em seu seio e para testemunho sincero também da muita confiança que tenho numa instituição que tão útil tem sido e há-de ser à nossa literatura renascente, que tem estimulado com prémios, animado com exemplos, dirigido com sábios conselhos a cultura de um género que é, não me canso de o repetir, a mais verdadeira expressão literária e artística da civilização do século, e reciprocamente exerce sobre ela a mais poderosa influência.

Eu tive sempre na minha alma este pensamento, ainda antes — perdoai-me a inocente vaidade, se vaidade isto chega a ser —, ainda antes de ele aparecer formulado em tão elegantes frases por esses escritores que alumiam e caracterizam a época, os Vítor Hugos, os Dumas, os Scribes. O estudo do homem é o estudo deste século, a sua anatomia e fisiologia moral as ciências mais buscadas pelas nossas necessidades actuais. Coligir os factos do homem, emprego para o sábio; compará-los, achar a lei de suas séries, ocupação para o filósofo, o político; revesti-los das formas mais populares e derramar assim pelas nações um ensino fácil, uma instrução intelectual e moral que, sem aparato de sermão ou prelecção, surpreenda os ânimos e os corações da multidão, no meio de seus próprios passatempos — a missão do literato, do poeta. Eis aqui porque esta época literária é a época do drama e do romance, porque o romance e o drama são , ou devem ser, isto.

Parti desse ponto, mirei a este alvo desde as minhas primeiras e mais juvenis composições literárias, escritas em tão desvairadas situações da vida, e as mais delas no meio de trabalhos sérios e pesados, para descansar de estudos mais graves ou refocilar o espírito fatigado dos cuidados públicos — alguma vez também para não deixar secar de todo o coração na aridez das coisas políticas, nas quais é força apertá-lo até endurecer para que no-lo não quebre o egoísmo duro dos que mais carregam onde acham mais brando, ferem com menos dó e com mais covarde valentia onde acham menos armado.

Eu tinha feito o meu primeiro estudo sobre o homem antigo na antiga sociedade: pu-lo no expirar da velha liberdade romana e no primeiro nascer do absolutismo novo, ou que deu molde a todos os absolutismos modernos, o que vale o mesmo. Dei-lhe as formas dramáticas: é a tragédia de Catão.

O romance de *Dona Branca* não foi senão uma tentativa encolhida e tímida para espreitar o gosto do público português, para ver se nascia entre nós o género, e se os nossos jovens escritores adoptavam aquela bela forma; entravam por sua antiga história a descobrir campo, a colher pelas ruínas de seus tempos heróicos os tipos de uma poesia mais nacional e mais natural.

O *Camões* levou o mesmo fito e vestiu as mesmas formas.

Os meus ensaios de poesia popular na *Adosinha* vê-se que prendem no mesmo pensamento — falar ao coração e ao ânimo do povo pelo romance e pelo drama.

Este é um século democrático; tudo o que se fizer há-de ser pelo povo e com o povo... ou não se faz. Os príncipes deixaram de ser, nem podem ser, augustos. Os poetas fizeram-se cidadãos, tomaram parte na coisa pública como sua; querem ir, como Eurípides e Sófocles, solicitar na praça os sufrágios populares, não, como Horácio e Virgílio, cortejar no Paço as simpatias de reais corações. As cortes deixaram de ter Mecenas; os Médicis, Leão X, Dom Manuel e Luís XIV já não são possíveis; não tinham favores que dar nem tesouros que abrir ao poeta e ao artista. Os sonetos e os madrigais eram para as assembleias perfumadas dessas damas que pagavam versos a sorrisos — e era talvez a melhor e mais segura letra que se vencia na carteira do poeta. Os leitores e os espectadores de hoje querem pasto mais forte, menos condimentado e mais substancial; é povo, quer verdade. Dai-lhe a verdade do passado no romance e no drama histórico — no drama e na novela da actualidade ofereci-lhe o espelho em que se mire a si e ao seu tempo, a sociedade que lhe está por cima, abaixo, ao seu nível — e o povo há-de aplaudir, porque entende: é preciso entender para apreciar e gostar.

Eu sempre cri nisto; a minha fé não era tão clara e explícita como hoje é, mas sempre foi tão implícita. Quis pôr a teoria à prova experimental e lancei no teatro o *Auto de Gil Vicente*. Já escrevi algures, e sinceramente vos repito aqui, que não tomei para mim os aplausos e favor com que o recebeu o público; não foi o meu drama que o povo aplaudiu, foi a ideia, o pensamento do drama nacional.

Esta academia real diante de quem hoje me comprazo de falar, e a quem, desde suas primeiras reuniões, expus o meu pensamento, os meus desejos, as minhas esperanças e a minha fé, vós, Senhores, o entendestes e acolhestes e lhe tendes dado vida e corpo. Directa ou indirectamente, o Conservatório tem feito nascer em Portugal mais dramas em menos de cinco anos do que até agora se escreviam num século.

O ano passado, quando publiquei o *Alfageme*, aqui vos disse, Senhores, a tenção com que o fizera, o desejo que tinha de o submeter à vossa censura e os motivos de delicadeza que tive para não o fazer entrar a ela pela fieira marcada nas nossas leis académicas. Os mesmos motivos me impedem agora de apresentar *Frei Luís de Sousa* sob a tutela do incógnito e protegido pelas fórmulas que haveis estabelecido para o processamento imparcial e meditada sentença de vossas decisões.

Mas nenhuma delicadeza, nenhuns respeitos humanos, podem vedar-me que eu venha entregar como oferenda ao Conservatório Real de Lisboa este meu trabalho dramático, que provavelmente será o último, ainda que Deus me tenha a vida por mais tempo; porque esse pouco ou muito que já agora terei de viver está consagrado, por uma espécie de juramento que me tomei a mim mesmo, a uma tarefa longa e pesada que não deixará nem a sesta do descanso ao trabalhador — que trabalha no seu, com a estação adiantada, e quer ganhar o tempo perdido. Incita-o esta ideia e punge-o, demais, o amor-próprio: porque hoje não pode já deixar de ser para mim um ponto de honra desempenhar funções de que me não demiti nem demito — escrevendo, na história do nosso século, a crónica do último rei de Portugal, o Senhor Dom Pedro IV.

Assim quase que dou aqui o último vale a essa amena literatura, que foi o mais querido folguedo da minha infância, o mais suave enleio da minha juventude e o passatempo mais agradável e refrigerante dos primeiros e mais agitados anos da minha hombridade.

Despeço-me com saudade — nem me peja dizê-lo diante de vós: é virar as costas ao Éden de regalados e preguiçosos folgares, para entrar nos campos do trabalho duro, onde a terra se não lavra senão como suor do rosto; e quando produz, não são rosas nem lírios que afagam os sentidos, mas plantas — úteis, sim, porém desgraciosas à vista, fastientas ao olfacto — é o real e o necessário da vida.

NOTAS

À MEMÓRIA AO CONSERVATÓRIO

Nota A

«... todos ficaram atrás de Camões, porque todos [...] o quiseram enfeitar [o assunto de Inês de Castro], julgando dar-
-lhe mais interesse» (p. 121).

Inês de Castro, o mais belo e poético episódio do riquíssimo *romance* da
história portuguesa, está por tratar ainda, ou eu muito me engano. Camões
fez o que fizeram todos os grandes poetas nacionais chamados por sua augusta missão a enfeixar, num magnífico e perpétuo monumento, todas as glórias,
todas as tradições poéticas de um povo: este é o carácter da sua epopeia e de
todas as verdadeiras epopeias; fixam as crenças e a história maravilhosa de
uma nação, são elas mesmas parte consubstancial, típica e quase hierática
dessa nacionalidade que consagraram pela religião da poesia. Tais foram para os Gregos os dois poemas de Homero, para os Persas o *Scháhnámeh (Livro
dos Reis)* de Firdusi, para os povos do Norte o *Niebelungen,* para as nações
cristãs do Meio-Dia o *Orlando* de Ariosto. E por isto nos mais antigos se duvi-
da ainda hoje do seu verdadeiro autor, que alguns não querem que seja senão
colector, como o nome de rapsódias, dado aos contos de Homero, parece in-
culcar.

Nem eu nem o lugar somos próprios para se decidir a questão. O que para
mim é decidido é que o nosso Homero português deu ao seu poema o cunho e
carácter de epopeia nacional quando nele reuniu todas as nossas mais queri-
das memórias e recordações antigas, desde Viriato, o vencedor dos Romanos,
té D. João de Castro, o triunfador romano. Assim juntou todas as rapsódias
o romance português, e fez a *Ilíada* dos Lusitanos. Inês de Castro entrou no
quadro como ele a achou nas tradições populares e nas crónicas velhas, que
pouco mais eram do que as tradições populares escritas — ou, como então se
diria, «postas por escritura». A pintura é rápida e bela na simplicidade antiga
dos grandes pincéis, como só os sabe menear a poesia popular; não peca senão nos ornatos clássicos do mau gosto da Renascença a que por vezes sacri-
ficou o grande poeta: tal é a fala de Inês a el-rei...

O romance de Garcia de Resende não tem esse defeito; tem menos dele a
tragédia de António Ferreira, apesar de tão moldada pelos exemplares gregos. Mas estas são as três composições sobre Inês de Castro que verdadeiramente se aproximaram do assunto. O mais, tudo que produziu a literatura
portuguesa e castelhana e que reproduziram tão descorado as estranhas, está
baixo da craveira.

Exceptuemos, todavia, as crónicas antigas, que são mais poéticas, na sua prosa tão sincera, do que a maior parte dos poetas, que as traduziram para a afectação das suas rimas.

Não haverá um português que se afoite a competir por este grande prémio o maior que a literatura pátria tem levantado no meio da arena poética? Precisa, é verdade, ser um Shakespeare ou um Schiller; sobretudo precisa esquecer todos os exemplares clássicos e românticos, não querer fazer à Racine ou à Vítor Hugo, à maneira deste grego ou daqueloutro latino ou destoutro inglês, e criar-se a si para o assunto. O que principalmente falta é esta resolução.

Nota B

«...se eu pudesse tomar nas mãos o escopro de Canova ou de Tor waldson» (p. 122).

Não escrevi esta frase à toa: é uma convicção minha que na poesia da linguagem o género paralelo à estatuária é a tragédia, assim como a epopeia à grande arquitectura; e os outros géneros, espécies e variedades literárias aos seus correspondestes na pintura: ode à alegoria, idílio à paisagem, epigrama à caricatura, romance e drama ao quadro histórico, e assim os mais. A música segue as divisões da poesia falada, cuja irmã gémea nasceu. Ao cabo, a Arte é uma só, expressada por variados modos, segundo são variados os sentidos do homem. Em vez de tantos mestres de retórica e poética, ou de literatura, como agora creio que se chamam, um só que desenvolvesse esta doutrina tão simples como verdadeira aproveitava no curso de um ano o que eles perdem e têm perdido em muitas dezenas.

Nota C

«Esta é uma verdadeira tragédia — se as pode haver, e como se imagino que as possa haver sobre factos e pessoas comparativamente recentes» (p. 122).

Racine desculpa-se de ter posto na cena trágica um assunto tão moderno como Bajazet, julgando suprido o defeito da idade com a distância do lugar, a diversidade dos costumes e o mistério das coisas do serralho. Nos assuntos nacionais, porém, ao menos para nós, há um termo além do qual a cena não suporta o verso. D. Sebastião é talvez o último carácter histórico a quem ainda pudéssemos ouvir recitar hendecassílabos; daí para cá duvido. Do tempo de Frei Luís de Sousa pode ser que ainda se ature o verso em assunto ou bem trágico ou bem heróico; dependerá, porém, muito do modo por que os fizeram, e os declamarem, os tais versos.

NOTA D

«... o nosso verso solto está provado que é dócil e ingénuo bastante para dar todos os efeitos de arte sem quebrar na natureza» (p. 122).

Todavia, o ritmo dramático está ainda por aferir entre nós. Nem os Gregos, nem os Latinos, nem os Ingleses, nem os Alemães, escreveram as sua tragédias no mesmo metro que as suas epopeias. Fazem-no os Franceses porque mais não podem, com a mofina língua que Deus lhes deu. Os Castelhanos também não punham no teatro quase outro verso mais que a redondilha popular. Gil Vicente usou de todos os metros possíveis em português, mas raríssima vez do hendecassílabo. E, todavia, este é quase o único a que a prosódia da língua dá harmonia e força bastante para soar bem sem rima. Que se há-de fazer? Variar-lhe o ritmo, quebrar-lhe a monotonia da cadência, como fez Alfieri, a quem, todavia, o toscano faltou com as desinências fortes, que não tem, e que no português abundam tanto.

Quanto para a tragédia, creio que é este o único expediente; noutros géneros de drama entendo que se pode tentar o exemplo dos Castelhanos.

Ainda hoje o Sr. Bretón de los Herreros e o próprio Sr. Martinez de la Rosa estão metrificando comédias, puramente comédias, em verso de redondilha, o octossílabo, que não menos popular e natural é nesta nossa que naqueloutra ingua das Espanhas.

Destas e doutras coisas que tais é que se devia ocupar a nossa Academia e o nosso Conservatório.

Nota E

«... ao cadáver das nossas plateias, gastas e caquécticas pelo uso contínuo de estimulantes violentos, galvanizá-lo com sós estes dois metais de lei [o terror e a piedade]» (p. 123).

Neste ponto sou mais clássico do que Aristóteles, mais estacionário do que o velho Horácio e mais ortodoxo do que Racine. Na tragédia e no drama trágico não podem entrar outros afectos. O horror, o asco, serão bons — não sei se ão — para o drama a que, por falta de melhor nome talvez, chamam grande. Este último género, porém, que muitos querem que não seja senão uma espécie híbrida ou uma aberração, este género, digo, tem sobretudo provado a sua ncapacidade para exercer o predomínio na cena, pela desmoralização artística com que tem corrompido o público. Símbolo e reflexo da anarquia, não õe limites aos desejos, devassa e franqueia tudo; em pouco tempo gasta-se, omo ela, sobre si mesmo. Não lhe fica mais que dar nem que esperar. A tendência natural do público, depois das saturnais da escola ultra-romântica, é ortanto toda para a ordem, para as regras, para o regime da moderação... elizmente na literatura não há oligarquias, à espreita destes cansaços e tendências populares, para as granjear fraudulentamente em proveito do privilé-gio e do absolutismo.

Nota F

«... que [...] me não julguem sobre dados falsos e que eu não tomei para assentar o problema que procurava resolver» (p. 122).

Uma obra de arte, seja qual for, não poder ser julgada pelas regras que a rítica lhe apraz estabelecer-lhe, senão pelas que o autor invocou e tomou para sua norma. De não entenderem ou não quererem entender este princípio e eterna verdade e justiça os encontrados anátemas com que, vai num século, se estão fulminando clássicos e românticos uns aos outros. O teatro inglês a uma galeria de monstruosidades repugnantes para Voltaire e para toda a

Academia Francesa: as mais suaves modulações da musa de Racine parece
ram *trillos* de capados da capela do papa a Schlegel e a toda a escola shakes
peariana dalém do Reno e da Mancha.

Qual tinha razão? Nenhum.

Nota G

«... não subiu ao carro de Téspis, não besuntou a cara com bor
ras de vinho para fazer visagens ao povo» (p. 123).

A escola romântica foi tão manifesta reacção contra os vícios e abusos do
ultraclássicos, tal e tão perfeita como a do liberalismo contra a corrupta mo
narquia feudal. Ambas caíram na anarquia pelo forte impulso que traziam
ambas destruíram muito porque podiam e edificaram pouco porque não sa
biam; ambas têm de oscilar ainda muito, antes que se ache o verdadeir
equilíbrio das coisas, sem voltar ao impossível que acabou, nem ir para o im
possível que nunca há-de ser. Nestas duas questões anda o mundo: questõe
que estão mais ligadas e dependentes do que cuida o vulgar dos patetas
chamados homens de Estado, porque outra coisa não sabem ser — e o vulga
dos tímidos literatos que, ou *non bene relicta parmula* nos campos das disp
tas civis, se condenam a soneteiros de bastardos Mecenas, ou abdicam a
gusta coroa de poeta popular que em nossos tempos, como nos de Alceu e o
Sófocles, e como nos de Dante, tem espinhos debaixo dos loiros e precisa ta
ta coragem como talento para se trazer com dignidade. E a vida da carne
tão curta para o homem de letras!... A da glória não lhe põem termo os h
mens.

Nota H

«... a literatura actual é a palavra, é o verbo, ainda balbucian
de uma sociedade indefinida, e contudo já influi sobre el
(p. 123).

Esta contínua e recíproca influência da literatura sobre a sociedade, e
sociedade sobre a literatura, é um dos fenómenos mais dignos da observaç
do filósofo e do político. Quando a história for verdadeiramente o que deve s
— e já tende para isso — há-de falar menos em batalhas, em datas de nas
mentos, casamentos e mortes de príncipes, e mais na legislação, nos cos
mes e na literatura dos povos. Quem vier a escrever e a estudar a históri
deste nosso século nem a entenderá nem a fará entender decerto, se o não
zer pelos livros dos sábios, dos poetas, dos moralistas, que caracterizam
época, e são ao mesmo tempo causa e efeito de seus mais graves sucesso

Nossos bárbaros avoengos não conheciam outro poder senão a força —
força material; daí não historiaram senão dela. As rapsódias de história l
gislativa e literária que algum adepto redigia, mais por curiosidade ou por
pírito de classe do que por outra coisa, não eram, obras populares, nem for
nunca havidas por tais, nem por quem as escrevia, nem por quem as lia. A
sim tão difícil é hoje o trabalho de ligar e comparar umas histórias com o
tras para poder achar a história nacional. Mas deve ser muito estúpido o q
não vir melhor a história de D. Manuel em Gil Vicente do que em Damião
Góis e a de el-rei D. José nas leis do marquês de Pombal e nos escritos de
sé de Seabra do que nas gazetas do tempo, ou ainda nas próprias memóri
mais íntimas de seus amigos e inimigos.

Nas obras de Chateaubriand e de Guizot, de Delavigne e Lamartine, nas de Vítor Hugo e até de George Sand, nas de Lamennais e de Cousin, está o século dezanove, com todas as suas tendências indefinidas e vagas, com todas as suas tímidas saudades do passado, seus terrores do futuro, sua desanimada incredulidade no presente. Falo da França porque é o coração da Europa: de Lisboa e São Petersburgo, daí ao Rio de Janeiro e a Washington, os membros todos do grande corpo social dali recebem e para ali refluem os mesmos acidentes de vida.

NOTA I

«... a *Comédia Famosa*, não sei de quem, mas o assunto era este mesmo» (p. 123).

Revolvi muitas colecções de *Comédias Famosas*, que são bastantes e volumosas as que temos em Lisboa, e não pude achar aquela que vi na Póvoa em 18 É tão difícil ter aqui informações literárias dos nossos vizinhos de ao pé a porta que abandonei a empresa de a descobrir, apesar do vivo interesse que nisso tinha. É mágoa e perda que duas literaturas que tanto ganhariam m se entender e ajudar reciprocamente, como é a nossa e a castelhana, estem hoje mais estranhas uma à outra do que talvez nenhumas conhecidas na Europa.

Nota J

«...o drama. *O Cativo de Fez*» (p. 123).

O relatório da comissão do Conservatório Real é datado de 18 de Dezembro 1840.

Nota L

«Eu sacrifico às musas de Homero, não às de Heródoto» (p. 124).

Heródoto dividiu a sua *História*, como todos sabem, em nove livros ou secções, cada uma das quais tem o nome ou título de uma das nove musas. A história, assim como a poesia, eram para os antigos coisas sagradas e religiosas, que se não tratavam senão debaixo da invocação dos deuses. E as musas, as da memória, não eram o símbolo nem a inspiração dos belos fingimentos, mas da verdade belamente narrada. Quantas fábulas tem a *Ilíada* e a *Odisseia* não as houve por tais o poeta senão por tradições e crenças respeitadas e respeitáveis no seu tempo. Heródoto tão-pouco imaginava entrar nas províncias da poesia quando narrava as incríveis maravilhas que ele e os us contemporâneos tinham por história.

Nota M

«... no primeiro nascer do absolutismo novo, ou que deu molde a todos os absolutismos modernos, o que vale o mesmo» (p. 125).

O despotismo asiático antigo era o princípio, era a regra; o absolutismo europeu moderno é o facto, a excepção, a desviação. Os despotismos da Ásia,

como então eram e ainda hoje são nascem da exageração do governo patria
cal do chefe da família, da tribo, da nação. O absolutismo europeu é a usurp
ção dos direitos do povo; lá a coisa pública formou-se pelo príncipe e com el
aqui é o príncipe que se impôs à república. Desde Júlio César até agora, a o
gem de todas as monarquias absolutas na Europa, a fundação de todas
suas dinastias, tem sido a usurpação mais ou menos violenta, mais ou men
flagrante, mais ou menos astuciosa, dos direitos da nação por um home

Nota N

> «... para ver [...] se os nossos jovens escritores [...] entrava
> por sua antiga história a descobrir campo, a colher pelas r
> nas de seus tempos heróicos os tipos de uma poesia mais
> cional e mais natural» (p. 125).

Por muitos defeitos que se possam notar na nossa literatural actual, n
guém poderá todavia asseverar que ela não seja mais natural e mais nacio
do que a sua imediata predecessora. Os sonetos, as églogas, as odes pindá
cas e os ditirambos, que, até ao primeiro quarto deste século, eram a gló
dos árcades da segunda camada, os Jónios e os Josinos, os Elmiros e os B
miros, teriam talvez — e creio que tinham — menos erros de linguagem e n
nos faltas de estilo do que têm os romances e os dramas de tantos rapazes
muito e de pouco talento que por aí se deitam hoje a escrever. Mas tamb
não tinham um pensamento, uma ideia, quase uma frase, que não fosse cop
da, imitada servilmente. Quem cantava um assunto nacional, quem desc
via um sítio da sua terra, quem recorria a outro maravilhoso que não foss
do Olimpo? Toda a nossa literatura era francesa, com o reflexo grego e la
no: ainda quando os assuntos eram nacionais, não passava a nacionalida
dos nomes dos heróis, ou dos títulos dos poemas. O Garção, o Tolentin
Francisco Manuel vê-se que sentiam a falsidade do tom em que estavam
nadas as suas belas e riquíssimas liras, mas certamente lhes faltou a co
gem para romper com os preconceitos académicos, ainda muito podero
então. Bocage teria podido fazê-lo; mas aquele pasmoso talento nunca ref
tiu no que era e podia, nem na alta missão a que o chamavam tanto o seu
nio como a sua popularidade.

Não me atrevo a dizer que já temos uma literatura nacional, nem seq
sei se chegaremos a isso; mas é sem dúvida que para lá caminhamos, e c
mais largos e mais certos passos do que nunca, desde os *Lusíadas* para

AO DRAMA

ACTO PRIMEIRO

Nota A

«... todo o luxo e caprichosa elegância portuguesa dos princípios do século XVII» (p. 43).

Citarei o interessante manuscrito descoberto pelo Sr. Alexandre Hercula-o na Biblioteca Real da Ajuda, e do qual alguns extractos já foram publica-os no *Panorama* de 1843:

«Posto que Lisboa seja tamanha e tão nobre povoação, não tem palácio al-um de burguês ou de fidalgo que mereça consideração quanto à matéria: e uanto à arquitectura, são edifícios muito grandes. Ornam-os, porém, de tal odo, que na verdade ficam magníficos. Costumam forrar os aposentos de asos, de damascos e de finíssimos razes no Inverno,e no Verão de couros urados mui ricos que se fabricam naquela cidade.»

(Manuscrito da Biblioteca Real da Ajuda.)

Nota B

«Naquele engano d'alma ledo e cego
Que a fortuna não deixa durar muito...» (p. 43).

Os *Lusíadas* eram decerto então, no princípio do século dezassete, um li-ro da moda e que devia andar sobre o bufete de todas as damas elegantes. oje está provado que só no primeiro ano da sua publicação se fizeram em isboa duas edições, que por sua grande semelhança confundiram muito tem-o os críticos e bibliófilos. Até ao ano de 1613, época da separação de Manuel e Sousa Coutinho e D. Madalena de Vilhena, as edições dos *Lusíadas* eram já ove, desde a primeira, de 1572, até à do referido ano de 1613, que é a dos céle-res comentários de Manuel Correia, feita por Pedro Crasbeeck. Das *Rimas* ontam-se três edições no mesmo período; a quarta fez-se no seguinte ano de 14. Dois autos tinham saído na colecção do Prestes.

Nota C

«E assim foi seu pai antes dele» (p. 44).

Lopo de Sousa Coutinho, pai de Frei Luís de Sousa, era natural de Santa-m, filho de Fernão Coutinho e bisneto do segundo conde de Marialva, Gonçalo Coutinho. Serviu na Índia com muita distinção desde a idade de zoito anos, no governo de Nuno da Cunha. Voltando ao reino, foi muito esti-ado de D. João III, que lhe deu o governo da Mina. Dali tornou com a mere-da reputação de honestidade e zelo; e sucedendo na casa a seu irmão mais lho, Rui Lopes, que falecera, casou com D. Maria de Noronha, dama da inha D. Catarina, de quem teve os seguintes filhos: Rui Lopes Coutinho, Lo- de Sousa Coutinho, Gonçalo Vaz Coutinho, Manuel (depois Frei Luís) de usa Coutinho, João Rodrigues Coutinho, André de Sousa Coutinho N... (que

foi provincial dos Gracianos) e Jorge Coutinho (depois Frei Jorge de Jesus)
Barbosa dá-lhe mais também uma filha, D. Ana de Noronha, freira nas Donas
de Santarém.

Era Lopo de Sousa grande cultor das letras e das ciências, sabia a física
as matemáticas, foi profundo na literatura antiga e professava, como todos os
bons espíritos do seu tempo, a poesia. «Uniu com tudo isto», diz o Sr. Bispo de
Viseu, «grande religião, pureza de costumes e tal isenção no serviço do rei e
da Pátria que nunca solicitou prémios, nem pediu compensações da fazenda
que despendera largamente quando visitou os lugares de africa e *exercitou* o
posto de capitão-mor da armada da corte.» Tão nobres prendas e tamanhos
serviços o faziam digno de respeito, a que obrigava ainda mais a sua presença venerável; de tal sorte que até el-rei se refere que «lhe não falava sem indícios de grande consideração».

A frase de Frei António da Encarnação é mais mimosa e portuguesa: «a
presença e gravidade da pessoa era tal, que dizem que o mesmo rei se *compu-
nha* quando falava com ele.»

Escreveu várias obras, que aponta Barbosa: dois livros do *Cerco de Diu*
Coimbra, por João Álvares, 1556, fol.; um livro da *Perdição de Manuel de
Sousa de Sepúlveda*, 4.º; várias obras poéticas no *Cancioneiro Geral de An-
tuérpia*, 1570; traduções de Lucano e de Séneca, o Trágico, e *Empresas de
Ilustres Varões Portugueses na Índia*, manuscrito. Frei António da Encarnação menciona também escritos matemáticos, provavelmente manuscritos, de
que não há outra notícia.

(V. prólogo à parte II da *História de S. Domingos*; Fr. José da Natividade
Agiolog. Domin.; *Hist. Geneal.*, t. XII. e *Bibl. Lus.*; *Mem. da Acad. Real da
Cienc. de Lisboa*, t. VIII, p. I, 1823.)

Nota D

«... aquele mercador inglês da Rua Nova, que aqui vem às vezes, tem-me dito suas coisas que me quadram...» (p. 44).

A Rua Nova era o Chiado de então, a Rue de La Paix, o Regent Street de
Lisboa capital daquela imensa monarquia que D. Sebastião ainda deixou. Ci-
outra vez a relação ou viagem dos venezianos Tron e Lippomani:

«Quanto as ruas em geral são más e incómodas para andar, assim a pé como em coche, tanto é fácil, deleitosa e bela a Rua Nova pelo seu compriment
e largueza, mas sobretudo por ser ornada de uma infinidade de lojas cheias
de diversas mercadorias para uso de nobre e real povoação.»

(Manuscrito da Biblioteca Real da Ajuda.)

Nota E

«... herege, desta seita nova da Alemanha ou da Inglaterra
(p. 44).

Até em Portugal, o país mais exclusivamente católico da Terra, não de-
xou de fazer sua impressão a luta pela liberdade religiosa que no século XV
tanto amotinou o Norte da Europa. Até aqui a Reforma teve, se não prosélit
determinados, pelo menos seus admiradores, que simpatizavam com cert
princípios proclamados pelos cristãos dissidentes. Um dos caracteres ma
ilustres da época, e que mais ilustravam então na Europa o nome português

Damião de Góis, foi suspeito e acusado — cuido que não sem algum fundamento — de sua inteligência com os reformistas da Alemanha.

Nota F

«... o escudeiro valido, o familiar quase parente, o amigo velho e
provado de teus amos...» (p. 45).

Destes antigos familiares das casas ilustres, ou que viviam a lei de nobreza, ainda na minha infância conheci alguns representantes. Nas províncias, e
principalmente nas do Norte, até ao começo deste século, o escudeiro não era
um criado, era um companheiro, muitas vezes nem inferior em nobreza, e só
dependente pela fortuna. Foi o último vestígio do pouco que havia de patriar-
cal nos hábitos feudais. O escudeiro é uma figura característica no quadro
dos costumes portugueses, enquanto os houve; e hoje mais interessante depois que se apagou toda a fisionomia nacional com as modas e usos estranhos,
nem sempre mais elegantes que os nossos.

Nota G

«É a minha única filha: não tenho... nunca tivemos outra...»
(p. 46).

D. Madalena de Vilhena, filha herdeira de Francisco de Sousa Tavares,
capitão-mor do mar da Índia e das fortalezas de Cananor e Diu, e de D. Maria
da Silva, sua mulher, foi casada em primeiras núpcias com D. João de Portugal, neto do primeiro conde de Vimioso e filho do célebre D. Manuel de Portugal, que imortalizaram os versos de Camões; teve dele um filho, que morreu
moço, e duas filhas. Destas, uma casou com D. Pedro de Meneses, da casa
dos condes de Linhares, e não teve sucessão; outra, por nome D. Joana de
Portugal, casou com D. Lopo de Almeida, avô do primeiro conde de Assumar,
em cuja sucessão veio a reunir-se depois a descendência das duas casas, Portugal e Sousa Coutinho, pelo casamento de D. Diogo Fernandes de Almeida
com D. Joana Teresa Coutinho. «Singular coincidência!», observa, com razão, o Sr. Bispo de Viseu na sua *memória* citada.

Do segundo marido, o nosso Manuel de Sousa Coutinho, não teve senão esta filha, que Francisco de Santa Maria chama D. Ana e eu D. Maria de Noronha, fundado na grande autoridade de meu tio D. Fr. Alexandre, que assim o
tinha emendado no exemplar de seu uso e era homem de escrupuloso rigor
em todos os pontos.

Nota H

«... tão boa linhagem como os que se têm por melhores neste reino, em toda a Espanha» (p. 48).

Do que fica dito na nota C a este acto (p. 135) se vê que não há amplifica-
ção nestas expressões. Oiço aos práticos em genealogias que esta ilustríssima
família dos Sousas Coutinhos, tão distinta por armas, letras e virtudes, se ex-
tinguira completamente; e que os que hoje usam juntar os dois nobres apelidos ao seu nome têm muito pouco direito verdadeiro para isso — dirão os ge-
nealógicos quanto ao sangue e a opinião do público quanto ao mais.

«... por todas as séjanas de Fez e Marrocos, por todos quantos aduares de Alarves aí houve...» (p. 49).

Todos os nossos cronistas e escritores de memórias do tempo chamam *séjanas* àqueles bairros ou distritos fechados das cidades de Berberia em que viviam os judeus, e onde foram geralmente alojados e guardados os portugueses cativos que esperavam seu resgate.

«... os embaixadores de Portugal e Castela tiveram ordens apertadas de o buscar por toda a parte» (p. 49).

Não só no breve reinado de D. Henrique, o cardeal-rei, mas ainda durante o do primeiro Filipe, segundo de Castela, estiveram lidando constantemente no resgate e protecção dos cativos cristãos em Berberia os dois agentes de Portugal e de Castela, que rivalizavam de zelo e generosidade em seus nobres esforços.

Todos os escritos do tempo dão testemunho deste facto, tão honroso para as duas cortes de Espanha.

«Mas não se ia sem aparecer também ao seu aio velho» (p. 50).

Não é de invenção minha este argumento, que convence tão fortemente o bom do aio velho, e que me lisonjeio de ser uma das coisas mais características e originais que o observador não vulgar encontrará talvez nesta composição. Tirei-o de um precioso tesoiro donde tenho havido quase tudo o que em meus escritos literários tem tido a fortuna de ser mais aplaudido. O tesoiro são as reminiscências da minha infância e o estudo que incessantemente tenho feito da linguagem, do sentir, do pensar e do crer do nosso povo, que é o mais poético e espirituoso povo da Europa.

Quero contar como me lembrou de pôr aquelas palavras na boca de Telmo Pais. Eu passei os primeiros anos da minha vida entre duas quintas, a pequena Quinta do Castelo, que era de meu pai, e a grande Quinta do Sardão, que era, e ainda é, da família de meu avô materno, José Bento Leitão; ambas são ao sul do Douro, ambas perto do Porto, mas tão isoladas e fora do contacto da cidade que era perfeitamente do campo a vida que ali vivíamos, e que ficou sendo sempre para mim o tipo da vida feliz, da única vida natural neste mundo. Uma parda velha, a boa Rosa de Lima, de quem eu era o menino bonito entre todos os rapazes, e por quem ainda choro de saudades, apesar do muito que me ralhava às vezes, era a cronista-mor da família, e em particular da Capela e da Quinta do Sardão, que ela julgava uma das maravilhas da Terra e venerava como um bom castelhano o seu Escurial. Contava-me ela, entre mil bruxarias e coisas do outro mundo que piamente acreditava, que também naquelas coisas «se mentia muito»; que de meu avô, por exemplo, diziam que tinha aparecido embrulhado num lençol passeando à meia-noite em cima dos arcos que trazem água para a quinta, o que era inteiramente falso, porque «ela estava certa que, se o Sr. José Bento pudesse vir a este mundo, não se ia

embora sem aparecer à sua Rosa de Lima». E arrasavam-se-lhe os olhos de
água ao dizer isto, luzia-lhe na boca um sorriso de confiança, que ainda agora
me faz impressão quando me lembra.

A poesia verdadeira é esta, é a que sai destas suas fontes primeiras e ge-
nuínas; não são arrebiques de frases tiradas de gregos ou latinos, de franceses ou ingleses, segundo é moda; nem *refacimentos* exagerados — hoje da
sensaboria descorada da escola *passigráfica*, que distinguiu a nacionalidade de
todas as literaturas no fim do século passado e princípios deste, amanhã de
quanto há mais obsoleto e *irrevocável* no estilo enrevesado, nas ideias confusas, nos princípios indeterminados dos croniqueiros velhos. A literatura é filha da Terra, como os titãs da fábula, e à sua terra se deve deitar para ganhar
forças novas quando se sente exausta.

Nota M

«... esse desgraçado rei D. Sebastião, que o seu mais desgraçado
povo ainda não quis acreditar que morresse, por quem ainda
espera em sua leal incredulidade» (p. 51).

A incredulidade popular sobre a morte de el-rei D. Sebastião começou logo
com as primeiras notícias que chegaram ao reino da derrota de Alcácer Quibir. Querem alguns que as esperanças do povo fossem adrede sustentadas pelos que mais haviam instigado aquela triste jornada para evitarem a respon-
sabilidade de seus fatais conselhos. O facto é que, no público, nunca se acreditou bem na morte de el-rei. E nenhum, de tantos que escaparam, nenhum disse nunca que o vira morrer. No epitáfio de Belém pôs-se a ressalva *«si vera
est fama».* Os vários impostores que em diversas partes apareceram tomando o nome de D. Sebastião, em vez de destruírem, confirmaram as suspeitas
nacionais. O verdadeiro ou falso Sebastião, que foi entregue em Veneza e
atormentado em Nápoles, deixou dúvidas profundas nos ânimos mais seguros.

Menos bastava para dar cor e crença à multidão de fábulas romanescas e
poéticas de que se encheu logo Portugal e que duraram até os nossos dias. O
sebastianista é outro carácter popular que ainda não foi tratado e que, em há-
beis mãos, deve dar riquíssimos quadros de costumes nacionais. O romancista e o poeta, o filólogo e o filósofo acharão muito que lavrar neste fertilíssimo
veio da grande mina de nossas crenças e superstições antigas.

Nota N

«... o [romance] da batalha [...] que diz:

«Postos estão, frente a frente,
Os dous valorosos campos» (p. 53).

Este romance, que se cantava, diz Miguel Leitão, ao som de uma melodia
simples e plangente, de que ele na sua *Miscelânia* nos conservou as notas,
vem ali em castelhano; achei-o em português nos *Apontamentos* do Cavalheiro de Oliveira, e também o publicou em português A. L. Caminha, na sua
Colecção de Inéditos.

No lugar competente do meu *Romanceiro* o dou em ambas as línguas, sem
me atrever a decidir em qual delas fosse originalmente composto.

Nota O

«... D. Sebastião [...] que há-de vir um dia de névoa muito cerrada...» (p. 53).

Era opinião firme e corrente entre os derradeiros sebastianistas e talvez ainda hoje o seja, porque me dizem que alguns há ainda, que el-rei D. Sebastião havia de vir num dia de névoa muito cerrada. Assim rezavam certas profecias populares.

Outro tesoiro da poesia nacional são estas profecias, que ainda ninguém examinou filologicamente como elas merecem. No meu *Romanceiro* procurei restituí-las ao lugar e categoria literária que estou convencido lhes compete.

Nota P

«Pois não tens ouvido, a teu tio Frei Jorge e a teu tio Lopo de Sousa, contar tantas vezes como aquilo foi?» (p. 53).

Lopo de Sousa, irmão de Frei Luís de Sousa, ficou cativo na batalha de Alcácer. (*Hist. Geneal.*, t. XII.) Frei Jorge estou persuadido que foi frade graciano — posto que as conveniências dramáticas me fizessem adoptar a opinião de Touron e Echard, dando-o aqui por domínico.

Entre os que se renderam às promessas de Castela para entregar Portugal, foi, com bastante probabilidade, Rui Lopes Coutinho, o irmão mais velho de Frei Luís de Sousa; donde, não se dariam muito irmãos de tão diferentes sentimentos. Por isso aqui não é apontado o seu nome, ainda que se achasse, como sabemos, na jornada de África.

(V. Faria e Sousa, *Europ.*, t. III, p. I, e a *Memória* citada, do Sr. Bispo de Viseu.)

Nota Q

«... eles que andam tão crentes nisto, alguma coisa há-de ser» (p. 53).

Veja a nota M a este acto. E consulte o dizer de todos os escritores do tempo: ver-se-á que o engano popular, se o era, recaía, com efeito, em muito grandes e fundadas suspeitas. Nunca uma pura falsidade chega a obter crédito geral; é preciso que tenha algum fundamento. A imaginação do povo não é criadora: aumenta, exagera, mas não tira do nada.

Nota R

«... ele não é por D. Filipe» (p. 54).

«Se é como parece, somos obrigados a admitir com lástima este labéu (de se ter vendido a Filipe de Castela) na descendência de Lopo de Sousa Coutinho e a confessar que muito desdisse do desinteresse e dignidade de um pai tão ilustre, e muito desprezou as lições da primeira idade o seu mesmo primogénito. (V. nota P a este acto.) Contudo, à vista da mágoa profunda com que Manuel de Sousa Coutinho fala da fatal jornada de África em tantos lugares, e do patriótico entusiasmo de que a cada passo nos oferece argumentos, é muito de presumir que o contágio nem tocou levemente o seu delicado pundonor.»

(*Memória* citada do Sr. Bispo de Viseu.)

Nota S

«Para que deixou ele o hábito [...] porque não ficou naquela santa religião...?» (p. 56).

Manuel de Sousa foi a Malta, pouco mais ou menos, no ano de 1576, para noviciar naquela religião. Duvidam Frei António da Encarnação e Frei Lucas de Santa Catarina se efectivamente ele seria já noviço quando o aprisionaram os Argelinos em uma galé da ordem, pois que o deixaram resgatar; e é sabido que tal não permitiam nunca aos cavaleiros malteses. A opinião mais geral dos escritores é, porém, que ele chegou a noviciar. E é certo que no ano de 1577 (segundo ele próprio escreve na parte I, liv. VI, cap. III, da *História de S. Domingos*) estava cativo em Argel. Daí computa o Sr. Bispo de Viseu que seria cativado pelo ano de 1576. Tomaram-no saindo de Sardenha, conforme refere no prólogo às *Obras* de Jaime Falcão:

«Qui in Melitensi triremi adversa tempestate pene eversa a piratis ad Sardiniam capti, Algerium que in Africa trajecti.»

Aí «achou entre os cativos», diz Barbosa, «ao célebre Miguel Cervantes Saavedra, com quem contraiu muito estreita amizade». Ficou-nos testemunho desta amizade na linda novela de Cervantes *Trabalhos de Pérsiles e Sigismunda*.

Nota T

«... agora que ela [a peste] está, se pode dizer, acabada [...] é que por força querem mudar de ares» (p. 57).

A peste começou no fim de Outubro de 1598, estava quase extinta pelos fins de Agosto do ano seguinte, mas no Outubro imediato *começaram a picar novos rebates, não acabando de levantar de todo até Fevereiro de 1602.*

(*História de S. Domingos,* parte III, liv. VI, cap. X.)

Nota U

«A minha donzela Teodora!» (p. 57).

Ainda hoje, na frase comum, a donzela Teodora é o tipo da sabedoria feminina mais superior. Todos conhecem o romance provençal, de género e estilo bizantino, que, traduzido em português, obteve igual aceitação e popularidade ao *Roberto do Diabo,* à *Formosa Magalona* e seus pares.

Nota V

«... para corte e *buen retiro* dos nossos cinco reis» (p. 57).

«Quinqueviratus ille invidiam sibi non levem conflavit, mihi inopinatum exilium peperit.»

(Prólogo de Fr. Luis de Sousa às *Obras* de Jaime Falcão.)

Nota X

«... o terço de meu pai tem mais de seiscentos homens» (p. 58).

«Praefecturam mihi imposuerat rex septingentorum peditum, equitum ferme centum.»
(Prólogo às *Obras* de Jaime Falcão.)

Nota Z

«... o conde de Sabugal, o conde de Santa Cruz» (p. 60).

Quando Filipe II saiu de Lisboa, em 1583, deixou por governador o arquiduque Alberto, auxiliado pelo arcebispo de Lisboa, D. Jorge de Almeida, Pedro de Alcáçova e Miguel de Moura, secretário. Em 1594, chmado o arquiduque para o Arcebispado de Toledo, deu o governo a D. Miguel de Castro, novo arcebispo de Lisboa, aos condes de Portalegre, de Santa Cruz, do Sabugal, e a Miguel de Moura.

Nota Aa

«...a [casa] que foi...? a que pega com S. Paulo?» (p. 61).

D. João de Portugal, primeiro marido de D. Madalena de Vilhena, tinha bens e casas do lado de Almada. E não foram decerto estas as que incendiou Manuel de Sousa para resistir à prepotência dos governadores do reino: todas as probabilidades são que a cena do romeiro se passaria em uma casa que tivesse sido de D. João, pois estava ali o seu retrato. Ser ela pegada com a Igreja e Convento de S. Paulo é que somente foi probabilidade poética ou dramática.

Nota Bb

«Meu pai morreu desastrosamente caindo sobre a sua própria espada. Quem sabe se eu morrerei nas chamas ateadas por minhas mãos?» (p. 65).

Sucedeu isto na vila de Povos, em Janeiro de 1577.
(V. Frei António da Encarnação, prólogo à parte II da *História de S. Domingos.*)

Nota Cc

«Ilumino a minha casa para receber os muito poderosos e excelentes senhores governadores destes reinos» (p. 66).

«Cum vehementer animo cammotus essem, nova et inaudita metamorphosis indignantes parietes injuriae subduxit, in fummum et cineres abiere...»
(Prólogo às *Obras* de Jaime Falcão.)
O epigrama latino do mesmo Frei Luís de Sousa, segundo o refere Barbosa, ainda é mais veemente e elevado:

«Quos flamma absumpsit reddet mihi fama Penates,
Ponet et aeternam, non moritura, domun.»

Nota A

«... as armas dos condes de Vimioso. São as antigas da casa de Bragança» (p. 67).

(V. *Memórias dos Grandes de Portugal*, por D. António Caetano de Sousa.)

Nota B

«... é o princípio daquele livro tão bonito» (p. 67).

São efectivamente estas, que Maria cita gracejando, as primeiras palavras do misterioso livro das *Saudades*, de Bernardim Ribeiro, que tão popular foi entre nós, apesar, ou talvez pela mesma obscuridade, de seus enigmas e anagramas. Na rara edição, que agora alcanço, de 1559, têm alguma diferença.

Nota C

«... faredes o que mandado vos é» (p. 67).

É o antiquado de «fareis», que Maria aqui emprega, com graciosa afectação, para falar em estilo de donzela romanesca, dando ordens ao seu escudeiro.
Ponho isto aqui porque sei que me notaram o arcaísmo como impróprio do tempo; era-o com efeito no século XVII, em que aí estamos, se não fora trazido assim.

Nota D

«... a ousadia reflectida que está naqueles olhos rasgados, no apertar daquela boca!» (p. 71).

De todos os retratos de D. Sebastião que sei existirem, creio que o mais autêntico é o que está, ou estava, pelo menos até 1832, em Angra, na ilha Terceira, no Palácio do Governo, que antigamente fora Colégio dos Jesuítas. É tradição ter sido para ali mandado por el-rei mesmo em sua vida. Muitas vezes contemplei longamente aquele retrato na minha mocidade, e por ele é feita a descrição que pus na boca de Maria.

Nota E

«Pois não há profecias que o dizem?» (p. 71).

(V. nota O ao 1.º acto.)

Nota F

«... quando o vi a última vez... foi no alpendre de S. Domingos, em Lisboa» (p. 71).

É sabido que o nosso ilustre poeta passou os últimos tempos da sua vida na conversação e intimidade dos bons padres de S. Domingos de Lisboa e que re-viu e alterou em muitas coisas o seu poema, pelo conselho e aviso de alguns varões doutros, que abundam naquela ordem, e de quem era tão estimado quanto foi mal visto e perseguido dos Jesuítas. O alpendre de S. Domingos é dos sítios mais históricos de Lisboa. Ali se passaram muitos dos memoráveis sucessos das nossas revoluções, ali se fizeram e desfizeram reis, ali levaram os povos muito engano e desengano. Era lugar de comum frequência para ociosos e negociosos, que o hábito geral e a popularidade dos padres ali atraía.

Nota G

«S. Telmo seja comigo neste cabo da navegação» (p. 71).

S. Telmo (S. Pedro Gonçalves Telmo, da Ordem dos Domínicos) é o advogado dos mareantes. Todos sabem o que é o fogo-de-santelmo, em que a nossa gente do mar não quis nunca ver o fenómeno natural, senão o anúncio da protecção do seu santo.

Nota H

«Lá foi Luís de Camões num lençol para Sant'Ana» (p. 72).

A Igreja de Sant'Ana, hoje do convento de freiras do mesmo nome, era então paróquia. (V. o que a este respeito escrevi nas notas ao poema Camões.)

Nota I

«Não te lembras o que lá diz do nosso rei D. Sebastião?» (p. 72).

A invocação a D. Sebastião, nos Lusíadas, parece escrita depois da primeira jornada de el-rei a África; não é um tributo de vã lisonjaria, como a do Orlando ou a de Jerusalém e as de quase todas as outras epopeias modernas, mas o entusiasmo ardente do guerreiro, a oferta sincera do patriota que põe à disposição do seu rei mancebo e empreendedor «o braço às armas feito» e «a mente às musas dada».

D. Sebastião era talvez homem para sentir o valor da oferta, mas tinha uma corte, como são todas as cortes, em que só têm valia e valimento a baixeza covarde e a intriga sem mérito; Camões foi tratado como devia de ser.

Nota J

«E então para que fazeis vós [versos] como eles?» (p. 74).

Além do belo epigrama que já citei na nota Cc ao 1.º acto, restam-nos alguns outros fragmentos de poesias de Frei Luís de Sousa que bem mostram quanto era íntimo no comércio das musas. Alguns versos do seu poema Navigatio antarctica conservados por Barbosa, e em que ele encarece as saudades da mulher e da filha, são dignos de se recordarem:

«Quin et curarum fluctu contundor acerbo
Dum, procul a patria, toto jam dividor orbe,
Et subeunt conjux, et natae dulcis imago.»

No prólogo às *Obras* do seu amigo e mestre, Jaime Falcão, assim descreve ele Almada e a vida poética e descuidosa que ali vivia antes que o obrigasse a emigrar a prepotência dos governadores: *«Locus Ulyssiponi imminet brevi freto interfluente Tago, saluber coelo, fontibus exuberans musarum otiis commodissimus.»*

Mas que não tivéssemos nenhum destes documentos, na suave melancolia, nas sinceras belezas da prosa de Frei Luís de Sousa, tínhamos segura prova de que, na mocidade e no século, devia ter sido grande poeta quem, na velhice e na religião, escrevia daquela prosa. Há na *Vida do Arcebispo* e na *História de S. Domingos* trechos de poesia descritiva — de drama —, aspirações de quanto há mais sublime e elevado no coração humano, que são modelos perfeitíssimos de arte, verdadeira reverberação do ideal em que unicamente está, e esteve sempre, a genuína poesia.

Nota L

«... é raro ver tão perfeita semelhança» (p. 75).

Devia de ser extremamente parecido um retrato que pôde ser imediatamente reconhecido pelo peregrino, que apenas tinha visto a D. João em Jerusalém, no fim de tantos anos e depois de tantos trabalhos. E assim é como a história se conta pelos biógrafos de Frei Luís de Sousa. No pressuposto do presente drama a explicação é mais fácil e podia ser outra.

Nota M

«... no vosso convento novo de freiras abaixo de S. Vicente» (p. 76).

Este convento, instituído por causa do religioso divórcio dos condes de Vimioso, D. Luís de Portugal e D. Joana de Castro Mendonça, esteve interinamente, desde 1607, numas casas que foram de morgado, dos campos abaixo de S. Vicente de Fora e sobre o bairro de Alfama. Só em 1616 é que se mudaram as freiras, em solene procissão, para a nova e própria casa *sobre o rio, junto à ponte de Alcântara.*
(V. *História de S. Domingos*, t. III, cap. XV.)

Nota N

«Sexta-feira! Ai, que é sexta-feira!» (p. 78).

Em algumas partes do reino a terça é mais aziago dia ainda do que a sexta-feira. Esta, porém, não só entre nós, mas em quase todo o mundo, é havida por dia nefasto e de mau agouro.

Nota O

«Olha a condessa de Vimioso, essa Joana de Castro, que a nossa Maria tanto deseja conhecer...» (p. 83).

É altamente interessante ver como o mesmo Frei Luís de Sousa narrou depois a história desta separação, que fora o exemplar da sua.
(V. *História de S. Domingos*, parte III, cap. XV.)

Nota P

«Um cativo... um remido? — Não, senhora, não traz a cruz»
(p. 85).

Os remidos traziam um escapulário branco com a cruz da Ordem das Mercês ou da Redenção, que entre nós se chamou da Trindade. São frequentes nos nossos escritores as descrições da solene procissão em que davam como que a sua entrada pública no seio da cristandade a que eram restituídos os cativos. Com aquele sinal, que a todos inspirava respeito e simpatia, esmolavam depois pelas terras, e muitos ajustaram quantias avultadas.

ACTO TERCEIRO

Nota A

«Frei João de Portugal, que é o pior de Benfica, e também vigário do Sacramento» (p. 98).

«Frei João de Portugal foi prior de Benfica, vigário do Convento do Sacramento, inquisidor da mesa grande e ultimamente bispo de Viseu, de 1625 até 1629, em que acabou uma carreira de bom exemplo.»
(*Memória* do Sr. Bispo de Viseu. V. *Frei Luc. de S. Caet.*, parte IV, liv. I, *Colecção dos Doc. da Acad. R. da Hist., etc.*)

Nota B

«... o segredo do seu nome verdadeiro está entre mim e ti»
(p. 99).

Seja verdadeira ou não a história da aparição do peregrino em casa de D. Madalena, ela foi geralmente acreditada até às judiciosas dúvidas do Sr. Bispo de Viseu, que não passam de dúvidas, contudo. Fazer do peregrino o próprio D. João de Portugal foi suposição poética, todavia bem provável e possível, e que mais facilmente explicaria todas as circunstâncias misteriosas daquela aparição e das suas consequências.

Nota C

«Para a cabeça [encanecer] bastou uma noite como a que veio depois da batalha de Alcácer» (p. 103).

Há muitos exemplos de encanecerem gentes de repente por grandes medos ou desgostos. São justamente celebrados os versos de Lord Bryron que se referem a este notável fenómeno, no *Prisioneiro de Chillon*:

My hair is gray, but not with years,
  Nor grew it white
  In a single night
As men's have grown from sudden fears.»

Contents

PART ONE   Introduction to Health Psychology

PART TWO *Health Behavior and Primary Prevention*

FIFTH EDITION

Health Psychology

Shelley E. Taylor
University of California, Los Angeles

Boston   Burr Ridge, IL   Dubuque, IA   Madison, WI   New York   San Francisco   St. Louis
Bangkok   Bogotá   Caracas   Kuala Lumpur   Lisbon   London   Madrid   Mexico City
Milan   Montreal   New Delhi   Santiago   Seoul   Singapore   Sydney   Taipei   Toronto

McGraw-Hill Higher Education

*A Division of The **McGraw-Hill** Companies*

HEALTH PSYCHOLOGY, FIFTH EDITION

Published by McGraw-Hill, a business unit of The McGraw-Hill Companies, Inc., 1221 Avenue of the Americas, New York, NY 10020. Copyright © 2003, 1999, 1995, 1991, 1986 by The McGraw-Hill Companies, Inc. All rights reserved. No part of this publication may be reproduced or distributed in any form or by any means, or stored in a database or retrieval system without the prior written consent of The McGraw-Hill Companies, Inc., including, but not limited to, in any network or other electronic storage or transmission, or broadcast for distance learning.

Some ancillaries, including electronic and print components, may not be available to customers outside the United States.

This book is printed on acid-free paper.

2 3 4 5 6 7 8 9 0 QPF/QPF 0 9 8 7 6 5 4

ISBN 0–07–119903–9

www.mhhe.com

About the Author

SHELLEY E. TAYLOR is professor of psychology at the University of California, Los Angeles. She received her Ph.D. in social psychology from Yale University. After a visiting professorship at Yale and assistant and associate professorships at Harvard University, she joined the faculty of UCLA in 1979. Her research interests are in health psychology, especially the factors that promote long-term psychological adjustment, and in social cognition. In the former capacity, she is the co-director of the Health Psychology program at UCLA. Professor Taylor is the recipient of a number of awards—most notably, the American Psychological Association's Distinguished Scientific Contribution to Psychology Award, a 10-year Research Scientist Development Award from the National Institute of Mental Health, and an Outstanding Scientific Contribution Award in Health Psychology. She is the author of more than 200 publications in journals and books and is the author of *Social Cognition* and *Positive Illusions*.

PART THREE *Stress and Coping*

PART FOUR   *The Patient in the Treatment Setting*

CHAPTER 10

Pain and Its Management   **317**

CHAPTER 11

Management of Chronic Illness   **348**

PART SIX   *Toward the Future*

CHAPTER 15
Health Psychology: Challenges for the Future   502

Preface

$\mathcal{W}$hen I wrote the first edition of *Health Psychology* nearly 20 years ago, the task was much simpler than is now the case. Health psychology was new and relatively small. In the past 20 years, the field has grown steadily, and great research advances have been made. Chief among these developments has been the increasing use and refinement of the biopsychosocial model: the study of health issues from the standpoint of biological, psychological, and social factors acting together. Increasingly, research has attempted to identify the physiological pathways by which such psychosocial factors as stress may exert an adverse effect on health and by which such potentially protective factors as social support may buffer the impact of stress. My goal in the fifth edition of this text is to convey the increasing sophistication and complexity of the field in a manner that makes it accessible, comprehensible, and exciting to undergraduates without compromising the scientific nature of the field.

Like any science, health psychology is cumulative, building on past research advances to develop new ones. Accordingly, I have tried to present not only the fundamental contributions to the field but also the current form that research on these issues takes. Because health psychology is developing and changing so rapidly, it is essential that a text be up-to-date. Therefore, I have not only reviewed the recent research in health psychology but have sought to obtain information about many research projects that will not be available in the general literature for several years. In so doing, I am presenting an edition that is both current and pointed toward the future.

A second goal is to portray health psychology appropriately as intimately involved with the problems of our times. Because AIDS is now a leading cause of death worldwide, the need for such health measures as condom use is readily apparent if we are to stop the spread of this disease. The aging of the population and the shift in numbers toward the later years create unprecedented health needs to which health psychology must respond. Such efforts include the need for a campaign of health promotion for these aging cohorts and an understanding of the psychosocial issues that arise in response to chronic disorders.

Research that increasingly implicates health habits as origins of our most prevalent disorders underscores more than ever the importance of modifying problematic health behaviors, such as smoking and alcohol consumption.

Increasingly, research documents the importance of a healthy diet, regular exercise, and breast self-examination, among other positive health habits for maintaining good health. The at-risk role has taken on increasing importance in prevention, as breakthroughs in genetic research have made it possible to identify a genetic risk for a disease long before disease is evident. How people cope with being at risk and what interventions are appropriate for people at risk represent some of the additions to health prevention coverage in this edition. By expanding the coverage of health promotion issues and integrating them more fully into the later chapters on seeking treatment and managing illness, this edition highlights these developments, forging an integrated presentation of the complex relations among health habits, psychosocial resources, stress and coping, and health and illness outcomes.

Health psychology is both an applied field and a basic research field. Accordingly, in highlighting the research accomplishments of the field, I have not only tried to present a comprehensive picture of the scientific progress but also tried to portray the very important applications that have been derived from that body of knowledge. The chapters on health promotion, for example, put particular emphasis on the most promising methods and venues for changing health behaviors in the population. The chapters on chronic diseases highlight how knowledge about the psychosocial causes and consequences of these disorders may be used to intervene with these populations—first, to reduce the likelihood that such disorders will develop and, second, to deal effectively with the psychosocial issues that do arise. These applications of the science center around intervention implications for people having difficulty managing the implications of their disorders.

Because the field is growing so rapidly and has become so technologically complex, there is a risk that coverage of the field will become needlessly dry and inaccessible to students. In this fifth edition, I have made a conscious effort to make the material more interesting and relevant to the lives of student readers. Each chapter opens with a case history reflecting the experiences of college students. In addition, the presentation of material has been more directly tied to the needs and interests of young adults. For example, the presentation of stress management is tied directly to how students might manage the stresses associated with college life. The presentation of alcoholism and problem drinking includes sections on college students' alcohol consumption and its modification. Health habits relevant to this age group, such as breast self-examination, testicular self-examination, exercise, and condom use, among others, are highlighted for their relevance to the college population. By providing students with anecdotes, case histories, and specific research examples that are relevant to their own lives, I have attempted to show the students how important this body of knowledge is, not only to their growth as developing students but also to their lives as young adults. The success of any text depends ultimately on its ability to communicate clearly to student readers and to spark interest in the field.

Health psychology is a science, and consequently it is important to communicate not only the research itself but also some understanding of how studies were designed and why they were designed that way. The coverage of research methods in chapter 1 has been expanded. The explanations of particular research methods and the theories that have guided research have been expanded and clarified throughout the book. Important studies are described in-depth, so that the student may have a sense of the methods researchers use to make decisions about how to gather the best data on a problem or how to intervene most effectively.

Throughout the book, I have made an effort to balance general coverage of psychological concepts with coverage of specific health issues. One method of so doing is by presenting groups of chapters, the initial chapters offering general concepts and subsequent chapters applying those concepts to specific health issues. Chapter 3 discusses general strategies of health promotion, and chapters 4 and 5 discuss those issues with specific reference to particular health habits, such as alcoholism, smoking, accident prevention, and weight control. Chapters 11 and 12 discuss broad issues that arise in the context of managing chronic and terminal illness. In chapters 13 and 14, these issues are addressed more concretely with reference to specific disorders, such as heart disease, cancer, and AIDS.

Rather than adopt a particular theoretical emphasis throughout the book, I have attempted to maintain a flexibility in orientation. Because health psychology is taught within all areas of psychology (clinical, social, cognitive, physiological, learning, developmental), material from each of these areas is included in the text, so that it can be accommodated to the orientation of each instructor. Consequently, not all material in the book is relevant for all courses. Successive chapters of the book build on each other but do not depend on each other. Thus, each instructor can accommodate the use of the text to his or her needs, giving some chapters more attention than others and omitting some chapters altogether, without undermining the integrity of the presentation.

Instructor's Manual

The fifth edition is accompanied by a comprehensive instructor's manual, with test questions prepared by Virginia Norris. The manual outlines each chapter and provides detailed learning objectives and suggestions for lectures. Also included are ideas for classroom discussion, student projects, paper topics, and other activities. The instructor's manual contains an extensive presentation of the methodologies of health psychology, including epidemiology, experiments, surveys, and the like. It also includes a listing of annotated readings and other materials to enrich the course and an extensive test bank of true-false, multiple-choice, and essay questions that test students' recall of material, as well as their ability to comprehend and apply the concepts in the text.

Acknowledgments

My extensive gratitude goes to Nina McDowell and Regan Roby for the many hours they put in on the manuscript. I thank my editor at McGraw-Hill, Rebecca Hope, who devoted much time and help to the preparation of the book. I also wish to thank the following reviewers who commented on all or part of the book: Christopher R. Agnew, Purdue University—West Lafayette, IN; Jennifer Etnier, Arizona State University—Tempe, AZ; Regan Gurung, University of Wisconsin—Green Bay, WI; Charles F. Kaiser, College of Charleston—Charleston, SC; Kathleen O'Connell, Columbia University—New York, NY; Virginia Norris, South Dakota State University—Brookings, SD. The thinking and writing that went into preparation of the fourth edition was enriched by my participation in the MacArthur Foundation's SES and Health Network.

Shelley E. Taylor

List of Boxes

PART ONE

Introduction to Health Psychology

CHAPTER 1

What Is Health Psychology?

*A*dam arrived at college filled with anticipation. He had had 4 good years of high school, and everyone had told him that college is the best time of life. He had gotten into his first-choice school, which he had picked both for the first-rate psychology program and for the opportunities to play basketball and run track.

All his life, Adam had been health conscious. From the time he was young, his parents had made sure that he received regular medical checkups, wore his seat belt, and generally stayed out of circumstances in which he was likely to fall into harm. In elementary school, he had learned about the basic food groups, and his family had reinforced this learning by maintaining a healthy diet.

Because Adam had been active in sports from the time he was 7, regular exercise was an integral part of his life. In high school, he had had an occasional beer because everyone did, but he had avoided smoking cigarettes and taking drugs because he knew he couldn't do as well in sports if he abused his body. He got his 8 hours of sleep a night, too, because without them, his concentration in classes lapsed and his coordination on the basketball court fell off.

What would his roommate be like, he wondered, as he carried in the last of his suitcases and finished unpacking.

"Are you Adam?" a voice asked. Adam turned around to meet his new roommate, Greg. He knew immediately that his roommate wasn't an athlete. A skinny, dissipated-looking person, Greg had a cigarette hanging from the corner of his mouth.

"I thought this was a nonsmoking suite," Adam said.

When children leave home for the first time as college students or workers, they often find that the health practices they have taken for granted in their own families are very different from those of their new friends and acquaintances.

© Richard Hutchings/PhotoEdit

"It's supposed to be," Greg responded. "My mom put down on the application that I didn't smoke, 'cause she thought if I got into a non-smoking suite, I'd have to stop. I'll try to do it out in the halls."

Over the course of the quarter, Adam learned that there were more surprises in store. Greg liked to sleep until 10:00 or 11:00 in the morning and often stayed up until 4:00 or 5:00 A.M. On weekends, he liked to get drunk, which seemed to be his major recreational activity. Dorm food was not much to his liking, and he often lived on Doritos and Pepsi for a day or two at a time.

Greg always seemed to be coming down with something, either an upset stomach, a cold, a case of the flu, or just plain fatigue. The medicine cabinet they ostensibly shared was loaded with Greg's over-the-counter medications for every imaginable symptom.

Adam wasn't surprised that Greg was always sick. In high school, Adam had taken a course in psychology and the teacher had taught them about health psychology. Because he was interested in a possible career in sports medicine, he had gotten extra books about

the field so he could learn more about it. Now he had his own case history in health psychology: Greg.

Definition of Health Psychology

Health psychology is devoted to understanding psychological influences on how people stay healthy, why they become ill, and how they respond when they do get ill. Health psychologists both study such issues and promote interventions to help people stay well or get over illness. For example, a health psychology researcher might be interested in why people continue to smoke even though they know that smoking increases their risk of cancer and heart disease. Information about why people smoke helps the researcher both understand this poor health habit and design interventions to help people stop smoking.

Fundamental to research and practice in health psychology is the definition of health. In 1948, the World Health Organization defined **health** as "a complete state of physical, mental, and social well-being and not merely the absence of disease or infirmity" (World Health Organization, 1948). This definition, which was very forward looking for its time, is at the core of health psychologists' conception of health. Rather than defining health as the absence of illness, health is recognized to be an achievement involving balance among physical, mental, and social well-being. Many use the term "wellness" to refer to this optimum state of health.

Health psychology is concerned with all aspects of health and illness across the life span (Maddux, Roberts, Sledden, & Wright, 1986). Health psychologists focus on *health promotion and maintenance*, which includes such issues as how to get children to develop good health habits, how to promote regular exercise, and how to design a media campaign to get people to improve their diets.

Health psychologists also study the psychological aspects of the *prevention and treatment of illness*. A health psychologist might teach people in a high-stress occupation how to manage stress effectively, so that it will not adversely affect their health. A health psychologist might work with people who are already ill to help them adjust more successfully to their illness or to learn to follow their treatment regimen.

Health psychologists also focus on the *etiology and correlates of health, illness, and dysfunction*. **Etiology** refers to the origins or causes of illness, and health psychologists are especially interested in the behavioral and social factors that contribute to health or illness and dysfunction. Such factors can include health habits such as alcohol consumption, smoking, exercise, the wearing of seat belts, and ways of coping with stress.

Finally, health psychologists analyze and attempt to improve *the health care system and the formulation of health policy*. They study the impact of health institutions and health professionals on people's behavior and develop recommendations for improving health care.

Putting it all together, health psychology represents the educational, scientific, and professional contributions of psychology to the promotion and maintenance of health; the prevention and treatment of illness; the identification of the causes and correlates of health, illness, and related dysfunction; the improvement of the health care system, and health policy formation (Matarazzo, 1980).

In this chapter, we consider why our current state of knowledge about health and health care issues has virtually demanded the field of health psychology. To begin, we consider how philosophers have conceived of the **mind-body relationship** and how we have arrived at our present viewpoint of the mind and body as inextricable influences on health. Next, we discuss the trends in medicine, psychology, and the health care system that have contributed to the emergence of health psychology. We then consider the dominant clinical and research model in health psychology: the biopsychosocial model.

The Mind-Body Relationship: A Brief History

Historically, philosophers have vacillated between the view that the mind and body are part of the same system and the idea that they are two separate ones. When we look at ancient history, it becomes clear that we have come full circle in our beliefs about the mind-body relationship.

In the earliest times, the mind and body were considered a unit. Early cultures believed that disease arises when evil spirits enter the body and that these spirits can be exorcised through the treatment process. Archeologists have found Stone Age skulls with small holes in them that are believed to have been made intentionally with sharp stone tools. This procedure, called trephination, allowed the evil

Sophisticated—though not always successful—techniques for the treatment of illness were developed during the Renaissance. This woodcut from the 1570s depicts a surgeon drilling a hole in a patient's skull, with the patient's family and pets looking on. (Courtesy of the National Library of Medicine)

spirit to leave the body while the "physician," or shaman, performed the treatment ritual (H. I. Kaplan, 1975).

The Greeks were among the earliest civilizations to identify the role of bodily functioning in health and illness. Rather than ascribing illness to evil spirits, they developed a humoral theory of illness, which was first proposed by Hippocrates (ca. 460–ca. 377 B.C.) and later expanded by Galen (A.D. 129–ca. 199). According to this view, disease arises when the four circulating fluids of the body—blood, black bile, yellow bile, and phlegm—are out of balance. The function of treatment is to restore balance among the humors. Specific personality types were believed to be associated with bodily temperaments in which one of the four humors predominated. In essence, then, the Greeks ascribed disease states to bodily factors but believed that these factors can also have an impact on the mind.

In the Middle Ages, however, the pendulum swung back toward supernatural explanations of illness. Mysticism and demonology dominated concepts of disease, which was seen as God's punishment for evildoing. Cure often consisted of driving out evil by torturing the body. Later, this "therapy" was replaced by penance through prayer and good works.

Throughout this time, the Church was the guardian of medical knowledge; as a result, medical practice took on religious overtones, including religiously based but unscientific generalizations about the body and the mind-body relationship. Not surprisingly, as the functions of the physician were absorbed by the priest, healing and the practice of religion became indistinguishable (H. I. Kaplan, 1975).

Beginning in the Renaissance and continuing up to the present day, great strides have been made in the technological basis of medical practice. Most notable among these were

Anton van Leeuwenhoek's (1632–1723) work in microscopy and Giovanni Morgagni's (1682–1771) contributions to autopsy, both of which laid the groundwork for the rejection of the humoral theory of illness. The humoral approach was finally put to rest by growing scientific understanding of cellular pathology (H. I. Kaplan, 1975).

As a result of such advances, medicine looked more and more to the medical laboratory and bodily factors, rather than to the mind, as a basis for medical progress. In an effort to break with the superstitions of the past, the dualistic conception of mind and body was strongly reinforced, so that physicians became the guardians of the body while philosophers and theologians became the caretakers of the mind. For the next 300 years, as physicians focused primarily on organic and cellular changes and pathology as a basis for their medical inferences, physical evidence became the sole basis for diagnosis and treatment of illness (H. I. Kaplan, 1975).

Psychoanalytic Contributions

This view began to change with the rise of modern psychology, particularly with Sigmund Freud's (1856–1939) early work on **conversion hysteria.** According to Freud, specific unconscious conflicts can produce particular physical disturbances that symbolize the repressed psychological conflicts. In conversion hysteria, the patient converts the conflict into a symptom via the voluntary nervous system; he or she then becomes relatively free of the anxiety the conflict would otherwise produce (N. Cameron, 1963).

The conversion hysteria literature is full of intriguing but biologically impossible disturbances, such as glove anesthesia (in which the hand, but not other parts of the arm, loses sensation) in response to highly stressful events. Other problems—including sudden loss of speech, hearing, or sight; tremors; muscular

paralysis; and eating disorders, such as anorexia nervosa and bulimia—have also been interpreted as forms of conversion hysteria. True conversion responses are now less rarely seen.

Psychosomatic Medicine

Nonetheless, the idea that specific illnesses are produced by individuals' internal conflicts was perpetuated in the work of Flanders Dunbar in the 1930s (F. Dunbar, 1943) and Franz Alexander in the 1940s (F. Alexander, 1950). Unlike Freud, these researchers linked patterns of personality rather than a single specific conflict to specific illnesses. For example, Alexander developed a profile of the ulcer-prone personality as someone whose disorder is caused primarily by excessive needs for dependency and love.

A more important departure from Freud concerned the physiological mechanism postulated to account for the link between conflict and disorder. Whereas Freud believed that conversion reactions occur via the voluntary nervous system with no necessary physiological changes, Dunbar and Alexander argued that conflicts produce anxiety, which becomes unconscious and takes a physiological toll on the body via the autonomic nervous system. The continuous physiological changes eventually produce an actual organic disturbance. In the case of the ulcer patient, for example, repressed emotions resulting from frustrated dependency and love-seeking needs were said to increase the secretion of acid in the stomach, eventually eroding the stomach lining and producing ulcers (F. Alexander, 1950).

Dunbar's and Alexander's works helped shape the emerging field of **psychosomatic medicine** by offering profiles of particular disorders believed to be psychosomatic in origin—that is, bodily disorders caused by emotional conflicts: ulcers, hyperthyroidism, rheumatoid arthritis, essential hypertension, neurodermatitis (a skin disorder), colitis, and bronchial asthma. Many of the early ideas generated by the psychosomatic medicine perspective persist today (B. T. Engel, 1986).

Nonetheless, several important criticisms of this movement have been ventured. First, the work on which many of these formulations was based was methodologically problematic, not conforming to the highest scientific standards of the day. Second and more important, researchers now believe that a particular conflict or personality type is not sufficient to produce illness. Rather, the onset of disease requires the interaction of a variety of factors; these include a possible genetic weakness in the organism, the presence of environmental stressors, early learning experiences and conflicts, current ongoing learning and conflicts, and individual cognitions and coping efforts. A third criticism of the psychosomatic movement was that it cordoned off a particular set of diseases as caused by psychological factors, thereby restricting the range of medical problems to which psychological and social factors were deemed to apply.

Despite the criticisms of the early psychosomatic movement, it laid the groundwork for a profound change in beliefs about the relation of the mind and the body (B. T. Engel, 1986). It is now known that physical health is inextricably interwoven with the psychological and social environment: All conditions of health and illness, not just the diseases identified by the early psychosomatic theorists, are influenced by psychological and social factors. The treatment of illness and prognosis for recovery are substantially affected by such factors as the relationship between patient and practitioner and expectations about pain and discomfort. Staying well is heavily determined by good health habits, all of which are under one's personal control, and by such socially determined factors as stress and social support. The mind and the body cannot be meaningfully separated in matters of health and illness.

An adequate understanding of what keeps people healthy or makes them get well is impossible without knowledge of the psychological and social context within which health and illness are experienced. This current conception of the mind-body interaction is one of the many factors that have spawned the rapidly growing field of health psychology.

Why Is the Field of Health Psychology Needed?

A number of trends within medicine, psychology, and the health care system have combined to make the emergence of health psychology inevitable. It is safe to say that health psychology is one of the most important developments within the field of psychology in the past 50 years. What factors have led to the development of health psychology?

Changing Patterns of Illness

The most important factor giving rise to health psychology has been the change in illness patterns that has occurred in the United States and other technologically advanced societies.

As Figure 1.1 shows, until the 20th century, the major causes of illness and death in the United States were **acute disorders**—especially tuberculosis, pneumonia, and other infectious diseases. Acute disorders are short-term medical illnesses, often the result of a viral or bacterial invader and usually amenable to cure.

Now, however, **chronic illnesses**—especially heart disease, cancer, and diabetes—are the main contributors to disability and death, especially in industrialized countries. Chronic illnesses are slowly developing diseases with which people live for a long time. Often, chronic illnesses cannot be cured but, rather, only managed by the patient and provider working together. Table 1.1 lists the main diseases worldwide at the present time. Note

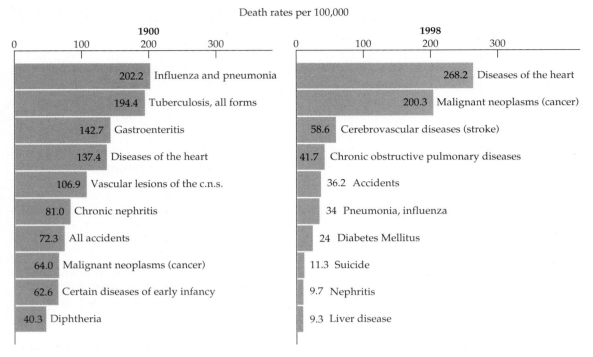

FIGURE 1.1   Death Rates for the 10 Leading Causes of Death per 100,000 Population, United States, 1900 and 1998. (Sources: M. M. Sexton, 1979; S. L. Murphy, 2000.)

how those causes will change over the next decades.

Why have chronic illnesses helped spawn the field of health psychology? First, these are diseases in which psychological and social factors are implicated as causes. For example, personal health habits, such as diet and smoking, are implicated in the development of heart disease and cancer, and sexual activity is critically important in the likelihood of developing AIDS (acquired immune deficiency syndrome). Consequently, health psychology has evolved, in part, to explore these causes and to develop ways to modify them.

Second, because people may live with chronic diseases for many years, psychological issues arise in connection with them. Health psychologists help the chronically ill adjust psychologically and socially to their changing health state. They help those with chronic illness develop treatment regimens, many of which involve self-care. Chronic illnesses affect family functioning, including relationships with a partner and/or children, and health psychologists both explore these changes and help ease the problems in family functioning that may result. Many people with chronic illnesses use unconventional therapies outside formal medicine (D. M. Eisenberg, Kessler, Foster, Norlock, Calkins, & Delbanco, 1993). Understanding what leads people to seek unconventional treatments and evaluating their effectiveness are also issues on which health psychologists can shed light.

Advances in Technology and Research   The field of health psychology is changing almost daily because new issues arise that require the

TABLE 1.1 What Are the Worldwide Causes of Death?			
The causes of death and disability are expected to change dramatically by the year 2020.			
1990		**2020**	
Rank	**Disease or Injury**	**Projected Rank**	**Disease or Injury**
1	Lower respiratory infections	1	Ischemic heart disease
2	Diarrheal diseases	2	Unipolar major depression
3	Conditions arising during the perinatal period	3	Road traffic accidents
4	Unipolar major depression	4	Cerebrovascular disease
5	Ischemic heart disease	5	Chronic obstructive pulmonary disease
6	Cerebrovascular disease	6	Lower respiratory infections
7	Tuberculosis	7	Tuberculosis
8	Measles	8	War
9	Road traffic accidents	9	Diarrheal diseases
10	Congenital anomalies	10	HIV

Source: World Health Organization (1996). *The global burden of disease: A comprehensive assessment of mortality and disability from diseases, injuries, and risk factors in 1990 and projected to 2020* (C. J. L. Murray & A. D. Lopez, Eds.). Cambridge, MA: Harvard University Press.

input of psychologists. For example, new technologies now make it possible to identify the genes that contribute to many disorders. Just in the past 2 years, genes contributing to many diseases, including breast cancer, have been uncovered. How do we help a college student whose mother has just been diagnosed with breast cancer come to terms with her risk, now that the genetic basis of breast cancer is better understood? Should the daughter get tested? And if she does get tested, and if she tests positive for a breast cancer gene, how will this change her life? How will she cope with her risk, and how should she change her behavior? Health psychologists help answer such questions.

"My father had a heart attack. Should I be making changes in my diet?" asks a student in a health psychology class. Health psychologists conduct research that identifies the risk factors for disease, such as a high-fat diet, and help people learn to change their diet and stick to their resolution. Helping people make

informed, appropriate decisions is fundamentally a psychological task.

Advances in genetic research have made it possible to identify carriers of illness and to test a fetus for the presence of particular life-threatening or severely debilitating illnesses. This places some parents in the position of having to decide whether to abort a pregnancy, a wrenching, difficult decision to make.

Certain treatments that may prolong life severely compromise quality of life. Increasingly, patients are asked their preferences regarding life-sustaining measures, and they may require counseling in these matters. These are just a few examples of the increasing role that patients play in fundamental decisions regarding their health and illness and its management and of the help health psychologists can provide in this process.

Impact of Epidemiology Changing patterns of illness have been charted and followed by the field of epidemiology, a discipline closely related to health psychology in its goals and interests (N. E. Miller, 1992). **Epidemiology** is the study of the frequency, distribution, and causes of infectious and noninfectious disease in a population, based on an investigation of the physical and social environment. For example, epidemiologists not only study who has what kind of cancer but also address questions such as why some cancers are more prevalent than others in particular geographic areas.

In the context of epidemiologic statistics, we will see the frequent use of two important terms, "morbidity" and "mortality." **Morbidity** refers to the number of cases of a disease that exist at some given point in time. Morbidity may be expressed as the number of new cases (incidence) or as the total number of existing cases (prevalence). Morbidity statistics, then, tell us how many people are suffering from what kinds of illnesses at any given time. **Mortality** refers to numbers of deaths due to particular causes.

In establishing the goals and concerns of health psychology and the health care endeavor more broadly, morbidity and mortality statistics are essential. We need to know the major causes of disease in this country, particularly those diseases that lead to early death, so as to reduce their occurrence. For example, knowing that accidents, especially automobile accidents, have historically been the major cause of death among children, adolescents, and young adults has led to the initiation of a variety of safety measures, including child safety restraint systems, mandatory seat belt laws, and airbags. Knowing that cardiac disease is the major cause of premature death (that is, death that occurs prior to the expected age of death for an individual) has led to a nationwide effort to reduce risk factors among those most vulnerable, including smoking reduction efforts, implementation of dietary changes, cholesterol reduction techniques, increased exercise, and weight loss (see M. McGinnis, Richmond, Brandt, Windom, & Mason, 1992).

But morbidity is at least as important. What is the use of affecting causes of death if people remain ill but simply do not die? Increasingly, health psychology is concerned not only with biological outcomes but also with health-related quality of life and symptomatic complaints. Indeed, some have argued that quality of life and expressions of symptoms should be more important targets for our interventions than mortality and other biological indicators (R. M. Kaplan, 1990). Consequently, health psychologists are becoming more involved in the effort to improve quality of life among those diagnosed with chronic illnesses, so that individuals may live out their remaining years as free from pain, disability, and lifestyle compromise as possible (J. S. House et al., 1990).

Expanded Health Care Services

Another set of factors that has contributed to the rise of health psychology relates to the expansion of health care services. Health care is the largest service industry in the United States, and it is still growing rapidly. Americans spend more than $1 trillion annually on health (National Center for Health Statistics, 2001). In recent years, the health care industry has come under increasing scrutiny as we have realized that massive increases in health care costs have not brought with them improvement in basic indicators of quality of health.

Moreover, huge disparities exist in the United States, such that some individuals enjoy the very best health care available in the world and others receive little health care except in emergencies. As of 1999, 39 million Americans had no health insurance at all, placing basic preventive care and treatment for common illnesses out of financial reach. These are among the developments that have fueled recent efforts to reform the health care system to provide all Americans with a basic health care package, similar to what already exists in most European countries.

Health psychology represents an important perspective on these issues for several reasons. First, because containing health care costs is so important, health psychology's main emphasis on prevention—namely, modifying people's risky health behaviors before they ever become ill—has the potential to reduce the number of dollars devoted to the management of illness.

Second, health psychologists have done substantial research on what makes people satisfied or dissatisfied with their health care (see chapters 8 and 9). Thus, they can help in the design of user-friendly health care systems.

Finally, the health care industry employs many millions of individuals in a variety of jobs. Nearly every individual in the country has direct contact with the health care system as a recipient of services. Thus, its impact on people is enormous. For all these reasons, then, health has a substantial social and psychological impact on people, an impact that is addressed by health psychologists.

Increased Medical Acceptance

Another reason for the development of health psychology is the increasing acceptance of health psychologists within the medical community (Matarazzo, 1994). Although health psychologists have been employed in health settings for many years, their value is increasingly recognized by physicians and other health care professionals.

At one time, the role of health psychologists in health care was largely confined to the task of administering tests and interpreting the test results of individuals who were suspected of being psychologically disturbed. Like psychiatrists in health settings, psychologists usually saw only the "problem patients" who were difficult for medical staff to manage or whose physical complaints were believed to be entirely psychological in origin. Patients who had complaints that could be readily attributed to medical problems and who were easy to manage were considered not to have psychological problems and were therefore thought to be outside the psychologist's province of expertise.

Now, however, caregivers are increasingly recognizing that psychological and social factors are always important in health and illness. Accordingly, the role of the psychologist in changing patients' health habits and contributing to treatment is increasingly acknowledged.

Demonstrated Contributions to Health

Health psychology has already demonstrated that it can make substantial contributions to health (Melamed, 1995), contributions that form the substance of this book. A few brief examples here can illustrate this point.

Health psychologists have developed a variety of short-term behavioral interventions to address a wide variety of health-related problems, including managing pain; modifying bad health habits, such as smoking; and managing the side effects or treatment effects associated with a range of chronic diseases. Techniques that often take a mere few hours to teach often produce years of benefit. Such interventions, particularly those that target risk factors such as diet or smoking, have contributed to the actual decline in the incidence of some diseases, especially coronary heart disease (M. McGinnis et al., 1992). To take another example, psychologists learned many years ago that informing patients fully about the procedures and sensations involved in unpleasant medical procedures, such as surgery, improves their adjustment to those procedures (Janis, 1958; J. E. Johnson, 1984). As a consequence of these studies, many hospitals and other treatment centers now routinely prepare patients for such procedures. Ultimately, if a discipline is to flourish, it must demonstrate a strong track record, and health psychology has done precisely that.

Methodological Contributions

Health psychologists make important methodological contributions to issues of health and illness. Many of the issues that arise in medical settings demand rigorous research investigation. Although physicians and nurses receive some methodological and statistical education, their training may be inadequate to conduct research on the issues they wish to address unless they make research their specialty. The health psychologist can be a valuable member of the research team by providing the methodological and statistical expertise that is the hallmark of good training in psychology.

Experiments   Much research in health psychology is experimental. In an **experiment,** a researcher creates two or more conditions that differ from each other in exact and predetermined ways. People are then randomly assigned to experience these different conditions, and their reactions are measured. Experiments conducted by health care practitioners to evaluate treatments or interventions and their effectiveness over time are also called **randomized clinical trials**.

What kinds of experiments do health psychologists do? To determine if social support groups improve adjustment to cancer, cancer patients might be randomly assigned to participate in a support group or to participate in a comparison condition, such as an educational intervention, and then evaluated at a subsequent point in time to pinpoint whether one group of patients is better adjusted to the cancer than the other, or in which ways they differ in their adjustment.

Experiments have been the mainstay of science, because they often provide more definitive answers to problems than other research methods. When we manipulate a variable and see its effect, we can establish a cause-effect relationship definitively. For this reason, experiments and randomized clinical trials have been

the mainstays of health psychology research. However, sometimes it is impractical to study issues experimentally. People cannot, for example, be randomly assigned to diseases.

Correlational Studies   As a result, other research in health psychology is **correlational research,** in which the health psychologist measures whether a change in one variable corresponds with changes in another variable. A correlational study might identify, for example, that people who are higher in hostility have a higher risk for cardiovascular disease. The disadvantage of correlational studies is that it is impossible to determine the direction of causality unambiguously: It is possible, for example, that cardiovascular risk factors lead people to become more hostile. On the other hand, correlational studies often have advantages over experiments because they are more adaptable, enabling us to study issues when the variables cannot be manipulated experimentally.

Prospective Designs   Moreover, some of the problems with correlational studies can be remedied by using a prospective approach to research. **Prospective research** looks forward in time to see how a group of individuals change, or how a relationship between two variables changes, over time. For example, if we were to find that hostility develops relatively early in life, but other risk factors for heart disease develop later, we might feel more confident that hostility is an independent risk factor for heart disease and recognize that the reverse direction of causality—namely, that heart disease causes hostility—is unlikely.

Health psychologists conduct many prospective studies in order to understand the risk factors that relate to certain health conditions. We might, for example, intervene in the diet of one community and not in another and over time look at the difference in rates of heart disease. This would be an experimental prospective study. Alternatively, we might measure the diets that people create for themselves and look at changes in rates of heart disease, as determined by how good or poor the diet is. This would be an example of a correlational prospective study.

A particular type of prospective approach is **longitudinal research,** in which we observe the same people over a long period of time. For example, if we wanted to know what factors are associated with early breast cancer in women at risk for it, we might follow a group of young women whose mothers developed breast cancer in an effort to identify which daughters developed breast cancer and whether there are any reliable factors associated with that development, such as diet, smoking, alcohol consumption, or other co-occurring risk factors.

Retrospective Research Investigators also use **retrospective research,** which looks backward in time, and attempt to reconstruct the conditions that led to a current situation. Retrospective methods, for example, were critical in identifying the risk factors that led to the development of AIDS.

Initially, researchers saw an abrupt increase in a rare cancer called Kaposi's sarcoma and observed that the men who developed this cancer often eventually died of general failure of the immune system. By taking extensive histories of the men who developed this disease, researchers were able to determine that the practice of anal-receptive sex without a condom is related to the development of the disorder. Because of retrospective studies, researchers knew some of the risk factors for AIDS even before they had identified the retrovirus.

Throughout this text, we will refer to a variety of research methods that have developed to address the manifold problems with which health psychologists have been concerned. The previous general introduction to some of the

most important research methods serves as context to clarify the more focused methods that are described in subsequent chapters. Suffice it to say at this point that the research training that health psychologists receive in their undergraduate and graduate school experiences makes them valuable parts of the research teams that attempt to understand how we stay healthy and why we get ill.

The Biopsychosocial Model in Health Psychology

The idea that the mind and the body together determine health and illness logically implies a model for studying these issues. This model is called the **biopsychosocial model.** As its name implies, its fundamental assumption is that health and illness are consequences of the interplay of biological, psychological, and social factors (G. L. Engel, 1977, 1980; G. E. Schwartz, 1982). Because the biopsychosocial model figures so prominently in the research and clinical issues described in this book, we consider it in some detail here.

The Biopsychosocial Model Versus the Biomedical Model

Perhaps the best way to understand the biopsychosocial model is to contrast it with the **biomedical model.** The biomedical model, which governed the thinking of most health practitioners for the last 300 years, maintains that all illness can be explained on the basis of aberrant somatic processes, such as biochemical imbalances or neurophysiological abnormalities. The biomedical model assumes that psychological and social processes are largely independent of the disease process.

Although the biomedical model has undeniable benefits for studying some diseases, it has several potential liabilities. First, it is a *reductionistic* model. This means that it reduces

In the 19th and 20th centuries, great strides were made in the technical basis of medicine. As a result, physicians looked more and more to the medical laboratory and less to the mind as a way of understanding the onset and progression of illness.

illness to low-level processes, such as disordered cells and chemical imbalances, rather than recognizing the role of more general social and psychological processes. The biomedical model is also essentially a *single-factor* model of illness. That is, it explains illness in terms of a biological malfunction rather than recognizing that a variety of factors, only some of which are biological, may be responsible for the development of illness.

The biomedical model implicitly assumes a *mind-body dualism*, maintaining that mind and body are separate entities. Finally, the biomedical model clearly *emphasizes illness over health*. That is, it focuses on aberrations that lead to illness rather than on the conditions that might promote health (G. L. Engel, 1977).

The shortcomings of the biomedical model are several. First, it has difficulty accounting for why a particular set of somatic conditions need not inevitably lead to illness. Why, for example, if six people are exposed to measles, do only three develop the disease? There are psychological and social factors that influence the development of illness, and these are ignored by the biomedical model. Whether a treatment will cure a disease is also substantially affected by psychological and social factors, and this cannot be explained by the biomedical model. As a consequence, increasingly, researchers and practitioners have adopted a biopsychosocial model.

Advantages of the Biopsychosocial Model

How, then, does the biopsychosocial model of health and illness overcome the disadvantages of the biomedical model? The biopsychosocial model, as previously noted, maintains that biological, psychological, and social factors are all-important determinants of health and illness. As such, both *macrolevel processes* (such as the existence of social support, the presence of depression) and *microlevel processes* (such as cellular disorders or chemical imbalances) interact to produce a state of health or illness.

The biopsychosocial model maintains that *health and illness are caused by multiple factors and produce multiple effects*. The model further maintains that the *mind and body cannot be distinguished* in matters of health and illness because both so clearly influence an individual's state of health. The biopsychosocial model *emphasizes both health and illness* rather than regarding illness as a deviation from some steady state. From this viewpoint, health becomes something that one achieves through attention to biological, psychological, and social needs rather than something that is taken for granted (World Health Organization, 1948).

But how do biological, social, and psychological variables interact, particularly if biological factors are microlevel processes and psychological and social factors are macrolevel processes? To address this question, researchers have adopted a **systems theory** approach to health and illness. Systems theory maintains that all levels of organization in any entity are linked to each other hierarchically and that change in any one level will effect change in all the other levels. This means that the microlevel processes (such as cellular changes) are nested within the macrolevel processes (such as societal values) and that changes on the microlevel can have macrolevel effects (and vice versa).

Consequently, health, illness, and medical care are all interrelated processes involving interacting changes within the individual and on these various levels. To address these issues impels researchers toward interdisciplinary thinking and collaboration. It also requires researchers to be sophisticated in multivariate approaches to testing problems and to the often complex statistics needed to analyze them (G. E. Schwartz, 1982).

Clinical Implications of the Biopsychosocial Model

There are several implications of the biopsychosocial model for clinical practice with patients. First, the biopsychosocial model maintains that the process of diagnosis should always consider the interacting role of biological, psychological, and social factors in assessing an individual's health or illness (Oken, 2000). Therefore, an interdisciplinary team approach may be the best way to make a diagnosis (G. E. Schwartz, 1982).

Second, the biopsychosocial model maintains that recommendations for treatment must also examine all three sets of factors. By doing this, it should be possible to target therapy uniquely to a particular individual, consider a person's health status in total, and make treatment recommendations that can deal with more than one problem simultaneously. Again, a team approach may be most appropriate (G. E. Schwartz, 1982).

Third, the biopsychosocial model makes explicit the significance of the relationship between patient and practitioner. An effective patient-practitioner relationship can improve a patient's use of services as well as the efficacy of treatment and the rapidity with which illness is resolved (Belar, 1997).

Summary

In summary, the biopsychosocial model clearly implies that the practitioner must understand the social and psychological factors that contribute to an illness in order to treat it appropriately. In the case of a healthy individual, the biopsychosocial model suggests that one can understand health habits only in their psychological and social contexts. These contexts may maintain a poor health habit or, with appropriate modifications, can facilitate the development of healthy ones. In the case of the ill individual, biological, psychological, and social factors all contribute to recovery.

Consider a high-powered business executive in his early 40s who has a heart attack. A traditional medical approach to this problem would emphasize control of the problem through the regular administration of drugs. The biopsychosocial approach to this man's problem would also identify his health practices that may have contributed to the early heart attack. Treatment efforts might focus on exercise, training in techniques for stress management, and a recommendation to a program to help him stop smoking. In addition, such an assessment might look at his social environment, recognize that he spends relatively little time with his wife and children, and recommend that he make positive social interaction with his family an additional goal for his rehabilitation. Use of the biopsychosocial model informs these kinds of sophisticated assessments, and health psychologists are at the center of these developing trends.

What Is Health Psychology Training For?

Students who are trained in health psychology on the undergraduate level go on to many different occupations.

Careers in Practice

Some go into medicine, becoming physicians and nurses. Because of their experience in health psychology, they are often able to understand and manage the social and psychological aspects of the health problems they treat better than would be the case if their education had included only training in traditional medicine. Thus, for example, they may

realize that no amount of education in a self-care plan for a chronically ill person will be successful unless the family members are brought in and educated in the regimen as well. Some of these health care practitioners conduct research as well.

Other health psychology students go into the allied health professional fields, such as social work, occupational therapy, dietetics, physical therapy, and public health. Social workers in medical settings, for example, are often responsible for assessing where patients go after discharge, decisions that are enlightened by knowledge of the psychosocial needs of individual patients. A woman recovering from breast cancer surgery, for example, may need linkages to breast cancer support groups and contacts for obtaining a prosthesis. Occupational therapists are heavily involved in the vocational and avocational retraining of the chronically ill and disabled to improve their occupational abilities and skills for daily living. Dietetics is an increasingly important field as the role of diet in the development and management of certain chronic illnesses, such as cancer, heart disease, and diabetes, becomes clear. Physical therapists help patients regain the use of limbs and functions that may have been compromised by illness and its treatment.

Careers in Research

Many students go on to conduct research in public health, psychology, and medicine. Public health researchers are involved in research and interventions that have the broad goal of improving the health of the general population. Public health researchers typically work in academic settings, in public agencies (such as county health departments), the Centers for Disease Control, family planning clinics, the Occupational Safety and Health Administration and its state agencies, and air quality management district offices, as well as in hospitals, clinics, and other health care agencies.

In these settings, public health researchers can be responsible for a variety of tasks. For example, they may be involved in developing educational interventions for the general public to help people practice better health behaviors. They may formally evaluate programs for improving health-related practices that have already been implemented through the media and through communities. They may be responsible for administrating health agencies, such as clinics or health and safety offices. They may chart the progress of particular diseases, monitor health threats in the workplace and develop interventions to reduce these threats, and conduct research on health issues.

Many undergraduates in health psychology go on to graduate school in psychology, where they learn the research, teaching, and intervention skills necessary to practice health psychology (Sheridan et al., 1989).

Many of these health psychologists then work in university departments of psychology, where they conduct research and train new students; others work in medical schools; many are in independent practice, where they work with patients who have health-related disorders; others work in hospitals and other treatment settings; and others work in industrial or occupational health settings to promote health behavior, prevent accidents and other job-related morbidity, and control health care costs (Quick, 1999; S. Williams & Kohout, 1999).

The remainder of this book focuses on the kind of knowledge, training, research, and interventions that health psychologists undertake, and in the last chapter, chapter 15, information about how to pursue a career in health psychology is provided. At this point, it is useful to turn to the content of this exciting and growing field.

Summary

1. Health psychology is the field within psychology devoted to understanding psychological influences on how people stay healthy, why they become ill, and how they respond when they do get ill. It focuses on health promotion and maintenance; prevention and treatment of illness; the etiology and correlates of health, illness, and dysfunction; and improvement of the health care system and the formulation of health policy.

2. The interaction of the mind and the body has concerned philosophers and scientists for centuries. Different models of the relationship have predominated at different times in history, but current emphasis is on the inextricable unity of the two.

3. The rise of health psychology can be tied to several factors, including the increase in chronic or lifestyle-related illnesses, the expanding role of health care in the economy, the realization that psychological and social factors contribute to health and illness, the demonstrated importance of psychological interventions to improving people's health, and the rigorous methodological contributions of expert researchers.

4. The biomedical model, which dominates medicine, is a reductionistic, single-factor model of illness that regards the mind and

body as separate entities and emphasizes illness concerns over health.

5. The biomedical model is currently being replaced by the biopsychosocial model, which regards any health or illness outcome as a complex interplay of biological, psychological, and social factors. The biopsychosocial model recognizes the importance of both macrolevel and microlevel processes in producing health and illness and maintains that the mind and body cannot be distinguished in matters of health and illness. Under this model, health is regarded as an active achievement.

6. The biopsychosocial model guides health psychologists in their research efforts to uncover factors that predict states of health and illness and in their clinical interventions with patients.

7. Health psychologists perform a variety of tasks. They do research examining the interaction of biological, psychological, and social factors in producing health and illness. They help treat patients suffering from a variety of disorders and conduct counseling for the psychosocial problems that illness may create. They develop work site interventions to improve employees' health habits, and work in organizations as consultants to improve health and health care delivery.

Key Terms

acute disorders	etiology	mortality
biomedical model	experiment	prospective research
biopsychosocial model	health	psychosomatic medicine
chronic illnesses	health psychology	randomized clinical trials
conversion hysteria	longitudinal research	retrospective research
correlational research	mind-body relationship	systems theory
epidemiology	morbidity	

CHAPTER 2

The Systems of the Body

An understanding of health requires a working knowledge of human physiology. This knowledge makes it possible to understand such issues as how good health habits make illness less likely, how stress affects bodily functioning, how repeated stress can lead to hypertension or coronary artery disease, and how cell growth is radically altered by cancer.

Physiology is the study of the body's functioning. The body is made up of many millions of cells which, grouped together, form organs whose functions overlap to produce the body's systems. In this chapter, we consider the major systems of the body, examining how each system functions normally and some of the disorders to which the system may be vulnerable.

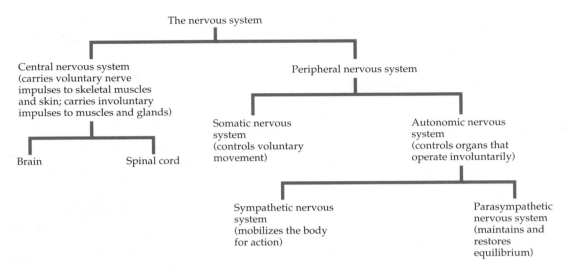

FIGURE 2.1   The Components of the Nervous System

The Nervous System

Overview

The **nervous system** is a complex network of interconnected nerve fibers. Sensory nerve fibers provide input to the brain and spinal cord by carrying signals from sensory receptors; motor nerve fibers provide output from the brain or spinal cord to muscles and other organs, resulting in voluntary and involuntary movement.

The nervous system is made up of the central nervous system and the peripheral nervous system. The central nervous system consists of the brain and the spinal cord. The rest of the nerves in the body, including those that connect to the brain and spinal cord, constitute the peripheral nervous system.

The peripheral nervous system is itself made up of the somatic nervous system and the autonomic nervous system. The somatic, or voluntary, nervous system connects nerve fibers to voluntary muscles and provides the brain with feedback in the form of sensory information about voluntary movement. The

autonomic, or involuntary, nervous system connects the central nervous system with all internal organs, over which people do not customarily have control.

Regulation of the autonomic nervous system occurs via the **sympathetic nervous system** and the **parasympathetic nervous system.** As will be seen in chapter 6, the sympathetic nervous system prepares the body to respond to emergencies; to strong emotions, such as anger or fear; and to strenuous activity. As such, it plays an important role in reactions to stress. Because it is concerned with the mobilization and exertion of energy, it is called a catabolic system.

In contrast, the parasympathetic nervous system controls the activities of organs under normal circumstances and acts antagonistically to the sympathetic nervous system. When an emergency has passed, the parasympathetic nervous system restores the body to a normal state. Because it is concerned with the conservation of body energy, it is called an anabolic system. The components of the nervous system are summarized in Figure 2.1. We now consider several of these components in greater detail.

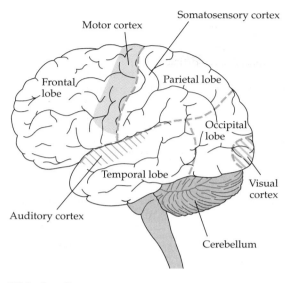

(A) Surface diagram

(B) Cross-sectional diagram

FIGURE 2.2   The Brain

The Brain

The brain might best be thought of as the command center of the body. It receives afferent (sensory) impulses from the peripheral nerve endings and sends efferent (motor) impulses to the extremities and to internal organs to carry out necessary movement. The brain consists of three sections: the hindbrain, the midbrain, and the forebrain. The parts of the brain are shown in Figure 2.2.

The Hindbrain and the Midbrain   The hindbrain has three main parts: the medulla, the pons, and the cerebellum. The **medulla** is located just above the point where the spinal cord enters the skull. It is heavily responsible for the regulation of heart rate, blood pressure, and respiration. The medulla receives information about the rate at which the heart is contracting and is responsible for speeding up or slowing down the heart rate as required. The medulla also receives sensory information

about blood pressure and, based on this feedback, regulates constriction or dilation of the blood vessels. Sensory information about the levels of carbon dioxide and oxygen in the body also comes to the medulla, which, if necessary, sends motor impulses to respiratory muscles to alter the rate of breathing. The pons serves as a link between the hindbrain and the midbrain. It also helps control respiration.

The **cerebellum** coordinates voluntary muscle movement, the maintenance of balance and equilibrium, and the maintenance of muscle tone and posture. Therefore, damage to this area makes it hard for a person to coordinate muscles effectively; such damage produces lack of muscle tone, tremors, and disturbances in posture or gait.

The midbrain is the major pathway for sensory and motor impulses moving between the forebrain and the hindbrain. It is also responsible for the coordination of visual and auditory reflexes.

The Forebrain   The forebrain has two main sections: the diencephalon and the telencephalon. The diencephalon is composed of the thalamus and the hypothalamus. The **thalamus** is involved in the recognition of sensory stimuli and the relay of sensory impulses to the cerebral cortex.

The **hypothalamus** helps regulate the centers in the medulla that control cardiac functioning, blood pressure, and respiration. It is also responsible for regulating water balance in the body and for regulating appetites, including hunger and sexual desire. It is an important transition center between the thoughts generated in the cerebral cortex of the brain and their impact on internal organs. Thus, embarrassment, for example, can lead to blushing via instruction from the hypothalamus through the vasomotor center in the medulla to the blood vessels. Or anxiety may be manifested by the secretion of hydrochloric acid in the stomach via impulses from the hypothalamus. Together with the pituitary gland, the hypothalamus helps regulate the endocrine system, which releases hormones, influencing functioning in target organs throughout the body.

The other portion of the forebrain, the telencephalon, is composed of the two hemispheres (left and right) of the cerebral cortex. This largest portion of the brain, the **cerebral cortex**, is involved in higher order intelligence, memory, and personality. The sensory impulses that come from the peripheral areas of the body, up the spinal cord, and through the hindbrain and midbrain are received and interpreted in the cerebral cortex. Motor impulses, in turn, pass down from the cortex to the lower portions of the brain and from there to other parts of the body.

The cerebral cortex consists of four lobes: frontal, parietal, temporal, and occipital. Each lobe appears to have its own memory storage area or area of association. Through these complex networks of associations, the brain is able to relate current sensations to past ones, giving the cerebral cortex formidable interpretive capabilities.

In addition to its role in associative memory, each lobe is generally associated with particular functions. The frontal lobe contains the motor cortex, which coordinates voluntary movement. The left part of the motor cortex controls activities of the voluntary muscles on the right side of the body, while the right part of the motor cortex controls voluntary activities on the left side of the body. The parietal lobe contains the somatosensory cortex, in which sensations of touch, pain, temperature, and pressure are registered and interpreted. The temporal lobe contains the cortical areas responsible for auditory and olfactory (smell) impulses, and the occipital lobe contains the visual cortex, which receives visual impulses. Finally, the basal ganglia, four round masses embedded deep in the cerebrum (the main portion of the brain), help make muscle contractions orderly, smooth, and purposeful.

The Limbic System   The structures of the limbic system, which border the midline of the brain, play an important role in stress and emotional responses. The amygdala and the hippocampus are involved in the detection of threat and in emotionally charged memories, respectively. The cingulate gyrus, the septum, and areas in the hypothalamus are related to pleasurable emotions, including sexual excitement. The anterior portion of the thalamus and some nuclei within the hypothalamus are important for socially relevant behaviors.

The Role of Neurotransmitters

The nervous system functions by means of chemicals, called **neurotransmitters,** that regulate nervous system functioning. For example, stimulation of the sympathetic nervous system prompts the secretion of large quantities of two neurotransmitters, epinephrine and norepinephrine, together termed the

catecholamines. These substances enter the bloodstream and are carried throughout the body to promote the activity of sympathetic stimulation.

The release of catecholamines prompts a variety of important bodily changes. Heart rate increases, the heart's capillaries dilate, and blood vessels constrict, increasing blood pressure. Blood is diverted into muscle tissue. Respiration rate goes up, and the amount of air flowing into the lungs is increased. Digestion and urination are generally decreased. The pupils of the eyes dilate, and sweat glands are stimulated to produce more sweat. These changes are familiar to anyone who has experienced a highly stressful event or a strong emotion, such as fear or embarrassment. As we will see in chapter 6, arousal of the sympathetic nervous system and the production and release of catecholamines are critically important in individual responses to stressful circumstances. Repeated arousal of the sympathetic nervous system may have implications for the development of several chronic disorders, such as coronary artery disease and hypertension, which will be discussed in greater detail in chapter 13.

Parasympathetic functioning is a counter-regulatory system that helps restore homeostasis following sympathetic arousal. The heart rate decreases, the heart's capillaries constrict, blood vessels dilate, respiration rate decreases, and the metabolic system resumes its activities.

Disorders of the Nervous System

Approximately 25 million Americans have some disorder of the nervous system, which account for 20% of hospitalizations each year and 12% of deaths. The most common forms of neurological dysfunction are epilepsy and Parkinson's disease. Cerebral palsy, multiple sclerosis, and Huntington's disease also affect a substantial number of people.

Epilepsy   A disease of the central nervous system affecting more than 2.3 million people in the United States (Epilepsy Foundation, 2001), epilepsy is often idiopathic, which means that no specific cause for the symptoms can be identified. Symptomatic epilepsy may be traced to such factors as injury during birth; severe injury to the head; infectious disease, such as meningitis or encephalitis; and metabolic or nutritional disorders. A tendency toward epilepsy may also be inherited.

Epilepsy is marked by seizures, which range from barely noticeable staring or purposeless motor movements (such as chewing and lip smacking) to violent convulsions accompanied by irregular breathing, drooling, and loss of consciousness. Epilepsy cannot be cured, but it can often be successfully controlled through medication and behavioral interventions designed to manage stress (see chapters 7 and 11).

Cerebral Palsy   Affecting approximately 2 to 4 individuals for every 1,000 births ("Cerebral Palsy," 2001), cerebral palsy is a chronic, nonprogressive disorder marked by lack of muscle control. It stems from brain damage caused by an interruption in the brain's oxygen supply, usually during childbirth. In older children, a severe accident or physical abuse can produce the condition. Apart from being unable to control motor functions, sufferers may (but need not) also have seizures, spasms, mental retardation, difficulties of sensation and perception, and problems with sight, hearing, or speech.

Parkinson's Disease   Patients with Parkinson's disease suffer from progressive degeneration of the basal ganglia, the group of nuclei that controls smooth motor coordination. The result of this deterioration is tremors, rigidity, and slowness of movement. Approximately 2 out of 1,000 people are living with this neurological disorder, which strikes people primarily

50 and older ("Parkinson's Disease," 2001). Men are more likely than women to develop the disease. Although the cause of Parkinson's is not fully known, depletion of the neurotransmitter dopamine may be involved. Parkinson's patients may be treated with medication, but massive doses, which can cause undesirable side effects, are often required for control of the symptoms.

Multiple Sclerosis   Approximately 1 out of 1,600 Americans are affected by multiple sclerosis, a degenerative disease of certain brain tissues that can cause paralysis as well as, occasionally, blindness, deafness, and mental deterioration ("Multiple Sclerosis," 2001). Early symptoms include numbness, double vision, dragging of the feet, loss of bladder or bowel control, speech difficulties, and extreme fatigue. Symptoms may appear and disappear over a period of years; after that, deterioration is steady.

The effects of multiple sclerosis are the result of the disintegration of myelin, a fatty membrane that surrounds the nerve fibers and facilitates the conduction of nerve impulses. Multiple sclerosis is an autoimmune disorder, so-called because the immune system fails to recognize its own tissue and attacks the myelin sheath surrounding the nerves.

Huntington's Disease   A hereditary disorder of the central nervous system, Huntington's disease is characterized by chronic physical and mental deterioration. Symptoms include involuntary muscle spasms, loss of motor abilities, personality changes, and other signs of mental disintegration. Because some of the symptoms are similar to those of epilepsy, Huntington's disease is sometimes mistaken for epilepsy.

Approximately 5 out of 1 million people are affected by the disease ("Huntington's Disease," 2001). The gene for Huntington's was recently isolated, and a test is now available that indicates not only if one is a carrier of the gene but also at what age (roughly) a person will succumb to Huntington's disease (Morell, 1993). As will be seen later in this chapter, genetic counseling with this group of at-risk individuals is important.

Polio   Poliomyelitis is a viral disease that attacks the spinal nerves and destroys the cell bodies of motor neurons, so that motor impulses cannot be carried from the spinal cord outward to the effectors. Depending on the degree of damage that is done, the individual may be left with difficulties of walking and moving properly, ranging from shrunken and ineffective limbs to full paralysis. Once a scourge of childhood, it is now on the verge of being conquered, although complications late in life from polio contracted years earlier (called post-polio syndrome) are often experienced by those who had the disease.

Paraplegia and Quadriplegia   Paraplegia is paralysis of the lower extremities of the body; it results from an injury to the lower portion of the spinal cord. Quadriplegia is paralysis of all four extremities and the trunk of the body; it occurs when the upper portion of the spinal cord is severed. Once the spinal cord has been severed, no motor impulses can descend to tissues below the cut, nor can sensory impulses from the tissues below the cut ascend to the brain. As a consequence, a person usually loses bladder and bowel control. Moreover, the muscles below the cut area may well lose their tone, becoming weak and flaccid.

The Endocrine System

Overview

The **endocrine system,** diagrammed in Figure 2.3, complements the nervous system in controlling bodily activities. The endocrine

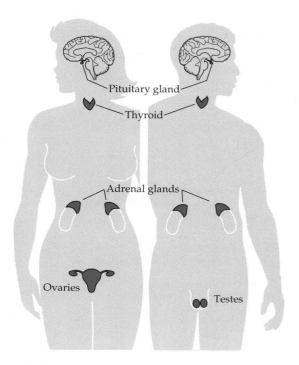

FIGURE 2.3   The Endocrine System
(*Source:* Lankford, 1979, p. 232)

system is made up of a number of ductless glands, which secrete hormones into the blood, stimulating changes in target organs. The endocrine and nervous systems depend on each other, stimulating and inhibiting each other's activities. The nervous system is chiefly responsible for fast-acting, short-duration responses to changes in the body, whereas the endocrine system mainly governs the slow-acting responses of long duration.

The endocrine system is regulated by the hypothalamus and the **pituitary gland,** located at the base of the brain. The anterior pituitary lobe of the pituitary gland secretes hormones responsible for growth: somatotropic hormone (STH), which regulates bone, muscle, and other organ development; gonadotropic hormones, which control the growth, development, and secretion of the gonads (testes and ovaries); thyrotropic hormone (TSH), which controls the growth, development, and secretion of the thyroid gland; and adrenocorticotropic hormone (ACTH), which controls the growth and secretions of the cortex region of the adrenal glands (described in the section "The Adrenal Glands"). The posterior pituitary lobe produces oxytocin, which controls contractions during labor and lactation, and vasopressin, or antidiuretic hormone (ADH), which controls the water-absorbing ability of the kidneys.

The Adrenal Glands

The **adrenal glands** are two small glands located one on top of each of the kidneys. Each adrenal gland consists of an adrenal medulla and an adrenal cortex. The hormones of the adrenal medulla are epinephrine and norepinephrine, which were described earlier.

The adrenal cortex is stimulated by adrenocorticotropic hormone (ACTH) from the anterior lobe of the pituitary, and it releases hormones called steroids. These steroids include mineralocorticoids, glucocorticoids, androgens, and estrogens.

As Figure 2.4 implies, the adrenal glands are critically involved in physiological and neuroendocrine reactions to stress. Changes produced by the catecholamines are at the heart of the arousal produced by the sympathetic nervous system in response to stress, and the secretion of corticosteroids are also active in response to stress. We will consider the stress response more fully in chapter 6.

Diabetes

Diabetes is a chronic endocrine disorder in which the body is not able to manufacture or properly use insulin. It is the third most common chronic illness in this country and one of the leading causes of death. Diabetes consists of two primary forms: Type I diabetes (sometimes

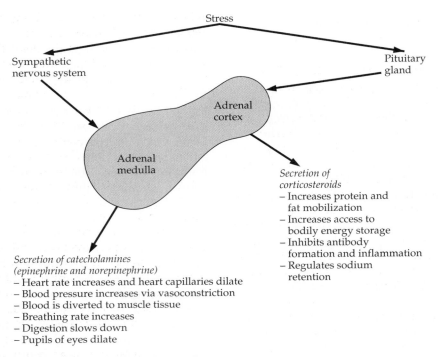

FIGURE 2.4   Adrenal Gland Activity in Response to Stress

called insulin-dependent diabetes) is a severe disorder that typically arises in late childhood or early adolescence. At least partly genetic in origin, Type I diabetes is believed to be an autoimmune disorder, possibly precipitated by an earlier viral infection. The immune system falsely identifies cells in the islets of Langerhans in the pancreas as invaders and destroys those cells, compromising or eliminating their ability to produce insulin.

Type II diabetes typically occurs after age 40 and is the more common form. In Type II diabetes, insulin may be produced by the body but there may not be enough of it, or the body may not be sensitive to it. It is heavily a disease of lifestyle, involving a disturbance in glucose metabolism and the delicate balance between insulin production and insulin responsiveness. This balance appears to be dys-

regulated by such factors as obesity and stress, among other contributing factors.

Diabetes is associated with a thickening of the arteries due to the buildup of wastes in the blood. As a consequence, diabetic patients show high rates of coronary heart disease. Diabetes is also the leading cause of blindness among adults, and it accounts for 50% of all the patients who require renal dialysis for kidney failure. Diabetes can also produce nervous system damage, leading to pain and loss of sensation. In severe cases, amputation of the extremities, such as toes and feet, is often required. As a consequence of these manifold complications, diabetics have a considerably shorter life expectancy than do nondiabetic individuals. In chapter 13, we will consider diabetes and the issues associated with its management more fully.

The Cardiovascular System

Overview

The heart, blood vessels, and blood form the **cardiovascular system,** which acts as the transport system of the body. Blood carries oxygen from the lungs to the tissues and carbon dioxide from the tissues to the lungs, so that it may be excreted as expired air. Blood also carries nutrients from the digestive tract to the individual cells, so that the cells may extract the materials they need for growth and energy. The blood carries waste products from the cells to the kidneys, from which the waste is excreted in the urine. It also carries hormones from the endocrine glands to other organs of the body and transports heat to the surface of the skin to control body temperature.

The arteries carry blood from the heart to other organs and tissues, where oxygen and nutrients are withdrawn. The arterioles are tiny branches of the arteries, and the capillaries are smaller vessels that branch off from the arteries and carry blood to individual cells. Veins return the blood to the heart after the oxygen has been used up. Together, these vessels control peripheral circulation, dilating or constricting in response to a variety of bodily events.

The Heart

The heart functions as a pump, and its pumping action causes the blood to circulate throughout the body. The left side of the heart, consisting of the left atrium and left ventricle, takes in heavily oxygenated blood from the lungs and pumps it out into the aorta (the major artery leaving the heart), from which the blood passes into the smaller vessels (the arteries, arterioles, and capillaries) to reach the cell tissues. The blood exchanges its oxygen and nutrients for the waste materials of the cells and is then returned to the right side of the heart (right atrium and right ventricle), which pumps it back to the lungs via the pulmonary artery. Once oxygenated, the blood returns to the left side of the heart through the pulmonary veins. The anatomy and functioning of the heart are pictured in Figure 2.5.

The heart performs these functions through regular rhythmic phases of contraction and relaxation known as the cardiac cycle. There are two phases in the cardiac cycle, systole and diastole. During systole, blood is pumped out of the heart, and blood pressure in the blood vessels increases. As the muscle relaxes during diastole, blood pressure drops and blood is taken into the heart.

A number of factors influence the rate at which the heart contracts and relaxes. During exercise, emotional excitement, or stress, for example, the heart speeds up and the cardiac cycle is completed in a shorter time. Most of this speedup comes out of the diastolic period, so that a chronically rapid heart rate reduces overall time for rest. Consequently, a chronically or excessively rapid heart rate can decrease the heart's strength, which may reduce the volume of blood that is pumped.

Heart rate is also regulated by the amount of blood flowing into the veins. The larger the quantity of blood available, the harder the heart will have to pump. A lower supply of blood, on the other hand, leads to a weaker and less frequent heartbeat.

The flow of blood in and out of the heart is controlled by valves at the inlet and outlet of each ventricle. These heart valves ensure that blood flows in one direction only. The sounds that one hears when listening to the heart are the sounds of these valves closing. These heart sounds make it possible to time the cardiac cycle to determine how rapidly or slowly blood is being pumped in and out of the heart.

Disorders of the Cardiovascular System

The cardiovascular system is subject to a number of disorders. Some of these are due to

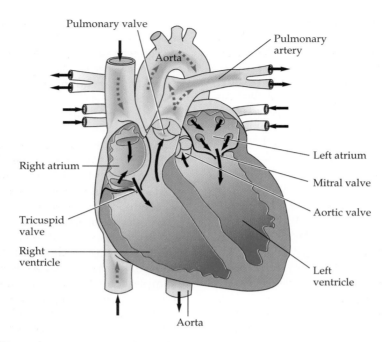

FIGURE 2.5   The Heart

congenital defects—that is, defects present at birth—others, to infection. By far, however, the major threats to the cardiovascular system are due to damage over the course of life that produces cumulative wear and tear on the cardiovascular system. Lifestyle, in the form of diet, exercise, smoking, and stress exposure, among other factors, heavily affects the development of diseases of the cardiovascular system, as we will see in subsequent chapters.

Atherosclerosis   The major cause of heart disease in this country is atherosclerosis, a problem that becomes worse with age. **Atherosclerosis** is caused by deposits of cholesterol and other substances on the arterial walls, which form plaques that narrow the arteries. The presence of atherosclerotic plaques reduces the flow of blood through the arteries and interferes with the passage of nutrients from the capillaries into the cells—a process that can lead to tissue dam-

age. Damaged arterial walls are also potential sites for the formation of blood clots, which in themselves can completely obstruct a vessel and cut off the flow of blood.

Atherosclerosis is, in part, a disease of lifestyle, as we will see in chapter 13. It is associated with a number of poor health habits, such as smoking and a high-fat diet. Moreover, it is a very common health problem. These two factors make it of paramount interest to health psychologists and explain why there is such an emphasis in the field on changing these poor health behaviors.

Atherosclerosis is associated with two primary clinical manifestations: (1) **angina pectoris,** or chest pain, which occurs because the muscle tissue of the heart must continue its activity without a sufficient supply of oxygen or adequate removal of carbon dioxide and other waste products, and (2) **myocardial infarction (MI),** which is most likely to occur when a clot has developed in a coronary vessel and blocks the flow of blood to the heart. A myocardial infarction, otherwise known as a heart attack, can cause death if the heart stops functioning.

Other related vessel disorders include aneurysms, phlebitis, varicose veins, and arteriosclerosis (or hardening of the arteries). An aneurysm is a bulge in a section of the wall of an artery or a vein; it is the reaction of a weak region to pressure. When an aneurysm ruptures, it can produce instantaneous death from internal hemorrhaging and loss of blood pressure. Aneurysms may be caused by arteriosclerosis and syphilis.

Phlebitis is an inflammation of a vein wall, often accompanied by water retention and pain. The condition typically results from an infection surrounding the vein, from varicose veins, from pregnancy-related bodily changes, or from the pressure of a tumor on the vein. The chief threat posed by phlebitis is that it can encourage the production of blood clots, which then block circulation.

Varicose veins are superficial veins that have become dilated or swollen. Typically, veins in the lower extremities of the body are most susceptible because they are subjected to great pressure from the force of gravity.

Arteriosclerosis results when calcium, salts, and scar tissue react with the elastic tissue of the arteries. The consequence is to decrease the elasticity of the arteries, making them rigid and hard. Blood pressure then increases because the arteries cannot dilate and constrict to help blood move, and hypertension (high blood pressure) may result.

Rheumatic Fever   Rheumatic fever is a bacterial infection that originates in the connective tissue and can spread to the heart, possibly affecting the functioning of the heart valves. The flaps of the valves may be changed into rigid, thickened structures that interfere with the flow of blood between the atrium and the ventricle. People with rheumatic fever, or with congenital heart disease, are particularly vulnerable to endocarditis, the inflammation of the membrane that lines the cavities of the heart, which is caused by staphylococcus or streptococcus organisms.

Blood Pressure

Blood pressure is the force that blood exerts against the blood vessel walls. During systole, the force on the blood vessel walls is greatest; during diastole, it falls to its lowest point. The measurement of blood pressure is a ratio of these two pressures.

Blood pressure is influenced by several factors, the first of which is cardiac output. Pressure against the arterial walls is greater as the volume of blood flow increases. A second factor influencing blood pressure is peripheral resistance, or the resistance to blood flow in the small arteries of the body (arterioles). Peripheral resistance is influenced by the viscosity (thickness) of the blood—specifically, the number of red blood cells and the amount of plasma the blood contains. Highly viscous blood produces higher blood pressure. In addition, blood pressure is influenced by the structure of the arterial walls: If the walls have been damaged, if they are clogged by deposits of waste, or if they have lost their elasticity, blood pressure will be higher. Chronically high blood pressure, called hypertension, is the consequence of too high a cardiac output or too high a peripheral resistance. We will consider the psychosocial issues involved in the management and treatment of hypertension in chapter 13.

The Blood

An adult's body contains approximately 5 liters of blood, which consists of plasma and cells. Plasma, the fluid portion of blood, occupies approximately 55% of the blood volume. The blood cells are suspended in the plasma, which consists of plasma proteins and plasma electrolytes (salts) plus the substances that are being transported by the blood (oxygen and nutrients or carbon dioxide and waste materials). The remaining 45% of blood volume is made up of cells.

Blood cells are manufactured in the bone marrow, in the hollow cavities of bones. The bone marrow contains five types of blood-forming cells: myeloblasts and monoblasts, both of which produce white blood cells; lymphoblasts, which produce lymphocytes; erythroblasts, which produce red blood cells; and megakaryocytes, which produce platelets. Each of these types of blood cells has an important function.

White blood cells play an important role in healing by absorbing and removing foreign substances from the body. Produced by myeloblasts and monoblasts, white blood cells engulf bacteria and other foreign particles. They contain granules that secrete digestive enzymes, which convert these foreign particles into a form conducive to excretion.

Lymphocytes also play an important role in combating foreign substances. They produce antibodies, agents that destroy foreign substances through the antigen-antibody reaction. Together, then, these groups of cells play an important role in fighting infection and disease. We will consider them more fully in our discussion of the immune system.

Red blood cells are chiefly important because they contain hemoglobin, which is needed to carry oxygen and carbon dioxide throughout the body.

Platelets serve several important functions. They are able to clump together to block small holes that develop in blood vessels, and they play an important role in blood clotting. When an injury occurs and tissues are damaged, platelets help form thromboplastin, which, in turn, acts on a substance in the plasma known as fibrinogen and changes it to fibrin. The formation of fibrin produces clotting.

Blood flow is responsible for the regulation of body temperature. When the body temperature is too high, skin blood vessels dilate and blood is sent to the skin, so that heat will be lost. When the body temperature is too low, skin blood vessels constrict and blood is kept away from the skin, so that heat will be conserved and body temperature maintained. Alterations in skin blood flow are caused partly by the direct action of heat on skin blood vessels and partly by the temperature-regulating mechanism located in the hypothalamus, which alters the sympathetic impact on the skin blood vessels. Blood flow to the skin is also regulated by the catecholamines, epinephrine and norepinephrine. Norepinephrine generally constricts blood vessels (vasoconstriction), whereas epinephrine constricts skin blood vessels while dilating muscle blood vessels. These changes, in turn, increase the force of the heart's contractions.

Disorders Related to White Cell Production

Some blood disorders affect the production of white blood cells; they include leukemia, leukopenia, and leukocytosis. Leukemia is a disease of the bone marrow, and it is a common form of cancer. It causes the production of an excessive number of white blood cells, thus overloading the blood plasma and reducing the number of red blood cells that can circulate in the plasma. In the short term, anemia (a shortage of red blood cells) will result. In the long term, if left untreated, leukemia will cause death.

Leukopenia is a deficiency of white blood cells; it may accompany such diseases as tuberculosis, measles, and viral pneumonia. Leukopenia leaves an individual susceptible to diseases because it reduces the number of white blood cells available to combat infection.

Leukocytosis is an excessive number of white blood cells. It is a response to many infections, such as leukemia, appendicitis, and infectious mononucleosis. Infection stimulates the body to overproduce these infection-combating cells.

Disorders Related to Red Cell Production

Anemia is a condition in which the number of red blood cells or amount of hemoglobin is below normal. A temporary anemic condition experienced by many women is a consequence of menstruation; through loss of blood, much vital iron (essential for the production of hemoglobin) is lost. Iron supplements must sometimes be taken to offset this problem. Other forms of anemia, including aplastic anemia, may occur because the bone marrow is unable to produce a sufficient number of red blood cells. The result is a decrease in the blood's transport capabilities, causing tissues to receive too little oxygen and to be left with too much carbon dioxide. When it is not checked, anemia can cause permanent damage to the nervous system and produce chronic weakness.

Erythrocytosis is characterized by an excess of red blood cells. It may result from a lack of oxygen in the tissues or as a secondary manifestation of other diseases. Erythrocytosis increases the viscosity of the blood and reduces the rate of blood flow.

Sickle-cell anemia is another disease related to red blood cell production. Most common among Blacks, it is a genetically transmitted inability to produce normal red blood cells. These cells are sickle-shaped instead of flattened spheres, and they contain abnormal hemoglobin protein molecules. They are vulnerable to rupture, leaving the individual susceptible to anemia. The sickle cell appears to be a genetic adaptation promoting resistance to malaria among African Blacks. Unfortunately, although these cells are effective in the short term against malaria, the long-term implications are life threatening.

Clotting Disorders

A third group of blood disorders involves clotting dysfunctions. Hemophilia affects individuals who are unable to produce thromboplastin and, accordingly, fibrin. Therefore, their blood cannot clot naturally in response to injury, and they may bleed to death unless they receive medication.

As noted earlier, clots (or thromboses) may sometimes develop in the blood vessels. This is most likely to occur if arterial or venous walls have been damaged or roughened because of the buildup of cholesterol. Platelets then adhere to the roughened area, leading to the formation of a clot. A clot formed in this manner may have very serious consequences if it occurs in the blood vessels leading to the heart (coronary thrombosis) or brain (cerebral thrombosis) because it will block the vital flow of blood to these organs. When a clot occurs in a vein, it may become detached and form an embolus, which may finally become lodged in the blood vessels to the lungs, causing pulmonary obstruction. Death is a likely consequence of all these conditions.

The Respiratory System

The Structure and Functions of the Respiratory System

Respiration, or breathing, has three main functions: to take in oxygen, to excrete carbon dioxide, and to regulate the relative composition of the blood.

The body needs oxygen to metabolize food. During the process of metabolism, oxygen combines with carbon atoms in food, producing carbon dioxide (CO_2). The respiratory system brings in air, including oxygen, through inspiration; it eliminates carbon dioxide through expiration.

The **respiratory system** involves a number of organs, including the nose, mouth, pharynx, trachea, diaphragm, abdominal muscles, and lungs. Air is inhaled through the nose and mouth and then passes through the pharynx and larynx to the trachea. The trachea, a

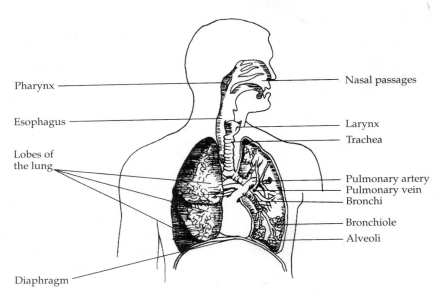

Pharynx

Esophagus

Lobes of
the lung

Diaphragm

Nasal passages

Larynx

Trachea

Pulmonary artery
Pulmonary vein
Bronchi

Bronchiole

Alveoli

FIGURE 2.6   The Respiratory System
(*Source:* Lankford, 1979, p. 467)

muscular tube extending downward from the larynx, divides at its lower end into two branches called the primary bronchi. Each bronchus enters a lung, where it then subdivides into secondary bronchi, still-smaller bronchioles, and, finally, microscopic alveolar ducts, which contain many tiny, clustered sacs called alveoli. The alveoli and the capillaries are responsible for the exchange of oxygen and carbon dioxide. A diagram of the respiratory system appears in Figure 2.6.

The inspiration of air is an active process, brought about by the contraction of muscles. Inspiration causes the lungs to expand inside the thorax (the chest wall). Expiration, in contrast, is a passive function, brought about by the relaxation of the lungs, which reduces the volume of the lungs within the thorax. The lungs fill most of the space within the thorax, called the thoracic cavity, and are very elastic, depending on the thoracic walls for support. Therefore, if air were to get into the space

between the thoracic wall and the lungs, one or both lungs would collapse.

Respiratory movements are controlled by a respiratory center in the medulla of the brain. The functions of this center depend partly on the chemical composition of the blood. For example, if the blood's carbon dioxide level rises too high, the respiratory center will be stimulated and respiration will be increased. If the carbon dioxide level falls too low, the respiratory center will slow down until the carbon dioxide level is back to normal.

The respiratory system is also responsible for coughing. A large amount of dust and other foreign material is inhaled with every breath. Some of these substances are trapped in the mucus of the nose and the air passages and are then conducted back toward the throat, where they are swallowed. When a large amount of mucus collects in the large airways, it is removed by coughing (a forced expiratory effort).

Disorders of the Respiratory System

Asphyxia, Anoxia, and Hyperventilation
Several disorders of the respiratory system—including asphyxia, anoxia, and hyperventilation—have little significance because they are typically short-lived. When they occur on a long-term basis, however, these disorders can have severe effects.

Asphyxia, a condition of oxygen lack and carbon dioxide excess, may occur when there is a respiratory obstruction, when breathing occurs in a confined space so that expired air is reinhaled, or when respiration is insufficient for the body's needs. Asphyxia increases respiratory activity.

Anoxia, a shortage of oxygen alone, is more serious. People suffering from anoxia may rapidly become disoriented, lose all sense of danger, and pass into a coma without increasing their breathing. This is a danger to which test pilots are exposed when they take their planes to very high altitudes, so pilots are carefully trained to be alert to the signs of anoxia, so that they can take immediate corrective steps.

Another disruption of the carbon dioxide–oxygen balance results from hyperventilation. During periods of intense emotional excitement, people often breathe deeply, reducing the carbon dioxide content of the blood. Since carbon dioxide is a vasodilator (that is, it dilates the blood vessels), a consequence of hyperventilation is constriction of blood vessels and reduced blood flow to the brain. As a result, the individual may experience impaired vision, difficulty in thinking clearly, and dizziness.

Severe problems occur when a person stops breathing and becomes unconscious. If artificial respiration is not initiated within 2 minutes, brain damage and even death may result.

Hay Fever and Asthma Hay fever is a seasonal allergic reaction to foreign bodies—including pollens, dust, and other airborne allergens—that enter the lungs. These irritants prompt the body to produce substances called histamines, which cause the capillaries of the lungs to become inflamed and to release large amounts of fluid. The result is violent sneezing.

Asthma is a more severe allergic reaction, which can be caused by a variety of foreign substances, including dust, dog or cat dander, pollens, and fungi. An asthma attack can also be touched off by emotional stress or exercise. These attacks may be so serious that they produce bronchial spasms and hyperventilation.

During an asthma attack, the muscles surrounding air tubes constrict, inflammation and swelling of the lining of the air tubes may occur, and increased mucus is produced, clogging the air tubes. The mucus secretion, in turn, may then obstruct the bronchioles, reducing the supply of oxygen and increasing the amount of carbon dioxide (A. M. Weinstein, 1987).

Statistics show that the number of cases of allergic responses including hay fever and asthma is skyrocketing in the United States. The country has clearly become more allergic. Whether this is because of changes in the environment due to global warming (such as a greater number of pollens), to reactions to chemicals and other pollutants, or to some as yet unidentified factors is not clear.

Viral Infections The respiratory system is vulnerable to a number of infections and chronic disorders. Perhaps the most familiar of these is the common cold, a viral infection of the upper and sometimes the lower respiratory tract. The infection that results causes discomfort, congestion, and excessive secretion of mucus. The incubation period for a cold—that is, the time between exposure to the virus and onset of symptoms—is 12 to 72 hours, and the typical duration of a cold is a few days. Secondary bacterial infections may complicate the illness. These occur because the primary viral infection causes inflammation of the mucous membranes, reducing their ability to prevent secondary infection.

A more serious viral infection of the respiratory system is influenza, which can occur in epidemic form. Flu viruses attack the lining of the respiratory tract, killing healthy cells. Fever and inflammation of the respiratory tract may result. A common complication is a secondary bacterial infection, such as pneumonia.

A third infection, bronchitis, is an inflammation of the mucosal membrane inside the bronchi of the lungs. Large amounts of mucus are produced in bronchitis, leading to persistent coughing.

Bacterial Infections   The respiratory system is also vulnerable to bacterial attack by, for example, strep throat, whooping cough, and diphtheria. Strep throat, an infection of the throat and soft palate, is characterized by edema (swelling) and reddening.

Whooping cough invades the upper respiratory tract and moves down to the trachea and bronchi. The associated bacterial growth leads to the production of a viscous fluid, which the body attempts to expel through violent coughing. Although diphtheria is an infection of the upper respiratory tract, its bacterial organisms secrete a toxic substance that is absorbed by the blood and is thus circulated throughout the body. Therefore, this disease can damage nerves, cardiac muscle, kidneys, and the adrenal cortex.

For the most part, strep throat, whooping cough, and diphtheria do not cause permanent damage to the upper respiratory tract. Their main danger is the possibility of secondary infection, which results from lowered resistance. However, these bacterial infections can cause permanent damage to other tissues, including heart tissue.

Pneumonia and Emphysema   The respiratory system is also vulnerable to several lung diseases. Chief among these is pneumonia, of which there are two main types. Lobar pneumonia is a primary infection of the entire lobe of a lung. The alveoli become inflamed, and the normal oxygen-carbon dioxide exchange between the blood and alveoli can be disrupted. Spread of infection to other organs is also likely.

Bronchial pneumonia, which is confined to the bronchi, is typically a secondary infection that may occur as a complication of other disorders, such as a severe cold or flu. It is not as serious as lobar pneumonia.

Pulmonary emphysema involves a persistent obstruction of the flow of air. It occurs when the alveoli become dilated, atrophied, and thin, so that they lose their elasticity and cannot constrict during exhalation. As a result, exhalation becomes difficult and forced, so that carbon dioxide is not readily eliminated. Emphysema is caused by a variety of factors, including long-term smoking.

Tuberculosis and Pleurisy   Tuberculosis is an infectious disease caused by bacteria that invade lung tissue. When the invading bacilli are surrounded by macrophages (white blood cells of a particular type), they form a clump called a tubercle, which is the typical manifestation of this disease. Eventually, through a process called caseation, the center of the tubercle turns into a cheesy mass, which can produce cavities in the lung. Such cavities, in turn, can give rise to permanent scar tissue, causing chronic difficulties in oxygen and carbon dioxide exchange between the blood and the alveoli.

Pleurisy is an inflammation of the pleura, the membrane that surrounds the organs in the thoracic cavity. The inflammation, which produces a sticky fluid, is usually a consequence of pneumonia or tuberculosis and can be extremely painful.

Lung Cancer   Lung cancer, or carcinoma of the lung, is an increasingly common disease. It is caused by smoking and other factors as yet unknown, including possible environmental carcinogens (air pollution) or cancer-causing substances encountered in the workplace (such as asbestos).

The affected cells in the lungs begin to divide in a rapid and unrestricted manner, producing a tumor. Malignant cells grow faster than healthy cells; they crowd out the healthy cells and rob them of nutrients, causing them to die, and then spread into surrounding tissue.

Respiratory Diseases

A number of respiratory disorders are tied directly to health problems that can be addressed by health psychologists. For example, smoking is a major health problem that is implicated in both pulmonary emphysema and lung cancer. The spread of tuberculosis can be reduced by encouraging people to obtain regular chest X rays. Faulty methods of infection control, dangerous substances in the workplace, and air pollution are also factors that contribute to the incidence of respiratory problems.

As we will see in chapters 3, 4, and 5, health psychologists have addressed many of these problems. In addition, some of the respiratory disorders we have considered are chronic conditions with which an individual may live for some time. Consequently, issues of long-term physical, vocational, social, and psychological rehabilitation become crucial, and we will cover these issues in chapters 11, 13, and 14.

The Digestive System and the Metabolism of Food

Overview

Food, essential for survival, is converted through the process of metabolism into heat and energy, and it supplies nutrients for growth and the repair of tissues. But before food can be used by cells, it must be changed into a form suitable for absorption into the blood. This conversion process is called *digestion*.

The Functioning of the Digestive System

Food is first lubricated by saliva in the mouth, where it forms a soft, rounded lump called a bolus. It passes through the esophagus by means of peristalsis, a unidirectional muscular movement toward the stomach. The stomach produces various gastric secretions, including pepsin and hydrochloric acid, to further the digestive process. Gastric secretions are controlled by the vagus nerve. The sight or even the thought of food starts the flow of gastric juices.

As food progresses from the stomach to the duodenum, the pancreas becomes involved in the digestive process. The pancreatic juices, which are secreted into the duodenum, contain several enzymes that break down proteins, carbohydrates, and fats. A critical function of the pancreas is the production of the hormone insulin, which facilitates the entry of glucose into the bodily tissues. The liver also plays an important role in metabolism by producing bile, which enters the duodenum and helps break down fats. The bile is stored in the gallbladder and is secreted into the duodenum as it is needed.

Most metabolic products are water-soluble and can be transported easily in the blood. However, other substances are not soluble in water and therefore must be transported in the blood plasma as complex substances combined with plasma protein. Known as lipids, these substances include fats, cholesterol, and lecithin. An excess of lipids in the blood is called hyperlipidemia, a condition common in diabetes, some kidney diseases, hyperthyroidism, and alcoholism. It is also a causal factor in heart disease (see chapters 4 and 13).

The absorption of food takes place primarily in the small intestine, which produces enzymes that complete the breakdown of proteins to amino acids. The motility of the small intestine is under the control of the sympathetic and parasympathetic nervous systems. Parasympathetic activity speeds up metabolism, whereas sympathetic nervous system activity reduces it.

Food then passes into the large intestine (whose successive segments are known as the cecum and the ascending, transverse, descending, and sigmoid colon), which acts largely as a storage organ for the accumulation of food residue and helps in the reabsorption of water. The entry of feces into the rectum then brings about the urge to defecate, or expel the solid waste from the body via the anus. The organs involved in the metabolism of food are pictured in Figure 2.7.

Disorders of the Digestive System

The digestive system is susceptible to a number of disorders, some of which are only mildly uncomfortable and temporary and others of which are more serious and chronic.

Gastroenteritis, Diarrhea, and Dysentery
Gastroenteritis is an inflammation of the lining of the stomach and small intestine. It may be caused by such factors as excessive amounts of food or drink, contaminated food or water, or food poisoning. Symptoms appear approximately 2 to 4 hours after the ingestion of food; they include vomiting, diarrhea, abdominal cramps, and nausea.

Diarrhea, characterized by watery and frequent bowel movements, occurs when the lining of the small and large intestines cannot properly absorb water or digested food. Chronic diarrhea may result in serious disturbances of fluid and electrolyte (sodium, potassium, magnesium, calcium) balance.

Dysentery is similar to diarrhea except that mucus, pus, and blood are also excreted. It may be caused by a protozoan that attacks the

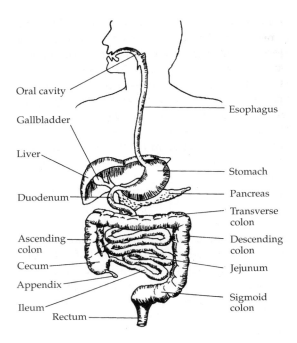

FIGURE 2.7   The Digestive System
(*Source*: Lankford, 1979, p. 523)

large intestine (amoebic dysentery) or by a bacterial organism. Although these conditions are only rarely life-threatening in industrialized countries, in less developed countries, they are common causes of death.

Peptic Ulcer   A peptic ulcer is an open sore in the lining of the stomach or the duodenum. It results from the hypersecretion of hydrochloric acid and occurs when pepsin, a protein-digesting enzyme secreted in the stomach, digests a portion of the stomach wall or duodenum. The causes of ulcers are not fully known, although a bacterium called *H. pylori* is believed to be responsible for the development of many ulcers. Once thought to be primarily psychological in origin, ulcers are now believed to be aggravated by stress, but not necessarily caused by it.

Diseases of the Gallbladder   The gallbladder is susceptible to several disorders. One is gallstones, made up of a combination of cholesterol, calcium, bilirubin, and inorganic salts. When gallstones move into the duct of the gallbladder, they may cause painful spasms; such stones must often be removed surgically. Infection and inflammation of the gallbladder is called cholecystitis and may be a precondition for gallstones.

Appendicitis, a common condition, occurs when wastes and bacteria accumulate in the appendix. If the small opening of the appendix becomes obstructed, bacteria can easily proliferate. Soon this condition gives rise to pain, increased peristalsis, and nausea. If the appendix ruptures and the bacteria are released into the abdominal cavity or peritoneum, they can cause further infection (peritonitis) or even death.

Hepatitis   A common, serious, contagious disease that attacks the liver is hepatitis. "Hepatitis" means inflammation of the liver, and the disease produces swelling, tenderness, and sometimes permanent damage. When the liver is inflamed, bilirubin, a product of the breakdown of hemoglobin, cannot easily pass into the bile ducts. Consequently, it remains in the blood, causing a yellowing of the skin known as jaundice. Other common symptoms are fatigue, fever, muscle or joint aches, nausea, vomiting, loss of appetite, abdominal pain, and sometimes diarrhea.

There are several types of hepatitis, which differ in severity and mode of transmission. Hepatitis A, caused by viruses, is typically transmitted through food and water. It is often spread by poorly cooked seafood or through unsanitary preparation or storage of food. Hepatitis B is a more serious form, with more than 350 million carriers in the world and an estimated 4.8 million in the United States. Also known as serum hepatitis, it is caused by a virus and is transmitted by the transfusion of infected blood, by improperly sterilized needles, through sexual contact, and through mother-to-infant contact. It is a special risk among intravenous drug users. Its symptoms are similar to those of hepatitis A but are more serious.

Hepatitis C, also spread via blood and needles, is most commonly caused by blood transfusions; more than 1% of Americans carry this virus. Hepatitis D is found mainly in intravenous drug users who are also carriers of hepatitis B, necessary for the hepatitis D virus to spread. Finally, hepatitis E resembles hepatitis A but is caused by a different virus (Margolis & Moses, 1992; National Center for Health Statistics, 1996).

The Renal System

Overview

The **renal system**—consisting of the kidneys, ureters, urinary bladder, and urethra—is also critically important in metabolism. The kidneys are chiefly responsible for the regulation of the bodily fluids; their principal function is to produce urine. The ureters contain smooth muscle tissue, which contracts, causing peristaltic waves to move urine to the bladder, a muscular bag that acts as a reservoir for urine. The urethra then conducts urine from the bladder out of the body. The anatomy of the renal system is pictured in Figure 2.8.

Urine contains surplus water, surplus electrolytes, waste products from the metabolism of food, and surplus acids or alkalis. By carrying these products out of the body, urine maintains water balance, electrolyte balance, and blood pH. Of the electrolytes, sodium and potassium are especially important because they are involved in the normal chemical reactions of the body, muscular contractions, and the conduction of nerve impulses. Thus, an important function of the kidneys is to maintain an adequate balance of sodium and potassium ions.

In the case of certain diseases, the urine also contains abnormal amounts of some constituents; therefore, urinalysis offers important diagnostic clues to many disorders. For example, an excess of glucose may indicate diabetes, an excess of red blood cells may indicate a kidney disorder, and so on. This is one of the reasons that a medical checkup usually includes a urinalysis.

One of the chief functions of the kidneys is to control the water balance in the body. For example, on a hot day when a person has been active and has perspired profusely, relatively little urine will be produced, so that the body may retain more water. This is because much water has already been lost through the skin. On the other hand, on a cold day when a person is relatively inactive and a good deal of liquid has been consumed, urine output will be higher, so as to prevent overhydration.

To summarize, the urinary system regulates bodily fluids by removing surplus water, surplus electrolytes, and the waste products generated by the metabolism of food.

Disorders of the Renal System

The renal system is vulnerable to a number of disorders. Among the most common are urinary tract infections, to which women are especially vulnerable and which can result in considerable pain, especially on urination. If untreated, they can lead to more serious infection.

Acute glomerular nephritis is a disease that results from an antigen-antibody reaction in which the glomeruli of the kidneys become markedly inflamed. These inflammatory reactions can cause total or partial blockage of a large number of glomeruli, which may lead to increased permeability of the glomerular membrane, allowing large amounts of protein to leak in. When there is rupture of the

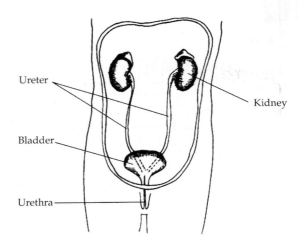

FIGURE 2.8   The Renal System
(*Source:* Lankford, 1979, p. 585)

membrane, large numbers of red blood cells may also pass into the glomerular filtrate. In severe cases, total renal shutdown occurs. Acute glomerular nephritis is usually a secondary response to a streptococcus infection. The infection itself does not damage the kidneys, but when antibodies develop, the antibodies and the antigen react with each other to form a precipitate, which becomes entrapped in the middle of the glomerular membrane. This infection usually subsides within 2 weeks.

Another common cause of acute renal shutdown is tubular necrosis, which involves destruction of the epithelial cells in the tubules of the kidneys. Poisons that destroy the tubular epithelial cells and severe circulatory shock are the most common causes of tubular necrosis.

Nephrons are the basic structural and functional units of the kidneys. In many types of kidney disease, such as that associated with hypertension, large numbers of nephrons are destroyed or damaged so severely that the remaining nephrons cannot perform their normal functions.

Kidney failure is a severe disorder because the inability to produce an adequate amount

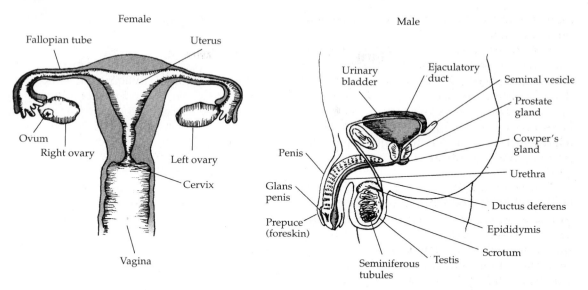

FIGURE 2.9   The Reproductive System
(*Sources:* J. H. Green, 1978, p. 122; Lankford, 1979, p. 688)

of urine will cause the waste products of metabolism, as well as surplus inorganic salts and water, to be retained in the body. An artificial kidney, a kidney transplant, or **kidney dialysis** may be required in order to rid the body of its wastes. Although these technologies can cleanse the blood to remove the excess salts, water, and metabolites, they are highly stressful medical procedures. Kidney transplants carry many health risks, and kidney dialysis can be extremely uncomfortable for patients. Consequently, health psychologists have been involved in addressing the problems of the kidney patient.

The Reproductive System and an Introduction to Genetics

The development of the reproductive system is controlled by the pituitary gland at the base of the brain. The anterior pituitary lobe produces the gonadotropic hormones, which control development of the ovaries in females and the testes in males. A diagrammatic representation of the human reproductive system appears in Figure 2.9.

The Ovaries and Testes

The female has two ovaries located in the pelvis. Each month, one of the ovaries produces an ovum (egg), which is discharged at ovulation into the fallopian tubes. If the ovum is not fertilized (if it does not meet a sperm), it remains in the uterine cavity for about 14 days and is then flushed out of the system with the uterine endometrium and its blood vessels (during menstruation).

The ovaries also produce the hormones estrogen and progesterone. Estrogen leads to the development of secondary sex characteristics in the female, including breasts and the female distribution of both body fat and body hair. Progesterone, which is produced during the second half of the menstrual cycle to prepare the body for pregnancy, declines if pregnancy fails to occur.

In males, testosterone is produced by the interstitial cells of the testes under the control of the anterior pituitary lobe. It brings about the production of sperm and the development of secondary sex characteristics, including growth of the beard, deepening of the voice, male distribution of body hair, and both skeletal and muscular growth.

Fertilization and Gestation

When sexual intercourse takes place and ejaculation occurs, sperm are released into the vagina. These sperm, which have a high degree of motility, proceed upward through the uterus into the fallopian tubes, where one sperm may fertilize an ovum. The fertilized ovum then travels down the fallopian tube into the uterine cavity, where it embeds itself in the uterine wall and develops over the next 9 months into a human being.

Disorders of the Reproductive System

The reproductive system is vulnerable to a number of disorders (Rhoades & Tanner, 1995). Among the most common and problematic are sexually transmitted diseases, which occur through sexual intercourse or other forms of sexually intimate activity. These include herpes, gonorrhea, syphilis, genital warts, chlamydia, and the most serious, AIDS.

For women, a risk of several sexually transmitted diseases is that chronic pelvic inflammatory disease (PID) may result, which may produce a variety of unpleasant symptoms, including severe abdominal pain, and may lead to infections that may compromise fertility. Other gynecologic disorders to which women are vulnerable include vaginitis, endometriosis (in which pieces of the endometrial lining of the uterus move into the fallopian tubes or abdominal cavity, grow, and spread to other

sites), cysts, and fibroids (nonmalignant growths in the uterus).

The reproductive system is also vulnerable to cancer, including testicular cancer in men (see chapter 4) and gynecologic cancers in women. Gynecologic cancers, including cancer of the cervix, uterus, and ovaries, account for 75,200 new cancer cases and 25,200 cancer deaths annually in the United States (Wingo, Tong, & Bolden, 1995). Endometrial cancer is the most common female pelvic malignancy, and ovarian cancer is the most lethal.

Women are vulnerable to disorders of the menstrual cycle, including amenorrhea, which is absence of menses, and oligomenorrhea, which is infrequent menstruation. These problems may originate in the hypothalamus, in the anterior pituitary, or in the ovaries or reproductive tract. Location of the cause is essential for correcting the problem, which may include hormone therapy or surgery.

Approximately 8% of U.S. couples experience fertility problems, defined as the inability to conceive a pregnancy after 1 year of regular sexual intercourse without contraception. Once believed to be emotional in origin, researchers have now concluded that there is little evidence for psychogenesis in infertility (Pasch & Dunkel-Schetter, 1997). Infertility, nonetheless, can create substantial psychological distress. Fortunately, over the past 2 decades, the technology for treating infertility has improved. A variety of drug treatments have been developed, as have more invasive technologies. In vitro fertilization is the most widely used method of assistive reproductive technology, and it has about a 15% success rate (Pasch & Dunkel-Schetter, 1997).

Menopause is not a disorder of the reproductive system but, rather, occurs when a woman's reproductive life ends. Because of a variety of unpleasant symptoms that can occur during the transition into menopause, including sleep disorders, hot flashes, joint pain, forgetfulness, and dizziness, many women choose to take hormone replacement therapy (HRT), which typically includes estrogen or a combination of estrogen and progesterone. HRT not only reduces the symptoms of menopause but also may protect against the development of coronary artery disease, osteoporosis, and even Alzheimer's disease (K. A. Matthews, 1992). It may, however, somewhat increase the risk of breast cancer.

Genetics and Health

> DNA is coming to a neighborhood near you. (Plomin, 1998, p. 53)

The fetus starts life as a single cell, which contains all the inherited information from both parents that will determine its characteristics. The genetic code regulates such factors as color of eyes and color of hair, as well as behavioral factors. Genetic material for inheritance lies in the nucleus of the cell in the form of 46 chromosomes, 23 from the mother and 23 from the father. Two of these 46 are sex chromosomes, which are an X from the mother and either an X or a Y from the father. If the father provides an X chromosome, a female child will result; if he provides a Y chromosome, a male child will result.

Genetic Studies The knowledge produced by genetic studies has provided valuable information about the inheritance of susceptibility to disease. Scientists breed strains of rats, mice, and other laboratory animals that are sensitive or insensitive to the development of particular diseases and then use these strains to study other contributors to illness onset, the course of illness, and so on (Crnic, 1996). For example, a strain of rats that is susceptible to cancer may be used to study the development of this disease and the cofactors that determine its appearance, because the initial susceptibility of the rats ensures that many of them will develop malignancies when implanted with carcinogenic (cancer-causing) materials.

In humans, several types of research help demonstrate whether a characteristic is genetically acquired. Studies of families, for example, can reveal whether members of the same family are statistically more likely to develop a disorder, such as heart disease, than are unrelated individuals within a similar environment. If a factor is *genetically* determined, family members would be expected to show it more frequently than would unrelated individuals.

Twin research is another method for examining the genetic basis of a characteristic. If a characteristic is genetically transmitted, identical twins share it more commonly than fraternal twins or other brothers and sisters. This is because identical twins share the same genetic makeup, whereas other brothers and sisters have only partially overlapping genetic makeup.

Examining the characteristics of twins reared together as opposed to twins reared apart is also informative regarding genetics. Attributes that emerge for twins reared apart are suspected to be genetically determined, especially if the rate of occurrence between twins reared together and those reared apart is the same.

Finally, studies of adopted children also help identify which characteristics are genetic and which are environmentally produced. Adopted children should not manifest genetically transmitted characteristics from their adopted parents, but they would very likely manifest environmentally transmitted characteristics.

Consider, for example, obesity, which is a risk factor for a number of disorders, including coronary artery disease and diabetes. If research indicates that twins reared apart show highly similar body weights, then we would suspect that body weight has a genetic component. If, on the other hand, weight within a family is highly related, and adopted children show the same weight as parents and their natural offspring, then we would look to the family diet as a potential cause of obesity. For many attributes, both environmental and genetic factors are involved.

Research like this has increasingly uncovered the genetic contribution to many health disorders and behavioral factors that may pose risks to health. Such diseases as Alzheimer's, cystic fibrosis, muscular dystrophy, Tay-Sachs disease, and Huntington's disease, as well as a number of chromosomal abnormalities, clearly have a genetic basis. There is also a genetic basis for coronary heart disease and for some forms of cancer, including some breast and colon cancers.

Genetic contributions to obesity and alcoholism have emerged in recent years, and even some personality characteristics, such as optimism, which is believed to have protective health effects, appear to have genetic underpinnings (Plomin et al., 1992). Continuing advances in the field of genetics will undoubtedly yield much more information about the genetic role in the behavioral factors that contribute to health and illness.

Genetics and Psychology   Psychologists have important roles to play with respect to the genetic contribution to disorders (C. Lerman, 1997; Sleek, 1998). The first role involves genetic counseling. Prenatal diagnostic tests are currently available that permit the detection of a variety of genetically based disorders, including Tay-Sachs disease, cystic fibrosis, muscular dystrophy, Huntington's disease, and breast cancer.

In addition, individuals who have a history of genetic disorders in their family, those who have already given birth to an abnormal child, or those who have repeated reproductive problems, such as multiple miscarriages, often seek genetic counseling. In some cases, technological advances have made it possible for some of these problems to be treated before birth. For example, drug therapy can treat some geneti-

cally transmitted metabolic defects, and surgery in utero has been performed to correct certain neural problems (Berk, 1991). However, when prenatal diagnosis reveals that the fetus has an abnormal condition that cannot be corrected, the parents often must make the difficult decision of whether to have an abortion.

In other cases, individuals may learn of a genetic risk to their health as children, adolescents, or young adults. Breast cancer, for example, runs in families, and among young women whose mothers, aunts, or sisters have developed breast cancer, vulnerability is higher. Some of the genes that contribute to the development of breast cancer have recently been identified, and tests are now available to determine whether a genetic susceptibility is present.

A large number of scientific investigations with people tested for an array of disorders now attests to the extreme immediate distress and even long-term distress that many carriers of genetic disorders experience (A. Codori, Slavney, Young, Maglioretti, & Brandt, 1997; Croyle, Smith, Botkin, Baty, & Nash, 1997; DeWit et al., 1998; Marteau, Dundas, & Axworthy, 1997; Tibben, Timman, Bannink, & Duivenvoorden, 1997). Growing evidence suggests, however, that people at risk for treatable disorders may benefit from genetic testing and not suffer the same degree of psychological distress (e.g., P. B. Jacobsen, Valdimarsdottir, Brown, & Offit, 1997). Knowledge of the patterns of distress and of who is most likely to be distressed (e.g., Codori et al., 1997; S. W. Vernon et al., 1997) can be helpful for counseling those who learn of their genetic risks.

The coming decades will reveal other genes implicated in major diseases, and tests will likely become available for identifying one's genetic risk. What are the psychosocial ramifications of such technological developments? These issues are addressed in chapter 3. These issues take on a special urgency by virtue of the ethical issues they raise. For example, if prospective medical insurers or employers are allowed to conduct genetic screening, could an individual's at-risk status be used to deny that individual health insurance or employment (Faden & Kass, 1993)? How might one avoid such abuses of the technology?

As yet, our ability to deal intelligently with such important psychological, social, and ethical issues has not kept pace with our scientific capacity to elucidate the role of genetics in illness and risk factors. An emerging discussion is essential if we are to make proper use of these valuable and important technologies. Suffice it to say here that the role of health psychologists in this debate is expanding and will evolve further over the coming decades.

The Immune System

Disease can be caused by a variety of factors, including genetic defects, hormone imbalances, nutritional deficiencies, and infection. In this section, we are primarily concerned with the transmission of disease by infection— that is, the invasion of microbes and their growth in the body. The microbes that cause infection are transmitted to people in four ways: direct transmission, indirect transmission, biological transmission, and mechanical transmission.

Direct transmission involves bodily contact, such as handshaking, kissing, and sexual intercourse. For example, genital herpes is generally contracted by direct transmission.

Indirect transmission (or environmental transmission) occurs when microbes are passed to an individual via airborne particles, dust, water, soil, or food. Influenza is an example of an environmentally transmitted disease.

Biological transmission occurs when a transmitting agent, such as a mosquito, picks up microbes, changes them into a form conducive to growth in the human body, and passes on the disease to the human. The transmission of

yellow fever, for example, occurs by the biological method.

Finally, *mechanical transmission* is the passage of a microbe to an individual by means of a carrier that is not directly involved in the disease process. Transmission of an infection by dirty hands, bad water, rats, mice, or flies are methods of mechanical transmission. For example, hepatitis can be acquired through mechanical transmission. Box 2.1 tells about two people who were carriers of deadly diseases.

Once a microbe has reached the body, it penetrates into bodily tissue via any of several routes, including the skin, the throat and respiratory tract, the digestive tract, or the genitourinary system. Whether the invading microbes gain a foothold in the body and produce infection depends on three factors: the number of organisms, the body's defensive powers, and the virulence of the organisms. The virulence of an organism is determined by its aggressiveness (that is, its ability to resist the body's defenses) and by its toxigenicity (that is, its ability to produce poisons, which invade other parts of the body).

The Course of Infection

Assuming that the invading organism does gain a foothold, the natural history of infection follows a specific course. First, there is an incubation period between the time the infection is contracted and the time the symptoms appear.

Next, there is a period of nonspecific symptoms, such as headaches and general discomfort, which precedes the onset of the disease. During this time, the microbes are actively colonizing and producing toxins.

The next stage is the acute phase, when the disease and its symptoms are at their height. Unless the infection proves fatal, a period of decline follows the acute phase. During this period, the organisms are expelled from the mouth and nose in saliva and respiratory secretions, as well as through the digestive

BOX 2.1

Portraits of Two Carriers

Carriers are people who transmit a disease to others without actually contracting that disease themselves. They are especially dangerous because they are not ill and are therefore not removed from society. Thus, it is possible for a carrier to infect dozens, hundreds, or even thousands of individuals while going about the business of everyday life.

"TYPHOID MARY"

Perhaps the most famous carrier in history was "Typhoid Mary," a young Swiss immigrant to the United States who apparently infected thousands of people during her lifetime. During her ocean crossing, Mary was taught how to cook, and eventually some 100 individuals aboard the ship died of typhoid, including the cook who trained her. Once Mary arrived in New York, she obtained a series of jobs as a cook, continually passing on the disease to those for whom she worked without contracting it herself.

Typhoid is precipitated by a *Salmonella* bacterium, which can be transmitted through water, food, and physical contact. Mary carried a virulent form of the infection in her body but was herself immune to the disease. It is believed that Mary was unaware that she was a carrier for many years. Toward the end of her life, however, she began to realize that she was responsible for the many deaths around her.

Mary's status as a carrier also became known to medical authorities, and in the latter part of her life she was in and out of institutions in a vain attempt to isolate her from others. In 1930, Mary died not of typhoid but of a brain hemorrhage (Federspiel, 1983).

"HELEN"

The CBS News program *60 Minutes* profiled an equally terrifying carrier: a prostitute, "Helen," who is a carrier of AIDS (acquired immune deficiency syndrome). Helen has never had AIDS, but her baby was born with the disease. As a prostitute and heroin addict, she is not only at risk for developing the illness herself but also poses a substantial threat to her clients and anyone with whom she shares a needle.

Helen represents a dilemma for medical and criminal authorities. She is a known carrier of AIDS, yet there is no legal basis for preventing her from coming into contact with others. Although she can be arrested for prostitution or drug dealing, such incarcerations are usually short-term and would have a negligible impact on her ability to spread the disease to others. For as yet incurable diseases such as AIDS, the carrier poses a frustrating nightmare of complications. Although the carrier can augment the incidence of the disease, medical and legal authorities have been almost powerless to intervene (Moses, 1984).

---

tract and the genitourinary system in feces and urine.

Infections may be localized, focal, or systemic. Localized infections remain at their original site and do not spread throughout the body. Although a focal infection is confined to a particular area, it sends toxins to other parts of the body, causing other disruptions. Systemic infections, by contrast, affect a number of areas or body systems.

The primary infection initiated by the microbe may also lead to secondary infections. These occur because the body's resistance is lowered from fighting the primary infection, leaving it susceptible to other invaders. In many cases, secondary infections, such as pneumonia, pose a greater risk than primary ones.

Immunity

Immunity is the body's resistance to injury from invading organisms. It may develop either naturally or artificially. Some natural immunity is passed from the mother to the child at birth and through breast-feeding, although this type of immunity is only temporary. Natural immunity is also acquired through disease. For example, if you have measles once, it is unlikely that you will develop it a second time; you will have built up an immunity to it.

Artificial immunity is acquired through vaccinations and inoculations. For example, most children receive shots for a variety of diseases—among them, diphtheria, whooping cough, smallpox, and poliomyelitis—so that they will not contract them should they ever be exposed.

How does immunity work? The body has a number of responses to invading organisms, some nonspecific and others specific. **Nonspecific immune mechanisms** are a general set of responses to any kind of infection or disorder; **specific immune mechanisms,** which are always acquired after birth, fight particular microorganisms and their toxins.

Nonspecific immunity is mediated in four main ways: through anatomical barriers, phagocytosis, antimicrobial substances, and inflammatory response.

Anatomical barriers prevent the passage of microbes from one section of the body to another. For example, the skin functions as an extremely effective anatomical barrier to many infections, and the mucous membranes lining the nose and mouth (as well as other cavities that are open to the environment) also provide protection.

Phagocytosis is the process by which certain white blood cells (called phagocytes) ingest microbes. Phagocytes are usually overproduced when there is a bodily infection, so that sufficient numbers can be sent to the site of infection to ingest the foreign particles.

Antimicrobial substances are chemicals mobilized by the body to kill invading microorganisms. One that has received particular attention in cancer research is interferon, an antiviral protein secreted by cells exposed to a viral antigen to protect neighboring uninfected cells from invasion. Hydrochloric acid and enzymes such as lysozyme are other antimicrobial substances that help destroy invading microorganisms.

The *inflammatory response* is a local reaction to infection. At the site of infection, the blood capillaries first enlarge, and a chemical called histamine is released into the area. This chemical causes an increase in capillary permeability, allowing white blood cells and fluids to leave the capillaries and enter the tissues; consequently, the area becomes reddened and fluids accumulate. The white blood cells attack the microbes, resulting in the formation of pus. Temperature increases at the site of inflammation because of the increased flow of blood. Usually, a clot then forms around the inflamed area, isolating the microbes and keeping them from spreading to other parts of the body. Familiar examples of the inflammatory response are the reddening, swelling, discharge, and clotting that result when you accidentally lacerate your skin and the sneezing, runny nose, and teary eyes that result from an allergic response to pollen.

Specific immunity is acquired after birth and differs from nonspecific immunity in that it protects against particular microorganisms and their toxins. Specific immunity may be acquired by contracting a disease or through artificial means, such as vaccinations. It operates through the antigen-antibody reaction. Antigens are foreign substances whose presence stimulates the production of antibodies in the cell tissues. Antibodies are proteins produced in response to stimulation by antigens, which then combine chemically with the antigens to overcome their toxic effects.

Humoral Immunity There are two basic immunologic reactions—humoral and cell-mediated. Humoral immunity is mediated by B lymphocytes. The functions of B lymphocytes include providing protection against bacteria, neutralizing toxins produced by bacteria, and preventing viral reinfection. B cells confer immunity by the production and secretion of antibodies.

When B cells are activated, they differentiate into two types of cells: (1) mature, antibody-secreting plasma cells and (2) resting, nondividing, memory B cells, which differentiate into antigen-specific plasma cells only when reexposed to the same antigen. Plasma cells produce antibodies or immunoglobulins, which are the basis of the antigen-specific reactions. Humoral immunity is particularly effective in defending the body against bacterial infections and against viral infections that have not yet invaded the cells.

Cell-mediated immunity, involving T lymphocytes from the thymus gland, is a slower-acting response. Rather than releasing antibodies into the blood, as humoral immunity does, cell-mediated immunity operates at the cellular level. When stimulated by the appropriate antigen, T cells secrete chemicals that kill invading organisms and infected cells.

There are two major types of T lymphocytes: cytotoxic T (T_C cells) and helper T (T_H cells). T_C cells respond to specific antigens and kill by producing toxic substances that destroy virally infected cells. T_H cells enhance the functioning of T_C cells, B cells, and macrophages by producing various cytokines, including interleukin-2. T_H cells also serve a counterregulatory immune function, producing cytokines that suppress certain immune activities. Cell-mediated immunity is particularly effective in defending the body against fungi, viral infections that have invaded the cells, parasites, foreign tissue, and cancer.

What, then, does the integrated immune response look like? When a foreign antigen enters the body, the first line of defense involves mechanistic maneuvers, such as coughing or sneezing. Once the invader has penetrated the body's surface, the phagocytes, such as the macrophages, attempt to eliminate it by **phagocytosis** (engulfing and digesting the foreign invader). Macrophages also release interleukin-1 and display part of the antigen material on their surface as a signal to the T_H

cells. These, in turn, secrete interleukin-2, which promotes the growth and differentiation of the T_C cells. Other types of T helper cells secrete substances that promote the development of antigen-specific B cells into antibody-producing plasma cells, which then assist in destroying the antigen. T_H cells also secrete gamma-interferon, which enhances the capacities of the macrophages. Macrophages and natural killer (NK) cells also secrete various types of interferon, which enhance the killing potential of the NK cells and inhibit viral reproduction in uninfected cells. In addition, macrophages, NK cells, and T_C cells directly kill infected cells. During this process, the T_H cells down regulate and eventually turn off the immune response.

The Lymphatic System's Role in Immunity
The **lymphatic system,** which is a drainage system of the body, is involved in important ways in immune functioning. There is lymphatic tissue throughout the body, consisting of lymphatic capillaries, vessels, and nodes. Lymphatic capillaries drain water, proteins, microbes, and other foreign materials from spaces between the cells into lymph vessels. This material is then conducted in the lymph vessels to the lymph nodes, which filter out microbes and foreign materials for ingestion by lymphocytes. The lymphatic vessels then drain any remaining substances into the blood.

The spleen, tonsils, and thymus gland are also important organs in the lymphatic system. The spleen aids in the production of B cells and T cells and removes worn-out red blood cells from the body. The spleen also helps filter bacteria and is responsible for the storage and release of blood. Tonsils are patches of lymphoid tissue in the pharynx that filter out microorganisms that enter the respiratory tract. Finally, the thymus gland is responsible for helping T cells mature; it also produces a hormone, thymosin, which appears to stimulate T cells and lymph nodes to produce the plasma cells that, in turn, produce antibodies.

An additional discussion is included in chapter 14, where we will consider the rising and rapidly developing field of psychoneuroimmunology and the role of immunity in the development of AIDS (acquired immune deficiency syndrome). As we will see in that context, health psychologists are identifying the importance of social and psychological factors in the functioning of the immune system. Specifically, there is increasing evidence that stressful events can alter immune functioning, in some cases to increase resistance and in other cases to decrease it.

Disorders of the Immune System

The immune system and the tissues of the lymphatic system are subject to a number of disorders and diseases. One very important one is AIDS, which is a progressive impairment of immunity. Another is cancer, which is now believed to depend heavily on immunocompromise. We defer extended discussion of AIDS and cancer to chapter 14.

Some diseases of the immune system result when bacteria are so virulent that the lymph node phagocytes are not able to ingest all the foreign matter. These diseases include lymphangitis, an inflammation of the lymphatic vessels that results from interference in the drainage of the lymph into the blood, and lymphadenitis, an inflammation of the lymph nodes associated with the phagocytes' efforts to destroy microbes.

A number of infections attack lymphatic tissue. Elephantiasis is a condition produced by worms; it stems from blockage in the flow of lymph into the blood. Massive retention of fluid results, especially in the extremities. Splenomegaly is an enlargement of the spleen that may result from various infectious diseases. It hinders the spleen's ability to produce phagocytes, antibodies, and lymphocytes.

Tonsillitis is an inflammation of the tonsils that interferes with their ability to filter out bacteria. Infectious mononucleosis is a viral disorder marked by an unusually large number of monocytes; it can cause enlargement of the spleen and lymph nodes, as well as fever, sore throat, and general lack of energy.

Lymphoma is a tumor of the lymphatic tissue. Hodgkin's disease, a malignant lymphoma, involves the progressive, chronic enlargement of the lymph nodes, spleen, and other lymphatic tissues. As a consequence, the nodes cannot effectively produce antibodies and the phagocytic properties of the nodes are lost. Untreated Hodgkin's disease can be fatal.

Autoimmunity is a condition characterized by a specific humoral or cell-mediated immune response that attacks the body's own tissues. Autoimmunity is implicated in certain forms of arthritis, a condition characterized by inflammatory lesions in the joints that produce pain, heat, redness, and swelling. We will discuss arthritis more fully in chapter 14. Multiple sclerosis is also believed to be an autoimmune disorder. One of the most severe autoimmune disorders is systemic lupus erythematosis, a generalized disorder of the connective tissue, which primarily affects women and which in its severe forms can lead to eventual heart or kidney failure, causing death.

In autoimmune disease, the body fails to recognize its own tissue, instead interpreting it as a foreign invader and producing antibodies to fight it. It is estimated that 5% of adults in Europe and North America suffer from an autoimmune disease, two thirds of whom are women. Although the causes of autoimmune diseases are not fully known, researchers have discovered that a viral or bacterial infection often precedes the onset of an autoimmune disease.

Many of these viral and bacterial pathogens have, over time, developed the ability to fool the body into granting them access by mimicking basic protein sequences in the body. This process of "molecular mimicry" eventually fails but then leads the immune system to attack not only the invader but also the corresponding self component. A person's genetic makeup may exacerbate this process, or it may confer protection against autoimmune diseases (Steinman, 1993). Stress may aggravate autoimmune disease.

Summary

1. The nervous system and the endocrine system act as the control systems of the body, mobilizing it in times of threat and maintaining equilibrium and normal functioning otherwise.

2. The nervous system operates primarily through the exchange of nerve impulses between the peripheral nerve endings and internal organs and the brain, thereby providing the integration necessary for voluntary and involuntary movement.

3. The endocrine system operates chemically via the release of hormones stimulated by centers in the brain. It controls growth and development and augments the functioning of the nervous system.

4. The cardiovascular system is the transport system of the body, carrying oxygen and nutrients to cell tissues and taking carbon dioxide and other wastes away from the tissues for expulsion from the body.

5. The heart acts as a pump to keep the circulation going and is responsive to regulation via the nervous system and the endocrine system.

6. The cardiovascular system is implicated in stress, with cardiac output speeding up during times of threat and slowing down when threat has passed.

7. The heart, blood vessels, and blood are vulnerable to a number of problems—most notably, atherosclerosis—which makes diseases of the cardiovascular system the major cause of death in this country.

8. The respiratory system is responsible for taking in oxygen, expelling carbon dioxide, and controlling the chemical composition of the blood.

9. The digestive system is responsible for producing heat and energy, which—along with essential nutrients—are needed for the growth and repair of cells. Through digestion, food is broken down to be used by the cells for this process.

10. The renal system aids in metabolic processes by regulating water balance, electrolyte balance, and blood acidity-alkalinity. Water-soluble wastes are flushed out of the system in the urine.

11. The reproductive system, under the control of the endocrine system, leads to the development of primary and secondary sex characteristics. Through this system, the species is reproduced, and genetic material is transmitted from parents to their offspring.

12. With advances in genetic technology and the mapping of the genome has come increased understanding of genetic contributions to disease. Health psychologists play important research and counseling roles with respect to these issues.

13. The immune system is responsible for warding off infection from invasion by foreign substances. It does so through the production of infection-fighting cells and chemicals.

Key Terms

adrenal glands
angina pectoris
atherosclerosis
autoimmunity
blood pressure
cardiovascular system
catecholamines
cerebellum
cerebral cortex
endocrine system

hypothalamus
immunity
kidney dialysis
lymphatic system
medulla
myocardial infarction (MI)
nervous system
neurotransmitters
nonspecific immune
   mechanisms

parasympathetic nervous
   system
phagocytosis
pituitary gland
platelets
renal system
respiratory system
specific immune mechanisms
sympathetic nervous system
thalamus

PART TWO

Health Behavior and Primary Prevention

CHAPTER 3

Health Behaviors

Jill Morgan had just begun her sophomore year in college. Although her freshman year had been filled with lots of required courses, sophomore year was looking more interesting, giving her the chance to really get into her biology classes. And the professor whose work she had so admired had an opening in her lab for a research assistant, a position the professor said was hers if Jill wanted it. Jill's boyfriend, Jerry, had just transferred to her school, so instead of seeing each other only one or two weekends a month, they now met for lunch almost every day and studied together in the library at night. Life was looking very good.

Tuesday morning, Jill was awakened by the harsh ring of her telephone. Could she come home right away? Her mother had gone in for a routine mammogram and a malignant lump had been discovered. Surgery was necessary, her father explained, and Jill was needed at home to take care of her younger sister and brother. As soon as her mother was better, her father promised, Jill could go back to school, but she would have to postpone the beginning of her sophomore year for at least a semester.

Jill felt as if her world were falling apart. She had always been very close to her mother and could not imagine this cheerful, outgoing woman with an illness. Moreover, it was cancer. What if her mother died? Her mother's situation was too painful to think about, so Jill began to contemplate her own. She would not be able to take the courses that she was currently enrolled in for another year, and she could forget about the research assistantship. And after all that work so that she and Jerry could be together, now they would be apart again. Jill lay on her dorm room bed, knowing she needed to pack but unable to move.

"Breast cancer's hereditary, you know," Jill's roommate said. Jill looked at her in amazement, unable to speak. "If your mother has it, the chances are you'll get it too," the roommate went on, seemingly oblivious to the impact her words were having on Jill. Jill realized that she needed to get out of there quickly. As she walked, many thoughts came into her head. Would Jerry still want to date her, now that she might get breast cancer? Should she even think about having children anymore? What if she passed on the risk of breast cancer to her children? Without thinking, she headed

for the biology building, which now felt like a second home to her. The professor who had offered her the job was standing in the hall as she went in. The professor could sense that something was wrong and invited Jill in for coffee. Jill told her what happened and broke down crying.

"Jill, you should know that breast cancer can now be treated, particularly when it's caught early. If they detected your mother's breast cancer through a mammogram, it probably means it's a pretty small lump. Cure rates are now 90% or better for early breast cancers. On the basis of what your dad has told you so far, your mother's situation looks pretty promising."

"It does?" Jill asked, wiping away tears.

"Not only that, the surgeries they have for breast cancer now are often fairly minimal, just removal of the lump, so you and your father might find that her recovery will be a little quicker than it may look right now. Look, I'm not going to give this research assistantship away. Why don't you go home, find out how things are, and call me in a week or so?"

"My roommate says breast cancer's hereditary," Jill said.

"Heredity is one of the factors that can contribute to breast cancer. The fact that your mother has it does mean you'll have to be aware of your risk and make sure you get screened on a regular basis. But it doesn't mean that you will necessarily get breast cancer. And even if you did, it wouldn't be the end of the world. Early detection and quick treatment mean that most women survive and lead normal lives." The professor paused for a moment. "Jill, my mother had breast cancer, too, about 7 years ago. She's doing fine. I have to go in for regular checkups, and so far, everything has been okay. It's not a risk I'm happy to be living with, but it hasn't changed my life. I have a husband, two great kids, and a wonderful career, and the risk of breast cancer is just something I know about. I'm sure that this feels like a tragedy right now, but I think you'll find that the greatest fears you have probably won't materialize."

"Thanks," said Jill. "I think I'd better go home and pack."

In chapter 3, we take up the important question of health behaviors and risk factors for illness. At the core of this chapter is the idea that good health is achievable by everyone through health habits that are practiced conscientiously. Health promotion means being aware of health habits that pose risks for future disease and of already existing risks, such as the vulnerability to breast cancer that Jill and the biology professor have. In the following pages, we consider health habits and risk factors with an eye toward their successful modification before they have a chance to lead to the development of illness.

Health Promotion: An Overview

Health promotion is a general philosophy that has at its core the idea that good health, or wellness, is a personal and collective achievement. For the individual, it involves developing a program of good health habits early in life and carrying them through adulthood and old age. For the medical practitioner, health promotion involves teaching people how best to achieve this healthy lifestyle and helping people **at risk** for particular health problems learn behaviors to offset or monitor those risks (Maddux et al., 1986). For the psychologist, health promotion involves the development of interventions to help people practice healthy behaviors and change poor ones. For community and national policy-makers, health promotion involves a general emphasis on good health, the availability of information to help people develop and maintain healthy lifestyles, and the availability of resources and facilities that can help people change poor health habits. The mass media can contribute to health

promotion by educating people about health risks posed by certain behaviors, such as smoking or excessive alcohol consumption. Legislation can contribute to health promotion by mandating certain activities that may reduce risks, such as the use of child-restraining seats and seat belts.

The case for health promotion has grown more clear and urgent with each decade. In the past, prevention efforts relied on early diagnosis of disease to achieve a healthy population, with only passing attention paid to promoting healthy lifestyles in the absence of disease, yet on grounds such as cost effectiveness, health promotion appears to be both more successful and less costly than disease prevention (R. M. Kaplan, 2000), making it increasingly evident that we must teach people the basics of a healthy lifestyle across the life span.

An Introduction to Health Behaviors

Role of Behavioral Factors in Disease and Disorder

In the past 90 years, patterns of disease in the United States have changed substantially. The prevalence of acute infectious disorders such as tuberculosis, influenza, measles, and poliomyelitis has declined because of treatment innovations and changes in public health standards, such as improvements in waste control and sewage. Simultaneously, there has been an increase in what have been called the "preventable" disorders, including lung cancer, cardiovascular disease, alcohol and other drug abuse, and vehicular accidents (Matarazzo, 1982).

The role of behavioral factors in the development of these disorders is clear (see Table 3.1). For example, 25% of all cancer deaths and a large number of deaths from heart attack could be avoided by modifying just one behavior: smoking. A mere 10% in weight

TABLE 3.1 Risk Factors for the Leading Causes of Death in the United States	
Disease	**Risk Factors**
Heart disease	Tobacco, obesity, elevated blood pressure, cholesterol, sedentary lifestyle
Cancer	Tobacco, improper diet, alcohol, environmental exposure
Cerebrovascular disease (stroke)	Tobacco, elevated blood pressure, cholesterol, sedentary lifestyle
Accidental injuries	Safety belt nonuse, alcohol, home hazards
Chronic lung disease	Tobacco, environmental exposure

Source: M. McGinnis, 1994.

TABLE 3.2 Cost of Treatment for Selected Preventable Conditions		
Condition	**Avoidable Intervention**	**Cost per Patient**
Heart disease	Coronary bypass surgery	$ 30,000
Cancer	Lung cancer treatment	$ 29,000
Injuries	Quadriplegia treatment and rehabilitation	$570,000 (lifetime)
	Hip fracture treatment and rehabilitation	$ 40,000
Low-birth-weight baby	Respiratory distress syndrome treatment	$ 26,500

Source: M. McGinnis, 1994.

reduction among men age 35 to 55 would produce an estimated 20% decrease in coronary heart disease (Kannel & Eaker, 1986); it would also lower the rate of degenerative arthritis, gastrointestinal cancer, diabetes, stroke, and heart attack. Overall, it is estimated that 50% of the deaths from the 10 leading causes of death in this country are due to modifiable lifestyle factors (Centers for Disease Control and Prevention, 1994b).

Successful modification of health behaviors, then, will have several beneficial effects. First, it will reduce deaths due to lifestyle-related diseases. Second, it may delay time of death, thereby increasing individual longevity and general life expectancy of the population. Third and most important, the practice of good health behaviors may expand the number of years during which a person may enjoy life free from the complications of chronic disease. Finally, successful modification of

health behaviors may begin to make a dent in the more than $1 trillion that is spent yearly on health and illness (Health Care Financing Administration, 2001). (Table 3.2 illustrates the great expense for treatments of some of the most common chronic problems the country faces.) As a result of evidence like this, health care agencies have increasingly devoted their attention to the manifold ways that health can be improved and illness can be prevented (Center for the Advancement of Health, 2000c).

What Are Health Behaviors?

Health behaviors are behaviors undertaken by people to enhance or maintain their health. Poor health behaviors are important not only because they are implicated in illness but also because they may easily become poor health habits.

A **health habit** is a health-related behavior that is firmly established and often performed automatically, without awareness. These habits usually develop in childhood and begin to stabilize around age 11 or 12 (R. Y. Cohen, Brownell, & Felix, 1990). Wearing a seat belt, brushing one's teeth, and eating a healthy diet are examples of these kinds of behaviors. Although a health habit may have developed initially because it was reinforced by specific positive outcomes, such as parental approval, it eventually becomes independent of the reinforcement process and is maintained by the environmental factors with which it is customarily associated. As such, it can be highly resistant to change. Consequently, it is important to establish good health behaviors and to eliminate poor ones early in life.

A dramatic illustration of the importance of good health habits in maintaining good health is provided by a classic study of people living in Alameda County, California, conducted by Belloc and Breslow (1972). These scientists began by defining seven important good health habits:

- Sleeping 7 to 8 hours a night
- Not smoking
- Eating breakfast each day
- Having no more than one or two alcoholic drinks each day
- Getting regular exercise
- Not eating between meals
- Being no more than 10% overweight

They then asked each of nearly 7,000 county residents to indicate which of these behaviors they practiced. Residents were also asked to indicate how many illnesses they had had, which illnesses they had had, how much energy they had had, and how disabled they had been (for example, how many days of work they had missed) over the previous 6- to 12-month period. The researchers found that the more good health habits people practiced, the fewer illnesses they had had, the better they had felt, and the less disabled they had been.

A follow-up of these individuals 9 ½ years later found that mortality rates were dramatically lower for both the men and the women practicing the seven health habits. Specifically, the men following these practices had a mortality rate only 28% that of the men following zero to three of the health practices, and the women following the seven health habits had a mortality rate 43% that of the women following zero to three of the health practices (Breslow & Enstrom, 1980).

Primary Prevention   Instilling good health habits and changing poor ones is the task of **primary prevention.** This means taking measures to combat risk factors for illness before an illness ever has a chance to develop. There are two general strategies of primary prevention. The first and most common strategy has been to employ behavior-change methods to get people to alter their problematic health behaviors. The many programs that have been developed to help people lose weight are an example of this approach. The second, more recent approach is to keep people from developing poor health habits in the first place. Smoking prevention programs with young adolescents are an example of this approach, which we will consider in chapter 5. Of the two types of primary prevention, it is obviously far preferable to keep people from developing problematic behaviors than to try to help them stop the behaviors once they are already in place.

Practicing and Changing Health Behaviors: An Overview

Who practices good health behaviors? What are the factors that lead one person to live a healthy life and another to compromise his or her health? In this chapter, and in chapters

4 and 5, we will see how complicated this issue is.

Demographic Factors   Health behaviors differ according to demographic factors. Younger, more affluent, better educated people under low levels of stress with high levels of social support typically practice better health habits than people under higher levels of stress with fewer resources, such as individuals low in social class (N. H. Gottlieb & Green, 1984).

Age   Health behaviors vary with age. Typically, health habits are good in childhood, deteriorate in adolescence and young adulthood, but improve again among older people (H. Leventhal, Prohaska, & Hirschman, 1985).

Values   Values heavily influence the practice of health habits. For example, exercise for women may be considered desirable in one culture but undesirable in another (Donovan, Jessor, & Costa, 1991), with the result that exercise patterns among women will differ greatly between the two cultures.

Personal Control   Perceptions that one's health is under personal control also determine health habits. For example, research on the **health locus of control** scale (K. A. Wallston, Wallston, & DeVellis, 1978) measures the degree to which people perceive themselves to be in control of their health, perceive powerful others to be in control of their health, or regard chance as the major determinant of their health. Those people who are predisposed to see health as under personal control may be more likely to practice good health habits than those who regard their health as due to chance factors.

Social Influence   Social influence affects the practice of health habits. Family, friends, and workplace companions can all influence health-related behaviors—sometimes in a beneficial direction, other times in an adverse direction (Broman, 1993; Lau, Quadrel, & Hartman, 1990). For example, peer pressure often leads to smoking in adolescence but may influence people to stop smoking in adulthood.

Personal Goals   Health habits are heavily tied to personal goals (R. Eiser & Gentle, 1988). If personal fitness or athletic achievement is an important goal, the person will be more likely to exercise on a regular basis than if fitness is not a personal goal.

Perceived Symptoms   Some health habits are controlled by perceived symptoms. For example, smokers may control their smoking on the basis of sensations in their throat. A smoker who wakes up with a smoker's cough and raspy throat may cut back in the belief that he or she is vulnerable to health problems at that time.

Access to the Health Care Delivery System   Access to the health care delivery system can also influence the practice of health behaviors. Using the tuberculosis screening programs, obtaining a regular Pap smear, obtaining mammograms, and receiving immunizations for childhood diseases, such as polio, are examples of behaviors that are directly tied to the health care delivery system. Other behaviors, such as losing weight and stopping smoking, may be indirectly encouraged by the health care system because many people now receive lifestyle advice from their physicians.

Cognitive Factors   Finally, the practice of health behaviors is tied to cognitive factors, such as the belief that certain health behaviors are beneficial or the sense that one may be vulnerable to an underlying illness if one does not practice a particular health behavior.

Barriers to Modifying Poor Health Behaviors

The reason that it is important to know the determinants of health habits is because once bad habits are ingrained they are very difficult to change. Researchers still know little about how and when poor health habits develop and exactly when and how one should intervene to change the health habit. For example, young children usually get enough exercise, but as they get older, a sedentary lifestyle may set in. Exactly how and when should one intervene to offset this tendency? The process is gradual, and the decline in exercise is due more to changes in the environment, such as no longer having to take a compulsory physical education class, than to the motivation to get exercise.

Moreover, people often have little immediate incentive for practicing good health behavior. Health habits develop during childhood and adolescence, when most people are healthy. Smoking, drinking, poor nutrition, and lack of exercise have no apparent effect on health and physical functioning. The cumulative damage that these behaviors cause may not become apparent for years, and few children and adolescents are concerned about what their health will be like when they are 40 or 50 years old. As a result, bad habits have a chance to make inroads.

Once their bad habits are ingrained, people are not always highly motivated to change them. Unhealthy behaviors can be pleasurable, automatic, addictive, and resistant to change. Consequently, many people find it too difficult to change their health habits because their bad habits are enjoyable. Health habits are only modestly related to each other. Knowing one health habit does not enable one to predict another with great confidence (e.g., Donovan, Jessor, & Costa, 1993). The person who exercises faithfully does not necessarily wear a seat belt, and the person who controls his or her weight may continue to smoke. It can be difficult to

teach people a concerted program of good health behavior, and health behaviors must often be tackled one at a time.

Instability of Health Behaviors Another characteristic that contributes to the difficulty of modifying health habits is that they are unstable over time. A person may stop smoking for a year but take it up again during a period of high stress. A dieter may lose 50 pounds, only to regain them years later. Why are health habits relatively independent of each other and unstable?

First, *different health habits are controlled by different factors*. For example, smoking may be related to stress, whereas exercise may depend on ease of access to sports facilities. Second, *different factors may control the same health behavior for different people*. Thus, one person's overeating may be "social," and she may eat primarily in the presence of other people. In contrast, another individual's overeating may depend on levels of tension, and he may overeat only when under stress.

Third, *factors controlling a health behavior may change over the history of the behavior* (H. Leventhal, et al., 1985). The initial instigating factors may no longer be significant, and new maintaining factors may develop to replace them. Although peer group pressure (social factors) is important in initiating the smoking habit, over time, smoking may be maintained because it reduces craving and feelings of stress. One's peer group in adulthood may actually oppose smoking.

Fourth, *factors controlling the health behavior may change across a person's lifetime*. Regular exercise occurs in childhood because it is built into the school curriculum, but in adulthood, this automatic habit must be practiced consciously.

Fifth and finally, *health behavior patterns, their developmental course, and the factors that change them across a lifetime will vary substantially between individuals* (H. Leventhal et al., 1985).

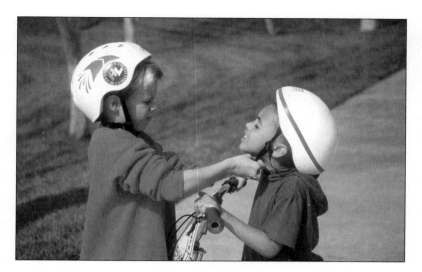

The foundations for health promotion develop in early childhood, when children are taught to practice good health behaviors. (© Myrleen Ferguson Cate/ PhotoEdit)

Thus, one individual may have started smoking for social reasons but continue smoking to control stress; the reverse pattern may characterize the smoking of another individual.

Summary In summary, health behaviors are elicited and maintained by different factors for different people, and these factors change over the lifetime as well as during the course of the health habit. Consequently, health habits are very difficult to change. As a result, health habit interventions have focused heavily on those who may be helped the most—namely, the young.

Intervening with Children and Adolescents

Socialization Health habits are strongly affected by early **socialization**, especially the influence of parents as role models (Hops, Duncan, Duncan, & Stoolmiller, 1996; Lau et al., 1990). Parents instill certain habits in their children (or not) that become automatic, such as wearing a seat belt, brushing teeth regularly, and eating breakfast every day. Nonetheless, in many families, even these basic health habits may not be taught, and even in families that conscientiously attempt to teach good health habits there may be gaps.

Moreover, as children move into adolescence, they sometimes backslide or ignore the early training they received from their parents, because they often see little apparent effect on their health or physical functioning. In addition, adolescents are vulnerable to an array of problematic health behaviors, including excessive alcohol consumption, smoking, drug use, and sexual risk taking, particularly if their parents aren't monitoring them very closely and their peers practice these behaviors (Dolcini & Adler, 1994; Metzler, Noell, Biglan, Ary, & Smolkowski, 1994). Consequently, interventions with children and adolescents are high priority.

Using the Teachable Moment Health promotion efforts capitalize on educational opportunities to prevent poor health habits from developing. The concept of a **teachable moment** refers to the fact that certain times are better than others for teaching particular health practices.

Many teachable moments arise in early childhood. Parents have opportunities to teach their children basic safety behaviors, such as putting on a seat belt in the car or looking both ways before crossing the street, and basic health habits, such as drinking milk instead of soda with dinner (L. Peterson & Soldana, 1996).

Other teachable moments arise because they are built into the health care delivery system. For example, many infants in the United States are covered by some kind of well-baby care. Pediatricians often make use of these early visits to teach motivated new parents the basics of accident prevention and safety in the home. Dentists use a child's first visit to teach both the parents and child the importance of correct brushing. Many school systems require a physical at the beginning of the school year or at least an annual visit to a physician. This procedure ensures that parents and children have regular contact with the health care delivery system, so that information about health habits, such as weight control or accident prevention, can be communicated. Such visits also ensure that children receive their basic immunizations.

But what can children themselves really learn about health habits? Certainly very young children have cognitive limitations that keep them from fully comprehending the concept of health promotion (Maddux et al., 1986), yet intervention programs with children clearly indicate that they can develop personal responsibility for aspects of their health. Such behaviors as choosing nutritionally sound foods, brushing teeth regularly, using car seats and seat belts, participating in exercise, crossing the street safely, and behaving appropriately in real or simulated emergencies (such as earthquake drills) are clearly within the comprehension of children as young as age 3 or 4, as long as the behaviors are explained in concrete terms and the implications for actions are clear (Maddux et al., 1986).

Teachable moments are not confined to childhood and adolescence. Pregnancy represents a teachable moment for several health habits, especially stopping smoking and improving diet. Adults with newly diagnosed coronary artery disease may be especially motivated to change their health habits, such as smoking and diet, due to the anxiety their recent diagnosis has caused (Rosal et al., 1998).

Identifying teachable moments—that is, the crucial point at which a person is ready to learn about a health behavior but has not yet developed a poor health habit—is a high priority for primary prevention.

Closing the Window of Vulnerability   Junior high school appears to be a particularly important time for the development of several health-related habits. Specifically, food choices, snacking, and dieting all begin to crystallize around this time (R. Y. Cohen et al., 1990). There appears to be a **window of vulnerability** for smoking and drug use that occurs in junior high school when students are first exposed to these habits among their peers and older siblings (D'Amico & Fromme, 1997). As we will see, interventions through the schools may help students avoid the temptations that lead to these health-compromising behaviors.

Adolescent Health Behaviors Influence Adult Health   A final reason for intervening with children and adolescents in the modification of health habits is that, increasingly, research shows that precautions taken in adolescence may be better predictors of disease after age 45 than are adult health behaviors. This means that the health habits people practice as teenagers or college students may well determine the chronic diseases they have and what they ultimately die of in adulthood.

For adults who decide to make changes in their lifestyle, it may already be too late.

Adolescence is a window of vulnerability for many poor health habits. Consequently, intervening to prevent health habits from developing is a high priority for children in late elementary and early junior high school. (© Larry Bray/Getty Images)

Research to date suggests that this is true for sun exposure and skin cancer and for calcium consumption for the prevention of osteoporosis. Diet, especially dietary fat intake and protein consumption in adolescence, may also predict adult cancers. Consequently, despite the sense of invulnerability that many adolescents have, adolescence may actually be a highly vulnerable time for a variety of poor health behaviors that lay the groundwork for future problems in adulthood.

Interventions with At-Risk People

I'm a walking time bomb.

—*37-YEAR-OLD WOMAN AT RISK FOR BREAST CANCER*

Children and adolescents are two vulnerable populations toward which health promotion efforts have been heavily directed. Another vulnerable group consists of people who are at risk for particular health problems. For example, a pediatrician may work with obese parents to control the diet of their offspring in the hopes that obesity in the children can be avoided. If the dietary changes produce the additional consequence of reducing the parents' weight, so much the better. Daughters of women who have had breast cancer are a vulnerable population who need to learn early how to practice breast self-examination and monitor themselves for any changes in the breast tissue. As the genetic basis for other disorders is becoming clearer, health promotion efforts with at-risk populations are likely to assume increasing importance (e.g., Touchette, 1993).

Benefits of Focusing on At-Risk People
There are several advantages to working with people who are at risk for health disorders. Early identification of these people may lead to prevention or elimination of poor health habits that can contribute to vulnerability. For example, helping men at risk for heart disease avoid smoking or getting them to stop at a young age may avoid a debilitating chronic illness (Schieken, 1988). Even if no intervention is available to reduce risk, knowledge of risk can provide people with information they need to monitor their situation (Swaveley, Silverman, & Falek, 1987). Women at risk for breast cancer are an example of such a group.

Working with at-risk populations represents an efficient and effective use of health promotion dollars. When a risk factor has implications for only some people, there is little reason to implement a general health intervention for everyone. Instead, it makes sense to target those people for whom the risk factor is relevant.

Finally, focusing on at-risk populations makes it easier to identify other risk factors that may interact with the targeted factor in producing an undesirable outcome. For example, not everyone who has a family history of hypertension will develop hypertension, but by focusing on those people who are at risk, other factors that contribute to its development may be identified.

Problems of Focusing on Risk   Clearly, however, there are problems in working with populations at risk. People do not always perceive their risk correctly (Rothman & Salovey, 1997; G. E. Smith, Gerrard, & Gibbons, 1997). Generally speaking, most people are unrealistically optimistic about their vulnerability to health risks (N. D. Weinstein & Klein, 1995). People tend to view their poor health behaviors as widely shared but their healthy behaviors as more distinctive. For example, smokers overestimate the number of other people who smoke. When people perceive that others are engaging in the same unhealthy practice, they may perceive a lower risk to their health (Suls, Wan, & Sanders, 1988).

Sometimes testing positive for a risk factor leads people into needlessly hypervigilant and restrictive behavior, whereas other times people may minimize the significance of their risk factor and avoid using appropriate services or monitoring their condition (e.g., C. S. Booth, Safer, & Leventhal, 1986; Croyle, Sun, & Louie, 1993). Providing people with feedback about their potential genetic susceptibility to a disorder such as lung cancer can have immediate and strong effects on relevant behaviors—in this case, a reduction in smoking (C. Lerman et al., 1997). As yet, the conditions under which these two problematic responses occur have not been fully identified (Croyle & Jemmott, 1991).

Ethical Issues   There are important ethical issues in working with at-risk populations. At what point is it appropriate to alarm at-risk people if their risk is low? Among people at risk for a particular disorder, only a certain percentage will develop the problem and, in many cases, only many years later. For example, should adolescent daughters of breast cancer patients be alerted to their risk and alarmed at a time when they are attempting to come to terms with their emerging sexuality and needs for self-esteem? Psychological disturbance may be created in exchange for instilling risk-reduction behaviors (Croyle et al., 1997).

Some people, such as those predisposed to depression, may react especially badly to the prospect or results of genetic testing for health disorders (S. W. Vernon et al., 1997). (However, these effects may occur primarily just after testing positive for a risk factor and may not be long term. See C. Lerman et al., 1996; Marteau et al., 1997; Tibben et al., 1997;).

In many cases, we have no successful interventions for genetically based risk factors, and in other cases, interventions may not work (A. Baum, Friedman, & Zakowski, 1997; Codori, Slavney, Young, Miglioretti, & Brandt, 1997; M. D. Schwartz, Lerman, Miller, Daly, & Masny, 1995). For example, identifying boys at risk for coronary artery disease and teaching them how to manage stress effectively may be ineffective in changing their risk status.

For other disorders, we may not know what an effective intervention will be. For example, alcoholism is now believed to have a genetic component, particularly among men, and yet exactly how and when we should intervene with the offspring of adult alcoholics is not yet clear.

Finally, emphasizing risks that are inherited can raise complicated issues of family dynamics, potentially pitting parents and children against each other and raising issues of who is to blame for the risk (Hastrup, 1985). Daughters of breast cancer patients may suffer considerable stress and behavior problems, due in part to the enhanced recognition of their risk (S. E. Taylor, Lichtman, & Wood, 1984a; Wellisch, Gritz, Schain, Wang, & Siau, 1990). Intervening with at-risk populations is still a controversial and growing issue.

Health Promotion and the Elderly

> Malcolm Clarke, 93, lives in South Harpswell, ME, in a house on the ocean. He plays an hour and a half to two hours of doubles tennis four times a week. He took up "serious tennis" at 75 and has since won 38 national championships, playing annually in a national tournament for those 85 and older. He also sails his small Boston whaler to nearby islands and goes clamming, hauling the boat up the ramp with a winch by himself. He shops and cooks simple meals for himself. He dines lightly, saying, "You can't exercise enough to keep the flab away if you eat too much." (*Source:* Copyright © 2001 by the New York Times Co. Reprinted by permission. [2002])

Clarke's advice is right on target. One of the chief focuses of recent health promotion efforts has been the elderly. Although health promotion efforts historically have not been systematically directed at the elderly, in part because of prejudiced beliefs that such efforts would be wasted in old age, policy-makers now recognize that a healthy elderly population is essential to control health care spending and ensure that the country's resources can sustain the increasingly elderly population that will develop over the next decades (Maddox & Clark, 1992; Schaie, Blazer, & House, 1992).

Health promotion efforts with the elderly have focused on several behaviors: maintaining a healthy, balanced diet; developing a regular exercise regimen; taking steps to reduce accidents; controlling alcohol consumption; eliminating smoking; and reducing the inappropriate use of prescription drugs (e.g., G. A. Kaplan, Seeman, Cohen, Knudsen, & Guralnik, 1987). Of these behaviors, exercise may be the most important, because exercise helps keep people mobile and able to care for themselves. Just keeping active also has health benefits. Participating in social activities, running errands, and engaging in other normal activities that probably have little effect on overall fitness nonetheless reduce risk of mortality, perhaps by providing social support or a general sense of self-efficacy (T. A. Glass, deLeon, Marottoli, & Berkman, 1999).

A third priority is controlling alcohol consumption. Some elderly people develop drinking problems in response to age-related problems, such as retirement or loneliness (Brennan & Moos, 1995). Others may try to maintain the drinking habits they had throughout their lives, which become more risky in old age. For example, metabolic changes related to age may reduce the capacity for alcohol. Moreover, many older people are on medications that may interact dangerously with alcohol. Alcohol consumption increases the risk of accidents, which, in conjunction with osteoporosis, can produce broken bones, which limit mobility, creating further health problems (Sheahan et al., 1995). Finally, drunk driving among the elderly represents a problem, inasmuch as diminished capacities to drive effectively may be further impaired by alcohol.

The emphasis on health habits among the elderly is well placed. By age 80, health habits are the major determinant of whether an individual will have a vigorous or an infirmed old age (McClearn et al., 1997). Moreover, current evidence suggests that health habit changes are working. The health of our elderly population is booming, according to recent statistics (Rosenblatt, 2001).

Among the elderly, health habits are a major determinant of whether an individual will have a vigorous or an infirmed old age. (© Bob Daemmrich/Stock Boston)

Ethnic and Gender Differences in Health Risks and Habits

There are ethnic and gender differences in vulnerability to particular health risks and in the practice of particular health behaviors. Health promotion programs need to take these differences into account. Black and Hispanic women get less exercise than do Anglo women and are somewhat more likely to be overweight. In terms of smoking, however, Anglo and Black women are clearly at greater risk than Hispanic women. Alcohol consumption is a substantially greater problem among men than

women, and smoking is a somewhat greater problem for Anglo men than for other groups.

Health promotion programs for ethnic groups also need to take account of co-occurring risk factors. The combined effects of low socioeconomic status and a biologic predisposition to particular illnesses puts certain groups at substantially greater risk. Examples are diabetes among Hispanics and hypertension among Blacks, which we will consider in more detail in chapter 14.

Changing Health Habits

Habit is habit, and not to be flung out of the window by any man, but coaxed downstairs a step at a time.

—MARK TWAIN

In the remainder of this chapter, we address the technology of changing poor health habits. First, we look at attitudinal approaches to health behavior change, which assume that, if we give people correct information about the implications of their poor health habits, they may be motivated to change those habits in a healthy direction. As will be seen, attitude change campaigns may induce the desire to change behavior but may not be successful in teaching people exactly how to do so. Consequently, we examine therapeutic interventions designed to change poor health behaviors. In this context, we see how important a sense of self-efficacy and self-control is to health behavior change.

Attitude Change and Health Behavior

Educational Appeals Educational appeals make the assumption that people will change their health habits if they have correct information. Research has provided us with the following suggestions of the best ways to persuade people through educational appeals:

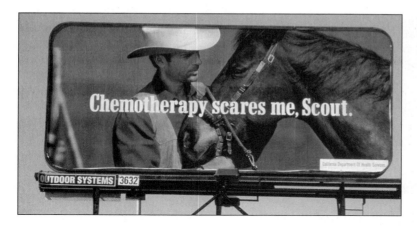

Fear appeals often alert people to a health problem but do not necessarily change behavior. (© A. Ramey/PhotoEdit)

1. Communications should be colorful and vivid rather than steeped in statistics and jargon. If possible, they should also use case histories (S. E. Taylor & Thompson, 1982). For example, a vivid account of the health benefits of regular exercise, coupled with a case history of someone who took up bicycling after a heart attack, may be persuasive to someone at risk for heart disease.

2. The communicator should be expert, prestigious, trustworthy, likable, and similar to the audience (W. J. McGuire, 1964). For example, a health message will be more persuasive if it comes from a respected, credible physician rather than from the proponent of the latest health fad.

3. Strong arguments should be presented at the beginning and end of a message, not buried in the middle.

4. Messages should be short, clear, and direct.

5. Messages should state conclusions explicitly. For example, a communication extolling the virtues of a low-cholesterol diet should explicitly conclude that the reader should alter his or her diet to include less cholesterol.

6. More extreme messages produce more attitude change, but only up to a point. Very extreme messages are discounted. For example, a message that urges people to exercise for at least half an hour 3 days a week will be more effective than one that recommends several hours of exercise a day.

7. For illness detection behaviors (such as HIV testing or obtaining a mammogram), emphasizing the problems that may occur if it is not undertaken will be most effective (e.g., Banks et al., 1995; Kalichman & Coley, 1996). For health promotion behaviors (such as sunscreen use), emphasizing the benefits to be gained may be more effective (Rothman & Salovey, 1997).

8. If the audience is receptive to changing a health habit, then the communication should include only favorable points, but if the audience is not inclined to accept the message, the communication should discuss both sides of the issue. For example, smokers ready to stop should be told only of the health risks of smoking. Smokers who have not yet decided to stop may be more persuaded by a communication that points out its risk while acknowledging and rebutting its pleasurable effects.

Providing information does not ensure that people will perceive that information accurately. Sometimes when people receive negative information about risks to their health, they process that information defensively

(Millar & Millar, 1996). Instead of making appropriate health behavior changes, the person may come to view the problem as less serious or more common than he or she had previously believed (e.g., Croyle et al., 1993), particularly if he or she intends to continue the behavior (Gerrard, Gibbons, Benthin, & Hessling, 1996). Smokers, for example, know that they are at a greater risk for lung cancer than are nonsmokers, but they see lung cancer as less likely or problematic and smoking as more common than do nonsmokers.

Fear Appeals   In part because of these issues, attitudinal approaches to changing health habits often make use of **fear appeals.** This approach assumes that, if people are fearful that a particular habit is hurting their health, they will change their behavior to reduce their fear. Common sense suggests that the relationship between fear and behavior change should be direct: The more fearful an individual is, the more likely he or she will be to change the relevant behavior. However, research has found that this relationship does not always hold (H. Leventhal, 1970).

Persuasive messages that elicit too much fear may actually undermine health behavior change (Becker & Janz, 1987). Moreover, research suggests that fear alone may not be sufficient to change behavior. Sometimes fear can affect intentions to change health habits (e.g., Sutton & Eiser, 1984), but it may not produce long-lasting changes in health habits unless it is coupled with recommendations for action or information about the efficacy of the health behavior (Self & Rogers, 1990).

Consequently, health psychologists have developed approaches to health habit change that integrate educational and motivational factors into more general models for altering health behaviors. A number of such theories have been developed (see Sturges & Rogers, 1996; N. D. Weinstein, 1993), and most of these models examine perceptions of susceptibility to a health risk, beliefs about the importance of health habits for meeting those risks, and perceptions of personal ability to offset those risks. In this section, we focus on two in particular, the health belief model and the theory of planned behavior.

The Health Belief Model   The most influential attitude theory of why people practice health behaviors is the **health belief model** (Hochbaum, 1958; Rosenstock, 1966). This model states that whether a person practices a particular health behavior can be understood by knowing two factors: the degree to which the person perceives a personal health threat and the perception that a particular health practice will be effective in reducing that threat.

Perception of Health Threat   The perception of a personal health threat is itself influenced by at least three factors: general health values, which include interest and concern about health; specific beliefs about vulnerability to a particular disorder; and beliefs about the consequences of the disorder, such as whether or not the consequences are serious. Thus, for example, people may change their diet to include low-cholesterol foods if they value health, feel threatened by the possibility of heart disease, and perceive that the threat of heart disease is severe.

Perceived Threat Reduction   Whether a person believes a health measure will reduce threat also breaks down into two subcomponents: whether the individual thinks a health practice will be effective and whether the cost of undertaking that measure exceeds the benefits of the measure (Rosenstock, 1974). For example, the man who feels vulnerable to a heart attack and is considering changing his diet may believe that dietary change alone would not reduce the risk of a heart attack and that changing his diet

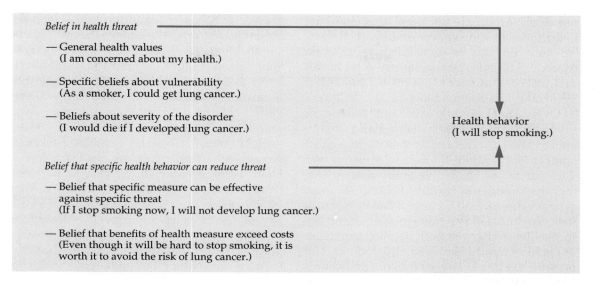

Belief in health threat

— General health values
(I am concerned about my health.)

— Specific beliefs about vulnerability
(As a smoker, I could get lung cancer.)

— Beliefs about severity of the disorder
(I would die if I developed lung cancer.)

Belief that specific health behavior can reduce threat

— Belief that specific measure can be effective
against specific threat
(If I stop smoking now, I will not develop lung cancer.)

— Belief that benefits of health measure exceed costs
(Even though it will be hard to stop smoking, it is
worth it to avoid the risk of lung cancer.)

Health behavior
(I will stop smoking.)

FIGURE 3.1   The Health Belief Model Applied to the Health Behavior of Stopping Smoking

would interfere with his enjoyment of life too much to justify taking the action. Thus, although his belief in his personal vulnerability to heart disease may be great, if he lacks faith that a change of diet would reduce his risk, he would probably not make any changes. A diagram of the health belief model applied to smoking is presented in Figure 3.1.

Support for the Health Belief Model   A large number of studies suggest that the health belief model explains people's practice of health habits quite well. For example, the health belief model helps predict the practice of preventive dental care (Ronis, 1992), breast self-examination (Champion, 1990), dieting for obesity (Uzark, Becker, Dielman, & Rocchini, 1987), AIDS risk–related behaviors (Aspinwall, Kemeny, Taylor, Schneider, & Dudley, 1991), and participation in a broad array of health screening programs (Becker, Kaback, Rosenstock, & Ruth, 1975). Typically, these studies

find that health beliefs are a modest determinant of intentions to practice these health measures.

Overall, perceived barriers to the practice of the health behavior and perceived susceptibility are the most powerful dimensions influencing whether people actually practice a particular health behavior (Janz & Becker, 1984).

Changing Health Behavior Using the Health Belief Model   The health belief model enables us not only to understand why people practice health behaviors but also to predict some of the circumstances under which people's health behaviors will change. A good illustration of this point comes from the experience of a student in my psychology class a few years ago. This student (call him Bob) was the only person in the class who smoked, and he was the object of some pressure from his fellow students to quit. He was familiar with the health risks of smoking. Although he knew that smoking contributes to lung cancer and heart disease, he believed the relationships were weak. Moreover, because he was in very good health and played a number of sports, his feelings of vulnerability were quite low.

Over Thanksgiving vacation, Bob went home to a large family gathering and discovered to his shock that his favorite uncle, a chain smoker all his adult life, had lung cancer and was not expected to live more than a few months. Suddenly, health became a more salient value for Bob because it had now struck his own family. Bob's perceived susceptibility to the illness changed both because a member of his own family had been struck down and because the link between smoking and cancer had been graphically illustrated. Bob's perceptions of stopping smoking changed as well. He concluded that this step might suffice to ward off the threat of the disease and that the costs of quitting smoking were not as great as he had thought. When Bob returned from Thanksgiving vacation, he had stopped smoking.

Research that draws on the health belief model to design communications to change health behaviors has generally supported its predictions. Communications that highlight perceived vulnerability and simultaneously increase the perception that a particular health behavior will reduce the threat are somewhat successful in changing behavior, whether the behavior is smoking (J. R. Eiser, van der Plight, Raw, & Sutton, 1985), preventive dental behavior (Ronis, 1992), or osteoporosis prevention measures (Klohn & Rogers, 1991). However, the health belief model leaves out at least one important component of health behavior change: the perception that one will be able to engage in the health behavior.

Self-efficacy and Health Behaviors   An important determinant of the practice of health behaviors is a sense of **self-efficacy**: the belief that one is able to control one's practice of a particular behavior (Bandura, 1977, 1986). For example, smokers who believe they will not be able to break their habit probably will not try to quit, however much they think that smoking is risky and that stopping smoking is desirable. Research has shown that self-efficacy affects health behaviors as varied as abstinence from smoking (Prochaska & DiClemente, 1984b), weight control (Strecher, DeVellis, Becker, & Rosenstock, 1986), condom use (Wulfert & Wan, 1993), exercise (B. H. Marcus & Owen, 1992; McAuley & Courneya, 1992), dietary change (Schwarzer & Renner, 2000), and a variety of health behaviors among older adults (Grembowski et al., 1993). Typically, research finds a strong relationship between perceptions of self-efficacy and both initial health behavior change and longer-term maintenance of that behavior change.

Summary   To summarize, then, we can say that whether a person practices a particular health behavior depends on several beliefs and attitudes: the magnitude of a health threat, the degree to which that person believes he or she is personally vulnerable to that threat, the degree to which that person believes he or she can perform the response necessary to reduce the threat (self-efficacy), and the degree to which the particular health measure advocated is effective, desirable, and easy to implement (see also Rippetoe & Rogers, 1987; Rogers, 1984).

The Theory of Planned Behavior

Although health beliefs go some distance in helping us understand when people will change their health habits, increasingly health psychologists are turning their attention to the analysis of action. A theory that attempts to link health attitudes directly to behavior is Ajzen's **theory of planned behavior** (Ajzen & Madden, 1986; M. Fishbein & Ajzen, 1975).

According to this theory, a health behavior is the direct result of a behavioral intention.

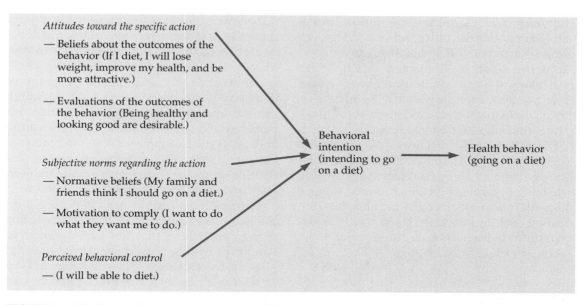

Attitudes toward the specific action

— Beliefs about the outcomes of the
behavior (If I diet, I will lose
weight, improve my health, and be
more attractive.)

— Evaluations of the outcomes of
the behavior (Being healthy and
looking good are desirable.)

Subjective norms regarding the action

— Normative beliefs (My family and
friends think I should go on a diet.)

— Motivation to comply (I want to do
what they want me to do.)

Perceived behavioral control

— (I will be able to diet.)

Behavioral
intention
(intending to go
on a diet)

Health behavior
(going on a diet)

FIGURE 3.2 The Theory of Planned Behavior Applied to the Health Behavior of Dieting (*Souces:* Ajzen & Fishbein, 1980; Ajzen & Madden, 1986)

Behavioral intentions are themselves made up of three components: attitudes toward the specific action, subjective norms regarding the action, and perceived behavioral control (see Figure 3.2). Attitudes toward the action are based on beliefs about the likely outcomes of the action and evaluations of those outcomes. Subjective norms are what a person believes *others* think that person should do (normative beliefs) and the motivation to comply with those normative references. Perceived behavioral control is when an individual needs to feel that he or she is capable of performing the action contemplated and that the action undertaken will have the intended effect; this component of the model is very similar to self-efficacy, described in the section "Self-efficacy and Health Behaviors." These factors combine to produce a behavioral intention and, ultimately, behavior change.

To take a simple example, a smoker who believes that smoking causes serious health outcomes, who believes that other people think he or she should stop smoking, who is motivated to comply with those normative beliefs, and who believes that he or she is capable of stopping smoking will be more likely to intend to stop smoking than an individual who does not have these attitudes and normative beliefs.

Benefits of the Theory of Planned Behavior
The theory of planned behavior is a useful addition to understanding health behavior-change processes for several reasons. First, it provides a model that links beliefs directly to behavior. Second, it provides a fine-grained picture of people's intentions with respect to a particular health habit.

Evidence for the Theory of Planned Behavior
The theory of planned behavior predicts a broad array of health behaviors, including condom use among students (Sutton, McVey, & Glanz, 1999), sunbathing and sunscreen use (Hillhouse, Stair, & Adler, 1996), use of oral

contraceptives (J. Doll & Orth, 1993), breast self-examination in older women (Lierman, Young, Kasprzyk, & Benoliel, 1990), mammography participation (Montano & Taplin, 1991), testicular self-examination (Brubaker & Wickersham, 1990), exercise (Gatch & Kendzierski, 1990), participation in cancer screening programs (B. DeVellis, Blalock, & Sandler, 1990), AIDS risk–related behaviors (W. A. Fisher, Fisher, & Rye, 1995), smoking (Norman, Conner, & Bell, 1999), participation in health screening programs (Sheeran, Conner, & Norman, 2001), and several daily health habits, including getting enough sleep and taking vitamins (Madden, Ellen, & Ajzen, 1992).

Attitudes and Changing Health Behaviors: Some Caveats

Despite the success of theories that link beliefs to behavior and modification of health habits, attitudinal approaches are not very successful for explaining spontaneous behavior change, nor do they predict long-term behavior change very well (Kirscht, 1983). An additional complication is that communications designed to change people's attitudes about their health behaviors sometimes evoke defensive or irrational processes: People may perceive a health threat to be less relevant than it really is (A. Liberman & Chaiken, 1992), they may falsely see themselves as less vulnerable than others (Clarke, Lovegrove, Williams, & Machperson, 2000; N. D. Weinstein & Klein, 1995), and they may see themselves as dissimilar to those who have succumbed to a particular health risk (Gibbons, Gerrard, & McCoy, 1995).

They may also hold irrational beliefs about health, illness, and treatment that lead them to distort health-relevant messages or practice health habits such as the ingestion of dozens of over-the-counter treatments (A. J. Christensen, Moran, & Wiebe, 1999). With these multiple capacities to distort health threats and the relevance of health messages, even carefully designed messages may be unable to get around these biases in the processing of information.

Moreover, thinking about disease can produce a negative mood (Millar & Millar, 1995), which may, in turn, lead people to ignore or defensively interpret their risk. Although some studies have found that inaccurate risk perception can be modified by information and educational interventions (Kreuter & Strecher, 1995), other reports suggest that unrealistic optimism is peculiarly invulnerable to feedback (N. D. Weinstein & Klein, 1995).

Because health habits are often deeply ingrained and difficult to modify, attitude change procedures may not go far enough in simply providing the informational base for altering health habits (Stacy, Bentler, & Flay, 1994). The attitude-change procedures may instill the motivation to change a health habit but not provide the skills necessary to actually alter behavior and maintain behavior change. Consequently, health psychologists have also turned to therapeutic techniques.

Cognitive-Behavioral Approaches to Health Behavior Change

Attitudinal approaches to the modification of health behaviors appear to be most useful in predicting when people will be motivated to change a health behavior. **Cognitive-behavior therapy** approaches to health-habit modification change the focus to the target behavior itself: the conditions that elicit and maintain it and the factors that reinforce it (Freeman, Simon, Beutler, & Arkowitz, 1989). Cognitive-behavior therapy efforts also focus heavily on the beliefs that people hold about their health habits. People often generate internal monologues that interfere with their ability to change their behavior (Meichenbaum & Cameron, 1974). For example, a person who wishes to give up smoking may derail the quitting process by generating self-doubts ("I will never be able to give up smoking," "I'm one of those people who simply depend on cigarettes," "I've tried before, and I've never been successful"). Unless these internal monologues are modified, cognitive-behavioral therapists argue, the person will be unlikely to change a health habit and maintain that change over time. Thus, cognitive-behavioral interventions target cognitions as well as behaviors.

Recognition that people's cognitions about their health habits are important in producing behavior change has led to another insight: the importance of involving the patient as a cotherapist in the behavior-change intervention. Most behavior-change programs begin with the client as the object of behavior-change efforts, but in the therapeutic process, control over behavior change shifts gradually from the therapist to the client. By the end of the formal intervention stage, clients are monitoring their own behaviors, applying the techniques of cognitive-behavioral interventions to their behavior, and rewarding themselves, or not, appropriately.

Self-observation and Self-monitoring

Many programs of cognitive-behavioral modification use ⋏ **self-observation** and **self-monitoring** as the first steps toward behavior change. The rationale is that a person must understand the dimensions of a target behavior before change can be initiated. Self-observation and self-monitoring assess the frequency of a target behavior and the antecedents and consequences of that behavior (Abel, Rouleau, & Coyne, 1987; Thoresen & Mahoney, 1974). Introducing self-observation and self-monitoring at the outset of the behavior-change process also sets the stage for enlisting the patient's joint participation early in the effort to modify health behaviors.

The first step in self-observation is to learn to discriminate the target behavior. For some behaviors, this step is easy. A smoker

obviously can tell whether he or she is smoking. However, other target behaviors, such as the urge to smoke, may be less easily discriminated; therefore, an individual may be trained to monitor internal sensations closely so as to identify the target behavior more readily.

A second stage in self-observation is recording and charting the behavior. Techniques range from very simple counters for recording the behavior each time it occurs to complex records documenting the circumstances under which the behavior was enacted as well as the feelings it aroused (e.g., McKennell, 1973; Stunkard, 1979). For example, a smoker may be trained to keep a detailed behavioral record of all smoking events. She may record each time a cigarette is smoked, the time of day, the situation in which the smoking occurred, and whether or not anyone else was present. She may also record the subjective feelings of craving that were present when the cigarette was lighted, the emotional responses that preceded the lighting of the cigarette (such as anxiety or tension), and the feelings that were generated by the actual smoking of the cigarette. In this way, she can begin to get a sense of the circumstances in which she is most likely to smoke and can then initiate a structured behavior-change program that deals with these contingencies.

Although self-observation is usually only a beginning step in behavior change, it may itself produce behavior change (McFall, 1970). Simply attending to their own smoking may lead people to decrease the number of cigarettes they smoke. Typically, however, behavior change that is produced by self-monitoring is short-lived and needs to be coupled with other techniques (e.g., McCaul, Glasgow, & O'Neill, 1992).

Classical Conditioning

First described by Russian physiologist Ivan Pavlov in the early 20th century, **classical**

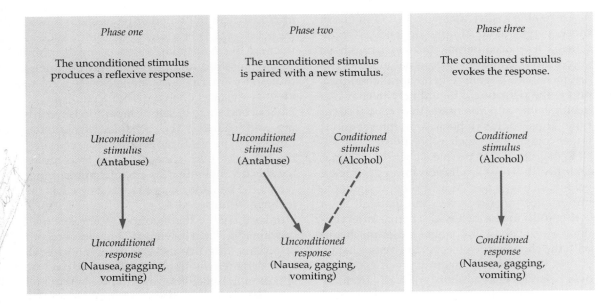

FIGURE 3.3   A Classical Conditioning Approach to the Treatment of Alcoholism

conditioning was one of the earliest principles of behavior change identified by researchers. The essence of classical conditioning is the pairing of an unconditioned reflex with a new stimulus, producing a conditioned reflex. Classical conditioning is represented diagrammatically in Figure 3.3.

Classical conditioning was one of the first methods used for health behavior change; as an illustration, consider its use in the treatment of alcoholism. Antabuse (unconditioned stimulus) is a drug that produces extreme nausea, gagging, and vomiting (unconditioned response) when it is taken orally. In theory, this reflexive response of nausea, gagging, and vomiting can be conditioned to alcohol if alcohol is consistently paired with the ingestion of Antabuse. Thus, an alcoholic may be given his or her favorite alcoholic beverages to sip at the same time that the Antabuse is ingested. Over time, the alcohol will become associated with the nausea and vomiting caused by the Antabuse and elicit the same nausea, gagging, and vomiting response (conditioned re-

sponse). Classical conditioning has been used in the treatment of alcoholism, smoking, and other addictive disorders.

Classical conditioning approaches to health-habit modification do work, but clients know why they work. Alcoholics, for example, know that, if they do not take the drug, they will not vomit when they consume alcohol. Thus, even if classical conditioning has successfully produced a conditioned response, it is heavily dependent on the client's willing participation. Procedures like these can also produce health risks, and as a result, they are no longer as widely used.

Operant Conditioning

In contrast to classical conditioning, which pairs an automatic response with a new stimulus, operant conditioning pairs a voluntary behavior with systematic consequences. The key to **operant conditioning** is reinforcement. When an individual performs a behavior and that behavior is followed by positive reinforcement, the behavior is more likely to occur again. Similarly, if an individual performs a behavior and reinforcement is withdrawn or the behavior is punished, the behavior is less likely to be repeated. Over time, these contingencies build up those behaviors paired with positive reinforcement, and behaviors that are punished or not rewarded decline.

An important feature of operant conditioning is the reinforcement schedule. A continuous reinforcement schedule means that a behavior is reinforced every time it occurs. However, continuous reinforcement is vulnerable to extinction: If the behavior is occasionally not paired with its consequences, the individual may cease performing the behavior, having come to anticipate the consequences each time. Psychologists have learned that behavior is often more resistant to extinction if it is maintained by a variable or an intermittent reinforcement schedule than a continuous reinforcement schedule.

Many health habits can be thought of as operant responses. For example, drinking may be maintained because mood is improved by alcohol, or smoking may occur because peer pressure is associated with it. In both of these cases, reinforcement maintains the poor health behavior.

Operant Conditioning to Change Health Behaviors Operant conditioning is often used to modify health behaviors. At the beginning of an effort to change a faulty health habit, people typically will be positively reinforced for any action that moves them closer to their goal. As progress is made toward reducing or modifying the health habit, greater behavior change may be required for the same reinforcement.

For example, suppose Mary smokes 20 cigarettes a day. She might first define a set of reinforcers that can be administered when particular smoking-reduction targets are met—

reinforcements such as going out to dinner or seeing a movie. Mary may then set a particular reduction in her smoking behavior as a target (such as 15 cigarettes a day). When that target is reached, she would administer a reinforcement (the movie or dinner out). The next step might be reducing smoking to 10 cigarettes a day, at which time she would receive another reinforcement. The target then might be cut progressively to 5, 4, 3, 1, and none. Through this process, the target behavior of abstinence would eventually be reached.

Modeling

Modeling is learning that occurs by virtue of witnessing another person perform a behavior (Bandura, 1969). Observation and subsequent modeling can be effective approaches to changing health habits. A study that illustrates this point found that high-school students who observed others donating blood were more likely to do so themselves (I. G. Sarason, Sarason, Pierce, Shearin, & Sayers, 1991).

Similarity is an important principle in modeling. People are more likely to imitate someone similar to them performing a health behavior. Also, to the extent that people perceive themselves as similar to the type of person who engages in a risky behavior, they are likely to do so themselves; to the extent that people see themselves as similar to the type of person who does not engage in a risky behavior, they may change their behavior (Gibbons & Gerrard, 1995). A swimmer may decline a cigarette from a friend because she perceives that most great swimmers do not smoke.

Modeling can be an important long-term behavior-change technique. For example, the principle of modeling is implicit in some self-help programs that treat destructive health habits, such as alcoholism (Alcoholics Anonymous) or drug addiction. In these programs, a person who is newly committed to changing an addictive behavior joins individuals who have had the same problem and who have had at least some success in solving it. In meetings, people often share the methods that helped them overcome their health problem. By listening to these accounts, the new convert can learn how to do likewise and model effective techniques in his or her own rehabilitation.

Modeling can also be used as a technique for reducing the anxiety that can give rise to some bad habits or the fears that arise when going through some preventive health behaviors, such as receiving inoculations. A person's fears can be reduced by observing the model engaging in the feared activity and coping with that fear effectively. For example, Vernon (1974) used modeling in an attempt to reduce children's fears about receiving inoculations. Before they received injections, one group of children saw an unrealistic film of children receiving injections without experiencing any pain or expressing any emotion. A second group saw a realistic film that showed children responding to the injections with short-lived, moderate pain and emotion. A third group of children (the control group) saw no film. The results indicated that children who saw the realistic film experienced the least pain when they subsequently received injections. In contrast, those viewing the unrealistic film appeared to experience the most pain. The results of this study illustrate another important point about modeling. When modeling is used to reduce fear or anxiety, it is better to observe models who are also fearful but are able to control their distress rather than models who are demonstrating no fear in response to the situation. Because fearful models provide a realistic portrayal of the experience, the observer may be better able to identify with them than with models who are unrealistically calm in the face of the threat. This identification process may enable the person to learn and model the coping techniques more successfully (Kazdin, 1974; Meichenbaum, 1971).

Modeling, or imitative learning, has an important role in the modification of health habits because it exposes an individual to other people who have successfully modified the health habit. Modeling may be most successful when it shows the realistic difficulties that people encounter in making these changes.

Stimulus Control

The successful modification of health behavior involves understanding the antecedents as well as the consequences of a target behavior. Individuals who practice poor health habits, such as smoking, drinking, and overeating, develop ties between those behaviors and stimuli in their environments. Each of these stimuli can come to act as a **discriminative stimulus** that is capable of eliciting the target behavior. For example, the sight and smell of food act as discriminative stimuli for eating. The sight of a pack of cigarettes and the smell of coffee may act as discriminative stimuli for smoking. The discriminative stimulus is important because it signals that a positive reinforcement will subsequently occur.

Stimulus-control interventions with patients who are attempting to alter their health habits take two approaches: ridding the environment of discriminative stimuli that evoke the problem behavior and creating new discriminative stimuli signaling that a new response will be reinforced.

How might stimulus control work in the treatment of a health problem? Eating is typically under the control of discriminative stimuli, including the presence of desirable foods and activities with which eating is frequently paired (such as talking on the phone or watching television). As an early step in the treatment of obesity, individuals might be encouraged to reduce and eliminate these discriminative stimuli for eating. They would be urged to rid their home of rewarding and enjoyable fattening foods, to restrict their eating to a single place in the home, and to not eat while engaged in other activities, such as talking on the phone or watching television. Other stimuli might be introduced in the environment to indicate that controlled eating will now be followed by reinforcement. For example, people might place signs in strategic locations around the home, reminding them of reinforcements to be obtained after successful behavior change.

The Self-control of Behavior

Cognitive-behavior therapy, including that used to modify health habits, has increasingly moved toward a therapeutic model that emphasizes **self-control**. In this approach, the individual who is the target of the intervention acts, at least in part, as his or her own therapist and, together with outside guidance, learns to control the antecedents and consequences of the target behavior to be modified.

Self-reinforcement Self-reinforcement involves systematically rewarding the self to increase or decrease the occurrence of a target behavior (Thoresen & Mahoney, 1974). Positive self-reward involves reinforcing oneself with something desirable after successful modification of a target behavior. An example of positive self-reward is allowing oneself to go to a movie following successful weight loss. Negative self-reward involves removing an aversive factor in the environment after successful modification of the target behavior. An example of negative self-reward is taking the Miss Piggy poster off the refrigerator once regular controlled eating has been achieved.

A study by Mahoney (1974) examined the effects of positive self-reward on weight loss. Mahoney created four experimental conditions: (1) a control condition in which no intervention occurred; (2) a condition in which subjects monitored their weight; (3) a condition in which self-monitoring was accompanied by self-reinforcement with money or gift certificates for successful weight loss; and (4) a condition in which self-monitoring was coupled with gift certificates or money for successful changes in eating. The two self-reward conditions produced greater weight loss than the control or self-observation condition. Interestingly, of the two types of self-reward, the self-reward for habit change (that is, altered eating behavior) produced more weight loss than did the self-reward for weight loss. This result appears to have occurred because self-reward for habit change led these obese individuals to modify their eating habits, whereas self-reward for weight loss was associated only with losing weight and not with the behavior change that produced the weight loss.

An example of negative self-reward was used in a study to control obesity (Penick, Filion, Fox, & Stunkard, 1971). In this study, individuals who were overweight were instructed to keep large bags of suet (animal fat) in their refrigerators to remind themselves of their excess weight. Each time they succeeded in losing a certain amount of weight, they were permitted to remove a portion of the suet from the bag, thereby reducing this unattractive stimulus. Techniques such as these can be very effective in maintaining commitment to a behavior-change program.

Overall, self-reward has proven to be a useful technique in the modification of behavior (Thoresen & Mahoney, 1974). Moreover, self-reward techniques have intrinsic advantages in that no change agent, such as a therapist, is required to monitor and reinforce the behavior; the individual acts as his or her own therapist.

Like self-reward, self-punishment is of two types. Positive self-punishment involves the administration of an unpleasant stimulus to punish an undesirable behavior. For example, an individual might self-administer a mild electric shock each time he or she experiences a desire to smoke. Negative self-punishment consists of withdrawing a positive reinforcer in the environment each time an undesirable behavior is performed. For example, a smoker might rip up a dollar bill each time he or she has a cigarette that exceeded a predetermined quota (Axelrod, Hall, Weis, & Rohrer, 1974).

Studies that have evaluated the success of self-punishment suggest two conclusions: (1) Positive self-punishment works somewhat better than negative self-punishment and (2) self-punishment works better if it is also coupled with self-rewarding techniques. To take a specific example, a smoker is less likely to stop smoking if he rips up a dollar bill each time he smokes than if he self-administers electric shock; these principles are even more likely to reduce smoking if the smoker also rewards himself for not smoking—for example, by going to a movie.

Contingency Contracting Self-punishment is effective only if people actually perform the punishing activities. When self-punishment becomes too aversive, people often abandon their efforts. However, one form of self-punishment that works well and has been used widely in behavior modification is **contingency contracting** (Thoresen & Mahoney, 1974; Turk & Meichenbaum, 1991). In contingency contracting, an individual forms a contract with another person, such as a therapist, detailing what rewards or punishments are contingent on the performance or nonperformance of a behavior. For example, a person who wanted to stop drinking might deposit a sum of money with a therapist and arrange to be fined each time he or she had a drink and to be rewarded each day that he or she abstained. A particularly ingenious example of contingency contracting involved an African American woman who was attempting to control her abuse of amphetamines. She deposited a large sum of money with her therapist and authorized the therapist to give $50 to the Ku Klux Klan each time she abused amphetamines. Not surprisingly, this contract was effective in inducing the patient to reduce her amphetamine intake (Thoresen & Mahoney, 1974).

Covert Self-control As noted earlier, poor health habits and their modification are often accompanied by internal monologues, such as self-criticism or self-praise. **Covert self-control** trains individuals to recognize and modify these internal monologues to promote health behavior change (Hollon & Beck, 1986). Sometimes the modified cognitions are antecedents to a target behavior. For example, if a smoker's urge to smoke is preceded by an internal monologue that he is weak and unable to control his smoking urges, these beliefs are targeted for change. The smoker would be trained to develop antecedent cognitions that would help him stop smoking (e.g., "I can do this" or "I'll be so much healthier").

Cognitions can also be the consequences of a target behavior. For example, an obese individual trying to lose weight might undermine her weight-loss program by reacting with hopelessness to every small dieting setback. She might be trained, instead, to engage in self-reinforcing cognitions following successful resistance to temptation and constructive self-criticism following setbacks ("Next time, I'll keep those tempting foods out of my refrigerator").

Just as behavior can be modified through standard techniques of reinforcement, so can covert behaviors or internal dialogues and images. For example, in one study (Homme, 1965), clients who wished to stop smoking were trained to respond to smoking urges by thinking antismoking thoughts ("Smoking causes cancer") and thoughts that favored nonsmoking ("My food will taste better if I stop smoking"). To increase the frequency of these cognitions, the clients were trained to reinforce them with a rewarding activity, such as drinking a soda.

Cognitions themselves may be the targets for modification. **Cognitive restructuring,** developed by Meichenbaum (Meichenbaum & Cameron, 1974), is a method for modifying internal monologues that has been widely used in the treatment of stress disorders. In a typical intervention, clients are first trained to monitor their monologues in stress-producing situations. In this way, they come to recognize what they say to themselves during times of stress. They are then taught to modify their self-instructions to include more constructive cognitions.

Frequently, modeling is used to train a client in cognitive restructuring. The therapist may first demonstrate adaptive **self-talk.** She may identify a target stress-producing situation and then self-administer positive instructions (such as "Relax, you're doing great"). The client then attempts to deal with his stressful situation while the therapist teaches him positive self-instruction. In the next phase of training, the client attempts to cope with the stress-producing situation, instructing himself out loud. Following this phase, self-instruction may become a whisper, and finally the client performs the anxiety-reducing self-instruction internally.

Behavioral Assignments Another technique for increasing client involvement is **behavioral assignments,** home practice activities that support the goals of a therapeutic intervention (Shelton & Levy, 1981). Behavioral assignments are designed to provide continuity in the treatment of a behavior problem. Some part of every behavior-change session is devoted to preparing homework assignments. Typically, these assignments follow up points in the therapeutic session. For example, if an early therapy session with an obese client involved training in self-monitoring, the client would be encouraged to practice systematic recording at home. The client might keep a log of his or her eating behavior, including the circumstances in which it occurred. This log could then be used by the therapist and the patient at the next session to plan future behavioral interventions. Figure 3.4 gives an example of the behavioral assignment technique. Note that it includes homework assignments for both client and therapist. This

> Homework for Tom [client]
>
> Using the counter, count bites taken.
>
> Record number of bites, time, location, and what you ate.
>
> Record everything eaten for 1 week.
>
> Call for an appointment.
>
> Bring your record.
>
>
> Homework for John [therapist]
>
> Reread articles on obesity.

FIGURE 3.4 **Example of a Systematic Behavioral Assignment for an Obese Client** (*Source:* Shelton & Levy, 1981, p. 6)

technique is often used to ensure that both parties remain committed to the behavior-change process and that each is aware of the other's commitment. In addition, writing down homework assignments appears to be more successful than verbal agreements, in that it provides a clear record of what has been agreed to (Cox, Tisdelle, & Culbert, 1988).

The value of systematic homework assignments is widely recognized in the treatment of behaviors. A survey of programs for the treatment of health problems indicated that 75% of obesity programs, 71% of physical illness and rehabilitation programs, and 54% of smoking programs included behavioral assignments (Shelton & Levy, 1981).

In summary, the chief advantages of behavioral assignments are that (1) the client becomes involved in the treatment process, (2) the client produces an analysis of the behavior that is useful in planning further interventions, (3) the client becomes committed to the treatment process through a contractual agreement to discharge certain responsibilities, (4) the responsibility for behavior change is gradually shifted to the client, and (5) the use of homework assignments increases the client's sense of self-control.

Skills Training Increasingly, psychologists have realized that some poor health habits develop in response to or are maintained by the anxiety people experience in social situations (Riley, Matarazzo, & Baum, 1987). For example, adolescents often begin to smoke in order to reduce their social anxiety by communicating a cool, sophisticated image. Drinking and overeating may also be responses to social anxiety. Social anxiety then can act as a cue for the maladaptive habit, necessitating an alternative way of coping with the anxiety. A health behavior can also be maintained by social anxiety. As a result, individuals may need to learn alternative ways of coping with this anxiety at the same time that they are altering their faulty health habit.

A number of programs designed to alter health habits include either **social-skills training** or **assertiveness training,** or both, as part of the intervention package. Individuals are trained in methods that will help them deal more effectively with social anxiety.

The goals of social-skills programs as an ancillary technique in a program of health behavior change are (1) to reduce anxiety that occurs in social situations, (2) to introduce new skills for dealing with situations that previously aroused anxiety, and (3) to provide an alternative behavior for the poor health habit that arose in response to social anxiety.

Relaxation Training In 1958, psychologist Joseph Wolpe (1958) developed a procedure known as systematic desensitization for the treatment of anxiety. The procedure involved training clients to substitute relaxation in the presence of circumstances that usually produced anxiety. To induce relaxation, Wolpe taught patients how to engage in deep breathing and progressive muscle relaxation **(relaxation training).**

In deep breathing, a person takes deep, controlled breaths, which produce a number of physiological changes, such as decreased heart rate and blood pressure and increased oxygenation of the blood. People typically engage in this kind of breathing spontaneously when they are relaxed. In progressive muscle relaxation, an individual learns to relax all the muscles in the body to discharge tension or stress. As just noted, many deleterious health habits, such as smoking and drinking, represent ways of coping with social anxiety. Thus, in addition to social-skills training or assertiveness training, people may learn relaxation procedures to cope more effectively with their anxiety.

Broad-Spectrum Cognitive-Behavior Therapy

The most effective approach to health-habit modification often comes from combining multiple behavior-change techniques. This eclectic approach has been termed **broad-spectrum cognitive-behavior therapy,** sometimes known as multimodal cognitive- behavior therapy (A. A. Lazarus, 1971). From an array of available techniques, a therapist selects several complementary methods to intervene in the modification of a target problem and its context.

The advantages of a broad-spectrum approach to health behavior change are several. First, a carefully selected set of techniques can deal with all aspects of a problem: Self-observation and self-monitoring define the dimensions of a problem; stimulus control enables a person to modify antecedents of behavior; self-reinforcement controls the consequences of a behavior; and social-skills training may be added to replace the maladaptive behavior once it has been brought under some degree of control. A combination of techniques can be more effective in dealing with all phases of a problem than one technique alone. An example of the application of this kind of therapy to the treatment of alcoholism appears in Box 3.1.

A second advantage is that the therapeutic plan can be tailored to each individual's problem. Each person's faulty health habit and personality is different, so, for example, the particular package identified for one obese client will not be the same as that developed for another obese client (M. B. Schwartz & Brownell, 1995). An individual who eats in response to social anxiety might require a social-skills training program, whereas an individual who is coping with internal stress might require a stress management intervention. Likewise, binge eating might require different behavior-change techniques than overeating marked by too much snacking.

Broad-spectrum approaches to health behavior change have often achieved success when more limited programs have not, but such programs require intelligent application. Overzealous interventionists have sometimes assumed that more is better and have included as many components as possible, in the hopes that at least a few of them would be successful. In fact, this approach can backfire (Brownell, Marlatt, Lichtenstein, & Wilson, 1986). Overly complex behavior-change programs may undermine commitment because of the sheer volume of activities they require. A multimodal program must be guided by an intelligent, well-informed, judicious selection of appropriate techniques geared to an individual problem. Moreover, much of the success of such programs comes from the presence of an enthusiastic, committed practitioner, not from the use of lots of techniques (Brownell, Marlatt, et al., 1986). Overall, interventions are most likely to be effective the longer and more intensive they are. Of course, these factors make them more expensive as well.

Relapse

One of the biggest problems faced in health-habit modification is the tendency for people to relapse to their previous behavior following initial successful behavior change (e.g., McCaul et al., 1992). This problem occurs both for people who make health-habit changes on their own and for those who join formal programs to alter their behavior. Relapse is a particular problem with the addictive disorders of alcoholism, smoking, drug addiction, and obesity (Brownell, Marlatt, et al., 1986), which have relapse rates between 50 and 90% (Marlatt & Gordon, 1985).

What do we mean by "relapse"? A single cigarette smoked at a cocktail party or the consumption of a pint of ice cream on a lonely Saturday night does not necessarily lead to permanent relapse. However, over time, initial vigilance may fade and relapse may set in. Research suggests that relapse rates tend to stabilize at about 3 months, which initially led researchers to believe that most people who are going to relapse will do so within the first 3 months. However, subsequent research suggests that, although relapse rates may remain constant, the particular people who are abstaining from a bad health habit at one point in time are not necessarily the same people who are abstaining at another point in time. Some people go from abstinence to relapse; others, from relapse back to abstinence.

Why Do People Relapse?   Our knowledge of who relapses is limited. Genetic factors may be implicated in alcoholism, smoking, and obesity (Stunkard et al., 1986). Withdrawal effects occur in response to abstinence from alcohol and cigarettes and may prompt a relapse, especially shortly after efforts to change behavior. Conditioned associations between cues and physiological responses may lead to urges or cravings to engage in the habit (Marlatt, 1990). For example, people may find themselves in a

BOX 3.1

Cognitive-Behavior Therapy in the Treatment of Alcoholism

Mary was a 32-year-old executive who came in for treatment, saying she thought she was an alcoholic. She had a demanding, challenging job, which she handled very conscientiously. Although her husband, Don, was supportive of her career, he felt it was important that evenings be spent in shared activities. They had had several arguments recently because Mary was drinking before coming home and had been hiding liquor around the house. Don was threatening to leave if she did not stop drinking altogether, and Mary was feeling alarmed by her behavior. Mary was seen over a 3-month period, with follow-up contact over the following year.

Mary's first week's assignment was to complete an autobiography of the history and development of her drinking problem—her parent's drinking behavior, her first drinking experience and first "drunk," the role of drinking in her adult life, her self-image, any problems associated with her drinking, and her attempts to control her drinking. She also self-monitored her drinking for 2 weeks, noting the exact amounts of alcohol consumed each day, the time, and the antecedents and consequences.

At the third session, the following patterns were identified. Mary started work at 8:30, typically had a

rushed business lunch, and often did not leave work until 6:00, by which time she was tense and wound up. Because she knew Don did not approve of her drinking, she had begun to pick up a pint of vodka after work and to drink half of it during the 20-minute drive home, so that she could get relaxed for the evening. She had also begun stashing liquor away in the house just in case she wanted a drink. She realized that drinking while driving was dangerous, that she was drinking too much too quickly, and that she was feeling very guilty and out of control. Her husband's anger seemed to increase her urges to drink.

Mary agreed to abstain from any drinking during the third and fourth weeks of treatment. During this period, it became apparent that drinking was her only means of reducing the tension that had built up during the day and represented the one indulgence she allowed herself in a daily routine of obligations to external job demands and commitments to her husband and friends. A plan to modify her general lifestyle was worked out that included alternative ways of relaxing and indulging that were not destructive.

Mary joined a local health club and began going for a swim and a sauna every morning on the way to work. She also set aside 2 days a week to have lunch

---

situation in which they used to smoke, such as at a party, and relapse at that vulnerable moment.

Relapse is more likely when people are depressed, anxious, or under stress (Brandon, Copeland, & Saper, 1995). For example, when people are moving, breaking off a relationship, or encountering difficulties at work, they may have greater need for their addictive habits than is true at less stressful times. Relapse occurs when motivation flags or goals for maintaining the health behavior have not been established. Relapse is less likely if a person

has social support from family and friends to maintain the behavior change, but it is more likely to occur if the person lacks social support or is involved in a conflictual interpersonal situation.

A particular moment that makes people vulnerable to relapse is when they have one lapse in vigilance. For example, that single cigarette smoked or the single pint of ice cream can produce what is called an **abstinence violation effect**—that is, a feeling of loss of control that results when a person has violated self-imposed rules. The result is that a more alone or with a friend. She learned a meditation technique, which she began using at the end of the day after getting home from work. She negotiated with Don to spend one evening a week doing separate activities, so that she could resume her old hobby of painting.

Mary also decided that she wanted to continue drinking in a moderate way and that Don's support was essential so that she could drink openly. Don attended the sixth session with Mary, the treatment plan was explained to him, his feelings and concerns were explored, and he agreed to support Mary in her efforts to alter her lifestyle as well as to be more accepting of her drinking.

During the next few sessions, Mary learned a number of controlled drinking techniques, including setting limits for herself and pacing her drinking by alternating liquor with soft drinks. She also developed strategies for dealing with high-risk situations, which for her were primarily the buildup of tension at work and feelings of guilt or anger toward Don. She learned to become more aware of these situations as they were developing and began to practice more direct ways of communicating with Don. She also was instructed to use any urges to return to old drinking patterns as cues to pay attention to situational factors and use alternative

responses rather than to interpret them as signs that she was an alcoholic.

The final two sessions were spent planning and rehearsing what to do if a relapse occurred. Strategies included the process of slowing herself down, cognitive restructuring, a decision-making exercise to review the consequences and relative merits of drinking according to both old and new patterns, an analysis of the situation that led to the relapse, problem solving to come up with a better coping response to use next time, and the possibility of scheduling a booster session with her therapist.

At the final follow-up a year later, Mary reported that she was feeling better about herself and more in control, was drinking moderately on social occasions, and was communicating better with Don. She had had a couple of slips but had managed to retrieve the situation, in one case by being more assertive with a superior and in the other by simply deciding that she could accept some mistakes on her part without having to punish herself by continuing the mistake.

Source: J. R. Gordon & Marlatt, 1981, pp. 182–183. Reprinted by permission.

serious relapse is then likely to occur as the individual sees his or her resolve falter. This may be especially true for addictive behaviors because the person must cope with the reinforcing impact of the substance itself. Figure 3.5 illustrates the relapse process.

Consequences of Relapse What are the consequences of relapse? Clearly, relapse produces negative emotional effects, such as disappointment, frustration, unhappiness, or anger. Even a single lapse can lead a person to experience profound disappointment, a reduced sense of

self-efficacy, and a shift in attributions for controlling the health behavior from the self to uncontrollable external forces. A relapse could also lead people to feel that they can never control the habit, that it is simply beyond their efforts. Relapse may be a deterrent to successful behavior change in other ways as well. For example, among the obese, repeated cycles of weight loss and regain make subsequent dieting more difficult (Brownell, Greenwood, Stellar, & Shrager, 1986).

In some cases, however, relapse may have paradoxical effects, leading people to perceive

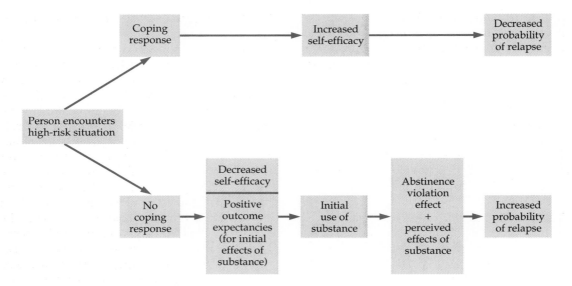

FIGURE 3.5   A Cognitive-Behavioral Model of the Relapse Process
This figure shows what happens when a person is trying to change a poor health habit and faces a high-risk situation. With adequate coping responses, the individual may be able to resist temptation, leading to a low likelihood of relapse. Without adequate coping responses, however, perceptions of self-efficacy may decline and perceptions of the rewarding effects of the substance may increase, leading to an increased likelihood of relapse. (*Source:* From Marlatt, G. A., & Gorden, J. R. (1985). Relapse Prevention: Maintenance Strategies in the Treatment of Addictive Behaviors. New York: Guilford Press)

that they can control their habits, at least to a degree. With smoking, for example, multiple efforts to stop often take place before people succeed (Schachter, 1982), suggesting that initial experiences with stopping smoking may prepare people for later success. The person who relapses may nonetheless have acquired useful information about the habit and have learned ways to prevent relapse in the future. At present, relatively little is known about these paradoxical effects of relapse.

Reducing Relapse   Because of the high risk of relapse, behavioral interventions build in techniques to try to reduce its likelihood. Typically, such interventions have centered on three techniques. Booster sessions following the termination of the initial treatment phase have been one method. Several weeks or months after the end of a formal inter-

vention, smokers may have an additional smoking-prevention session or dieters may return to their group situation to be weighed in and to brush up on their weight-control techniques. Unfortunately, however, booster sessions have been generally unsuccessful as a method for maintaining behavior change and preventing relapse (Brownell, Marlatt, et al., 1986).

Another approach has been to add more components to the behavioral intervention, such as relaxation therapy or assertiveness training, but, as noted earlier, the addition of components does not appear to increase adherence rates and, under some circumstances, may actually reduce them.

A third approach to relapse prevention is to consider abstinence a lifelong treatment process, as is done in such programs as Alcoholics Anonymous and other well-established lay treatment programs. Although this approach can be successful, it also has certain disadvantages. The philosophy can leave people with the perception that they are constantly vulnerable to relapse, potentially creating the expectation of relapse when vigilance wanes. Moreover, the approach implies that people are not in control of their habit, and research on health-habit modification suggests that self-efficacy is an important component in initiating and maintaining behavior change (Bandura, 1986; Brownell, Marlatt, et al., 1986).

Relapse Prevention Researchers have argued that **relapse prevention** must be integrated into treatment programs from the outset. Changing a health habit is not a simple action, but it is a process that may occur in stages (Brownell, Marlatt, et al., 1986; Prochaska & DiClemente, 1984a), and relapse prevention efforts can be built in at all stages.

Some factors are especially relevant when people first join a treatment program. Those people who are initially highly committed to the program and motivated to engage in behavior change are less likely to relapse. These observations imply that one important focus of programs must be on developing methods of increasing motivation and maintaining commitment. For example, programs may create a contingency management procedure in which people are required to deposit money, which is returned if they successfully attend meetings or change their behavior.

Another, more controversial approach is the use of screening techniques to weed out people who are not truly committed to behavior change and who are therefore vulnerable to relapse. On the one hand, denying people access to a treatment program that may improve their health may be ethically dubious. On the other hand, including people who will ultimately relapse may demoralize other participants in the behavior-change program, demoralize the practitioner, and ultimately make it more difficult

for the person predisposed to relapse to change behavior.

Once motivation and commitment to follow through have been instilled, techniques must be developed in the behavior-change program itself that are designed to maintain behavior change and act as relapse prevention skills once the program terminates. One such strategy involves having people identify the situations that are likely to promote a relapse and then develop coping skills that will enable them to manage that stressful event successfully. This strategy draws on the fact that successful adherence promotes feelings of self-control and that having available coping techniques can enhance feelings of control still further (Marlatt & George, 1988). In addition, the mental rehearsal of coping responses in a high-risk situation can promote feelings of self-efficacy, decreasing the likelihood of relapse. For example, some programs train participants to engage in constructive self-talk that will enable them to talk themselves through tempting situations (Brownell, Marlatt, et al., 1986).

Cue elimination, or restructuring one's environments to avoid situations that evoke the target behavior, may be possible for people with some habits (Bouton, 2000). The alcoholic who drank exclusively in bars can avoid bars. For other habits, however, cue elimination is impossible. For example, smokers are usually unable to completely eliminate the circumstances in their lives that led them to smoke. Consequently, some relapse prevention programs deliberately expose people to the situations likely to evoke the old behavior to give them practice in using their coping skills. The power of the situation may be extinguished over time if the behavior does not follow (Marlatt, 1990). Moreover, such exposure can increase feelings of self-efficacy and decrease the positive expectations associated with the addictive behavior. Making sure that the new habit (such as exercise or alcohol abstinence) is practiced in as broad an array of new contexts is important as well for ensuring that it endures (Bouton, 2000).

Lifestyle Rebalancing Finally, long-term maintenance of behavior change can be promoted by leading the person to make other health-oriented changes in lifestyle, a technique termed **lifestyle rebalancing** (Marlatt & George, 1988). Making lifestyle changes, such as adding an exercise program or learning stress management techniques, may promote a healthy lifestyle more generally and help reduce the likelihood of relapse. Returning to smoking or excessive alcohol consumption comes to be seen as highly inappropriate in the context of a generally healthier lifestyle.

The role of social support in maintaining behavior change is equivocal. At present, some studies suggest that enlisting the aid of family members in maintaining behavior change is helpful, but other studies suggest not (Brownell, Marlatt, et al., 1986). Possibly research has not yet identified the exact ways in which social support may help maintain behavior change.

Overall, at present, relapse prevention seems to be most successful when people perceive their successful behavior change to be a long-term goal, develop coping techniques for managing high-risk situations, and integrate behavior change into a generally healthy lifestyle.

Stages of Behavior Change: Transtheoretical Model of Behavior Change

As the previous analysis implies, changing a bad health habit does not take place all at once. People go through stages while they are trying to change their health behaviors, and the support they need from therapists or formal behavior-change programs may vary depending on the particular stage they are in with

respect to their poor health habit (Prochaska, 1994; Rothman, 2000).

Prochaska and his associates (Prochaska, 1994; Prochaska, DiClemente, & Norcross, 1992) have developed the **transtheoretical model of behavior change,** a model that analyzes the stages and processes people go through in attempting to bring about a change in behavior and suggested treatment goals and interventions for each stage. Originally developed to treat addictive disorders, such as smoking, drug use, and alcohol addiction, the stage model has now been applied to other health habits, such as exercising and obtaining regular mammograms (Rakowski et al., 1993).

Precontemplation

The precontemplation stage occurs when a person has no intention to change his or her behavior. Many individuals in this stage are not even aware that they have a problem, although families, friends, neighbors, or coworkers may well be. An example is the problem drinker who is largely oblivious to the problems he or she creates for his or her family. Sometimes people in the precontemplative phase seek treatment, but typically they do so only if they have been pressured by others and feel themselves coerced into changing their behavior. Not surprisingly, these individuals often revert to their old behaviors and consequently make poor targets for intervention.

Contemplation

Contemplation is the stage in which people are aware that a problem exists and are thinking about it but have not yet made a commitment to take action. Many individuals remain in the contemplation stage for years, such as the smoker who knows he or she should stop but has not yet made the commitment to do so. Individuals in the contemplation stage are typically still weighing the pros and cons of changing their behavior, continuing to find the

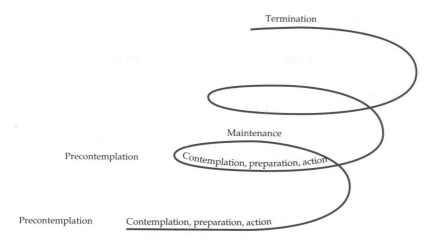

Termination

Maintenance

Precontemplation

Contemplation, preparation, action

Precontemplation

Contemplation, preparation, action

FIGURE 3.6 A Spiral Model of the Stages of Change (*Source:* Prochaska et al., 1992)

positive aspects of the behavior enjoyable. Those who do decide to change their behavior have typically formed favorable expectations about their ability to do so and the rewards that will result (Rothman, 2000).

Preparation

In the preparation stage, individuals intend to change their behavior but may not yet have begun to do so. In some cases, it is because they have been unsuccessful in the past, or they may simply be delaying action until they can get through a certain event or stressful period of time. In some cases, individuals in the preparation stage have already modified the target behavior somewhat, such as smoking fewer cigarettes than usual, but have not yet made the commitment to eliminate the behavior altogether.

Action

The action stage is the one in which individuals modify their behavior to overcome the problem. Action requires the commitment of time and energy to making real behavior change. It includes stopping the behavior and

modifying one's lifestyle and environment so as to rid one's life of cues associated with the behavior.

Maintenance

Maintenance is the stage in which people work to prevent relapse and to consolidate the gains they have made. Typically, if a person is able to remain free of the addictive behavior for more than 6 months, he or she is assumed to be in the maintenance stage (Wing, 2000).

Because relapse is the rule rather than the exception with addictive behaviors, this stage model is conceptualized as a spiral. As Figure 3.6 indicates, individuals may take action, attempt maintenance, relapse, return to the precontemplation phase, cycle through the subsequent stages to action, repeat the cycle again, and do so several times until they have successfully eliminated the behavior (see Prochaska et al., 1992).

Importance of the Stage Model of Change

The stage model of health behavior change is potentially important for several reasons. It captures the processes that people actually go through while they are attempting to change their behavior, either on their own or with assistance. It illustrates that successful change may not occur on the first try or all at once. It also explicates why many people are unsuccessful in changing their behavior and why relapse rates are so high. Specifically, people who are in the precontemplation stage or the contemplation stage are not ready to be thrust into action. In fact, the research literature suggests that most people with an addictive habit are not in the action phase. For example, a study of smokers revealed that 10 to 15% were prepared for action, 30 to 40% were in the contemplation stage, and 50 to 60% were in the precontemplation stage (Prochaska et al., 1992). These statistics help explain why so many interventions show dismal rates of success. When success rates are recalculated to include only individuals who are ready to change their behavior—namely, those people in the action or preparation stage—most of these programs look more successful.

Using the Stage Model of Change

The stage model of health behavior change is helpful because it suggests that particular interventions may be more valuable during one stage than another. For example, a smoker in the action phase is not going to be helped by information about the importance of not smoking, but information about the importance of controlling alcohol consumption may be valuable to a person who is just beginning to contemplate that he or she has a drinking problem.

At each stage, then, particular types of interventions may be warranted (cf. Blalock et al., 1996; N. D. Weinstein, 1988). Specifically, providing individuals in the precontemplation stage with information about their problem may move them to the contemplation phase. To move people from the contemplation phase into preparation, an appropriate intervention

may induce them to assess how they feel and think about themselves with respect to a problem and how stopping it will change them. Interventions designed to get people to make explicit commitments as to when and how they will change their behaviors may bridge the gap between preparation and action. Interventions that emphasize providing self-reinforcements, social support, stimulus control, and coping skills should be most successful with individuals already moving through the action phase into long-term maintenance.

The spiral stage model of health behavior change deserves to be true, but so far its applications have shown mixed success. The model has been used with many different health behaviors, including smoking cessation, quitting cocaine, weight control, modification of a high-fat diet, adolescent delinquent behavior, practice of safe sex, condom use, sunscreen use, control of radon gas exposure, exercise acquisition, and regular mammograms (Prochaska et al., 1994). In some cases, interventions matched to the particular stage a person is in have been successful; in other cases, not (Lamb & Joshi, 1996; N. D. Weinstein, Rothman, & Sutton, 1998).

Changing Health Behaviors Through Social Engineering

Much behavior change occurs not through behavior-change programs but through social engineering. **Social engineering** involves modifying the environment in ways that affect people's ability to practice a particular health behavior. These measures are called passive because they do not require an individual to take personal action. For example, wearing seat belts is an active measure that an individual must take to control possible injury from an automobile accident, whereas airbags, which inflate automatically on impact, represent a passive measure.

Many health behaviors are already determined by social engineering. Banning the use of certain drugs, such as heroin and cocaine, and regulating the disposal of toxic wastes are examples of health measures that have been mandated by legislation. Both smoking and alcohol consumption are legally restricted to particular circumstances and age groups.

Many times, social engineering solutions to health problems are more successful than individual ones. Consider the example of water purification. We could attempt to instill good water purification habits in individuals by constructing attitudinal and behavioral interventions to persuade each person to boil his or her own water. However, purifying the water at its source is a far better solution (L. S. Robertson, 1975). We could intervene with parents to get them to reduce accident risks in the home, but approaches such as using safety containers for medications and making children's clothing with fire-retardant fabrics are more successful (Fielding, 1978). Lowering the speed limit has had far more impact on death and disability from motor vehicle accidents than interventions to get people to change their driving habits (Fielding, 1978). Raising the drinking age from 18 to 21 is more successful in reducing alcohol-related vehicular fatalities than are programs designed to help the drunk driver (Ashley & Rankin, 1988).

The prospects for continued use of social engineering to change health habits are great. Fallout from the current negotiations between the tobacco industry and the federal government are likely to lead to further restrictions on smoking, especially those restrictions designed to limit exposure to secondhand smoke.

One prominent researcher who studies health habits and obesity has suggested that controlling what is contained in vending machines at schools, putting a surcharge on foods high in fat and low in nutritional value, and controlling advertising of high-fat and high-cholesterol products, particularly those directed to children, should be considered to combat the enormous rise in obesity that has occurred over the past 2 decades (M. F. Jacobson & Brownell, 2000). Indeed, as the contributions of diet and obesity to poor health and early death become increasingly evident, social engineering solutions with respect to food sales and advertising may well emerge.

A relatively new method of social engineering to improve health habits involves using the entertainment media to illustrate good practices. Soap operas have been found to influence people in many countries more successfully than lectures and pamphlets on health habits, especially in developing countries. Researchers have found that those who have watched the stars of their favorite TV dramas practice good health habits have been more inclined to change (C. J. Williams, 2001). There are limits, of course, on just how much one can use the media to this end, but to combat such problems as teen pregnancy and AIDS, television drama shows some potential success.

There are limits on social engineering more generally. Even though smoking has been banned in many public areas, it is still not illegal to smoke; if this were to occur, most smokers and a substantial number of nonsmokers would find such mandatory measures unacceptable interference with civil liberties. Even when the health advantages of social engineering can be dramatically illustrated, the sacrifice in personal liberty may be considered too great. Thus, many health habits will remain at the discretion of the individual. It is to such behaviors that psychological interventions speak most persuasively.

Venues for Health-Habit Modification

What is the best venue for intervening in people's health habits? There are several possibilities: the private therapist's office, the physician's office, self-help groups, schools, the workplace, the community setting, and the mass media, each with its particular advantages and disadvantages (Winett, 1995).

The Private Therapist's Office

Some health-habit modification is conducted by psychologists, psychiatrists, and other clinicians privately on a one-to-one basis. These professionals are carefully trained in the techniques of cognitive-behavioral modification that seem to work best in altering health habits.

There are two striking advantages of the one-to-one therapeutic experience for the modification of health habits. First, precisely because it is one-to-one, the extensive individual treatment a person receives may make success more likely. Second, because of the individual nature of the experience, the therapist can tailor the behavior-change package to the needs of the individual.

However, there are also major disadvantages of initiating changes in health behavior in the therapist's office. Only one individual's behavior can be changed at a time. If the modification of health habits is to make any dent in rates of disease, we must find ways of modifying health behaviors that do not require expensive one-to-one attention.

The Health Practitioner's Office

Health-habit modification can be undertaken in the health practitioner's office. Many people have regular contact with a physician or another health care professional who knows their medical history and can help them modify particular health habits. Recent research efforts have developed lifetime health-monitoring programs that practitioners can use to assess each patient's status with respect to particular health goals appropriate for that patient's age group. For example, the health goals of the first year of life include

establishing immunity against infectious diseases, and specific tests and immunizations are recommended to this end (Becker & Janz, 1987; Breslow & Somers, 1977). As these procedures become formalized and commonly accepted, such methods should become more common, alerting people to the risks they face as individuals.

Among the advantages of intervening in the physician's office is that physicians are highly credible sources for instituting health-habit change, and their recommendations have the force of their expertise behind them. Nonetheless, as in the case of private therapy, the one-to-one approach is expensive and reduces only one person's risk status at a time.

The Family

Increasingly, health practitioners are recognizing the value of intervening with the family to improve health (Fisher et al., 1998). There are several reasons for this emphasis. First and most obviously, children learn their health habits from their parents, so making sure the entire family is committed to a healthy lifestyle gives children the best chance at a healthy start in life.

Second, families, especially those in which there are children and one or more adults who work, typically have more organized, routinized lifestyles than single people do, so family life often builds in healthy behaviors, such as getting three meals a day, sleeping 8 hours, brushing teeth, and using seat belts. The health-promoting aspects of family life are evident in the fact that married men have far better health habits than single men, in part because wives often run the home life that builds in these healthy habits (e.g., Hampson, Andrews, Barckley, Lichtenstein, & Lee, 2000). (Single and married women have roughly equally healthy lifestyles.)

A third reason for intervening with families is that multiple family members are affected by

A stable family life is health-promoting and, increasingly, interventions are being targeted to families rather than individuals to ensure the greatest likelihood of behavior change. (© Bob Daemmrich/Stock Boston)

any one member's health habits. A clear example is secondhand smoke, which harms not only the smoker but those around him or her. Finally and most important, if behavior change is introduced at the family level—such as a low-cholesterol diet or stopping smoking—all family members are on board, ensuring greater commitment to the behavior-change program and providing social support for the person whose behavior is the target (D. K. Wilson & Ampey-Thornhill, 2001). Evidence suggests that the involvement of family members can increase the effectiveness of an intervention substantially (Wing & Jeffery, 1999).

As we'll see shortly, the emphasis on individual behavior change is a culturally-limited approach that may not be a useful intervention strategy for Latino, Black, Asian, or Southern European cultures; people in these latter cultures may be more persuaded to engage in behavior change when the good of the family is at stake (Han & Shavitt, 1994; Klonoff & Landrine, 1999). Consequently, the emphasis on family health behavior change is especially well placed for people from these cultures.

Other venues for promoting healthy behavior draw on larger social groups. These approaches have the benefits of targeting many people's behavior at the same time and of using social pressure and commitment processes to help instill behavior change in each individual. We next examine these efforts.

Managed Care Facilities

Increasingly, many of us get our health care from larger medical groups, rather than from individual private physicians, and these groups provide opportunities for general preventive health education that reach many people at the same time. Clinics to help smokers stop smoking, dietary interventions that provide information and recipes for changing diet, and programs for new parents that teach home safety are among the many interventions that can be implemented in these larger settings.

Because about half of all early deaths result from preventable behavioral factors, managed care facilities are motivated to provide preventive care; substantial cost savings can result. Many managed care facilities do run alcohol, tobacco, and drug programs, but dietary, exercise, and other preventive interventions are more infrequent (Center for the Advancement of Health, 2000c). Thus, the role of managed care in implementing health behavior change has much room for growth.

Self-help Groups

Substantially more people, an estimated 8 to 10 million in the United States alone, attempt to modify their health habits through self-help groups than through contact with private therapists or physicians. These self-help groups bring together a number of individuals with the same health-habit problem, and often with the help of a counselor, they attempt to solve their problem collectively. Some prominent self-help groups include Overeaters Anonymous and TOPS (Take Off Pounds Sensibly) for obesity, Alcoholics Anonymous for alcoholics, and Smokenders for smokers. Many of the leaders of these groups employ cognitive-behavioral principles in their programs. The social support and understanding of mutual sufferers are also important factors in producing successful outcomes. At the present time, self-help groups constitute the major venue for health-habit modification in this country. We will examine the self-help group experience further in chapters 4 and 5.

Schools

Interventions to encourage health behaviors have increasingly been implemented through the school system (Best, Thompson, Santi, Smith, & Brown, 1988; Cleary, Hitchcock, Semmer, Flinchbaugh, & Pinney, 1988). A number of factors make schools a desirable venue for health-habit modification. First, most children go to school; therefore, virtually all the population can be reached, at least in their early years. Second, the school population is young. Consequently, we can intervene before children have developed poor health habits.

Chapter 5 provides examples of smoking prevention programs that are initiated with schoolchildren before they begin smoking. Moreover, when young people are taught good health behaviors early, these behaviors may become habitual and stay with them their whole lives. Third, schools have a natural intervention vehicle—namely, classes of approximately an hour's duration; many health interventions can fit into this format.

Finally, certain sanctions can be used in the school environment to promote health behaviors. For example, some school systems require that children receive a series of inoculations before they attend school and deny admission to those who have not received their shots; this requirement has been extremely successful in increasing compliance with recommended inoculations (W. J. McGuire, 1984). For these reasons, then, we frequently see the schools used as a venue for influencing health habits.

Work Site Interventions

Very young children and the elderly can be reached through the health care system to promote healthy behavior. Children and adolescents can be contacted through the schools. The bulk of the adult population, however, is often difficult to reach. They do not use medical services regularly, and it is difficult to reach them through other organizational means. However, approximately 70% of the adult population is employed, and consequently, the workplace can be utilized to reach this large percentage of the population (S. G. Haynes, Odenkirchen, & Heimendinger, 1990).

There are at least three ways in which the work site has typically dealt with employees' health habits. The first is the provision of on-the-job health promotion programs that help employees practice better health behaviors. Programs designed to help employees stop smoking, reduce stress (Roskies, Spevack,

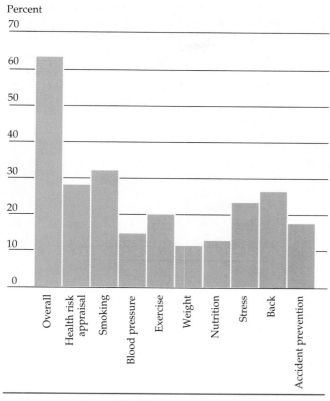

Percent

Type of health promotion activity

FIGURE 3.7 This figure shows the percentage of work sites that have initiated health promotion activities for their employees. (*Source:* Green & Cargo, 1994. Reproduced by permission. Health Promotion in the Workplace, 2e, by Michael O'Donnell, Delmar Publishers, Albany, New York, Copyright 1994.)

Surkis, Cohen, & Gilman, 1978), change their diet, exercise regularly, lose weight, control hypertension (Alderman & Schoenbaum, 1975), or control problem drinking are in existence in many companies across the country (see Figure 3.7).

A second way in which industry has promoted good health habits is by structuring the environment to help people engage in healthy activities. For example, many companies ban smoking in the workplace. Others provide health clubs for employee use or restaurant facilities that serve meals that are low in fat, sugar, and cholesterol. Third, some industries provide special incentives, such as reduced insurance premiums for individuals who successfully modify their health habits (for example, individuals who stop smoking). Health psychologists have also been involved in the creation of general wellness programs designed to address multiple health habits.

In addition to being the main venue through which the adult population can be contacted, the work site has other advantages for intervention. First, large numbers of individuals can be educated simultaneously. Second, the work site can provide sanctions for participating in a program. For example, workers may get time off if they agree to take part. Third, the work site has a built-in social support system of

To reach the largest number of people most effectively, researchers are increasingly designing interventions to be implemented on a community basis through existing community resources. (© Michael A. Dwyer/Stock Boston)

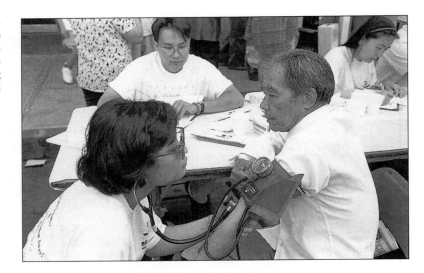

fellow employees who can provide encouragement for the modification of health habits. Finally, because people spend so much of their lives at work, changing the reinforcements and discriminative stimuli in the environment can help maintain good health habits instead of poor ones.

How successful are work site interventions? Many such programs have not been formally evaluated. Those that have appear to achieve modest success (Fielding, 1991; R. E. Glasgow, Terborg, Strycker, Boles, & Hollis, 1997), although such interventions often reach those with jobs of higher rather than lower occupational prestige (Dobbins, Simpson, Oldenburg, Owen, & Harris, 1998), suggesting that more efforts need to be made to recruit those in less prestigious occupations and positions. Formal evaluation and high rates of success will be critical in the continuation of such programs, because cost-benefit data will be a major basis on which corporations will be willing to invest in health promotion at the work site. If corporations can see reductions in absenteeism, insurance costs, accidents, and other indicators

that these programs are successful, they will be more likely to continue to support them (Fielding, 1991).

Community-Based Interventions

Community-based interventions have the potential to reach large numbers of individuals. The term encompasses a variety of specific approaches. A community-based intervention could be a door-to-door campaign informing people of the availability of a breast cancer screening program, a media blitz alerting people to the risks of smoking, a diet-modification program that recruits through community institutions, or a mixed intervention involving both media and interventions directed to high-risk community members.

There are several advantages of community-based interventions. First, such interventions reach more people than individually based interventions or interventions in limited environments, such as a single workplace or classroom. Second, community-based interventions have the potential to build on social support in reinforcing compliance with recommended health changes. For example, if all your neighbors have agreed to switch to a low-cholesterol diet, you are more likely to do so as well. Third, community-based interventions can potentially address the problem of behavior-change maintenance. If the community environment is restructured so that the cues and reinforcements for previous risky behaviors are replaced by cues and reinforcements for healthy behaviors, relapse may be less likely (R.Y. Cohen, Stunkard, & Felix, 1986).

Several prominent community-based interventions have been developed to reduce risk factors associated with heart disease. For example, the Multiple Risk Factor Intervention Trial (MRFIT), the North Karelia project in Finland, and the Stanford Heart Disease Prevention Program (Box 3.2) were all designed to modify cardiovascular risk factors such as smoking, dietary cholesterol level, and blood pressure through a combination of media interventions and behavior-change efforts targeted to high-risk groups (see also Alexandrov et al., 1988).

Community interventions have been controversial. Some researchers have argued that these interventions show good success rates. For example, the North Karelia project appears to have produced declines in cardiovascular mortality (Tuomilehto et al., 1986), and the MRFIT program brought about reductions in cigarette smoking, reductions in blood pressure, and improvements in dietary knowledge (M. Sexton et al., 1987). Other researchers have argued, however, that these interventions are too expensive for the modest changes they bring about. Moreover, behavior change may not be maintained over time (Klepp, Kelder, & Perry, 1995). Although large-scale, expensive intervention studies that involve individualized behavior therapy for those at high risk are unlikely to be sustainable in the future on the basis of expense, more modest efforts to integrate healthy lifestyle programs into existing community outreach programs are likely to continue.

The Mass Media

One of the goals of health promotion efforts is to reach as many people as possible, and consequently, the mass media have great potential. Evaluations of the effectiveness of health appeals in the mass media suggest some qualifications regarding their success (Lau, Kane, Berry, Ware, & Roy, 1980). Generally, mass media campaigns bring about modest attitude change but less long-term behavior change.

The mass media appear to be most effective in alerting people to health risks that they would not otherwise know about (Lau et al., 1980). For example, media attention given to the surgeon general's report (U.S. Public Health Service, 1982) on the health risks of smoking alerted millions of people to the problem faster than any other form of communication.

By presenting a consistent media message over time, the mass media can also have a cumulative effect in changing the values associated with health practices. For example, the cumulative effects of antismoking mass media messages have been substantial, and the climate of public opinion is now clearly on the side of the nonsmoker. In conjunction with other techniques for behavior change, such as community interventions, the mass media can also reinforce and underscore elements in existing behavior-change programs.

Conclusions

The choice of venue for health-habit change is an important issue. We need to understand the particular strengths and disadvantages of each venue and continue to seek methods that reach the most people for the least expense

BOX 3.2

Portrait of a Media Campaign to Reduce Cardiovascular Risk

An ambitious undertaking to reduce cardiovascular risk was mounted by a team of researchers at Stanford University (A. J. Meyer, Maccoby, & Farquhar, 1980). The Stanford Heart Disease Prevention Program, as it was called, was designed to test a potential model for mass media intervention in communities to get people to change their health habits so as to reduce their risk for cardiovascular disease.

Three communities similar in size and socioeconomic status were identified and compared on risk factors associated with coronary heart disease both before and after the study. One town served as a control town and received no campaign. The second and third towns were both exposed to a massive media campaign on the effects of smoking, diet, and exercise over a 2-year period via television, radio, newspapers, posters, billboards, and printed materials sent by mail. In one of these two towns, the media campaign was supplemented by face-to-face instruction, directed at participants at highest risk for coronary heart disease, on how to modify specific risk factors. This intervention was heralded as a potential major breakthrough in the modification of health habits because it employed an experimental design to examine health-habit modification efforts via the mass media and interpersonal interaction.

Only modest attitude and behavior changes were found in the community that was exposed only to the mass media campaign. As a consequence of the campaign, the participants became more knowledgeable about cardiovascular risk factors and reported that they had reduced their consumption of dietary cholesterol and fats relative to the control group. There was some evidence that systolic blood pressure and plasma cholesterol were reduced. More dramatic and lasting effects, however, were found when the mass media

Mass media appeals can change the attitudes of the general public toward particular health-related concerns. (© Lincoln Russell/Stock Boston)

campaign was coupled with behavioral instruction of individuals at risk. These individuals did modify their cardiovascular risk status somewhat compared with the other two groups, primarily through reduced smoking (H. Leventhal, Safer, et al., 1980).

The Stanford study was a valuable step in using solid experimental data to evaluate mass media and face-to-face campaigns. The conclusions suggest that the mass media alone are relatively unsuccessful in modifying risk status. Because mass media efforts like the Stanford intervention are very expensive, it seems unlikely that future research efforts will employ a media-only campaign to address health habits. Rather, it is more likely that subsequent community studies will use mass media campaigns as only one component of a more complex, concerted approach to health-habit modification.

possible. By making use of the distinct advantages associated with each venue, we may most successfully modify health habits. Our primary challenge for the future will be to integrate our rapidly accumulating knowledge of how individuals alter their health habits with broader macro-level policies of federal, state, and private health care agencies (such as HMOs) to create a truly integrative approach to building healthy lifestyles (Orleans, 2000).

Summary

1. Health promotion is the process of enabling people to increase control over and improve their health. It involves the practice of good health behaviors and the avoidance of health-compromising ones. The impetus for health promotion has come from recognizing the impact of lifestyle factors, such as smoking, drinking, and controlling weight, on chronic health disorders.

2. Health habits are determined by demographic factors, social factors (such as early socialization), values and cultural background, perceived symptoms, access to medical care, and cognitive factors (such as health beliefs). Health habits are only modestly related to each other and are highly unstable over time.

3. Health promotion efforts target children and adolescents before bad health habits are in place. They also focus on individuals and groups at risk for particular disorders to prevent those disorders from occurring. An increasing focus on health promotion among the elderly may help contain the soaring costs of health care at the end of life.

4. Attitudinal approaches to health behavior change can instill knowledge and motivation. But approaches such as fear appeals and information appeals have had limited effects on behavior change.

5. Research using the health belief model, Bandura's self-efficacy principle, and the theory of planned behavior have identified the attitudes most directly related to health-habit modification. These attitudes are the belief that a threat to health is severe, that one is personally vulnerable to the threat, that one is able to perform the response needed to reduce the threat (self-efficacy), that the response will be effective in overcoming the threat (response efficacy), and that social norms support one's practice of the behavior. Behavioral intentions are also important determinants of behavior.

6. Cognitive-behavioral approaches to health-habit change use principles of self-monitoring, classical conditioning, operant

conditioning, modeling, and stimulus control to modify the antecedents and consequences of a target behavior. Cognitive-behavior therapy brings patients into the treatment process by teaching them principles of self-control and self-reinforcement.

7. Social-skills training and relaxation training methods are often incorporated into broad-spectrum, or multimodal, cognitive-behavioral interventions to deal with the anxiety or social deficits that underlie some health problems.

8. Increasingly, interventions focus on relapse prevention, which is the training of clients in methods to avoid the temptation to relapse. Learning coping techniques for high-risk-for-relapse situations is a major component of such interventions.

9. Successful modification of health habits does not occur all at once. Individuals go through stages, which they may cycle through several times: precontemplation, contemplation, preparation, action, and maintenance. When interventions are targeted to the stage an individual is in, they are more successful.

10. Some health habits are best changed through social engineering, such as mandated childhood immunizations or purifying water at its source.

11. The venue for intervening in health habits is changing. Expensive methods that reach one individual at a time are giving way to group methods that may be cheaper, including self-help groups and school, work site, and community interventions. The mass media can reinforce health campaigns implemented via other means and can alert people to health risks.

Key Terms

abstinence violation effect
assertiveness training
at risk
behavioral assignments
broad-spectrum cognitive-
    behavior therapy
classical conditioning
cognitive-behavior therapy
cognitive restructuring
contingency contracting
covert self-control
discriminative stimulus
fear appeals
health behaviors

health belief model
health habit
health locus of control
health promotion
lifestyle rebalancing
modeling
operant conditioning
primary prevention
relapse prevention
relaxation training
self-control
self-efficacy
self-monitoring
self-observation

self-reinforcement
self-talk
social engineering
socialization
social-skills training
stimulus-control
    interventions
teachable moment
theory of planned behavior
transtheoretical model of
    behavior change
window of vulnerability

CHAPTER 4
Health-Enhancing Behaviors

*E*very New Year's morning, Juanita sat down and took stock of what she wanted to accomplish during the next year. This year's list was like many other New Years' lists. It began with "lose 5 pounds" and included "get exercise every day" and "eat better (cut out junk food and soda)." After making the list, Juanita promptly went out running and returned 45 minutes later with a plan to consume a nice, healthy lunch of steamed vegetables.

The phone rang. It was a friend inviting her to a last-minute New Year's Day brunch. The brunch sounded like a lot more fun than what

Juanita had in mind, so off she went. Several hours later, after eggs Benedict and an afternoon of televised football games, soda, and potato chips, Juanita had already broken her New Year's resolve.

Juanita is very much like most of us. We know what we should do to preserve and maintain our health, and we want very much to do it. Given a moment of private reflection, most of us would make decisions similar to Juanita's. In fact, surveys show that the most common New Year's resolutions, in addition to saving money, are losing weight and getting exercise. Although most of us manage to pursue our New Year's resolutions longer than the few hours that Juanita lasted, rarely do we get more than a few weeks into the new year before we lapse back to our more sedentary, less healthy lifestyle. Yet these health habits are important, and changing or maintaining our behavior in the direction of good health habits should be a high priority for all of us.

Chapter 4 employs the attitudinal and behavioral principles identified in chapter 3 and examines how they apply to several self-enhancing behaviors, including exercise, accident prevention, cancer prevention, weight control, and healthy diet. These behaviors are important because each has been systematically related to at least one major cause of illness, disability, and death in industrialized countries. As people in third-world countries increasingly adopt the lifestyle of people in industrialized nations, these health habits will assume increasing importance throughout the world.

TABLE 4.1   Health Benefits of Regular Exercise
• Increases maximum oxygen consumption
• Decreases resting heart rate
• Decreases blood pressure (in some)
• Increases strength and efficiency of heart (pumps more blood per beat)
• Decreases use of energy sources, such as glutamine
• Increases slow wave sleep
• Increases HDL, unchanged total cholesterol
• Decreases cardiovascular disease
• Decreases obesity
• Increases longevity
• Decreases menstrual cycle length, decreases estrogen and progesterone
• Decreases risk of some cancers
• Increases immune system functions
• Decreases negative mood

Exercise

In recent years, health psychologists have turned their attention to the role of aerobic exercise in maintaining mental and physical health. **Aerobic exercise** is sustained exercise that stimulates and strengthens the heart and lungs, improving the body's utilization of oxygen. All aerobic exercise is marked by its high intensity, long duration, and need for high endurance. Among the forms of exercise that meet these criteria are jogging, bicycling, rope jumping, running, and swimming. Other forms of exercise—such as isokinetic exercises (weight lifting, for example) or high-intensity, short-duration, low-endurance exercises (such as sprinting)—may be satisfying and build up specific parts of the body but have less effect on overall fitness because they draw on short-term stores of glycogen rather than on the long-term energy conversion system associated

with aerobics (McArdle, Katch, & Katch, 1981; Morehouse & Miller, 1976).

Benefits of Exercise

The health benefits of aerobic exercise are substantial (see Table 4.1), yet two thirds of American adults do not achieve the recommended levels of physical activity, and about one quarter of American adults do not engage in any leisure-time physical activity. Physical inactivity is more common among women then men, among Blacks and Hispanics than Whites, among older than younger adults, and among those with lower versus higher incomes (Center for the Advancement of Health, 2000h).

Perhaps more surprising is the fact that health practitioners do not uniformly recommend physical exercise, even to their patients who could especially benefit from it, such as their elderly patients (Center for the Advancement of Health, 2000i; Leveille et al., 1998); yet studies show that a physician recommendation is one of the factors that lead people to increase their exercise (Calfas, et al., 1997).

Aerobic exercise has been tied to increases in cardiovascular fitness and endurance (B. Alpert, Field, Goldstein, & Perry, 1990) and to reduced risk for heart attack (Paffenbarger, Hyde, Wing, & Steinmetz, 1984), benefits that everyone can enjoy. Exercise is considered to be the most important health habit for the elderly, and cardiovascular benefits of exercise have been found even for preschoolers (B. Alpert et al., 1990).

Other health benefits of exercise include increased efficiency of the cardiorespiratory system, improved physical work capacity, the optimization of body weight, the improvement or maintenance of muscle tone and strength, an increase in soft tissue and joint flexibility, the reduction or control of hypertension, improved cholesterol level, improved glucose tolerance, improved tolerance of stress, and reduction in poor health habits, including cigarette smoking, alcohol consumption, and poor diet (Center for the Advancement of Health, 2000b; Ebbesen, Prkhachin, Mills, & Green, 1992). People who obtain regular, vigorous exercise may also have lower rates of certain forms of cancer (Brownson, Chang, Davis, & Smith, 1991).

The effects of exercise translate directly into increased longevity. Higher levels of physical fitness in both men and women clearly delay mortality, particularly that due to cardiovascular disease and cancer (Blair et al., 1989). One study estimated that, by age 80, the amount of additional life attributable to aerobic exercise is between 1 and 2 years (Paffenbarger, Hyde, Wing, & Hsieh, 1986). It is also true that, to achieve these extra 2 years of life, a person will have devoted the entire 2 years to exercise over his or her lifetime (Jacoby, 1986). Consequently, the quality of the exercise experience is an important factor as well.

How Much Exercise?   The typical exercise prescription for a normal adult is to accumulate 30 minutes or more of moderate intensity activity on most, preferably all, days of the week and 20 minutes or more of vigorous activity at least 3 days a week (Center for the Advancement of Health, 2000b). A person with low cardiopulmonary fitness may derive benefits with even less exercise each week. Even short walks, often recommended for older individuals or those with some infirmities, may have benefits for both physical and psychological health (Ekkekakis, Hall, VanLanduyt, & Petruzzello, 2000).

Exercise Versus Stress   One puzzle is why exercise, which produces the release of adrenalin and other hormones, has a beneficial effect on heart functioning, whereas stress, which also produces these changes, has an adverse effect—that is, association with lesions in the heart tissue (L. Wright, 1988). One theory maintains that infrequent activation and discharge of adrenalin may have beneficial effects, whereas chronically enhanced discharge of adrenalin may not. Another possibility is that adrenalin discharged under conditions for which it was intended (such as running or fighting) is metabolized differently than adrenalin that occurs in response to stress, which is not expressed physically in the same ways.

A third possibility is that, under conditions of stress, the hypothalamic-pituitary-adrenocortical (HPA) axis is activated (a stress process that we will cover in chapter 6), which may be heavily responsible for the adverse effects of stress on the body, whereas sympathetic nervous system arousal alone or delayed HPA involvement, both of which are common in exercise, may have fewer adverse effects (DeVries, Bernards, De Rooij, & Koppeschaar, 2000). In essence, then, exercise may engage different neurobiological and emotional systems and patterns of activation than stress does.

Effects on Psychological Health   Researchers have examined the effect of aerobic exercise on psychological states, such as mood, anxiety,

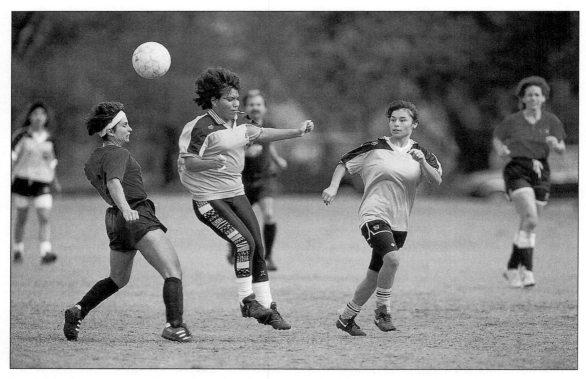

Regular aerobic exercise produces many physical and emotional benefits, including reduced risk for cardiovascular disease. (© Bob Daemmrich/Stock Boston)

depression, and tension, and have found a beneficial role of exercise on mental as well as physical health. Exercise improves mood and feelings of well-being immediately after a workout; there may also be some improvement in general mood and well-being as a result of long-term participation in an exercise program, although the results are not as strong as those demonstrating an immediate beneficial effect (Gauvin, Rejeski, & Norris, 1996).

At least some of the positive effects of exercise on mood may stem from factors associated with exercise, such as social activity and a feeling of involvement with others. For example, bicycling with friends, swimming with a companion, and running with a group may improve mood in part because of the companionship the exercise provides (Estabrooks & Carron, 1999). Social support during exercise increases the likelihood that people will maintain their exercise programs, perhaps because feedback from other people increases feelings of self-efficacy (Duncan & McAuley, 1993).

An improved sense of self-efficacy can also underlie some of the mood effects of exercise. In one study (McAuley, Talbot, & Martinez, 1999), researchers recruited participants for an exercise group and manipulated the experience of self-efficacy during the program by providing contrived feedback to the participants about how well or poorly they were doing. Results indicated that, compared with a control group, people in the efficacy condition had significantly higher levels of perceived self-efficacy, and these perceptions were associated with improvements in mood and psychological well-being.

Because of its beneficial effects on mood and self-esteem (McAuley, Mihalko, & Bane, 1997), exercise has been used as a treatment for depression and for symptoms of menopause (Slaven & Lee, 1997). One study assigned depressed women to an exercise condition, a drug treatment session, or a combined treatment. The exercise group improved their mood significantly and as much as those who received only the drug or the combined treatment, and more important, once treatment was discontinued, those who continued to exercise were less likely to become depressed again, compared with those who had been on the drug treatment (Babyak et al., 2000).

The impact of exercise on well-being should not be overstated, however. The effects are often small, and the expectation that exercise has positive effects on mood may be one reason that people so widely report the experience. Despite these cautions, the positive effect of exercise on well-being is now quite well established.

Exercise as Stress Management   The fact that exercise improves well-being suggests that it might be an effective way of managing stress. Research suggests that this intuition is well placed. J. D. Brown and Siegel (1988) conducted a longitudinal study to see if adolescents who exercised were better able to cope with stress and avoid illness than those who did not. Results indicated that the negative impact of stressful life events on health declined as exercise levels increased. Thus, exercise may be a useful resource for combating the adverse health effects of stress (J. D. Brown, 1991; Rejeski, Thompson, Brubaker, & Miller, 1992).

One possible mechanism whereby exercise may buffer certain adverse health effects of stress involves its beneficial impact on the immune system (Fiatarone et al., 1988). An increase in endogenous opioids (natural pain inhibitors; see chapter 10) stimulated by exercise may also play a role in the modulation of immune activity during periods of psychological stress.

Exercise may also have a beneficial effect on cognitive processes by focusing attention and concentration. However, the evidence on this point is mixed (Blumenthal, Emery, et al., 1991; Plante & Rodin, 1990). Exercise may initially facilitate attention, but as its intensity increases, these effects may be canceled out by the debilitating effects of muscle fatigue (Tomporoski & Ellis, 1986).

Exercise may offer economic benefits. A review of employee fitness programs, which are now a part of more than 50,000 U.S. businesses, suggests that such programs can reduce absenteeism, increase job satisfaction, and reduce health care costs, especially among women employees (see J. Rodin & Plante, 1989, for a review).

Determinants of Regular Exercise

Although the health and mental health benefits of exercise have been established, most people's participation in exercise programs is erratic. People cite lack of time and other stressors in their lives as factors that undermine their good intentions (R. S. Myers & Roth, 1997). As humorist Erma Bombeck noted, "The only reason I would take up jogging is so that I could hear heavy breathing again."

Many people seem to share this attitude toward exercise, inasmuch as regular exercise participation levels are poor. Evaluations of exercise programs indicate that 6-month participation levels range from 11 to 87%, averaging at about 50% (Dishman, 1982). This statistic means that, on average, only half of those people who initiate a voluntary exercise program are still participating in that program after 6 months. People may begin an exercise program but find it difficult to make exercise a regular activity. Paradoxically, although exercise seems to be a stress buster, stress itself is one of the most common reasons that people fail to adhere to their exercise regimens (Stetson, Rahn, Dubbert, Wilner, & Mercury, 1997). Accordingly, research has attempted to identify the factors that lead people to participate in exercise programs over the long term (B. H. Marcus et al., 2000).

Individual Characteristics   A number of individual characteristics influence whether a person is likely to exercise. People who come from families in which exercise is practiced (Sallis, Patterson, Buono, Atkins, & Nader, 1988), who have positive attitudes toward physical activity, who perceive themselves as athletic or as the type of person who exercises (Kendzierski, 1990), and who believe that people should take responsibility for their health are more likely to get involved in exercise programs initially than people who do not have these attitudes (Dishman, 1982). However, these factors do not predict participation in exercise programs over the long term. Those people who have positive attitudes toward exercise and health are as likely to drop out as those who do not (Dishman, 1982).

Gender predicts who exercises. From an early age, boys get more exercise than girls (e.g., Sallis et al., 1993). Middle-aged and older women are especially unlikely to get exercise, in part because their lives do not afford opportunities for regular exercise (Cody & Lee, 1999), in part because exercise has not been a priority for middle-aged women until relatively recently (C. Lee, 1993; S. Wilcox & Storandt, 1996), and in part because women report significant barriers to getting exercise, including caregiving responsibilities and concomitant lack of energy (A. C. King et al., 2000).

Some physical factors predict participation in exercise programs. Overweight people are less likely to participate in exercise programs than are those who are not overweight. It may be that exercise is harder for the overweight or that leaner people who had more active lifestyles before getting involved in exercise are better able to incorporate exercise into their activities (Dishman, 1982).

The effects of health status on participation in exercise programs are still unclear. Individuals at risk for cardiovascular disease do show greater adherence to exercise programs than do those who are not (Dishman, 1982). However, outside of the cardiovascular area, there is no general relationship between health status and adherence to exercise programs (Dishman, 1982).

People who are high in self-efficacy with respect to exercise are more likely to practice it and more likely to perceive that they are benefiting from it than those people low in self-efficacy. In one study of sedentary, middle-aged adults, those with high self-efficacy beliefs with respect to their exercise plan perceived themselves to expend less effort and reported more positive mood during exercise than did those with low beliefs in self-efficacy. The positive emotions experienced during exercise, in turn, predicted subsequent self-efficacy beliefs, suggesting that positive affect may help maintain exercise in the future (McAuley, 1993; McAuley & Courneya, 1992). The converse is also true: Those individuals with low self-efficacy beliefs with respect to exercise are less likely to engage in it. Those who do not exercise regularly may have little confidence in their ability to exercise and may regard exercise as entailing nearly as many costs as benefits (B. H. Marcus & Owen, 1992; S. Wilcox & Storandt, 1996).

Self-efficacy appears to be especially important for exercise adherence among older men and women. With increasing age, attitudes toward exercise and perceptions of one's self-efficacy with respect to exercise decline, although motivation remains high. Consequently, interventions aimed at modifying attitudes about the importance of exercise and one's ability to perform it might be successful for increasing exercise in older adults (S. Wilcox & Storandt, 1996).

Characteristics of the Setting Which characteristics of exercise programs promote its practice? Convenient and easily accessible exercise settings lead to higher rates of adherence (for a review, see Dishman, 1982). If your exercise program is vigorous walking that can be undertaken near your home, you are more likely to do it than if your source of exercise is an aerobics program in a crowded health club 5 miles from your home.

Are people more likely to adhere to exercise if a given amount of exercise has been prescribed for them? As noted earlier, the usual prescribed dosage of exercise is no less than 15 minutes of sustained activity at 70 to 85% of maximal heart rate three times a week. To date, however, research suggests there is no ideal behavioral dosage that improves adherence (Dishman, 1982). An exercise regimen that is consistently near the maximal heart rate (90%), however, tends to produce noncompliance, perhaps because the regimen is too demanding to be sustained on a regular basis (J. E. Martin & Dubbert, 1982).

Perhaps the best predictor of regular exercise is regular exercise. Studies that have assessed attitudinal and motivational predictors of exercise have found that, although exercise intentions are influenced by attitudes, long-term practice of regular exercise is heavily determined by habit (McAuley, 1992). The first 3 to 6 months appear to be critical. People who will drop out usually do so in that time period. Those people who have adhered for 3 to 6 months are significantly more likely to continue to do so (Dishman, 1982). Developing a regular exercise program, embedding it firmly in regular activities, and practicing it regularly for a period of time means that it begins to become automatic and habitual. However,

habit has its limits. Unlike such habitual behaviors as wearing a seat belt or not lighting a cigarette, exercise requires additional thoughtfulness and planning. Exercising takes will power, the recognition that hard work is involved, and a belief in personal responsibility in order to be enacted on a regular basis (P. Valois, Desharnais, & Godin, 1988).

Characteristics of Intervention Strategies The factors that promote regular exercise have now been incorporated into programs designed to increase exercise adherence. Cognitive-behavioral strategies—including contingency contracting, self-reinforcement, self-monitoring, and goal setting—have been employed in exercise interventions and appear to promote adherence (Dishman, 1982). Techniques for maintaining behavior change (see chapter 3) are also successful for enhancing adherence to exercise programs (B. H. Marcus et al., 2000). For example, prompting, in the form of phone calls, was shown in one study to be successful in increasing adherence to a program of walking (Lombard, Lombard, & Winett, 1995).

Relapse prevention techniques have been used to increase adherence to exercise programs. One study (Belisle, Roskies, & Levesque, 1987) compared adherence to exercise among participants in a 10-week exercise group that either did or did not receive training in relapse prevention. Relapse prevention techniques in this intervention centered around increasing awareness of the obstacles people experience in obtaining regular exercise and developing appropriate techniques for coping with them, such as methods of resisting temptation not to exercise. The results indicated superior adherence in the relapse prevention group (see also Simkin & Gross, 1994).

Stages of change identified by the transtheoretical model of behavior change suggest that different interventions should be targeted to people at different stages. For example, people who are contemplating starting an exercise program may perceive practical barriers to it (R. S. Myers & Roth, 1997), which can be attacked through persuasive communications. Those people already engaged in exercise, however, face the problem of maintenance and relapse to a sedentary lifestyle, so interventions that provide successful techniques for not abandoning an exercise program may be more useful for them (Courneya, 1995; Nigg, 2001).

Individualized Exercise Programs   Because research has identified few individual differences, exercise setting characteristics, or intervention strategies that promote long-term adherence, perhaps the best approach is to individualize exercise programs. Understanding an individual's motivation and attitudes with respect to exercise provides the underpinnings for developing an individualized exercise program that fits the person well. If people participate in activities that they like, that are convenient, for which they can develop goals, and that they are motivated to pursue, exercise adherence will be greater (Dishman, 1982). In addition, if interventions are geared to the stage of readiness that individuals are in with respect to exercise, interventions may be more successful (B. H. Marcus, Rakowski, & Rossi, 1992; R. S. Myers & Roth, 1997).

Exercise interventions may promote more general lifestyle changes. This issue was studied in an intriguing manner with 60 Hispanic and Anglo families, half of whom had participated in a 1-year intervention program of dietary modification and exercise. All the families were taken to the San Diego Zoo as a reward for participating in the program, and while they were there, they were observed, and their food intake and amount of walking were recorded. The results indicated that the families that had participated in the intervention consumed fewer calories, ate less sodium, and walked more than the families in the control condition, suggesting that the intervention had been integrated into their lifestyle (T. L. Patterson et al., 1988).

Because of the difficulties that arise in trying to get people to exercise faithfully, some health psychologists have tried simply to increase overall activity level. The more active people become, the more likely they are to maintain a proper body weight. Moreover, recent research has suggested that moderate activity spread throughout the day may be enough to achieve the cardiac gains previously thought to be achievable only through vigorous exercise (Barinaga, 1997), especially for the elderly. However, these findings are controversial, as the relation of activity level to coronary heart disease (CHD) risk factors is still unclear (Barinaga, 1997).

Despite the problems psychologists have encountered in getting people to exercise and to do so faithfully, the exercise level in the American population has increased substantially in the past 2 decades. In 1979, the surgeon general articulated a set of goals for the health of the American public, one of which included exercise. This goal has turned out to be the one on which the greatest progress has been made (M. McGinnis et al., 1992). The number of people who participate in regular exercise has increased by more than 50% in the past few decades. To be able to sustain and build on these changes in the future suggests that, although the population may be aging, it may be doing so in a healthier way than in any previous generation.

Accident Prevention

No wonder that so many cars collide;
Their drivers are accident prone,
When one hand is holding a coffee cup,
And the other a cellular phone.

—*Art Buck*

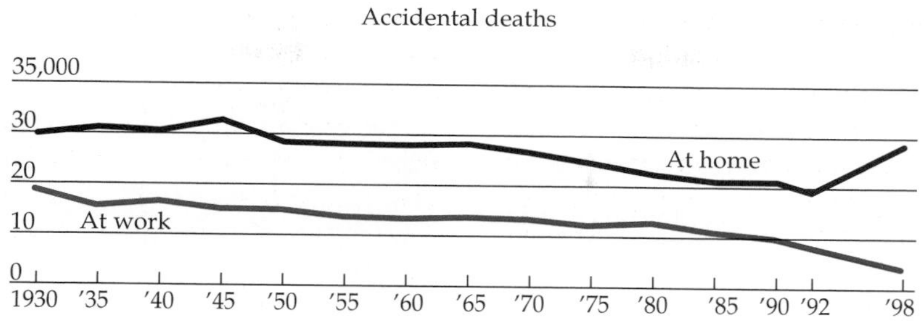

Accidental deaths

FIGURE 4.1   Accidental Deaths Have Slowly Declined over the Past Decades (*Source:* National Safety Council, 1999)

Despite the jocular nature of this bit of doggerel, it captures an important point. Accidents represent one of the major causes of preventable death in this country (National Center for Health Statistics, 1998). Approximately 16.1 deaths per 100,000 are related to a motor vehicle, and this is one of the greatest causes of death among children, adolescents, and young adults (National Center for Health Statistics, 1998).

Several million people are poisoned each year in the United States, 85% of whom are children (S. L. Murphy, 2000). Bicycle accidents cause about 1,300 deaths per year, prompt more than 496,000 emergency room visits, and constitute the major cause of head injury, thereby making helmet use an important issue (National Center for Health Statistics, 1998). Occupational accidents and their resulting impact on disability are a special health problem among working men. Consequently, strategies to reduce accidents have increasingly been a focus of health psychology research and interventions.

Home and Workplace Accidents

Accidents in the home, such as accidental poisonings and falls, are the most common causes of death and disability among children under age 5. Interventions to reduce home accidents are typically conducted with parents, because they have control over the child's environment. Parents are most likely to undertake injury prevention activities if they believe that the recommended steps really will avoid injuries, if they feel knowledgeable and competent to teach safety skills to their children, and if they have a realistic sense of how much time will actually be involved in doing so (L. Peterson, Farmer, & Kashani, 1990).

Increasingly, pediatricians are incorporating such training into their interactions with new parents (M. C. Roberts & Turner, 1984). Parenting classes can be used to teach parents to identify the most common poisons in their household and how to keep these safeguarded or out of reach of young children. A study evaluating training on how to childproof a home suggested that such interventions can be successful (J. R. Matthews, Friman, Barone, Ross, & Christophersen, 1987).

Although a recent upturn in accidents in the home are cause for concern, statistics suggest that, overall, accidents in the home and in the workplace have declined (see Figure 4.1). This decline may be due, in part, to better safety precautions by employers in the workplace and by parents in the home. Social engineering solutions, such as safety caps on medications, and strict guidelines for occupational safety have added to the decline. Home and workplace accidents, then, represent a domain in which interventions have been fairly successful in reducing mortality.

Motorcycle and Automobile Accidents

You know what I call a motorcyclist who doesn't wear a helmet? An organ donor.

—*Emergency room physician*

The single greatest cause of accidental death is motorcycle and automobile accidents (Califano, 1979a, 1979b). To date, little psychological research has gone into helping people avoid vehicular traffic accidents (J. D. Matarazzo, 1982). Instead, efforts have concentrated on such factors as the maintenance of roadways, the volume of travel, and safety standards in automobiles. However, psychological research can address factors associated with accidents, including the way people drive, the speed at which they drive, and the use of preventive measures to increase safety (Sleet, 1984).

It is clear that safety measures such as reducing highway driving speed to 55 miles per hour, requiring seat belts, and placing young children in safety restraint seats reduce the number of severe injuries and vehicular fatalities (J. M. McGinnis, 1984; O'Day & Scott, 1984; Sleet, 1984). The use of helmets among bicycle and motorcycle riders has reduced the severity of accidents by a substantial degree, especially preventing serious head injury (R. S. Thompson, Rivara, & Thompson, 1989).

However, getting people to follow these safety measures is difficult. For example, many Americans still do not use seat belts, a problem that is especially common among adolescents, and that heavily accounts for their high rate of fatal accidents (Wald, 2001). To promote the use of seat belts, a combination of social engineering, health education, and psychological intervention may be most appropriate. For example, most states now require that infants and toddlers up to age 3 or 4 be restrained in safety seats and children up to age 6 wear seat belts. This requirement can lay the groundwork for proper safety behavior in

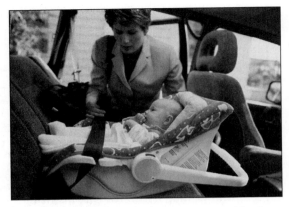

Automobile accidents represent a major cause of death, especially among the young. Legislation requiring child safety restraint devices has reduced fatalities dramatically. (© Photo Disc/Vol. #73)

automobiles, making people more likely to use seat belts in adolescence and adulthood.

Early studies evaluating the use of child safety seats suggested a low level of compliance and high level of misuse, but more recent evaluations (Christopherson, Sosland-Edelman, & LeClaire, 1985) have been encouraging, with 90% correct usage of infant restraint devices and more than 80% adherence over a year's time.

Communitywide health education programs aimed at increasing seat belt usage can be successful. One such program increased the use from 24 to 41%, leveling off at 36% over a 6-month follow-up period (Gemming, Runyan, Hunter, & Campbell, 1984). In terms of improving seat belt use, one program involving high school students found that frequent but small monetary rewards coupled with an educational campaign stressing the importance of accident prevention substantially increased seat belt use from approximately 25 to nearly 50% (Campbell, Hunter, & Stutts, 1984). On the whole, however, such programs are impractical for instilling the behavior, and legal solutions may be more effective—specifically, penalizing people for not using seat belts. Seat belt use is more prevalent in states with laws that mandate their use.

Cancer-Related Health Behaviors

Breast Self-examination

Breast cancer is one of the leading causes of cancer deaths among American women, striking one out of every eight women at some point during her life (S. L. Parker, Tong, Bolden, & Wingo, 1996). Although breast cancer does not usually develop until after age 45, its age of onset is decreasing, and more young women than ever are affected (B. L. Andersen, 1992). Despite medical advances in technology to detect cancerous lumps, 90% of all breast cancer is still detected through self-examination.

Breast self-examination (BSE) is the practice of checking the breasts to detect alterations in the underlying tissue. Ideally, the breasts are palpated once a month, approximately 10 days into the menstrual cycle, in both a standing-up and lying-down position. BSE during a shower or a warm bath sometimes improves the ability to detect lumps. The correct practice of BSE involves checking all the breast tissue, including the nipple and the area under the armpits. But despite its potential for detecting a common cancer, relatively few women practice BSE, and of those who do, few practice it correctly (V. M. Stevens, Hatcher, & Bruce, 1994).

Who Practices BSE? What factors determine whether a woman will practice BSE? The practice of breast self-examination is predicted, in part, by the health belief model. Women who perceive few barriers to BSE practice and those with knowledge of its usefulness as a technique for detecting early breast cancer are more likely to practice it, as are women who have a high general concern with health (Champion, 1990; Shepperd, Solomon, Atkins, Foster, & Frankowski, 1990) or with breast

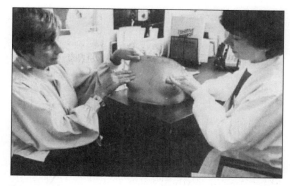

Breast self-examination is a major way of detecting breast cancer, but many women fail to practice it appropriately. Training can improve the quality and frequency of BSE. (© Rhoda Sidney/Stock, Boston)

cancer (McCaul, Schroeder, & Reid, 1996). The theory of planned behavior also predicts BSE, especially the factors of holding favorable attitudes toward BSE and perceiving social norms to be supportive of one's BSE practice (Lierman et al., 1990). Health locus of control beliefs predict the practice of BSE such that women who perceive that they have personal control over their health outcomes are more likely to practice BSE than are those women who regard providers or chance factors as more important determinants of health (Bundek, Marks, & Richardson, 1993). But knowing how to practice BSE is also important.

Barriers to BSE Finding the best method of teaching women how and when to practice BSE has long been a concern of the American Cancer Society and the National Cancer Institute. Despite the widespread availability of pamphlets designed to teach BSE and numerous magazine and newspaper articles on the topic, only about 35% of women do it regularly, and many of these do not use the correct method (National Cancer Institute, 1980).

Several factors may act as deterrents to the regular practice of BSE: not being certain that one is doing it correctly (Kegeles, 1985), having difficulty detecting changes in the breast tissue (Kegeles, 1985), and fearing what might happen if a lump were detected (Trotta, 1980). Each of these barriers can be addressed by appropriate interventions.

Not knowing exactly how to practice BSE is one of the main factors that keeps women from regular practice (Alagna & Reddy, 1984). Pamphlets and articles in magazines are not usually effective in teaching women how to practice BSE. Personal instruction from a physician or a nurse leads to better and more regular practice of BSE than any other method, yet explicit training of patients by physicians in BSE is still relatively uncommon, so intervening with physicians to encourage their instruction is important.

Many women who practice BSE are discouraged by the fact that it is hard to detect lumps (Kegeles, 1985). Breast tissue tends to be lumpy, and beginners seem to find suspicious lumps all the time. However, research reveals that, when women practice BSE on synthetic models that do and do not contain lumps, their ability to discriminate lumps improves (Atkins, Solomon, Worden, & Foster, 1991). Thus, BSE self-confidence can be augmented by practice on models (e.g., S. C. Hall et al., 1980; Stephenson, Adams, Hall, & Pennypacker, 1979). Moreover, such training may improve self-efficacy with respect to the practice of BSE, which is one of the strongest predictors of effective and frequent BSE (Shepperd et al., 1990).

A family history of breast cancer and worry about breast cancer appear to moderately increase the likelihood of practicing breast cancer–related screening behaviors, including BSE (McCaul, Branstetter, O'Donnell, Jacobson, & Quinlan, 1998). Among some women, however, fear may also act as a deterrent. Publicizing the success rates of breast cancer treatments and the importance of early detection in that success can combat such fears.

One dilemma with practicing regular BSE is that it is difficult to remember to do it at the correct time of the month (L. M. Strauss, Solomon, Costanza, Worden, & Foster, 1987). In a study examining several approaches to increasing monthly breast self-examination (L. J. Solomon et al., 1998), women were trained in self-reward instruction, mailed a self-reward suggestion, or given a monetary reward each month, and these interventions were compared with no reward. Follow-up assessments 12 months later revealed that both external rewards and self-reward mailed prompts were most successful in improving frequency and quality of BSE practice (L. J. Solomon et al., 1998). Although it may be impractical to mail monthly prompts or reward all adolescent and adult women in the United States, by providing calendars or some other aid indicating when BSE should be practiced frequency may be improved (Kegeles, 1985).

Another way of combating the difficulty of remembering to practice BSE once a month may be to increase its overall frequency. The more a woman practices BSE, the more she remembers to practice it, and consequently the dilemma of having to remember it each month may be avoided (Kegeles, 1985; E. Kemeny, Hovell, Mewborn, Dockter, & Chin, 1988).

Teaching BSE What, then, is the best way to teach BSE? The best method for enhancing proficiency of BSE is through personal instruction from a health care provider, such as a physician or nurse, that involves practice both on oneself and on synthetic models. By clarifying some of the myths about breast cancer, its detection, and its treatment, we can increase the motivation to practice BSE. Finally, prompts or more than monthly practice may increase the frequency of practice (J. A. Mayer & Solomon, 1992).

Mammograms

For women over age 50, national health guidelines suggest that a mammogram every year is an important supplement to the regular practice of BSE for the detection of breast cancer. For at-risk women over age 40, health guidelines also recommend yearly mammograms. (For women not at particular risk but between 40 and 50, the value of a yearly mammogram is less clear.)

Why is screening through mammography so important for older and high-risk women? The reasons are several. First, the rate of breast cancer in this country has increased dramatically over the past 2 decades, with the likelihood rising from 1 in 14 to 1 in 8 and higher in particular geographic locations. Second, the majority of breast cancers continue to be detected in women over age 40, so screening this age group is cost effective. Third and most important, early detection, as through mammograms, can improve survival rates. Breast cancer screening programs that include mammograms can reduce deaths from breast cancer by 35 to 40% in older women (S. Shapiro, Venet, Strax, Venet, & Roeser, 1985; Strax, 1984), although mortality rates among younger women do not seem to be as strongly affected.

Getting Women to Obtain Mammograms
Unfortunately, compliance with mammography recommendations is low. It is estimated that only 38% of women 50 years of age and older have ever had a mammogram (Dawson & Thompson, 1990), and fewer still have yearly recommended mammograms (Fullerton, Kritz-Silverstein, Sadler, & Barrett-Connor, 1996; Kornguth, Keefe, & Conaway, 1996).

Unfortunately, too, use of mammograms declines with age, even though the risk of breast cancer increases with age (Ruchlin, 1997). Fear of radiation, embarrassment over the procedure, anticipated pain, anxiety (M. D. Schwartz et al., 1999), and, most important, especially among poorer women, concern over costs act as deterrents to getting regular mammograms (Fullerton et al., 1996; Lantz, Weigers, & House,

1997). Lack of awareness, time, incentive, and availability is also important.

Consequently, research has focused on how to increase women's use of mammographic services. Incentives for obtaining mammograms appear to be effective. One program, which offered women a nutrition information packet as an incentive for making appointments, found significantly higher rates of attendance (J. A. Mayer & Kellogg, 1989).

Changing attitudes toward mammography may increase the likelihood of obtaining a mammogram. In particular, the health belief model, especially the attitudes of perceiving benefits of mammograms and encountering few barriers to obtaining one, have been associated with a greater likelihood of obtaining a mammogram (Champion & Springston, 1999; McCaul, Branstetter, Schroeder, & Glasgow, 1996).

The theory of planned behavior also predicts the likelihood of obtaining regular mammograms: Women who have positive attitudes regarding mammography and who perceive social norms as favoring their obtaining a mammogram are more likely to participate in a mammography program (Montano & Taplin, 1991). Prochaska's transtheoretical theory of behavior change (see chapter 3) also predicts decisions about mammography, with interventions more successful if they are geared to the stage of readiness of prospective participants (Champion & Springston, 1999; Rakowski, Fulton, & Feldman, 1993).

But interventions with women alone will not substantially alter rates of participation in mammography screening programs if the health care system is not also changed. Mammograms have not been well integrated into standard care for older women. Instead of receiving all necessary diagnostic tests and checkups from one physician, as adult men do, many older women must make at least three appointments—one with a general practitioner, one with a gynecologist, and one with a mammography center. Minority women and older women especially fall through the cracks, because often they do not have a regular source of health care (Champion & Springston, 1999; National Cancer Institute Breast Cancer Screening Consortium, 1990). Interventions need to be directed to health professionals to ensure that physicians routinely refer their older women patients to mammography centers, and health care delivery services need to be established so that mammography is cheaper and more accessible to older and low-income women (Fullerton et al., 1996). One study found that mammography use among older women increased substantially when doctors distributed breast cancer brochures with tear-off referral forms and chart stickers for personal calendars (Preston et al., 1998).

Testicular Self-examination

Testicular cancer is the most common cancer in men between the ages of 15 and 35, and it is one of the leading causes of death for men in this age group. Moreover, its incidence is increasing (National Cancer Institute, 1987). But with early detection, the cure rate is high (Friman & Christophersen, 1986), so interventions to improve early detection are critical.

The symptoms of testicular cancer are typically a small, usually painless lump on the front or sides of one or both testicles, a feeling of heaviness in the testes, a dragging sensation in the groin, accumulation of fluid or blood in the scrotal sac, and pain in advanced cases (Hongladrom & Hongladrom, 1982).

Young men are generally unaware of either their risk or the appropriate health measures to take to reduce it, so instruction in **testicular self-examination (TSE)** is useful. In many ways, effective testicular self-examination is quite similar to effective breast self-examination. It involves becoming familiar with the surface, texture, and consistency of the testicles, exam-

ination during a warm bath or shower, and examination of both testicles rotated between the thumb and forefinger to determine that the entire surface is free of lumps (Hongladrom & Hongladrom, 1982).

A few studies have examined or conducted interventions to assess or improve the frequency and proficiency of TSE. Drawing on the theory of planned behavior, Brubaker and Wickersham (1990) found that men were more likely to perform TSE if they believed it would reduce their risk of testicular cancer and if they believed that others approved of the practice (subjective norms). The researchers then gave these men a persuasive message, derived from the theory of planned behavior, that stressed the value of TSE in early detection and the success of treatments in curing the disorder. The message was successful in increasing the practice of TSE further. Another study (Friman, Finney, Glasscock, Weigel, & Christophersen, 1986) provided young men with a brief checklist of TSE skills and found that the educational intervention produced substantial increases in the efficacy of TSE and more long-term practice. More attention to increasing the frequency and proficiency of this health behavior is clearly needed.

Sunscreen Use

The past 30 years have seen a nearly fourfold increase in the incidence of skin cancer in the United States. The chief risk factor for skin cancer is well known: excessive exposure to ultraviolet radiation. Living or vacationing in southern latitudes, participating in outdoor activities, and using tanning salons all contribute to this potentially dangerous exposure (Jones & Leary, 1994). As a result, health psychologists have increased their efforts to promote safe sun practices. Typically, these efforts have included educational interventions designed to alert people to the risks of skin cancer and to the effectiveness of sunscreen use for reducing risk (e.g., R. C. Katz & Jernigan, 1991). Based on what we know about attitudinal interventions with other health habits, however, education alone is unlikely to be entirely successful (Jones & Leary, 1994).

Problems with getting people to engage in safe sun practices stem from the fact that tans are perceived to be attractive. In fact, young adults perceive people with moderately strong tans as healthier and more attractive than people without tans (Broadstock, Borland, & Gason, 1992). Young adults who are especially concerned with their physical appearance and who believe that tanning enhances their attractiveness are most likely to expose themselves to ultraviolet radiation through tanning (Leary & Jones, 1993). Even people who are persuaded of the importance of safe sun habits often practice them incompletely. Many of us use an inadequate sun protection factor (SPF), and few of us apply sunscreen as often as we should during outdoor activities (Wichstrom, 1994). Nonetheless, the type of skin one has—burn only, burn then tan, or tan without burning—is the strongest influence on likelihood of using sun protection (Clarke, Williams, & Arthey, 1997), suggesting that people are beginning to develop some understanding of their risk.

Effective sunscreen use is influenced by a number of factors, including perceived need for sunscreen, perceived efficacy of sunscreen as protection against skin cancer, and social norms regarding sunscreen use, among other factors (Turrisi, Hillhouse, Gebert, & Grimes, 1999), so communications that enhance these perceptions may be helpful in increasing the practice (K. M. Jackson & Aiken, 2000).

Communications to adolescents and young adults that stress the gains that sunscreen use will bring them, such as freedom from concern about skin cancers, appear to be more successful than those that emphasize the risks (Detweiler, Bedell, Salovey, Pronin, & Rothman, 1999). When the risks are emphasized, it is important to stress the immediate adverse effects of poor health habits over the long-term risks of chronic illness, since adolescents and young adults are especially influenced by immediate concerns. This may be especially true for sunscreen use. In line with this thinking, Jones and Leary (1994) had college students read an essay that emphasized the long-term health risks of sun exposure, or an essay that simply described how tanning occurs, or an essay that emphasized the short-term adverse effects of tanning on physical appearance, such as increasing wrinkles and reducing the elasticity of the skin. The essay that stressed the short-term negative effects of tanning on appearance was most effective in changing intentions to practice safe sun behavior.

As we learn more about the factors that produce cancer, no doubt other cancer prevention and cancer detection behaviors will be uncovered. Safe sex practices, for example, which are recommended largely in the context of HIV, are also important in preventing human papillomavirus (HPV), which is associated with cervical cancer (S. M. Miller, Mischel, O'Leary, & Mills, 1996). As already noted, exercise appears to reduce the incidence of certain cancers, although exactly why is not yet known. These points underscore the fact that many health behaviors, even those directly tied to particular health risks, may have more general beneficial effects on health.

Maintaining a Healthy Diet

Developing and maintaining a healthy diet should be a goal for everyone. It is an important and controllable risk factor for many of the leading causes of death and contributes substantially to risk factors for disease as well, yet only 35% of the population gets the recommended five servings of fruits and vegetables each day, and experts estimate that unhealthful eating contributes to more than 300,000 deaths per year (Centers for Disease Control and Prevention, 2000b; National Center for Health Statistics, 1999). Dietary change is often critical for people at risk for or already diagnosed with chronic diseases, such as coronary artery disease, hypertension, diabetes, and cancer (Center for the Advancement of Health, 2000h).

Why Is Diet Important?

Dietary factors have been implicated in a broad array of diseases. Perhaps the best known is the relation of dietary factors to total serum cholesterol level and to low-density lipid proteins in particular. Although diet is only one determinant of a person's lipid profile, it can be an important one since elevated total serum cholesterol and low density lipid proteins are both risk factors for the development of coronary heart disease and hypertension. Therefore, targeting these factors for modification has been a high priority. Salt has been linked to hypertension and to cardiovascular disease in some individuals as well (Jeffery, 1992; M. R. Law, Frost, & Wald, 1991). Diet may be implicated in sudden death, because danger from arterial clogging may increase dramatically after a high-fat meal (G. J. Miller et al., 1989).

Dietary habits have also been implicated in the development of several cancers, including colon, stomach, pancreas, and breast (Steinmetz, Kushi, Bostick, Folsom, & Potter, 1994), and estimates of the degree to which diet contributes to the incidence of cancer exceed 40% (Fitzgibbon, Stolley, Avellone, Sugerman, & Chavez, 1996).

A poor diet may be especially problematic in conjunction with other risk factors. Stress, for example, may increase lipid reactivity (Dimsdale & Herd, 1982). Lipid levels may influence intellectual functioning; in particular, serum cholesterol concentration may be an indicator of levels of brain nutrients important to mental efficiency (Muldoon, Ryan, Matthews, & Manuck, 1997).

The good news is that changing one's diet can improve health. For example, a diet high in fiber may protect against obesity and cardiovascular disease by lowering insulin levels (Ludwig et al., 1999). Modifications in diet can lower blood cholesterol level (Carmody, Matarazzo, & Istvan, 1987), and these modifications may, in turn, reduce the risk for atherosclerosis. Some studies have found that lowering cholesterol through dietary interventions or through a combination of drug intervention and a low-cholesterol, low-fat diet leads to reductions in the incidence of disease and death due to heart disease (e.g., Lipid Research Clinics Program, 1984; World Health Organization European Collective Group, 1982), although the evidence is by no means uniform (Taubes, 2001).

Resistance to Modifying Diet

When dietary change is recommended for patients with chronic diseases, it is usually a lifetime recommendation. However, it is often difficult to get people to modify their diet, even when they are at high risk for CHD or when they are under the instruction of a physician. Indeed, people switch to a diet low in cholesterol, fats, calories, and additives and high in fiber, fruits, and vegetables more often because of a desire to improve appearance than because of a desire for good health. Even so, fewer than half of U.S. adults meet the dietary recommendations for reducing fat and sodium and for increasing fiber, fruit, and vegetable consumption (Kumanyika et al., 2000). Moreover, there is some evidence that, in response to a diet lower in fat and cholesterol, people compensate by adjusting their ingestion of other foods (Taubes, 2001). Consequently, the evidence that a low-fat diet actually reduces obesity and prolongs life is equivocal (Taubes, 2001). Any effort to alter diet must be cognizant of these counterveiling forces.

Another difficulty with modifying diet is the problem of maintaining change. Adherence to a new diet may be high at first, but over time it falls off. One reason is because of the factors that plague all efforts to change poor health habits: insufficient attention to the needs for long-term monitoring and relapse prevention techniques. In the case of diet, other factors are implicated as well: Self management is essential, because dietary recommendations may be monitored only indirectly by medical authorities, such as physicians, who have only general measures of adherence, such as cholesterol counts, to go on (Carmody et al., 1987). A strong sense of self-efficacy (that is, believing that one will be able to change one's diet), family support, and the perception that dietary change has important health benefits are critical to successfully making dietary change (E. S. Anderson, Winett, & Wojcik, 2000; Steptoe, Doherty, Carey, Rink, & Hilton, 2000).

Some dietary recommendations are restrictive, monotonous, expensive, and hard to find and prepare. Drastic changes in shopping, meal planning, cooking methods, and eating habits may be required. In addition, tastes are hard to alter. Preferences for high-fat foods are so well established that people will consume more of a food they have been told is high in fat than one low in fat, even when that information is false (Bowen, Tomoyasu, Anderson, Carney, & Kristal, 1992). A low sense of self-efficacy, a preference for meat, a low level of health consciousness, a low interest in exploring new foods, and low awareness of the link between eating habits and illness are all associated with poor dietary habits (Hollis, Carmody, Connor, Fey, & Matarazzo, 1986).

Some dietary changes may alter mood and personality. Evidence is mounting that low-cholesterol diets may contribute to poor mood and behavior problems. It may be that people do not like low-cholesterol meals, so they get irritable after consuming them. Diet may also alter levels of neurotransmitters that affect mood as well.

Some studies suggest that, although low-cholesterol diets lower heart attack rates, they may contribute to deaths from behavioral causes, including suicides, accidents, and murders (K. W. Davidson, Reddy, McGrath, & Zitner, 1996). Research with monkeys suggests that a low-fat diet may increase aggressive behavior (J. R. Kaplan, Manuck, & Shively, 1991); a possible cause of these effects is that the diet produces lower levels of serotonin in the brain (Muldoon, Kaplan, Manuck, & Mann, 1992). Low cholesterol levels have been related to an increased likelihood of depressive symptoms in men as well (Lavigne et al., 1999; Steegmans, Hoes, Bak, van der Does, & Grobbee, 2000).

Conflict over dietary recommendations themselves may undermine adherence. For example, controversy rages concerning the strength of the relation of cholesterol to cardiovascular disease, whether cholesterol can be successfully reduced through diet, and whether asymptomatic individuals should make major changes in their diet (Becker, 1987). Nonetheless, the clear relation of diet to health means that dietary change is a high priority for many people.

Interventions to Modify Diet

Many efforts to modify diet are done on an individual basis, in response to a specific health problem or health risk. Physicians, nurses, dietitians, and other experts work with patients to modify a diet-responsive risk, such as diabetes, CHD, or hypertension. Any effort to change diet needs to begin with education and self-monitoring training, because many people have a poor idea of the importance of particular nutrients and how much of them their diet actually includes; estimation of fat intake appears to be poor, for example (O'Brien, Fries, & Bowen, 2000). Much dietary change has been implemented through cognitive-behavioral interventions. These include self-monitoring, stimulus control, and contingency contracting, coupled with relapse prevention techniques for high-risk-for-relapse situations, such as parties or other occasions where high-fat foods are readily available.

Another method approaches dietary change from the standpoint of Prochaska's transtheoretical stages of change model, which assumes that different interventions are required for people at different stages. Research shows that, among people given blood cholesterol tests and a questionnaire assessing diet, those already contemplating dietary change were more likely to enroll in an intervention than those at the stage of precontemplation (B. S. McCann et al., 1996). An intervention that attempted to increase fruit and vegetable consumption also found that those people who were in the stage of contemplation were most receptive to the intervention (Laforge, Greene, & Prochaska, 1994; see also Cullen, Bartholomew, Parcel, & Koehly, 1998).

Family Interventions   Recently, efforts to intervene in the dietary habits of high-risk individuals have focused on the family group (Carmody, Istvan, Matarazzo, Connor, & Connor, 1986). There are several good reasons for focusing interventions on the family. When all family members are committed to and participate in dietary change, it is easier for the target family member to do so as well (D. K. Wilson & Ampey-Thornhill, 2001). Moreover, different aspects of diet are influenced by different family members. Whereas wives still usually do the shopping and food preparation, husbands' food preferences are often a more powerful determinant of what the family eats (Weidner, Archer, Healy, & Matarazzo, 1985).

In family interventions, family members typically meet with a dietary counselor to discuss the need to change the family diet and ways for doing so. Family members then talk through the specific changes they might make.

Sometimes a family attempting to make these changes will get together with other families who have done the same thing in order to share suggestions and problems that have come up in their efforts to modify the family's diet. Such programs may include social activities or potlucks, in which people share recipes and bring food, and may utilize printed media, including newsletters, handouts containing recipes, consumer shopping guides to finding healthier foods, and new meal-planning ideas. Such family interventions appear to have considerable promise in modifying diet (Carmody et al., 1986).

Community Interventions   Many interventions have been implemented on the community level. One study (Foreyt, Scott, Mitchell, & Gotto, 1979) exposed people in Houston, Texas, to one of four interventions: a diet booklet explaining how individuals can alter their salt and cholesterol intake; formal education in nutrition; a behavioral intervention involving a group discussion; or a combination of all three. Each approach significantly reduced cholesterol levels immediately after the intervention, but none maintained behavior change over time. Although other community studies have shown similar initial success rates, none has shown impressive long-term change (see also Reeves et al., 1983).

Nutrition education campaigns mounted in supermarkets have revealed some success. In one study, a computerized, interactive nutritional information system placed in supermarkets significantly decreased high-fat purchases and somewhat increased high-fiber purchases (Jeffery, Pirie, Rosenthal, Gerber, & Murray, 1982; Winett et al., 1991). Box 4.1 describes a program designed to control hyperlipidemia by modifying diet.

A more recent approach to modification in diet has involved targeting particular groups for which dietary change may be especially important and designing interventions specifically directed to these groups. For example,

BOX 4.1

Dietary Intervention to Control Cholesterol

You may have heard about or read about cholesterol and its effect on the likelihood of a heart attack. In fact, there are three kinds of cholesterol that seem to have different effects. High-density lipoproteins (HDL), otherwise known as good cholesterol, appear to rid the bloodstream of excess cholesterol and reduce the risk of heart attack. Exercise appears to increase levels of HDL in the bloodstream. Low-density lipoproteins (LDL), so-called bad cholesterol, is known to clog the arteries, leading to heart attacks and strokes.

Recently, researchers have discovered a third kind of cholesterol, lipoprotein (A), or LP(A), which may be especially likely to thicken the blood and stiffen the walls of arteries, leading to increased risk of heart attack and stroke. LP(A) is found in higher levels in both Blacks and Asians than in Whites. It is not assessed by a standard lipid profile of HDL and LDL. A special test is recommended for anyone with a family history of early heart disease or high lipid levels (Futterman & Lemberg, 2001).

Low-density lipoproteins have been targeted for reduction, usually with a combination of drugs and low-fat diet. A representative diet developed by Connor and Connor (1977) targets the reduction of dietary cholesterol from an average of 500 to 700 mg for the typical American to only 100 mg per day. In addition, dietary fat intake is severely restricted.

In the first phase of the dietary plan, foods high in cholesterol and saturated fats, such as egg yolks, butterfat, lard, and most meats, are eliminated from the diet. In the second phase, the amount of meat the patient may eat is reduced from between 12 and 16 oz per day to between 6 and 8 oz per day; the patient is also urged to restrict the intake of high-fat cheeses. Meatless meals are gradually introduced.

In the third phase of the diet, meat consumption is reduced still further (to 3 or 4 oz a day), and low-cholesterol cheeses are substituted. At this point, an individual's diet consists primarily of cereals, vegetables, fruits, legumes, and low-fat dairy products. Dietary plans like these have been successful in reducing LDL.

At present, there are no known dietary treatments for LP(A), although there are drug treatments (Sposito et al., 2001). Moderate consumption of red wine and aspirin, which are now believed to have some health benefits for individuals at risk for coronary heart disease, may exert their beneficial effects directly on LP(A).

---

inner-city low-income Hispanic Americans are at high risk for cancers because of their diet. An intervention that targeted mothers of young children in a Hispanic community exposed them to a 12-week culturally sensitive cancer prevention program that encouraged the adoption of a low-fat, high-fiber diet. The intervention was successful in bringing about a reduction in dietary fat consumption (Fitzgibbon et al., 1996).

Weight Control

Maintaining a proper diet and getting enough exercise jointly contribute to weight control,

the issue to which we now turn. This issue has become especially urgent in recent years because of the galloping levels of obesity in the population. Consequently, our discussion will begin to cross the line into the area of health-compromising behaviors, as we will look at interventions both for normal, healthy adults to practice weight control and for the obese, who may need to modify their weight to promote their health.

The Regulation of Eating

All animals, including people, have sensitive and complex systems for regulating food. Taste has been called the chemical gatekeeper of eating. It is the most ancient of sensory systems and plays an important role in selecting certain foods and rejecting others. The regulation of eating is under the control of manifold biochemical processes—in particular, the monoamines and neurotransmitters (Schwartz, Woods, Porte, Seeley, & Baskin, 2000).

Although the molecular pathways that govern weight gain and loss are not completely understood, scientists have a fairly good idea what some of these pathways are. An important player in weight control is the protein leptin, which is secreted by fat cells. Leptin appears to signal to the neurons of the hypothalamus whether the body has sufficient energy stores of fat or whether it needs additional energy. The brain's eating control center reacts to the signals sent from the hypothalamus to increase or decrease appetite. Leptin inhibits the neurons that stimulate appetite and activates those that suppress appetite. These effects of leptin have made scientists optimistic that leptin may have promise as a weight-control agent, although thus far the promise of leptin as a pharmacological method of weight control has remained elusive (J. M. Friedman, 2000).

Why Obesity Is a Health Risk

What is **obesity?** Obesity is an excessive accumulation of body fat. What makes an accumulation excessive varies, but generally speaking, fat should constitute about 20 to 27% of body tissue in women and about 15 to 22% in men. Table 4.2 presents guidelines from the National Institutes of Health for calculating your body mass index and determining whether or not you are overweight.

Obesity is now so common that it is beginning to replace malnutrition as the most important dietary contributor to poor health worldwide (Kopelman, 2000). The global epidemic of obesity stems from a combination of genetic susceptibility, the increasing availability of high-fat and high-energy foods, and low levels of physical activity in contemporary society (Kopelman, 2000).

Over the past 15 years, the average body weight of U.S. adults has increased by nearly 8 pounds, and it is continuing to increase rapidly (Mokdad et al., 1999). At present, 60% of the U.S. population is overweight, and about 27% is obese (Koretz, 2001), with women somewhat more likely to be overweight or obese than men. (See Figure 4.2).

One caveat concerning this measurement of obesity deserves mention. Obesity is typically determined by body mass index, which depends on height and weight. There are many people, however, who have a high body mass index who may nonetheless be fit rather than fat. For example, no one would suggest that Arnold Schwarzenegger is obese, yet his body mass index might suggest that he is. The chief contributor to fitness, of course, is physical activity.

Risks of Obesity   Obesity is a risk factor for many disorders, both in its own right and because it affects other risk factors, such as blood pressure and plasma cholesterol level (Kopelman, 2000). It is estimated to cause in excess of 300,000 deaths annually in the United States. (Allison, Fontaine, Manson, Stevens, & VanItallie, 1999). It has been associated with atherosclerosis, hypertension, diabetes, some forms of cancer, gallbladder disease, and arthritis. Obesity also increases risks in surgery, anesthesia administration, and childbearing (Brownell & Wadden, 1992). One study found that women who were 30% overweight were more than three times as likely to develop heart disease as women who were of normal or slightly under normal weight (Manson et al., 1990). The risk increased to five times that of normal-weight women among the overweight women who were also smokers (Manson et al., 1990). As a consequence of its links to chronic disease (especially cardiovascular

TABLE 4.2   Are You Overweight?

To find out if your weight is normal, find your height in the lefthand column and move across the row to your weight. The number at the top of the column is your body mass index. If it is 25 to 29, you are overweight. If it is 30 or above, you are obese.

BMI	19	20	21	22	23	24	25	26	27	28	29	30	35	40
Height in Inches							**Weight in Pounds**							
58	91	96	100	105	110	115	119	124	129	134	138	143	167	191
59	94	99	104	109	114	119	124	128	133	138	143	148	173	198
60	97	102	107	112	118	123	128	133	138	143	148	153	179	204
61	100	106	111	116	122	127	132	137	143	148	153	158	185	211
62	104	109	115	120	126	131	136	142	147	153	158	164	191	218
63	107	113	118	124	130	135	141	146	152	158	163	169	197	225
64	110	116	122	128	134	140	145	151	157	163	169	174	204	232
65	114	120	126	132	138	144	150	156	162	168	174	180	210	240
66	118	124	130	136	142	148	155	161	167	173	179	186	216	247
67	121	127	134	140	146	153	159	166	172	178	185	191	223	255
68	125	131	138	144	151	158	164	171	177	184	190	197	230	262
69	128	135	142	149	155	162	169	176	182	189	196	203	236	270
70	132	139	146	153	160	167	174	181	188	195	202	207	243	278
71	136	143	150	157	165	172	179	186	193	200	208	215	250	286
72	140	147	154	162	169	177	184	191	199	206	213	221	258	294
73	144	151	159	166	174	182	189	197	204	212	219	227	265	302
74	148	155	163	171	179	186	194	202	210	218	225	233	272	311
75	152	160	168	176	184	192	200	208	216	224	232	240	279	319
76	156	164	172	180	189	197	205	213	221	230	238	246	287	328

(*Source:* Copyright, 1999, *Los Angeles Times.* Reprinted by permission.)

disease, kidney disease, and diabetes), obesity is associated with early mortality.

Even mildly overweight women sustain an increased risk for heart disease and heart attack, compared with women who are underweight (Manson et al., 1990). In addition, many of the treatments for overweight that people undertake on their own, such as use of diet pills and other medications, fad diets, fasting, and anorexia or bulimia, create substantial risks of their own. Table 4.3 illustrates these risks.

Where the Fat Is   Recent epidemiologic evidence suggests that abdominally localized fat, as opposed to excessive fat in the hips, buttocks, or thighs, is an especially potent risk factor for cardiovascular disease, diabetes, hypertension, and cancer. Sometimes called stress weight, abdominal fat increases especially in response to stress (Rebuffe-Scrive, Walsh, McEwen, & Rodin, 1992). People with excessive central weight (sometimes called "apples," in contrast to "pears," who carry their weight on their hips) are more psychologically reactive to stress and show greater cardiovascular reactivity (M. C. Davis, Twamley, Hamilton, & Swan, 1999) and neuroendocrine reactivity to stress (Epel et al., 2000). This reactivity to stress may be the link between centrally deposited fat and increased

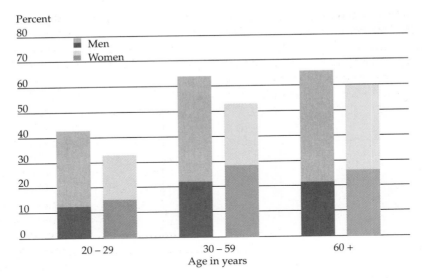

FIGURE 4.2   Percent of Population Overweight. Including the so-called preobese (BMIs between 25.0 and 29.9), more than half the U.S. population above 20 years of age is overweight, and nearly a quarter is clinically obese (dark shading). (*Source:* Reprinted with permission from Wickelgren, I. (1998, May 29). Obesity: How big a problem? *Science,* 280, 1364–1367. Copyright (1998) American Association for the Advancement of Science. National Center for Health Statistics.)

risk for diseases. **Yo-yo dieting**—repeated bouts of weight loss and regain—affects abdominal fat more than fat in other body regions (J. Rodin, Radke-Sharp, Rebuffe-Scrive, & Greenwood, 1990). Inasmuch as uncontrollable stress may contribute to mortality risk from such diseases as hypertension, cancer, diabetes, and cardiovascular disease, abdominally localized fat may represent a sign that health is eroding in response to stress.

Factors Associated with Obesity

Obesity depends on both the number and the size of an individual's bodily fat cells. Among moderately obese people, fat cells are typically large, but there is not an unusual number of them. Among the severely obese, there is a large number of fat cells and the fat cells themselves are exceptionally large (Brownell, 1982).

What determines the number and size of fat cells and the propensity to be obese?

TABLE 4.3   Even Moderate Overweight Can Increase Risk of Death

For women, being even mildly overweight can greatly increase risk of cancer and heart disease. This table, using the example of a woman who is 5ft 5in. tall, shows the risk for death among women age 30 to 55 who were followed in this study for 16 years. To put these data into perspective, however, the same woman would have to gain more than 100 pounds to equal the health risks of smoking two packs of cigarettes a day.

Weight in Pounds	Risk
Less than 120 lbs	Lowest risk
120–149 lbs	+20%
150–160 lbs	+30%
161–175 lbs	+60%
176–195 lbs	+110%
Greater than 195 lbs	+120%

(*Source:* Manson et al., 1995).

Childhood constitutes a window of vulnerability for obesity for a number of reasons. One reason is that the number of fat cells an individual has is typically determined in the first few years of life, as by genetic factors or by early eating habits. A high number of fat cells leads to a marked propensity for fat storage, thus promoting obesity in adulthood. In contrast, poor eating habits in adolescence and adulthood are more likely to affect the size of fat cells but not their number.

Family History and Obesity   Family history is clearly implicated in obesity. Overweight parents are more likely to have overweight children than are normal-weight parents. This relationship appears to be due to both genetic and dietary factors (J. M. Meyer & Stunkard, 1994). Evidence for genetic factors comes from twin studies, demonstrating that twins reared apart show a tendency toward obesity when both natural parents were obese, even when the twins' environments were very different (Stunkard, 1988).

The impact of genetics on weight may be exerted, in part, through feeding style. In a study of healthy infants observed from birth to age 2 years, Agras and his associates (Agras, Kraemer, Berkowitz, Korner, & Hammer, 1987) found that children who were later to become obese were distinguished by a vigorous feeding style, consisting of sucking more rapidly, more intensely, and longer, with shorter bursts between sucking. This style produced a higher caloric intake and greater overweight. The fact that the feeding style emerged very early suggests that it may be one of the mediators by which a genetic predisposition to obesity leads to obesity. There also appear to be genetically based tendencies to store energy as either fat or lean tissue (Bouchard et al., 1990). Identifying the role of genetics in obesity is important because it helps identify individuals for whom weight management interventions are especially important.

But a family history of obesity does not necessarily implicate genetics. For example, one study found that 44% of the dogs of obese people were obese, compared with only 25% of the dogs of people with normal weight (E. Mason, 1970). Many factors in a home, such as the type of diet consumed, the size of portions, and exercise patterns, contribute to obesity that may run in families (Klesges, Eck, Hanson, Haddock, & Klesges, 1990). The size of a family may influence the extent to which parents can actively manage their children; with fewer children, parents may be able to bring about concerted weight loss in any one child.

Children are less likely to be obese when they participate in organized sports or physical activity, if they enjoy physical education, and when their family supports physical activity (L. H. Epstein, Kilanowski, Consalvi, & Paluch, 1999; Sallis, Prochaska, Taylor, Hill, & Geraci, 1999).

Whether or not one diets is also influenced by family environment. More than two thirds of the population say they are dieting at any given point in time. Efforts to lose weight among daughters are influenced heavily by perceived criticism of parents, whereas sons' weight-loss efforts (or lack of them) seem to be more related to fathers' attitudes toward eating (Baker, Whisman, & Brownell, 2000).

Early eating and exercise experiences contribute to obesity. Children who are encouraged to overeat in infancy and childhood are more likely to become obese adults (Berkowitz, Agras, Korner, Kraemer, & Zeanah, 1985). The sedentary lifestyle of many children contributes to obesity. As video games and television have increasingly occupied children's leisure time, time devoted to normal physical play and exercise has decreased (Sallis et al., 1993). Overall, 80% of all people who were overweight as children are overweight as adults (S. Abraham, Collins, & Nordsieck, 1971). Figure 4.3 illustrates the high rates of obesity among children.

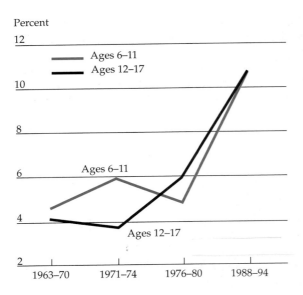

Percent

FIGURE 4.3   Percent of Young People Who Are Overweight* (*Source:* Centers for Disease Control and Prevention, 2001a)

* Overweight defined by the age- and sex-specific 95th percentile of body mass index (1963 – 1970 data).

Other Risk Factors for Obesity   Other risk factors for obesity include social class and culture. In developed countries, women of low socio-economic status (SES) are heavier than high-SES women, and Black women, in particular, appear to be vulnerable to obesity (Sobal & Stunkard, 1989). Although SES differences in weight have previously been attributed to high-carbohydrate diets early in life, this account does not explain why SES is not associated with obesity in men and children. Interestingly, in developing countries, obesity among men, women, and children is rare, possibly because of insufficient food; in these countries, the prevalence of obesity rises with SES and increasing wealth.

Values are implicated in obesity. Thinness is valued in women from developed countries, which in turn leads to a cultural emphasis on dieting and on physical activity. These social norms prompt most women, not just those who are obese, to be discontented with their bodies (Foster, Wadden, & Vogt, 1997).

Obesity and Dieting as Risk Factors for Obesity   Paradoxically, obesity is also a risk factor for obesity. Many obese individuals have a high basal insulin level, which promotes overeating due to increased hunger. Moreover, the obese have large fat cells, which have a greater capacity for producing and storing fat than do small fat cells. Thus, the obese are at risk to become even more so.

Dieting also contributes to the propensity for obesity. Successive cycles of dieting and weight gain enhance the efficiency of food use and lower the metabolic rate (Brownell, 1988; Foster, Wadden, Kendall, Stunkard, & Vogt, 1996). When dieters begin to eat normally again, their metabolic rate may stay low, and it can become easier for them to put on weight again even though they eat less food. Unfortunately, too, these decreases in metabolic rate may be more problematic with successive diets.

There may also be a selective preference for foods high in fat following weight loss (Gerardo-Gettens et al., 1991). Thus, people who alternate chronically between dieting and regular eating, so-called yo-yo dieters, may actually increase their chances of becoming obese (Brownell & Rodin, 1996). If these risks weren't enough, yo-yo dieters act as role models, inadvertently increasing their children's likelihood of engaging in the same behaviors and augmenting their risk for obesity (*New York Times*, 2000a).

Set Point Theory of Weight   In the past decade, evidence has accumulated for a **set point theory of weight:** the idea that each individual has an ideal biological weight, which cannot be greatly modified (Brownell & Wadden, 1992). According to the theory, the set point acts as a thermometer regulating heat in a home. The organism eats if its weight gets

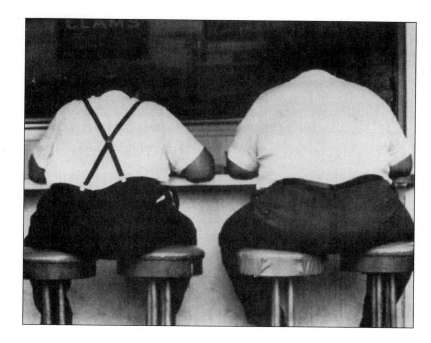

More than one fifth of the adult population in the United States is overweight, putting them at risk for heart disease, kidney disease, hypertension, diabetes, and other health problems.

(©UPI/Bettmann/Corbis Images)

too low and stops eating as its weight reaches its ideal point. Some individuals may have a higher set point than other people, leading them to be obese (Brownell, 1982). The theory argues that efforts to lose weight may be compensated for by adjustments of energy expenditure, as the body actively attempts to return to its original weight. Psychological changes, such as depression or irritability, can accompany these processes as well (Klem, Wing, Seagle, Hill, & McGuire, 1998). If this theory is true, this internal regulatory system also contributes to the propensity for the obese to remain so.

Is There an Obese Personality? Early research had suggested the existence of an obese personality characterized by dependency and a proneness to negative affect, such as depression or anxiety. These ideas have been called into question in recent years, and virtually no evidence supports them (M. A. Friedman & Brownell, 1995; J. Rodin, Schank, & Striegel-Moore, 1989). Rodin and her associates (Plante & Rodin, 1990) concluded that negative affect, externality, and lack of impulse control, all factors once thought to be components of the obesity-prone personality, may be consequences rather than causes of obesity.

However, there may be some individual differences, such as the ability to be aroused easily by food cues, that are involved in the development of some forms of obesity. For example, obese people and people on diets may require more external information to determine what is appropriate eating, because their internal regulatory methods, such as using hunger as a cue for eating, no longer provide useful guidelines. This analysis would render externality a consequence of obesity and dieting rather than a cause. As yet, it has proven difficult to disentangle the possibilities (C. P. Herman, 1987).

Studies with rats have suggested a possible brain mechanism for the control of at least some eating and its regulation. Rats who have a damaged ventromedial hypothalamus behave as obese humans: They eat excessive amounts of food, show little sensitivity to internal cues related to hunger (for example, how long it has been since they last ate), and respond to food-related external cues, such as the presence of food. This evidence implies that at least some obese humans have a malfunctioning ventromedial hypothalamus, which interferes with normal eating habits.

Stress and Eating

Stress affects eating, although in different ways for different people. About half of people eat more when they are under stress, and half eat less (Willenbring, Levine, & Morley, 1986). For nondieting and nonobese normal eaters, the experience of stress or anxiety may suppress physiological cues suggesting hunger, leading to lower consumption of food. Stress and anxiety, however, can disinhibit the dieter, removing the self-control that usually guards against eating, thus leading to an increase in food intake both among dieters and the obese (Heatherton, Herman, & Polivy, 1991, 1992). Whereas men appear to eat less in stressful circumstances, many women eat more (Grunberg & Straub, 1992).

Stress also influences what food is consumed. People who eat in response to stress usually consume more low-caloric and salty foods, although when not under stress, stress eaters show a preference for high-caloric foods. Stress eaters appear to choose foods containing more water, which gives the food a chewier texture (Willenbring et al., 1986).

Anxiety and depression appear to figure into **stress eating** as well. One study found that stress eaters experience greater fluctuations of anxiety and depression than do non-stress eaters. Overweight individuals also have greater fluctuations in anxiety, hostility, and depression than do normal individuals (Lingsweiler, Crowther, & Stephens, 1987).

Those who eat in response to negative emotions show a preference for sweet and high-fat foods (Oliver, Wardle, & Gibson, 2000).

It is not clear whether stress-induced eating is ever regular enough or massive enough to produce obesity in its own right. It appears to be primarily dieters who show increased emotional reactivity to stressors and who eat in response to stress. The perception of stress or the experience of psychological distress may simply be psychological markers of the physiologically based need to restore weight to its set point level (C. P. Herman, 1987). As will shortly be seen, stress also figures into eating disorders, such as bulimia and anorexia.

Treatment of Obesity

More people are treated for obesity in the United States than for all other health habits or conditions combined. More than 400,000 people attend weight-loss clinics alone. Amazon.com currently lists 15,401 titles that refer to diet or dieting.

Some people attempt to lose weight because they perceive obesity to be a health risk; others seek treatment because their obesity is coupled with binge eating and other symptoms of psychological distress (Fitzgibbon, Stolley, & Kirschenbaum, 1993); most, however, are motivated by the facts that being overweight is considered to be unattractive and that it carries a social stigma (Hayes & Ross, 1987; see Box 4.3). The Duchess of Windsor's oft-quoted statement "You can never be too thin or too rich" captures the importance that society places on physical appearance and, in particular, on weight control.

Therefore, the obese are more likely than the nonobese to have a poor self-image. Unlike other groups of people with handicaps, the obese are often blamed for their problem; they are derogated by others because they are seen as lacking sufficient will power or initiative to lose weight (Brownell, 1982; M. A. Friedman &

BOX 4.2

Modifying Diet: Who Are You Fooling?

(© Weisbrot/The Image Works)

"The fat around steak is delicious, but you're not supposed to eat it," says one 47-year-old man on a diet. "My daughter tells me, 'Dad, you're going to have a heart attack.' But if I clear the plates from the table, I'll stick it in my mouth when no one is looking." (Baar, 1995, p. B1)

Researchers have found that intervening with the family to change health habits is often successful in improving diet and reducing obesity. Family members can reinforce each other's efforts to lose weight and improve health and give each other social support in the process, yet often members of families cheat on the family diet, trying to outwit those around them, disguising what they eat and how much they eat. One woman noted: "My kids ask, 'Where'd those cookies go?' And I say, 'I don't know' or 'Daddy ate them' (Baar, 1995, p. B1). Another man noted:

It used to be that when people would ask how I eat, I'd tell them I was into grains. . . . I thought that was a socially acceptable answer. What they didn't know was that to me, it meant cookies and cake. (Baar, 1995, p. B1)

A lot of people who mislead their families also lie to themselves. People notoriously underreport how much they eat and what they eat, even when they are deceiving no one but themselves. People tell little lies that don't fool anyone, such as "food that you eat standing up doesn't count" or "eating lots of a food that is low in calories will not lead to weight gain." In fighting the battle to improve diet, then, we need to attack not only what people eat but also the lies they tell themselves and others for continuing to eat it.

BOX 4.3

The Stigma of Obesity: Comments on the Obese

"People are always making loud remarks about me in the street, like, 'Look at that woman. She should be in the circus,' or, 'Look at that fat elephant.' It's amazing how insensitive people can be to fat people. You wouldn't walk up to a cripple in the street and say, 'How did you lose the use of your legs?' So I don't know why people think it's all right to say these things to us."

"One day I was in the supermarket and a 4-year-old kid was marching around and around me in circles, screaming at the top of his lungs, 'You are fat. You are fat. You are fat.'—over and over again. I wanted to choke that kid, or say to his mother, 'You should teach your child some manners.' But it's complicated. Sometimes children are only stating a fact, and by saying they shouldn't say it, it's like agreement that being fat is bad. When I was a teenager my mother told me, 'Look how fat you are. Even your father said he thinks you're getting repulsive.' I screamed back at her, 'He didn't say that!' But I believed her, and it hurt me so much

because I loved my father. After my mother told me that, I avoided my father for years afterwards and didn't talk to him, and I never asked him about it. Now, when I think about it, I'm not sure he ever said such a thing to her; she may have said it to frighten me into dieting. And if I asked her now if it were true, she probably wouldn't remember."

"I don't know when the first awareness hit me that I was chubby and different from other children. When I was 3 1/2 my mother took me somewhere without a bathing suit and she wanted me to swim in my underpants, and even at 3 1/2 I resisted physical exposure. I recall being called, 'Hey, fat,' 'Hey, blimp,' 'Hey, you with the headlight.' I was the only child in nursery school who was not allowed chocolate milk at lunch time. In the first grade we put on a play about an Eskimo who was supposed to get stuck in the door to the igloo, and I was chosen for the part."

Source: Millman, 1980, pp. 9–10, 38.

Brownell, 1995). Stereotypes of the obese are strongly negative and include the perception that obese people are ugly and sloppy (Harris, Walters, & Waschull, 1991). These negative stereotypes may extend to outright discrimination; the obese show a decline in their social class and lower levels of socioeconomic attainment overall (Koretz, 2001; Sarlio-Lahteenkorva, Stunkard, & Rissanen, 1995). As a result, obese people are often distressed about their weight problem and are highly motivated to change it (C. E. Ross, 1994). Surprisingly, though, it appears that few health practitioners advise their obese clients to lose weight, despite the clear contribution of obesity to illness (Galuska, Will, Serdula, & Ford, 1999).

Obesity is a very difficult disorder to treat (Brownell & Wadden, 1992). Even initially successful weight-loss programs show a high rate

of relapse. In this section, we review the most common approaches to treatment of obesity and consider why weight control is so difficult.

Dieting   Treating obesity through dieting has historically been the most common approach, and most weight-loss programs still begin with dietary treatment (Brownell, 1982). In this approach, people are trained to restrict their caloric and/or carbohydrate intake through education about the caloric values and dietary characteristics of foods. In some cases, food may be provided to the dieters to ensure that the appropriate foods are being consumed. Providing structured meal plans and grocery lists improves weight loss, as does actual food provision, but there is no additional benefit from food provision (Wing et al., 1996; see Surwit et al., 1997).

Generally, weight losses produced through dietary methods are small and rarely long maintained (Agras et al., 1996). Weight losses achieved through dieting rarely match the expectations of clients, whose disappointment may contribute to regaining the lost weight (Foster, Wadden, Vogt, & Brewer, 1997). Very low-fat diets do the best job in helping people lose weight, but these diets are the hardest to maintain, and people commonly revert to their old habits. As already noted, repeated dieting, especially yo-yo dieting, may increasingly predispose the dieter to put on weight. Dieting often lowers mood, which can result in maladaptive efforts to improve it, including binge eating (S. A. French & Jeffery, 1994; Telch & Agras, 1993).

The risk of yo-yo dieting with respect to CHD may be greater than the risk of obesity alone. The obvious implication of these important findings is that, once a dieter has succeeded in taking off weight, every effort should be made to maintain that weight loss. Moreover, because only some people benefit from dieting, it is essential that we identify individuals who will be helped and not harmed by dieting and that we develop safe and effective methods for helping them do so (Brownell & Rodin, 1996). Dieting itself can compromise psychological functioning, leading to impaired concentration, a preoccupation with food, psychological distress, and binge eating (McFarlane, Polivy, & McCabe, 1999). Clinicians who treat obesity now feel that dietary intervention is a necessary but insufficient condition for producing lasting weight loss (Straw, 1983).

Fasting Fasting is usually employed with other techniques as a treatment for obesity. In fasting, the individual severely restricts food intake over a period of a few days, sometimes consuming little besides low-calorie liquids. For example, in one popular choice, the protein-sparing modified fast, an individual typically consumes between 400 and 800 calories per day of foods consisting primarily of protein and some carbohydrates with carefully balanced vitamins and minerals. Typically, fasting produces dramatic rapid weight losses. However, people cannot fast indefinitely without damaging their health. Moreover, if normal eating habits are resumed, the weight lost through fasting can be rapidly regained (Wadden, Stunkard, & Brownell, 1983). Therefore, fasting is typically supplemented with maintenance strategies designed to help the person keep weight off.

Surgery Surgical procedures, especially gastric surgeries, represent a radical way of controlling extreme obesity. In the most common surgical procedure, the stomach is literally stapled up to reduce its capacity to hold food, so that the overweight individual must restrict his or her intake. As with all surgeries, there is some risk, and side effects, such as gastric and intestinal distress, are common. Consequently, this procedure is usually reserved for people who are at least 100% overweight, who have failed repeatedly to lose weight through other methods, and who have complicating health problems that make weight loss urgent. Despite its drastic nature, use of this surgical treatment for obesity has more than doubled in the past 5 years, attesting yet again to how common and serious a problem obesity is (Grady, 2000).

Appetite-Suppressing Drugs Drugs, both prescription and over-the-counter types, are often used to reduce appetite and restrict food consumption (Bray & Tartaglia, 2000). In some weight-loss programs, drugs may be employed in conjunction with a cognitive-behavioral intervention. Such programs often produce substantial weight loss, but participants can regain the weight quickly, particularly if they attribute the weight loss to the drug rather than to their own efforts (J. Rodin, Elias, Silberstein, & Wagner, 1988). This point

BOX 4.4

Leptin and the Overweight Mouse

Is there a magic bullet for obesity? Research on the hormone leptin has dominated recent research on obesity because it provides the possibility of a new, hormonally based treatment that may dramatically and effortlessly alter weight. Leptin signals to the hypothalamus that it is time to stop eating and increase activity levels. This chubby mouse is about to begin treatment with leptin, and use of leptin in the treatment of human obesity is a possibility (Gura, 1997). To date, leptin's promise remains unfulfilled, but research continues on this intriguing approach to obesity (Friedman, 2000).

(© 1995 Amgen, Inc./Photo by John Sholtis, The Rockefeller University, New York, NY)

underscores the importance of perceived self-efficacy in any weight-loss program. In addition to drugs, certain food additives show potential as adjuncts to weight-control efforts. For example, consumption of fructose prior to a meal reduces caloric and fat intake, as compared with consumption of glucose or plain water (J. Rodin, 1990, 1991). (See also Box 4.4.)

The Multimodal Approach   Many current interventions with the obese use a multimodal approach to maladaptive eating behavior. One such program, developed at the University of Pennsylvania (Penick et al., 1971), begins with an analysis of the behavior to be controlled.

Self-monitoring   Obese clients are trained in self-monitoring and are taught to keep careful records of what they eat, when they eat it, how much they eat, where they eat it, and other dimensions of eating. This kind of recordkeeping simultaneously defines the behavior and makes clients more aware of their eating patterns (R. C. Baker & Kirschenbaum, 1998). Many patients are surprised to discover what, when, and how much they actually eat. This kind of monitoring is always important for weight loss, but it becomes especially so at high-risk times, such as during the holidays, when weight gain reliably occurs (Boutelle, Kirschenbaum, Baker, & Mitchell, 1999).

Behavioral analysis then focuses on influencing the antecedents of the target behavior—namely, the stimuli that affect eating. Clients are trained to modify the stimuli in their environment that have previously elicited and maintained overeating. Such steps include purchasing low-calorie foods, such as raw vegetables; making access to them easy;

Approximately 400,000 Americans participate in organized weight-reduction programs. Many of these programs now include exercise. (©Michael Newman/Photo Edit)

and limiting the high-calorie foods kept in the house. Behavioral control techniques are also used to train patients to change the circumstances of eating. Clients are taught to confine eating to one place at particular times of day. They may also be trained to develop new discriminative stimuli that will be associated with eating. For example, they may be encouraged to use a particular place setting, such as a special place mat or napkin, and to eat only when those stimuli are present (Stunkard, 1979). Individualized feedback about one's specific weight problems and their management appears to be especially helpful to success in losing weight (Kreuter, Bull, Clark, & Oswald, 1999).

Control over Eating   The next step in this multimodal behavioral intervention is to train patients to gain control over the eating process itself. For example, clients may be urged to count each mouthful of food, each chew, or each swallow. They may be told to put down eating utensils after every few mouthfuls until the food in their mouths is chewed and swallowed. Longer and longer delays are introduced between mouthfuls so as to encourage slow eating (which tends to reduce intake). Such delays are first introduced at the end of the meal, when the client is already satiated, and progressively moved closer to the beginning of the meal. Finally, clients are urged to enjoy and savor their food and to make a conscious effort to appreciate it while they are eating. The goal is to teach the obese person to eat less and enjoy it more (Stunkard, 1979).

Clients are also trained to gain control over the consequences of the target behavior and are trained to reward themselves for activities they carry out successfully. For example, keeping records, counting chews, pausing during the meal, or eating only in a specific place might be reinforced by a tangible positive reinforcement, such as going to a movie or making a long-distance phone call to a friend. Developing a sense of self-control over eating has been an important part of behavioral treatments of obesity. Training in self-control is thought to help people override the impact of urges or temptations.

Adding Exercise   Evaluations of programs like the ones just described have led to the addition of treatment elements. Perhaps the most important additional component is exercise. High levels of physical activity are associated with initial successful weight loss and with the maintenance of that weight loss among both adults and children (L. H. Epstein et al., 1995; Jeffery & Wing, 1995). Consequently, participants are taught to develop a regular program of physical activity that is interesting and convenient for them (see Wadden et al., 1997).

Controlling Self-talk   Cognitive restructuring has become an increasingly important part of weight-reduction programs. As noted in chapter 3, poor health habits can be maintained through dysfunctional monologues (for example, "I'll never lose weight—I've tried before and failed so many times"). Participants in many weight-loss programs are urged to identify the maladaptive thoughts they have regarding weight loss and its maintenance and to substitute positive self-instruction.

Social Support   Another factor that consistently predicts successfully maintained weight loss is the presence of social support. Because participants with high degrees of social support are more successful than those with little social support, all participants are now trained in methods of eliciting effective support from their families, friends, and coworkers (Brownell & Kramer, 1989; Brownell & Stunkard, 1981). Even supportive messages from a behavioral therapist over the Internet seems to help people lose weight more successfully (Oleck, 2001).

Relapse Prevention   Relapse prevention techniques are incorporated into many treatment programs, including better screening of applicants to weight-loss programs, matching of treatments to the eating problems of particular clients, restructuring of the environment to remove temptation, rehearsal of high-risk situations for relapse (such as holidays), and development of coping strategies to deal with

high-risk situations. Taken together, these components of weight-loss treatment programs are designed to address all aspects of weight loss and its maintenance.

We might expect that the stages of change model, by which interventions are tailored to a recipient's stage of readiness, would be successful in managing weight. As yet, however, the success of such efforts is equivocal (Jeffery, French, & Rothman, 1999).

Relapse prevention is important not only for diet control but also for the negative fallout that occurs when people are unsuccessful. Such negative consequences may fall more heavily on women than men. When their diets fail, women are more likely to blame their own lack of self-discipline, whereas men are more likely to blame external factors, such as work (*New York Times,* 2000b).

Where Are Weight-Loss Programs Implemented?

Work Site Weight-Loss Interventions   A number of weight-loss programs have been initiated through the work site, and a technique that has proven especially effective has been competition between work groups to see which group can lose the most weight and keep it off (e.g., Brownell, Cohen, Stunkard, Felix, & Cooley, 1984; Brownell, Stunkard, & McKeon, 1985). Exactly why team competitions are successful is unknown. It may be that team competitions draw effectively on social support or that the arousal produced by a competitive spirit motivates people to work harder to maintain weight loss. Whether weight losses engaged through such team competitions can be maintained over time, however, remains at issue (Brownell & Felix, 1987; Stunkard, Cohen, & Felix, 1989).

Commercial Weight-Loss Programs   More than $100 billion is spent each year on health care costs directly related to obesity. In addition, $33 billion per year goes to commercial weight-loss programs and specialized foods for these programs (Obesity, 2000). More than 500,000 people each week are exposed to behavioral methods of controlling obesity through commercial clinics such as TOPS (Take Off Pounds Sensibly), Weight Watchers, and Jenny Craig. Many of these programs incorporate the behavior change principles just described. Because of the sheer number of people affected by these programs, formal evaluation of their effectiveness is important, yet rarely have such organizations opened their doors to formal program evaluation.

In fact, precisely because of this problem, the Federal Trade Commission has taken action against some commercial weight-loss programs for deceptive advertising, arguing that they provide insufficient and misleading information on success rate, risks of their program, and pricing (*Los Angeles Times*, 1997). Many of the components of commercial weight-loss programs, such as their group nature and the fact that they draw on principles of social support, should enhance success, but whether these programs successfully combat the problem of long-term maintenance of weight loss is unknown.

Evaluation of Cognitive-Behavioral Weight-Loss Techniques

Early evaluations of cognitive-behavioral programs for obesity suggest that modest weight losses, of perhaps a pound a week for up to 20 weeks, could be achieved and maintained for up to a year (Brownell, 1982). More recent programs appear to produce better effects, with weight loss of nearly 2 pounds a week for up to 20 weeks and long-term maintenance over 2 years (Brownell & Kramer, 1989). These improvements may be because the newer programs are longer and better and because they emphasize self-direction and exercise and include relapse prevention techniques (J. G. Baum, Clark, & Sandler, 1991; Brownell & Kramer, 1989; Jeffery et al., 2000). Nonetheless, responses to these programs are variable. Some people lose weight and are successful in keeping it off, whereas others put the weight back on almost immediately. Moreover, such programs may not be aggressive enough to help the truly obese, who may require the more extreme measures of fasting and surgery. Table 4.4 describes some of the promising leads that current research suggests for enhancing long-term weight loss in cognitive-behavioral programs.

Overall, though, efforts to treat obesity have been only somewhat successful. And because unsuccessful dieting can exacerbate the problem, many health psychologists have come to the conclusion that obesity might best be treated by urging people to develop the healthiest lifestyle they can, involving sensible eating and exercise, rather than specific weight-reduction techniques (Ernsberger & Koletsky, 1999).

Taking a Public Health Approach

The increasing prevalence of obesity makes it evident that shifting from a treatment model to a public health model that emphasizes prevention will be essential for combating this problem (Battle & Brownell, 1996). Although cognitive-behavioral methods are helping at least some people lose weight, clearly weight-loss programs are not a sufficient attack on the problems of overweight and obesity.

Prevention with families at risk for producing obese children is one important strategy. (Figure 4.3 illustrates the magnitude of the obesity problem among children and the dramatic increase that has occurred over the last 25 years (National Center for Health Statistics, 1996). If parents can be trained early to adopt sensible meal planning and eating habits that they can convey to their children, the incidence of obesity may ultimately decline.

TABLE 4.4   Some Techniques in a Comprehensive Program for Weight Control

Lifestyle Techniques	Exercise Techniques
1. Keep an eating diary.	32. Keep an exercise diary.
2. Maximize awareness of eating.	33. Understand benefits of exercise.
3. Examine patterns in your eating.	34. Increase walking.
4. Prevent automatic eating.	35. Maximize pleasure of walking.
5. Identify triggers for eating.	36. Increase lifestyle activity.
6. Weigh yourself regularly.	37. Use stairs whenever possible.
7. Keep a weight graph.	38. Know the calorie values of exercise.
8. Examine what occurs before, during, and after eating.	39. Use the pulse test for fitness feedback.
9. Alter the antecedents to eating.	40. Choose and use a programmed activity.
10. Do nothing else while eating.	41. Always warm up and cool down.
11. Follow an eating schedule.	42. Experiment with jogging.
12. Eat in one place.	43. Experiment with cycling.
13. Do not clean your plate.	44. Experiment with aerobics.
14. Put your fork down between bites.	45. Remember that any exercise helps.
15. Pause during the meal.	
16. Shop on a full stomach.	
17. Shop from a list.	
18. Buy foods that require preparation.	
19. Keep problem foods out of sight.	
20. Keep healthy foods visible.	
21. Remove serving dishes from the table.	
22. Leave the table after eating.	
23. Serve and eat one portion at a time.	
24. When hungry, wait 5 minutes before eating.	
25. Avoid being a food dispenser.	
26. Use alternatives to eating.	
27. Use techniques for eating away from home.	
28. Prepare in advance for special events.	
29. Plan in advance for high-risk situations.	
30. Identify your behavior chains.	
31. Interrupt your behavior chains.	

It should be noted that, although obesity has proven to be very difficult to modify at the adult level, behavioral treatment of childhood obesity has an impressive record of success. It may be easier to teach children healthy eating and activity habits than to teach adults. Programs that increase activity levels as through reinforcements for exercise, are an important component of weight-control programs with children (L. H. Epstein, Saelens, Myers, & Vito, 1997). Interventions that reduce TV watching can also reduce weight in children (T. N. Robinson, 1999). Moreover, because parents regulate children's access to food, problems in self-control are less likely to emerge with children. Whether treatment of childhood obesity will have long-term effects on adult weight remains to be seen (G. T. Wilson, 1994).

Attitude Techniques	Relationship Techniques	Nutrition Techniques
46. Weigh advantages and disadvantages of dieting.	65. Identify and select partner.	75. Determine your target calorie level.
47. Realize complex causes of obesity.	66. Tell your partner how to help.	76. Be aware of calorie values of foods.
48. Distinguish hunger from cravings.	67. Make specific and positive requests of partner.	77. Know the four food groups.
49. Confront or ignore cravings.		78. Eat a balanced diet.
50. Set realistic goals.	68. Reward your partner.	79. Get adequate protein in diet.
51. Use the shaping concept for habit change.	69. Do shopping with your partner.	80. Get adequate carbohydrate in diet.
52. Counter food and weight fantasies.	70. Have partner do shopping for you.	81. Increase complex carbohydrates.
53. Ban perfectionist attitudes.	71. Have partner and family read this material.	82. Limit fat to 30% of total calories.
54. Beware of attitude traps.	72. Exercise with partner.	
55. Stop dichotomous thinking.	73. Refuse pressures to eat.	83. Make low-calorie foods appetizing.
56. Counter impossible dream thinking.	74. Use pleasurable partner activities.	84. Consume adequate vitamins.
57. Focus on behavior rather than weight.		85. Take no more than recommended doses of vitamins.
58. Banish imperatives from vocabulary.		86. Increase fiber in diet.
59. Be aware of high-risk situations.		
60. Distinguish lapse and relapse.		
61. Outlast urges to eat.		
62. Cope positively with slips and lapses.		
63. Take steps to gain control during lapses.		
64. Be a forest ranger for urges and lapses.		

Source: Brownell, K. D., "AppendixA—Master List of Techniques." Adapted and reproduced with permission from *The LEARN® Program for Weight Management 2000.* Dallas: American Health Publishing Company, 2000. All rights reserved. Note: This book is not available in bookstores. For ordering information, call 1-888-LEARN-41.

Another approach to obesity that emphasizes prevention concerns weight-gain prevention programs for normal-weight adults. If exercise can be increased, diet altered in a healthy direction, and good eating habits developed, the weight gains that often accompany the aging process may be prevented (L. H. Epstein, Valoski, Wing, & McCurley, 1994).

Eating Disorders

In pursuit of the elusive perfect body (see Box 4.5), numerous women and an increasing number of men chronically restrict their diet and engage in other weight-loss efforts, such as laxative use, cigarette smoking, and chronic use of diet pills. These efforts pose serious health risks. Many people are under the

BOX 4.5

The Barbie Beauty Battle

Many health psychologists have criticized the media and the products they popularize for perpetuating false images of feminine beauty (J. K. Thompson & Heinberg, 1999). The Barbie doll has come under particular criticism because researchers believe that its widespread popularity with young girls may contribute to excessive dieting and the development of eating disorders. Using hip measurement as a constant, researchers have made calculations to determine the changes that would be necessary for a young, healthy woman to attain the same body proportions as the Barbie doll. She would have to increase her bust by 5 inches, her neck length by more than 3 inches, and her height by more than 2 feet while decreasing her waist by 6 inches (Brownell & Napolitano, 1995). This clearly unattainable standard may contribute to the false expectations that girls and women develop for their bodies.

(© AP/Wide World Photos)

impression that thin equals healthy, a misperception that can interfere with the healthy lifestyle all of us should be adopting (W. C. Miller, 1999). The obsession with weight control, coupled with high rates of obesity, have induced many people to diet; 78% of women and 64% of men report that they are trying to lose or at least not gain weight (Centers for Disease Control and Prevention, 2000b). Although some of these concerns are well placed, obsessive concerns with weight can sometimes lead to eating disorders. (See Box 4.6.)

The epidemic of eating disorders suggests that the pursuit of thinness is a growing social problem and public health threat of major proportions (Cogan & Ernsberger, 1999). Recent years have seen a dramatic increase in the incidence of eating disorders in the adolescent female population of Western countries. It is currently estimated that 2% of the female population of the United States suffers from one or more eating disorders (Battle & Brownell, 1996). Chief among these are anorexia nervosa and bulimia.

Anorexia Nervosa

One of my most jarring memories is of driving down a street on my university campus during Christmas vacation and seeing a young woman clearly suffering from anorexia nervosa about to cross the street. She had obviously just been exercising. The wind blew her sweatpants around the thin sticks that had once been normal legs. The skin on her face was stretched so tight that the bones showed through, and I could make out her skeleton under what passed for flesh. I realized that I

BOX 4.6

You *Can* Be Too Thin

In the past decade, preoccupation with weight control among adolescents has reached epidemic proportions. In one study conducted in a high school (J. C. Rosen & Gross, 1987), 63% of the girls and 16% of the boys reported being on diets. Virtually all these students were already of normal weight. Most of this unnecessary dieting is due to the desire to achieve the thin physique that is currently culturally desirable, a physique that is difficult for most people to achieve without dieting.

Athletes often diet to get ready for events. For example, high-school wrestlers may feel the need to "cut weight" for matches. Research, however, suggests that these cycles of weight gain and loss may have adverse health consequences. One result is a lowered metabolic rate, which can lead to a general propensity to gain weight. There may also be changes in fat distribution and risk factors for cardiovascular disease. For example, weight loss is associated with decreased blood pressure and gains with increased blood pressure, and successive gains appear also to produce successive gains in blood pressure. Consequently, these bouts of weight loss and regain may have an adverse long-term effect on blood pressure. Among female athletes who maintain a low body weight overall (such as gymnasts and figure skaters), the low percentage of fat distribution may lead to amenorrhea (cessation of menstrual periods) and problems in the ability to have children (Brownell, Steen, & Wilmore, 1987; Steen, Oppliger, & Brownell, 1988).

Preoccupation with appearance and dieting and a tendency toward eating disorders now appear to be spreading into the gay male community. A study of gay men found that they were more dissatisfied with their bodies and considered their appearance more central to their sense of self than was true for heterosexual men. Gay men were more likely to engage in exercise than were heterosexual men, but this activity was motivated more by a desire to be attractive than to be healthy. Moreover, these men showed attitudes and eating patterns that are usually associated with eating disorders. These findings suggest that a male subculture that emphasizes appearance so heavily may heighten the vulnerability of its members to body dissatisfaction and disordered eating, just as is true for women in our culture (Silberstein, Striegel-Moore, & Rodin, 1987).

was face-to-face with someone who was shortly going to die. I looked for a place to pull over, but by the time I had found a parking space, she had disappeared into one of the dormitories, and I did not know which one. Nor do I know what I would have said if I had successfully caught up with her.

Anorexia nervosa is an obsessive disorder amounting to self-starvation, in which an individual diets and exercises to the point that body weight is grossly below optimum level, threatening health and potentially leading to death. Most sufferers are adolescent females, disproportionately from the upper social classes.

Developing Anorexia Nervosa Several factors have been identified in the development of the illness. Physiological explanations have been spurred by estimates that amenorrhea (cessation of menstruation, a common symptom of anorexia) often precedes weight loss (Morimoto et al., 1980). Certain neuroactive steroids that are known to regulate eating and mood in animals appear to be present in abnormal levels in girls with anorexia (Monteleone et al., 2001). There appears to be an association between anorexia and Turner's syndrome (a disorder among females who lack a second X chromosome). Hypothalamic abnormalities may also be involved.

Both women who have eating disorders and those who have tendencies toward eating disorders show high blood pressure and heart rate reactivity to stress and high urinary cortisol, suggesting that they may chronically overreact to stress. In addition, women with eating disorders or tendencies toward them are more likely to be depressed, anxious, and low in self-esteem and to have a poor sense of mastery. The fact that this profile is seen in women with eating disorder tendencies, as well as those women with full-blown eating disorders, suggests that they may be precipitating factors rather than consequences of eating disorders (Koo-Loeb, Costello, Light, & Girdler, 2000).

Recent evidence that anorexia nervosa runs in families suggests a genetic contribution to the disorder (Strober et al., 2000). Anorexia and its treatment may be complicated by the psychopathological aspects of obsessive-compulsive disorder, which implicates neuroendocrine mechanisms as well (C. Davis, Kaptein, Kaplan, Olmsted, & Woodside, 1998).

Other researchers have stressed personality characteristics and family interaction patterns as causal in the development of anorexia. Anorectic girls are said to feel a lack of control coupled with a need for approval and to exhibit conscientious, perfectionistic behavior. Body image distortions are also common among anorectic girls, although it is not clear whether this distortion is a consequence or a cause of the disorder. For example, these girls see themselves as still overweight when they have long since dropped below their ideal weight.

Anorectic girls appear to be more likely to come from families in which psychopathology or alcoholism is found or from families that are extremely close but have poor skills for communicating emotion or dealing with conflict (Garfinkel & Garner, 1983; Rakoff, 1983). The mother-daughter relationship may also be implicated in disordered eating. Mothers of daughters with eating disorders appear to be more dissatisfied with their families, more dissatisfied with their daughters' appearance, and more vulnerable to eating disorders themselves (K. M. Pike & Rodin, 1991).

Increasingly, research is focusing on the conditions that may trigger anorexia in those people at risk. Anorexia may occur when issues of personal identity and autonomy come to the fore at puberty. Conflicts over the need to separate from family and the need to assert oneself in social situations may produce the self-destructive response of anorexia rather than any direct confrontation with these conflicts.

Treating Anorexia   Initially, the chief target of therapy is to bring the patient's weight back up to a safe level, a goal that must often be undertaken in a residential treatment setting, such as a hospital. To achieve weight gain, most therapies use behavioral approaches, such as operant conditioning. Usually, operant conditioning provides positive reinforcements, such as social visits in return for eating or weight gain. However, behavioral treatments in a hospital setting alone may fail to generalize to the home setting (Garfinkel & Garner, 1982) because of family and environmental factors that may induce or maintain the behavior.

Once weight has been restored to a safe level, additional therapies are needed. Family therapy may be initiated to help families learn more positive methods of communicating emotion and conflict (Minuchen, Rosman, & Baker, 1978). Psychotherapy to improve self-esteem and to teach skills for adjusting to stress and social pressure may also be incorporated into treatments (A. Hall & Crisp, 1983). The outlook for anorectic patients receiving therapy appears to be good, with one behavioral therapy intervention reporting success rates of 85% (Minuchen et al., 1978).

Because of the health risks of anorexia nervosa, research has increasingly moved toward prevention; yet the factors that may prevent new cases from arising may be quite different from those that lead students who already have symptoms to seek out treatment (Mann, Huang, Bergard, Wright, & Hansen, 1997). An eating disorder prevention program aimed at college freshmen presented the students with classmates who had recovered from an eating disorder, described their experience, and provided information. To the researchers' dismay, following the intervention, the participants had slightly more symptoms of eating disorders than those who had not participated. The program may have been ineffective because, by reducing the stigma of these disorders, it inadvertently normalized the problem. Consequently, as Mann and her colleagues (1997) concluded, ideal strategies for prevention may require stressing the health risks of eating disorders, whereas the strategies for inducing symptomatic women to seek treatment may involve normalizing the behavior and urging women to accept treatment.

Bulimia

Bulimia is an eating syndrome characterized by alternating cycles of binge eating and purging through such techniques as vomiting, laxative abuse, extreme dieting or fasting, and drug or alcohol abuse (M. K. Hamilton, Gelwick, & Meade, 1984). Bingeing appears to be caused at least in part by dieting. A related eating disorder, termed binge eating disorder, describes the many individuals who engage in recurrent binge eating but do not engage in the compensatory purging behavior to avoid weight gain (Spitzer et al., 1993). Binge eating usually occurs when the individual is alone; bingeing may be triggered by negative emotions produced by stressful experiences (Telch & Agras, 1996). The dieter begins to eat and then cannot stop, and although the bingeing is unpleasant, the binger feels out of control, unable to stop it. About half the people diagnosed with anorexia

are also bulimic. Bulimia affects between 1 and 3% of women (Wisniewski, Epstein, Marcus, & Kaye, 1997) although up to 10% of people may have episodes.

Who Develops Bulimia? Whereas many anorectics are thin, bulimics are typically of normal weight or overweight, especially through the hips. In bulimia, as in anorexia, bingeing and purging may be a reaction to issues of control. The binge phase has been interpreted as an out-of-control reaction of the body to restore weight; the purge phase, an effort to regain control over weight. When a person goes on a diet, the association between physiological cues of hunger and eating break down. Dropping below the set point for her personal weight, the individual reacts as if she may starve: Metabolism slows, and she begins to respond to external food cues instead of internal cues, such as hunger.

Food can become a constant thought. Restrained eating, then, sets the stage for a binge. The control of eating shifts from internal sensations and is replaced by decisions about when and what to eat, which is called a cognitively based regulatory system. This regulatory system is easily disrupted by stress or distraction, and when it is, the dieter is vulnerable to bingeing (Polivy & Herman, 1985).

Families that place a high value on thinness and appearance are more likely to produce bulimic daughters (Boskind-White & White, 1983). Bulimia may have a genetic basis, inasmuch as eating disorders cluster in families and twin studies show a high concordance rate for binge eating (Wade, Bulik, Sullivan, Neale, & Kendler, 2000). Bulimics may suffer from low self-esteem and eat impulsively to control their negative emotions. Girls and women with binge eating disorders appear to be characterized by an excessive concern with body and weight; a preoccupation with dieting; a history of depression, psychopathology, and alcohol or drug abuse; and difficulties with managing work and social settings (R. L. Spitzer et al., 1993).

Stress, especially conflict with others, appears to be implicated in the onset of binge-purge cycles, because the cues that normally are used to restrain eating are less salient in times of stress. One study of women in college found that their bulimia worsened in response to stress or to any experience that led to a feeling of being unattractive, overweight, or ineffectual (Striegel-Moore, Silberstein, Frensch, & Rodin, 1989). Their disordered eating symptoms grew worse over the course of the school year, presumably because their level of stress also increased.

Physiological accounts of the disorder include hormonal dysfunction (Monteleone et al., 2001), a hypothalamic dysfunction, food allergies or disordered taste responsivity (Wisniewski et al., 1997), a disorder of the endogenous opioid system (Mitchell, Laine, Morley, & Levine, 1986), a neurological disorder, and a combination of these.

Treating Bulimia   The first barrier to treating bulimia is the fact that many women do not go in for treatment. Either they do not believe that their problem is a serious one, or they do not believe that any medical intervention will overcome it. Accordingly, one of the first steps for helping bulimics get treatment is to convince them that the disorder threatens their health and that medical and psychological interventions can help them overcome the disorder (Smalec & Klingle, 2000).

A number of therapies have been developed to treat bulimia. Overall, a combination of medication and cognitive-behavioral therapy appears to be the most effective treatment for bulimia (Agras et al., 1992). Typically, this treatment begins by instructing the patient to keep a diary of eating habits, including time, place, type of food consumed, and emotions experienced. Simple self-monitoring can produce decreases in binge-purge behavior (Orleans & Barnett, 1984; G. T. Wilson, 1984).

Most therapies combine monitoring with other behavioral treatments in an individualized effort to bring eating under control (Agras, Schneider, Arnow, Raeburn, & Telch, 1989; Kirkley, Agras, & Weiss, 1985). Specific techniques include increasing the regularity of meals, eating a greater variety of foods, delaying the impulse to purge as long as possible, and eating favorite foods in new settings not previously associated with binges. All these techniques help women to break down patterns that maintained bulimia and to instill better eating habits (Kirkley, Schneider, Agras, & Bachman, 1985). Increased perceptions of self-efficacy with respect to eating facilitate the success of cognitive-behavioral interventions as well (J. A. Schneider, O'Leary, & Agras, 1987).

Relapse prevention techniques are often added to therapeutic programs. For example, the patient may be trained to identify situations that trigger binge eating and to develop coping skills to avoid it. The patient may also be taught relaxation and stress management skills. When bulimia becomes compulsive, outright prevention of the behavior may be required, with the patient placed in a treatment facility and therapeutic intervention provided to alleviate the emotional problems that may have precipitated the disorder.

The increasing prevalence of eating disorders, coupled with the difficulty of treating them effectively, suggests that health psychologists must begin to think about ways to prevent eating disorders from developing rather than exclusively treating them after they occur (Battle & Brownell, 1996). Exactly how to do this, however, is still being explored (Mann et al., 1997).

Postscript

We have just highlighted the health behaviors of exercise, accident prevention, cancer prevention, a healthy diet, and weight management because each has generated considerable

BOX 4.7

A Good Night's Sleep

Michael Foster, a trucker who carried produce, was behind in his truck payments. To catch up, he needed to increase the number of runs he made each week. He could not shave any miles off his trips, so the only way he could make the extra money was to increase the number of trips and reduce his sleep each night. He began cutting back from 6 hours of sleep a night to 3 or 4, stretches that he grabbed in his truck between jobs. On an early-morning run between Fresno and Los Angeles, he fell asleep at the wheel and his truck went out of control, hitting a car and killing a family.

More than 14 million Americans, most over 40, have major sleep disorders—most commonly, insomnia (Nagourney, 2001). It has long been known that insufficient sleep affects cognitive functioning, mood, performance in work, and quality of life (Pressman & Orr, 1997). Any of us who has spent a sleepless night tossing and turning over some problem knows how unpleasant the following day can be.

Increasingly, we are also recognizing the health risks of inadequate sleep (Leger, Scheuermaier, Phillip, Paillard, & Guilleminault, 2001). Even just six nights of poor sleep in a row can impair metabolic and hormonal function, and over time, chronic sleep loss can aggravate the severity of hypertension and Type II diabetes (K. Murphy, 2000). Chronic insomniacs may also be at increased risk for the development of coronary artery disease (Bonnet & Arand, 1998). Sleep deprivation reduces natural killer cell activity, which may, in turn, lead to greater receptivity to infection (Irwin et al., 1994; Savard et al., 1999). Shift workers, who commonly experience disordered sleep when they change from one shift to another, have a high rate of respiratory tract infections and show depressed cellular immune function. Even modest disturbance of sleep seems to have these adverse effects, although after a night of good sleep, immune functioning quickly recovers (Irwin et al., 1994). Sleep may have particular relevance for women's health, inasmuch as sleep disturbances are reliably related to the menstrual cycle (Manber & Bootzin, 1997) and to the onset of menopause in older women.

People who are going through major stressful life events or who are suffering from major depression especially report sleep disturbances (M. Hall et al., 2000). Sleep-related disorders may be as risky as drunkenness in their effects on automobile and other vehicular accidents (*New York Times,* 1999).

Many of the problems related to sleep disruption have to do with insufficient sleep, but in other cases, quality of sleep is the culprit. Recently, researchers have recognized that sleep apnea, an air pipe blockage that disrupts sleep, can compromise health. Each time that apnea occurs, the sleeper stops breathing, sometimes for as long as 3 minutes, until he or she suddenly wakes up, gasping for air. Some people are awakened dozens, even hundreds, of times each night without realizing it. Researchers now believe that sleep apnea triggers thousands of nighttime deaths, including heart attacks, and along with other sleep disorders, apnea contributes to high rates of accidents in the workplace and on the road. Apnea also contributes to irritability, anxiety, and depression. Sleep apnea is difficult to diagnose because the symptoms, such as grouchiness, are so diffuse, but fitful, harsh snoring is one signal that a person may be experiencing apnea.

Is there any treatment for apnea? Because apnea is caused by excessive tissue in the back of the throat, which blocks the air passages, doctors can in severe cases cut out some of this throat tissue. Other patients sleep with a machine designed to keep airways open or wear sleeping masks that blow air down the throat all night. Although sleep apnea is a chronic problem for some people, many people also get it occasionally, particularly following a night of heavy drinking or smoking (S. Baker, 1997). Perhaps the most compelling evidence for the importance of sleep is that it predicts mortality: People who get 7 or more good hours of sleep a night on a regular basis live longer than people who do not (Belloc & Breslow, 1972).

The next years promise to enlighten us more fully as to the health benefits of sleep and liabilities of disordered sleeping. In the meantime what should one

BOX 4.7

A Good Night's Sleep (continued)

do to get to sleep? For those with persistent sleep problems, a variety of cognitive-behavioral interventions are available that typically make use of relaxation therapies (Perlis et al., 2000). Such programs also recommend better sleep habits, many of which can be undertaken on one's own (Gorman, 1999; S. L. Murphy, 2000):

- Get regular exercise, at least three times a week.
- Keep the bedroom cool at night.
- Sleep in a comfortable bed that is big enough.
- Establish a regular schedule for awakening and going to bed.
- Develop nightly rituals that can get one ready for bed, such as taking a shower.

- Use a fan or other noise generator to mask background sound.
- Don't consume too much alcohol or smoke.
- Don't eat too much or too little at night.
- Don't have strong smells in the room, as from incense, candles, or lotions.
- Don't nap after 3 P.M.
- Cut back on caffeine, especially in the afternoon or evening.
- If awakened, get up and read quietly in another place, to associate the bed with sleep, not sleeplessness.

research and each has been systematically related to a major cause of illness, disability, and death. There are many other health behaviors, some of which, such as safe sex, will be covered at later points in this text and others of which will not be covered in detail because, as yet, little is known about them. For example, one health behavior about which the health benefits and liabilities are only now being understood is sleep and sleep disorders (see Box 4.7).

Another important set of health behaviors that is only beginning to be understood involves processes of relaxation and renewal, the restorative activities that help people reduce stress and restore their personal balance. We know, for example, that not taking a vacation can be a risk factor for heart attack among people with heart disease (Gump & Matthews, 1998; Steptoe, Roy, & Evans, 1996), but little other than intuition currently guides our thinking about restorative processes.

This point underscores the fact that an understanding of health-enhancing behaviors is always a work in progress. As new health risks are uncovered or the benefits of particular behaviors become known, the application of what we already know to these new behaviors will take on increasing importance.

Summary

1. Health-enhancing behaviors are practiced by asymptomatic individuals to improve or enhance their current or future health and functioning. Such behaviors include exercise, accident prevention measures, cancer detection processes, weight control, and consumption of a healthy diet.

2. Aerobic exercise reduces risk for heart attack and improves other aspects of bodily functioning. Exercise also improves mood and reduces stress.

3. Few people adhere regularly to the standard exercise prescription of aerobic exercise just short of maximal intensity for 15 minutes three times a week. People are more likely to exercise when the form of exercise is convenient and they like it. If their attitudes favor exercise and they come from families in which exercise is practiced, they are also more likely to exercise.

4. Cognitive-behavioral interventions including relapse prevention components have been at least somewhat successful in helping people adhere to regular exercise programs.

5. Accidents are a major cause of preventable death, especially among children. Recent years have seen increases in the use of accident prevention measures, especially car safety restraint devices for children. These changes have been credited to publicity in the mass media, legislation favoring accident prevention measures, and training of parents by physicians and through interventions to promote safety measures for children.

6. One out of every eight American women will develop breast cancer, yet breast self-examination (BSE) is rarely practiced because women have difficulty detecting lumps, are uncertain if they are doing it correctly, and fear what may happen if a lump is detected.

7. Personalized instruction improves the practice of BSE. Statistics promoting the value of early detection may reduce fear. Regular practice can also be enhanced by monthly prompts or more-than-monthly practice of BSE.

8. Mammograms are recommended for women over age 50, yet few women, especially minority and older women, obtain them because of lack of information, unrealistic fears, and, most important, the cost and lack of availability of mammograms.

9. Testicular self-examination (TSE) is important for men between the ages of 15 and 35, for whom testicular cancer is a leading cause of death.

10. Obesity is a health risk that has been linked to cardiovascular disease, kidney disease, diabetes, and other chronic conditions.

11. Factors associated with obesity include genetic predisposition, early diet, family history of obesity, low SES, little exercise, and cultural values. Ironically, dieting may contribute to the propensity for obesity.

12. Weight may also be regulated by an ideal set point and by prior caloric consumption. Some individuals eat in response to stress, and stress eating may exacerbate existing weight problems.

13. Obesity has been treated through diets, fasting, surgical procedures, drugs, and more recently cognitive-behavioral

approaches. Most interventions use a multimodal approach that includes monitoring eating behavior, modifying the environmental stimuli that control eating, gaining control over the eating process, and reinforcing new eating habits. Relapse prevention skills training helps in long-term maintenance.

14. Some success in weight loss has been found in the work site using work group competition techniques and in commercial weight-loss programs that employ cognitive-behavioral techniques. Such programs can produce weight losses of 2 pounds a week for up to 20 weeks, maintained over a 2-year period.

15. Increasingly, interventions are focusing on weight-gain prevention with children in obese families and with high-risk adults. The role of unrealistic standards of thinness in the causes and perpetuation of eating disorders is receiving increasing attention.

16. Dietary interventions involving reductions in cholesterol, fats, calories, and additives and increases in fiber, fruits, and vegetables are widely recommended, yet long-term adherence to such diets is low for many reasons: Recommended diets are often boring; relation of dietary change to improvement in health is uncertain; tastes are hard to change; attitudes may not favor dietary change; and despite recommendations for lifetime change, behavior often falls off over time because of sheer inertia. Diets, especially those low in cholesterol, may actually exacerbate some other causes of illness and death.

17. Dietary interventions through the mass media and community resources have promise as intervention techniques. Intervening with the family unit also appears to be useful for promoting and maintaining dietary change.

Key Terms

aerobic exercise	obesity	testicular self-examination (TSE)
anorexia nervosa	set point theory of weight	
breast self-examination (BSE)	stress eating	yo-yo dieting
bulimia		

CHAPTER 5

Health-Compromising
Behaviors

Several decades ago, my father went for his annual physical and his doctor told him, as the doctor did each year, that he had to stop smoking. As usual, my father told his doctor that he would stop when he was ready. He had already tried several times and had been unsuccessful. My father had begun smoking at age 14, long before the health risks of smoking were known, and it was now an integrated part of his lifestyle, which included a couple of cocktails before a dinner high in fat and cholesterol and a hectic life that provided few opportunities for regular exercise. Smoking was part of who he was. His doctor then said, "Let me put it this way. If you expect to see your daughter graduate from college, stop smoking *now*." That warning did the trick. My father threw his cigarettes in the wastebasket and never had another one. Over the years, as he read more about health, he began to change

his lifestyle in other ways. He began to swim regularly for exercise, and he pared down his diet to one of mostly fish, chicken, vegetables, fruit, and cereal. Despite the fact that he once had many of the risk factors for heart disease, he lived to age 83.

In this chapter, we turn our attention to health-compromising behaviors, behaviors practiced by people that undermine or harm their current or future health. My father's problems with stopping smoking illustrate several important points about these behaviors. Many health-compromising behaviors are habitual, and several, including smoking, are addictive, making them very difficult habits to break. On the other hand, with proper incentive and help, even the most intractable health habit can be modified. When a person succeeds in changing a health behavior for the better, often he or she will make other lifestyle changes in the direction of a healthier way of living. The end result is that risk declines, and a disease-free middle and old age becomes a possibility.

Characteristics of Health-Compromising Behaviors

Many health-compromising behaviors share several additional important characteristics. First, there is a window of vulnerability in adolescence. Drinking to excess, smoking, illicit drug use, unsafe sex, and risk-taking behavior that can lead to accidents or early death all begin in early adolescence and sometimes cluster together as part of a problem behavior syndrome (S. Donovan & Jessor, 1985; Duncan, Duncan, & Hops, 1998).

This is not to suggest that all health-compromising behaviors evolve and are firmly implanted during adolescence. Indeed, as we have already seen in chapter 3, several health problems, such as obesity, begin early in childhood and others, such as alcoholism, may be special risks for older adults. These exceptions notwithstanding, there is an unnerving similarity in the factors that elicit and maintain many of these health-compromising behaviors.

Many of these behaviors are heavily tied to the peer culture, as children learn from and imitate the peers they like and admire. Wanting to be attractive to others becomes very important in adolescence, and this factor is significant in the development of eating disorders, alcohol consumption, tobacco and drug use, tanning, not practicing safe sex, and vulnerability to injury, among other behaviors (Leary, Tchividjian, & Kraxberger, 1994).

Several health-compromising behaviors are also intimately bound up in the self-presentation process—that is, in the adolescent's or young adult's efforts to appear sophisticated, cool, tough, or savvy in his or her social environment. The image conveyed by these behaviors, then, is another shared characteristic that must be considered in their modification.

A third similarity is that many of these behaviors are pleasurable, enhancing the adolescent's ability to cope with stressful situations, and some represent thrill seeking, which can be rewarding in its own right; yet each of these behaviors is also highly dangerous. Each has been tied to at least one major cause of death in this country, and several, especially smoking, are risk factors for more than one major chronic disease.

Fourth, development of all these behaviors occurs gradually, as the individual is exposed to and becomes susceptible to the behavior, experiments with it, and later engages in regular use (Wills, Pierce, & Evans, 1996). As such, these health-compromising behaviors are not acquired all at once, but through a process that may make different interventions important at the different stages of vulnerability, experimentation, and regular use.

Fifth, substance abuse of all kinds, whether cigarettes, alcohol, drugs, or sex, are predicted by some of the same factors. Those adolescents who get involved in such risky behaviors often have high levels of conflict with their parents and poor self-control, suggesting that these behaviors may function in part as coping mechanisms to manage a stressful life (Wills, Gibbons, Gerrard, & Brody, 2000; Yokoyama, Nishikitani, & Araki, 1999).

Common to the abuse of many substances, including cigarettes, alcohol, and marijuana, is the general deviance of the adolescent. Adolescents with a penchant for deviant behavior, low self-esteem, and problematic family relationships often show higher levels of these behaviors. Adolescents who abuse substances typically do more poorly in school, and family problems, deviance, and low self-esteem appear to explain this relationship (Andrews & Duncan, 1997). Difficult temperament, poor self-control, and deviance-prone attitudes

BOX 5.1

Love or Loss: What Sustains Drug Use?

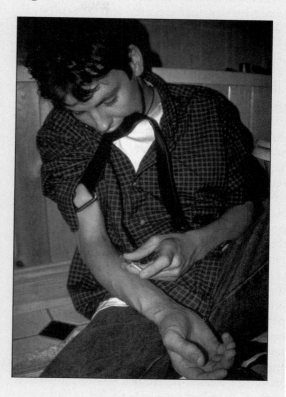

Many of us have an image of a drug user as a nervous, edgy individual who makes a buy, shoots up in an alley, and then experiences the euphoria of the drug state. Recent research on withdrawal and reward, however, questions this account. Although drug use early on can bring euphoria and strong pleasant feelings, later in the drug addict's career, the need to cope with the loss of drugs takes over.

Many drug addicts develop high tolerance, so that taking drugs does not actually make them high anymore. They may have lost their jobs, their homes, their health, and all of the people who once loved them, but they continue to take drugs not because they become euphoric but because of the distress that discontinuing drugs causes.

Two researchers (DuPont & Gold, 1995) who described this problem liken it to the way that people who have been in love talk about the loss of the loved one after the relationship has ended. Just as the adolescent or young adult finds it impossible to imagine life after the lost partner, life loses its value without drugs for the drug addict. The implication is that, as with all health-compromising behaviors, prevention should be the first line of attack.

(© Alex Adams/Stock Connection/PictureQuest)

are related to peer and adolescent substance use—of tobacco, alcohol, and marijuana (Repetti, Taylor, & Seeman, 2002; Wills & Cleary, 1999).

Finally, problem behaviors are related to the larger social structure in which they occur. Most of these problem behaviors are more common in lower social class individuals. In some cases, these social class differences occur because of greater exposure to the problem behavior and, in other cases, because lower social class raises more stressful circumstances with which the adolescent may need to cope (Wills et al., 1996). Practice of these health-compromising behaviors is thought to be one reason that so-

cial class is so strongly related to most causes of disease and death (Adler et al., 1994).

In this chapter, we are especially concerned with two of the most common and commonly treated health-compromising behaviors—alcohol abuse and smoking. Many of the points raised, however, will be relevant to other health-compromising behaviors, such as illicit drug use. In particular, many of these health-compromising behaviors involve addiction.

What is Substance Dependence?

A person is said to be dependent on a substance when he or she has repeatedly self-administered it, resulting in tolerance, withdrawal, and compulsive behavior (American Psychiatric Association, 1994). Substance dependence can include **physical dependence,** the state that occurs when the body has adjusted to the substance and incorporates the use of that substance into the normal functioning of the body's tissues. Physical dependence often involves **tolerance,** the process by which the body increasingly adapts to the use of a substance, requiring larger and larger doses of it to obtain the same effects, eventually reaching a plateau. **Craving** is a strong desire to engage in a behavior or consume a substance. It seems to result from physical dependence and from a conditioning process: As the substance is paired with many environmental cues, the presence of those cues triggers an intense desire for the substance. **Addiction** occurs when a person has become physically or psychologically dependent on a substance following use over a period of time. **Withdrawal** refers to the unpleasant symptoms, both physical and psychological, that people experience when they stop using a substance on which they have become dependent. Although the symptoms vary, they include anxiety, irritability, intense cravings for the substance, nausea, headaches, shaking, and hallucinations. All these characteristics are common to substance abuse involving addiction, which includes smoking, alcohol consumption, and drug abuse.

Alcoholism and Problem Drinking

Scope of the Problem

Alcohol is responsible for more than 100,000 deaths each year, making it the third leading cause of death after tobacco and improper diet and exercise. More than 20% of Americans drink at levels that exceed government recommendations (Center for the Advancement of Health, 2001). Originally characterized as a social ill, alcoholism was officially recognized as a disease by the American Medical Association in 1957 (Jellinek, 1960).

As a health issue, alcohol consumption has been linked to a number of disorders, including high blood pressure, stroke, cirrhosis of the liver, some forms of cancer, and fetal alcohol syndrome, a condition of retardation and physiological abnormalities that arises in the offspring of heavy-drinking mothers (Higgins-Biddle, Babor, Mullahyl, Daniels, & McRee, 1997). Excessive drinking also accounts for substantial cognitive impairments, many of them irreversible (M. S. Goldman, 1983; F. L. McGuire, 1982). Approximately 50% of the 50,000 annual highway fatalities are attributed to drinking and driving (F. L. McGuire, 1982), and it is estimated that one in every two Americans will be in an alcohol-related accident during his or her lifetime.

Economically, alcohol abuse is estimated to cost the nation $184.6 billion, which includes approximately $134 billion in lost productivity, $26 billion in treatment costs for alcohol misuse and related disorders, and $24 billion in other costs, including motor vehicle accidents, fire, and crime (National Institute on Alcohol Abuse and Alcoholism, 2000a). An estimated 15% of the national health bill goes to the treatment of alcoholism. About 1 of every 10 adult Americans is an alcoholic or a problem drinker (Dorgan & Editue, 1995).

In addition to the direct costs of alcoholism through illness, accidents, and economic costs, alcohol abuse contributes to other health problems. For example, alcohol disinhibits aggression, so a substantial percentage of homicides, suicides, and assaults occur under the influence of alcohol. Alcohol also appears to facilitate other risky behaviors. For example, in one study, which analyzed the sexual encounters of sexually active adults, alcohol use led to more impulsive sexuality (Weinhardt, Carey, Carey, Maisto, & Gordon, 2001), and poorer skills for negotiating condom use, relative to those who were more sober (C. M. Gordon, Carey, & Carey, 1997).

Overall, though, it has been difficult to define the scope of alcoholism. Many problem drinkers keep their problem successfully hidden, at least for a time. By drinking at particular times of day or at particular places and by restricting contacts with other people during these times, the alcoholic may be able to drink without noticeable disruption in his or her daily activities.

What Are Alcoholism and Problem Drinking?

Exactly what constitutes alcoholism and problem drinking is fuzzy. **Problem drinking** and **alcoholism** encompass a variety of specific patterns (Jellinek, 1960; Wanburg & Horn, 1983). The term "alcoholic" is usually reserved for someone who is physically addicted to alcohol. Alcoholics show withdrawal symptoms when they attempt to become abstinent, they have a high tolerance for alcohol, and they have little ability to control their drinking. Problem drinkers may not have these symptoms, but they may have substantial social, psychological, and medical problems resulting from alcohol.

Problem drinking and alcoholism have been defined by a variety of specific behaviors, which range from the milder ones associated with problem drinking to the severe ones associated with alcoholism. These patterns include the need for daily use of alcohol, the inability to cut down on drinking, repeated efforts to control drinking through temporary abstinence or restriction of alcohol to certain times of the day, binge drinking, occasional consumptions of large quantities of alcohol, loss of memory while intoxicated, continued drinking despite known health problems, and drinking of nonbeverage alcohol.

Physiological dependence is suggested by stereotypic drinking patterns (particular types of alcohol in particular quantities at particular times of day), drinking that maintains blood alcohol at a particular level, the ability to function at a level that would incapacitate less tolerant drinkers, increased frequency and severity of withdrawal, early in the day and middle of the night drinking, a sense of loss of control over drinking, and a subjective craving for alcohol (Straus, 1988).

Symptoms of alcohol abuse include difficulty in performing one's job because of alcohol consumption, inability to function well socially without alcohol, and legal difficulties encountered while drinking, such as drunk driving convictions (American Psychiatric Association, 1980).

Origins of Alcoholism and Problem Drinking

The origins of alcoholism and problem drinking are complex. Based on twin studies and on the frequency of alcoholism in sons of alcoholic fathers, genetic factors appear to be implicated (Cloninger, 1987; Glenn, Parsons, & Stevens, 1989). Men have traditionally been at greater risk for alcoholism than women (C. A. Robbins & Martin, 1993), although with changing norms, younger women and women employed outside the home are beginning to catch up (Hamlett, Eaker, & Stokes, 1989). Sociodemographic factors, such as low income, also predict alcoholism. Overall, however, these factors account for relatively little alcoholism. Instead, a gradual process involving physiological, behavioral, and sociocultural variables appears to be implicated (Zucker & Gomberg, 1986).

Drinking and Stress   Drinking clearly occurs in part as an effort to buffer the impact of stress (P. E. Baer, Garmezy, McLaughlin, Pokorny, & Wernick, 1987; M. Seeman, Seeman, & Budros, 1988). Individuals experiencing a lot of negative life events, chronic stressors, and little social support are more likely to become

Adolescence and young adult-hood represent a window of vul-nerability to problem drinking and alcoholism. Successful inter-vention with this age group may reduce the scope of the alcoholism problem. (© Richard Hutchings/ PhotoEdit)

problem drinkers than are people without these problems (Brennan & Moos, 1990; Sadava & Pak, 1994). For example, alcohol abuse rises among people who have been laid off from their jobs (Catalano, Dooley, Wilson, & Hough, 1993). Alienation from work, low job autonomy, little use of one's abilities, and lack of participation in decision making are associated with heavy drinking (E. S. Greenberg & Grunberg, 1995). Financial strain, especially to the degree that it produces depression, leads to drinking in order to cope (Peirce, Frone, Russell, & Cooper, 1994). A general sense of powerlessness in one's life has also been related to alcohol use and abuse (M. Seeman et al., 1988).

Many people begin drinking to enhance positive emotions and reduce negative ones (M. L. Cooper, Frone, Russell, & Mudar, 1995),

and alcohol does reliably lower anxiety and depression and improve self-esteem, at least temporarily (Steele & Josephs, 1990). Thus, there can be psychological rewards to drinking (Steele & Josephs, 1990).

Social Origins of Drinking   Alcoholism is tied to the social and cultural environment of the drinker. Parents and peers influence adolescent drinking by influencing attitudes about alcohol and by acting as role models (Ennett & Bauman, 1991). Many people who eventually become problem drinkers or alcoholics learn early in life to associate drinking with pleasant social occasions. They may develop a social life centered on drinking, such as going to bars or attending parties where alcohol consumption is prominent (Wanburg & Horn, 1983). In contrast, those people who marry and become parents reduce their risk of developing alcohol-related disorders (Chilcoat & Breslau, 1996).

There appear to be two windows of vulnerability for alcohol use and abuse. The first, when chemical dependence generally starts, is between the ages of 12 and 21 (DuPont, 1988). The other window of vulnerability is in late middle age, in which problem drinking may act as a coping method for managing stress (Brennan & Moos, 1990). Late-onset problem drinkers are more likely to control their drinking on their own or be successfully treated, compared with individuals with more long-term drinking problems (Moos, Brennan, & Moos, 1991).

Treatment of Alcohol Abuse

For years, alcohol abuse was regarded as an intractable problem, but substantial evidence now indicates that it can be modified successfully. Between 10 and 20% of all alcoholics stop drinking on their own, and as many as 32% can stop with minimal help (Moos & Finney, 1983). This "maturing out" of alcoholism is especially likely in the later years of life (Stall & Biernacki, 1986).

In addition, alcoholism can be successfully treated through cognitive-behavioral modification programs. Nonetheless, such programs have high dropout rates. As many as 60% of the people treated through such programs may return to alcohol abuse (Moos & Finney, 1983). This high rate of recidivism may occur, in part, because the people most likely to seek treatment for alcohol abuse are those with more severe drinking problems (Finney & Moos, 1995).

Earlier, we noted that alcohol consumption is heavily dependent on the social environment in which it occurs, and this fact is prominent in understanding the recovery process as well. Alcoholics who come from high socioeconomic backgrounds and who are in highly socially stable environments (that is, who have

a regular job, an intact family, and a circle of friends) do very well in treatment programs, achieving success rates as high as 68%, whereas alcoholics of low socioeconomic status (SES) with low social stability often have success rates of 18% or less. No treatment program will be highly successful unless it takes account of the alcoholic's environment. Without employment and social support, the prospects for recovery are dim (U.S. Department of Health and Human Services, 1981).

Treatment Programs

Approximately 700,000 people in the United States receive treatment for alcoholism on any given day (National Institute on Alcohol Abuse and Alcoholism [NIAAA], 2000a). A self-help group, especially Alcoholics Anonymous (AA), is the most commonly sought source of help for alcohol-related problems (NIAAA, 2000a) (see Box 5.2).

Treatment programs for alcoholism and problem drinking typically use broad-spectrum cognitive-behavioral therapy to treat the biological and environmental factors involved in alcoholism simultaneously (NIAAA, 2000b). The goals of the approach are to decrease the reinforcing properties of alcohol, to teach people new behaviors inconsistent with alcohol abuse, and to modify the environment to include reinforcements for activities that do not involve alcohol. These approaches also attempt to instill coping techniques for dealing with stress and relapse prevention methods to enhance long-term maintenance.

For hard-core alcoholics, the first phase of treatment is **detoxification.** Because this can produce severe symptoms and health problems, detoxification is typically conducted in a carefully supervised and medically monitored setting.

Once the alcoholic has at least partly dried out, therapy begins. The typical program begins with a short-term, intensive inpatient

BOX 5.2

A Profile of Alcoholics Anonymous

No one knows exactly when Alcoholics Anonymous (AA) began, but it is believed that the organization was formed around 1935 in Akron, Ohio. The first meetings were attended by a few acquaintances who discovered that they could remain sober by attending services of a local religious group and sharing with other alcoholics their problems and efforts to remain sober. In 1936, weekly AA meetings were taking place around the country.

Who participates in AA? Currently, its membership is estimated to be more than 5 million individuals worldwide. The sole requirement for participation in AA is a desire to stop drinking. Originally, the organization attracted hardened drinkers who turned to it as a last resort; more recently, however, it has attracted many people who are experiencing drinking problems but whose lives are otherwise intact. Members come from all walks of life, including all socioeconomic levels, races, cultures, sexual preferences, and ages.

The philosophy of Alcoholics Anonymous is a commitment to the concept of self-help. Members believe that the person who is best able to reach an alcoholic is a recovered alcoholic. In addition, members are

encouraged to immerse themselves in the culture of AA—to attend "90 meetings in 90 days." At these meetings, AA members speak about the drinking experiences that prompted them to seek out AA and what sobriety has meant to them. Time is set aside for prospective members to talk informally with longtime members, so that they can learn and imitate the coping techniques that recovered alcoholics have used. Some meetings include only regular AA members and cover issues of problem drinking.

AA has a firm policy regarding alcohol consumption. It maintains that alcoholism is a disease that can be managed but never cured. Recovery means that an individual must acknowledge that he or she has a disease, that it is incurable, and that alcohol can play no part in future life. Recovery depends completely on staying sober.

Is Alcoholics Anonymous successful in getting people to stop drinking? AA's dropout rate is unknown, and success over the long term has not been carefully chronicled. Moreover, because the organization keeps no membership lists (it is anonymous), it is difficult to evaluate its success. However, AA itself maintains that

---

treatment followed by a period of continuing treatment on an outpatient basis (U.S. Department of Health and Human Services, 1981). Typically, inpatient programs last between 10 and 60 days, with an average of approximately 3 weeks (U.S. Department of Health and Human Services, 1981). After discharge, some patients attend follow-up sessions, whereas others are discharged to supervised living arrangements.

Cognitive Behavioral Treatments   A variety of behavior modification techniques have been incorporated into alcohol treatment programs (NIAAA, 2000a). Many programs include a

self-monitoring phase, in which the alcoholic or problem drinker begins to understand the situations that give rise to and maintain drinking. Contingency contracting is frequently employed, in which the individual agrees to a psychologically or financially costly outcome in the event of failure. Motivational enhancement procedures have also been included in many cognitive-behavioral interventions with alcoholics and problem drinkers, because the responsibility and the capacity to change rely entirely on the client. Consequently, working to provide individualized feedback about the patient's drinking and the effectiveness of his or her efforts can get the client motivated and two out of three individuals who wish to stop drinking have been able to do so through its program, and one authorized study reported a 75% success rate for the New York AA chapter.

Recent evaluations of alcohol treatment programs have found that people do better if they participate in AA while participating in a medically based formal treatment program, better than they would in the formal treatment program alone (Timko, Finney, Moos, & Moos, 1995). A study that compared AA participation with more formal treatment found comparable effects, a striking finding because the AA attendees had lower incomes and less education initially and thus had somewhat worse prospects for improving. Not incidentally, the treatment costs for the AA group were 45% lower than for the outpatient treatment program, translating into a $1,826 savings per person.

Researchers attempting to understand the effectiveness of AA programs have pointed to several important elements. AA is like a religious conversion experience in which an individual adopts a totally new way of life; such experiences can be powerful in bringing about behavior change. Also, a member who shares his or her experiences develops a commitment to other members. The process of giving up alcohol contributes to a sense of emotional maturity and responsibility, helping the alcoholic accept responsibility for his or her life. AA may also provide a sense of meaning and purpose in the individual's life—most chapters have a strong spiritual or religious bent and urge members to commit themselves to a power greater than themselves. The group can also provide affection and satisfying personal relationships and thus help people overcome the isolation that many alcoholics experience. Too, the members provide social reinforcement for each other's abstinence.

AA is significant as an organization for several reasons. First, it was one of the earliest self-help programs for individuals suffering from a health problem; therefore, it has provided a model for self-help organizations whose members have other addictive problems, such as Overeaters Anonymous and Gamblers Anonymous, among many others. Second, in having successfully treated alcoholics for decades, AA has demonstrated that the problem of alcoholism is not as intractable as had been widely assumed (D. Robinson, 1979).

on board to continue a program of treatment that may be more resistant to the inevitable temptations to relapse (NIAAA, 2000a).

Some programs have included medications for blocking the alcohol-brain interactions that may contribute to alcoholism. One such medication is naltrexone, which is used as an aid to prevent relapse among alcoholics. It blocks the opioid receptors in the brain, thereby weakening the rewarding effects of alcohol. Another drug, acamprosate, has also shown effectiveness in treating alcoholism. It seems to achieve effects by influencing neurotransmitters in the brain (O'Connor, 2001). Other drugs are being evaluated as well. Although these drugs have shown some success in reducing alcohol consumption in conjunction with cognitive-behavioral interventions, successful maintenance requires patients to continue taking the drugs on their own, and if they choose not to do so, they reduce the effectiveness of the chemical treatment.

Many successful treatment programs have attempted to provide alcoholics with stress management techniques that they can substitute for drinking because, as noted earlier, alcohol is sometimes used as a method of coping with stress. In addition, the occurrence of a major stressful event within the first 90 days after treatment is one of the best predictors of relapse among apparently recovered alcoholics (Marlatt & Gordon, 1980), so such coping techniques have the potential to help the alcoholic get through events that raise the temptation to relapse. Relaxation training, assertiveness training, and training in social skills help the alcoholic or problem drinker deal with problem situations without resorting to alcohol.

In some cases, family therapy and group counseling are offered as well. The advantage of family counseling is that it eases the alcoholic's or problem drinker's transition back into his or her family (NIAAA, 2000a).

Relapse Prevention   Relapse is a major difficulty in treating alcohol abuse. It is estimated that only 26% of alcoholics remain improved 1 year after treatment (L. H. Baker, Cooney, & Pomerleau, 1987). Practicing coping skills or social skills in high-risk-for-relapse situations is a mainstay of relapse prevention interventions. In addition, the recognition that people often stop and restart an addictive behavior several times before they are successful has led to the development of techniques for managing relapses. Understanding that an occasional relapse is normal helps the problem drinker realize that any given lapse does not signify failure or a lack of control. Drink-refusal skills and the substitution of nonalcoholic beverages in high-risk social situations are also important components of relapse prevention skills. Interventions with heavy-drinking college students have made use of these approaches (see Box 5.3).

Evaluation of Alcohol Treatment Programs
Surveys of alcohol treatment programs suggest several factors that are consistently associated with success (Costello, 1975): active consideration of factors in the environment that control drinking and an attempt to modify those factors or instill coping skills to manage them, a moderate length of participation

TABLE 5.1 Binge Drinking and the College Student	
Binge drinking is defined as more than four or five drinks at a time on at least three occasions during the previous 2 weeks. About 50% of college students meet these criteria for binge drinking, and a survey of 140 U.S. colleges by the Harvard School of Public Health reveals the problems they create for themselves.	
Problems	**Percent of Binge Drinkers Who Reported Problems**
Missed a class	61%
Forgot where they were or what they did	54%
Engaged in unplanned sex	41%
Got hurt	23%
Had unprotected sex	22%
Damaged property	22%
Got into trouble with campus or local police	11%
Had five or more alcohol-related problems in school year	47%

Source: Wechsler, Davenport, Dowdall, Hoeykens, & Castillo, 1994.

(about 6 to 8 weeks), use of aversion therapy, outpatient aftercare, and active involvement of relatives and employers in the treatment process. Interventions that include these components produce as high as 40% treatment success rate (Center for the Advancement of Health, 2000e; U.S. Department of Health and Human Services, 1981).

Recently, attention has focused on whether alcohol treatment programs must be residential. Such programs are expensive, and if outpatient treatment programs produce the same rates of success, then residential treatment programs may not be needed. It appears that severely deteriorated or socially unstable alcoholics show benefits from inpatient treatment, but the people most likely to be successful—those

BOX 5.3

The Drinking College Student

Most U.S. college students drink alcohol, and as many as 15 to 25% of them are heavy drinkers (Marlatt, Baer, & Larimer, 1995). If anything, these statistics are increasing, as college women begin to drink as heavily as college men (Huselid & Cooper, 1992). Occasional binge drinking may involve as many as 43% of students (Dickinson, 1999) (see Figure 5.1).

Many colleges have tried to deal with the heavy drinking problem by providing educational materials about the harmful effects of alcohol. However, dogmatic alcohol prevention messages may actually enhance intentions to drink (Bensley & Wu, 1991). Moreover, the information conflicts markedly with the personal experiences of many college students who find drinking in a party situation to be satisfying, even exhilarating, behavior. Many college students do not see drinking as a problem (J. D. Baer, Kivlahan, Fromme, & Marlatt, 1991), and others mistakenly assume that they are alone in their discomfort with campus alcohol practices (Prentice & Miller, 1993). Those students who would normally be a target for interventions may regard their drinking as a natural outgrowth of their social environment. Consequently, motivating students even to attend alcohol abuse programs, much less to follow their recommendations, is difficult.

Therefore, some of the more successful efforts to modify college students' drinking have encouraged students to gain self-control over drinking, rather than explicitly trying to get them to reduce or eliminate alcohol consumption altogether. A program developed by Lang and Marlatt (J. D. Baer et al., 1991; Lang & Marlatt, 1982) incorporates techniques derived from attitude-change research and from cognitive-behavioral therapy in a total program to help college students gain such control. The program includes information about the risks of alcohol consumption, the acquisition of skills to moderate alcohol consumption, the use of drinking limits, relaxation training and lifestyle rebalancing, nutritional information, aerobic exercise, relapse prevention skills designed to help students cope with

high-risk situations, assertiveness training, and drink-refusal training.

Such programs typically begin by getting students to monitor their drinking and to understand what blood alcohol levels mean and what their effects are. Often, merely monitoring drinking and recording the circumstances in which it occurs actually leads to a reduction in drinking.

The consumption of alcohol among students is heavily under the control of peer influence and the need to relax in social situations (T. J. Murphy, Pagano, & Marlatt, 1986). Thus, many intervention programs include training in cognitive-behavioral alcohol skills designed to get students to find alternative ways to relax and have fun in social situations without abusing alcohol. Such skills training has proven to be an important component of successful alcohol abuse programs with college students (Kivlahan, Marlatt, Fromme, Coppel, & Williams, 1990). What are some of these skills?

To gain personal control over drinking, students are taught to identify the circumstances in which they are most likely to drink, and especially to drink to excess. Then students are taught specific coping skills, so that they can moderate their alcohol consumption. For example, one technique for controlling alcohol consumption in high-risk situations, such as a party, is **placebo drinking.** This involves either the consumption of nonalcoholic beverages while others are drinking or the alternation of an alcoholic with a nonalcoholic beverage to reduce the total volume of alcohol consumed.

Students are also encouraged to engage in lifestyle rebalancing (Marlatt & George, 1988). This involves developing a healthier diet, engaging in aerobic exercise, and making other positive health changes, such as stopping smoking. As the student comes to think of himself or herself as health oriented, excessive alcohol consumption becomes incompatible with other aspects of the new lifestyle.

Evaluations of 8-week training programs with college students involving these components have shown

BOX 5.3

The Drinking College Student (continued)

a fair degree of success. Students reported significant reductions in their drinking, compared with a group that received only educational materials about the dire effects of excessive drinking. Moreover, these gains persisted over a yearlong follow-up period (Marlatt & George, 1988).

Despite the success of such programs, interest has shifted from treatment to prevention, because so many students get into a heavy drinking lifestyle. Alan Marlatt and colleagues (Marlatt et al., 1998) enrolled 348 students in an intervention during their senior year of high school and randomly assigned half to an individualized motivational brief intervention in their freshman year of college or to a no-treatment control condition. The intervention, conducted individually with each student, consisted of guiding the students through their drinking patterns and risks and their knowledge about alcohol's effects. Their rates of drinking were compared with col-

lege averages and their risks for current and future problems, such as potential decline in grades, blackouts, and accidents, were identified. Points on which students lacked information about alcohol were also identified.

The interviewers were careful not to confront the students but did ask them questions such as "What do you make of this?" and "Are you surprised?" Each student was urged, but not forced, to come up with specific goals that might lead them to change their behavior, an intentional low-key effort to place responsibility for this change on the student. Over a 2-year follow-up period, students in the intervention showed significant reductions in both their drinking rates and the harmful consequences that frequently accompany heavy drinking. Interventions like these emphasize the importance of coming up with effective prevention strategies before problems have a chance to take root (J. D. Baer et al., 1991; see also J. S. Baer et al., 1992).

with jobs, stable relationships, and few other confounding problems—do just as well in outpatient programs (Finney & Moos, 1992; Holden, 1987).

The biggest problem facing treatment for alcoholism is that most alcoholics (approximately 85%) do not receive any formal treatment. In response, many health psychologists have suggested that social engineering represents the best attack on the problem. Banning alcohol advertising, raising the age at which young people can drink legally, and tightening up on penalties for drunk driving may be the best approaches for reaching this untreated majority.

Can Recovered Alcoholics Ever Drink Again?

A controversial issue in the treatment of alcohol abuse is whether alcoholics and problem drinkers can learn to drink in moderation

(Lang & Marlatt, 1982). For decades, research and self-help treatment programs for alcoholism, such as Alcoholics Anonymous, have argued that the alcoholic is an alcoholic for life and must abstain from all drinking. Research suggests that this belief is still largely true. Despite media-popularized programs that purportedly enable recovering alcoholics to drink in moderation (Sobell & Sobell, 1973), there is no convincing evidence that such programs have any long-term success (Armor, Polich, & Stambul, 1976; Vogler, Common, & Weissbach, 1975).

It does appear that a narrow group of problem drinkers may be able to drink in moderation—namely, those who are young and employed, who have not been drinking long, and who live in a supportive environment (Marlatt, Larimer, Baer, & Quigley, 1993). Drinking in moderation has some particular advantages for these problem drinkers. First,

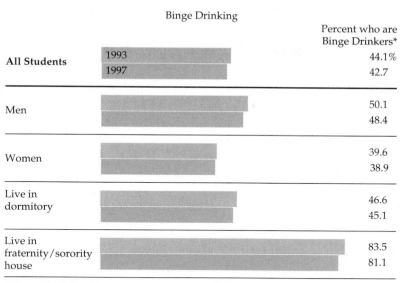

Binge Drinking

		Percent who are Binge Drinkers*
All Students	1993	44.1%
	1997	42.7
Men		50.1
		48.4
Women		39.6
		38.9
Live in dormitory		46.6
		45.1
Live in fraternity/sorority house		83.5
		81.1

*The study defined binge drinking as the consumption, in one drinking session, of at least five drinks for men or four drinks for women during the 2 weeks before the students took part in the study.

FIGURE 5.1　Binge Drinking. A recent study by Harvard University researchers has found strikingly high levels of binge drinking that have remained largely unchanged from an earlier study 4 years before. Goldberg (1998).

moderate drinking represents a realistic social behavior for the environments that a recovered problem drinker may encounter. For example, as Box 5.3 indicated, moderating drinking may be a more realistic goal than total abstinence for college students, who are often in heavy-drinking environments. Second, traditional therapeutic programs that emphasize total abstinence often have high dropout rates. Programs for problem drinkers that emphasize moderation may be better able to hold on to these participants.

Skills for Controlled Drinking　One example of a successful approach to controlled drinking was developed by W. R. Miller, Taylor, and West (1980). Their program, called behavioral self-control training (BSCT), focused directly on the development of **controlled drinking skills.** It included teaching people to

set goals about the amount of alcohol they will consume, to self-monitor their alcohol consumption, to control their rate of drinking, to practice self-reinforcement for controlled drinking, and to develop alternatives to alcohol abuse.

One study (W. R. Miller et al., 1980) compared the effectiveness of four interventions: BSCT alone; the BSCT intervention plus 12 sessions of relaxation, communication, and assertiveness training; BSCT plus 12 weekly sessions of individually tailored, broad-spectrum approaches to problem drinking; and a program that provided only printed self-help materials designed to help people control their drinking. Participants exposed to only the self-help reading materials showed more drinking problems than participants in the other three conditions; the other three groups were equivalent in success.

The success of this program is significant for two reasons. First, it demonstrates that controlled drinking can be successful with at least some problem drinkers. Second, it suggests that these programs need not be as complex, intensive, and expensive as the typical broad-spectrum approach to alcohol abuse. The more focused treatment produced success rates equivalent to those of the multimodal approach and did so in a shorter period of time with less expense (W. R. Miller et al., 1980).

Preventive Approaches to Alcohol Abuse

Because alcoholism is a serious health problem, many researchers have felt that a prudent approach is to appeal to adolescents to avoid drinking altogether or to control their drinking before the problems of alcohol abuse set in. Social influence programs mounted through junior high schools are typically designed to teach the young adolescents drink-refusal techniques and coping methods for dealing with high-risk situations, so that they will not end up in situations in which drinking is difficult to avoid.

Research suggests some success with these programs, which appears to be due to several factors. First, such programs enhance the adolescent's sense of self-efficacy, which, in turn, may enable him or her to resist the passive social pressure that comes from seeing peers drink (Donaldson, Graham, Piccinin, & Hansen, 1995). In addition, such programs can change the social norms that typically foster the adolescent's motivation to begin using alcohol, replacing them with norms stressing abstinence or controlled alcohol consumption (Donaldson, Graham, & Hansen, 1994). Third, they can be low-cost successful treatment programs for low-income areas, which have traditionally been the most difficult to reach.

In addition to interventions with children and adolescents, social engineering solutions hold promise for managing alcohol. These include increasing taxes on alcohol; restricting alcohol advertising and promotion that especially targets young people; cracking down on misleading health claims for alcohol; and strengthening the federal government's focus on alcohol as a major youth problem. As long as alcohol remains the substance of choice for abuse among young people, its prevention will be a high priority (Center for the Advancement of Health, 2001).

Drinking and Driving

Another alcohol-related issue that we consider here is vehicular fatalities that result from drunk driving. This aspect of alcohol consumption is probably the one that most mobilizes the general public against alcohol abuse. Programs such as MADD (Mothers Against Drunk Driving) have been founded and staffed by the parents and friends of children and adults killed by drunk drivers. Increasingly, the political impact of these and related groups is being felt as they pressure state and local governments for tougher alcohol control measures and stiffer penalties for convicted drunk drivers.

Moreover, pressure is mounting for hosts and hostesses to assume responsibility for the alcohol consumption of their guests and for friends to intervene when they recognize that their friends are too drunk to drive. But this can be a difficult task to undertake. How do you know when to tell a friend that he or she is too drunk to drive and to intervene so that the drunk individual will not drive? Knowing the driver well, perceiving that he or she really needs help, feeling able to intervene, and having had conversations in the past that encouraged intervention all enhance the likelihood that an individual will intervene in a situation when a peer is drunk (Newcomb, Rabow, Monto, & Hernandez, 1991). But the norms to control others' drinking, though growing stronger, still fly in the face of beliefs

BOX 5.4

After the Fall of the Berlin Wall

When the Berlin Wall came down in 1989, there were celebrations worldwide. In the midst of the jubilation, few fully anticipated the problems that might arise in its wake. Hundreds of thousands of East Germans, who had lived for decades under a totalitarian regime with a relatively poor standard of living, were now free to stream across the border into West Germany, which enjoyed prosperity, employment, and a high standard of living. But for many people, the promise of new opportunities failed to materialize. Employment was less plentiful than had been assumed, and the East Germans were less qualified for the jobs that did exist. Discrimination and hostility toward the East Germans was higher than expected, and many migrating East Germans found themselves unemployed.

Unemployment is a severe stressor that has pervasive negative implications for one's entire life. It produces chronic tension, anxiety, and a sense of discouragement. Since alcohol is known to reduce tension and anxiety and can stimulate a good mood, the potential for drinking to alleviate stress among the unemployed is high. Several studies document the fact that alcohol intake often rises among the unemployed (e.g., Catalano et al., 1993). But not everyone responds to the stress of unemployment by drinking.

Two German researchers, Mittag and Schwarzer (1993), examined alcohol consumption among men who had found employment in West Germany and those who had remained unemployed. In addition, they measured self-efficacy with respect to coping with life's problems through such items as "When I am in trouble, I can rely on my ability to deal with the problem effectively." Presumably, individuals who have high feelings of self-efficacy are less vulnerable to stress, and thus they may be less likely to consume alcohol under stressful circumstances than are those with a low sense of self-efficacy.

The researchers found that men with a high sense of self-efficacy were less likely to consume high levels of alcohol. Self-efficacy appeared to be especially important in responding to the stress of unemployment. Those men who were unemployed and had a low sense of self-efficacy were drinking more than any other group. Thus, being male, being unemployed for a long time, and not believing in a sense of personal agency led to heavy drinking.

Although psychologists cannot provide jobs to the unemployed, perhaps they can empower individuals to develop more optimistic self-beliefs. If one believes that one can control one's behavior, cope effectively with life, and solve one's problems, one may be able to deal effectively with setbacks (Mittag & Schwarzer, 1993).

---

in individual liberty and personal responsibility. Consequently, many drunk drivers remain on the road.

When drunk drivers are arrested and brought to court, they are typically referred out to drinking programs not unlike those we have just discussed. How successful are these referral programs? A review (F. L. McGuire, 1982) examining these programs suggested that light drinkers did well in most of them. Unfortunately, heavy drinkers typically did very poorly. As yet, it seems there is no good

rehabilitation program for the heavy-drinking driver, other than getting him or her off the road through stiffer penalties.

As increasing media attention is focusing on the problem of drunk driving, drinkers seem to be developing self-regulatory techniques to avoid driving while drunk. Such techniques involve limiting drinking to a prescribed number, arranging for a designated driver, getting a taxi, or delaying or avoiding driving after consuming alcohol (S. L. Brown, 1997). Thus, although prevention in the form of eliminating drinking altogether is unlikely to occur, the rising popularity of self-regulation to avoid drunk driving may help make a dent in this serious problem.

Postscript

Despite the fact that problem drinking and alcoholism remain major health risks and contribute to overall mortality, modest alcohol intake may actually add to a long life. Several studies suggest that moderate alcohol intake (approximately one to two drinks a day) may reduce risk of coronary artery disease. The benefits for women may occur at even lower levels of alcohol intake (Weidner et al., 1991). Although we do not yet know all the reasons that this surprising relationship holds, it appears that alcohol somewhat elevates high-density lipoprotein (HDL) cholesterol, which is involved in removing cholesterol from the tissues and transporting it to the liver for metabolic disposition. It may also help lower rates of the most dangerous low-density lipoprotein, LP(A). In so doing, risk for CHD and cardiovascular mortality may be reduced. Although many health care practitioners fall short of recommending that people have a drink or two each day, the evidence is mounting that not only may this level of modest drinking not harm health but it may actually reduce one's risk for some major causes of death.

Smoking

Smoking is the single greatest cause of preventable death. By itself and in interaction with other risk factors, it may also be the chief cause of death in developed countries (M. McGinnis et al., 1992). In the United States, smoking accounts for at least 430,700 deaths each year—approximately 1 in every 5, with the largest portion of these deaths cardiovascular-related

TABLE 5.2 U.S. Deaths Each Year Resulting from Smoking Cigarettes	
Disease	Deaths
Lung cancer	123,000
Heart disease	98,000
Chronic lung disease	72,000
Other cancers	32,000
Strokes	24,000
Other diagnoses	81,000

Source: Centers for Disease Control and Prevention, 1997.

(American Heart Association, 2001b). Smoking also accounts for at least 30% of all cancer deaths (American Cancer Society, 2001b) (see Table 5.2).

In addition to the risks for heart disease and lung cancer, smoking increases the risk for chronic bronchitis, emphysema, respiratory disorders, damage and injuries due to fires and accidents, lower birth weight in offspring, and retarded fetal development (Center for the Advancement of Health, 2000j).

Cigarette smokers also appear to be generally less health-conscious and are more likely to engage in other unhealthy behaviors than are nonsmokers (Castro, Newcomb, McCreary, & Baezconde-Garbanati, 1989). In particular, smoking and drinking go together, and drinking in particular seems to cue smoking and to make it more difficult to give up smoking (Shiffman, Fischer, et al., 1994). Smokers also have more accidents and injuries at work, take off more sick time, and use more health benefits than nonsmokers, thereby representing substantial costs to employers (Ryan, Zwerling, & Orav, 1992). Smoking appears to serve as an entry-level drug for subsequent substance use and abuse. Trying cigarettes makes one significantly more likely to use other drugs in the future (Fleming, Leventhal, Glynn, & Ershler, 1989; see also Hanson, Henggeler, & Burghen, 1987).

The dangers of smoking are not confined to the smoker. Studies of secondhand smoke reveal that spouses, family members of smokers, and coworkers are at risk for a variety of health disorders (E. Marshall, 1986). Parental cigarette smoking may lower cognitive performance in adolescents by reducing the oxygen capacity of the blood and increasing carbon monoxide levels (Bauman, Koch, & Fisher, 1989).

Synergistic Effects of Smoking

Smoking has a synergistic effect on other health-related risk factors; that is, it enhances the impact of other risk factors in compromising health. For example, smoking and cholesterol interact to produce higher rates of morbidity and mortality due to heart disease than would be expected from simply adding together the risk of smoking and high cholesterol (Perkins, 1985). Because nicotine stimulates the release of free fatty acids, it may increase the synthesis of triglycerides, which in turn decreases HDL production (the so-called good cholesterol). The blood of smokers also coagulates more easily than that of nonsmokers (Pomerleau & Pomerleau, 1989). Reducing smoking and modifying diet for people with both risk factors, then, is a high priority for intervention.

Stress and smoking can also interact in dangerous ways. For men, nicotine can increase the magnitude of heart rate reactivity to stress. For women, smoking can reduce heart rate but increase blood pressure responses, also an adverse reactivity pattern (Girdler, Jamner, Jarvik, Soles, & Shapiro, 1997). The stimulating effects of nicotine on the cardiovascular system may put smokers at risk for a sudden cardiac crisis, and the long-term effects on reactivity in response to stress may aggravate CHD risk factors. There is some evidence that a common physiological underpinning contributes to both the likelihood of smoking and hyperresponsivity to stressful circumstances,

The risks of smoking are not confined to the smoker. Coworkers, spouses, and other family members of smokers are at continued risk for many smoking-related disorders. (© Dennis MacDonald/PhotoEdit)

leading to a higher risk for CHD (Manuck & Krantz, 1986).

Weight and smoking can interact to increase mortality. Sidney, Friedman, and Siegelaub (1987) found that thin cigarette smokers were at increased risk of mortality, compared with average-weight smokers. Thinness was not associated with increased mortality in those people who had never smoked or among former smokers. The reasons for this relationship are unclear.

Smoking also appears to interact with exercise. Smokers engage in less physical activity as long as they continue smoking, but when they quit, their activity level increases (Perkins et al., 1993). Because physical exercise is so important to a variety of health outcomes, the fact that

Smoking has been represented by the tobacco industry as a glamorous habit, and one task of interventions has been to change attitudes about smoking. (Courtesy, State of Health Products, Minneapolis, MN, www.buttout.com)

smoking reduces its likelihood further represents a contribution of smoking to ill health.

Smoking is related to a fourfold increase in women's risk of developing breast cancer after menopause. Women who smoke and who carry genes that interfere with their ability to break down certain chemicals in cigarette smoke carry more of those chemicals in their bloodstream, which may set off the growth of tumors (Ambrosone et al., 1996).

Cigarette smoking interacts synergistically with depression such that a depressed person who smokes is at substantially greater risk for cancer. Evidence currently suggests that this effect occurs because immune alterations associated with major depression interact with smoking to elevate white blood cell count and to produce a decline in natural killer cell activity. Natural killer cells are thought to serve a surveillance function in detecting and responding to early cancers (Jung & Irwin, 1999). The fact that smoking is now considered to be a potential cause of depression, especially in young people (Goodman & Capitman, 2000), makes the concern about the synergistic impact of smoking and depression on health even more alarming. Smoking is also related to an increase in anxiety in adolescence; whether smoking and anxiety have a synergistic effect on health disorders is not yet known, but the chances of panic attacks and other anxiety disorders are greatly increased (J. G. Johnson

et al., 2000). Whether smoking interacts synergistically with other risk factors, such as obesity, oral contraceptive use, or alcohol consumption, is still under investigation (M. C. Davis, 1999).

The synergistic health risks of smoking are extremely important and may be responsible for a substantial percentage of smoking-related deaths, yet research suggests that the public is largely unaware of the synergistic adverse effects of smoking in conjunction with other risk factors (Hermand, Mullet, & Lavieville, 1997). Nonetheless, the direct effects of smoking on poor health are well established, and its synergistic effects are increasingly being uncovered. Moreover, stopping smoking clearly has beneficial health effects. The risks for CHD and lung cancer are substantially lowered by stopping smoking, which makes smoking the most important health-compromising behavior in existence.

A Brief History of the Smoking Problem

For years, smoking was considered to be a sophisticated and manly habit. Characterizations of 19th- and 20th-century gentry, for example, often depicted men retiring to the drawing room after dinner for cigars and brandy. Cigarette advertisements of the early 20th century built on this image, and by 1955, 53% of the adult male population in the United States was smoking. Women did not begin to smoke in large numbers until the 1940s, but once they did, advertisers began to bill cigarette smoking as a symbol of feminine sophistication as well (Blitzer, Rimm, & Geifer, 1977).

In 1964, the first surgeon general's report on smoking came out (U.S. Department of Health, Education, and Welfare and U.S. Public Health Service, 1964), accompanied by an extensive publicity campaign to highlight the dangers of smoking. Although male smoking subsequently declined (to 39% by 1975), women's smoking actually increased during the same period, from 25% in 1955 to 29% by 1979. More frightening still, by 1994 the percentage of female teenage smokers had increased to 22.9% and male teenage smokers to 28.8% (National Center for Health Statistics, 1996). Despite dawning awareness of the threat of smoking, then, smoking continued to be a formidable problem.

Initially, the response to the threat of smoking was that viable alternatives would soon be available, such as a "healthy" cigarette. Many smokers switched from heavy tar and nicotine cigarettes to less strong brands in the belief that they were making a step toward good health. Subsequent research, however, has suggested that this effort was misguided, because to make up for reduced nicotine, people often smoked more and harder (Benowitz, Hall, Herning, Jacob, & Mines, 1983). Moreover, it now appears that individual efforts to cut back on smoking may have been undermined by the tobacco industry's efforts to manipulate the nicotine levels in cigarettes so as to ensure continued smoking.

The good news is that, in the United States, the number of adults who smoke has fallen substantially, more than 25% since 1979. Nonetheless, smoking continues to be a major health problem (M. McGinnis et al., 1992). Critics have argued that the tobacco industry has disproportionately targeted minority group members and teens for smoking, and

TABLE 5.3 Smoking Prevalence by Age and Sex		
	Percentage of Population	
Age	Males	Females
18–24	28.8%	22.9%
25–34	30.2	27.3
35–44	32.0	27.4
45–64	29.2	23.0
65+	13.5	10.5

Source: National Center for Health Statistics, 1996.

indeed, the rates among certain low-SES minority groups, such as Hispanic men, are especially high (e.g., Navarro, 1996). The number of teens who have taken up smoking has been rising steadily over the past 10 years, largely because smoking is once again seen to be socially acceptable and risks are no longer as salient as they once were (Redmond, 1999). Table 5.3 presents current figures on the incidence of smoking and Figure 5.2 shows the relation of smoking incidence to smoking-related historical events.

As pressures to reduce smoking among children and adolescents have mounted, tobacco companies have increasingly turned their marketing efforts overseas. In developing countries, smoking represents a growing health problem. For example, smoking has reached epidemic proportions in China and is expected to continue. For example, it is estimated that a third of all young Chinese men will die from the effects of tobacco, accounting for 3 million Chinese male deaths each year by the middle of this century (Reaney, 1998).

Why Do People Smoke?

Nearly 3 decades of research on smoking have revealed how difficult smoking is to modify. This is in large part because smoking is determined by multiple physiological, psychological, and social factors (E. Lichtenstein &

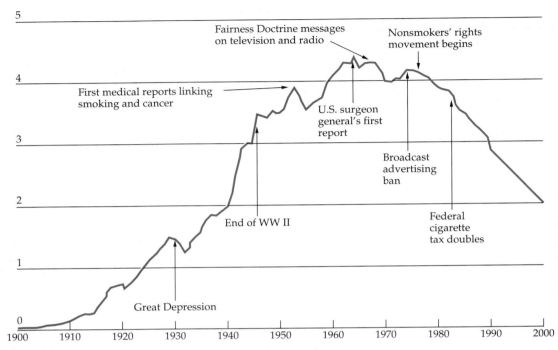

FIGURE 5.2   Adult per Capita Cigarette Consumption (Thousands per Year) and Major Smoking and Health Events, United States, 1900 to 2000 (*Source:* U.S. Department of Agriculture, 2000; cited in Novotny, Romano, Davis, & Mills, 1992).

Glasgow, 1992). Smoking runs in families, and some twin and adoption studies suggest that there may be some genetic influences on smoking (Heath & Madden, 1995). Genes that regulate dopamine functioning are likely candidates for heritable influences on cigarette smoking (Sabol et al., 1999). Should smokers be told if they have a genetic risk for smoking? Genetic feedback may heighten a sense of vulnerability and promote distress, and it does not appear to enhance quitting in most smokers. Consequently, the value of providing such information is questionable (Lerman et al., 1997).

Many people are exposed to smoking and do not become dependent. Some people are stimulated by nicotine, whereas others are calmed or even depressed by it (Pomerleau & Pomerleau, 1984). There are also wide differ-

ences in the ability to stop smoking and not relapse, which may have a genetic component.

Factors Associated with Smoking in Adolescents   Smoking begins early. The Centers for Disease Control (1989) indicate that more than 15% of the adolescent population between the ages of 12 and 18 already smoke cigarettes regularly and consider themselves to be smokers; if anything, these statistics probably underestimate the adolescent smoking rate. However, smoking does not start all at once. There is a period of initial experimentation, during which an individual tries out cigarettes, experiences peer pressure to smoke, and develops attitudes about what a smoker is like. Following experimentation, only some adolescents go on to become heavy smokers (Pierce, Choi, Gilpin,

Farkas, & Merritt, 1996). An understanding of these dynamics may help address the problem of adolescent smoking (see Figure 5.3).

Peer and Family Influences Peer influence is one of the most important factors in beginning smoking in adolescence. Starting to smoke results from a social contagion process, whereby nonsmokers have contact with tryers or regular smokers and try smoking themselves (Presti, Ary, & Lichtenstein, 1992). More than 70% of all cigarettes smoked by adolescents are smoked in the presence of a peer (Biglan, McConnell, Severson, Bavry, & Ary, 1984). As noted, smoking at an early age is generally part of a syndrome of problem behavior in the presence of peers that includes problem drinking, illicit drug use, delinquent behavior, and precocious sexual activity in addition to smoking (Donovan & Jessor, 1985). Smoking may be, in part, an effort to reduce negative mood (Tschann et al., 1994) and may be associated with enhanced testosterone functioning (K. E. Bauman, Koch, Bryan, et al., 1989), although the implications of this point have yet to be fully understood. Adolescents are also more likely to start smoking if their parents smoke, if they are lower-class, and if they feel social pressure to smoke (e.g., Foshee & Bauman, 1992; Swaim, Oetting, & Casas, 1996).

Self-image and Smoking The image of the smoker is a significant factor in beginning smoking. Early on, preadolescents develop the image of the smoker as a rebellious, tough, mature, iconoclastic individual (Dinh, Sarason, Peterson, & Onstad, 1995). Smoking comes to be regarded as a habit that conveys this image. Thus, youngsters suffering the insecurities of adolescence may find that cigarettes enable them to communicate the image they would like to convey (Aloise-Young, Hennigan, & Graham, 1996).

Consistent with this point, teenagers whose ideal self-image is close to that of a typical smoker are most likely to smoke (Barton,

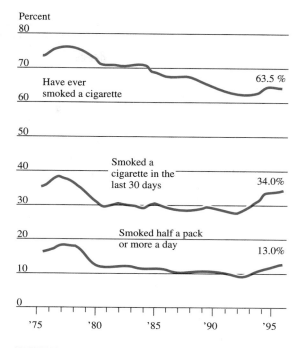

FIGURE 5.3 Teenage Smoking Makes a Comeback. The number of 12th graders who have smoked a cigarette or who are regular smokers had declined until the early 1990s, when it abruptly increased. (Feder, 1997. Copyright © 1997 by The New York Times Company. Reprinted by permission)

Chassin, Presson, & Sherman, 1982). Low self-esteem, dependency, powerlessness, and social isolation all increase the tendency to imitate others' behavior (Bandura, 1977; Ennett & Bauman, 1993); low-achieving students, female students, students with an external locus of control, and students with a low sense of self-efficacy (J. H. Clark, MacPherson, & Holmes, 1982) are more likely to smoke than are male students and students with high self-esteem, an internal locus of control, and a high sense of self-efficacy (Stacy, Sussman, Dent, Burton, & Flay, 1992) (see Figure 5.4).

The Nature of Addiction in Smoking Smoking is clearly an addiction, reported to be

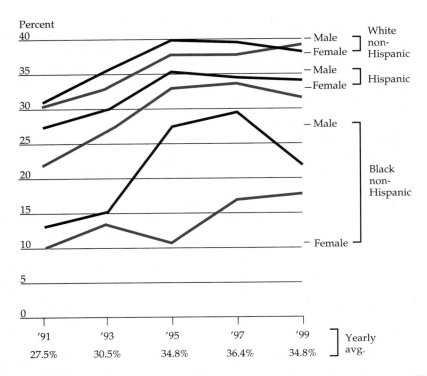

FIGURE 5.4   More High School Students Are Smoking. This figure shows the rates of smoking among White, Hispanic, and African American high-school students. The most startling statistic is that smoking has nearly doubled among African American male teenagers. (*Sources:* Centers for Disease Control, cited in Feder, 1997; Morbidity and Mortality Weekly Report, 2000).

harder to stop than heroin addiction or alcoholism by many who suffer from multiple addictions. Only a small group of smokers, known as "chippers," are able to smoke casually without showing signs of addiction (e.g., Shiffman, Kassel, Paty, Gnys, & Zettler-Segal, 1994). Despite the fact that nicotine is known to be a powerfully addictive drug, the exact mechanisms underlying nicotine addiction are unknown (Grunberg & Acri, 1991).

Nicotine Addiction   Theories that stress the role of nicotine addiction and the persistence of smoking argue that people smoke to maintain blood levels of nicotine and to prevent the withdrawal symptoms that occur when a person stops smoking. In essence, smoking regulates the level of nicotine in the body, and when plasma levels of nicotine depart from the ideal levels, smoking occurs.

A number of factors argue against the nicotine regulation theory as a sufficient account of the persistence of smoking. In studies that alter nicotine level in the bloodstream, smokers do not alter their smoking behavior enough to compensate for these manipulations. Moreover, smoking is responsive to rapidly changing forces in the environment long before such forces can affect blood plasma levels of nicotine. Finally, high rates of relapse are found among smokers long after plasma nicotine levels are at zero.

Pomerleau and Pomerleau's Theory Pomerleau and Pomerleau (1984, 1989) developed an explanation of smoking as a neuroregulator, which, in conjunction with addiction to nicotine, may help explain why it is so difficult for people to stop smoking permanently. Specifically, they suggested that nicotine may be a way of regulating performance and affect.

Nicotine alters levels of active neuroregulators, including acetylcholine, norepinephrine, dopamine, endogenous opioids, and vasopressin. Nicotine may be used by smokers to engage these neuroregulators because they produce temporary improvements in performance or affect.

Specifically, acetylcholine, norepinephrine, and vasopressin appear to enhance memory; acetylcholine and beta endorphins can reduce anxiety and tension. Alterations in dopamine, norepinephrine, and endogenous opioids improve mood, and people find that their performance of basic tasks is often improved when levels of acetylcholine and norepinephrine are high. Consequently, smoking among habitual smokers increases concentration, recall, alertness, arousal, psychomotor performance, and the ability to screen out irrelevant stimuli. Because of the many changes in neuroregulation that result from smoking, a large number of both internal bodily cues and external environmental cues that are ostensibly unrelated to the nicotine dependence cycle may come to serve as discriminative stimuli that induce smoking.

Consistent with this point, habitual smokers who stop smoking report that their concentration is reduced, their attention becomes unfocused, they show memory impairments, and they experience increases in anxiety, tension, irritability, craving, and moodiness. Many former smokers return to smoking because they have learned that nicotine relieves these problems and can improve coping with the demands of daily living. Smoking produces initial arousal and alertness, followed by calming tension reduction, which may result from the cholinergic/catecholaminergic activation followed by cholinergic blocking or the release of endogenous opioids. Smokers learn to adjust their nicotine intake to selectively enhance these effects, which may be one reason that smoking works well for coping with stress.

Social Learning Theorists also argue that smoking is maintained by social learning and the pairing of smoking with rewarding experiences (e.g., H. Leventhal & Cleary, 1980). How might this conditioning work? Let us adopt a hypothetical example of a novice smoker, an adolescent who is socially anxious. Initially, he may smoke to develop feelings of security and maturity. Smoking, then, reduces his social anxiety. Once he finishes a cigarette, however, the anxiety reappears and plasma nicotine levels begin to drop. Over time, anxiety will become conditioned to declines in nicotine level because of their continual pairing. The sensations produced by a decline in nicotine level will, in turn, become a craving for smoking, since smoking alters both nicotine level and social anxiety. As we will see, these insights need to be incorporated into treatment programs.

In summary, then, people smoke for a number of reasons (Lichtenstein & Glasgow, 1992). There may be some genetic influences on smoking; smoking typically begins in early adolescence, when youngsters may have little idea of the problems they face in response to smoking; smoking clearly has an addictive component related to nicotine; and smoking regulates moods and responses to stressful circumstances. As a consequence, it has been a very difficult problem to treat.

Interventions to Reduce Smoking

Changing Attitudes Toward Smoking Following the release of the surgeon general's report in 1964, the mass media engaged in a campaign to warn the public about the hazards

BOX 5.5

Is Smoking an Informed Choice?

Smoking is one of the most controversial health habits. The tobacco industry has argued that the decision to begin to smoke represents an informed choice, that people know what they are doing, and that, by deciding to smoke, they assume responsibility for this habit and its repercussions.

Psychologists have challenged this viewpoint (H. Leventhal, Glynn, & Fleming, 1987). The idea that people choose to smoke assumes that when they begin they have well-informed beliefs about smoking. However, 95% of regular smokers start to smoke during adolescence, and the question arises whether these young people have accurate information. Moreover, the fact that the tobacco industry systematically targets adolescents in their smoking advertising questions the degree of choice that these youngsters experience (Albright, Altman, Slater, & Maccoby, 1988). By playing on their vulnerabilities and needs, the tobacco industry may sway adolescents in the direction of smoking before they are fully able to weigh the evidence concerning this habit.

Moreover, adolescents are badly misinformed about smoking. A study of 895 urban adolescents assessed attitudes and beliefs about smoking and found that most were poorly informed about the prevalence and risks of this habit. They overestimated how many adults smoke and how many of their peers smoke. They also underestimated the extent to which other people hold negative attitudes toward smoking. A large proportion of these adolescents believed that they were less likely than other people to contract a smoking-related illness. And, generally speaking, they showed a poor understanding of the unpleasant consequences people experience when they try to quit (Leventhal et al., 1987).

Perhaps most significantly, these misperceptions were most common among adolescents who had already begun to smoke, who had friends or family members who smoke, or who intended to begin smoking in the future. These points argue significantly against the tobacco industry's claim that smoking is an informed choice and, rather, suggest that an adolescent's decision to smoke may be based on considerable misinformation and poor assessments of personal risk.

---

of smoking. In a short period of time, the American public came to acknowledge these risks. Attitudes toward smoking changed substantially (e.g., H. Leventhal & Cleary, 1980).

Does this mean that the mass media have little effect on the smoking problem? The answer is no. First, media campaigns can be extremely effective for providing information about health habits. National polls now indicate that the majority of the country's smokers know that smoking is a bad practice and want to stop (Flay, McFall, Burton, Cook, & Warnecke, 1993). Media campaigns against smoking have helped instill antismoking attitudes in the general population. These attitudes have also been very effective in discouraging adults from beginning to smoke as well as persuading them to remain nonsmokers (Warner & Murt, 1982). In essence, then, antismoking messages in the media set the stage for efforts to quit smoking.

Overall, the media have had an important role in changing attitudes about smoking from largely positive to strongly negative. Such changes in attitudes and in the social norms that surround smoking have led many people to be motivated to quit and have kept others from beginning.

The Therapeutic Approach to the Smoking Problem   Because attitude-change campaigns alone do not help smokers stop smoking, psychologists have increasingly adopted a therapeutic approach to the smoking problem.

Nicotine Replacement Therapy Many therapies begin with some form of nicotine replacement (J. R. Hughes, 1993). Nicotine gum was originally used to help motivated smokers with quitting. However, smokers do not like chewing nicotine gum, in part because nicotine is absorbed rather slowly through this method. More recently, therapeutic efforts have made use of transdermal nicotine patches, which are worn by individuals motivated to stop smoking. These patches release nicotine in steady doses into the bloodstream. Transdermal nicotine patches have certain advantages over nicotine gum, including the fact that compliance is significantly better (E. Lichtenstein & Glasgow, 1992). Evaluations show that nicotine replacement therapy produces significant smoking cessation (Cepeda-Benito, 1993; J. R. Hughes, 1993).

Operant Conditioning As with all poor health habits, smoking is embedded in the environment, and there are stimuli that elicit and reinforce smoking. Operant procedures are designed to extricate smoking from those environmental stimuli. For example, a smoker may carry around a buzzer that sounds at irregular intervals, indicating that it is time to smoke. When smoking becomes a response to the buzzer, it becomes independent of the environmental cues that usually evoke and maintain it, such as a cup of coffee, a drink, or a conversation with a friend. In theory, when the buzzer is eliminated, smoking may be as well. Other operant procedures include external rewards for not smoking. How successful have conditioning procedures been in getting people to stop smoking? Typically, they yield high initial quit rates but produce poor maintenance of nonsmoking over time.

Multimodal Intervention Treatment for smoking generally adopts a multimodal approach. This focus incorporates a variety of specific interventions geared to the stage of readiness that an individual experiences with respect to his or her smoking. In addition, as is true in all multimodal interventions, the goal of these interventions is to engage the smoker's sense of self-control and to enlist active participation in the intervention process (Farkas et al., 1996; K. D. Ward, Klesges, & Halpern, 1997).

Interventions to move people from the precontemplation to the contemplation stage center on attitudes: emphasizing the adverse health consequences of smoking and the negative social attitudes that most people hold about smoking. Moving people from contemplation to action requires that the smoker develop a timetable for quitting, a program for how to quit, and an awareness of the difficulties associated with quitting. The action phase typically employs many of the cognitive-behavioral techniques that have been used in the modification of other health habits. For example, the would-be ex-smoker may be trained in self-observation and self-monitoring—that is, trained to keep a record of smoking, the circumstances under which it occurs, and the reactions that it prompts in an initial effort to understand the dimensions of the behavior. He or she may then develop self-reward techniques to extricate smoking from the environmental cues with which it has become associated. Nicotine replacement or aversive smoking may be employed to aid in initial quitting. The smoker may be urged to change the environment as much as possible so as to eliminate the environmental cues that normally elicit and maintain smoking. For example, many former smokers report that they are successful in stopping only when they move to a new apartment or even a new city.

Social Support and Stress Management As is true for other health habit interventions, would-be ex-smokers are urged to enlist social support from their spouse, friends, and coworkers in their resolution to stop. Ex-smokers are more likely to be successful over the short term if they have a supportive partner and if they have nonsmoking supportive friends; the presence of smokers in one's social network is a hindrance to maintenance and a significant predictor of relapse (Mermelstein, Cohen, Lichtenstein, Baer, & Kamarck, 1986).

Because smoking seems to be relaxing for so many people, relaxation training has also been incorporated into some smoking cessation programs. Teaching former smokers to relax in situations in which they might have been tempted to smoke provides an alternative method for coping with stress or anxiety.

Lifestyle rebalancing, by changing diet and exercise, may also help people cut down on smoking or maintain abstinence after quitting. Earlier, we noted how important the image of the smoker is in getting teenagers to start smoking in the first place. Image is also important in helping people stop. Specifically, research suggests that people who have a strong sense of themselves as nonsmokers may do better in treatment than those who have a strong sense of themselves as smokers (Gibbons & Eggleston, 1996; Shadel & Mermelstein, 1996).

Maintenance   To bridge the transition from action to maintenance, relapse prevention techniques are typically incorporated into smoking cessation programs (Schumaker & Grunberg, 1986). Relapse prevention is important because the ability to remain abstinent shows a steady month-by-month decline, so that, within 2 years after a smoking cessation program, even the best program does not exceed a 50% abstinence rate (H. Leventhal & Baker, 1986).

Like most addictive health habits, smoking shows an abstinence violation effect, whereby a single lapse reduces perceptions of self-efficacy, increases negative mood, and reduces beliefs that one will be successful in stopping smoking. Stress-triggered lapses appear to lead to relapse more quickly than other kinds (Shiffman et al., 1996). Consequently, smokers are urged to remind themselves that a single lapse is not necessarily significant, because many people lapse on the road to quitting. Some-

times buddy systems or telephone counseling procedures are made available to help quitters avoid turning a single lapse or temptation into a full-blown relapse (E. Lichtenstein, Glasgow, Lando, Ossip-Klein, & Boles, 1996).

Relapse Prevention   Relapse prevention techniques often begin by preparing people for the management of withdrawal, including cardiovascular changes, increases in appetite, variations in the urge to smoke, increases in coughing and discharge of phlegm, and the like. These problems may occur intermittently during the first 7 to 11 days. In addition, relapse prevention focuses on the long-term, high-risk situations that lead to a craving for cigarettes, such as drinking coffee or alcohol. As just noted, relapse prevention may especially need to focus on teaching people coping techniques for dealing with stressful interpersonal situations. In one study, people who were able to quit smoking had better coping skills for dealing with such situations than those who ended up relapsing (S. Cohen & Lichtenstein, 1990).

Some relapse prevention approaches have included contingency contracting, in which the smoker pays a sum of money that is returned only on condition of cutting down or abstaining. Buddy systems, follow-up booster sessions (e.g., see Hunt & Matarazzo, 1973), and follow-up phone calls (McConnell, Biglan, & Severson, 1984) have also been used, but these methods have shown limited success as a maintenance technology (E. Lichtenstein, 1982; G. T. Wilson, 1985).

Factors that predict short-term maintenance and long-term maintenance differ. For example, Kamarck and Lichtenstein (1988) found that people trying to quit smoking were best able to do so in the short term if they had alternative methods of regulating their anxiety and stress. Social support and environmental support for quitting smoking are perhaps the strongest factors for both initial quitting and relapse prevention for both men and women

(Nides et al., 1995). Self-efficacy is a strong predictor of success in smoking cessation; research has found that, when a sense of self-efficacy wanes, vulnerability to relapse is high, so interventions that address the dynamics of self-efficacy over time may well improve maintenance rates (Shiffman et al., 2000). Over the long term, simply remaining vigilant about not smoking predicts abstinence best.

In chapter 3, we considered Prochaska's transtheoretical stages of change model (Prochaska & DiClemente, 1984a). Smoking would seem to be a good example of how appropriate this model is for understanding addictive behaviors. Interventions matched to the particular stage of smoking are, however, inconsistent in their effects and do not, at present, provide strong support for a stage approach to helping people stop smoking (T. A. Herzog, Abrams, Emmons, Linnan, & Shadel, 1999; Perz, DiClemente, Carbonari, 1996; Quinlan & McCaul, 2000; Stotts, DiClemente, Carbonari, & Mullen, 2000; Velicer, Prochaska, Fava, Laforge, & Rossi, 1999).

Evaluation of Multimodal Interventions

How successful have multimodal approaches to smoking been? Virtually every imaginable combination of therapies for getting people to stop has been tested. Typically, these programs show high initial success rates for quitting, followed by high rates of return to smoking, sometimes as high as 90%. Those who relapse are more likely to be those who are young, who have a high degree of nicotine dependence, who have a low sense of self-efficacy, who have greater weight concerns about stopping smoking, who have more previous quit attempts, and who have more slips (occasions when they used one or more cigarettes) (Ockene et al., 2000).

Although relapse prevention is clearly a vital aspect of successful programs for stopping smoking, no one approach to relapse or maintenance has so far been identified as especially effective in reducing the problem of returning to smoking (J. S. Baer & Marlatt, 1991; Center for the Advancement of Health, 2000j). Relapse is least likely when smoking interventions are intensive, when pharmacotherapy is used, and when telephone counseling is available. However, such interventions are expensive to implement and thus reach very few smokers (Ockene et al., 2000).

Brief interventions by physicians and other health care practitioners during regular office visits would help in controlling relapse, but at present this advice is only rarely given by health care practitioners (Ockene et al., 2000). Educating people about the risk of relapse and the fact that lapses do not signify failure or a breakdown in control can reduce the discouragement that many people feel when they resume smoking.

Although the rates of relapse suggest some pessimism with respect to smoking, it is important to consider the cumulative effects of smoking cessation programs, not just each program in isolation (J. S. Baer & Marlatt, 1991). Any given effort to stop smoking may yield only a 20% success rate, but with multiple efforts to quit, eventually the smoker may be successful in becoming an ex-smoker (E. Lichtenstein & Cohen, 1990).

In fact, hundreds of thousands of former smokers have successfully stopped, albeit not necessarily the first time they tried. Factors that predict the ability to maintain abstinence include continuing education beyond high school, contemplating quitting smoking, being ready to quit at the beginning of an intervention, and feeling more self-efficacious (Rosal et al., 1998). Formal smoking cessation programs may look less successful than they actually are because, over time, the individual may amass enough successful techniques and motivation to persist.

Who Is Best Able to Induce People to Stop Smoking?

Is any particular change agent more able to induce people to stop smoking? For example, is a person more likely to stop smoking if a psychotherapist or physician induces that person to do so?

People who seek psychotherapy for stopping smoking do no better than those who seek other treatment programs. Recommendations from physicians, however, fare better (e.g., E. Lichtenstein et al., 1996). For example, pregnant smokers who are told to stop by their physicians are more likely to do so than at other points in their lives (L. J. Solomon, Secker-Walker, Skelly, & Flynn, 1996). Patients with symptoms of CHD are more likely to stop when told by a physician that they must do so (Ockene, 1992). Physician recommendations are even more effective if they include an intervention or a referral to a quit-smoking program. Hospitalized patients may be especially able to stop smoking because they are not allowed to smoke while they are hospitalized, and the experience can get them over the first hurdle (R. E. Glasgow, Stevens, Vogt, Mullooly, & Lichtenstein, 1991).

Work Site   Initially, work site interventions were thought to hold promise as successful smoking cessation efforts. In particular, the support provided by the employee peer group should increase the success of such programs. To date, however, interventions at the work site do not seem to be substantially more effective than other intervention programs (Hymowitz, Campbell, & Feuerman, 1991), nor does quitting smoking appear to be successfully sustained in work sites over time (Sorenson et al., 1998).

Commercial Programs and Self-help   Commercial stop-smoking clinics, which make use of cognitive-behavioral techniques, enjoy fairly wide attendance. Although cure rates are often advertised to be high, these assessments may be based only on misleading statistics about the short, but not long-term, effects. Continued evaluation of these popular programs is essential.

A variety of **self-help aids** and programs have been developed for smokers to quit on their own. These include nicotine gum and nicotine patches, as well as more intensive self-help programs that provide specific instruction for quitting. Cable television programs designed to help people stop initially and maintain their resolution have been put in effect in some cities (R. F. Valois, Adams, & Kammermann, 1996). Although it is difficult to evaluate self-help programs formally, studies suggest that self-help programs' initial quit rates are lower, but long-term maintenance is just as high as more intensive behavioral interventions. Because self-help programs are less expensive, they represent an important attack on the smoking problem (Curry, 1993).

Public Health Approaches   Public health approaches to reducing smoking have involved community interventions combining media blitzes with behavioral interventions directed especially at high-risk individuals, such as people who have other risk factors for CHD. As we noted earlier in the discussion of community-focused interventions, such interventions are often expensive, and long-term follow-ups suggest limited long-term effects.

Why Is Smoking So Hard to Change?   As we have seen, smoking is a deeply entrenched behavior pattern. Although many people are able to stop initially, relapse rates are very high. Several problems contribute to the difficulty of modifying smoking. Initially, smokers are resistant to interventions because of their lack of knowledge and their health-compromising attitudes. Smokers are less informed and less concerned with the health consequences of smoking than are nonsmokers (e.g., McCoy et al., 1992). Because tobacco addiction typically begins in adolescence, adolescents may use tobacco in ways and in social situations that make it particularly difficult to modify, because it comes to be associated with a broad array of pleasurable activities (Gibson, 1997). In addition, because smoking patterns are highly individualized (Chassin, Presson, Pitts, & Sherman, 2000), it is sometimes difficult for group interventions to address all the factors that may influence and maintain any particular smoker's smoking.

Addiction As already noted, dependence on nicotine is another factor that makes it difficult for many people to stop. Immediately after stopping smoking, people experience withdrawal, including decreases in heart rate and blood pressure, a decline in body temperature, and drops in epinephrine and norepinephrine blood levels. These changes are often aversive and lead the former smoker to resume smoking. More long-term difficulties, such as weight gain, distractibility, nausea, headaches, constipation, drowsiness, fatigue, difficulty sleeping, increases in anxiety, irritability, and hostility, are also reported by former smokers and may contribute to the high rate of relapse (Clavel, Benhamou, & Flamant, 1987).

Mood The fact that smoking appears to be successful in controlling anxiety and reactions to stress is another factor that leads to high rates of relapse (Shadel & Mermelstein, 1993). Smoking is difficult to change because it elevates mood. There has been some effort to mimic the mood-elevation effects of smoking therapeutically, so as to remove this incentive to return to smoking. For example, seratonin-enhancing substances, such as tryptophan and high-carbohydrate diets, enhance mood and may have promise as aids in smoking cessation programs (Bowen, Spring, & Fox, 1991; Spring, Wurtman, Gleason, Wurtman, & Kessler, 1991).

Weight Control Smoking keeps body weight down, and this factor both contributes to beginning smoking among adolescent girls and to the difficulty many adults have in stopping smoking (Jeffery, Hennrikus, Lando, Murray, & Liu, 2000; Nides et al., 1994).

One reason for the weight gain that so frequently follows smoking is that people change their food habits (S. A. French, Hennrikus, & Jeffery, 1996; Hatsukami, LaBounty, Hughes, & Laine, 1993). People who have quit smoking show a shift in preference for sweet-tasting carbohydrates with a higher caloric value. This shift may occur, in part, because carbohydrates improve mood. Also, nicotine leads to decreases in circulating insulin levels and increases in catecholamines, and a preference for sweets may develop to regulate these processes in the absence of nicotine (Grunberg, 1986).

Another reason that people gain weight after stopping smoking is that nicotine increases energy utilization (Audrain, Klesges, & Klesges, 1995; Hultquist et al., 1995), and these patterns may be difficult to compensate for once a person stops smoking. Stress-induced eating—namely, eating in response to stressful situations—may also explain part of the weight gain following smoking, inasmuch as a previously successful technique for coping with stress—smoking—has been abandoned (S. M. Hall, Ginsberg, & Jones, 1986).

There is no clear solution to avoiding weight gain after stopping smoking. The best method is to alert people to the potential problem after quitting and get them to develop dietary and exercise habits that will help them avoid putting on extra weight (Klesges, Meyers, Klesges, & LaVasque, 1989; Perkins, Levine, Marcus, & Shiffman, 1997). However, the prospect of weight gain appears to act as a deterrent to stopping smoking (Jeffery, Boles, Strycker, and Glasgow, 1997).

Many smokers may be unaware of the benefits of remaining abstinent, such as better psychological well-being, higher energy, better sleep, and a higher self-esteem and sense of mastery (Stewart, King, Killen, & Ritter, 1995). These effects of successful abstinence should be better publicized, in that such knowledge might help the potential relapser maintain his or her resolve.

People Who Stop on Their Own   Despite the difficulties of stopping smoking, more than 45 million Americans have successfully quit smoking (American Cancer Society, 2001b). The impetus for stopping smoking on one's own typically comes from health concerns (Orleans, Rimer, Christinzio, Keintz, & Fleisher, 1991).

People who successfully quit on their own have good self-control skills, self-confidence in their ability to stop, and a perception that the health benefits of stopping are substantial (R. C. Katz & Singh, 1986; J. S. Rose, Chassin, Presson, & Sherman, 1996). Stopping on one's own is easier if one has a supportive social network that does not smoke and if one was a light rather than a heavy smoker (S. Cohen et al., 1989).

People who stop smoking on their own, however, have no magical solution to the smoking problem. They are typically no more successful in maintaining abstinence than are participants in stop-smoking programs, and most smokers who stop on their own eventually lapse (J. R. Hughes et al., 1992). After several efforts to stop, however, many quitters who stop on their own are successful. A list of guidelines for people who wish to stop on their own appears in Table 5.4.

Smoking Prevention

Because smoking is so resistant to intervention and because, increasingly, we have come to understand how and why young people begin to smoke, the war on smoking has shifted from getting smokers to stop to keeping potential smokers from starting (Chassin, Presson, Rose, & Sherman, 1996). These **smoking prevention programs** are aimed to catch potential smokers early and attack the underlying motivations that lead people to smoke (Ary et al., 1990).

TABLE 5.4   Quitting Smoking

Here are some steps to help you prepare for your Quit Day:

- Pick the date and mark it on your calendar.
- Tell friends and family of your quit day.
- Stock up on sugarless gum, cinnamon sticks, carrot sticks, hard candy.
- Decide on a plan. Will you use nicotine replacement therapy (the patch or gum)? Will you attend a smoking cessation class? If so, sign up now.
- Practice saying, "No thank you, I don't smoke."
- Set up a support system. This could be a group class, Nicotine Anonymous, or a friend who has successfully quit and is willing to help you.

On your Quit Day, follow these suggestions:

- Do not smoke.
- Get rid of all cigarettes, lighters, ashtrays, etc.
- Keep active—try walking, exercising, or doing other activities or hobbies.
- Drink lots of water and juices.
- Begin using the patch or gum if that is your choice.
- Attend stop smoking class or follow a self-help plan.
- Avoid high-risk situations where the urge to smoke is strong.
- Reduce or avoid alcohol.
- Use the four "A's" (avoid, alter, alternatives, activities) to deal with tough situations.

Source: American Cancer Society, 2001b.

Advantages of Smoking Prevention Programs   The advantages of smoking prevention programs are several. They represent a potentially effective and cost-effective assault on the smoking problem that avoids the many factors that make it so difficult for habitual smokers to stop. Smoking prevention programs can be easily implemented through the school system. Little class time is needed and no training of school personnel is required. How do researchers try to prevent smoking before it starts?

Social Influence Interventions An early program to keep adolescents from smoking was developed by Richard Evans and his colleagues in the Houston School District (Evans, Dratt, Raines, & Rosenberg, 1988). Two theoretical principles were central in the design of Evans's **social influence intervention.** First, the fact that parental smoking and peer pressure promote smoking in adolescents indicates that children acquire smoking at least partly through the modeling of others. By observing models who are apparently enjoying a behavior they know to be risky, the children's fears of negative consequences are reduced and their expectation of positive consequences is enhanced. Thus, Evans reasoned, a successful intervention program with adolescents must include the potential for modeling high-status nonsmokers.

A second theoretical principle on which the social influence intervention is based is the concept of behavioral inoculation developed by W. J. McGuire (1964, 1973). **Behavioral inoculation** is similar in rationale to inoculation against disease. If one can expose an individual to a weak dose of some germ, one may prevent infection because antibodies against that germ will develop. Likewise, if one can expose individuals to a weak version of a persuasive message, they may develop counterarguments against that message, so that they can successfully resist it if they encounter it in a stronger form.

The following are the three components of the social influence intervention program: (1) Information about the negative effects of smoking is carefully constructed so as to appeal to adolescents; (2) materials are developed to convey a positive image of the nonsmoker (rather than the smoker) as an

independent, self-reliant individual; (3) the peer group is used to facilitate not smoking rather than smoking. Let us consider each component in turn.

Most adolescents know that smoking is a risky behavior. However, the fact that they continue to smoke suggests that they ignore much of what they know. Therefore, selection of appropriate antismoking materials for this group is critical. Typically, the adolescent's time frame does not include concern about health risks that are 20 to 30 years away. Therefore, antismoking materials must highlight the disadvantages of smoking now, including adverse effects on health, the financial costs of smoking, and negative social consequences of smoking (such as rejection by others), rather than long-term health risks.

The image of the nonsmoker is also addressed in the social influence materials. Specifically, films and posters are developed to appeal to adolescents' need for independence, conveying such messages as "You can decide for yourself" and "Here are the facts so you can make a decision." These messages also show how cigarette advertisers use subtle techniques to try to get people to smoke, in the hopes that the students will resist cigarette advertising when they encounter it. Simultaneously, these messages also convey an image of the smoker as someone who is vulnerable to advertising gimmicks.

These interventions address the significance of the peer group in several ways. First, high-status, slightly older peer leaders are typically featured in the films and posters as the primary agents delivering the interventions. They demonstrate through role playing how to resist peer pressure and maintain the decision not to smoke. The films convey techniques that adolescents can use to combat pressure, such as stalling for time or using counterpressure (for example, telling the smoker that she is a fool for ruining her health). In some cases, these messages are reinforced by contact with a peer leader in a small-group interaction after exposure to the filmed material.

Evaluation of Social Influence Programs   Do these programs work? This question has been hard to answer for several reasons. Students may learn how to turn down cigarettes, but this may not lead them to do so (Elder, Sallis, Woodruff, & Wildey, 1993). Smoking prevention programs sometimes delay smoking but may not reduce overall rates when assessed several years later. Validating self-reports of smoking is difficult and often is only successfully accomplished through tests such as saliva thiocyanate and expired air carbon monoxide.

Despite these difficulties, programs such as that developed by Evans have enjoyed wide use and have now been evaluated. Overall, results suggest that social influence programs can reduce smoking rates for as long as 4 years (Murray, Davis-Hearn, Goldman, Pirie, & Luepker, 1988; see also Flay, 1985; Murray, Richards, Luepker, & Johnson, 1987). However, experimental smoking may be affected more than regular smoking; experimental smokers would probably stop on their own (Biglan et al., 1987; Flay et al., 1992). What is needed are programs that will reach the child destined to become a regular smoker, and as yet we know little about the factors that are most helpful in keeping these youngsters from starting to smoke.

The Life-Skills-Training Approach   Another effort to prevent smoking in the adolescent population is called the **life-skills-training approach** (G. J. Botvin et al., 1992). Interestingly enough, this approach to smoking prevention deals with cigarette smoking per se in only a small way. Rather, the rationale for the intervention is that, if adolescents are trained in

(© A. Lichtenstein/The Image Works)

Joe Camel, the cool panderer of cigarettes created by R. J. Reynolds, is history. In 1997, the Federal Trade Commission determined that Reynolds used Joe to increase the appeal of Camels to teenagers. Since 1987, when Joe Camel was introduced to the United States, R. J. Reynolds's share of the teen market has increased from less than 3% to 13%. Legislation has now been introduced to limit tobacco ads to a bland, black-and-white, all-text format with no cartoons and no camel (Lacayo, 1996; *Time*, 1997).

self-esteem and coping enhancement as well as social skills, they will not feel as much need to smoke to bolster their self-image: The skills will enhance the adolescent's sense of being an efficacious person. The results of these programs to date appear to be as encouraging as the smoking prevention programs based on social influence processes. These programs also show some success in the reduction of smoking onset over time (G. J. Botvin et al., 1992).

Smoking prevention programs are relatively expensive and logistically difficult to implement, so researchers have looked for easier ways to bring about the same positive messages. An interactive CD-ROM program designed to reduce adolescent substance use was developed and made use of several of the same principles on which both the social influence and the life-skills-training programs are based. Directed primarily to marijuana use, students were presented with vignettes that illustrated refusal skills and socially acceptable responses to substance use situations that created temptations—specifically, offers of marijuana. In a randomized experiment with 74 public schools, significant changes were found on adolescents' abilities to refuse an offer of marijuana, their intentions to refuse it, and their perceptions of the social norms that surround it (Duncan, Duncan, Beauchamp, Wells, & Ary, 2000). These findings present promising prospects for the development of low-cost interventions that may promote substance abuse prevention.

Social Engineering and Smoking

"Since smoking might injure your health, let's be careful not to smoke too much."

—*Warning label on cigarette packages in Japan* (*Time Magazine (June 25, 2001)*)

Ultimately, smoking may be more successfully modified by social engineering than by techniques of behavioral change (Heishman, Kozlowski, & Henningfield, 1997; R. M. Kaplan, Orleans, Perkins, & Pierce, 1995). Although it is unlikely that cigarettes will be outlawed altogether, a number of social engineering alternatives may force people to reduce their smoking. Liability litigation is generally considered to be one of the most potentially effective means for the long-term control of the sale and use of tobacco (Kelder & Daynard, 1997). Transferring the costs of smoking to the tobacco industry via lawsuits would raise the price of cigarettes, lowering consumption. Second, access to tobacco may come to be regulated as a drug by the Food and Drug Administration (R. M. Kaplan et al., 1995).

Heavy taxation is a third possibility. Most smokers report that they would reduce their smoking if it became prohibitively expensive (Walsh & Gordon, 1986). Such actions are most likely to influence smoking among teenagers and young adults with little disposable income. A total ban on tobacco advertising is not out of the question, and at the very least, where and how companies may advertise will come under increasing regulation (R. M. Kaplan et al., 1995). Ongoing negotiations with the tobacco industry have centered heavily on the elimination of advertising that appeals to teens, which may reduce the number of young smokers (E. M. Botvin, Botvin, Michela, Baker, & Filazzola, 1991).

Smoking can be controlled by restricting it to particular places (P. D. Jacobson, Wasserman, & Anderson, 1997). The rationale for such interventions is the known harm that can be done to nonsmokers by secondhand smoke (Box 5.6). Thus, not permitting smoking in public buildings, requiring nonsmoking sections in restaurants and other public places, and otherwise protecting the rights of nonsmokers have been increasingly utilized legislative options.

Some business organizations have developed smoking cessation programs for their employees, others restrict on-the-job smoking to particular times or places, and still others have banned smoking. No doubt, social engineering interventions to restrict smoking will increase in the coming years.

BOX 5.6

Can Nonsmokers Be Harmed by Secondhand Smoke?

Norma Broyne was a flight attendant with American Airlines for 21 years. She had never smoked a cigarette and yet, in 1989, she was diagnosed with lung cancer, and part of a lung had to be removed. Ms. Broyne became the center of a class-action suit brought against the tobacco industry, seeking $5 billion on behalf of 60,000 current and former nonsmoking flight attendants for the adverse health effects of the smoke they inhaled while performing their job responsibilities prior to 1990, when smoking was legal on most flights (G. Collins, 1997).

Until recently, scientists and lawmakers had assumed that smokers hurt only themselves. However, increasing evidence suggests that people exposed to smokers' smoke are also harmed. This so-called **passive smoking,** or **secondhand smoke,** which involves inhaling smoke and smoky air produced by people who smoke, has been tied to higher levels of carbon monoxide in the blood, reduced pulmonary functioning, and higher rates of lung cancer. Secondhand smoke is estimated to cause about 3,000 cases of lung cancer annually but as many as 62,000 heart disease deaths, 2,700 deaths from sudden infant death syndrome, and 2,600 new cases of asthma (Raeburn & DeGeorge, 1997).

Two groups that may be at particular risk are the infant children and spouses of smokers. A study of 32,000 nonsmoking women conducted by Harvard University researchers (G. Collins, 1997) found that exposure to secondhand cigarette smoke almost doubled their risk of heart disease. A study conducted in Japan (Hirayama, 1981) followed 540 nonsmoking wives of smoking or nonsmoking husbands for 14 years and examined mortality due to lung cancer. The wives of heavy smokers had a higher rate of lung cancer than did the wives of husbands who smoked little or not at all. Moreover, these women's risk of dying from lung

Disease	Annual U.S. Deaths or cases
Lung cancer	3,000 deaths
Heart disease	35,000–62,000 deaths
Sudden infant death syndrome	1,900–2,700 deaths
Low-birth-weight babies	9,700–18,600 cases
Asthma in children	8,000–26,000 new cases 400,000–1 million cases of existing disease getting worse
Bronchitis in children	150,000–300,000 cases 7,500–15,000 hospitalizations 136–212 deaths

FIGURE 5.5   The Toll of Secondhand Smoke. California Environmental Protection Agency, 1997

cancer was between one third and one half of what they would have faced had they been smokers themselves. Even dogs whose owners smoke are at 50% greater risk of developing lung cancer than are dogs whose owners are nonsmokers (Reif, Dunn, Ogilvie, & Harris, 1992) (see Figure 5.5).

The importance of passive smoking has led to interventions designed to reduce its effects. For example, one program attempted to reduce infant passive smoking by intervening with families during the first 6 months of life (R. A. Greenberg et al., 1994). The program, which targets smoking family members to smoke in places away from the infant, was successful in reducing infant vulnerability to respiratory infection.

The fact that passive smoking can be harmful to health adds teeth to the idea that nonsmokers have rights vis-à-vis smokers. Increasingly, we are likely to see the effects of passive smoking used as a basis for legislative action against smoking. Norma Broyne finally saw her day in court. The tobacco companies she and other flight attendants sued agreed to pay $300 million to set up a research foundation on cancer.

Summary

1. Health-compromising behaviors are those that threaten or undermine good health, either in the present or in the future. Many of these behaviors cluster and first emerge in adolescence.

2. Alcoholism accounts for thousands of deaths each year through cirrhosis, cancer, fetal alcohol syndrome, and accidents connected with drunk driving.

3. Alcoholism and problem drinking encompass a wide range of specific behavior problems with associated physiological and psychological needs.

4. Alcoholism has a genetic component and is tied to sociodemographic factors, such as low SES. Drinking also arises in an effort to buffer the impact of stress and appears to peak between ages 18 and 25.

5. Most treatment programs for alcoholism use broad-spectrum cognitive-behavioral approaches. Many begin with an inpatient drying-out period, followed by the use of cognitive-behavioral change methods, such as aversion therapy and relapse prevention techniques.

6. The best predictor of success is the patient. Alcoholics with mild drinking problems, little abuse of other drugs, and a supportive, financially secure environment do better than those without such supports.

7. Smoking accounts for more than 300,000 deaths annually in the United States due to heart disease, cancer, and lung disorders. Smoking adds to and may even exacerbate other risk factors associated with CHD.

8. Several theories have attempted to explain the addictive nature of smoking, including theories of nicotine regulation and those that emphasize nicotine's role as a neuroregulator.

9. In the past few decades, attitudes toward smoking have changed dramatically for the negative, largely due to the mass media. Attitude change has kept some people from beginning smoking, motivated many to try to stop, and kept some former smokers from relapsing.

10. Many programs for stopping smoking begin with some form of nicotine replacement, such as nicotine gum or transdermal nicotine patches. Operant conditioning techniques disembed smoking from the environmental cues with which it is usually associated. Many multimodal programs include social-skills-training programs or relaxation therapies. Relapse prevention is an important component of these programs.

11. No particular venue for changing smoking behavior appears to be especially effective. However, physicians working directly with patients at risk may achieve greater success than do other change agents.

12. Smoking is highly resistant to change. Even after successfully stopping for a short period of time, most people relapse. Factors that contribute to relapse include addiction, the loss of an effective coping technique for dealing with social situations, and weight gain, among other factors.

13. Smoking prevention programs have been developed to keep youngsters from beginning to smoke. Many of these programs use a social influence approach and teach youngsters how to resist peer pressure to smoke. Others help adolescents improve their coping skills and self-image.

14. Social engineering approaches to control smoking have also been employed, the rationale being that secondhand smoke harms others in the smoker's environment.

Key Terms

addiction
alcoholism
behavioral inoculation
controlled drinking skills
craving
detoxification

life-skills-training approach
passive smoking
physical dependence
placebo drinking
problem drinking
secondhand smoke

self-help aids
smoking prevention
   programs
social influence intervention
tolerance
withdrawal

PART THREE

Stress and Coping

CHAPTER 6
Stress

The night before her biology final, Lisa confidently set her alarm and went to sleep. A power outage occurred during the night, and her alarm, along with most of the others in the dorm, failed to go off. At 8:45, Lisa was abruptly awakened by a friend banging on the door to tell her that her final started in 15 minutes. Lisa threw on some clothes, grabbed a muffin and a cup of coffee from the machines in her dorm, and raced to the exam room. Ten minutes late, she spent the first half hour frantically searching through the multiple choice questions, trying to find ones she knew the answers to, as her heart continued to race.

What is Stress?

Most of us have more firsthand experience with stress than we care to remember. Stress is being stopped by a police officer after accidentally running a red light. It is waiting to take a test when we are not sure that we have prepared well enough or studied the right material. It is missing a bus on a rainy day full of important appointments.

Psychologists have been studying stress and its impact on psychological states and on physical health for several decades. Research has helped converge on a common definition.

Stress is a negative emotional experience accompanied by predictable biochemical, physiological, cognitive, and behavioral changes that are directed either toward altering the stressful event or accommodating to its effects (see A. Baum, 1990).

What Is a Stressor?

Initially, researchers focused on stressful events themselves, called **stressors.** Such events include noise, crowding, a bad relationship, a round of job interviews, or the commute to work. The study of stressors has helped define some conditions that are more likely to produce stress than others, but a focus on stressful events cannot fully explain the experience of stress. Each stressful experience may be stressful to some people but not to others. If the "noise" is your radio playing the latest rock music, then it will probably not be stressful to you, although it may be to your neighbor. Whereas one person might find the loss of a job highly stressful, another might see it as an opportunity to try a new field, and as a challenge rather than a threat. How a potential stressor is perceived substantially determines whether it will be experienced as stressful.

Person-Environment Fit

Most definitions of stress now emphasize the relationship between the individual and the environment. Stress is the consequence of a person's appraisal processes: the assessment of whether personal resources are sufficient to meet the demands of the environment. Stress, then, is determined by **person-environment fit** (R. S. Lazarus & Folkman, 1984b; R. S. Lazarus & Launier, 1978; Pervin, 1968).

When a person's resources are more than adequate to deal with a difficult situation, he or she may feel little stress. When the individual perceives that his or her resources will probably be sufficient to deal with the event

but only at the cost of great effort, he or she may feel a moderate amount of stress. When the individual perceives that his or her resources will probably not suffice to meet an environmental stressor, he or she may experience a great deal of stress.

Stress, then, results from the process of appraising events (as harmful, threatening, or challenging), of assessing potential responses, and of responding to those events. To see how stress researchers have arrived at our current understanding of stress, it is useful to consider some of the early contributions to the field.

Theoretical Contributions to the Study of Stress

Fight or Flight

One of the earliest contributions to stress research was Walter Cannon's (1932) description of the **fight-or-flight response.** Cannon proposed that, when an organism perceives a threat, the body is rapidly aroused and motivated via the sympathetic nervous system and the endocrine system. This concerted physiological response mobilizes the organism to attack the threat or to flee; hence, it is called the fight-or-flight response.

Cannon reasoned that, on the one hand, the fight-or-flight response is adaptive because it enables the organism to respond quickly to threat. On the other hand, he concluded, stress can be harmful to the organism because it disrupts emotional and physiological functioning and can cause medical problems over time. In particular, when stress continues unabated, it lays the groundwork for health problems.

Selye's General Adaptation Syndrome

Another important early contribution to the field of stress is Hans Selye's (1956, 1976) work on the general adaptation syndrome. Although Selye initially explored the effects of

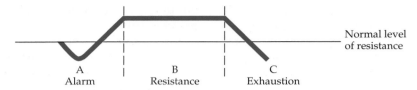

FIGURE 6.1   The Three Phases of Selye's (1974) General Adaptation Syndrome
Phase A is the alarm response, in which the body first reacts to a stressor. At this time, resistance is diminished. Phase B, the stage of resistance, occurs with continued exposure to a stressor. The bodily signs associated with an alarm reaction disappear and resistance rises above normal. Phase C is the stage of exhaustion that results from long-term exposure to the same stressor. At this point, resistance may again fall to below normal. (Figure from *Stress Without Distress* by Hans Selye, M.D. Copyright © 1974 by Hans Selye, M.D. Reprinted by permission of HarperCollins Publishers, Inc.)

sex hormones on physiological functioning, he became interested in the stressful impact his interventions seemed to have. Accordingly, he exposed rats to a variety of prolonged stressors—such as extreme cold and fatigue—and observed their physiological responses. To his surprise, all stressors, regardless of type, produced essentially the same pattern of physiological responding. In particular, they all led to an enlarged adrenal cortex, shrinking of the thymus and lymph glands, and ulceration of the stomach and duodenum. Thus, whereas Cannon's work explored adrenomedullary responses to stress—specifically, catecholamine secretion—Selye's work more closely explored adrenocortical responses to stress.

From these observations, Selye (1956) developed his concept of the **general adaptation syndrome.** He argued that, when an organism confronts a stressor, it mobilizes itself for action. The response itself is *nonspecific* with respect to the stressor; that is, regardless of the cause of the threat, the individual will respond with the same physiological pattern of reactions. Over time, with repeated or prolonged exposure to stress, there will be wear and tear on the system.

The general adaptation syndrome consists of three phases. In the first phase, alarm, the organism becomes mobilized to meet the threat. In the second phase, resistance, the organism makes efforts to cope with the threat, as through confrontation. The third phase, exhaustion, occurs if the organism fails to overcome the threat and depletes its physiological resources in the process of trying. These phases are pictured in Figure 6.1.

The substantial impact of Selye's model on the field of stress continues to be felt today. One reason is that it offers a general theory of reactions to a wide variety of stressors over time. As such, it provides a way of thinking about the interplay of physiological and environmental factors. Second, it posits a physiological mechanism for the stress-illness relationship. Specifically, Selye believed that repeated or prolonged exhaustion of resources, the third phase of the syndrome, is responsible for the physiological damage that lays the groundwork for disease. In fact, prolonged or repeated stress has been implicated in disorders such as cardiovascular disease, arthritis, hypertension, and immune-related deficiencies, as we will see in chapters 13 and 14.

Criticisms of the General Adaptation Syndrome   Selye's model has also been criticized on several grounds. First, it assigns a very limited role to psychological factors, and researchers now believe that the psychological appraisal of events is important in the determination of stress (R. S. Lazarus & Folkman, 1984b). A second criticism concerns the assumption that responses to stress are uniform

(Hobfoll, 1989). There is evidence that not all stressors produce the same endocrinological responses. Moreover, how people respond to stress is substantially influenced by their personalities, perceptions, and biological constitutions (R. S. Lazarus & Folkman, 1984a; Meichenbaum, 1977; Moos, 1984). A third criticism concerns the fact that Selye assessed stress as an outcome, such that stress is evident only when the general adaptation syndrome has run its course. In fact, people experience many of the debilitating effects of stress while a stressful event is going on and even in anticipation of its occurrence. Despite these limitations and reservations, Selye's model remains a cornerstone of the field of stress.

For the most part, psychological and social processes were missing from the earlier formulations by Cannon and Selye. This absence was, in large part, because early stress work was conducted on animals, with the goal of identifying the endocrinological concomitants of stress. However, as work on humans progressed, the importance of psychological factors became evident.

Tend-and-Befriend

In recent years, stress researchers have become interested in affiliative responses to stress. That is, animals, whether nonhuman or human, do not merely fight, flee, and grow exhausted in response to stress. They also affiliate with each other, whether it is the herding behavior of deer in response to stress, the huddling one sees among female rats, or the coordinated responses to a stressor that a community shows when it is under the threat of flood, tornado, or other natural disaster.

To address this issue, Taylor and colleagues (S. E. Taylor, Klein, et al., 2000) developed a theory of responses to stress termed "tend-and-befriend," which they argue is especially characteristic of females. The theory maintains that the normal sympathetic arousal thought to underlie the fight-or-flight response to stress may be downregulated in females in ways that lead to social and nurturant behavior. It further argues that, during the time that responses to stress evolved, males and females faced somewhat different adaptive challenges and that female responses to stress evolved so as to protect not only the self but also offspring. The offspring of most species are immature and would be unable to survive, were it not for the attention of adults. In most species, that attention is provided by the mother.

Because tending to offspring, particularly in times of stress, is a complex task, the tend-and-befriend theory maintains that "befriending"—that is, affiliating with others and seeking social contact during stress—may be especially characteristic of women and may help in self-preservation and the protection of offspring.

Like the fight-or-flight mechanism, tend-and-befriend may depend on underlying biological mechanisms. In particular, the hormone oxytocin may have significance for female responses to stress. Oxytocin is a stress hormone, rapidly released in response to at least some stressful events, and its effects are especially modulated by estrogen, suggesting an important role in the responses of females. Animals and humans with high levels of oxytocin are calmer, more relaxed, more social, and more maternal in their behavior. Endogenous opioid peptides may also contribute to affiliative responses to stress in females.

In support of the theory, there is evidence that females are consistently more likely than males to respond to stress by turning to others (Luckow, Reifman, & McIntosh, 1998). Mothers' responses to offspring during stress also appear to be different from those of fathers in ways encompassed by the tend-and-befriend theory. In addition to offering a biobehavioral approach that may explain some of the clearest behavioral differences in male and female responses

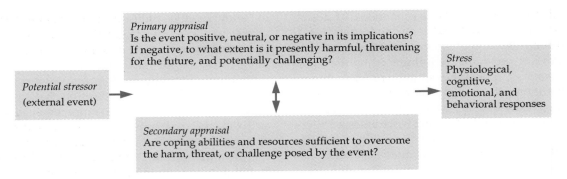

FIGURE 6.2   The Experience of Stress

to stress, the tend-and-befriend theory brings social behavior into stress processes. We are affiliative creatures who respond to stress collectively, as well as individually.

Psychological Appraisal and the Experience of Stress

Primary Appraisal Processes   Lazarus, a chief proponent of the psychological view of stress (R. S. Lazarus, 1968; R. S. Lazarus & Folkman, 1984b), maintains that, when individuals confront a new or changing environment, they engage in a process of **primary appraisal** to determine the meaning of the event (see Figure 6.2).

Events may be perceived as positive, neutral, or negative in their consequences. Negative or potentially negative events are further appraised for their possible harm, threat, or challenge. "Harm" is the assessment of the damage that has already been done by an event. Thus, for example, a man who has just been fired from his job may perceive present harm in terms of his own loss of self-esteem and his embarrassment as his coworkers silently watch him pack up his desk.

"Threat" is the assessment of possible future damage that may be brought about by the event. Thus, the man who has just lost his job may anticipate the problems that loss of income will create for him and his family in the future.

Finally, events may be appraised in terms of their "challenge," the potential to overcome and even profit from the event. For example, the man who has lost his job may perceive that a certain amount of harm and threat exists, but he may also see his unemployment as an opportunity to try something new.

The importance of primary appraisal in the experience of stress is illustrated in a classic study of stress by Speisman, Lazarus, Mordkoff, and Davidson (1964). College students viewed a gruesome film depicting unpleasant tribal initiation rites that included genital surgery. Before viewing the film, they were exposed to one of four experimental conditions. One group listened to an intellectual anthropological description of the rites. Another group heard a lecture that deemphasized the pain the initiates were experiencing and emphasized their excitement over the events. A third group heard a description that emphasized the pain and trauma that the initiates were undergoing. A fourth group was given no introductory information, and the film they viewed had no sound track. Measures of autonomic arousal (skin conductance, heart rate) and self-reports suggested that the first two groups experienced considerably less stress than did the group whose attention was focused on the trauma and pain. Thus, this study illustrated that stress not only was intrinsic to the gruesome film itself but also depended on the viewer's appraisal of it.

Secondary Appraisal Processes   At the same time that primary appraisals of stressful circumstances are occurring, secondary appraisal is initiated. **Secondary appraisal** is the assessment of one's coping abilities and resources and whether they will be sufficient to meet the harm, threat, and challenge of the event. Ultimately, the subjective experience of stress is a balance between primary and secondary appraisal. When harm and threat are high and coping ability is low, substantial threat is felt (Tomaka, Blascovich, Kelsey, & Leitten, 1993). When coping ability is high, stress may be minimal. Potential responses to stress are many and include physiological, cognitive, emotional, and behavioral consequences. Some of these responses are involuntary reactions to stress, whereas others are voluntarily initiated in a conscious effort to cope.

Cognitive responses to stress include outcomes of the appraisal process, such as specific beliefs about the harm or threat an event poses and beliefs about its causes or controllability. Cognitive responses also include involuntary stress responses, such as distractability and inability to concentrate; performance disruptions on cognitive tasks (e.g., S. Cohen, 1980; Shaham, Singer, & Schaeffer, 1992); and intrusive, repetitive, or morbid thoughts (Horowitz, 1975). Cognitive responses are also involved in the initiation of coping activities, as we will see in chapter 7.

Potential emotional reactions to stressful events range widely; they include fear, anxiety, excitement, embarrassment, anger, depression, and even stoicism or denial. Potential behavioral responses are virtually limitless, depending on the nature of the stressful event. Confrontative action against the stressor ("fight") and withdrawal from the threatening event ("flight") constitute two general categories of behavioral responses. We will examine others in the course of our discussion.

The Physiology of Stress

Stress is important, both because it causes psychological distress and because it leads to changes in the body that may have short-term or long-term consequences for health. Two interrelated systems are heavily involved in the stress response. They are the sympathetic-adrenomedullary (SAM) system and the hypothalamic-pituitary-adrenocortical (HPA) axis. These components of the stress response are illustrated in Figure 6.3.

Sympathetic Activation   When events are encountered that are perceived as harmful or threatening, they are labeled as such by the cerebral cortex, which, in turn, sets off a chain of reactions mediated by these appraisals. Information from the cortex is transmitted to the hypothalamus, which initiates one of the earliest responses to stress—namely, sympathetic nervous system arousal, or the fight-or-flight response first described by Walter Cannon.

Sympathetic arousal stimulates the medulla of the adrenal glands, which, in turn, secrete the catecholamines, epinephrine and norepinephrine. These effects result in the cranked-up feeling we usually experience in response to stress. Sympathetic arousal leads to increased blood pressure, increased heart rate, increased sweating, and constriction of peripheral blood vessels, among other changes. As can be seen in Figure 6.3, the catecholamines have effects on a variety of tissues and are believed to lead to modulation of the immune system as well (Benschop et al., 1998).

HPA Activation   In addition to the activation of the sympathetic nervous system, the HPA system is activated. Hans Selye provided the basis for understanding the effects of stress on

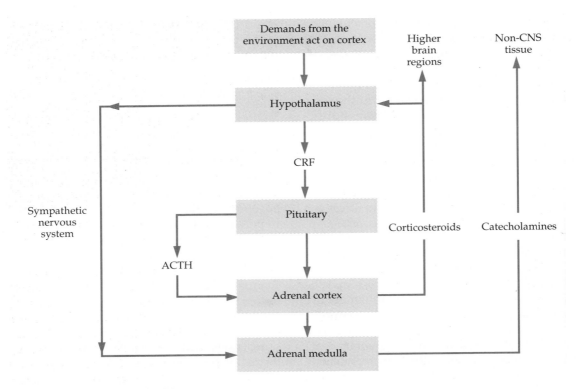

FIGURE 6.3   The Body's Stress Systems

the HPA in his general adaptation syndrome, the nonspecific physiological reaction that occurs in response to stress and involves the three phases of alarm, resistance, and exhaustion.

The hypothalamus releases corticotrophin-releasing factor (CRF), which stimulates the pituitary gland to secrete adrenocorticotropic hormone (ACTH), which, in turn, stimulates the adrenal cortex to release glucocorticoids. Of these, cortisol is especially significant. It acts to conserve stores of carbohydrates and helps reduce inflammation in the case of an injury. It also helps the body return to its steady state following stress. HPA activation also produces elevations in growth hormone and prolactin, secreted by the pituitary gland.

Elevations in the opioids beta-endorphin and enkephalin are found in the brain in response to stress. These substances may play a role in immune-related disorders and in psychiatric diseases such as depression (S. Cohen, Kessler, & Gordon, 1995).

Effects of Long-Term Stress   We have just examined some of the major physiological changes that occur in response to the perception of stress. What do these changes mean? Although the short-term mobilization that occurs in response to stress was originally intended to prepare humans to fight or flee, rarely do stressful events require these kinds of adjustments. Consequently, in response to stress, we often experience the effects of sudden elevations of circulating catecholamines that, in certain respects, do not serve the purpose for which they were originally intended.

Over the long term, excessive discharge of epinephrine and norepinephrine can lead to suppression of cellular immune functions; produce hemodynamic changes, such as increased blood pressure and heart rate; provoke variations in normal heart rhythms, such as ventricular arrhythmias, which may be a precursor to sudden death; and produce neurochemical imbalances that may contribute to the development of psychiatric disorders. The catecholamines may also have effects on LDL, LP(A), HDL, and free fatty acids, all of which may be important in the development of atherosclerosis.

Corticosteroids have immunosuppressive effects, and increases in cortisol have been related both to decreased lymphocyte responsivity to mitogens and to decreased lymphocyte cytotoxicity (Cunningham, 1981), which can compromise the functioning of the immune system. Prolonged cortisol secretion has also been related to the destruction of neurons in the hippocampus. This destruction can lead to problems in memory and concentration and may be one of the mechanisms by which the senility that sometimes occurs in old age sets in. Pronounced HPA activation is common in depression, with episodes of cortisol secretion being more frequent and of longer duration among depressed than nondepressed people, although it is not entirely clear whether HPA activation is a cause or an effect of these disorders. Another long-term consequence of the endocrine abnormalities that result from chronic HPA activation is the storage of fat in central visceral areas, rather than to the hips. This accumulation leads to a high waist-to-hip ratio, which is used by some researchers as a marker for chronic stress (Bjorntorp, 1996).

There has been some debate in the literature over which of the many physiological responses to stress have implications for disease. Several researchers (Dienstbier, 1989; Frankenhaeuser, 1991) have suggested that the health consequences of HPA activation are more

Stressful events, such as being stuck in traffic, produce agitation and physiological arousal. (© AP/Wide World Photos)

significant than those of SAM activation. Dienstbier, for example, has argued that a purely sympathetic adrenal activation in response to stress may not be a pathway for disease and that it may take HPA activation as well. Some researchers have suggested that this reasoning explains why exercise, which produces SAM arousal but not HPA activation, is protective for health rather than health compromising.

Individual Differences in Stress Reactivity
People vary in their reactivity to stress: Some people show very small reactions to stressful circumstances, whereas others show large responses. **Reactivity** is the change in response to stress that may occur in autonomic, neuroendocrine, and/or immune responses to stress. Reactivity does not refer simply to the fact that some people have stronger psychological responses to stress than others. Often, people report the same degree of psychological stress and yet show very different patterns of physiological reactivity.

Reactivity is thought to be a disposition to respond physiologically to environmental threats or challenges that may be implicated in both short-term and long-term health complications due to stress. It may be genetic in origin or develop prenatally or in early life.

Reactivity to stress can affect vulnerability to illness, as the following studies of children suggest. In one study, a group of children ranging in age from 3 to 5 years old were tested for their cardiovascular reactivity (change in heart rate and blood pressure) or their immune response to a vaccine challenge following a stressful task. Parents were then asked to report on the number of family stressors during a 12-week period, and illness rates were charted during this period. The results indicated that stress was associated with increased rates of illness only among the children who had previously shown strong immune or cardiovascular reactions. The less reactive children did not experience any change in illness under stressful circumstances (Boyce, Alkon, Tschann, Chesney, & Alpert, 1995).

Another study found that cardiovascular reactivity predicted stress-induced cortisol changes in a group of young, healthy college students performing a mental arithmetic task; higher reactivity was also related to changes in natural killer cell activity, providing evidence for the pathway between sympathetic activation and immune changes (Uchino, Cacioppo, Malarkey, & Glaser, 1995) and possible risk for infectious disease.

Studies like these suggest that psychobiologic reactivity to stress is an important factor that influences the effects that stress has on the body and the likelihood that it will contribute to distress or disease. As will be seen in chapter 14, differences in reactivity are believed to contribute especially to the development of hypertension and coronary artery disease (e.g., V. Clark, Moore, & Adams, 1998).

Physiological Recovery Processes   Recovery processes following stress are also important in the physiology of the stress response (Rutledge, Linden, & Paul, 2000). In particular, the inability to recover quickly from a stressful event may be a marker for the cumulative damage that stress has caused. Researchers have paid special attention to the cortisol response—particularly prolonged cortisol responses that occur under conditions of high stress.

In one intriguing study (Perna & McDowell, 1995), elite athletes were divided into groups that were experiencing a high versus a low amount of stress in their lives, and their cortisol response was measured following vigorous training. Those athletes under higher degrees of stress showed a longer cortisol recovery. Because elevated cortisol affects the immune system, the researchers suggested that stress may widen the window of susceptibility for illness and injury among competitive athletes by virtue of its impact on cortisol recovery.

As the research on recovery processes implies, the long-term effects of stress on the body are of great importance when understanding the mechanisms by which physiological changes in response to stress may promote illness.

Allostatic Load   Consistent with Selye, the initial response of the body to stressful circumstances may be arousal, but over time this response may give way to exhaustion, leading to cumulative damage to the organism. Building on these ideas, researchers have developed the concept of **allostatic load** (McEwen & Stellar, 1993). This concept refers to the fact that physiological systems within the body fluctuate to meet demands from stress, a state called allostasis. Over time, allostatic load builds up, which is defined as the physiological costs of chronic exposure to fluctuating or heightened neural or neuroendocrine response that results from repeated or chronic stress.

This buildup of allostatic load—that is, the long-term costs of chronic or repeated stress—can be assessed by a number of indicators (T. E. Seeman, Singer, Horwitz, & McEwen, 1997). These include decreases in cell-mediated immunity, the inability to shut off cortisol in response to stress, lowered heart rate variability, elevated epinephrine levels, a high waist-to-hip ratio, volume of the hippocampus (which is believed to decrease with repeated stimulation of the HPA), memory (an indirect measure of hippocampal functioning), high plasma fibrinogen, and elevated blood pressure. Many of these changes occur normally with age, so to the extent that they occur early, allostatic load may be thought of as accelerated aging of the organism in response to stress.

Over time, this kind of wear and tear can lead to illness. For example, Kozena, Frantik, and Horvath (1998) found that the frequency, intensity, and persistence of psychological and physiological responses to urgent situations on the job were important predictors of the health effects of job stress.

The physiology of stress and, in particular, the recent research on the cumulative adverse effects of stress are important, because they suggest the pathways by which stress exerts adverse effects on the body, ultimately contributing to the likelihood of disease.

What Makes Events Stressful?

Assessing Stress

Given that stress can produce a variety of responses, what is the best way to measure it? Events are stressful to the extent that they are perceived as stressful. Responses to stress are manifold and include physiological changes, cognitive reactions, emotional reactions, and behavioral responses. These stress responses may create the possibility of a variety of **stress markers,** which can be measured in an effort to assess directly the degree of stress a person experiences.

Researchers have used many indicators of stress. These include self-reports of perceived stress, life change, and emotional distress; behavioral measures, such as task performance under stress; physiological measures of arousal, such as skin conductivity, heart rate, and blood pressure; and biochemical markers

(or indicators), especially elevated cortisol and catecholamines (A. Baum, Grunberg, & Singer, 1982; Dimsdale, Young, Moore, & Strauss, 1987). In each case, these measures have proven to be useful indicators.

However, each type of measurement has its own associated problems. For example, catecholamine secretion is enhanced by a number of factors other than stress. Self-report measures are subject to a variety of biases, because individuals may want to present themselves in as desirable a light as possible. Behavioral measures are subject to multiple interpretations. For example, performance declines can be due to declining motivation, fatigue, cognitive strain, or other factors. Consequently, stress researchers have called for the use of multiple measures (A. Baum et al., 1982). With several measures, the possibility of obtaining a good model of the stress experience is increased.

Dimensions of Stressful Events

As we have just noted, events themselves are not inherently stressful. Rather, whether they are stressful depends on how they are appraised by an individual. What are some characteristics of potential stressors that make them more likely to be appraised as stressful?

Negative Events *Negative events are more likely to produce stress than are positive events.* Many events have the potential to be stressful because they present people with extra work or special problems that may tax or exceed their resources. Shopping for the holidays, planning a party, coping with an unexpected job promotion, and getting married are all positive events that draw off substantial time and energy. Nonetheless, these positive experiences are less likely to be reported as stressful than are undesirable events, such as getting a traffic ticket, trying to find a job, coping with a death in the family, or getting divorced.

Negative events show a stronger relationship to both psychological distress and physical symptoms than do positive ones (e.g., A. H. McFarland, Norman, Streiner, Roy, & Scott, 1980; I. G. Sarason, Johnson, & Siegel, 1978; Stokols, Ohlig, & Resnick, 1978). This may be because only stressful events that have negative implications for the self-concept produce potential or actual loss of self-esteem or erosion of a sense of mastery or identity (Thoits, 1986).

There is one exception to this pattern. Among people who hold negative views of themselves, positive life events appear to have a detrimental effect on health, whereas for people with high self-esteem, positive life events are linked to better health (J. D. Brown & McGill, 1989).

Uncontrollable Events   *Uncontrollable or unpredictable events are more stressful than controllable or predictable ones.* Negative events such as noise, crowding, or discomfort might seem to be inherently stressful, but stress research consistently demonstrates that uncontrollable events are perceived as more stressful than controllable ones. When people feel that they can predict, modify, or terminate an aversive event or feel they have access to someone who can influence it, they experience it as less stressful, even if they actually do nothing about it (Suls & Mullen, 1981; S. C. Thompson, 1981). For example, unpredictable bursts of noise are experienced as more stressful than are predictable ones (D. C. Glass & Singer, 1972).

Feelings of control not only mute the subjective experience of stress but also influence biochemical reactions to it. Believing that one can control a stressor such as noise level (Lundberg & Frankenhaeuser, 1976) or crowding (J. E. Singer, Lundberg, & Frankenhaeuser, 1978) is associated with lower catecholamine levels than is believing that one has no control over the stressor. Uncontrollable stress has been tied to immunosuppressive effects (Brosschot et al., 1998; Peters et al., 1999).

Feelings of control also appear to influence the endogenous opioid systems. People under stress who perceive that they cannot exercise control over the stressful events have high levels of endogenous opioids. Those who perceive that they will be efficacious in overcoming the stress do not show stress-activated release of endogenous opioids (Bandura, Cioffi, Taylor, & Brouillard, 1988).

Under some circumstances, feelings of control may augment stress, at least initially. One study found that being able to anticipate stressful events and feeling that one had control over them initially heightened perceived stress but also increased the ability to adjust to the stressful event (Vinokur & Caplan, 1986).

Ambiguous Events   *Ambiguous events are often perceived as more stressful than are clear-cut events.* When a potential stressor is ambiguous, a person has no opportunity to take action. He or she must instead devote energy to trying to understand the stressor, which can be a time-consuming, resource-sapping task.

Clear-cut stressors, on the other hand, let the person get on with the job of finding solutions and do not leave him or her stuck at the problem-definition stage. The ability to take confrontative action is usually associated with less distress and better coping (Billings & Moos, 1984; Gal & Lazarus, 1975; Kaloupek & Stoupakis, 1985).

The importance of clarity in coping with stress is particularly well illustrated in the occupational stress literature, as we will shortly see. A common problem reported by workers is role ambiguity: a feeling of unclarity, or ambiguity, about the requirements of one's role—in this case, the work role. Role ambiguity can result from having no clear task guidelines, no clear standards of performance, or contradictory guidelines or standards, as when one supervisor directs an employee to do one thing while another supervisor demands another. Role ambiguity is uniformly reported as

Events such as crowding are experienced as stressful only to the extent that they are appraised that way. Some situations of crowding make people feel happy, whereas other crowding situations are experienced as aversive. (© AP/Wide World Photos; © AP/Wide World Photos)

one of the major factors contributing to work-related stress.

Overload *Overloaded people are more stressed than are people with fewer tasks to perform* (e.g., S. Cohen, 1978; S. Cohen & Williamson, 1988). People who have too many tasks in their lives report higher levels of stress than do those who have fewer tasks. Again, research on occupational stress is informative. One of the main sources of work-related stress is job overload, the perception that one is responsible for doing too much in too short a period of time.

Which Stressors? People may be more vulnerable to stress in central life domains than in peripheral ones, because important aspects of the self are overly invested in central life domains (Swindle & Moos, 1992). For example, among working women for whom parental identity was very salient, role strains associated with the parent role, such as feeling that their children did not get the attention they needed, took a toll (R. W. Simon, 1992). Hammen, Marks, Mayol, and DeMayo (1985) found that negative life events affecting personal relationships were stronger predictors of depression among women for whom dependency relationships were important, whereas setbacks in the achievement domain rendered the

more autonomous women more vulnerable to depression. Consistent with this perspective is research by Linville (1985) suggesting that people who are heavily invested in several different roles may be better buffered against stress-related depression than those who are not.

To summarize, then, events that are negative, uncontrollable, ambiguous, or overwhelming or that involve central life tasks are perceived as more stressful than are events that are positive, controllable, clear-cut, or manageable or that involve peripheral life tasks.

Must Stress Be Perceived as Such to Be Stressful?

In the "Theoretical Contributions to the Study of Stress" section, we emphasized the importance of appraisal processes in the experience of stress but also identified certain characteristics of stressful events that are more likely to lead to stress. To what extent is stress a subjective versus an objective experience? In one important study illustrating the value of this distinction, Repetti (1993b) studied air traffic controllers and assessed their subjective perceptions of stress on various days and gathered objective measures of daily stress, including the weather conditions and the amount of air traffic. She found that both subjective and objective measures of stress independently predicted psychological distress and health complaints.

In an intriguing experimental study of this point, S. Cohen, Tyrrell, and Smith (1993) recruited 394 healthy people for a study of the common cold. Participants completed questionnaires designed to obtain objective information about the stressful life events they had encountered, and they completed a measure of perceived stress. The researchers then exposed participants to a common cold virus and found that both objectively assessed stressful life events and perceived stress predicted illness.

These kinds of studies suggest that, although the perception of stress is important to the physical and psychological symptoms it causes, objectively defined stress also shows a relation to adverse psychological and physiological changes.

Can People Adapt to Stress?

If a stressful event becomes a permanent or chronic part of their environment, will people eventually habituate to it or will they develop **chronic strain?** Will it no longer cause them distress, drain psychological resources, or lead to symptoms of illness? The answer to this question depends on the type of stressor, the subjective experience of stress, and which indicator of stress is considered.

Physiological Adaptation   Animal models of stress suggest evidence for both habituation and chronic stress. For example, rats exposed to relatively low-level stressors tend to show initial physiological responsiveness followed by habituation. When the stimuli employed to induce stress are intense, however, the animal may show no habituation (Pitman, Ottenweller, & Natelson, 1988; R. F. Thompson & Glanzman, 1976). Physiological evidence from studies of humans also suggests evidence for both habituation and chronic strain. Low-level stress may produce habituation in most people, but with more intense stress, as the allostatic load model suggests, damage from chronic stress can accumulate across multiple organ systems.

Recently, researchers have looked at immune responses that are associated with long-term stressful events to address the question of habituation. Herbert and Cohen (1993b) found that exposure to a long-term stressful event was significantly related to poorer immune functioning. What this research suggests is that physiological habituation may not occur or may not be complete when stressors are long-term and that the immune system may particularly be compromised by long-term stress.

Psychological Adaptation   Most people are able to adapt psychologically to moderate or predictable stressors. At first, any novel, threatening situation can produce stress, but such reactions often subside over time (Frankenhaeuser, 1975; Stokols, Novaco, Stokols, & Campbell, 1978). Even monkeys exposed to a shock-avoidance task showed few signs of stress after the first few sessions (J. W. Mason, Brady, & Tolliver, 1968). Research on the effects of environmental noise (Nivison & Endresen, 1993) and crowding (S. Cohen, Glass, & Phillip, 1978) also indicates few or no long-term adverse health or psychological effects, suggesting that most people simply adapt to these chronic stressors. For example, laboratory studies that expose people to noise while they are trying to complete a task find that people may simply change their task strategies or attentional focus to adapt to the noise experience. As a consequence, task performance may suffer little or not at all (D. C. Glass & Singer, 1972).

However, particularly vulnerable populations, especially children, the elderly, and poor people, do seem to be adversely affected by these stressors (S. Cohen et al., 1978); they may show signs of helplessness and difficulty in performing tasks. One possible reason is that these groups already experience little control over their environments and accordingly may already be exposed to high levels of stress; the addition of an environmental stressor, such as noise or crowding, may push their resources to the limits. Consistent with this argument, Karen Matthews and associates (Matthews, Gump, Block, & Allen, 1997) found that children and adolescents who had recurrent or ongoing stressors in their lives exhibited larger diastolic blood pressure responses to acute laboratory stress tasks, as compared with children and adolescents who had less background stress in their lives.

Thus, the answer to the question of whether people can adapt to chronic stress might best be summarized as follows: People (and animals) show signs of both long-term strain and habituation to chronically stressful events. Most people can adapt moderately well to mildly stressful events; however, it may be difficult or impossible for them to adapt to highly stressful events, and already-stressed people may be unable to adapt to even moderate stressors. Moreover, even when psychological adaptation may have occurred, physiological changes in response to stress may persist. Box 6.1 examines these issues as they affect children.

Must a Stressor Be Ongoing to Be Stressful?

Does the stress response occur only while a stressful event is happening, or can stress result in anticipation of or as an aftereffect of exposure to a stressor? One of the wonders and curses of human beings' symbolic capacities is their ability to conceptualize things before they materialize. We owe our abilities to plan, invent, and reason abstractly to this skill; but we also get from it our ability to worry. Unlike

lower animals, human beings do not have to be exposed to a stressor to suffer stress.

Anticipating Stress The anticipation of a stressor can be at least as stressful as its actual occurrence, and often more so. Consider the strain of anticipating a confrontation with a boyfriend or girlfriend or worrying about a test that will occur the next day. Sleepless nights and days of distracting anxiety testify to the human being's capacity for anticipatory distress.

One study that illustrates the importance of anticipation in the experience of stress made use of ambulatory blood pressure monitors to assess natural fluctuations in blood pressure during daily activities. In this study, medical students wore the pressure monitors on an unstressful lecture day, the day before an important examination, and during the examination itself. Although the lecture day was characterized by stable patterns of cardiovascular activity, cardiovascular activity on the preexamination day when the students were worrying about the exam was as high as that seen during the examination (Sausen, Lovallo, Pincomb, & Wilson, 1992). Thus, in this instance, the anticipation of the stressful event taxed the cardiovascular system as much as the stressful event itself.

Aftereffects of Stress Adverse **aftereffects of stress,** such as decreases in performance and attention span, are also well documented. In fact, one of the reasons that stress presents both a health hazard and a challenge to the health psychology researcher is that the effects of stress often persist long after the stressful event itself is no longer present. The so-called aftereffects of stress can be even more devastating than the stressful event itself. Aftereffects of stress have been observed in response to a wide range of stressors, including noise, high task load, electric shock, bureaucratic

BOX 6.1

Are Children Vulnerable to Noise?

Although studies of noise generally suggest few long-term negative effects, children do appear to be vulnerable to the stress of noise. S. Cohen, Glass, and Singer (1973) tested children living in apartment buildings built on bridges that spanned a busy expressway. Children who lived in the noisier apartments showed greater difficulty with auditory discrimination tasks and in reading than did children who lived in quieter apartments. These effects were stronger the longer the children had lived there. A study of railroad noise found that children taught in classrooms on the side of an elementary school facing the railroad tracks read less well than children on the quieter side of the building (Bronzaft & McCarthy, 1975). A study of children exposed to aircraft noise (S. Cohen, Evans, Krantz, & Stokols, 1980) found that children who lived and attended school in the air corridor performed less well on both simple and difficult problem-solving tasks than did children not living or attending school in the air corridor. Moreover, children exposed to the aircraft noise were more likely to give up on difficult tasks than were children who lived in the quiet neighborhoods. Clearly, then, children can experience a number of problems as a consequence of sustained exposure to noise, including difficulty in learning, poor task performance, and lack of persistence on tasks. What are some reasons for these effects?

Most people cope with noise by altering their attentional focus—that is, by tuning out extraneous noise and attempting to focus only on relevant information. However, children raised in noisy environments who attempt to use this attentional strategy may have difficulty distinguishing between appropriate and inappropriate cues.

Because they are young, they may not be able to distinguish between speech-relevant and speech-irrelevant sounds as well as adults can. They may consequently lose potentially important verbal experience that would help them develop these skills. One reason that they may end up having more difficulty with verbal skills and reading, then, may be because they tune out verbal elements in their environment.

The fact that children exposed to long-term stressors give up on tasks more quickly than children not so exposed is particularly chilling. It suggests that these children may have learned to be helpless; they may have experienced repeated unsuccessful efforts to master tasks or to make themselves understood. Over time, they may come to perceive a lack of relationship between their efforts and their outcomes; as a result, they become helpless. Consequently, even when they are placed in new environments where control is possible, they may not recognize this possibility and still give up more quickly (S. Cohen et al., 1980).

A reason that children may be more vulnerable than adults to the learned helplessness effects of noise is that children already experience less control in their lives than adults do. Add to this the fact that children exposed to chronically noisy environments are disproportionately likely to be nonwhite and low socioeconomic, both of which have their own attendant sources of stress (G. W. Evans & Kantrowitz, 2001). It is possible that the additional lack of control that comes from a long-term stressor, such as noise, may be the decisive factor that impairs their ability to perform well on tasks requiring concentration and the motivation to persist.

---

stress, crowding, and laboratory-induced stress (S. Cohen, 1980). Box 6.2 profiles a particular kind of aftereffect of stress, post-traumatic stress disorder.

In a series of studies, D. C. Glass and Singer (1972) put college-student participants to work

on a simple task and exposed them to an uncontrollable, unpredictable stressor in the form of random, intermittent bursts of noise over a 25-minute period. After the noise period was over, these participants were given additional tasks to perform, including solvable and

BOX 6.2

Post-Traumatic Stress Disorder

Following the Vietnam War, a number of unnerving events were reported in the media regarding men who had been in Vietnam and who as civilians apparently relived some of the experiences they had undergone during battle. In one especially distressing case, a man took charge of a section of a shopping mall, believing that it was under attack by the North Vietnamese, and shot and wounded several police officers before he was shot in an effort to subdue him.

When a person has been the victim of a highly stressful event, symptoms of the stress experience may persist long after the event is over. As we have seen, the aftereffects of stress can include physiological arousal, distractability, and other negative side effects that last for hours after a stressful event has occurred. In the case of major traumas, these stressful aftereffects may go on intermittently for months or years.

Such long-term reactions have been especially documented in the wake of violent wars, such as occurred in Korea and Vietnam (D. W. King, King, Gudanowski, & Vreven, 1995). But they may also occur in response to assault, rape, domestic abuse, a violent encounter with nature (such as an earthquake or flood) (Ironson et al., 1997), a technological disaster (such as experiencing a nuclear accident) (Norris, 1990) and being a hostage (Vila, Porche, & Mouren-Simeoni, 1999). Even major diseases and their aggressive treatments can produce effects like these (Butler, Koopman, Classen, & Spiegel, 1999; Widows, Jacobsen, & Fields, 2000).

The term **post-traumatic stress disorder (PTSD)** has been developed to explain these effects. The person suffering from PTSD has typically undergone a stressor of extreme magnitude. One of the reactions to this stressful event is a psychic numbing, such as reduced interest in once enjoyable activities, detachment from friends, or constriction in emotions. In addition, the person often relives aspects of the trauma, as some Vietnam veterans did. Other symptoms include excessive vigilance, sleep disturbances, feelings of guilt, impaired memory or concentration, avoidance of the

© Martin Gershen/Photo Researchers

experience, an exaggerated startle response to loud noise (Carlier, Voerman, & Gersons, 2000; Orr, Lasko, Shalev, & Pitman, 1995), and intensification of adverse symptoms associated with other stressful events (American Psychiatric Association, 1980).

PTSD has been tied to temporary and permanent changes in stress regulatory systems as well. Research suggests that people suffering from PTSD may experience permanent changes in the brain involving the amygdala and the hypothalamic-pituitary-adrenal (HPA) axis. Those suffering from PTSD show enhanced cortisol, norepinephrine, epinephrine, testosterone, and thyroxin functioning, and these hormonal alterations last a long time (Hawk, Dougall, Ursano, & Baum, 2000; J. W. Mason, Kosten, Southwick, & Giller, 1990; Wang & Mason, 1999). Studies also reported alterations in

BOX 6.2

Post-Traumatic Stress Disorder (continued)

natural killer cell cytotoxicity following a natural disaster (Hurricane Andrew) (Ironson et al., 1997) and chronically elevated T cell counts among those with combat-related PTSD (Boscarino & Chang, 1999).

Who is most likely to develop PTSD? In several studies of wartime experiences, researchers have found that men who had more combat experience, who observed atrocities, and who actually participated in atrocities were most likely to experience PTSD (N. Breslau & Davis, 1987). People who develop the symptoms of PTSD may also have had a preexisting vulnerability to emotional distress as well, inasmuch as many PTSD sufferers have had a prior emotional disorder (Keane & Wolfe, 1990). Avoidant coping, low levels of social support, a history of chronic stress, and general

negativity may also predict who will develop PTSD in the wake of a traumatic stressor (L. D. Butler et al., 1999; Widows et al., 2000).

Can PTSD be alleviated? Combining pharmacologic, psychological, and psychosocial treatment into a multimodal intervention program is thought to be the best way of treating PTSD (Shalev, Bonne, & Eth, 1996). With increases in social support and a shift toward problem-focused coping, symptoms of PTSD decline (Z. Solomon, Mikulincer, & Avitzur, 1988). Although psychologists are still debating the exact nature of PTSD (e.g., N. Breslau, 1990; Robins, 1990), the dynamics of this patterned response may help us better understand the long-term reactions of individuals who have gone through severely stressful events.

---

unsolvable puzzles and a proofreading task. The participants who had been exposed to the noise consistently performed more poorly on these tasks. These results have been confirmed by other investigators (S. Cohen et al., 1978).

There is some evidence that stressors can produce deleterious aftereffects on social behavior as well as on cognitive tasks. Several studies have found that, when people are exposed to avoidable stressful events, such as noise or crowding, they are less likely to help someone in distress when the stressor is over. For example, in one study (S. Cohen & Spacapan, 1978, experiment 2), people shopped in a shopping center that was either crowded or uncrowded and were required to purchase a large or a small number of items in a short period of time. Later, all the shoppers encountered a woman who pretended to have lost a contact lens and who requested help finding it. The people who had had to purchase lots of items in a short period of time or who had been more crowded were less likely

to help the woman than were the people who had had few things to buy and more time to shop or who had shopped in less crowded conditions.

The fact that stressful events produce aftereffects should not be surprising. Even simply arriving late to an exam may leave the heart racing for half an hour, interfering with effective performance. Exposure to a stressor over a longer period of time may have cumulative adverse effects, so that reserves are drained and resistance breaks down when a person has to cope with a stressful event. Unpredictable and uncontrollable stressful events appear to be particularly likely to produce deleterious aftereffects (D. C. Glass & Singer, 1972). Stress taxes perceptual and cognitive resources by drawing off attention, overtaxing cognitive capabilities, and depleting cognitive resources for other tasks (D. C. Glass & Singer, 1972). When we devote attention to understanding a stressful event, monitoring it, and attempting to deal with it, these efforts draw the same resources away from other aspects of life, and we have less energy to focus on other tasks. These **cognitive costs** appear to be stronger for unpredictable and uncontrollable events than for stressful events that are more predictable or more amenable to control.

Helplessness   Other long-term costs of stress include the **helplessness** and **learned helplessness** that can result. The centrality of stress to helplessness has already been noted, inasmuch as stress occurs when the demands of the environment are perceived to exceed a person's resources. The idea behind learned helplessness is that repeated efforts to exert control in situations that fail to achieve their desired effects lead to longer-term, wide-ranging helplessness.

When efforts at control repeatedly come to naught, motivational problems may result, and the helpless person may take no steps to change his or her situation. Cognitive deficits include the fact that helpless people may fail to learn new responses that could help them. Emotional costs may occur, in that learned helplessness can lead to depression.

How might the learned helplessness model fit some common situations of stress? Consider, for example, trying to cope with a romantic relationship in which you are continually disappointed. Every time you think a problem is solved, it arises again or a new one takes its place. Eventually, you will lose interest in the relationship, think about it less, and make fewer efforts to keep it afloat. With repeated unsuccessful efforts at relationships, you may conclude that uncontrollable factors are responsible. Consequently, you may give up trying in the expectation that future relationships will be as disappointing as those in the past. Jaded lovers who flee from all but the most casual romantic encounter fit this pattern well.

Or, consider trying to do well in a new course area (such as chemistry), where a good grade is continually elusive. After a few efforts to write different kinds of papers or study the material in a different way, you may decide to write the course off altogether. You may study little for the final and swear off chemistry courses for the future in the belief that your talents clearly lie elsewhere. Box 6.3 describes a learned helplessness approach to dormitory life.

How Stress Has Been Studied

We now turn to the methods that health psychologists have used for measuring stress and assessing its effects on psychological and physical health. In particular, we look at the measurement of stressful life events, daily hassles, chronic strain, and stress in the workplace and the home.

As one considers the ways in which stress and its effects have been studied, it is useful to remember that stress can affect psychological and physical health directly, as by changes in physiology, or indirectly, through health-relevant behaviors such as health habits (smoking, drinking) and use of health services (delay behavior, nonadherence to medication use) (see Figure 6.4).

Studying Stress in the Laboratory

A common current way of studying stress is to take people into the laboratory, expose them to short-term stressful events, and then observe the impact of that stress on their physiological, neuroendocrine, and psychological responses. This **acute stress paradigm** consistently finds that, when people are induced to perform stressful tasks (such as counting backwards quickly by 7s or delivering an impromptu speech to an unresponsive audience), they show strong indications of sympathetic activity, such as increases in heart rate, blood viscosity, and blood pressure, and strong neuroendocrine

BOX 6.3

Dormitory Crowding

AN EXAMPLE OF LEARNED HELPLESSNESS

Many students have had the experience of arriving at college and finding that the college admitted too many students for the academic year. Rooms designed as singles suddenly become doubles, doubles become triples, and dormitory television rooms are turned into makeshift homes for the overflow. Clearly, these kinds of experiences are stressful, but do they have any impact beyond the trivial annoyances they may produce? Research by Baum and his associates suggests that they do.

In a classic study, Baum and Valins (1977) studied residents of college dormitories who lived in one of two situations. One group of students lived on long corridors and therefore had prolonged and repeated encounters with the large number of other individuals on their floor. The second group of students lived in short corridors or suites and had relatively few forced encounters with other individuals. Students in these two living situations were taken into the laboratory and exposed to a variety of interpersonal and task situations.

In a series of studies, Baum and Valins found that students who lived on the long corridors showed behavior that could be interpreted as helplessness. They initiated fewer conversations with a stranger, spent less time looking at the stranger, and sat farther away from him or her. They were less able to reach a group consensus after a discussion, were more likely to give up in a competitive game situation, and were less likely to assert themselves by asking questions in an ambiguous situation. Responses to questionnaire items confirmed that the students felt helpless.

Baum and Valins argued that, because of repeated uncontrollable personal interactions with others, the students had learned to be helpless. The level of stress they experienced in their natural living situation led them to shy away from interpersonal contact with strangers. It also made them less likely to act assertively in ambiguous situations, perhaps because they had learned that they had little control over their environment. Results like these make it clear how stress produced by something as simple as a living situation can affect many other aspects of life.

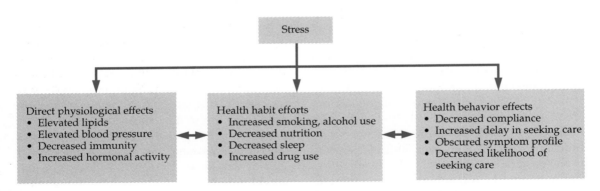

FIGURE 6.4   Routes by Which Stress May Produce Disease
The text describes how direct physiological effects may result from SAM and/or HPA activation. In addition, as this figure shows, stress may affect health via behaviors—first, by influencing health habits directly and second, by interfering with treatment and the use of services. (*Source:* A. Baum, 1994)

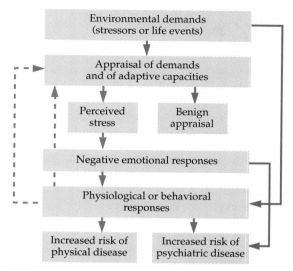

FIGURE 6.5 Stress Can Produce Both Physical Disease and Psychiatric Illness
This figure shows some of the routes by which these effects may occur. (*Source:* From Measuring *Stress: A Guide for Health and Social Scientists,* edited by Sheldon Cohen, Kessler & Gordon, copyright © 1995 by Oxford University Press, Inc. Used by permission of Oxford University Press, Inc.)

responses suggestive of increased HPA activity, such as increased cortisol responses. Such tasks, not surprisingly, also produce short-term psychological distress (e.g., Fontana, Diegnan, Villeneuve, & Lepore, 1999; Glynn, Christenfeld, & Gerin, 1999; Kirschbaum, Klauer, Filipp, & Hellhammer, 1995; S. M. Patterson, Marsland, Manuck, Kameneva, & Muldoon, 1998; Ritz & Steptoe, 2000).

Use of the acute stress paradigm has proven invaluable for understanding what kinds of events produce stress and how reactions to stress are influenced by factors such as personality, social support, and the presence of chronic stress in a person's life. For example, responses to acute stress among those who are also chronically stressed tend to be more exaggerated than among those not going through chronic stress as well (J. Pike et al., 1997).

The acute stress paradigm has also enlightened our understanding of how individual differences contribute to stress. For example, both men and women who are high in hostility show heightened blood pressure and cardiovascular responsivity to laboratory stress, compared with people who are not as hostile (M. Davis, Matthews, & McGrath, 2000). As we will see in chapter 14, hostile individuals' tendency to respond to interpersonal stressors in a hostile manner and the increase in sympathetic responses that occurs as a result are believed to be factors contributing to the higher incidence of coronary heart disease in hostile individuals.

The acute stress paradigm has also been proven useful for showing the kinds of factors that may ameliorate the experience of stress. For example, when people go through these acute laboratory stressors in the presence of a supportive other person, even a stranger, their stress responses may be reduced (e.g., Fontana et al., 1999; C. M. Stoney & Finney, 2000). We will explore this phenomenon of social support more fully in chapter 7.

Overall, the acute stress paradigm has proven to be very useful in identifying how biological, psychological, and social factors change and influence each other in situations of short-term stress.

Inducing Disease

A relatively recent way of studying the effects of stress on disease processes has involved intentionally exposing people to viruses and then assessing whether they get ill and how ill they get. For example, S. Cohen, Doyle, and Skoner (1999) measured levels of psychological stress in a group of adults, infected them with an influenza virus, and measured their respiratory symptoms, the amount of mucus they produced and interleukin-6 (IL-6), a proinflammatory cytokine that has been thought to represent a pathway linking stress through the immune system to illness. They found, as predicted, that psychological stress led to a greater expression of illness and an increased

TABLE 6.1 The Social Readjustment Rating Scale

Rank	Life Event	Mean Value
1.	Death of spouse	100
2.	Divorce	73
3.	Marital separation from mate	65
4.	Detention in jail or other institution	63
5.	Death of a close family member	63
6.	Major personal injury or illness	53
7.	Marriage	50
8.	Being fired at work	47
9.	Marital reconciliation with mate	45
10.	Retirement from work	45
11.	Major change in the health or behavior of a family member	44
12.	Pregnancy	40
13.	Sexual difficulties	39
14.	Gaining a new family member (e.g., through birth, adoption, oldster moving in, etc.)	39
15.	Major business readjustment (e.g., merger, reorganization, bankruptcy, etc.)	39
16.	Major change in financial state (e.g., a lot worse off or a lot better off than usual)	38
17.	Death of a close friend	37
18.	Changing to a different line of work	36
19.	Major change in the number of arguments with spouse (e.g., either a lot more or a lot less than usual regarding child rearing, personal habits, etc.)	35
20.	Taking out a mortgage or loan for a major purchase (e.g., for a home, business, etc.)	31
21.	Foreclosure on a mortgage or loan	30
22.	Major change in responsibilities at work (e.g., promotion, demotion, lateral transfer)	29
23.	Son or daughter leaving home (e.g., marriage, attending college, etc.)	29

production of IL-6 in response to the viral challenge than was true of people exposed to the virus whose lives were less stressful.

Stressful Life Events

Another line of stress research has focused more heavily on the psychological experience of stress. One such line of work measures **stressful life events.** These range from cataclysmic events, such as the death of one's spouse or being fired from a job, to more mundane but still problematic events, such as moving to a new home.

Two pioneers in stress research, T. H. Holmes and Rahe (1967) argued that, when an organism must make a substantial adjustment to the environment, the likelihood of stress is high. They developed an inventory, the Social Readjustment Rating Scale (SRRS), in an attempt to measure stress (see Table 6.1). Specifically, they identified which events force people to make the most changes in their lives and then assigned point values to those events to reflect the amount of change that must be made. Thus, for example, if one's spouse dies, virtually every aspect of life is disrupted. On the other hand, getting a traffic ticket may be upsetting and annoying but is unlikely to produce much change in one's life. To obtain a stress score, one totals up the point values associated with the events a person has experienced over the past year. Although all people experience at least some stressful events, some will experience a lot, and it is this group,

Rank	Life Event	Mean Value
24.	Trouble with in-laws	29
25.	Outstanding personal achievement	28
26.	Wife beginning or ceasing work outside the home	26
27.	Beginning or ceasing formal schooling	26
28.	Major change in living conditions (e.g., building a new home, remodeling, deterioration of home or neighborhood)	25
29.	Revision of personal habits (dress, manners, associations, etc.)	24
30.	Trouble with the boss	23
31.	Major change in working hours or conditions	20
32.	Change in residence	20
33.	Changing to a new school	20
34.	Major change in usual type and/or amount of recreation	19
35.	Major change in church activities (e.g., a lot more or a lot less than usual)	19
36.	Major change in social activities (e.g., clubs, dancing, movies, visiting, etc.)	18
37.	Taking out a mortgage or loan for a lesser purchase (e.g., for a car, television, freezer, etc.)	17
38.	Major change in sleeping habits (a lot more or a lot less sleep, or change in part of day when asleep)	16
39.	Major change in number of family get-togethers (e.g., a lot more or a lot less than usual)	15
40.	Major change in eating habits (a lot more or a lot less food intake, or very different meal hours or surroundings)	15
41.	Vacation	13
42.	Christmas	12
43.	Minor violations of the law (e.g., traffic tickets, jaywalking, disturbing the peace, etc.)	11

Source: T. H. Holmes & Rahe, 1967.

according to Holmes and Rahe, that is most vulnerable to illness.

A number of studies have made use of the SRRS to predict illness. Rahe, Mahan, and Arthur (1970), for example, obtained SRRS scores on sailors who were about to depart on 6-month cruises. They were able to predict with some success who would get sick and for how long. Life event inventories have been reliably tied both to the onset of acute illness (e.g., Rahe et al., 1970) and to the exacerbation of chronic diseases (S. Adams, Dammers, Saia, Brantley, & Gaydos, 1994; Levy, Cain, Jarrett, & Heitkemper, 1997; Yoshiuchi et al., 1998). Overall, however, the relation between the SRRS and illness is quite modest. The SRRS does predict illness, but not very well.

Problems Measuring Stressful Life Events
What are some of the problems of using this inventory? First, some of the items on the list are vague; for example, "personal injury or illness" could mean anything from the flu to a heart attack. Second, because events have preassigned point values, individual differences in the way events are experienced are not taken into account (Schroeder & Costa, 1984). For example, a divorce may mean welcome freedom to one partner but a collapse in living standard or self-esteem to the other.

Third, the SRRS includes both positive and negative events. It also includes events that individuals choose, such as getting married, as well as events that simply happen, such as the death of a close friend. Some researchers (e.g.,

BOX 6.4

A Measure of Perceived Stress

Because people vary so much in what they consider to be stressful, many researchers feel that **perceived stress** is a better measure of stress than are instruments that measure whether people have been exposed to particular events. To address this issue, Cohen and his colleagues (S. Cohen, Kamarck, & Mermelstein, 1983) developed a measure of perceived stress, some items of which follow. Note the differences between this measure of stress and the items on the social readjustment rating scale in Table 6.1. Research (e.g., Lobel, Dunkel-Schetter, & Scrimshaw, 1992) suggests that perceived stress predicts a broad array of health outcomes.

ITEMS AND INSTRUCTIONS FOR THE PERCEIVED STRESS SCALE

The questions in this scale ask you about your feelings and thoughts during the last month. In each case, you will be asked to indicate how often you felt or thought a certain way. Although some of the questions are similar, there are differences between them, and you should treat each one as a separate question. The best approach is to answer each question fairly quickly. That is, don't try to count up the number of times you felt a particular way, but, rather, indicate the alternative that seems like a reasonable estimate.

For each question, choose from the following alternatives:

0   never
1   almost never
2   sometimes
3   fairly often
4   very often

1. In the last month, how often have you been upset because of something that happened unexpectedly?
2. In the last month, how often have you felt nervous and "stressed"?
3. In the last month, how often have you found that you could not cope with all the things that you had to do?
4. In the last month, how often have you been angered because of things that happened that were outside your control?
5. In the last month, how often have you found yourself thinking about things that you had to accomplish?
6. In the last month, how often have you felt difficulties were piling up so high that you could not overcome them?

Billings & Moos, 1982) have argued that these differences matter and that events should not be treated the same regardless of valence or choice. As we have seen, sudden, negative, unexpected, and uncontrollable events predict illness better than events that are positive, expected, gradual in onset, or under personal control. In counting up the frequency of life events, researchers typically do not assess whether those events have been successfully resolved or not (Thoits, 1994). There is some evidence that stressful events that have been successfully resolved do not produce adverse

effects for an individual, and consequently, this evidence, too, weakens the ability of life event inventories to predict adverse health consequences (R. J. Turner & Avison, 1992).

Another problem is that assessing specific stressful events may also tap ongoing life strain, that is, chronic stress that is part of everyday life (Avison & Turner, 1988). Chronic strain may also produce psychological distress and physical illness, but it needs to be measured separately from specific life events. Additional concerns are that some people may just be prone to report more stress in their lives or to experience it more intensely (S. Epstein & Katz, 1992; Magnus, Diener, Fujita, & Pavot, 1993). Thus, more life events may be checked off by people with a propensity to react strongly to life's stresses and strains. Life event measures may be unreliable because people forget what stressful events they have experienced, especially if the events occurred more than a few weeks earlier (R. C. Kessler & Wethington, 1991; Raphael, Cloitre, & Dohrenwend, 1991). Many people have theories about what kinds of events cause illness, so they may distort their reports of stress and reports of illness to correspond with each other.

A final difficulty in trying to estimate the stress-illness relationship concerns the time period between the two. Usually, stress over a 1-year period is related to the most recent 6 months of illness bouts, yet is it reasonable to assume that January's crisis caused June's cold or that last month's financial problems produced a malignancy detected this month? After all, malignancies can grow undetected for 10 or 20 years. Obviously, these cases are extreme, but they illustrate some of the problems in studying the stress-illness relationship over time. For all these reasons, the SRRS is no longer used very much. Instruments are available that correct some of these problems (e.g., C. S. Crandall, Priesler, & Aussprung, 1992; DeJong, Timmerman, & Emmelkamp, 1996; Mosley et al., 1996), and as will be seen, other approaches to studying stress have been developed. Although its limitations are now evident, the SRRS nonetheless represents a methodological achievement in what had previously been the intriguing but elusive study of stress.

Delayed Effects of Stressful Life Experiences

Recent research has focused on the potential delayed effects of stressors, including those experienced in early childhood, on disease later in life. Some of this work has been prompted by the allostatic load view of stress, which argues that major, chronic, or recurrent stress dysregulates stress systems, which over time can produce accumulating risk for disease.

For example, Repetti et al., (2002) have argued that "risky families"—that is, families that are high in conflict or abuse and low in warmth and nurturance—produce offspring with deficits in stress regulatory systems. By virtue of having to cope with the chronically stressful family environment, children from such families may develop heightened sympathetic reactivity to stressors and exaggerated cortisol responses. Because these stress systems and their dysfunctions are implicated in a broad array of diseases, it should not be surprising that an early major stressful event would produce damage later in life. The evidence for this position is now quite substantial.

For example, in a retrospective study, Felitti and colleagues (Felitti et al., 1998) asked adults to complete a questionnaire regarding their early family environment that inquired, among other things, how warm and supportive the environment was versus how cold, critical, hostile, or conflict-ridden it was. The more of these problems these adults reported from their childhood, the more vulnerable they were in adulthood to an array of disorders, including depression, lung disease, cancer, heart disease, and diabetes. At least some of the risk may have occurred not only because of stress-related biological dysregulations but also because of poor health habits, such as smoking, poor diet, and lack of exercise that these early stressful environments prompted.

Of course, there are potential problems with retrospective accounts. People who are depressed or ill, for example, may be especially likely to regard their childhoods as traumatic or stressful. However, substantial evidence from prospective longitudinal investigations supports many of these conclusions (see Repetti et al., 2002, for a review), and consequently distortions in reconstructions of one's childhood family environment may not account for the results.

Other research similarly shows the impact of early life stressors on later illness (Leserman, Li, Hu, & Drossman, 1998). For example, men who had experienced post-traumatic stress disorder from combat experience during the Vietnam War were found in older age to have significantly higher risk for circulatory, digestive, musculoskeletal, metabolic, nervous system, and respiratory disorders (Boscarino, 1997).

Daily Stress

In addition to work on major stressful life events and past stressors, researchers have also studied minor stressful events, or **daily hassles,** and their cumulative impact on health and illness. Such hassles include being stuck in a traffic jam, waiting in line, doing household chores, and having difficulty making a small decision. Daily minor problems reduce psychological well-being over the short term and produce physical symptoms (Bolger, De-Longis, Kessler, & Schilling, 1989).

Minor hassles can conceivably produce stress and aggravate physical and psychological health in several ways. First, the cumulative impact of small stressors may wear down an individual, predisposing him or her to become ill. Second, such events may influence the relationship between major life events and illnesses. For example, if a major life event is experienced at a time when minor life events are also high in number, the stress may be greater than it would otherwise be (Monroe, 1983). A traffic ticket that requires a court appearance in the middle of the summer is a nuisance but in the middle of a busy school year can seem like a disaster. Alternatively, major life events may have their effects on distress primarily by increasing the number of daily hassles they create (Pillow, Zautra, & Sandler, 1996).

Lazarus and his associates (Kanner, Coyne, Schaeffer, & Lazarus, 1981) developed a measure of minor stressful life events termed the hassles scale. Examples of items from the hassles scale are shown in Box 6.5. In one study (Kanner et al., 1981), 100 middle-aged adults completed the hassles scale for 9 consecutive months and reported psychological symptoms, including depression and anxiety. Hassles proved to be a better predictor of symptoms than were more major life events. Research has also tied daily hassles to declines in physical health (DeLongis, Coyne, Dakof, Folkman, & Lazarus, 1982) and to a worsening of symptoms in those already suffering from illnesses (e.g., R. L. Levy, Cain, Jarrett, & Heitkemper, 1997), although the evidence is inconsistent (Traue & Kosarz, 1999).

How does the presence of minor daily hassles interact with major stressful life events or with chronic stress? The answers to these questions are not yet known. In some cases, daily hassles seem to exacerbate psychological distress when they occur in conjunction with chronic stress (Lepore, Evans, & Palsane, 1991), and in other cases, the presence of chronic stress may actually mute the impact of daily hassles, because the hassles pale in comparison with the more chronic stressful events (McGonagle & Kessler, 1990).

Problems with Measuring Hassles   Unfortunately, the measurement of daily hassles is subject to some of the same problems as the measurement of major stressful life events. Individuals who are experiencing a lot of hassles and who are also high in anxiety to begin with also report more psychological distress (Kohn, Lafreniere, & Gurevich, 1991). This suggests that individuals who are predisposed to cope with stress via overreaction and anxiety will respond in this way to daily hassles, thus magnifying their adverse effects: In response, researchers have attempted to disentangle objective daily hassles from psychological and

The Measurement of Hassles

Psychologists have examined the role of minor stresses and strains in the development of illness. The following are some sample items from the hassles scale (Kanner et al., 1981) as an early example of how these stresses and strains are measured.

INSTRUCTIONS

Hassles are irritants that can range from minor annoyances to fairly major pressures, problems, or difficulties. They can occur few or many times. Listed are a number of ways in which a person can feel hassled. First, circle the hassles that have happened to you in the past month. Then, look at the numbers on the right of the items you circled. Indicate by circling a 1, 2, or 3 how severe each of the circled hassles has been for you in the past month. If a hassle did not occur in the past month, do *not* circle it.

Severity

1	somewhat severe
2	moderately severe
3	extremely severe

Hassles

1. Misplacing or losing things	1	2	3
2. Troublesome neighbors	1	2	3
3. Social obligations	1	2	3
4. Inconsiderate smokers	1	2	3
5. Thoughts about death	1	2	3
6. Health of a family member	1	2	3
7. Not enough money for clothing	1	2	3
8. Concerns about owing money	1	2	3

physical symptoms (e.g., Kohn et al., 1990; R. S. Lazarus, DeLongis, Folkman, & Gruen, 1985). The results of this work suggest that hassles do, indeed, compromise psychological and physical functioning.

Sources of Chronic Stress

Earlier we posed the question, can people adapt to chronically stressful events? The answer was that people can adapt to a degree, but continue to show signs of stress in response to severe chronic strains in their lives. Ongoing stress can exacerbate the impact of life events by straining the person's coping capacities when he or she is confronted with yet another problem to manage (G. W. Brown & Harris, 1978). Increasingly, stress researchers are coming to the conclusion that the chronic stressors of life may be more important than

major life events in the development of illness. There are several kinds of chronic strain, and how they differ in terms of their psychological and physical effects is not yet known.

Post-Traumatic Stress Disorder

One type of chronic strain results from severely traumatic or stressful events whose residual effects may remain with the individual for years. Post-traumatic stress disorder, as was described in Box 6.2, is an example of this kind of chronic stress, as is the response to the Love Canal disaster detailed in Box 6.7.

Childhood sexual abuse, rape, and exposure to natural and human-made disasters, such as the World Trade Center attacks, may produce chronic mental health and physical health effects that maintain the virulence of the initial experience (e.g., A. Baum, Cohen, & Hall, 1993; Downey, Silver, & Wortman, 1990).

BOX 6.6

Nightmare Death

SUDDEN DEATH AMONG SOUTHEAST ASIAN REFUGEES

Beginning in July 1977, the federal government's Centers for Disease Control (CDC) in Atlanta investigated the strange phenomenon of sudden, unexpected nocturnal death among male Southeast Asian refugees to the United States. Between July 1977 and October 1982, 60 such cases were reported to the CDC. They occurred primarily among Hmong refugees from Laos, but Mien-Yao, Khmer, Lao, and Vietnamese refugees were also involved. Apparently, death often occurs within the first few hours of sleep. The victim begins to gurgle and to move about in bed. He cannot be awakened, and he dies shortly thereafter. To date, autopsies have revealed no specific cause of death.

Several hypotheses have been offered to account for the deaths. All propose an interaction among psychological, cultural, and physiological factors. One possible physiological factor is a rare, genetically based malfunction of the heart's pacemaker. The genetic theory has credence because the sudden death pattern is found only in males of particular ethnicity, and it seems to cluster in particular families. But how and why would such a defect be manifested or triggered during sleep?

The deaths occurred both among recent arrivals to the United States and among those who had been in the United States for a few months or even years. Among the recent arrivals, death often occurred within a few days or weeks of arrival. Interviews with several of the victims' families suggested that frequently the victim or a close relative experienced a dream foretelling the death. Among the Hmong, dreams are taken seriously. Thus, although ritualistic measures were taken to avert the death, anxiety from the dreams may have played a contributory role. Interviews with survivors who were resuscitated in time indicate that they may

have experienced a severe night terror—an intensely frightening dream that occurs during deep sleep and that often produces abrupt and dramatic physiological changes. Interviews also suggested that the night terrors may have been evoked by watching television.

Among the earlier arrivals, the deaths were not associated with any identifiable trauma or psychological trigger. However, there was often evidence that the victims had been exhausted, having combined full-time jobs with demanding night school classes or other enterprises. In some cases, the fatal sleep occurred immediately after a family argument, late television watching, or interrupted sleep.

Overall, it appears that the pressures of adjusting to American life have had some role in the deaths. The victims may have been overwhelmed by cultural differences, the language barrier, difficulties finding jobs, and dependency on welfare, a humiliating experience for proud, hardworking people.

Nightmare death is a specific example of what is termed **sudden death syndrome.** Sudden death appears to depend on at least two factors. As was apparently the case with these Southeast Asian refugees, the first is a preexisting somatic weakness of some sort, such as a heart weakness or an infection. The second factor is the presence of an unexpected, uncontrollable, and severe shock, which in this case may have resulted from the culture shock of attempting to adjust to American life and the frightening dream experience that resulted. Such incidents are dramatic, but their etiology is virtually identical to that of other stress-related illnesses. The process of disease development simply occurs faster than is usually the case in the stress-illness relationship.

Source: Lemoine & Mougne, 1983.

BOX 6.7

Stress and Human-Made Disasters

Increasingly, stress researchers are examining how people cope with human-made disasters, such as the threats posed by nuclear contamination or toxic wastes. Although in many ways reactions to human-made disasters are similar to reactions to natural disasters, such as fire, tornado, or flood, there are important differences. Natural catastrophes are usually time limited, and they dissipate over time. Also, governments have programs ready to move in almost immediately to ameliorate the effects of natural disasters. In contrast, the threat posed by toxic waste dumps or leaks from nuclear power plants may be ongoing, and solutions for them have yet to be developed.

In a study of the Love Canal, a toxic waste dump adjacent to a neighborhood in the Niagara Falls area, researchers report that the psychological damage from this disaster may ultimately turn out to rival or even exceed the physical damage. Like other human-made disasters, such as the nuclear accident at Three Mile Island, the problems at Love Canal forced residents to cope with several stressors simultaneously. First, they had to face the possibility of serious, life-threatening illness. Residents have highlighted cases of miscarriage, stillbirth, birth defects, respiratory problems, urinary problems, and cancer in an effort to convince scientists and government officials that the threat to their health is real. Second, residents still do not yet know the extent of damage. Unlike flood victims, who can quickly see the nature of their loss, Love Canal residents may spend most of their lives wondering what effects the poisons will have on their systems and worrying about whether these poisons will have effects on their children and grandchildren for generations to come. Third, the residents have had to cope with their feelings of helplessness and betrayal because the government has done so little to help them. The result has been panic, deep distress, and hostility, resulting in mass demonstrations and the taking of government hostages in a vain effort to get action.

Most of the former residents have had a variety of vague psychophysiological problems, including depression, irritability, dizziness, nausea, weakness, fatigue, insomnia, and numbness in the extremities. In addition to these symptoms, family strain was prevalent. More than 40% of the couples evacuated from the area separated or divorced in the 2 years after their departure. Typically, the husband wanted to remain in the neighborhood and salvage what he could of the family's home and possessions, whereas the wife chose to leave for the sake of the children and their health.

Although the Niagara Falls Community Health Center put together a program on coping with stress and publicized available counseling programs, few Love Canal residents used the opportunity. In trying to explain the reasons for this, researchers have suggested two possibilities. First, within this working-class population, counseling may have been viewed as a stigma, an option to be used only by the mentally disturbed and not by normal people coping with a "real" stress. Second, the practice of stress management may have been perceived as indicating that the problem is "all in one's head" rather than objectively "out there" in the dump site itself. Instead of using available mental health services, residents got psychological aid through self-help—that is, talking with one another informally or through organized groups.

The type of stress observed at Love Canal raises an unnerving specter for stress researchers in the future. There are hundreds of chemical dump sites around the country, physical and psychological disasters waiting to be discovered. As researchers increasingly uncover other toxic substances (such as, for example, those posed by herbicides and nuclear accidents), this kind of stress—the stress of not knowing what the damage is and not being able to find ways of overcoming it because of government indecision—will undoubtedly increase.

Source: Holden, 1980.

Chronic Stressful Conditions

Other chronic strains are of the long-term, grinding kind, such as living in poverty, being in a bad relationship, or remaining in a high-stress job. Compared with research on stressful life events, less research has addressed the role of chronic strain on psychological and physical health outcomes. There is evidence that chronic strain is an important contributor to psychological distress and physical illness.

In an early community study of 2,300 people, Pearlin and Schooler (1978) found that people who reported chronic stress in marriage, parenting, household functioning, or their jobs were more likely to be psychologically distressed. Chronic strains lasting for more than 2 years have been implicated in the development of depression (G. W. Brown & Harris, 1978), and uncontrollable stressors may be particularly virulent in this regard (McGonagle & Kessler, 1990). In a survey of Toronto community residents, Turner and Lloyd (1999) found that the depression that was associated with low social class was completely explained by the increasing stress exposure of those individuals further down the SES ladder.

Chronic strain may influence the relationship between specific stressors and adverse physical or psychological effects. Pike and colleagues (J. Pike et al., 1997) found that people who were undergoing chronic life stress showed exaggerated sympathetic reactivity and corresponding decrements in natural killer cell activity in response to an acute stress in the laboratory, as compared with people who had fewer background stressors (see also Lepore, Miles, & Levy, 1997). Chronic stress has been related to a variety of adverse health-related outcomes, including the likelihood of giving birth prematurely (Rini, Dunkel-Schetter, Wadhwa, & Sandman, 1999) and the likelihood of developing coronary artery disease (see chapter 13).

Chronic Stress and Health

Research relating chronic stress to mental and physical health outcomes is difficult to conduct, because it is often hard to demonstrate that a particular chronic stressor is *the* factor contributing to illness. Nonetheless, a wealth of evidence is consistent with the idea that chronic stress is related to illness.

Research showing clear social class differences in death from all causes and in rates of specific diseases, such as most cancers and cardiovascular disease, is evidence suggestive of a relationship among the stress of poverty, exposure to crime, and other chronic stressors that vary with social class (N. E. Adler, Boyce, Chesney, Folkman, & Syme, 1993). In addition, many psychological disorders, such as depression, may show the same gradient (R. J. Turner & Lloyd, 1999). For example people who are low in SES typically have low-prestige occupations, which may expose them to greater interpersonal conflict and arousal at work; the consequences can include psychological distress and changes in cardiovascular indicators, among other stress-related outcomes (K.A. Matthews et al, 2000).

As we will see in "Stress in the Workplace," the chronic stress of particular jobs, especially those jobs that are high in demands and low in control, has been reliably tied to the development of cardiovascular disease (Marmot, 1998).

Problems in Studying Chronic Stress Research on the relationship between chronic strain and psychological distress and illness has been difficult to conduct effectively for several reasons. First, chronic strain is assessed subjectively on the basis of self-reports. Unlike life events, which can often be assessed objectively, chronic stress may be more difficult to measure objectively because it can be more difficult to determine objectively whether particular chronic strains are actually going on.

Second, as in the measurement of life events, inventories that attempt to assess chronic strain may also tap psychological distress and neuroticism rather than the objective existence of stressful conditions. Finally, as noted in the section "Stressful Life Events," life-event inventories may confound assessments of chronic strain with assessment of stressful life events, so that the impact of chronic strain on psychological and physical health is underestimated.

Because of these problems in the assessment of chronic stress, much research in this area is now focusing on specific chronic stressors that people go through, such as the sources of stress that adults experience in the workplace.

Stress in the Workplace

A large body of literature has examined the causes and consequences of occupational stress. Occupational stress has been related to psychological distress and to adverse health outcomes (Quick, 1999).

Studies of occupational stress are important for several reasons. First, they help identify some of the most common stressors of everyday life. Second, they provide additional evidence for the stress-illness relationship. Third, work stress may be one of our preventable stressors and thereby provide possibilities for intervention (Sauter, Murphy, & Hurrell, 1990). Although not all occupational stress can be avoided, knowledge of job factors that are stressful raises the possibility of redesigning jobs and implementing stress management interventions.

Fourth, as lawmakers are increasingly realizing (Hatfield, 1990; Sauter et al., 1990), stress-related physical and mental health disorders account for an enormous and growing percentage of disability and social security payments to workers. Reining in these substantial costs to the economy has become an important priority.

Physical Hazards   Many workers are exposed as a matter of course to physical, chemical, and biological hazards (G.W. Evans & Kantrowitz, 2001). These risks produce many adverse health outcomes, including injuries, cancers, and respiratory and cardiovascular disease (J. S. House & Smith, 1985).

In addition, the changing patterns of work may erode certain health benefits of work that used to occur as a matter of course. For example, the most common work that people undertook before the Industrial Revolution involved agricultural production, in which people engaged in physical exercise as they were going about their work tasks. As people have moved into office jobs or other work contexts that require very little output of physical energy, the amount of exercise that they normally get in their work life has declined substantially (J. S. House & Smith, 1985). Since activity level is related to health, this change in the nature of work creates the possibility of vulnerability to illness (Eichner, 1983; Rigotti, Thomas, & Leaf, 1983).

More recently, workplace stress studies have focused on such disorders as repetitive stress injuries, such as carpal tunnel syndrome, which are a product of our sedentary, computerized way of life.

Overload   *Work overload* is a chief factor producing high levels of occupational stress. Workers who feel required to work too long and too hard at too many tasks feel more stressed (e.g., Caplan & Jones, 1975), practice poorer health habits (Sorensen et al., 1985), and sustain more health risks than do workers not suffering from overload (Repetti, 1993a).

So well established is the relation between work overload and poor health that, in Japan, a country notorious for its long working

Research shows that workers with high levels of job strain and low levels of control over their work are under great stress and may be at risk for coronary heart disease. (© Bachmann/Photo Researchers)

hours, long work weeks, and lack of vacations, there is a term, "karoshi," that refers to death from overwork. Under Japanese law, families are entitled to compensation if they can prove that the breadwinner died of karoshi (*Los Angeles Times*, 1993b).

It is important to realize, though, that work overload is a subjective as well as an objective experience. The sheer amount of work that a person does—that is, how many hours he or she works each week, is not consistently related to poor health and compromised psychological well-being (A. R. Herzog, House, & Morgan, 1991). The perception of work overload shows a stronger relationship to physical health complaints and psychological distress.

Work *pressure* also leads to stress. In one study, men were interviewed about their job pressures between 1967 and 1970. Those men experiencing more pressures showed more signs of illness and made more visits to health services. More important, when the men were followed through the subsequent decade, those with a moderate or high degree of job pressure or tension were three times more likely to die than were men who reported lower levels of pressure or tension (J. S. House, Strecher, Meltzner, & Robbins, 1986).

Responsibility at work is a double-edged sword. On the one hand, it gives people a certain amount of latitude, which has been considered an important factor in low job stress, but on the other hand, jobs with high responsibility can also be very stressful (Iwanaga, Yokoyama, & Seiwa, 2000). When one has *responsibility for people*, rather than responsibility for products, stress may be even greater. One study compared the illness rates of air traffic controllers and second-class airmen. Although both jobs are highly stressful, air traffic controllers have responsibility for many people's lives, whereas airmen do not. The results revealed that hypertension was four times more common among air traffic controllers and that diabetes and peptic ulcers were more than twice as common. All three diseases were more likely to be diagnosed at a younger age among air traffic controllers, and both hypertension and ulcers were more common among controllers at the busier airports (Cobb, 1976).

Ambiguity and Role Conflict   Role conflict and role ambiguity are also associated with stress. As noted earlier, role ambiguity occurs when a person has few clear ideas of what is to be done and no idea of the standards used for evaluating work. **Role conflict** occurs when a person receives conflicting information about work tasks or standards from different individuals. For example, if a college professor is told by one colleague to publish more articles, is advised by another colleague to publish fewer papers but of higher quality, and is told by a third to work on improving teaching ratings, the professor will experience role ambiguity and conflict. Chronically high blood pressure and elevated pulse, as well as other illness precursors, have been tied to role conflict and role ambiguity (e.g., J. R. P. French & Caplan, 1973). In contrast, when people receive clear feedback about the nature of their performance, they report lower levels of stress (S. Cohen & Williamson, 1988)

Social Relationships *The inability to develop satisfying social relationships at work* has been tied to job stress (J. A. House, 1981), to psychological distress at work (B. P. Buunk, Doosje, Jans, & Hopstaken, 1993), and to poor physical and mental health (Landsbergis, Schnall, Deitz, Friedman, & Pickering, 1992; Repetti, 1993a). Workers who have little opportunity to interact with others are less satisfied with their jobs and may show heightened catecholamine levels (C. J. Cooper & Marshall, 1976).

Having a poor relationship with one's supervisor appears to be especially related to job distress and may also increase a worker's risk for coronary heart disease (M. C. Davis, Matthews, Meilahn, & Kiss, 1995; Repetti, 1993a). Conversely, men and women who are able to develop socially supportive relationships at work have enhanced well-being (Loscocco & Spitze, 1990).

To a degree, having an amiable social environment at work depends on being an amicable coworker. A study of air traffic controllers found that individuals who were not particularly well liked by their coworkers and who consequently did not have much social support available to them were significantly more likely to become ill and to experience an accidental injury than were individuals who enjoyed and contributed to a more satisfying social climate (Niemcryk, Jenkins, Rose, & Hurst, 1987).

Many women hold multiple roles, such as worker, homemaker, and parent. Although these multiple roles can provide much satisfaction, they also make women vulnerable to role conflict and role overload. (© Bachmann/Photo Researchers)

Social relationships may not only be important in combating stress in their own right; they may also buffer other job stressors. One study of workers in a government agency found that, the greater the workload, the higher the worker's blood pressure; however, among employees who had supportive relationships with their supervisors, workload was not tied to high blood pressure. Thus, social support can act as a moderating factor to reduce some of the stressful demands of the work role as well as possible ill effects on health (J. R. P. French, 1974; J. A. House, 1981).

Control *Lack of control over work* has been related to a number of stress indicators, including heightened catecholamine secretion, job dissatisfaction, absenteeism, and the development of coronary artery disease (Bosma et al., 1997).

The role of several of these job factors in the stress-illness relationship is illustrated in Frankenhaeuser's (1975) classic study of Swedish sawmill workers. In particular, she focused on edgers (those who plane the edges of lumber), sawyers (those who cut the lumber into predetermined sizes), and graders (those who decide on the quality of the lumber). These workers have very dull, repetitive jobs. They have no control over the pace of their work; it is determined by the speed of the machine. The work cycle is about 10 seconds long, requiring that decisions be made quickly. And, quite obviously, these jobs allow little social contact. Frankenhaeuser found that these workers had high levels of catecholamines, as indicated by urinalysis. Compared with other workers in the mill, they also showed high rates of headaches, high blood pressure, and gastrointestinal disorders, including ulcers.

Building on this kind of research, Karasek and his associates (Karasek, Baker, Marxer, Ahlbom, & Theorell, 1981) developed a model of job strain that investigates the relation between a worker and the job environment. They hypothesized that high psychological demands on the job with little decision latitude (such as low job control) causes job strain, which, in turn, can lead to the development of coronary artery disease. Results of studies that have investigated this hypothesis do support a relationship between job strain and the development of coronary heart disease (Marmot, 1998; Pickering et al., 1996; Tsutsumi et al., 1998) and risk factors for coronary heart disease, including blood pressure (Schnall, Shwartz, Landsbergis, Warren, & Pickering, 1998) and its symptoms (Netterstrom, Kristensen, Moller, Jensen, & Schnohr, 1998), although the evidence is mixed (Hlatky et al., 1995).

The exact mechanisms whereby work stress contributes to coronary heart disease are unknown, but potentially a broad array of processes are implicated. High levels of work stress can lead to impaired fibrolytic capacity, which may be a result of the impact of chronic stress on insulin resistance (Vrijkotte, van Doornen, & de Geus, 1999). Whereas short-term work stress has only temporary effects on lipid activity, lipid activity associated with longer-term stress may well have significance

for the development of coronary artery disease (McCann et al., 1999; Stoney, Niaura, Bausserman, & Matacin, 1999). Increases in blood pressure prognostic for cardiovascular disease have also been tied to work stress.

Unemployment   A final source of stress related to work concerns the impact of *unemployment* on psychological distress and health. Unemployment is known to produce a variety of adverse outcomes, including psychological distress (J. R. Reynolds, 1997), physical symptoms, physical illness (V. L. Hamilton, Broman, Hoffman, & Renner, 1990), alcohol abuse (Catalano et al., 1993), difficulty achieving sexual arousal, and low birth weight of offspring (Catalano, Hansen, & Hartig, 1999).

In a community study of high unemployment areas in Michigan, R. C. Kessler and associates (R.C. Kessler, Turner, & House, 1988) found that unemployment was associated with high rates of depression, anxiety, symptom expression, and self-reported physical illness. These effects appear to be accounted for largely by the impact of the financial strain produced by unemployment and the impact of unemployment in creating vulnerability to other life events. A follow-up study by J. B. Turner, Kessler, and House (1991) found that those individuals with social support and who coped actively were more buffered against the adverse effects of unemployment. Reemployment largely reversed the adverse effects of unemployment (R. C. Kessler, Turner, & House, 1987).

Uncertainty over one's continuing employment and unstable employment have also been tied to physical illness (Heaney, Israel, & House, 1994). For example, a study of men who had held a series of unrelated jobs revealed that they were at greater risk of dying over a follow-up period than men who had remained in the same job or in the same type of job over a longer period of time (Pavalko, Elder, & Clipp, 1993). Generally speaking, being stably employed is protective of health (Rushing, Ritter, & Burton, 1992).

Other Occupational Outcomes   Stress also shows up in ways other than illness that may be extremely costly to an organization. Many of these factors may represent workers' efforts to control or to offset stress before it ever gets to the point of causing illness. For example, workers who cannot participate actively in decisions about their jobs show higher rates of absenteeism, job turnover, tardiness, job dissatisfaction, sabotage, and poor performance on the job. Moreover, this problem may be getting worse (Brooks, 1999). In essence, workers have taken stress into their own hands and have reduced it by passively refusing to work as long, as hard, or as well as their employers apparently expect.

Substance abuse, in the form of alcohol abuse and drug abuse, represents another way of coping with occupational stress and alienation from work (E. S. Greenberg & Grunberg, 1995). However, research suggests that such abuse may be more related to general feelings of powerlessness, alienation, and lack of commitment than to specific job characteristics (Mensch & Kandel, 1988; M. Seeman et al., 1988).

Reducing Occupational Stress   What are some solutions to these workplace stresses? A blueprint for change has been offered by several organizational stress researchers (e.g., Kahn, 1981; McGregor, 1967). First, physical work stressors, such as noise, harsh lighting, crowding, or temperature extremes, should be reduced as much as possible.

Second, an effort to minimize unpredictability and ambiguity in expected tasks and standards of performance reduces stress. When workers know what they are expected to do and at what level, they are less distressed.

Third, involving workers as much as possible in the decisions that affect their work life

reduces stress. A number of corporations have given workers at least some control over facets of their jobs, including working hours, the rate at which a task is performed, and the order in which tasks are performed, with corresponding increases in productivity and drops in absenteeism and tardiness. Using the primary work group as the decision-making body, rather than more removed authorities in the company, also reduces stress (Kahn, 1981; S. R. Sutton & Kahn, 1986).

Fourth, making jobs as interesting as possible may contribute to the reduction of stress. In some plants, workers who previously worked on an assembly line and were responsible for assembling a small part of a product were retrained to perform several tasks or even to assemble the entire product. These "job enlargement" or "job enrichment" programs have produced increases in productivity and product quality and decreases in job dissatisfaction.

Fifth, providing workers with opportunities to develop or promote meaningful social relationships can reduce stress or buffer its impact (B. P. Buunk, 1989; Moos, 1985). Providing social and recreational facilities for break times, lunch time, and after-hours free time can improve social relations on the job. Extending facilities to workers' families for after-hours and weekend events have all been used to try to bring families into corporations (C. J. Cooper & Marshall, 1976), inasmuch as family support can buffer the impact of work-related stress (Revicki & May, 1985).

Sixth, rewarding workers for good work, rather than focusing on punishment for poor work, improves morale and provides incentives for better future work (Kahn, 1981).

Finally, people who are in a supervisory position in work settings can look for signs of stress before stress has an opportunity to do significant damage. For example, supervisors can watch for negative affect, such as boredom, apathy, and hostility, among workers, because these affective reactions often precede more severe reactions to stress, such as poor health or absenteeism. In turn, pockets of absenteeism or tardiness may point to particular types of jobs that require redesign or enlargement.

Overall, then, the stress-illness relationship has been clearly documented in the workplace and has been tied to a number of specific job-related factors. This knowledge has, in turn, provided the basis for important workplace interventions to reduce stress. In this sense, the occupational stress literature provides a good model for stress prevention. If one can identify stressors early through signs of psychological distress or illness precursors, such as catecholamine excretion, one can intervene in the stress-illness relationship before illness occurs.

Combining Work and Family Roles

So far, our discussion of chronic stress has considered only factors related to employment. But much of the stress that people experience results not from one role in their lives but from the combination of several roles. As adults, most of us will be workers, partners, and parents, and each of these roles entails heavy obligations. Accordingly, much recent work has focused on the sources of stress that can result when one is attempting to combine multiple roles simultaneously.

These problems have been particularly acute for women. The number of mothers with young children in the American workforce is large and growing, with estimates that more than half of married women with young children are employed (Offerman & Gowing, 1990). Concern has grown over the psychological and health implications of combining demanding family roles and work roles (Eckenrode & Gore, 1990; Repetti, Matthews, & Waldron, 1989).

The task of managing multiple roles is greatest when both work and family responsibilities are heaviest (C. Emmons, Biernat, Teidje, Lang, & Wortman, 1990). Because concessions to working parents are rarely made at work and because mothers in the workforce usually bear a disproportionate number of household and child-care tasks (C. Emmons et al., 1990; Hochschild, 1989), home and work responsibilities may conflict with each other, enhancing stress. Studies of neuroendocrine levels in women support this conclusion as well, with working women who have children at home showing higher amounts of cortisol, higher cardiovascular reactivity, and more home strain than those without children at home (Frankenhaeuser et al., 1989; Luecken et al., 1997).

Protective Effects of Multiple Roles   Despite the potential for women to suffer role conflict and role overload by combining work and the homemaker role, there appear to be positive effects of combining home and work responsibilities (Barnett, Davidson, & Marshall, 1991; Waldron, Weiss, & Hughes, 1998).

On the one hand, juggling heavy responsibilities at work with heavy responsibilities at home reduces the enjoyment of both sets of tasks and may leave women vulnerable to depression (K. J. Williams, Suls, Alliger, Learner, & Wan, 1991). But combining motherhood with employment can be beneficial for women's well-being, improving self-esteem, feelings of self-efficacy, and life satisfaction (Gove & Zeiss, 1987; R. C. Kessler & McRae, 1982; Verbrugge, 1983). Combining employment with the family role has also been tied to better health, including lower levels of coronary risk factors (Weidner, Boughal, Connor, Pieper, & Mendell, 1997).

As we will see in chapter 7, whether the effects of combining employment and child rearing are positive or negative can depend heavily on resources that are available. Having control and flexibility over one's work environment (Lennon & Rosenfield, 1992), having a good income (Rosenfield, 1992), having someone to help with the housework (Krause & Markides, 1985), having adequate child care (C. E. Ross & Mirowsky, 1988), having a partner (J. Ali & Avison, 1997), and getting help from one's partner (Rosenfield, 1992) can all reduce the likelihood that juggling multiple role demands will lead to stress and its psychological and physical costs (J. Glass & Fujimoto, 1994).

Men and Multiple Roles That so much research on combining home and work responsibilities is conducted on women suggests that these issues are not important for men, but this suggestion is not true. To be sure, men and women are distressed by different kinds of events. Evidence suggests that men are more distressed by financial strain and work stress, whereas women are more distressed by adverse changes in the home (Barnett, Raudenbusch, Brennan, Pleck, & Marshall, 1995; Conger, Lorenz, Elder, Simons, & Ge, 1993). But increasingly, studies suggest that satisfaction in the parent role is also important to men (Barnett & Marshall, 1993).

Combining employment and marriage is protective for men with respect to health and mental health (Burton, 1998; Rushing et al., 1992), just as it seems to be for women who have enough help and other resources. But multiple roles can take their toll on men as well. Repetti (1989) studied workload and interpersonal strain and how they affected fathers' interactions with the family at the end of the day. She found that, after a demanding day at work (high workload strain), fathers were more behaviorally and emotionally withdrawn in their interactions with their children. After stressful interpersonal events at work (high interpersonal strain), conflict with children increased. In addition, some of the factors that may ameliorate the stress of multiple roles for women may create more stress for men. One study found that, as a woman's employment increased her share of the family's income and increased her husband's share in the domestic labors, her mental health and well-being increased, but her husband's mental health and well-being declined (Rosenfield, 1992). Employed, unmarried fathers may be at risk for psychological distress (R. W. Simon, 1998).

For both men and women, the research on multiple roles is converging on the idea that stress is lower when one finds meaning in one's life. The protective effects of employment, marriage, and parenting on psychological distress and the beneficial effects of social support on health are all testimony to the salutary effects of social roles (Burton, 1998). When these potential sources of meaning and pleasure in life are challenged, as through a demanding and unrewarding work life or stressful close relationships, the effects on health can be devastating (Stansfield, Bosma, Hemingway, & Marmot, 1998).

Children Children and adolescents have their own sources of stress that can make home life stressful. One study found that social and academic failure experiences at school, such as being rejected by a peer or having difficulty with schoolwork, significantly increased a child's demanding and aversive behavior at home—specifically, acting out and making demands for attention (Repetti & Pollina, 1994). Not surprisingly, children are affected by their parents' work and family stressors as well, and the strains their parents are under have consequences both for the children's academic achievement and the likelihood that they will act out their problems in adolescence (Menaghan, Kowaleski-Jones, & Mott, 1997). Such findings make it clear that, in fully understanding the impact of multiple roles, it is important to study not just working parents but also children.

Summary

1. Events are perceived as stressful when people believe that their resources (such as time, money, and energy) may not be sufficient to meet the harm, threat, or challenge in the environment. Stress produces many changes, including adverse emotional reactions, cognitive responses, physiological changes, and performance decrements.

2. Early research on stress examined how the organism mobilizes its resources to fight or flee from threatening stimuli (the fight-or-flight response). Building on this model, Selye proposed the general adaptation syndrome, arguing that reactions to stress go through three phases: alarm, resistance, and exhaustion. More recent efforts have focused on possible neuroendocrine bases of social responses to stress—that is, affiliating with others.

3. The physiology of stress implicates the sympathetic adrenomedullary (SAM) system and the hypothalamic-pituitary-adrenocortical (HPA) axis. Over the long term, repeated activation of these systems can lead to cumulative damage, termed allostatic load, which represents the premature physiological aging that stress produces.

4. Whether an event is stressful depends on how it is appraised. Events that are negative, uncontrollable or unpredictable, ambiguous, overwhelming, and threatening to central life tasks are likely to be perceived as stressful.

5. Usually, people can adapt to mild stressors, but severe stressors may cause chronic problems for health and mental health. Stress can have disruptive aftereffects, including persistent physiological arousal, psychological distress, reduced task performance, and over time, declines in cognitive capabilities. Vulnerable populations—such as children, the elderly, and the poor—may be particularly adversely affected by stress.

6. Research on stressful life events indicates that any event that forces a person to make a change increases stress and the likelihood of illness. The daily hassles of life can also affect health adversely, as can chronic exposure to stress.

7. Studies of occupational stress suggest that work hazards, work overload, work pressure, role conflict and ambiguity, inability to develop satisfying job relationships, inadequate career development, inability to exert control in one's job, and unemployment can produce increased illness, job dissatisfaction, absenteeism, tardiness, and turnover. Some of these job stresses can be prevented or offset through intervention.

8. Combining multiple roles, such as those related to work and home life, can create role conflict and role overload, producing psychological distress and poor health. On the other hand, such role combinations may also enhance self-esteem and well-being. Which of these effects occurs depends, in large part, on available resources, such as time, money, social support, and help.

Key Terms

acute stress paradigm
aftereffects of stress
allostatic load
chronic strain
cognitive costs
daily hassles
fight-or-flight response
general adaptation syndrome

helplessness
learned helplessness
perceived stress
person-environment fit
post-traumatic stress
    disorder (PTSD)
primary appraisal
reactivity

role conflict
secondary appraisal
stress
stress markers
stressful life events
stressors
sudden death syndrome

CHAPTER 7

Moderators of the Stress Experience

CHAPTER OUTLINE

In January 1994, an earthquake measuring 6.7 on the Richter scale struck Los Angeles. Many people were left homeless or suffered damage to their dwellings and property. Some were injured; others had relatives or friends who were hurt or killed. But not everyone was affected in the same way.

Consider four families, all of whom lost the better part of their homes and possessions to the devastation. Despite apparent commonalities in their circumstances, each responded to the stressful experience in a different way. One family, newly arrived from Mexico, who had not yet found friends or employment, lost everything. They were devastated psychologically, peering out from the folds of a relief tent,

uncertain what to do next. An older man with a heart condition succumbed to a heart attack, leaving his infirmed wife behind. A third family, who had financial resources and relatives in the area, were quickly cared for and were able to move into an apartment while they looked for another home. Their most immediate concerns were finding a new route to work and a new carpool for their children. A young couple, wiped out by the experience, responded with resilience, determined to make a new start.

The personal accounts that followed on the heels of the Los Angeles earthquake revealed the diversity of individual experiences that people had. What the accounts illustrate, albeit in extreme form, is the degree to which stress is moderated by individual and circumstantial factors. Individuals with many external resources, such as money or social support, may find a potentially stressful experience less so. Others, without resources or coping skills, may cope very poorly.

We term these factors **stress moderators,** because they modify how stress is experienced and the effects it has. Moderators of the stress experience may have an impact on stress itself, on the relation between stress and psychological responses, on the relation between stress and illness, or on the degree to which a stressful experience intrudes into other aspects of life.

We begin this chapter with a consideration of the different ways in which stress may affect illness and how moderating variables, such as external resources, social support, and coping styles, might augment or diminish this relationship. We then turn to an analysis of moderators themselves: personality, coping styles, resources, and social support. Finally, we consider stress management techniques that people use to enhance their personal resources for managing stressful events.

Stress and Illness

As we saw in chapter 6, stress has effects on at least four general physiological systems of the body: the sympathetic-adrenomedullary system, the pituitary-adrenocortical system, the neuropeptide system, and the immune system. To the extent that stress affects these pathways, illness may result, and stress can produce physiological, as well as psychological, changes conducive to the development of illness; precursors (forewarnings) of illness, such as fatigue and achiness, then develop. But not all people under stress develop illness. What factors influence who will become ill?

Initial Vulnerability

Preexisting psychological or physical vulnerabilities are especially important in the stress-illness relationship. Stress may lead to illness among people who have an initial vulnerability. The older man who died in the earthquake illustrates this point, in that the earthquake and the heart condition alone were insufficient to cause his heart attack, but their combined effect was fatal.

To illustrate how stress interacts with initial vulnerability to affect health, Tapp and Natelson (1988) examined the impact of stress on hamsters suffering from inherited heart disease. If the animal was stressed early on in the disease process, heart failure did not develop. However, after cardiac changes had developed, stress precipitated heart failure. When the animal was in overt heart failure, stress increased the likelihood that it would die. Moreover, the pattern of results suggests not merely that stress was an additional burden for an animal with a vulnerability but that the effects of stress were multiplied by the existence of the prior vulnerability.

Psychological vulnerability may also interact with stress. We have seen an example of the interactive effects of stress in studies of the effects of crowding and noise. Generally, crowding and noise produce few deleterious health effects. However, among vulnerable populations, such as children, the elderly, and the poor, these stressors have greater negative effects. In these cases, the preexisting vulnerabilities are psychosocial.

Health Behaviors

Stress can indirectly affect illness by altering a person's behavior patterns, especially health behaviors. Consider, for example, the case of a man who is separated from his wife. Separation and divorce are known to be major stressful events that produce substantial lifestyle

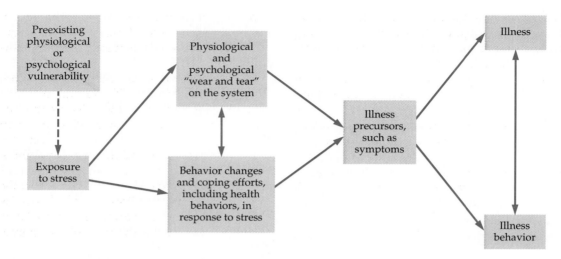

FIGURE 7.1   The Stress-Illness Relationship

and emotional disruption. If the couple has had a traditional marriage, the husband may be used to having his meals prepared for him; left to his own devices, he may eat poorly or not at all. If he is used to sharing the bed with her, he may have difficulty sleeping without his wife. Because of his distress, he may increase his alcohol consumption or smoking.

S. Cohen and Williamson (1988) found exactly this kind of relationship in a study of stress and health behaviors. People who said they were under more stress reported getting less sleep, were less likely to eat breakfast, and reported using more alcohol and more recreational drugs than people under less stress. To the extent that health habits are altered by stress, then, illness may be a consequence. Figure 7.1 illustrates the interactions among preexisting physiological or psychological vulnerabilities, exposure to stress, and behavior changes that may result, leading to a greater likelihood of illness.

Stress, then, may have a direct effect on illness, it may interact with preexisting vulnerabilities, and it may adversely affect health habits. But there is still much individual vari-

ability in whether stress causes illness, because stress moderators lead people to cope with stress differently.

Coping with Stress

People respond very differently to stress. We all know people who throw up their hands in despair when the slightest thing goes wrong with their plans, yet we know others who seem able to meet setbacks and challenges with equanimity, bringing their personal and social resources to bear on the problem at hand. The impact of any potentially stressful event is substantially influenced by how a person appraises it.

As we saw in chapter 6, according to Lazarus's view of stress, any new event or change in the environment prompts the individual to make *primary appraisals* of the significance of the event. An event may be judged to be positive, neutral, or negative in its implications for the self. If an event is judged to be negative, it will be further judged in terms of the *harm or loss* that has already been done, the future *threat* associated with the event, and the potential *challenge* of the event—that is, the perception that gain, growth, or mastery may result from dealing with the event.

At the same time that primary appraisals are undertaken, the individual is also making *secondary appraisals* of his or her ability to cope with the potentially stressful event. Secondary appraisal is the evaluation of one's coping resources and options to determine whether they will be sufficient to overcome the harm and threat that the event represents (R. S. Lazarus & Folkman, 1984b).

What Is Coping?

Coping is the process of managing demands (external or internal) that are appraised as taxing or exceeding the resources of the person (R. S. Lazarus & Folkman, 1984a). "Coping consists of efforts, both action-oriented and intrapsychic, to manage (i.e., master, tolerate, reduce, minimize) environmental and internal demands and conflicts among them" (R. S. Lazarus & Launier, 1978, p. 311).

This definition of coping has several important aspects. First, the relationship between coping and a stressful event is a dynamic process. Coping is a series of transactions between a person who has a set of resources, values, and commitments and a particular environment with its own resources, demands, and constraints (R. S. Lazarus & Launier, 1978). Thus, coping is not a one-time action that someone takes; rather, it is a set of responses, occurring over time, by which the environment and the person influence each other. For example, the impending breakup of a romantic relationship can produce a variety of reactions, ranging from emotional responses, such as sadness or indignation, to actions, such as efforts at reconciliation or attempts to find engrossing, distracting activities. These coping efforts will, in turn, be influenced by the way the partner in the relationship responds. With encouragement from the partner, the person may make renewed efforts at reconciliation, whereas anger or rejection may drive the person further away.

A second important aspect of the definition of coping is its breadth. The definition clearly encompasses a great many actions and reactions to stressful circumstances. Viewed within this definition, then, emotional reactions, including anger or depression, can be thought of as part of the coping process, as can actions that are voluntarily undertaken to confront the event. In turn, coping efforts are moderated by the resources that the individual has available. Figure 7.2 presents a diagram of the coping process.

Personality and Coping

The personality that each individual brings to a stressful event influences how he or she will cope with that event. Some personality characteristics make stressful situations worse, whereas others improve them.

Negativity, Stress, and Illness Certain people are predisposed by their personalities to experience stressful events as especially stressful, which may, in turn, affect their psychological distress, their physical symptoms, and/or their rates of illness. This line of research has focused on a psychological state called **negative affectivity** (Watson & Clark, 1984), a pervasive negative mood marked by anxiety, depression, and hostility.

Individuals high in negative affectivity express distress, discomfort, and dissatisfaction across a wide range of situations (Brett, Brief, Burke, George, & Webster, 1990; Watson & Clark, 1984). People who are high in negative affectivity are more prone to drink heavily (Frances, Franklin, & Flavin, 1986), to be depressed (Francis, Fyer, & Clarkin, 1986), and to engage in suicidal gestures or even suicide (Cross & Hirschfeld, 1986).

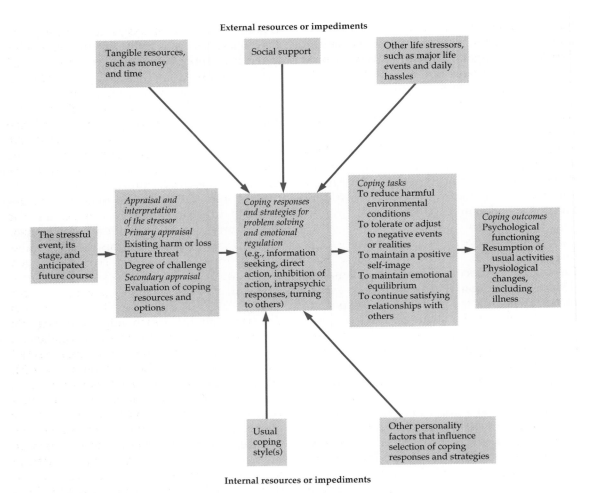

FIGURE 7.2   The Coping Process
(*Sources:* F. Cohen & Lazarus, 1979; D. A. Hamburg & Adams, 1967; R. S. Lazarus & Folkman, 1984b; Moos, 1988; S. E. Taylor, 1983)

Negativity is related to poor health. In a review of literature relating personality factors to five diseases—asthma, arthritis, ulcers, headaches, and coronary artery disease—H.S. Friedman and Booth-Kewley (1987) found weak but consistent evidence of a relationship between these disorders and negative emotions. They suggested that psychological distress involving depression, anger, hostility, and anxiety may constitute the basis of a

"disease-prone" personality that predisposes people to these disorders (see also Scheier & Bridges, 1995). Negative affectivity can be associated with elevated cortisol secretion, and this increased adrenocortical activity may provide a possible biopsychosocial pathway linking negative affectivity to adverse health outcomes (van Eck, Berkhof, Nicolson, & Sulon, 1996). Negative affectivity can also affect adjustment to treatment. One study (Duits,

Boeke, Taams, Passchier, & Erdman, 1997) found that people who were very anxious or depressed prior to coronary artery bypass graft surgery were more likely to adjust badly during surgical recovery.

Although there is now clear evidence that negativity may compromise health, it is also clear that negativity can sometimes create a false impression of poor health when none exists. People who are high in negative affectivity report higher levels of distressing physical symptoms, such as headaches, stomachaches, and other pains, especially under stress (Watson & Pennebaker, 1989), but in many cases, there is no evidence of an underlying physical disorder (Diefenbach, Leventhal, Leventhal, & Patrick-Miller, 1996). For example, Cohen and his associates (S. Cohen, Doyle, et al., 1995) obtained both subjective complaints (runny nose and congestion) and objective measures (e.g., mucus secretion) during exposure to a respiratory virus. Negative affectivity was associated with a higher number of complaints, but not with more objective measures of disease.

People high in negative affectivity also often appear more vulnerable to illness because they are more likely to use health services during stressful times than are people low in negative affectivity (S. Cohen & Williamson, 1991). Thus, individuals who are chronically high in negative affect may be more likely to get sick, but they also show distress, physical symptoms, and illness behavior even when they are not getting sick.

Pessimistic Explanatory Style In related investigations, Seligman and his colleagues (M. O. Burns & Seligman, 1989; C. Peterson, Seligman, & Vaillant, 1988) found evidence for a **pessimistic explanatory style** that may relate to illness. Specifically, some people characteristically explain the negative events of their lives in terms of internal, stable, global qualities of themselves. In so doing, they may lay the

groundwork for poor health. In one study (C. Peterson et al., 1988), interviews completed by graduates of the Harvard University classes of 1942 to 1944 when they were 25 years old were analyzed to see how the men habitually explained the negative events in their lives. Specifically, they were asked about difficult experiences they had encountered during World War II, such as combat situations, relations with superiors, and battles in which they were actively involved, and they were asked whether they felt they had dealt successfully or unsuccessfully with these wartime situations. Some of the men also talked about difficulties they were having getting established in careers and relationships. Their answers were then coded as reflecting an optimistic or a pessimistic style.

An example of explaining a negative event in terms of a pessimistic explanatory style is provided by one man who died before age 55: "I cannot seem to decide firmly on a career. . . . this may be an unwillingness to face reality." Another man, who also died before age 55, stated that he disliked work because he had "a fear of getting in a rut, doing the same thing day after day, year after year." In contrast, one of the healthy men referred to his army career as follows: "My career in the army has been checkered, but on the whole, characteristic of the army." Another referred to his effort to deal with a difficult situation: "I tried to bluff my way through a situation. . . . I didn't know the facts, a situation common to all green junior officers when they are first put in charge of men."

The differences between the two sets of responses is that the first two men referred to negative events in terms of their own stable qualities, with no apparent hope of escape. In contrast, the two healthy men also described negative experiences, but with reference to external factors ("That's the army") or by maintaining that a less than capable response was one that "any green junior officer" would have done. Those men who explained bad events by referring to their own internal, stable, global negative qualities had significantly poorer health between ages 45 and 60, some 20 to 35 years later. This was true even when physical and mental health at age 25 were taken into account. Thus, pessimism in early adulthood seems to be a risk factor for poor health in middle and late adulthood.

Research that builds on pessimistic explanatory style has since found that people marked by this personality characteristic may have reduced immunocompetence. In a study of elderly people, those who showed the pessimistic explanatory style were found to have poorer functioning cell-mediated immunity (Kamen-Siegel, Rodin, Seligman, & Dwyer, 1991). This study is important, first, because it shows a direct relationship between pessimistic explanatory style and a biological pathway that can have health implications and, second, because the study was conducted in an elderly population, which is at particular risk for immune-mediated diseases.

Just as negative personality predispositions may exacerbate stress and its relation to illness, other personality factors may enhance the ability to cope with stress effectively. We now turn to some of those personality resources.

Hardiness   In an early investigation of "hardiness," Kobasa (1979) studied middle- and upper-level business executives to see which ones developed illness as a consequence of their stressful lifestyle and which ones did not. First, using the social readjustment rating scale (review Table 6.1 in chapter 6), Kobasa divided the group into executives who had experienced a lot of stress during the previous 3 years and those who had experienced less stress. Then, looking only at the executives under high stress, she compared those who had had a lot of illnesses with those who had had relatively few illnesses to see what distinguished them. She found that highly stressed

but healthy executives had a multifaceted personality style she termed hardiness.

Hardiness is composed of three characteristics. The first is a sense of *commitment*, or the tendency to involve oneself in whatever one encounters. The second factor is a belief in *control*, the sense that one causes the events that happen in one's life and that one can influence one's environment. The third component is *challenge*, a willingness to undertake change and confront new activities that represent opportunities for growth. Since Kobasa's initial study, many research investigations have found that hardiness relates to both good physical and good mental health (e.g., Florian, Mikulincer, & Taubman, 1995; Kobasa & Puccetti, 1983; K. M. Nowack, 1989).

Why are hardy individuals physically and mentally healthier? As a result of their sense of commitment, control, and challenge, hardy individuals may appraise potentially stressful life events more favorably than would individuals who are not so hardy (Soderstrom, Dolbier, Leiferman, & Steinhardt, 2000). Therefore, they may take more direct action to find out about these events, to incorporate them into their lives, and to learn from them what may be of value for the future.

Moreover, hardy individuals appear to use effective, active coping strategies, such as problem-focused coping and seeking of social support, and they are less likely to be avoidant copers (P. G. Williams, Wiebe, & Smith, 1992). Consequently, important ways by which a hardy individual may avoid the illness that stressful events can cause are, first, by transforming these events into less stressful ones and, second, by enlisting successful coping strategies for dealing with stress.

Subsequent research has clarified our understanding of hardiness and its effects on illness. Some researchers have suggested that hardiness may reflect the absence of negative affectivity (e.g., Funk, 1992). People who score low on the hardiness scale may simply be

BOX 7.1

The Measurement of Optimism

People vary in whether they are fundamentally optimistic or pessimistic about life. Scheier and Carver (1985) developed a scale of dispositional optimism to measure this pervasive individual difference. Items from the life orientation test (LOT) are as follows. (For each item, answer "true" or "false.")

1. In uncertain times, I usually expect the best.
2. It's easy for me to relax.
3. If something can go wrong for me, it will.
4. I always look on the bright side of things.
5. I'm always optimistic about my future.
6. I enjoy my friends a lot.
7. It's important for me to keep busy.
8. I hardly ever expect things to go my way.
9. Things never work out the way I want them to.
10. I don't get upset too easily.
11. I'm a believer in the idea that "every cloud has a silver lining."
12. I rarely count on good things happening to me.

Items 2, 6, 7, and 10 are filler items. This means that they are not assumed to measure optimism. Items 1, 4, 5, and 11 are optimistically worded items. Items 3, 8, 9, and 12 are reversed prior to scoring, since they are phrased in the pessimistic direction. Total your score and see how optimistic you are.

---

people predisposed to show the negative affects of depression, anxiety, and hostility (Allred & Smith, 1989; Rhodewalt & Zone, 1989), thus increasing the propensity of people low in hardiness to report physical symptoms.

Other researchers have suggested that the way in which hardiness affects illness rates is by altering illness behavior. That is, people high in hardiness may take better care of themselves, especially under stressful circumstances, than people low in hardiness. Researchers who have focused on the subcomponents of hardiness have suggested that a sense of personal control may be the most important component of hardiness in terms of predicting better health (S. Cohen & Edwards, 1989).

Despite the fact that questions remain about exactly how hardiness moderates the effect of stress on illness, hardiness research has been important for several reasons. It focuses attention on the positive psychological states that people bring to stressful events that may protect them, and it provides an important method for studying stress—namely, focusing on the people who do not succumb to its adverse effects.

Optimism An optimistic nature can also lead people to cope more effectively with stress and thereby reduce their risk for illness (Scheier & Carver, 1985). Scheier and Carver developed a measure of dispositional optimism aimed at identifying generalized expectations that outcomes will be positive. Box 7.1 lists the items on this measure, the life orientation test (LOT). As can be seen from the items, some measure optimism, whereas others assess pessimism.

In a study with undergraduates, respondents were asked to complete the LOT 4 weeks before the end of the semester. Students who reported being highly optimistic were less likely to be bothered by physical symptoms at the end of the semester than were students scoring lower on the optimism scale. Moreover, this relationship persisted even when the investigators controlled statistically for the initial number of physical symptoms reported by the students.

Exactly how might optimism exert a positive impact on symptom expression, psychological adjustment, and health outcomes? Scheier, Weintraub, and Carver (1986) examined the kind of coping strategies typically associated with dispositional optimism and pessimism. In studies conducted with undergraduates given both the LOT and a measure of coping, the researchers found that optimism was associated with more use of problem-focused coping, seeking of social support, and emphasizing the positive aspects of a stressful situation. Pessimism, in contrast, was associated with denial and distancing from the event, a focus directly on stressful feelings, and disengagement from the goal with which the stressor was interfering. Optimists also appear to size up stressful situations more positively and seem especially prone to the favorable secondary appraisals that their resources will be sufficient to overcome the threat (Chang, 1998).

Optimism, then, may help people deal with stressful events by getting them to use their resources more effectively. Optimism may also reduce symptoms and improve adjustment to illness because it represents the opposite of negative affectivity—namely, a positive, upbeat approach to life (Fitzgerald, Tennen, Affleck, & Pransky, 1993; Scheier, Carver, & Bridges, 1994; T. W. Smith, Pope, Rhodewalt, & Poulton, 1989). In fact, pessimism has been tied to the onset of depression in middle age (Bromberger & Matthews, 1996) and to cancer mortality among the elderly (Schulz, Bookwala, Knapp, Scheier, & Williamson, 1996).

In a study with coronary artery bypass patients (Scheier et al., 1989), optimism was also an important predictor of coping efforts and of recovery from surgery. Specifically, optimists used more problem-focused coping and made less use of denial. They had a faster rate of recovery during hospitalization and a faster rate of returning to normal life activities after discharge. There was also a strong relationship between optimism and postsurgical quality of life 6 months later, with optimists doing better (see also Carver et al., 1993; Fitzgerald et al., 1993). Other studies have also found that optimism benefits people undergoing serious medical procedures (Curbow, Somerfield, Baker, Wingard, & Legro, 1993; Mroczek, Spiro, Aldwin, Ozer, & Bosse, 1993).

Psychological Control   Feelings that one can exert control over stressful events have long been known to help people cope effectively with stress (Bandura, 1977; S. E. Taylor, Helgeson, Reed, & Skokan, 1991; S. C. Thompson, 1981). Perceived control is the belief that one can determine one's own behavior, influence one's environment, and/or bring about desired outcomes. As may be apparent, perceived control is closely related to self-efficacy, which is a more narrow perception of one's ability to enact the necessary actions to obtain a specific outcome in a specific situation (Bandura, 1977). Both types of cognitions appear to help people cope with a wide variety of stressful events. For example, as we noted in chapter 5, East German migrants to West Germany who found themselves unemployed often turned to alcohol for solace unless they had high feelings of self-efficacy; those migrants with high feelings of self-efficacy, which appeared to buffer them against the stress of unemployment, did not abuse alcohol.

Perceptions of control in one's work life and in the general tasks of living may be especially protective against adopting a risky lifestyle that involves health-compromising behaviors (Wickrama, Conger, & Lorenz, 1995). Across a wide variety of investigations, a feeling that one can control the stressful events that go on around one has been related to emotional well-being, successful coping with a stressful event, good health, behavior change that may promote good health, and improved performance on cognitive tasks (S. C. Thompson & Spacapan, 1991).

Control is important for most people going through stressful events. It benefits children and adolescents as well as adults (Compas, Barnez, Malcarne, & Worsham, 1991). It may be especially important for vulnerable populations, such as medical patients, children, and the elderly, who are at risk for health problems. Because control may be problematic for individuals who already have little opportunity to exercise control (S. C. Thompson & Spacapan, 1991), anything that enhances perceptions of control may benefit such individuals.

So powerful are the effects of psychological control that they have been used extensively in interventions to promote good health habits and to help people cope successfully with stressful events, such as surgery and noxious medical procedures. For example, in chapters 4 and 5, we saw how self-efficacy influences a wide variety of health behaviors, including obtaining exercise and stopping smoking. In chapter 8, we will see how interventions drawing on principles of psychological control help people adjust more successfully to noxious medical treatments. For the moment, it is important to understand that, when people are able to perceive events in their environment as controllable, or regard their coping efforts as likely to be successful (Benight et al., 1997), the stress they experience is lessened, their distress is lower, and their physiological responses to stress are reduced.

Additional Coping Resources

High self-esteem may moderate the stress-illness relationship. In one study of students facing exams, those with high self-esteem were less likely to become upset in response to stress. However, this finding was more evident at low levels of stress than at higher levels at which the stressful events themselves overwhelmed differences in self-esteem (Whisman & Kwon, 1993). In a study of the elderly, high self-esteem was associated with lower levels of cortisol and ACTH in response to a challenge task—namely, an automobile driving simulation task (T. E. Seeman et al., 1995)—suggesting a biopsychosocial route whereby self-esteem may affect illness.

Conscientiousness moderates the stress-illness relationship. One study (H. S. Friedman et al., 1993) looked at ratings of personality that had been made about youngsters in 1921 and 1922 to see if personality would predict who lived longer. The researchers found that those children who scored high on conscientiousness were more likely to live to an old age (H. S. Friedman, Tucker, Schwartz, Tomlinson-Keasey, et al., 1995). It may be that conscientious people are more successful in avoiding situations that could harm them or that they may be more reliable in their practice of good health habits.

A cluster of personal qualities called ego strength—dependability, trust, and lack of impulsivity—appears to have important health implications. In a longitudinal investigation (H. S. Friedman, Tucker, Schwartz, Tomlinson-Keasey, et al., 1995), a group of researchers studied children who had first been interviewed in 1947 and compared those with impulsive, undercontrolled personalities with those who showed signs of ego strength. Those who were high in ego strength as children lived longer as adults. One reason was that those high in ego strength were somewhat less likely to smoke and use alcohol to excess.

Being self-confident and having an easygoing disposition also mute the likelihood that stressful events will lead to psychological distress (Holahan & Moos, 1990, 1991), perhaps because self-confident and easygoing individuals cope with stressful events more actively (Holahan & Moos, 1990). However, there is evidence that cheerful people die somewhat

Religion promotes psychological well-being, and those people with religious faith may be better able to cope with aversive events. (©Alan Oddie/PhotoEdit)

sooner (H. S. Friedman et al., 1993), although why a cheery disposition should compromise health is unclear. It may be that cheery people become too blasé about their health, or perhaps their expectations that things will turn out well leave them vulnerable if things turn out badly. These apparently contradictory effects of having a cheerful, easygoing disposition have yet to be fully reconciled.

At the other extreme, though, introverts, social isolates, people high in neuroticism or low in mastery or self-efficacy, and people lacking in social skills do appear to be at increased risk for illness behavior and for psychological distress (S. Cohen & Williamson, 1991; Kempen, Jelicic, & Ormel, 1997), consistent with the research we examined on negative affectivity.

A sense of coherence about one's life (Jorgensen, Frankowski, & Carey, 1999), a sense of purpose or meaning in one's life (Visotsky, Hamburg, Goss, & Lebovitz, 1961), a sense of humor (Cousins, 1979; R. A. Moody, 1978), trust in others (Barefoot et al., 1998), and religion (see Box 7.2) have all been suggested as internal resources that may promote effective coping. Just as some people appear to have an illness-prone personality, then, other people may possess a health-prone personality,

characterized by a sense of control, self-esteem, optimism, and resilience.

Coping Style

In addition to personality traits, which are general ways of responding across situations, coping style represents a more specific individual difference in how people respond to stress. **Coping style** is a general propensity to deal with stressful events in a particular way. As an example, we all know people who deal with stress by talking a lot about it, whereas other people keep their problems to themselves. Coping styles, then, are thought to be like personality traits in that they characterize an individual's way of behaving in a general fashion, but they are more specific than personality traits because they are thought to come into play primarily when events become stressful.

Avoidance Versus Confrontation   Some people cope with a threatening event by using an **avoidant (minimizing) coping style,** whereas others use a **confrontative (vigilant) coping style** by gathering information or taking direct action. Neither style is necessarily more

BOX 7.2

Religion, Coping, and Well-Being

I just prayed and prayed and God stopped that thing just before it would have hit us.
—Tornado Survivor

Long before researchers were studying coping techniques, individuals going through stressful or traumatic events were encouraged by their family, friends, and religious counselors to turn to their faith and to God for solace, comfort, and insight. A 1988 Gallup Poll (Poloma, 1988) suggests that the majority of people in the United States believe in God (94%), pray (80%), report that they are church members (69%), and indicate that their beliefs are very important to them (57%). Religion promotes well-being and often helps people cope with stressful events (Paloutzian & Kirkpatrick, 1995). It also has beneficial effects on health (McCullough, Hoyt, Larson, Koenig, & Thoresen, 2000). Religion, then, appears to be an important part of American life and may be especially so for some minority groups, such as African Americans (Clay, 1996).

Religion promotes psychological well-being for many people. People with strong religious faith report greater life satisfaction, greater personal happiness, and fewer negative consequences of traumatic life events in comparison with those people not involved in formal religion (Ellison, 1991). Many individuals spontaneously report that religion is helpful to them when they must cope with a stressful event (Koenig, George, & Siegler, 1988; Palmer & Noble, 1986). Organized religion often provides a sense of group identity for persons who have a network of supportive individuals who share their beliefs.

Religion may also be helpful for coping because it provides a belief system and a way of thinking about stressful events that enables people to find meaning and purpose in the inevitable stressful events that they encounter (Dull & Skokan, 1995). For example, in a study of parents who had lost an infant to sudden infant death syndrome, two components of religion—its importance as a belief system and active participation in a church—were found to help parents cope with their loss. In particular, the people who were active in their churches perceived that they had more social support and were more able to find meaning in their loss (McIntosh, Silver, & Wortman, 1993).

Some religious beliefs also lead to better health practices (e.g., Gorsuch, 1995) and to better health (Krause, Ingersoll-Dayton, Liang, & Sugisawa, 1999), as well as to longer life (McCullough et al., 2000). For example, Orthodox religious groups have lower cancer mortality rates from all cancers (Dwyer, Clarke, & Miller, 1990), presumably because they forbid smoking and drinking and may limit contact with other carcinogens. Moreover, individuals who live in the same community but who are not part of a formal religion may benefit inadvertently from diminished exposure to carcinogens and from social disapproval of behaviors related to cancer, such as smoking and alcohol consumption. Religion, then, may not only be a meaningful part of life, but it may also have health and mental health benefits (Seybold & Hill, 2001).

effective in managing stress; each seems to have its advantages and liabilities, depending on the situation in which it is employed. Vigilant strategies may be more successful than avoidance for coping with stressful events if one can focus on the information present in the situation rather than on one's emotions

(Suls & Fletcher, 1985). Focusing on the negative emotions one is experiencing in responding to stressful events may make the stressful event worse.

Whether avoidant or confrontative strategies are successful also depends on how long-term the stressor is. People who cope with stress by minimizing or avoiding threatening events seem to cope effectively with short-term threats (e.g., Wong & Kaloupek, 1986). However, if the threat is repeated or persists over time, a strategy of avoidance may not be so successful. People who cope using avoidance may not make enough cognitive and emotional efforts to anticipate and manage long-term problems (Suls & Fletcher, 1985; S. E. Taylor & Clark, 1986).

In contrast, individuals who cope with threatening events through confrontation or vigilance may well engage in the cognitive and emotional efforts needed to deal with long-term threats. In the short term, however, they may pay a price in anxiety and physiological reactivity (S. M. Miller & Mangan, 1983; T. W. Smith, Ruiz, & Uchino, 2000). Thus, the avoider or minimizer may cope well with a trip to the dentist but cope poorly with ongoing job stress. In contrast, the vigilant coper may fret over the visit to the dentist but make efforts to reduce stress on the job.

However, studies of short-term threats may have underestimated how unsuccessful avoidant coping strategies are. In a 1-year study of negative life events and emotional and physical distress in 400 adults and their children (Holahan & Moos, 1986), the use of avoidant coping led to higher levels of distress even when initial levels of distress were controlled for. Holahan and Moos concluded that the chronic use of avoidance as a coping style constitutes a psychological risk factor for adverse responses to stressful life circumstances. Moreover, even when avoidant (or repressive) copers report less stress, they may nonetheless show strong physiological responses to stressful events (Nyklicek, Vingerhoets, Van Heck, & Van Limpt, 1998).

Moreover, there is evidence that active coping is associated with other coping resources. Specifically, people who have more personal and environmental resources, such as higher income, more friends, a confident interpersonal style, or a good job, seem to rely more on active coping efforts and less on avoidant coping (Holahan & Moos, 1987).

Disclosure A considerable amount of research has examined disclosure of emotional experiences and its beneficial effects on health. For many years, researchers have suspected that, when people undergo traumatic events and cannot or do not talk about them, those events may fester inside them, producing obsessive thoughts for years and even decades (see, for example, R. L. Silver, Boon, & Stones, 1983). This inhibition of traumatic events involves physiological work, and the more people are forced to inhibit their thoughts, emotions, and behaviors, the more their physiological activity may increase (Pennebaker, 1997). Consequently, the ability to confide in others or to consciously confront their feelings and perceptions may eliminate the need to obsess about and inhibit the event, and it may reduce the physiological activity associated with the event.

To examine this hypothesis, Pennebaker and Beall (1986) had 46 undergraduates write about either the most traumatic and stressful event of their lives or about trivial topics. Although the individuals writing about traumas were more upset immediately after they wrote their essays (see also Pennebaker, Colder, & Sharp, 1990), they were less likely to visit the student health center for illness during the following 6 months.

A subsequent study (Pennebaker, Hughes, & O'Heeron, 1987) found that, when people talked about traumatic events, their skin conductance, heart rate, and systolic and diastolic blood pressure all decreased. Similar studies have shown beneficial long-term effects on immune functioning following emotional disclosure (e.g., A. J. Christensen et al., 1996; Petrie, Booth, Pennebaker, Davison, & Thomas, 1995).

Together, these changes may influence the long-term positive effects on health that have been found in studies of disclosure.

Other studies have looked at responses to naturally occurring stressors and have found similar results (Pennebaker, 1997). Pennebaker and O'Heeron (1984), for example, found that individuals whose spouses had died the previous year either by suicide or in an automobile accident were less likely to become ill during the subsequent year the more they talked about the death with others.

There are many reasons that talking or writing about a stressful event or confiding in others may be useful for coping. Talking with others allows one to gain information about the event or about effective coping; it may also elicit positive reinforcement and emotional support from others. In addition, there may be reliable cognitive effects associated with talking about or writing about a traumatic event, such as organizing one's thoughts and being able to find meaning in the experience. Additional research can help identify the pathways by which disclosure improves coping with a trauma.

Problem-Focused Versus Emotion-Focused Coping

Two general types of coping strategies can be distinguished: problem-solving coping and emotion-focused coping (cf. Folkman, Schaefer, & Lazarus, 1979; H. Leventhal & Nerenz, 1982; Pearlin & Schooler, 1978). *Problem-solving coping* involves attempts to do something constructive about the stressful conditions that are harming, threatening, or challenging an individual. *Emotion-focused coping* involves efforts to regulate emotions experienced because of the stressful event.

Sometimes problem-solving efforts and emotional regulation work together. For example, in denying that stressors on the job are

causing distress, workers may keep their daily anger low but fail to deal with the cumulative damage that these stressors may cause. Problem-focused coping appears to emerge during childhood; emotion-focused coping skills develop somewhat later in late childhood or early adolescence (Compas et al., 1991).

What determines the kind of coping strategies a person uses? Typically, people use both problem-focused and emotion-focused coping in their stressful episodes, suggesting that both types of coping are useful for most stressful events (Folkman & Lazarus, 1980). However, the nature of the event also contributes to what coping strategies will be used (e.g., Vitaliano et al., 1990). For example, work-related problems lead people most commonly to attempt problem-focused coping efforts, such as taking direct action or seeking help from others.

Health problems, in contrast, lead to more emotion-focused coping, perhaps because a threat to one's health is an event that must be tolerated but is not necessarily amenable to direct action. When health problems are amenable to active coping efforts, however, problem-focused coping is beneficial (e.g., Pakenham, 1999). Health problems also lead people to seek social support (Vitaliano et al., 1990), whereas individuals with family problems are more likely to use problem-focused coping (Vitaliano et al., 1990). These findings suggest that situations in which something constructive can be done will favor problem-focused coping, whereas those situations that simply must be accepted favor emotion-focused coping.

But individual differences also influence what coping strategies are used and in a somewhat surprising way. In a study with twins intended to identify what factors contribute to coping (K. S. Kendler, Kessler, Heath, Neale, & Eaves, 1991), three general coping strategies were identified: problem solving, turning to others, and using denial. Based on traditional methodologies of twin studies (see chapter 2), the coping strategies of turning to others and problem solving in response to stress could be explained substantially by genetic factors. In contrast, denial did not appear to have a genetic component but did appear to be explained by early family environment, such as parental child-rearing style, social style, and exposure to childhood stressors. It appears, then, that genetics may predispose people to cope with stressful events by solving problems directly or turning to others, which in turn produces better or worse psychological adjustment; early environment contributes to how people learn to cope as well (Busjahn, Faulhaber, Freier, & Luft, 1999).

Specific Coping Strategies

A seriously ill cancer patient was asked how she managed to cope with her disease so well. She responded, "I try to have cracked crab and raspberries every week." Although her particular choice of coping strategy may be somewhat unusual, her answer illustrates the importance of particular coping strategies for how people deal with stressful events.

Research has also focused on more specific coping strategies than the general categories of problem-focused coping and emotion-focused coping. This shift has occurred in part because recent research has questioned whether general coping syles measured at the trait level really predict how people behave in specific situations (J. E. Schwartz, Neale, Marco, Shiffman, & Stone, 1999). Such an approach also provides a more fine-grained analysis of exactly how people manage the myriad stressful events they confront each day.

Much of this research has made use of an instrument called the Ways of Coping, which assesses use of different kinds of coping strategies. In one study, Folkman, Lazarus, and their colleagues (Folkman, Lazarus, Dunkel-Schetter, DeLongis, & Gruen, 1986) had 85 married California couples complete the Ways of Coping instrument and then identified eight distinct strategies. *Confrontative coping* characterizes aggressive efforts to change the situation (e.g., "I stood my ground and fought for what I wanted"). *Seeking social support* characterizes efforts to obtain emotional comfort and information from others (e.g., "I talked to someone to find out more about the situation"). *Planful problem solving* describes deliberate, problem-focused efforts to solve the situation (e.g., "I made a plan of action and followed it"). These three factors most clearly relate to the problem-focused coping dimension identified earlier.

Other specific coping strategies are more focused on the regulation of emotion. *Self-control* describes efforts to regulate one's feelings (e.g., "I tried to keep my feelings to myself"). *Distancing* describes efforts to detach oneself from the stressful situation (e.g., "I didn't let it get to me. I refused to think about it too much"). *Positive reappraisal* characterizes efforts to find positive meaning in the experience by focusing on personal growth (e.g., "I came out of the experience better than I went in"). *Accepting responsibility* acknowledges one's role in the problem (e.g., "I criticized or lectured myself"). And finally, *escape/avoidance* describes wishful thinking (e.g., "I wished that the situation would go away") or efforts to escape or avoid the situation by eating, drinking, smoking, using drugs, or taking medications. Examples of the coping strategies used to combat the threat of AIDS appear in Box 7.3.

Subsequently, Carver, Scheier, and Weintraub (1989) developed a measure called the COPE, which has identified similar coping strategies. Examples from this widely used instrument appear in Box 7.4. Some researchers prefer to look at coping in a more microscopic fashion. A. A. Stone and Neale (1984) developed a measure of daily coping designed for use in studies to see how changes in coping on a day-to-day basis influence psychological and

BOX 7.3

Coping with AIDS

AIDS (acquired immune deficiency syndrome) has killed many thousands of people, and thousands more live, sometimes for years, with the knowledge that they have the disease. Such a threat requires and elicits many forms of coping, some of which are illustrated in the following excerpts from interviews with AIDS patients.

SOCIAL SUPPORT OR SEEKING INFORMATION

A key point in my program is that I have a really good support network of people who are willing to take the time, who will go the extra mile for me. I have spent years cultivating these friendships.

My family has been extremely supportive, and my lover has been extremely supportive, but it really wasn't quite enough. They weren't helping me in the right ways. That's when I went and got a therapist. Basically, she is the one who has helped me cope with [AIDS] and understand it.

DIRECT ACTION

My main concern is making it through another day without getting any disorder. I would really like to completely beat it.

My first concern was that, as promiscuous as I have been, I could not accept giving this to anyone. So I have been changing my lifestyle completely, putting everything else on the back burner.

The main thing I did was to get all my paperwork in order. I was good at it before, but when AIDS hit, I made sure everything was spelled out perfectly, and I figure that makes it easier for my lover left behind. He will go through grief, but he will not have to be sorting through all my junk.

STRATEGIES OF DISTRACTION, ESCAPE, OR AVOIDANCE

I used to depend on drugs a lot to change my mood. Once in a while, I still find that if I can't feel better any other way, I will take a puff of grass or have a glass of wine, or I use music. There are

certain recordings that can really change my mood drastically. I play it loud and I dance around and try to clear my head.

There's an old disco song that says, "Keep out of my mind what's out of my hands." I try to do that, to not fret over things I really don't have control over.

It was important to me to focus on something besides AIDS, and my job is the most logical thing. I'm very good at what I do. I have a supervisory position, so I deal with other people's problems, which is good for me, because I take their problems and solve them and I forget about mine. I think that's a real constructive distraction for me.

I drive. I feel so much more at peace when I am driving down the road in a car, listening to music, having my dog next to me. It is wonderful.

EMOTIONAL REGULATION/VENTILATION

When you're sad, you cry. That's what I've done a lot lately, over silly, well, not silly things, but over small things, and over reminders of a life that's probably cut short, the expectations of things that you were going to do and planned on doing and don't seem possible now.

I try to be like Spock on "Star Trek." So this is an emotion. So that's what it makes you feel like. I try to analyze it and look as a third party would, like I am an observer from the fiftieth century.

Sometimes I will allow myself to have darker feelings, and then I grab myself by the bootstraps and say, okay, that is fine, you are allowed to have these feelings but they are not going to run your life.

PERSONAL GROWTH

In the beginning, AIDS made me feel like a poisoned dart, like I was a diseased person and I had no self-esteem and no self-confidence. That's what I have been really working on, is to get the self-confidence and the self-esteem back. I don't know

---

BOX 7.3

Coping with AIDS (continued)

if I will ever be there, but I feel very close to being there, to feeling like my old self.

I've made sure everybody knows how I feel about them. I have given away some of my precious things, some back to the people who gave them to me. I make sure that everyone has something from my past, everyone who's been important in my life, and for the most part, I've sent them all letters too. Not that it was always received well. . . .

When something like this happens to you, you can either melt and disappear or you can come out stronger than you did before. It has made me a much stronger person. I literally feel like I can cope with anything. Nothing scares me, nothing. If I was on a 747 and they said we were going down, I would probably reach for a magazine.

POSITIVE THINKING AND RESTRUCTURING

Everyone dies sooner or later. I have been appreciating how beautiful the Earth is, flowers, and the things I like. I used to go around ignoring all those things. Now I stop to try and smell the roses more often, and just do pleasurable things.

I have been spending a lot of time lately on having a more positive attitude. I force myself to become aware every time I say something negative during a day, and I go, "Oops," and I change it and I rephrase it. So I say, "Wonderful," about 42,000 times a day. Sometimes I don't mean it, but I am convincing myself that I do.

The last chapter has not been written. The fat lady has not sung. I'm still here.

Source: G. M. Reed, 1989.

---

health outcomes (A. A. Stone, Kennedy-Moore, & Neale, 1995).

Coping and External Resources

Coping is influenced not only by the internal resources that an individual has, such as personality traits and coping methods, but also by external resources (Terry, 1994). These include time, money, education, a decent job, children, friends, family, standard of living, the presence of positive life events, and the absence of other life stressors (e.g., S. Cohen & Edwards, 1989; Moos, 1995).

The concern with resources is important. One stress researcher (Hobfoll, 1988) maintains that conservation of resources is the basic underpinning of stress and coping. According to this view, people strive to retain, protect, and build resources, and the potential or actual loss of these resources is threatening. Psychological stress, then, is the response to a situation in which one's resources, both potential and already existing, are threatened.

Individuals with greater resources typically cope with stressful events better because time, money, friends, and other resources simply provide more ways of dealing with a stressful event. For example, divorce is, generally speaking, an extremely stressful experience. However, men and women with higher income, higher educational achievement, and a greater number of close friends experience less distress (A. Booth & Amato, 1991). In chapter 6, we saw another example of the moderation of stress by resources. Relative to nonworking women, working women who had adequate child care and whose husbands shared in homemaking tasks benefited psychologically by their work, whereas women without these resources showed higher levels of distress.

Researchers have questioned whether resources affect coping directly by improving a person's ability to cope with both low and high levels of stress, or whether resources act

BOX 7.4

The Brief Cope

The Brief Cope is a measure of coping that relies on two items to tap each of a broad array of commonly used coping styles for managing stressful events. People rate how they are coping with a stressful event by answering each of these items on a scale from zero ("I haven't been doing this at all") to three ("I've been doing this a lot").

Think of a stressful event that you are currently going through (a problem with your family, a roommate difficulty, problems in a course?) and see which coping methods you use.

1. Active coping
   I've been concentrating my efforts on doing something about the situation I'm in.
   I've been taking action to try to make the situation better.
2. Planning
   I've been trying to come up with a strategy about what to do.
   I've been thinking hard about what steps to take.
3. Positive reframing
   I've been trying to see it in a different light, to make it seem more positive.
   I've been looking for something good in what is happening.
4. Acceptance
   I've been accepting the reality of the fact that it has happened.
   I've been learning to live with it.
5. Humor
   I've been making jokes about it.
   I've been making fun of the situation.
6. Religion
   I've been trying to find comfort in my religion or spiritual beliefs.

   I've been praying or meditating.
7. Using emotional support
   I've been getting emotional support from others.
   I've been getting comfort and understanding from someone.
8. Using instrumental support
   I've been trying to get advice or help from other people about what to do.
   I've been getting help and advice from other people.
9. Self-distraction
   I've been turning to work or other activities to take my mind off things.
   I've been doing something to think about it less, such as going to movies, watching TV, reading, daydreaming, sleeping, or shopping.
10. Denial
    I've been saying to myself "this isn't real."
    I've been refusing to believe that it has happened.
11. Venting
    I've been saying things to let my unpleasant feelings escape.
    I've been expressing my negative feelings.
12. Substance use
    I've been using alcohol or other drugs to make myself feel better.
    I've been using alcohol or other drugs to help me get through it.
13. Behavioral disengagement
    I've been giving up trying to deal with it.
    I've been giving up the attempt to cope.
14. Self-blame
    I've been criticizing myself.
    I've been blaming myself for things that happened.

Source: Carver, 1997.

Coping researchers have found that direct action often leads to better adjustment to a stressful event than do coping efforts aimed at avoidance of the issue or denial. (© David Young-Wolff/ PhotoEdit/PictureQuest)

primarily as a buffer against stress. In this latter view, resources may have little effect on a person's coping success at low levels of stress but may become important at high levels of stress.

One study examined whether people living in an urban environment were less likely to experience stress or become depressed in response to stress if they had good health, higher self-esteem, high levels of social support, and a higher level of education (Norris & Murrell, 1984). The study found that people with these resources were less likely to become depressed in response to stress, but their advantage shrank as the amount of stress increased. This finding suggests that, at a certain point, stress may overwhelm even the best of resources.

One of the most potent external resources with respect to health is socioeconomic status (SES). People who are higher in SES are less likely to have most medical and psychiatric disorders, and they show lower mortality from all causes of death and from a variety of specific causes, including several cancers and cardiovascular disease. So strong is this relationship that, even in animals, higher-status animals are less vulnerable to infection than

lower-status animals are (e.g., S. Cohen, Line, et al., in press). Figure 7.3 illustrates the relation between social class and mortality (see N. E. Adler et al., 1993). Studies of both animals and humans show that one's relative status within an environment and the stability of that status is tied to reduced neuroendocrine responses to stress, suggesting that this may be an important pathway between social class or social status and adverse health outcomes (T. E. Seeman & McEwen, 1996).

The presence of other life stressors also moderates coping responses, acting, in essence, as a resource depleter. People who must simultaneously deal with several sources of stress in their lives—such as a failing marriage, financial difficulties, or health problems—will have fewer resources left to use for coping with a new stressor than will people who do not have to deal with other life stressors (F. Cohen & Lazarus, 1979).

Sources of Resilience

Less attention has been paid to the possibility that positive life events (Ryff & Singer, 2000), good mood, and opportunities for rest,

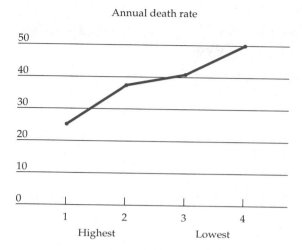

Annual death rate

FIGURE 7.3   Mortality Rate by Socioeconomic Status
Annual death rate per 1,000 males. (*Source:* Feldman,
Makuc, Kleinman, & Corononi-Huntley, 1989)

relaxation, and renewal may help people cope more effectively with life stressors and/or prevent stressful events from taking a toll on health. Going through positive events and having the opportunity to describe them or celebrate them with others does appear to have an effect both on immediate mood and on long-term well-being (Langston, 1994).

Interventions have built on observations like these and are designed to facilitate purposeful living and the development of quality relationships. For example, the Center for Creative Retirement in North Carolina (P. L. Brown, 1990) offers retired people opportunities for continuing education and community volunteer work. Both these efforts are designed to enhance a sense of purpose, foster continued mental growth, and develop meaningful ties to others (Ryff & Singer, 2000).

Whether such activities also have beneficial effects on health has not yet been widely studied. One restful event, however—taking a vacation—is now known to be beneficial for the health of one group—middle-aged men at risk for heart disease (Gump & Matthews, 2000).

Whether similar positive experiences are beneficial for other people remains to be seen. One important resource that most of us have is known to have beneficial effects on health, and that resource is social support.

Social Support

Social ties and relationships with others have long been regarded as emotionally satisfying aspects of life. They can also mute the effects of stress, help an individual cope with stressful events, and reduce the likelihood that stress will lead to poor health (B. R. Sarason, Sarason, & Gurung, 1997).

What Is Social Support?

Social support has been defined as information from others that one is loved and cared for, esteemed and valued, and part of a network of communication and mutual obligations from parents, a spouse or lover, other relatives, friends, social and community contacts (such as churches or clubs) (Rietschlin, 1998), or even a devoted pet (J. M. Siegel, 1993). People with high levels of social support may experience less stress when they confront a stressful experience, and they may cope with it more successfully.

Researchers have suggested that social support takes several forms: appraisal support, tangible assistance, information, and emotional support (e.g., S. Cohen, 1988; Reis, 1984; Schwarzer & Leppin, 1991; Wills, 1991). **Appraisal support** includes helping an individual understand a stressful event better and what resources and coping strategies may be mustered to deal with it. Through the exchange of appraisals, the individual facing a stressful event can determine how threatening the stressful event is likely to be and can profit from suggestions about how to manage the event.

Humor has long been thought to be an effective defense against stress. Writer Norman Cousins referred to laughter as "inner jogging" (Cousins, 1979). Now research supports that intuition. In one research investigation, a group of college students was shown a silent but highly stressful movie. Half the students were given an opportunity to generate a humorous monologue while watching the stressful film, whereas the other half generated a serious monologue. Compared with the students who produced a serious narrative, the students who produced the humorous narrative had better mood, less tension, and reduced psychophysiological reactivity in response to the stressful movie (© Cleo Photography/PhotoEdit).

Tangible assistance involves the provision of material support, such as services, financial assistance, or goods. For example, the gifts of food that often arrive after a death in a family mean that the bereaved family members will not have to cook for themselves and visiting relatives at a time when their energy and enthusiasm for such tasks is low.

Family and friends can provide **informational support** about stressful events. For example, if an individual is facing an uncomfortable medical test, a friend who went through the same thing could provide information about the exact procedures, how long the discomfort will last, and the like. An individual having a problem on the job may get information from coworkers about how best to manage time or delegate tasks appropriately or how to approach his or her supervisor about changing aspects of the job.

During times of stress, people often suffer emotionally and may experience bouts of depression, sadness, anxiety, and loss of self-esteem. Supportive friends and family can provide **emotional support** by reassuring the person that he or she is a valuable individual who is cared for. The warmth and nurturance provided by other people can enable a person under stress to approach it with greater assurance.

Effect of Social Support on Psychological Distress

What, exactly, are the benefits that social support provides? Research demonstrates that social support effectively reduces psychological distress, such as depression or anxiety, during times of stress. For example, a study of residents near the site of the Three Mile Island nuclear accident in 1979 (Fleming, Baum, Gisriel, & Gatchel, 1982) revealed that people with high levels of social support felt less distressed than did people with low levels of social support. Other studies have also found that social support alleviates psychological distress (Haines, Hurlbert, & Beggs, 1996; Lin, Ye, & Ensel, 1999).

Conversely, lack of social support during times of need can itself be very stressful, especially for people with high needs for social support but insufficient opportunities to obtain it. Such people may include the elderly,

BOX 7.5

Video-Relayed Social Support

Given all the ways that technology has increasingly crept into our lives, it was virtually inevitable that someone would examine whether social support provided via video can actually be supportive. The answer is somewhat surprising: It can (Thorsteinsson, James, & Gregg, 1998).

The researchers brought 40 healthy young men and women into the laboratory and had them perform a demanding computer task. While they were performing the task, their heart rate, blood pressure, and cortisol levels were measured. Half of the participants heard a video-relayed supportive commentary provided by a same-sex person while they were completing the task, whereas the remainder heard no supportive commentary. Although participants in both conditions performed at the same level, those who had received the social support via video reported feeling supported and rated the task as easier than those in the no-support condition. They also had lower heart rate and lower cortisol levels, compared with those who did not receive the support. Thus, just as a good friend or pleasant stranger can be supportive, so can a video of social support.

the recently widowed (Dunkel-Schetter & Wortman, 1981; Glick, Weiss, & Parkes, 1974), and other victims of sudden, severe, uncontrollable life events.

Effects of Social Support on Physiological and Neuroendocrine Responses to Stress

Social support appears to reduce physiological and neuroendocrine responses to stress under a broad array of conditions. Psychologists often study these conditions using the acute stress paradigm—that is, by taking people into the laboratory, putting them through stressful tasks (such as counting backwards quickly by 13s or giving an impromptu speech to an unresponsive audience), and then measuring their sympathetic and HPA responses to stress. Quite consistently, these biologic responses to stress are more subdued when a supportive companion is present than when no companion is present (Christenfeld et al., 1997). Even just believing that support is available (Uchino & Garvey, 1997) or contemplating the sources of support one typically has in life (Broadwell & Light, 1999) can yield these beneficial effects.

These calming effects are greater when support comes from a friend than from a stranger (Christenfeld et al., 1997). Both men and women seem somewhat more benefited when the support provider is female than male (Glynn et al., 1999). In fact, when women perform stressful events in the presence of a partner, especially their male partner, they sometimes appear to be more stressed than when they complete stressful tasks alone (Kirschbaum et al., 1995). Exceptions notwithstanding, on the whole, social support lessens cardiovascular and cortisol responses to short-term stressful events. As Box 7.5 shows, even a supportive video companion can have these beneficial effects.

Effect of Social Support on Illness and Health Habits

Social support can lower the likelihood of illness, speed recovery from illness when it does occur, and reduce the risk of mortality due to serious disease (J. S. House, Landis, & Umberson, 1988). Studies that control for initial health status show that people with a high quantity and sometimes a high quality of social relationships have lower mortality rates (Berkman, 1985; J. S. House et al., 1988). Social isolation is a major risk factor for death for both humans and animals (J. S. House et al., 1988). Thus, the evidence linking social support to a reduced risk of mortality is substantial.

As an example, some impressive evidence for the role of social support in combating the threat of illness came from an early study of adults in Alameda County, California (Berkman & Syme, 1979). Almost 7,000 people were asked about their social and community ties, and their death rate was tracked over a 9-year period. The results showed that people who had few social and community ties were more likely to die during this period than were people with many such ties. Having social contacts enabled women to live an average of 2.8 years longer and men an average of 2.3 years longer. These effects were not caused by differences in socioeconomic status, health status at the beginning of the study, or the practice of health habits.

In a study of the common cold, healthy volunteers reported their social ties, such as whether they had a spouse, living parents, friends, or workmates and whether they were members of other social groups, such as clubs. The volunteers were then given nasal drops containing one of two viruses and were followed for the development of the common cold. Those people with larger social networks were less likely to develop colds, and those who did had less severe colds (S. Cohen, Doyle, Skoner, Rabin, & Gwaltney, 1997). Social support appears to help people hold off or minimize complications from more serious medical conditions and disorders as well.

People with high levels of social support have fewer complications during pregnancy and childbirth (N. L. Collins, Dunkel-Schetter, Lobel, & Scrimshaw, 1993), are less susceptible to herpes attacks (VanderPlate, Aral, & Magder, 1988), have lower rates of myocardial

In addition to being an enjoyable aspect of life, social support from family and friends helps keep people healthy and may help them recover faster when they are ill. (© Frank Siteman/Rainbow)

infarction (Bruhn, 1965), and show better adjustment to coronary artery disease (Holahan, Moos, Holahan, & Brennan, 1997), diabetes, lung disease, cardiac disease, arthritis, and cancer (Penninx et al., 1998; Stone, Mezzacappa, Donatone, & Gonder, 1999).

Social support enhances the prospects for recovery among people who are already ill (B. S. Wallston, Alagna, DeVellis, & DeVellis, 1983). Social support has been associated with better adjustment to and/or faster recovery from coronary artery surgery (K. B. King, Reis, Porter, & Norsen, 1993; Kulik & Mahler, 1993), kidney disease (Dimond, 1979), childhood leukemia (Magni, Silvestro, Tamiello, Zanesco, & Carl, 1988), and stroke (E. K. Robertson & Suinn, 1968); better diabetes control (Marteau, Bloch, & Baum, 1987; L. S. Schwartz, Springer, Flaherty, & Kiani, 1986); and less pain among arthritis patients (R. F. DeVellis, DeVellis, Sauter, & Cohen, 1986).

Although social support has an impact on health independent of any influence on health habits, it also appears to affect health habits directly (M. A. Lewis & Rook, 1999; Umberson, 1987). People with high levels of social support are typically more adherent to their medication regimens (A. J. Christensen et al., 1992;

Kulik & Mahler, 1993; B. S. Wallston et al., 1983), and they are more likely to use health services, especially when the support network is positively inclined toward those services (Geersten, Klauber, Rindflesh, Kane, & Gray, 1975; B. S. Wallston et al., 1983). Social influences may adversely affect some health habits, however, as when one's peer group smokes, drinks heavily, or takes drugs (Wills & Vaughan, 1989).

Biopsychosocial Pathways   The frontier of social support research is to identify the biopsychosocial pathways by which social support exerts beneficial or health-compromising effects. Studies suggest that social support has beneficial effects on the cardiovascular, endocrine, and immune systems (T. E. Seeman & McEwen, 1996; Uchino, Cacioppo, & Kiecolt-Glaser, 1996). For example, one study found that the perception of social support was associated with lower systolic blood pressure in working women, suggesting that the presence of or the perception of social support may have enabled these women to go through a stressful workday without experiencing as much sympathetic arousal as was true for women who felt they lacked support (Linden, Chambers, Maurice, & Lenz, 1993). Other studies report similar beneficial effects of social support on blood pressure (e.g., Carels, Blumenthal, & Sherwood, 1998). In fact, simply believing that social support is potentially available leads to reduced cardiovascular reactivity in response to stress, even if that social support is not actually activated (Uchino & Garvey, 1997).

The impact of social support on endocrine functioning is also clear. As an example, a study of older men and women found that the quantity and quality of social relationships that men experienced was strongly related to levels of urinary norepinephrine, epinephrine, and cortisol; less consistent differences were found for women (T. E. Seeman, Berkman, Blazer, & Rowe, 1994). Other studies have found that social support is associated with reduced sympathetic and cortisol responses to stress, which can have beneficial effects on a broad array of diseases, including heart disease and cancer (Turner-Cobb, Sephton, Koopman, Blake-Mortimer, & Spiegel, 2000). Generally speaking, social support is associated with better immune functioning for support recipients (Herbert & Cohen, 1993b).

These biopsychosocial pathways, then, provide the links between illness and mortality from various diseases and social support. These links are important because they play critical roles in the leading causes of death—namely, cardiovascular disease, cancer, and respiratory illness.

Of the different kinds of social support considered, support in the family context appears to have particularly strong effects on physiological functioning. This finding should not be surprising, inasmuch as family members are in close contact with one another and have the power to both soothe and disrupt functioning in many areas of life.

Genetic Bases of Social Support   Researchers have questioned exactly why social support is so helpful during times of stress. Certainly, some of these effects are due to benefits that one's close friends, family, and community ties can provide, but there also may be advantages to perceiving that social support is available. Research using twin study methodology has discovered genetic underpinnings either in the ability to construe social support as available or in the ability to pick supportive networks (R. C. Kessler, Kendler, Heath, Neale, & Eaves, 1992). These genetic influences may partly account for what have previously been regarded as stress-buffering effects. During periods of high stress, genetic predispositions to draw on social support networks may be activated, leading to the perception that support will be available to mute stress.

Moderation of Stress by Social Support

What is the role of social support in moderating the effects of stress? Two possibilities have been extensively explored. One hypothesis maintains that social support is generally beneficial during nonstressful times as well as during highly stressful times (the **direct effects hypothesis**). The other hypothesis, known as the **buffering hypothesis,** maintains that the health and mental health benefits of social support are chiefly evident during periods of high stress; when there is little stress, social support may have few physical or mental health benefits. According to this hypothesis, what social support does is act as a reserve and resource that blunts the effects of stress or enables the individual to cope with stress more effectively when it is at high levels. Evidence suggesting both direct effects and buffering effects of social support has amassed (S. Cohen & Hoberman, 1983; S. Cohen & McKay, 1984; Penninx et al., 1998; Wills, 1984).

Generally, when researchers have looked at social support in social integration terms, such as the number of people one identifies as friends or the number of organizations one belongs to, direct effects of social support on health have been found. When social support has been assessed more qualitatively, such as the degree to which a person feels that there are other people available who will provide help if it is needed, then buffering effects of social support have been found (J. S. House et al., 1988).

Extracting Support The effectiveness of social support depends on how an individual uses a social support network. Some people may be ineffective in extracting the support they need from others. To examine this hypothesis, S. Cohen, Sherrod, and Clark (1986) assessed incoming college freshmen as to their social competence, social anxiety, and self-disclosure skills. The researchers wanted to see if these skills influenced whether the students were able to develop and use social support effectively and whether the same skills could account for the positive effects of social support in combating stress. Those students with greater social competence, lower social anxiety, and better self-disclosure skills did develop more effective social support and were more likely to form friendships, lending credence to the idea that the use of social support as a coping technique reflects, in part, a difference in personality, social skills, or competence, rather than an external resource (e.g., R. C. Kessler et al., 1992). The personality of the person seeking social support may predict the emotional support that is perceived but may not predict as strongly the ability to get tangible assistance or information (e.g., Dunkel-Schetter, Folkman, & Lazarus, 1987).

What Kinds of Support Are Most Effective?
Not all aspects of social support are equally protective against stress. For example, having a confidant (such as a spouse or partner) may be the most effective social support (Umberson, 1987), especially for men (e.g., Broadwell & Light, 1999; Wickrama et al., 1995). The beneficial effects of social support are also not necessarily cumulative. For example, with respect to friends, the critical factor for effective social support is having at least one close friend. Having a dozen close friends may be no more beneficial than having two or three (Langner & Michael, 1960).

In fact, evidence exists that too much or overly intrusive social support may actually exacerbate stress (Shumaker & Hill, 1991). When social support is controlling or directive, it may have some benefits on health behaviors but produce psychological distress (E. B. Fisher, La Greca, Greco, Arfken, & Schneiderman, 1997; M. A. Lewis & Rook, 1999). People who belong to "dense" social networks (friendship or family groups that are highly interactive and in which everyone knows everyone else) may find themselves besieged by advice and interference in times of stress. As comedian George Burns noted, "Happiness is having a large, loving, caring, close-knit family in another city."

Matching Support to the Stressor   Different kinds of stressful events create different needs, and social support should be most effective when it fills the particular need that is created (Thoits, 1986). In this view, effective social support may be thought of as coping assistance. Empathetic understanding on the part of providers is valuable, so that they can sense what kinds of support will be most helpful to a person going through a particularly stressful event. People who need support, in turn, may be most effectively helped by others when they are able to communicate that they need support and what particular kind of support they need.

The conceptualization of social support as coping assistance, in turn, has fostered the idea that effective social support may depend on a match between one's needs and what one receives from others in one's social network (the **matching hypothesis**) (S. Cohen & McKay, 1984; S. Cohen & Wills, 1985). The matching hypothesis suggests that only when there is a match between the needs produced by a stressful event and the type of support that is available will there be a buffering of the stress experience by social support (S. Cohen & McKay, 1984; S. Cohen & Wills, 1985). For example, if a person has someone he or she can talk to about problems but actually needs only to borrow a car, the presence of a confidant is useless. But if a person is upset about how a relationship is going and needs to talk it through with a friend, then the availability of a confidant is a very helpful resource.

Some kinds of support are useful with most kinds of stressors. Having someone to talk to about problems (appraisal or informational support) and having a person who makes one

feel better about oneself (self-esteem or esteem support) may be especially helpful because these are issues that arise with most stressful events.

Support from Whom?   Providing effective social support is not always easy for the support network. It requires skill. When it is provided by the wrong person, support may be unhelpful or even rejected, as when a stranger tries to comfort a lost child. Social support may also be ineffective if the type of support provided is not the kind that is needed.

Different kinds of support may be valued from different members of one's social support network, in that each member may have unique abilities to be helpful along particular dimensions. Emotional support is most important from intimate others, whereas information and advice may be more valuable from experts. Thus, a person who desires solace from a family member but receives advice instead may find that, rather than being supportive, the family member actually makes the stressful situation worse (B. A. Benson, Gross, Messer, Kellum, & Passmore, 1991; Dakof & Taylor, 1990).

There is intriguing evidence that social support from one's parents in early life and/or living in a stable and supportive environment as a child has long-term effects on coping and on health (Repetti et al., in press). Experiencing the divorce of one's parents in childhood predicts premature death in midlife (H. S. Friedman, Tucker, Schwartz, Martin, et al., 1995). A study of college students (Valentiner, Holahan, & Moos, 1994) found that students who perceived themselves as having a lot of support from their parents were more likely to make favorable appraisals of potentially stressful events and were more likely to cope actively with those stressful events when they occurred. When faced with uncontrollable events, parental support enabled these students to cope well emotionally, even when they could not take direct action to reduce the stressor.

A long-term study of undergraduate men at Harvard revealed that those men who perceived themselves to have had warm, close relationships with their parents were healthier 35 years later (Russek & Schwartz, 1997). Those men in childhood who did not report a warm relationship with their parents were more likely to be diagnosed in midlife with coronary artery disease, hypertension, ulcers, and alcoholism (see also Russek, Schwartz, Bell, & Baldwin, 1998).

Threats to Social Support   Stressful events can interfere with the ability to use potential social support effectively. People who are under extreme stress may continually express distress to others and drive those others away, thus making a bad situation even worse (e.g., G. E. Matt & Dean, 1993; McLeod, Kessler, & Landis, 1992). For example, depressed or ill people can repel their friends and family instead of using them effectively for social support (Alferi, Carver, Antoni, Weiss, & Duran, 2001; Coyne et al., 1987).

Sometimes, would-be support providers fail to provide the support that is needed and, instead, react in an unsupportive manner that actually aggravates the negative event. These negative interactions may have a more adverse effect on well-being than positive social interactions may have on improving it. In a study of 120 widowed women, Rook (1984) found that negative social interactions were consistently and more strongly related to well-being than were positive social outcomes. Dilemmas such as having one's privacy invaded by family and friends, having promises of help broken, and being involved with people who provoked conflict or anger were among the events that worsened psychological adjustment.

Similar findings were reported by Schuster, Kessler, and Aseltine (1990). Studying a Michigan community sample, they found that depression was augmented by negative interactions with one's spouse and close friends more than it was reduced by positive, supportive interactions. Such findings are an important corrective to the general emphasis on the positive effects of social interaction and suggest that research must focus not merely on how to enhance effective social support but also on how to help people avoid social relationships or social situations that actually tax their well-being.

Hostile and negative behaviors during marital conflict have been associated with immunological downregulation (that is, adverse immunological changes) (Kiecolt-Glaser et al., 1993), increases in epinephrine and norepinephrine, decreases in prolactin (Malarkey, Kiecolt-Glaser, Pearl, & Glaser, 1994), and increases in cortisol (Kiecolt-Glaser, Newton, et al., 1996). Together, these studies indicate that recurrent or prolonged SAM and HPA activation has the potential for compromising health.

Effects of Stress on Support Providers   Support providers may also be affected by the stressful event. For example, Wortman and Dunkel-Schetter (1979) suggested that the stressful event of cancer in a loved one or friend creates fear and aversion to the cancer but also a simultaneous awareness of the need to provide support. These tensions may produce a variety of negative outcomes, such as physically avoiding the patient, avoiding open communication about the cancer, minimizing its impact, or demonstrating forced cheerfulness that does little to actually raise the patient's spirit (see also Dakof & Taylor, 1990). Any stressful event that alarms or creates conflicts for a would-be support provider can threaten social support.

Thus, when a close friend, family member, or partner is going through a stressful event, the event also has an impact on close family members who may themselves have resulting needs for social support that go unmet (e.g., Aneshensel, Pearlin, & Schuler, 1993). To the extent that family members and friends are adversely affected by the stressful event, they may be less able to provide social support to the person in greatest need (B. G. Melamed & Brenner, 1990).

For example, long-term provision of care for another has been tied to both psychological distress, including anxiety and depression, and compromised health (Schulz et al., 1995). For example, as many as one third of primary caregivers of Alzheimer's patients show clinically significant levels of depression (Mintzer et al., 1992), decrements in cellular immunity, and higher rates of disease (Kiecolt-Glaser, Dura, Speicher, Trask, & Glaser, 1991; Kiecolt-Glaser, Marucha, Malarkey, Mercado, & Glaser, 1995; Uchino, Kiecolt-Glaser, & Cacioppo, 1992). Such caregivers may themselves be in need of social support, which may, in turn, improve their physiological and psychological functioning.

Overall, qualifications about the effects of social support on stress show that the relationships are complex and require further research. On balance, however, social support is advantageous. It reduces the experience of stress, enhances the ability to cope, can reduce the prospect of mental and physical distress or illness, and speeds recovery when illness does occur.

Enhancing Social Support

Health psychologists should view social support as an important resource in primary prevention (B. H. Gottlieb, 1983). Finding ways to increase the effectiveness of existing or potential support from patients' family and friends should be a high research priority. People need to be encouraged to recognize the potential sources of social support in their environment and be taught how to draw on these resources more effectively. People might also be taught how to develop social support resources, as by joining community groups, interest groups, or informal social groups that meet regularly. Psychologists can contribute to the development of social support mechanisms, explore ways of creating social ties, and develop means of identifying and aiding socially marginal individuals who cannot avail themselves of this valuable resource.

Coping Outcomes

As we have seen, stressful events can be offset or managed and their adverse health effects muted with the successful recruitment of internal resources, such as coping strategies, and external resources, such as money or social support. But coping must be thought of not only as a set of processes that occurs in reaction to the problems posed by a particular stressor but also as efforts aimed at the achievement of certain goals. These goals may be thought of as the tasks of coping. Coping efforts center on five main tasks: (1) to reduce harmful environmental conditions and enhance the prospects of recovery, (2) to tolerate or adjust to negative events or realities, (3) to maintain a positive self-image, (4) to maintain emotional equilibrium, and (5) to continue satisfying relationships with others (F. Cohen & Lazarus, 1979).

To elaborate, the individual must first deal with the immediate demands of the stressor itself. He or she must come to terms with any negative and irreversible problems that the stressor has produced. For example, a newly widowed woman must acknowledge the fact that her husband is no longer with her. Next, one must anticipate future threats and take actions that can reduce further risk: The widow must take stock of her financial situation and must pull herself together, so that she can continue to perform the tasks of daily living. The person under stress must also attempt to reduce emotional distress, both that caused by already existing harm and that occasioned by anticipated future stress: The widow must keep her grieving within manageable bounds, so that it does not interfere with her ability to go on with her life. Similarly, she must maintain enough emotional control so that subsequent setbacks, such as the discovery that a life insurance policy had expired, do not become devastating experiences. In the face of severe blows and setbacks, the person under stress must try to maintain self-esteem: The widow must remind herself that she is a person of value and worth, even though the person most likely to encourage that self-image is now deceased. Finally, the person under stress must revive and maintain social relationships as a source of ongoing sustenance. The widow should turn to her social network of relatives and friends, so that they can ease her loneliness and unhappiness.

What Is Successful Coping?

Throughout our discussion, we have referred several times to successful coping. What constitutes successful coping? One set of **coping outcomes** has included measures of physiological and biochemical functioning. Coping efforts are generally judged to be more successful if they reduce arousal and its indicators, such as heart rate, pulse, and skin conductivity. If blood or urine levels of catecholamines and corticosteroids are reduced, coping is judged to be more successful.

A second criterion of successful coping is whether and how quickly people can return to their prestress activities. Many stressors—especially severe ones, such as the death of a spouse, or chronic ones, such as excessive noise—interfere with the conduct of daily life activities. To the extent that people's coping efforts enable them to resume usual activities, coping may be judged to be successful. However, there is an implicit bias in this criterion,

to the effect that the person's prior living situation was in some sense an ideal one, which is not always true. In fact, substantial life change may follow a stressful event, and this change may be a sign of successful rather than unsuccessful coping (S. E. Taylor, 1983). For example, a sick person who is overworked and hates his job may not be showing successful adjustment if he returns to the same work situation; revising the work situation would be a more successful form of coping.

Third, and most commonly, researchers judge coping according to its effectiveness in reducing psychological distress. When a person's anxiety or depression is reduced, the coping response is judged to be successful. Finally, coping can be judged in terms of whether it terminates, lessens, or shortens the duration of the stressful event itself (Harnish, Aseltine, & Gore, 2000).

In summary, then, coping has been judged successful using a number of criteria. Coping is complex, however, and different criteria of its success may be affected differently by coping efforts. Moreover, coping is costly. It takes effort, concentration, and attention, thereby reducing the availability of these resources for other tasks. For example, while a student is attempting to cope with the aftermath of a romantic breakup, his or her attention to schoolwork may decline because current energies are focused on managing the stressful event. Similarly, other stressful events, such as an automobile accident, require commitments of time and funds that reduce their availability for meeting other goals and pursuing more desirable activities. To date, these **costs of coping** have received little attention, but they are clearly important (S. Cohen, Evans, Stokols, & Krantz, 1986).

The past few decades have seen great strides in coping research. Researchers have identified many of the common coping strategies that people use, and measures of coping have been developed. The next frontier of coping research is to focus on the biopsychosocial pathways through which coping efforts and those resources that aid in managing stress can influence psychological and health outcomes.

The Management of Stress

Individuals' coping responses are often spontaneous; that is, people do whatever comes naturally to them and what has worked in the past. But sometimes these efforts are not enough. The stressor may be so novel, so chronic, or so elusive that people's own efforts may be unsuccessful in reducing stress.

Moreover, as we have seen, individual efforts to control stress are not always adaptive, especially in the long term. Coping with chronic stress through excessive alcohol or drug use, for example, may bring relief in the short run, but often the person is worse off for these efforts; the source of stress itself remains unchanged, and the individual may have an addiction to combat on top of all the other sources of stress.

Who Needs Stress Management?

Because people so obviously have difficulty managing stress themselves, health psychologists have increasingly turned their attention to developing techniques of **stress management** that can be taught. Who participates in stress management programs? Some people obtain help in stress management through private therapists in a one-to-one psychotherapeutic experience.

More commonly, stress management is taught through workshops. For example, increasingly, stress management courses are offered in the workplace. Stress-related disorders account for as much as $17 billion a year in lost productivity, and one estimate places the annual cost of stress-related illness at $69 billion (J. D. Adams, 1978). Consequently,

organizations have been motivated to help their workers identify and cope with the variety of stressful events that they experience in their lives and on the job (Ganster, Mayes, Sime, & Tharp, 1982).

People who suffer from or are at risk for illnesses that are aggravated by stress often learn stress management techniques. For example, stress management programs have been used successfully to treat muscle contraction headaches (Holroyd, Andrasik, & Westbrook, 1977), to manage migraine headaches (Turk, Meichenbaum, & Berman, 1979), to manage the symptoms of multiple sclerosis (C. E. Schwartz, 1999), and to control high blood pressure (A. P. Shapiro, Schwartz, Ferguson, Redmond, & Weiss, 1977). Chapters 4 and 5 point out that the treatment of alcohol abuse and obesity also frequently incorporates stress management skills (U.S. Department of Health and Human Services, 1981).

As we will see in chapter 13, individuals with symptoms of cardiovascular disease or a history of angina or myocardial infarction are often trained in techniques for coping with stress (e.g., Chesney, Eagleston, & Rosenman, 1981; Roskies, 1980; Roskies et al., 1978). Effective stress management has clear health benefits in controlling stress-related disorders and in reducing not only the risk factors associated with coronary heart disease but also the development of CHD (Carver & Humphries, 1982; Chesney et al., 1981; Roskies, 1980).

Finally, stress management courses are increasingly being offered to groups experiencing particular kinds of problems. In the section "Basic Techniques of Stress Management," we examine stress management techniques that help students cope with the stress of college life.

Basic Techniques of Stress Management

Stress management programs typically involve three phases. In the first phase, participants learn what stress is and how to identify the stressors in their own lives. In the second phase, they acquire and practice skills for coping with stress. In the final phase, participants practice these stress management techniques in the targeted stressful situations and monitor their effectiveness (Meichenbaum & Jaremko, 1983).

As an example, college can be an extremely stressful experience for many students. For some, it is the first time away from home, and they must cope with the problems of living in a dormitory surrounded by strangers. They may have to share a room with another person of a very different background with very different personal habits. High noise levels, communal bathrooms, institutional food, and rigorous academic schedules may all be trying experiences to new students.

In addition, academic life may prove to be more difficult than they had expected. Whereas in high school each student may have been a star, college presents heavier competition because the students are more similar in intellectual caliber. Consequently, course loads are heavier and grades are typically lower. Because the student was able to do well in high school with relatively little effort, he or she may never have developed the concentration, study skills, or motivation required to excel in the college environment. Coping with a first *C, D,* or *F* can be a deflating and anxiety-arousing experience.

If the student sees little prospect for improvement, he or she may become increasingly anxious, find that the college environment is too stressful, and drop out. Recognizing that these pressures exist, college administrators have increasingly made stress management programs available to their students.

A Stress Management Program

One university responded to these problems by developing a stress management program that reaches troubled students before the stresses of academic life lead them to flunk out

or drop out. The program, called Combat Stress Now (CSN), makes use of the three phases of education, skill acquisition, and practice.

Identifying Stressors   In the first phase of the CSN program, participants learn what stress is and how it creates physical wear and tear. In sharing their personal experiences of stress, many students find reassurance in the fact that so many other students have experiences similar to their own. Students then learn that stress is a process of psychological appraisal rather than a factor inherent in events themselves. Thus, college life is not inherently stressful but is a consequence of the individual's perceptions of it. Through these messages, the students begin to see that, if they are armed with appropriate stress management techniques, they will come to experience currently stressful events as less stressful.

Monitoring Stress   In the self-monitoring phase of the CSN program, students are trained to observe their own behavior closely and to record the circumstances that they find most stressful. In addition, they record their physical, emotional, and behavioral reactions to those stresses as they experience them. Students also record their own maladaptive efforts to cope with these stressful events, including excessive sleeping or eating, television watching, alcohol comsumption, and other such responses.

Identifying Stress Antecedents   Once students learn to chart their stress responses, they are encouraged to examine the antecedents of these experiences. In particular, they learn to focus on what events happen just before they experience subjective feelings of stress. For example, one student may feel overwhelmed with academic life only when she contemplates speaking out in class; another student may experience stress primarily when he

There are many stressful aspects of college life, such as speaking in front of large groups. Stress management programs can help students master these experiences. (© Susan Lapides/Design Conceptions)

thinks about having to use the computer in a particularly demanding course. Thus, by pinpointing exactly those circumstances that initiate feelings of stress, the students can more precisely identify their own trouble spots.

Avoiding Negative Self-talk As in many stress management courses, students in the CSN course are trained to recognize the negative self-talk they go through when they face stressful events. Negative self-talk can contribute to irrational feelings that perpetuate stress (Meichenbaum, 1975). For example, the student who fears speaking out in class may recognize how her own self-statements contribute to this process: "I hate asking questions," "I always get tongue-tied," "I'll probably forget what I want to say."

Take-Home Assignments In addition to the exercises that students perform in class, they also have take-home assignments. In particular, students keep a stress diary in which they record the events they find stressful and how

they responded to them. As they become proficient in identifying stressful incidents, they are encouraged to record the negative self-statements or irrational thoughts that accompany the stressful experience (see Ellis, 1962).

Skill Acquisition As in most stress management training programs, the second stage of CSN involves skill acquisition and practice. The skills of stress management vary widely and include cognitive-behavioral management techniques, time management skills, behavioral regulation techniques, and other behaviors, such as diet or exercise. Some of these techniques are designed to eliminate the stressful event, whereas others are geared toward reducing the experience of stress without necessarily modifying the event itself.

Setting New Goals In the CSN program, students begin to attack their stressful events by setting new goals, engaging in positive self-talk, and using self-instruction. Specifically, first, each student sets several specific goals that he or she wants to meet to reduce the experience of college stress. For one student, the goal may be learning to speak in class without suffering overwhelming anxiety. For another, the goal may be going to see a particular professor about a problem.

Once the goals have been set, the next challenge is to identify specific behaviors that will meet those goals. In some cases, an appropriate response may be leaving the stressful event altogether. For example, the student who is having substantial difficulty in a rigorous physics course may need to modify his goal of becoming a physicist. Alternatively, students may be encouraged to turn a stressor into a challenge. Thus, the student who fears speaking up in class may come to realize that she must not only master this fearful event but actually come to enjoy it if she is to realize her long-term goal of becoming a trial lawyer.

In other cases, students may have to put up with a stressful event but simply learn to manage it more effectively. If a particular English course is highly stressful but is required for graduation, the student must learn to cope with the course as best he can.

Thus, goal setting is important in effective stress management, first, because it forces a person to distinguish among stressful events to be avoided, tolerated, or overcome. Second, it forces the individual to be specific and concrete about exactly which events need to be tackled and what is to be done.

Positive Self-talk Once students have set some realistic goals and identified some target behaviors for reaching those goals, they learn how to engage in self-instruction and positive self-talk, two skills that can help in achieving those goals. Positive self-talk involves providing the self with specific encouragements. For example, the student desiring to overcome a fear of oral presentation might remind herself of all the occasions in which she has spoken

successfully in public. Once some proficiency in public speaking is achieved, the student might encourage herself by highlighting the positive aspects of the experience (for example, holding the attention of the audience, making some points, winning over a few converts).

As a skill, self-instruction involves reminding oneself of the specific steps that are required to achieve the particular goal. Thus, the would-be trial lawyer should try to create opportunities for public speaking and plan to reward herself when the speaking goes successfully. Each time the student speaks, she may need to rehearse carefully the steps that go into an effective presentation, composing her thoughts before speaking, making notes, rehearsing, and the like. By outlining precisely what she wants to say, the student may make a more effective public presentation.

Other Cognitive-Behavioral Techniques In some stress management programs, contingency contracting (chapter 3) is encouraged. For example, in the CSN program, students whose problems are motivational are encouraged to make a contract with the self. Thus, the student who fears making oral presentations may define a specific goal, such as asking three questions in class in a week, which is to be followed by a particular reward, such as tickets to a rock concert.

These techniques to control stress present a wide array of cognitive-behavior therapy techniques that an individual can use to combat stress: self-monitoring, the modification of internal dialogues, goal setting, homework assignments, positive self-talk, self-instruction, and contingency contracting. Most stress management programs include this cafeteria-like array of techniques, so that the individual has a broad set of skills from which to choose. Each individual can discover the skills that work best for him or her. In these ways, individuals can "inoculate" themselves against stress (Meichenbaum & Turk, 1982). This **stress inoculation** training, as Meichenbaum and Turk called it, enables people to confront stressful events with a clear plan in mind and an array of potential measures that they can take before the stressful event becomes overwhelming.

Relaxation Training and Stress Management

Whereas most of the techniques we have discussed so far are designed to give an individual cognitive insights into the nature and control of stress, another set of techniques—relaxation training techniques—is designed to affect the physiological experience of stress by reducing arousal.

Relaxation training therapies include progressive muscle relaxation training, guided imagery, transcendental meditation, and other forms of meditation, including yoga and hypnosis. These techniques can reduce heart rate, skin conductance, muscle tension, blood pressure, inflammatory processes, lipid levels, energy utilization, self-reports of anxiety, and tension (Lucini et al., 1997; Lutgendorf et al., 2000; Scheufele, 2000; R. H. Schneider et al., 1998; Speca, Carlson, Goodey, & Angen, 2000).

Because of the value of relaxation for health and mental health, students in the CSN program are trained in relaxation therapy. First, they learn how to control their breathing, taking no more than six to eight breaths per minute. They are trained to relax the muscles in each part of the body progressively, until they experience no tension (progressive muscle relaxation). They are urged to identify the particular spots that tense up during times of stress, such as a jaw that clamps shut or fists that tighten up. By becoming especially aware of these reactions, they can relax these parts of the body as well. Thus, for example, when students find that the stress of college life is catching up with them, they can take a 5- or 10-minute break in which they breathe deeply and relax completely. They can return to their tasks free of some of their previous tensions.

Supplementary Stress Management Skills

In addition to the basic cognitive and relaxation skills of stress management, many programs also include training in supplementary skills. In many cases, the experience of stress depends heavily on feeling that one has too much to do in too little time. Consequently, many stress management programs include training in **time management** and planning. CSN helps students set specific work goals for each day, establish priorities, avoid time wasters, and learn what to ignore altogether. Thus, a student may learn to set aside 2 hours for a particularly important task, such as studying for a test. In this way, the student has a particular goal and particular time period in which to pursue it and therefore is less subject to interruption. Simple "how to" manuals effectively illustrate the time management approach to stress management.

Many stress management programs emphasize good health habits and social skills as additional techniques for the control of stress (J. D. Adams, 1978). These include appropriate eating habits, good exercise habits, assertiveness in social situations, and using social support. Stress often affects eating habits adversely: People under stress consume too many stimulants, such as coffee, too much sugar, and too much junk food. By learning to control dietary habits effectively and by eating three balanced meals a day, the student can ameliorate physiological reactions to stress. Likewise, regular exercise reduces stress. At least 15 minutes of sustained exercise three times a week is widely encouraged for all participants in the CSN program.

Assertiveness training is sometimes incorporated into stress management. Often, people experience stress because they are unable to confront the people who contribute to their stress. For example, in the CSN program, students who have identified other individuals in their environment as causing them special stress (called **stress carriers**) help one another practice dealing with these individuals. One student may practice approaching a professor with whom he is having difficulty communicating; another student may practice dealing tactfully with a roommate who constantly brags about how well she is doing in her classes.

As we have already seen, social support can buffer the adverse effects of stress. Unfortunately, persons under stress sometimes alienate rather than use effectively those people who might provide social support. A harried executive snaps at his wife and children, or a student facing a threatening exam angrily rejects a friend's well-intentioned advice. Students in the CSN program are trained to recognize the important functions that social support can serve in helping them combat stress. They are urged to confide in close friends, to seek advice from people who can help them, and to use their relationships with other people as sources of positive reinforcement after successfully meeting their goals.

Coping Practice   In the final stage of the CSN program, stress management techniques are put into effect. Trainees practice the stress management techniques they have learned and monitor their effectiveness in daily situations. If some techniques fail to work, the trainees are urged to figure out why. Students take their experiences of stress management back to the group situation, where successes and failures can be analyzed. If initial efforts to cope with a stressful event are unsuccessful, the student may need to practice the technique more or shift to a different type of stress management technique. Overall, stress management is an important undertaking in a world with many sources of stress. It reliably improves mood (Thayer, Newman, & McClain, 1994) and may have beneficial effects on health as well.

Summary

1. Stress can alter health habits, increase the likelihood that one will seek medical attention, increase wear and tear on the physiological system, and interact with preexisting vulnerabilities to produce illness, both psychological and physical. Both stress itself and the stress-illness relationship are importantly influenced by stress moderators—namely, internal and external resources and liabilities that affect people's ability to cope with stress.

2. Coping is the process of managing demands that tax or exceed a person's resources. Coping is influenced by primary appraisals ("Is the event harmful, threatening, or challenging?") and by secondary appraisals ("What are my coping resources and how adequate are they?").

3. Selection of coping efforts is guided by internal and external resources. Internal resources include preferred coping style and other personality factors, such as negativity, hardiness, optimism, and control. External resources include time, money, the presence of other simultaneous life stressors, and social support.

4. Coping styles consist of predispositions to cope with stressful situations in particular ways. Avoidance versus confrontation is one prominently studied coping style. Recent research has explored the value of emotional disclosure.

5. Coping efforts may be directed at solving problems or at regulating emotions. Most stressful events evoke both types of coping, as well as more specific strategies.

6. Social support can be an effective resource in times of stress. It reduces psychological distress and the likelihood of illness. However, some events can undermine or threaten social support resources.

7. The tasks toward which coping efforts are typically directed include reducing harmful environmental conditions and enhancing the adjustment process, tolerating and adjusting to negative events and realities, maintaining a positive self-image, maintaining emotional equilibrium, and continuing satisfying relations with others.

8. Coping efforts are judged to be successful when they reduce physiological indicators of arousal, enable the person to return to prestress activities, and free the individual from psychological distress.

9. Stress management programs exist for those who need aid in developing their coping skills. These programs teach people to identify sources of stress in their lives, to develop coping skills to deal with those stressors, and to practice employing stress management skills and monitoring their effectiveness.

Key Terms

appraisal support
avoidant (minimizing) coping style
buffering hypothesis
confrontative (vigilant) coping style
coping
coping outcomes

coping style
costs of coping
direct effects hypothesis
emotional support
hardiness
informational support
matching hypothesis
negative affectivity

pessimistic explanatory style
social support
stress carriers
stress inoculation
stress management
stress moderators
tangible assistance
time management

PART FOUR

The Patient in the Treatment Setting

Using Health Services

*S*ome years ago, creative puppeteer Jim Henson died abruptly in his mid-50s from an apparent cold or flu that coursed rapidly through his system. Henson had been working long hours and was run-down from heavy business and travel commitments, and although he knew he should see a doctor—his symptoms were getting worse—he put it off. When he finally did check into a hospital, the infection had spread so far that doctors could not save him. Generations of children and parents who had grown up with *Sesame Street* and who had come to love Kermit the Frog, Oscar, and the other endearing inventions of Henson's mind were stunned, not only by the

abrupt ending to his outstanding career but by the form it took.

A few days later, my young son developed a cold and low-grade fever that proved to be surprisingly intractable to his usual medication. I took him in immediately and was informed by the overworked but patient physician that my son was just fine, the infection was viral in origin, and there was nothing to do but keep him at home, give him lots of rest and fluids, and continue to administer medication on a regular basis. I felt silly and told the doctor that I had probably been a bit overzealous in coming to see him because the Jim Henson account had alarmed me so much.

He smiled wearily and said, "Dr. Taylor, you are probably the 30th 'Jim Henson' mother we have seen here this week."

On the surface, the questions of who uses health services and why would seem to be a medical issue. The obvious answer is that people use services when they are sick. But as the preceding anecdote illustrates, this issue can also be psychological. When and how does a person decide that he or she is sick? When are symptoms dismissed as inconsequential? When does a person decide that a symptom requires treatment by a professional, and when do chicken soup, fluids, and bed rest seem to be all that is needed?

Recognition and Interpretation of Symptoms

Although people have some awareness of what is going on in their bodies, that awareness may be fairly limited (Pennebaker, 1983). This limitation leaves a great deal of room for social and psychological factors to operate in the recognition of symptoms and the interpretation of illness (Petrie & Weinman, 1997).

Recognition of a Symptom

Individual Differences in Personality   Common observation reveals that some individuals maintain their normal activities in the face of what would seem to be overwhelming symptoms, whereas others take to their beds the moment they detect any minor bodily disturbance. Some of these *individual differences* are stable. That is, some people are consistently more likely to notice a symptom than other people are. For example, people who cope with aversive events by using the defense mechanism of **repression** are less likely to experience symptoms and side effects of treatments than are people who do not (S. E. Ward, Leventhal, & Love, 1988).

A similar concept, **monitoring/blunting** (S. M. Miller, Brody, & Summerton, 1988), refers to whether people deal with threat by monitoring their situation for threat-relevant information or by ignoring it. Where people stand on this dimension influences whether and how quickly they use health services. In one study, monitors came to the physician with less severe medical problems than did blunters, but they were reporting equivalent levels of discomfort, dysfunction, and distress. In the week after their visit, monitors reported that their symptoms had improved less than did blunters (S. M. Miller et al., 1988), presumably because the monitors were still paying close attention to their bodies.

Neuroticism is a pervasive dimension of personality marked by negative emotions, self-consciousness, and a concern with bodily processes. People who are high in neuroticism recognize their symptoms more quickly, report their symptoms more quickly, or both (K. W. Brown & Moskowitz, 1997; P. Feldman, Cohen, Doyle, Skoner, & Gwaltney, 1999). It may be that neurotic anxious people exaggerate their symptoms, or they may simply be more attentive to real symptoms (Gramling, Clawson, & McDonald, 1996; S. Ward & Leventhal, 1993). Almost two thirds of the people who seek medical attention for low-level symptoms are suffering from anxiety or depression instead (e.g., Malt et al., 1997), which may occur because symptoms of these emotional disorders are mistakenly thought to be indicative of a physical disease (G. Simon, Gater, Kisely, & Piccinelli, 1996). Neurotics often erroneously believe they have serious diseases and have been found in some research to account for up to 30% of those referred for coronary angiography who tested negative (Pryor, Harrell, Lee, Califf, & Rosatti, 1983).

Cultural Differences   There are reliable *cultural differences* in how quickly and what kind of symptoms are recognized (Kirmayer &

Young, 1998). For example, in a comparative study of Anglos and Mexicans, Burnam, Timbers, and Hough (1984) found that Anglos reported more infrequent symptoms, but Mexicans were more likely to report symptoms that occurred frequently. Cultural differences in symptom experience and reporting have been known about for decades (Zola, 1966), but as yet, the reasons underlying these differences are not fully understood.

Attentional Differences *Attentional differences* influence the experience of symptoms. People who are focused on themselves (their bodies, their emotions, and their reactions in general) are quicker to notice symptoms than are people who are focused externally on their environment and activities (Pennebaker, 1983). Thus, people who hold boring jobs, who are socially isolated, who keep house for a living, or who live alone report more physical symptoms than do people who have interesting jobs, who have active social lives, who work outside the home, or who live with others. One possible reason is that these latter people experience more distractions and attend less to themselves than do those people who have little activity in their lives (Pennebaker, 1983).

Situational Factors *Situational factors* influence whether a person will recognize a symptom. A boring situation makes people more attentive to symptoms than an interesting situation does. For example, people are more likely to notice itching or tickling in their throats and to cough in response to the sensations during boring parts of movies than during interesting parts (Pennebaker, 1980). A symptom is more likely to be perceived on a day when a person is at home than on a day full of frenzied activity. Intense physical activity takes attention away from symptoms, whereas quiescence increases the likelihood of their recognition.

Any situational factor that makes illness or symptoms especially salient promotes their recognition. For example, a common phenomenon in medical school is **medical students' disease.** As they study each illness, many members of the class imagine that they have it. Studying the symptoms leads students to focus on their own fatigue and other internal states; as a consequence, symptoms consistent with the illness under study seem to emerge (Mechanic, 1972).

Stress *Stress* can precipitate or aggravate the experience of symptoms. People who are under stress may believe that they are more vulnerable to illness and so attend more closely to their bodies. They may also experience stress-related physiological changes, such as accelerated heartbeat or breathing, and interpret these changes as symptoms of illness (L. Cameron, Leventhal, & Leventhal, 1995).

Mood *Mood* influences self-appraised health (Salovey, O'Leary, Stretton, Fishkin, & Drake, 1991). People who are in a positive mood rate themselves as more healthy, report fewer illness-related memories, and report fewer symptoms. People in a bad mood, however, report more symptoms, are more pessimistic that any actions they might take would relieve their symptoms, and perceive themselves as more vulnerable to future illness than do people in good moods (E. A. Leventhal, Hansell, Diefenbach, Leventhal, & Glass, 1996; Salovey et al., 1991). These effects appear to be due to the fact that people in bad moods are able to recall illness-related memories, whereas people in a positive mood are less likely to dredge up such memories (Croyle & Uretsky, 1987).

In summary, then, symptom recognition is determined both by individual differences in attention to one's body and by transitory situational factors that influence the direction of one's attention. When attention is directed outward, as by vigorous physical activity or a highly distracting environment, symptoms are less likely to be noticed. When attention is directed toward the body, on the other hand, as by cues that suggest illness, symptoms are more likely to be detected.

Interpretation of Symptoms

The interpretation of symptoms is also a heavily psychological process. Consider the following incident. At a large metropolitan hospital, a man in his late 20s came to the emergency room with the sole symptom of a sore throat. He brought with him six of his relatives: his mother, father, sister, aunt, and two cousins. Because patients usually go to an emergency room with only one other person and because a sore throat is virtually never seen in the emergency room, the staff were understandably curious about the reason for his visit. There was much chuckling about how Italian families stick together and how they panic at any sign of a disturbance in health. But one particularly sensitive medical student reasoned that something more must have caused the man to come to the emergency room with his entire family in tow, so he probed cautiously but persistently during the intake interview with the patient. Gradually, it emerged that the young man's brother had died a year earlier of Hodgkin's disease, a form of cancer that involves the progressive infection and enlargement of the lymph nodes. The brother's first symptom had been a sore throat, which he and the family had allowed to go untreated.

This poignant incident illustrates how important social and psychological factors can be in understanding people's interpretations of their symptoms. To this family, the symptom "sore throat" had special significance. It had a history for them that overrode its usual association with the beginnings of a cold (which is,

in fact, what the young man turned out to have). Moreover, it symbolized for them a past failure of the family to respond adequately to an emergency, a failure that they were determined not to repeat. What this incident also illustrates, albeit in a less direct way, is that individual, historical, cultural, and social factors all conspire to produce an interpretation of the symptom experience.

Prior Experience As the preceding incident attests, the interpretation of symptoms is heavily influenced by prior experience. A personal history with a particular symptom can lead people to make assumptions about its meaning (S. Melamed, Froom, & Green, 1997). For example, people who have a history of a medical condition estimate the prevalence of their symptoms to be greater and often regard the condition as less serious than do people with no history of the condition (Jemmott, Croyle, & Ditto, 1988). A symptom's meaning is also influenced by how common it is within a person's range of acquaintances or culture (e.g., Croyle & Hunt, 1991). Highly prevalent risk factors and disorders are generally regarded as less serious than are rare or distinctive risk factors and disorders (Croyle & Ditto, 1990). The very fact that the symptom or condition is widespread may be seen as a reason for attaching little significance to it.

Expectations Expectations influence the interpretation of symptoms. People may ignore symptoms they are not expecting and amplify symptoms they do expect (H. Leventhal, Nerenz, & Strauss, 1982). For example, women who believe they are close to their menstrual periods may interpret otherwise vague sources of discomfort as premenstrual symptoms; women who believe their periods are several days away may ignore the same "symptoms" (C. McFarland, Ross, & DeCourville, 1989; Ruble, 1972; see Box 8.1).

BOX 8.L

Can Expectations Influence Sensations?

THE CASE OF PREMENSTRUAL SYMPTOMS

Many women experience a variety of unpleasant physical and psychological symptoms just before the onset of menstruation, including swollen breasts, cramping, irritability, and depression. Generally, physicians and psychologists have assumed that these symptoms have a physiological basis. However, research by Ruble (1972) suggests a possible psychological basis. Specifically, it may be that women experience these symptoms partly because they expect to experience them (C. McFarland et al., 1989).

To test this idea, Ruble recruited a number of women to participate in a study. She told them she was using a new scientific technique that would predict their date of menstruation. She then randomly told subjects the technique indicated either that their period was due within the next day or two (premenstrual group) or that their period was not due for a week to 10 days (intermenstrual group). In fact, all the women were approximately a week from their periods. All the women were then asked to complete a questionnaire indicating

the extent to which they were experiencing symptoms typically associated with the premenstrual state.

The results strongly supported Ruble's hypothesis. The women who were led to believe that their period was due within the next day or two reported more of the psychological and physiological symptoms of premenstruation than did the women who were told their periods were not due for a week to 10 days. Of course, the results of this study do not mean that no women experience any actual premenstrual symptoms. Indeed, the prevalence and seriousness of premenstrual syndrome (PMS) bears testimony to the debilitating effect that premenstrual bodily changes can have on physiological functioning and behavior (Kendler et al., 1992; Klebanov & Jemmott, 1992). Rather, the results suggest that women who believe themselves to be premenstrual tend to overstate or exaggerate naturally fluctuating bodily states. Such research findings demonstrate the significance of psychological factors in the experience of symptoms (see also C. McFarland et al., 1989).

Seriousness of the Symptoms Symptoms that affect highly valued parts of the body are usually interpreted as more serious and as more likely to require attention than are symptoms that affect less valued organs. For example, people are especially anxious when their eyes or face are affected, rather than if the symptom involves part of the trunk. A symptom will be regarded as more serious and will be more likely to prompt the seeking of treatment if it limits mobility or if it affects a highly valued organ, such as chest discomfort thought to be indicative of heart disease (Eifert, Hodson, Tracey, Seville, & Gunawardane, 1996). Above all, if a symptom

causes pain, it will lead a person to seek treatment more promptly than if it does not cause pain.

Cognitive Representations of Illness

Illness Schemas People have concepts of health and illness that influence how they react to symptoms (H. Leventhal, Nerenz, & Steele, 1984; Orts et al., 1995; Swartzman & Lees, 1996; Turk, Rudy, & Salovey, 1986). Termed **illness representations** (or **schemas**), these organized conceptions of illness are acquired through the media, through personal experience, and from family and friends who have had experience with particular disorders (see Croyle & Barger, 1993, for a review).

Illness schemas range from being quite sketchy and inaccurate to being extensive, technical, and complete. Their importance stems from the fact that they influence people's preventive health behaviors, their reactions when they experience symptoms or are diagnosed with illness, their adherence to treatment recommendations, and their expectations for their health in the future.

Illness schemas include basic information about an illness (Lau & Hartman, 1983; H. Leventhal & Benyamini, 1997): The *identity*, or label, for an illness is its name; its *consequences* are its symptoms and treatments that result, as well as the extent to which the person believes the illness has ramifications for his or her life; its *causes* are the factors that the person believes gave rise to the illness; *duration* refers to the expected length of time the illness will last; and *cure* identifies whether the person believes the illness can be cured through appropriate treatment. These illness conceptions appear to develop quite early in life (S. L. Goldman, Whitney-Saltiel, Granger, & Rodin, 1991).

Most people have at least three models of illness (Nerenz & Leventhal, 1983):

- *Acute* illness is believed to be caused by specific viral or bacterial agents and is short in duration with no long-term consequences. An example is the flu.
- *Chronic* illness is caused by several factors, including health habits, and is long in duration, often with severe consequences. An example is heart disease.
- *Cyclic* illness is marked by alternating periods during which there are either no symptoms or many symptoms. An example is herpes.

There is considerable variability in the disease models that people hold for their disorders, and which disease model a person holds can greatly influence behavior related to that disease. For example, diabetes may be seen by one individual as an acute condition caused by a diet high in sugar, whereas another person with the same disease may see it as a genetic condition lasting for the rest of his or her life with potentially catastrophic consequences. Not surprisingly, these people will treat their disorders differently, maintain different levels of vigilance toward symptoms, and show different patterns of seeking treatment (Weinman, Petrie, Moss-Morris, & Horne, 1996). Which conception of disease an individual holds, then, determines health behaviors in important ways.

Disease Prototypes In addition to these general concepts of illness, people also hold organized conceptions—termed **disease prototypes**—of particular diseases (Bishop, Briede, Cavazos, Grotzinger, & McMahon, 1987). For example, a person may have a disease prototype for heart disease—a chronic illness that involves smoking, overweight, and poor exercise as causes; chest pain and risk of heart attack as consequences; a long duration; and the possibility of the disorder's being fatal.

Disease prototypes help people organize and evaluate information about physical sensations that might otherwise not be interpretable. Thus, a person who feels vulnerable to heart disease will interpret chest pain quite differently than will one who does not hold this disease prototype or who does not perceive it to be personally relevant (Bishop & Converse, 1986); the latter person might regard the same symptoms as signs of gastric distress.

Organized conceptions of disease, then, lead people to interpret new information, they influence people's treatment-seeking decisions, they lead people to alter or fail to adhere to their medication regimens (H. Leventhal,

Diefenbach, & Leventhal, 1992), and they influence expectations about future health (Bishop & Converse, 1986).

The Beginning of Treatment

The meaning of a symptom ultimately blends into diagnosis, a process that begins not in the physician's office but in an individual's conversations with friends, neighbors, and relatives. Sociologists have written at length about the **lay referral network,** an informal network of family and friends who offer their own interpretations of symptoms well before any medical treatment is sought (Freidson, 1960). The patient may mention the symptoms to a family member or coworker, who may then respond with personal views of what the symptom is likely to mean ("George had that, and it turned out to be nothing at all") (cf. Croyle & Hunt, 1991). The friend or relative may offer advice about the advisability of seeking medical treatment ("All he got for going to see the doctor was a big bill") and recommendations for various home remedies ("Honey, lemon juice, and a little brandy will clear that right up").

In many communities, the lay referral network is *the* preferred mode of treatment. A powerful lay figure, such as an older woman who has had many children, may act as a lay practitioner, and because of her years of experience, she is assumed to have personal wisdom in medical matters (Freidson, 1960; Hayes-Bautista, 1976). Within ethnic communities, the lay referral network will sometimes incorporate beliefs about the causes and cures of disease that would be regarded as supernatural or superstitious by traditional medicine (Landrine & Klonoff, 1994). In addition, these lay referral networks often recommend home remedies regarded as more appropriate or more effective than traditional medicine.

One consequence of the lay referral network is that many people use unconventional therapies for their health problems. In fact, as many as one in three American adults may use an unconventional therapy during the course of a year (D. M. Eisenberg et al., 1993), producing an estimated 425 million visits to providers of unconventional therapy and approximately $13.7 billion in costs (Astin, 1998).

What therapies are people using? Most commonly, unconventional therapies include relaxation techniques, chiropractic, massage, imagery, spiritual healing, diets, herbal medicines, megavitamin therapy, self-help groups, energy healing, biofeedback, hypnosis, homeopathy, and acupuncture. Not all of these therapies are used instead of seeking formal treatment through the medical system; many are used in conjunction with conventional therapy. But health care providers are typically unaware that their patients are supplementing their care with unconventional therapy.

Some home remedies do work, and sometimes simple rest allows an illness to run its course. These actual and apparent cures perpetuate the use of the lay referral network and, consequently, much illness is never formally treated within the medical community. At any given time, between 70 and 90% of the population has a medical condition that is diagnosable and potentially treatable by a health care provider, but between two thirds and three quarters of those people do not consult one (Kosa & Robertson, 1975).

Who Uses Health Services?

Just as illness is not evenly distributed across the population, neither is the use of health services. Those who study health services have drawn a clear portrait of who uses services and who does not. Although the presence of atypical symptoms, a serious illness, or disability are the main reasons that people seek help (L. Cameron, Leventhal, & Leventhal, 1993; R. J. Johnson & Wolinsky, 1993), other factors are important as well.

Age

Age influences the use of health care services. The very young and the elderly use health services most frequently (Aday & Andersen, 1974). Young children develop a number of infectious childhood diseases as they are acquiring their immunities; therefore, they frequently require the care of a pediatrician. Both illness frequency and the use of services decline in adolescence and throughout young adulthood. Use of health services increases again in late adulthood, when people begin to develop chronic conditions and diseases. The elderly use services for a variety of disorders related to the aging process (Wolinsky, Mosely, & Coe, 1986).

Gender

Women use medical services more than men do (Fuller, Edwards, Sermsri, & Vorakitphokatorn, 1993). Pregnancy and childbirth account for much of the gender difference in health services use, but not all. Various explanations have been offered, including, for example, that women have better homeostatic mechanisms than men do: They report pain earlier, experience temperature changes more rapidly, and detect new smells faster. Thus, they may also be more sensitive to bodily disruptions, especially minor ones (e.g., H. Leventhal et al., 1992).

Another possible explanation stems from the different social norms for men and women regarding the expression of pain and discomfort. Men are expected to project a tough, macho image, which includes being able to ignore pain and not give in to illness, whereas women are not subject to these same pressures (Klonoff & Landrine, 1992).

Economic factors may also be important. More women are part-time workers and nonworkers, and as a result, they do not have to take time off from work to seek treatment and they do not lose income when they are ill.

Consequently, women may use health services more because seeking treatment for illness disrupts their lives less and costs them less (A. C. Marcus & Siegel, 1982). However, the same factors—namely, that women are less likely to be employed, are more likely to work part-time, and experience more economic hardship, also contribute to women's poorer health (C. E. Ross & Bird, 1994).

Research suggests that women's greater use of health services stems as well from their more fragmented medical care. Medical care for most men occurs through a trip to a general practitioner for a physical examination that includes all preventive care. But women may visit a general practitioner or internist for a general physical, a gynecologist for Pap tests, and a breast cancer specialist or mammography service for breast examinations and mammograms. Thus, women may use services more than men in part because medical care is not particularly well structured to meet their basic needs (Rosenthal, 1993).

Social Class and Culture

The lower social classes use medical services less than do the upper classes (M. Herman, 1972), in part because the lower classes have less money to spend on health services. However, with Medicare for the elderly, Medicaid for the poor, and other inexpensive health services, the gap between medical service use by the rich and by the poor has narrowed somewhat.

The disadvantaged financial position of the lower classes is not the only reason for their low use of services (L. A. Crandall & Duncan, 1981; Rundall & Wheeler, 1979). There simply are not as many medical services for the poor as for the well-to-do, and what services there are are often inadequate and understaffed. Consequently, many poor people receive no regular medical care at all and see physicians only on an emergency basis. The social-class

Women use medical services more than men, they may be sick more than men, and their routine care requires more visits than men's. It is often easier for women to use services, and they require services for such gender-related needs as maternity care. (© Spencer Grant/PhotoEdit)

differences in use of health services are particularly problematic, because the poor are less healthy than the more well-to-do. The poor are sick more often and for longer periods of time than are the well-to-do, and they die earlier (N. E. Adler et al., 1993). The biggest gap between the rich and the poor is in preventive health services, such as inoculations against disease and screening for treatable disorders, which lays the groundwork for poorer health across the life span.

Cultural factors influence whether a person seeks formal treatment (Burnam et al., 1984).

As already noted, people who live in ethnic neighborhoods may hold beliefs about illness that do not correspond to the beliefs of the medical profession, which lead those people to use a lay referral system of care, instead.

Social Psychological Factors

Social psychological factors—that is, an individual's attitudes and beliefs about symptoms and health services, influence who uses health service. As we saw in chapter 3, the health belief model maintains that whether a person seeks treatment for a symptom can be predicted from two factors: (1) the extent to which the person perceives a threat to health and (2) the degree to which he or she believes that a particular health measure will be effective in reducing that threat.

A large number of studies suggest that the health belief model explains people's use of services quite well (e.g., Kirscht, 1983). The health belief model does a better job of explaining the treatment-seeking behavior of people who have money and access to health care services than of people who do not. In addition, the use of health care services is influenced by socialization, chiefly by what one's parents did. Just as children and adolescents learn other behaviors from their parents, they also learn when and how to use health care services.

Other factors that lead people to seek treatment are interpersonal. For example, an interpersonal crisis may be set off when a symptom threatens a relationship between an ill person and another, valued individual (Zola, 1973). For example, if one member of a couple is always tired, eventually the partner will become annoyed and insist that the other do something about the constant fatigue. Social interference is also a trigger for seeking help. When valued activities or social demands, such as a job or vacation, are threatened by a symptom, a person is more likely to seek prompt treatment than if no such threat is posed. Finally, social sanctioning, as when an employer applies pressure on a symptomatic individual to seek treatment or return to work, can lead to using health services.

Sometimes the use of health services constitutes a social activity and may be responded to as such by potential participants. For example, one study that tried to enroll eligible women in a breast self-examination training program found that a large proportion of the eligible participants refused to participate because they had gone with friends who were ineligible for the program. On learning that their friends could not participate, the eligible woman did not want to participate, either (Berkanovic, Gerber, Brown, & Breslow, 1983).

Health services, then, are used by people who have the need, time, money, prior experience, beliefs that favor the use of services, and access to services (R. M. Andersen, 1995).

Misusing Health Services

Jerry rolled over when the alarm went off and realized that it was time to get ready to go to work. He'd been up late the night before with some friends, playing cards, and as a result, he'd had only about 4 hours of sleep. As he thought about his assembly-line job, the prospect of getting dressed and getting to work on time seemed less and less attractive. As he swallowed, he noticed some tingling sensations. It could have been too many cigarettes, or maybe he was coming down with a cold. He thought, "If I call in sick today and just spend some time resting, I'll be in better shape for the rest of the week." Having rationalized his situation, Jerry went back to sleep.

Health services may be abused as well as used. In this section, we consider several types of abuse. Some abuse is mild, such as Jerry's decision to sleep off a hangover instead of going to work. But in other cases, abuse is more serious. One type of abuse occurs when people seek out health services for problems that are not medically significant, overloading the medical system. Another significant type of abuse involves delay, when people should seek health care for a problem but do not.

Using Health Services for Emotional Disturbances

Physicians estimate that as much as two thirds of their time is taken up by patients whose complaints are psychological rather than medical. This problem is more common for general practitioners than for specialists, although no branch of medicine is immune. (College health services periodically experience a particular version of this phenomenon; see Box 8.2). These nonmedical complaints typically stem from anxiety and depression, both of which, unfortunately, are widespread.

Why do people seek a physician's care when their complaints should be addressed by a mental health specialist? There are several reasons. Stress and the emotional responses to it create a number of physical symptoms (Miranda, Perez-Stable, Munoz, Hargreaves, & Henke, 1991), so during stressful times people use health services more. As we noted earlier, some emotional disorders are confused with physical ones. Anxiety, depression, and other psychological disorders are accompanied by a number of physical symptoms (e.g., Pennebaker, Burnam, Schaeffer, & Harper, 1977). Anxiety can produce diarrhea, upset stomach, sweaty hands, shortness of breath, difficulty in sleeping, poor concentration, and general agitation. Depression can lead to fatigue, difficulty in performing everyday activities, listlessness, loss of appetite, and sleep disturbances. People may mistake the symptoms of their mood disorder for a legitimate medical problem and thus seek a physician's care (Costa & McCrae, 1980; Mechanic, 1972; Tessler & Mechanic, 1978).

BOX 8.2

College Students' Disease

Visit the health service of any college or university just before exams begin and you will see a unit bracing itself for an onslaught. Admissions to health services can double or even triple as papers become due and examinations begin. Why does this influx occur?

Some of the increase in health service visits is due to an actual increase in illness. Students who are under pressure to do well work long hours and eat and sleep poorly. As they run themselves down, their vulnerability to many common disorders can increase. Moreover, any one individual who develops an infectious disorder can give it to others who live in close proximity.

Some students may not actually be sick, but they think they are. Stressors, such as exams, can produce a variety of symptoms—such as inability to concentrate, sleeplessness, and upset stomach—which may be mistaken for illness. Moreover, exam time may preclude other activities that would provide distraction, so students may be more aware of these symptoms than they would otherwise be. In addition, the "symptoms" may make it hard for students to study, and disruption in important activities often acts as an impetus for seeking treatment.

Finally, there is the chronic procrastinator with four papers due but enough time to complete only two of them. What better excuse than illness for failure to meet one's obligations? Illness legitimizes procrastination, lack of motivation, lack of activity, and a host of other personal failures.

Who are these people? One group is the **worried well.** These people are concerned about physical and mental health, inclined to perceive minor symptoms as serious, and believe that they should take care of their own health; paradoxically, their commitment to self-care actually leads them to use health services more (Wagner & Curran, 1984).

Another group of inappropriate users are **somaticizers**—that is, individuals who express distress and conflict through bodily symptoms (Miranda et al., 1991). Particularly when they have experienced a threat to self-esteem or to their accomplishments, such individuals are especially likely to somaticize, convince themselves they are physically ill, and seek treatment.

Another reason that people use health services for psychological complaints is that medical disorders are perceived as more legitimate than psychological ones. For example, a man who is depressed by his job and who stays home to avoid it will find that his behavior is more acceptable to both his boss and his wife if he says he is ill than if he admits he is depressed. Many people are even unwilling to admit to themselves that they have a psychological problem, believing that it is shameful to see a mental health specialist or to have mental problems.

Illness brings benefits, termed **secondary gains,** including the ability to rest, to be freed from unpleasant tasks, to be cared for by others, and to take time off from work. These reinforcements can interfere with the process of returning to good health (some of these factors may have played a role in one famous case of hysterical contagion; see Box 8.3).

Finally, the inappropriate use of health services can represent true malingering. A person who does not want to go to work may know all too well that the only acceptable excuse that will prevent dismissal for absenteeism is illness. Moreover, workers may be required to document their absences in order to collect wages or disability payments and may thus have to keep looking until they find a physician who is willing to "treat" the "disorder."

BOX 8.3

The June Bug Epidemic

A CASE OF HYSTERICAL CONTAGION

In June 1962, a mysterious epidemic broke out in the dressmaking department of a southern textile plant. Sixty-two employees were afflicted. The symptoms reported by the workers varied but usually included nausea, numbness, dizziness, and occasionally vomiting. Some of the ill required hospitalization, but most were simply excused from work for several days.

Almost all the affected workers reported having been bitten by some kind of gnat or mite immediately before they experienced the symptoms. Several employees who were not afflicted said they saw their fellow workers bitten before they came down with the disease. However, local, state, and federal health officials who were called in to investigate the incident could obtain no reliable description of the suspected insect. Furthermore, careful inspection of the textile plant by entomologists and exterminators turned up only a small variety of insects—beetles, gnats, flies, an ant, and a mite—none of which could have caused the reported symptoms.

Company physicians and experts from the U.S. Public Health Service Communicable Disease Center began to suspect that the epidemic might be a case of mass hysteria. They hypothesized that, although some of the afflicted individuals may have been bitten by an insect, anxiety or nervousness was more likely responsible for the onset of the symptoms. On hearing this conclusion, employees insisted that the "disease" was caused by a bite from an insect that was in a shipment of material recently received from England.

In shifting from a medical to a social explanation, health experts highlighted several points. First, the entire incident, from the first to the last reported case, lasted a period of 11 days, and 50 of the 62 cases (80%) occurred on two consecutive days after the news media had sensationalized earlier incidents. Second, most of the afflicted individuals worked at the same time and place in the plant. Fifty-nine of the 62 afflicted employees worked on the first shift, and 58 worked in one large work area. Third, the 58 working at the same time and place were all women; one other woman worked on a different shift, two male victims worked on a different shift, and one man worked in a different department. Moreover, most of these women were married and had children; they were accordingly trying to combine a job and motherhood—often an exhausting arrangement.

The epidemic occurred at a busy time in the plant—June being a crucial month in the production of fall fashions—and there were strong incentives for employees to put in overtime and to work at a high pace. The plant was relatively new, and personnel and production management were not well organized. Thus, the climate was ripe for the development of severely anxious feelings among the employees.

Who, then, got "bitten" by the "June bug," and why? Most vulnerable were workers with the most stress in their lives (married women with children) who were trying to cope with the further demands of increased productivity and overtime. Job anxieties, coupled with the physical manifestations of fatigue (such as dizziness), created a set of symptoms that, given appropriate circumstances, could be labeled as illness. The rumor of a suspicious bug and the presence of ill coworkers apparently provided the appropriate circumstances, legitimatizing the illness and leading to the epidemic that resulted.

Source: Kerckhoff & Back, 1968; see also Colligan et al., 1979.

Unfortunately, the worried well and those who seek treatment for psychological symptoms or to meet other needs can be hard to discriminate from patients with legitimate medical complaints (Bombardier, Gorayeb, Jordan, Brooks, & Divine, 1991). Sometimes this differentiation means that patients are put through many tests and evaluations before it is concluded that there may be a psychological basis rather than a physical one for their discomfort.

But because of this difficulty, errors can be made in the opposite direction as well: Individuals with legitimate medical problems may be falsely assumed to be psychologically disturbed. Research suggests that physicians are more likely to reach this conclusion about their female patients than their male patients (Redman, Webb, Hennrikus, Gordon, & Sanson-Fisher, 1991), even when objective measures suggest equivalent rates of psychological disturbance between men and women. Discriminating the truly physically ill from those who use health services to meet other needs can be a very tricky business, complicated by physician bias as well as patient misuse of the system.

Delay Behavior

One morning, while Monica was taking a shower, she discovered a small lump in her left breast. She felt it a couple of times to make sure she wasn't just imagining it, but it was definitely there. A shudder of alarm passed through her, and she thought, "I should go in and get this checked."

After she dried herself off and got dressed, she realized that this week would be a busy one and next week was no better. She had a business trip to Baltimore the following week, so she couldn't find any time in the next 2 to 3 weeks when she could get to the doctor to have it checked out.

"I'll have to wait until next month," she thought, "when things settle down a bit."

A very different misuse of health services occurs when an individual should seek treatment for a symptom but puts off doing so. A lump, chronic shortness of breath, blackouts, skin discoloration, irradiating chest pain, seizures, and severe stomach pains are serious symptoms for which people should seek treatment promptly, yet an individual may live with one or more of these potentially serious symptoms for months without seeking care. This behavior is called **delay behavior.** For example, a major problem contributing to the high rate of death and disability from heart attacks is the fact that patients so often delay seeking treatment for its symptoms, instead normalizing them as gastric distress, muscle pain, and other, less severe disorders.

Delay is defined as the time between when a person recognizes a symptom and when the person obtains treatment. Delay is composed of several time periods, diagrammed in Figure 8.1: **appraisal delay,** which is the time it takes an individual to decide that a symptom is serious; **illness delay,** which is the time between the recognition that a symptom implies an illness and the decision to seek treatment; **behavioral delay,** which is the time between actually deciding to seek treatment and actually doing so (Safer, Tharps, Jackson, & Leventhal, 1979); and **medical** (scheduling and treatment) **delay,** which is the time that elapses between the person's making an appointment and receiving appropriate medical care. Obviously, delay in seeking treatment for some symptoms is appropriate. For example, usually a runny nose or a mild sore throat will clear up on its own. However, in other cases, symptoms may be debilitating for weeks or months, and to delay seeking treatment is inappropriate.

Who Delays? The reasons for delay have been extensively explored. Not surprisingly, the portrait of the delayer bears strong similarities to the portrait of the nonuser of services

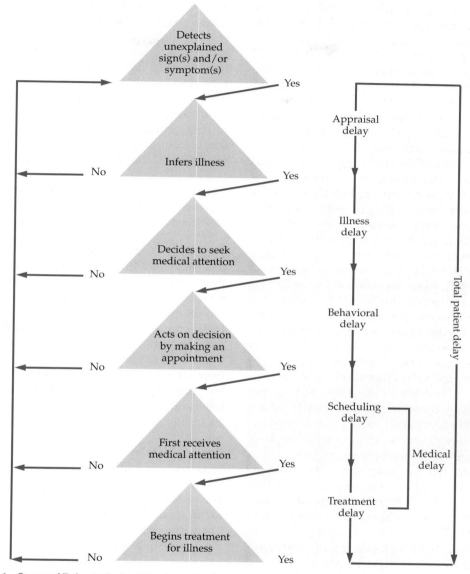

FIGURE 8.1 Stages of Delay in Seeking Treatment for Symptoms
(Reprinted with permission from B. L. Anderson, J. T. Cacioppo, & D. C. Roberts: Delay in seeking a cancer diagnosis: Delay stages and psychophysiological comparison processes. British Journal of Social Psychology (1995) 34, 33–52, Fig. 1 p. 35. © The British Psychological Society.)

generally. A major factor in delay is the perceived expense of treatment, especially for poor people. When money is not readily available, people may persuade themselves that the symptoms are not serious enough to justify the expense (Safer et al., 1979). The elderly appear to delay less than middle-aged individuals, particularly if they experience symptoms judged to be potentially serious (E. A. Leventhal, Easterling, Leventhal, & Cameron, 1995). Delay is common among people with no regular contact with a physician, no doubt because in addition to seeking treatment, such individuals have the extra burden of finding someone from whom to seek it. Delay, like nonuse of services in general, is more common among people who seek treatment primarily in response to pain or social pressure. People who are fearful of doctors, examinations, surgery, and medical facilities generally delay longer than do people who are not fearful. People with generally good medical habits are less likely to delay, and they seek attention quickly for a condition that is unusual or potentially serious.

Because the delayer looks so much like the nonuser of services, one might expect the health belief model to predict delay behavior as well as use of services. In fact, it does explain some delay behavior (Rosenstock & Kirscht, 1979). For example, people who fail to seek treatment for symptoms that may indicate cancer are more likely to believe that treatments will be extremely painful (high perceived barriers to, or "costs" of, treatment) and to believe that nothing can be done to cure cancer (low perceived efficacy of treatment) (Safer et al., 1979).

Symptoms and Delaying Another factor that predicts delay is the nature of the symptoms. When a symptom is similar to one that previously turned out to be minor, the individual will seek treatment less quickly than if the symptom is new (see, for example, Safer et al., 1979). For example, women with a history of benign breast lumps may be less likely to have a new suspicious lump checked out than are women with no such history. Highly visible symptoms, symptoms that do not hurt, symptoms that do not change quickly, and symptoms that are not incapacitating are less likely than their opposites to prompt a person to seek medical treatment (Safer et al., 1979).

Any time a symptom is easily accommodated to and does not provoke alarm, treatment may be delayed. For example, in the case of melanoma (Cassileth et al., 1988), people have trouble distinguishing between moles and melanomas and therefore delay seeking treatment, yet such delay can be fatal.

Treatment Delay Surprisingly enough, delay does not end with the first treatment visit. Even after a consultation, up to 25% of patients delay taking recommended treatments, put off getting tests, or postpone acting on referrals. In some cases, patients have had their curiosity satisfied by the first visit and no longer feel any urgency about their condition. In other cases, precisely the opposite occurs: Patients become truly alarmed by the symptoms and, to avoid thinking about them, take no further action.

Provider Delay Delay on the part of the health care practitioner is also a significant factor, accounting for at least 15% of all delay behavior (Cassileth et al., 1988; Greer, 1974). Medical delay occurs when an appropriate test or treatment is not undertaken with a patient until some time after it has become warranted. In most cases, health care providers delay as a result of honest mistakes. A condition is misdiagnosed and treated as something else, either until treatments produce no improvement or until new symptoms appear. For example, a symptom such as blackouts can indicate any of many disorders ranging from heat prostration or overzealous dieting to diabetes or a brain tumor. A provider may choose to rule out the more common causes of the symptom before proceeding to the more invasive or expensive tests needed to rule out a less probable cause. Thus, when the more serious diagnosis is found to apply, the appearance of unwarranted delay exists. Sometimes medical delay is caused by malpractice—for example, failing to do the appropriate tests, misreading test results, or failing to prescribe appropriate medications.

Medical delay is more likely when a patient deviates from the profile of the average person with a given disease. For example, because breast cancer is most common among women age 45 or older, a 25-year-old with a breast lump might be sent home with a diagnosis of fibrocystic disease (a noncancerous condition) without being given a biopsy to test for possible malignancy. When a patient's symptom departs from the standard profile for a particular disorder, medical delay is more likely. For example, a woman who reports pain on urination may be more quickly diagnosed as having a urinary tract infection than one whose primary symptom is diffuse abdominal pain. When a symptom indicates more than one possible diagnosis, the time before a proper diagnosis is reached may be increased.

The Patient in the Hospital Setting

More than 32 million people are admitted yearly to the more than 8,500 hospitals in this country (National Center for Health Statistics, 1998). As recently as 60 or 70 years ago, hospitals were thought of primarily as places where people went to die (e.g., Noyes et al., 2000). Our grandparents may still think of hospitals in terms of dying. Now, however, as we will see, the hospital has assumed many treatment functions. As a consequence, the average length of a hospital stay has decreased dramatically, as Figure 8.2 illustrates. The hospital has always fascinated social scientists because its functions are so many and varied. It is a custodial unit, a treatment center, a teaching institution, a research center, and a laboratory. Because of the diversity of treatment needs, many kinds of skills are needed in hospitals (R. Wilson, 1963).

Structure of the Hospital

To understand the psychological impact of hospitalization, it is useful to have a working knowledge of its structure and functions (Shumaker & Pequegnat, 1989). The structure of hospitals depends on the health program under which care is delivered. For example, some health maintenance organizations (HMOs) and other prepaid health care systems have their own hospitals and employ their own physicians. Consequently, the hospital structure is organized very much as any other hierarchically organized bureaucracy, with administration at the top and physicians, nurses, and technicians as employees.

In the case of the private hospital, a more unusual structure typically dominates. There are two lines of authority—a medical line, which is based on technical skill and expertise, and an administrative line, which runs the business of the hospital. Physicians are at the top of the medical line of authority and are accorded high status because they are chiefly responsible for the treatment of patients. Typically, however, they are not directly employed by the hospital but, rather, act as invited guests, bringing their patients into the hospital in exchange for laboratories, custodial services, equipment, and teaching facilities that the hospital can provide. Because physicians are not directly under the administrative line of authority, the two lines of authority can sometimes be at odds. For example, a teaching physician who brings a class of medical students in to see patients can disrupt the hospital's custodial procedures. Thus, the relationship between the two lines of authority can be uneasy.

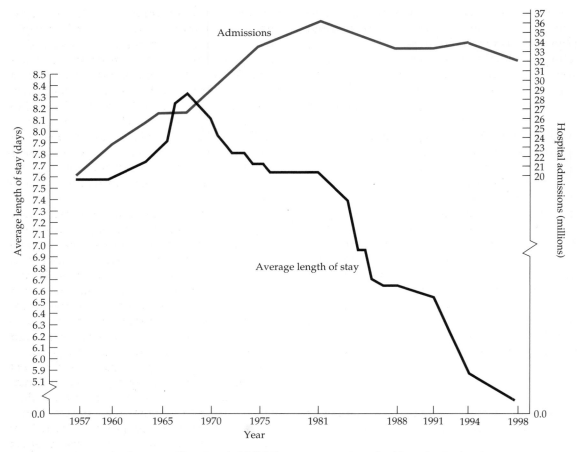

FIGURE 8.2   Hospital Admissions Have Leveled Off, Whereas Average Length of Stay Has Declined
(*Sources:* P. F. Adams & Murano, 1995; *AHA Guide to the Health Care Field,* 1993 Edition; American Hospital Association, 1982, 1989, 1992, 2002)

The nurse is part of both lines of authority. Employed by the hospital, he or she is also considered an assistant by the physician and is thus subject to both lines of authority, which can create conflicting requirements and needs (Coser, 1962). For example, if a doctor asks a nurse to get a piece of equipment that requires him or her to leave the ward, should the nurse follow the directive? Multiple responsibilities to these two lines of authority often produce dissatisfaction and turnover among nurses.

Cure, Care, and Core   The implicit conflict among different groups in the hospital setting relates directly to the goals to which the different professional groups may devote themselves. The goal of *cure* is typically the physician's responsibility: He or she is charged with performing any treatment action that has the potential to restore patients to good health—that is, to cure them. Patient *care,* in contrast, is the orientation of the nursing staff, and it involves the humanistic side of medicine. The goal of care is not only to restore the patient to good health but also to do so as much as possible to keep the patient's emotional state and physical comfort in balance. In contrast, the administration of the hospital is concerned with maintaining the *core* of the hospital: ensuring the smooth functioning of the system and the flow of resources, services, and personnel (Mauksch, 1973).

These goals are not always compatible (Remennick & Shtarkshall, 1997). For example, a clash between the cure and care orientations might occur in the decision of whether to administer chemotherapy to an advanced cancer patient. The cure orientation would maintain that chemotherapy should be initiated even if the chance for survival is slim, whereas the care orientation might argue against the chemotherapy on the grounds that it causes patients great physical and emotional distress. In short, then, the different professional goals that exist within a hospital treatment setting can create conflicting demands on the resources and personnel of the hospital.

Functioning of the Hospital

Conditions change rapidly in the hospital, and because of these fluctuating demands, the social order in which patient care is delivered is constantly being negotiated (A. Strauss, Schatzman, Bucher, Erlich, & Sarshim, 1963). Although each person involved in patient care, whether nurse, physician, or orderly, has general ideas about his or her functions, it is understood that, under conditions of emergency, each must perform the tasks that he or she knows best while remaining flexible to respond effectively to the changing situation. Television programs such as ER capture this aspect of the hospital quite effectively and demonstrate how medical personnel must often grab anyone qualified who is available to help in an emergency situation.

The different goals of different professionals in the hospital setting are reflected in hospital workers' communication patterns. Occupational segregation in the hospital is high: Nurses talk to other nurses, physicians to other physicians, and administrators to other administrators. Lack of communication across professional boundaries can create problems. Physicians have access to some information that nurses may not see, whereas nurses interact with patients daily and know a great deal about their day-to-day progress, yet often their notes on charts go unread by physicians. Few other opportunities to communicate may present themselves.

An example of the problems associated with lack of communication is provided by a study on nosocomial infection—that is, infection that results from exposure to disease in the hospital setting (D'Antonio, 1999; Raven, Freeman, & Haley, 1982). It is well established that hospital workers often break the seemingly endless rules designed to control infection, such as the strict guidelines for hand washing, sterilization, and waste disposal. Of all hospital workers, physicians are the most likely to commit such infractions. As the highest echelon in the treatment hierarchy, they may act as bad role models for others. Moreover, they appear to be rarely corrected by those under them. Nurses, for example, report that they would feel free to correct other nurses or orderlies, but they would probably not correct physicians (Raven et al., 1982). If staff members felt free to communicate across the different levels of the hospital hierarchy and felt free to point out violations to others in a constructive way, better infection control might result.

The preceding discussion has emphasized potential sources of conflict, ambiguity, and confusion in the hospital structure. Burnout, a problem that can result in part from these ambiguities, is described in Box 8.4. However, this description presents an incomplete picture. In many respects, hospital functioning is remarkably effective, given the changing realities to

BOX 8.4

Burnout Among Health Care Professionals

Burnout is an occupational risk for anyone who works with needy people. It is a particular problem for physicians, nurses, and other medical personnel who work with sick and dying people. As a syndrome, burnout is marked by three components: emotional exhaustion, depersonalization of the client, and a reduced sense of accomplishment in one's job. Staff members suffering from burnout show a cynical and seemingly callous attitude toward those whom they serve. Their view of clients is more negative than that of other staff members, and they treat clients in more detached ways (Maslach, 1979; Shinn, Rosario, Morch, & Chestnut, 1984).

The effects of burnout are manifold. Burnout has been linked to absenteeism, high job turnover, and lengthy breaks during working hours. When burned out workers go home, they are often irritable and experience more discord within their families. They are more likely to suffer from insomnia as well as drug and alcohol abuse, and they have a higher rate of psychosomatic disorders. Thus, burnout has substantial costs for both the institution and the individual (P. A. Parker & Kulik, 1995).

Why does burnout develop? It often occurs when a person is required to provide services for a highly needy individual who may not be helped by those services: The problems may be just too severe. For example, imagine the frustration that might develop in trying to provide for a patient who will ultimately die rather than be made better by that assistance. Moreover, such jobs often require the staff member to be consistently empathic; this demand is unrealistic, because it is hard for anyone to maintain an empathic orientation indefinitely. Often, caregivers perceive that they give much more than they get back from their patients, and this imbalance aggravates burnout as well (Van Y Peren, Bunk, & Schaufelli, 1992). Substantial amounts of time spent with clients, little feedback, little sense of control or autonomy, little sense of success, role conflict, and role ambiguity are job factors that all aggravate burnout (see chapter 7) (Maslach, 1979).

High rates of burnout have been found in nurses who work in stressful environments, such as intensive care, emergency, or terminal care (Mallett, Price, Jurs, & Slenker, 1991; Moos & Schaefer, 1987). These nurses are expected to be sympathetic to patients and maintain interest, concern, warmth, and caring, yet they are also supposed to be objective. Many nurses find it difficult to protect themselves from the pain they feel from

---

which it must accommodate at any given time. Thus, the ambiguities in structure, potential conflicts in goals, and problems of communication occur within a system that generally functions quite well.

Recent Changes in Hospitalization

In recent years, a variety of alternatives to traditional hospital treatment have emerged that patients use for many disorders. Walk-in clinics, for example, can deal with less serious complaints and routine surgeries that used to require hospitalization. Clinics can handle a large proportion of the smaller emergencies that historically have filled the hospital emergency room. Home help services and hospices provide services for the chronically and terminally ill who require primarily palliative and custodial care rather than active medical intervention. A consequence of removing these bread-and-butter cases from acute care hospitals has been to increase the proportion of resources devoted to the severely ill. Their care tends to be expensive and labor-intensive. With these pressures toward increasing costs, many hospitals are unable to survive (Boudewyns & Nolan, 1985).

watching their patients suffer and die. To deal with these emotions, they become removed and distant. The stress of the work environment, including the hectic pace of the hospital and the hurried, anxious behavior of coworkers, also contributes to burnout (P. A. Parker & Kulik, 1995).

Not surprisingly, since burnout results from stress, it is associated with alterations in physiological and neuroendocrine functioning. There is evidence that burnout influences hypothalamic-pituitary-adrenal axis regulation, in that people with burnout show elevated cortisol levels after awakening in the morning (Pruessner, Hellhammer, & Kirschbaum, 1999). In addition burnout has been tied to changes in leukocyte adhesiveness/aggregation (LAA), an adverse immune alteration (C. Lerman et al., 1999). It would not be surprising to find further evidence of the association between burnout and adverse physiological and neuroendocrine stress-related changes.

How can burnout be avoided? Interventions that enroll hospital workers in job stress management programs can help them control the feelings of burnout they currently have, as well as head off future episodes (Rowe, 1999). For example seeing what other people do to avoid burnout can provide a useful model for one's own situation. Research shows that people who have few symptoms of burnout habitually turn to others for help. By anticipating their needs and drawing on social support and the advice of others to help meet their needs, they avoid the problems that so many human service workers face. These techniques, then, make use of what seems to be a naturally occurring way of avoiding burnout.

Institutionalizing this kind of natural buffer against burnout may be a way to control the incidence of the syndrome (Moos & Schaefer, 1987; Shinn et al., 1984). Support groups provide workers, such as nurses, with an opportunity to meet informally with other nurses to deal with the problems they face. These groups can give workers the opportunity to obtain emotional support, reduce their feelings of being alone, share feelings of emotional pain about death and dying, and vent emotions in a supportive atmosphere. In so doing, the groups can promote feelings of togetherness, ultimately improving client care (Duxbury, Armstrong, Dren, & Henley, 1984).

Cost-Cutting Pressures   Since the early 1970s, there have been increasing pressures to contain spiraling health care costs. One cost-containment effort has been the creation of **diagnostic-related groups (DRGs),** a patient classification scheme that determines the typical nature and length of treatment for particular disorders. Patients in a DRG category (e.g., hernia surgery candidates) are assumed to represent a homogeneous group that is clinically similar and that should require approximately the same types and amounts of treatments, length of stay of hospitalization, and cost. DRGs define trim points, which indicate unusually long or short lengths of stay.

If patient care falls within the classification scheme, reimbursement for care will be forthcoming from the third party, whether the federal or state government or an insurance company. In the case of an outlier (e.g., a patient who stays in the hospital longer than the DRG specifies), the case is typically subject to review and the extra costs may not be paid. This procedure puts pressure on hospitals to cut patient stays and treatment costs.

Consequently, with the institution of DRGs, hospitals have gone from being overcrowded to being underused, and vacancy rates may be as high as 70%. This situation, in turn, creates economic pressures to admit more patients to the hospital (Wholey & Burns, 1991), albeit for shorter stays.

Another cost-containment strategy that has affected the functioning of hospitals is the **preferred provider organization (PPO).** Increasingly, insurance companies and other third-party providers designate the particular hospital or treatment facility that a patient must use in order to be reimbursed for services. Patients are directed to these services because they are judged to provide the least expensive appropriate care and patients who wish to go elsewhere have to pay the additional fees themselves. The consequence has been to keep treatment costs lower than they might otherwise be.

Hospitals are experiencing a variety of other changes as well. Nearly 45% of U.S. hospitals are currently part of a multihospital system (American Hospital Association, 2002). This means that hospitals are no longer as independent as they once were and instead may be subject to rules and regulations established by a higher level of authority (Weil & Stam, 1986). Another recent development is that approximately 50% of U.S. hospitals currently have collective bargaining contracts for resolving conflicts between groups, such as nurses and administrators or physicians and administrators (J. A. Alexander & Bloom, 1987). Changes in the structure and functioning of hospitals involving outside regulation, physician competition, and the corporatization of health services have altered the traditional separation of power between hospital administration and physicians. Administrators are increasingly involved in some of the decisions previously left to physicians, and the reverse is true as well (J. A. Alexander, Morrissey, & Shortell, 1986). The full effect of these changes on patient care and its costs is not yet evident.

Role of Psychologists   Among the important developments in hospital care has been the increasing involvement of psychologists. The number of psychologists in hospital settings has more than doubled over the past 10 years, and their roles have expanded. Psychologists participate in the diagnosis of patients, particularly through the use of personality, intellectual, and neuropsychological tests. Psychologists also determine patients' general level of functioning, as well as patients' strengths and weaknesses that can help form the basis for therapeutic intervention.

Psychologists have become heavily involved in presurgery and postsurgery preparation, pain control, interventions to increase medication and treatment compliance, and behavioral programs to teach appropriate self-care following discharge (Enright, Resnick, DeLeon, Sciara, & Tanney, 1990). They also diagnose and treat psychological problems that can complicate patient care. As our country's medical care system evolves over the next decades, the role of psychologists in the hospital will continue to change.

Impact of Hospitalization on the Patient

> The patient comes unbidden to a large organization which awes and irritates him, even as it also nurtures and cares. As he strips off his clothing so he strips off, too, his favored costume of social roles, his favored style, his customary identity in the world. He becomes subject to a time schedule and a pattern of activity not of his own making. (R. Wilson, 1963, p. 70)

Patients arrive at the hospital with anxiety over their illness or disorder, confusion and anxiety over the prospect of hospitalization, and concern over all the role obligations they must leave behind unfulfilled. The hospital does little, if anything, to calm anxiety and in many cases exacerbates it (J. W. Mason, Sachar, Fishman, Hamburg, & Handlon, 1965). The admission is often conducted by a clerk, who asks about scheduling, insurance, and money. The patient is then ushered into a strange room, given strange clothes, provided with an unfamiliar roommate, and subjected to peculiar tests. The patient must entrust him- or herself completely to strangers in an uncertain environment in which all procedures are new. The patient is expected to be cooperative, dependent, and helpful without demanding excessive attention. The patient quickly learns that the hospital is organized for the convenience of staff rather than patients. He or she is also physically confined, making adjustment to the new situation that much more difficult.

Hospital patients may show a variety of problematic psychological symptoms, especially anxiety and depression. Nervousness over tests or surgery and their results can produce insomnia, terrifying nightmares, and a general inability to concentrate. Procedures that isolate or immobilize patients are particularly likely to produce psychological distress. Hospital care can be highly fragmented. As many as 30 different staff people may pass through a patient's room each day, making tests, taking blood, bringing food, or cleaning up. Often, the staff members have little time to spend with the patient beyond exchanging greetings, which can be very alienating for the patient.

At one time, patients complained bitterly about the lack of communication they had about their disorders and their treatments. In part, precisely because of these concerns, hospitals have now made substantial efforts to ameliorate this problem. Patients are now typically given a road map of the procedures they can expect to go through and what they may experience as a result.

In truth, many hospitalized patients are too ill to be much concerned to care about whether they are getting sufficient information about their disorder and treatment or not. Moreover, whereas once patients' hospital stays were long, now people are typically hospitalized primarily on a short-term basis for specific treatments. Often prepared for those treat-

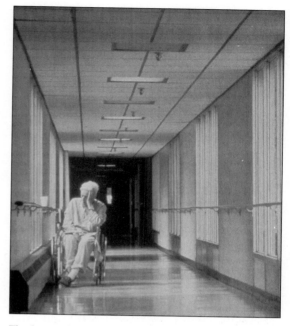

The hospital can be a lonely and frightening place for many patients, leading to feelings of helplessness, anxiety, or depression. (© Jeff Greenberg/PhotoEdit)

ments in advance, the patient may be discharged shortly after they are over. What are some of the ways in which patients are prepared? We next address this question.

Interventions to Increase Control in Hospital Settings

In part because of the issues just noted, many hospitals now provide interventions that help prepare patients generally for hospitalization and, more specifically, for the procedures that they will undergo.

Coping with Surgery Through Control-Enhancing Interventions

In 1958, psychologist Irving Janis conducted a landmark study that would forever change the preparation of patients for surgery. Janis was asked by a hospital to study its surgery patients to see if something could be done to reduce the stress that many of them experienced both before and after operations. One of Janis's earliest observations was that, without some anticipatory worry, patients were not able to cope well with surgery. He termed this the "work of worrying," reasoning that patients must work through the fear and loss of control that are raised by surgery before they are able to adjust to it.

To get a clearer idea of the relationship between worry and adjustment, Janis first grouped the patients according to the level of fear they experienced before the operation (high, medium, and low). Then he studied how well they understood and used the information that the hospital staff gave them to help them cope with the aftereffects of surgery. High-fear patients generally remained fearful and anxious after surgery and showed many negative side effects, such as vomiting, pain, urinary retention, and inability to eat. Patients who had initially been low in fear also showed unfavorable reactions after surgery, becoming angry or upset or complaining. Of the three groups, the moderately fearful patients coped with postoperative stress most effectively as determined by both interviews and staff reports.

In interpreting these results, Janis reasoned that high-fear patients had been too absorbed with their own fears preoperatively to process the preparatory information adequately and that low-fear patients were insufficiently vigilant to understand and process the information effectively. Patients with moderate levels of fear, in contrast, were vigilant enough but not overwhelmed by their fears, so they were able to develop realistic expectations of what their postsurgery reactions would be; when they later encountered these sensations and reactions, they expected them and were ready to deal with them.

Subsequent studies have borne out some but not all of Janis's observations (e.g., Kiyak,

Vitaliano, & Crinean, 1988). Whereas Janis believed that fear and the work of worrying are essential ingredients in processing information about surgery (see also Salmon et al., 1988), most researchers now believe that the effect is primarily determined by the informational value of the preparatory communication itself (K. O. Anderson & Masur, 1983; J. E. Johnson, Lauver, & Nail, 1989). That is, patients who are carefully prepared for surgery and its aftereffects will show good postoperative adjustment; patients who are not well prepared for the aftereffects of surgery will show poor postoperative adjustment.

Janis's initial work sparked a large number of intervention studies. An example of this kind of research is the work of Egbert and his colleagues with patients facing intra-abdominal surgery (Egbert, Battit, Welch, & Bartlett, 1964). In this study, half the patients were alerted to the likelihood of postoperative pain and were given information about its normality, duration, and severity. They were also taught breathing exercises that would help them control the pain. The other half of the patients received no such instructions. When examined postoperatively, patients in the instruction group showed better postoperative adjustment: They required fewer narcotics and were able to leave the hospital sooner than were the patients who had not received the preparatory instructions.

A large number of studies have examined the role of preparatory information in adjustment to surgery, and the conclusion is overwhelming that such preparation has a beneficial effect on patients. Most of these surgical preparation interventions provide information about the sensations and procedures that can be expected. In other cases, patients are taught to think differently about postoperative sensations (e.g., Langer, Janis, & Wolfer, 1975). Patients who have been prepared in these ways are typically less emotionally distressed, regain their functioning more quickly, and are often able to leave the hospital sooner. One study

BOX 8.5

Social Support and Distress from Surgery

Patients who are hospitalized for serious illnesses or surgery often experience anxiety. From our discussion of social support, we know that emotional support from others can often reduce emotional distress when people are undergoing stressful events. Researchers have made use of these observations in developing interventions for hospitalized patients. Kulik and Mahler (1987) developed a social support intervention for patients about to undergo cardiac surgery. Some of the patients were assigned a roommate who was also waiting for surgery (preoperative condition), whereas others were assigned a roommate who had already had surgery (postoperative condition). In addition, patients were placed with a roommate undergoing surgery that was either similar or dissimilar to their own.

The results suggested that patients who had a postoperative roommate profited from this contact (see also Kulik, Moore, & Mahler, 1993). Patients with a postoperative roommate were less anxious preoperatively, were more ambulatory postoperatively, and were released more quickly from the hospital than were patients who had been paired with a roommate who was also awaiting surgery. Similarity versus dissimilarity of

the type of surgery made no difference, only whether the roommate's surgery had already taken place.

Why exactly did rooming with a postoperative surgical patient improve the adjustment of those awaiting surgery? It may be that postoperative patients were able to provide relevant information to patients about the postoperative period by telling them how they felt and what the patient might expect (Thoits, Harvey, Hohmann, & Fletcher, 2000). Postoperative roommates may also have acted as role models for how one might feel and react postoperatively. Alternatively, those awaiting surgery may simply have been relieved to see somebody who had undergone surgery and come out all right.

Whatever the specific explanation, the social contact produced by the presence of the postoperative roommate clearly had a positive impact on the preoperative and postoperative adjustment of these surgery patients. These results have intriguing implications and may well be used to design future interventions to improve the adjustment of those awaiting unpleasant medical procedures, such as surgery (Kulik & Mahler, 1993; Kulik et al., 1993).

(Kulik & Mahler, 1989) even found that postoperative roommate assignment could provide information that influenced how patients coped with the aftermath of surgery (see Box 8.5).

So beneficial has preparation been found to be for patients that many hospitals show videotapes for patients to prepare them for upcoming procedures. In one study by Mahler and Kulik (1998), patients awaiting coronary artery bypass graft (CABG) were exposed to one of three preparatory videotapes or to no preparation. One videotape conveyed information via a health care expert; the second featured the health care expert but also included clips of interviews with patients who reported on their progress; and the third presented information from a health care expert plus interviews with

patients who reported their recovery consisting of "ups and downs." Overall, patients who saw the videotapes—any videotape—felt significantly better prepared for the recovery period, reported higher self-efficacy during the recovery period, were more compliant with recommended dietary and exercise changes during their recovery, and were released sooner from the hospital, compared with patients who did not receive videotaped preparation. Similar interventions have been employed successfully for patients awaiting other medical procedures (e.g., Doering et al., 2000).

To summarize, it is clear that **control-enhancing interventions** with patients awaiting surgery can have a marked effect on postoperative adjustment, as evidenced both by patients' emotional reactions and by objective indicators, such as amount of medication required and length of hospitalization.

Coping with Stressful Medical Procedures Through Control-Enhancing Interventions

Although control-enhancing interventions were first used in hospitals to help patients cope with surgery, they are also used increasingly to help patients cope with a variety of other stressful medical procedures. Anticipating an invasive medical procedure is often a crisis situation for patients who have extreme anxiety about such procedures (Auerbach & Kilmann, 1977). Accordingly, any intervention that can reduce anxiety both before the procedure and during it will achieve welcome benefits for both patients and the medical staff.

Control-enhancing interventions, similar to those used for surgery, have now been used with a variety of these procedures, including gastroendoscopic examinations (J. E. Johnson & Leventhal, 1974), childbirth (E. A. Leventhal, Leventhal, Schacham, & Easterling, 1989), the management of peptic ulcers (Putt, 1970), chemotherapy (T. C. Burish & Lyles, 1979), hysterectomy (J. E. Johnson, Christman, & Stitt, 1985), radiation therapy (J. E. Johnson et al., 1989), cardiac catheterization (Kendall et al., 1979), and sigmoidoscopy (examination of the sigmoid colon via a small scope inserted through the anus) (R. M. Kaplan, Atkins, & Lenhard, 1982).

Reviewing a large number of studies, Ludwick-Rosenthal and Neufeld (1988) concluded that information, relaxation, and cognitive-behavioral interventions, such as learning to think differently about the unpleasant sensations of a procedure, have all been quite successful in reducing anxiety, improving coping, and enabling people to overcome the adverse effects of medical procedures more quickly.

The evidence on the beneficial effects of psychological control should not be taken to suggest that control is a panacea for all aversive situations (Schultheis, Peterson, & Selby, 1987). Individuals with a high desire for control may especially benefit from control-based interventions (see, for example, Burger, 1989; Law, Logan, & Baron, 1994; S. C. Thompson, Cheek, & Graham, 1988). But control may actually be aversive if it gives people more responsibility than they want or feel able to assume. And too much control—such as being instructed to focus on too much information or to make too many choices—may be stressful, exacerbating distress over the medical procedure (see, for example, R. T. Mills & Krantz, 1979; S. C. Thompson et al., 1988). There are limits, then, to the success of control-based interventions with medical patients.

The Hospitalized Child

Were you ever hospitalized as a child? If so, think back over the experience. Was it frightening and disorienting? Did you feel alone and uncared for? Or was it a more positive experience? Perhaps your parents were able to room in with you, or other children were around to play with. You may have had either of these experiences because procedures for managing children in the hospital have changed dramatically over the past few decades.

Although it is generally acknowledged that people should be hospitalized only when it is absolutely necessary, this caution is particularly important in the care of the ill child. Some hospitalized children show adverse reactions, ranging from regressive, dependent behavior, such as social withdrawal, bed-wetting, and extreme fear, to rebelliousness and temper tantrums. And some problematic responses to hospitalization often do not become evident until the child returns home.

Anxiety

Anxiety is the most common adverse response to hospitalization. At young ages (2 to 4), children's anxiety may arise from their wish to be with the family as much as possible and more than may be practical. Children between ages 3 and 6 may become upset because they feel they are being rejected, deserted, or punished by their families. Between 4 and 6, children may act out their anxiety by developing new fears, such as a fear of darkness or of hospital staff. Sometimes, too, anxiety will be converted into bodily symptoms, such as headaches or stomachaches. In somewhat older children (ages 6 to 10), anxiety may be more free floating: It may make the child irritable and distractible without being tied to any particular issue.

When children do react badly to the hospital environment, there are many possible reasons, which may be hard to untangle. Children may be frightened by illness, they may feel ignored and unloved because they cannot receive the regular parenting that is available at home, they may experience the hospital environment itself as strange and frightening, or they may be experiencing **separation anxiety.**

Until recent years, psychologists usually attributed adverse reactions to hospitalization entirely to separation anxiety. Bowlby (1969, 1973) suggested that long-term separation of a child from the mother can produce extreme upset, even grief and mourning reactions under some circumstances. However, as children's attachments to both parents have become more widely acknowledged and as researchers have learned that effective mothering can come from caregivers other than the mother, the value of the concept of separation anxiety has been questioned.

One study (Branstetter, 1969) divided hospitalized children into three groups: One third of the children saw their mothers only during visiting hours, the hospital's standard custom; one third had their mothers with them for extended periods during their hospitalization; and one third were assigned a "substitute mother," a student nurse or graduate student who talked with and played with them for extended periods. The results indicated that the children with mothers present for extended periods or with mother substitutes showed less emotional disturbance than the group that saw their mothers only during visiting hours. These results suggest that a warm, nurturant relationship with a caregiver can offset some of the adverse effects of hospitalization and that the mother need not be the person who provides that relationship.

The fact remains, however, that it is hard for a child to be separated from family and home. Some children may not understand why they have been taken away from their families. They may mistakenly infer that the family does not want them anymore or that they are being punished for some misdeed. If most of the family members work or go to school and cannot visit the child as often as would be desirable, this may exacerbate the child's feelings of abandonment. The hospital environment itself can be lonely and isolating. Physical confinement in bed or confinement due to casts or traction keeps children from discharging energy through physical activity. The dependency that is fostered by bed rest and reliance on staff can lead to regression. Children, especially children just entering puberty, can be embarrassed or ashamed by having to expose themselves to strangers. The child may also be subject to confusing or painful tests and procedures. Moreover, research suggests that children's spontaneous coping efforts to cope with stressors such as these are not necessarily well chosen or effective (L. Peterson, Crowson, Saldana, & Holdridge, 1999).

Preparing Children for Medical Interventions

In the section we considered how principles of **psychological control** have been used to create interventions for adult patients under-going stressful medical procedures, such as surgery. The principles of psychological control have also been used with children, and the results suggest that control-based interventions can reduce distress (e.g., Jay, Elliott, Woody, & Siegel, 1991; Manne et al., 1990).

In one study (B. G. Melamed & Siegel, 1975), children about to undergo surgery were shown either a film of another child being hospitalized and receiving surgery or an unrelated film. Results suggested that those children exposed to the relevant film showed less preoperative and postoperative distress than did children exposed to the irrelevant film. Moreover, parents of the children exposed to the modeling film reported fewer problem behaviors after hospitalization than did parents of children who saw the control film. Older children seem to be well served by seeing a film several days before hospitalization, whereas younger children may need exposure to information immediately before the relevant events (B. G. Melamed, Meyer, Gee, & Soule, 1976; see also Ferguson, 1979; L. Peterson & Shigetomi, 1981).

Research has identified the aspects of interventions that seem to be most successful at reducing children's anxiety and discomfort with aversive medical procedures. Distraction can be successful in managing pain, whereas attempting to suppress emotions is not successful (Reid, Chambers, McGrath, & Finley, 1997).

Coping skills preparation has been found to be helpful. Zastowny, Kirschenbaum, and Meng (1986) gave children and their parents information describing typical hospitalization and surgery experiences, relaxation training to reduce anxiety, or a coping skills intervention to teach children constructive self-talk. Both the anxiety reduction and the coping skills interventions reduced fearfulness and parents' distress. Overall, the children exposed to the coping skills intervention exhibited the fewest maladaptive behaviors during hospitalization, less problem behavior in the week before admission, and fewer problems after discharge (O'Byrne, Peterson, & Saldana, 1997).

Preparation of children often focuses not only on the hospitalization experience but also on the illness itself and its treatment (e.g., O'Byrne et al., 1997). When a child understands what the illness is, what it feels like, and how soon he or she will get better, anxiety may be reduced. When a child is given information about medical procedures, what they will feel like, and how long they will last, he or she may adjust to them more successfully (W. C. Roberts, Wurtele, Boone, Ginther, & Elkins, 1981). Researchers now believe that even very young children should be told something about their treatment and procedures and encouraged to express their emotions and to ask questions.

Just as is true for adults, children's responses to preparation for hospitalization or treatment are influenced by whether they prefer to cope with stress by using avoidant or vigilant coping strategies. Children who prefer vigilant coping strategies may profit more from such interventions than children who characteristically use more avoidant coping strategies (Field, Alpert, Vega-Lahr, Goldstein, & Perry, 1988; L. Peterson & Toler, 1986). Some children may be upset by a lot of information about a procedure, especially if it comes immediately before the procedure will be undertaken (e.g., Faust & Melamed, 1984).

Varied preparation may be needed for procedures that children must experience more than once. For example, children with cancer undergo numerous invasive medical procedures, many of which are repeated. Whereas preparation may be important initially, sometimes distractions from the painful procedures are better on subsequent occasions (Manne, Bakeman, Jacobsen, Gorfinkle, & Redd, 1994).

Studies generally find psychological interventions such as these to be beneficial for children, and their results can be even more effective in controlling distress than traditional medical interventions, such as use of topical anesthetics (Cohen, Cohen, Blount, Schaen, & Zaff, 1999). Some preparation can be undertaken by parents. If a parent prepares a child for admission several days before hospitalization—explaining the reason for it, what it will be like, who will be there, how often the parent will visit—this preparation may ease the transition. During admission procedures, a parent or another familiar adult can remain with the child until the child is settled into the new room and engaged in some activity. Parents who remain with the child in the hospital can be partially responsible for explaining procedures and tests, knowing what the child will best understand.

It should be noted that the presence of parents during stressful medical procedures is not an unmitigated benefit. Parents do not always help reduce children's fears, pain, and discomfort (P. B. Jacobsen et al., 1990; Lumley, Abeles, Melamed, Pistone, & Johnson, 1990; Manne et al., 1992). Some parents, when present during invasive medical procedures, can become distressed and exacerbate the child's own anxiety (J. P. Bush, Melamed, Sheras, & Greenbaum, 1986).

Nonetheless, parental support is important, and most hospitals now provide opportunities for extended parental visits, including 24-hour parental visitation rights. Some hospitals make it possible for parents to room in, so that the child will feel less lonely, anxious, and threatened. Concern that these procedures would lead to high rates of infection have proven to be unfounded, and reservations that children would be upset by frequent arrivals and departures of parents have also proven groundless.

If a parent cannot stay with the child or if the hospital has no rooming-in situation, then

Recent changes in hospitalization procedures for children have made hospitals less frightening places to be. Increasingly, medical personnel have recognized children's needs for play and have provided opportunities for play in hospital settings. (© David Grossman/The Image Works)

it is up to the hospital and its staff to make the experiences as unthreatening to the child as possible. Continuity in the staff who interact with a child make it possible for that child to develop relationships and trust with particular people who can help carry the child through unfamiliar procedures. The presence of a diverse support system seems to offset potential upset over any particular person's visiting schedule.

Despite some qualifications, the benefits of at least some preparation of children for hospitalization are now so widely acknowledged that preparation is more the rule than the exception. The area of working with hospitalized children has been a story with something like a happy ending. Truly substantial changes have been made in a short time, and children's adverse reactions to hospitalization have declined as a result (Koetting, O'Byrne, Peterson, & Saldana, 1997). Hospitals now have more busy, active children with things to do and people to play with them than they had 25 years ago.

Summary

1. The detection of symptoms, their interpretation, and the perception and use of health services are all heavily influenced by psychological processes.

2. Whether a symptom is noticed is influenced by personality and culture as well as by focus of attention, the presence of distracting or involving activities, mood, the salience of illness or symptoms, and individual differences in the tendency to monitor threat.

3. The interpretation of symptoms is influenced by prior experience and expectations about their likelihood and meaning.

4. Illness schemas (which identify the type of disease, its consequences, causes, duration, and cure) and disease prototypes (conceptions of specific diseases) influence how people interpret their symptoms and whether they act on them by seeking medical attention.

5. Social factors, such as the lay referral network, can act as a go-between for the patient and the medical care system.

6. Health services are used disproportionately by the very young and very old, by women, and by middle- to upper-class people.

7. The health belief model, which ascertains whether a person perceives a threat to health and whether a person believes that a particular health measure can overcome the disorder, influences use of health services. Other social psychological factors include an individual's social location in a community and social pressures to seek treatment.

8. Health services may also be abused. A large percentage of patients who seek medical attention have depression or anxiety. People commonly ignore symptoms that are serious, resulting in dangerous delay behavior.

9. The hospital is a complex organizational system buffeted by the changing medical, organizational, and financial climates in which it exists. Different groups in the hospital develop different goals, such as cure, care, or core, which may clash. Such problems are exacerbated by communication barriers.

10. Hospitalization can be a frightening and depersonalizing experience for patients. The adverse reactions of children in hospitals have received particular attention.

11. Control-restoring and control-enhancing interventions improve adjustment to hospitalization and to stressful medical

procedures in both adults and children. The benefits of information, relaxation training, and coping skills training have all been documented.

Key Terms

appraisal delay
behavioral delay
control-enhancing
    interventions
delay behavior
diagnostic-related groups
    (DRGs)
disease prototypes
illness delay

illness representations
    (schemas)
lay referral network
medical delay
medical students' disease
monitoring/blunting
preferred provider
    organization (PPO)
psychological control

repression
secondary gains
separation anxiety
somaticizers
worried well

CHAPTER 9

Patient-Provider Relations

" *I*'ve had this cold for 2 weeks, so finally I went to the Student Health Services to get something for it. I waited more than an hour—can you believe it? And when I finally saw a doctor, he spent a whole 5 minutes with me, told me what I had was viral, not bacterial, and that he couldn't do anything for it. He sent me home and told me to get a lot of rest, drink fluids, and take over-the-counter medications for the stuffiness and the pain. Why did I even bother?!" (Student account of a trip to the health services)

Nearly everyone has a horror story about a visit to a physician. Long waits, insensitivity, apparently faulty diagnoses, and treatments that have no effect are the stuff of these indignant stories, yet in the same breath, the storyteller may expound on the virtues of his or her latest physician with an enthusiasm bordering on worship. To what do we attribute this seemingly contradictory attitude toward health care practitioners?

Health ranks among the values Americans hold most dear. Good health is a prerequisite to nearly every other activity, and poor health can block nearly all one's goals. Moreover, illness is usually uncomfortable, so people want to be treated quickly and successfully. Perhaps, then, it is no wonder that physicians and other health care professionals are alternately praised and vilified: Their craft is fundamental to the enjoyment of life.

In this chapter, we take up the complex issue of patient-provider interaction. First, we consider why patient-provider communication is important. Next, we look at the nature of patient-provider communication and the factors that erode it. Then, we consider some of the consequences of poor communication, including noncompliance with treatment regimens and malpractice litigation. Finally, we consider efforts to improve patient-provider communication.

What Is a Health Care Provider?

In the following pages, we refer to the "provider" rather than to the "physician." Although physicians continue to be the main providers of health care, Americans are increasingly receiving much of their primary care from individuals other than physicians (Hartley, 1999).

Nurses as Providers

Advanced-practice nurses, an umbrella term given to registered nurses who have gone beyond the typical 2 to 4 years of basic nursing education, have many responsibilities for patients. Trained in traditional nursing, **nurse-practitioners** also receive special training in primary care. Many nurse-practitioners are affiliated with physicians in private practice; they see their own patients, provide all routine medical care, prescribe for treatment, monitor the progress of chronically ill patients, and see walk-in patients with a variety of disorders. As

a consequence, in the course of their practice, they must often explain disorders and their origins, diagnosis, prognosis, and treatment. Even in medical practices that do not employ nurse-practitioners, much patient education falls to nurses. Nurses frequently give treatment instructions or screen patients before they are seen by a physician.

Other advanced-practice nurses include certified nurse midwives, who are responsible for some obstetrical care and births; clinical nurse specialists, who are experts in a specialized area, such as cardiac or cancer care, mental health, or neonatal health; and certified registered nurse anesthetists, who administer anesthesia (*Los Angeles Times*, 1993a). Given the directions of current U.S. health policy, an expanded role for nurses in primary health care is likely.

Physicians' Assistants as Providers

Physicians' assistants perform many routine health care tasks, such as taking down medical information or explaining treatment regimens to patients. Physicians' assistants are educated in 1 of more than 50 special programs in medical schools and teaching hospitals and throughout the armed forces. Such programs typically require at least 2 years of college and previous experience in health care. The physicians' assistant program itself lasts 2 years. In many instances, physicians' assistants take the same classes as medical students during the first year, and the second year is spent in clinical rotation with direct patient contact.

As medical practice has become increasingly complex, other professionals, such as biofeedback technicians and psychologists, have also become involved in specialized care. Consequently, issues of communication—especially poor communication—that arise in medical settings are by no means the exclusive province of the physician.

Nature of Patient-Provider Communication

Criticisms of providers usually center on volumes of jargon, little feedback, and depersonalized care. Clearly, the quality of communication with a provider is important to patients, but does good communication do anything more than produce a vague sense of satisfaction or dissatisfaction in the patient's mind? The answer is yes. Poor patient-provider communication has been tied to outcomes as problematic as patient noncompliance with treatment recommendations and the initiation of malpractice litigation.

Judging Quality of Care

People often judge the adequacy of their care by criteria that are irrelevant to its technical quality (Ware, Davies-Avery, & Stewart, 1978; Yarnold, Michelson, Thompson, & Adams, 1998). Although we might be able to discern a case of blatant incompetence, most of us are insufficiently knowledgeable about medicine and standards of practice to know if we have been treated well or not. Consequently, we often judge technical quality on the basis of the manner in which care is delivered (Ben-Sira, 1980). For example, if a physician expresses uncertainty about the nature of the patient's condition, patient satisfaction declines (C. G. Johnson, Levenkron, Suchman, & Manchester, 1988). A warm, confident, friendly provider is often judged to be both nice and competent, whereas a cool, aloof provider may be judged less favorably, as both unfriendly and incompetent (see Buller & Buller, 1987; DiMatteo, Linn, Chang, & Cope, 1985). In reality, technical quality of care and the manner in which care is delivered are unrelated (e.g., Gough, 1967).

Patient Consumerism

Another factor that may heavily influence patient-provider interaction is patients' increasing desire and need to be involved in the decisions that affect their health. Whereas at one time the physician's authority was accepted without question or complaint (Parsons, 1954), increasingly patients have adopted consumerist attitudes toward their health care (Haug, 1994). This change has come from several factors.

First, to induce a patient to follow a treatment regimen appropriately, one must have the patient's full cooperation and participation in the treatment plan. Giving a patient a role in the development of the plan and how it will be enacted can help ensure such commitment. Increasingly, too, lifestyle has been recognized as a major cause of disability and illness. Modifying lifestyle factors such as diet, smoking, and alcohol consumption must be done with the patient's full initiative and cooperation if lifestyle change is to be achieved. In fact, patients who regard their behavior as under the control of providers instead of themselves are less likely to adhere to lifestyle change (Lynch et al., 1992).

Finally, patients often have considerable expertise about their illness, especially if it is a recurring problem or if they have a chronic disease. A patient is most likely to do well if this expertise is tapped and integrated into the treatment program. For example, diabetics who are well versed in diabetes care may have a better sense of how to control their own blood glucose level than does a physician unfamiliar with their particular case. A study of pediatric asthma patients (Deaton, 1985) found that parents' modifications of a child's asthma regimen on the basis of severity of the disease, seasonal changes, symptoms, and side effects produced better asthma control than strict adherence to the prescribed medical regimen.

Clearly, then, the relationship between patient and provider is changing in ways that make better communication essential. What are some of the factors that erode communication? They include aspects of the office setting itself, the changing nature of the health care

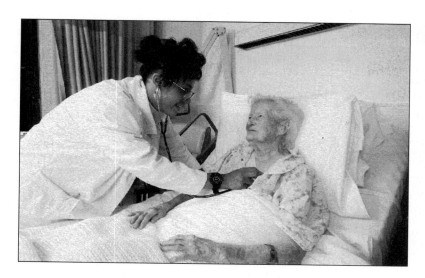

When physicians treat patients in a warm, friendly, confident manner, they are judged to be competent as well as nice. (© Corbis/Vol. #52)

delivery system, provider behaviors, patient behaviors, and qualities of the interaction. We will consider each in turn.

Setting

On the surface of it, the medical office is an unlikely setting for effective communication. A person who has decided he or she is ill must communicate that fact to another person, often a stranger; he or she must respond to specific and direct questions and then be content to be poked and prodded while the diagnostic process goes on. At the very least, it is difficult to present one's complaints effectively when one is in pain or has a fever, and the patient's ability to be articulate may be reduced further by any anxiety or embarrassment about the symptoms or the examination.

The provider, on the other hand, has the task of extracting significant information as quickly as possible from the patient. The provider is often on a tight schedule, with other patients backing up in the waiting room. The difficulties presented by the patient may have been made more complex by the use of various over-the-counter remedies, so that symptoms may now be masked and distorted.

The patient's ideas of which symptoms are important may not correspond to the provider's knowledge, so important signs may be overlooked. With the patient seeking solace and the provider trying to maximize the effective use of time, it is clear that there are many potential sources of strain.

Structure of the Health Care Delivery System

Until a few decades ago, the majority of Americans received their health care from private physicians, whom they paid directly on a visit-by-visit basis (termed **private, fee-for-service care**). Each visit was followed by a bill, which the patient typically paid out of pocket.

That picture has changed. More than 103 million Americans now receive their health care through a prepaid financing and delivery system termed a **health maintenance organization (HMO)** (Spragins, 1996). By this arrangement, an employer or employee pays an agreed-on monthly rate, and the employee is then entitled to use services at no additional (or a greatly reduced) cost. This arrangement is called **managed care.** In some cases, HMOs have their own staff, from which enrollees must seek treatment. In preferred-provider

TABLE 9.1   Types of Health Care Plans

Name	How It Works
Health maintenance organization (HMO)	Members select a primary-care physician from the HMO's pool of doctors and pay a small fixed amount for each visit. Typically, any trips to specialists and nonemergency visits to HMO network hospitals must be preapproved.
Preferred-provider organization (PPO)	A network of doctors offers plan members a discounted rate. They usually don't need prior authorization to visit an in-network specialist.
Point-of-service plan (POS)	These are plans, administered by insurance companies or HMOs, that let members go to doctors and hospitals out of the network—for a price. Members usually need a referral to see a network specialist.
Traditional indemnity plan	Patients select their own doctors and hospitals and pay on a fee-for-service basis. They don't need a referral to see a specialist.

Source: American Association of Health Plans, 2001; National Committee for Quality Assurance (NCQA), 2001.

organizations (PPOs), a network of affiliated practitioners have agreed to charge preestablished rates for particular services. Enrollees in the PPO must choose from these practitioners when seeking treatment. Table 9.1 describes the differences among types of health care plans.

Patient Dissatisfaction in Managed Care
The changing structure of the health care delivery system has contributed to dissatisfaction with health services by altering the nature of patient-provider interactions (C. E. Ross, Mirowsky, & Duff, 1982). Prepaid plans often operate on a referral basis, so that the provider who first sees the patient determines what is wrong and then recommends any number of specialists to follow up with treatment. Because providers are often paid according to the number of cases they see, referrals are desirable. Therefore, a **colleague orientation,** rather than a client or **patient orientation,** usually develops (Mechanic, 1975). Because the patient no longer pays directly for service and because the provider's income is not directly affected

by whether the patient is pleased by the service, the provider may not be particularly concerned with patient satisfaction. The provider is, however, concerned with what his or her colleagues think, because it is on their recommendations that he or she receives additional cases. Thus, in theory, such a system can produce high technical quality of care, because providers who make errors receive fewer referrals; however, there is less incentive to offer emotionally satisfying care (Barr, 1983).

In recent years, the question of whether HMOs offer a higher technical quality of care has come into question. As efficiency and cost-cutting pressures have taken over and as physician employees have been urged to avoid expensive tests and shorten hospital stays, there is some evidence that quality of care has eroded (see Box 9.1). One study found that the ill elderly and poor fared especially poorly in HMOs, compared with people in traditional fee-for-service practices. Because fee-for-service insurance allowed patients a much broader choice of doctors and placed fewer

BOX 9.1

The Frustrations of Managed "Care"

Although many patients find their managed care plans to be highly satisfactory, others face frustrating, time-consuming, and seemingly arbitrary rules about the type of care they can and cannot receive. One patient describes her experiences as follows:

I didn't want to join a managed care plan. I loved my [old plan], but it didn't love my employer and dropped us like a hot potato one year when "not enough" employees had chosen it.

I'm not sick, fortunately, I have routine and relatively trivial ailments, and one not-serious chronic problem for which I take a daily pill. I've gradually discovered what all those managed care advocates mean when they say managed care plans are more efficient and cut out unnecessary expenditures. They mean they shift a lot more of their costs onto me and my doctors.

For my chronic problem, I get checked out twice a year by a specialist to make sure that nothing's changed. My HMO said a referral form was good only for three months. So I started having to procure one of those forms for each visit to the specialist. At first, I could only get a form with a phone call to Dr. Gatekeeper's office, but his staff got swamped with all this paperwork and asked me to send a written request with a stamped envelope addressed to the specialist. The little costs to me of my HMO's cost-saving strategies were starting to add up. I can't begin to calculate the costs to Dr. Gatekeeper as more of his and his staff's time went to referral paperwork.

Then there was the matter of my once-a-day pill. Last year I went abroad for two months and wanted a sixty-day supply of pills to take along. But when my pharmacist tried to fill the prescription and bill it to my HMO, my HMO denied the request, saying they allow only a one-month supply, and will not pay for another refill until twenty-eight days have elapsed. I contacted my HMO, explaining my situation. I got an unhelpful response: sorry, we can't bend our rules, but you can pay for your second-month stock now and file for reimbursement later. More time and money costs to me.

Recently I hurt my knee and needed physical therapy. In order for my insurance to cover the treatment, I had to have a referral from Dr. Gatekeeper. Eventually a referral came, but it authorized only three visits. I've already had seven visits and I clearly need lots more. So I called Dr. Gatekeeper's office once more to try to secure more referrals for more visits. This time, I was told that they now have a special telephone number for referral requests. I called the number, only to get a lengthy recording, reeling off at least ten items of information I was supposed to leave if I wanted a prescription refill and then another ten or so items of information if I wanted a referral. I furiously scribbled notes, fished for my insurance card in my wallet and left the information. No referral has shown up at the physical therapist's office. I'm still liable for the payment. The bureaucratic snafus are getting deeper and deeper, and I can't talk to a real person in my internist's office anymore.

I may be out of money, if Dr. Gatekeeper's staff doesn't understand my recorded message or forgets to backdate the referral forms to cover the visits I've already had. The physical therapist is out money because she can't get reimbursed until my referral forms show up. One day, while she was pushing and poking at my knee, the therapist explained to me how insurance has kept her payments so low that she has had to cut back each treatment session from one hour to forty-five minutes.

In effect, while managed care plans are bragging about how they are providing more care for less money, their members are getting less care for more money and more lost time. (C. Thomas, 1995, pp. 11–12)

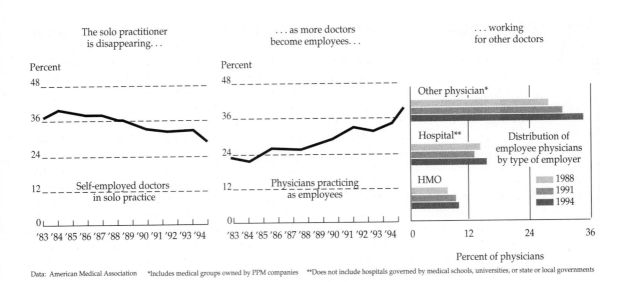

FIGURE 9.1   Percentages of Physicians in Various Forms of Practice
(*Source:* Bianco & Schine, 1997)

restrictions on services, their care was better, the study reported (Ware, Bayliss, Rogers, & Kosinski, 1996). An extensive evaluation of HMOs by an independent organization showed that quality of care ranged from barely satisfactory to excellent, depending on the facility (Spragins, 1996). Clearly, then, managed care does not guarantee a higher standard of care.

HMOs may undermine care in other ways. When providers are pressured to see as many patients as possible, the consequences can be long waits and short visits. These problems are compounded if a patient is referred to several specialists, because each referral may lead to another long wait and short visit. Patients may feel that they are being shunted from provider to provider with no continuity in their care and no opportunity to build up a personal relationship with any one individual. Indeed, a nationwide study of more than 170,000 HMO patients revealed widespread dissatisfaction (Freudenheim, 1993). Increasingly, as Figure 9.1 suggests, third-party payment systems adopt

cost-saving strategies that may inadvertently restrict clients' choices over when and how they can receive medical services. Because patients value choice, these restrictions contribute to dissatisfaction (Curbow, 1986).

Precisely because problems have developed, some HMOs have taken steps to reduce long waits, to allow for personal choice, and to make sure a patient sees the same provider at each visit. But it is clear that the changing structure of medical practice generally may undermine emotional satisfaction (Freidson, 1961) and does not guarantee a high standard of care.

DRGs and Patient Care   In chapter 8, we discussed DRGs (diagnostic-related groups), which are guidelines for patient care in particular disease or disorder categories. The argument is that DRGs can produce efficient patient care, thereby producing reductions in costs. The impact of DRGs on medical care are several. First, because the DRG system implicitly rewards institutions for the detection and treatment of complications or co-occurring medically problematic conditions, the system provides an impetus for diagnostic vigilance. It is to the practitioner's advantage to find everything that is wrong with the patient before treatment. Another consequence of DRGs is that they implicitly adopt biomedical criteria for how and how long a disease should be treated. In fact, DRGs are quite poor predictors of patients' need for services and length of stay. One patient may be fine with a 2-day hospital stay, for example, whereas another patient with the same problem may require 4 days because of complications or no help with aftercare at home. Finally, DRGs can potentially undermine effective treatment, in that they may create a tendency to discharge patients before the DRGs' boundaries for length of stay are exceeded. Thus, although the presence of DRGs can have some positive effects on quality of care (such as attentiveness to the diagnostic process), they may also compromise care.

Summary The changing structure of the health care delivery service from private, fee-for-service practice to third-party arrangements can inadvertently exert adverse effects on patient-provider communication and on patient choice. The colleague orientation of the third-party system makes it less necessary for physicians to please patients; although it may increase technical quality of care, a colleague orientation may undermine the quality of interactions with patients. In addition, cost-saving strategies may restrict patient choices of treatment options and overly constrain the length of care and kind of treatments they receive.

Changes in the Philosophy of Health Care Delivery

A number of changes underlying the philosophy of health care delivery are altering the face of health care delivery. The physician's role is changing. The development of new organizational systems for delivering services, such as HMOs, and the rising number of women in the medical profession have added variability to what was once a very clear physician role, characterized by dominance and authority (M. S. Goldstein, Jaffe, Sutherland, & Wilson, 1987). Although some of these changes have led to more egalitarian attitudes among physicians (Lavin, Haug, Belgrave, & Breslau, 1987), they have also had the effect of challenging the physician's dominance, autonomy, and authority (Hartley, 1999; Warren, Weitz, & Kulis, 1998). Responsibilities that once fell exclusively to physicians are now shared with many other authorities, including administrators, and with patients as well.

Holistic Health Movement and Health Care Western medicine is increasingly incorporating Eastern approaches to medicine; nontraditional therapies, such as meditation and biofeedback; and the philosophy of **holistic health,** the idea that health is a positive state to be actively achieved, not merely the absence of disease. This viewpoint acknowledges psychological and spiritual influences on achieving health, and it gives patients substantial responsibility for both achieving health and/or curing illness through their behaviors, attitudes, and spiritual beliefs. Holistic health emphasizes health education, self-help, and self-healing. There is an emphasis on using natural, low-technology interventions and non-Western techniques of medical practice when possible, including herbal medicine, acupuncture, acupressure, massage, psychic diagnosis, spiritual healing, the laying on of hands, and dance therapy.

These changes alter the relationship between provider and patient, making it more open, equal, and reciprocal and bringing emotional contact between the patient and provider into the picture (Astin, 1998). Even some physicians who do not subscribe to holistic health beliefs are now trying to structure a more egalitarian relationship in which they help the patient assume more responsibility for his or her state of health, and increasingly many recognize that there are less intrusive alternatives to traditional medical management that may achieve the same outcomes (M. S. Goldstein, Jaffe, Garell, & Berk, 1986).

The impact of holistic attitudes toward health and the concomitant consumerism that has developed is felt more in some segments of society than in others. Lower-class people still are more or less passive recipients of medical services (Cockerham, Lueschen, Kunz, & Spaeth, 1986). Although medicine and the mass media have promoted the idea of a healthy lifestyle, the corresponding need to encourage consumerism in the patient-provider relationship has not occurred to the same degree (Cockerham et al., 1986).

Provider Behaviors That Contribute to Faulty Communication

Not Listening   Communication between the patient and physician can be eroded by certain provider behaviors. One problematic provider behavior is not listening. In a study of physicians' initial responses to patient-initiated visits, Beckman and Frankel (1984) studied 74 office visits. In only 23% of the cases did the patient have the opportunity to finish his or her explanation of concerns before the provider began the process of diagnosis. In 69% of the visits, the physician interrupted, directing the patient toward a particular disorder. On an average, physicians interrupted after their patients had spoken for only 18 seconds.

The consequence of this controlling effort to manage the interaction not only prevents patients from discussing their concerns but may also lead to potential loss of important information. Because physicians knew their behavior was being recorded during the office visits, the study may actually underestimate the extent of this problem.

Use of Jargon   The use of jargon and technical language is another important factor in poor communication. Studies reveal that patients understand relatively few of the complex terms that providers often use (e.g., Samora, Saunders, & Larson, 1961). An example is provided by a patient:

> I'll tell you something, a good one on me. When my first child was born, the doctor kept coming in every day and asking, "Have you voided?" So I'd say, "No." So in comes the nurse with some paraphernalia that was scary. So I said, "What the devil are you going to do?" And she said, "I'm going to catheterize you, you haven't voided." Well, of course, I knew what catheterization was. I said, "You are going to pay hell. I've peed every day since I've been here." [The nurse explained that the doctor had told her the patient hadn't voided.] I said, "Is that what he said?" And she said, "Of course, Rusty, didn't you know?" And I said, "Well, of course, why didn't he just ask me if I'd peed? I'd have told him." (Samora et al., 1961)

Why do providers use complex, hard-to-understand language? In some cases, jargon-filled explanations may be used to keep the patient from asking too many questions or from discovering that the provider is not certain what the patient's problem is.

> Physicians have long used medical jargon to impress gullible laymen. As far back as the thirteenth century, the medieval physician, Arnold of Villanova, urged colleagues to seek refuge behind impressive-sounding language when they could not explain a patient's ailment. "Say that he has an obstruction of the liver," Arnold wrote, "and particularly use the word obstruction because patients do not understand what it means." (*Time*, 1970, p. 35)

One physician explained, with great amusement, that if the term "itis" (meaning "inflammation of") was connected to whatever organ was troubled (for example, "stomachitis"), this would usually forestall any additional questions from the patient.

More commonly, however, providers' use of jargon may be a carryover from their technical training. Providers learn a complex vocabulary for understanding illnesses and communicating about them to other professionals; they often find it hard to remember that the patient does not share this expertise. Thus, much use of jargon stems from simple forgetting. The use of jargon may also stem from an inability to gauge what the patient will understand and an inability to figure out the appropriate nontechnical explanation. How much should one tell a patient? Does the patient need to know how the disorder developed? If so, how should that explanation be provided?

Baby Talk   Practitioners may underestimate what their patients will understand about an illness and its treatment and resort to the use of baby talk and simplistic explanations.

> "Nurse, would you just pop off her things for me? I want to examine her." In the hospital, everything is "popped" on or off, slipped in or out. I don't think I met a single doctor who, in dealing with patients, didn't resort to this sort of nursery talk. I once heard one saying to a patient, an elderly man, "We're just going to pop you into the operating theater to have a little peep into your tummy." Nurses, too, had people "popping" all over the place—in and out of lavatories, dressing gowns, beds, scales, wheelchairs, bandages. (Toynbee, 1977)

As these remarks indicate, overly simple explanations coupled with infantilizing baby talk can make the patient feel like a helpless child. Moreover, such behavior can forestall questions. Having received a useless explanation, the patient may not know how to begin to ask for solid information. The tendency to lapse into simple explanations with a patient may become almost automatic. One woman, who is both a cancer researcher and a cancer patient, reports that when she goes to see her cancer specialist, he talks to her in a very complex and technical manner until the examination starts. Once she is on the examining table, he shifts to very simple sentences and explanations. She is now a patient and no longer a colleague.

The truth about what patients can understand lies somewhere between the extremes of technical jargon and infantilizing baby talk. Typically, providers underestimate the ability of patients to understand information about the origins, diagnosis, prognosis, and treatment of their disorders (McKinlay, 1975; Waitzkin, 1985).

In one ingenious study, McKinlay (1975) followed physicians around a maternity ward as they made their hospital visits, noting what medical terms they used most frequently in discussing patient disorders, either with or in front of patients. After he had catalogued the most frequently used terms, he tested the patients' knowledge of those terms and compared patients' actual information level with that attributed to them by physicians. He found that patients' knowledge of the relevant medical terms was quite high and, more important, much higher than that attributed to them by their doctors. McKinlay suggested that providers think patients are ignorant and fearful, making it impossible for them to learn about their illnesses. The fact is that patients can be motivated to learn and do a reasonable job of it, despite the frequent absence of adequate explanations from the provider.

Nonperson Treatment   Depersonalization of the patient is another problem that impairs the quality of the patient-provider relationship (Kaufman, 1970). This nonperson treatment may be employed intentionally to try to keep the patient quiet while an examination, a procedure, or a test is being conducted, or it may be used unintentionally because the patient (as object) has become the focus of the provider's attention.

When I was being given emergency treatment for an eye laceration, the resident surgeon abruptly terminated his conversation with me as soon as I lay down on the operating table. Although I had had no sedative, or anesthesia, he acted as if I were no longer conscious, directing all his questions to a friend of mine—questions such as, "What's his name? What occupation is he in? Is he a real doctor?" etc. As I lay there, these two men were speaking about me as if I were not there at all. The moment I got off the table and was no longer a cut to be stitched, the surgeon resumed his conversation with me, and existence was conferred upon me again. (Zimbardo, 1969, p. 298)

To understand the phenomenon of nonperson treatment, consider what a nuisance it can be for a provider to have the patient actually there during a treatment—fussing, giving unhelpful suggestions, and asking questions. If the patients could drop their bodies off, as they do their cars, and pick them up later, it would save both the provider and the patients a lot of trouble and anxiety. As it is, the provider is like an auto mechanic who has the misfortune of having the car's owner following him or her around, creating trouble, while he or she is trying to fix the car (E. Goffman, 1961). Goffman suggests that providers cope with their bad luck by pretending that the patient is not there: "The patient is greeted with what passes for civility, and said farewell to in the same fashion, with everything in between going on as if the patient weren't there as a social person at all, but only as a possession someone has left behind" (pp. 341–342).

Nonperson treatment may be employed at particularly stressful moments to keep the patient quiet and enable the practitioner to concentrate. In that way, it may serve a valuable medical function. But patient depersonalization can also have adverse medical effects. Medical staff making hospital rounds often use either highly technical or euphemistic terms when discussing cases with their colleagues. Unfortunately, these terms may confuse or alarm the nonparticipating but physically present patient, an effect to which the provider may be oblivious. In fact, one study found that the number of heart disease complications increased among patients after physicians' rounds (Jarvinen, 1955).

Patient depersonalization also provides emotional protection for the provider. It is difficult for a provider to work in a continual state of awareness that his or her every action influences someone's state of health and happiness. The responsibility can be crushing. Moreover, every provider has tragedies—as when a patient dies or is left incapacitated by a treatment—but the provider must find a way to continue to practice. Depersonalization helps provide such a way.

The emotion communicated by a provider in interaction with a patient can have a substantial impact on the patient's attitude toward the provider, the visit, and his or her condition (J. A. Hall, Epstein, DeCiantis, & McNeil, 1993). One study, for example, found that women getting their mammogram results from a worried physician recalled less information, perceived their situation to be more severe, showed higher levels of anxiety, and had significantly higher pulse rates than women receiving mammogram results from a nonworried physician (D. E. Shapiro, Boggs, Melamed, & Graham-Pole, 1992).

Stereotypes of Patients   Communication may be especially eroded when physicians encounter patients or diseases that they would prefer not to treat (Morgan, 1985; Schmelkin, Wachtel, Schneiderman, & Hecht, 1988). Pejorative stereotypes of patients may contribute to problems in communication and subsequent treatment. Research shows that physicians give less information, are less supportive, and demonstrate less proficient clinical performance with Black and Hispanic patients and patients of lower socioeconomic class than is true for more advantaged patients, even in the

Patients are often most comfortable interacting with a physician who is similar to themselves. (© Bob Daemmrich/ Stock Boston)

same health care settings (Bartlett et al., 1984; A. M. Epstein, Taylor, & Seage, 1985; Hooper, Comstock, Goodwin, & Goodwin, 1982; C. E. Ross et al., 1982; Waitzkin, 1985; Wasserman, Inui, Barriatua, Carter, & Lippincott, 1984).

Many physicians also have negative perceptions of the elderly (Ford & Sbordone, 1980; Najman, Klein, & Munro, 1982; see Haug & Ory, 1987, for a review). There is some evidence that this group is less likely to be resuscitated in emergency rooms or given active treatment protocols for life-threatening diseases (J. Roth, 1977). These problems may be exacerbated by any communication difficulties the elderly person has (Haug & Ory, 1987; Morgan, 1985). The negative attitudes of physicians seem to be reciprocated in the elderly, in that among those 65 and over, only 54% express high confidence in physicians.

Sexism is a problem in medical practice as well. Male physicians and female patients do not always communicate well with each other. Research suggests that in comparison with male physicians, female physicians conduct longer visits, ask more questions, make more positive comments during a visit, and show more nonverbal support, such as smiling and nodding (J. A. Hall, Irish, Roter, Ehrlich, & Miller, 1994). The matching of gender between patient and practitioner appears to foster more rapport and disclosure, which may enhance communication (Levinson, McCollum, & Kutner, 1984; C. S. Weisman & Teitelbaum, 1985). However, physicians of both genders prefer male patients (J. A. Hall et al., 1993).

In one experimental study of physicians' attitudes toward male and female patients, medical students heard an audiotaped patient portrayal of either a man or a woman recounting symptoms typically associated with depression. The female patient was perceived to be less seriously ill and less in need of lab tests and follow-up care, and she was more likely to be recommended for medication and for psychiatric evaluation than was the male patient. Clearly, then, stereotypes can influence what a physician infers and recommends for a patient (V. L. Wilcox, 1992).

Patients who are regarded as seeking treatment largely for depression, anxiety, or other forms of psychological disorder also evoke negative reactions from physicians. With these groups of patients, physician attention may be especially cursory, and communication problems may be especially acute. Physicians like their healthier patients more than sicker ones (J. A. Hall et al., 1993), and they prefer acutely ill to chronically ill patients; chronic illness poses uncertainties and questions about prognosis, which acute disease does not (R. N. Butler, 1978).

Patients' Contributions to Faulty Communication

Within a few minutes of having discussed their illness with a provider, many patients—as many as one third—cannot repeat their diagnosis; up to one half do not understand important details about the illness or treatment (Golden & Johnston, 1970). Some of this inability to repeat illness- and treatment-related information stems from faulty communication, but some of it also stems from factors having to do with patients. Whereas dissatisfied patients complain about the incomplete or overly technical explanations they receive from providers, dissatisfied providers complain that even when they give clear, careful explanations to patients, the explanation goes in one ear and out the other.

Patient Characteristics   Several factors on the patient's part contribute to poor patient-provider communications. Neurotic patients often present an exaggerated picture of their symptoms (e.g., Ellington & Wiebe, 1999). This style can, unfortunately, compromise a physician's ability to effectively gauge and judge the seriousness of a patient's condition.

Another patient characteristic that can contribute to poor communication is patient anxiety (Graugaard & Finset, 2000). When people are anxious, their learning can be impaired. Anxiety makes it difficult to concentrate attention and process incoming information. Even when information is learned, the distracting effects of anxiety may make it hard to retain it. Because anxiety is often high during a visit to a provider, it is not surprising that patients retain so little information. Focusing directly on the patient's concerns can alleviate this barrier to effective communication (Graugaard & Finset, 2000).

As people age, their number of medical problems usually increases, but their abilities to present their complaints effectively and follow treatment guidelines can decrease. About 40% of patients over 50 have difficulty understanding their prescription instructions. Extra time and care may be needed to communicate this vital information to older patients.

Patient Knowledge   Other factors that influence patients' ability to understand and retain information about their condition include education and experience with the disorder. Some patients are unable to understand even simple information about their case (M. S. Davis,

1966). Physicians are usually upper middle class and often White and male, whereas their patients may be of a lower social class, a different race, and a different sex. Consequently, there may also be class-based, sociolinguistic factors that contribute to poor communication (Waitzkin, 1985).

In contrast, patients who have had an illness before, who have received a clear explanation of their disorder and treatment, or who know that their illness is not serious show relatively little distortion of information. Patients for whom the illness is new and who have little prior information about the disorder show the greatest distortion in their explanations (DiMatteo & DiNicola, 1982).

Patient Attitudes Toward Symptoms   Patients respond to different cues about their illness than do practitioners (Peay & Peay, 1998). Patients place considerable emphasis on pain and on symptoms that interfere with their activities. But providers are more concerned with the underlying illness—its severity and treatment. Patients may misunderstand the provider's emphasis on factors that they consider to be incidental, they may pay little attention when vital information is being communicated, or they may believe that the provider has made an incorrect diagnosis (Korsch & Negrete, 1972; see also Young, 1980).

Patients may give providers faulty cues about their medical history or their current concerns. Patients are sometimes embarrassed about their health history (such as having had an abortion) or their health practices (such as being a smoker) and often do not report these important pieces of information to the physician (L. Smith, Adler, & Tschann, 1999).

A number of patients, perhaps as many as two thirds (Reader, Pratt, & Mudd, 1957), make medical appointments for minor complaints but actually fear they have a truly serious disease, such as cancer or heart disease. Particularly among older people, there may still be the belief that when symptoms signify a serious disorder, physicians do not tell the patient. Anticipating evasiveness or fearing that the worst will be confirmed, patients will sometimes present the symptom that is actually the most distressing to them as something of little concern—for example, "It's probably nothing, but . . .", or "Oh, by the way . . ." (Greer, 1974).

Patients may fear asking questions because they do not think they will receive straight answers, and providers may erroneously assume that because no questions have been asked, the patient does not want any information. The following episode illustrates the lengths to which such misconceptions can be carried:

> At the age of 59, [Mr. Tischler] suffered progressive discomfort from a growing lump in his groin. He did not discuss it with his wife or anyone else until six weeks prior to his admission to the hospital, when he began to fear that it was cancer. When Mrs. Tischler heard about it, she, too, was fearful of cancer, but she did not mention this to her husband. She did, however, discuss his condition with a close friend who was the secretary of a local surgeon. Through this friend, Mr. Tischler was introduced to the surgeon who examined him, made a diagnosis of a hernia, and recommended hospitalization for repair of the hernia. Both Mr. and Mrs. Tischler thought the surgeon was trying to be kind to them since Mr. Tischler, in their fearful fantasies, was afflicted with cancer. The surgeon scheduled admission to the hospital for elective repair of the hernia. After the surgery, the hernia disappeared, the incision healed normally, and there were no complications. Mr. Tischler then realized that the surgeon had been accurate in his diagnosis and prognosis. He returned to work in three weeks, free from pain and all disability. (Duff & Hollingshead, 1968, p. 300)

Interactive Aspects of the Communication Problem

Qualities of the interaction between practitioner and patient also perpetuate faulty communication (J. A. Hall, Rotter, & Katz, 1988). A major problem is that the patient-provider interaction does not provide the opportunity for feedback to the provider. Providers rarely know whether information was communicated effectively because they rarely learn about the results of the communications (Sicotte, Pineault, Tilquin, & Contandriopoulos, 1996).

Specifically, the provider sees the patient, the patient is diagnosed, treatment is recommended, and the patient leaves. When the patient does not return, any number of things may have happened: The treatment may have cured the disorder; the patient may have gotten worse and decided to seek treatment elsewhere; the treatment may have failed, but the disorder may have cleared up, anyway; or the patient may have died. Not knowing which of these alternatives has actually occurred, the provider does not know the impact and success rate of the advice given. Obviously, it is to the provider's psychological advantage to believe that the diagnosis was correct, that the patient followed the advice, and that the patient's disorder was cured by the recommended treatment, but the provider may never find out for certain.

The provider may also find it hard to know when a satisfactory personal relationship has been established with a patient. Many patients are relatively cautious with providers; if they are dissatisfied, rather than complain about it directly, they may simply change providers. The provider who finds that a patient has stopped coming does not know if the patient has moved out of the area or switched to another practice. When providers do get feedback, it is more likely to be negative than positive: Patients whose treatments have failed are more likely to go back than are patients whose treatments are successful (Rachman & Phillips, 1978).

Two points are important here. First, learning is fostered more by positive than by negative feedback; positive feedback tells one what one is doing right, whereas negative feedback may tell one what to stop doing but not necessarily what to do instead. Because providers get more negative than positive feedback, this situation is not conducive to learning. Second, learning occurs only with feedback, but in the provider's case, lack of feedback is the rule. Clearly, it is extremely difficult for the provider to know if communication is adequate and, if not, how to change it. It is no wonder, then, that when social scientists display their statistics on poor patient-provider communication, each provider can say with confidence, "Not me," because he or she indeed has no basis for self-recrimination.

Results of Poor Patient-Provider Communication

The patient-provider communication problems would be little more than an unfortunate casualty of medical treatment were it not for the toll they take on health. Dissatisfied patients are less likely to use medical services in the future (C. E. Ross & Duff, 1982; Ware et al., 1978). They are more likely to turn to services that satisfy emotional needs rather than medical needs (D. M. Eisenberg et al., 1993), services that may sacrifice technically competent care for satisfying emotional interactions. Dissatisfied patients are less likely to obtain medical checkups and are more likely to change doctors and to file formal complaints (Hayes-Bautista, 1976; Ware et al., 1978).

Thus, it appears that patient dissatisfaction with patient-provider interaction not only fosters health risks by leading patients to avoid using services in the future but also poses costly and time-consuming dilemmas for the health care agencies themselves. In this section, we focus on perhaps the best-documented and most medically problematic consequence of all: patient nonadherence with medical regimens. We also discuss the rise of malpractice litigation.

Nonadherence to Treatment Regimens

Chapters 3, 4, and 5 examined **adherence** to treatment regimens in the context of health behaviors and noted how difficult it can be to modify or eliminate a poor health habit, such as smoking or excessive alcohol consumption, or to achieve a healthy lifestyle through weight loss, dietary modification, and other healthy behaviors. In this section we examine the role of health institutions, and particularly the role of the provider, in promoting adherence.

A seventeenth-century French playwright, Molière, aptly described the relationship that physicians and patients often have with respect to treatment recommendations:

> *The King:* You have a physician. What does he do?
>
> *Molière:* Sire, we converse. He gives me advice which I do not follow and I get better. (Treue, 1958, as cited in Koltun & Stone, 1986)

When patients do not adopt the behaviors and treatments their providers recommend, the result is termed **nonadherence** (see R. M. Kaplan & Simon, 1990, for a review). Estimates of nonadherence vary from a low of 15% to a staggering high of 93% (R. B. Haynes, McKibbon, & Kanani, 1996; R. M. Kaplan & Simon, 1990). For short-term antibiotic regimens, one of the most common prescriptions, it is estimated that at least one third of all patients fail to comply adequately (see Rapoff & Christophersen, 1982). Between 50 and 60% of patients do not keep appointments for modifying preventive health behaviors (DiMatteo & DiNicola, 1982). Between 20 and 80% of patients drop out of lifestyle change programs designed to treat such health problems as smoking or obesity (J. M. Dunbar & Agras, 1980; Turk & Meichenbaum, 1991). Of 750 million new prescriptions written each year, approximately 520 million are responded to with partial or total nonadherence (Buckalew & Sallis, 1986). In a study of children treated for ear infection, it was estimated that only 5% of the parents fully adhered to the medication regimen (Mattar, Markello, & Yaffe, 1975). In fact, adherence is typically so poor that researchers believe that the benefits of many medications cannot be realized at the current levels of adherence that patients achieve (R. B. Haynes et al., 1996).

Measuring Adherence Obtaining reliable indications of nonadherence is not an easy matter (Turk & Meichenbaum, 1991). One study that attempted to assess use of the drug theophylline for patients suffering from chronic obstructive pulmonary disease (COPD) found that physicians reported that 78% of their COPD patients were on the medication, chart audit revealed 62% of the patients were on the medication, videotaped observation of patient visits produced an estimate of 69%, and only 59% of the patients reported they were on theophylline (Gerbert, Stone, Stulbarg, Gullion, & Greenfield, 1988). And the study did not even assess whether theophylline was administered correctly, only if it was prescribed at all.

Pill counts—that is, the amount of medication left over in a bottle when the course of medication is completed—provide an objective assessment of nonadherence, but they also are subject to several forms of bias. Patients may remove some pills from the bottle, for example, or they may have taken pills left over from a previous treatment. Moreover, even if one knew reliably how many pills had been taken, one would not know if they had been taken in the correct amount or at the correct times (Turk & Meichenbaum, 1991).

Asking patients about their adherence yields unreliable and artificially high estimates (e.g., R. M. Kaplan & Simon, 1990; Turk & Meichenbaum, 1991). Since most patients know they are supposed to adhere, they may bias their answers to appear more compliant than they really are (H. P. Roth, 1987; Turk & Meichenbaum, 1991). As a consequence, researchers draw on indirect measures of adherence, such as the number of follow-up or referral appointments kept, but even these measures can be biased. Treatment outcome might be a way to assess nonadherence, but there is little evidence of a clear relationship between extent of adherence and health outcomes. In short, many factors obscure the relationship between adherence and recovery (Turk & Meichenbaum, 1991). The unnerving conclusion is that, if anything, the research statistics underestimate the amount of nonadherence that is actually going on.

Causes of Adherence

When asked to explain nonadherence, physicians usually attribute it to patients' uncooperative personalities, to their ignorance, to lack of motivation, or to their forgetfulness (M. S. Davis, 1968a; W. C. House, Pendelton, & Parker, 1986). In fact, efforts to identify the types of patients that are most likely to be nonadherent have been unsuccessful (R. M. Kaplan & Simon, 1990; Meichenbaum & Turk, 1987). The greatest cause of nonadherence is poor communication.

Good Communication A variety of communication factors contribute to adherence. These include whether the patient has made a decision to adhere to the treatment regimen, whether the patient understands the treatment regimen, emotional satisfaction with the relationship, the qualities of the treatment regimen, and the patient's reactions to the regimen, including creative nonadherence, reactance, and self-labeling.

The first step in adherence, one that is frequently overlooked, involves *the patient's decision to adhere to a prescribed medical regimen.* Many providers simply assume that patients will follow their advice, without realizing that the patients must first decide to do so.

The second step in adherence is *understanding the treatment regimen.* Much nonadherence

BOX 9.2

Reducing Error in Adherence

The Center for the Advancement of Health is a non-profit organization whose goal is to promote greater recognition of the many ways psychological, social, behavioral, economic, and environmental factors influence health and illness (Center for the Advancement of Health, 2000c).

Among its concerns has been low levels of patient adherence to treatment generally, as well as the many errors that can occur if physicians are unaware of patients' other medications or if patients misuse or combine treatments on their own. Included in the recommendations the center has proposed for treating this formidable problem are the following:

1. Make adult literacy a national priority.
2. Require all prescriptions be typed on a keyboard.
3. Make commonplace a secure electronic medical record for each individual that records his or her complete medication history and that is accessible by both patients and their physicians.
4. Enforce requirements that pharmacists provide clear instructions and counseling along with prescription medication.
5. Develop checklists for both patients and doctors, so they can ask and answer the right questions before a prescription is written.

occurs because the patient does not understand what the treatment regimen is (Hauenstein, Schiller, & Hurley, 1987; Stanton, 1987). Accordingly, adherence is highest when a patient receives a clear, jargon-free explanation of the etiology, diagnosis, and treatment recommendations. Adherence is also enhanced by factors that promote good learning: Adherence is higher if the patient has been asked to repeat the instructions, if the instructions are written down, if unclear recommendations are pointed out and clarified, and if the instructions are repeated more than once (DiMatteo & DiNicola, 1982). Box 9.2 addresses some ways in which adherence errors may be reduced.

Satisfaction with the relationship with the provider also predicts adherence. When patients perceive the provider as warm and caring, they are more compliant; providers who show anger or impatience toward their patients have more nonadherent patients (Sherbourne, Hays, Ordway, DiMatteo, & Kravitz, 1992). Providers who answer patients' questions and give them information about their symptoms have more adherent patients, perhaps because, by such actions, patients are convinced that

providers know what they are doing (DiMatteo et al., 1993). Providers with busier practices (who may be more popular with patients or see them more often), physicians who schedule follow-up appointments, and physicians who order tests have patients who show greater long-term adherence (DiMatteo et al., 1993).

Treatment Regimen   Qualities of the treatment regimen also influence the degree of adherence a patient will exhibit (R. B. Haynes, 1979a). Treatment regimens that must be followed over a long period of time, that are highly complex, and that interfere with other desirable behaviors in a person's life all show low levels of adherence (Turk & Meichenbaum, 1991). As Box 9.3 illustrates, sometimes these can be the very treatment regimens on which survival depends. Keeping first appointments and obtaining medical tests (J. J. Alpert, 1964; for a review, see DiMatteo & DiNicola, 1982), in contrast, show high adherence rates.

Adherence is high (about 90%) when the advice is perceived as "medical" (for example,

BOX 9.3

Protease Inhibitors an Adherence Nightmare?

People living with AIDS who once believed they were at death's doorstep now have a life-prolonging treatment available to them in the form of protease inhibitors. Protease is an HIV enzyme that is required for HIV replication. Protease inhibitors prevent the protease enzyme from cleaving the virus-complex into pathogenic virions (the infective form of a virus). Taken regularly, protease inhibitors not only stop the spread of HIV but in some cases, following treatment, people once diagnosed with AIDS show no trace of the virus in their bloodstreams.

But taking protease inhibitors regularly is the trick. Protease inhibitors have several qualities that make adherence problematic. First, many protease inhibitors must be taken four times a day. Most people can barely remember to take one tablet a day, and estimates of levels of compliance with antibiotic regimens requiring two tablets a day put adherence at less than one third. Moreover, on these other regimens, a skipped date does not mean failure, whereas with protease inhibitors, missing even one dose may make the medication permanently unsuccessful. Many protease inhibitors require refrigeration, and consequently, the patient must remain

close to the refrigerated drug throughout the day, so as to take the medication on time. This factor is impractical for some people with AIDS. For middle-class people with stable lives, regular employment, and socially supportive networks, adherence may be likely.

However, for the poor, the homeless, and the unemployed, who may lack even a refrigerator for keeping protease inhibitors cold much less the stable life that promotes their regular use, adherence is a difficult task. Moreover, drug use, chronic anxiety, and other affective or psychotic disorders interfere with the ability to use the drugs properly, and these states characterize some of the people who are eligible for protease inhibitors. Protease inhibitors have unpleasant side effects, including diarrhea and nausea. Unpleasant side effects often produce high levels of nonadherence.

In short, although protease inhibitors represent a life-saving discovery, they have many features that make their faithful use problematic. Integrating medication into busy, often chaotic and changing lives is difficult, yet adherence holds the key to survival, so psychologists will be heavily involved in the effort to help people with AIDS adhere faithfully to the medication regimen.

taking medication) but lower (76%) if the advice is vocational (for example, taking time off from work) and lower still (66%) if the advice is social or psychological (for example, avoiding stressful social situations) (Turk & Meichenbaum, 1991). Adherence is higher for treatment recommendations that seem like medicine (taking pills) but much lower when the treatment seems nonmedical (such as instructions to rest). Adherence is very poor (20 to 50%) when people are asked to change personal habits, such as smoking or drinking (DiMatteo & DiNicola, 1982).

Complex self-care regimens show the lowest level of overall adherence (Blumenthal &

Emery, 1988; Cockburn, Gibberd, Reid, & Sanson-Fisher, 1987; D. Siegel, Grady, Browner, & Hulley, 1988). People with diabetes, for example, must often take injections of insulin, monitor their blood glucose fluctuations, strictly control their dietary intake, and in some programs, engage in prescribed exercise programs and efforts at stress management. Even with the best of intentions, it is difficult to engage in all the required behaviors, which take up several hours a day (Turk & Meichenbaum, 1991).

Who Adheres? Some demographic factors also predict nonadherence. Women, Whites, and older people are more likely to follow prescriptions, and the perception that health care is available improves adherence (P. J. Bush & Osterweis, 1978). Nonadherence has also been tied to social class and language or cultural barriers (Samora et al., 1961). As pointed out earlier, many physicians are White, upper-class, English-speaking males who may be intimidating or foreign to those of lower-status or non-U.S. origins. Moreover, if physicians are uncomfortable dealing with people unlike themselves, they may adopt a more formal manner than usual, creating an atmosphere that keeps patients from asking questions (M. S. Davis, 1968b).

Avoidant coping strategies on the part of patients are associated with poor adherence to treatment recommendations. In an extensive longitudinal study of patients with a variety of chronic disorders, patients who relied on avoidant coping strategies were less likely to follow their doctors' specific recommendations and to adhere to treatment goals in general (Sherbourne et al., 1992). Consistent with our analysis of avoidant coping in chapter 7, it may be that patients who cope with stressful events via avoidance are less attentive or responsive to information about threatening events, such as health problems. Similarly, people who are depressed show poor adherence to treatment medication (Carney, Freedland, Eisen, Rich, & Jaffe, 1995).

Another patient factor that influences adherence is the presence of life stressors. Nonadherent patients cite lack of time, no money, or distracting problems at home, such as instability and conflict, as impediments to adherence (M. S. Davis, 1967). In contrast, people who enjoy their lives' activities are more motivated to adhere to treatment (Irvine, Baker, et al., 1999).

Creative Nonadherence   One especially interesting form of nonadherence is termed **creative nonadherence,** or intelligent nonadherence (Weintraub, 1976), because it involves

modifying and supplementing a prescribed treatment regimen. For example, a poor patient may change the dosage level of required medication to make the medicine last as long as possible or may keep some medication in reserve in case another family member comes down with the same disorder. Creative nonadherence may also be a response to concerns or confusion over the treatment regimen. Not understanding the dosage level may lead some people not to take any at all in the fear that they will overmedicate. Others may stop a medication because of unpleasant side effects. One study of nonadherence among the elderly estimated that 73% of nonadherence was intentional rather than accidental (J. K. Cooper, Love, & Raffoul, 1982).

Creative nonadherence can also result from private theories about a disorder and its treatment. For example, the patient may decide that particular symptoms that merit treatment were ignored by the provider; he or she may then supplement the treatment regimen with over-the-counter preparations or home remedies that interact with prescribed drugs in unpredictable, even dangerous ways. Alternatively, the patient may alter the dosage requirement, reasoning, for example, that if four pills a day for 10 days will clear up the problem, eight pills a day for 5 days will do it twice as quickly. One motive for this sometimes risky behavior may be to overcome the sense of loss of control that illness brings with it (Turk & Meichenbaum, 1991). In addition, some researchers now suspect that nonadherence may be a response to reassert control in the patient-provider relationship as well (e.g., Hayes-Bautista, 1976).

Reactance, Self-labeling, and Nonadherence
People who feel that their freedoms have been arbitrarily restricted by some external factor or agent (J. W. Brehm, 1966) may experience a psychological state called *reactance*. This state is characterized by anger, and it may be

accompanied by efforts to regain the threatened freedoms. For some patients, illness itself or the provider may prompt this psychological effect; therefore, nonadherence may be partly an effort to restore lost freedoms (G. Williams, Rodin, Ryan, Grolnick, & Deci, 1998). Let us explore this argument more fully.

The withdrawal of freedom can be very threatening, particularly when highly valued and far-reaching activities are involved (J. W. Brehm, 1966; Wortman & Brehm, 1975). Obviously, many illnesses and treatments have precisely this impact. For the acutely ill person, virtually all activities will be at least temporarily threatened. Many treatment regimens force patients to abandon highly valued activities, such as overeating, smoking, and drinking. Illness and treatment-related restrictions may make patients feel that they have lost all control over their environment.

Reactance can be enhanced by the threat engendered by labeling oneself as sick. This is a particular problem with chronically ill patients, especially those with heart ailments. Consider the threat posed to an ostensibly healthy businessman in his mid-40s who has been told he is at high risk for a heart attack. His treatment regimen may exclude not only valued vices (such as smoking) and valued activities (such as certain high-pressure situations) but also his whole fast-paced, highly stimulating, exciting lifestyle. This lifestyle may be the only method he knows for relating to people and situations. He is being told, in effect, not merely to curtail his activities but also to change his personality as well, from that of a healthy man to that of an illness-conscious semi-invalid. Each time he declines a cigar or takes a pill, he reminds himself that he is sick, and the self-label of "ill person" may be intolerable to him. In this context, then, it may be easier to understand why some patients who are told what they cannot do not only fail to adhere to the advice but also actually violate it flagrantly (G. Williams et al., 1998).

Obviously, not all patients react to the restrictions of illness and treatment with reactance. Reactance is most likely to occur if the restriction on freedom is perceived as arbitrary (J. W. Brehm, 1966). Providers who hand down directives to their patients without adequately explaining the reasons for them or the relationship of the restriction to treatment goals may inadvertently contribute to the behavior.

Summary Nonadherence, then, is a widespread and complex behavior. Some of the contributing factors are listed in Table 9.2. As the table shows, nonadherence can result from poor communication between patient and provider; qualities of the treatment regimen (such as how "medical" a treatment seems to be); and patient factors, such as social class or beliefs about health. Unfortunately, nonadherence can also represent a creative—if foolhardy—reaction to loss of control. As a consequence, efforts to reduce nonadherence, a problem we will address shortly, must focus on the full range of its causes. There is no simple way to reduce it.

Patient-Provider Communication and Malpractice Litigation

Dissatisfaction and nonadherence are not the only problematic outcomes of poor patient-provider communication. Malpractice suits are another. Once rare, the number of malpractice suits has mushroomed over the past decades. Some of this malpractice litigation can be tied to the increasing complexity of medicine. New technology is often overused at first because providers are enthusiastic about it and want to try it out. However, the overuse of new and complex machinery can lead to patient harm, either because the treatment is not necessary or because the side effects of the technology are not known (Halberstam, 1971; Illich, 1976). Malpractice litigation has also been tied to the administrative complexity of the health care

TABLE 9.2   Some Determinants of Adherence to Treatment Regimens and Care

	Following prescribed regimen	Staying in treatment
Social characteristics		
Age	0	+
Sex	0	0
Education	0	0
Income	0	0
Psychological dispositions		
Beliefs about threat to health	+	+
Beliefs about efficacy of action	+	+
Knowledge of recommendation and purpose	+	+
General attitudes toward medical care	0	0
General knowledge about health and illness	0	0
Intelligence	0	0
Anxiety	-?	-
Internal control	0?	0
Psychic disturbance	-	-
Social context		
Social support	+	+
Social isolation	-	-
Primary group stability	+	+
Situational demands		
Symptoms	+	+
Complexity of action	-	-
Duration of action	-	-
Interference with other actions	-	-
Interactions with health care system		
Convenience factors	+	+
Continuity of care	+	+
Personal source of care	+	+
General satisfaction	0	0
Supportive interaction	+	+

Table entries indicate whether a factor encourages compliance (+), works against it (-), has no impact (0), or has uncertain impact (?).

Source: Adapted from Kirscht & Rosenstock, 1979, p. 215.

system. Patients may be unwilling to sue an individual physician, but if they can sue an institution and convince themselves that the settlement money will never be missed, they are more likely to sue (Halberstam, 1971).

Although the most common grounds for a malpractice suit continue to be incompetence and negligence, patients are increasingly citing factors related to poor communication as a basis for their suits, such as not being fully informed about a treatment. An early, classic study designed to unearth the causes of discretionary malpractice litigation confirmed the importance of communication factors (Blum, 1957, 1960). The research found that more suits were initiated against physicians who were fearful of patients, insecure with them, or derogatory in their manner toward them. When patients felt their medical complaints had been ignored or rudely dismissed, they were more likely to file suit, perhaps as retaliation against the rude treatment.

Improving Patient-Provider Communication and Reducing Nonadherence

The fact that poor patient-provider communication appears to be so widespread and tied to problematic outcomes suggests that improving the communication process should be a high priority for psychologists and providers. One potential attack on the problem is to teach providers how to communicate more effectively.

Teaching Providers How to Communicate

Providers have known for some time that the course of medical treatment can be affected by communication (see, for example, Shattuck, 1907), yet many may see communication as a knack that some people have and others do not. Efforts to identify the personalities of physicians who communicate effectively, however, have revealed only one reliable predictor of physician sensitivity: the physician's reported interest in people (Gough, Hall, & Harris, 1963). This finding suggests that physician sensitivity is more a matter of motivation than skill; hence, anyone, given the desire, has the potential to be an effective communicator.

Barriers to effective communication include the belief that communication may actually interfere with competence by making a physician too sensitive to deal with the problems faced by patients and that it may use up valuable time in an unnecessary effort to build rapport. Moreover, evidence shows that the longer students have been in medical training the more cynical they become, suggesting that medical training can train out sensitivity rather than help students become more effective communicators (J. M. Eisenberg, Kitz, & Webber, 1983).

Training Providers With pressures toward cost-effective treatment in mind, what constitutes realistic training in communication skills? Those who have studied patient provider communication believe that patient-centered communication is an important way to improve the patient-provider dialogue. This type of communication enlists the patient directly in decisions about medical care: Physicians move away from their exclusive provider perspective and try to see the disorder and the treatment as the patient does, and in so doing enlist the patient's cooperation in the diagnostic and treatment process. Research shows that physicians can be taught to use these methods (Langewitz, Eich, Kiss, & Wossmer, 1998). Not only is this approach successful in improving doctor-patient communication, it seems to be especially effective with "difficult" patients, such as those who are high in anxiety (M. Sharpe, et al., 1994).

Any communication program should emphasize the development of skills that can be learned easily, that can be incorporated in medical routines easily, and that, over time, come to be automatic. For example, many communication failures in medical settings stem from violation of simple rules of courtesy. These rules can be incorporated into the provider's behavior with a minimum of effort: greeting patients, addressing them by name, telling them where they can hang up their clothes if an examination is necessary, explaining the purpose of a procedure while it is going on, saying goodbye, and, again, using the patient's name. Such simple behaviors add a few seconds at most to a visit, yet they are seen as warm and supportive (DiMatteo & DiNicola, 1982).

Communication courses should also be taught as much as possible in settings that mirror the situations in which the skills will later be used. Training that uses direct, supervised contact with patients in which the student is given feedback immediately after an interview with a patient has worked well for training both medical and nursing students (e.g., H. Leigh & Reiser, 1986). Many courses include videotaping the student's interactions with patients, so that the tapes can be played back and good and bad points in the interview can be pointed out (e.g., Levenkron, Greenland, & Bowlby, 1987). Some programs use specially made tapes that illustrate particular problems that commonly arise in medical settings, so that students can see both the right and the wrong ways to handle them (see, for example, Jason, Kagan, Werner, Elstein, & Thomas, 1971; Kagan, 1974).

Fledgling providers are taught not only how to deal with patients on a verbal level but also how nonverbal communication can create an atmosphere of warmth or coldness. A forward lean and direct eye contact, for example, can reinforce an atmosphere of supportiveness, whereas a backward lean, little eye contact, and a postural orientation away from the patient can undercut verbal efforts at warmth by suggesting distance or discomfort (DiMatteo, Friedman, & Taranta, 1979). The ability to understand what patients' nonverbal behaviors mean may also be associated with better communication and adherence (DiMatteo, Hays, & Prince, 1986).

Once these basic skills are learned, they should be practiced so that they come automatically to the provider. At this point, too, more complex material may be introduced, such as how to draw out a reticent patient, how to deal with a patient's guilt or shame over particular symptoms, and how to learn what a symptom means to the patient so as to better understand the patient's reaction to it.

Training Patients   Interventions to improve patient-provider interaction include teaching patients skills designed to elicit good information from physicians (Greenfield, Kaplan, Ware, Yano, & Frank, 1988). For example, a study by S. C. Thompson, Nanni, and Schwankovsky (1990) instructed women to list three questions they wanted to ask their physician during their visit. Compared with a control group, women who listed questions in advance asked more questions during the visit and were less anxious. In a second study, Thompson and her colleagues added a third condition: Some women received a message from their physician encouraging question asking. Both the women encouraged to ask questions by the physician and the women prompted to raise questions of their own asked more of the questions they wanted to, had greater feelings of personal control, and were more satisfied with the office visit. This pair of studies suggests that either thinking up one's own questions ahead of time or perceiving that the physician is open to questions may improve communication during medical office visits, leading to greater patient satisfaction.

Increasingly, then, improving patient-practitioner communication may involve not only intervening with physicians to teach them better communication skills but also intervening with patients to teach them methods of communicating their needs and extracting the information they desire during visits to the practitioner.

Reducing Nonadherence

Reducing nonadherence is important, made all the more so as research increasingly reveals the importance of lifestyle change to promote health and avoid illness. For older physicians, this change in role is often difficult to absorb. Counseling patients on issues related to health promotion and health habit modification are activities physicians have traditionally not had to undertake, but increasingly they are urged to do so. Physicians have now come to realize that altering alcohol use, changing diet, engaging in regular exercise, and lowering cholesterol are important goals for their patients, even adolescents and young adults (Wechsler, Levine, Idelson, Rothman, & Taylor, 1983). Because these lifestyle changes are the very behaviors that show low levels of adherence, teaching physicians to communicate effectively to change these behaviors and increase treatment adherence more generally has become a critical goal. Strategies for reducing nonadherence are many and varied (Roter, et al., 1998).

Health Care Institution Interventions Several interventions at the institutional level can foster adherence. Postcard reminders or telephone calls to patients reminding them to return can reduce high rates of no-shows (Friman et al., 1986). Reducing the amount of time a patient must wait before receiving service also improves the rate of following through on appointments (P. D. Mullen & Green, 1985). Although some research has used incentives, such as money, to get patients to show up, these techniques may backfire; once incentives are removed, patients may be even less likely to keep their appointments (Finney, Lemanek, Brophy, & Cataldo, 1990).

Treatment Presentation Interventions The presentation of the treatment regimen can also influence adherence. Treatment recommendations should be written down whenever possible, and the patient should be tested for understanding and recall. Giving the patient a medication information sheet that describes the treatment, the dosage level of medication, and possible side effects can also improve compliance (Peck & King, 1982). Take-home pill calendars, special pill packaging

designed to aid recall, and pill containers with time-alarm buzzers are helpful devices (R. B. Haynes, 1979b).

Skills Training As has been noted, nonadherence is also tied to provider communication skills. Providers overestimate how much time they spend communicating and giving advice to their patients. One study found that during an average office visit of 20 minutes, physicians spent approximately 1 minute giving advice and information, but when physicians were asked to estimate how much time had been spent in this regard, they estimated closer to 8 to 10 minutes (Waitzkin & Stoeckle, 1976). Thus, one method of improving adherence involves communication skills training for physicians. Box 9.4 summarizes the specific steps that should be incorporated into communication efforts to help patients comply with medical advice.

The provider's *personal authority* can be used to instill compliance once the foundations for effective communication have been laid. Providers, especially physicians, are high-status figures for most patients, and what they say is generally accepted as valid. Accordingly, the information about the disorder and recommendations for treatment have high credibility. The provider is in a position to underscore the patient's personal vulnerability to the disorder: He or she has intimate personal knowledge of the patient. The provider can help the patient decide to adhere to a medical treatment regimen by highlighting its advantages, downplaying attendant disadvantages, and stressing the disadvantages of nonadherence (J. H. Brown & Raven, 1994).

Probing for Barriers The provider can also probe for potential barriers to adherence. Patients are remarkably good at predicting how compliant they will be with treatment regimens (R. M. Kaplan & Simon, 1990). By making

BOX 9.4

Improving Adherence to Treatment

Nonadherence to treatment is a formidable medical problem, and many of the reasons can be traced directly to poor communication between the provider and the patient. Following are some guidelines generated by research findings that can help improve adherence.

1. Listen to the patient.
2. Ask the patient to repeat what has to be done.
3. Keep the prescription as simple as possible.
4. Give clear instructions on the exact treatment regimen, preferably in writing.
5. Make use of special reminder pill containers and calendars.
6. Call the patient if an appointment is missed.
7. Prescribe a self-care regimen in concert with the patient's daily schedule.
8. Emphasize at each visit the importance of adherence.
9. Gear the frequency of visits to adherence needs.
10. Acknowledge at each visit the patient's efforts to adhere.
11. Involve the patient's spouse or other partner.
12. Whenever possible, provide patients with instructions and advice at the start of the information to be presented.
13. When providing patients with instructions and advice, stress how important they are.
14. Use short words and short sentences.
15. Use explicit categorization where possible. (For example, divide information clearly into categories of etiology, treatment, or prognosis.)
16. Repeat things, where feasible.
17. When giving advice, make it as specific, detailed, and concrete as possible.
18. Find out what the patient's worries are. Do not confine yourself merely to gathering objective medical information.
19. Find out what the patient's expectations are. If they cannot be met, explain why.
20. Provide information about the diagnosis and the cause of the illness.
21. Adopt a friendly rather than a businesslike attitude.
22. Avoid medical jargon.
23. Spend some time in conversation about nonmedical topics.

Source: Based on R. B. Haynes, Wang, & da-Mota-Gomes, 1987; Ley, 1977.

use of this personal knowledge, the physician may discover what some of the barriers to adherence will be. For example, if the patient has been told to avoid stressful situations but anticipates several high-pressure meetings the following week at work, the patient and provider together might consider how to resolve this dilemma—for example, by having a coworker take the patient's place at some of the meetings, with the patient attending only the critical ones.

For the vocational and social advice on which nonadherence rates are known to be high, special measures are needed. The health care provider can begin by explaining why these seemingly nonmedical aspects of the treatment regimen are, in fact, important to health. For example, the benefits of regular exercise can be concretely explained, or the necessity for avoiding stress can be illustrated by providing concrete examples of the stress-illness relationship. Finally, because of the face-to-face nature of patient-provider interaction, the provider may be in a good position to extract a commitment from the patient—that is, a promise that the recommendations will be

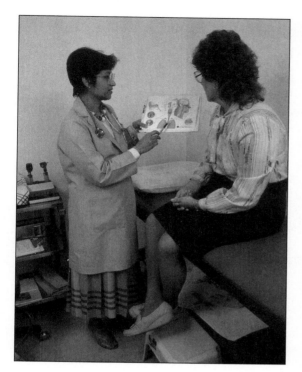

When physicians present concrete advice about lifestyle change, patients are more likely to adhere. (© Bob Daemmrich/The Image Works)

TABLE 9.3 Why the Health Practitioner Can Be an Effective Agent of Behavior Change

- The health practitioner is a highly credible source with knowledge of medical issues.
- The health practitioner can make health messages simple and tailor them to the individual needs and vulnerabilities of each patient.
- The practitioner can help the patient decide to adhere by highlighting the advantages of treatment and the disadvantages of nonadherence.
- The private, face-to-face nature of the interaction provides an effective setting for holding attention, repeating and clarifying instructions, extracting commitments from a patient, and assessing sources of resistance to adherence.
- The personal nature of the interaction enables a practitioner to establish referent power by communicating warmth and caring.
- The health practitioner can enlist the cooperation of other family members in promoting adherence.
- The health practitioner has the patient under at least partial surveillance and can monitor progress during subsequent visits.

undertaken and followed through. Such verbal commitments are associated with increased adherence (Kulik & Carlino, 1987).

Breaking advice down into manageable subgoals that can be monitored by the provider is another way of increasing adherence. For example, if the patient has been told to alter his or her diet and lose weight, intermediate weight-loss goals that can be checked at successive appointments might be established (for example, "Try to lose 3 pounds this week").

The importance of the physician's recommendation should not be underestimated. When lifestyle change programs are "prescribed" for patients by physicians, patients show higher rates of adherence than if they are simply urged to make use of them (Kabat-Zinn & Chapman-Waldrop, 1988).

In the privacy of the office setting, the provider can probe for potential sources of resistance to advice. For example, the patient with fibrocystic breast disease (chronically lumpy breasts) who has been trained in breast self-examination may decide not to do it because she feels it is morally wrong to touch her breasts. Discussion with the provider at least allows these concerns to be aired. At the close of the interview, testing the patient's understanding and intention to comply with treatment recommendations may both encourage and provide an assessment of likely adherence (Pbert, et al., 1999). A summary of some of the reasons that the health provider can effectively change health behaviors is presented in Table 9.3.

In short, then, adherence is a formidable issue that can be attacked on several fronts simultaneously. Modifying institutional procedures for following patients, presenting the treatment regimen clearly, and increasing the skill of the practitioner in communicating with the patient all have potential for increasing adherence.

This 16th-century woodcut shows the preparation of theriac, a supposed antidote to poison. If theriac was a successful treatment, it was entirely due to the placebo effect. (Philadelphia Museum of Art)

Placebo as Healer

- Inhaling a useless drug improved lung function in children with asthma by 33%.
- People exposed to fake poison ivy develop rashes.
- Forty-two percent of balding men taking a placebo maintained or increased their hair growth.
- Sham knee surgery produces as much pain reduction as real surgery. (Blakeslee, 1998)

All of these astonishing facts are due to one effect—the placebo. Thus far, our discussion of patient-provider interaction and the impact of the medical setting on patients seeking care has focused heavily on adverse effects. In this section, we consider an important way in which the provider and the medical care setting augment health—namely, the placebo effect.

Historical Perspective

In the early days of medicine, few drugs or treatments gave any real physical benefit. As a consequence, patients were treated with a variety of bizarre, largely ineffective therapies. Egyptian patients were medicated with "lizard's blood, crocodile dung, the teeth of a swine, the hoof of an ass, putrid meat, and fly specks" (T. Findley, 1953), concoctions that were not only ineffective but dangerous. If the patient did not succumb to the disease, he or she had a good chance of dying from the treatment. Medical treatments of the Middle Ages were somewhat less lethal, but not much

more effective. These European patients were treated with ground-up "unicorn's horn" (actually, ground ivory), bezoar stones (supposedly a "crystallized tear from the eye of a deer bitten by a snake" but actually an animal gallstone or other intestinal piece), theriac (made from ground-up snake and between 37 and 63 equally exotic ingredients), and, for healing wounds, powdered Egyptian mummy (A. K. Shapiro, 1960).

In some cases, a clear, if somewhat naive, logic was present in these treatments. For example, consumption (tuberculosis of the lung, which is marked by short-windedness) was treated with ground-up fox lung because the fox is a long-winded animal. As late as the 17th and 18th centuries, patients were subjected to bloodletting, freezing, and repeatedly induced vomiting to bring about a cure (A. K. Shapiro, 1960).

Such accounts make it seem miraculous that anyone survived these early medical treatments. But people did; moreover, they often seemed to get relief from these peculiar and largely ineffective remedies. Physicians have, for centuries, been objects of great veneration and respect, and this was no less true when few remedies were actually effective. To what can one attribute the fair level of success that these treatments provided and the widespread faith in the effectiveness of physicians? The most likely answer is that these treatments are examples of the **placebo effect.** Moreover, placebo effects continue to be powerful today, even though medicine now boasts a large number of truly effective treatments.

What Is a Placebo?

A **placebo** is "any medical procedure that produces an effect in a patient because of its therapeutic intent and not its specific nature, whether chemical or physical" (R. Liberman, 1962, p. 761). The word comes originally from Latin, meaning "I will please." Any medical procedure, ranging from drugs to surgery or psychotherapy, can have a placebo effect. The role of placebos in reducing pain and discomfort is substantial. Many patients who ingest useless substances or who undergo useless procedures find that, as a result, their symptoms disappear and their health improves.

Moreover, placebo effects extend well beyond the beneficial results of ineffective substances. Much of the effectiveness of active treatments that produce real cures on their own can be attributed to a placebo component. For example, in one study (Beecher, 1959), patients complaining of pain were injected with either morphine or a placebo. Although morphine was substantially more effective in reducing pain than was the placebo, the placebo was a successful painkiller in 35% of the cases. Another study demonstrated that morphine loses as much as 25% of its effectiveness in reducing pain when patients do not know they have been injected with a painkiller and are therefore not preset to experience the drug's effects. In summarizing placebo effects, A. K. Shapiro (1964) stated:

Placebos can be more powerful than, and reverse the action of, potent active drugs. . . . The incidence of placebo reactions approaches 100% in some studies. Placebos can have profound effects on organic illnesses, including incurable malignancies. . . . Placebos can mimic the effects usually thought to be the exclusive property of active drugs. (p. 74)

How does a placebo work? The placebo effect is not purely psychological, as stereotypes would have us believe. That is, people do not get better simply because they *think* they are going to get better. The placebo response is a complex, psychologically mediated chain of events that often has physiological effects. For example, if the placebo reduces anxiety, then activation of stress systems may be reduced, thus increasing the body's ability to recover from illness. In addition, there is now some evidence that placebos may work in part by stimulating the release of endorphins (J. D. Levine, Gordon, & Fields, 1978). However, the evidence on this point is still mixed. Box 9.5 describes a case of a successful placebo effect with a cancer patient.

In some cases, a placebo produces an apparently successful recovery, whereas in other cases it has no effect. What factors determine when placebos are most effective?

Provider Behavior and Placebo Effects

The effectiveness of a placebo varies depending on how a provider interacts with the patient and how much the provider seems to believe in the curative powers of the treatment being offered. Providers who exude warmth, confidence, and empathy get stronger placebo effects than do more remote and formal providers. Placebo effects are also strengthened when the provider radiates competence and provides reassurance to the patient that the condition will improve. Taking time with patients and not rushing them strengthens placebo effects (R. Liberman, 1962; A. K. Shapiro, 1964).

BOX 9.5

Cancer and the Placebo Effect

A dramatic example of the efficacy of the placebo effect is provided by the case history of a cancer patient, Mr. Wright. The patient thought he was being given injections of a controversial drug, Krebiozen, about which his physician was highly enthusiastic. In fact, knowing that Krebiozen was not an effective treatment, the physician gave Mr. Wright daily injections of nothing but fresh water. The effects were astonishing.

> Tumor masses melted. Chest fluid vanished. He became ambulatory and even went back to flying again. At this time he was certainly the picture of health. The water injections were continued since

they worked such wonders. He then remained symptom-free for over two months. At this time the final AMA announcement appeared in the press—"Nationwide Tests Show Krebiozen to Be a Worthless Drug in Treatment of Cancer."

Within a few days of this report, Mr. Wright was readmitted to the hospital in extremis; his faith was now gone, his last hope vanished, and he succumbed in less than 2 days.

Source: Klopfer, 1959, p. 339.

The provider's faith in the treatment is another influence on the effectiveness of placebos (A. H. Roberts, Kewman, Mercier, & Hovell, 1993). Signs of doubt or skepticism may be communicated subtly, even nonverbally, to a patient, and these signs will reduce the placebo effect. Even clearly effective drugs will lose much of their effectiveness when providers express doubt over their effectiveness. In one study, for example, patients were given chlorpromazine (a tranquilizer commonly used with psychiatric patients) by a provider who either expressed great confidence in its effectiveness or who voiced some doubt as to its ability to reduce symptoms. This usually effective drug's actual effectiveness dropped from 77% to 10% when the provider was doubtful regarding its effectiveness (P. E. Feldman, 1956; see also Volgyesi, 1954).

Patient Characteristics and Placebo Effects

Although there is no **placebo-prone personality,** some types of patients show stronger placebo effects than others. People who have a high need for approval (R. Liberman, 1962), who have low self-esteem, who are externally

oriented toward their environment, and who are persuasible in other contexts show somewhat stronger placebo effects. Anxious people show stronger placebo effects. This effect seems to result less from personality, however, than from the fact that anxiety produces a large number of physical symptoms, including distractibility, racing heart, sweaty palms, nervousness, and difficulty sleeping. When a placebo is administered, anxiety may be reduced, and this overlay of anxiety-related symptoms may disappear (A. K. Shapiro, 1964; see also T. R. Sharpe, Smith, & Barbre, 1985).

Despite the fact that some personality differences do predict placebo effects, these findings must be set in the context of many dozens of studies that have failed to show effects. Sex, age, hypochondriasis (the tendency to report physical symptoms), dependency, and general neuroticism do not discriminate those who show placebo effects from those who do not. Likewise, results on personality tests, such as the MMPI or the Rorschach (inkblot) test, do not predict who will show a placebo response (for reviews, see R. Liberman, 1962; A. K. Shapiro, 1964).

Patient-Provider Communication and Placebo Effects

As noted in this chapter, good communication between provider and patient is essential if patients are to follow through successfully on their prescribed treatment regimens. This point is no less true for placebo responses. For patients to show a placebo response, they must understand what the treatment is supposed to do and what they need to do. When the provider-patient relationship is based on effective communication, placebo effects will be stronger.

Another aspect of the patient-provider relationship that enhances the placebo effect is the symbolic value the placebo may have for the patient. When patients seek medical treatment, they want an expert to tell them what is wrong and what to do about it. When a disorder is diagnosed and a treatment regimen is prescribed, however ineffective, the patient has tangible evidence that the provider knows what is wrong and that he or she has done something about it (A. K. Shapiro, 1964).

Situational Determinants of Placebo Effects

The characteristics of the placebo itself and the setting in which it is administered influence the strength of the placebo response. A setting that has the trappings of medical formality (medications, machines, uniformed personnel) will induce stronger placebo effects than will a less formal setting. If all the attendants radiate as much faith in the treatment as the physician, placebo effects will be heightened.

The shape, size, color, taste, and quantity of the placebo influences its effectiveness: The more a drug seems like medicine, the more effective it will be (A. K. Shapiro, 1964). Thus, for example, foul-tasting, peculiar-looking little pills that are taken in precise dosage ("take two" as opposed to "take two or three") and that are taken at prescribed intervals will show

stronger placebo effects than will good-tasting, candylike pills with dosage levels and intervals that are only roughly indicated ("take one anytime you feel discomfort"). Similarly, treatment regimens that seem medical and include precise instructions, medications, and the like will produce stronger placebo effects than will regimens that do not seem very medical; for example, exercise prescriptions and dietary restrictions show weaker placebo effects than do pills and other medications.

Social Norms and Placebo Effects

The placebo effect is facilitated by norms that surround treatment regimens—that is, the expected way in which treatment will be enacted. Drug taking is clearly a normative behavior (see T. R. Sharpe et al., 1985). Americans spend more than $100 billion each year on prescription drugs (National Institute for Health Care Management [NIHCM], 2000). One study of a random sample of nonhospitalized adults found that 55% of them had taken some medication within the previous 24 hours, and 40% of them took some form of medication on a regular basis (Dunnell & Cartwright, 1972). A study of hospitalized patients found that the average patient was receiving 14 drugs simultaneously; one patient had received 32 drugs, and no patient had less than 6 (Dunlop, 1970, cited in Rachman & Phillips, 1978).

A large number of people are killed or seriously injured by overzealous drug taking. Drugs cause adverse side effects or disabilities in more than 770,000 Americans each year and cost hospitals at least $1.5 billion in longer hospital stays and other complications. The more general cost to society of adverse drug reactions is estimated to be $47 billion a year (Bales et al., 1997; Classen, Pestotnik, Evans, Lloyd, & Burke, 1997; Lesar, Briceland, & Stein, 1997). However, the drug-taking epidemic continues unabated. Clearly, there is enormous faith in medications, and the psychological if not the physical benefits can be quite substantial. Thus, placebos are effective in part because people believe that drugs work and because people have a great deal of experience in drug taking (A. H. Roberts et al., 1993).

Equally important is the fact that most people have no experience that disconfirms their drug taking. If one is ill, takes a drug, and subsequently gets better, as most of us do most of the time, one does not in reality know exactly what caused this result: A drug may be responsible; the disease may have run its course; one's mood may have picked up, altering the body's physiological balance and making it no longer receptive to an invader. Probably a combination of factors is at work. Regardless of the actual cause of success, the patient acting as his or her own naive physician will probably attribute success to whatever drug he or she took, however erroneous that conclusion may be.

In most cases, then, people are not aware that drug-taking behavior is ineffective. If a person takes vitamins and stays healthy, he or she attributes it to the vitamins. If a person falls ill, takes a useless drug, and gets better, he or she will likely attribute it to the drug. If a person takes a drug and fails to get better immediately, he or she may assume that it is the wrong one and switch medications until the right one is found. Thus, drug taking continues, based on personal experience that often suggests, erroneously, that it has been successful.

Generalizability of Placebo Effects

How general are placebo effects? They may achieve their greatest success in the absence of tissue damage. It is estimated that about 65% or more of symptoms presented to physicians are emotional in origin. Any sign of action and caring by the physician can have a direct impact on the emotional state of a patient, thereby clearing up emotionally caused symptoms.

However, placebo effects are not reserved to inert drugs and pills. As noted earlier, virtually any medical procedure can have placebo effects (N. E. Miller, 1989). For example, many surgical patients show improvement simply as a function of having had surgery and not as a result of the actual procedure employed (Stolberg, 1999a). Psychiatry and clinical psychology also show placebo effects; some patients feel better simply knowing that a psychiatrist or psychologist has found a cause for their problems, even if this cause is not the real one. Adherence to a placebo can even be associated with lower death rates due to illness (Irvine, Baker, et al., 1999).

The efficacy of the placebo should not be thought of as either a medical trick or a purely psychological response on the part of the patient. Placebo effects merit respect. The placebo achieves success in the absence of truly effective therapy (A. H. Roberts et al., 1993). It increases the efficacy of a therapy that has only modest effects of its own. It reduces substantial pain and discomfort. It is the foundation of most of early medicine's effectiveness, and it continues to account for many of medicine's effects today. Its continued success should be encouraged (N. E. Miller, 1989).

Placebo as a Methodological Tool

The placebo response is so powerful that no drug can be marketed in the United States unless it has been evaluated against a placebo. The standard method for so doing is termed a **double-blind experiment.** In such a test, a researcher gives half a group of patients a drug that is supposed to cure a disease or alleviate symptoms; the other half receives a placebo. The procedure is called double-blind because neither the researcher nor the patient knows whether the patient received the drug or the placebo; both are "blind" to the procedure. Once the effectiveness of the treatment has been measured, the researcher looks in the coded records to see which treatment the patient got. The difference between the effectiveness of the drug and the effectiveness of the placebo is considered to be a measure of the drug's effectiveness. Comparison of a drug against a placebo is essential for accurate measurement of a drug's success. Drugs may look four or five times more successful than they really are if there is no effort to evaluate them against a placebo (N. E. Miller, 1989; A. K. Shapiro, 1964).

Summary

1. Patients evaluate their health care based on the quality of the interaction they have with the provider as well as on the technical quality of care.

2. Many factors impede effective patient-provider communication. The office setting and the structure of the health care delivery system are often designed for efficient rather than warm and supportive health care. Pressures toward more humane health care treatment are fueled by movements toward holism and wellness.

3. Providers contribute to poor communication by not listening, by using jargon-filled explanations, by alternating between overly technical explanations and infantalizing baby talk, by communicating negative mood or expectations, and by depersonalizing the patient.

4. Patients contribute to poor communications by failing to learn details of their disorder and treatment, by failing to give providers correct information, and by failing to follow through on treatment recommendations. Patient anxiety, lack of education, lack of experience with the disorder, and incomplete information about symptoms interfere with effective communication as well.

5. Because the provider usually receives little feedback about whether the patient followed instructions or if the treatments were successful, it is difficult to identify and correct these problems in communication.

6. Communication is one of the main factors leading to high rates of nonadherence to treatment. Poor communication has also been related to the initiation of malpractice litigation.

7. Adherence is lower when recommendations do not seem medical, when lifestyle modification is needed, when complex self-care regimens are required, and when patients have private and conflicting theories about the nature of their illness or treatment.

8. Adherence is increased when patients have decided to adhere, when they feel the provider cares about them, when they understand what to do, and when they have received clear, written instructions.

9. Efforts to improve communication have included training in communication skills and taking full advantage of the provider's potent professional role, a movement termed patient-centered communication. Face-to-face communication with a physician can enhance adherence to treatment because of the personalized relationship that exists.

10. A placebo is any medical procedure that produces an effect in a patient because of its therapeutic intent and not its actual nature. Virtually every medical treatment shows some degree of placebo effect.

11. Placebo effects are enhanced when the physician shows faith in a treatment, the patient is preset to believe it will work, these expectations are successfully communicated, and the trappings of medical treatment are in place.

12. Placebos are also a useful methodological tool in evaluating drugs and other treatments.

Key Terms

adherence
colleague orientation
creative nonadherence
double-blind experiment
health maintenance
   organization (HMO)

holistic health
managed care
nonadherence
nurse-practitioners
patient orientation
physicians' assistants

placebo
placebo effect
placebo-prone personality
private, fee-for-service care

CHAPTER 10
Pain and Its Management

Jesse woke up to the sun streaming in through the windows of his new home. It was his first apartment and, with a sigh of contentment, he reveled in the experience of finally being on his own. Yesterday had been a busy day. He and several of his friends had moved all the stuff he had accumulated from college up two flights of narrow stairs to his small but cozy new place. It had been a lot of work, but it had been fun. They'd had a few beers and some pizza afterward, and everyone went home tired and sore but contented.

As Jesse rolled over to admire his apartment, he experienced a sharp pain. Muttering an unprintable epithet to himself, he realized that his back had gone out on him. It must have been from carrying all those boxes. Slowly and carefully, he eased himself into a sitting, and then a standing, position. He was definitely stiff, probably aggravated by the injuries he had acquired during years of football. It was not the first time he had had this experience, and he knew that over-the-counter painkillers and moving around would help him feel better as long as he did not exert himself too much that day.

Jesse is fortunate because he is young and his pain is only short-term in response to the exertion of carrying boxes and using muscles not accustomed to regular use. For many people, though, the kind of experience that Jesse has is a chronic one—that is, long-term, painful, and difficult to treat. In fact, chronic back pain is one of the most common causes of disability in this country, and large numbers of middle-aged and older Americans deal with back pain on a daily or intermittent basis. Even his short-term experience leads Jesse to realize that he has to moderate his physical activity the following day.

Indeed, pain typically leads people to change their activity level and alter their movements. As this chapter explains, such pain behaviors are an important component of the pain experience. Jesse is annoyed with himself for not taking basic precautions in lifting and carrying that might have spared him this agony. For people who experience chronic pain, the emotional reactions are more likely to be anxiety and depression. As we will see, emotional reactions to pain are also integral to the pain experience.

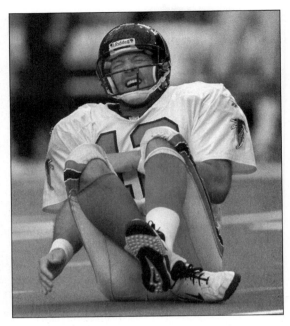

Pain is a valuable cue that tissue damage has occurred and activities must be curtailed. (© AP/Wide World Photos)

Significance of Pain

On the surface, the significance of pain would seem to be obvious. Pain hurts, and it can be so insistent that it overwhelms other, basic needs. But the significance of pain goes far beyond the disruption it produces. Pain is significant for managing daily activities. Although we normally think of pain as an unusual occurrence, we live with minor pains all the time. These pains are critical for survival because they provide low-level feedback about the functioning of our bodily systems, feedback that we then use, often unconsciously, as a basis for making minor adjustments, such as shifting our posture, rolling over while asleep, or crossing and uncrossing our legs.

Pain also has important medical consequences. It is the symptom most likely to lead

an individual to seek treatment (see chapter 8). Unfortunately, though, the relationship between pain and severity of the underlying problem can be weak. For example, a cancerous lump rarely produces pain, at least in its early stages, yet it is of great medical importance. Pain is also medically significant because it can be a source of misunderstanding between a patient and the medical provider. From the patient's standpoint, pain may be the problem. To the provider, in contrast, pain is a byproduct of a disorder.

In fact, pain is often considered by practitioners to be so unimportant that many medical schools have virtually no systematic coverage of pain management in their curriculum. One student, reporting on his medical school experience, stated that pain had been mentioned exactly four times in the entire 4-year curriculum, and only one lecture had

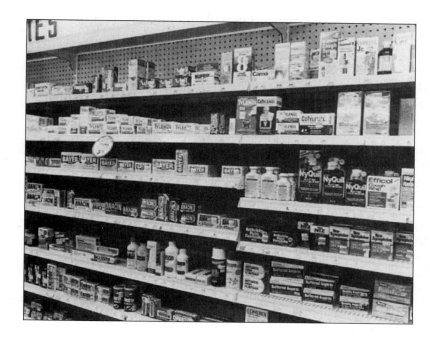

At least $100 billion is spent annually in the United States on over-the-counter remedies to reduce the temporary pain of minor disorders. (© Bob Kalman/The Image Works)

even a portion of its content devoted to pain management.

Although the practitioner focuses attention on symptoms, which, from a medical standpoint, may be more meaningful, the patient may feel that an important problem is not getting sufficient attention. As we saw in chapter 9, patients may choose not to comply with their physician's recommendations if they feel they have been misdiagnosed or if their chief symptoms have been ignored.

Pain has psychological as well as medical significance. When patients are asked what they fear most about illness and its treatment, the common response is pain. The dread of not being able to reduce one's own suffering arouses more anxiety than the prospect of surgery, the loss of a limb, or even death. In fact, inadequate relief from pain is the most common reason for patients' requests for euthanasia or assisted suicide (Cherny, 1996).

No introduction to pain would be complete without a consideration of its prevalence and cost. It is estimated that 15% of the adult population in the United States suffers from persistent back pain, 20 million people treat symptoms of arthritis daily, 40 million people suffer from chronic headaches, and 8 million individuals live with the pain of chronic cancer. At least $100 billion is spent annually in the United States on over-the-counter pain remedies to reduce the temporary pain of colds, headaches, and other minor disorders. The world market for analgesics is estimated to be about 7.7 billion and growing at 7% a year (Arnst, 1999). The pain business is big business, reflecting the chronic and temporary suffering that millions of people experience.

Elusive Nature of Pain

Pain has been one of the more mysterious and elusive aspects of illness and its treatment. It is fundamentally a psychological experience, and the degree to which it is felt and how incapacitating it is depends in large part on how it is interpreted. Howard Beecher, a physician, was one of the first to recognize this (Beecher, 1959). During World War II, Beecher served in the medical corps, where he observed many wartime injuries. In treating the soldiers, he noticed a curious fact: Only one quarter of them requested morphine (a widely used painkiller) for what were often severe and very likely to be painful wounds. When Beecher returned to his Boston civilian practice, he often treated patients who sustained comparable injuries from surgery. However, in contrast to the soldiers, 80% of the civilians appeared to be in substantial pain and demanded painkillers. To make sense of this apparent discrepancy, Beecher concluded that the meaning attached to pain substantially determines how it is experienced. For the soldier, an injury meant that he was alive and was likely to be sent home. For the civilian, the injury represented an unwelcome interruption of valued activities.

Pain is also heavily influenced by the context in which it is experienced. Sports lore is full of accounts of athletes who have injured themselves on the playing field but stayed in the game, apparently oblivious to their pain. Such action may occur because sympathetic arousal, as it occurs in response to vigorous sports, seems to diminish pain sensitivity (Fillingham & Maixner, 1996; Zillman, de Wied, King-Jablonski, & Jenzowsky, 1996). In contrast, stress and psychological distress may aggravate the experience of pain (J. Burns, Wiegner, Derleth, Kiselica, & Pawl, 1997; P. Martin & Seneviratne, 1997; Porter et al., 1998). In addition, shut-ins who have little to occupy their time other than minding their aches and pains may feel each one acutely (Pennebaker, 1983).

Pain has a substantial cultural component. Although there are no ethnic or racial differences in the ability to discriminate painful stimuli, members of some cultures report pain sooner and react more intensely to it than individuals of other cultures (Edwards & Fillingham, 1999; Zatzick & Dimsdale, 1990). These ethnic and cultural differences may derive both from differences in cultural norms regarding the expression of pain and in some cases from different pain mechanisms (Sheffield, Biles, Orom, Maixner, & Sheps, 2000). An example of these kinds of cultural differences appears in Box 10.1. There are also gender differences in the experience of pain as well, with women typically showing somewhat greater sensitivity to pain (Charles, Gatz, Pederson, & Dahlberg, 1999; Fillingham et al., 1997).

Measuring Pain

One barrier to the treatment of pain is the difficulty people have describing it objectively. If you have a lump, you can point to it, or if a bone is broken, it can be seen in an X ray. Pain does not have these objective referents.

Verbal Reports One solution to measuring pain is to draw on the large, informal vocabulary that people use for describing pain. Medical practitioners usually use this source of information in trying to understand patients' complaints. A throbbing pain, for example, has different implications than does a shooting pain or a constant, dull ache.

Other researchers have developed pain questionnaires (e.g., Melzack & Torgerson, 1971) (see Figure 10.1). Such measures typically provide indications of the nature of pain, such as whether it is throbbing or shooting, as well as its intensity (Dar, Leventhal, & Leventhal, 1993; Fernandez & Turk, 1992). Measures have also been developed to address the psychosocial components of pain, such as the fear it costs or the degree to which it has been catastrophized (McNeil & Rainwater, 1988; Osman et al., 2000). Combinations of measures like these can help those who treat pain patients get a full picture of all the dimensions of a patient's pain.

BOX 10.1

A Cross-Cultural Perspective on Pain

THE CHILDBIRTH EXPERIENCE

Although babies are born in every society, the childbirth experience varies dramatically from culture to culture, and so does the experience of pain associated with it (Jordan, 1983). Among Mexican women, for example, the word for labor ("dolor") means sorrow or pain, and the expectation of giving birth can produce a great deal of fear. Most interesting is the fact that this fear and the anticipation of pain often translate into a more painful experience with more complications than is true for women who do not bring these fears and expectations to the birthing experience (Scrimshaw, Engle, & Zambrana, 1983).

In stark contrast is the culture of Yap in the South Pacific, where childbirth is treated as an everyday occurrence. Women in Yap perform their normal activities until they begin labor, at which time they retire to a childbirth hut to give birth with the aid of perhaps one or two other women. Following the birth, there is a brief period of rest, after which the woman again resumes her activities. Problematic labors and complications during pregnancy are reported to be low (Kroeber, 1948).

There is no simple and direct relationship between expectations about pain and the childbirth experience, but expectations do play an important role in how

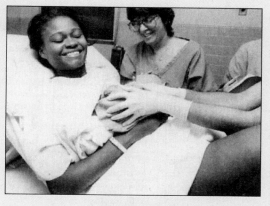

The meaning attached to an experience substantially determines whether it is perceived as painful. For many women, the joy of childbirth can mute the pain associated with the experience. (© Martha Tabor/Working Images Photographs)

labor is experienced. Cultural lore and customs are a significant source of these expectations.

The meaning attached to an experience substantially determines whether it is perceived as painful. For many women, the joy of childbirth can mute the pain associated with the experience.

Pain Behavior Other measures of pain have focused on **pain behaviors.** Pain behaviors are behaviors that arise as manifestations of chronic pain, such as distorted ambulation or posture, negative affect, facial and audible expressions of distress, and avoidance of activity (Turk, Wack, & Kerns, 1985). Analyses of pain behaviors provide a basis for assessing how pain has disrupted the life of particular patients or groups of patients, distinguishing, for example, between how people manage lower back pain versus chronic headaches.

Because pain behavior is observable and measurable, the focus on pain behaviors has helped define the characteristics of different kinds of pain syndromes. Pain is now viewed as a complex biopsychosocial event involving psychological, behavioral, and physiological components (Kroner-Herwig et al., 1996).

Pain Inventories The emphasis on physical, psychological, and behavioral aspects of pain has prompted the development of sophisticated measures of pain experiences that have

Patient's name _____ Date _____ Time _____ A.M./P.M.

1 Flickering —	**11** Tiring —
Quivering —	Exhausting —
Pulsing —	**12** Sickening —
Throbbing —	Suffocating —
Beating —	**13** Fearful —
Pounding —	Frightful —
2 Jumping —	Terrifying —
Flashing —	**14** Punishing —
Shooting —	Grueling —
3 Pricking —	Cruel —
Boring —	Vicious —
Drilling —	Killing —
Stabbing —	**15** Wretched —
Lancinating —	Blinding —
4 Sharp —	**16** Annoying —
Cutting —	Troublesome —
Lacerating —	Miserable —
5 Pinching —	Intense —
Pressing —	Unbearable —
Gnawing —	**17** Spreading —
Cramping —	Radiating —
Crushing —	Penetrating —
6 Tugging —	Piercing —
Pulling —	**18** Tight —
Wrenching —	Numb —
7 Hot —	Drawing —
Burning —	Squeezing —
Scalding —	Tearing —
Searing —	**19** Cool —
8 Tingling —	Cold —
Itchy —	Freezing —
Smarting —	**20** Nagging —
Stinging —	Nauseating —
9 Dull —	Agonizing —
Sore —	Dreadful —
Hurting —	Torturing —
Aching —	PPI
Heavy —	**0** No pain —
10 Tender —	**1** Mild —
Taut —	**2** Discomforting —
Rasping —	**3** Distressing —
Splitting —	**4** Horrible —
	5 Excruciating —

Brief —	Rhythmic —	Continuous —
Momentary —	Periodic —	Steady —
Transient —	Intermittent —	Constant —

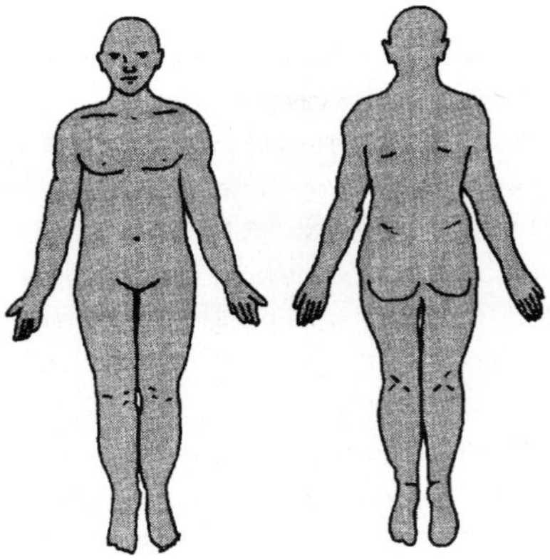

E = External
I = Internal

Comments:

FIGURE 10.1   The McGill Pain Questionnaire

BOX 10.2

Phantom Limb Pain

A CASE HISTORY

Nerve injury of the shoulder is becoming increasingly common because motorcycles are widely accessible and, all too often, their power is greater than the skill of their riders. On hitting an obstruction, the rider is catapulted forward and hits the road at about the speed the bike was traveling. In the most severe of these injuries, the spinal roots are avulsed—that is, ripped out of the spinal cord—and no repair is possible. In 1979, well more than 100 brachial plexus avulsions occurred in England alone.

C. A., age 25, an air force pilot, suffered such an accident. After 8 months, he had completely recovered from the cuts, bruises, and fractures of his accident. There had been no head injury and he was alert, intelligent, and busy as a student shaping a new career for

himself. His right arm was completely paralyzed from the shoulder down, and the muscles of his arm were thin. In addition, the limp arm was totally anesthetic, so that he had no sensation of any stimuli applied to it. On being questioned, he stated that he could sense very clearly an entire arm, but it had no relationship to his real arm. This "phantom" arm seemed to him to be placed across his chest, while the real, paralyzed arm hung at his side. The phantom never moved and the fingers were tightly clenched in a cramped fist, with the nails digging into the palm. The entire arm felt "as though it was on fire." Nothing has helped his condition, and he finds that he can control the pain only by absorbing himself in his work.

Source: Melzack & Wall, 1982, pp. 21–22.

---

been helpful to clinical health psychologists in diagnosis and treatment. For example, Turk and Rudy (1987) created the Multiaxial Assessment of Pain (MAP), a taxonomy that includes psychosocial and behavioral data that are helpful for the diagnosis and treatment of adults, and several instruments are available to obtain parents' reports on pain experienced by children (Bijttebier & Vertommen, 1999). The significance of this approach is that it recognizes the importance of the pain patients' perceptions and thus properly recognizes pain as a complex experience that is not just a reaction to physical damage but also a result of the psychological and behavioral fallout that pain so often creates.

Physiology of Pain

The view of pain as having psychological, behavioral, and sensory components is useful for

making sense of the manifold pathways and receptors involved in the pain experience.

Overview The experience of pain is a protective mechanism to bring into consciousness the awareness of tissue damage. At the time of the pain experience, however, it is unlikely to feel very protective. Unlike other bodily sensations, the experience of pain is accompanied by motivational and behavioral responses, such as withdrawal and intense emotional reactions, such as crying or fear. These experiences are an integral part of the pain experience and thus become important in its diagnosis and treatment.

Scientists have distinguished among three kinds of pain perception. The first is mechanical **nociception,** (pain perception) that results from mechanical damage to the tissue of the body. The second is thermal damage, or the experience of pain due to temperature exposure.

The third is referred to as polymodal nociception, a general category referring to pain that triggers chemical reactions from tissue damage.

Nociceptors in the peripheral nerves first sense injury and, in response, release chemical messengers, which are conducted to the spinal cord, where they are passed directly to the reticular formation and thalamus and into the cerebral cortex. These regions of the brain, in turn, identify the site of the injury and send messages back down the spinal column, which lead to muscle contractions, which can help block the pain and changes in other bodily functions, such as breathing.

Two major types of peripheral nerve fibers are involved in pain perception, or nociception. A-delta fibers are small, myelinated fibers that transmit sharp pain. They respond especially to mechanical or thermal pain, transmitting sharp brief pains rapidly. C-fibers are unmyelinated nerve fibers, involved in polymodal pain, that transmit dull or aching pain. (Myelination increases the speed of transmission, so sudden and intense pain is more rapidly conducted to the cerebral cortex than is the slower, dull, aching pain of the C-fibers.)

Peripheral nerve fibers enter the spinal column at the dorsal horn. Sensory aspects of pain are heavily determined by activity in the A-delta fibers, which project onto particular areas of the thalamus and the sensory areas of the cerebral cortex.

The motivational and affective elements of pain appear to be influenced more strongly by the C-fibers, which project onto different thalamic, hypothalamic, and cortical areas. Sensations are modulated by the dorsal horn in the spinal column and by downward pathways from the brain that interpret the pain experience. The experience of pain, then, is determined by the balance of activity in these nerve fibers, which reflects the pattern and intensity of stimulation. Neurotransmitters also affect the transmission of pain—in particular,

Substance P appears to be implicated in pain transmission.

Processes in the cerebral cortex are involved in cognitive judgments about pain, including the evaluation of its meaning. The psychological and neural mechanisms of the affective dimension of pain are a critical aspect of the pain experience. The affective dimension of pain is made up of feelings of unpleasantness and negative emotions associated with future concerns. Researchers term these concerns secondary affect (Price, 2000).

Pain sensation intensity and duration interact to influence pain, perceived unpleasantness, and secondary affect through a central network of brain structures that processes nociceptive information. Specifically, spinal pathways in the limbic structures and the thalamus direct their inputs to brain areas involved in the experience of affect. In the cortical regions of the brain, nociceptive input is integrated with contextual information about the painful experience, which contribute to the strong emotions often experienced during pain and which can themselves exacerbate pain (Meagher, Arnau, & Rhudy, 2001). The overall experience of pain, then, is a complex outcome of the interaction of these elements of the pain experience (see Figure 10.2).

Neurochemical Bases of Pain and Its Inhibition

The brain can control the amount of pain an individual experiences by transmitting messages back down the spinal cord to block the transmission of pain signals. One landmark study that confirmed this hypothesis was conducted by D. V. Reynolds (1969). He demonstrated that, by electrically stimulating a portion of the rat brain, one could produce such a high level of analgesia that the animal would not feel the pain of abdominal surgery. This phenomenon has been termed stimulation-produced

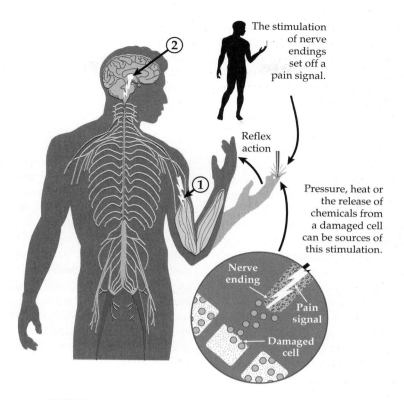

The stimulation of nerve endings set off a pain signal.

Reflex action

Pressure, heat or the release of chemicals from a damaged cell can be sources of this stimulation.

Nerve ending

Pain signal

Damaged cell

FIGURE 10.2   The Experience of Pain
The signal goes to the spinal cord, where it passes immediately to a motor nerve ① connected to a muscle, in this case, in the arm. This causes a reflex action that does not involve the brain. But the signal also goes up the spinal cord to the thalamus ②, where the pain is perceived.

analgesia (SPA). Reynolds's findings prompted researchers to look for the neurochemical basis of this effect, and in 1972, Akil, Mayer, and Liebeskind (1972, 1976) uncovered the existence of endogenous opioid-peptides.

What are **endogenous opioid peptides?** Opiates, including heroin and morphine, are drugs manufactured from plants that help control pain. Opioids—opiate-like substances produced within the body—constitute a neurochemically based, internal pain-regulation system. Opioids are produced in many parts of the brain and glands of the body; they project onto specific selective receptor sites in various parts of the body.

The endogenous opioid peptides fall into three general families: beta-endorphins, which produce peptides that project to the limbic system and brain stem, among other places; proenkephalin (peptides that have widespread neuronal, endocrine, and central nervous system distributions); and prodynorphins, found in the gut, the posterior pituitary, and the brain (Akil et al., 1984).

Each of these families of opioids has a variety of forms with widely differing potencies, pharmacological profiles, and receptor selectivities (Akil et al., 1984). For example, one opioid receptor may be receptive to beta-endorphins but not to proenkephalin or prodynorphins. Thus, the system of endogenous opioid peptides in the body is highly complex.

Stress-induced Analgesia Endogenous opioid peptides, then, are important in the natural pain suppression system of the body. Clearly, however, this pain suppression system is not always in operation. Particular factors must trigger its arousal. Research on animals suggests that stress is one such factor. Acute stress produces insensitivity to pain. This phenomenon is called stress-induced analgesia (SIA), and research demonstrates that SIA can be accompanied by an increase in brain endogenous opioid peptides (Lewis, Terman, Shavit, Nelson, & Liebeskind, 1984). As we saw in chapter 6, endogenous opioid peptides are secreted in response to stress in humans as well as animals.

Researchers do not yet know all the functions of endogenous opioid peptides. They are one method of inhibiting pain, particularly under stressful circumstances. Since the endogenous opioid peptides can be found in the adrenal glands, the pituitary gland, and the hypothalamus, they are clearly involved in responses to stress. Opioid peptides have been implicated in immune functioning and cardiovascular control as well (Akil et al., 1984; Holaday, 1983), and thus, release of opioid peptides may represent one route by which stress depresses immune functioning (see chapter 14).

The release of endogenous opioid peptides may be one of the mechanisms underlying various techniques of pain control (Bolles & Fanselow, 1982). Recently, efforts to employ opioid peptides as a long-term therapy for chronic pain have been evaluated. Overall, opioid drugs do not appear to be particularly successful in relieving noncancer pain, but they may be successful in relieving cancer pain (Turk & Fernandez, 1990). Further clinical applications may be developed.

Clinical Issues in Pain Management

Historically, pain has been managed by physicians and other health care workers. Traditional pain management techniques include pharmacological, surgical, and sensory techniques. Increasingly, because of the important role that psychological factors play in the experience of pain, psychologists have become involved in pain management. As a result, techniques that include a heavily psychological component have been used to combat pain. These techniques include biofeedback, relaxation, hypnosis, acupuncture, distraction, guided imagery, and other cognitive techniques.

Acute and Chronic Pain

There are two main kinds of clinical pain: acute and chronic. **Acute pain** typically results from a specific injury that produces tissue damage, such as a wound or broken limb. As such, it is self-limiting and typically disappears when the tissue damage is repaired. Jesse's pain, from moving into his new apartment, is an example of acute pain. Acute pain is usually short in duration and is defined as pain that goes on for 6 months or less. While it is going on, it can produce substantial anxiety and prompts its sufferer to engage in an urgent search for relief. Once painkillers are administered or the injury begins to heal, the pain decreases and anxiety dissipates (Bond, 1979).

Types of Chronic Pain Chronic pain typically begins with an acute episode, but unlike acute pain, it does not decrease with treatment and the passage of time. There are several different kinds of chronic pain. **Chronic benign pain** typically persists for 6 months or longer and is relatively intractable to treatment. The pain varies in severity and may involve any of a number of muscle groups. Chronic low back pain and myofascial pain syndrome are examples.

Recurrent acute pain involves a series of intermittent episodes of pain that are acute in character but chronic inasmuch as the condition persists for more than 6 months. Migraine headaches, temperomandibular disorder (involving the jaw), and trigeminal neuralgia (involving spasms of the facial muscles) are examples.

Chronic progressive pain persists longer than 6 months and increases in severity over time. Typically, it is associated with malignancies or degenerative disorders, such as skeletal metastatic disease or rheumatoid arthritis.

It is estimated that more than 100 million Americans suffer from chronic pain at any given time (C. Hall, 1999). Such pain is not necessarily present every moment, but the fact that it is chronic virtually forces sufferers to organize their lives around it (Fordyce, 1976).

Acute Versus Chronic Pain   Why is the distinction between acute and chronic pain important in clinical management? There are several reasons. First, acute and chronic pain present different psychological profiles, because chronic pain often carries an overlay of psychological distress, which complicates diagnosis and treatment. The realization that pain is interfering with desired activities and the perception that one has little control over that fact often produce depression in pain patients (Maxwell, Gatchel, & Mayer, 1998). Depression, anxiety, and anger are common among chronic pain patients and may exacerbate pain and pain-related behaviors (J. W. Burns, 1997; M. Kessler, Kronstorfer, & Traue, 1996; Lautenbacher, Spernal, Schreiber, & Krieg, 1999; Plehn, Peterson, & Williams, 1998).

Some chronic pain patients develop deviant coping strategies, such as catastrophizing their illness, engaging in wishful thinking, or social withdrawal, which can further complicate treatment (Hassinger, Semenchuk, & O'Brien, 1999). When these psychological issues are effectively treated, this fact may in itself reduce chronic pain (Fishbain, Cutler, Rosomoff, & Rosomoff, 1998). The sheer duration of chronic pain can account for the fact that many chronic pain patients become nearly completely disabled over the course of their pain treatment (Groth-Marnat & Fletcher, 2000).

A second reason to distinguish between acute and chronic pain is that most of the pain control techniques presented in this chapter work well to control acute pain but are less successful with chronic pain, which requires individualized multiple techniques for its management.

Third, chronic pain involves the complex interaction of physiological, psychological, social, and behavioral components, more than is the case with acute pain. For example, chronic pain patients often experience social rewards from the attention they receive from family members, friends, or even employers; these social rewards, or secondary gains, of pain can help maintain pain behaviors (Osterhaus, Lange, Linssen, & Passchier, 1997).

The psychological and social components of pain are important in part because they are an integral aspect of the experience of pain and they influence the likelihood of success of pain programs (e.g., J. W. Burns, 2000). As such, chronic pain management is complicated and must be thought of not as a particular pain that simply goes on for a long period of time but as an unfolding physiological, psychological, and behavioral experience that evolves over time into a syndrome (Flor, Birbaumer, & Turk, 1990).

Who Becomes a Chronic Pain Patient?   Of course, all chronic pain patients were once acute pain patients. What determines who makes the transition to chronic pain? One might assume that pain intensity determines making the transition into chronic pain, but in fact, functional disability appears to play a more important role. Patients for whom pain interferes with life activities make the transition into the chronic pain experience (Epping-Jordan et al., 1998). There is also some evidence that chronic pain patients actually experience pain more acutely than is the case for people who do not become chronic pain patients by virtue of increased sensitivity to noxious stimulation, impairment in pain regulatory systems, and an overlay of psychological distress (Hassinger et al., 1999; Maixner et al., 1997).

Unlike acute pain, chronic pain has often been treated through a variety of methods, used both by patients themselves and by physicians. Chronic pain may be exacerbated by these inappropriate prior treatments, by misdiagnosis, and/or by inappropriate prescriptions of medications (Kouyanou, Pither, & Wessely, 1997).

Chronic pain may derive from a predisposition to respond to a bodily insult with a specific bodily response, such as tensing one's jaw or altering one's posture. This response may then be exacerbated by stress. The chronic jaw pain or back pain that may result can be aggravated by inadequate coping, further exacerbating the pain syndrome and leading to pain behaviors that occur in the process of attempting to cope with pain (for example, taking time off from work or cutting back on activities in the home). Because of their pain, chronic pain sufferers become more susceptible to stress, further compromising their ability to cope.

Lifestyle of Chronic Pain By the time a pain patient is adequately treated, this complex, dynamic interaction of physiological, psychological, social, and behavioral components is often tightly integrated, making it difficult to modify

More than 90 million Americans, many of them elderly, suffer from chronic pain. (© Michael Weisbrot & Family)

(Flor et al., 1990). The following case history suggests the disruption and agony that can be experienced by the chronic pain sufferer:

A little over a year ago, George Zessi, 54, a New York furrier, suddenly began to have excruciating migraine headaches. The attacks occurred every day and quickly turned Zessi into a pain cripple. "I felt like I was suffering a hangover each morning without even having touched a drop. I was seasick without going near a boat," he says. Because of the nausea that often accompanies migraines, Zessi lost fifty pounds.

At his workshop, Zessi found himself so sensitive that he could not bear the ringing of a telephone. "I was incapacitated. It was difficult to talk to anyone. On weekends, I couldn't get out of bed," he says. A neurologist conducted a thorough examination and told Zessi he was suffering from tension. He took several kinds of drugs, but they did not dull his daily headaches. (M. Clark, 1977, p. 58)

As this case history suggests, chronic pain can entirely disrupt a person's life. Many such sufferers have left their jobs, abandoned their leisure activities, withdrawn from their families and friends, and evolved an entire lifestyle around pain (Fordyce, 1976; Jackson, Iezzi, & Lafreniere, 1996; Linton & Buer, 1995). Typically, chronic pain sufferers have little social or recreational life and may even have difficulty performing simple tasks of self-care. Because their income is often reduced, their standard of living may decline and they may need public assistance. Their lifestyle becomes oriented around the experience of pain and its treatment. A good night's sleep is often elusive for months or years at a time (M. T. Smith, Perlis, Smith, Giles, & Carmody, 2000). Work-related aspirations and personal goals may be set aside because life has become dominated by chronic pain (Karoly & Ruehlman, 1996). Therefore, the loss of self-esteem that is experienced by these patients can be substantial.

Some patients receive compensation for their pain because it has resulted from an injury, such as an automobile accident. Compensation can actually increase the perceived severity of pain, the amount of disability experienced, the degree to which pain interferes with life activities, and the amount of distress that is reported (Ciccone, Just, & Bandilla, 1999; Groth-Marnat & Fletcher, 2000).

The Toll of Pain on Relationships Chronic pain can take a particular toll on marriage and other family relationships. Chronic pain patients often do not communicate well with their families, and sexual relationships almost always deteriorate. Ironically, among those chronic pain patients whose spouses remain supportive, such positive attention may inad-

vertently maintain or increase expression of pain and the experience of disability (Ciccone et al., 1999; Turk, Kerns, & Rosenberg, 1992).

Social relationships, in addition to the marital relationship, can be threatened by chronic pain as well. The resulting reduction in social contact that pain patients experience may contribute to their tendency to turn inward and become self-absorbed. Neurotic behavior, including preoccupation with physical and emotional symptoms, can result (Bond, 1979). Pain patients often have to deal with pejorative stereotypes that physicians and other providers hold about chronic pain patients, and this experience, too, may exacerbate adverse psychological responses to pain (Marbach, Lennon, Link, & Dohrenwend, 1990). Many chronic pain patients are clinically depressed; a large number have also contemplated or attempted suicide.

Chronic Pain Behaviors Chronic pain leads to a variety of pain-related behaviors that can also maintain the pain experience. For example, chronic pain patients typically make major changes in their environment and activities. They may avoid loud noises and bright lights, reduce physical activity, and avoid social contacts. These alterations in lifestyle then become part of the pain problem (e.g., Fordyce, 1988; Philips, 1983). Pain-related behaviors may persist and interfere with successful treatment (Philips, 1983). Understanding what pain behaviors an individual engages in, knowing whether they persist after the treatment of pain, and determining how they can be extinguished are important factors in treating the total pain experience.

Frequently, patients with chronic pain have amassed huge medical bills and experienced a number of radical treatments, such as surgery (Fordyce, 1976). Often, these treatments make the pain worse rather than better. These patients also consume large quantities of painkillers; these drugs may be only partially effective, and they have a variety of undesirable side effects, including inability to concentrate and addiction. Nerve-blocking agents may be administered to reduce pain, but these can also produce side effects, including anesthesia, limb paralysis, and loss of bladder control; moreover, even when they are successful, the pain will usually return within a short time. In addition, pain is often aggravated by the symptoms of the disorder that produced it, such as the vomiting and loss of bladder control that can accompany advancing cancer.

Cost of Chronic Pain   Chronic pain is an important problem, not only for the individual distress it produces but also for the clear costs to the economy. Chronic pain in the absence of discernable physical causes is currently the most common reason for lost workdays in the United States (Rosenthal, 1992). Health care providers and health psychologists are often asked to help determine the cause of pain, the degree of impairment and disability experienced by a worker, and the rehabilitation potential for workers complaining of pain (Turk & Rudy, 1991b). But such cases are especially complex when discernable physical causes of pain cannot be identified.

In the frantic effort to identify a cause, many pain patients draw heavily on the medical care system, increasing costs to employers, while other chronic pain patients, who might be successfully treated, are denied benefits precisely because a physiological cause cannot be found. Thus, the expense, distress, and confusion over chronic pain extends into the workplace as well as into individual lives.

Pain and Personality

Because psychological factors are so clearly implicated in the experience of pain and because at least some pain serves clear functions for the chronic pain sufferer, researchers have examined whether there is a **pain-prone personal-** **ity:** a constellation of personality traits that predispose a person to experience chronic pain.

Research suggests that this hypothesis is too simplistic. First, pain itself can produce alterations in personality that are consequences, not causes, of the pain experience. Second, individual experiences of pain are far too varied and complex to be explained by a single personality profile.

Pain Personality Profiles   Nonetheless, developing psychological profiles of different groups of pain patients has proven to be helpful for treatment, and so, although these profiles are not thought of as pain-prone personalities, they are useful in identifying the kinds of problems that patients with particular types of pain have or may develop.

To examine these issues, researchers have drawn on a variety of personality instruments, especially the Minnesota Multiphasic Personality Inventory (MMPI). This lengthy questionnaire measures patients' self-reports of physical and emotional symptoms and provides scores on 14 scales. The MMPI reliably distinguishes among different kinds of pain patients, and so it is a very helpful diagnostic test for practitioners working with pain patients (Johansson & Lindberg, 2000). In particular, chronic pain patients typically show elevated scores on three MMPI subscales: hypochondriasis, hysteria, and depression. This constellation of three factors is commonly referred to as the "neurotic triad" because it so frequently shows up in the personality profiles of patients with neurotic disorders as well.

Depression reflects the feelings of despair or hopelessness that can often accompany long-term experience with unsuccessfully treated pain. Pain does not appear to be a sufficient condition for the development of depression but, rather, leads to a reduction in activity level, in perceptions of control, and in feelings of personal mastery, which, in turn, can lead to depression (Nicassio, Radojevic,

Schoenfeld-Smith, & Dwyer, 1995). Depression can, then, feed back into the total pain experience, both aggravating the pain itself and increasing the likelihood of debilitating pain behaviors, such as leaving work (e.g., Linton & Buer, 1995).

This profile has implications for the treatment of pain. Specifically, interventions with depressed pain patients must address issues of chronic depression and the thought disorders that result, in addition to the pain itself (Ingram, Atkinson, Slater, Saccuzzo, & Garfin, 1990).

MMPI profiles may also prove to be useful in identifying some individuals for whom pain serves particular functions. For example, research has suggested that patients who show elevations on the neurotic triad accompanied by an elevation on another subscale—such as schizophrenia, psychopathic deviance, or paranoia—may be suffering from pain that has been prompted at least in part by psychopathology that existed prior to the pain (for a review, see Bradley, 1983). These patients may actually be suffering less intense pain than they report, and they may adapt well to the chronic invalid lifestyle (see Bradley & Van der Heide, 1984). In contrast, chronic pain patients who show only the neurotic triad and no other elevations in the MMPI profile may be suffering more intense pain or at least more emotionally arousing pain.

Pain and Stereotyped Responses to Stress
While much of the work that examines individual differences in the experience of pain has focused on personality, another individual difference approach also seems promising. Specifically, certain chronic pain patients have physiologically stereotypic responses to stress that aggravate particular groups of muscles, exacerbating their pain. For example, patients suffering from myofascial pain dysfunction syndrome (a set of disorders in which the chronic pain originates within the head or neck muscles) show increased activity in particular facial muscles in response to stress

(Kapel, Glaros, & McGlynn, 1989). Other work suggests distinctive patterns of cephalic blood flow for people predisposed to muscle contraction or migraine headaches in response to stress (S. N. Haynes, Gannon, Bank, Shelton, & Goodwin, 1990).

Knowing that these distinctive patterns are aggravated by stress provides the potential for pain management that specifically teaches patients to recognize sources of stress in their lives and to cope in ways that counteract their stereotypic bodily responses to stress.

Pain Control Techniques

We now turn to pain control techniques, examining individual techniques that have been used to reduce or control pain. Most of these techniques work well with acute pain, but not as well with chronic pain, which we will address at the end of this section.

Some pain control techniques achieve their effects primarily by chemical or physical means. Such techniques have until recently been the mainstay of pain control. They include pharmacological, surgical, and sensory stimulation techniques.

More recently, techniques that include a heavily psychological component have come into increasing use. Those techniques include biofeedback, relaxation, hypnosis, distraction, guided imagery, and other cognitive techniques. In making this distinction, however, it is important to remember that there is no clear line between physical and psychological pain management.

What exactly is pain control? **Pain control** refers to a variety of factors. It can mean that a patient no longer feels anything in an area that once hurt. It can mean that the person feels sensation but not pain. It can mean that he or she feels pain but is no longer concerned about it. Or it can mean that he or she is still hurting but is now able to stand it.

Some pain control techniques (for example, spinal blocking agents) work because they eliminate feeling altogether, whereas others (such as sensory control techniques) may succeed because they reduce pain to sensation, and still others (such as many of the more psychological approaches) succeed because they enable patients to tolerate pain more successfully. It will be useful to bear these distinctions in mind as we evaluate the success of individual techniques in the control of pain.

Pharmacological Control of Pain

The traditional and most common method of controlling pain is through the administration of drugs. In particular, morphine (named after Morpheus, the Greek god of sleep) has been the most popular painkiller for decades (Melzack & Wall, 1982). A highly effective painkiller, morphine does have the disadvantage of addiction, and patients may become tolerant to it. Nonetheless, it is a mainstay of pain control, especially in the case of severe pain.

Any drug that can influence neural transmission is a candidate for pain relief. Some drugs, such as local anesthetics, can influence transmission of pain impulses from the peripheral receptors to the spinal cord. The application of an analgesic to a wounded area is an example of this approach. The injection of drugs, such as spinal blocking agents that block the transmission of pain impulses up the spinal cord, is another method.

Pharmacological relief from pain may also be provided by drugs that act directly on higher brain regions involved in pain. Antidepressants, for example, combat pain not only by reducing anxiety and improving mood but also by affecting the downward pathways from the brain that modulate pain. As such, antidepressants are often successful pain reduction techniques for depressed pain patients as well as for pain patients not showing clinical signs of depression.

Pharmacological control is the mainstay of pain control techniques. It is typically the first line of defense against pain, and it is often sufficient and successful in the management of acute pain. In addition, for chronic patients it may be employed in conjunction with other techniques, although over the long term, analgesic medications have limitations.

The main concern practitioners have held about the pharmacological control of pain is the potential for addiction. It now appears, however, that this threat is less than was once thought to be the case. For example, the number of surgical patients who develop addictions to prescription pain drugs following surgery is very small. Even long-term use of prescription pain drugs for such conditions as arthritis appears to produce very low rates of addiction.

However, concerns of potential addiction are so great that patients with legitimate complaints requiring pain medication are often undermedicated. At present, this issue is one of the most controversial and significant ones faced by researchers and practitioners concerning pain management.

Surgical Control of Pain

The surgical control of pain also has an extensive history. Surgical treatment involves cutting or creating lesions in the so-called pain fibers at various points in the body, so that pain sensations can no longer be conducted. Some surgical techniques attempt to disrupt the conduct of pain from the periphery to the spinal cord, whereas others are designed to interrupt the flow of pain sensations from the spinal cord upward to the brain.

Although these surgical techniques are sometimes successful in reducing pain temporarily, the effects are often short-lived. Therefore, many sufferers who have submitted to one or more operations to reduce pain may find that only short-term benefits were gained at substantial cost: the risks, possible side effects, and tremendous expense of surgery (Melzack & Wall, 1982). It is now believed that the nervous system has substantial regenerative powers and that blocked pain impulses find their way to the brain via different neural pathways.

Moreover, there is some indication that surgery can ultimately worsen the problem because it damages the nervous system, and this damage can itself be a chief cause of chronic pain. Hence, whereas surgical treatment for pain was once relatively common, researchers and practitioners are increasingly doubtful of its value, even as a treatment of last resort.

Sensory Control of Pain

One of the oldest known techniques of pain control is counterirritation, a sensory method. **Counterirritation** involves inhibiting pain in one part of the body by stimulating or mildly irritating another area. The next time you hurt yourself, you can demonstrate this technique on your own (and may have done so already) by pinching or scratching an area of your body near the part that hurts. Typically, the counterirritation produced when you do this will suppress the pain to some extent.

This common observation has been increasingly incorporated into the pain treatment process (M. Zimmerman, 1979). An example of a pain control technique that uses this principle is dorsal column stimulation (Nashold & Friedman, 1972). A set of small electrodes is placed or implanted near the point at which the nerve fibers from the painful area enter the spinal cord. When the patient experiences pain, he or she activates a radio signal, which delivers a mild electrical stimulus to that area of the spine, thus inhibiting pain.

Sensory control techniques have had some success in reducing the experience of pain. However, their effects are often only short-lived, and they may therefore be appropriate primarily for temporary relief from acute pain or as part of a general regimen for chronic pain.

In recent years, pain management experts have turned increasingly to exercise and other ways of increasing mobility to help the chronic pain patient. At one time, it was felt that the less activity, the better, and patients with problems ranging from back trouble to nerve problems (such as sciatica) and other disorders were urged to take it easy and not to put too much strain on those parts of the body. In recent years, exactly the opposite philosophy has become increasingly popular, and patients are urged to stay mobile in the hopes of keeping as much of their functioning as possible. This approach has been especially successful with older people in helping manage the discomfort of musculoskeletal disorders (Avlund, Osler, Damsgaard, Christensen, & Schroll, 2000).

We now turn to psychological techniques for the management of pain. Unlike the pharmacological, surgical, and sensory pain management techniques considered so far, these more psychological techniques require active participation and learning on the part of the patient. Therefore, they are more effective for managing slow-rising pains, which can be anticipated and prepared for, than sudden, intense, or unexpected pains.

Biofeedback

Biofeedback, a method of achieving control over a bodily process, has been used to treat a variety of health problems, including stress (see chapter 6) and hypertension (see chapter 13). It has also been used as a pain control technique.

Biofeedback comprises a wide variety of techniques that provide biophysiological feedback to a patient about some bodily process of which the patient is usually unaware. Biofeedback training can be thought of as an operant learning process. First, a target body function to be brought under control, such as blood pressure or heart rate, is identified. This function is then tracked by a machine, and information about the function is passed on to the

Biofeedback has been used successfully to treat muscle-tension headaches, migraine headaches, and Reynaud's disease. However, evidence to date suggests that other, less expensive relaxation techniques may be equally successful. (© Owen Franken/Stock Boston)

patient. For example, heart rate might be converted into a tone, so the patient can hear how fast or slowly his or her heart is beating. The patient then makes efforts to change the bodily process. Through trial and error and continuous feedback from the machine, the patient learns what thoughts or behaviors will modify the bodily function.

Thus, for example, a patient might learn that blocking out all sounds, concentrating, and breathing slowly help reduce heart rate. Although it is not always clear to the patient exactly what he or she is doing that achieves success, often the patient can nonetheless become proficient at controlling a bodily function that was once automatic.

Once patients are able to bring a process under bodily control with feedback from the machine, they can usually come to make the same changes on their own without the need for the machine (Turk et al., 1979). Biofeedback has been used to treat several chronic disorders, including Reynaud's disease (a disorder of the cardiovascular system in which the small arteries in the extremities constrict, limiting blood flow and producing a cold, numb aching), temporomandibular joint pain (Turk, Zacki, & Rudy, 1993), and hypertension (see chapter 13).

Success of biofeedback How successful is biofeedback in treating pain patients? Biofeedback has been used successfully to treat a broad array of pains. For example, one recent study of patients with temporomandibular disorders had more significant pain reduction when they were trained in biofeedback techniques to reduce tension in the jaw, as compared with those who did not receive a biofeedback intervention (Mishra, Gatchel, & Gardea, 2000). Despite widely touted claims for the efficacy of biofeedback, there is only modest evidence that it is effective in reducing pain (White & Tursky, 1982). Even when biofeedback is effective, it may be no more so than less expensive, more easily used techniques, such as relaxation (e.g., Blanchard, Andrasik, & Silver, 1980; C. Bush, Ditto, & Feuerstein, 1985).

In addition, when biofeedback training is successful, it is not clear exactly why. There is little evidence that success at controlling a target process and corresponding reduction of pain are related, which raises the possibility that the beneficial effects of biofeedback are resulting from something other than modification of the target process, such as relaxation, suggestion, an enhanced sense of control, or even a placebo effect (e.g., Turk et al., 1979).

Although biofeedback training may prove to be effective in combination with other treatments for particular patients, as a general method of pain intervention, it is expensive and complicated, and simpler interventions may be just as effective (A. H. Roberts, 1987).

Relaxation Techniques

Relaxation training has been employed with pain patients extensively, either alone or in concert with other pain control techniques (e.g., R. J. Davidson & Schwartz, 1976). Originally developed to treat anxiety-related disorders (E. Jacobson, 1938), relaxation is known to promote coping with stress (see chapter 6). One rationale for teaching pain patients

BOX 10.3

Managing Pain . . . Or Not

The management of pain in the hospital setting is controversial. Many physicians and other medical providers fear that, if patients receive too much medication during their hospitalizations, they will become addicted to painkillers (L. A. Rose, DeVellis, Howard, & Mutran, 1996). As a result, in hospital settings, patients are often undermedicated, and pain is a significant problem.

In recent years, many prominent pain researchers have called for the reevaluation of these policies. The rate of addiction among people hospitalized for surgeries or other procedures who have received painkillers on a short-term basis is very small. Addiction, quite simply, is not a risk for most people. Moreover, consider the following letters to the editor of *Time* magazine following an article on precisely this problem:

> My father died in 1994 after a long illness. In the end, his heart simply wore out, and morphine was the wonderful drug that allowed him to relax and breathe easily. My father wasn't "snowed under" but, rather, was kept comfortable with small doses

as needed. He no longer worried about dying (as he had for years), because he felt good mentally, emotionally and physically. And when his time came, he died in peace.

> When I had an operation several years ago, I asked my surgeon to start giving me pain killers while I was still in surgery, since I had read that this procedure would help curb postoperative pain. Not only did he do so, but he also gave me a morphine pump so I could administer my own pain medication. But most important, I was controlling a part of my recuperation. I didn't end up a drug addict, and was out of the hospital sooner than expected.

Although eloquent, these reports are not unusual, and increasingly medical providers are finding that proper medication for pain is not the risky venture it was once thought to be and that patients can participate actively and responsibly in controlling the amount of medication they receive.

relaxation techniques, then, is that it enables them to cope more successfully with stress and anxiety, which may also ameliorate pain.

Relaxation may also affect pain directly. For example, the reduction of muscle tension or the diversion of blood flow induced by relaxation may reduce pains that are tied to these physiological processes.

What Is Relaxation?   In relaxation, an individual shifts his or her body into a state of low arousal by progressively relaxing different parts of the body. Controlled breathing is another component of relaxation, in which breathing shifts from relatively short, shallow breaths to deeper, longer breaths. Anyone who has been trained in prepared childbirth tech-

niques will recognize that these procedures are used for pain management during early labor.

An alternative method of inducing relaxation is through meditation. In this process, a person attempts to focus attention fully on some very simple and usually unchanging stimulus. For example, one may repeat a very simple syllable (such as "Om") slowly over and over again; this process is used in transcendental meditation, and the syllable is called a mantra. Box 10.4 gives two examples of the use of relaxation in pain control.

Success of Relaxation   How successful have relaxation strategies been in the management of pain? Meditation per se does not appear to be successful, primarily because it does not

BOX 10.4

Using Relaxation to Combat Pain

The following are case histories of patients treated with relaxation to reduce pain that, in some instances, proved resistant to other pain control methods.

CASE 1

A 65-year-old ex-steeplejack was hospitalized for evaluation of increasingly severe intermittent chest pain which had been present for over 10 years. An extensive workup revealed esophagitis (inflammation of the esophagus). The patient used relaxation exercises frequently both for general relaxation and for relief of moderate pain. "I get into it and just sort of forget all about the pain." Over a period of six months, he found the method very useful. "If I catch the pain early enough, I can stop it before it gets too bad." He typically used the method for 10 to 15 minutes, following which he went directly to sleep.

CASE 2

A dramatic response was seen in a 22-year-old man who was hospitalized following extensive bullet wounds in the abdomen and hip. During the three months of hospitalization, he suffered severe pain, which responded partially to surgery. He was anxious, depressed, irritable, and occasionally panicky due to the continual pain. He ate poorly and steadily lost weight. Using relaxation, he was able to sleep if the pain was not severe. He stated, "I stay there as long as I can—maybe 30 minutes. The trouble is, I go to sleep." There was a marked improvement in his general mood and he began eating well.

Source: A. P. French & Tupin, 1974, pp. 283, 285.

---

reliably achieve the target state of relaxation (D. S. Holmes, 1981). Generally, relaxation is modestly successful with some acute pains (Turk et al., 1979) and may be of value in treating chronic pain when used in conjunction with other methods of pain control (Weisenberg, 1977). Some of the beneficial physiological effects of relaxation training are due to the release of endogenous opioid mechanisms, and there seem to be some beneficial effects of relaxation on immune system functioning (McGrady et al., 1992; Van Rood, Bogaards, Goulmy, & von Houwelingen, 1993).

Hypnosis

Hypnosis is one of the oldest techniques for managing pain, and it is one of the most misunderstood. Its mere mention conjures up visions of Svengali-like power seekers forcing others to do their bidding by inducing a hypnotic trance.

In one of his most troublesome cases, Sherlock Holmes was nearly assassinated by a young man ordered to kill him while under the hypnotic control of a bewitching woman.

In fact, there are strict limitations on what a hypnotized subject will do while in a trance. Although such subjects may perform some minor feats that they do not customarily perform, they typically cannot be induced to do injury to themselves or others (Hilgard, 1965, 1971). So much for mythology.

That hypnosis can help control pain has been noted for centuries. Old medical textbooks and anthropological accounts of cultural healing rituals provide anecdotes of such extreme interventions as surgery conducted with no apparent pain while the patient was under a hypnotic trance:

In 1829, prior to the discovery of anesthetic drugs, a French surgeon, Dr. Cloquet, performed a remarkable operation on a sixty-four-year-old woman who suffered from cancer of the right breast. After making an incision from the armpit to the inner side of the breast, he removed both the malignant tumor and also several enlarged glands in the armpit. What makes this operation remarkable is that, during the surgical procedure, the patient, who had not received any drugs, conversed quietly with the physician and showed no signs of experiencing pain. During the surgery, her respiration and pulse rate appeared stable and there were no noticeable changes in her facial expression. The ability of this patient to tolerate the painful procedures was attributed to the fact that she had been mesmerized immediately prior to the operation. (cited in Chaves & Barber, 1976, p. 443)

Cloquet's case is one of the first reports of painless surgery with mesmerism, or, as it was later called, hypnosis.

How does hypnosis work? As an intervention, hypnosis relies on several pain reduction techniques (Barber, 1965; Hilgard, 1978). First, a state of relaxation is brought about, so that the trance can be induced; relaxation alone can, of course, help reduce pain. Next, patients are explicitly told that the hypnosis will reduce pain; the suggestion that pain will decline is also sufficient to reduce pain. Hypnosis is itself a distraction from the pain experience, and distraction can reduce the experience of pain.

In the hypnotic trance, the patient is usually instructed to think about the pain differently; as noted earlier in this chapter, the meaning attached to pain influences its occurrence. And finally, patients undergoing painful procedures with hypnosis are often given painkillers. The beneficial effects of hypnosis in reducing pain are due at least in part to the composite effects of relaxation, reinterpretation, distraction, and drugs. Debate has raged over whether hypnosis is merely the sum of these other methods, or whether it adds an altered state of consciousness to the experience. This issue has not yet been resolved.

Regardless of the exact mechanism by which it works, the efficacy of hypnosis for the management of some acute pains now appears to be established (Linden, 1994). It has been used successfully to control acute pain due to surgery, childbirth, dental procedures, burns, and headaches, as well as pain due to a variety of laboratory procedures (Hilgard, 1978). It has also been used with success in the treatment of chronic pain, such as that due to cancer (Kogan et al., 1997) and is often employed in conjunction with other pain control techniques.

Acupuncture

Acupuncture has been in existence in China for more than 2,000 years. In acupuncture treatment, long, thin needles are inserted into specially designated areas of the body that theoretically influence the areas in which a patient is experiencing a disorder. Although the main goal of acupuncture is to cure illness, it is also used in pain management because it appears to have an analgesic effect. In fact, in China, a substantial percentage of patients are able to undergo surgery with only the analgesia of acupuncture. During surgery, these patients are typically conscious, fully alert, and able to converse while the procedures are going on (Melzack, 1973).

How does acupuncture work? How acupuncture controls pain is not fully known. It is possible that acupuncture functions partly as a sensory method of controlling pain (Andersson, 1979). Researchers also believe that acupuncture may work because it is associated with other psychologically-based techniques for pain control. In particular, patients believe that acupuncture will work, and their expectations may help reduce pain. The belief that acupuncture will reduce pain can reduce anxiety, inducing a state of relaxation. Before acupuncture begins, patients are usually fully prepared for it and are told what the sensations of the needles will be and how to tolerate them. Such informed preparation often reduces fear and increases tolerance of pain (see chapter 9). Acupuncture needles and the process of inserting them are distracting;

accordingly, attention may be directed away from pain (Melzack & Wall, 1982). Patients undergoing acupuncture often receive analgesic drugs of various kinds, which also reduce the pain experience.

Finally, it is possible that acupuncture triggers the release of endorphins, thus reducing the experience of pain. When naloxone (an opiate antagonist that suppresses the effects of endorphins) is administered to acupuncture patients, the success of acupuncture in reducing pain is reduced (D. J. Mayer, Price, Barber, & Rafii, 1976; for a review, see Andersson, 1979).

Overall, is acupuncture an effective method of pain control? It can help reduce some kinds of short-term pain, but it may not be as effective for chronic pain (e.g., Bakal, 1979; T. M. Murphy, 1976). An evaluation of the effectiveness of acupuncture is also limited by its relatively uncommon use in the United States and by a lack of formal studies of the technique. As a result, acupuncture and other less traditional treatments for pain are sometimes regarded with suspicion by managed care organizations; consequently, they may not pay for these techniques, which may nonetheless lessen pain that has proven intractable to other methods (J. Lee, 2000).

Distraction

Individuals who are involved in intense activities, such as sports or military maneuvers, can be oblivious to painful injuries. These are extreme examples of a commonly employed pain technique: **distraction.** By focusing attention on an irrelevant and attention-getting stimulus or by distracting oneself with a high level of activity, one can turn attention away from pain.

There are two quite different mental strategies for controlling discomfort. One is to distract oneself by focusing on another activity. Some examples of control techniques that rely on distraction are provided by children

describing how they deal with stressful or painful events (Bandura, 1991). For instance, an 11-year-old boy described how he reduced pain by distracting himself while in the dentist's chair:

> When the dentist says, "Open," I have to say the Pledge of Allegiance to the flag backwards three times before I am even allowed to think about the drill. Once he got all finished before I did.

The other kind of mental strategy for controlling stressful events is to focus directly on the events but to reinterpret the experience. The following is a description from an 8-year-old boy who confronted a painful event directly:

> As soon as I get in the dentist's chair, I pretend he's the enemy and I'm a secret agent, and he's torturing me to get secrets, and if I make one sound, I'm telling him secret information, so I never do. I'm going to be a secret agent when I grow up, so this is good practice.

According to Albert Bandura, who reported these stories, occasionally the boy "got carried away with his fantasy role-playing. One time the dentist asked him to rinse his mouth. Much to the child's own surprise, he snarled, 'I won't tell you a damned thing,' which momentarily stunned the dentist."

Does distraction work? Distraction appears to be a successful technique of pain control, especially with acute pain (e.g., L. Cohen, et al., 1999). In one study, 38 dental patients were exposed to one of three conditions. One third of the group heard music during the dental procedure; one third heard the music coupled with a suggestion that the music might help them reduce stress; and the third group heard no music. Patients in both music groups reported experiencing less distress than did patients in the no-treatment group (R. A. Anderson, Baron, & Logan, 1991). Distraction may also achieve its beneficial effects on pain reduction by altering the memory of pain. Its successful effects are not always detectable immediately following a pain experience but can be detectable when patients are asked to reconstruct their pain (Christenfeld, 1997).

Distraction appears to be most effective for coping with low-level pain. Its practical significance for chronic pain is limited by the fact that such patients cannot distract themselves indefinitely. Thus, while effective, distraction may be most useful when used in conjunction with other pain control techniques. McCaul, Monson, and Maki (1992) found that distraction by itself lacks analgesic properties.

Coping Techniques

Coping skills training has been increasingly used for helping chronic pain patients cope. One study, for example, found that brief training in cognitive coping skills, including distraction and rethinking the meaning of the pain, enhanced pain coping strategies in people with sickle-cell disease; the intervention also led them to require fewer visits to health care practitioners (Gil et al., 2000). Moreover, as is true more generally, active coping skills have been found to reduce perceived pain in patients with chronic neck and low back pain (Mercado, Carroll, Cassidy, & Cote, 2000).

Is any particular coping technique particularly effective for managing pain? The answer appears to depend on how long patients have had their pain. In a study of 30 chronic pain patients and 30 recent-onset pain patients, researchers found that those with recent-onset pain experienced less anxiety and depression and less pain when employing avoidant coping strategies rather than attentional strategies. Because the pain was short-term, putting it out of mind worked (B. Mullen & Suls, 1982).

In contrast, for chronic pain patients, attending directly to the pain, rather than avoiding it, was more adaptive, enabling these chronic pain patients to mobilize their resources for reducing or controlling the pain (J. A. Holmes & Stevenson, 1990). Such studies suggest that

pain patients might be trained in different coping strategies, avoidant versus attentive, depending on the actual or expected duration of their pain (J. A. Holmes & Stevenson, 1990).

Guided Imagery

Guided imagery has been used to control some acute pain and discomfort (e.g., Lyles, Burish, Krozely, & Oldham, 1982). In **guided imagery,** a patient is instructed to conjure up a picture that he or she holds in mind during the painful experience.

Some practitioners of guided imagery use it primarily to induce relaxation (e.g., Horan, Layng, & Pursell, 1976). The patient is encouraged to visualize a peaceful, relatively unchanging scene, to hold it in mind, and to focus on it fully. This process brings on a relaxed state, concentrates attention, and distracts the patient from the pain or discomfort—all techniques that have been shown to reduce pain.

The use of guided imagery to induce relaxation can control slow-rising pains, which can be anticipated and prepared for, or it can be used to control the discomfort of a painful medical procedure. As an example of the former use, advocates of prepared childbirth encourage a woman in labor to develop a focal point—a real or an imagined picture that she can focus on fully when labor pains begin. An example of using guided imagery to control the discomfort of a medical procedure is provided by a patient undergoing radiation therapy:

> When I was taking the radiation treatment, I imagined I was looking out my window and watching the trees and seeing the leaves go back and forth in the wind. Or, I would think of the ocean and watch the waves come in over and over again, and I would hope, "Maybe this will take it all away."

A very different kind of visualization technique may be used by patients trying to take a more personally aggressive stance toward pain. Instead of using imagery to calm and soothe themselves, these patients use it to rouse themselves into a confrontive stance by imagining a combative, action-filled scene. The following examples are from patients who used aggressive imagery in conjunction with their chemotherapy treatment.

> I happened to see something my husband was watching on T.V. It was on World War II and the Nazis were in it. They were ruthless. They killed everything. I visualized my white blood cells were the German Army, and that helped me get through chemotherapy.
>
> I imagined that the cancer was this large dragon and the chemotherapy was a cannon, and when I was taking the chemotherapy, I would imagine it blasting the dragon, piece by piece.

What does guided imagery do? Although one purpose of such aggressive imagery may be to improve the efficacy of the therapy itself (e.g., Simonton & Simonton, 1975)—a highly controversial use of imaging—the use of aggressive imagery may also improve coping with the uncomfortable effects of illness or treatment. When the body is in a state of excitement or arousal, pain can be inhibited (Melzack & Wall, 1982). Moreover, aggressive imagery can serve as a distraction to pain, and it gives the patient something to focus on.

Although relaxation imagery is more often used to combat pain than is aggressive imagery, aggressive imagery may work, too. In fact, one chemotherapy patient apparently profited from the use of both:

> It was kind of a game with me, depending on my mood. If I was peaceful and wanted to be peaceful, I would image a beautiful scene, or if I wanted to do battle with the enemy, I would mock up a battle and have my defenses ready.

It is interesting to note that these two virtually opposite forms of imagery may actually achieve some beneficial effects in controlling pain through the same means. Both may in-duce a positive mood state (relaxation or excitement), which contributes to the reduction of pain, and both focus attention and provide a distraction from pain—one by concentrating attention on a single, unchanging or repetitive stimulus, the other by diverting attention to the drama of an active scene.

How effective is guided imagery in controlling pain? Guided imagery is typically used in conjunction with other pain control techniques, so its unique contribution to pain reduction, if any, is as yet unknown. If it does add to the control of pain, it will likely be in the treatment of acute, slow-rising pain.

Additional Cognitive Techniques to Control Pain

Distraction and guided imagery both represent time-tested cognitive approaches to control pain. In recent years, psychologists have attempted to expand the arsenal of cognitive and behavioral techniques for controlling pain.

These techniques have several objectives (Flor & Turk, 1989; Keefe, Dunsmore, & Burnett, 1992). First, they encourage patients to reconceptualize the problem from overwhelming to manageable. The rationale is that the pain problem must be seen as modifiable for cognitive and behavioral methods to have any impact.

Second, clients must be convinced that the skills necessary to control the pain can and will be taught to them, thereby enhancing their expectations that the outcome of this training will be successful (Gil et al., 1996).

Third, clients are encouraged to reconceptualize their own role in the pain management process, from being passive recipients of pain to being active, resourceful, and competent individuals who can aid in the control of pain. These cognitions are important in the pain experience and may promote feelings of self-efficacy. Indeed, in one study, self-efficacy beliefs accounted for the degree of pain and disability experienced better than disease-related variables did (Flor & Turk, 1989).

Fourth, clients learn how to monitor their thoughts, feelings, and behaviors to break up maladaptive cognitions that may have resulted in response to pain. As we noted in chapter 3, patients often inadvertently undermine behavior change by engaging in discouraging self-talk. Leading pain patients to develop more upbeat monologues increases the likelihood that cognitive-behavioral techniques will be successful.

Fifth, patients are taught how and when to employ overt and covert behaviors in order to make adaptive responses to the pain problem. This skills training component of the intervention may include biofeedback training or relaxation.

Sixth, clients are encouraged to attribute their success to their own efforts. By making internal attributions for success, patients come to see themselves as efficacious agents of change and may be in a better position to monitor subsequent changes in the pain and bring about successful pain modification.

Seventh, just as relapse prevention is an important part of health habit change, it is important in pain control as well (Turk & Rudy, 1988). Patients may be taught to identify situations likely to give rise to their pains and to develop alternative ways of coping with the pain rather than engaging in the usual pain behaviors they have used in the past, such as withdrawing from social contact.

Do cognitive-behavioral interventions work? Evaluation of cognitive-behavioral interventions suggests that these techniques have considerable promise (Keefe et al., 1992). Those techniques that enhance perceptions of self-efficacy may be especially successful. Self-efficacy is important, both because it leads patients to undertake the steps they need to go through to control their pain and because perceptions of efficacy may offset the potential for depression that is so often seen in chronic pain patients. There may even be physiological benefits to self-efficacy (e.g., Elliott, Trief, & Stein, 1986). Evidence suggests that the impact of self-efficacy expectations on the pain experience may be mediated at least in part by opioid activation (Bandura, O'Leary, Taylor, Gauthier, & Gossard, 1987; Bandura et al., 1988).

Management of Chronic Pain: Pain Management Programs

But what of the chronic pain patient? As we noted in our previous discussion, no single pain control technique has been clearly effective in modifying chronic pain. Thus, often the chronic pain patient runs the gamut of techniques and finds them all to be unsuccessful.

Until 35 years ago, the patient who suffered from chronic pain had few treatment avenues available, save the tragedy of addiction to morphine or other painkillers and rounds of only temporarily successful operations. Now, however, a coordinated form of treatment has developed to treat chronic pain.

These interventions are termed **pain management programs,** and they concentrate all that is known about pain control so that all potential technologies can be made available to patients. Pain management programs have evolved greatly over the past 2 decades. Initially, many pain treatment programs were inpatient, multiweek endeavors designed to decrease use of pain medication and restore skills of daily living. In recent years, however, most chronic pain management efforts have concentrated on outpatient programs, both because they appear to be successful and because they are less costly.

The first pain management program was founded in Seattle at the University of Washington by John Bonica, M.D., in 1960. At present, there are numerous such clinics around the country. Typically, these programs are interdisciplinary efforts, bringing together neurological, cognitive, behavioral, and psychological expertise concerning pain (Rains, Penzien, & Jamison, 1992). As such, they involve the expertise of physicians, clinical psychologists or psychiatrists, and physical therapists, with consultation from neurology, rheumatology, orthopedic surgery, internal medicine, and physical medicine. The goals of programs in pain management are to enable patients to reduce their pain as much as possible, to increase their levels of activity, to reduce perceptions of disability, to return to work, and to lead meaningful and rewarding lives, even if the pain cannot be entirely eliminated (Vendrig, 1999).

Initial Evaluation

Initially, all patients are carefully evaluated with respect to their pain and pain behaviors. Typically, such evaluation begins with a qualitative and quantitative assessment of the pain, including its location, sensory qualities, severity, and duration, as well as its onset and history. Functional status is then assessed, with patients providing information about the degree to which their work and family lives have been impaired.

Exploring how the patient has coped with the pain in the past helps establish treatment goals for the future. For example, patients who withdraw from social activities in response to their pain may need to increase their participation in social activities or their family life.

Most patients are evaluated for their emotional and mental functioning as well. Many patients are very distressed and may suffer significant emotional and cognitive disruption in their lives (Iezzi, Archibald, Barnett, Klinck, & Duckworth, 1999). Formal testing for psychological symptomatology, illness behavior, and degree of psychosocial impairment is often a part of this phase in pain management, and a wide variety of tests are available to help pain management experts derive a complete

and complex profile of each patient (Rains et al., 1992).

Individualized Treatment

Once the profile of the patient's pain and how it has affected his or her life is completed, an individualized program of management is developed. Such programs are typically structured and time limited, and they provide concrete aims, rules, and endpoints, so that each patient has specific goals to achieve.

Typically, these goals include decreasing the intensity of the pain, increasing physical activity, decreasing reliance on medications, improving psychosocial functioning, reducing perception of disability, returning to full work status, and reducing the need to use health care services. Once individual goals have been established, the patient often signs a contract, indicating that he or she realizes exactly what is expected. Such a procedure ensures that patients are motivated to continue with the program (Rains et al., 1992).

Components of Chronic Pain Management Programs

Pain management programs include several common features. The first is patient education. All patients are provided with complete information about the nature of their condition. Often conducted in a group setting, the educational component of the intervention may include discussions of medications; assertiveness or social skills training; ways of dealing with sleep disturbance; depression as a consequence of pain; nonpharmacological measures for pain control, such as relaxation skills and distraction; posture, weight management, and nutrition; and other topics related to the day-to-day management of pain.

Most patients are then trained in a variety of measures to reduce pain. Typically, such programs include relaxation training and exercise and may include other components, such as temperature biofeedback for muscle-contraction headaches or stretching exercise for back pain patients.

Because many pain patients are emotionally distressed and suffer from some degree of depression, anxiety, or irritability, group therapy is often conducted to help patients gain control of their emotional responses.

Pain management programs also target the maladaptive cognitions that may arise in response to chronic pain. Given what has often been a history of unsuccessful treatment of their pain, patients often catastrophize, developing distorted negative perceptions about their pain and their ability to overcome and live with it (Ukestad & Wittrock, 1996).

There is some evidence that chronic pain patients react differently to pain, experiencing it more acutely and reacting psychologically more intensely, than those patients not prone to chronic pain, although it is unclear the extent to which these reactions are a cause or a result of the chronic pain experience (Hatch et al., 1992). These reactions need to be systematically addressed through cognitive and behavioral management techniques (Turk, 1994).

Increasingly, pain management programs are taking into account patients' typical coping strategies and the need to match pain treatments to preferred coping styles. By matching treatments to patients' methods of coping, one may maximize the benefits of treatment (Rokke & Al Absi, 1992).

Involvement of Family

Many pain management programs intervene at the family level, combining family therapy with other interventions. On the one hand, chronic pain patients often withdraw from their families, but on the other hand, efforts by the family to be supportive can sometimes inadvertently reinforce pain behaviors. Working with the family to reduce such counterpro-

ductive behaviors may be necessary (Turk et al., 1992).

Relapse Prevention

Finally, relapse prevention and follow-up activities are typically initiated in pain management programs, so that patients will not backslide once they are discharged from the outpatient program. As is true for other treatments, nonadherence to pain regimens is a common problem among pain patients. The incidence of relapse following initially successful treatment of persistent pain appears to range from about 30 to 60% (Turk & Rudy, 1991a), and it appears that, for at least some pains, relapse is directly related to nonadherence to treatment. Consequently, the use of relapse prevention techniques and adherence-enhancement tactics may provide valuable assistance in the maintenance of posttreatment pain reduction (Turk & Rudy, 1991a).

Evaluation of Pain Management Programs

Pain management programs appear to be successful in helping control chronic pain. Studies that have evaluated behavioral interventions in comparison with nontreatment or nonbehavioral control conditions have found that the behavioral interventions reduce reports of pain disability and psychological distress (Center for the Advancement of Health, 2000e; Haythornthwaite, Lawrence, & Fauerback, 2001; Keefe et al., 1992). Originally directed largely to the alleviation of pain itself, programs designed to manage chronic pain now acknowledge the complex interplay of physiological, psychological, behavioral, and social factors, representing a truly biopsychosocial approach to pain management. Improvement on the psychosocial dimensions is commonly found as a result of pain management programs as well (V. Stevens, Peterson, & Maruta, 1988).

As the importance, complexity, and costs of pain have become increasingly clear, pain is now taken more seriously in the medical management of patients and is recognized as an important medical issue in its own right, rather than the inconvenient symptom it was once regarded to be (Turk, 1994).

Pain management programs extend a promise of relief to thousands of sufferers who previously had little to aid them. These programs offer not only the possibility of a pain-free existence but also the dignity that comes from self-control of pain management and freedom from a life of pain, addiction, and depression.

Summary

1. Pain is a significant aspect of illness because it is the symptom of chief concern to patients and leads them to seek medical attention, yet pain is often considered of secondary importance to practitioners.

2. Pain is intensely subjective and, consequently, has been difficult to study. It is heavily influenced by the context in which it is experienced.

3. To objectify the experience of pain, pain researchers have developed questionnaires that assess its dimensions and methods to assess pain behaviors.

4. A-delta fibers conduct fast, sharp, localized pain; C-fibers conduct slow, aching, burning, and long-lasting pain; higher order brain processes influence the experience of pain through the central control mechanism.

5. Recent neurochemical advances in the understanding of pain center around the discovery of endogenous opioid peptides, which regulate the pain experience.

6. Acute pain is short-term and specific to a particular injury or disease, whereas chronic pain does not decrease with treatment and time. More than 100 million Americans suffer from chronic pain, which may lead them to disrupt their entire lives in an effort to cure it. Chronic pain is complicated to treat, because it has a functional and psychological overlay in that the patient has often been unintentionally reinforced for being in pain.

7. Efforts to find a pain-prone personality have been largely unsuccessful. Nonetheless, personality profiles based on the MMPI do suggest that chronic pain patients have elevated scores on the so-called neurotic triad.

8. Pharmacologic (e.g., morphine), surgical, and sensory stimulation techniques (e.g., dorsal column stimulator) have been the

mainstays of pain control. Increasingly, treatments with psychological components, including biofeedback, relaxation, hypnosis, acupuncture, distraction, and guided imagery, have been added to the pain control arsenal. Although all these techniques show at least some success, the exact mechanisms by which they do so are still elusive.

9. Most recently, cognitive-behavioral techniques that help instill a sense of self-efficacy have been used successfully in the treatment of pain.

10. Chronic pain is often treated through coordinated pain management programs oriented toward managing the pain, extinguishing pain behavior, and reestablishing a viable lifestyle. These programs employ a mix of technologies in an effort to develop an individualized treatment program for each patient, a truly biopsychosocial approach to pain.

Key Terms

acupuncture	counterirritation	pain behaviors
acute pain	distraction	pain control
biofeedback	endogenous opioid peptides	pain management programs
chronic benign pain	guided imagery	pain-prone personality
chronic pain	hypnosis	recurrent acute pain
chronic progressive pain	nociception	

PART FIVE

Management of Chronic and Terminal Illness

CHAPTER 11

Management of Chronic Illness

During a race at a high-school track meet, a young runner stumbled and fell to the ground, caught in the grips of an asthma attack. As her mother frantically clawed through her backpack, looking for the inhaler, three other girls on the track team offered theirs. As this account implies, asthma rates have skyrocketed in recent years, particularly among children and adolescents. Scientists are not entirely sure why asthma is on the increase, but the complications that it creates for young adults are evident (Gregerson, 2000). Caution in activities, medication, and inhalers

become a part of daily life. Psychosocial factors are clearly an important part of this adjustment, helping us answer such questions as "What factors precipitate an asthma attack?" and "What does it mean to have a chronic disease so early in life?"

At any given time, 50% of the population has a chronic condition. Taken together, the medical management of these chronic disorders accounts for three quarters of the nation's health spending (Hoffman, Rice, & Sung, 1996), not including nursing home care. The chronically ill account for 90% of home care visits, 83% of prescription drug use, 80% of the days spent in hospitals, 66% of doctor visits, and 55% of visits to hospital emergency rooms. As the opening example implies, these conditions are not confined to the elderly. More than one third of young adults age 18 to 44 have at least one chronic condition.

Chronic conditions range from relatively mild ones, such as partial hearing losses, to severe and life-threatening disorders, such as cancer, coronary artery disease, and diabetes. For example, in the United States, arthritis in its various forms afflicts 43 million people (Centers for Disease Control and Prevention, 2001b); 13 million people have had cancer (American Cancer Society, 2000); diabetes afflicts 16 million people (American Diabetes Association, 1999); more than 4.5 million people have sustained a stroke (American Heart Association, 2001b); and almost 14 million people have a history of heart attack and/or chest pain (American Heart Association, 2001b). Nearly 50 million people have diagnosed hypertension (American Heart Association, 2001b), and estimates of the prevalence of high blood pressure run as high as 50 million (American Heart Association, 2001b).

A more startling statistic is that most of us will eventually develop at least one chronic disability or disease, which may ultimately be the cause of our death. Thus, there is every likelihood that, at some time, each of us will hear a physician say that our condition is chronic and cannot be cured; it can only be managed.

In this chapter, we consider some of the problems posed by chronic illness. We begin with a consideration of quality of life and how it may be assessed. Next, we consider patients' psychological reactions to chronic illness, including denial, anxiety, and depression. We next consider patients' spontaneous efforts to deal with the problems and emotional reactions posed by illness, their individual coping efforts, and their illness-related cognitions. We then turn to the specific issues of rehabilitation

posed by chronic illness, including physical management, vocational problems, and problems in social functioning, and examine some general strategies for comprehensive rehabilitation programs. Individual efforts are not always successful in solving the problems associated with chronic illness, so the last section focuses on some interventions effectively targeted to particular problems experienced by the chronically ill.

Quality of Life

Until recently, **quality of life** was not considered an issue of psychological importance. For many years, it was measured solely in terms of length of survival and signs of presence of disease, with virtually no consideration of the psychosocial consequences of illness and treatments (S. E. Taylor & Aspinwall, 1990).

However, medical measures are only weakly related to patients' or to relatives' assessments of quality of life. In fact, one notable study of hypertension (Jachuck, Brierley, Jachuck, & Willcox, 1982) found that, although 100% of the physicians reported that their patients' quality of life had improved with the regular use of hypertensive medication, only half the patients agreed and virtually none of the relatives did. Moreover, research is amassing that some illnesses and treatments are perceived by patients to be "fates worse than death," because they threaten valued life activities so completely (Ditto, Druley, Moore, Danks, & Smucker, 1996).

What Is Quality of Life?

Because of findings like these, quality of life is now assumed to have several components, including physical functioning, psychological status, social functioning, and disease- or treatment-related symptomatology (Coons & Kaplan, 1992; see also Power, Bullinger,

In the past decade, researchers have begun to consider psychosocial functioning as an important aspect of quality of life among the chronically ill and disabled. (© Corbis/Vol. #135)

Harper, & The World Health Organization Quality of Life Group, 1999; Schwartz, Kaplan, Anderson, Holbrook, & Genderson, 1999).

In response to the multiple criteria for quality of life, several reliable and valid measures have been developed that enjoy wide use. For example, the Sickness Impact Profile (SIP) (Bergner, Bobbitt, Carter, & Gilson, 1981) assesses functioning in three categories: physical, psychosocial, and other (sleep, eating, work, recreation). SIP scores appear to be responsive to changes in chronic diseases and treatments. Another widely used measure, the index of Activities of Daily Living (ADL) (S. T. Katz, Ford, Moskowitz, Jackson, & Jaffee, 1983), yields independent scores for six functions (bathing, dressing, toileting, mobility, continence, and feeding). Also in wide use, the RAND 36-Item Health Survey (RAND Health Services Program, 1992) assesses physical functioning, social functioning, role limitations due to physical problems, role limitations due to emotional problems, mental health, vitality, pain, and general perceptions of health (VanderZee, Sanderman, Heyink, & de Haes, 1996) (see Table 11.1).

In addition, quality of life measures have been developed for specific diseases, such as cancer (e.g., the Cancer Inventory of Problem Situations; see Schag, Heinrich, Aadland, & Ganz, 1990; and the Karnovsky Performance Scale; see Grieco & Long, 1984).

Why Study Quality of Life?

Why do we need to study quality of life among the chronically ill? There are several reasons. First, documentation of exactly how illness affects vocational, social, and personal activities, as well as the general activities of daily living, provides an important basis for interventions designed to improve quality of life (Devins et al., 1990; Maes, Leventhal, & DeRidder, 1996).

Second, quality of life measures can help pinpoint which problems are likely to emerge for patients with diseases. Such a measure, for example, might indicate that sexual functioning is a problem for patients with certain kinds of cancer but that depression is a more common problem for patients with other kinds of cancer. Such information would be helpful in

TABLE 11.1   Quality of Life Scores for U.S. Population and Several Groups of Chronically Ill Individuals

A look at the typical score for the U.S. Population indicates how each of several chronic conditions affects functioning in each area. For example, pain and vitality are most problematic for migraine sufferers, osteoarthritis compromises physical activities related to roles, diabetes undermines general health, and so on. An important point is that, compared with the debilitating effects of clinical depression, which is an emotional disorder, the chronically ill generally fare quite well on quality of life, with the exception of areas directly affected by their diseases.

	Physical Functioning	Role— Physical	Bodily Pain	General Health	Vitality	Social Functioning	Role— Emotional	Mental Health
U.S. population	92.1	92.2	84.7	81.4	66.5	90.5	92.1	81.0
Clinical depression	81.8	62.8	73.6	63.6	49.0	68.5	47.8	53.8
Migraine	83.2	54.0	51.3	70.1	50.9	71.1	66.5	66.4
Hypertension	89.5	79.0	83.8	72.6	67.2	92.1	79.6	77.3
Osteoarthritis	81.9	66.5	69.7	70.4	57.0	92.1	79.6	77.3
Type II diabetes	86.6	76.8	82.8	66.9	61.4	89.4	80.7	76.6

Source: Based on Ware, 1994; U.S. population estimates are for those reporting no chronic conditions. Scores take into account other chronic conditions, age, and gender.

anticipating the interventions that are required (Schag & Heinrich, 1986).

Third, such measures address the impact of treatments on quality of life. For example, if a cancer treatment has disappointing survival rates and produces adverse side effects, one needs to assess whether treatment is more harmful than the disease itself (Aaronson et al., 1986). Quality of life measures have made it possible to assess the impact of unpleasant therapies, such as antihypertensive regimens, and to identify some of the determinants of poor adherence to those therapies.

Fourth, quality of life information can be used to compare therapies. For example, if two therapies produce approximately equivalent survival rates but one lowers quality of life substantially, this information can be integrated into decisions about what treatments to use with patients (see S. E. Taylor & Aspinwall, 1990, for a review).

Finally, quality of life information can inform decision-makers about care that will maximize the likelihood of long-term survival with the highest quality of life possible. Such information enables policy-makers to compare the impact of different chronic diseases on health care costs and to assess the cost-effectiveness of different interventions, given quality of life information (R. M. Kaplan, 1985; R. M. Kaplan & Bush, 1982; Lubeck & Yelin, 1988).

Attention to quality of life issues has been useful in pinpointing some of the areas that require particular attention and interventions following the diagnosis of a chronic disease, to which we now turn.

Emotional Responses to Chronic Illness

Many chronic diseases affect all aspects of a patient's life (T. G. Burish & Bradley, 1983; Maes et al., 1996; S. E. Taylor & Aspinwall, 1990). As in acute diseases, there is a temporary first phase, when all life activities are disrupted. Chronic disease, however, may also carry the need to make intermittent or permanent changes in physical, vocational, and social activities. In addition, sufferers from chronic illnesses must integrate the patient role into their lives psychologically if they are to adapt to their disorders.

Immediately after a chronic disease is diagnosed, patients are often in a state of crisis marked by physical, social, and psychological disequilibrium. They find that their habitual ways of coping with problems do not work. When the problems associated with a chronic disease fail to respond to coping efforts, the result can be an exaggeration of symptoms and their meaning, indiscriminate efforts to cope, increasingly neurotic attitudes, and worsening health outcomes (Cheng, Hui, & Lam, 1999; Drossman, Leserman, Li, Keefe, Hu, & Toomey, 2000; Epker & Gatchel, 2000). Anxiety, fear, and depression may temporarily take over.

Eventually, the crisis phase of chronic illness passes, and patients begin to develop a sense of how the chronic illness will alter their lives. At this point, more long-term difficulties that require ongoing rehabilitative attention may set in. These problems and issues fall into the general categories of physical rehabilitation, vocational rehabilitation, social rehabilitation, and psychological issues. In the next sections, we first consider emotional issues and coping with chronic illness and then turn to more general issues of rehabilitation.

Denial

The diagnosis of a chronic illness often comes as a great shock to a person. Within a few minutes, everything suddenly changes. A life course that had rolled out into the indefinite future may now seem to disappear. Every plan—ranging from what to do tomorrow to what to do for the rest of one's life—may have to change. The initial diagnosis may be so

disorienting that it is impossible for the person to fathom immediately the depth of change that will be required. He or she may be as likely to wonder who will stop at the dry cleaner's tomorrow as to wonder whether there is any point in returning to school, moving into a new home, having another child, or going on a long-planned trip.

It may be days or even weeks before these questions fall into place, arranging themselves in a proper hierarchy. Each moment may bring to mind another plan that must now be modified. The sheer quantity of issues to be considered may make the patient appear unresponsive, preoccupied by the wrong problems, and unable to understand the scope and limits of the treatments that will be required. The emotions most likely to accompany these initial feelings of disorientation are denial and anxiety. Later, depression may become more prominent.

What Is Denial?   **Denial** is a defense mechanism by which people avoid the implications of an illness. They may act as if the illness were not severe, as if it will shortly go away, or as if it will have few long-term implications. In extreme cases, the patient may even deny that he or she has the illness, despite having been given clear information about the diagnosis. Denial, then, is the subconscious blocking out of the full realization of the reality and implications of the disorder. It is a common reaction to chronic illness that has been observed among heart patients (Krantz & Deckel, 1983), stroke patients (Diller, 1976), and cancer patients (Meyerowitz, 1983).

Is Denial Good or Bad?   At one time, denial was thought to be a primitive and ultimately unsuccessful defense mechanism that only temporarily masks anxiety. Now, however, psychologists are recognizing its potential benefits as well as its liabilities. When is denial beneficial and when is it not? The answer appears to depend on the phase of illness in which the patient exhibits denial and the criterion the researcher is using to measure adjustment (Meyerowitz, 1983).

Denial of the implications of symptoms may act as a deterrent to seeking proper treatment (D. A. Matt, Sementilli, & Burish, 1988). The role of denial in delay behavior has been well documented for both cancer and coronary heart disease.

However, immediately after the diagnosis of illness, during the acute phase of illness, denial can serve a protective function. It can keep the patient from having to come to terms with the full range of problems posed by the illness at a time when he or she may be least able to do so (T. P. Hackett & Cassem, 1973; R. S. Lazarus, 1983). One study of patients with myocardial infarction (MI) found that high initial denial was associated with fewer days in intensive care and fewer signs of cardiac dysfunction (M. N. Levine et al., 1988). As testimony to its stress-reducing value, denial can be associated with lower levels of corticosteroids (J. L. Katz, Weiner, Gallagher, & Hellman, 1970). Denial can also reduce the experience of unpleasant symptoms and side effects of treatment (S. E. Ward et al., 1988). Denial can mask the terror associated with a chronic disease until the patient is more accustomed to the diagnosis and better able to sort out realistically the restrictions that it will pose.

During the rehabilitative phase of illness, denial may have adverse effects if it interferes with the ability to take in necessary information that will be part of the patient's treatment or self-management program. For example, in the study that found initial benefits of denial among MI patients (M. N. Levine et al., 1988), high deniers showed poorer adaptation to disease in the year following discharge. The high deniers were less adherent to their treatment regimen and required more days of rehospitalization, suggesting that denial was interfering with successful monitoring of the long-term nature of their condition.

When patients must be actively involved with a treatment regimen—that is, when they must be able to assess their activities realistically and comply with medications and other changes in their lifestyle—denial can be an impediment (Garrity et al., 1976). However, among patients who do not have to follow prescribed treatment regimens, denial can help protect them psychologically, making it possible for them to resume their normal lives quickly (e.g., T. P. Hackett & Cassem, 1973; Meyerowitz, 1983).

Overall, then, denial may be useful in helping patients control their emotional reactions to illness, but it may interfere with their ability to monitor their conditions, to take the initiative in seeking treatment, or to follow through when they must act as responsible comanagers of their illness.

Anxiety

Immediately after the diagnosis of a chronic illness, anxiety is common. Many patients become overwhelmed by the specter of potential changes in their lives and by the prospect of death. Anxiety may also arise intermittently throughout the disease process (J. E. Hughes, 1987; Popkin, Callies, Lentz, Colon, & Sutherland, 1988). For example, every twinge of chest pain will likely raise concern over another heart attack for the patient recuperating from MI. Many cancer patients are constantly vigilant to changes in their physical condition, and each minor ache or pain may prompt fear of a possible recurrence.

Anxiety is a problem not only because it is intrinsically distressing but also because it can interfere with good functioning. Anxious patients anticipating noxious therapies may be debilitated by their emotional distress even before therapy begins (P. D. Jacobsen et al., 1995). Such patients may then cope more poorly with treatment. For example, highly anxious patients cope poorly with radiotherapy for cancer (Graydon, 1988) and benefit less from behavioral treatments designed to reduce distress associated with chemotherapy (M. P. Carey & Burish, 1985); anxious diabetic patients report poor glucose control and increased symptoms (Lustman, 1988); and anxious MI patients are less likely to return to work on schedule (Maeland & Havik, 1987).

Several kinds of events reliably increase anxiety. Anxiety is high when people are waiting for test results, receiving diagnoses, awaiting invasive medical procedures, and anticipating or experiencing adverse side effects of treatment (e.g., B. L. Andersen, Karlsson, Anderson, & Tewfik, 1984; P. D. Jacobsen et al., 1995).

Anxiety is also high when people expect substantial lifestyle changes to result from an illness or its treatment, when they feel dependent on health professionals, when they experience concern over recurrence (Scott, 1983; Welch-McCaffrey, 1985; see S. E. Taylor & Aspinwall, 1990, for a review), and when they lack information about the nature of the illness and its treatment; this last situation is not rare (e.g., M. Marks, Sliwinski, & Gordon, 1993).

Although anxiety directly attributable to the disease may decrease over time, anxiety about possible complications, the disease's implications for the future, and its impact on work and leisure-time activities may actually increase with time (Christman et al., 1988). Thus, both assessment and treatment of anxiety may be needed, an issue we turn to later in this chapter.

Depression

Depression is a common and often debilitating reaction to chronic illness. Up to one third of all medical in-patients with chronic disease report at least moderate symptoms of depression, and up to one quarter suffer from severe depression (L. Moody, McCormick, & Williams, 1990; G. Rodin & Voshart, 1986).

Although there is evidence that depression may occur somewhat later in the adjustment process than does denial or severe anxiety, it can also occur intermittently. High rates of depression have been found for stroke patients, cancer patients, and heart patients, as well as for those suffering from many other chronic diseases (see S. E. Taylor & Aspinwall, 1990, for a review).

Depression may be a delayed reaction to chronic illness, because it often takes time for patients to understand the full implications of their condition. During the acute phase and immediately after diagnosis, the patient may be hospitalized, be awaiting treatments, and have other immediate decisions to make. There may be little time to reflect fully on the implications of the illness. Once the acute phase of chronic illness has ended, the full implications of the disorder may begin to sink in. For example, a stroke patient comments on his discharge from the hospital:

> That was a glorious day. I started planning all the things I could do with the incredible amount of free time I was going to have, chores I had put off, museums and galleries to visit, friends I had wanted to meet for lunch. It was not until several days later that I realized I simply couldn't do them. I didn't have the mental or physical strength, and I sank into a depression. (Dahlberg, 1977, p. 121)

Significance of Depression Depression is important not only for the distress it produces but also because it has an impact on the symptoms experienced and on the overall prospects for rehabilitation or recovery (e.g., S. G. Adams, Dammers, Saia, Brantley, & Gaydos, 1994; J. J. W. Schaeffer et al., 1999). Depressed stroke patients have longer hospital stays and are more often discharged from the hospital to nursing homes than other patients are (Cushman, 1986). They show less motivation to undergo rehabilitation (S. C. Thompson, Sobolew-Shubin, Graham, & Janigian, 1989), they are less likely to maintain gains during rehabilitation (Sinyor et al., 1986), and they are less likely to restore their quality of life to prestroke levels (Niemi, Laaksonen, Kotila, & Waltimo, 1988). Depression is very common among patients with irritable bowel syndrome, an emotional overlay that can complicate treatment (Trikas et al., 1999). Rheumatoid arthritis patients with high levels of depression are more likely to catastrophize, overgeneralize, and negatively interpret their situation (T. W. Smith, Peck, Milano, & Ward, 1988). MI patients who were depressed while in the hospital are less likely to be back at work 1 year later and are more likely to be rehospitalized (Stern, Pascale, & Ackerman, 1977).

Depression over illness and treatment has also been linked to suicide among the chronically ill and the elderly. For example, one out of every six long-term dialysis patients over the age of 60 stops treatment, resulting in death (Neu & Kjellstrand, 1986). The rate of suicide among cancer patients is approximately one-and-a-half times greater than that among adults who are not ill (J. Marshall, Burnett, & Brasure, 1983), and the rate of suicide among men with AIDS is also higher than the national rate for their age group. Perhaps most important, depression is a potent risk factor for death among the chronically ill (Herrmann, Brand-Driehorst, Kaminsky, Leibing, Staats, & Ruger, 1998; Wulsin, Vaillant, & Wells, 1999).

Unlike anxiety, which ebbs and flows during the course of a chronic illness, depression can be a long-term reaction. For many illnesses, it may last a year or more following onset of the disorder (Lustman, Griffith, & Clouse, 1988; Meyerowitz, 1980; R. G. Robinson & Price, 1982).

Assessing Depression   Assessing depression in the chronically ill can be problematic. Many of the physical signs of depression, such as fatigue, sleeplessness, or weight loss, may also be symptoms of disease or side effects of a treatment. If depressive symptoms are attributed to aspects of illness or treatment, their significance may be less apparent, and consequently depression may go untreated (Massie & Holland, 1987). For example, one study of depressed stroke patients found that only one third had been referred for treatment of the depression (Lustman & Harper, 1987). These issues are especially problematic for illnesses that can affect brain functioning, such as cancer, stroke, diabetes, AIDS, and epilepsy (J. S. House, 1987; Massie & Holland, 1987; Primeau, 1988).

Another barrier to properly diagnosing and treating depression among the chronically ill is that there are no standards for diagnosing depression in these populations (G. Rodin & Voshart, 1986). Depression often goes untreated because many people believe that one is *supposed* to feel depressed after a diagnosis of chronic illness (Greer, 1987; R. G. Robinson, 1986). If those caring for the chronically ill believe that depression is to be expected as an understandable result of the disease, patients may be denied useful psychological interventions.

Who Gets Depressed?   Depression increases with the severity of the illness (e.g., Cassileth et al., 1985; Dakof & Mendelsohn, 1986; L. Moody et al., 1990). Extent of pain and disability, in particular, predict depression (e.g., R. J. Turner & Noh, 1988; Wulsin et al., 1999). There may be a reciprocal sustaining relationship between physical impairment and depression; that is, being disabled contributes to high levels of depression, which, in turn, increases the extent of disability experienced.

Depression also arises in response to events other than those specifically related to the disease. Chronically ill patients who are experiencing other negative life events, social stress, and lack of social support experience higher levels of depression (Bukberg, Penman, & Holland, 1984; S. Murphy, Creed, & Jayson, 1988; S. C. Thompson et al., 1989).

There is some evidence that physical factors predict depression somewhat better earlier in chronic illness, whereas psychological factors may better explain depression later on. For example, one study of stroke patients found that the location of stroke damage predicted depression in the first 6 months, whereas later on, cognitive impairment, physical disability, social support, changes in body image and self-esteem, and the adverse mood effects of therapeutic drugs were stronger determinants of depression (Morris & Raphael, 1987).

In recent years, a variety of cognitive and behavioral interventions have been developed to deal with the depression that so frequently accompanies chronic illness (Center for the Advancement of Health, 2000f). Although interventions focusing on self-monitoring of depression do not seem to be especially efficacious with the chronically ill, cognitive therapy with depressed patients is somewhat more successful (Center for the Advancement of Health, 2000f).

Are There Stages of Emotional Adjustment?

The fact that so many patients go through intense emotional responses to chronic illness, coupled with the fact that some responses appear to be more common early on whereas others occur later, has led some researchers to hypothesize that there may be a series of stages through which patients pass in adjusting to chronic illness.

However, efforts to delineate a set of stages have proven unsuccessful (R. L. Silver & Wortman, 1980). For example, although denial appears to be common early, it may also be intermittent throughout the adjustment process. Likewise, although depression often does not appear until after the acute phase of illness is over, some acutely ill patients are depressed as well. Emotional reactions do not occur in any predetermined sequence, and they may recur throughout the adjustment process.

Personal Issues in Chronic Disease

To fully understand changes in response to chronic illness requires a consideration of the self, its sources of resilience, and its vulnerabilities. The self is one of the central concepts in psychology. Psychologists refer to the **self-concept** as a stable set of beliefs about one's qualities and attributes. **Self-esteem** refers to the general evaluation of the self-concept—namely, whether one feels good or bad about one's qualities and attributes. People have a stable self-concept and a stable level of self-esteem.

Nonetheless, particular events, such as a chronic illness, can produce drastic changes in self-concept and self-esteem. Many of these changes will be temporary and some will be permanent, such as the mental deterioration that is associated with certain diseases (see Box 11.1). The self-concept is a composite of self-evaluations regarding many aspects of one's life, some of which may be involved in the disease process. These aspects include body image, achievement, social functioning, and the private self.

The Physical Self

Body image is the perception and evaluation of one's physical functioning and appearance. Studies of hospitalized patients indicate that body image plummets during illness. Not only is the affected part of the body evaluated negatively, however, the whole body image may take on a negative aura (Schwab & Hameling, 1968). For acutely ill patients, changes in body image are short-lived; however, for the chronically ill, negative evaluations may last longer. Most researchers exploring body image believe that adjustments are eventually made, although the process may take a year or more.

An exception is facial disfigurement. Patients whose faces have been scarred or disfigured may never truly accept their altered

BOX 11.1

Future of Fear

Mollie Kaplan can remember half a century ago when she was 12 and met her husband, Samuel, at a Halloween party in the Bronx. What she can't remember is whether she had breakfast, so sometimes she eats it twice. She doesn't cook much anymore, because if the recipe calls for salt, she can't remember whether she added it. "It's so frustrating," she said. "I can't read a book anymore, because if I stop and put a bookmark where I leave off, when I pick the book up again, I don't know what I have read."

Mollie Kaplan is a victim of Alzheimer's disease. Alzheimer's is the fourth leading cause of death among adults, behind heart disease, cancer, and strokes. It takes more than 100,000 lives annually in America, and more than 47% of seniors age 85 or older have the illness. Typical symptoms of Alzheimer's disease (named after Dr. Alois Alzheimer, who described it in 1906) include gradual progression of memory loss or other cognitive losses (language problems, motor skills), personality change, and eventually loss of function. Personality changes include hostility, withdrawal, inappropriate laughing, agitation, and paranoia.

If nothing else, Mollie retains a disarming sense of humor. When asked about anything in the recent past, she often replies, "Who remembers? You are talking with an Alzheimer's." It isn't much of a humorous matter to Sam, now 64, who still loves the woman he met half a century ago but wearily confesses: "You don't know what this is like until you get there. I never thought this would happen to me.... People say to me, 'Join a support group.' I say, 'Fine, but what is Mollie supposed to do while I'm at the group?'" (D. Larsen, 1990, pp. E1, E8)

As these comments imply, the strain of Alzheimer's on both the patient and the caregiver is enormous. For the patient, the distress of being increasingly unable to do simple routine tasks or to remember an activity just completed is disruptive, frustrating, and depressing. For caregivers, the emotional toll is substantial, and the effect on family finances can be huge. Often, the family is left with little alternative but to place the loved one in a nursing home.

Source: D. Larsen, 1990.

---

appearance. There appear to be two reasons that facial disfigurements produce chronic alterations in body image. First, the face is often associated with personality, and when the face is deformed, both patients themselves and others reacting to them may see the individual's whole nature as tainted (S. A. Richardson, Goodman, Hastorf, & Dornbusch, 1961). Second, facial disfigurements cannot be masked: They are apparent to all passersby, who may act with involuntary disgust or withdrawal. An example of the potent impact of facial disfigurement is the case of Mrs. Dover:

Before her disfigurement (amputation of half of her nose), Mrs. Dover, who lived with one of her two married daughters, had been an independent, warm and friendly woman who enjoyed traveling, shopping, and visiting her many relatives. The disfigurement of her face, however, resulted in a definite alteration in her way of living. The first two or three years she seldom left her daughter's home, preferring to remain in her room or to sit in the backyard. "I was heartsick," she said; "the door had been shut on my life." (F. Goffman, 1963, p. 12)

Another exception may be scarring or chronic skin ailments, such as psoriasis, which can compromise long-term quality of life (Fauerbach et al., 2000). Those with these conditions are concerned about being stigmatized by others and consequently may find interactions with others to be strained (Leary, Rapp, Herbst, Exum, & Feldman, 1998).

The degree of threat to body image that is posed by a chronic illness depends on a variety of factors, including the patient's previous body image, the amount of body damage or scarring, and the level of activity possible following the illness or injury. It may be particularly difficult to cope with deterioration of appearance or loss of physical mobility if these aspects have been regarded as valued assets. Treatments that leave substantial scars and alter body appearance also appear to be more difficult to adjust to than procedures that are less scarring and mutilating. For example, in the treatment of breast cancer, studies typically report that women are better adjusted psychologically after lumpectomy than after mastectomy (see S. E. Taylor et al., 1985, for a review).

When illness threatens sexual functioning— as it does for stroke, paralysis, and some cancers and heart conditions—body image may be affected. Disease severity and the presence of debilitating symptoms also clearly affect body image and overall quality of life (L. Moody et al., 1990).

The body image of a person with a permanent disfigurement or a severe or an advancing disability can be improved by stressing other aspects of appearance and health. Researchers have sometimes noted spontaneous increases in physical exercise and improvement of other aspects of physical appearance or health as a reaction to illness (S. E. Taylor, Wood, & Lichtman, 1983).

The Achieving Self

Achievement through vocational and avocational activities is also an important aspect of self-esteem and self-concept. Many people derive their primary satisfaction from their job or career; others take great pleasure in their hobbies and leisure activities (Kahn, 1981). To the extent that chronic illness threatens these

valued aspects of the self, self-concept may be damaged. The converse is also true. When work and hobbies are not threatened or curtailed by illness, the patient has these sources of satisfaction from which to derive self-esteem, and they can come to take on new meaning.

The Social Self

As we have already seen, rebuilding the social self is an important aspect of readjustment after chronic illness. Interactions with family and friends can be a critical source of self-esteem. Social resources provide chronically ill patients with badly needed information, goods and services, and emotional support. A breakdown in the support system has implications for logistical functioning, emotional functioning, and long-term recovery. Perhaps for these reasons, fears about withdrawal of support are among the most common worries of chronically ill patients. Consequently, family participation in the rehabilitation process is widely encouraged.

The Private Self

The private self may be severely strained by chronic illness. Many illnesses create the need to be dependent on others; the resulting loss of independence and the strain of imposing on others represent major threats to the self (van Lankveld, Naring, van der Staak, van't Pad Bosch, & van de Putte, 1993).

The residual core of a patient's identity— ambitions, goals, and desires for the future— will also predict adjustment to chronic illness. Occasionally, adjustment to chronic illness may be impeded because the patient has an unrealized secret dream, which has now been shattered, or at least appears to be. Encouraging the patient to discuss this difficulty may reveal alternative paths to fulfillment and awaken the ability to establish new ambitions, goals, and plans for the future.

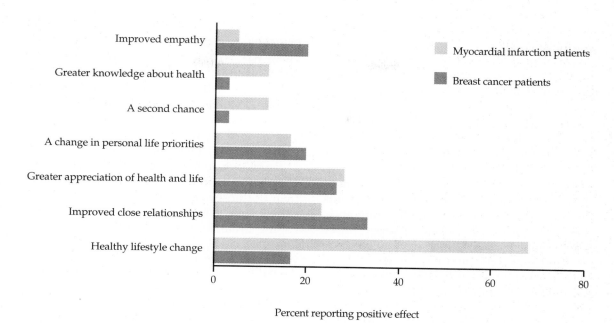

FIGURE 11.1   This figure shows the positive life changes experienced by MI patients and cancer patients in response to their illness. An interesting point is that most of the benefits reported by MI patients involve lifestyle changes, perhaps reflecting the fact that the course of heart disease is amenable to changes in personal health habits. Cancer patients, in contrast, report more changes in their social relationships and meaning attached to life, perhaps because cancer may not be as directly influenced by health habits as heart disease, but may be amenable to finding greater purpose or meaning in other life activities. (*Source*: Petrie, Buick, Weinman, & Booth, 1997).

Coping with Chronic Illness

Despite the fact that most patients with chronic illness suffer at least some adverse psychological reactions as a result of the disease, most do not seek formal or informal psychological treatment for their symptoms. Instead, they draw on their internal and social resources for solving problems and alleviating psychological distress. How do they cope so well?

Coping Strategies and Chronic Illness

In many ways, coping with a diagnosis of a chronic illness is like coping with any other severely stressful event (Maes et al., 1996). The appraisal of a chronic disease as threatening or challenging leads to the initiation of coping efforts (see chapter 7; R. S. Lazarus & Folkman, 1984a, 1984b). Relatively few investigations have looked systematically at coping strategies among chronically ill patient groups.

In one of the few such studies (Dunkel-Schetter, Feinstein, Taylor, & Falke, 1992), cancer patients were asked to identify the aspect of their cancer they found to be the most stressful. The results indicated that fear and uncertainty about the future were most common (41%); followed by limitations in physical abilities, appearance, and lifestyle (24%); followed by pain management (12%). Patients were then asked to indicate the coping strategies they had used to deal with these problems. The five identified strategies were *social support/direct problem solving* (e.g., "I talked to someone to find out more about the situation"), *distancing* (e.g., "I didn't let it get to me"), *positive focus* (e.g., "I came out of the experience better than I went in"), *cognitive escape/avoidance* (e.g., "I wished that the situation would go away"), and *behavioral escape/avoidance* (e.g., efforts to avoid the situation by eating, drinking, or sleeping) (cf. Felton & Revenson, 1984).

The strategies identified in this investigation are not substantially different from those employed to deal with other stressful events (see chapter 7). One notable difference, though, is that the chronically ill report fewer active coping methods, such as planned problem solving or confrontative coping, and more passive coping strategies, such as positive focus and escape/avoidant strategies. This discrepancy may reflect the fact that some chronic diseases, such as cancer, raise many uncontrollable concerns that active coping strategies cannot directly address. One might find that, in coping with the aftermath of MI, for example, confrontative coping and problem solving would emerge as people attempt to modify their health habits and lifestyle, with the hope of reducing subsequent risk.

Which Coping Strategies Work? Do any particular coping strategies facilitate psychological adjustment among the chronically ill? As is true for coping with other stressful events, the use of avoidant coping is associated with increased psychological distress and thereby may be a risk factor for adverse responses to illness (e.g., Heim, Valach, & Schaffner, 1997). It may also exacerbate the disease process itself. For example, avoidant coping has also been related to poor glycemic control among insulin-dependent diabetics (Frenzel, McCaul, Glasgow, & Schafer, 1988).

Active coping, in contrast, has been found to predict good adjustment to multiple sclerosis (Pakenham, 1999). Also, those patients who actively solicit health-related information about their condition may cope better with it

(e.g., A. J. Christensen, Ehlers, Raichle, Bertolatus, & Lawton, 2000). Research has also found lower psychological distress to be associated with positive, confrontative responses to stress; with a high internal locus of control (Burgess, Morris, & Pettingale, 1988); and with beliefs that one can personally direct control over an illness (Affleck, Tennen, Pfeiffer, & Fifield, 1987; S. E. Taylor et al., 1991).

People who employ multiple strategies may cope better with the stress of chronic disease than do those who engage in a predominant coping style. A rationale for this finding is that coping strategies may be most effective when they are matched to the particular problem for which they are most useful. If people have available to them multiple coping strategies, they may be more able to engage in this matching process than those who have a predominant coping style (see R. L. Collins, Taylor, & Skokan, 1990). However, this point requires further research (see chapter 7).

An answer to the question of which coping strategies work best for managing chronic illness, then, is complex, depending on which aspects of the stressful event an individual is coping with at a particular point in time in the adjustment process. Despite this caution, a general conclusion is that active coping efforts seem to be more consistently associated with good adjustment than avoidant strategies, so long as there are aspects of the illness amenable to active coping efforts. Even seeing yourself as a good coper can improve adjustment to a chronic illness (Leake, Friend, & Wadhwa, 1999).

Patients' Beliefs About Chronic Illness

If patients are to adjust to chronic illness satisfactorily, they must somehow integrate their illness into their lives. Virtually all chronic illnesses require some alteration in activities and some degree of management. For example, diabetic patients must control their diet and perhaps take daily injections of insulin. Cancer patients, even those whose cancer is not currently active, must remain vigilant to possible signs of recurrence. Both stroke and heart patients must make substantial alterations in their daily activities as a consequence of their physical and psychological impairments.

Patients who are unable to incorporate chronic illness into their lives may fail to follow their treatment regimen and be nonadherent. They may be improperly attuned to possible signs of recurrent or worsening disease. They may engage in foolhardy behaviors that pose a risk to their health, or they may fail to practice important health behaviors that could reduce the possibility of recurrence or other complicating illnesses. Thus, developing a realistic sense of one's illness, the restrictions it imposes, and the regimen that is required is an important process of coping with chronic illness.

Beliefs About the Nature of the Illness   One of the problems that often arises in adjustment to chronic illness is that patients adopt an inappropriate model for their disorder—most notably, the acute model (see chapter 8). For example, hypertensive patients may believe incorrectly that, if they feel all right, they no longer need to take medication because their hypertension must be under control; accordingly, they may fail to monitor their condition closely (Nerenz, 1979; Ringler, 1981). Thus, it is often important for health care providers to probe patients' comprehension of their illness to check for significant gaps and misunderstandings in their knowledge that may interfere with self-management (Heijmans & deRidder, 1998).

Beliefs About the Cause of the Illness   People suffering from both acute and chronic illness often develop theories about where their illness came from (Affleck, Tennen, Croog, & Levine, 1987; A. Ali et al., 2000). These theories

include stress, physical injury, disease-causing bacteria, and God's will. Of perhaps greater significance is where patients ultimately place the blame for their illness. Do they blame themselves, another person, the environment, or a quirk of fate?

Self-blame for chronic illness is widespread. Patients frequently perceive themselves as having brought on their illness through their own actions. In some cases, these perceptions are to some extent correct. Poor health habits, such as smoking, improper diet, or lack of exercise, can produce heart disease, stroke, or cancer. In most cases, the patient's self-blame is ill placed, as when a disease is caused by a genetically based defect.

What are the consequences of self-blame? Unfortunately, a definitive answer to this question is not available. Some researchers have found that self-blame can lead to guilt, self-recrimination, or depression (Glinder & Compas, 1999). Self-blaming patients may be poorly adjusted to their illness because they focus on things they could have or should have done to prevent it. On the other hand, other research suggests that self-blame may be adaptive. Bulman & Wortman (1977) found that patients with spinal cord injuries (paraplegics and quadriplegics) who took responsibility for the circumstances that produced their injuries were better adjusted. Perceiving the cause as self-generated may represent an effort to assume control over the disorder; such feelings can be adaptive in coping with and coming to terms with the disorder. However, other research suggests that self-blame may be neither maladaptive nor adaptive (Schulz & Decker, 1985; S. E. Taylor et al., 1984a). It may be that self-blame is adaptive under certain conditions but not others.

What are the effects of other attributions for illness? So far, no relationships have been found between attributions to luck and adjustment or between attributions to environmental factors and adjustment (Affleck et al., 1987;

Bulman & Wortman, 1977; S. E. Taylor et al., 1984a; Turnquist, Harvey, & Andersen, 1988). However, research suggests that blaming another person for one's disorder is maladaptive (Affleck et al., 1987; S. E. Taylor et al., 1984a). For example, some patients believe that their disorder was brought about by stress caused by family members, ex-spouses, or colleagues at work. Blame of this other person or persons may be tied to unresolved hostility, which can interfere with adjustment to the disease.

Beliefs About the Controllability of the Illness Researchers have also examined whether patients who believe they can control their illness are better off than those who do not see their illness as under their control. Patients develop a number of control-related beliefs with respect to chronic illness. They may believe, as do many cancer patients, that they can prevent a recurrence of the disease through good health habits or even sheer force of will. They may believe that, by complying with treatments and physicians' recommendations, they achieve vicarious control over their illness (Helgeson, 1992). They may believe that they personally have direct control over the illness through self-administration of a treatment regimen. These control-related beliefs may or may not be accurate. For example, if patients do maintain a treatment regimen, they may very well be exercising real control over the possibility of recurrence or exacerbation of their illness. On the other hand, the belief that one's illness can be controlled through a positive attitude may or may not be correct.

Recall from earlier chapters that feelings of psychological control may be beneficial for good mental functioning. As noted in chapter 8, interventions that attempt to instill feelings of control are often highly successful in promoting good adjustment and in reducing physiological arousal and emotional distress caused by illness and its treatment. Do feelings of control have the same beneficial effects when they are self-generated by patients attempting to deal with chronic illness?

What evidence there is suggests that belief in control and a sense of self-efficacy with respect to the disease and its treatment are generally adaptive. For example, cancer patients who believed that they had control over their illness were better adjusted to their cancer than were patients without such beliefs (Helgeson, 1992; S. E. Taylor et al., 1984a; S. C. Thompson, Nanni, & Levine, 1994). Similar results have been reported for people with rheumatoid arthritis (Tennen, Affleck, Urrows, Higgins, & Mendola, 1992), people with AIDS (S. E. Taylor et al., 1991), or with spinal cord injuries (Schulz & Decker, 1985), and patients recovering from angioplasty (Helgeson & Fritz, 1999), among many others. Even for patients who are physically or psychosocially badly off, adjustment is facilitated with high perceptions of control (S. C. Thompson, Sobolew-Shubin, Galbraith, Schwankovsky, & Cruzen, 1993). Thus, control appears to be helpful not only in coping with acute disorders and treatments but also with the long-term debilitation that may result from chronic illness (Schiaffino & Revenson, 1992).

There is even evidence that the experience of control or self-efficacy may prolong life. A study of patients with chronic obstructive pulmonary disease found that those with high self-efficacy expectations lived longer than those without such expectations (R. M. Kaplan, Ries, Prewitt, & Eakin, 1994). Several studies that have attempted to enhance feelings of control in cardiac patients also suggest beneficial effects (e.g., Cromwell, Butterfield, Brayfield, & Curry, 1977). Box 11.2 describes a study that further addresses these issues. Not all studies find that feelings of control are adaptive in adjusting to chronic conditions. When real control is low, efforts to induce it or exert it may be unsuccessful and backfire (T. G.

BOX 11.2

Causal Attributions, Feelings of Control, and Recovery from Myocardial Infarction

Studies of patients recovering from myocardial infarction (MI) illustrate the importance of both causal attributions for illness and feelings of control (Bar-On, 1986, 1987). In one study, patients were asked (1) why they thought they had had a heart attack and (2) what health measures they planned to take as a result of the attack. Several months later, their work and social functioning were measured.

Patients who attributed the cause of their MI to modifiable factors under their personal control (such as stress or smoking) were more likely to have initiated active plans for their recovery (for example, changing jobs or starting exercise) and to have returned to work and resumed other activities. In contrast, patients who attributed the MI to external factors beyond their personal control (bad luck or fate, for instance) were less likely to have generated active plans for recovery or to have returned to work; they were also less likely to have resumed other activities (cf. Affleck et al., 1987).

Bar-On (Bar-On & Dreman, 1987) also looked at the attributions that spouses made for the heart attack.

Under most circumstances, when spouses made the same attributions for the heart attack as their mates, short-term rehabilitation progressed well. However, if the patient's attributions were to external, uncontrollable factors or if the patient denied the infarct, long-term rehabilitation progressed better when the spouse's attribution was incongruent with the patient's attributions. In this case, the spouse's attribution to internal and controllable factors may have counteracted the patient's tendency toward denial, nudging him or her in the direction of becoming more aware of the things he or she could do to reduce the risk for a second heart attack.

These results strongly suggest that, when illness conditions are perceived as being modifiable and under one's personal control, the process of recovery from chronic disease is enhanced (cf. Affleck et al., 1987). Moreover, these kinds of perceptions may be even more important predictors of successful rehabilitation than more traditional physical indicators used by physicians in predicting rehabilitation (Bar-On, 1986, 1987).

Burish et al., 1984; Tennen et al., 1992; Toshima, Kaplan, & Ries, 1992).

Rehabilitation and Chronic Illness

Chronic illness raises a number of highly specific problem-solving tasks that patients encounter on the road to recovery. These tasks include physical problems associated with the illness, vocational problems, problems with social relationships, and personal issues concerned with chronic illness. Some of these problems become so severe that they can be handled only through institutionalization (Figure 11.2),

but more commonly, these problems are managed through short-term residential or outpatient treatment programs. Even more than acute illness, chronic illness depends critically on patient comanagement of the disorder. Patients can be effective collaborators in managing their chronic conditions because they have knowledge of its development, symptoms, and course over a period of time. They are vital to effective treatment because the often complex and long-term treatment regimens that are recommended for the chronically ill require the active, committed participation of the patient (Center for the Advancement of Health, 1999). We next turn to these issues.

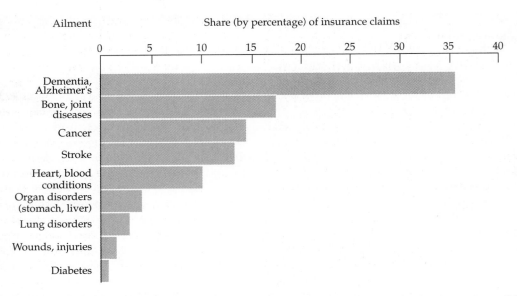

FIGURE 11.2   Who Uses Long-Term Care? Long-term nursing care is among the most expensive treatments available for chronic conditions. Who uses this care? The following statistics are from John Hancock and are considered representative of other insurers. In 1996, the average cost for a year in a nursing home was approximately $40,000. (*Source:* John Hancock Financial Services, cited in *Business Week,* 1996a)

Physical Problems Associated with Chronic Illness

Physical rehabilitation is an important aspect of chronic illness. Chronic disability leads to higher levels of anxiety, distress, and even thoughts of suicide. Consequently, any measures that can be taken to improve activity level, physical independence, and the ability to go about the tasks of daily living are likely to have positive effects, not only on daily functioning but also on psychosocial adjustment (Zautra, Maxwell, & Reich, 1989).

Goals of Physical Rehabilitation   Physical rehabilitation of chronically ill or disabled patients typically involves several goals: to learn how to use one's body as much as possible; to learn how to sense changes in the environment in order to make the appropriate physical accommodations; to learn new physical management skills; to learn a necessary treatment

regimen; and to learn how to control the expenditure of energy. Patients must develop the capacity to read bodily signs that signal the onset of a crisis, know how to respond to that crisis, and maintain whatever treatment regimen is required (Gartner & Reissman, 1976). Just general exercise goes a long way in reducing the symptoms of many chronic disorders, including diabetes, chronic obstructive pulmonary disease (Emery, Schein, Hauck, & MacIntyre, 1998), and arthritis, and for heart patients exercise is a critical component of recovery programs.

Physical problems associated with chronic illness may be divided into those that arise as a result of the illness itself and those that emerge as a consequence of the treatment. Physical problems produced by the disease itself range widely. They include physical pain, such as the chest pain experienced by heart patients, the discomfort associated with cancer, and the chronic pain of rheumatoid arthritis

Physical rehabilitation concentrates on enabling people to use their bodies as much as possible, to learn new physical management skills if necessary, and to pursue an integrated treatment regimen. (© MEDNET/PhotoTake)

radiation therapy must cope with burning of the skin, gastrointestinal problems, and other temporary disturbances (Nail, King, & Johnson, 1986). Chemotherapy can produce changes in taste acuity and taste aversions, sometimes leading to anorexia (Grunberg, 1985). Medications for hypertension can produce a variety of unpleasant side effects, including drowsiness, weight gain, and impotence. Sexual dysfunction as a result of illness and/or treatment may occur in patients with hypertension, myocardial infarction, and cancer (e.g., B. L. Andersen, Anderson, & deProsse, 1989a, 1989b). Restrictions on the activities of patients who have had a heart attack—including dietary changes, elimination of smoking, and exercise requirements—may pervade their entire way of life. (A disease for which this is the case is profiled in Box 11.3). In many cases, patients may feel that, in terms of the discomfort and restrictions they impose, the treatments are as bad as the disease. In addition, patients may need to learn how to monitor their symptoms, so that they can accurately appraise when a medication should be used or an intervention undertaken (Rietveld & Brosschot, 1999).

Developing a Comprehensive Program Comprehensive physical rehabilitation must take into account all the illness- and treatment-related factors. Patients may need a pain management program for the alleviation of discomfort. They may require prosthetic devices, such as an artificial limb after amputation related to diabetes. They may need training in the use of adaptive devices; for example, a patient with multiple sclerosis or a spinal cord injury may need to learn how to use crutches or a wheelchair. Certain cancer patients may elect cosmetic surgery, such as breast reconstruction after a mastectomy or the insertion of a synthetic jaw after head and neck surgery. Parkinson's disease patients may require behavioral interventions to improve their motor skills and reduce their tremors. Disorders such as stroke,

(van Lankveld et al., 1993). Breathlessness associated with respiratory disorders, metabolic changes associated with diabetes and cancer, and motor difficulties produced by spinal cord injuries are also important physical problems. Cognitive impairments may occur, such as the language, memory, and learning deficits associated with stroke. In many cases, then, the physical consequences of a chronic disorder place severe restrictions on an individual's life.

Treatment of primary symptoms and the underlying disease also produces difficulties in physical functioning. Cancer patients receiving chemotherapy sometimes face nausea, vomiting, hair loss, skin discoloration, and other unattractive and uncomfortable bodily changes. Those cancer patients who receive

BOX 11.3

Chronic Fatigue Syndrome and Other Functional Disorders

In recent years, health psychologists have become increasingly interested in functional somatic syndromes characterized by an intriguing pattern; these syndromes are consistently marked more by the symptoms, suffering, and disability they cause than by any demonstrable tissue abnormality. In short, we don't know why people have these disorders.

Functional somatic syndromes include chronic fatigue syndrome, irritable bowel syndrome, and fibromyalgia, as well as chemical sensitivity, sick building syndrome, repetitive stress injury, complications from silicone breast implants, Gulf War syndrome, and chronic whiplash.

Chronic fatigue syndrome (CFS), one of the most common, is a disorder of uncertain etiology marked by debilitating fatigue present for at least 6 months. The onset of CFS may be related to a prior viral condition, muscle abnormalities, and/or immunological or neurological changes. To date, though, no clear distinguishing biological cause has been found (Moss-Morris & Petrie, in press). Some have nicknamed the disorder "yuppie flu," implying that the disorder may be a reaction to the stress of modern society.

Fibromyalgia is a syndrome involving widespread pain with particular tenderness in multiple sites. About 6 million individuals suffer from this disorder. As with chronic fatigue syndrome, the pathogenesis remains unclear, but the disorder is associated with sleep disturbance, disability, and psychological distress (Affleck et al., 1998).

Functional somatic syndromes are more common in women than men, and commonly those who suffer from the disorders have a prior history of emotional disorders, especially anxiety and depression. A history of childhood maltreatment and abuse may also be implicated.

Functional disorders have proven to be extremely difficult to treat, inasmuch as their etiology is not well understood. Because of their insidious way of eroding quality of life, the functional syndromes are typically accompanied by a lot of psychological distress, including depression, and the symptoms of the illness have sometimes been misdiagnosed as depression.

Complicating treatment yet further, substantial overlap exists among the individual syndromes in terms of symptoms and consequences (Endicott, 1998;

---

diabetes, and high blood pressure may compromise cognitive functioning, requiring active intervention (Zelinski, Crimmins, Reynolds, & Seeman, 1998).

As these examples indicate, chronic illness often creates a broad need for various assistive technologies—namely, those aids and types of training that enable people with disabilities to perform the daily tasks of independent living. Unfortunately, access to such technologies remains uneven. Patients with good medical care, good insurance, and access to technology receive such assistance; those with fewer resources, no insurance, and little access to high-quality care are less likely to receive them (Seelman, 1993). Thus, one of the tasks facing

those who work in physical rehabilitation is making assistive technologies more generally available to those patients who need them.

In addition to physical rehabilitation, a program for identifying and controlling factors that contribute to recurrence or that exacerbate the disease may be required. For example, stress has been implicated in the course of such diseases as diabetes (Surwit, Schneider, & Feinglos, 1992), heart disease (see Krantz, 1980), hypertension (Harrell, 1980), multiple sclerosis (Mei-Tal, Meyerowitz, & Engel, 1970), cancer (Visintainer, Volpicelli, & Seligman, 1982), and Crohn's disease (Garrett, Brantley, Jones, & McKnight, 1991). As a consequence, stress management programs are increasingly

Wessely, Nimnuan, & Sharpe, 1999). Many of the disorders are marked by abdominal distention, headache, and fatigue, for example. Among the common factors implicated in their development are a preexisting viral infection and a high level of negative life events (e.g., Theorell, Blomkvist, Lindh, & Evengard, 1999).

The similarity among the functional symptoms should not be interpreted to mean that these disorders are psychiatric in origin or that the care of patients suffering from them should be shifted to psychiatry; rather, it suggests that breakthroughs in understanding the etiology and treatment of these disorders may be made by pooling knowledge from the study of all these functional syndromes, rather than by treating them as completely separate disorders.

What helps people cope with these debilitating disorders? Although social support is helpful to those with functional somatic syndromes, as it is to all people with chronic diseases, particularly solicitous behavior from significant others may actually aggravate the disorder by increasing sick-role behavior (Schmaling, Smith, & Buchwald, 2000). As is true for most chronic disorders, positive reinterpretation and a sense of self-efficacy predict good psychological adjustment to the disorder, whereas avoidant coping strategies and emotional venting are associated with greater disability and poorer psychological well-being (J. C. Findley, Kerns, Weinberg, & Rosenberg, 1998; Moss-Morris, Petrie, & Weinman, 1996).

How are these disorders treated? Generally speaking, medical practitioners have combined pharmacological interventions for such symptoms as sleep deprivation and pain with behavioral interventions, including exercise and cognitive-behavioral therapy, efforts that appear to achieve some success (e.g., Rossy et al., 1999). The specific treatment recommended for functional disorders varies, of course, with the particular nature of the problem. For fibromyalgia patients, for example, pain management is a critical component of such interventions (L. W. Mason, Goolkasian, & McCain, 1998).

Overall, functional somatic syndromes are common, persistent, disabling, and costly. Simultaneous attention to the medical symptoms and the psychosocial distress generated by these disorders is essential for successful treatment.

incorporated into the physical treatment regimens of many chronically ill patients.

Adherence Physical rehabilitation must also tackle the very complex and serious problem of *adherence* to a long-term medical regimen. Cognitive and behavioral interventions may be needed to help a patient adhere to a medication regimen. For example, diabetic patients may be trained in how to recognize and treat symptoms as they change.

Unfortunately, the features that characterize the treatment regimens of chronically ill patients are those typically associated with high levels of nonadherence. As will be recalled from chapter 9, treatment regimens that must be followed over a long time period, that are complex, that interfere with other desirable life activities, and that involve lifestyle change show very low levels of adherence (Turk & Meichenbaum, 1991).

Moreover, some of these treatment regimens bear an uncertain relationship to outcome. For example, patients diagnosed with coronary artery disease must often stop smoking, lose weight, exercise, lower their cholesterol, and modify their volume of food intake simultaneously, yet once a diagnosis of coronary heart disease has already been made, the relation of these changes to subsequent risk may be weak (e.g., Blumenthal & Emery, 1988). Moreover, adherence to one aspect of a complex regimen does not guarantee adherence to other aspects of that regimen.

Side effects of treatment also contribute to high rates of nonadherence. This problem is seen particularly with hypertensive medication (Love, Leventhal, Easterling, & Nerenz, 1989) but is also apparent with chemotherapy (J. L. Richardson et al., 1987; S. E. Taylor, Lichtman, & Wood, 1984b). On the other hand, the inclination to not follow an unpleasant treatment regimen can be offset by the recognition that it may represent a potentially lifesaving measure.

An important first step in ensuring adherence to a treatment regimen is appropriate education. Some patients fail to realize that aspects of their treatment regimen are important to their successful functioning. For example, some patients may believe that exercise is a discretionary lifestyle decision, rather than an essential ingredient in the restoration of physical functioning. Proper education, then, is essential.

Self-efficacy beliefs are an important determinant of adherence to treatment regimens among the chronically ill (Strecher et al., 1986). In particular, high expectations for controlling one's health, coupled with knowledge of the treatment regimen, predict adherence among hypertensives (Stanton, 1987), diabetics (Grossman, Brink, & Hauser, 1987), and end-stage renal disease patients (M. S. Schneider, Friend, Whitaker, & Wadhwa, 1991), among others.

Sometimes chronically ill patients employ creative nonadherence. Such actions may occur because the chronically ill know their disease extremely well, perhaps even better than some medical personnel, and so they make adjustments in their treatment in response to internal feedback. Nonetheless, creative nonadherence can lead to mistakes. For example, the use of unproven remedies or unconventional therapies may produce problematic interactions with prescribed medications. Consequently, an ongoing dialogue about supplementary treatments or treatment modification between provider and patient is essential (R. M. Kaplan, 1990). For a full consideration of adherence, refer back to chapter 9.

Summary Effective physical rehabilitation requires consideration of all the illness- and treatment-related factors that may influence a patient's level of functioning. It requires pooling the skills of many specialists, including physical therapists and health psychologists, to make sure that the most effective methods of meeting treatment goals are employed. An eclectic collection of physical, behavioral, and cognitive interventions may be needed to develop the ideal physical management program that is individually tailored to each patient to control disabilities and treatment-related side effects, as well as to promote adherence. Such a program should be initiated early in the patient's recovery, with provision for alterations in training as illness and treatment goals change. A crucial element in all such programs is the patient's active role as a comanager in rehabilitation. That is, rehabilitation is not something that is done to a patient. It is done with his or her full cooperation and participation. This kind of programmatic assistance, when effective, can be of enormous benefit to chronically ill patients. Not only can it help them resume the activities of daily living, but it may also contribute to a reduction in illness-related emotional disturbances as well (Emery et al., 1998).

Unfortunately, this programatic approach to physical rehabilitation is still the exception rather than the rule. Although patients' physical rehabilitative needs do receive attention in the recovery process, an organized, concerted effort is rare. Perhaps more important is the fact that the crucial educational, behavioral, and cognitive training efforts that enlist the patient's cooperative comanagement are even more rare. Comprehensive physical rehabilitation is a goal toward which we are currently striving. The health psychologist is a key figure in this emerging effort.

Vocational Issues in Chronic Illness

Many chronic illnesses create problems for patients' vocational activities and work status. Some patients may need to restrict or change their work activities. For example, a salesman who previously conducted his work from his car but is now newly diagnosed as an epileptic may need to switch to a job in which he can use the telephone instead. Patients with spinal cord injuries who previously held positions that required physical activity will need to acquire skills that will let them work from a seated position. This kind of creative job change is illustrated in Box 11.4.

Discrimination Against the Chronically Ill Many chronically ill patients, such as heart patients, cancer patients, and AIDS patients, face job discrimination. One survey, reported in *Time*, indicated that employees with cancer are fired or laid off five times as often as other workers. When these patients return to their jobs, they may be moved into less demanding positions and they may be promoted less quickly because the organization believes that they have a poor prognosis and are not worth the investment of the time and resources required to train them for more advanced work (*Time*, 1996).

Because of these potential problems, any job difficulties that the patient may encounter should be assessed early in the recovery process. Job counseling, retraining programs, and advice on how to avoid or combat discrimination can then be initiated promptly. Box 11.5 focuses on some health care professionals who deal with such problems.

Financial Impact of Chronic Illness A difficulty related to the vocational problems of chronic illness concerns the enormous financial impact that chronic illness can often have on the patient and the family. Many people are not covered by insurance sufficient to meet their needs. In other cases, patients who must cut back on their work or stop working altogether will lose their insurance coverage, adding enormous financial costs to the burden of their care. In this sense, then, the threat to vocation that chronic illness sometimes raises can be a double whammy: The chronically ill patient's capacity to earn income may be reduced, and simultaneously, the benefits that would have helped shoulder the costs of care may be cut back.

Social Interaction Problems in Chronic Illness

The development of a chronic illness can create problems of social interaction for the patient. After diagnosis, patients may have trouble reestablishing normal social relations. They may complain of others' pity or rejection but behave in ways that inadvertently elicit these behaviors. They may withdraw from other people altogether or may thrust themselves into social activities before they are ready.

Negative Responses from Others Patients are not solely responsible for whatever difficulties and awkwardness arise in interaction with others. Acquaintances, friends, and relatives may have problems of their own adjusting to the patient's altered condition. Many people hold pejorative stereotypes about certain groups of chronically ill patients, including those with cancer or AIDS (Fife & Wright, 2000). Particularly when individuals are seen as having brought on a disease or problem through their own negligence or are seen as not attempting to cope with the disorder, reactions may be highly negative (Schwarzer & Weiner, 1991).

Extensive studies of reactions to the disabled reveal that they tend to elicit ambivalence. Acquaintances may give verbal signs of

BOX 11.4

Epilepsy and the Need for a Job Redesign

In infancy, Colin S. developed spinal meningitis, and although he survived, the physician expressed some concern that permanent brain damage might have occurred. Colin was a normal student in school until approximately age 11, when he began to have spells of blacking out. At first, his parents interpreted these as a form of acting out, the beginnings of adolescence. However, as it became clear that Colin had no recollection of these periods and became angry when questioned about them, they took him to a physician for evaluation. After a lengthy workup, the doctor concluded that Colin was suffering from epilepsy.

Shortly thereafter, Colin's blackouts (known as petit mal seizures) became more severe and frequent; soon after that, he began to have grand mal seizures, involving severe and frightening convulsions. The doctors tried several medications and eventually were able to control the seizures successfully. Indeed, so successful was the medication that Colin eventually was able to obtain a driver's license, having gone 5 years without a seizure. After he completed high school and college, Colin chose social work as his career and became a caseworker. His livelihood depended on his ability to drive because his schedule involved visiting many clients for in-home evaluations. Moreover, Colin had married, and he and his wife together were supporting two young children.

In his early 30s, Colin began to experience seizures again. At first, he and his wife tried to pretend that nothing was wrong and that it soon would be better, but quite quickly they knew that the epilepsy was no longer under successful control. Colin's epilepsy represented a major threat to the family's income because Colin would no longer be able to keep his job as a caseworker. Moreover, his ability to find reemployment could also become compromised by the revocation of his driver's license. With considerable anxiety, Colin went to see his employer, the director of the social service unit.

After consultation, the higher-ups in Colin's unit determined that he had been a valuable worker and they did not want to lose him. They therefore redesigned his position so that he could have a desk job that did not require the use of a car. By having his responsibilities shifted away from monitoring cases to the initial evaluation of cases and by being given an office instead of a set of addresses to visit, Colin was able to use in very similar ways the skills he had worked so hard to develop. In this case, then, Colin's employer responded sympathetically and effectively to the compromises that needed to be made in Colin's job responsibilities. Unfortunately, not all victims of epilepsy or other chronic diseases are as fortunate as Colin turned out to be (Mostofsky, 1998).

warmth and affection while nonverbally conveying revulsion or rejection through their gestures, contacts, and body postures (Wortman & Dunkel-Schetter, 1979). The newly disabled patient has difficulty interpreting and reacting to these behaviors.

In attempting to understand the adverse changes in social relationships after chronic disease, Wortman and Dunkel-Schetter (1979) offered the following account. They suggested that a chronic disease, such as cancer, creates fear and aversion in family and friends but a simultaneous awareness of the need to provide support. These tensions may produce a variety of adverse outcomes, such as physically avoiding the patient, avoiding open communication about the disease, minimizing its impact, or demonstrating forced cheerfulness. Under such conditions, effective social support may be reduced (Varni, Setoguchi, Rappaport, & Talbot, 1992). Distant relationships with friends and acquaintances appear to be more adversely affected in these ways than intimate relations (Dakof & Taylor, 1990).

BOX 11.5

Who Works with the Chronically Ill?

A variety of professionals are involved in the rehabilitation of the chronically ill. Many of these professionals are physicians, nurses, and psychologists. However, a number of other individuals with technical training in particular aspects of rehabilitation also work with the chronically ill.

PHYSICAL THERAPISTS

Physical therapists typically receive their training at the college undergraduate level or in a graduate master's program, both of which lead to required licensure. About 120,000 people work as licensed physical therapists in hospitals, nursing homes, rehabilitation centers, and schools for disabled children (U.S. Department of Labor, 1998). Physical therapists help people with muscle, nerve, joint, or bone diseases or injuries to overcome their disabilities. They work primarily with accident victims, disabled children, and older people.

Physical therapists are responsible for the administration and interpretation of tests of muscle strength, motor development, functional capacity, and respiratory and circulatory efficiency. On the basis of these tests, they then develop individualized treatment programs, the goals of which are to increase strength, endurance, coordination, and range of motion.

Physical therapists are also responsible for the ongoing evaluation and modification of these programs in light of treatment goals. In addition, they help patients learn to use adaptive devices and become accustomed to new ways of performing old tasks. They may use heat, cold, light, water, electricity, or massage to relieve pain and improve muscle function.

OCCUPATIONAL THERAPISTS

Occupational therapists work with individuals who are emotionally and physically disabled to determine skills, abilities, and limitations. They evaluate the existing capacities of patients, help them set goals, and plan a therapy program with other members of a rehabilitation team to try to build on and expand these skills. They help patients regain physical, mental, or emotional stability; relearn daily routines, such as eating, dressing, writing, or using a telephone; and prepare for employment. They plan and direct educational, vocational, and recreational activities to help patients become more self-sufficient.

Patients who are seen by occupational therapists range from children involved in craft programs to adults who must learn new skills, such as typing or using power tools. In addition, occupational therapists teach creative tasks, such as painting, weaving, leather working, and other craft activities that help relax patients, provide a creative outlet, and offer some variety to those who are institutionalized. Occupational therapists usually obtain their training through one of the occupational therapy training programs located in universities and colleges around the country, and, like physical therapists, they must be formally licensed.

DIETITIANS

Many of the country's 54,000 dietitians are involved in management of the chronically ill (U.S. Department of Labor, 1998). Although many **dietitians** are employed as administrators and apply the principles of nutrition and food management to meal planning for hospitals, universities, schools, and other institutions, others work directly with the chronically ill to help plan and manage special diets. In particular, these clinical dietitians assess the dietetic needs of patients, supervise the service of meals, instruct patients in the requirements and importance of their diets, and suggest ways of maintaining adherence to diets after discharge. Many dietitians work with diabetics and with patients who have disorders related to obesity, because both groups need to control their caloric intake and types of foods. Dietitians are formally licensed and must complete a 4-year degree program and clinically supervised training to be registered with the American Dietetic Association.

BOX 11.5

Who Works with the Chronically Ill? (continued)

SOCIAL WORKERS

Social workers help individuals and families deal with their problems by providing therapy, making referrals to other services, and engaging in more general social planning. Medical social workers are trained to help patients and their families with the many social problems that can develop during illness and recovery. These social workers work in hospitals, clinics, community mental health centers, rehabilitation centers, and nursing homes.

A medical social worker might help a patient understand his or her illness more fully and deal with emotional responses to illness, such as depression or anxiety, through therapy. A social worker can also help a desperate patient and family find the resources they need to solve their problems. For example, if the patient has been a homemaker—responsible for cooking, cleaning, and coordinating family activities—the social worker can help the family get temporary help to fulfill these tasks. If the patient will need vocational retraining after a chronic illness, the social worker can help find or even develop the facilities to make this possible. If the patient needs to transfer from the hospital into a special facility, such as a nursing home or rehabilitation center, the social worker is often the one who will make these arrangements.

In 1998, approximately 604,000 individuals were employed as social workers; two thirds worked for the local, state, or federal government. The minimum qualification for social work is a bachelor's degree, but for many positions a master's degree (MSW) is required. About 400 colleges nationwide offer accredited undergraduate programs in social work, and about 125 colleges and universities offer graduate programs (U.S. Department of Labor, 1998).

However, intimate others may themselves be distressed by the loved one's condition (e.g., P. N. Stein, Gordon, Hibbard, & Sliwinski, 1992) or may be worn down by the constant pain, disability, and dependency of the partner (S. L. Manne & Zautra, 1990). Moreover, they may be ineffective in providing support because their own support needs are unmet (e.g., Horwitz, Reinhard, & Howell-White, 1996). Additional research to identify factors that may interfere with the availability or use of social support is clearly needed.

Chronically ill patients may need to think through whether they want to disclose the fact of their illness to those outside their immediate family. If they decide to do so, they may need to consider the best approach, because certain illnesses, particularly cancer, AIDS, and epilepsy may elicit negative responses from others.

Working through problems with family members often helps patients lay the groundwork for reestablishing other social contacts. As the first social group with whom the patient interacts, the family can be a social microcosm on whom the patient tries out his or her coping efforts and who react to him or her in turn. By developing effective ways of dealing with family members and friends in various contexts, the patient simultaneously builds skills for dealing with other people in a variety of social situations.

Impact on Family   It has been said that individuals do not develop chronic diseases; families do. The reason for this belief is that the family is a social system (Minuchen, 1977), and disruption in the life of one family member invariably affects the lives of others. One of the chief changes brought about by chronic illness is an increased dependency of the chronically ill individual on other family members. If the patient is married, the illness inevitably places increased responsibilities on the spouse.

Simultaneously, other responsibilities may fall to children and other family members living at home. Consequently, the patient's family may feel that their lives have gone out of control and may have difficulty coping with the changes (Compas, Worsham, Ey, & Howell, 1996). Role strains of all kinds can emerge as family members find themselves assuming new roles and simultaneously realize that their time to pursue recreational and other leisure-time activities has declined (Pavalko & Woodbury, 2000; Quittner et al., 1998; S. Williams, Shaffer, & Schulz, 1998).

Increased responsibilities may be difficult to handle. If family members' resources are already stretched to the limit, accommodating new tasks is very difficult. The wife of one stroke patient suggested some of the burdens such patients can create for their families:

> In the first few weeks, Clay not only needed meals brought to him, but countless items he wanted to use, to look at, and so forth. He was not aware of how much Jim [the patient's son] and I developed our leg muscles in fetching and carrying. When he was on the third floor I would say "I am going downstairs. Is there anything you want?" No, he couldn't think of a thing. When I returned he remembered something, but only one thing at a time. There are advantages to a home with stairs, but not with a stroke victim in the family. (Dahlberg, 1977, p. 124)

Young children who are suddenly forced into taking on more responsibilities than would normally be expected for their age group may react by rebelling or acting out. Disturbances may include regression (such as bedwetting), problems at school, truancy, sexual acting out, drug use, and antagonism toward other family members.

Despite the clear sources of strain that develop when a member of a family has a chronic illness, there is no evidence that such strains are catastrophic. There is no higher divorce rate among families with a chronic illness, nor do such families show less cohesion (Litman, 1974). Moreover, some families are actually drawn closer as a consequence of chronic illness (Masters, Cerreto, & Mendlowitz, 1983).

Caregiving Role   Despite the fact that families do not typically break apart in response to illness, substantial strains may fall on family members, as just seen. In no case is this strain more evident than in the case of the primary caregiver.

Care for the chronically ill is notoriously irregular (Stolberg, 1999b). Few facilities are available to give the kind of custodial care that is often required for chronically ill patients. Consequently, the burden often falls on a family member to provide this often intense, unrelenting care for another. Both men and women may be involved in caregiving, although on the whole, the role more commonly falls to women. The typical caregiver is a woman in her 60s caring for an elderly spouse, but caregivers also provide help for their own parents and for disabled children.

Caregiving may be intermittent or supplementary in the case of patients who can contribute actively to their own disease management; many cancer patients and heart patients fall into this category. In other cases, it may be intense for a period until recovery progresses; some stroke patients fall into this category. In other cases, caregiving needs increase, as the disease progresses to the point where the caregiver has responsibility for virtually every activity the patient must undertake, including brushing their teeth, feeding them, cleaning them, and the like; progressive cancers, Alzheimer's disease, Parkinson's disease, and advanced multiple sclerosis are among the illnesses that may create this need for intense caregiving.

Not surprisingly, family members who provide caregiving are at substantial risk for both depression and declining health. To begin with, caregivers are often elderly and consequently their own health may be threatened when caregiving begins. The process of caregiving may further erode health. A substantial number of studies have attested to the risk that caregiving poses to immune functioning (Glaser, Sheridan, Malarkey, MacCallum, & Kiecolt-Glaser, 2000; Mills, Yu, Ziegler, Patterson, & Grant, 1999), an increased risk of infectious disease, and even death (Schulz & Beach, 1999).

Caregiving can strain the relationship between patient and caregiver. Patients are not always appreciative of the help they receive and may resent the fact that they need help at all. Their expression of this resentment can contribute to the depression and distress so often seen in caregivers (Newsom & Schulz, 1998). The anxiety and depression that can result from caregiving may, in turn, feed back into the health of the caregiver (e.g., Shewchuk, Richards, & Elliott, 1998). Caregivers fare better when they have a high sense of personal mastery and active coping strategies (e.g., K. A. Christensen, Stephens, & Townsend, 1998; Goode, Haley, Roth, & Ford, 1998), but there are no foolproof ways to ease the strain of caregiving.

Impact on Sexuality Many chronic illnesses—including heart disease, stroke, and cancer—lead to a decrease in sexual activity. In some cases, the condition itself prompts temporary restrictions on sexual activity; more commonly, however, the decline can be traced to psychological origins (such as loss of desire, fears about aggravating the chronic condition, or impotence). The ability to continue physically intimate relations can be protective of mental health and relationship satisfaction among the chronically ill, but avoidance of physical intimacy can exacerbate emotional adjustment to chronic illness (Druley, Stephens, & Coyne, 1997). Sexual problems may compound existing strains in the marital relationship produced by the chronically ill patient's increased dependency.

Gender and the Impact of Chronic Illness
There is some evidence that chronically ill women may experience more deficits in social support than do chronically ill men. One study found that disabled women receive less social support because they are less likely to be married or get married than disabled men (Kutner, 1987; see also Bramwell, 1986). Stern et al. (1977) found that women who had sustained heart attacks were less likely to get married, and if they were married, their prognosis was worse after the myocardial infarction than was true for men. Because ill and/or elderly women may experience reduced quality of life for other reasons as well, such as poor income and high levels of disability (Haug & Folmar, 1986), problems in social support may exacerbate these already existing differences.

Even when chronically ill women are married, they appear to be more frequently institutionalized for their illnesses than are husbands. Being married appears to protect men, but not women, from being institutionalized after a stroke (Kelly-Hayes et al., 1988), and married men spend fewer days in nursing homes than married women (Freedman, 1993). It may be that husbands feel less capable providing care than wives, or because husbands are older than wives, they may be more likely to be infirmed than are wives of chronically ill husbands.

Following the diagnosis of a chronic illness, women may continue to carry a heavier burden of household responsibilities and activities than men diagnosed with chronic illness, a burden that may pose a threat for progressive illness (G. L. Rose, Chassin, et al., 1996). Gender differences in the availability and effects of social support among the chronically ill clearly merit additional study.

Positive Changes in Response to Chronic Illness

At the beginning of this chapter, we considered quality of life, and throughout the chapter, we have focused on many of the adverse changes that chronic illness creates and what can be done to ameliorate them. This focus tends to obscure an important point, however—namely, that chronic illness can confer positive outcomes as well as negative ones (S. E. Taylor, 1983, 1989).

Research has focused disproportionately on the negative emotions that are produced by chronic illness. However, many people experience positive reactions (Ryff & Singer, 1996), such as joy (S. M. Levy, Lee, Bagley, & Lippman, 1988) and optimism (Scheier et al., 1986). These reactions may occur because chronically ill people perceive that they have narrowly escaped death or they may reorder their priorities and find meaning in smaller activities of life in response to the illness.

Regardless of why they occur, these positive reactions seem to serve a beneficial function in recovery from illness and imply that health psychologists should attend to the potential protective effects of positive emotions in the same way that they are trying to understand the factors that produce adverse emotional responses (e.g., Leedham, Meyerowitz, Muirhead, & Frist, 1995; K. J. Rose, Derry, & McLachlan, 1995; Shifren, 1996; S. E. Taylor, 1983).

In one study of cancer patients (R. L. Collins et al., 1990), more than 90% of the respondents reported at least some beneficial changes in their lives as a result of the cancer, including an increased ability to appreciate each day and the inspiration to do things now in life rather than postponing them. These patients reported that they were putting more effort into their relationships and believed they had acquired more awareness of others' feelings and more sympathy and compassion for others. They reported feeling stronger, more self-assured, and more compassionate toward the unfortunate.

Other chronically ill patients also report finding benefits in their illness (Mohr et al., 1999). A study of MI patients found that 46% reported that their lives were unchanged by the disease, 21% reported that it had worsened, but 33% felt that their lives had improved overall. Moreover, half the patients reported increased joy in life and increased value in families, hobbies, and health (Laerum, Johnsen, Smith, & Larsen, 1987; Waltz, 1986). A study of people with multiple sclerosis found substantial evidence of benefit finding in their illness, which included a deepening of their relationships, an enhanced appreciation of life, and an increase in spiritual interests (Mohr et al., 1999). Finding meaning in a chronic illness and coping through religion can improve adjustment to chronic illness (Calhoun, Cann, Tedeschi, & McMillan, 2000).

Two studies have compared the quality of life experienced by cancer patients with a normal sample free of chronic disease, and both found the quality of life experienced by the cancer sample to be higher than that of the non-ill sample (Danoff, Kramer, Irwin, & Gottlieb, 1983; Tempelaar et al., 1989; see also Cassileth et al., 1984).

How do patients suffering from chronic illness, with its often severe consequences and emotional trauma, nonetheless manage to achieve such a high quality of survival? When people experience an adverse event, such as a chronic disease, they often strive to actively minimize its negative impact (S. E. Taylor, 1983, 1989; see S. E. Taylor & Brown, 1988). When they encounter damaging information and circumstances, they try to reduce the negative implications for themselves or think of it

BOX 11.6

"Intoxicated by My Illness"

A PATIENT DESCRIBES HIS EXPERIENCE

When you learn that your life is threatened, you can turn toward this knowledge or away from it. I turned toward it. It was not a choice, but an automatic shifting of gears, a tacit agreement between my body and my brain. I thought that time had tapped me on the shoulder, that I had been given a real deadline at last. It wasn't that I believed the cancer was going to kill me, even though it had spread beyond the prostate—it could probably be controlled, either by radiation or hormonal manipulation. No, what struck me was the startled awareness that one day something, whatever it might be, was going to interrupt my leisurely progress. It sounds trite, yet I can only say that I realized for the first time that I don't have forever.

When my friends heard I had cancer, they found me surprisingly cheerful and talked about my courage. But it has nothing to do with courage, at least not for me. As far as I can tell, it's a question of desire. I'm filled with desire—to live, to write, to do everything. Desire itself is a kind of immortality.

While I've always had trouble concentrating, I now feel as concentrated as a diamond or a microchip.

In the first stages of my illness, I couldn't sleep, urinate, or defecate—the word ordeal comes to mind. Then when my doctor changed all this and everything worked again, what a voluptuous pleasure it was. With a cry of joy I realized how marvelous it is simply to function. My body, which in the last decade or two had become a familiar, no longer thrilling old flame, was reborn as a brand-new infatuation.

As I look ahead, I feel like a man who has awakened from a long afternoon nap to find the evening stretched out before me. I'm reminded of D'Annunzio, the Italian poet, who said to a duchess he had just met at a party in Paris, "Come, we will have a profound evening." Why not? I see the balance of my life—everything comes in images now—as a beautiful paisley shawl thrown over a grand piano.

Source: Broyard, 1989. Copyright © 1989 by The New York Times Company. Reprinted by permission.

in as unthreatening a manner as possible. When negative consequences are difficult to deny, a person may attempt to offset them with perceived gains incurred from the event, such as finding meaning through the experience or believing that the self is a better person for having withstood the event. In short, people rearrange their priorities and their beliefs in such a way that they are able to extract some benefit and meaning from the event (J. A. Schaefer & Moos, 1992). Box 11.6 describes such a case.

When the Chronically Ill Patient Is a Child

Chronic illness can be especially problematic when the chronically ill patient is a child. First,

children may not fully understand the nature of their diagnosis and treatment and thus experience confusion as they are trying to cope with illness and treatment (Strube, Smith, Rothbaum, & Sotelo, 1991). Second, because chronically ill children often cannot follow their treatment regimen by themselves, the family must participate in the illness and treatment process even more than is the case with a chronically ill adult (e.g., A. M. Gross, Eudy, & Drabman, 1982). Such interdependence can lead to problematic interactions between parent and child and may reduce adherence to treatment recommendations (e.g., S. L. Manne, Jacobsen, Gorfinkle, Gerstein, & Redd, 1993). Frequently, children must be exposed to isolating and terrifying procedures to treat their

Children's needs to be informed about their illness and to exert control over illness-related activities and over their lives have prompted interventions to involve children in their own care. (© PhotoDisc/Vol. #40)

condition (Kellerman, Rigler, & Siegel, 1979). All these factors can create problems of adjustment for both children and parents (E. J. Silver, Bauman, & Ireys, 1995).

Although many children adjust to these radical changes in their lives quite successfully, others do not. Children suffering from chronic illness exhibit a variety of behavioral problems, including rebellion and withdrawal from others. They may suffer low self-esteem, either because they believe that the chronic illness is a punishment for bad behavior or because they feel less than whole as a consequence of being ill. Nonadherence to treatment, underachievement in school, and other types of regressive behavior, such as bedwetting or throwing temper tantrums, are not uncommon. These problems can be aggravated if families do not have adequate styles of communicating with each other and of resolving conflict (e.g., S. L. Manne et al., 1993; Mattsson, 1977; Minuchin et al., 1978).

Improving Coping Several factors can improve a chronically ill child's ability to cope. Realistic parental attitudes toward the disorder and its treatment can soothe the child emotionally and provide an informed basis for care. If the parents are free of depression and have a sense of mastery over the child's illness, this may also aid adjustment (Timko, Stovel, Moos, & Miller, 1992). If children are encouraged to engage in self-care as much as possible and only realistic restrictions are placed on their lives, adjustment will be better. Encouraging regular school attendance and reasonable physical activities is particularly beneficial. If the parent can learn to remain calm in crisis situations, maintain emotional control, and become familiar with the child's illness, these factors can contribute positively to the child's functioning.

When families are unable to provide help for their chronically ill child and develop ineffective communication patterns, interventions may be needed. Family therapy and training the family in the treatment regimen can improve family functioning. Alternatively, interventions may need to be directed separately to parents and to children. Children's and parents' views of illness are not necessarily the same (Strube et al., 1991), so interventions directed at either parents or children to the exclusion of the other may be limited in their effectiveness. Thus, different but complementary interventions may be required for parents and children.

Psychological Interventions and Chronic Illness

As we have seen, the majority of chronically ill patients appear to achieve a relatively high quality of life after diagnosis and treatment for their illness. In fact, many who are free from pain or advancing disease achieve at least as high, if not higher, a quality of life than before the illness, by their self-reports. However, as we have also seen, there are reliable adverse effects of chronic disease, such as anxiety, depression, and disturbances in interpersonal relations. Consequently, health psychologists have increasingly focused on ways to ameliorate these problems.

The fact that anxiety and depression are intermittently high among chronically ill patients suggests that evaluation for these particular problems should be a standard part of chronic care. Researchers and clinicians need to develop ways to identify people who are at high risk for emotional disorders. For example, patients who have a history of depression or other mental illness prior to the onset of their chronic illness are at particular risk and therefore should be evaluated early for potential interventions (Goldberg, 1981; Morris & Raphael, 1987). A variety of interventions have been developed to deal with these and other problems associated with chronic illness.

Pharmacological Interventions

Pharmacological treatment of depression in chronically ill patients has yet to be extensively researched, but antidepressants may be appropriate for patients suffering from major depression associated with chronic illness. In what was reported to be the first such study, R. I. Evans et al. (1988) presented evidence showing improvement in depression among cancer patients after antidepressant treatment. There are, however, several risks associated with such interventions. For example, there are contraindications of the use of antidepressants in elderly patients, and many patients simply may not take the drugs as prescribed (R. I. Evans et al., 1988).

Individual Therapy

Individual therapy is one of the most common interventions for patients who have psychosocial complications due to chronic illness, and some guidelines regarding its practice are useful. There are important differences between psychotherapy with medical patients and psychotherapy that is conducted with patients who have primarily psychological complaints (Wellisch, 1979).

First, therapy with medical patients is more likely to be episodic than continuous. Chronic illness raises crises and issues intermittently that may require help. For example, problems with an adolescent daughter after her mother has been treated for breast cancer may not occur immediately but may develop over the next few months (Lichtman et al., 1984). Recurrence or worsening of a condition will present a crisis that may need to be addressed with a therapist, as for a heart patient who has had a second heart attack or a cancer patient who has developed a new malignancy.

Second, collaboration with the patient's physician and family members is critical in therapy with medical patients. The physician is in an important position to apprise the psychologist or another counselor of a patient's current physical status. Problems experienced by the medical patient will likely have implications for other family members' activities; accordingly, family members are almost inevitably involved in the problems created by illness.

Third, therapy with medical patients more frequently requires respect for patients' defenses than does traditional psychotherapy. In traditional psychotherapy, one of the therapist's goals may be to challenge a patient's defenses that may interfere with an adequate understanding of his or her problems. However, in the case of medical patients, the same defenses may serve a benign function in protecting them from the full realization of the ramifications of their disease.

Fourth and finally, the therapist working with a medical patient must have a comprehensive understanding of the patient's illness and its modes of treatment. Because many of the issues are centered around particular aspects of illness and treatment, the therapist who is uninformed about the illness will not be able to provide adequate help. Moreover, illness and treatments themselves produce psychological problems (for example, depression due to chemotherapy), and a therapist who is ignorant of this fact may make incorrect interpretations.

Brief Psychotherapeutic Interventions

Several short-term interventions ranging from informal communication with a health care professional to brief psychotherapy have been proposed to alleviate emotional distress in chronically ill patients. Many brief informational interventions can be accomplished on a preventive basis within the medical setting. For example, telling patients and their families what they can expect during the course of diagnosis and treatment can substantially alleviate

or even forestall anxiety (e.g., Egbert et al., 1964; Maguire, 1975). Simply telling patients that anxiety is a normal response to the stress of chronic illness (Welch-McCaffrey, 1985) or that depression is a common consequence of certain disorders, such as stroke (Goodstein, 1983; R. G. Robinson, 1986), may alleviate patients' and family members' concerns over whether the patient is reacting normally to illness. This kind of patient-staff communication can improve the detection of mood disorders and improve the flow of information (Holland & Massie, 1987).

Increasingly, psychologists have turned to short-term, structured interventions in an attempt to develop standardized approaches that may help the most people in the shortest period of time (e.g., van Dulmen, Fennis, & Bleijenberg, 1996). For example, Telch and Telch (1986) compared group coping skills training to supportive group therapy for highly distressed cancer patients. After 6 weeks, the coping skills patients showed less emotional stress and more vigor than did the group therapy or no-treatment patients. Patients in the coping skills training group also reported heightened feelings of self-efficacy and fewer problems. The success of the coping skills instruction appears to be due to its highly specific nature directed toward enhancing perceptions of control.

Although most of these interventions have focused specifically on coping skills, others have made use of more novel techniques for attempting to improve a patient's emotional and behavioral responses to chronic illness. These include music, art, and dance therapies (see, for example, Pacchetti et al., 2000).

Patient Education

Patient education programs that include coping skills training have been found to improve functioning for a broad variety of chronic diseases, including endstage renal disease, stroke, cardiovascular disease, and cancer. Such programs have also been found to increase knowledge about the disease, to reduce anxiety, to increase patients' feelings of purpose and meaning in life (Brantley, Mosley, Bruce, McKnight, & Jones, 1990; J. Johnson, 1982), to reduce pain and depression (Lorig, Chastain, Ung, Shoor, & Holman, 1989), to improve coping (Lacroix, Martin, Avendano, & Goldstein, 1991), to increase adherence to treatment (Greenfield et al., 1988), and to increase confidence in the ability to manage pain and other side effects (J. C. Parker et al., 1988), relative to waitlist patients who have not yet participated in the program or to patients who did not participate at all. Research is needed to identify whether there are particular patients who do not profit from such interventions, such as those who choose to cope through denial (Welch-McCaffrey, 1985) or those whose prognosis is unfavorable (Telch & Telch, 1986).

The Internet poses exciting possibilities for providing these kinds of interventions in a cost-effective manner. Information about illnesses can be presented in a clear and simple way, and even information about skills for coping with common illness-related problems or side effects of treatment can be posted at appropriate websites for use by patients and their families (Budman, 2000).

Relaxation and Exercise

Relaxation training is now a widely used and promising intervention with the chronically ill. It appears to decrease anxiety and nausea from chemotherapy and to decrease pain for cancer patients (M. P. Carey & Burish, 1988). Combinations of relaxation training with stress management and blood pressure monitoring have proven useful in the treatment of essential hypertension (Agras, Taylor, Kraemer, Southam, & Schneider, 1987).

Exercise interventions have been most commonly undertaken with MI patients. It is unclear whether exercise has a direct impact on mood in these patients. However, physical fitness is reliably improved, and exercise can improve quality of life (Blumenthal & Emery, 1988).

Social Support Interventions

As we noted in chapter 7, social support appears to be an important resource for people suffering from chronic disease. Chronically ill patients who report good social relationships are also more likely to be positively adjusted to their illness. This relationship has been found for cancer patients (Neuling & Winefield, 1988), arthritis patients (Goodenow, Reisine, & Grady, 1990), patients suffering from endstage renal disease (K. Siegel, Mesagno, Chen, & Christ, 1987), and patients with spinal cord injuries (Schulz & Decker, 1985), among others. There is also mounting evidence that social support can influence health outcomes favorably, promoting recovery or longevity (A. J. Christensen, Wiebe, Smith, & Turner, 1994; Grodner et al., 1996; R. M. Kaplan & Toshima, 1990; V. L. Wilcox, Kasl, & Berkman, 1994; see chapter 7).

But social support resources can be threatened by a chronic illness. Consequently, many interventions around chronic illness may need to deal with issues of social support. Patients need to recognize the potential sources of support in their environment and to be taught how to draw on these resources effectively (Messeri, Silverstein, & Litwak, 1993). For example, patients might be urged to join community groups, interest groups, informal social groups, and self-help groups.

Family Support Family support of the chronically ill patient is especially important, not only because it enhances the patient's physical and emotional functioning but also because it appears to promote adherence to treatment (e.g., M. S. Davis & Eichhorn, 1963; B. S. Wallston et al., 1983). Family members may not only remind the patient about activities that need to be undertaken but also tie treatment to already existing activities in the family, so that adherence is more likely. For example, the family may undertake a daily jog through the neighborhood just before breakfast or dinner.

Sometimes family members also need guidance in the well-intentioned actions they should nonetheless avoid because such actions actually make things worse (e.g., Dakof & Taylor, 1990; R. Martin, Davis, Baron, Suls, & Blanchard, 1994). For example, many family members think they should encourage a chronically ill patient to be cheerful, which can have the unintended adverse effect of making the patient feel unable to share distress or concern with others.

At different times during the course of an illness, patients may be best served by different kinds of support. Tangible aid, such as being driven to and from medical appointments, may be important at some points in time. At other times, however, emotional support may be more important (e.g., Dakof & Taylor, 1990; R. Martin et al., 1994).

In helping separate supportive from potentially unsupportive behaviors, friends and relatives may themselves require interventions. Even the simple provision of information may be helpful to family members who must provide social support to a chronically ill individual over the long term. In one study of wives of men who had had heart attacks, the majority reported feeling poorly informed about myocardial infarction, they reported few opportunities to ask experts questions, and they consequently experienced considerable stress (D. R. Thompson & Cordle, 1988). A short intervention designed to acquaint family or friends with a disease could ameliorate such situations.

Support Groups

Social **support groups** represent a resource for the chronically ill. Such groups are available for many patients with chronic illnesses, includ-

Social support groups can satisfy unmet needs for social support from family and friends and can enable people to share their personal experiences with others like themselves. (© David Harry Stewart/Getty Images)

ing stroke patients, patients recovering from myocardial infarction, and cancer patients. Some of these groups are initiated by a therapist, and in some cases they are patient-led.

These support groups discuss issues of mutual concern that arise as a consequence of illness. They often provide specific information about how others have successfully dealt with the problems raised by the illness and provide people with an opportunity to share their emotional responses with others facing the same problems (B. H. Gottlieb, 1983, 1988). Potentially, social support groups can satisfy unmet needs for social support from family and

BOX 11.7

Help on the Web

Janet and Peter Birnheimer were thrilled at the arrival of their newborn but learned almost immediately that he had cystic fibrosis. Shocked at this discovery—they had no idea that both were carrying the recessive gene for CF—they tried to learn as much as they could about the disease. Their hometown physician was able to provide them with some information, but they realized from newspaper articles that there was breaking news as well. Moreover, they wanted help dealing with the coughing, wheezing, and other symptoms, so they could provide their youngster with the best possible care.

The couple turned to the Internet, where they found a website for parents of children with cystic fibrosis. From conversations, they learned much more about the disease, found out where they could get articles providing additional information, chatted with other parents about the best ways to manage the symptoms, and had the opportunity to share the complex and painful feelings they had to manage every day (Baig, 1997).

As this account implies, the Internet is increasingly a source of information and social support to the chronically ill. Although support groups may be available for patients with relatively common disorders, such as

breast cancer, many people have less common diseases or live in an area that contains few other individuals like themselves with whom they can share information and emotional support. Websites provide instant access to other people going through the same events. The Birnheimers, for example, found that the website was one of their best sources for new breakthroughs in understanding the causes and treatments of the disease as well as the best source for advice from other parents on the psychosocial issues that arose.

Websites are only as good as the information they contain, of course, and there is always the risk that patients and families will receive misinformation as well as help. However, some of the better known websites that are available to patients to provide health information are scrupulously careful about the information they post. Among such services currently available is WebMD, devoted to providing consumer and health information on the Internet. Websites have created opportunities for chronically ill patients and their families to obtain information and gain social support that never existed before, bringing together people who were once isolated, so that they can solve their problems collectively.

---

caregivers. Alternatively, such support groups may act as an additional source of support provided by those going through the same event. Although traditionally social support groups have met on a face-to-face basis to exchange personal accounts and information, a relatively new development, profiled in Box 11.7, involves giving and receiving social support and information through the Internet.

Studies that have evaluated the efficacy of social support groups vis-à-vis people waiting to participate or nonparticipants have found beneficial results. Social support groups have been shown to be beneficial for rheumatoid arthritis patients (e.g., Bradley et al., 1987),

cancer patients (e.g., Telch & Telch, 1986), and MI patients (e.g., Dracup, 1985), among others. Self-help groups may help victims especially cope with the stigma associated with certain disorders, such as cancer or epilepsy (Droge, Arntson, & Norton, 1986), and such groups may help patients develop the motivation and techniques to adhere to complicated treatment regimens (Storer, Frate, Johnson, & Greenberg, 1987).

Support groups may encourage adherence for several reasons. First, people must commit themselves to change their behavior in front of other individuals. Commitment to a decisional course can frequently improve adherence

(Cummings, Becker, Kirscht, & Levin, 1981; Janis, 1983). In the course of interacting with others, the patient may also learn techniques that others have used successfully to maintain adherence and adopt them to combat his or her own problems. Finally, the emotional support and encouragement that others with similar problems provide can also encourage adherence.

There is even some evidence that participation in social support groups may promote better health and long-term survival. One study of patients in a weekly cancer support group found that participants survived longer than nonparticipants (Spiegel & Bloom, 1983).

Although widely heralded as a low-cost, convenient treatment option for people to deal with a wide variety of problems, self-help groups currently reach only a small proportion of chronically ill patients (S. E. Taylor, Falke, Shoptaw, & Lichtman, 1986). Moreover, they appear to appeal disproportionately to well-educated, middle-class White women. Not only is this the segment of the population that is already served by traditional treatment services, but these participants in self-help groups may actually be the same individuals who use helping services of all kinds (S. E. Taylor et al., 1986). The potential for self-help groups to be a general resource for the chronically ill, then, has yet to be fully realized.

To summarize, several psychotherapeutic interventions are available to chronically ill patients who are trying to cope with complex problems. These interventions include crisis intervention, family therapy, individual therapy, group therapy, and support groups. Each has distinctive features and benefits, and different options may be better suited to some problems than others. Evaluations of these kinds of interventions suggest consistent beneficial effects.

Despite these advances in care for the chronically ill and our expanded understanding of the psychosocial issues that the chronically ill face, medical and psychosocial care for the chronically ill is still irregular, as the burden on caregivers clearly attests. Consequently, managed care may need to assume responsibility for broader-based behavioral and psychological approaches to improving health among the chronically ill. Physicians and other health practitioners need better training in behavioral and psychosocial approaches to chronic disorders. Techniques for teaching self-management of chronic illness need to be refined, and educational interventions for communicating them to patients need to be undertaken; monitoring the success of programs like these will be important as well (Center for the Advancement of Health, 1999).

Summary

1. At any given time, 50% of the population has a chronic condition that requires medical management, yet only recently has attention turned to the psychosocial aspects of quality of life. Quality-of-life measures pinpoint problems associated with diseases and treatments and help in policy decision-making about the effectiveness and cost-effectiveness of interventions.

2. Chronically ill patients often experience denial, intermittent anxiety, and long-term depression, yet too often, these reactions, especially anxiety and depression, are underdiagnosed, confused with symptoms of disease or treatment, or presumed to be normal and therefore not appropriate for intervention.

3. Anxiety is reliably tied to illness events, such as awaiting test results or obtaining regular checkups. Depression increases with the severity of disease, pain, and disability.

4. Despite problems, most patients cope with chronic illness as they cope with other stressful events in life. Active coping and multiple coping efforts may be more successful than avoidance, passive coping, or use of one predominant coping strategy.

5. Patients also develop concepts of their illness, its cause, and its controllability that relate to their coping. Perceived control over illness and/or treatment is associated with good adjustment.

6. Rehabilitation centers around physical problems, especially recovering functioning and adherence to treatment; vocational retraining, job discrimination, financial loss, and loss of insurance; gaps and problems in social support; and personal losses, such as the threat that disease poses for long-term goals.

7. The majority of patients appear to achieve some positive outcomes of chronic illness as well as negative ones. These positive outcomes may occur because patients compensate for losses in some areas of their lives, with value placed on other aspects of life.

8. Interventions with the chronically ill include pharmacological interventions; individual therapy; brief psychotherapeutic interventions oriented toward solving crises or providing information; relaxation and exercise; social support interventions; and support groups. Support groups appear to be an underused but potentially helpful resource for the chronically ill.

Key Terms

body image
denial
depression
dietitians
occupational therapists

patient education
physical rehabilitation
physical therapists
quality of life
self-concept

self-esteem
social workers
support groups

CHAPTER 12
Psychological Issues in Advancing and Terminal Illness

*A*t the first assembly of freshman year in a suburban high school, the principal opened his remarks by telling the assembled students, "Look around you. Look to your left, look to your right, look in front of you, and look in back of you. Four years from now, one of you will be dead." Most of the students were stunned by this remark, but one boy in the back feigned a death rattle and slumped to the floor in a mock display of the principal's prophecy. He was the one. Two weeks after he got his driver's license, he crashed his car into a stone wall, when the car spun out of control at high speed.

The principal, of course, had not peered into the future but had simply drawn on the statistics showing that even adolescents die, especially from accidents. By the time most of us are 18, we will have known at least one person who has died, whether it be a classmate from high school, a grandparent, or a family friend.

Death Across the Life Span

Comedian Woody Allen is said to have remarked on his 40th birthday, "I shall gain immortality not through my work but by not dying." Many of us would echo this desire to live forever, but life inevitably ends in death. A mere 100 years ago, people died primarily from infectious diseases, such as tuberculosis, influenza, or pneumonia. Now those illnesses are much less widespread because of substantial advances in public health and preventive medical technologies that developed in the 20th century. On average, people in the United States can now expect to live 76.7 years (Centers for Disease Control and Prevention, 2001b). When death does come, it will probably stem from a chronic illness, such as heart disease or cancer, rather than from an acute disorder as Table 12.1 indicates. This fact means that, instead of facing a rapid, unanticipated death, the average American may know what he or she will probably die of for 5, 10, or even more years.

Understanding the psychological issues associated with death and dying first requires a tour, a rather grim tour, of death itself. What is the most likely cause of death for a person of any given age, and what kind of death will it be?

Death in Infancy or Childhood

Although the United States is one of the most technologically developed countries in the world, our **infant mortality rate** is high (7.2 per 1,000) (Centers for Disease Control and Prevention, 1999b), higher than is true for most Western European nations. Although these figures represent a substantial decline in infant mortality over the past decade (from 10.0 per 1,000), African American infants are still twice as likely to die during the first year as White infants are (Henifin, 1993; M. McGinnis et al., 1992).

To what do we attribute such upsetting statistics? The countries that have a lower infant mortality rate than the United States all have national medical programs that provide free or low-cost maternal care during pregnancy. We are one of the few developed nations without such a program. When infants are born prematurely or die at birth, the problems can

TABLE 12.1 Main Causes of Death in the United States	
Rank and Cause	Number of Deaths
1. Heart disease	724,859
2. Cancer	541,532
3. Stroke	158,448
4. Lung disease	112,584
5. Accidental deaths*	97,835
6. Pneumonia and flu	91,871
7. Diabetes	64,751
8. Suicide	30,575
9. Nephritis	26,182
10. Liver disease	25,192

*Accidental deaths include car accidents and all other accidents, including drowning, falls, bicycle accidents, and airplane crashes.

Source: Vital Statistics System, 2000. Statistics are for 1998.

frequently be traced to poor prenatal care for the mother.

Remarkably, as reproductive technology has improved, racial disparities in infant mortality rates have actually increased, reflecting continued inequities in access to and allocation of health care resources (Henifin, 1993). The availability of health care to all Americans would ameliorate these inequities and have the beneficial effect of bringing down the overall infant mortality rate.

During the first year of life, the main causes of death are congenital abnormalities and **sudden infant death syndrome (SIDS).** The causes of SIDS are not entirely known—the infant simply stops breathing—but epidemiologic studies reveal that it is more likely to occur in lower-class urban environments, when the mother smoked during her pregnancy (R. R. Robinson, 1974) and when the baby is put to sleep on its stomach or side. Mercifully, SIDS appears to be a gentle death for the child, although not for at least some of the parents: The confusion, self-blame, and suspicion of others who do not understand this phenomenon can take an enormous psychological toll on the parents (Downey et al., 1990). News stories detailing how some infant deaths blamed on SIDS were, in fact, murders has not helped parents of SIDS babies cope well, either. SIDS may be confused with homicide and vice versa, leading to substantial legal and emotional complications (R. Nowack, 1992). For mothers of SIDS infants, adjustment seems to be better if they already have children, if they do not blame themselves for the death, and if they have had some contact with the infant before death (Graham, Thompson, Estrada, & Yonekura, 1987).

The fact that sleeping position has now been reliably related to SIDS is a great breakthrough in its reduction. About 30% fewer American babies are dying of SIDS now that parents are being taught to put infants to sleep on their backs instead of their stomachs, representing a saving of more than 1,500 infant lives a year (*New York Times*, 1995).

After the first year, the main cause of death among children under age 15 is accidents, which account for 40% of all deaths in this group. In early childhood, accidents are most frequently due to accidental poisoning, injuries, or falls in the home. In later years, automobile accidents take over as the chief cause of accidental death (National Center for Injury Prevention and Control, 1998). The good news is that both accidental deaths in the home and automobile deaths have declined in recent years (M. McGinnis et al., 1992), in part because of the increasing attention to these causes of childhood death and the preventive technologies, such as infant car seats, that have resulted.

Cancer, especially leukemia, is the second leading cause of death in youngsters between ages 1 and 15, and its incidence is rising. Leukemia is a form of cancer that strikes the bone marrow, producing an excessive number of white blood cells. The result is severe anemia and other complications. As recently as 30 years ago, a diagnosis of leukemia was a virtual death sentence for a child. Now, because of advances in treatment, including chemotherapy and bone marrow transplants, more than 70% of its victims survive the disease (M. McGinnis et al., 1992). Unfortunately, these procedures, especially bone marrow transplants, can be very painful and produce a variety of unpleasant side effects. But they have given leukemia sufferers and their families hope when there used to be none. Box 12.1 outlines some of the issues faced by victims of childhood leukemia.

Overall, the mortality rates for most causes of death in infants and children have declined. The only cause of childhood death that has not declined over the past 25 years is homicide, which has risen 13% since 1978 (McGinnis et al., 1992).

Children's Understanding of Death A discussion of death in childhood is incomplete without some understanding of how children develop a concept of death. The child's idea of death appears to develop quite slowly. Up to age 5, most children think of death as a great sleep. Children at this age are often curious about death rather than frightened or saddened by it, partly because they may not understand that death is final and irreversible. Rather, the dead person is thought to be still around, breathing and eating, but in an altered state, like Snow White or Sleeping Beauty waiting for the prince (Bluebond-Langner, 1977).

Between ages 5 and 9, the idea that death is final may develop, although most children of this age do not have a biological understanding of death. For some of these children, death is personified into a shadowy figure, such as a ghost or the devil. They may, for example, believe that death occurs because a supernatural being comes to take the person away. The idea

BOX 12.1

Mainstreaming the Leukemic Child

At one time, a diagnosis of leukemia inevitably meant death for a child. Now, however, many children who have had leukemia are living long, full lives, some with intermittent periods of disease and treatment, others with no sign of disease at all. Because so many leukemic children have periods of remission (the symptom-free state), many are being mainstreamed back into their communities instead of being cared for in separate treatment facilities, as was once the case (see Michael & Copeland, 1987).

Although there are many advantages to mainstreaming, there are some difficulties as well. Leukemic children may look different from other children. They may be thin, pale, and even bald from treatments, such as chemotherapy. They may have little energy for physical activities and may need to go back to the hospital from time to time for treatments. Because leukemia is a form of cancer, it has the stigma of cancer associated with it, and its earlier association with death makes it upsetting to many people who do not understand it. Therefore, mainstreaming the leukemic child can require careful, sensitive preparation.

One large metropolitan children's hospital has developed several programs for such mainstreaming. The primary goal of the program is to work with the entire family (the ill child, parents, and siblings) and the child's total environment (home and school) to make the transition as smooth as possible. Several steps are undertaken while the child is in the acute phase of illness. The hospital provides a residential hotel for families of children undergoing radiation therapy, so that the parents can be near the child throughout treatment. A community kitchen, dining room, and living room enable parents to meet and share information and concerns with each other.

Special recreational programs developed by trained patient activity specialists enable sick children to play and, at the same time, to work out conflicts about illness and treatment. Doctor-patient games and body-image games, for example, can reveal adjustment problems. Games, such as these help the child begin to make the transition back to normal life. Siblings who are having trouble adjusting to their brother's or sister's illness can also participate in the playrooms and work on their own confusion.

Other interventions help the family understand the leukemic child's situation. Parents can participate in 2-month-long educational programs that are designed to allay fears, to teach the parents to provide daily home care, and to help the parents help the child adjust to the disease. A special telephone line encourages parents to network by putting them in contact with other families of leukemic children.

Patient activity specialists also work with the schools to ease the child's transition back into the school environment. Following interviews with the child and family to identify potential problems and strains, the specialist will meet with the child's principal, teachers, school nurse, and other staff both to educate them about the child's disease and needs and to help them make the child feel comfortable in the school setting. The specialist may also meet with the other children in the child's class to inform them about the disease and allay any fears. Alternatively, the specialist may help the child prepare a talk for the class about leukemia and its treatments. These steps help the peers of leukemic children relate to them normally.

Ironically, some of the interventions help children ease into a normal life by exposing them to other children who have leukemia. For example, the hospital runs a summer camp for leukemic and other children with cancer or blood disorders. The primary goal is the development of a positive self-image. Many of the counselors have themselves been leukemia patients, so they act as living, positive role models for the younger children.

This kind of comprehensive rehabilitation is an impressive example of what can be done when a conscientious effort is made to address all of the chronically ill patient's social and psychological needs.

TABLE 12.2 Main Causes of Death Worldwide	
Rank and Cause	Number of Deaths*
1. Heart disease	16,970,000
2. Cancer	7,065,000
3. Respiratory infections (acute upper/lower)	4,039,000
4. Respiratory diseases	3,575,000
5. Accidental deaths**	3,412,000
6. HIV/AIDS	2,673,000
7. Perinatal conditions	2,356,000
8. Diarrheal diseases	2,213,000
9. Digestive diseases	2,049,000
10. Tuberculosis	1,669,000

*In 1999.

**Accidental deaths include car accidents and all other accidents, including poisoning, falls, fires, and drowning.

(*Source:* World Health Organization, 2001)

that death is universal and inevitable may not develop until age 9 or 10. At this point, the child typically has some understanding of the processes involved in death (such as burial and cremation), knows that the body decomposes, and realizes that the person who has died will not return (Bluebond-Langner, 1977; Kastenbaum, 1977).

Death in Young Adulthood

When asked their view of death, most young adults envision a trauma or fiery accident. This perception is somewhat realistic. Although the death rate in adolescence is low (about .93 per 1,000 for youths ages 15 to 24), the major cause of death in this age group is unintentional injury, mainly involving automobiles (M. McGinnis et al., 1992; National Center for Injury Prevention and Control, 1998). Homicide is the second leading cause of death and is the leading cause of death for young Black males. In fact, the homicide rate among young Black males ages 15 to 24 has

increased more than 60% since 1978 and is more than seven times that for young White males (National Vital Statistics System, 2000). AIDS is the third leading cause of death in this age group, with suicide, largely through firearms, the fourth. Cancer accounts for most of the remaining mortality in this age group.

Reactions to Young Adult Death Next to the death of a child, the death of a young adult is considered the most tragic. Young adults are products of years of socialization and education and are on the verge of starting their own families and careers. Their deaths are tragic both because of the seeming waste of life and because they are robbed of the chance to develop and mature (Kalish, 1977).

Not surprisingly, when young adults do receive a diagnosis of a terminal illness, such as cancer, they may feel shock, outrage, and an acute sense of injustice. Partly for these reasons, medical staff often find it difficult to work with these patients. They are likely to be angry much of the time and, precisely because they are otherwise in good health, may face a long and drawn-out period of dying. For them, unlike older people, there are simply fewer biological competitors for death, so they do not quickly succumb to complications, such as pneumonia or kidney failure. Most difficult to deal with emotionally is the terminally ill parent of young children. Not surprisingly, these parents feel cheated of the chance to see their children grow up and develop, and they feel special concern over what will happen to their children without them.

Death in Middle Age

In middle age, death begins to assume more realistic and, in some cases, fearful proportions, both because it is more common and because people develop the chronic health problems that may ultimately kill them. The much popularized midlife crisis (Conway, 1978; Gould, 1972) that may occur in the 40s or

BOX 12.2

A Confrontation with Mortality

Personal contact with death can prompt a person to reevaluate the course of his or her life and, sometimes, to make radical life changes. In the following excerpt from her book *Passages*, writer Gail Sheehy (1974, pp. 2–3, 5) describes the circumstances that led to her own personal crisis:

> Without warning, in the middle of my thirties, I had a breakdown of nerve. It never occurred to me that while winging along in my happiest and most productive stage, all of a sudden simply staying afloat would require a massive exertion of will. Or of some power greater than will.
>
> I was talking to a young boy in Northern Ireland where I was on assignment for a magazine when a bullet blew his face off. That was how fast it all changed. We were standing side by side in the sun, relaxed and triumphant after a civil rights march by the Catholics of Derry. We had been met by soldiers at the barricade; we had vomited tear gas and dragged those dented by rubber bullets back to safety. Now we were surveying the crowd from a balcony. "How do the paratroopers fire those gas canisters so far?" I asked.
>
> "See them jammin' their rifle butts against the ground?" the boy was saying when the steel slug

tore into his mouth and ripped up the bridge of his nose and left of his face nothing but ground bone meal.

> "My God," I said dumbly, "they're real bullets." I tried to think how to put his face back together again. Up to that moment in my life I thought everything could be mended. . . . When I flew home from Ireland, I couldn't write the story, could not confront the fact of my own mortality. . . .
>
> Some intruder shook me by the psyche and shouted: Take stock! Half your life has been spent. What about the part of you that wants a home and talks about a second child? Before I could answer, the intruder pointed to something else I had postponed: What about the side of you that wants to contribute to the world? Words, books, demonstrations, donations—is this enough? You have been a performer, not a full participant. And now you are 35.
>
> To be confronted for the first time with the arithmetic of life was, quite simply, terrifying.

Source: From *Passages* by Gail Sheehy. Copyright © 1974, 1976 by Gail Sheehy. Used by permission of Dutton Signet, a division of Penguin Books USA, Inc.

---

early 50s is believed to stem partly from the gradual realization of impending death. It may be touched off by the death of a parent, an acquaintance, or a friend or by clear bodily signs that one is aging (Kastenbaum, 1977). The fear of death may be symbolically acted out as a fear of loss of physical appearance, sexual prowess, or athletic ability. Or it may be focused on one's work: the realization that one's work may be meaningless and that many youthful ambitions will never be realized. The abrupt life changes that are sometimes made in response to this crisis—such as a divorce, remarriage to a much younger person, or radical

job change—may be viewed partly as an effort to postpone death (Gould, 1972). Box 12.2 offers a poignant example of such an experience.

Premature Death The main cause of **premature death** in adulthood—that is, death that occurs before the projected age of 75—is sudden death due to heart attack or stroke. Members of a cancer conference some years ago were startled to hear the keynote speaker say that he wished everyone would die of a heart attack. What he meant is that, compared with a slow and painful death, such as that caused by cancer, sudden death is quick and relatively painless. When asked how they would die if they could choose their death, most people reply that they would prefer a sudden, painless, and nonmutilating death. Although sudden death has the disadvantage of not allowing people to prepare their exit, in some ways it facilitates a more graceful departure, because the dying person does not have to cope with physical deterioration, pain, and loss of mental faculties. Sudden death is, in some ways, kinder to family members as well. The family does not have to go through the emotional torment of watching the patient's worsening condition, and finances and other resources are not as severely taxed. The risk of sudden death is that because one cannot choose one's moment, it may come at a bad time. Families may be poorly prepared financially to cope with the loss, or family members may be estranged, with reconciliation now impossible.

Overall, death rates in the middle-aged group have declined, due in large part to a 60% drop in cancers. This drop has been chiefly in lung cancers because of reduced smoking. Heart disease and stroke have also declined over the past decade (American Heart Association, 2001a). Since the surgeon general issued his health guidelines in 1979, we have seen a 25% reduction in the death rate among adults ages 25 to 65.

Death in Old Age

In olden times, as was the custom, an elderly woman went out of sight of others to become young again. She swam off a little way and discarded her aged skin, but on her return she was not recognized by her granddaughter, who became frightened and drove her away. The aged woman recovered her old skin from the water and resumed it. From then on, this power was lost to man; aging and death was inevitable. (Melanesian folk tale, Hinton, 1967, p. 36)

Dying is not easy at any time during the life cycle, but it may be easier in old age. The elderly are generally more prepared to face death than are the young. They may have thought about their death and have made some initial preparations. The elderly have seen friends and relatives die and often express readiness to die themselves. They may have come to terms with issues associated with death, such as loss of appearance and failure to meet all the goals they once had for themselves, and may have withdrawn from activities because of their now limited energy.

Typically, the elderly die of degenerative diseases, such as cancer, stroke, heart failure, or just general physical decline that predisposes them to infectious disease or organ failure. Although degenerative diseases are not themselves easy to cope with, the actual death experienced by the elderly may be easier. The terminal phase of illness is generally shorter for them because there is often more than one biological competitor for death. As an age group, the elderly may have a greater chance to achieve death with dignity.

Health psychologists have begun to investigate the factors that predict mortality in the elderly age group. Why do some individuals live into their 70s, whereas others live into their 90s or longer? Obviously, new illnesses and the worsening of preexisting conditions account for many of these differences (J. Rodin & McAvay, 1992). But changes in psychosocial factors also appear to be important. Reduced satisfaction with life and depression predict declines in health among the elderly (J. Rodin & McAvay, 1992). Close family relationships appear to be protective, especially when a widowed parent has close relationships with adult children (Silverstein & Bengtson, 1991). Clearly, psychosocial factors play an important role, not just in quality of life but also in health and illness throughout the life course.

In part because of such findings, health goals for the elderly now focus less on the reduction of mortality than on improving quality of life. In the United States, older people age 65 and up now experience less morbidity and fewer restricted activity days than was true 15 years ago. However, the worldwide picture is quite different. People are living longer, averaging 64 years in third-world countries, but the prevalence of chronic diseases in those countries, especially those caused by smoking, bad diet, sedentary lifestyle, and alcohol abuse, means that many older people are living poor-quality lives (*New York Times*, 1997).

As our emphasis on morbidity and the importance of enhancing quality of life takes precedence in health policy concerns, we may see improvement in these figures. With the baby boom generation beginning to move into old age in the next 15 years, the need to reduce morbidity and improve quality of life still further will assume a special urgency, so that the baby boomers do not consume an undue amount of health care resources.

One curious fact about the elderly is that typically women live longer than men, women to age 80, men only to age 74 (National Vital Statistics, 2001). Box 12.3 explores some of the reasons for this difference in mortality rates between men and women. Table 12.3 provides a formula for roughly calculating personal longevity.

Psychological Issues in Advancing Illness

Although many people die suddenly, most of the terminally ill know that they are going to die for some time before their death. Advancing illness brings with it the gradual awareness of death; as a consequence, a variety of medical and psychological issues arise for the patient.

Continued Treatment and Advancing Illness

Advancing and terminal illness frequently brings the need for continued treatments with debilitating and unpleasant side effects (e.g., S. M. Levy, 1983). For example, radiation therapy and chemotherapy for cancer may produce discomfort, nausea and vomiting, chronic diarrhea, hair loss, skin discoloration, fatigue, and loss of energy. Surgical intervention is also commonly required. The patient with advancing diabetes may require amputation of extremities, such as fingers or toes, because poor circulation has made them gangrenous. The patient with advancing cancer may require removal of an organ to which the illness has now spread, such as a lung or part of the liver. The patient with degenerative kidney disease may be given a transplant, in the hope that it will forestall further deterioration.

Many patients find themselves repeated objects of surgical or chemical therapy in a desperate effort to save their lives; after several such efforts, the patient may resist any further intervention. Patients who have undergone repeated surgery may feel that they are being disassembled bit by bit. Or the person who has had several rounds of chemotherapy may feel despair over the apparent uselessness of any new treatment. Each procedure raises anew the threat of death and underscores the fact that the disease has not been arrested, and in many cases, the sheer number of treatments can lead to exhaustion, discomfort, and depression. Thus, there comes a time when the question of whether to continue treatments becomes an issue. In some cases, refusal of treatment may indicate depression and hopelessness, but in many cases, the patient's decision may be supported by thoughtful choice.

Is There a Right to Die?   In recent years, the right to die has assumed importance due to several legislative and social trends. In 1990, Congress passed the Patient Self-determination Act, requiring that Medicare and Medicaid health care facilities have written policies and procedures concerning patients' wishes for life-prolonging therapy. These policies include the provision of a Do Not Resuscitate (DNR) order, which patients may choose

BOX 12.3

Why Do Women Live Longer than Men?

Women live an average of 6 years longer than men in the United States. A difference of roughly this size also exists in most other industrialized countries. Only in underdeveloped countries, in which childbirth technology is poorly developed and many women consequently die during childbirth, do men live longer. What are the reasons that women typically live longer than men?

One theory maintains that women are biologically more fit than men. Although more male than female fetuses are conceived, more males are stillborn or miscarried than are females. This trend persists in infancy, during which the male death rate remains higher. In fact, the male death rate is higher at all ages of life. Thus, although more males than females are born, there will be more females than males left alive by the time young people reach their 20s. Exactly what biological mechanisms might make females more fit are still unknown (Verbrugge, 1989a, 1989b). Some factors may be genetic; others may be hormonal. For example, women's buffered X chromosome may protect them against certain disorders to which men are more vulnerable (Holden, 1987). Estrogen and prolactin may protect against some major diseases, including heart disease.

Another reason that men die in greater numbers at all ages than do women is that men engage in more risky behaviors. Chief among these is smoking, which accounts for as much as 40% of the mortality difference between men and women. Smoking, of course, is a risk factor for such major disorders as coronary heart disease, cancer, and emphysema, which directly cause death. Men are typically exposed to more occupational stress than women are, and more hold hazardous jobs, such as construction work, police work, or firefighting. Men's alcohol consumption is greater than women's, exposing them to liver damage, and they consume more drugs than do women. Men are more likely to participate in hazardous sports and to use firearms recreationally. Men's greater access to firearms, in turn, makes them more likely to use guns to commit suicide—a method that is more effective than the methods typically favored by women (such as poison). Men also use automobiles and motorcycles more than women, contributing to their high death rate from accidents (Waldron & Johnston, 1976; Wingard, 1982).

A third theory maintains that social support may be more protective for women than for men. On the one hand, it is clear that being married benefits men more than women in terms of increased life span. In fact, marriage for women seems to serve little or no protective function. However, women report having more close friends and participating in more group activities, such as church, that may offer support. Social support keeps stress systems at a low ebb and thus may prevent some of the wear and tear that men, especially unattached men, sustain (S. E. Taylor et al., 2000). Whether these factors contribute to women's longer life span remains to be seen.

Which of these theories is correct? The evidence suggests that all of them account for some of the sex difference in mortality. Whether the factors that have protected women from early mortality in the past will continue to do so is unknown. Changes in women's roles may erode their current advantage in life span (J. Rodin & Ickovics, 1990). Smoking, for example, which did not reach high levels in women for some decades after men had begun to smoke, is now taking its toll on women's health. The next decades will elucidate further whether the changes in men's and women's roles that expose them to similar activities and risks will eventually produce similar mortality rates.

to sign or not, in order to provide explicit guidance regarding their preference for medical response to cardiopulmonary arrest.

An important social trend affecting terminal care is the right-to-die movement, characterized by increasing insistence that dying should become more a matter of personal choice and personal control. Derek Humphry's book *Final Exit* virtually leaped off bookstore shelves when it appeared in 1991. A manual of how to

TABLE 12.3   How Long Will You Live?

This is a rough guide for calculating your personal longevity. The basic life expectancy for males in the United States is 74 and for females is 80 (National Vital Statistics System, 2001). Write down your basic life expectancy. If you are in your 50s or 60s, you should add 10 years to the basic figure because you have already proven yourself to be quite durable. If you are over age 60 and active, add another 2 years.

Basic Life Expectancy

Describe how each item below applies to you and add or subtract the appropriate number of years from your basic life expectancy.

1. Family history
   Add 5 years if 2 or more of your grandparents lived to 80 or beyond. _____
   Subtract 4 years if any parent, grandparent, sister, or brother died of a heart attack
       or stroke before 50; subtract 2 years if anyone died from these diseases before 60. _____
   Subtract 3 years for each case of diabetes, thyroid disorders, breast cancer, cancer of
       the digestive system, asthma, or chronic bronchitis among parents or grandparents. _____

2. Marital status
   If you are married and male, add 10 years; if married and female, add 4 years. _____
   If you are over 25 and not married, subtract 1 year for every unwedded decade. _____

3. Economic status
   Subtract 2 years if your family income is over $400,000 per year. _____
   Subtract 3 years if you have been poor for the greater part of your life. _____

4. Physique
   Subtract 1 year for every 10 pounds you are overweight. _____
   For each inch your girth measurement exceeds your chest measurement
       deduct 2 years. _____
   Add 3 years if you are over 40 and not overweight. _____

5. Exercise
   Regular and moderate (jogging 3 times a week), add 3 years. _____
   Regular and vigorous (long-distance running 3 times a week), add 5 years. _____
   Subtract 3 years if your job is sedentary. Add 3 years if it is active. _____

6. Alcohol*
   Add 2 years if you are a light drinker (1–3 drinks a day). _____
   Subtract 5 to 10 years if you are a heavy drinker (more than 4 drinks a day). _____
   Subtract 1 year if you are a teetotaler. _____

7. Smoking
   Two or more packs of cigarettes per day, subtract 8 years. _____
   One to two packs per day, subtract 4 years. _____
   Less than one pack, subtract 2 years. _____
   Subtract 2 years if you regularly smoke a pipe or cigars. _____

8. Disposition
   Add 2 years if you are a reasoned, practical person. _____
   Subtract 2 years if you are aggressive, intense and competitive. _____
   Add 1–5 years if you are basically happy and content with life. _____

TABLE 12.3   How Long Will You Live? (continued)

9. Education
    Less than high school, subtract 2 years.
    Four years of school beyond high school, add 1 year.
    Five or more years beyond high school, add 3 years.

    _____

    _____

10. Environment
    If you have lived most of your life in a rural environment, add 4 years.
    Subtract 2 years if you have lived most of your life in an urban environment.

    _____

    _____

11. Sleep
    More than 9 hours a day, subtract 5 years.

    _____

12. Temperature
    Add 2 years if your home's thermostat is set at no more than 68 °F.

    _____

13. Health care
    Regular medical checkups and regular dental care, add 3 years.
    Frequently ill, subtract 2 years.

    _____

    _____

*It should be noted that these calculations for alcohol consumption are controversial and require additional evidence. It is not clear that moderate drinking is healthful relative to teetotaling, and indeed the reverse may be true.

Source: R. Schulz, Psychology of Death, Dying, and Bereavement, © 1978 by the McGraw-Hill Companies. Reproduced with permission of the McGraw-Hill Companies.

commit suicide or assist in suicide for the dying, it was perceived to give back to dying people the means for achieving a dignified death at a time of one's choice.

Receptivity to such ideas as suicide and assisted suicide for the terminally ill has increased in the American population. In a 1975 Gallup Poll, only 41% of respondents believed that someone in great pain with no hope of improvement had the moral right to commit suicide, but by 1999 that figure had reached 61% (Gillespie, 1999). A similar poll found that 84% of U.S. residents said that they would want treatment withheld if they were maintained completely by a life-support system (Ames, Wilson, Sawhill, Glick, & King, 1991).

However, there is by no means agreement on the criteria under which requests for assisted suicide might be honored (Pfeifer & Brigham, 1996), and many people have regarded the assisted suicide movement with concern (e.g., Byock, 1991). Until genuine access to comprehensive hospice and good quality care becomes a reality for all dying patients and their families, assisted suicide may result from unmet needs rather than a genuine choice.

Moral and Legal Issues Increasingly, our culture must struggle with the issue of **euthanasia,** that is, ending the life of a person who is suffering from a painful terminal illness. "Euthanasia" comes from the Greek word meaning "good death" (Pfeifer & Brigham, 1996). Terminally ill patients most commonly request euthanasia or assisted suicide when they are experiencing extreme distress and suffering, often due to inadequate relief from pain (Cherny, 1996).

Although illegal in the United States, euthanasia by physicians is legal in The Netherlands under certain circumstances (e.g., the patient's request must be voluntary and the suffering intolerable) (Simons, 2000). Box 12.4 describes such a case. Similar laws have been considered in other countries. Moreover, it is

Ready to Die: The Question of Assisted Suicide

Frans Swarttouw, former chairman of the Fokker aircraft company and one of the Netherlands' most colorful businessmen, bid an unusual farewell to his countrymen a few weeks ago. Stricken with throat cancer, the executive, 64, who once characterized an entrepreneur as "a guy who works hard, drinks himself into the ground and chases women," said he had stopped his painful therapy and opted out of a life-saving operation that would have left him an invalid. "I want to be able to draw the line myself," he said on TV. Three days later, he was put to death by a doctor. "His last evening at home was so cozy," his wife said. "Frans gave himself another quarter of an hour: 'One last gin and tonic and a cigarette, then we'll get down to work.'"

The touch of bravura was uniquely Swarttouw, but the candor about voluntary death was typically Dutch. While euthanasia and physician-assisted suicide remain taboo subjects in much of Europe and are contentious topics in the U.S., they have been openly debated and researched for more than 20 years in Holland, which has a record of pragmatism in dealing with thorny social issues like drugs and abortion. Euthanasia is still, under Dutch law, a crime punishable by up to 12 years in prison. But in fact, the Netherlands has tolerated the practice for more than a decade, and the number of cases has risen dramatically over the past five years. Have the Dutch found a sensible and humane way of dealing with the unbearable pain and suffering that often comes at the end of life? Or is this a policy run amuck? (Branegan, 1997, p. 30)

The United States is only beginning to address and understand these questions.

(© 1997 Time, Inc. Reprinted by permission)

widely believed that euthanasia is practiced quietly and without attention by some physicians in the United States (R. Nowack, 1992).

At one time, surveys suggested that 45% of oncologists (cancer specialists) supported the idea of physician-assisted suicide; that figure has now dropped to 22.5%. Support for euthanasia has fallen even more, from 27.7% to 6.5% (Emanuel et al., 2000). These changes may reflect general social trends that have been increasingly critical of assisted suicide, or they may stem from the fact that physicians now feel better able to handle the psychological issues that arise at the end of life.

The very public assisted suicides performed by Dr. Jack Kevorkian with patients who have requested his services have added fuel to the controversy over assisted suicide. Thus far, the courts have been irregular in their rulings in such cases. Reasonable consideration of the issues involved in euthanasia, suicide, and assisted suicide are complicated by only limited information about the psychological motives that lead patients to make such requests (Lester, 1996).

More passive measures to terminate life have also received attention. A number of states have now enacted laws enabling people with terminal diseases to write a **living will** requesting that extraordinary life-sustaining procedures not be used if they are unable to make this decision on their own. The will, which is signed in front of witnesses, is usually developed when the person is diagnosed as having a terminal illness. It provides instructions and legal protection for the physician, so that life-prolonging interventions, such as respirators, will not be indefinitely undertaken in an ultimately vain effort to keep the patient alive.

Unfortunately, research suggests that many physicians ignore the wishes of their dying patients and needlessly prolong pain and suffering. One study (Seneff, Wagner, Wagner, Zimmerman, & Knaus, 1995) found that,

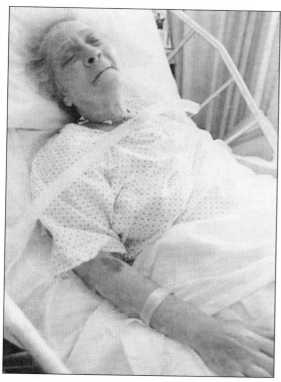

Many terminally ill patients who find themselves repeated objects of intervention become worn out and eventually refuse additional treatment. (© Michael Wiesbrot & Family)

although one third of the patients had asked not to be revived with cardiopulmonary resuscitation, half the time this request was never indicated on their charts. Thus, at present, the living will and related tools available to patients are not completely successful in allowing patients to express their wishes and ensure that they are met. Box 12.5 presents a daughter's perspective on some of these issues with regard to her dying father.

The complex moral, legal, and ethical issues surrounding death are relatively new to our society, prompted in large part by substantial advances in health care technologies. Life-sustaining drugs, cardiopulmonary resusci-

tation, advanced cardiac life support, renal dialysis, nutritional support and hydration, mechanical ventilation, organ transplantation, antibiotics, and other interventions that prolong life were unheard of as recently as 30 years ago (Kapp, 1993). Our understanding of how to make appropriate use of these technologies has not kept up with their increasing sophistication. First, there is substantial inequity of access to life-sustaining technologies (Henifin, 1993). Those patients better-off and with better health insurance have greater access to and are more likely to receive life-sustaining technology. Second, we do not yet have guidelines regarding cost-effectiveness and appropriateness of use. That is, life-sustaining technologies are often extremely expensive, and guidelines must be developed as to when and with whom such interventions are appropriate (Kapp, 1993). Third, our society has yet to achieve consensus on the appropriate role that the individual may play in choosing the time and means of his or her own death and the roles that health care practitioners may or may not play in assisting this process. These issues will assume increasing importance in the coming decades with the aging of the population. In addition to medical issues surrounding death and dying, important psychological and social issues arise as well.

Psychological and Social Issues Related to Dying

Changes in the Patient's Self-concept Just as chronically ill patients must engage in new health-related activities and continued monitoring of their physical condition, so must patients with advancing illness adjust their expectations and activities according to the stage of their disorder. The difference is that, for patients with progressive diseases, such as cancer or severe diabetes, life is a constant act of readjusting expectations and activities to accommodate an ever expanding patient role.

BOX 12.5

Death

A DAUGHTER'S PERSPECTIVE

My father sleeps, I sit writing...trying to get something on paper I know is there, but which is as elusive and slippery as the life that's ending before me.

My father has cancer. Cancer of the sinuses, and as the autopsy will show later, of the left occipital lobe, mastoid, cerebellum.

I have not seen my father for nine months, when the lump was still a secret below his ear. A few months later I heard about it and headaches, and then from time to time all the diagnoses of arthritis, a cyst, sinusitis...even senility. Then finally—the lump now a painful burden to be carried—he was subjected to nine days of tests of bowels, bladder, blood. And on the last day a hollow needle was inserted into the growth; the cells gathered, magnified, interpreted and pronounced cancer. Immediate surgery and/or cobalt treatment indicated.

And after the trauma of no dentures, no hearing aid and one unexpected cobalt treatment, triumphant that his mind functioned and his voice was firm, he stated unfalteringly: "Let me alone. No more treatments. I am 75. I have had an excellent

life. It is time for me to die in my own way." His decision was not to be met with approval.

Death is not easy under any circumstances, but at least he did not suffer tubes and IVs and false hope, and we did not suffer the play-acting, the helpless agonies of watching a loved one suffer to no purpose, finally growing inured to it all or even becoming irritated with a dying vegetable that one cannot relate to any longer. In the end, I have learned, death is a very personal matter between parents and offspring, husbands and wives, loving neighbors and friends, and between God or symbols of belief and the dying ones and all who care about them.

There comes a point where it is no longer the business of the courts, the American Medical Association, the government. It is private business. And I write now publicly only because it needs to be said again, and my father would have agreed.

Source: "Death Is a Personal Matter." Carol K. Littlebrant, January 12, 1976, *Newsweek.* Originally published under the name of Carol K. Gross. Reprinted by permission of author.

The problems of incorporating the patient role into one's life are exacerbated by the difficulties such accommodations create for the existing self-concept. As the disease progresses, patients are increasingly less able to present themselves effectively (Liegner, 1986-1987). It may become difficult for them to maintain control of biological and social functioning. They may be incontinent (unable to control urination or bowel movements); they may drool, have distorted facial expressions, or shake uncontrollably. None of this is attractive either to the patient or to others.

These patients may also be in intermittent pain, may suffer from uncontrollable retching or vomiting, and may experience a shocking deterioration in appearance due to weight

loss, the stress of treatments, or the sheer drain of illness. Even more threatening to some patients is mental regression and inability to concentrate. Such losses may be due either to the progressive nature of the disease itself or to the tranquilizing and disorienting effects of painkillers.

Issues of Social Interaction   The threats to the self-concept that stem from loss of mental and physical functioning spill over into threats to social interaction. Although terminally ill patients often want and need social contact, they may be afraid that their obvious mental and physical deterioration will upset visitors. Patients may begin a process of social withdrawal, whereby they gradually restrict visits to only a few family members (Hinton, 1967). Family and friends can help make this withdrawal less extreme: They can prepare visitors in advance for the patient's state, so that the visitor's reaction can be controlled; they can also screen out some visitors who cannot keep their emotions in check.

Some disengagement from the social world is normal and may represent a grieving process through which the final loss of family and friends is anticipated (R. D. Abrams, 1966). This period of anticipatory grieving may exacerbate communication difficulties because it is hard for the patient to express affection for others while simultaneously preparing to leave them.

In other cases, withdrawal may be caused by fear of depressing others and becoming an emotional burden. The patient may feel guilty for taking up so much of the family's time, energy, and money and may therefore withdraw so as not to be even more of a burden (R. G. Carey, 1975). In such cases, it is easy for misunderstandings to arise. The family may mistakenly believe that the patient wishes to be left alone and may therefore respect these wishes. Instead, family and friends may need to make a strong and concerted effort to draw out the patient to forestall a potential severe depression (R. D. Abrams, 1966; Hinton, 1967), in part because depression appears to precipitate death (Hermann et al., 1998; Wulsin et al., 1999). Yet another cause of withdrawal may be the patient's bitterness over impending death and resentment of the living. In such cases, the family may need to understand that such bitterness is normal and that it usually passes.

Social interactions during the terminal phase of illness, then, are complex and often marked by the patient's gradual or intermittent withdrawal. In determining how to respond to this withdrawal, one must try to understand which of several reasons may be producing the behavior.

Communication Issues As long as a patient's prognosis is favorable, communication is usually open; however, as the prognosis worsens and therapy becomes more drastic, communication may start to break down (Kastenbaum & Aisenberg, 1972; Kübler-Ross, 1969; Livingston & Zimet, 1965; Payne & Krant, 1969). Medical staff may become evasive when questioned about the patient's status. Family members may be cheerfully optimistic with the patient but confused and frightened when they try to elicit information from medical staff. The potential for a breakdown in communications as illness advances can be traced to several factors.

First, death itself is still a taboo topic in our society. The issue is generally avoided in polite conversation; little research is conducted on death; and even when death strikes within a family, the survivors often try to bear their grief alone. The proper thing to do, many people feel, is not to bring it up.

A second reason that communication may break down in terminal illness is because each of the participants—medical staff, patient, and family—may believe that others do not want to talk about the death. Moreover, each of the participants may have personal reasons for not wanting to discuss death as well. Some patients do not want to hear the answers to their unasked questions, because they know the answers and fear having to cope with the finality of having them confirmed. Family members may wish to avoid confronting any lingering guilt they have over whether they urged the patient to see a doctor soon enough or whether they did everything possible. Medical staff may fear having to cope with the upset or angry reproaches of family members or the patient over whether enough was done.

The Issue of Nontraditional Treatment

As both health and communication deteriorate, some terminally ill patients turn away from traditional medical care in desperation or anger. Many such patients fall victim to the alternative and dubious remedies offered outside the formal health care system. Frantic family members, friends who are trying to be helpful, and patients themselves may scour fringe publications for seemingly effective remedies or cures; they may invest thousands of dollars in their generally unsuccessful search.

What prompts people to take these often uncomfortable, inconvenient, and useless measures? Some are so frantic and unable to face the prospect of death that they will use up both their own savings and those of the family in the hope of a miracle cure. In other cases, the turn to nontraditional medicine may be a symptom of a deteriorating relationship with the health care system and the desire for more humanistic and optimistic care. This is not to suggest that a solid patient-practitioner relationship can prevent every patient from turning to quackery. However, when the patient is well informed and feels cared for by others, he or she is less likely to look for alternative remedies.

Strong criticism of nontraditional medicine frequently prompts strenuous objections coupled with loudly touted case histories of dramatic improvement due to some unlikely treatment. Such criticism should not be taken to mean that no patient ever survives nontraditional treatments or that some will not be found eventually to be effective treatments. Indeed, as chapter 9 clearly indicates, placebos alone effect miracle cures in some cases. However, these instances are relatively rare, and the small chance of being among them may not justify the great expense and hardship involved in undergoing these dubious therapies.

Are There Stages in Adjustment to Dying?

The idea that people pass through a predictable series of **stages of dying** in coming to terms with the prospect of death has appeared commonly in the research literature on death and dying (e.g., Falek & Britton, 1974; B. G. Glaser, 1972; Kübler-Ross, 1969; Pattison, 1967). Of the different formulations that have developed, Elisabeth Kübler-Ross's has had the most impact; it is accordingly to her work that we turn.

Kübler-Ross's Five-Stage Theory

Kübler-Ross suggested that people pass through five predictable stages as they adjust to the prospect of death: denial, anger, bargaining, depression, and acceptance.

Denial The first stage, denial, is thought to be a person's initial reaction on learning of the diagnosis of terminal illness. The immediate response may be that a mistake has been made, that the test results or X rays have been mixed up with those of someone else, or that the diagnosis will shortly be reversed. For most people, this shock and the denial that anything is wrong lasts only a few days. Thus, denial early on in adjustment to life-threatening illness is both normal and useful (R. S. Lazarus, 1983).

Sometimes, denial lasts longer than a few days. When it does, it may require psychological intervention. Extreme denial ("This is not happening to me; it is happening to someone else") may be manifested by terrified patients who are unable to confront the fact of their illness or the likelihood of their eventual death. But is it not helpful to a patient to be able to deny death? Denial may give the appearance of being a successful psychological shelter from reality, but it is a primitive and ultimately unsuccessful defense (A. D. Weisman, 1972). It may mask anxiety without making it go away. The patient who is denying the implications of illness often appears rigidly overcontrolled, as if a crack in the defense would cause the entire facade to crumble. In fact, reality can break through for a few minutes or hours at a time, leaving the patient vulnerable, frightened, and possibly even hysterical. Long-term denial of one's illness, then, is a defensive pattern from which a patient should be coaxed through therapeutic intervention.

Anger   Denial usually abates because the illness itself creates circumstances that must be met. Decisions must be made regarding future treatments, if any, where the patient will be cared for, and by whom. At this point, according to Kübler-Ross, the second stage, anger, may set in. The angry patient is asking the question "Why me?" Considering all the other people who could have gotten the illness, all the people who had the same symptoms but got a favorable diagnosis, and all the people who are older, dumber, more bad-tempered, less productive, or just plain evil, why should the patient be the one who is dying? Kübler-Ross quotes one of her dying patients:

> I suppose most anybody in my position would look at somebody else and say, "Well, why couldn't it have been him?" and this has crossed my mind several times. An old man whom I have known ever since I was a little kid came down the street. He was eighty-two years old, and he is of no earthly use as far as we mortals can tell. He's rheumatic, he's a cripple, he's dirty, just not the type of person you would like to be. And the thought hit me strongly, now why couldn't it have been old George instead of me? (Quoted in Kübler-Ross, 1969, p. 50)

The angry patient may show resentment toward anyone who is healthy, such as hospital staff, family members, or friends. Angry patients who cannot express their anger directly by shouting or being irritable may do so indirectly by becoming embittered. Bitter patients show resentment through death jokes, cracks about their deteriorating appearance and capacities, or pointed remarks about all the exciting things that they will not be able to do because those events will happen after their death.

Anger is one of the harder responses for family and friends to manage. They may feel they are being blamed by the patient for being well. The family may need to work together with a therapist to understand that the patient is not really angry with them but at fate; they need to see that this anger will be directed at anyone who is nearby, especially toward people with whom the patient feels no obligation to be polite and well-behaved. Unfortunately, family members often fall into this category.

Bargaining   Bargaining is the third stage of Kübler-Ross's formulation. At this point, the patient abandons anger in favor of a different strategy: trading good behavior for good health. Bargaining frequently takes the form of a pact with God, in which the patient agrees to engage in good works or at least to abandon selfish ways in exchange for health or more time. A sudden rush of charitable activity or uncharacteristically pleasant behavior may be a sign that the patient is trying to strike such a bargain.

Depression   Depression, the fourth stage in Kübler-Ross's model, may be viewed as coming to terms with lack of control. The patient acknowledges that little can now be done to stay the course of illness. This realization may be coincident with a worsening of symptoms, tangible evidence that the illness is not going to be cured. At this stage, patients may feel nauseated, breathless, and tired. They may find it hard to eat, to control elimination, to focus attention, and to escape pain or discomfort.

Kübler-Ross refers to the stage of depression as a time for "anticipatory grief," when patients mourn the prospect of their own deaths. This grieving process seems to occur in two stages, as the patient first comes to terms with the loss of past valued activities and friends and later begins to anticipate the future loss of activities and relationships. The stage of depression, though far from pleasant, can be functional in that patients begin to prepare for what will come in the future. As a consequence, it may sometimes be wise not to intervene immediately with depression but, rather, to let it run its course, at least for a brief time (Kübler-Ross, 1969).

The advice to let depression run its course obviously does not extend to clear cases of pathological depression, in which the patient is continually morose, unresponsive to friends and family, unable to eat, and basically uninterested in activity. In these cases, a therapist may have to intervene. In so doing, however, it is important that depression be distinguished from further physical deterioration. In advanced illness, patients often have so little energy that they cannot discharge activities on their own. What such patients may need—rather than a therapist—is a quiet companion, someone to spoonfeed them, and someone to sponge them off from time to time.

Acceptance   The fifth stage in Kübler-Ross's theory is acceptance. At this point, the patient may be too weak to be angry and too accustomed to the idea of dying to be depressed. Instead, a tired, peaceful, though not necessarily pleasant calm may descend. Some patients use this time to make preparations, deciding how to divide up their last personal possessions and saying goodbye to old friends and family members.

Evaluation of Kübler-Ross's Theory

How good an account of the process of dying is Kübler-Ross's stage theory? As a description of the reactions of dying patients, her work has been invaluable. She has chronicled nearly the full array of reactions to death, as those who work with the dying will be quick to acknowledge. Her work is also of inestimable value in pointing out the counseling needs of the dying. Finally, along with other researchers, she has broken through the silence and taboos surrounding death, making them objects of both scientific study and sensitive concern.

What her work has not done is to identify stages of dying. Patients do not go through five stages in a predetermined order. Some patients never go through a particular stage. Others will go through a stage more than once. All the feelings associated with the five stages may be experienced by some patients on an alternating basis. The resigned patient has moments of anger or depression. The angry patient may also experience denial. The depressed patient may still be hoping for a last-minute reprieve (see Schulz & Aderman, 1974; A. D. Weisman, 1972).

In fairness to Kübler-Ross, it should be noted that she readily acknowledges that her "stages" can occur in varying, intermittent order. Unfortunately, this point is sometimes missed by her audience. Nurses, physicians, social workers, and others who work with the dying may expect a dying person to go through these stages in order, and they may become upset when a patient does not "die right" (Liss-Levinson, 1982; R. L. Silver & Wortman, 1980).

Kübler-Ross's stage theory also does not fully acknowledge the importance of anxiety, which can be present throughout the dying process. Next to depression, anxiety is one of the most common responses (Hinton, 1967; Schulz & Aderman, 1974). What patients fear most is not being able to control pain; they may welcome or even seek death to avoid it (Hinton, 1967). Other symptoms, such as difficulty breathing or uncontrollable vomiting, likewise produce anxiety, which may exacerbate the patient's already deteriorating physical and mental condition.

Is Kübler-Ross's stage theory wrong and some other stage theory correct, or is it simply inappropriate to talk about stages of dying? The answer is that no stage model can be infallibly applied to the process of dying (Schulz & Aderman, 1974). Dying is a complex and individual process, subject to no rules and few regularities.

Psychological Management of the Terminally Ill

Medical Staff and the Terminally Ill Patient

Approximately 1.3 million Americans die in hospitals each year. Unfortunately, death in the institutional environment can be depersonalized and fragmented. Often the reason for keeping the patient in the hospital is to continue treatments in hope of a cure; thus, patients may be subject to painful medical procedures at the time when they are least able to withstand them. Although these procedures do, in some cases, restore people to health, they often simply prolong the dying process.

Wards may be understaffed, so the staff may be unable to provide the kind of emotional support the patient needs. Hospital regulations may restrict the number of visitors or the length of time that they can stay, thereby reducing the availability of support from family and friends. Pain is one of the chief symptoms in terminal illness, and in the busy hospital setting, the ability of patients to get the kind and amount of pain medication that they need may be compromised. Moreover, as we saw in chapter 10, prejudices against drug treatments for pain still exist, so terminal patients run the risk of being undermedicated for their pain (Turk & Feldman, 1992a, 1992b). Thus, death in an institution can be a long, lonely, mechanized, painful, and dehumanizing experience.

The Significance of Hospital Staff to the Patient   Hospital staff can come to be very significant to a patient. Physical dependence on hospital staff is great, because the patient may need help for even the smallest thing, such as brushing teeth or turning over in bed.

Patients are entirely dependent on medical staff for amelioration of their pain. Frequently, staff are the only people to see a dying patient on a regular basis if he or she has no friends or family who can visit regularly.

Moreover, staff can also be the only people who know the patient's actual physical state; hence, they are the patient's only source of realistic information. They may also know the patient's true feelings when others do not; often, patients put up a cheerful front for family and friends so as not to upset them, or the patient may find that his or her need to talk is actively discouraged by family and friends who cannot absorb the additional pain of communicating directly about death (e.g., R. D. Abrams, 1966). The patient, then, may welcome communication with staff because he or she can be fully candid with them. Finally, staff are important because they are privy to one of the patient's most personal and private acts, the act of dying.

Risk of Terminal Care for Staff   **Terminal care** is hard on hospital staff. It is the least interesting physical care because it is so often **palliative care**—that is, care designed to make the patient feel comfortable, rather than curative care—that is, care designed to cure the patient's disease (Benoliel, 1977). Terminal care involves a lot of unpleasant custodial work, such as feeding, changing, and bathing the patient. Even more important is the emotional strain that terminal care places on staff. The staff may burn out from watching patient after patient die, despite their efforts (Maslach, 1977).

Staff may be tempted to withdraw into a crisply efficient manner rather than a warm and supportive one so as to minimize their personal pain. Physicians, in particular, want to reserve their time for patients who can most profit from it and, consequently, may spend little time with a terminally ill patient, yet terminally ill patients may interpret such behavior as abandonment and take it very hard.

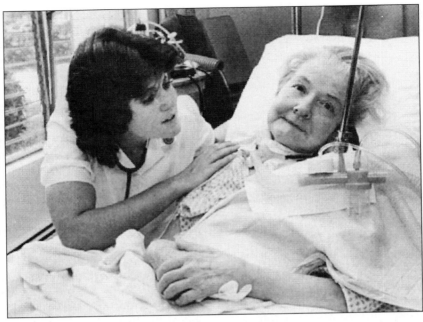

Medical staff can be very significant to a dying patient because they see the patient on a regular basis, provide realistic information, and are privy to the patient's last personal thoughts and wishes. (© David M. Grossman)

Accordingly, a continued role for the physician in the patient's terminal care in the form of brief but frequent visits is desirable. The physician can interpret new and confusing physical changes and allay anxiety by providing information and a realistic timetable of events. The patient and the physician may also make decisions about subsequent medical interventions, such as the use of life support systems and the living will, as noted earlier.

As patients become more anxious about their condition, they may require more information. Hospital staff who work with the terminally ill should have an agreed-upon communication policy, preferably one that emphasizes tactful openness (Liegner, 1986-1987). Responding to new symptoms in a calm, confident, matter-of-fact, and supportive manner can reduce the anxiety that patients experience.

One of the most controversial issues regarding patient-staff interaction during the terminal phase of illness concerns what information patients should be told about their illness. At one time, it was widely believed that patients did not want to know if they were terminally ill, although research subsequently proved that belief groundless. Nonetheless, great disparities remain regarding preferences for information and beliefs about the amount of information that patients should have. Although 69% of European Americans believe a patient should be told if the prognosis is terminal, only 63% of African Americans, 48% of Mexican Americans, and a mere 35% of Korean Americans agree (Blackhall, Murphy, Frank, Michel, & Azen, 1995). Similarly, whereas 65% of Americans of European origin believe that patients should make the decision about the use of life support, only 41% of Mexican Americans and 28% of Korean Americans agree.

To summarize, then, hospital staff often have an important role in the life of the dying patient, one that can be rewarding but that is also highly stressful.

Achieving an Appropriate Death   Psychiatrist Avery Weisman (1972, 1977), who worked with dying patients for many years, outlined a useful set of goals for medical staff in their work with the dying:

1. Informed consent—patients should be told the nature of their condition and treatment and, to some extent, be involved in their own treatment.
2. Safe conduct—the physician and other staff should act as helpful guides for the patient through this new and frightening stage of life.
3. Significant survival—the physician and other medical staff should help the patient use his or her remaining time as well as possible.
4. Anticipatory grief—both the patient and his or her family members should be aided in working through their anticipatory sense of loss and depression.
5. Timely and appropriate death—the patient should be allowed to die when and how he or she wants to, as much as possible. The patient should be allowed to achieve death with dignity.

Individual Counseling with the Terminally Ill

Many patients need the chance to talk with someone about how they feel about themselves, their lives, their families, and death, and they need the opportunity to regain a sense of control over their lives (Sobel, 1981). Typically, medical staff cannot devote the kind of time required for this support. Accordingly, therapy

for dying patients is becoming an increasingly available and utilized option (Sobel, 1981).

Therapy with the dying is different from typical psychotherapy in several respects. First, for obvious reasons, it is likely to be short-term. The format of therapy with the dying also varies from that of traditional psychotherapy (Pattison, 1967). The nature and timing of visits must depend on the inclination and energy level of the patient, rather than on a fixed schedule of appointments. The agenda should be set at least partly by the patient. If an issue arises that the patient clearly does not wish to discuss, this wish should be respected.

Terminally ill patients may need help in resolving unfinished business. Uncompleted activities may prey on the mind, and preparations may need to be made for survivors, especially dependent children. Through careful counseling, a therapist may help the patient come to terms with the need for these arrangements, as well as with the need to recognize that some things will remain undone (R. D. Abrams, 1966).

Some **thanatologists**—that is, those who study death and dying—have suggested that behavioral and cognitive-behavioral therapies can be constructively employed with dying patients (Sobel, 1981). For example, progressive muscle relaxation can ameliorate discomfort and instill a renewed sense of control. Positive self-talk, such as focusing on one's life achievements, can undermine the depression that often accompanies dying.

Therapy with the dying is challenging. It can be emotionally exhausting to become intimately involved with people who have only a short time to live. Few guidelines are available for **clinical thanatology**—that is, therapy with the dying. Nonetheless, such efforts can be important in that they can help the dying place their lives into perspective prior to death. Many people find meaning in **symbolic immortality,** a sense that one is leaving behind a legacy through one's children or one's work, or that one is joining the afterlife and becoming one with God (Lifton, 1977). Thus, the last weeks of life can crystallize the meaning of a lifetime.

Family Therapy with the Terminally Ill

Sometimes, the preferable therapeutic route with dying patients is through the family. Dying does not happen in a vacuum but is often a family experience. As a consequence, family therapy can be an appropriate way to deal with the most common issues raised by terminal illness: communication, death-related plans and decisions, and the need to find meaning in life while making a loving and appropriate separation. Sometimes, the therapist will need to meet separately with family members as well as with the patient.

Family and patient may be mismatched in their adjustment to the illness. For example, family members may hold out hope, but the patient may be resigned to the prospect of death. Moreover, the needs of the living and the dying can be in conflict, with the living needing to maintain their resources and perform their daily activities at the same time that the patient needs a great deal of support. A therapist can help family members find a balance between their own needs and those of the patient.

Other conflicts may arise that require intervention. If a patient withdraws from some family members but not others, a therapist can anticipate the issues that may arise, so that the patient's withdrawal is not misunderstood, becoming a basis for conflict. Both patients and family members may have difficulty saying what they mean to each other. Therapists can interpret what patients and family members are trying to express. For many families, terminal illness can be a time of great closeness and sharing. It may be the only time when the family sets aside time to say what their lives within the family have meant.

The Management of Terminal Illness in Children

Working with terminally ill children is perhaps the most stressful of all terminal care. First, it is often the hardest kind of death to accept. Hospital staff typically serve only limited rotations in units with terminally ill children because they find the work so psychologically painful. Death in childhood can also be physically painful, which adds to the distress it causes. A common cause of childhood death is leukemia, which is not only painful in itself but is treated through a variety of stressful medical procedures, such as bone marrow transplants. Moreover, one must work not only with a confused and often frightened child but usually also with unhappy, frightened, and confused parents (Whittam, 1993).

For these reasons, terminally ill children often receive even less straightforward information about their condition than do terminally ill adults (Spinetta, 1974). Their questions may go unanswered, or they and their parents may be led to falsely optimistic conclusions, so that medical staff can avoid painful confrontations. To what extent is this a defensible policy? Precisely because they are children, it is easy to rationalize not giving children true information about their treatments and condition on the grounds that they will not understand it or that it will make them fearful, yet it is clear that, just as is true for terminally ill adults, terminally ill children know more about their situation than they are given credit for (Spinetta, 1974, 1982). As Bluebond-Langner's (1977) work with leukemic children demonstrates, children use cues from their treatments and from the people around them to infer what their condition must be. As their own physical condition deteriorates, they develop a conception of their own death and the realization that it may not be far off:

> Tom: Jennifer died last night. I have the same thing. Don't I?

Nurse: But they are going to give you different medicines.

Tom: What happens when they run out? (Bluebond-Langner, 1977, p. 55)

It may often be difficult to know what to tell a child. Unlike adults, children may not express their knowledge, concerns, or questions directly. They may communicate the knowledge that they will die only indirectly, as by wanting to have Christmas early, so that they will be around for it. Or they may suddenly stop talking about their future plans.

> One child, who when first diagnosed said he wanted to be a doctor, became quite angry with his doctor when she tried to get him to submit to a procedure by explaining the procedure and telling him, "I thought you would understand, Sandy. You told me once you wanted to be a doctor." He screamed back at her, "I'm not going to be anything," and then threw an empty syringe at her. She said, "OK, Sandy." The nurse standing nearby said, "What are you going to be?" "A ghost," said Sandy, and turned over. (Bluebond-Langner, 1977, p. 59)

In some cases, death fantasies may be acted out by burying a doll or holding a funeral for a toy (Bluebond-Langner, 1977; Spinetta, 1974; Spinetta, Spinetta, Kung, & Schwartz, 1976). Some of these problems will require counseling. Counseling with a terminally ill child can, in certain respects, proceed very much like counseling with a terminally ill adult. The therapist can take cues of what to say directly from the child, talking only when the child feels like talking and only about what the child wants to talk about.

In many cases, it is not just the terminally ill child who requires some kind of counseling, but the family as well. Parents may blame themselves for the child's disease, and even in the best of cases, family dynamics are often severely disrupted by the terminal illness of a child. The needs of other children may go relatively ignored, and they may come to feel confused and resentful about their own position in the family. Parents may have needs for assistance in coping that are going ignored because of their child's needs. It may be difficult for parents to get good information about the nature of their child's treatment and prognosis (Barbarin & Chesler, 1986). A therapist working with the family can ameliorate these difficulties.

To summarize, then, managing the terminally ill child is not substantially different from working with terminally ill adults, but it is substantially harder. As with adults, one provides honest and straightforward information and answers to questions. What makes this process hard is the fact that the child's level of information and questions are often a jumble of reactions to the hospital, to the emotional responses of parents and staff, and to vague or incomplete ideas about what death and illness are. Often, these concepts only peep out through painful and heart-wrenching fantasies, yet children can often show a startling maturity, finding meaning for both themselves and their families through the difficult process of dying.

Alternatives to Hospital Care for the Terminally Ill

We have already considered some of the problems with hospital care for the terminally ill. The fact that care is palliative, emotionally wrenching, and demanding of personalized attention in ways that may go beyond the resources of the hospital has led to the development of treatment alternatives (Cassileth & Donovan, 1983). As a result, two types of care have become increasingly popular: hospice care and home care.

Hospice Care

In the past 2 decades, **hospice care** has emerged as a type of care for the dying. The idea behind

Hospice care, an alternative to hospital and home care for the terminally ill, is designed to provide personalized palliative treatment without the strains that home care can produce. This photograph shows a 73-year-old woman in a hospice, surrounded by photos of her family. (© Toni Michaels/The Image Works)

hospice care is the acceptance of death in a positive manner, emphasizing the relief of suffering rather than the cure of illness (Wall, Rodriguez, & Saultz, 1993). Hospice care is designed to provide palliative care and emotional support to dying patients and their family members (Plumb & Ogle, 1992).

In medieval Europe, a **hospice** was a place that provided care and comfort for travelers. In keeping with this original goal, hospice care is both a philosophy concerning a way of dying and a system of care for the terminally ill. Hospice care may be provided in the home (Rhymes, 1991), but it is also commonly provided in free-standing or hospital-affiliated units called hospices. Typically, painful or invasive therapies are discontinued. Instead, care is aimed toward managing symptoms, such as reducing pain and controlling nausea.

Most important, the patient's psychological comfort is stressed (Dush, 1985; Kastenbaum, 1979; Saunders, 1977). Patients are encouraged to personalize their living areas as much as possible by bringing in their own, familiar things. Thus, in institutional hospice care, each room may look very different, reflecting the personality and interests of its occupant. Patients also wear their own clothes and determine their own activities in an effort to establish the kind of routine they might develop on their own at home. Hospice care is particularly oriented toward improving a patient's social support system. Restrictions on visits from family or friends are removed as much as possible. Family may be encouraged to spend days with the patient, to stay over in the hospice if possible, to eat together with the patient. Staff are especially trained to interact with patients in a warm, emotionally caring way. Usually, therapists are made available—either on an individual basis or through family therapy—to deal with such problems as communication difficulties and depression. Some programs also make discussion groups available to patients who wish to discuss their thoughts with others who are also facing death.

Open and honest communication is one of the most important goals of the hospice (Aiken & Marx, 1982; Young-Brockopp, 1982).

When hospice care was first initiated, there was some concern that moving a patient to a facility that specialized in death—as hospices, in essence, do—would depress and upset both patients and family members. Such fears have largely proved groundless.

Evaluating Hospice Care Formally evaluating hospice care has been difficult. Patients are not randomly assigned to hospice care, hospital care, or home care but, rather, end up in one or another by virtue of their own decisions, decisions made by the physician, or decisions made by family members. Nonetheless, some efforts to evaluate its quality have been undertaken.

In one study (Kane, Klein, Bernstein, Rothenberg, & Wales, 1985; Kane, Wales, Bernstein, Leibowitz, & Kaplan, 1984), 247 patients and their relatives were randomly assigned to receive either hospice care or traditional terminal care. There were no significant differences in length of mortality, in number of invasive diagnostic procedures and treatments, or in numbers of days spent in the hospital. There were also no differences in pain, symptoms reported, depression, or anxiety. Patients in both groups were equally satisfied with their environment. However, hospice patients were significantly more satisfied with their interpersonal care and their involvement in that care. Their relatives showed less anxiety and greater satisfaction with their involvement in the care as well. Thus, some benefits of hospice care over traditional care were observed.

Other studies have found that hospice care is less stressful for the family than is care in the hospital environment (see Adkins, 1984; Tehan, 1982). Many family members perceive the hospice and staff as an extension of their home, and some hospices are partially staffed by family volunteers who provide care to others after their own family member has died.

Other research suggests that hospice care provides the same quality of care for less money (Holden, 1983). However, there are sometimes problems attracting trained nursing and medical staff to such units, because palliative care is less technically challenging than other forms of medical care (Sorrentino, 1992).

Although hospices were originally developed to be facilities separate from hospitals, their success as a treatment model has led to their increasingly being incorporated into traditional hospitals (Parkes, 1977). Moreover, many hospice programs now involve home care. Hospice staff visit homes on a regular basis, teaching family members how to provide the patient with palliative care and helping both the patient and family cope with problems that have arisen. Residential hospice care is usually a backup option. In many ways, this flexible program can meet all needs: Patients can remain home as long as the family members are able to manage it (Buckingham, 1983).

Home Care

In recent years, we have witnessed renewed interest in **home care** for dying patients. Home care appears to be the care of choice for a substantial percentage of terminally ill patients, 50% in one study (Mor & Hiris, 1983; see also Brescia, Sadof, & Barstow, 1984). Because hospital costs have escalated so markedly, many people cannot afford hospitalization for terminal illness, particularly if the death is long and drawn out. Also, some managed care programs do not fully cover hospital or residential hospice costs for some terminal illnesses.

Although home care would solve many logistical difficulties, the important question of quality of care arises. Can patients receive as competent care at home as in the hospital? Researchers who have examined this issue believe that usually they can, provided that there is regular contact between medical personnel and family members and that the family is

BOX 12.6

Cultural Attitudes Toward Death and Death-Related Ceremonies

Cultural attitudes toward death vary widely (Pickett, 1993; M. Stroebe, Gergen, Gergen, & Stroebe, 1992). Whereas some cultures fear death, others see it as a normal part of life. Each culture, accordingly, has developed death-related ceremonies that reflect these cultural beliefs. A few examples follow.

Within traditional Japanese culture, death is regarded as a process of traveling from one world to another. When someone dies, that person goes to a purer country, a place often described as beautifully decorated with silver, gold, and other precious metals. The function of death rituals is to help the spirit make the journey. Thus, a series of rites and ceremonies takes place, aided by a minister, to achieve this end. The funeral events begin with a bedside service, in which the minister consoles the family. The next service is the *Yukan*, the bathing of the dead. An appreciation service follows the funeral, with food for all who have traveled long distances to attend. When the mourning period is over, a final party is given for friends and relatives as a way of bringing the mourners back into the community (Kübler-Ross, 1975).

The Andaman Islanders, in the Bay of Bengal, are an example of many societies that respond to death with ritual weeping. Friends and relatives gather together with the mourners during the funeral to weep and show other signs of grief. This ritual of weeping is an expression of the bonds among individuals within the society and reaffirms these bonds when they are broken arbitrarily by death. Mourners are separated from the rest of society for a short time after the death; during this time, they become associated with the world of the dead. At the end of the mourning period, they are reunited with the rest of the community (Radcliffe-Brown, 1964).

In Hinduism, which is the main religion of India, death is not viewed as separate from life or as an ending. Rather, it is considered a continuous, integral part of life. Because Hindus believe in reincarnation, they believe that birth is followed by death and death by rebirth; every moment one is born and dies again. Thus, death is like any transition in life. The Hindus teach that one should meet death with tranquillity and meditation. Death is regarded as the chief fact of life and a sign that all earthly desires are in vain. Only when an individual neither longs for nor fears death is that person capable of transcending both life and death and achieving nirvana—merging into unity with the Absolute. In so doing, the individual is freed from the fear of death, and death comes to be seen as a companion to life (Kübler-Ross, 1975).

What would people from another culture think about American attitudes toward death if they were to witness our death practices? First, they would see that, in the United States, the majority of deaths take place in the hospital without the presence of close relatives. Once death has occurred, the corpse is promptly removed without the help of the bereaved, who see it again only after morticians have made it acceptable for viewing. In some cases, the corpse is cremated shortly after death and is never again seen by the family. A paid organizer, often a director of a funeral home, takes over much of the direction of the viewing and burial rituals, deciding matters of protocol and the timing of services. In most subcultures within the United States, a time is set aside when the bereaved family accepts condolences from visiting sympathizers. A brief memorial service is then held, after which the bereaved and their friends may travel to the cemetery, where the corpse or ashes are buried. Typically, there are strong social pressures on the friends and relatives of the deceased to show little sign of emotion. The family is expected to establish this pattern, and other visitors are expected to follow suit. A friend or relative who is out of control emotionally will usually withdraw from the death ceremony or will be urged to do so by others. Following the ceremony, there may be a brief get-together at the home of the bereaved, after which the mourners return home (Huntington & Metcalf, 1979).

adequately trained (Rutman & Parke, 1992; but see Cartwright, 1991).

Psychological factors are increasingly raised as legitimate reasons for home care. In contrast to the mechanized and depersonalized environment of the hospital, the home environment is familiar and comfortable. The patient is surrounded by personal items and by loving family, rather than by medical staff. The ability to make small decisions, such as what to wear or what to eat, can be maintained. The strongest psychological advantages of home care, then, are the opportunity to maintain personal control and the availability of social support.

Although home care is often easier on the patient psychologically, it can be very stressful for the family (Aneshensel et al., 1993; Stets & Hanson, 1992). Even if the family is able to afford around-the-clock nursing, often at least one family member's energies must be devoted to the patient on an almost full-time basis. Given work schedules and other daily tasks, it may be difficult for any family member to do this. Such constant contact with the dying person is also stressful. Family members may be torn between wanting to keep the patient alive and wanting the patient's suffering to be over. Home care does give the family an opportunity to share their feelings and to be together at this important time. These benefits may well offset the stresses, and studies often find that families prefer home to hospital care.

Problems of Survivors

The death of a family member may be the most upsetting and dreaded event in a person's life. For many people, the death of someone close is a more terrifying prospect than their own death or illness (Kalish & Reynolds, 1976). Even when a death is anticipated and, on some level, actually wished for, it may be very hard for survivors to cope successfully.

We have already discussed several methods of helping families prepare for death. Family therapy, participation in a hospice program, and contact with sensitive medical staff members all help prepare the family. But few such programs can really help the family prepare for life after the death. Such preparations might be thought premature, insensitive, or tasteless. Nonetheless, it is often at this point that family members need the most help, and it can be when they are least likely to get it (Feifel, 1977).

The weeks just before the patient's death are often a period of frenzied activity. Visits to the hospital increase, preliminary legal or funeral preparations may be made, last-minute therapies may be initiated, or the patient may be moved to another facility. Family members are kept busy by the sheer amount of work that must be done. Even after the patient dies, there is typically a great deal of work (Raether & Slater, 1977): Funeral arrangements must be made; burial and tombstone details must be worked out; family members who have arrived for the services must be housed and fed; and well-intentioned friends who drop by to express their condolences must be talked to. Then, very abruptly, the activities cease. Visitors return home, the patient has been cremated or buried, and the survivor is left alone, perhaps wondering what to do next.

The Adult Survivor

During the period of terminal illness, the survivor's regular routine was probably replaced by illness-related activities. It may be hard to remember what one used to do before the illness began; even if one can remember, one may not feel much like doing it.

The survivor, then, is often left with lots of time and little to do but grieve. Moreover, the typical survivor is a widow in her 60s or older who may have physical problems of her own

Grief involves a feeling of hollowness, a preoccupation with the deceased person, and guilt over the death. Often, outsiders fail to appreciate the depth of a survivor's grief or the length of time it takes to get over the bereavement. (© Frank Siteman/Stock Boston/Picture Quest)

(Kastenbaum, 1977). If she has lived in a traditional marriage, she may find herself with tasks to do, such as preparing her income tax return and making household repairs, that she has never had to do before. Survivors may be left with few resources to turn to (Kastenbaum, 1977). Increasingly, psychological researchers are turning their attention to the problems experienced by the bereaved (e.g., N. Stein, Folkman, Trabasso, & Richards, 1997; R. S. Weiss & Richards, 1997).

Grief, which is the psychological response to bereavement, is a feeling of hollowness, often marked by preoccupation with the image of the deceased person, expressions of hostility toward others, and guilt over the death. Bereaved people often show a restlessness and an inability to concentrate on activities (Glick et al., 1974; Nolen-Hoeksema, McBride, & Larson, 1997; W. Stroebe & Stroebe, 1987), and they experience adverse physical symptoms (W. Stroebe & Stroebe, 1987).

It may be difficult for outsiders to appreciate the degree of a survivor's grief. They may feel that, especially if the death was a long time in coming, the survivor should be ready

for it and thus show signs of recovery shortly after the death. Widows report that often, within a few weeks of their spouse's death, friends are urging them to pull out of their melancholy and get on with life. In some cases, the topic of remarriage is brought up within weeks after the death (Glick et al., 1974). However, normal grieving may go on for months, and a large percentage of widows and widowers are still deeply troubled by their spouse's death several years later (R. L. Silver & Wortman, 1980; W. Stroebe & Stroebe, 1987).

The question of whether it is adaptive to grieve or to avoid prolonged grief in response to a death has received research attention recently. In contrast to psychologists' usual caution that the avoidance of unpleasant emotion can be problematic, some emerging evidence suggests that emotional avoidance (Bonanno, Keltner, Holen, & Horowitz, 1995) and positive appraisals (N. Stein et al., 1997) actually lead to better adjustment in the wake of a death. Bereaved adults who ruminate on their losses are less likely to have good social support, have higher levels of stress, and are more likely to be depressed (Nolen-Hoeksema et al., 1997).

The grief response appears to be particularly aggravated in men and in those whose loss was sudden and unexpected (W. Stroebe & Stroebe, 1987). In fact, having been widowed is a strong predictor of adult depression, especially for men. Among women who are depressed in widowhood, financial strain appears to be an important factor. For men, the critical factor seems to be strains associated with household management (Umberson, Wortman, & Kessler, 1992). As we will see in chapter 14, the experience of bereavement can lead to adverse changes in immunologic functioning, increasing the risk of disease and even death (Janson, 1986; Osterweis, 1985; W. Stroebe & Stroebe, 1987). In addition, increases in alcohol and drug abuse and inability to work are common among survivors (Aiken & Marx, 1982). Programs designed to provide counseling to the bereaved have the potential to offset these adverse reactions (Aiken & Marx, 1982).

The Child Survivor

Explaining the death of a parent or sibling to a surviving child can be particularly difficult (Corr & Corr, 1985; J. W. Ross, 1985). As noted earlier, the child's understanding of death may be incomplete, so the child may not understand that death is final and irreversible. As a consequence, the child may keep expecting the dead person to return, which becomes troubling both to the child and to other family members. When the child does understand that the dead person is not going to return, he or she may not understand why. The child may believe either that the parent intended to leave or that the parent left because the child was "bad." It may take counseling to make a child see that this conclusion is not true.

The death of a sibling raises particular complications, because many children have fervently wished, at one time or another, that a sibling were dead. When the sibling actually

does die, the child may feel that he or she somehow caused it. The likelihood that this problem will arise may be enhanced if the sibling was ill for some time before death. Very possibly, the surviving child did not get much attention during that time and may thus feel some temporary elation when the sibling is no longer around as a source of competition (Lindsay & McCarthy, 1974). As one child remarked on learning of his sibling's death, "Good. Now I can have all his toys" (Bluebond-Langner, 1977, p. 63). Such reactions are typically only temporary and may exacerbate the sorrow or guilt the child feels later on (Binger, 1973; Gogan, Koocher, Foster, & O'Malley, 1977; Sourkes, 1980).

> Lars was seven when his sister died of leukemia. He was never told that she was sick and when she did die, he was sent away to a relative. After the funeral he returned home to find his sister gone and his parents in a state of grief. No explanation was offered and Lars was convinced he had done something that caused his sister's death. He carried this burden of guilt with him until he was fifteen. Academically, he had many problems. His math and reading remained at about the second-grade level. His parents were concerned and cooperative, but it was impossible for them to identify the problem. After leukemia was discussed in a health science class, Lars hesitantly told the teacher his story. Lars wanted to believe that he was not responsible for his sister's death, but he needed to hear it directly from his parents. A conference was set up, and with the support of his teacher, Lars told his parents his feelings of guilt. The parents were astonished. They had no idea their son felt any responsibility. Through many tears, they told him the entire story and tried to reassure him that in no way was he responsible. In fact, he had been a source of comfort and support to both his sister and his parents. (Spinetta et al., 1976, p. 21)

In leading a child to cope with the death of a parent or a sibling, it is best not to wait until the death has actually occurred. Rather, the child should be prepared for the death, perhaps by drawing on the death of a pet or a flower to aid understanding (Bluebond-Langner, 1977). The child's questions about death should be answered as honestly as possible, but without unwanted detail. Providing only what is asked for when the timing is right is the best course.

Death Education

Some educators and researchers have maintained that one way to make surviving easier is to educate people about death earlier in their lives, before they have had much personal experience with it (Leviton, 1977).

Because death has been a taboo topic, many people have misconceptions about it, including the idea that the dying wish to be left alone, without talking about their situation. Because of these concerns, some courses on dying, which may include volunteer work with dying patients, have been developed for college students. This approach is believed to eliminate myths and to promote realistic perceptions about what can be done to help the dying (Schulz, 1978). A potential problem with such courses is that they may attract the occasional suicidal student and provide unintended credibility and encouragement for self-destructive leanings. Accordingly, some instructors have recommended confronting such problems head-on, in the hopes that they can be forestalled.

Whether college students are the best and the only population that should receive death education is another concern. Unfortunately, organized means of educating people outside the university system are few, so college courses remain one of the more viable vehicles for death education, yet a book about death and dying, *Tuesdays with Morrie* (Albom, 1997), has been one of the bestsellers of recent years, a fact that underscores how much people want to understand death. Moreover, causes of death, especially diseases with high mortality, dominate the news (Adelman & Verbrugge, 2000), yet at present the news and a few books are nearly all there is to meet such needs. Through **death education,** it may be possible to develop realistic expectations, both about what modern medicine can achieve and about the kind of care the dying want and need.

Summary

1. Causes of death vary over the life cycle. In infancy, congenital abnormalities and sudden infant death syndrome (SIDS) account for most deaths. From ages 1 to 15, the causes shift to accidents and childhood leukemia. In young adulthood, death is often due to auto accidents, homicide, suicide, cancer, and AIDS. In adulthood, sudden death due to heart attack is the most common cause of death. Death in old age is usually due to heart attacks, stroke, cancer, and physical degeneration.

2. Concepts of death change over the life cycle. In childhood, death is conceived of first as a great sleep and later as a ghost-like figure that takes a person away. Finally, death is seen as an irreversible biological stage. Many believe that adulthood is the time when people first begin to come to terms with their own death.

3. Advancing disease raises many psychological issues, including treatment-related discomfort and decisions of whether to continue treatment. Increasingly, issues concerning living wills (the patient's directive to withhold extreme life-prolonging measures) and euthanasia have been topics of concern in both medicine and law.

4. Patients' self-concepts must continually change in response to the progression of illness, change in appearance, energy level, control over physical processes, and degree of mental alertness. The patient may withdraw from family and friends as a result. Thus, issues of communication are a focal point for intervention.

5. Kübler-Ross's theory of dying suggests that people go through a series of predictable stages, progressing through denial, anger, bargaining, depression, and finally acceptance. Research shows, however, that patients do not go through these stages in sequence but that all these phenomena describe reactions of dying people, to a degree.

6. Much of the responsibility for psychological management of terminal illness falls on medical staff. Medical staff can provide information, reassurance, and emotional support when others may not.

7. Psychological counseling needs to be made available to terminally ill patients, because many need a chance to develop a perspective on their lives. Developing methods for training therapists in psychiatric and psychological thanatology, then, is an educational priority. Family therapy may be needed to soothe the problems of the family and to help the patient and family say goodbye to each other.

8. Counseling terminally ill children is especially important, because both parents and children may be confused and frightened. Families of dying children may need help in developing effective coping, which can be influenced by the medical environment.

9. Hospice care and home care are alternatives to hospital care for the dying. Palliative care in the home or in a homelike environment can have beneficial psychological effects on dying patients and their survivors.

10. Grief is marked by a feeling of hollowness, preoccupation with an image of the deceased person, guilt over the death, expressions of hostility toward others, and restlessness and inability to concentrate. Many people do not realize how long normal grieving takes.

Key Terms

clinical thanatology
death education
euthanasia
grief
home care
hospice

hospice care
infant mortality rate
living will
palliative care
premature death
stages of dying

sudden infant death
    syndrome (SIDS)
symbolic immortality
terminal care
thanatologists

CHAPTER 13

Heart Disease, Hypertension, Stroke, and Diabetes

ndrea's father had a heart attack during her junior year in college. It was not entirely a surprise. He was overweight, suffered from hypertension, and had diabetes, all of which are risk factors for heart disease. Fortunately, the heart attack was a mild one, so, after a brief hospitalization, he returned home and began a program of cardiac rehabilitation.

Many aspects of his life required change. Although he had always had to watch his diet, dietary intervention now became especially important to his recovery. Previously, he had enjoyed watching sports from his armchair, but he now found that he had to take up physical exercise. And the cigarettes he had always enjoyed were out of the question. On weekends, Andrea called to make sure everything was okay.

First, her mother would get on the phone. "Your father is impossible, Andrea. He doesn't eat the things I fix for him, and he's not doing the exercise he's supposed to be doing. He stops after about 5 minutes. I think he's even sneaking a cigarette when he goes out to run errands."

Then Andrea's father would get on the phone. "Your mother is driving me crazy. It's like having a spy following me around all the time. I can't do anything without her getting on my case, constantly nagging me about my heart. My blood pressure's going up just having to deal with her."

Unfortunately, Andrea's parents' situation is not unusual. Adjustment to chronic disease, as we have seen, is a difficult process, and one that often requires major changes in lifestyle that are very difficult to make.

In this chapter, we take up four major chronic disorders—namely, heart disease, hypertension, stroke, and diabetes. All four involve the circulatory and/or metabolic system and often represent co-occurring disorders, especially in older adults. Moreover, due to their frequency, they affect large numbers of people.

Coronary Heart Disease

Coronary heart disease (CHD) is the number one killer in the United States, accounting for 40% of all deaths. It was not a major cause of illness and death until the 20th century because, in earlier decades, most people died of infectious diseases, so many did not live long enough to develop heart disease.

But CHD is also a disease of modernization, due at least in part to the alterations in diet and reduction in activity level that have accompanied modern life. Because of these factors, around the turn of the 20th century, coronary heart disease began to increase, although it has recently begun to level off. Nonetheless, it is estimated that, in the United States, 1.5 million new cases are identified annually. One of the most significant aspects of CHD is that many of the more than 500,000 deaths each year are premature deaths; that is, they occur well before age 75 (American Heart Association, 2001b).

In addition to the high death rate associated with it, CHD is also a major chronic disease. Millions of Americans live with its symptoms. Because of its great frequency and the toll it takes on relatively young people, finding the causes and cures of heart disease has been a high priority of health research.

What Is CHD?

Coronary heart disease (CHD) is a general term that refers to illnesses caused by atherosclerosis, the narrowing of the coronary arteries, the vessels that supply the heart with blood. As we saw in chapter 2, when these vessels become narrowed or closed, the flow of oxygen and nourishment to the heart is partially or completely obstructed. Temporary shortages of oxygen and nourishment frequently cause pain, called angina pectoris, that radiates across the chest and arm. When severe deprivation occurs, a heart attack (myocardial infarction) can result.

Heart disease has a family history component, being more common among the offspring of individuals who have had heart disease. This component may include a genetically based predisposition to cardiovascular reactivity, which may emerge early in life (Boyce, Alkon, et al., 1995) and be exacerbated by lifestyle-related risk factors, including exposure to stress. Risk factors for CHD include high blood pressure, diabetes, cigarette smoking, obesity, high serum cholesterol level, and low levels of physical activity (American Heart Association, 2000a).

Role of Stress

Recent research has focused on the contribution that stress and an individual's particular methods of coping with it may play in the development of heart disease. In particular, hostility, exposure to chronic stress, and cardiovascular reactivity to stress are heavily implicated in the development of CHD. In addition, acute stress, negative emotions, and sudden bursts of activity (Brody, 1993) can precipitate the sudden clinical events, such as a heart attack, that lead to diagnosed disease. Reactivity to stress and/or coping with it via hostility may interact with other risk factors, such as elevated cholesterol level, in

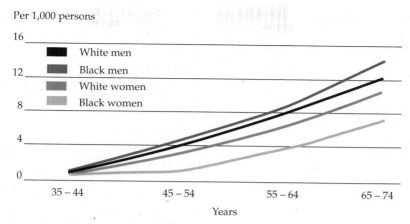

Per 1,000 persons

FIGURE 13.1 Annual Rate of First Heart Attacks by Age, Sex, and Race—United States, 1987–1994. (*Source:* Reproduced with permission, American Heart Association World Wide Site; www.americanheart.org; © 2000, Copyright American Heart Association.)

enhancing overall risk (e.g., Lombardo & Carreno, 1987).

Heart disease is more common in individuals low in socioeconomic status (SES), especially males, and the symptoms and signs of cardiovascular disease develop earlier (Gump, Matthews, & Raikkonen, 1999); (see Figure 13.1); these patterns are believed to reflect the greater chronic stress that people experience, the lower they are on the socioeconomic ladder (e.g., Adler et al., 1994). Consequently, as one might expect, low SES is also associated with poor prospects for recovery (Ickovics, Viscoli, & Horwitz, 1997). However, taking all known risk factors together accounts for less than half of all newly diagnosed cases of CHD; accordingly, a number of risk factors remain to be identified, which could target people who are at risk for CHD early in the disease process.

As already noted, CHD is a disease of modernization and industrialization. (see Box 13.1) As we saw in chapter 6, occupational stress has been related to its incidence (Repetti, 1993a). Research on CHD and the workplace reveals that several job factors are reliably related to increased risk: job strain, especially the combination of high work demands and low control; a

discrepancy between one's educational level and one's occupation; low job security; high work pressure; and a vigilant coping strategy. Although men with low medical risk may not develop CHD in response to these factors, among men with higher initial risk, these job factors enhance risk of CHD (Siegrist, Peter, Runge, Cremer, & Seidel, 1990; see also Falk, Hanson, Isaacsson, & Ostergren, 1992).

Stress due to social instability may also be tied to higher rates of CHD. Urban and industrialized countries have a higher incidence of CHD than do underdeveloped countries. Migrants have a higher incidence of CHD than do geographically stable individuals. People who are occupationally, residentially, or socially mobile in a given culture have a higher frequency of coronary heart disease than do those who are less mobile (Kasl & Berkman, 1983). Men married to highly educated women or to women in white-collar jobs may be at greater risk (Frankish & Linden, 1996).

Women and CHD

Cardiovascular disease is the leading killer of women in the United States and most other

BOX 13.1

Can a New York Minute Be Fatal?

Residents of New York City have an unusually high rate of death due to heart disease. Is it stress? The joke about the "New York Minute" that actually lasts about 20 seconds maintains that New Yorkers are exposed to a chronically pressured, highly stressed environment. Does it actually compromise their health?

To test this question, Christenfeld and his associates (Christenfeld, Glynn, Phillips, & Shrira, 1999) examined all U.S. death certificates for a 10-year period and looked especially at three groups: New York City residents who died in the city, non-New York City residents who were visiting the city, and New York City residents who were traveling outside of the city.

Among New York City residents, the death rate was 155% higher than the expected number of deaths, and among visitors to the city, the death rate was 134% of

(© Photo Disc/Vol. #16)

the expected deaths. But for New York City residents dying outside of the city, the death rate was only 80%.

Thus, can life in New York City kill you? It looks as if it can.

developed countries. In 2000, it accounted for 43% of all female deaths. Less research concerning CHD has focused on women than on men. This discrepancy may occur, in part, because premature death from cardiovascular disease does not occur as often for women as for men (see Figure 13.2).

Women seem to be protected at young ages against coronary disease relative to men. One reason may be their higher levels of high-density lipoprotein (HDL), which appears to be linked to premenopausal women's higher levels of estrogen. Estrogen also diminishes sympathetic nervous system arousal, which may add to the protective effect against heart disease seen in women (K. Matthews & Rodin, 1992); in response to stress, women show smaller increases in blood pressure, neuroendocrine, and some metabolic responses than do men (K. Matthews, Davis, Stoney, Owens, & Caggiula, 1991).

Because of these factors, one might expect to see higher rates of cardiovascular disease among women after menopause, which is indeed the case (K. Matthews, Wing, Kuller, Meilahn, & Plantinga, 1994). Women do experience an increased risk of myocardial infarction and CHD-related death after menopause, a risk that is partially offset by taking estrogen replacement therapy (Kuller, Gutai, Meilahn, Matthews, & Plantinga, 1990). Women also typically gain weight during menopause, and this weight gain is associated with increases in blood pressure, cholesterol, and triglycerides, also risk factors for CHD (Wing, Matthews, Kuller, Meilahn, & Plantinga, 1991). Women who go on estrogen replacement therapy may sustain a smaller risk for heart disease, perhaps through increased parasympathetic responsiveness to stress, decreased sympathetic responses to stress, or a combination of both (Burleson et al., 1998). Although the onset of coronary heart disease is typically about 15 years later in women than men, it is still the leading cause of death for women as well, and overall more women die of heart disease than men do.

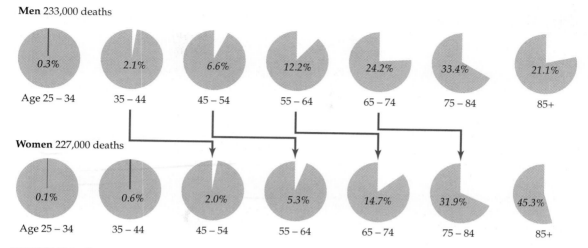

FIGURE 13.2   Percentage of U.S. Heart Attack Deaths in 1998, by Age Group
Heart attacks last year killed more than 460,000 Americans—roughly half women and half men. Once menopause deprives women of estrogen, they face risks like those of men 10 years younger. (*Source: Fortune,* 1999)

Despite this fact, relatively little research on CHD has been conducted on women. Many researchers believe that this gap is due to sexism in the allocation of funds and research on men versus women and to concern placed on "male" problems over "female" ones (Altman, 1991). The bias favoring men occurs both for risk factors as well as for treatment. That is, although the risk factors for CHD in men have been well established, considerably less research has explored risk factors for women or has checked to see if the same risk factors as for men are implicated in the development of disease in women. Heart disease in men is diagnosed earlier and treated more aggressively than is the case for women (e.g., Gan et al., 2000). Because of recent national attention to this bias, research is now beginning to clarify the determinants, behavioral risk factors, and success of treatments in women (Roan, 1993).

Nonetheless, the fact that women have been so underexamined in research on CHD has meant not only that we know less about women's heart disease and its treatment but also that less information about women's heart

disease has been present in the media, leaving women misinformed about their health risks (S. Wilcox & Stefanick, 1999).

What research there is suggests that CHD risk factors in women are relatively similar to those in men. As is true for men, women who are more physically active, who get regular exercise, and who have lower cholesterol and triglycerides (Owens, Matthews, Wing, & Kuller, 1990) are less likely to develop heart disease. As is true of men, high levels of social support are associated with a better profile with respect to heart disease—for example, lower levels of fibrinogen (M. C. Davis & Swan, 1999). The effects of job characteristics on CHD risk in women is not yet known, although some evidence suggests that the same job factors that predict coronary heart disease in men may not do so for women (Riese, Houtman, Van Doornen, De Geus, 2000) (see Box 13.2 for a discussion of other factors that may affect men's and women's heart disease rates).

Much of what we have learned about women's heart disease has come from long-term clinical studies, such as the Nurses

BOX 13.2

Can Male and Female Qualities Affect Your Health?

As scientists have explored the risk factors for the development of coronary heart disease, for the most part they have examined factors that may characterize both men and women. However, recently researchers have begun to realize that there may be personality qualities associated with masculine or feminine construals of the world that may be differentially associated with health risks.

In particular, research has focused on agency, which is a focus on the self, versus communion, which is a focus on others, and on unmitigated communion, which is an extreme focus on others to the exclusion of the self. Men typically score higher than women do on measures of agency. Agency has been associated with good physical and mental health outcomes in several

studies (Helgeson, 1993; Helgeson & Fritz, 1996; Helgeson & Lepore, 1997), and it is associated with reduced psychological distress.

Communion, a focus on other people in relationships, reflects a positive caring orientation to others, and it is typically higher in women than in men. However, it has few relations to mental and physical health outcomes. Unmitigated communion, however, exemplified in a self-sacrificing individual who fails to focus on his or her own needs, has been tied to adverse health outcomes. Like communion, it is higher in women than it is in men, but it is reliably associated with poorer mental and physical health outcomes (Fritz, 2000; Helgeson & Fritz, 1998).

Health Study, and this study presents some basis for cautious optimism regarding women and CHD. The Nurses Health Study began in 1976, when more than 120,000 female nurses, then between ages 30 and 55, participated in a long-term study of medical history and lifestyle. Over the past 25 years, the expected incidence of heart disease in this sample has not appeared—in large part, because more older women have stopped smoking, have changed their diets in healthy directions, and have begun to take hormone replacement therapy, which is believed to be protective against heart disease (C. M. Stoney, Owens, Guzick, & Matthews, 1997). Indeed, among women who have adhered to recommended guidelines involving diet, exercise, and abstinence from smoking, there is a very low risk of coronary heart disease (Stampfer, Hu, Manson, Rimm, & Willett, 2000). As levels of obesity increase in this high-risk population—namely, older women—the incidence of heart disease may rise again (Hu et al., 2000), but at present,

the study is testimony to the payoffs of good health habits.

Cardiovascular Reactivity, Hostility, and CHD

Type A Behavior   In their efforts to identify psychological risk factors for cardiovascular disease, behavioral scientists initially identified a behavioral style termed the **Type A behavior pattern.** The Type A behavior pattern was formulated by two physicians (M. Friedman & Rosenman, 1974) as a behavioral and emotional style marked by an aggressive, unceasing struggle to achieve more and more in less time, often in competition with other individuals or forces. The Type A behavior pattern was thought to be characterized by three components: easily aroused hostility, a sense of time urgency, and competitive achievement strivings. So-called Type Bs, with whom Type As are frequently compared, are less driven individuals who do not show these behavior patterns.

BOX 13.3

Hostility and Cardiovascular Disease

Research has implicated hostility as a psychological culprit in the development of cardiovascular disease. Many studies employ the Cook Medley Hostility Scale (Cook & Medley, 1954) as a measure of hostility. Some of the items follow. "True" responses indicate high hostility.

1. No one cares much what happens to me.
2. I have often met people who were supposed to be experts who were no better than I.
3. Some of my family have habits that bother and annoy me very much.
4. I have often had to take orders from someone who did not know as much as I did.
5. It makes me feel like a failure when I hear of the success of someone I know well.
6. People often disappoint me.
7. It is safer to trust nobody.
8. I have often felt that strangers were looking at me critically.
9. I tend to be on my guard with people who are somewhat more friendly than I had expected.
10. My way of doing things is apt to be misunderstood by others.

The Type A behavior pattern made considerable sense as a potential risk factor for cardiovascular disease, because these individuals fit the stereotype of the coronary-prone individual. For example, Type A individuals lead fast-paced lives, working longer and more discretionary hours than do Type Bs. They are impatient with other people's "slow" behavior; they are likely to challenge and compete with others, especially in circumstances that are only moderately competitive; and they may suffer from free-floating (unfocused) hostility (Rosenman, 1978). Their relations with others may be more strained and difficult, and they may have trouble coping in situations that require slow, careful work that calls for a broad focus of attention (K. Matthews, 1982).

Importance of Hostility Researchers now suspect that some aspects of Type A behavior are more lethal than others. Specifically, anger and hostility are more strongly implicated as risk factors for CHD than are the other dimensions of Type A behavior (Gallacher, Yarnell, Sweetnam, Elwood, & Stansfeld, 1999; R. B. Williams, Barefoot, & Shekelle, 1985). A proneness to the expression of anger has been implicated not only as a potential risk factor for the development of heart disease (Gallacher et al., 1999) but also as a potential trigger for heart attack (Moller et al., 1999).

A particular type of hostility may be especially implicated—namely, cynical hostility, characterized by suspiciousness, resentment, frequent anger, antagonism, and distrust of others. Individuals who have negative beliefs about others, including the perception that other people are being antagonistic or threatening, are often highly verbally aggressive and exhibit subtly antagonistic behavior. Individuals who are high in cynical hostility may have difficulty extracting the social support that they need from their environment (Benotsch, Christensen, & McKelvey, 1997), or they may fail to make effective use of available social support (Lepore, 1995) (see Box 13.3).

Hostility combined with defensiveness may be particularly problematic for adverse cardiovascular changes (Helmers & Krantz, 1996). Specifically, people who are both hostile and defensive (that is, who do not report socially undesirable aspects of themselves) show the greatest association between cardiovascular response and coronary heart disease (Helmers & Krantz, 1996).

Who's Hostile?   Overall, men show higher hostility generally, which may partially explain their heightened risk for CHD, relative to women (K. Matthews, Owens, Allen, & Stoney, 1992). Higher hostility is found among non-Whites and those of lower socioeconomic status (Barefoot, 1992; Siegman, Townsend, Civelek, & Blumenthal, 2000). There may be a genetic component and possibly a familial component to hostility (e.g., Carmelli, Chesney, Ward, & Rosenman, 1985; T. W. Smith et al., 1987), although the heritability of hostility has been controversial (Cates, Houston, Vavak, Crawford, & Uttley, 1993). Hostility can be reliably measured at a young age and shows considerable stability among boys but not girls (Woodall & Matthews, 1993).

Developmental Antecedents   Hostility reflects an oppositional orientation toward people that is developed in childhood, stemming from feelings of insecurity about oneself and negative feelings toward others (Houston & Vavak, 1991). Consistent with this point, research has suggested that particular child-rearing practices may foster hostility—specifically, parental interference, punitiveness, lack of acceptance, conflict, or abuse. Family environments that are nonsupportive, unaccepting, and high in conflict tend to promote the development of hostility in sons (K. Matthews, Woodall, Kenyon, & Jacob, 1996), and early hostility is related to certain risk factors for later cardiovascular disease (K. Matthews, Woodall, & Allen, 1993). The question arises as to whether hostility runs in families and, if so, whether genetic or environmental factors are implicated. Indeed, hostility does appear to run in families, and both genetic and family environmental factors may account for this fact (Weidner et al., 2000).

Expressing Versus Harboring Hostility   Is hostility lethal as a psychological state or only in its expression? Research suggests that the expression of hostile emotions, such as anger and cynicism, may be more reliably associated with enhanced cardiovascular reactivity than is the state of anger or hostility (Siegman & Snow, 1997). For example, among men low in socioeconomic status, the overt behavior expression of anger is related to CHD incidence, but trait anger, or the experience of anger without expressing it, bears no relationship (Mendes de Leon, 1992).

In another study (J. W. Burns & Katkin, 1993), men and women were placed in a situation in which they were either harassed by another person or evaluated by that individual. Men who expressed anger in the harassment condition showed substantial cardiovascular reactivity, and this finding was especially true of men chronically high in hostility; the same relationship did not hold for women. Although anger suppression and hostile attitudes have been related to atherosclerosis in women (K. Matthews, Owen, Kuller, Sutton-Tyrrell, & Jansen-McWilliams, 1998), the relation between hostile style and enhanced cardiovascular reactivity to stress may not be as reliable for women as for men (K. W. Davidson, Hall, & MacGregor, 1996; Engebretson & Matthews, 1992).

Hostility and Social Relationships   Hostile individuals have more interpersonal conflict in their lives and less social support. Their reactivity to stress seems especially to be engaged during these episodes of conflict. For example, in one study, 60 couples participated in a discussion under conditions of high or low threat of evaluation by others while they were either agreeing or disagreeing with each other. Husbands who were high in hostility showed a greater blood pressure reactivity in response to stressful marital interaction in response to threat; the same relationship was not found for wives (T. W. Smith & Gallo, 1999).

BOX 13.4

Coronary Heart Disease and the Web

The computer age has made it increasingly possible to improve the process of diagnosis and treatment in heart disease. Over many years, databases have been painstakingly constructed as physicians have provided details of thousands of cases of people with coronary heart disease. Duke University, for example, has a databank that contains detailed information on thousands of heart attack patients, including age, family history, and enzyme levels, that, among other things, can be used to project the kind of treatment a patient should receive and generate a prediction of how that patient will respond (Ramos, 1996). From this database, practitioners and researchers get a much clearer picture of the factors that predict heart attacks and how risk factors can be identified early and treated most effectively.

In addition, as in many fields of health psychology, advances in the diagnosis and treatment of coronary heart disease are coming rapidly, so textbooks are out of date before they come out. Even journals provide

(© Bill Lai/The Image Works)

information that may be old news. Computer databanks and the Web provide access to the most current information, greatly increasing the chances that every patient can receive the best possible treatment, whatever that treatment may be.

Hostile people may produce or seek out more stressful interpersonal encounters in their daily lives and at the same time undermine the effectiveness of their social support network. Researchers are uncertain whether enhanced CHD risk is caused by the deficits in social support that hostility produces, by the hostile anger itself, or by the underlying cardiovascular reactivity that hostility may reflect.

Hostility and Reactivity Some health psychologists now suspect that hostility is a social manifestation of cardiovascular reactivity and the likelihood of overresponding sympathetically to stressful circumstances. Among the evidence suggesting this relation are findings that cardiovascular reactivity in social situations explains the relation between hostility and the development of coronary heart disease (Guyll & Contrada, 1998). When provoked in interpersonal situations, the hostility-hyperreactivity relation emerges (Suls & Wang, 1993). Chronically hostile people show more pronounced physiological reactions in response to interpersonal stressors (Guyll & Contrada, 1998). In response to provocation, hostile individuals have larger and longer-lasting blood pressure responses to anger-arousing situations (Fredrickson et al., 2000).

Hostile Type A individuals appear to exhibit a weak antagonistic response to sympathetic activity in response to stress, suggesting that their reactivity to stress is not only greater initially but also may last longer (Fukudo et al., 1992). Hostile individuals also show different patterns of immune activation in response to sympathetic activation, which may further contribute to accelerated development of heart disease (R. B. Williams et al., 1997). Highly hostile individuals appear to take longer to recover physiologically from stress (Suarez, Shiller et al., 1997).

The fact that hostility may reflect underlying tendencies toward cardiovascular reactivity in stressful circumstances does not undermine or deny the importance of childhood environment in the development of hostility or the significance of the social environment in eliciting it. For example, to the extent that hostility reflects a genetically based underlying physiological reactivity, parents and children predisposed to reactivity may create and respond to the family environment differently. For reactivity to assume the form of hostility, particular environmental circumstances—such as the parental child-rearing practices noted earlier or the interpersonal conflictual stressful circumstances that evoke hostile behavior—may need to be in place. Consequently, the reactivity/hostility relationship may be thought of as a biopsychosocial process.

Mechanisms Linking Reactivity and Hostility
How might greater reactivity and hostility in conflictive situations promote heart disease? Changes in the blood vessels represent one route. In some individuals, stress causes vasorestriction in peripheral areas of the heart and at the same time accelerates heart rate. Thus, these individuals attempt to transfer more and more blood through ever shrinking vessels. Presumably, this process produces wear and tear on the coronary arteries, which, in turn, produces atherosclerotic lesions. Blood pressure variability may have adverse effects on the endothelial tissue of the coronary arteries and may promote plaque formation (Sloan, Shapiro, Bagiella, Myers, & Gorman, 1999).

Hormone-based reactions may also contribute to the development of CHD (Dembroski & Williams, 1989; Haft, 1974; L. Wright, 1984). Catecholamines exert a direct chemical effect on blood vessels. The rise and fall of catecholamine levels may prompt con-tinual changes in blood pressure that undermine the resilience of the vessels. Sympathetic activation also causes lipids to be shunted into the bloodstream, another possible contributor to atherosclerosis. Recent research suggests a role for endogenous opioid-peptides in the relation between hostility and cardiovascular stress reactivity as well (Bruehl et al., 1996). Hostility is also related to increased platelet activation in coronary heart disease patients, which can precipitate secondary heart disease events (Markovitz, 1998), and to lipid profiles (Richards, Hof, & Alvarenga, 2000).

Negative Emotions, Risk Factors, and CHD

Hostile individuals may engage in high-risk health behaviors that enhance CHD risk. Higher hostility is associated with more caffeine consumption, higher weight, higher lipid levels, smoking, alcohol consumption, and hypertension (Greene, Houston, & Holleran, 1995; Lipkus, Barefoot, Williams, & Siegler, 1994; Siegler, Peterson, Barefoot, & Williams, 1992). Expressed hostility has also been related to higher total cholesterol and higher low-density lipoprotein (LDL) in both men and women (Dujovne & Houston, 1991). It has also been tied to a lower likelihood of complying with treatment regimens (A. J. Christensen, Wiebe, & Lawton, 1997). Reactivity predicts shorter time to relapse among people who have tried to stop smoking (Swan, Ward, Jack, & Javitz, 1993).

Other negative emotional states in addition to hostility are implicated in the development of CHD. As one newspaper headline put it, a life of quiet desperation is as dangerous as smoking. In a large-scale review of the literature, Booth-Kewley and Friedman (1987) found a strong association between CHD and depression, as well as relations between anger, hostility, aggression, and anxiety and CHD (see also Musselman & Nemeroff, 2000). Other research also supports a strong link between depression and heart attack (Pratt et al., 1996) and between hopelessness and heart attack (Everson et al., 1996; see also Adler & Matthews, 1994; Markovitz, Matthews, Wing, Kuller, & Meilahn, 1991). The mechanisms underlying the reliable relation of depression to exacerbation of coronary heart disease and its risk factors are not entirely unknown.

Vigilant coping—that is, chronically searching the environment for potential threats—has also been associated with risk factors for heart disease (Gump & Matthews, 1998). Anxiety has been implicated in sudden cardiac death, perhaps because anxiety appears to reduce vagal control of heart rate (L. L. Watkins, Grossman, Krishnan, & Sherwood, 1998).

Recently, researchers have begun to explore whether social dominance itself might not contribute to risk for coronary heart disease. Social dominance reflects a pattern of attempting to dominate social interactions through verbal competition, a fast speaking rate, and the tendency to jump on other people's responses before they have had a chance to finish. Evidence suggests that social dominance may be related to all-cause mortality (Houston, Babyak, Chesney, Black, & Ragland, 1997), and it may be especially related to mortality due to coronary heart disease.

Investigators have examined vital exhaustion, a mental state characterized by extreme fatigue, a feeling of being dejected or defeated, and an enhanced irritability; vital exhaustion, in combination with other risk factors, predicts the likelihood of a heart attack (Appels & Otten, 1992; Bages, Appels, & Falger, 1999) and of a second heart attack after initial recovery (Kop, Appels, Mendes de Leon, de Swart, & Bar, 1994).

The exhaustion and depression characteristic of the phase just before an acute coronary event is thought by some to represent a reactivation of latent viruses and a concomitant inflammation of coronary vessels. Some early evidence suggests that, indeed, the mental state of patients awaiting angioplasty for heart disease is positively associated with blood markers of inflammation (Appels, Bar, Bar, Bruggeman, & DeBaets, 2000).

Overall, however, there is still much to be learned about the patterns of risk factors for cardiovascular disease, the environmental and social factors that contribute to cardiovascular responses to stress, and especially how they differ between the genders and races. We have considerable knowledge about White men, somewhat less about Black men, relatively little about women, and very little about Black women, and these differences are a high priority for future research (Saab et al., 1997; Vogele, Jarvis, & Cheeseman, 1997) (see Box 13.4 for the role that the internet is increasingly playing concerning information about cardiovascular diseases).

Modification of CHD Risk-Related Behavior

In keeping with the general shift toward prevention, interventions have increasingly focused on those at risk for heart disease. People with high cholesterol or poor lipid profiles may be targeted for preventive dietary interventions. Programs to help people stop smoking have been heavily targeted toward those at risk for heart disease. Exercise has been recommended for the modification of coronary-prone behavior, and it can achieve positive effects in both physiological and psychological functioning.

In one study (Blumenthal et al., 1988), healthy Type A men were assigned to either an aerobic exercise training group or a strength and flexibility training group. After 12 weeks, both groups showed declines in behavioral reactivity to stress. In addition, the aerobic exercise group showed attenuation of heart rate, systolic and diastolic blood pressure, and estimated myocardial oxygen consumption during a behavioral challenge, as well as lower blood pressure, heart rate, and myocardial oxygen consumption during recovery. Subsequent studies with both men and women have confirmed these early results (Blumenthal, Matthews et al., 1991). Thus, aerobic exercise has the potential for reducing cardiovascular risk.

Interventions now look for particular windows of vulnerability, during which time educational interventions to help people control their risk factors may be especially helpful. As we saw earlier, women's risk for heart disease increases after menopause, so targeting diet and exercise interventions to this high-risk group is a promising intervention strategy (Simkin-Silverman et al., 1995).

Modifying Hostility   Researchers have now established that the relationship between hostility and CHD is clear enough to have policy implications. That is, interventions designed to reduce anger and hostility may well reduce rates of coronary heart disease and related diseases.

Some such interventions have used principles of relaxation therapy, helping those with enhanced reactivity to stress learn to substitute relaxation and deep breathing instead. In one study, 36 men were trained in progressive relaxation techniques, transcendental meditation, or a control condition. Relaxation training did not reduce cardiovascular responses during stress, but it did result in more rapid blood pressure reduction during the recovery period (English & Baker, 1983).

Modification of the speech style of hostile individuals has also been used as an intervention to manage responses to stress. As noted earlier, one of the characteristics of individuals who show heightened cardiovascular reactivity to stress is speaking quickly and loudly, especially when they are angry or upset. Researchers have found that people who are trained to reduce their speech rate and their loudness experience a significant reduction in cardiovascular reactivity (Siegman, Dembroski, & Crump, 1992).

Management of Heart Disease

Approximately 500,000 individuals suffer a heart attack each year in the United States. About one quarter of them die within a few hours of the attack, and one third die within the first few weeks.

Role of Delay   One of the reasons for high rates of mortality and disability following heart attacks is that patients often delay several hours or even days before seeking treatment. Some patients are simply unable to face the fact that they have had a heart attack. Others interpret the symptoms as more mild disorders and treat themselves.

Older patients and African American heart attack victims appear to delay longer, as do patients who have consulted with a physician or engaged in self-treatment for their symptoms. Experiencing the attack during the daytime, as well as having a family member present, enhances delay, perhaps because the environment is more distracting under these circumstances. Surprisingly, too, a history of angina or diabetes actually increases, rather than decreases, delay (Dracup & Moser, 1991).

One of the psychosocial issues raised by heart attack, then, is how to improve treatment-seeking behavior and reduce the long delays that patients often demonstrate. At minimum, patients at high risk for an acute coronary event and their family members need to be trained in recognizing the signs of an impending or actual acute event, so as to avoid the delay that can compromise long-term recovery.

Cardiac Rehabilitation   During the acute phase of illness, the MI patient is typically hospitalized in a coronary care unit in which cardiac functioning is continually monitored. Many MI patients experience anxiety as they cope with the possibility of a recurrence and see their cardiac responses vividly illustrated on the machines before them. Commonly, however, MI patients in the acute phase of the disease cope by using denial and thus may be relatively anxiety-free during this period.

Most heart attack victims return home after hospitalization. Therefore, a number of long- and short-term issues of rehabilitation arise. The process of adjusting emotionally to the experience of a heart attack begins almost immediately. A number of heart attack patients experience cardiac arrest during their myocardial infarction and have to be resuscitated through artificial means. Being a victim of cardiac arrest can produce a number of psychological difficulties, including nightmares, chronic anxiety, depression, and low expectations of regaining health and vigor.

What Is Cardiac Rehabilitation?   Once the acute phase of illness has passed, patients are encouraged to become more active. At this point, a program of education and intervention—covering such topics as medical regimen, health risks, exercise, diet, work, and emotional stress—prepares the patient for discharge.

Cardiac rehabilitation is defined as the active and progressive process by which individuals with heart disease attain their optimal physical, medical, psychological, social, emotional, vocational, and economic status (Dracup, 1985). The goals of rehabilitation are to produce relief from symptoms, to reduce the severity of the disease, to limit further progression of disease, and to promote psychological and social adjustment. Underlying the philosophy of cardiac rehabilitation is the belief that such efforts can stem advancing disease, reduce the likelihood of a repeat myocardial infarction, and reduce the risk of sudden death.

As will be evident throughout this discussion, successful cardiac rehabilitation depends critically on the patient's active participation and full commitment to the behavior-change efforts that must be undertaken. An underlying goal of such programs is to restore a sense of mastery or self-efficacy. Since a sense of self-efficacy has been related to beneficial outcomes of treatments, in the absence of self-efficacy, adherence to the goals of rehabilitation may be low (e.g., Helgeson & Fritz, 1999; Sullivan, LaCroix, Russo, & Katon, 1998). As such, a sense of self-efficacy is especially critical in recovery in treating the disease and forming a commitment to the rehabilitation phase (Bastone & Kerns, 1995; Bock et al., 1997).

Indeed, it is becoming increasingly clear that the beliefs that patients develop about their disorders are reliably related to successful recovery. Helgeson and her colleagues (Helgeson, 1999; Helgeson & Fritz, 1999) found that heart patients who responded to their disease and treatment with optimism, efforts to maintain high self-esteem, and sense of mastery over the disorder were at less risk for a new cardiac event and had a more positive psychological adjustment to the disorder.

The components of the typical cardiac rehabilitation program are very similar to the interventions used for people at risk for CHD and include exercise therapy with some psychological counseling, as through support groups, nutritional counseling, and education about coronary heart disease (Dracup et al., 1984).

Treatment by Medication   Treatment for coronary heart disease begins immediately after diagnosis. Much of the drop in deaths for CHD can be attributed to the administration of clot-dissolving drugs and medical procedures such as angioplasty and coronary artery bypass surgery. Once the acute phase of treatment is over, preparation for the rehabilitation regime begins (Altman, 1997).

This preparation typically starts with familiarizing the patient with the medications to be taken for the control of blood pressure and heart pain. Such a regimen often includes self-administration of beta-adrenergic blocking agents on a regular basis. Beta-blocking agents are drugs that resist the effects of sympathetic nervous system stimulation. Because heightened sympathetic nervous system activity aggravates cardiac arrhythmia, angina, and other conditions associated with heart disease, beta-blocking agents are useful in preventing this kind of stimulation. Beta-blockers, however, may have a variety of unpleasant side effects, including fatigue and impotence, which may lead people to take them only intermittently.

As a result, interventions have been developed to teach recovering heart patients behavioral stress management procedures that can be used if beta-blockers are not desired, are not practical, or are medically unwise for some reason (Gatchel, Gaffney, & Smith, 1986).

Aspirin is commonly prescribed for people recovering from or at risk for heart attacks. Aspirin helps prevent blood clots by blocking one of the enzymes that cause platelets to aggregate. Research on aspirin now shows that men who take half an aspirin a day are at significantly reduced risk for fatal heart attacks. Women were not included in these studies, but one investigation is currently being conducted, and soon we will know if women at risk for heart attacks will also benefit from aspirin (Aldous, 1994).

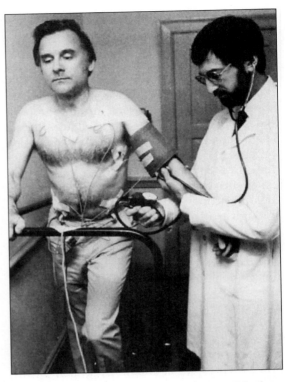

The treadmill test provides a useful indicator of the functional capacity of recovering myocardial infarction patients. (© Paul Conklin)

Diet and Activity Level   Dietary restrictions may be imposed on the recovering MI patient in an attempt to lower his or her cholesterol level. Instructions to reduce smoking, lose weight, and control alcohol consumption are also frequently given. Most patients are put on an exercise program involving medically supervised walking, jogging, bicycling, or calisthenics three times a week for 30 to 45 minutes (DeBusk, Haskell, Miller, Berra, & Taylor, 1985). Exercise appears to improve not only cardiovascular functioning but also psychological recovery, yet adherence to exercise regimens is a problem, and therefore, building in relapse prevention is essential (Kugler, Dimsdale, Hartley, & Sherwood, 1990).

Patients also receive instructions about resumption of their previous activities. Most are urged to return to their prior employment as soon as possible, in part because low economic resources and a decline in income are associated with lower survival (R. B. Williams et al., 1992). Because employment is sometimes affected by heart disease, economic problems may result that require counseling. Because 20% of MI patients do not return to their previous jobs, they often suffer a loss of income. These families may require financial counseling or retraining to help them offset their losses. The problems experienced by one man in returning to work after a myocardial infarction are described in Box 13.5. However,

BOX 13.5

The Heart Patient Returns to Work

People who have gone through a heart attack often experience difficulties when they try to return to work. They may be warned against certain activities, particularly those that are stress-related or that may tax sympathetic nervous system activity. The following shows how one man attempted to cope with this advice, and the repercussions that followed.

> The physician instructed the patient that he could carry out all usual activities, except, "Avoid lifting." "Don't pick up heavy boxes at the office." In the first weeks of work return, he finds a sympathetic attitude among coworkers and pleasant relationships. As the occasion arises, he calls upon one or another to lift heavy boxes for him. Coworkers assist him, most willingly, in the first days after his return to work. Eventually, the tone in the office changes, and resentment stirs among those who are called upon to interrupt their own work and lift the occasional heavy boxes. The character of his informal associations alters, and he begins to have the feeling of becoming an outsider. Yet he has received doctor's orders on lifting, and he is unwilling to risk his health or his life by picking up boxes.

Occasional mild chest pain and shortness of breath remind him that he is not the man he used to be. One day he asks a fellow worker to lift a box for him. The response comes, "Why don't you go ahead and drop dead, you lazy son-of-a-bitch!"

The solutions are limited for this 55-year-old man. Transferring to another department is not possible, as the company is a small one. Leaving for another job is not possible for many reasons: limited employment opportunities in the marketplace during a recession; a record of years of personal attachment to the company; the strains of job hunting, relocating, and adjusting to a new work situation. Trying to win understanding and cooperation from fellow workers is a fruitless task, since the intermesh of personalities, resentments, and personal rivalries common to many offices continues to interfere.

So picking up the heavy boxes seems the easiest solution—but for how long can he continue? What will be the eventual effects on his heart? Anxiety about health, death, and his family colors his life.

Source: Croog, 1983, pp. 300–301.

---

patients in high-stress jobs may be advised to cut back, to work part-time, or to take a position with fewer responsibilities. Unfortunately, adherence is not high in this area of life, typically ranging from 50 to 80%. One reason for this low rate of adherence is that advice to cut back on work activities is often phrased in very vague terms, and patients may not understand exactly how they should implement this goal.

Stress Management   Stress management is an important ingredient in cardiac rehabilitation as well, because stress can trigger fatal cardiac events (Jiang et al., 1996). At present, recovering heart attack patients are often tested for their physical exercise potential, as by stress tests on a treadmill, but rarely are their responses to mental stressors tested. Since **ischemia** can result from mental stressors as well as physical ones, mental stress may come to be an important addition to treadmill testing for understanding the specific future risks that patients with diagnosed CHD face (Sherwood & Turner, 1995).

Despite the fact that systematic assessment of mental stress has not been a part of traditional cardiac rehabilitation efforts, the importance of managing stress has nonetheless been acknowledged. Patients are urged to avoid stressful situations at work and at home, but these comments are often presented as vague treatment goals. Moreover, as many as 50% of patients say that they are unable to modify the stress in their lives. These problems are solved by employing methods such as those outlined in chapter 6—namely, stress management programs.

The patient is taught how to recognize stressful events, how to avoid those stressful activities when possible, and what to do about stress if it is unavoidable. Training in specific techniques, such as relaxation therapy, improves the ability to manage stress (P. A. Cole, Pomerleau, & Harris, 1992).

Do these programs work? A recent review of 37 interventions involving health education and stress management found strong beneficial effects. The programs yielded a 34% reductin in cardiac mortality, a 29% reduction in recurrences of heart attacks, and significant beneficial effects on blood pressure, cholesterol, body weight, smoking, exercise, and eating habits (Dusseldorp, van Elderen, Maes, Meulman, & Kraaij, 1999).

Recently, stress management interventions have targeted risk factors thought to be especially implicated in cardiovascular disease and MI. For example, one program developed an intervention for modifying hostility and found that eight weekly sessions designed to alter antagonism, cynicism, and anger were somewhat successful in reducing hostility levels (Gidron & Davidson, 1996; Gidron, Davidson, & Bata, 1999). Because anger is a risk factor not only initially for heart disease but also for a second heart attack following a first one (Mendes de Leon, Kop, de Swart, Bar, & Appels, 1996), modifying how people experience and manage anger is a high priority for interventions.

Targeting Depression   Depression and anxiety are significant problems during cardiac rehabilitation, as they are throughout the management of CHD (Holahan, Moos, Holahan, & Brennan, 1995; Lesperance, Frasure-Smith, & Talajic, 1996). CHD patients with high depression or high anxiety have decreased heart rate variability as compared with the norms, suggesting that they may have sustained alterations in their autonomic nervous system modulation over time (Krittayaphong et al., 1997). The significance of these emotional states stems from the fact that not only do they compromise quality of life, but they also predict poor recovery from treatment (e.g., Denollet & Brutsaert, 1998; Grossi, Perski, Feleke, & Jakobson, 1998; Mayou et al., 2000) and mortality among people already diagnosed with coronary heart disease (e.g., Barefoot et al., 2000). Psychological factors, such as depression, may also moderate responses to drug treatments (Rutledge, Linden, Davies, et al., 1999). When depressed coronary heart disease patients are treated with cognitive-behavioral therapy to reduce depression, it can have beneficial effects on risk factors for advancing disease, including the reduction of heart rate and increases in heart rate variability (Carney et al., 2000).

Evaluation of Cardiac Rehabilitation   Cardiac rehabilitation is now a standard part of the aftercare of patients who have had heart attacks or who have been hospitalized for heart disease. More than 130 published studies have evaluated cardiovascular disease management programs, and most find that interventions targeted to weight, blood pressure reduction, smoking, and, in increasing number, quality of life are successful in reducing patients' standing on risk factors for heart disease and, in some cases, reducing the risk of death from cardiovascular disease (Center for the Advancement of Health, 2000d). Evaluations show that the addition of psychosocial treatments to standard cardiac rehabilitation programs reduces psychological distress and can reduce the likelihood that cardiac patients will experience symptoms, suffer a recurrence, or die following an acute cardiac event (e.g., Ketterer et al., 2000; Linden, Stossel, & Maurice, 1996).

As must be evident, a complicating issue in recovery from MI is that many patients need to modify several health habits simultaneously. As we have repeatedly seen, adherence to lifestyle change is often low and may be lower still if several health habits must be modified at the same time. Moreover, the active involvement of the patient is required for successful rehabilitation following MI or another CHD-related event.

For both men and women already diagnosed with CHD, modifying risk factors may help prevent further damage and subsequent heart attacks. Stopping smoking reduces the incidence of CHD, although switching to low-tar and -nicotine cigarettes does not. The benefits of treating substantially elevated blood pressure are indisputable, although the benefits of treating milder hypertension are inconclusive. Reducing cholesterol has beneficial effects, with approximately a 2% reduction in disease for every 1% reduction in total cholesterol (Criqui, 1986). Modifying behavioral methods of coping with stress also appears to reduce the risk of a repeat infarct, at least in men (M. Friedman et al., 1986). Given the likelihood of being able to reduce further damage with interventions, the role of the health psychologist in research about and interventions for heart disease is indisputably important.

Problems of Social Support   As is true for other diseases, social support can help heart patients recover, reducing distress and improving cardiac symptoms, especially in the months just following hospitalization (Elizur & Hirsh, 1999; Kulik & Mahler, 1993). Indeed, in one study, heart patients without a spouse or a confidant were twice as likely to die within 6 months of their first heart attack, compared with those patients who were married or had friends (Case, Moss, Case, McDermott, & Eberly, 1992;

see also Collijn, Appels, & Nijhuis, 1995). Social support during hospitalization predicts depressive symptoms during recovery, and depression itself is a risk factor for mortality related to CHD (Brummett et al., 1998).

However, many factors may erode the potential for social support. In the home setting, one of the MI patient's chief complaints is loss of independence. MI sharply reduces an individual's physical stamina, and many patients are surprised by the extent of their disability. Feelings of shame, helplessness, and low self-esteem may result. Conflict over changes in lifestyle can result in marital strife (Croog & Fitzgerald, 1978; Michela, 1987). The patient may find it difficult to adhere to dietary restrictions and exercise, whereas the spouse may be highly motivated to help the patient comply. Stressful interactions over the need to modify daily activities can aggravate the patient's perceptions of dependence and exacerbate already existing depression, as was evident in the example that opened this chapter.

Spouses of recovering heart attack patients tend to see the patient as dependent and irritable, whereas the recovering patient may regard the spouse as meddling and overprotective. Unfortunately, to the extent that the spouse is successful in helping the patient cope and develop feelings of self-efficacy, the spouse's own distress may increase (Coyne & Smith, 1991). Spouses of heart attack victims often show severe psychological responses to the MI, including nightmares and chronic anxiety over the patient's survival (Skelton & Dominian, 1973). Although there is no evidence that heart attacks drive married couples apart, neither does it necessarily bring them closer together. It is a difficult situation for everyone involved. Marital counseling or family therapy may be needed to deal with marital strain.

Cardiac invalidism can be one consequence of MI; that is, patients and their spouses both see the patient's abilities as lower than they actually are. In a study designed to reduce this problem (C. B. Taylor, Bandura, Ewart, Miller, & DeBusk, 1985), wives of recovering MI patients were provided with information about their husbands' cardiovascular capabilities, observed their husbands' performance on a treadmill task, or took part in the treadmill activity personally. Wives who personally experienced the treadmill task increased their perceptions of their husbands' physical and cardiac efficiency after observing their husbands' treadmill attainments. Wives who were simply informed about their husbands' performance or who observed treadmill activity continued to regard their husbands as impaired.

Despite these problems, the family has the potential to play an important role in follow-up care. Both patients and family members should be taught how to recognize the symptoms of an impending heart attack; how to differentiate them from more minor physical complaints, such as heartburn; and how to activate the emergency system. In this way, delay behavior can be reduced and treatment can be improved in the event of a repeat event.

Family members of the MI patient should also be trained in **cardiopulmonary resuscitation (CPR).** Approximately 70% of potential sudden deaths from heart attacks occur in the home rather than the workplace, but relatively few programs have been initiated to train family members in CPR. More such training programs should be available for MI families (Dracup, Guzy, Taylor, & Barry, 1986; Nolan et al., 1999).

As we have repeatedly seen, the beliefs one holds about illness, treatment, and recovery are important determinants of adjustment, and this importance is certainly true for recovering heart patients as well. To the extent that interventions enhance feelings of self-efficacy and personal control, the beneficial contribution that they make to psychological and physical health may go well beyond specific training in diet, exercise, and other components of standard cardiac rehabilitation.

Hypertension

Hypertension, or high blood pressure, occurs when the supply of blood through the vessels is excessive, putting pressure on the vessels. It occurs when cardiac output is too high, which puts pressure on the arterial walls as blood flow increases. It also occurs in response to peripheral resistance—that is, the resistance to blood flow in the small arteries of the body.

Hypertension is a serious medical problem for several reasons. There are at least 58 million people with hypertension in the United States, and each year it contributes to as many as 960,000 deaths from heart disease and stroke. Moreover, hypertension is a risk factor for other disorders, such as kidney failure (American Heart Association, 2001b).

Untreated hypertension can also adversely affect cognitive functioning, producing problems in learning, memory, attention, abstract reasoning, mental flexibility, and other cognitive skills. These problems appear to be particularly significant among young hypertensives (Waldstein et al., 1996). Given the risks and scope of hypertension, early diagnosis and treatment are essential.

How Is Hypertension Measured?

Hypertension is determined by the levels of systolic and diastolic blood pressure as measured by a sphygmomanometer. As noted in chapter 2, systolic blood pressure is the greatest force developed during contraction of the heart's ventricles. It is sensitive both to the volume of blood leaving the heart and to the arteries' ability to stretch to accommodate blood (their elasticity). Diastolic pressure is the pressure in the arteries when the heart is relaxed; it is related to resistance of the blood vessels to blood flow.

Of the two, systolic pressure has somewhat greater value in diagnosing hypertension. Mild hypertension is defined by a systolic

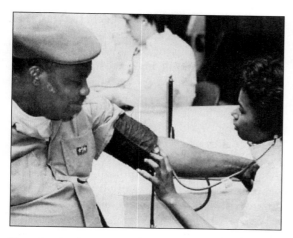

Hypertension is a symptomless disease. As a result, unless they obtain regular physical checkups or participate in hypertension screening programs, many adults are unaware that they have this disorder. (© David M. Grossman)

pressure consistently between 140 and 159; moderate hypertension involves a pressure consistently between 160 and 179; and severe hypertension means a systolic pressure consistently above 180.

People at risk for hypertension show a less rapid recovery following sympathetic arousal. That is, after blood pressure has been elevated, as in response to a stressful event, it remains so for a significantly longer period of time than is true for people who do not have hypertension or who have no family history of hypertension (Gerin & Pickering, 1995). Hypertension, then, seems to be characterized both by greater reactivity in response to stress and by slower recovery.

What Causes Hypertension?

Approximately 5% of hypertension is caused by failure of the kidneys to regulate blood pressure. However, almost 90% of all hypertension is *essential*—that is, of unknown origin.

Some risk factors have been identified. Prior to age 50, males are at greater risk for hypertension than are females; after age 50, hypertension is more prevalent among women than men. Cardiovascular disease risk factors are higher among minorities than among Whites in the United States. This increased risk appears to be due in part largely to low socio-economic status. For example, compared with White women, Mexican American women and African American women have higher blood pressure, greater body mass index, lower levels of physical activity, and higher rates of diabetes, all of which contribute to cardiovascular disease (Winkleby, Kraemer, Ahn, & Varady, 1998).

Genetic factors clearly also play a role (see T. W. Smith et al., 1987): If one parent has high blood pressure, the offspring have a 45% chance of developing it; if two parents have high blood pressure, the probability increases to 95%. Blood pressure hyperreactivity in children predicts later development of hypertension, consistent with the possibility of a genetic mechanism (Sallis, Dimsdale, & Caine, 1988; J. J. Sherman, Cordova, Wilson, & McCubbin, 1996). As is true for coronary heart disease more generally, the genetic factor in hypertension may be reactivity, a hereditary predisposition toward elevated sympathetic nervous system activity, especially in response to stressful events (DeQuattro & Lee, 1991; Everson, Lovallo, Sausen, & Wilson, 1992; Jeffery, 1991). Further evidence for the importance of a genetically based predisposition to sympathetic nervous system reactivity comes from studies of people with a family history of hypertension but who do not themselves have hypertension. These individuals show reliably greater cardiovascular reactivity in response to stress and in anticipation of stress, despite the fact that they have not yet developed hypertension (Jorgensen & Houston, 1981).

There may also be emotional factors implicated in this constellation of risk. In particular, negative affect predicts the development of hypertension (Jonas & Lando, 2000). A tendency toward anger (Harburg et al., 1973; E. H. Johnson, Schork, & Spielberger, 1987), cynical distrust (R. B. Williams, 1984), and excessive striving in the face of significant odds (James, Hartnett, & Kalsbeek, 1983) have all been implicated in the development of hypertension. There is evidence that a family environment that fosters chronic anger may contribute to development of hypertension (Ewart, 1991). Such observations suggest the importance of intervening early in the family environment to prevent or modify deficits in communication. Although much of this research has focused on men, longitudinal research suggests that anger and other negative emotional states may be related to blood pressure changes over time in women as well (Markovitz et al., 1991).

Relationship Between Stress and Hypertension

Stress has been suspected as a contributor to hypertension for many years (Henry & Cassel, 1969). Higher blood pressure results from exposure to chronic social conflict and from job strain—namely, the combination of high demands with little control (Pickering et al., 1996). Crowded, high-stress, and noisy locales produce higher rates of hypertension. Groups that have migrated from rural to urban areas have higher rates of hypertension. As we noted in chapter 6, job stress and unemployment have also been tied to higher blood pressure (Pickering et al., 1996). In women, elevated blood pressure has been related to having extensive family responsibilities, and among white-collar women, the combined impact of large family responsibilities and job strain has been tied to higher blood pressure (Brisson et al., 1999).

How Do We Study Stress and Hypertension?

To study the effects of stress on hypertension, researchers have adopted several research methods. One method brings people into the laboratory, often people at risk for or already diagnosed with hypertension, to see how they respond to physical or mental challenges that are stressful, such as a difficult arithmetic task.

Another line of work identifies stressful circumstances, such as high-pressure jobs, and examines the rates of hypertension and how blood pressure ebbs and flows in response to environmental demands (Steptoe et al., 1996).

Building on this method, a third type of research makes use of ambulatory monitoring to examine the relationship between lifestyle factors and blood pressure in natural settings, as people go through their daily lives. When ambulatory monitoring is used, a person wears a blood pressure cuff, which assesses blood pressure at intervals throughout the day. This method has the advantage of charting the ebb and flow of blood pressure for each individual in response to different events. It has revealed, among other observations, that variation in blood pressure over the course of a day is considerable (Pickering, Schwartz, & James, 1995). These variations are especially high among people who smoke, who drink heavily, who experience job strain, and who experience other stressful life conditions, lending support to the idea that blood pressure fluctuations may contribute to the development of essential hypertension (Pickering et al., 1995).

All three types of studies provide evidence that links increases in or increased variability in blood pressure to stressful events. Laboratory studies that expose people to stressors, such as bright lights, or to stressful tasks, such as holding one's breath for a long time reliably show increased blood pressure responses (Girdler et al., 1996).

The role of stress in the development and exacerbation of hypertension may be different for people at risk for hypertension than for those who are not, and it may change as hypertension progresses. People without preexisting signs of hypertension show large and reliable blood pressure responses to stressors primarily when they must make an active behavioral response to that stress (Sherwood,

Hinderliter, & Light, 1995). People with borderline hypertension show a similar pattern, although they also show exaggerated stress-induced cardiovascular responses to stress at a relatively young age (K. Matthews, Woodall, & Allen, 1993) and a stronger blood pressure response to laboratory stressors than do people with normal blood pressure (Tuomisto, 1997).

People already diagnosed with hypertension show large blood pressure responses to a wide range of stressors, both passive stressors not requiring a behavioral response and active stressors that do require a behavioral response (Fredrickson & Matthews, 1990). The fact that diagnosed hypertensives show blood pressure responses to a wide array of stressors is consistent with the idea that excessive sympathetic nervous system activity—that is, reactivity in response to stress—may be significant in the development of hypertension.

The findings also suggest that factors that usually help people cope successfully with stressful events may not do so with hypertensives. For example, people who feel they have personal control over stressful events usually show less sympathetic nervous system activity. This decrease does not appear to be true for people diagnosed with hypertension, however. Chronically hypertensive individuals appear to be stress sensitive (see Frederikson, Robson, & Ljungdell, 1991).

Personality Factors and Hypertension

Originally, hypertension was thought to be marked by a constellation of personality factors, dominated by suppressed anger (F. Alexander, 1950; F. Dunbar, 1943). What is the evidence for the role of psychological factors in the development of hypertension? Although personality is now known to be insufficient for the development of hypertension, research continues to show that hostility may play a role (e.g., Dimsdale et al., 1986; Sommers-Flanagan & Greenberg, 1989).

Researchers in hypertension have focused heavily on the experience of anger and its expression. Originally, suppressed hostility or rage was thought to be associated with higher blood pressure levels and hypertension, although evidence for this hypothesis has been mixed. More recently, researchers have suggested that expressed anger and the potential for hostility are associated with exaggerated blood pressure responses under conditions of stress or harassment. Evidence relating expressed anger to hypertension is now quite substantial (Everson, Goldberg, Kaplan, Julkunen, & Salonen, 1998). This propensity to have high blood pressure may be aggravated by the greater interpersonal stress that people who express anger directly often encounter in the social world (Benotsch et al., 1997; Raikkonen, Matthews, Flory, & Owens, 1999; Suarez, Kuhn, Schanberg, Williams, & Zimmermann, 1998). As was discussed in the section "Coronary Heart Disease," hostility may be a psychological manifestation of a heightened propensity for sympathetic nervous system reactivity under conditions of stress.

More recent evidence has broadened this hypothesis to suggest that negative emotions more generally, including symptoms of depression and anxiety, may be prospective risk factors for hypertension as well (Jonas & Lando, 2000). It should be noted, however, that not all studies find this relationship between negative mood and elevated blood pressure (R. Friedman et al., 2001).

Stress and Hypertension Among African Americans Hypertension is a particular medical problem in African American communities. It has long been thought to be tied to stress, including the stress associated with racial discrimination (Blascovich, Spencer, Quinn, & Steele, 2001; Fang & Myers, 2001). Dark-skinned African Americans have higher rates of hypertension than lighter-skinned African Americans, but the reasons have not been altogether clear. Recent evidence suggests that dark-skinned African Americans experience more frequent racial discrimination than their lighter-skinned counterparts, estimated in one study to be 11 times more common (Klonoff & Landrine, 2000).

An early study of hypertension among African Americans was conducted by Earnest Harburg and his associates among Black men in Detroit (Harburg et al., 1973). Their analysis focused on several factors: high stress, suppressed hostility, minority status, and skin color. First, the researchers identified high- and low-stress locales in the city of Detroit. High-stress locales were defined as areas characterized by low socioeconomic status, high population density, high geographical mobility, high rates of marital breakup, and high crime; low-stress areas had more favorable ratings on all these variables. Suppressed rage was measured as guilt and inwardly directed anger; these variables were coded from each individual's responses to a series of vignettes about injustices (such as an arbitrary rent hike) frequently faced by residents of the inner city.

The results indicated that several factors were related to hypertension. First, higher rates of hypertension were found in high-stress than in low-stress locales. Second, Black men had higher blood pressure than White men, especially dark-skinned Black men who lived in the high-stress areas. Overall, the highest blood pressure ratings were found among dark-skinned Black men in high-stress locales who dealt with their anger by suppressing it. This important, now classic study shows the interplay of environmental and individual risk factors in the development of hypertension.

As this study suggests, hypertension is especially prevalent among lower-income Blacks. Part of this risk appears to be associated with such factors as parental history of hypertension. There also appear to be racial differences in neuropeptide and cardiovascular responses to stressors that influence the development of hypertension (e.g., Saab et al., 1997). But psychosocial factors are implicated as well. Low-income Blacks are likely to live in stressful neighborhoods, conditions associated with the development of hypertension (Fleming, Baum, Davidson, Rectanus, & McArdle, 1987; Harburg et al., 1973). Low-income Blacks report more psychological distress than do higher income Whites and Blacks, and chronic life stress may interfere with sympathetic nervous system recovery in response to specific stressors (Pardine & Napoli, 1983). Exposure to racism may aggravate high blood pressure among Blacks (Armstead, Lawler, Gordon, Cross, & Gibbons, 1989; Blascovich et al., 2001). Obesity is another risk factor for hypertension. Dietary factors, such as patterns of eating that develop in infancy (M. M. Myers, 1996), or salt intake may play a causal role, but as yet the nature of diet-hypertension relationships has not been fully explored (Galton, 1973; D. Shapiro & Goldstein, 1982). Compared with Whites, African Americans also show a lower nocturnal decrease in blood pressure (Ituarte, Kamarck, Thompson, & Bacanu, 1999).

Cardiovascular reactivity among African Americans, especially older African Americans, may be part of a more general syndrome that implicates multiple risk factors for cardiovascular disease. A study by Waldstein and colleagues (Waldstein, Burns, Toth, & Poehlman, 1999) found that elevated blood pressure was associated with greater heart rate reactivity, greater fasting insulin levels, lower high-density lipoprotein cholesterol levels, a higher waist-to-hip ratio, and greater body mass overall. This clustering of metabolic and stress-related risk factors may predispose older African Americans to a higher risk for cardiovascular disease and metabolic disorders, such as diabetes.

John Henryism Hypertension is a particular risk for Blacks, and some research has examined the phenomenon known as **John**

Henryism. John Henry, the "steel-driving" man, was an uneducated Black laborer who allegedly defeated a mechanical steam drill in a contest to see which could complete the most work in the shortest period of time. However, after winning the battle, John Henry reportedly dropped dead from exhaustion.

S. A. James et al. (1983) coined the term "John Henryism," which refers to a personality predisposition to cope actively with psychosocial stressors. It becomes a lethal predisposition when active coping efforts are likely to be unsuccessful. The person scoring high on John Henryism would try harder and harder against ultimately insurmountable odds. Consequently, one would expect to find John Henryism to be especially lethal among the disadvantaged, especially low-income and poorly educated Blacks.

Research tends to confirm these relations (James, Keenan, Strogatz, Browning, & Garrett, 1992). One study found that high-effort coping among Blacks with high-status jobs was associated with higher blood pressure; interestingly, the same adverse blood pressure effects were found in women with high-status jobs who were high-effort copers. White men with comparable jobs did not show elevated blood pressure (Light et al., 1995). Subsequent research has suggested that these relations may hold for men but not women (Dressler, Bindon, & Neggers, 1998). This pattern of managing stress, then, may be useful in understanding the especially high rates of hypertension that are seen in Blacks, especially Black men.

Deficits in Communication Another psychosocial factor implicated in hypertension and its treatment involves communication skills. Researchers have observed general communication deficits among individuals at risk for hypertension, especially an interactive style marked by negative verbal and nonverbal behavior (Semenchuk & Larkin, 1993). Such communication deficits may arise from early family environments that produce chronic anger and influence its expression, or they may be psychosocial manifestations of the propensity to react to stressful situations with heightened sympathetic reactivity. These factors may also compromise treatment of the disease. Specifically, hypertensives who are emotionally inhibited may communicate less effectively with physicians and may, in certain respects, receive less adequate treatment as a result (Roter & Ewart, 1992).

In summary, it is evident that psychological factors are implicated in the development of hypertension. In particular, elevated blood pressure is linked to defensiveness and lower expression of affect (Brownley, Light, & Anderson, 1996; Jorgensen, Johnson, Kolodziej, & Schreer, 1996). Exactly how negative affect and its management relate to the development and aggravation of hypertension depends on such factors as race, gender, family history, and other factors known to affect the development of chronically elevated blood pressure (see also Wright, Treiber, Davis, & Strong, 1996).

As has been true for heart disease, much of the research on hypertension has involved men, not women. Yet women are also vulnerable to hypertension, especially Black women, and the relationships between risk factors for hypertension appear to vary in complex ways, depending on the gender and race of the individual involved (Durel et al., 1989; Light, Turner, Hinderliter, & Sherwood, 1993a, 1993b). Thus, an important task for future research is to pursue these ambiguities further, so that our understanding of women's hypertension is as well developed as our understanding of hypertension in men.

Treatment of Hypertension

Overview Hypertension has been controlled in a variety of ways. Commonly, patients are put on low-sodium diets to restrict their sodium intake to approximately 2 grams a day. Recently, however, the use of sodium-restricted diets has been controversial because sodium depletion can adversely affect sympathetic nervous system activity. We will return to this issue shortly. Reduction of alcohol is also recommended for hypertensive patients. Because social support and exercise appear to buffer stress, are they effective buffers against hypertension? In the case of social support, this issue has not been fully evaluated. There is some evidence that social ties may buffer individuals against hypertension-related mortality (Strogatz & James, 1986). Exercise can be a buffer against stress (J. D. Brown & Siegel, 1988), and it may be a buffer against stress-induced hypertension as well (D. E. Mills & Ward, 1986). Weight reduction in overweight patients is strongly urged, and exercise is recommended for all hypertensive patients.

Caffeine restriction is often included as part of the dietary treatment of hypertension, because caffeine, in conjunction with stress, elevates blood pressure responses among those at risk for or already diagnosed with hypertension (Lovallo et al., 2000). Caffeine consumption among people not at risk for hypertension, however, does not appear to produce any long-term maladaptive effects on blood pressure (P. J. Green, Kirby, & Suls, 1996).

Drug Treatments   Most commonly, hypertension is treated pharmacologically. Diuretics reduce blood volume by promoting the excretion of sodium. Another common treatment is beta-adrenergic blockers, which exert their antihypertensive effects by decreasing cardiac output and decreasing plasma renin activity. Central adrenergic inhibitors are also used to reduce blood pressure by decreasing the sympathetic outflow from the central nervous system. Peripheral adrenergic inhibitors are also used to deplete catecholamines from the brain and the adrenal medulla.

Alpha-adrenergic blockers, vasodilators, angiotensin-converting enzyme inhibitors, and calcium channel blockers have also been used in the treatment of hypertension. These techniques show some success in reducing blood pressure and may be especially effective with individuals who are high in hostility (D. Lee et al., 1992). Unfortunately, the adverse side effects are often so great that nonadherence with recommended treatments is very high (R. C. Rosen & Kostis, 1985).

Recently, drug treatments for hypertension have become controversial. Hypertension is only one of a cluster of factors that lead to the development of coronary heart disease. Certain of the drug treatments may have positive effects in reducing blood pressure but augment sympathetic nervous system activity overall, thereby aggravating rather than reducing the likelihood of coronary heart disease. Research, in fact, suggests that drug treatments are more likely to enhance sympathetic nervous system activity than reduce it. Hypertension may be managed more effectively by therapy that neutralizes sympathetic tone (D. D.-P. Lee et al., 1988).

Cognitive-Behavioral Treatments   The fact that antihypertensive medications can actually aggravate sympathetic nervous system activity, coupled with the success of cognitive-behavioral therapy in other areas of health psychology, has led to an increasing use of cognitive-behavioral modification techniques in the treatment of hypertension. Although cognitive-behavioral interventions may not replace drugs altogether, lower levels of drugs may be successful in conjunction with cognitive-behavioral treatment (M. S. Glasgow, Engel, & D'Lugoff, 1989).

A variety of behavioral and cognitive-behavioral methods have been evaluated for their potential success in lowering blood pressure (for a review, see M. S. Glasgow & Engel, 1987). Methods that draw on relaxation include biofeedback, progressive muscle relaxation, hypnosis, and meditation, all of which are thought to reduce blood pressure via the induction of a state of low arousal. Deep breathing and imagery are often added to accomplish this task. Evaluations of these treatments suggest modestly positive effects (Davison, Williams, Nezami, Bice, & DeQuattro, 1991; Jacob, Chesney, Williams, Ding, & Shapiro, 1991; Nakao et al., 1997), although hypertensive patients may not practice them as much as they should (Hoelscher, Lichstein, & Rosenthal, 1986). Giving patients feedback about exactly how poor their compliance efforts are may improve blood pressure control (Zuger, 1999).

Other stress management techniques have also been employed in the treatment of hypertension. Such techniques train people to identify their particular stressors and to develop plans for dealing with them. The programs include training in self-reinforcement, self-calming talk, goal setting, and time management. Biofeedback has been used to help people control their blood pressure (Nakao et al., 1997), especially stress-related increases in blood pressure. Meditation also has promise as a way of controlling blood pressure (Barnes, Treiber, Turner, Davis, & Strong, 1999). Evaluation of such interventions suggest that they can be modestly successful in reducing blood pressure.

Exercise may also help in blood pressure control (Brownley, West, Hinderliter, & Light, 1996). One study (Perkins, Dubbert, Martin, Faulstich, & Harris, 1986) found that aerobically trained mild hypertensives reacted to mildly stressful situations with smaller blood pressure increases than did untrained mild hypertensives. Thus, aerobic training, which itself may reduce blood pressure in mild hypertensives, may also help people manage stress more effectively, perhaps by reducing cardiovascular reactivity in response to stress (Blumenthal, Siegel, & Appelbaum, 1991).

Because obesity is implicated in the development of hypertension, interventions to promote weight loss may also be successful in reducing hypertension. However, because the treatment of obesity itself remains difficult (see chapter 4), a combination of diet, exercise, and behavioral strategies may be most desirable for maintaining weight loss (Jeffery, 1991).

The fact that anger has been tied to hypertension implies that teaching people how to manage their anger might be useful. In fact, studies suggest that training hypertensive patients how to manage confrontational scenes through such behavioral techniques as role playing can produce better skills for managing such situations and can lower blood pressure reactivity (Davidson, MacGregor, Stuhr, & Gidron, 1999; Larkin & Zayfert, 1996).

Evaluation of Cognitive Behavioral Interventions How do behavioral techniques fare comparatively in the treatment of hypertension? Of the nondrug approaches, weight reduction, physical exercise, and cognitive-behavioral therapy appear to be quite successful (Linden & Chambers, 1994). Although not all hypertensive patients benefit from such training, many do.

Moreover, cognitive-behavioral methods have the advantage of being inexpensive as well as easy to implement: They can be used without supervision, and they have no side effects. Behavioral treatments appear to be especially successful with mild or borderline hypertensives and, with these groups, may actually substitute for drug control.

Alternatively, cognitive-behavioral interventions may reduce the drug requirements for the treatment of hypertension (D. Shapiro, Hui, Oakley, Pasic, & Jamner, 1997). For some hypertensives, drug treatments have risks—for example, impairing the ability of hypertensives to manage their work responsibilities well; under these circumstances, cognitive-behavioral therapies may enable hypertensives to reduce or replace their drugs (Kristal-Boneh, Melamed, Bernheim, Peled, & Green, 1995).

Other patients, however, may profit less from behavioral treatments, and adherence to cognitive-behavioral interventions is not particularly high. At present, then, the combination of drugs and cognitive-behavioral treatments appears to be the best approach to the management of hypertension, better than any other (Hoelscher et al., 1986).

Problems in Treating Hypertension

The Hidden Disease   One of the biggest problems in the treatment of hypertension is that so many people who are hypertensive do not know that they are. Hypertension is largely a symptomless disease, so, rather than seeking treatment for hypertension, people are often diagnosed when they go in for a standard medical examination. Thus, many thousands of people who do not get regular physicals suffer from hypertension without realizing it.

National campaigns to educate the public about hypertension have been somewhat successful in getting people diagnosed (Horan & Roccella, 1988). Early detection is important because, as we have seen, more treatments may be available for borderline or mild hypertensives than for people with more serious forms of the disorder.

Untreated hypertension is related to a lower quality of life, compromised cognitive functioning, and fewer social activities, so, despite the fact that it is symptomless, it nonetheless has adverse effects on daily life (Horan & Roccella, 1988; M. A. Robbins, Elias, Croog, & Colton, 1994).

In addition to physician diagnosis, work site–based screening programs have been successful in identifying people with hypertension (Alderman & Lamport, 1988). Increasingly, community interventions enable people to have their blood pressure checked by going to mobile units, their churches or community centers, or even the local drugstore. The widespread availability of these screening programs has helped with early identification of people with hypertension.

Adherence   A second major problem facing the management of hypertension is the high rate of nonadherence to therapy. This, too, is affected by the symptomless nature of the disease. Because hypertensive patients "feel fine," it can be difficult to get them to take medications on a regular basis. Many of us believe that, when we are "cranked up," under stress, or annoyed, our blood pressure is high. In fact, the correlation between beliefs about level of blood pressure and actual blood pressure is low. Unfortunately, hypertensives tend to have such theories and may choose to medicate themselves on the basis of them, thus showing nonadherence with their prescribed regimen and sustaining substantial health risks (D. Meyer, Leventhal, & Gutmann, 1985).

What can be done to increase adherence? Clearly, one solution is to educate patients fully about the largely symptomless nature of the disease and the critical importance of treatment for controlling it (R. S. Zimmerman, Safer, Leventhal, & Baumann, 1986). It may be necessary, too, to demonstrate to patients that their theories about their blood pressure are wrong: When they think their blood pressure is high, it may not be. Unfortunately, research data suggest that hypertensives and borderline hypertensives are only moderately responsive to information indicating that they are unable to control their blood pressure (Baumann, Zimmerman, & Leventhal, 1989; Brondolo, Rosen, Kostis, & Schwartz, 1999).

Compliance with a hypertension regimen is also influenced by factors that predict adherence more generally. Patients who expect greater control over health and hypertension have greater knowledge of the treatment regimen, have stronger social support, and are more likely to adhere to their hypertension regimen (Dunbar-Jacob, Dwyer, & Dunning, 1991; Stanton, 1987). Interventions may be able to draw on these findings as well.

Stroke

Lee Phillips, 62, was shopping at a San Diego mall with her husband, Eric, when she felt an odd tugging on the right side of her face. Her mouth twisted into a lurid grimace. Suddenly she felt weak. "What kind of game are you playing?" asked Eric. "I'm not," Lee tried to respond—but her words came out in a jumble. "Let's go to the hospital," Eric urged her. All Lee wanted to do was go home and lie down. Fortunately, it turned out, her husband summoned an ambulance instead. Like 730,000 other Americans each year, Lee was suffering a stroke. (© 1997 Time Inc. Reprinted with permission.)

Stroke, the third major cause of death in the United States, results from a disturbance in blood flow to the brain. Some strokes occur when blood flow to localized areas of the brain is interrupted, a condition that can be due to arteriosclerosis or hypertension. For example, when arteriosclerotic plaques damage the cerebral blood vessels, the damaged area may trap blood clots (thrombi) or produce circulating blood clots (emboli) that block the flow of blood.

Stroke can also be caused by cerebral hemorrhage (bleeding caused by the rupture of a blood vessel in the brain). When blood leaks into the brain, large areas of nervous tissue may be compressed against the skull, producing widespread or fatal damage. Strokes cause approximately 10% of all deaths. The mortality rate is around 30% during the first month after a stroke, and those who survive may suffer some degree of permanent physical impairment. Approximately 600,000 individuals experience a stroke every year, and more than 5 million of these neurologically impaired individuals live with significant cognitive and

TABLE 13.1 The Five Warning Signs of Stroke
Any of the following symptoms may be a sign of stroke and should lead a person to see a doctor immediately.
1. Sudden numbness or weakness of the face, arm, or leg, especially on one side of the body
2. Sudden confusion and trouble speaking or understanding
3. Sudden trouble walking, dizziness, and loss of balance or coordination
4. Sudden trouble seeing in one or both eyes
5. Sudden severe headache with no known cause

Source: American Heart Association, 2000a.

emotional problems (American Heart Association, 2001b). The warning signs of stroke are listed in Table 13.1.

A chief risk of stroke is that more will follow in its wake, ultimately leading to severe disability or death. Researchers have recently discovered that a simple intervention—aspirin—can greatly reduce this risk. Aspirin has immediate benefit for stroke patients by preventing coagulation. Following a stroke, even a few weeks of aspirin's use can reduce the risk of recurrent strokes by as much as a third (Chen et al., 2000). As we saw in the section "Coronary Heart Disease," aspirin is believed to be helpful in reducing risk of coronary events as well, so this little drug, that has been with us for so long, may prove to be the wonder drug of the century.

Risk Factors for Stroke

Risk factors for stroke overlap heavily with those for heart disease. Some factors are hereditary, others result from lifestyle, and still others come from unknown causes. Those risk factors that can be modified are high blood pressure, heart disease, cigarette smoking, a high red

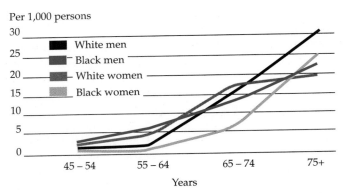

FIGURE 13.3   Annual Rate of First and Recurrent Strokes by Age, Sex, and Race—United States, 1987–1994 (*Source:* Reproduced with permission; American Heart Association World Wide Web Site; www.americanheart.org; © 2000, Copyright American Heart Association.)

blood cell count, and transient ischemic attacks. Transient ischemic attacks are little strokes that produce temporary weakness, clumsiness, or loss of feeling in one side or limb; a temporary dimness or loss of vision, particularly in one eye; or a temporary loss of speech or difficulty in speaking or understanding speech (American Heart Association, 2000a).

In addition, the likelihood of a stroke increases with age, occurs more often in men than in women, and occurs more often in African Americans and among those who have diabetes mellitus. A prior stroke or a family history of stroke also increases the likelihood. Increasingly, health practitioners are recognizing the significance of psychosocial factors in stroke. Depression is predictive of stroke across all elements of the population but appears to be an especially strong predictor for White women and for African Americans (Jonas & Mussolino, 2000). The stroke rate by age, gender, and race are shown in Figure 13.3.

Consequences of Stroke

Stroke affects all aspects of one's life: personal, social, vocational, and physical (S. C. Thompson et al., 1989). Although many victims have already reached retirement age, stroke can also

attack younger people. Patients who are minimally impaired following a stroke may return to work after a few months, but many patients are unable to return to work even part-time (for reviews see W. A. Gordon & Diller, 1983; Krantz & Deckel, 1983). Stroke almost inevitably leads to increased dependence on others, at least for a while; as a consequence, family or other social relationships may be profoundly affected.

Motor Problems   Immediately after a stroke, motor difficulties are common. Because the right side of the brain controls movement in the left half of the body and the left side of the brain controls movement in the right half of the body, motoric impairments occur on the side opposite to the side of the brain that was damaged in the stroke. It is usually difficult or impossible for the patient to move the arm and leg on the affected side; therefore, he or she usually requires help walking, dressing, and performing other physical activities. With physical therapy, some of these problems are greatly diminished (W. A. Gordon & Diller, 1983).

Cognitive Problems   The cognitive difficulties that the stroke victim faces depend on which side of the brain was damaged. Patients with left-brain damage may have communication disorders, such as aphasia, which involves difficulty in understanding others and expressing oneself. A stroke patient described a relevant incident:

> One of my first shopping expeditions was to a hardware store, but when I got there I couldn't think of the words, "electric plug," and it took me a while to get the message across. Naturally, I was humiliated and frustrated. I was close to tears at the store, and let them out to Jane [the patient's wife] at home. I was learning day by day the frustrations of a body and mind I could not command. (Dahlberg, 1977, p. 124)

Other problems of left-brain dysfunction include cognitive disturbances, an apparent reduction in intellect, and difficulty in learning new tasks. In particular, cognitive tasks that require the use of short-term memory seem to be particularly affected after a stroke that causes left-brain damage.

> Everyone repeats some stories, but within 15 minutes I told three stories that Jane had just heard—from me. Such experiences have not brought me humility, but I have lost some confidence, and I have developed patience with people. In the past, I have sometimes been arrogant. But since the stroke I have learned to say, "excuse me" and "I don't know." (Dahlberg, 1977, p. 126)

Patients with right-brain damage may be unable to process or make use of certain kinds of visual feedback. As a result, such a patient may shave only one side of his face or put makeup on only half her face. The patient may eat only the food on the right side of the plate and ignore the food on the left. He or she may have trouble reading a clock, dialing a phone, or making change. These patients sometimes have difficulty perceiving distances accurately and may bump into objects or walls.

Patients with right-brain damage may also feel that they are going crazy because they cannot understand the words they read or seem to be able to perceive only the last part of each word. They may also think they are hearing voices if a speaker is physically positioned on the impaired side and can thus be heard but not seen (W. A. Gordon & Diller, 1983). Although some stroke patients seem to have a good idea of how much damage has been done, a fact that is depressing in its own right, others are quite inaccurate in their assessment of how the stroke has changed their cognitive abilities, their memory, and their moods (Hibbard, Gordon, Stein, Grober, & Sliwinski, 1992). These misperceptions lead them to misjudge what they are capable of doing and lead them to inaccurately assess how well they have done.

Emotional Problems Emotional problems after a stroke are common. Patients with left-brain damage often react to their disorder with anxiety and depression; patients with right-brain damage more commonly seem indifferent to their situation. These differences in emotional response appear to be due to neurological damage. Right-brain-damaged patients have aprosodia, a brain disorder involving difficulty in expressing and comprehending emotion (R. G. Robinson & Benson, 1981).

As we have seen, depression is a serious problem for stroke patients, and its degree depends on the site of the stroke and its severity. However, psychosocial factors also predict the degree of depression. Depression depends, in part, on the relationship the stroke patient has to the caregiver. Overprotection by a caregiver, a poor relation with a caregiver, and a caregiver who views the caregiving situation negatively all lead to depression on both sides. In addition, depression is aggravated if the person must live in worsened circumstances after the stroke, has a poor perception of the future, and perceives little meaning in life (S. C. Thompson et al., 1989). At present, the main treatment for depression is antidepressant medications (Hibbard, Grober, Gordon, Aletta, & Freeman, 1990).

Relationship Problems   The stroke patient may have problems with social relationships. Strokes produce symptoms that interfere with effective communication. For example, facial muscles may fail to work properly, producing the appearance of disfigurement. Cognitive impairment leads to memory loss, difficulties in concentrating, and other socially disruptive impairments, such as inappropriate emotional expression. A condition known as multiinfarct dementia, which results from the accumulating effects of small strokes, may produce Alzheimer's-like symptoms. Thus, the consequences of stroke can be socially stigmatizing, and patients may find they are avoided or rejected by their colleagues and friends (S. Newman, 1984).

Types of Rehabilitative Interventions

Interventions with stroke patients have typically taken four approaches: psychotherapy, including treatment for depression; cognitive remedial training to restore intellectual functioning; training in specific skills development; and the use of structured, stimulating environments to challenge the stroke patient's capabilities (Krantz & Deckel, 1983). Although individual counseling is employed with some stroke patients, group therapy is more common (Krantz & Deckel, 1983). Home visits from volunteers or counselors can provide help for the confused and frightened stroke patient who is too ill to go to a facility.

Treatment for depression usually takes the form of antidepressants, although in some cases, patients cannot take these medications because they aggravate other medical conditions. Consequently, psychotherapy is employed to help stroke patients learn ways of coping with their altered circumstances. The progress is often slow (Hibbard, Grober, Stein, & Gordon, 1992).

Interventions designed to deal with cognitive problems after stroke address several goals (W. A. Gordon & Diller, 1983). First, patients must be made aware that they have problems. Often, the stroke patient thinks he or she is performing adequately when this is simply not so. A risk of making patients aware of these problems is the sense of discouragement or failure that may arise. Thus, it is important for patients to see that these deficits are correctable.

Gordon and his associates (e.g., W. A. Gordon & Diller, 1983; Weinberg et al., 1977) have used a variety of techniques to help right-brain-damaged stroke patients regain a full visual field. One method is to spread out an array of money before a patient and ask him or her to pick all of it up. The right-brain-damaged patient will pick up only the money on the right side, ignoring that on the left. When the patient is induced to turn his or her head toward the impaired side, he or she will see the remaining money and can then pick it up as well.

A scanning machine can improve this process further. Patients are first instructed to follow a moving stimulus with their eyes. When the stimulus moves to the left side of the stimulus array, it is out of sight of right-brain-damaged patients unless they turn their heads. Thus, patients quickly learn to turn their heads so they can pick up all information when the scanner moves into the left side of the visual field. Various tasks that require scanning, such as number canceling, are then introduced, so the patient can get practice using the entire visual field. Gradually, the patient is led to do tasks without benefit of the artificial scanner. Through these kinds of retraining efforts, many stroke patients are able to regain many of their lost capabilities. Eventually, they can negotiate the world much as they did before the stroke (W. A. Gordon & Diller, 1983).

Cognitive remediation is a slow process, and skills retraining needs to proceed in an orderly fashion, beginning with easy problems and moving to more difficult ones. As each skill is acquired, practice is essential (W. A. Gordon & Hibbard, 1992).

Diabetes

Diabetes is the third most common chronic illness in this country and one of the leading causes of death. Nearly 6% of the U.S. population has diabetes and of the 157 million individuals who have it, 5.4 million cases remain undiagnosed (Centers for Disease Control and Prevention, 1998). Diabetes costs the United States approximately $98 billion a year in medical costs and indirect costs that result from disability and work loss.

In the past 40 years, the incidence of diabetes has increased six-fold, and each year physicians diagnose nearly 800,000 new cases (Centers for Disease Control and Prevention, 1999a). About 700,000 diabetics are children. Each year, approximately 195,000 people die from diabetes and its complications (Centers for Disease Control and Prevention, 1999a). Diabetes is estimated to cause approximately 28,000 cases of kidney failure, 24,000 cases of blindness, and 56,000 amputations, and to contribute to 77,000 deaths from heart disease each year. The number of cases is increasing at approximately 7% a year, making diabetes an increasingly important and formidable health problem (American Diabetes Association, 1999). Moreover, it is believed that as many as a third of those with diagnosable diabetes remain undiagnosed. The complications of diabetes are pictured in Figure 13.4.

Diabetes is a chronic condition of impaired carbohydrate, protein, and fat metabolism that results from insufficient secretion of insulin or from target tissue insulin resistance. The cells of the body need energy to function, and the primary source of energy is glucose, a simple sugar that results from the digestion of foods containing carbohydrates. Glucose circulates in the blood as a potential source of energy for cells that need it.

Insulin is a hormone, produced by the beta cells of the pancreas, that bonds to the receptor sites on the outside of a cell and acts essentially as a key to permit glucose to enter the cells. When there is not enough insulin produced or when insulin resistance develops (that is, the glucose can no longer be used by the cells), glucose stays in the blood instead of entering the cells, resulting in a condition called hypoglycemia. The body attempts to rid itself of this excess glucose, yet the cells are not receiving the glucose they need and send signals to the hypothalamus that more food is needed.

Types of Diabetes

There are two major types of diabetes, insulin-dependent (or Type I) diabetes and non-insulin-dependent (or Type II) diabetes, which differ in origin, pathology, role of genetics in their development, age of onset, and treatment.

Type I Diabetes Type I diabetes is characterized by the abrupt onset of symptoms, which result from lack of insulin production by the beta cells of the pancreas. The disorder may result from viral infection, autoimmune reactions, and probably genetic factors as well. In the disorder, the immune system falsely identifies cells in the pancreas as invaders and accordingly destroys these cells, compromising or eliminating their ability to produce insulin. Type I diabetes usually develops relatively early in life, earlier for girls than for boys, between the ages of 5 and 6 or later between 10 and 13.

The most common early symptoms are frequent urination, unusual thirst, excessive drinking of fluids, weight loss, fatigue, weakness, irritability, nausea, uncontrollable craving for food (especially sweets), and fainting. These symptoms are due to the body's attempt to find sources of energy, which prompts it to feed off its own fats and proteins. Byproducts of these fats then build up in the body, producing symptoms; if the condition is untreated, a coma can result.

Type I diabetes is a serious, life-threatening illness accounting for 10% of all diabetes. It is

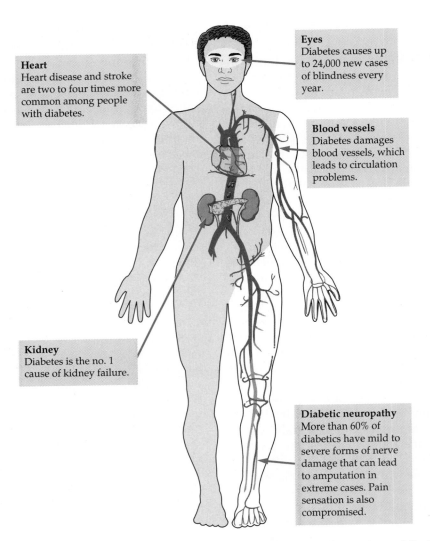

Heart
Heart disease and stroke are two to four times more common among people with diabetes.

Eyes
Diabetes causes up to 24,000 new cases of blindness every year.

Blood vessels
Diabetes damages blood vessels, which leads to circulation problems.

Kidney
Diabetes is the no. 1 cause of kidney failure.

Diabetic neuropathy
More than 60% of diabetics have mild to severe forms of nerve damage that can lead to amputation in extreme cases. Pain sensation is also compromised.

FIGURE 13.4   The Potential Health Complications of Diabetes Are Extensive, Life-Threatening, and Costly

managed primarily through direct injections of insulin—hence the name insulin-dependent diabetes (American Diabetes Association, 1999). The Type I diabetic is vulnerable to two blood sugar problems, hypoglycemia (a blood sugar level that is too low) and hyperglycemia (a blood sugar level that is too high). Hypoglycemia results when there is too much insulin, causing an excessive decline in blood sugar. This reaction is typically sudden. The skin turns pale and moist and the individual feels excited, nervous, irritable, and confused. Breathing can be rapid and shallow, and the tongue may have a moist, numb, tingling sensation. The person will be hungry and may be in pain, and there will be little or no sugar in the urine. When signs of possible insulin reaction occur, something containing sugar must be eaten immediately.

The reaction of hyperglycemia is more gradual. The skin is flushed and dry, and the individual feels drowsy and has deep, labored breathing. Vomiting may occur, and the tongue is dry; feelings of hunger are rare but thirst is common. Abdominal pain may occur, and a large amount of sugar is detectable in the urine. Hyperglycemia may require medical intervention because coma may result, requiring hospitalization.

Type II Diabetes Type II (or non-insulin-dependent) diabetes typically occurs after age 40 and is milder than the insulin-dependent type.

In the case of Type II diabetes, more is known about the mechanism whereby the disease is triggered. Glucose metabolism involves a delicate balance between insulin production and insulin responsiveness, and when this balance goes awry, it sets the stage for Type II diabetes. First, cells in muscle, fat, and liver lose some of their ability to respond fully to insulin, a condition known as insulin resistance. In response to insulin resistance, the pancreas temporarily increases its production of insulin. At this point, insulin-producing cells may give out, with the result that insulin production falls, and the balance between insulin action and insulin secretion becomes disregulated, resulting in Type II diabetes (Alper, 2000). The symptoms include frequent urination; fatigue; dryness of the mouth; impotence; irregular menstruation; loss of sensation; frequent infection of the skin, gums, or urinary system; pain or cramps in legs, feet, or fingers; slow healing of cuts and bruises; and intense itching and drowsiness.

The majority of Type II diabetics are overweight (90%), and Type II diabetes is more common in women and individuals of low socioeconomic status (American Diabetes Association, 2002). Type II diabetes is heavily a

TABLE 13.2   Risk Factors for Type II Diabetes
You are at risk if:

- You are overweight
- You get little exercise
- You have high blood pressure
- You have a sibling or parent with diabetes
- You had a baby weighing over 9 pounds at birth
- You are a member of a high-risk ethnic group, which includes African Americans, Latinos, Native Americans, Asian Americans, and Pacific Islanders

Source: American Diabetes Association, 1999

disorder of aging. More than 18% of people 65 or older have diabetes, compared with 8% among those 20 to 64 (Centers for Disease Control and Prevention, 1999a). Diabetes strikes the minority communities in the United States especially heavily. African Americans are 1.7 times as likely to develop diabetes as Whites, and Hispanic Americans are nearly twice as likely. In some Native American tribes, 50% of the population has diabetes (American Diabetes Association, 1999). Type II diabetes is on the increase because of an increase in the prevalence of a sedentary lifestyle and obesity, both of which are risk factors for the development of the disorder. Risk factors for Type II diabetes are listed in Table 13.2.

Health Implications of Diabetes

The reason that diabetes is such a major public health problem stems less from the consequences of insufficient insulin production per se than from the complications that may develop. Diabetes is associated with a thickening of the arteries due to the buildup of wastes in the blood. As a consequence, diabetic patients show high rates of coronary heart disease.

Diabetes is the leading cause of blindness among adults, and it accounts for 50% of all the patients who require renal dialysis for kidney failure. Diabetes may also be associated with nervous system damage, including pain and loss of sensation. In severe cases, amputations of the extremities, such as toes and feet, are required. As a consequence of these complications, diabetics have a shorter life expectancy than do nondiabetic individuals. Diabetes may also exacerbate other difficulties in psychosocial functioning, contributing to eating disorders (Carroll, Tiggemann, & Wade, 1999) and sexual dysfunction in both men and women (Spector, Leiblum, Carey, & Rosen, 1993; Weinhardt & Carey, 1996), as well as depression (Talbot, Nouwen, Gingras, Belanger, & Audet, 1999), among other problems. Diabetes may produce central nervous system impairment that interferes with memory (L. A. Taylor & Rachman, 1988), especially among the elderly (Mooradian, Perryman, Fitten, Kavonian, & Morley, 1988).

Stress and Diabetes   Both Type I and Type II diabetics are sensitive to the effects of stress (Gonder-Frederick, Carter, Cox, & Clarke, 1990; Halford, Cuddihy, & Mortimer, 1990). Stress may precipitate Type I diabetes in individuals with the affected gene (Lehman, Rodin, McEwen, & Brinton, 1991). People at high risk for diabetes show abnormal glycemic responsiveness to stress, which, when coupled with the experience of intermittent or long-term stress, may be implicated in the development of the disease (Esposito-Del Puente et al., 1994). Stress also aggravates both Type I and Type II diabetes after the disease is diagnosed (Surwit & Schneider, 1993; Surwit & Williams, 1996).

Just as they appear to be implicated in the development of coronary heart disease and hypertension, anger and hostility may be implicated in higher glucose levels (Vitaliano, Scanlan, Krenz, & Fujimoto, 1996), and an examination of their role in the potential aggravation of diabetes is warranted.

Although the actual mechanisms involved in the aggravation of diabetes by stress are still being explored, it is clear that glucose metabolism is influenced by stress. Glucose supplies cells with energy, and insulin is responsible for glucose storage. In the presence of stress hormones, such as cortisol, however, insulin is less effective in facilitating glucose storage. This process may result in increased insulin secretion. When insulin is high, systolic blood pressure and heart rate also tend to be elevated. When these processes are combined with overeating and inactivity, the results can lead to obesity, causing further insulin resistance and higher insulin secretion. This constellation of factors is referred to as the **metabolic syndrome**. The metabolic syndrome has been related to hypertension, elevated lipids, diabetes, and atherosclerosis, and it is a common risk profile among older men, especially African Americans (Waldstein et al., 1999). Hostility appears to foster the metabolic syndrome, at least in older males, as well (Niaura et al., 2000).

At least 14 studies have reported direct links between stress and poor diabetic control (see Brand, Johnson, & Johnson, 1986; Hanson & Pichert, 1986). This relationship is not caused by differences in adherence to medications (Hanson et al., 1987), coping efforts (Frenzel et al., 1988), insulin regimen, diet, or exercise (Hanson & Pichert, 1986), although stress can also adversely affect adherence and diet (Balfour, White, Schiffrin, Dougherty, & Dufresne, 1993; Halford et al., 1990).

Just as sympathetic nervous system reactivity is implicated in the development of coronary heart disease and hypertension, it likewise appears to be involved in the pathophysiology of Type II diabetes. In particular, a hyperresponsivity to epinephrine, higher levels of circulating catecholamines, and elevated levels of endogenous opioid-peptides are found in many diabetes patients. Thus, theoretically, as is the case with heart disease and hypertension patients, interventions to reduce sympathetic nervous system activity can be useful for modulating hyperglycemia.

Problems in Self-management of Diabetes

The key to the successful control of diabetes is active self-management. Indeed, Type II diabetes can be completely prevented by changes in the lifestyle of high-risk individuals (Tuomilehto et al., 2001), and the trajectory of the disease in already diagnosed patients can be greatly improved by changes in lifestyle. The ideal treatment is now patient-centered and patient-directed, rather than physician-directed. Because very tight control of glucose levels can make a huge difference in the progression of this disease, patients need to monitor their glucose levels throughout each day and take immediate action when it is needed. In addition, proper diet, exercise, weight control, and successful stress combating measures are key elements of a self-managed program of diabetes control.

The treatment goal for diabetes is to keep blood sugar at normal levels. This regulation is typically accomplished through regular insulin injections, dietary control, weight control, and exercise. Insulin injections are most often recommended on a regular basis for Type I diabetes, whereas diet, weight control, and exercise figure prominently in the management of both types of diabetes. When blood glucose levels can be actively controlled through such methods, onset and progression of diabetes-related disorders, including eye disease, kidney disease, and nerve disorders, may be reduced by more than 50% (National Institute on Diabetes and Digestive and Kidney Disorders, 1999).

Surprisingly, however, many diabetics, especially Type II diabetics, are unaware of the health risks they face. A recent survey found that only one third of diagnosed diabetic patients realized that heart disease was among the most serious complications for which they were at risk (*New York Times*, 2001). Clearly, education is an important component of intervention as well.

Dietary intervention involves reducing the sugar and carbohydrate intake of diabetic patients. In addition, the number of calories taken in each day must be relatively constant. Food intake must be controlled by a meal plan and not by temptation or appetite. Obesity especially seems to tax the insulin system, so patients are encouraged to achieve a normal weight. Exercise is encouraged because it helps use up glucose in the blood (Feinglos & Surwit, 1988) and helps lower weight.

Adherence Unfortunately, adherence to self-management programs appears to be low. For example, one set of investigations found that 80% of diabetic patients administered insulin incorrectly, 58% administered the wrong dosage, 77% tested their urine for sugar content inaccurately, 75% were not eating at sufficiently regular intervals, and 75% were not eating prescribed foods (Watkins, Roberts, Williams, Martin, & Coyle, 1967; Wing, Nowalk, et al., 1986). Overall, only about 15% of patients appear to adhere to all their treatment recommendations.

What are the reasons for this low rate of adherence? There does not appear to be any type of person who is particularly nonadherent to the diabetes treatment regimen. Poor adherence seems to be due more to transient situational factors, such as psychological stress and social pressure to eat (Goodall & Halford, 1991). However, people with good self-control skills do a better job achieving glycemic control by virtue of their greater adherence to a treatment regimen (Peyrot, McMurry, & Kruger, 1999). The nature of the diabetes treatment regimen also contributes to poor rates of adherence.

The management of Type I diabetes critically depends on proper monitoring of blood glucose level and regular injections of insulin, yet many adolescents and adults fail to adhere properly to the treatment regimen. (© Arlene Collins/The Image Works.)

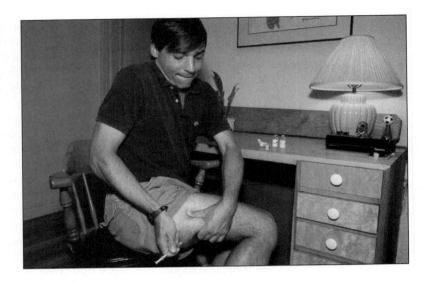

Specifically, the chief factors that require self-control, diet and exercise, are lifestyle factors, and as we noted in chapter 3, adherence to recommendations to alter lifestyle is very low.

One reason for this fact is that such advice is often not seen as medical but as advisory and discretionary, and patients often fail to follow their regimen or modify it according to their own theories and desires. Another reason is that dietary control and exercise are very difficult health habits to follow regularly. The person attempting to exert rigorous dietary control is constantly besieged by temptations to depart from a preset course, and the person trying to fit exercise into an already busy day may find it easy to forget this activity when other demands seem more pressing or necessary. Voluntarily restricting calories, avoiding desired foods, and engaging in an exercise program may seem like self-punishment, something that many patients are unwilling to do.

Moreover, many of the severe complications that arise from diabetes are not evident for 15 or 20 years after its onset. Therefore, complications do not frighten people into be-

ing adherent. They may feel no symptoms and, because the disease does not seem insistent on a day-to-day basis, fail to adhere to their treatment regimen. Many of the errors made by diabetics in adhering to their treatment regimen, then, are errors of omission rather than errors of commission. That is, it is relatively unusual for diabetics to intentionally relapse but common for them to forget to undertake particular behaviors they are supposed to do regularly (Kirkley & Fisher, 1988).

One of the dilemmas involved in adequate adherence is that diabetic patients often fail to self-monitor their blood glucose level (Wysocki, Green, & Huxtable, 1989). Instead, like hypertensive patients, they rely on what their blood glucose level "feels like" (Hampson, Glasgow, & Toobert, 1990), and they rely strongly on their mood for making this judgment (Gonder-Frederick, Cox, Bobbitt, & Pennebaker, 1986). And, as is also the case in hypertension, even training in glucose level awareness fails to produce very accurate estimates of blood sugar levels (Diamond, Massey, & Covey, 1989).

Improving Adherence   Nonadherence to treatment programs is also influenced by knowledge and health beliefs. Many diabetic patients simply do not have enough information about glucose utilization and metabolic control of insulin. A patient may simply be told what to do without understanding the rationale for it. Patients who are threatened by their disease show poor metabolic control, and those who have strong feelings of self-efficacy seem to achieve better control (S. B. Johnson, Tomer, Cunningham, & Henretta, 1990; Kavanaugh, Gooley, & Wilson, 1993). Consequently, education is vital.

Adherence is improved when patients and physicians share treatment goals. One study that uncovered a high level of nonadherence to treatment among parents regulating their children's Type I diabetes found that parents and physicians had quite different goals. The parents' efforts to control diet were designed to avoid hypoglycemia, which is a short-term threat. In contrast, the physicians' goals were centered on the long-term threat of diabetes complications and the need to keep blood glucose levels steady. These differences in goals accounted for many of the departures from the prescribed regimen (Marteau, Johnston, Baum, & Bloch, 1987).

Does social support improve adherence to a diabetes regimen? Generally, support improves adherence, but this generalization may not be so true for diabetes. Although social support can have beneficial effects on adjustment to the disease, active participation in a social network often leads diabetics to be exposed to norms about diet and temptations to eat that compromise diabetic functioning (R. M. Kaplan & Hartwell, 1987; Littlefield, Rodin, Murray, & Craven, 1990). Thus, the effects of social support are mixed.

As is true of all chronic diseases, patients with diabetes must play an active role in their own care, and consequently, any intervention that focuses on improving a sense of self-efficacy and the ability to independently regulate one's behavior has the potential to improve adherence and consequent glucose control (Senecal, Nouwen, & White, 2000).

Increasingly, health psychologists and policy-makers are recognizing that diabetes is a major public health problem. Proactive responses to its increasing incidence are on the rise and include more active efforts to control obesity as the first defense against this common, costly, and rapidly growing disorder (Glasgow et al., 1999).

Interventions with Diabetics

A variety of cognitive-behavioral interventions have been undertaken with diabetics to improve adherence to aspects of their regimen. Some programs have focused on helping diabetics engage in appropriate self-injection (see Wing, Nowalk, et al., 1986). Others have focused more on training patients to monitor blood sugar levels effectively (Wing, Epstein, Nowalk, Scott, et al., 1986). As a result of ties between stress and diabetes (e.g., Herschbach et al., 1997), behavioral investigators have examined the effect of stress management programs on diabetic control. An example of combating stress to control diabetes appears in Box 13.6.

Weight control improves glycemic control and reduces the need for medication (Wing, Epstein, Nowalk, Koeske, & Hagg, 1985), so behavioral interventions to help diabetic patients lose weight have been undertaken and appear to show at least some success (Wing, Epstein, Nowalk, Scott, et al., 1986). As with most weight-loss programs, however, following initial success, people often relapse to their poor habits and may gain back much of the weight (Wing, Blair, Marcus, Epstein, & Harvey, 1994), so a focus on maintenance and relapse prevention is essential.

BOX 13.6

Stress Management and the Control of Diabetes

Mrs. Goldberg had had Type II diabetes for some time. Her doctor had made the diagnosis 10 years earlier, just after her 40th birthday. She watched her diet, got sufficient exercise, and was able to control her blood glucose with oral medication. During the past several months, however, Mrs. Goldberg's diabetes control had begun to deteriorate. Despite the fact that she continued to follow her diet and exercise regimen, her blood glucose levels became elevated more frequently.

Mrs. Goldberg consulted her physician, who asked her if her lifestyle had changed in any way over the past several months. She told him that her boss had added several new responsibilities to her job and that they made her workday much more stressful. Things were so bad that she was having trouble sleeping at night and dreaded going to work in the morning. Mrs. Goldberg's physician told her that this additional stress might be responsible for her poor diabetes control. Rather than

initially changing her medications, he suggested that she first speak with her boss to see if some of the stress of her job might be relieved. Fortunately, her boss was understanding and allowed Mrs. Goldberg to share her responsibilities with another employee. Within several weeks, she no longer dreaded going to work, and her diabetes control improved significantly.

This case illustrates how a relatively simple change in a patient's environment may have a clinically significant impact on blood glucose control. It underscores the need for the physician to be aware of what is happening in the patient's life in order to determine requirements for treatment. Under the circumstances described, it would have been inappropriate to have altered this patient's medication.

Source: Feinglos & Surwit, 1988, p. 29.

The fact that stress and social pressure to eat have such major effects on adherence to treatment regimens has led researchers to focus increasingly on social skills and problem-solving skills training in diabetes management (e.g., R. E. Glasgow, Toobert, Hampson, & Wilson, 1995). That is, in addition to information about the treatment regimen, diabetic patients often need training in how to maintain the treatment regimen in the face of circumstances that undermine it (Glasgow, Engel, & D'Lugoff, 1989; Goodall & Halford, 1991). Thus, for example, just as the smoker is trained to resist social pressure to smoke, the diabetic is trained in resisting influences to consume foods that would have adverse effects on blood sugar (Toobert & Glasgow, 1991).

Effective diabetes management involves multiple aspects of behavior change, and as we have seen, complex regimens directed to multiple health habits are often difficult to implement. As a result, interventions with diabetics often pull together into a single treatment program all the self-regulation techniques that are required. Diabetics are trained in monitoring blood sugar accurately, using the information as a basis for making changes in behavior as through self-injection, reinforcing themselves for efforts to improve blood sugar control, managing stress, controlling diet, exercising, and developing social and problem-solving skills to deal with situational pressures to break with their treatment regimen (Goodall & Halford, 1991; Jenkins, 1990a; Wing, Epstein, Nowalk, & Lamparski, 1986). By seeing the relations among all the components in an organized program of self-regulation, adherence to the separate aspects of the regimen may be improved (R. E. Glasgow et al., 1989). Evidence suggests that intensive treatment interventions are more successful than less intensive programs in promoting long-term weight loss and maintaining adherence to treatment.

A complication of diabetes is the depression that often accompanies it. Especially as symptoms increase and the disease intrudes increasingly on life activities, patients may become depressed (Talbot et al., 1999). Depression is tied to poor glucose control and poor compliance with the diabetes treatment regimen (Lustman et al., 1997). As a result, depression itself is often an object of treatment as well as a symptom of the disease.

Special Problems of Adolescent Diabetics

The management of diabetes is a particular problem with adolescents (e.g., S. B. Johnson, Freund, Silverstein, Hansen, & Malone, 1990). To begin with, adolescents usually have Type I diabetes, so their disease is severe. They are entangled in issues of independence and developing self-concept; diabetes and the restrictions that it imposes are inconsistent with these developmental tasks. Adolescents may see their parents' limitations on food as efforts to control them and may regard the need to monitor diet or to be conscientious about injections as rules and regulations imposed from the outside. Moreover, within the adolescent peer culture, those who are different are often stigmatized. Thus, the adolescent diabetic may neglect proper care to avoid rejection.

Relations with Family Problems of managing Type I diabetes among adolescents are not confined to the diabetic's own difficulties of accepting the limitations imposed by the disease. Other family members may also react in ways that defeat management efforts. Parents, for example, may treat their newly diagnosed adolescent diabetic as a child and restrict activities beyond what is necessary, infantiliz-

ing the adolescent and increasing dependence. Alternatively, the parents may try to convince the child that he or she is normal, like everyone else, yet the adolescent quickly learns otherwise.

The family environment can be important to diabetic control and adherence (for a review, see Hanson, Henggeler, Harris, Burghen, & Moore, 1989). One study (Minuchin et al., 1978) found that diabetic children with poor control improved substantially after family therapy that attempted to break down faulty methods of communication and conflict resolution. Individual therapy failed to achieve the same outcomes.

Studies suggest that, when parents are actively involved in diabetes management tasks, such as helping their adolescents monitor blood glucose levels, better metabolic control over the disease can be obtained (B. Andersen, Ho, Brackett, Finkelstein, & Laffel, 1997).

Adherence Increasingly, health psychologists have been involved in the development of interventions to improve adherence and adjustment and control over Type I diabetes (R. E. Glasgow & Anderson, 1995; Nouwen, Gingras, Talbot, & Bouchard, 1997; Talbot, Nouwen, Gingras, Gosselin, & Audet, 1997). Specifically, the health psychologist can help with the delineation of problems in achieving control over diabetes (R. E. Glasgow & Anderson, 1995) and with the identification of complicating psychological and social factors not yet identified that may compromise the treatment of diabetes (Talbot et al., 1997).

The health psychologist, then, has an important role to play in the management of diabetes, by developing the best format for teaching the complex treatment regimen, ensuring adherence, developing effective means for coping with stress, and helping the adolescent diabetic overcome the personal and social threats to independence and adherence that the disease creates.

Summary

1. Coronary heart disease is the number one killer in the United States. It is a disease of lifestyle, and risk factors include cigarette smoking, obesity, elevated serum cholesterol, low levels of physical activity, chronic stress, and hostility.

2. Coronary-proneness is associated with hostility and with hyperreactivity to stressful situations, including a slow return to baseline. These exaggerated cardiovascular responses to stress may be genetically based, a result of excessive neuroendocrine reactivity to environmental stressors.

3. Efforts to modify excessive reactivity to stress and hostility through training in relaxation and stress management show promise in reducing morbidity and mortality due to CHD.

4. Cardiac rehabilitation is designed to help diagnosed CHD patients obtain their optimal physical, medical, psychological, social, emotional, vocational, and economic status. Components of these programs typically include education in CHD, drug treatments, nutritional counseling, supervised exercise, stress management, and, under some circumstances, psychological counseling and/or social support group participation.

5. MI patients typically have difficulty managing the stress-reduction aspects of their regimens, and sometimes marital relations can be strained as a result of the changes forced on the patient and the spouse by the post–MI rehabilitative regimen.

6. Hypertension, or high blood pressure, affects approximately 60 million Americans. Most hypertension is of unknown origin, although risk factors include family history of hypertension. Low-SES Blacks are particularly vulnerable to the disorder.

7. Hypertensives show heightened reactivity to stressful events. Hostility and ways of coping with stress, such as suppressed rage, may also be implicated.

8. Hypertension is typically treated by diuretics or beta-blocking drugs, which often have adverse side effects. Cognitive-behavioral treatments, including stress management, have been used to control the disorder and to reduce drug dosages.

9. The biggest problems related to the control of hypertension concern high rates of nondiagnosis and nonadherence to therapy. The fact that the disease is symptomless helps explain both problems. Low rates of adherence are also explained by the adverse side effects of drugs.

10. Stroke results from a disturbance in blood flow to the brain. It may disrupt all aspects of life. Motor difficulties, cognitive

impairments, and depression are particular problems associated with stroke.

11. Interventions for stroke patients have typically involved psychotherapy, including treatment for depression; cognitive remedial training to restore intellectual functioning; skill building; and structured, stimulating environments to challenge the stroke patient's capabilities.

12. Diabetes is the third most common chronic disease in the United States. Insulin-dependent, or Type I, diabetes typically develops in childhood and is more severe than non-insulin-dependent, or Type II, diabetes, which develops typically after age 40. Stress is known to exacerbate glycemic control in both types of diabetes.

13. The diabetes self-care regimen is complex, involving testing urine for sugar content, administering insulin, (Type I), eating prescribed foods, eating at regular intervals, and exercising regularly. Adherence to this regimen is poor.

14. Interventions can improve adherence, especially if the different components of the regimen are logically linked to each other in a programmatic effort toward effective self-care. Training in diabetes-specific social management skills and problem-solving skills are especially important components.

Key Terms

cardiac invalidism
cardiac rehabilitation
cardiopulmonary
    resuscitation (CPR)

coronary heart disease (CHD)
diabetes
hypertension
ischemia

John Henryism
metabolic syndrome
stroke
Type A behavior pattern

CHAPTER 14

Psychoneuroimmunology, AIDS, Cancer, and Arthritis

Mei-ling was facing the toughest semester she had ever had. Her father had lost his job, so in addition to trying to provide social support to her parents, she had been forced to take on a part-time job to help pay for her college expenses.

She had scheduled all her courses for the first few hours of the morning, so that by 1:30, she was able to get over to the accountant's office, where she answered phones and billed clients until 6:00 at night. Then she headed back to the dorm to study long into the night.

Her boyfriend, Mark, was complaining that he never saw her anymore. When he was free and wanted to go out to a movie or to a fraternity party, she was always studying, trying to make up for the time she lost while she was working. He hadn't actually said that he was going to start dating other women, but she suspected he might soon reach that point.

And now she faced exams. All of them promised to be challenging, and she would have to rearrange her work hours to accommodate the exam schedule. Her boss was annoyed enough at the fact that she sometimes had to reduce her hours to complete course requirements, and he was not going to appreciate the further complications in her schedule that the exams would create.

Mei-ling made it through her exams, but just barely. Following her last exam, in Spanish, she headed back to her room and collapsed into bed with a temperature of 102°, where she stayed, nursing a respiratory flu, for the next 10 days.

In this chapter, we take up the question of immunity, the factors that influence it, and the situations that compromise it. Mei-ling's case is not unusual. Stress and problems in social support are among the most clearly documented conditions that compromise the ability of the body to mount resistance to potential infection.

For many years, the immune system was one of the most poorly understood systems of the human body. However, in the past 2 decades, research advances in this area have been substantial, leading to the burgeoning field of psychoneuroimmunology.

Psychoneuroimmunology refers to the interactions among behavioral, neuroendocrine, and immunological processes of adaptation (Ader, 1995). In this chapter, we consider developments in this rapidly growing field and then turn in more detail to three disorders believed to be related to immunologic functioning: AIDS, cancer, and arthritis.

Psychoneuroimmunology

The Immune System

As noted in chapter 2, the immune system is the surveillance system of the body. It is implicated in infection, allergies, cancer, and autoimmune disorders. The primary function of the immune system is to distinguish between what is "self" and what is foreign and then to attack and rid the body of foreign invaders.

Profile of the Immune System   The primary organs of the immune system involved in this response are known as lymphoid organs, and they include the thymus, lymph nodes, spleen, tonsils, appendix, Peyer's patches (clumps of lymphoid tissue in the small intestine), and bone marrow.

The bone marrow produces three types of white blood cells (leukocytes): polymorphonuclear (PMN) granulocytes, mononuclear (MN) phagocytes, and lymphocytes (T, B, and natural killer [NK] cells). The PMN granulocytes are circulating cells that recognize, ingest, and destroy antigens. Termed "granulocytes" because they contain granules filled with enzymes that enable them to digest microorganisms, they contribute to inflammatory and allergic reactions. The MN phagocytes include both monocytes and macrophages. These phagocytes recognize, ingest, and destroy foreign organisms. Macrophages also assist in the activation of T cells through the secretion of cytokines. NK cells are a type of granular lymphocyte that attacks and destroys cells infected by a virus. NK cells also secrete interferon, which inhibits viral reproduction in uninfected cells. Figure 14.1 illustrates the interaction between lymphocytes and phagocytes.

Humoral and Cell-Mediated Immunity   As explained in chapter 2, there are two basic immunologic reactions—humoral and cell mediated. Humoral immunity is mediated by B lymphocytes, which provide protection against bacteria, neutralize toxins produced by bacteria, and prevent viral reinfection. Cell-mediated immunity, involving T lymphocytes from the thymus gland, operates at the cellular level. Cytotoxic (T_C) cells respond to specific antigens and kill by producing toxic substances that destroy virally infected cells.

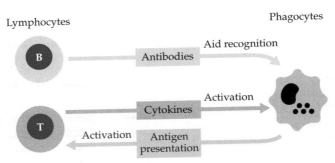

FIGURE 14.1   Interaction Between Lymphocytes and Phagocytes
B lymphocytes release antibodies, which bind to pathogens and their products and, so, aid recognition by phagocytes. Cytokines released by T cells activate the phagocytes to destroy the material they have taken up. In turn, mononuclear phagocytes can present antigen to T cells, thereby activating them. (*Source:* Roitt, Brostoff & Male (1998). Immunology (5th ed). London, UK: Mosby International Limited. Reprinted by permission of the authors and publisher.)

Helper T (T_H) cells enhance the functioning of T_C cells, B cells, and macrophages by producing various lymphokines. Lymphokines also appear to serve a counterregulatory immune function that suppresses immune activity. Components of the immune system are pictured in Figure 14.2.

Assessing Immunocompetence

There are many potential indicators of immune functioning. Two general approaches have been used: (1) measuring the amount of various components of the immune system in the blood and (2) assessing the functioning of immune cells. Examples of the first approach involve counting the numbers of T, B, and NK cells and assessing the amount of circulating lymphokines or antibody levels in the blood.

Assessing the functioning of cells involves examining the activation, proliferation, transformation, and cytotoxicity of cells. Common measures include the ability of lymphocytes to kill invading cells (lymphocyte cytotoxicity), the ability of lymphocytes to reproduce when artificially stimulated by a chemical (mitogen), the ability of lymphocytes to produce antibodies, and the ability of certain white blood cells to ingest foreign particles (phagocytotic activity). For example, in the mitogenic stimulation technique, it is assumed that, the more proliferation that occurs in response to the mitogen, the better the cells are functioning.

Another measure of how well the immune system is functioning has to do with the degree to which an individual produces antibodies to a latent virus. All of us carry around latent viruses at all times that are not active. If our bodies begin to produce antibodies to these inactive viruses (such as Epstein Barr virus or herpes simplex virus), this is a sign that the immune system is not working well enough to control these latent viruses. Consequently, levels of antibodies to these latent viruses constitute a third type of measure of how well the immune system is functioning.

Producing antibodies to a vaccine is also a measure of immune functioning. When people have received vaccination for particular disorders, the degree to which the body is able to produce antibodies to the vaccine is a sign of good functioning. For example, in a study in which participants had received a course of hepatitis B vaccinations, lower antibody response was predicted by a poorer initial T cell proliferation response to mitogenic stimulation and by negative affect (A. L. Marsland, Cohen, Rabin, & Manuck, 2001).

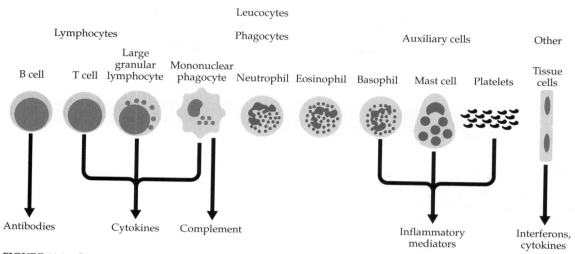

FIGURE 14.2   Components of the Immune System (*Source:* Roitt, Brostoff & Male (1998). Immunology (5th ed). London, UK: Mosby International Limited. Reprinted by permission of the authors and publisher.)

When indicators such as these suggest that the immune system is working effectively, a state of **immunocompetence** is said to exist. When these indicators suggest that immune functioning may have been disrupted or reduced below optimal level, a state of **immunocompromise** is said to exist.

The various measures of immune functioning have specialized functions, so they do not typically relate well to each other. One indicator of immunologic functioning may show an effect of a stressful event, for example, whereas another may not. Many activities and events in people's lives have an impact on the immune system that can obscure a relationship between stressful events and immune functioning. For example, alcohol and other drugs, nutrition, general health status, smoking, caffeine intake, physical activity, sleep patterns, and medication use can all influence the immune system, and if uncontrolled, these factors may enhance the apparent relationship between stress and immunocompromise, inasmuch as all of these behaviors may increase in response to stress (Kiecolt-Glaser & Glaser, 1988). In addition, timing of blood samples and the particular laboratory in which analyses are conducted can exert influences on results. Thus, good research on psychoneuroimmunology is extremely hard to do; it involves rigor and care.

Stress and Immune Functioning

Despite the methodological difficulties of psychoneuroimmunology research, a number of studies suggest that many commonplace stressors can adversely affect the immune system. This research began with animal studies showing that experimentally manipulated stressors altered immunologic functioning and increased susceptibility to disorders under immunologic regulation. Exposures of rats to loud noise, electric shock, and separation from the mother, for example, are all stressful events that produce adverse immunologic effects (Moynihan & Ader, 1996).

Research on humans shows similar effects (S. Cohen & Herbert, 1996). In an early classic study, Ishigami (1919) observed decreases in phagocytic activity of tuberculosis patients' white blood cells when the patients were emotionally excited; this result suggested to him that immunologic functioning is suppressed during times of excitement.

Stress and Immunity in Humans   A lot of research now confirms the early observations. A review of 38 studies relating stress to human immune function (Herbert & Cohen, 1993b) indicates substantial evidence for a relation between stress and decreases in functional immune measures, including proliferative response to mitogens and NK cell activity. Stress is also associated with more circulating white blood cells and fewer circulating B cells, T cells, T_H cells, T_C cells, and large granular lymphocytes. Objectively determined stressful events seem to be related to bigger immunologic changes than are subjective reports of stress.

Although sympathetic activation in response to stress has immediate effects of upregulating the immune system, especially natural killer cell activity, stress-related changes in hypothalamic pituitary adrenocortical functioning tend to have immunosuppressive effects. As we saw in chapter 6, stress engages the hypothalamic pituitary adrenocortical system, which releases glucocorticoids, such as cortisol. Cortisol reduces the number of white blood cells, affects the functioning of lymphocytes, and reduces the release of cytokines, which can reduce the ability of these substances to signal and communicate with other aspects of the immune system. Cortisol can also trigger apoptosis (cell death) of white blood cells.

An example of the kinds of studies that relate stress to immunologic change is an investigation of the impact of Hurricane Andrew on post-traumatic stress symptoms and immune measures in people adversely affected by the hurricane. Most of the people in the study had experienced serious damage, loss, threat to their lives, and some injury. Overall, members of a badly hit community were significantly lower in NK cell cytotoxicity and numbers of certain kinds of T cells (known as CD4 and CD8 cells) and higher in NK cells, compared with people unaffected by the hurricane. The relations between symptoms of stress and NK cell cytotoxicity appeared to be caused by adverse sleep changes that occurred in the wake of the hurricane (Ironson et al., 1997).

Psychological stress suppresses cellular immune function in some, but not all, individuals. Studies that expose healthy individuals to laboratory stressors, for example, have found heightened reactivity only in people who also show heightened catecholamine and cardiovascular reactions to stress (Manuck, Cohen, Rabin, Muldoon, & Bachen, 1991). These results are consistent with the idea that there is an important pathway to the immune system via sympathetic arousal in response to stress (Cacioppo et al., 1995; Dhabhar, Miller, McEwen, & Spencer, 1995; Redwine, Jenkins, & Baum, 1996).

Several studies have examined whether daily hassles are associated with reduced immunocompetence. One study focused especially on a group of people who are chronically low in NK cell activity. They found that the two factors that best predicted this group were age and severity of daily hassles. The authors concluded that people who perceived the events that occurred to them as especially serious were likely to exhibit chronically low NK cytotoxic activity (S. M. Levy, Herberman, Simons, et al., 1989).

Anticipatory stress can also compromise immune functioning. In a longitudinal study of patients vulnerable to genital herpes recurrences, Kemeny and her colleagues (Kemeny, Cohen, Zegans, & Conant, 1989) found that over a 6-month period, the number of stressful events experienced was associated with a decreased percentage of T_H cells. More interesting is the fact that anticipated stressors, those that had not yet occurred but that were expected, also related to decreased percent of T_H

Studies show that exams and other stressful aspects of academic life can adversely compromise immune functioning. (© Gary Conner/PhotoEdit)

cells. See Box 14.1 which illustrates how academic stress affects immune functioning.

Long-Term Stress   Other research has focused on adjustment to long-term stressors. Two investigations, for example, have studied people living near the Three Mile Island nuclear power station after the nuclear accident. M. A. Schaeffer et al. (1985) found significantly lower levels of saliva IgA and lower percentages of B cells, total T cells, and T_H cells among the residents, suggesting that the stress of living near the site had adversely compromised their immune functioning. McKinnon and colleagues (McKinnon, Weisse, Reynolds, Bowles, & Baum, 1989) found fewer B cells, alterations in types of T cell frequencies, a lower level of NK cells, and high antibody titers to several viruses among the residents. Both studies are notable for having compared residents with a matched control sample from a demographically similar area and controlling for diet, smoking history, and health—factors that can alter immune profiles.

There appears to be an important longitudinal pattern to the relationship between stress and immune functioning. In response to acute stress, both humans and animals show heightened responsivity to stress, which may result from the activation of the sympathetic nervous system (Bachen et al., 1995). Chronic stress, however, often produces declines in immunologic functioning. In essence, then, the research from psychoneuroimmunology suggests that Selye's characterization of responses to stress is largely correct: a heightened response to stress followed by depletion or exhaustion of resources.

Health Risks   Does the immunocompromise seen in studies of stress actually translate into health risks? The answer appears to be yes (G. F. Solomon, Segerstrom, Grohr, Kemeny, & Fahey, 1997). Research suggests that both children and adults under stress show increased vulnerability to infectious disease, including colds, flus, and herpes virus infections, such as cold sores or genital lesions, chicken pox, mononucleosis, and Epstein-Barr virus (e.g., S. Cohen & Herbert, 1996; S. Cohen et al., 1993; Kiecolt-Glaser & Glaser, 1987). Among people who are already ill, such as individuals with a

BOX 14.1

Academic Stress and Immune Functioning

Students are a captive population who are often willing and able to participate in research, so much of the groundbreaking work on stress and the immune system has involved coping with the stress of school. Students may take grim satisfaction from studies indicating that, indeed, examinations, public speaking, and other stressful events of academic life can lead to enhanced cardiovascular activity, changes in immunologic parameters, and even illness (e.g., Gerritson, Heijnen, Wiegant, Bermond, & Frijda, 1996; R. Glaser et al., 1992; Vedhara & Nott, 1996).

One study (R. Glaser, Kiecolt-Glaser, Stout, et al., 1985), for example, assessed immune parameters in a sample of 40 second-year medical students at 6 weeks before finals and then again during final exams. The students showed an increase in distress from the first to the second time period, and the percentages of total T and T_H lymphocytes were significantly lower during exams. There was also a decrease in NK cells and a significant depression in NK cell cytotoxic activity. Lymphocyte responsivity was lower during the exam period than at baseline, as was the quantity of interferon produced by stimulated leukocytes.

Several subsequent studies have confirmed these earlier observations (L. Cohen, Marshall, Cheng, Agarwal, & Wei, 2000; R. Glaser et al., 1990; R. Glaser et al.,

1992; Tomei, Kiecolt-Glaser, Kennedy, & Glaser, 1990). Even 5-year-old kindergarten children attending school for the first time showed elevations in cortisol and changes in certain immune measures in response to this stressor (Boyce, Adams, et al., 1995). Moreover, these immune changes may have implications for health.

In another study, children who had recently begun kindergarten experienced a mild earthquake about 6 weeks into the school year. Those who had shown significant alterations in immune functioning in response to beginning kindergarten were more likely to experience a respiratory infection, such as a cold, following the earthquake (Boyce et al., 1993), suggesting that the downregulation of their stress systems earlier had left them open to an illness following the second stressor.

School-related stress, then, does appear to compromise immune functioning. Are these changes inevitable? If people take care of themselves, can they avoid adverse changes in immunity in response to stress? In a study of first-year law students, Segerstrom and her colleagues found that those who were optimistic about their ability to manage the stressors of law school and who made active efforts to cope with it fared better both psychologically and immunologically than those who did not. Good coping, then, may help offset the adverse effects of stress on the immune system.

respiratory infection, psychological stress predicts a greater expression of illness and higher production of cytokines (S. Cohen, Doyle, & Skoner, 1999). The adverse effect of stress on the immune system can also interfere with wound healing, including recovery from surgery (Kiecolt-Glaser, Page, Marucha, MacCallum, & Glaser, 1998).

Negative Affect and Immune Functioning

Stress may compromise immune functioning, in part, because it produces changes in negative affect, such as depression or anxiety. Depres-

sion has been heavily studied as a culprit in the stress-immunocompromise relationship (S. Cohen & Herbert, 1996; Irwin, 1999). A review relating clinical depression to immunity (Herbert & Cohen, 1993b) found depression to be associated with several alterations in cellular immunity—specifically, lowered proliferative response of lymphocytes to mitogens, lowered NK cell activity, and alterations in numbers of white blood cells (see G. E. Miller, Cohen, & Herbert, 1999). These immune effects were stronger among older people and people who were hospitalized, suggesting that already vulnerable people are at special risk.

Moreover, the research suggests a fairly straightforward relationship between depression and immunity, such that the more depressed a person is, the more compromise of cellular immunity is likely to be found. Evidence is accumulating that some of the adverse effects of depression on immunity may be mediated by sleep disturbance that results from depression (e.g., Cover & Irwin, 1994). The long-term health implications of the relation between depression and immune functioning are not yet known, but it is likely that immune-related diseases are implicated.

Stress, Immune Functioning, and Interpersonal Relationships

Both human and animal research suggests the importance of personal relationships to health (S. Cohen & Herbert, 1996). One of the earliest investigations examined bereavement. In a prospective study, Bartrop and associates (Bartrop, Lockhurst, Lazarus, Kiloh, & Penny, 1977) looked at 26 bereaved individuals and 26 comparison subjects matched for age, sex, and race. A number of immunologic parameters were examined 3 weeks after bereavement and again 6 weeks later. At the second time point, the bereaved group showed less responsiveness to mitogenic challenge than did the comparison group. More recent research, however, suggests that impaired immunity in response to bereavement is found largely among those people who become depressed in response to the bereavement (Zisook et al., 1994).

Loneliness also appears to adversely affect immune functioning. Lonely people have poorer health and show more immunocompromise on certain indicators than do people who are not lonely (R. Glaser, Kiecolt-Glaser, Speicher, & Holliday, 1985).

Marital Disruption and Conflict Marital disruption and conflict have also been tied to adverse changes in immunity. In a study by Kiecolt-Glaser et al. (1987), women who had

been separated 1 year or less showed poorer functioning on some immune parameters than did their matched married counterparts. Among separated and divorced women, recent separation and continued attachment or preoccupation with the ex-husband were associated with poorer immune functioning and with more depression and loneliness. Similar results have been found for men facing separation or divorce (Kiecolt-Glaser et al., 1988).

Even short-term marital conflict can have a discernible effect on the immune system. Kiecolt-Glaser and colleagues (1993) assessed the relationship between problem solving and immune functioning in 90 newlywed couples. The couples were asked to spend 30 minutes discussing their marital problems. Those who showed negative or hostile behaviors during the discussion showed impairment on several functional immunologic tests (see also G. E. Miller, Dopp, Myers, Stevens, & Fahey, 1999). These results are especially noteworthy because adjustment among newlyweds is generally very high, and the couples had been initially selected because they had good physical and mental health. A subsequent study showed similar effects in couples who had been married, on average, 42 years, suggesting that even in long-term marriages, people are not protected against the adverse immunologic effects of marital conflict (Kiecolt-Glaser et al., 1997).

Caregiving In chapter 11, we saw how stressful caregiving can be for people who provide care for a friend or family member with a long-term illness, such as AIDS or Alzheimer's disease. Caregiving has been investigated for its impact on the immune system (e.g., Esterling, Kiecolt-Glaser, & Glaser, 1996; Kiecolt-Glaser, Glaser, Gravenstein, Malarkey, & Sheridan, 1996). In one study, the caregivers for Alzheimer's patients were more depressed and showed lower life satisfaction than did a comparison sample. The caregivers had higher EBV antibody titers (an indication of poor immune control of latent virus reactivation) and lower percentages of T cells and T_H cells. These differences did not appear to be related to nutrition, alcohol use, caffeine consumption, or sleep loss.

Other studies have found that the stress of caregiving has adverse effects on wound repair (Kiecolt-Glaser et al., 1995), on regulation of the sympathetic nervous system (P. J. Mills et al., 1997), on defects in NK cell function (Esterling et al., 1996), and on reactions to flu vaccine (Kiecolt-Glaser, Glaser, et al., 1996). This research suggests that severe and long-term stressors, such as those that result from caregiving, particularly in the elderly, may leave caregivers vulnerable to a range of health-related problems. Moreover, these immune alterations can persist well beyond the end of the stressful situation—that is, after caregiving activities have ceased (Esterling, Kiecolt-Glaser, Bodnar, & Glaser, 1994).

Protective Effects of Social Support Thus far, we have focused largely on adverse changes in immune functioning produced by stressful or conflictual social relationships, but as we saw in chapter 8, social relationships are more often studied for their beneficial effects on health. In fact, emerging evidence suggests a potentially important role for social support in buffering people against adverse immune change in response to stress.

Studies with monkeys, for example, suggest that affiliating with fellow monkeys protects against decreases in lymphocyte response to mitogens that would normally be elicited by a chronic stressor (S. Cohen, Kaplan, Cunnick, Manuck, & Rabin, 1992). In a study of breast cancer patients, S. M. Levy et al. (1990) found that perceived social support buffered NK cell activity in response to stress. Specifically, the tendency to seek social support and the perception that one had good emotional support from one's spouse, from an intimate other, or from the physician were associated with high NK cell activity.

Coping and Coping Resources as Moderators of the Stress–Immune Functioning Relationship

In chapter 7, we saw that the impact of stressful events on distress and adverse health outcomes can sometimes be muted by coping methods, such as problem solving, stress management, and relaxation. Research suggests that these resources may also moderate the relation between stress and immune functioning.

Optimism Segerstrom and colleagues (Segerstrom, Taylor, Kemeny, & Fahey, 1998) found that optimism and active coping strategies were protective against stress. In this study, 90 first-year law students, tested at the beginning of law school and again halfway through the first semester, completed questionnaire measures regarding how they coped with the stress of law school, and they had blood drawn for an assessment of immune measures. The optimistic law students and students who used fewer avoidant coping methods showed less increase in distress across the quarter; pessimism, avoidance coping, and mood disturbance, in turn, predicted less NK cell cytotoxicity and fewer numbers of T cells, suggesting that optimism and coping can be important influences on stress-related distress and immune changes.

Self-efficacy/Personal Control Feelings of self-efficacy and the ability to exercise control over stressful events are associated with less immunocompromise under stress. Such changes could conceivably come about in three ways (Bandura, 1989): Perceived self-efficacy may reduce the experience of stress itself; it may reduce the tendency to develop depression in response to stressful events; or it may create some expectancy-based central nervous system modulation of immunologic reactivity.

Evidence shows that, when people are exposed to controllable or uncontrollable

BOX 14.2

Autoimmune Disorders

In autoimmune diseases, the immune system attacks the body's own tissues, falsely identifying them as invaders. Autoimmune diseases include more than 80 conditions, and virtually every organ is potentially vulnerable. Some of the most common disorders include Graves' disease, involving excessive production of thyroid hormone; chronic active hepatitis, involving the chronic inflammation of the liver; lupus, which is chronic inflammation of the connective tissue, which can affect multiple organ systems; multiple sclerosis, which involves the destruction of the myelin sheath that surrounds nerves and which produces a range of neurological symptoms; rheumatoid arthritis, in which the immune system attacks and inflames the tissue lining the joints; and Type I diabetes. The conditions range from mildly annoying to severe, progressive, and fatal. Nearly 80% of people who have these and other autoimmune disorders are women.

Exactly why women are so vulnerable is not yet completely understood. One possibility is that hormonal changes relating to estrogen modulate the occurrence and severity of symptoms. Consistent with

this point, many women first develop symptoms of an autoimmune disorder in their 20s, when estrogen levels are high. Another theory is that testosterone may help protect against autoimmune disorders, a hormone that women have in short supply (Angier, 2001). A third theory is that during pregnancy, mother and fetus exchange bodily cells, which can remain in the mother's body for years. Although these cells are very similar to the mother's own, they are not identical and, the theory suggests, the immune system may get confused and attack both the leftover fetal cells and the maternal cells that look similar.

Because autoimmune disorders are a related group of conditions, the likelihood of suffering from one and then contracting another is relatively high. Autoimmunity tends to run in families, such that one family member may develop lupus, another develop rheumatoid arthritis, and a third develop Graves' disease. Autoimmune conditions appear to be on the rise, and consequently understanding their causes and effective management will become a high priority for both scientists and health care practitioners.

---

stressors, such as noise, those who perceive that they can control the noise show little change in selected immune parameters. In contrast, those people exposed to uncontrollable stressors are more likely to show adverse effects (Sieber et al., 1992).)

Similar findings have emerged with clinical populations suffering from immune-related disorders. For example, a study of female rheumatoid arthritis patients (Zautra, Okun, Roth, & Emmanual, 1989) found that those who perceived themselves as able to cope with stressful events and who felt satisfied with their ability to cope had higher levels of circulating B cells.

Other coping styles may also be related to the stress–immune functioning relationship

(S. Cohen & Herbert, 1996). For example, exercise activates beta-endorphins, which may stimulate NK cell activity (Fiatarone et al., 1988); therefore, the potential role of exercise as a buffer against stress-related immune changes is worthwhile.

Interventions to Enhance Immunocompetence

A number of investigators have examined whether stress management interventions can mute the impact of stressful events on the immune system. In chapter 7, we saw that emotional disclosure appears to enhance health and mood in individuals who have suffered a traumatic event. These results may be immunologically mediated. In one study (Pennebaker,

Training in relaxation may help people learn how to mute the adverse effects of stress on the immune system. (© PhotoDisc/Vol. #16)

Kiecolt-Glaser, & Glaser, 1988), 50 undergraduates wrote about either traumatic experiences or superficial topics for 20 minutes on each of 4 consecutive days. Those students who wrote about traumatic or upsetting events demonstrated a stronger mitogenic response, compared with baseline, than did the control subjects.

Relaxation   Relaxation may mute the effects of stress on the immune system. In a study with elderly adults (a group at risk for illness because of age-related declines in immune functioning generally), participants were assigned to relaxation training, social contact, or no intervention (Kiecolt-Glaser, Glaser, et al., 1985). Participants in the relaxation condition had significantly higher levels of NK cell activity after the intervention than at baseline and

significantly lower antibody titers to herpes simplex virus I, suggesting some enhancement of cellular immunity associated with the relaxation intervention.

In a study of malignant melanoma patients, Fawzy, Kemeny, et al. (1990) found that those patients assigned to a group intervention program that involved relaxation, problem-solving skills, and effective coping strategies showed higher NK activity, higher percentages of NK cells, lower percentages of T_H cells, and higher interferon-augmented NK cell cytotoxic activity than did the comparison subjects 6 months after the intervention was completed. They also found that those patients who received the intervention were less likely to have a melanoma recurrence (Fawzy et al., 1993). Similar interventions have shown success with people suffering from herpes simplex virus type 2 (S. Cruess, Antoni, Cruess, et al., 2000).

Overall, however, the evidence that psychological interventions can influence the immune response in humans is fairly modest. Hypnosis interventions show relatively consistent and beneficial effects; writing interventions, such as those fashioned after Pennebaker's work, and stress management interventions show scattered evidence of success; and relaxation demonstrates only a modest capacity to elicit immune change. On the whole, then, psychological interventions suggest beneficial but limited effects (G. E. Miller & Cohen, 2001).

Pathways from Stress to Immunocompromise

Because there is now substantial evidence that stress can affect immune functioning, the biological pathways by which these relationships occur merit exploration, as already noted. Activation of the HPA axis is clearly one important route. (Corticosteroids have an immunosuppressive effect.) (Friedman & Irwin, 1995).

As already noted, sympathetic activation is also important. The catecholamines (epinephrine and norepinephrine) and other hormones (androgens, estrogens, and progesterone) appear to have both immunosuppressive and immunoenhancing effects under different conditions, while other hormones, such as prolactin and the growth hormone, may have some immunoenhancing effects (e.g., Friedman & Irwin, 1995).

There may also be downward modulation of the immune system by the cerebral cortex, possibly via the release of neuropeptides, such as beta-endorphins (S. M. Levy, Fernstrom, et al., 1991; Morley, Kay, & Solomon, 1988).

Stress and the Developing Immune System

In addition to understanding the neuroendocrine regulation of immune functioning, the impact of stress on the developing immune system merits extensive investigation. The developing immune system may be especially vulnerable to effects of adverse psychological states such as stress, depression, or grief; moreover, these experiences may permanently affect the immune system in ways that persist into adulthood (Schleifer, Scott, Stein, & Keller, 1986).

AIDS

A Brief History of AIDS

Exactly when **acquired immune deficiency syndrome (AIDS)** first appeared is unknown. It seems to have begun in Central Africa, perhaps in the early 1970s. It spread rapidly throughout Zaire, Uganda, and other central African nations, largely because its origins were not understood. A high rate of extramarital sex, little condom use, and a high rate of gonorrhea also facilitated the spread of the AIDS virus in the heterosexual population.

Medical clinics may have inadvertently promoted the spread of AIDS because, in attempting to vaccinate as many people as possible

against the common diseases in the area, needles were used over and over again, promoting the exchange of fluids. From Africa, the disease appears to have made its way slowly to Europe and to Haiti, and from Haiti into the United States, as Americans vacationing in Haiti may have brought the virus back. Its current location and prevalence is listed in Figure 14.3.

AIDS in the United States

What Are AIDS and HIV Infection? The first case of AIDS in the United States was diagnosed in 1981. It now appears, however, that there may have been isolated cases of AIDS before that date. The viral agent is a retrovirus, the **human immunodeficiency virus (HIV),** and it attacks the immune system—most notably, the helper T cells of the immune system. The virus appears to be transmitted exclusively by the exchange of cell-containing bodily fluids, especially semen and blood.

The period between contracting the virus and developing symptoms of AIDS is highly variable, with some individuals developing symptoms quite quickly and others free of symptoms for years. Thus, a person may test HIV-seropositive (HIV+) but be free of AIDS and, during the asymptomatic period, pass on the virus to many other people.

How is HIV transmitted? Among drug users, needle sharing leads to the exchange of bodily fluids, thereby spreading the virus. Among homosexual men, exchange of the virus has been tied to a number of sexual practices, especially anal-receptive sex involving the exchange of semen without a condom. In the heterosexual population, vaginal intercourse is associated with the transmission of AIDS, with women more at risk than men. The likelihood of developing AIDS increases with the number of sexual partners a person has had and with the number of anonymous sexual partners; thus, these behaviors are also

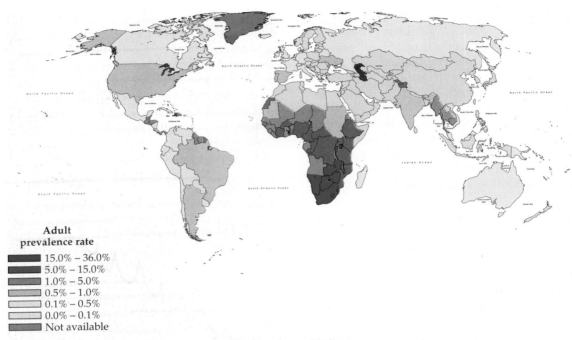

**Adult
prevalence rate**

- 15.0% – 36.0%
- 5.0% – 15.0%
- 1.0% – 5.0%
- 0.5% – 1.0%
- 0.1% – 0.5%
- 0.0% – 0.1%
- Not available

FIGURE 14.3   Worldwide HIV Prevalence Rates in Adults at the End of 1999
At the dawn of the new millennium, there are 34.3 million adults and children living with HIV/AIDS. In 52 countries, more than 1% of all adults carry the virus. (*Source:* Reprinted with permission from Schwartlander, B., Garnett, G., Walker, N., & Anderson, R. (2000, July 7). AIDS in a new Millenium. *Science,* 289, 64–67. Copyright 2000 American Association for the Advancement of Science. Source: UNAIDS: Report on the Global HIV/AIDS Epidemic, June 2000 (Joint United Nations programme on HIV/AIDS, Geneva, 2002))

considered to be risk-related (see Table 14.1 for causes of transmission).

How HIV Infection Progresses   Following transmission, the virus grows very rapidly within the first few weeks of infection and spreads throughout the body. At this point, the virus affects primarily two types of immune cells, the helper T cells and the macrophages.

Early symptoms are mild, with swollen glands and mild, flulike symptoms predominating. After 3 to 6 weeks, the infection may abate, leading to a long asymptomatic period, during which viral growth is slow and controlled. At this time, the infection is likely to be transmitted to others. The amount of virus typically rises gradually, eventually severely compromising the immune system by killing

the helper T cells and producing a vulnerability to opportunistic infections that leads to the diagnosis of AIDS.

Some of the more common opportunistic infections that result from the impaired immune system include pneumocystis carinii pneumonia and unusual neoplasms, such as Kaposi's sarcoma or non-Hodgkin's lymphoma. Early in the disease process, people infected with HIV also begin to show abnormalities in their neuroendocrine and cardiovascular responses to stress (e.g., Starr et al., 1996). Chronic diarrhea, wasting, skeletal pain, and blindness are also complications. One of the most common symptoms for women with AIDS is gynecologic infection, but because gynecologic infection has not been considered an AIDS-related condition, often these women

TABLE 14.1 How We Get AIDS: Cases by Mode of Transmission, 1996		
	World	United States
Heterosexual	70–75%	8%
Homosexual	5–10%	51%
Homosexual and intravenous drug use		7%
Intravenous drug use	5–10%	25%
Blood transfusions	3–5%	1%
Other	0–17%	8%

Source: Centers for Disease Control and Prevention, 1996.

The possibility that the AIDS virus may move into the adolescent population is substantial, but as yet there are few signs that adolescents have changed their sexual practices in response to the threat of AIDS. (© John Kelly/Getty Images)

are diagnosed very late. This late diagnosis means that experimental treatments may not be available to women at the time those treatments could be helpful.

AIDS also eventually leads to neurological involvement. Early symptoms of central nervous system (CNS) impairment are similar to those of depression and include forgetfulness, inability to concentrate, psychomotor retardation, decreased alertness, apathy, withdrawal, diminished interest in work, and loss of sexual desire. In more advanced stages, patients experience confusion, disorientation, seizures, profound dementia, coma, and even death. CNS disturbance is variable, not appearing until the late stages in some patients but developing early among others (U.S. Department of Health and Human Services, 1986). This variability has led to controversy about whether individuals diagnosed with AIDS should continue to hold sensitive jobs, such as airline pilot, when cognitive impairment may have resulted from their infected state (Mapou, Kay, Rundell, & Temoshok, 1993).

The rate at which these changes take place can differ widely. Low-income Blacks and Hispanics who test positive for HIV go on to develop AIDS much faster than Whites. Not all the reasons for the heightened vulnerability of minorities to HIV and AIDS are clear. One possible reason is the greater prevalence of intravenous (IV) drug use in these populations. Drug users who live on the streets often succumb to the complications from the disease in less than a year, due to lifestyle factors and generally poor health.

Individuals from higher–socioeconomic status (SES) groups have a much greater chance of long-term survivorship. Such individuals are more likely to take care of their health and have greater access to drug treatment programs through private physicians who are participating in studies. Consequently, socioeconomic factors have a major impact on both the time between progression from HIV+

BOX 14.3

A Profile of Patient Zero

In the 1970s, a number of seemingly isolated cases of Kaposi's sarcoma and other rare opportunistic infections broke out in the gay community. By the early 1980s, the Centers for Disease Control (CDC) was able to put together these anomalous and seemingly unrelated disorders into a pattern defined as acquired immune deficiency syndrome. As the cluster of disorders associated with this syndrome became more clear, agents from the CDC began to track the cases in an effort to identify common links. They soon became aware that one name was turning up repeatedly as a sexual partner of those now suffering from AIDS, the name of Gaetan Dugas.

Gaetan Dugas was an attractive, sexually active French-Canadian airline flight attendant. His job and sexual proclivities made him an effective and deadly carrier for spreading the AIDS virus as far and wide as possible.

Gaetan was the man everybody wanted, the ideal for this community, at this time and in this place. His sandy hair fell boyishly over his forehead, his mouth easily curled into an inviting smile, and his laugh could flood color into a room of black and white. He bought his clothes in the trendiest shops of Paris and London. He vacationed in Mexico and on the Caribbean beaches. Americans tumbled for his soft, Quebecois accent and sexual magnetism.

There was no place that the 28-year-old airline steward would rather have the boys fall for him than in San Francisco. Here, Gaetan could satisfy his voracious sexual appetite with the beautiful California men he liked so much. He returned from every stroll down Castro Street with a pocketful of match covers and napkins that were crowded with addresses and phone numbers. He recorded names of his most passionate admirers in his fabric-covered address book. But lovers were like suntans to him: they would be so wonderful, so sexy for a few days, and then fade. At times, Gaetan would study his address book with genuine curiosity, trying to recall who this or that person was.

He didn't feel like he had cancer at all. That was what the doctor had said after cutting that bump from his face. Gaetan had wanted the small purplish spot removed to satisfy his vanity. The doctor had wanted it for a biopsy. Weeks later, the report came back that he had Kaposi's sarcoma, a bizarre skin cancer that hardly anyone got. . . . He was terrified at first, but he consoled himself with the knowledge that you can beat cancer. He had created a life in which he could have everything and everyone he wanted. He'd figure a way around this cancer, too. (Shilts, 1987, pp. 21–22)

When he was finally tracked down by the CDC in 1982, Dugas readily and happily acknowledged his sex-

status to a diagnosis of AIDS and how quickly an individual dies after a diagnosis of AIDS.

Protease Inhibitors   Protease inhibitors represent the best development in the treatment of AIDS since its detection. So successful have these drug combinations been proven to be that, in some patients, HIV can no longer be discerned in the bloodstream. However, people on protease inhibitors must take these drugs faithfully, often several times a day, or

the drugs will fail to work. Yet because the treatments are complex and often disrupt activities, adherence to the drugs is variable, posing a major problem for stemming the progress of the virus (Catz, Kelly, Bogart, Benotsch, & McAuliffe, 2000). Nonetheless, the drugs have made it possible for people with AIDS to live increasingly normal lives. The psychosocial implications of these treatments have been significant (Kelly, Otto-Salaj, Sikkema, Pinkerton, & Bloom, 1998).

ual activities, apparently unaware that he had infected dozens of homosexual men. "Including his nights at the baths, he figured he had 250 sexual contacts a year. He'd been involved in gay life for about 10 years, and easily had had 2500 sexual partners" (p. 83). By the time he learned he was contagious, he had had the disease for almost 2 years and it had progressed only minimally. Although Dugas was urged to stop having sex by the CDC, he responded: "Of course I'm going to have sex. Nobody's proven to me that you can spread cancer. Somebody gave this to me; I'm not going to give up sex" (p. 138).

Nonetheless, he cooperated by providing as many names and phone numbers of his previous lovers as he could locate. Time after time, these connections led back to small enclaves of AIDS in San Francisco, New York, and other gay communities. "By April, 1982, epidemiologists found that 40 of the first 248 gay men diagnosed could be tied directly to Gaetan Dugas. All had either had sex with him or sex with someone who had. In fact, from just one tryst with Gaetan, 11 early cases could be connected. He was connected to nine of the first 19 cases in L.A., 22 in New York City, and nine in eight other American cities" (p. 147). The odds that these connections could be a coincidence were calculated to be zero.

CDC officials started talking to the San Francisco city attorneys to see if any laws existed to enable them to take formal action against Dugas. There weren't. "It was around this time that rumors began on Castro Street about a strange guy at the 8th and Howard bathhouse, a blonde with a French accent. He would have sex with you, turn up the lights in the cubicle, and point out his Kaposi's sarcoma lesions. 'I've got gay cancer,' he'd say. 'I'm going to die and so are you'" (p. 165). Eventually, he became well enough known in the San Francisco gay community that other gay men tried to stop him from having anonymous sex at the bathhouses. Finally, after having AIDS for 4 years, Gaetan Dugas died in March 1984.

Originally, the CDC speculated that Dugas was *the* person who brought AIDS to North America. It now appears that he may have been one of several, but it is evident that he "played a key role in spreading the virus from one end of the United States to the other" (p. 439). Author Randy Shilts summarized the legacy of Gaetan Dugas: "At one time, Gaetan had been what every man wanted from gay life; by the time he died, he had become what every man feared" (p. 439).

Source: Copyright © 1982 by Randy Shilts. From *And the Band Played On: Politics, People, and the AIDS Epidemic,* by Randy Shilts. Reprinted by permission of St. Martin's Press, Incorporated.

Who Gets AIDS?   Approximately 34 million people are living with HIV/AIDS worldwide, and nearly 19 million have died since the beginning of the epidemic in 1981 (UNAIDS, 2000). In 52 countries, more than 1% of all adults now carry the virus and in subsaharan Africa, the prevalence rate is as high as 33 to 50% in some locations. In certain parts of Asia, such as Thailand and India, the prevalence rate is rapidly growing as well. At present, it is estimated that between 650,000 and 900,000 people live with HIV infection in the United States (National Institute of Allergy and Infectious Diseases, 1999). HIV care for them costs about $6.7 billion a year, an average of $20,000 per patient (Bozzette et al., 1998).

Early on in the U.S. AIDS epidemic, the two major at-risk groups were homosexual men and intravenous drug users. While these groups continue to have the largest number of AIDS cases, low-income Blacks, Hispanics, and other minority populations are increasingly at risk.

In all populations, adolescents and young adults are the most at risk because they are the most sexually active group, having more sex with different partners than any other age group. Child and adolescent runaways represent a particularly at-risk group, largely because they sometimes exchange sex for money in order to live.

The CDC currently reports that the number of AIDS cases is growing faster among women, especially minority women, than in any other group. Women now make up more than 20% of the adult and adolescent AIDS cases reported to the CDC (Holmberg, 1996). Black and Hispanic women make up only 19% of the female population in the United States, but they represent 73% of all AIDS cases in women (Holmberg, 1996). Since 1991, AIDS cases among those 50 and older have risen abruptly, the Centers for Disease Control and Prevention reports, presumably because older adults mistakenly don't view themselves as at risk.

Interventions to Reduce the Spread of AIDS

Interventions to reduce risk-related behavior loom large as the best way to control the spread of HIV infection. These interventions center around practices that involve the exchange of bodily fluids. Refraining from high-risk sex, using a condom, and not sharing needles if one is an IV drug user are the major behaviors on which interventions have focused. Given the diversity of groups at special risk for AIDS—adolescents, homosexuals, low-income women, minorities—intensive community-based interventions aimed at particular at-risk populations seem most likely to be effective.

Education   Most interventions begin with an effort to educate the target population about risky activity, providing knowledge about AIDS and modes of transmission. Studies

suggest a high degree of "magical thinking" about AIDS, with people overreacting to casual contact with HIV+ individuals but underreacting to their own sexual risk that results from casual sex and failure to use a condom.

In addition, people seem to see HIV as socially discriminating, such that the harmfulness of germs depends on the relationship to the person with those germs. Lovers' germs are seen as less threatening than are the germs of people who are disliked or unfamiliar (Nemeroff, 1995).

On the whole, gay men are well informed about AIDS, heterosexual adolescents considerably less, and some at-risk groups are very poorly informed (LeBlanc, 1993). Several studies of single, pregnant, inner-city women reveal poor knowledge about AIDS, little practice of safe sex, and little knowledge of their partner's current or past behavior and the ways in which it places them at risk (Hobfoll, Jackson, Lavin, Britton, & Shepherd, 1993; see also D. A. Murphy, Mann, O'Keefe, & Rotheram-Borus, 1998).

Education may be important to manage particular high-risk time points in a person's sexual activity. Mayne, Acree, Chesney, and Folkman (1998) found that men who had been bereaved of a partner were more likely to engage in unprotected anal intercourse in the following months. Men who have a new primary partner are also more likely to practice risky behavior. Consequently, education with respect to these time points may be especially valuable.

As more women have become infected with HIV, issues surrounding pregnancy have assumed concern. Many women lack knowledge regarding the transmission of HIV to infants, so their decision making with respect to pregnancy may be poorly informed. Only about 15 to 30% of infants born to HIV-seropositive mothers will be seropositive, and treatment with AZT can reduce that incidence to 4 to 8%.

Providing education with respect to HIV and pregnancy, then, is an important educational priority as well (D. A. Murphy et al., 1998).

How successful are educational interventions? A review of 27 published studies that provided HIV counseling and testing information found that this type of education was an effective means of secondary prevention for HIV+ individuals, reducing behaviors that might infect others, but was not as effective as a primary prevention strategy for uninfected participants (Weinhardt, Carey, Johnson, & Bickman, 1999).

Culturally sensitive interventions pitched to a specific target group may fare somewhat better. A study of African American, male, inner-city adolescents showed that providing knowledge could be an effective agent of behavior change in populations in which the level of information may be somewhat low (Jemmott, Jemmott, & Fong, 1992). The young men in this study were randomly assigned to an AIDS risk-reduction intervention aimed at increasing their knowledge about AIDS and risky sexual behavior or to a control group. The intervention was conducted by African American adults, and the materials were developed so as to be especially interesting to inner-city, African American adolescents. The results indicated that this culturally sensitive intervention was successful over a 3-month period. The adolescents exposed to the intervention reported fewer instances of intercourse, fewer partners, greater use of condoms, and less anal intercourse, compared with adolescents not exposed to the intervention.

Knowledge regarding treatments for AIDS is assuming increasing importance, as research advances have brought treatments that prolong the lives of those infected with HIV. Surveys show that the availability of these highly active antiretroviral therapeutic agents has relieved psychological distress in the gay community (Rabkin, Ferrando, Lin, Sewell, & McElhiney, 2000). However, optimism regarding AIDS may have indirectly fueled an increase in risk–related behavior because the new treatments relieve worries about unsafe sex (Vanable, Ostrow, McKirnan, Taywaditep, & Hope, 2000). Unprotected anal intercourse appears to be on the increase among the high-risk gay population (Kalichman, Kelly, & Rompa, 1997). Ignorance about the risks of contracting HIV from a partner with a low viral load may fuel risky practices. An anonymous survey of gay men found that younger, less-well-educated men who were more likely to believe that it is safe to have intercourse with a person with an undetectable viral load were more likely to practice unprotected anal intercourse (Kalichman, Nachimson, Cherry, & Williams, 1998). Consequently, education remains a high priority for intervention with high-risk groups.

Health Beliefs and AIDS Risk–Related Behavior Knowledge, of course, provides only a basis for effective interventions. In addition to knowledge, one must perceive oneself to be capable of controlling risk-related activity (Forsyth & Carey, 1998). Perceptions of self-efficacy have been related to greater condom use for gay men (C.-A. Emmons et al., 1986), African American adolescents (Jemmott, Jemmott, Spears, Hewitt, & Cruz-Collins, 1992), African American and Latina women (Nyamathi, Stein, & Brecht, 1995), and college students (O'Leary, Goodhardt, Jemmott, & Boccher-Lattimore, 1992; Wulfert & Wan, 1993; see Forsyth & Carey, 1998). Gay men who are high in self-efficacy beliefs have fewer sexual partners and fewer anonymous sexual partners (Aspinwall et al., 1991; Wulfert, Wan, & Backus, 1996).

The health belief model (see chapter 3) has shown modest, although somewhat limited, ability to predict the number of sexual partners and number of anonymous partners

The overwhelming majority of early AIDS cases occurred among gay men. The gay community responded with dramatic and impressive efforts to reduce risk-related behaviors. (© Martha Tabor/Working Images Photographs)

among gay men (Aspinwall et al., 1991), as well as condom use among adolescents (C. Abraham, Sheeran, Spears, & Abrams, 1992). The theory of reasoned action (see chapter 3) has been somewhat more successful, in part because social norms are so important to several of the populations at risk for AIDS, especially adolescents (Winslow, Franzini, & Hwang, 1992). Jemmott, Jemmott, and Hacker (1992) studied a group of inner-city, African American adolescents and found that those with more favorable attitudes toward condoms and those who perceived subjective norms to be supportive of condom use reported greater intentions to use condoms over the next few months. Fear of AIDS, perceived susceptibility, and believed behavioral control with respect to condom use also predict condom use.

Targeting Sexual Activity   Interventions to address AIDS risk–related sexual behavior also need to account for the dynamics of sexu-

ality. Sexual activity is a very personal aspect of life, endowed with private meaning by every individual. Consequently, knowledge of how to practice safe sex and the belief that one is capable of doing so may not translate into behavior change if spontaneous sexuality is seen as an inherent part of one's personal identity. For example, for many gay men, being gay is associated with the belief that they should be free to do what they want sexually; consequently, modifying sexual activity can represent a threat to identity and lifestyle (L. McKusick, Horstman, & Coates, 1985). In addition, even among men who show high rates of condom use, sexual risk-taking behavior can vary over time, as personal circumstances change (Mayne et al., 1998).

Past sexual practice is, nonetheless, an important predictor of AIDS risk–related behavior. As people become more sexually experienced, they develop a sexual style that may become integrated into their life more

BOX 14.4

Safe Sex

THE MAGIC CONDOM

In a recent television program, a man and a woman are fondling each other, removing each other's clothes, and making steady progress toward the man's bed. As they approach it, she whispers, "Have you had a blood test?" He responds, "Last month. Negative. You?" She responds, "Negative, too. Do you have protection?" His response: "I'm covered." They fall to the bed and . . . (fade out).

This scene is Hollywood's idea of a safe-sex encounter. But where did the magic condom come from? Did he put it on in the taxi on the way back to his apartment? Did he put it on in the kitchen while he was pouring them each a glass of wine?

Hollywood's safe-sex encounters may be seamless, but in real life safe sex is not. A first important step is getting people to recognize that safe sex is important—that is, that they are at risk for AIDS and other sexually transmitted diseases. AIDS is beginning to spread into the sexually active young adult population and is spreading fastest among Blacks and Hispanics, yet levels of knowledge about sexuality in general and AIDS in particular are problematic, especially among less acculturated Hispanics (Marin & Marin, 1990).

Inducing young people to take steps to practice safe sex is also problematic. Sexual counselors advocate asking prospective partners about their sexual histories, yet many young adults indicate that they would lie to a partner to minimize their HIV risk history (Cochran & Mays, 1990). Moreover, young adults who ask questions in the hopes of reducing their HIV risk are less likely to use condoms (Cochran & Mays, 1990).

Many adolescents who report risky behavior, such as promiscuity, are unlikely to use condoms consistently (Biglan et al., 1990). Adolescents and young adults typically regard condom use as "not cool" (B. E. Collins & Aspinwall, 1989). The very factors that the Hollywood encounter overlooked—namely, the interpersonal awkwardness and logistics of actually using condoms—act as barriers to their use.

Clearly, then, safe sex takes more than a couple of hurried questions and a claim of protection. Interventions to increase the practice of safe sex need to address knowledge about sex and sexually transmitted diseases, such as AIDS; attitudes toward sexual protection; cultural differences that may bear on these attitudes; and the ways condoms are perceived by young adults.

---

generally. Consistent with this point, people who have had a large number of partners, especially anonymous partners, and who have not used condoms in the past tend to continue these behaviors, perhaps because those behaviors are well integrated into their sexual style (Aspinwall et al., 1991; van der Velde & Van der Pligt, 1991) (see Box 14.4).

Some interventions have focused on improving skills relating to sexual activity. Sexual encounters, particularly with a new partner, are often rushed, nonverbal, and passionate, conditions not very conducive to a rational discussion of safe-sex practices. To address

these issues, health psychologists have developed interventions that involve practice and sexual negotiation skills (e.g., L. C. Miller, Bettencourt, DeBro, & Hoffman, 1993). For example, in a cognitive-behavioral intervention (Kelly, Lawrence, Hood, & Brasfield, 1989), gay men were taught how to exercise self-control in sexual relationships and how to resist pressure to engage in high-risk sexual activity through modeling, role playing, and feedback. With this training, the men became somewhat more skillful in handling sexual relationships and were able to reduce their risky sexual behaviors and use condoms.

Sexual negotiation skills may be especially important for intervening with adolescents. One of the reasons that young women engage in unsafe sex is the coercive sexual behavior of their young male partners. Teaching sexual negotiation skills to both young men and women, and especially teaching young women how to resist coercive sexual activity, is therefore important (M. P. Carey, 1999).

Interventions may also be successful if they directly address some of the barriers to safe sex practices. Sanderson (1999) showed college students videos that portrayed communication skills (such as persuading a sexual partner to use a condom) and technical skills (using a condom correctly without ruining the mood) and found that the technical skills video was especially associated with increased self-efficacy for condom use. Overall, messages that focused on both technical and communication skills were most successful in leading to behavior change (Sanderson, 1999).

Risky sexual activity may be part of a more generally risky, experimental lifestyle, involving cigarette smoking, illicit drug and alcohol use, and antisocial activity (B. C. Leigh, Schafer, & Temple, 1995; J. Stein, Newcomb, & Bentler, 1994). Unfortunately, these activities can put temptations or deterrents to condom use in place. For example, one study found that the thought of envisioning a new lover reduced perceptions of risk (Blanton & Gerrard, 1997). Drinking may reduce the effective use of condoms (C. M. Gordon et al., 1997). Moreover, adolescents' attitudes toward condoms are largely negative (B. E. Collins & Aspinwall, 1989), and people who use them are perceived to be undesirable. Among adolescents, both gay and straight, the effort to modify AIDS risk–related behavior, then, needs to challenge peer norms about what constitutes erotic sex, eroticizing safer sexual activity and enhancing a sense of personal efficacy about practicing safe sex (L. McKusick, Coates, Morin, Pollack, & Hoff, 1990). Interventions that directly address condom negotiation skills in a manner that is sensitive to these dynamics can be effective among both Black and White adolescents (Jemmott & Jones, 1993; M. Z. Solomon & De Jong, 1989).

Disclosure   Not disclosing HIV status or simply lying about risk factors, such as the number of partners one has had, is a major barrier to controlling the spread of HIV infection (Kalichman, Roffman, Picciano, & Bolan, 1998). Moreover, those less likely to disclose their HIV serostatus to sex partners also appear to be less likely to use condoms during intercourse (DeRosa & Marks, 1998). Not having disclosed to a partner is associated with low self-efficacy for disclosing, suggesting that efficacy interventions might well address the disclosure process as well (Kalichman & Nachimson, 1999). Disclosure may have some surprising benefits. Several studies have shown the positive health consequences of disclosure on health, and in one study, those who had disclosed their HIV+ status to their friends had significantly higher levels of CD4 cells than those who had not (B. F. Sherman, Bonanno, Wiener, & Battles, 2000).

Whether or not to disclose HIV seropositive status is influenced by cultural factors. For example, historically, family values have been an especially important part of Hispanic culture, values that have often had healthy effects on risk–related behaviors. In the case of HIV, however, there may be a desire to protect family members, which acts as a barrier to disclosing HIV status (H. R. C. Mason, Marks, Simoni, Ruiz, & Richardson, 1995; Szapocznik, 1995). The fact of nondisclosure may also mean that these young men are unable to get the social support they need from their families (H. R. C. Mason et al., 1995).

Cognitive-Behavioral Interventions   Cognitive-behavioral stress management interventions have been employed with some HIV+ groups, including homosexual men and poor African American women (N. Schneiderman, 1999). These interventions can decrease distress, buffer the psychological and immunologic consequences of learning about positive serostatus, and improve surveillance of opportunistic infections, such as herpes; in turn, the improved psychological adjustment may retard the progress of the HIV virus, thus contributing to better health.

In a major review, behavioral interventions conducted with adolescents, gay and bisexual men, inner-city women, college students, and mentally ill adults—all groups at significant risk for AIDS—oriented toward reducing their sexual activity and enhancing their abilities to negotiate condom use with partners were found to be generally beneficial in reducing risk–related behavior (Kalichman, Carey, & Johnson, 1996).

More recently, many programs have built in not only educational interventions and skills training but also motivational components to try to increase the motivation for at-risk groups to change their risk–related behavior. "Motivation training" refers to inducing a state of readiness to change, as by helping individuals develop behavior-change goals, recognize the discrepancy between their goals and their current behavior, and develop a sense of self-efficacy that they can change. An empathetic, nonjudgmental style on the part of the therapist is thought to promote this motivational component. Research suggests that adding a motivational component to education and skills training can enhance the effectiveness of interventions designed to reduce HIV risk–related behavior (Carey et al., 1997, 2000).

Targeting IV Drug Use Interventions with IV drug users need to be targeted toward reducing contact with infected needles as well as toward changing sexual activity. Information about AIDS transmission, needle exchange programs, and instruction on how to sterilize needles can reduce risky injection practices among IV drug users (Des Jarlais, 1988). Methadone maintenance treatments may help reduce the spread of AIDS by reducing the frequency of injections and shared needle contacts, by reducing health risk behaviors, by increasing use of condoms, and by reducing the number of sexual partners (Lollis, Strothers, Chitwood, & McGhee, 2000). However, the cognitive-behavioral intervention programs that work with other populations may not work so well with IV drug users because they may lack good impulse control.

HIV Prevention Programs Prevention programs are now being introduced in U.S. public schools to warn adolescents about the risks of unprotected sexual intercourse and to help instill safe-sex practices. Teenagers who are HIV+ sometimes pitch these programs, making the risk graphically clear to the audience. Although there is some evidence that adolescents try to distance themselves from peers who have HIV in an effort to control the threat that such an encounter produces, nonetheless, exposure to someone who is similar who has contracted HIV increases intentions to get tested (Gump & Kulik, 1995). Research is still exploring which elements of school-based prevention programs are most successful. When prominent public figures, such as Magic Johnson, make their HIV infection public, the desire for more information about AIDS and concern about AIDS increase (Zimet et al., 1993). This finding suggests that the effective timing and use of such announcements might be helpful in getting people tested and getting them to reduce their AIDS-related risk behaviors.

Recent interventions in schools have made use of HIV prevention videos that provide training in communication skills and condom use skills. Results suggest that this cost-effective intervention can be an effective way of decreasing risky sexual behavior (Sanderson, 1999).

Stage models of behavior change may be helpful in guiding interventions to increase condom use. Some people have gaps in their knowledge about AIDS or about their own behaviors or their partners' behavior that may put them at risk (Hobfoll et al., 1993). Therefore, they may profit from knowledge-based interventions that move them from a precontemplation to a contemplation phase with respect to safe-sex practices. In contrast, moving from contemplation to preparation, or from preparation to action, may require specific training in condom negotiation skills, so that the individual follows through on the commitment to refrain from risky sex during specific sexual encounters (cf. Catania, Kegeles, & Coates, 1990). We can expect to see substantial research focus on these and other intervention efforts in the coming years.

Efforts to prevent risk–related behavior may need to target not only high-risk sexual practices themselves but also other behaviors that facilitate high-risk sex. Chief among these are drug and alcohol use. That is, people who may be otherwise aware that they should not engage in risky sexual activities may be less inhibited about doing so when under the influence of drugs or alcohol (C. M. Gordon & Carey, 1996; B. C. Leigh & Stall, 1993).

Interventions may need to go beyond the effort to improve sexual negotiation skills and improve safe-sex practices to address the norms that surround sexual activity. Any intervention that supports norms favoring more long-term relationships or decreasing the number of short-term sexual relationships an individual has is a reasonable approach to prevention (Pinkerton & Abramson, 1993).

Coping with HIV+ Status and AIDS

Thousands of people currently test positive for HIV but have not yet developed AIDS. Most health experts believe that the overwhelming majority will go on to develop AIDS. Thus, this group of people lives with a major threatening event (HIV+ status) coupled with substantial uncertainty and fear. How do these people cope?

The initial response to testing seropositive appears to be a short-term increase in psychological distress. Also, people who test seropositive and learn their serostatus appear to sharply curtail their HIV risk–related behavior. But over time, the psychosocial response to testing positive is modest (L. S. Doll et al., 1990). People seem to cope with the threat of AIDS surprisingly well (e.g., Blaney, Millon, Morgan, Eisdorfer, & Szapocznik, 1990), although a subset of people diagnosed with AIDS reacts with extreme depression and thoughts of suicide (Kelly et al., 1993).

Now that AIDS is a chronic rather than an acute disease, a number of psychosocial issues raised by chronic illness come to the fore. People with AIDS must continually cope with the fear and prejudice that they encounter from the general community. Many people have an intense fear of AIDS, especially those with an intense antigay reaction (homophobia) (Kunkel & Temple, 1992). Consequently, many individuals blame victims of AIDS for their disease, especially if they are gay (B. L. Andersen, 1992) or IV drug users (Hunter & Ross, 1991). What factors foster successful coping with AIDS? We next address some of these factors.

Control   Perceiving that one has control over a stressor is usually associated with better adjustment to that stressor. As has been found with other chronic or advancing diseases, a sense of personal control, or self-efficacy, is important in successful adjustment to AIDS (Benight et al., 1997; Rotheram-Borus, Murphy, Reid, & Coleman, 1996; S. E. Taylor et al., 1991; S. C. Thompson et al., 1994).

Social Support   Social support is extremely important to people with AIDS, with relationships assuming special importance, as the end of life draws closer (Carstensen & Fredrickson, 1998). One study found that, to the extent that men with AIDS had emotional, practical, and informational support, they were less depressed; informational support appeared to be especially important in buffering the stress associated with AIDS-related symptoms (Hays, Turner, & Coates, 1992; K. Siegel, Karus, & Raveis, 1997).

The ability to talk to family members about AIDS may be important, too. Unfortunately, although families appear to have the potential to be especially helpful to men infected with AIDS, when men are depressed or have a large number of AIDS-related symptoms, they are less likely to receive the support that they need (H. A. Turner, Hays, & Coates, 1993). Such findings suggest that augmenting natural social support and providing social support to people with AIDS should be an important mental health services priority.

Women and HIV   The lives of HIV-infected women, particularly those with symptoms, are often chaotic and unstable. Many of these women have no partners, they may not hold jobs, and many depend on social services and Medicaid to survive. Some of these women have problems with drugs. To an outsider, being HIV+ would seem to be their biggest problem, but in fact, getting food and shelter for the family is often far more salient. To date, agencies and interventions to help women deal with these problems have been slow to develop.

Despite advances in the treatment of AIDS and the discovery of resources that help people with AIDS cope more successfully, many people with HIV infection and AIDS do experience deteriorating health and worsening symptoms. Depression is one of the most common psychological concomitants of these changes. Changes in physical symptoms, an increased number of bed days, and the perception that one's social support is insufficient are the factors most consistently associated with depression

(K. Siegel et al., 1997). Fatigue is also associated with depression (Ferrando et al., 1998). In one study designed to alleviate this distress, symptomatic HIV+ gay men participated in a cognitive-behavioral stress management program. The program increased positive coping skills and the ability to enlist social support, both of which were associated with improvement of psychological well-being and quality of life (S. K. Lutgendorf et al., 1998).

Psychosocial Factors That Affect the Course of AIDS

In recent years, studies have provided evidence that psychosocial factors can influence the rate of immune decline from AIDS. In one study of HIV-infected gay men, those who were under considerable stress had a more rapid course of HIV disease, whereas those with more social support had a slower course (Leserman et al., 1999).

Several studies have found that negative beliefs about the self and the future are associated with helper T cell (CD4) decline and onset of AIDS in individuals with HIV (Segerstrom, Taylor, Kemeny, Reed, & Visscher, 1996), and other studies have found that negative expectations about the course of illness can lead to an accelerated course of disease (Byrnes et al., 1998; Reed, Kemeny, Taylor, & Visscher, 1999; Reed, Kemeny, Taylor, Wang, & Visscher, 1994).

On the positive side, the ability to find meaning in one's experiences appears to slow declines in CD4 levels and has been related to less likelihood of AIDS-related mortality (Bower, Kemeny, Taylor, & Fahey, 1997). Optimists have been shown to perform more health-promoting behaviors than pessimists, so one recent intervention (Mann, 2001) assigned HIV-infected women to write about positive events that would happen in the future, or they were in a no-writing control group. Among participants who were initially low in optimism, the writing intervention led to increased optimism, a self-reported increase in adherence to medication, and less distress from medication side effects. The results suggest that future-oriented, positive writing intervention may be a useful technique for decreasing distress and increasing medication adherence, especially in pessimistic individuals. Optimism may also help people already infected with HIV withstand additional stressors better (S. Cruess, Antoni, Kilbourn, et al., 2000).

Research has also linked psychological inhibition to physical illness or a more rapid course of illness, and this relationship also appears to be true for people with HIV. In one investigation, HIV infection advanced more rapidly in men who concealed their homosexual identity relative to men who were openly gay (S. W. Cole, Kemeny, Taylor, Visscher, & Fahey, 1996). Psychological inhibition is known to lead to alterations in sympathetic nervous system activation and immune function, which may have accounted for these differences in physical health. This may also help explain the beneficial effects of disclosure of HIV status on CD4 levels. However, in an apparent reversal of the usually maladaptive effects of avoidant coping, Mulder, de Vroome, van Griensven, Antoni, and Sandfort (1999) found that avoidant copers had a slower decline in CD4 cells, perhaps because their avoidant coping protected them against psychological distress.

Depression and bereavement of a partner can have adverse effects on the immune systems of HIV+ men (M. E. Kemeny et al., 1994) and women (Ickovics et al., 2001). For example, M. E. Kemeny et al. (1995) found that HIV+ men who had been bereaved by the death of their partner showed a significant increase in immune activation and a significant decrease in proliferative response to mitogenic stimulation. M. E. Kemeny et al. (1994) found that HIV+ men who were depressed (but not due to bereavement) had significantly fewer helper/inducer T lymphocytes and more activated suppressor/cytotoxic T cells, as well as lower profilerative responses to mitogenic stimulation.

The research that ties psychosocial factors to the course of illness—such as beliefs about one's illness, coping strategies, and social support resources—is especially exciting, because it not only clarifies the factors that may promote long-term survival in people with HIV infection but may also provide more general hypotheses for understanding how psychological and social factors affect the course of illness (S. E. Taylor et al., 2000).

Cancer

Cancer is a set of more than 100 diseases that have several factors in common. All cancers result from a dysfunction in DNA—that part of the cellular programming that controls cell growth and reproduction. Instead of ensuring the regular, slow production of new cells, this malfunctioning DNA causes excessively rapid cell growth and proliferation. Unlike other cells, cancerous cells provide no benefit to the body. They merely sap it of resources.

Cancer is second only to heart disease in causes of death in the United States and most developed countries (see Figure 14.4). From 1900 until 1990, death rates from cancer progressively climbed. The past 7 years, however, have witnessed a reversal—in some cases, a dramatic reversal—showing a decline in death rate of more than 3% since 1990, especially in cancers related to smoking. The rest of the decline in cancer deaths can be attributed to improvements in treatment (Brody, 1996a). Nonetheless, the prevalence of cancer is very high, and interventions to reduce it and to improve coping with it are essential.

Why Is Cancer Hard to Study

A number of factors make cancer very difficult to study. Many cancers are species-specific, and some species are more vulnerable to cancer

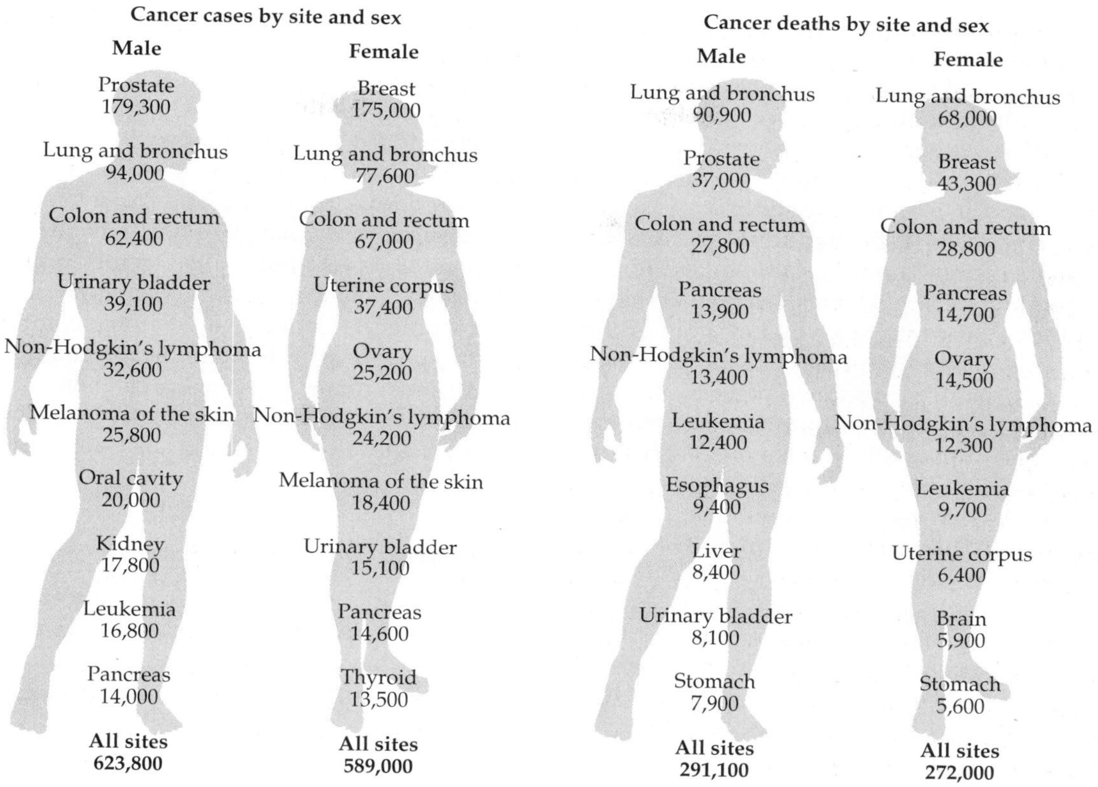

Cancer cases by site and sex

Male	Female
Prostate 179,300	Breast 175,000
Lung and bronchus 94,000	Lung and bronchus 77,600
Colon and rectum 62,400	Colon and rectum 67,000
Urinary bladder 39,100	Uterine corpus 37,400
Non-Hodgkin's lymphoma 32,600	Ovary 25,200
Melanoma of the skin 25,800	Non-Hodgkin's lymphoma 24,200
Oral cavity 20,000	Melanoma of the skin 18,400
Kidney 17,800	Urinary bladder 15,100
Leukemia 16,800	Pancreas 14,600
Pancreas 14,000	Thyroid 13,500
All sites **623,800**	**All sites** **589,000**

Cancer deaths by site and sex

Male	Female
Lung and bronchus 90,900	Lung and bronchus 68,000
Prostate 37,000	Breast 43,300
Colon and rectum 27,800	Colon and rectum 28,800
Pancreas 13,900	Pancreas 14,700
Non-Hodgkin's lymphoma 13,400	Ovary 14,500
Leukemia 12,400	Non-Hodgkin's lymphoma 12,300
Esophagus 9,400	Leukemia 9,700
Liver 8,400	Uterine corpus 6,400
Urinary bladder 8,100	Brain 5,900
Stomach 7,900	Stomach 5,600
All sites **291,100**	**All sites** **272,000**

FIGURE 14.4 Leading Sites of New Cancer Cases and Deaths—1999 Estimates (Excluding Basal and Squamous Cell Skin Cancer and Carcinomas in Situ Except Urinary Bladder) (*Source:* Reprinted by permission of The American Cancer Society, Inc.)

than others. For example, mice typically contract a lot of cancers, whereas monkeys get very few. Moreover, even a cancer that develops in more than one species may develop in different ways. For example, breast cancer in dogs is very different from breast cancer in humans. As a consequence, it is difficult to use animal models to understand factors that influence the development and course of some human cancers.

Many cancers have long or irregular growth cycles, which contribute to difficulties in studying them. Tumors are measured in terms of their doubling time—that is, the time it takes a tumor to double in size. Doubling time ranges from 23 to 209 days; thus, a tumor may take anywhere from 2 to 17 years to reach a size that can be detected (Fox, 1978).

There is also high within-species variability, such that some subgroups within a species are susceptible to certain cancers, whereas other subgroups are susceptible to different ones. Thus, for example, three individuals all exposed to the same carcinogen may develop different tumors at different times, or one individual may develop a tumor, whereas the others remain tumor-free.

Who Gets Cancer? A Complex Profile

Many cancers run in families. To a degree, this tendency occurs because many cancers have a genetic basis. Recent discoveries implicate genetic factors in a subset of colon cancers and breast cancer, facts that will help in assessing the risk status of many individuals. However, family history does not always imply a genetically inherited predisposition to cancer. Many things run in families besides genes, including diet and other lifestyle factors that may influence the incidence of an illness, and on the whole cancer is more closely tied to lifestyle than to genetics (P. Lichtenstein et al., 2000).

Some cancers are ethnically linked. For example, in the United States, Anglo men have a bladder cancer rate twice that of other groups and a relatively high rate of malignant melanoma. Hispanic men and women have the lowest lung cancer rates, but Hispanic women show one of the highest rates of invasive cancers of the cervix. The prostate cancer rate among African Americans is higher than the rate for any other cancer in any other group. Japanese Americans have an especially high rate of stomach cancer, whereas Chinese Americans have a high rate of liver cancer. Breast cancer is extremely common among northern Europeans and is relatively rare among Asians (World Health Organization, 1995-1996).

Some cancers are culturally linked through lifestyle. For example, Japanese American women are more susceptible to breast cancer the longer they have lived in the United States and the more they have adopted the American culture (Wynder et al., 1963). This change in vulnerability is believed to be heavily linked to changes in diet.

The probability of developing some cancers changes with socioeconomic status. For example, White women are more likely than African American women to develop breast cancer, but among African American women who have moved up the socioeconomic ladder, the breast cancer rate is the same as for White women at the same economic level (Leffall, White, & Ewing, 1963). Figure 14.5 shows cancers of all types broken down by different ethnic groups in the United States, both by incidence and by mortality.

Married people, especially married men, develop fewer cancers than single people. The sole exception to this pattern is gender-linked cancers, such as prostate or cervical cancer, to which married people are somewhat more vulnerable than single people. These health benefits may derive from having a regular source of social support, regularity in health habits, and some other as yet unidentified factors.

Dietary factors are also implicated in cancer development. Cancers are more common among people who are chronically malnourished and among those who consume high levels of fats; certain food additives, such as nitrates; and alcohol (American Cancer Society, 1997).

Psychosocial Factors and Cancer

Psychosocial factors can affect cancer in a number of ways. In terms of initiation of the disease, behavioral factors are involved in exposures to carcinogens, such as tobacco and occupational carcinogens. Psychosocial variables may also indirectly affect the initiation of cancer through consumption of a fatty diet or exposure to stress (S. M. Levy, 1983).

Psychosocial factors may also be involved in the progression of a cancer after it is initiated. For example, one's emotional response or willingness to fight may predict the progression of cancer. Behavioral factors are also involved indirectly in the progression of a cancer through such variables as failing to adhere to a low-cancer diet, nonadherence to risk for treatment, and failure to use screening or early detection methods (S. M. Levy, 1983).

We have already considered many of the factors that initiate and lead to a progression of cancer, including such risk factors as smoking, alcohol consumption, or fatty diet (chapters 4 and 5), and variables that promote delay behavior and nonadherence (chapters 8 and 9). In this chapter, we focus more heavily on the

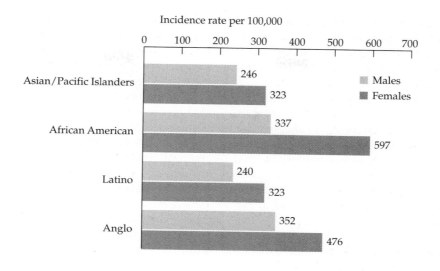

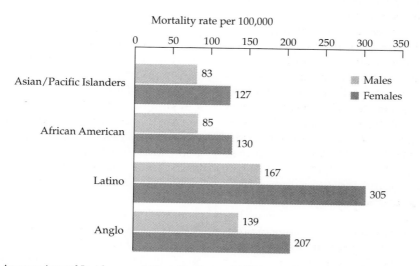

FIGURE 14.5   Average Annual Incidence and Mortality Rates of All Types of Cancer in the United States by Ethnicity (Adjusted to Eliminate Age as a Determining Factor) (*Source:* American Cancer Society, 2001)

evidence for the role of stress and personality in the initiation and progression of cancer.

Is There a Cancer-Prone Personality?   The role of personality factors in the development of cancer has been suspected for centuries (see LeShan & Worthington, 1956). Early research attempted to tie specific cancers to particular personality structures. For example, breast cancer was attributed to conflicts surrounding motherhood and femininity and to masochistic tendencies involving an inability to discharge negative emotions and unresolved hostility toward the mother (Renneker & Cutler, 1952). As in the case of other personality-specific models of illness, there is little evidence for such speculation.

Another line of investigation explored the idea of a cancer-prone personality. For decades, there has been a stereotype of a cancer-prone personality as an individual who is easygoing and acquiescent, repressing emotions that might interfere with smooth social and emotional functioning. As Woody Allen remarked in the film *Manhattan*, "I can't express anger. That's one of the problems I have. I grow a tumor instead."

The cancer-prone person is described as inhibited, oversocialized, conforming, compulsive, and depressive. He or she is said to have particular trouble expressing tension, anger, or anxiety, instead presenting the self as pleasant, calm, compliant, and passive (Bahnson, 1981; Renneker, 1981). Bahnson (1981) proposed that cancer patients use particular defense mechanisms, such as denial and repression, and express their emotions abnormally. The so-called Type C, or cancer-prone, personality has been characterized as responding to stress with depression and hopelessness, with the muting of negative emotions, and with the potential for helplessness (Phipps & Srivastava, 1997; Temoshok, 1987).

Some studies of cancer-prone personality traits have suffered from methodological problems that make it impossible to determine whether cancer patients develop cancer because they have these particular personality factors or whether these personality factors develop as a consequence of cancer. Some research has found a positive association between depression and cancer (e.g., Dattore, Shontz, & Coyne, 1980; Persky, Kempthorne-Rawson, & Shekelle, 1987), and modest relationships between cancer development and use of denial or repressive coping strategies

have been demonstrated (McKenna, Zevon, Corn, & Rounds, 1999), but other studies have failed to identify any psychosocial predictors of cancer (e.g., Joffres, Reed, & Nomura, 1985; Keene, 1980). At present, evidence suggests only a modest association between psychosocial factors and the development of at least some cancers and questions any general relationship between personality and the development of cancer (McKenna et al., 1999).

Stress and Cancer   Does stress cause cancer? One approach to this question has focused on major life events and their relationship to cancer development. Generally, studies on both animals and humans suggest the possibility of such a link. Animals exposed to stressors, such as crowding, show higher malignant tumor rates (e.g., Amkraut & Solomon, 1977). A few prospective studies in humans have found evidence of a link between uncontrollable stress and cancer (McKenna et al., 1999; Sklar & Anisman, 1981).

A particular type of stress, lack or loss of social support, has also been proposed to affect the onset and course of cancer. The absence of close family ties in childhood appears to predict cancer (Felitti et al., 1998; Grassi & Molinari, 1986; Shaffer, Duszynski, & Thomas, 1982). The absence of a current social support network has been tied to both a higher incidence of cancer (C. B. Thomas & Duszynski, 1974) and a more rapid course of illness (P. Reynolds & Kaplan, 1986; Worden & Weisman, 1975).

A long-term study of factors related to cancer incidence, mortality, and prognosis in Alameda County, California, found that women who were socially isolated were at significantly elevated risk of dying from cancer of all sites (G. A. Kaplan & Reynolds, 1988). However, other studies have found no relationship between social support problems and cancer (see Joffres et al., 1985). Consequently, evidence relating cancer to gaps in social support remains inconclusive.

Psychosocial Factors and the Course of Cancer

Researchers have also attempted to relate personality factors to the course of cancer—that is, to whether it progresses rapidly or slowly. In particular, a rapid course of illness terminating in an early death has been found among polite, unaggressive, acquiescent individuals, whereas a longer course of illness and/or better immune functioning is associated with a more combative, angry stance toward illness and toward medical practitioners (Derogatis, Abeloff, & Melasaratos, 1979; S. M. Levy et al., 1985; Pettingale, Greer, & Tee, 1977; Rogentine et al., 1979).

Avoidance, or the inability to confront the disease and its implications, has been associated with a more rapid advancing of the disease (J.-A. Epping-Jordan, Compas, & Howell, 1994). Depression may play a role in the rapid progression of cancer, either by itself (Temoshok, 1987) or in interaction with other risk factors. For example, Linkins and Comstock (1988) found a 18.5-fold increase in risk for smoking-related cancers among smokers who were depressed, as well as a 2.9-fold increase for nonsmoking-associated cancers.

In addition to depression, negative expectations regarding one's situation have been related to a more rapid course of illness in young cancer patients (Schulz et al., 1996). Inasmuch as negative expectations also affect time to death among diagnosed AIDS patients (Reed et al., 1994) as well as among people who have HIV infection, pessimism about the future merits continued examination.

On the whole, the evidence relating psychosocial factors to the progress of cancer is more convincing than that attempting to tie psychosocial factors to its onset. In both cases, however, additional research is needed.

Mechanisms Linking Stress, Coping, and Cancer

How, exactly, might stressful events and cancer be linked? A number of researchers have implicated the immune system. NK cell activity is also believed to be involved in the extent to which a carcinogen takes hold after exposure. As noted earlier, NK cells are involved in the surveillance and destruction of tumor cells and virally infected cells, and therefore, they are believed to have a role in tumor surveillance in the body.

Psychological stress appears to adversely affect the ability of NK cells to destroy tumors (e.g., R. Glaser, Rice, Speicher, Stout, & Kiecolt-Glaser, 1986; Locke, Kraus, & Leserman, 1984), an important finding because NK cell activity appears to be important in survival rates for certain cancers, especially early breast cancer (S. M. Levy, Herberman, Lippman, d'Angelo, & Lee, 1991). Consistent with this analysis is the fact that cancer patients show reduced immunologic competence and are sometimes successfully treated with therapies designed to enhance immune functioning (G. F. Solomon, Amkraut, & Kasper, 1974).

Researchers have also begun to explore the pathways by which coping may affect the course of cancer. Interleukin-6 (IL-6) is a predictor of disease progression in gynecologic cancers. In one study (S. K. Lutgendorf, Anderson, Sorosky, Buller, & Lubaroff, 2000), patients who sought instrumental support at diagnosis had lower IL-6 and better clinical status and less disability a year later. These findings were independent of psychological distress and suggest that the ways patients cope with the stress of cancer may be associated with a cytokine involved in tumor progression. The pathways by which stress may have an impact on the initiation and course of cancer will continue to be a fruitful avenue for research over the next decades.

Adjusting to Cancer

One out of every four people will eventually develop cancer, and each year cancer causes approximately 542,000 deaths in the United States (Centers for Disease Control and Prevention, 2000a). The psychosocial toll taken by cancer is enormous. Two out of every three families will have a family member who develops cancer, and virtually every member of these families will be affected by the disease. However, more than one third of cancer victims live at least 5 years after their diagnosis, thus creating many issues of long-term adjustment. Many of the issues that we explored in chapters 11 and 12 in the context of chronic, advancing, and terminal illness are especially relevant to the cancer experience. We highlight a few additional issues in this section.

Coping with Physical Limitations Cancer takes a substantial toll, both physically and psychologically. The physical difficulties usually stem from the pain and discomfort cancer can produce, particularly in the advancing and terminal phases of illness.

Cancer can lead to downregulation of the immune system, which may enhance vulnerability to a variety of other disorders, including respiratory tract infections. These persistent health problems can compromise quality of life (B. L. Andersen, Kiecolt-Glaser, & Glaser, 1994). Fatigue due to illness and treatment is also one of the main complaints of cancer patients (Andrykowski, Curran, & Lightner, 1998).

Treatment-Related Problems Difficulties also arise as a consequence of treatment. Some cancers are treated surgically. Removal of organs can create cosmetic problems, as for patients with breast cancer who may have a breast removed (mastectomy) or for patients with head-and-neck cancer who may have a portion of this area removed. Body image concerns stem not only from concern about

appearance following surgery but also from concerns about a sense of wholeness, bodily integrity, and the ability to function normally. Either concern can complicate reactions to treatment (Carver et al., 1998).

In some cases, organs that are vital to bodily functions must be taken over by a prosthesis. For example, a urinary ostomy patient must be fitted with an apparatus that makes it possible to excrete urine. A patient whose larynx has been removed must learn to speak with the help of a prosthetic speech device. Side effects due to surgery are also common. A colostomy (prosthetic replacement of the lower colon) produces a loss of bowel control.

Many cancer patients also receive debilitating follow-up treatments. Patients undergoing chemotherapy often experience debilitating nausea and vomiting and may develop anticipatory nausea and vomiting that occurs even before the chemotherapy session begins. As a result, symptoms of nausea, distress, and vomiting can continue to adversely affect quality of life among cancer patients long after the treatment has ended (C. L. Cameron et al., 2001). Because chemotherapy is often administered in the same place by the same person under the same circumstances, patients may develop conditioned nausea to a wide variety of stimuli, including the hospital staff (Jacobsen et al., 1993). One chemotherapy nurse remarked that once she saw one of her chemotherapy patients in a supermarket. She said hello, and the patient threw up in the aisle. One risk of these extreme side effects of treatments is that they sometimes compromise long-term compliance (Love, Cameron, Connell, & Leventhal, 1991). Patients may also develop conditioned immune suppression in response to repeated pairings of the hospital, staff, and other stimuli with the immunosuppressive effects of chemotherapy (Lekander, Furst, Rotstein, Blomgren, & Fredrikson, 1995), which can have adverse effects on the course of cancer.

These physical problems are not only important in their own right, but they can often feed into psychological adjustment problems, increasing the likelihood of depression (Given et al., 1993).

Psychosocial Problems and Cancer

Because cancer is a long-term and often fatal disease, problems in psychological adjustment to the disease can arise. Restriction of usual activities is a common outcome of the disease and its treatment, which can foster depression and other adverse psychosocial responses (Williamson, 2000). Intermittent and long-term depression are among the most common difficulties experienced as a result of cancer. Depression not only compromises quality of life in its own right but can have adverse effects on physical health outcomes as well, including the progression of cancer (B. L. Andersen et al., 1994). Adjustment problems appear to be greatest among women who have a history of life stressors or a lack of social support (L. D. Butler et al., 1999). Although cancer patients do not have more psychological distress than people without cancer for the most part, they are more susceptible to depression (van't Spijker, Trijsburg, & Duivenvoorden, 1997).

Problems with Social Support Despite the fact that many cancer patients receive considerable emotional support from their families and friends, social support issues can be problematic. Problems in social support are especially significant, because negative aspects of close relationships appear to affect psychological distress and well-being among cancer patients in an adverse direction more than emotional support enhances it (Manne & Glassman, 2000; Manne, Taylor, Dougherty, & Kemeny, 1997).

Effective support is important to cancer patients not only because it improves psycho-

logical adjustment to the disorder but also because it may improve immunologic responses to cancer as well. If there was any doubt of the importance of social support to cancer survival, a recent investigation (Lai et al., 1999) found that married patients with cancers have significantly better survival than single, separated, divorced, or widowed patients. A study that examined exactly how spouses provided support found that actively engaging in conversations with the patient about the cancer and finding constructive methods for solving problems were beneficial, whereas hiding one's concerns and overprotecting the patient were less beneficial (Hagedoorn et al., 2000).

Problems among a cancer patient's children are relatively common. Young children may show fear or distress over the parent's prognosis (Compas et al., 1994). Older children may find new responsibilities thrust on them and may respond by rebelling. Problems with children may be especially severe if the cancer is one with a hereditary component, because children may blame the parent for putting them at increased risk (Lichtman et al., 1984).

Marital and Sexual Relationships Disturbances in marital relationships after a diagnosis of cancer are common (Ybema, Kuijer, Buunk, DeJong, & Sanderman, 2001). Sexual functioning is particularly vulnerable. Body image concerns and concerns about a partner's reactions represent psychosocial vulnerabilities, especially when there has been disfiguring surgery, as in the case of breast cancer (Spencer et al., 1999). Breast-conserving techniques, such as lumpectomy, lead to moderately better psychological, marital, sexual, and social adjustment than the more extensive mastectomy surgery (Moyer, 1997).

Sexual functioning can be directly affected by treatments, such as surgery or chemotherapy, and indirectly affected by anxiety or depression, which often reduce sexual desire

(B. L. Andersen, Woods, & Copeland, 1997). Sexual functioning problems have been particularly evident in patients with gynecologic cancers and prostate cancer and underscore the fact that different types of cancers create different kinds of problems (e.g., Moyer & Salovey, 1996).

Psychological Adjustment and Treatment Adverse psychological reactions to cancer can also be severe when the treatments are severe or if the patient has a poor understanding of the disease and treatment or both. Survivors of childhood leukemia sometimes show signs of post-traumatic stress disorder, which may persist for years following treatment (Somerfield, Curbow, Wingard, Baker, & Fogarty, 1996; Stuber, Christakis, Houskamp, & Kazak, in press).

Self-presentation of Cancer Patients Vocational disruption may occur for patients who have chronic discomfort from cancer or its treatments (Somerfield et al., 1996), and job discrimination against cancer patients has been documented. Difficulties in managing social interactions can result from alterations in physical appearance, disrupting social and recreational activity. An ostomy patient, for example, described his fear of revolting others:

> When I smelled an odor on the bus or subway before the colostomy, I used to feel very annoyed. I'd think that the people were awful, that they didn't take a bath or that they should have gone to the bathroom before traveling. I used to think that they might have odors from what they ate. I used to be terribly annoyed; to me it seemed that they were filthy, dirty. Of course, at the least opportunity I used to change my seat and if I couldn't, it used to go against my grain. So naturally, I believe that the young people feel the same way about me if I smell. (Goffman, 1963, p. 34)

To summarize, then, cancer can create a wide variety of problems, including physical disability, family and marital disruptions, sexual difficulties, self-esteem problems, social and recreational disruptions, and general psychological distress.

Coping with Cancer

Certain coping strategies appear to be helpful in dealing with the problems related to cancer. In a study of 603 cancer patients, Dunkel-Schetter et al. (1992) identified five patterns of coping: the seeking or using of social support, a focus on the positive, distancing, cognitive escape-avoidance, and behavioral escape-avoidance. Coping through social support, focusing on the positive, and distancing were all associated with less emotional distress from cancer. Patients high in optimism also experienced less psychological distress (J. E. Epping-Jordan et al., 1999).

Patients who coped with their cancer-related problems through cognitive and behavioral escape-avoidant strategies showed more emotional distress (see also J. E. Epping-Jordan et al., 1999). When spouses cope with their partner's illness using these same avoidance strategies, a patient's distress may also be high (Ben-Zur, Gilbar, & Lev, 2001).

Despite documented psychosocial problems associated with cancer, many people clearly have cancer experiences that they weather quite well from a psychological standpoint, adjusting successfully to major changes in their lives (Reaby & Hort, 1995). With the exception of depression, the amount of psychological problems experienced by cancer patients does not differ from people without cancer and is significantly less than people suffering from psychiatric disorders (van't Spijker et al., 1997).

Finding Meaning in Cancer Indeed, some cancer patients report that their lives have been made better in important ways by the cancer experience, permitting them to experience growth and satisfaction in personal relationships that they might not otherwise have achieved (Fromm, Andrykowski, & Hunt, 1996; S. E. Taylor, 1983). Such growth experiences may reduce stress hormones, such as cortisol, which may in turn have a beneficial effect on the immune system (D. G. Cruess, Antoni, McGregor, et al., 2000).

These positive adaptations to the cancer experience can be enhanced by feelings of control or self-efficacy in response to the cancer experience. People who are able to experience a sense of personal control over their cancer, its treatments, or their daily activities cope more successfully with cancer (Newsom, Knapp, & Schulz, 1996; S. E. Taylor et al., 1991). Control over emotional reactions and physical symptoms appear to be especially important for psychosocial adjustment (S. C. Thompson et al., 1993).

Types of Rehabilitative Interventions

Rehabilitative interventions for cancer patients generally fall into three categories: pharmacologic interventions, behavioral interventions, and psychotherapeutic interventions.

Pharmacologic Interventions   Pharmacologic management of the cancer patient typically centers on four issues: nausea and vomiting induced by chemotherapy; anorexia and other eating difficulties; emotional disorders, such as depression and anxiety (Jacobsen, Bovbjerg, & Redd, 1993); and pain.

Nausea and vomiting are usually treated by the use of drugs. Marijuana has proven to be particularly successful in combating the nausea and vomiting associated with chemotherapy, and drugs such as Thorazine, Valium, and Compazine help. Anorexia is treated most successfully through dietary supplements because appetite stimulants do not seem to work very well. Depression and anxiety may be managed pharmacologically with the help of such drugs as Valium, and pain may be managed by using morphine, methadone, or antianxiety drugs and antidepressants (Holland & Rowland, 1981).

Behavioral Interventions   Behavioral and cognitive-behavioral approaches to the management of cancer-related problems have focused on stress, pain, appetite control, side effects associated with chemotherapy and radiation therapy, and other treatments of cancer (Holland & Rowland, 1981; Spiegel & Bloom, 1983). In one study of a cognitive-behavioral stress management intervention with women newly diagnosed with breast cancer, the intervention successfully reduced the prevalence of depression and increased the women's ability to find benefits in their experience (Antoni et al., 2001). This intervention reduced cortisol levels in these women, which may have positive implications for the course of their cancer (D. G. Cruess, Antoni, McGregor, et al., 2000).

Recently, practitioners have recommended exercise as a general intervention to improve quality of life following cancer. A review of 24 empirical studies found that physical exercise had a positive effect on quality of life following cancer diagnosis, including both physical functioning and emotional well-being (Courneya & Friedenreich, 1999).

Pain is a relatively common problem among cancer patients and often provokes anxiety or depression, which, as we saw in chapter 10, may exacerbate its severity. Although painkillers remain the primary method of treating cancer-related pains, increasingly behavioral interventions are being adopted (M. Davis, Vasterling, Bransfield, & Burish, 1987). Relaxation therapy, hypnosis, cognitive-reappraisal techniques, visual imaging, and self-hypnosis have all proven to be at least somewhat useful in the management of pain due to cancer (Turk & Fernandez, 1990).

A recent concern has been the fact that cancer patients' complaints of pain, fatigue, nausea, and breathlessness receive insufficient

Many cancer patients who receive intravenously administered chemotherapy experience intense nausea and vomiting. Interventions using relaxation and guided imagery can substantially improve these problems. (© M. Bradford/CMSP)

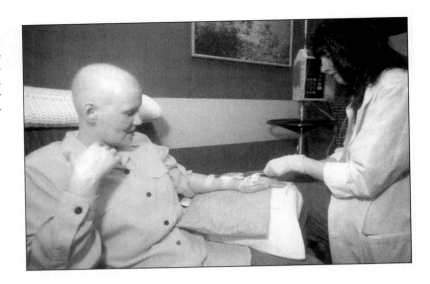

attention and that, in advancing and terminal cancers, these patients' lives are compromised severely by inattention to these important problems (Grady, 2000).

Chemotherapy   Because it is the most debilitating of the side effects of cancer treatment, chemotherapy has also been a particular focus of behavioral interventions. Distraction is one intervention that has been used successfully with chemotherapy, especially among children. Two studies found that nausea severity was lower among children who were permitted to play video games during chemotherapy administration than among those who were not. Playing video games also somewhat reduced the anxiety associated with chemotherapy (Redd et al., 1987).

There is some evidence that cognitive distraction works for adult chemotherapy patients as well (Vasterling, Jenkins, Tope, & Burish, 1993). Biofeedback appears to have minimal effects on coping with chemotherapy (Burish & Jenkins, 1992).

Relaxation and guided imagery are two additional techniques that can help control chemotherapy side effects (Carey & Burish, 1988). In this approach, patients are taught the techniques and urged to practice them at home before the chemotherapy sessions, in the hopes that this counterconditioning will enable them to cope more successfully. In an evaluation of this procedure, patients who received relaxation training and guided imagery reported feeling less anxious and less nauseated during chemotherapy. They were less physiologically aroused, and they felt less anxious and depressed immediately afterward. They also reported less severe and protracted nausea at home.

Although research continues to suggest that relaxation and guided imagery are successful treatments for chemotherapy, even shorter and more easily administered coping preparation packages may be equally successful (Burish, Snyder, & Jenkins, 1991). In one study, researchers instituted a simple, one-session coping preparation intervention involving relaxation and guided imagery and found that it reduced many sources of distress associated with chemotherapy (Burish & Trope, 1992). Fortunately, chemotherapy regimens are becoming less toxic, which has reduced the distressing side effects.

Can You Control Your Own Cancer?   You may have read about interventions with cancer patients that helped them try to control the cancer itself through such processes as relaxation and guided imagery. These techniques are quite controversial. Simonton and Simonton (1975), for example, suggested that cancer patients can help prevent a recurrence of cancer by using imagery. They maintained that such techniques as visualizing the white cells engulfing and destroying the diseased cancer cells can have a direct effect on the spread of cancer. There is currently no evidence to support this claim.

Psychotherapeutic Interventions   In contrast to pharmacologic and behavioral interventions, which are directed primarily toward reducing the physical discomfort and other side effects associated with cancer and its treatment, psychotherapeutic interventions—including individual psychotherapy, group therapy, family therapy, and cancer support groups—attempt to meet the psychosocial and informational needs of cancer patients.

Patients seeking individual therapy after a diagnosis of cancer are most likely to have any of four problems: (1) significant anxiety, depression, or suicidal thoughts; (2) central nervous system dysfunctions produced by the illness and treatment, such as the inability to concentrate; (3) specific problems that have arisen as a consequence of the illness, its management, or family dynamics; or (4) previously existing psychological problems that have been exacerbated by cancer.

Individual therapy with cancer patients typically follows a crisis-intervention format rather than an intensive psychotherapy model. That is, therapists working with cancer patients try to focus on the specific issues faced by the patient rather than attempting a more general, probing, long-term analysis of the patient's psyche. The most common issues arising in individual therapy are fear of recurrence,

pain, or death; fear of loss of organs as a consequence of additional surgeries; interference with valued activities; practical difficulties, such as job discrimination and problems with dating and social relationships; and communication problems with families.

Family Therapy   As previously noted, cancers almost always have an impact on other family members. Emotional support from family is most desired by cancer patients and appears to promote good psychological adjustment (Helgeson & Cohen, 1996; Mesters et al., 1997). However, not all families are able to communicate freely with each other. Therefore, family therapy provides an opportunity for all family members to share their problems and difficulties in communicating. Additional reasons for the inclusion of family members in therapy is that families can either help or hinder an individual cancer patient's adjustment to illness. By providing social support, the family can smooth the patient's adjustment, whereas a reaction of fear or withdrawal can make the patient's problems more difficult. Issues that commonly arise in family therapy are problems with children, especially adolescents; role changes and increased dependency; and problems of sexual functioning (Wellisch, 1981).

Cancer Services   A number of cancer service programs have been developed to help the patient adjust to problems posed by a particular cancer. Several of these programs are sponsored by the American Cancer Society; they include Reach to Recovery for breast cancer patients and groups for patients who have had ostomies. These programs provide either a one-on-one or a group experience in which individuals can discuss some of their common problems. Reach to Recovery is one of several such groups that has adopted a peer counseling approach, in which a well-adjusted breast cancer patient acts as an adviser to a newly diagnosed patient. This kind of educational and informational support has been found to be very valuable in promoting psychological adjustment to cancer (Helgeson & Cohen, 1996).

Self-help groups in which patients share emotional concerns are also available to many cancer patients (Helgeson & Cohen, 1996). Although the self-help experience currently appeals to a fairly limited portion of the cancer population, it appears to be beneficial for many who try it. On the whole, social support groups appear to be most helpful to women who have more problems, who lack support, or who have fewer personal resources but may provide few if any benefits for those who already have high levels of support (Helgeson, Cohen, Schulz, & Yasko, 2000). When such groups do provide benefits, a possible reason is that the self-help format presents patients with an array of potential coping techniques from which they can draw skills that fit in with their particular styles and problems (S. E. Taylor et al., 1986). Spending time with well-adjusted people who have had the same disorder can satisfy patients' needs for information and emotional support (Stanton, Danoff-Burg, Cameron, Snider, & Kirk, 1999).

Moreover, such interventions may have unanticipated health benefits. There is emerging evidence that good social support and/or social support interventions may actually prolong life among breast cancer patients (S. M. Levy, Herberman, Lee, Lippman, & d'Angelo, 1989). Spiegel, Bloom, Kraemer, and Gottheil (1989) found that metastatic breast cancer patients who had been randomly assigned to a weekly support group intervention lived significantly longer than did nonparticipants by an average of nearly 18 months. These findings held up when various indicators of disease had been controlled for (see also Fawzy, Cousins, et al., 1990; Fawzy, Kemeny, et al., 1990). The intervention may have succeeded because it helped patients control their pain more successfully and it alleviated their depression; both of these effects may allow for a better immune response to cancer.

Arthritis

We learned in chapter 2 about a set of diseases known as autoimmune diseases, in which the body falsely identifies its own tissue as foreign matter and attacks it. The most prevalent of these autoimmune diseases is arthritis, and we examine it both because of its relationship to immune functioning and because it is one of the most common chronic diseases.

"Arthritis" means inflammation of a joint; it refers to more than 80 diseases that attack the joints or other connective tissues. More than 43 million people in the United States are afflicted with arthritis severe enough to require medical care, a figure that is projected to rise to 60 million by 2025, due to the aging of the population ("Arthritis," 2001). Although it is rarely fatal, arthritis ranks second only to heart disease as the most widespread chronic disease in the United States today. More than $15 billion is spent annually in the treatment of arthritis, for medications, doctor visits, hospitalizations, and indirect costs due to lost wages ("Arthritis," 2001).

The severity of and prognosis for arthritis depend on the type; the disease ranges from a barely noticeable and occasional problem to a crippling, chronic condition. The three major forms of arthritis are rheumatoid arthritis, osteoarthritis, and gout.

Rheumatoid Arthritis

Rheumatoid arthritis (RA) affects approximately 1 to 2% of the population of the United States ("Rheumatoid Arthritis," 2001) and is the most crippling form of arthritis (McCracken, 1991). The disease strikes primarily

Approximately 1 to 2% of the population of the United States has rheumatoid arthritis, and it is especially common among older women. The frustration of being unable to do things that one used to do and the need to be dependent on others are problems for this group. (© Ed Eckstein/Photo-Take/PictureQuest)

the 40-to-60 age group, although it can attack people of any age group, including children. It usually affects the small joints of the hands and feet, as well as the wrists, knees, ankles, and neck. In mild cases, only one or two joints are involved, but sometimes the disease becomes widespread. In severe cases, there may be inflammation of the heart muscle, blood vessels, and tissues just beneath the skin.

Rheumatoid arthritis may be brought on by an autoimmune process: Agents of the immune system that are supposed to protect the body instead attack the thin membranes surrounding the joints. This attack leads to inflammation, stiffness, and pain. If not controlled, the bone and surrounding muscle tissue of the joint may be completely destroyed. Almost half of RA patients recover completely, nearly half remain somewhat arthritic, and about 10% are severely disabled.

The main complications of rheumatoid arthritis are pain, limitations in activities, and the need to be dependent on others (van Lankveld et al., 1993). In addition, because rheumatoid arthritis primarily affects older people, its sufferers often have other chronic

conditions present as well, such as poor cognitive functioning and poor vision, which may interact with arthritis to produce high levels of disability (Shifren, Park, Bennett, & Morrell, 1999; Verbrugge, 1995). Needless to say, one of the most common complications of rheumatoid arthritis is depression (Evers, Kraaimaat, Geenen, & Bijlsma, 1997).

At one time, psychologists speculated that there might be a "rheumatoid arthritis personality." This personality type was characterized as perfectionistic, depressed, and restricted in emotional expression, especially the expression of anger. Recent research now casts doubt on the value of such a profile, at least as a cause of arthritis (e.g., C. A. Smith, Wallston, & Dwyer, 1995). However, cognitive distortions and feelings of helplessness can themselves aggravate depression and other emotional responses to arthritis (e.g., Clemmey & Nicassio, 1997; Fifield et al., 2001; T. W. Smith, Christensen, Peck, & Ward, 1994).

Stress and RA Stress may play a role both in the development of rheumatoid arthritis and in its aggravation. Disturbances in interpersonal relationships may contribute to the development of the disease (K. O. Anderson, Bradley, Young, McDaniel, & Wise, 1985) and/or its course (Affleck, Tennen, Urrows, & Higgins, 1994; Zautra, Burleson, Matt, Roth, & Burrows, 1994).

The aggravation of rheumatoid arthritis by stress appears to be mediated by the immune system, inasmuch as those with rheumatoid arthritis show stronger immune responses to stress than do comparison groups (e.g., Harrington et al., 1993; Timko, Baumgartner, Moos, & Miller, 1993; Zautra, Okun, et al., 1989; Zautra et al., 1994).

Treatment of RA   Treatments to arrest or control the problems of rheumatoid arthritis include aspirin (which relieves both pain and inflammation), rest, and supervised exercise. Surgery is rarely needed, and hospitalization is necessary only in extreme cases or for extreme pain or flareups. Exercise is recommended for rheumatoid arthritis patients, so that they can gain more control over the affected joints (Waggoner & LeLieuvre, 1981). Unfortunately, as is true for most exercise interventions, adherence is often low.

Increasingly, psychologists have used cognitive-behavioral interventions in the treatment of rheumatoid arthritis (McCracken, 1991). In one study (O'Leary, Shoor, Lorig, & Holman, 1988), rheumatoid arthritis patients were randomized into a cognitive-behavioral treatment that taught skills in managing stress, pain, and symptoms of the disease, or they received an arthritis self-help book containing useful information about arthritis self-management. The cognitive-behavioral treatment was designed to increase perceptions of self-efficacy with respect to the disease. Results indicated that patients in the cognitive-behavioral treatment experienced reduced pain and joint inflammation and improved psychosocial functioning. The degree to which people improved was correlated with the degree of self-

efficacy enhancement, suggesting that the enhancement of perceived self-efficacy to manage the disease was responsible for the positive effects.

Indeed, because a chief side effect of rheumatoid arthritis is the sense of helplessness over the inability to control the disease and the pain it causes, any intervention that enhances feelings of self-efficacy will have beneficial effects on psychological adjustment (Schiaffino & Revenson, 1992; C. A. Smith & Wallston, 1992). As one patient in such an intervention put it, "I went from thinking about arthritis as a terrible burden that had been thrust upon me to something I could control and manage. I redefined it for myself. It's no longer a tragedy, it's an inconvenience." As this comment also suggests, optimism can lead people to cope more actively with rheumatoid arthritis, improving adjustment over time (Brenner, Melamed, & Panush, 1994). Nonetheless, as is true for all cognitive-behavioral interventions, relapse to old habits is likely; therefore, relapse prevention strategies to preserve both behavioral changes and the increased sense of self-efficacy and optimism that results must be an important part of these interventions with rheumatoid arthritis patients (Keefe & Van Horn, 1993).

Overall, cognitive-behavioral interventions, including biofeedback, relaxation training, problem-solving skills, and cognitive pain-coping skills training, have been modestly successful in aiding pain management for rheumatoid arthritis patients (Keefe & Caldwell, 1997). Coordinating these cognitive-behavioral interventions with the use of drug therapies to control pain appears to provide the most comprehensive approach at present (Zautra & Manne, 1992).

Juvenile RA   Another form of rheumatoid arthritis is juvenile rheumatoid arthritis. Its causes and symptoms are similar to those of the adult form, but the victims are children between the ages of 2 and 5. Among them, the disease flares up periodically until puberty. The disease is rare and affects girls four times as often as boys. With treatment, most children are managed well and experience few adverse effects. However, there is a juvenile form of rheumatoid disease that can be severely crippling and can lead to extensive psychological and physical problems for its sufferers, including missed school and participation in few social activities (Billings, Moos, Miller, & Gottlieb, 1987). Social support from family members is also important in helping the juvenile rheumatoid arthritis patient adjust successfully to the disorder.

Osteoarthritis

Osteoarthritis afflicts approximately 4 out of 100 people ("Osteoarthritis," 2001), and by the time a person is 65, he or she has a better than 50% likelihood of having at least some osteoarthritis. The disorder develops when the smooth lining of a joint, known as the articular cartilage, begins to crack or wear away because of overuse, injury, or other causes. Thus, the disease tends to affect the weight-bearing joints: the hips, knees, and spine. As the cartilage deteriorates, the joint may become inflamed, stiff, and painful. The disease afflicts many elderly people and some athletes. As is true for other forms of arthritis, more serious and extensive symptoms require more aggressive treatment and lead to a poorer quality of life (Hampson, Glasgow, & Zeiss, 1994).

With proper treatment, osteoarthritis can be managed through self-care. Treatment includes keeping one's weight down, obtaining proper exercise, and taking aspirin. Occasionally, use of more potent pain relievers, anti-inflammatory drugs, or steroids is needed. Those who manage the pain of osteoarthritis through active coping efforts and spontaneous pain control efforts appear to cope better with the disease (Keefe et al., 1987).

Gout

The third form of arthritis is **gout.** About 1 million Americans suffer from gout, and it is nine times more prevalent in males than in females ("Gout," 2001). This condition is caused by a buildup of uric acid in the body due to the kidneys' inability to excrete the acid in the urine. Consequently, the uric acid forms crystals, which may become lodged in the joints.

The area most likely to be affected is the big toe (because the blood supply there is too small to carry away the uric acid crystals). The joint then becomes inflamed, causing severe pain. Occasionally, the uric acid crystals can become lodged in the kidney itself, causing kidney failure.

The exact cause of the buildup of uric acid is unknown. A genetic component is believed to play a role, and the condition can be triggered by stress as well as by certain foods. Other causal factors include infections and some antibiotics and diuretics.

Gout can be managed by limiting the intake of alcohol and certain foods and by maintaining proper weight, exercise, and fluid intake. Aspirin is not used because it slows the removal of uric acid. For severe cases, anti-inflammatory drugs or drugs that control uric acid metabolism may be used. Gout can usually be controlled; when left untreated, however, it can lead to death from kidney disease, high blood pressure, coronary heart disease, or stroke (Kunz, 1982; National Health Education Committee, 1976; Rubenstein & Federman, 1983).

To summarize, arthritis is our second most prevalent chronic disease. Although it rarely kills its victims, it causes substantial pain and discomfort, creating problems of management. The self-care regimen of arthritis patients centers largely around pain control, dietary control, and exercise; therefore, the health habits and issues of adherence that we have discussed throughout this book are clearly important in the effective management of arthritis.

Summary

1. The immune system is the surveillance system of the body; it guards against foreign invaders. It involves a number of complex processes, comprising humoral immunity and cell-mediated immunity.

2. Studies suggest that stressors, such as academic exams and stressful interpersonal relationships, can compromise immune functioning.

3. Negative emotions, such as depression or anxiety, may also compromise immune functioning. Coping methods may buffer the immune system against adverse changes due to stress.

4. Studies have evaluated the potential of conditioned immune responses and interventions such as relaxation and stress management as clinical efforts to augment immune functioning in the face of stress.

5. Acquired immune deficiency syndrome (AIDS) was first identified in the United States in 1981. It results from the human immunodeficiency virus (HIV) and is marked by the presence of unusual opportunistic infectious diseases that result when the immune system, especially the helper T cells, has been compromised in its functioning.

6. Gay men and intravenous, needle-sharing drug users have been the primary risk groups for AIDS in the United States. More recently, AIDS has spread rapidly in minority populations, especially among minority women. Heterosexually active adolescents and young adults are also at risk.

7. Primary prevention, in the form of condom use and control of number of partners, is a major avenue for controlling the spread of AIDS. Such interventions focus on providing knowledge, increasing perceived self-efficacy to engage in protective behavior, changing peer norms about sexual practices, and communicating sexual negotiation strategies.

8. Many people live with asymptomatic HIV seropositivity for years. Exercise and active coping may help prolong this state. Drugs such as protease inhibitors now hold promise for enabling people with HIV and AIDS to live longer, healthier lives.

9. AIDS itself creates a variety of debilitating physical and psychosocial problems. The main psychosocial tasks faced by people diagnosed with AIDS are dealing psychologically with the likelihood of a shortened life, dealing with negative reactions from others, and developing strategies for maintaining physical and emotional health. A variety of interventions have been developed to aid in these tasks.

10. Cancer is a set of more than 100 diseases marked by malfunctioning DNA and rapid cell growth and proliferation. Research investigations have attempted to relate psychosocial factors to the onset and progression of cancer. Helplessness, depression, and repression of emotions may be implicated, especially in the progression of cancer, but as yet the evidence is not definitive.

11. Cancer can produce a range of physical and psychosocial problems, including surgical scarring, the need for prostheses, debilitating responses to chemotherapy, avoidance or rejection by the social network, vocational disruption, and adverse psychological responses, such as depression. Behavioral and psychotherapeutic interventions are being used successfully to manage these problems.

12. Arthritis, involving inflammation of the joints, affects about 37 million people in the United States. Rheumatoid arthritis is the most crippling form. Stress appears to exacerbate the disease.

13. Interventions involving cognitive-behavioral techniques to help people manage pain effectively and increase perceptions of self-efficacy have proven helpful in alleviating some of the discomfort and psychosocial difficulties associated with arthritis.

Key Terms

acquired immune deficiency syndrome (AIDS)

gout

human immunodeficiency virus (HIV)

immunocompetence

immunocompromise

osteoarthritis

rheumatoid arthritis (RA)

PART SIX

Toward the Future

CHAPTER 15

Health Psychology: Challenges for the Future

*I*n the past 25 years, health psychology has made dramatic and impressive advances. This last chapter highlights some of the research accomplishments and likely future directions of the field. We then turn to general issues facing health psychology, some of which are posed by medicine. As the practice of medicine changes, as patterns of disease and disorders shift, and as new methods of treatment develop, so inevitably must health psychology change. Other challenges are internal to the discipline and represent coming trends in the research and practice of health psychology.

Health Promotion

In recent years, Americans have made substantial gains in altering their poor health habits. Many people have successfully stopped smoking, and many have reduced their consumption of high-cholesterol and high-fat foods. Although alcohol consumption patterns remain largely unchanged, exercise has increased.

Clearly, most people know that they need to practice good health behaviors and many have tried to develop or change them on their own. Not everyone is successful, however. Thus, the potential for health psychology to make a contribution to health promotion remains.

Efficient, Cost-Effective Interventions

What can we expect to see in the future in the area of health promotion? Increasingly, we will see efforts to identify the most potent and effective elements of behavior-change programs in order to incorporate them into cost-effective, efficient interventions that reach the largest number of people.

In particular, we can expect to see the design of interventions for mass consumption at the community level, the workplace level, and the schools. By reaching people through the institutions in which they live and work and by integrating health behavior–change materials into existing work and community resources, we may reach the goal of modifying the most people's behavior in the most efficient and cost-effective manner.

Focus on Those at Risk

As medical research increasingly identifies risk factors for chronic illness, the at-risk role will be increasingly important. Individuals who are identified early as at risk for particular disorders need to learn how to cope with their risk status and how to change their modifiable risk-relevant behaviors. Psychologists can aid substantially in both these tasks.

Studying people who are at risk for particular disorders will also be useful in identifying additional risk factors for various chronic disorders. Not everyone who is at risk for an illness will develop it, and by studying which

people do and do not, researchers can identify the further precipitating or promoting factors of these illnesses.

Prevention

Preventing poor health habits from developing will continue to be a priority for health psychology. As noted earlier, adolescence is a window of vulnerability for most bad health habits, and closing this window is of paramount importance. **Behavioral immunization** programs are already in existence for smoking, drug abuse, and, in some cases, diet or eating disorders. Programs that expose fifth and sixth graders to antismoking or antidrug campaigns before they begin these habits appear to be somewhat successful in keeping some adolescents from undertaking such habits. Behavioral immunization for other health habits—including safe sex, condom use, and diet—also holds promise.

For some health habits, we may need to start even earlier and initiate behavioral pediatric programs to teach parents how to reduce the risks of accidents in the home, how to practice good safety habits in automobiles, and how to instill in their children good health habits such as exercise, proper diet, regular immunizations and medical checkups, and regular dental care.

Focus on the Elderly

The rapid aging of the population means that within the next 20 years, we will have the largest elderly cohort ever seen in this and other Western countries. This cohort can be an ill one, placing a drain on medical and psychological services, or it can be a healthy, active one (Koretz, 2000). Interventions should focus on helping the elderly achieve the highest level of functioning possible through programs that emphasize diet, exercise, and other health habits.

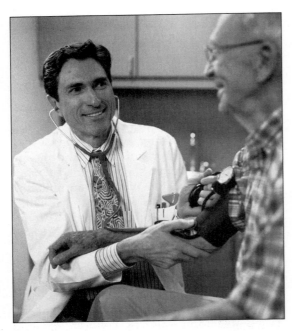

The health needs of the elderly will take on increasing importance with the aging of the population. Helping the elderly achieve a high level of functioning through interventions that emphasize diet, exercise, and other health habits is a high priority for the future. (© Richard Price/Getty Images)

Refocusing Health Promotion Efforts

Some refocusing of health promotion efforts is in order. In the past, we have stressed mortality more than morbidity (R. M. Kaplan, 1989). Although the reduction of mortality, especially early mortality, is an important priority, there will always be 10 major causes of death (Becker, 1993). Refocusing our effort toward morbidity is important for a number of reasons.

One obvious reason is cost. Chronic diseases are expensive to treat, particularly when those diseases persist for years, even decades. For example, conditions such as rheumatoid arthritis and osteoarthritis have little impact on mortality rates but have a major impact on the functioning and well-being of the popula-

tion, particularly the elderly population. Keeping people as healthy as possible for as long as possible will help reduce the burden of chronic illness costs. Moreover, maximizing the number of good years during which an individual is free from the burdens of chronic illness produces a higher quality of life.

Priorities for the future include developing interventions that can address more than one behavioral risk factor at a time, addressing the difficult issue of continued maintenance, and integrating individual-level interventions with the broader environmental and health policy levels that support and sustain individual efforts (Orleans, 2000).

But efforts to postpone morbidity and disability into the last years of life will be unsuccessful without attention to our country's large socioeconomic differences in health and health care. One of the most potent risk factors for early disease, disability, and death is low socioeconomic status (SES). From birth across their shorter life spans, those people who are born into the lower social classes experience stressors of all kinds, which have a cumulative toll on their health risks. Both greater assets and educational attainment are associated with a broad array of beneficial psychosocial resources and a lower level of illnesses and disabilities across the life span (Kubzansky, Berkman, Glass, & Seeman, 1998). The effect of low SES on poor health is true for both men and women (McDonough, Williams, House, & Duncan, 1999) and at all age levels, although the effect of SES tends to narrow toward the end of life (Beckett, 2000). Even in the case of diseases that lower- and upper-class individuals are as likely to develop, mortality is often higher among the more disadvantaged (Leclere, Rogers, & Peters, 1998). Among the many risk factors tied to socioeconomic status are alcohol consumption, levels of lipids, tobacco use, and the psychological states of mastery, efficacy, and happiness. Each of these has an effect on health (Kubzansky et al., 1998).

Increasingly, health psychologists are exploring racial differences in health, and the news is bleak. African Americans have poorer health at all ages, and the picture is not improving. The life expectancy gap between African Americans and Whites remains high, at a more than 6-year difference (R. N. Anderson, 2001). African Americans have a higher infant mortality rate than Whites and higher rates of most chronic diseases, with differences especially dramatic for hypertension. Some of the racial difference in health stems from the fact that African Americans are, on average, lower in socioeconomic status, so they are disproportionately subject to the stressors that accompany low SES. But some of the differences, health psychologists increasingly suspect, are due to the stresses of racism itself.

There are enormous SES and ethnic differences in the delivery of medical treatment as well (Dimsdale, 2000). Unless the health care available to the poorer segments of society begins to match that available to the wealthier parts of society, morbidity may not be significantly reduced by treatment efforts (J. S. House et al., 1990). We will return to this issue shortly.

Promoting Resilience

Future health promotion efforts should place greater weight on positive factors that may reduce morbidity or delay mortality. For example, although eliminating heart disease and cancer would lengthen lives by several years, marriage would add 10 years to a man's life and 4 years to a woman's life. W. J. McGuire (1984) suggested facetiously that health psychologists could make a giant leap forward by going after this health-related factor and opening a marriage bureau. The point is well taken.

Health psychologists have focused most of their research on risk factors for chronic illnesses and have largely ignored the positive experiences that may keep some people from developing these disorders (Ryff & Singer,

1998). Studying how people spontaneously reduce their levels of stress, for example, and how they seek out opportunities for rest, renewal, and relaxation may provide knowledge for effective interventions. Personal resources, such as optimism or a sense of control, may prove to be protective against chronic illness. Can these resources be taught? Recent research suggests that they can (e.g., Mann, 2001). The coming decades may explore these and related possibilities.

Promotion as a Part of Medical Practice

A true philosophy of health promotion cannot be adequately implemented until a focus on health promotion becomes an integral part of medicine as well as medical practice (Orleans, 2000). Although some progress in this direction has been made, we are still far away from having a health care system that is oriented toward health promotion.

As noted in chapter 3, there is as yet no formal diagnostic process for identifying and targeting preventive health behaviors on an individual basis. If the annual physical that many people obtain were to include a simple review of the particular health issues and habits that the individual should focus on, this step would, at the very least, alert each of us to the health goals we should consider and would perhaps prod us in the direction of taking necessary action.

Physicians are high in status and tend to be persuasive when other change agents are not. A 28-year-old man in a high-stress occupation might be urged by his health care practitioner to practice stress management, be given a self-help program for stopping smoking, and be reminded to practice testicular self-examination on a regular basis. A young woman who wolfs down a burrito between classes might be given information about the need for a healthy diet and simple steps she can undertake to improve her current diet, such as having a yogurt, fruit,

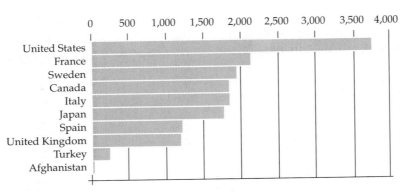

FIGURE 15.1   Comparative Health Spending (*Source:* World Health Organization, 2000)

and cereal instead. In the future, we may begin to see practicing physicians integrate prevention into their daily practice with their healthy patients as well as their ill ones.

Social Change to Improve Health

Individual health behavior changes alone may not substantially improve the health of the general population. What is needed is individual change coupled with social change (Slater & Carlton, 1985). Although the United States spends more on health care than any other country in the world (see Figure 15.1), we have neither the longest life expectancy nor the lowest infant mortality rate. Our political and economic system has produced great diversity in the conditions under which people in the United States live, and many people live in intrinsically unhealthy environments (S. E. Taylor, Repetti, & Seeman, 1997)—that is, environments that threaten safety, undermine the creation of social ties, or are conflictual, abusive, or violent. Many people, particularly those lower in SES, live in unsafe, high-conflict neighborhoods and thus are exposed to these

Stressful living situations with noise, crowding, and crime take a particular toll on vulnerable populations, such as children, the elderly, and the poor. Increasingly, research must focus on interventions to alleviate the impact of these conditions. (© Michael Neuman/PhotoEdit)

stressors continually and often unrelentingly (N. E. Adler et al., 1993). Social conditions that breed social conflict and lack of control have been tied to the development of coronary heart disease and to indicators of allostatic load, as described in chapter 6. The hostility and depression that may evolve in people living in these chronically stressful environments appear to have health risks of their own.

By contrast, healthy environments provide safety, opportunities for social integration, and the chance to experience a sense of personal control over important life tasks. A successful policy of health promotion needs to address not just individual risk but also the social conditions in which they are embedded.

Nor are disparities in health attributable solely to the social conditions in which people live. As many as 42.6 million Americans have no health insurance (U.S. Bureau of the Census, 2001). Although Medicaid, instituted in 1965, was designed to help the poor achieve high-quality health care, in many states it has eroded to the point that families with poverty-level incomes are not eligible for benefits. We currently have what is essentially a two-tiered medical system: High-quality and high-technology care go to the well-to-do and not to the poor. As long as socioeconomic differences influence access to quality health care, the social class differences in health will not change appreciably.

Gender and Health

Another significant gap in health care and research concerns gender (K. A. Matthews et al., 1997). As one critical article put it, "Women are studied for what distinguishes them from men—their breasts and genitals" (Meyerowitz & Hart, 1993). Thus, for example, breast, ovarian, and other sexual cancers have received substantial attention, but many other disorders have not.

Weak justification for such discrimination has sometimes been based on the fact that women live, on average, 7 years longer than

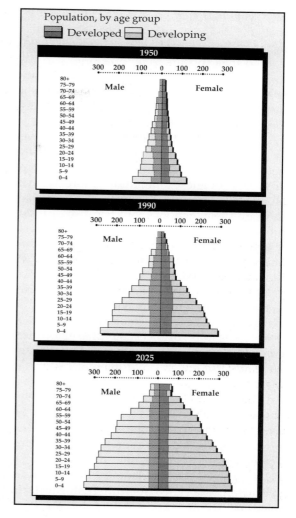

FIGURE 15.2 The Shape of Things to Come
These figures show the past, present, and future male and female population of the world for developed and developing countries. Probably the most noticeable aspect of these figures is the enormous population growth that is projected over the next 20 to 25 years. A closer look shows that much of the growth will occur in developing rather than developed countries, raising a specter of health problems, both infectious and chronic. An even closer look offers the realization that the proportion of the population that is older or elderly is increasing more rapidly than are younger ages, further magnifying the implications for health that will result. (*Source:* © 1996 The Economist Newspaper Paper Group, Inc. Reprinted with permission. Further reproduction prohibited. www.economist.com)

men, yet women are sick more than men, and their advantage in mortality has been decreasing in recent years (Rodin & Ickovics, 1990), a trend that appears to be due largely to women's increasing use of health-compromising substances, such as cigarettes and alcohol, and their labor force participation. Women are less likely than men to have health insurance, and even if they do, their policies may fail to cover basic medical care, such as Pap smears for the detection of cervical cancer, a standard part of any gynecologic examination. More women are insured through their husbands' jobs than through their own jobs, but because of instability in marriage, coverage for women is irregular. These issues are especially problematic for African American women (M. H. Meyer & Pavalko, 1996).

Women are not included as research subjects in studies of many major diseases because cyclical variations in hormones are thought to obscure results or because pharmaceutical companies fear lawsuits if experimental drugs have adverse effects on women of childbearing age, harming fetuses or putting future children at risk (S. E. Taylor et al., 2000). Heart disease research has been based largely on men, and women are often ignored in studies of cancers, except for reproductive cancers. Fewer than half of all new drugs receiving FDA approval between January 1988 and June 1991 were examined for different effects in men and women. Some drugs that are used primarily to treat health problems in women have been tested only on men and male laboratory animals. Legislation now exists that has helped to reverse this trend (Ezzel, 1993).

It is essential to include women in such studies for many reasons (K. A. Matthews, Shumaker, et al., 1997). First, women may have different risk factors for major diseases, or existing risk factors may be more or less virulent. For example, some research suggests that smoking may be two to three times more hazardous for women than for men (Taubes,

1993). Men and women differ in their biochemistry, and they differ in their physiological reactions to stress (A. Baum & Grunberg, 1991). Consequently, their symptoms may be different, their age of onset for the same diseases may differ, and their reactions to treatment and needed dosage levels may be different. For example, women's risk for coronary heart disease increases greatly following menopause, a risk that can be partly offset by the use of hormone replacement therapy (K. A. Matthews, Kuller, Wing, Meilahn, & Plantinga, 1996).

Until recently, however, research unearthing these important relationships was not even conducted. Without a systematic investigation of women's health and their particular risk factors, as well as changes in both over the life span, women will simply be treated more poorly than men for the same diseases.

Stress and Its Management

Substantial advances in stress research have been made in the past 2 decades. Physiological, cognitive, motivational, and behavioral consequences of stress have been identified. Moreover, the biopsychosocial routes by which stress adversely affects bodily functions and increases the likelihood of illness are increasingly well understood.

The controversy over whether stress is "out there" or "in the head" has virtually been resolved. On the one hand, stress is clearly the result of the psychological appraisal of an event or a situation. On the other hand, certain events and situations are more likely to be stressful, such as those that are uncontrollable, overwhelming, ambiguous, unexpected, and negative.

Advances have been made in research on environmental and occupational stress. Stressors such as noise or crowding do not show consistently adverse effects but do appear to adversely affect vulnerable populations. Thus, the health needs of children, the elderly, and the poor have taken special priority in the study of stress and its reduction.

Occupational stress researchers have identified many of the job characteristics that are tied to stress. As a consequence, promising workplace interventions have been developed to redesign jobs or reduce on-the-job stressors.

Nonetheless, the demographics of stress may be offsetting whatever concessions can or might be made in the workplace. The majority of American families find that both parents must work in order to make ends meet, yet, like all families, the two-career family must absorb an extra month a year of housework, home activities, and child care. Typically, this extra month a year is taken on by women (Hochschild, 1989). Moreover, increasing numbers of adult children have responsibility for their aging parents, and these responsibilities, too, more frequently fall to women than to men.

These trends put the adult American female population under unprecedented degrees of stress, patterns that may be increasing in other countries as well. One consequence is that women are sick more than men (Verbrugge, 1985, 1990). Additional health and mental health consequences, as well as effective solutions to these dilemmas, have yet to fully emerge (see Repetti, Matthews, & Waldron, 1989).

Where Is Stress Research Headed?

Research should focus on those populations at particular risk for stress-related disorders in an attempt to reduce or offset their stressful circumstances. In theory, knowledge of how people adjust successfully to stressful events can be translated into interventions to help those coping unsuccessfully to cope more successfully.

Many important advances in stress research will come from research on the neurophysiology of stress, particularly the links between stress and corticosteroid functioning, tempera-

mental differences in sympathetic nervous system activity, and factors influencing the release of endogenous opioid-peptides and their links to the immune system. Through these studies, we may increasingly understand the pathways by which stress exerts adverse effects on health.

One of the most significant advances in stress research is the discovery that social support can buffer stress. For example, intervention studies with disabled, chronically ill, and recovering populations show that social support can have positive effects on both physical and psychological outcomes. These findings suggest that we need to do more to help people draw effectively on this important resource. Helping people build social ties is critical at this time in our social history. The two-job family, coupled with high rates of living alone because of divorce or never marrying, may provide less opportunity for obtaining social support. Families have fewer children and are less likely to live in extended families, and they may belong to fewer clubs or have fewer long-term opportunities for social contact. Even children, who historically spent many hours with at least one parent, may now see parents less than children once did, instead developing ties with child-care workers (cf. Scarr, Phillips, & McCartney, 1989). Fostering social support systems to offset the trends that isolate individuals should be a high priority for prevention.

In addition, we should teach people how to provide support for others. We know that difficult and stressful relationships can adversely affect health and mental health and that positive social relations can protect against those outcomes. Teaching what constitutes effective social support may, then, be an educational opportunity for the future.

Self-help groups are one possible way of providing social support for those who otherwise might lack it. Between 8 and 10 million people are currently attempting to deal with a specific problem through self-help groups (R. C. Kessler, Mickelson, & Zhao, 1997). Through this format, people can discuss a common problem with each other and try to help each other work it out. Once oriented primarily around particular illnesses, such as cancer, or particular health problems, such as obesity, these groups are becoming increasingly available for those going through divorce, the loss of a child, and other specific stressful events. Despite growing participation, self-help groups continue to appeal disproportionately to only a small fraction of the population—most notably, relatively well-educated, White, middle-class women. If self-help groups are to be a vehicle for social support in the future, ways must be developed to broaden their appeal.

Use of Health Services

Health care reform is one of the most urgent issues facing the United States (Dasche, Cohen, & Rice, 1993). Our health care system is marked by at least three basic problems: Health care costs too much; the system is grossly inequitable, favoring the wealthy over the poor; and health care consumers use health care services inappropriately (R. M. Kaplan, 1991a).

Building Better Consumers

Decades of research have indicated that people who are ill and those who are treated for illness are frequently not the same individuals. For financial or cultural reasons, many ill people do not find their way into the health care delivery system, and a substantial portion of people who seek and receive treatment have complaints that are of largely psychological interest. Building responsible and informed health care consumers is an especially high priority.

Increasingly, patients need to be involved in their own care, monitoring their symptoms and treatments in partnership with physicians and other health care practitioners. It does little good to diagnose a disorder correctly and prescribe appropriate treatment if the patient cannot or will not follow through on treatment recommendations. Moreover, as preventive health behaviors become increasingly important in the achievement of good health and in secondary prevention with the chronically ill, the fact that 97% of patients fail to adhere properly to lifestyle recommendations takes on added significance.

Trends within medical care suggest that the problem of patient-provider communication is likely to get worse, not better. Increasingly, patients are receiving their medical care through prepaid, colleague-centered services rather than through private, fee-for-service, client-centered practices. As noted in chapters 8 and 9, these structural changes can improve the quality of medical care, but they sacrifice the quality of communication.

The probability that communication suffers in these settings is strengthened by the fact that the clientele served by prepaid plans is disproportionately poor, poorly educated, and non-English-speaking. Although the well-to-do can pay for emotionally satisfying care, the poor increasingly cannot. Health settings that rob patients of feelings of control can breed anger or depression, motivate people not to return for care, and possibly even contribute to a physiological state conducive to illness or its exacerbation. Thus, there is an expanding role for psychologists in the development and design of future health services.

Containing Costs of Health Care

The appropriate use of health services assumes increasing urgency in the context of current changes in its structure, technology, and costs. Medicine is high technology, and high technology is expensive. Although policymakers often assume that patients are driving the development of this technology, in fact, this may not be the case. Most surveys suggest that patients want less, not more, expensive, high-technology treatment, especially in the terminal phase of illness (Schneiderman, Kronick, Kaplan, Anderson, & Langer, 1992). The increasing use of technology may have more to do with physicians' desire to provide state-of-the-art care.

Deficit financing of federal health care costs has added billions of dollars to the national debt, and the inability of the government to cover the uninsured and the increasing costs of Medicare and Medicaid have contributed to the rapid rise in costs (Kerry & Hofschire, 1993). These factors have prompted the scrutiny of health care by the government in recent years, and the widespread movement in the direction of managed care represents an institutional-level response to try to manage these issues.

Indeed, by far the biggest change in health care that has implications for health psychology is the rapid growth of managed care. Millions of Americans have found that their health insurance has changed as they have been moved into health maintenance organizations (HMOs) and away from more traditional health insurance programs. Many of these HMOs are for-profit organizations, creating an uneasy relationship between business and medicine. Physicians employed by HMOs may not necessarily put their patients' interests first if administrative pressures nudge them in the direction of cost containment. The full ramifications of this unprecedented and rapid switch toward managed care have yet to emerge (Koop, 1996).

Management of Serious Illness

Because chronic illness has become our major health problem, its physical, vocational, social, and psychological consequences have been increasingly recognized. Although a number of specific programs have been initiated to deal with particular problems posed by chronic illness, these efforts are as yet not systematically coordinated or widely available to the majority of chronically ill patients.

Quality-of-Life Assessment

A chief goal for health psychologists in the coming years, then, should be to develop programs to assess quality of life in the chronically ill and to develop cost-effective interventions to improve quality of life. Initial assessment during the acute period is an important first step. In addition, supplementing initial assessment with regular needs assessment over the long term can help identify potential problems, such as anxiety or depression, before they fully disrupt the patient's life and bring about additional costs to the health care system. Because psychosocial states such as depression and hostility have been increasingly implicated in both the development and exacerbation of chronic disorders, psychological interventions directed to these important cofactors in illness will be a high priority. No intervention that fails to improve psychological functioning is likely to profoundly affect health or survival (B. H. Singer, 2000).

Pain Management

Among the advancements in the treatment of chronic disease is progress in pain management. Recent years have witnessed a shift away from dependence on expensive pharmacologic and invasive surgical pain control techniques to ones that favor cognitive-behavioral methods, such as biofeedback or relaxation. This change has brought about a shift in responsibility for pain control from practitioner to comanagement between patient and practitioner. The enhanced sense of control provided to the chronic pain patient is a treatment advance in its own right, as research on self-efficacy also underscores. The development of pain management programs has been valuable for bringing together all that is known about pain control technology.

Psychologists may need to become involved in the ongoing controversies that surround alternative medicine. Increasingly, both the worried well and those with chronic illnesses are treating themselves in nontraditional ways, through herbal medicine, homeopathy, and acupuncture, among other untested regimens. What these sources of care do for those who make use of them may be heavily, perhaps primarily, psychological. Psychologists may need to become involved not only in evaluating these alternative medical practices but also in helping develop interventions that will address the psychological needs currently met by these treatments (L. Smith, 1997).

Adherence

The management of specific chronic disorders contains both accomplishments and gaps in knowledge. One of the chief remaining tasks is to identify the best ways to gain adherence to multiple treatment goals simultaneously. That is, how does one induce a patient to control diet, alter smoking, manage stress, and get exercise all at the same time? How does one maximize compliance with the often aversive or complex regimens used to treat such diseases as hypertension or diabetes? Finding answers to these questions is one of the challenges of the future.

Terminal Care

The past 20 years have witnessed substantial changes in attitudes toward terminal illness as well. Health psychology research has been both a cause and an effect of these changing attitudes, as clinical health psychologists have turned their attention to the needs of the terminally ill and the gaps in psychological care that still exist.

The appearance of AIDS has added weight to these issues. Following more than a decade of watching thousands of America's talented gay men die in their youth, medical research has now uncovered the promise of longer-term survival in the form of protease inhibitors.

However, the face of AIDS is changing, and it has spread heavily into the poor urban populations of the country, involving many Black and Hispanic men and women. Women are at special risk, and as a result, a growing population of infants is infected with HIV as well. Moreover, these people are less likely to have expensive protease inhibitors available, so their prospects for long-term survival may be low. AIDS is becoming a disease of families, and adequate attention needs to be paid to helping mothers, especially single mothers with HIV, manage their families while coping with their own deteriorating health and to helping the HIV+ and HIV− children who will survive their mothers.

With the prevalence of chronic disease increasing and the aging of the population occurring rapidly, ethical issues surrounding death and dying—including assisted suicide, living wills, the patient's right to die, family decision making in death and dying, and euthanasia—will increasingly assume importance. If a beginning resolution to these complex issues cannot be found by medical agencies and allied fields, including health psychology, then the solutions will undoubtedly be imposed externally by the courts.

The Aging of the Population

The substantial shift in the population toward the older years poses a challenge for health psychologists to anticipate what the health problems of the coming decades will be. What kinds of living situations will these increasing numbers of elderly people have and what kinds of economic resources will they have available to them? How will these resources influence their health habits, their level of health, and their ability to seek treatment? How can we evaluate and monitor care in residential treatment settings, such as nursing homes, to guard against the risks of maltreatment?

As our population ages, we can expect to see a higher incidence of chronic but not life-threatening conditions, such as arthritis, osteoporosis, hearing losses, blindness, and fecal and urinary incontinence. Some effort to control these disorders must necessarily focus on prevention. For example, the incidence of deafness is rising, attributable in part to the blasting rock music that teenagers in the 1950s and 1960s (who are now in their 50s, 60s, and 70s) listened to. Because rock music is not getting any quieter and because adolescents now go to rock concerts and use headphones as well, prevention of deafness will take on increasing significance in the coming years. This is just one example of the kinds of problems that are created for health psychologists as a result of the shift in age of the population and a shift in leisure-time activities.

Trends for the Future

The Changing Nature of Medical Practice

Health psychology is continually responsive to changes in health trends and medical practice. For example, as the population has aged, the significance of prostate cancer as a cause of mortality, especially among older men, has become evident. Understanding the impact of prostate disease on a patient's psychosexual self-concept and on social and emotional functioning is important, especially given that most of the available treatments substantially compromise sexual functioning.

One of the factors that has made health psychology such a vital discipline is the important psychological and social issues that are raised by the changing patterns of illness that favor

chronic over acute disease, yet paradoxically, the face of health psychology may change yet again as patterns of infectious disease have altered. Although the past century has brought substantial control over infectious diseases, they remain a public health problem globally and are still responsible for 13 million deaths each year. Moreover, changes in society, technology, and microorganisms themselves are leading to the emergence of new diseases, the reemergence of diseases that were once successfully controlled, and problems with drug-resistant strains of once successfully controlled disorders. Just one example of an issue that may involve health psychologists is trying to get people to use antibiotics correctly and not to abuse their use (M. L. Cohen, 2000). A bigger role in health psychology may emerge from this important and frightening trend.

As technology has improved, organ donation has become an important issue for health psychologists (Radecki & Jaccard, 1997; Shih et al., 2001). More than 49,000 people are currently waiting for donor organs, a statistic that does not include all of those who could profit from such intervention (United Network for Organs Sharing Bulletin, 1996). The shortage of donor organs suggests that this may be an area in which health psychologists could be increasingly helpful. Psychologists can help people discuss their wishes for organ donation with family and help people make the decision of whether to sign donor cards (Burroughs, Hong, Kappel, & Freedman, 1998). There appears to be a gap in that many people who are willing in theory to donate their organs have not yet made a commitment to do so. Psychologists may be able to facilitate this process (Amir & Haskell, 1997).

Another example of a medical trend that has fueled research and debate within health psychology is the increasing availability of risk factor testing for a variety of relatively common disorders. Tests are now available or will shortly be available on a widespread basis for identifying genes implicated in such diseases as Huntington's disease, breast cancer, and colon cancer (e.g., V. A. McKusick, 1993), yet our understanding of how people deal psychologically with the knowledge that they possess a gene or another risk factor that may ultimately lead to fatal disease is scanty.

A handful of prescient health psychologists (e.g., Croyle & Jemmott, 1991; Croyle & Lerman, 1993) have begun to explore why some people fail to minimize their risk on learning that they may be vulnerable, as opposed to becoming more vigilant by taking effective preventive action or monitoring themselves more closely, yet much of this work continues to be conducted in the laboratory on hypothetical risk factors, and more understanding of how people manage this risk is essential.

Impact of Technology   As medical care has grown more technologically complex, it has also, paradoxically, begun to incorporate psychological and spiritual sides of healing, especially those approaches that draw on Eastern healing traditions. Relaxation and other nontraditional treatment methods are a boon to HMOs because those methods are typically low-cost and yet can be remarkably effective for treating stress-related disorders, including such severely problematic conditions as hypertension.

The technologically complex aspects of medicine itself have become more awesome to many patients (Tangri & Levitin, 1993). Explaining the purposes of these technologies and using control-enhancing interventions to enable people to feel like active participants in their treatment can help reduce fear (Juengst, 1993).

The growth of medical technology raises complex questions about how it should be used. Consider transplantation. At present, insufficient numbers of transplantable organs are available; consequently, how to increase the supply of transplantable organs and how

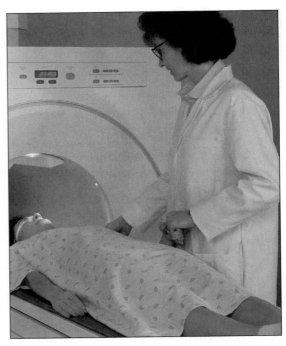

The technologically complex aspects of medicine are often intimidating to patients, but when the purpose of the technology is fully explained and patients are committed to their use, it helps reduce this anxiety. (© Corbis/Vol. #40)

to develop priorities as to who should receive transplants have been highly controversial issues (Prottas, 1993; Radecki & Jaccard, 1997). David Crosby of the musical group Crosby, Stills, Nash, and Young received a badly needed liver transplant in short order, despite the fact that many observers believed he had contributed to his liver disease through well-known excessive alcohol consumption. Other people, commentators claimed, were more deserving and should have been ahead in line. These kinds of complex ethical questions could not even have been anticipated a mere 20 years ago.

The ethics of transplantation seem tame, compared with the host of ethical questions raised by recent technological developments in human reproduction. What are the implications of cloning for humans? It is now technically possible to transplant eggs and even ovaries from aborted female fetuses into women who have been unable to conceive a child on their own (G. Kolata, 1994). What are the ethics of using one life to create another? What psychosocial issues are raised by these dilemmas? As a science, health psychology must begin to anticipate many of these controversial issues to help provide a blueprint for considering the psychosocial and ethical issues that will arise.

Comprehensive Intervention Models Another trend within medicine that affects health psychology is the movement toward **comprehensive intervention models.** There are several models that concentrate and coordinate medical and psychological expertise in well-defined areas of medical practice. One is the pain management program, in which all available treatments for pain have been brought together, so that individual regimens can be developed for each patient who arrives at the pain center. A second model is the hospice, in which palliative management technologies and psychotherapeutic technologies are available to the dying patient. Coordinated residential and outpatient rehabilitation programs for coronary heart disease patients, in which multiple health habits are dealt with simultaneously, constitute a third example. Similar interventions for other chronic diseases, such as cancer and AIDS, may be developed in the coming years.

Most comprehensive intervention models thus far have been geared to specific diseases or disorders, but increasingly, researchers are urging that this model be employed for concerted attacks on risk factors as well (e.g., D. B. Abrams et al., 1996). Making use of the mass media, youth prevention projects, information and education, social engineering solutions, and tax solutions to such problems as smoking,

excessive alcohol consumption, and drug abuse, for example, may represent badly needed supplements to programs that currently focus primarily on health risks that are already in place. The coordination of public health management at the institutional and community levels, with individual health management and illness management for those already ill, is represented in Figure 15.3.

Although comprehensive interventions for particular health problems may provide the best quality of care, they can also be expensive. Some hospitals have already dismantled their pain management centers, for example, for lack of funds. For comprehensive intervention models to continue to define the highest quality of care, attention must be paid to cost-effectiveness as well as to treatment effectiveness.

Systematic Documentation of Treatment Effectiveness

An important professional goal of health psychology for the future is the continued documentation of the **treatment effectiveness** of health psychology's technologies. We know that our behavioral, cognitive, and psychotherapeutic technologies work, but we must increasingly find ways to communicate this success to others. This issue has taken on considerable significance in recent years as debate rages over whether and to what degree behavioral and psychological interventions should be covered in managed health care systems (Sheridan, 1999). Developing convincing methods of measuring successful psychosocial interventions assumes paramount importance.

Systematic Documentation of Cost-Effectiveness

As noted earlier, one of the major forces facing health psychology, as well as every other disciplinary contributor to behavioral medicine, is

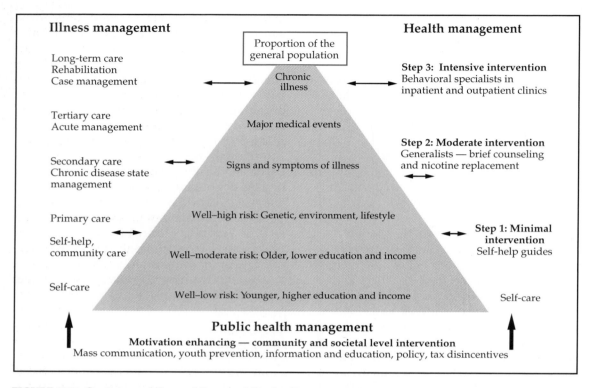

Illness management

Health management

Proportion of the
general population

Long-term care
Rehabilitation
Case management

Chronic
illness

Step 3: Intensive intervention
Behavioral specialists in
inpatient and outpatient clinics

Tertiary care
Acute management

Major medical events

Step 2: Moderate intervention
Generalists — brief counseling
and nicotine replacement

Secondary care
Chronic disease state
management

Signs and symptoms of illness

Primary care

Well–high risk: Genetic, environment, lifestyle

**Step 1: Minimal
intervention**
Self-help guides

Self-help,
community care

Well–moderate risk: Older, lower education and income

Self-care

Well–low risk: Younger, higher education and income

Self-care

Public health management
Motivation enhancing — community and societal level intervention
Mass communication, youth prevention, information and education, policy, tax disincentives

FIGURE 15.3   Continuum of Care and Types and Levels of Intervention (*Source:* D. B. Abrams et al., 1996)

the growing cost of health care services and the accompanying mounting pressure to contain costs (Sheridan, 1999) (see Figure 15.4). This reality is relevant to health psychologists in several respects. It nudges the field to keep an eye on the bottom line in research and intervention. While effective health care interventions are an important goal of the field, their likelihood of being integrated into medical care will be influenced by their **cost-effectiveness.**

One of the effects that diagnostic-related groups (DRGs) may come to have on health psychology is to restrict the behavioral treatment of medical disorders. The kinds of long-term behavior change that may be essential to treatment success, such as dietary modification, smoking cessation, and exercise prescriptions

for cardiac patients, may fall outside the time period specified in the DRG treatment guidelines (see chapter 9). Moreover, because DRGs require nonphysician expenses to be bundled together, psychologists are not able to bill separately for services. Consequently, any long-term behavior-change programs must be initiated and followed through on only within the time period of the DRG. The incentive to include psychologists in care, then, exists only to the extent that such services can reduce length of stay and increase profitability (N. E. Miller, 1992).

Subtly, the pressures of **cost containment** push the health psychology field in the direction of research that is designed to keep people out of the health care system altogether. On the clinical practice side, interventions

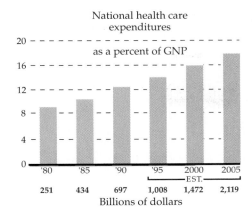

National health care expenditures

as a percent of GNP

Billions of dollars

'80	'85	'90	'95	2000	2005
251	434	697	1,008	1,472	2,119

FIGURE 15.4 Health Care Prognosis
Despite the fact that managed care has led to slower growth in health care costs, health care continues to consume an increasing share of the gross national product. (*Source: Business Week,* 1997)

include self-help groups, peer counseling, self-management programs (e.g., Kirschenbaum, Sherman, & Penrod, 1987), and other inexpensive ways to provide services to those who might otherwise not receive care. Another example is the stress reduction and pain amelioration benefits of expensive biofeedback interventions that can be achieved by simple, less expensive techniques of relaxation and other cognitive-behavioral interventions (Blanchard et al., 1988).

There are benefits and risks to the formidable role that economic factors play in the field of health psychology. On the one hand, the field cannot afford to pursue its scientific and clinical mission without regard to cost. On the other hand, cost-containment issues can compromise scientific and intervention missions of the field by prematurely choking off areas of inquiry that do not immediately appear to be cost-effective. The relative lack of attention to issues of rehabilitation in contrast to the heavy preponderance of research in primary prevention activities can be regarded as one casualty of these pressures.

Documenting Savings Many interventions have the potential to save substantial funds and other resources, and documenting this fact should increasingly be a high priority. Interventions designed to enhance feelings of control among patients awaiting unpleasant medical procedures have clear cost-saving benefits. As noted in chapter 8, these interventions can lead patients to require less medication, make fewer complaints, demand less staff time, and leave the hospital early. The monetary gains of these cost-saving measures versus the minimal costs incurred (the time and personnel necessary to provide patients with information) can be substantial.

Similarly, training practitioners in effective communication improves patient satisfaction with medical care, can enhance adherence, and may reduce malpractice litigation. The savings to health institutions that could be gained by this training have yet to be systematically documented. Similar documentation of the cost-effectiveness of other health psychology interventions can and should be developed in other areas, so that these interventions may be judged as successful not only on their own merits but also on cost-saving grounds.

In addition, health psychology could help develop interventions to save costs. For example, finding ways of identifying and drawing off the two thirds of patients whose medical complaints are believed to be primarily of psychological origin would save the health care delivery system billions of dollars yearly and would direct these people more appropriately into psychological services (R. M. Kaplan, 1991b). Figure 15.5 shows the reduction in health care visits that can occur as a result of health psychology interventions.

Remaining Issues

It is unlikely that health psychology will be able to achieve these gains on its own. Moreover, to the extent that the health psychology

Treatment	Frequency reduction
Total ambulatory care visits	−17%
Visits for minor illnesses	−35%
Pediatric acute illness visits	−25%
Office visits for acute asthma	−49%
Office visits by arthritis patients	−40%
Cesarean sections	−56%
Epidural anesthesia during labor and delivery	−85%
Average hospital length of stay for surgical patients (in days)	−1.5

FIGURE 15.5   The Bottom Line
This chart shows the reduction in frequency of treatments as a result of various clinical behavioral medicine interventions. (*Source:* American Psychological Society, 1996)

endeavor is focused only in departments of psychology, it runs the risk of becoming an ivory tower endeavor that is divorced from medical care. The integration of health psychology into the medical curriculum, the development of departments of behavioral medicine within traditional medical schools (Agras, 1992; S. Williams & Kohout, 1999), and the integration of behavioral medicine into health care institutions, such as hospitals and clinics, are important ways of ensuring that advances in health psychology can have an impact on patient care and health care policy (Carmody & Matarazzo, 1991).

International Health   There is also an important role for health psychologists in international health (D. Hamburg & Sartorius, 1989; S. M. Weiss, 1992). There is great variability in the prevalence of different diseases by country. Poverty, lack of education, and lack of health care resources contribute to a high incidence of acute infectious disease, for example. As smoking has begun to decline in the United States, its incidence is rising in many developing countries. Whereas Americans are beginning to exercise more, countries that are becoming modernized are losing the exercise benefits that accompanied a less sedentary lifestyle.

There is a role for health psychology in carrying the hard-won lessons of the past few decades in the United States to countries in which exactly the same problems are now beginning to emerge. Moreover, psychologists and other behavioral scientists are more likely than people in traditional medical disciplines to understand the significance of varying cultural norms and expectations, how social institutions function, and the roles that culturally specific attitudes and behaviors may play in health care practices and decisions (Jenkins, 1990b). In the battle for a high level of international health care, then, the health psychologist appears to be well positioned to make a substantial and lasting contribution.

Foretelling the future is never an easy task. Some trends, such as the aging of the population, are obvious and have clear implications for the field. Others are not so easily anticipated; thus their implications for health psychology are still elusive. The movement toward managed health care is the most obvious and looming example.

Becoming a Health Psychologist

If, after reading this textbook and taking a course in health psychology, you think you want to pursue a career in this field, what would you need to do?

Undergraduate Experience

As an undergraduate interested in continuing in health psychology, you would be wise to do several things. First, try to take all the health psychology courses that you can at your undergraduate institution. These courses might include topics such as health habits, wellness, and stress and coping. Second, develop a broad background in psychology by sampling heavily from the many courses available to you. Take courses in physiological psychology, neuroscience, or human physiology, if they are offered at your school. Understanding the biological underpinnings of health psychology is critical to going into the field.

Use your summers effectively. Find a psychologist who does research in health psychology and see if you can get a research assistantship. Volunteer if you have to. Acquiring research experience is the best preparation you can get. Of course, such positions are hard to obtain and may not be available where you are.

You can look for summer employment opportunities in a medical school or hospital, which might give you patient contact or contact with medical care providers. If you are a candy striper or an aide, ask lots of questions. Find out why the nurses are doing what they're doing and why the doctors are recommending particular treatments. Find out why one patient is going to physical therapy while another is obtaining relaxation treatments.

Or you might try to find a health maintenance organization or another managed care program that has learning opportunities. Even if you are involved only in paperwork, find out how the organization works. What kinds of patients does it see? In what areas are its costs higher than it would like, and how is the

organization trying to reduce costs? Whatever position you undertake, ask a lot of questions.

As a college student, you may not be able to get the position of status or responsibility that you would like to have, but you can make the most of the position if you use it as the learning opportunity it can be.

Graduate Experience

If, after additional coursework and summer experiences, you decide you want to go on in health psychology, you will need to acquire a Ph.D. At this point, you should decide whether your interests lie chiefly in research investigations, chiefly in clinical practice (that is, direct contact with individual patients), or both.

If your interest is in research, what kind of research excites you the most? Is it the study of the biology of infection or transmission? Is it the understanding of how social support affects health? Is it research on increasing exercise or changing diet? Try to define your interests as clearly as possible, because you will need to select a subfield of psychology to go into. Your choices are likely to be physiological psychology, where you will focus heavily on the biology and neurological aspects of health psychology; social psychology, which examines social and psychological processes in adopting preventive health behaviors, managing stress, and coping with chronic disease, among other issues; clinical health psychology, in which patient contact will be one of your primary tasks; or developmental psychology, in which you will look especially at the health of children and the factors that affect it.

A few health psychology programs around the country do not require you to declare a subspecialty when you apply, but many do, and to apply to these institutions, you will need to apply to the specific program (physiological, social, clinical, developmental) that offers the training you seek.

During your 4 years in graduate school, if your interests are even partly in research, you will need to take courses in research methodology and statistics. You may take a course in epidemiology, as many health psychologists do, a course that would probably be taught in a school of public health. Take the health psychology courses that interest you. Most important, get practical experience. Work with a health psychologist on several research or clinical projects. Try to get into the field, so that you gain experience not just in a university laboratory but also in a hospital, a clinic, or another health care delivery situation.

Look for opportunities to get practical hands-on field experience. If you're interested in exercise, for example, go to a fitness center. If you want to understand how people cope with AIDS, help out at your local volunteer organization that delivers food or other essentials to people with AIDS. If you're interested in aging, go to senior citizen centers or other facilities for the elderly. Research training under the guidance of a skilled health psychologist is essential, but there is no substitute for the practical experience and insight that you acquire when you are doing work in the field.

If you are interested in patient contact and apply to a clinical psychology program, you will be expected to take the standard clinical curriculum, which includes courses and practica in therapy, including cognitive-behavior therapy. Your patient contact not only will involve people with medical problems but also will be heavily geared toward people with depression, obsessive-compulsive disorder, anxiety problems, or behavioral problems. You will be expected to complete a year's internship in a field setting, so if your interests are in health, you should try for a field setting in a medical hospital, medical clinic, or health maintenance organization that gives you direct patient contact.

During the course of your graduate training, you will be involved in a number of projects,

and at the time of your dissertation, you will be expected to mount a major research project on your own. By this time, you will have a clear idea of what your interests are and can pursue a health-related project in depth. This project will take you a year or more to complete.

On completion of the dissertation and the receipt of the Ph.D., you have several options: If your plan is to go into clinical psychology, you may want to find a clinical setting in which you can get practical expertise in addition to that acquired during your internship. This training, coupled with your internship and coursework, should put you in a good position for getting licensed in the state in which you choose to practice. You will be expected to take several hours of licensure exams, the exact form of which varies from state to state; on receipt of your license, you will be able to practice clinical psychology.

Postgraduate Work

Following graduate school, you can go on the job market, or you can get additional training in the form of a postdoctoral research opportunity. Many health psychologists choose to acquire postdoctoral training, because, at the present, health psychology training is not uniform across universities, so you may receive excellent instruction in stress and coping processes, for example, but be poorly informed about health habits. Or your program may provide you with lots of patient contact but very little in the way of training in neuroscience.

You may decide that you want to concentrate on a particular disease, such as cancer or heart disease, but have insufficient knowledge about the risk factors and physiology of the illness for your research to be well informed. Identifying the gaps in your training reveals the type of postdoctoral training you should seek out.

Typically, postdoctoral training is undertaken at a laboratory different from the place at which you completed your Ph.D. and takes place under the guidance of a senior scientist whose work you admire. You spend a year or 2 in this individual's lab, after which you are ready to go on the job market.

Employment

What kinds of jobs do health psychologists obtain? About 45% of health psychologists go into academic settings or teach in medical schools (American Psychological Association, 1996; Williams & Kohout, 1999). In academic positions, health psychologists are responsible for educating undergraduate as well as graduate students, physicians, nurses, and other health care workers.

Most health psychologists in academic settings conduct research programs to try to uncover the factors associated with the maintenance of health and the onset of illness. They may study college students' sexual activities and condom use negotiation strategies in an effort to address the factors that contribute to a heightened risk of AIDS. They may study the kinds of stressors that people face in trying to combine the demands of a rigorous job with the responsibilities of raising children and caring for elderly parents. They may develop interventions to help people cope more effectively with these and other normal stressors of everyday life. They may work with individuals at risk for a particular disease, such as heart disease, and help them cut back on their smoking, reduce their weight, and implement an exercise program.

About 35% of health psychologists work with medical patients in a hospital or another treatment setting. Many health psychologists, about 28%, are involved in private practice, in which they provide therapy and other mental health services to people with medically related problems. These health psychologists often deal individually with patients who need help managing their health problems. The short-term cognitive-behavioral interventions that work well in modifying health habits, controlling pain, managing side effects of treatments, and the like represent the kind of activities that health psychologists in these settings undertake. For example, a clinician might help an individual suffering from chronic headaches develop a self-control therapy based on relaxation to control pain. Or a clinician might initiate individual psychotherapy to help a cancer patient recover from bouts of depression. Another clinician may work with family members to set up a self-care treatment regimen for an adolescent recently diagnosed with diabetes (see Belar, 1997).

Increasingly, health psychologists are employed in the workplace (Keita & Jones, 1990) or as consultants in a variety of capacities. They advise employers attempting to set up new health care systems about what kind of system will provide the best care for the least money. They establish work site interventions to teach busy executives how to manage stress, they set up exercise programs for employees, or they establish work site competitions to help overweight employees lose weight. Health psychologists consult with governmental agencies on how to reduce health care costs (Kelty et al., 1989). They advise health care services about how to improve patient satisfaction or reduce inappropriate use of health services. In short, health psychologists deliver a wide range of services to an ever-growing and diverse group of employers as Table 15.1 indicates.

The number of health psychologists in the United States and other countries is growing rapidly. Since the beginning of the field approximately 20 years ago, the number of health psychology training programs in the country has also grown exponentially. Health psychologists have proven vital to medical research and health services delivery in this country. The opportunities for the fledgling health psychologist are boundless as Table 15.2 indicates.

TABLE 15.1 Where Do Health Psychologists Work?	
Colleges and universities	24.9%
Medical schools	15.9%
Other academic settings	3.0%
Schools and other educational settings	1.0%
Independent practice	27.4%
Hospitals and clinics	17.4%
Other	11.0%

Source: American Psychological Association, 1996.

TABLE 15.2 What Do Health Psychologists Do?	
Research	57.1%
Education	58.6%
Health/mental health services	71.5%
Educational services	20.9%
Management/administration	20.4%
Other	36.6%

Source: American Psychological Association, 1996.

Summary

1. Health psychology research and practice have identified the complexity of faulty health habits and how best to modify them. Health promotion priorities for the future include the modification of the most consequential risk factors, incorporation of the most potent and effective elements of behavior-change programs into cost-effective interventions, and the continuing search for the best venue for intervention.

2. Health psychology interventions will continue to focus on people at risk for particular disorders, on preventing poor health habits from ever developing, and on developing effective health promotion interventions with the elderly. Health promotion efforts must consider not only mortality but also the reduction of morbidity and the importance of enhancing overall quality of life.

3. As medicine develops a health promotion orientation, the potential for collaborative interventions between psychologists and medical practitioners through the media, the community, and the physician's office may come to be fully realized.

4. An effective health promotion program must involve not only health behavior change but also social change that makes high-quality health care available to all elements of the population, including women and low-SES individuals.

5. Research on stress will continue to focus on vulnerable populations and on trends in the economy and culture that increase the stress on particular subpopulations, such as children, the elderly, the poor, and women.

6. In the future, many important advances in stress research will likely come from research examining the pathways by which stress exerts adverse effects on health.

7. The appropriate use of health services is an important target for the future. Communication issues are important for reducing health costs that relate to improper use of services, initiation of malpractice litigation, and failure to adhere appropriately to medication and lifestyle recommendations.

8. The management of chronic illness will increasingly focus on quality of life and appropriate ways to measure it. The management of terminal illness will increasingly focus on ways of enabling people to die physically and psychologically comfortable deaths, as much as possible. In addition, ethical issues involving assisted suicide, living wills, the patient's right to die, family decision making in death and dying, and euthanasia will continue to be prominent.

9. A target for future work is identification of the health and lifestyle issues that will be created by the aging of the population. Anticipating medical disorders and developing interventions to offset their potential adverse effects should be targets for research now.

10. Health psychology needs to be responsive to changes in medical practice, including changes in disease demographics (such as age). The changing face of medicine creates challenges for health psychologists in anticipating the impact of technologically complex interventions and helping prepare patients for them.

11. Important goals for health psychology's future are systematic documentation of treatment effectiveness, systematic documentation of the cost-effectiveness of interventions, and continued efforts to find ways to reduce health costs. In addition, there is an emerging and important role for health psychologists in the international health care arena.

12. Health psychology can be a rewarding career for anyone willing to gain the necessary education and research and field experience.

Key Terms

behavioral immunization	cost containment	treatment effectiveness
comprehensive intervention models	cost-effectiveness	

Glossary

abstinence violation effect A feeling of loss of control that results when one has violated self-imposed rules, such as not to smoke or drink.

acquired immune deficiency syndrome (AIDS) Progressive impairment of the immune system by the human immunodeficiency virus (HIV); a diagnosis of AIDS is made on the basis of the presence of one or more specific opportunistic infections.

acupuncture A technique of healing and pain control, developed in China, in which long, thin needles are inserted into designated areas of the body to reduce discomfort in a target area of the body.

acute disorders Illnesses or other medical problems that occur over a short period of time, that are usually the result of an infectious process, and that are reversible.

acute pain Short-term pain that usually results from a specific injury.

acute stress paradigm A laboratory procedure whereby an individual goes through moderately stressful procedures (such as counting backwards rapidly by 7s), so that stress-related changes in emotions and physiological and/or neuroendocrine processes may be assessed.

addiction The state of physical or psychological dependence on a substance that develops when that substance is used over a period of time.

adherence The degree to which an individual follows a recommended health-related or illness-related recommendation.

adrenal glands Two small glands, located on top of the kidneys, that are part of the endocrine system and secrete several hormones, including cortisol, epinephrine, and norepinephrine, that are involved in responses to stress.

aerobic exercise High-intensity, long-duration, and high-endurance exercise, believed to contribute to cardiovascular fitness and other positive health outcomes. Examples are jogging, bicycling, running, and swimming.

aftereffects of stress Performance and attentional decrements that occur after a stressful event has subsided; believed to be produced by the residual physiological, emotional, and cognitive draining in response to stressful events.

alcoholism The state of physical addiction to alcohol that manifests through such symptoms as stereotyped drinking, drinking to maintain blood alcohol at a particular level, increasing frequency and severity of withdrawal, drinking early in the day and in the middle of the night, a sense of loss of control over drinking, or a subjective craving for alcohol.

allostatic load The accumulating adverse effects of stress, in conjunction with preexisting risks, on biological stress regulatory systems.

angina pectoris Chest pain that occurs because the muscle tissue of the heart is deprived of adequate oxygen or because removal of carbon dioxide and other wastes interferes with the flow of blood and oxygen to the heart.

anorexia nervosa A condition produced by excessive dieting and exercise that yields body weight grossly below optimal level, most common among adolescent girls.

appraisal delay The time between recognizing that a symptom exists and deciding that it is serious.

appraisal support Includes helping an individual understand a stressful event better and what resources and coping strategies may be mustered to deal with it. Through such exchange of appraisals, the individual facing a stressful event can determine how threatening the stressful event is likely to be and can profit from suggestions as to how to offset the stressful aspects of the event.

assertiveness training   Techniques that train people how to be appropriately assertive in social situations; often included as part of health behavior modification programs, on the assumption that some poor health habits, such as excessive alcohol consumption or smoking, develop in part to control difficulties in being appropriately assertive.

atherosclerosis   A major cause of heart disease; caused by the narrowing of the arterial walls due to the formation of plaques that reduce the flow of blood through the arteries and interfere with the passage of nutrients from the capillaries into the cells.

at risk   A state of vulnerability to a particular health problem by virtue of heredity, health practices, or family environment.

autoimmunity   A condition in which the body produces an immune response against its own tissue constituents.

avoidant (minimizing) coping style   The tendency to cope with threatening events by withdrawing, minimizing, or avoiding them; believed to be an effective short-term, though not an effective long-term, response to stress.

behavioral assignments   Home practice activities that clients perform on their own as part of an integrated therapeutic intervention for behavior modification.

behavioral delay   The time between deciding to seek treatment and actually doing so.

behavioral immunization   Programs designed to inoculate people against adverse health habits by exposing them to mild versions of persuasive communications that try to engage them in a poor health practice and giving them techniques that they can use to respond effectively to these efforts.

behavioral inoculation   See **behavioral immunization.**

biofeedback   A method whereby an individual is provided with ongoing, specific information or feedback about how a particular physiological process operates, so that he or she can learn how to modify that process.

biomedical model   The viewpoint that illness can be explained on the basis of aberrant somatic processes and that psychological and social processes are largely independent of the disease process; the dominant model in medical practice until recently.

biopsychosocial model   The view that biological, psychological, and social factors are all involved in any given state of health or illness.

blood pressure   The force that blood exerts against vessel walls.

body image   The perception and evaluation of one's body, one's physical functioning, and one's appearance.

breast self-examination (BSE)   The monthly practice of checking the breasts to detect alterations in the underlying tissue; a chief method of detecting breast cancer.

broad-spectrum cognitive-behavior therapy   The use of a broad array of cognitive-behavioral intervention techniques to modify an individual's health behavior.

buffering hypothesis   The hypothesis that coping resources are useful primarily under conditions of high stress and not necessarily under conditions of low stress.

bulimia   An eating syndrome characterized by alternating cycles of binge eating and purging through such techniques as vomiting or extreme dieting.

cardiac invalidism   A psychological state that can result after a myocardial infarction or diagnosis of coronary heart disease, consisting of the perception that a patient's abilities and capacities are lower than they actually are; both patients and their spouses are vulnerable to these misperceptions.

cardiac rehabilitation   An intervention program designed to help heart patients achieve their optimal physical, medical, psychological, social, emotional, vocational, and economic status after the diagnosis of heart disease or a heart attack.

cardiopulmonary resuscitation (CPR)   A method of reviving the functioning of heart and lungs after a loss of consciousness in which the patient's pulse has ceased or lungs have failed to function appropriately.

cardiovascular system   The transport system of the body responsible for carrying oxygen and nutrients to the body and carrying away carbon dioxide and other wastes to the kidneys for excretion; composed of the heart, blood vessels, and blood.

catecholamines   The neurotransmitters, epinephrine and norepinephrine, that promote sympathetic nervous system activity; released in substantial quantities during stressful times.

cerebellum   The part of the hindbrain responsible for the coordination of voluntary muscle movement, the maintenance of balance and equilibrium, and the maintenance of muscle tone and posture.

cerebral cortex   The main portion of the brain, responsible for intelligence, memory, and the detection and interpretation of sensation.

chronic benign pain   Pain that typically persists for 6 months or longer and is relatively intractable to treatment. The pain varies in severity and may involve any of a number of muscle groups. Chronic low back pain and myofascial pain syndrome are examples.

chronic illnesses   Illnesses that are long lasting and usually irreversible.

chronic pain   Pain that may begin after an injury but which does not respond to treatment and persists over time.

chronic progressive pain   Pain that persists longer than 6 months and increases in severity over time. Typically, it is associated with malignancies or degenerative disorders, such as skeletal metastatic disease or rheumatoid arthritis.

chronic strain   A stressful experience that is a usual but continually stressful aspect of life.

classical conditioning   The pairing of a stimulus with an unconditioned reflex, such that over time the new stimulus acquires a conditioned response, evoking the same behavior; the process by which an automatic response is conditioned to a new stimulus.

clinical thanatology   The clinical practice of counseling people who are dying on the basis of knowledge of reactions to dying.

cognitive-behavior therapy   The use of principles from learning theory to modify the cognitions and behaviors associated with a behavior to be modified; cognitive-behavioral approaches are used to modify poor health habits, such as smoking, poor diet, and alcoholism.

cognitive costs   An approach to the study of stress that emphasizes how stressful events tax perceptual and cognitive resources, draw off attention, or deplete cognitive resources for other tasks.

cognitive restructuring   A method of modifying internal monologues in stress-producing situations; clients are trained to monitor what they say to themselves in stress-provoking situations and then to modify their cognitions in adaptive ways.

colleague orientation   A physician orientation toward gaining the esteem and regard of one's colleagues; fostered by any health care provider arrangement that does not involve direct reimbursement to physicians by patients.

comprehensive intervention model   A model that pools and coordinates the medical and psychological expertise in a well-defined area of medical practice so as to make all available technology and expertise available to a patient; the pain management program is one example of a comprehensive intervention model.

confrontative (vigilant) coping style   The tendency to cope with stressful events by tackling them directly and attempting to develop solutions; may ultimately be an especially effective method of coping, although it may produce accompanying distress.

contingency contracting   A procedure in which an individual forms a contract with another person, such as a therapist, detailing what rewards or punishments are contingent on the performance or nonperformance of a target behavior.

control-enhancing interventions   Interventions with patients who are awaiting treatment for the purpose of enhancing their perceptions of control over those treatments.

controlled drinking skills   Training in discriminating blood alcohol level so as to control the extent of drinking; may also include coping skills for dealing with situations that are high-risk for high alcohol consumption; see also **placebo drinking.**

conversion hysteria   The viewpoint, originally advanced by Freud, that specific unconscious conflicts can produce physical disturbances symbolic of the repressed conflict; no longer a dominant viewpoint in health psychology.

coping   The process of trying to manage demands that are appraised as taxing or exceeding one's resources.

coping outcomes   The beneficial effects that are thought to result from successful coping; these include reducing stress, adjusting more successfully to it, maintaining emotional equilibrium, having satisfying relationships with others, and maintaining a positive self-image.

coping style   An individual's preferred method of dealing with stressful situations.

coronary heart disease (CHD)   A general term referring to illnesses caused by atherosclerosis, which is the narrowing of the coronary arteries, the vessels that supply the heart with blood.

correlational research   Measuring two variables and determining whether they are associated with each other. Studies relating smoking to lung cancer are correlational, for example.

cost containment   The effort to reduce or hold down health care costs.

cost-effectiveness   The formal evaluation of the effectiveness of an intervention relative to its cost and the cost of alternative interventions.

costs of coping   The depletion of internal or external resources that occurs in response to attempting to manage stressful events.

counterirritation   A pain control technique that involves inhibiting pain in one part of the body by stimulating or mildly irritating another area, sometimes adjacent to the area in which the pain is experienced.

covert self-control   The manipulation and alteration of private events, such as thoughts, through principles of reinforcement and self-instruction.

craving   A strong desire to engage in a behavior or consume a substance, such as alcohol or tobacco, which appears, in part, to occur through the conditioning of physical dependence on environmental cues associated with the behavior.

creative nonadherence   The modification or supplementation of a prescribed treatment regimen on the basis of privately held theories about the disorder or its treatment.

daily hassles   Minor daily stressful events; believed to have a cumulative effect in increasing the likelihood of illness.

death education   Programs designed to inform people realistically about death and dying, the purpose of which is to reduce the terror connected with and avoidance of the topic.

delay behavior   The act of delaying seeking treatment for recognized symptoms.

denial   A defense mechanism involving the inability to recognize or deal with external threatening events; believed to be an early reaction to the diagnosis of a chronic or terminal illness.

depression   A neurotic or psychotic mood disorder marked especially by sadness, inactivity, difficulty with thinking and concentration, a significant increase or decrease in appetite and time spent sleeping, feelings of dejection and hopelessness, and sometimes suicidal thoughts or an attempt to commit suicide.

detoxification   The process of withdrawing from alcohol, usually conducted in a supervised, medically monitored setting.

diabetes   A chronic disorder in which the body is not able to manufacture or use insulin properly.

diagnostic-related groups (DRGs)   A patient classification scheme that specifies the nature and length of treatment for particular disorders; used by some third-party reimbursement systems to determine the amount of reimbursement.

dieticians   Trained and licensed individuals who apply principles of nutrition and food management to meal planning for institutions, such as hospitals, or for individuals who need help planning and managing special diets.

direct effects hypothesis   The theory that coping resources, such as social support, have beneficial psychological and health effects under conditions of both high stress and low stress.

discriminative stimulus   An environmental stimulus that is capable of eliciting a particular behavior; for example, the sight of food may act as a discriminative stimulus for eating.

disease prototypes   Organized concepts of specific diseases based on their origins, duration, symptoms, and treatment; believed to guide the interpretation of symptoms.

distraction   A pain control method that may involve either focusing on a stimulus irrelevant to the pain experience or reinterpreting the pain experience; redirecting attention to reduce pain.

double-blind experiment   An experimental procedure in which neither the researcher nor the patient knows whether the patient received the real treatment or the placebo until precoded records indicating which patient received which are consulted; designed to reduce the possibility that expectations for success will increase evidence for success.

emotional support Indications from other people that one is loved, valued, and cared for; believed to be an important aspect of social support during times of stress.

endocrine system A bodily system of ductless glands that secrete hormones into the blood to stimulate target organs; interacts with nervous system functioning.

endogenous opioid-peptides Opiate-like substances produced by the body.

epidemiology The study of the frequency, distribution, and causes of infectious and noninfectious disease in a population, based on an investigation of the physical and social environment. Thus, for example, epidemiologists not only study who has what kind of cancer but also address questions such as why certain cancers are more prevalent in particular geographic areas than other cancers are.

etiology The origins and causes of illness.

euthanasia Ending the life of a person who has a painful terminal illness for the purpose of terminating the individual's suffering.

experiment A type of research in which a researcher randomly assigns people to two or more conditions, varies the treatments that people in each condition are given, and then measures the effect on some response.

fear appeals Efforts to change attitudes by arousing fear to induce the motivation to change behavior; fear appeals are used to try to get people to change poor health habits.

fight-or-flight response A response to threat in which the body is rapidly aroused and motivated via the sympathetic nervous system and the endocrine system to attack or flee a threatening stimulus; the response was first described by Walter Cannon in 1932.

general adaptation syndrome Developed by Hans Selye, a profile of how organisms respond to stress; the general adaptation syndrome is characterized by three phases: a nonspecific mobilization phase, which promotes sympathetic nervous system activity; a resistance phase, during which the organism makes efforts to cope with the threat; and an exhaustion phase, which occurs if the organism fails to overcome the threat and depletes its physiological resources.

gout A form of arthritis produced by a buildup of uric acid in the body, producing crystals that become lodged in the joints; the most commonly affected area is the big toe.

grief A response to bereavement involving a feeling of hollowness and sometimes marked by preoccupation with the dead person, expressions of hostility toward others, and guilt over death; may also involve restlessness, inability to concentrate, and other adverse psychological and physical symptoms.

guided imagery A technique of relaxation and pain control in which a person conjures up a picture that is held in mind during a painful or stressful experience.

hardiness An individual difference characterized by a sense of commitment, a belief in personal control, and a willingness to confront challenge; believed to be a useful resource in coping with stressful events.

health The absence of disease or infirmity, coupled with a complete state of physical, mental, and social well-being; health psychologists recognize health to be a state that is actively achieved rather than the mere absence of illness.

health behaviors Behaviors undertaken by people to enhance or maintain their health, such as exercise or the consumption of a healthy diet.

health belief model A theory of health behaviors; the model predicts that whether a person practices a particular health habit can be understood by knowing the degree to which the person perceives a personal health threat and the perception that a particular health practice will be effective in reducing that threat.

health habit A health-related behavior that is firmly established and often performed automatically, such as buckling a seat belt or brushing one's teeth.

health locus of control The perception that one's health is under personal control; is controlled by powerful others, such as physicians; or is determined by external factors, including chance.

health maintenance organization (HMO) An organizational arrangement for receiving health care services, by which an individual pays a standard monthly rate and then uses services as needed at no additional or at greatly reduced cost.

health promotion A general philosophy that maintains that health is a personal and collective achievement; the process of enabling people to increase control over and improve their health. Health promotion may occur through individual efforts, through interaction with the medical system, and through a concerted health policy effort.

health psychology The subarea within psychology devoted to understanding psychological influences on health, illness, and responses to those states, as well as the psychological origins and impacts of health policy and health interventions.

helplessness The belief that one is powerless to effect change in one's environment.

holistic health A philosophy characterized by the belief that health is a positive state that is actively achieved; usually associated with certain nontraditional health practices.

home care Care for dying patients in the home; the choice of care for the majority of terminally ill patients, though sometimes problematic for family members.

hospice An institution for dying patients that encourages personalized, warm palliative care.

hospice care An alternative to hospital and home care, designed to provide warm, personal comfort for terminally ill patients; may be residential or home-based.

human immunodeficiency virus (HIV) The virus that is implicated in the development of AIDS.

hypertension Excessively high blood pressure that occurs when the supply of blood through the blood vessels is excessive, putting pressure on the vessel walls; a risk factor for a variety of medical problems, including coronary heart disease.

hypnosis A pain management technique involving relaxation, suggestion, distraction, and the focusing of attention.

hypothalamus The part of the forebrain responsible for regulating water balance and controlling hunger and sexual desire; assists in cardiac functioning, blood pressure regulation, and respiration regulation; has a major role in regulation of the endocrine system, which controls the release of hormones, including those related to stress.

illness delay The time between recognizing that a symptom implies an illness and the decision to seek treatment.

illness representations (schemas) An organized set of beliefs about an illness or a type of illness, including its nature, cause, duration, and consequences.

immunity The body's resistance to injury from invading organisms, acquired from the mother at birth, through disease, or through vaccinations and inoculations.

immunocompetence The degree to which the immune system functions effectively.

immunocompromise The degree to which the immune system responds suboptimally, because of either reduced numbers of cells or reduced functioning.

infant mortality rate The number of infant deaths per thousand infants.

informational support The provision of information to a person going through stress by friends, family, and other people in the individual's social network; believed to help reduce the distressing and health-compromising effects of stress.

ischemia A deficiency of blood supply to the heart due to obstruction or constriction of the coronary arteries; often associated with chest pain.

John Henryism A personality predisposition to cope actively with psychosocial stressors; may become lethal when those active coping efforts are unsuccessful; the syndrome has been especially documented among lower-income Blacks at risk for or suffering from hypertension.

kidney dialysis A procedure in which blood is filtered to remove toxic substances and excess fluid from the blood of patients whose kidneys do not function properly.

lay referral network An informal network of family and friends who help an individual interpret and treat a disorder before the individual seeks formal medical treatment.

learned helplessness A response to helplessness in which an individual not only learns to cease responding in an environment in which helplessness was initially experienced but also ceases to respond in new environments in which adaptive responses are possible.

life-skills-training approach   A smoking prevention program characterized by the belief that training in self-esteem and coping skills will boost self-image to the point that smoking becomes unnecessary or inconsistent with lifestyle.

lifestyle rebalancing   Concerted lifestyle change in a healthy direction, usually including exercise, stress management, and a healthy diet; believed to contribute to relapse prevention after successful modification of a poor health habit, such as smoking or alcohol consumption.

living will   A will prepared by a person with a terminal illness, requesting that extraordinary life-sustaining procedures not be used in the event that the person's ability to make this decision is lost.

longitudinal research   The repeated observation and measurement of the same individuals over a period of time.

lymphatic system   The drainage system of the body; believed to be involved in immune functioning.

managed care   A health care arrangement in which an employer or employee pays a predetermined monthly fee to a health care or insurance agency that entitles the employee to use medical services at no additional (or a greatly reduced) cost.

matching hypothesis   The hypothesis that social support is helpful to an individual to the extent that the kind of support offered satisfies the individual's specific needs.

medical delay   A delay in treating symptoms, which results from problems within the medical system, such as faulty diagnoses, lost test results, and the like.

medical students' disease   The relabeling of symptoms of fatigue and exhaustion as a particular illness resulting from learning about that illness; called medical students' disease because overworked medical students are vulnerable to this labeling effect.

metabolic syndrome   A pattern of risk factors for the chronic health problems of diabetes, heart disease, and hypertension, characterized by obesity, a high waist-to-hip ratio, and insulin resistance. Metabolic syndrome is exacerbated by inactivity, overeating, age, and hostility.

mind-body relationship   The philosophical position regarding whether the mind and body operate indistinguishably as a single system or whether they act as two separate systems; the view guiding health psychology is that the mind and body are indistinguishable.

modeling   Learning gained from observing another person performing a target behavior.

monitoring/blunting   The degree to which people deal with threat by scanning the environment for threat-relevant information (monitoring) or by ignoring threat-relevant information (blunting).

morbidity   The number of cases of a disease that exist at a given point in time; it may be expressed as the number of new cases (incidence) or as the total number of existing cases (prevalence).

mortality   The number of deaths due to particular causes.

myocardial infarction (MI)   A heart attack produced when a clot has developed in a coronary vessel, blocking the flow of blood to the heart.

negative affectivity   A personality variable marked by a pervasive negative mood, including anxiety, depression, and hostility; believed to be implicated in the experience of symptoms, the seeking of medical treatment, and possibly illness.

nervous system   The system of the body responsible for the transmission of information from the brain to the rest of the body and from the rest of the body to the brain; it is composed of the central nervous system (the brain and the spinal cord) and the peripheral nervous system (which consists of the remainder of the nerves in the body).

neurotransmitters   Chemicals that regulate nervous system functioning.

nociception   The perception of pain.

nonadherence   The failure to comply fully with treatment recommendations for modification of a health habit or an illness state.

nonspecific immune mechanisms   A set of responses to infection or a disorder that is engaged by the presence of a biological invader.

nurse-practitioners   Nurses who, in addition to their training in traditional nursing, receive special training in primary care so they may provide routine medical care for patients.

obesity   An excessive accumulation of body fat, believed to contribute to a variety of health disorders, including cardiovascular disease.

occupational therapists   Trained and licensed individuals who work with emotionally and/or physically disabled people to determine skill levels and to develop a rehabilitation program to build on and expand these skills.

operant conditioning   The pairing of a voluntary, nonautomatic behavior to a new stimulus through reinforcement or punishment.

osteoarthritis   A form of arthritis that results when the articular cartilage begins to crack or wear away because of overuse of a particular joint; may also result from injury or other causes; usually affects the weight-bearing joints and is common among athletes and the elderly.

pain behaviors   Behaviors that result in response to pain, such as cutting back on work or taking drugs.

pain control   The ability to reduce the experience of pain, report of pain, emotional concern over pain, inability to tolerate pain, or presence of pain-related behaviors.

pain management programs   Coordinated, interdisciplinary efforts to modify chronic pain by bringing together neurological, cognitive, behavioral, and psychodynamic expertise concerning pain; such programs aim not only to make pain more manageable but also to modify the lifestyle that has evolved because of the pain.

pain-prone personality   A constellation of personality traits that predisposes a person to experience chronic pain.

palliative care   Care designed to make the patient comfortable, but not to cure or improve the patient's underlying disease; often part of terminal care.

parasympathetic nervous system   The part of the nervous system responsible for vegetative functions, the conservation of energy, and the damping down of the effects of the sympathetic nervous system.

passive smoking   Nonsmokers' inhaling of smoke as a result of exposure to smokers; believed to cause health problems such as bronchitis, emphysema, and lung cancer.

patient education   Programs designed to inform patients about their disorder and its treatment and to train them in methods for coping with a disorder and its corresponding limitations.

patient orientation   Orientation by physicians primarily toward the patient's psychological and medical welfare; fostered by private, fee-for-service care.

perceived stress   The perception that an event is stressful independent of its objective characteristics.

person-environment fit   The degree to which the needs and resources of a person and the needs and resources of an environment complement each other.

pessimistic explanatory style   A chronic tendency to explain negative events as due to internal, stable, and global qualities of the self and to attribute positive events to external, unstable, and nonglobal factors; believed to contribute to the likelihood of illness.

phagocytosis   The process by which phagocytes ingest and attempt to eliminate a foreign invader.

physical dependence   A state in which the body has adjusted to the use of a substance, incorporating it into the body's normal functioning.

physical rehabilitation   A program of activities for chronically ill or disabled persons geared toward helping them use their bodies as much as possible, sense changes in the environment and in themselves so as to make appropriate physical accommodations, learn new physical and management skills if necessary, pursue a treatment regimen, and learn how to control the expenditure of energy.

physical therapists   Trained and licensed individuals who help people with muscle, nerve, joint, or bone diseases to overcome their disabilities as much as possible.

physicians' assistants   Graduates of 2-year programs who perform routine health care functions, teach patients about their treatment regimens, and record medical information.

pituitary gland   A gland located at the base of and controlled by the brain that secretes the hormones responsible for growth and organ development.

placebo   A medical treatment that produces an effect in a patient because of its therapeutic intent and not its nature.

placebo drinking The consumption of nonalcoholic beverages in social situations in which others are drinking alcohol.

placebo effect The medically beneficial impact of an inert treatment.

placebo-prone personality A constellation of attributes believed to predispose people to experiencing placebo effects; although the idea of a placebo-prone personality is now largely discredited, some personality characteristics do increase the likelihood that a person will show a placebo effect.

platelets Small disks found in vertebrate blood that contribute to blood coagulation.

post-traumatic stress disorder (PTSD) A syndrome that results after exposure to a stressor of extreme magnitude, marked by emotional numbing, the reliving of aspects of the trauma, intense responses to other stressful events, and other symptoms, such as hyperalertness, sleep disturbance, guilt, or impaired memory or concentration.

preferred provider organization (PPO) A network of affiliated practitioners that has agreed to charge preestablished rates for particular medical services.

premature death Death that occurs before the projected age of 75.

primary appraisal The perception of a new or changing environment as beneficial, neutral, or negative in its consequences; believed to be a first step in stress and coping.

primary prevention Measures designed to combat risk factors for illness before an illness has a chance to develop.

private, fee-for-service care The condition under which patients privately contract with physicians for services and pay them for services rendered.

problem drinking Uncontrolled drinking that leads to social, psychological, and biomedical problems resulting from alcohol; the problem drinker may show some signs associated with alcoholism, but typically problem drinking is considered to be a prealcoholic or a lesser alcoholic syndrome.

prospective research A research strategy in which people are followed forward in time to examine the relationship between one set of variables and later occurrences. For example, prospective research can enable researchers to identify risk factors for diseases that develop at a later point in time.

psychological control The perception that one has at one's disposal a response that will reduce, minimize, eliminate, or offset the adverse effects of an unpleasant event, such as a medical procedure.

psychosomatic medicine A field within psychiatry, related to health psychology, that developed in the early 1900s to study and treat particular diseases believed to be caused by emotional conflicts, such as ulcers, hypertension, and asthma. The term is now used more broadly to mean an approach to health-related problems and diseases that examines psychological as well as somatic origins.

quality of life The degree to which a person is able to maximize his or her physical, psychological, vocational, and social functioning; an important indicator of recovery from or adjustment to chronic illness.

randomized clinical trial An experimental study of the effects of a variable (e.g., a drug or treatment) administered to human subjects who are randomly selected from a broad population and assigned on a random basis to either an experimental or a control group. The goal is to determine the clinical efficacy and pharmacologic effects of the drug or procedure.

reactance A psychological state that results when people feel their freedoms have been arbitrarily restricted by an external factor or agent; reactance is believed to contribute to nonadherence to treatment and to some adverse psychological reactions to hospitalization.

reactivity The predisposition to react physiologically to stress; believed to be genetically based in part; high reactivity is believed to be a risk factor for a range of stress-related diseases.

recurrent acute pain Pain that involves a series of intermittent episodes of pain that are acute in character but chronic inasmuch as the condition persists for more than 6 months; migraine headaches, temporomandibular disorder (involving the jaw), and trigeminal neuralgia (involving spasms of the facial muscles) are examples.

relapse prevention A set of techniques designed to keep people from relapsing to prior poor health habits after initial successful behavior modification; includes training in coping skills for high-risk-for-relapse situations and lifestyle rebalancing.

relaxation training Procedures that help people relax; include progressive muscle relaxation and deep breathing; may also include guided imagery and forms of meditation or hypnosis.

renal system Part of the metabolic system; responsible for the regulation of bodily fluids and the elimination of wastes; regulates bodily fluids by removing surplus water, surplus electrolytes, and waste products generated by the metabolism of food.

repression A psychological defense by which individuals unable to deal with their own anxiety because of threatening events push these impulses into the unconscious; as a coping style, repression involves ignoring or not dealing fully with threatening events.

respiratory system The system of the body responsible for taking in oxygen, excreting carbon dioxide, and regulating the relative composition of the blood.

retrospective research A research strategy whereby people are studied for the relationship of past variables or conditions to current ones. Interviewing people with a particular disease and asking them about their childhood health behaviors or exposure to risks can identify conditions leading to an adult disease, for example.

rheumatoid arthritis A crippling form of arthritis believed to result from an autoimmune process, usually attacking the small joints of the hands, feet, wrists, knees, ankles, and neck.

role conflict Conflict that occurs when two or more social or occupational roles that an individual occupies produce conflicting standards for behavior.

secondary appraisal The assessment of one's coping abilities and resources and judgment as to whether they will be sufficient to meet the harm, threat, or challenge of a new or changing event.

secondary gains Benefits of being treated for illness, including the ability to rest, to be freed from unpleasant tasks, and to be taken care of by others.

secondhand smoke See **passive smoking**.

self-concept An integrated set of beliefs about one's personal qualities and attributes.

self-control A state in which an individual desiring to change behavior learns how to modify the antecedents and the consequences of that target behavior.

self-efficacy The perception that one is able to perform a particular action.

self-esteem A global evaluation of one's qualities and attributes.

self-help aids Materials that can be used by an individual on his or her own without the aid of a therapist to assist in the modification of a personal habit; often used to combat smoking and other health-related risk factors.

self-monitoring, self-observation Assessing the frequency, antecedents, and consequences of a target behavior to be modified.

self-reinforcement Systematically rewarding or punishing oneself to increase or decrease the occurrence of a target behavior.

self-talk Internal monologues; people tell themselves things that may undermine or help them implement appropriate health habits, such as "I can stop smoking" (positive self-talk) or "I'll never be able to do this" (negative self-talk).

separation anxiety Feelings of fear or extreme distress that result from separation from someone important, usually the mother.

set point theory of weight The concept that each individual has an ideal biological weight that cannot be greatly modified.

smoking prevention programs Programs designed to keep people from beginning to smoke, as opposed to programs that attempt to induce people to stop once they have already become smokers.

social engineering Social or lifestyle change through legislation; for example, water purification is done through social engineering rather than by individual efforts.

social influence intervention A smoking prevention intervention that draws on the social learning principles of modeling and behavioral inoculation in inducing people not to smoke; youngsters are exposed to older peer models who deliver antismoking messages after exposure to simulated peer pressure to smoke.

socialization The process by which people learn the norms, rules, and beliefs associated with their family and society; parents and social institutions are usually the major agents of socialization.

social-skills training Techniques that teach people how to relax and interact comfortably in social situations; often a part of health-behavior modification programs, on the assumption that maladaptive health behaviors, such as alcohol consumption or smoking, may develop in part to control social anxiety.

social support Information from other people that one is loved and cared for, esteemed and valued, and part of a network of communication and mutual obligation.

social workers Trained and licensed individuals who help patients and their families deal with problems by providing therapy, making referrals, and engaging in social planning; medical social workers help patients and their families ease transitions between illness and recovery states.

somaticizers People who express distress and conflict through bodily symptoms.

specific immune mechanisms Responses designed to respond to specific invaders; includes cell-mediated and humoral immunity.

stages of dying A theory, developed by Kübler-Ross, that maintains that people go through five temporal stages in adjusting to the prospect of death: denial, anger, bargaining, depression, and acceptance; believed to characterize some but not all dying people.

stimulus-control interventions Interventions designed to modify behavior that involve the removal of discriminative stimuli that evoke a behavior targeted for change and the substitution of new discriminative stimuli that will evoke a desired behavior.

stress Appraising events as harmful, threatening, or challenging and assessing one's capacity to respond to those events; events that are perceived to tax or exceed one's resources are seen as stressful.

stress carriers Individuals who create stress for others without necessarily increasing their own level of stress.

stress eating Eating in response to stress; approximately half the population increases eating in response to stress.

stress inoculation The process of identifying stressful events in one's life and learning skills for coping with them, so that when the events come up, one can put those coping skills into effect.

stress management A program for dealing with stress in which people learn how they appraise stressful events, develop skills for coping with stress, and practice putting these skills into effect.

stress markers Physiological changes, emotional reactions, or cognitive responses that are believed to indicate the amount of stress an individual is experiencing; stress markers are indirect measures of stress, because stress cannot itself be assessed directly.

stress moderators Internal and external resources and vulnerabilities that modify how stress is experienced and its effects.

stressful life events Events that force an individual to make changes in his or her life.

stressors Events perceived to be stressful.

stroke A condition that results from a disturbance in blood flow to the brain, often marked by resulting physical or cognitive impairments and, in the extreme, death.

sudden death syndrome An abrupt loss of life, believed to be caused by the combination of a preexisting biological weakness and an extremely stressful and unexpected event, producing feelings of extreme hopelessness or helplessness.

sudden infant death syndrome (SIDS) A common cause of death among infants, in which an infant simply stops breathing.

support group A group of individuals who meet regularly and usually have a common problem or concern; support groups are believed to help people cope because they provide opportunities to share concerns and exchange information with similar others.

symbolic immortality The sense that one is leaving a lasting impact on the world, as through one's children or one's work, or that one is joining the afterlife and becoming one with God.

sympathetic nervous system   The part of the nervous system that mobilizes the body for action.

systems theory   The viewpoint that all levels of an organization in any entity are linked to each other hierarchically and that change in any level will bring about change in other levels.

tangible assistance   The provision of material support by one person to another, such as services, financial assistance, or goods.

teachable moment   The idea that certain times are more effective for teaching particular health practices than others; pregnancy constitutes a teachable moment for getting women to stop smoking.

terminal care   Medical care of the terminally ill.

testicular self-examination (TSE)   The practice of checking the testicles to detect alterations in the underlying tissue; a chief method of detecting early testicular cancer.

thalamus   The portion of the forebrain responsible for the recognition of sensory stimuli and the relay of sensory impulses to the cerebral cortex.

thanatologists   Those who study death and dying.

theory of planned behavior   Derived from the theory of reasoned action, this theoretical viewpoint maintains that a person's behavioral intentions and behaviors can be understood by knowing the person's attitudes about the behavior, subjective norms regarding the behavior, and perceived behavioral control over that action.

time management   Skills for learning how to use one's time more effectively to accomplish one's goals.

tolerance   The process by which the body increasingly adapts to a substance, requiring larger and larger doses of it to obtain the same effects; a frequent characteristic of substance abuse, including alcohol and drug abuse.

transtheoretical model of behavior change   An analysis of the health behavior change process that draws on the stages and processes people go through in order to bring about successful long-term behavior change. The stages include precontemplation, contemplation, preparation, action, and maintenance. Successful attitude or behavior change at each stage depends on the appropriateness of intervention. For example, attitude-change materials help move people from precontemplation to contemplation, whereas relapse prevention techniques help move people from action to maintenance.

treatment effectiveness   Formal documentation of the success of an intervention.

Type A behavior pattern   A behavioral and emotional style marked by an aggressive, unceasing struggle to achieve more and more in less time, often in hostile competition with other individuals or forces; a risk factor for coronary heart disease. Hostility appears to be especially implicated as the risk factor.

window of vulnerability   The fact that, at certain times, people are more vulnerable to particular health problems. For example, early adolescence constitutes a window of vulnerability for beginning smoking, drug use, and alcohol abuse.

withdrawal   Unpleasant physical and psychological symptoms that people experience when they stop using a substance on which they have become physically dependent; symptoms include anxiety, craving, hallucinations, nausea, headaches, and shaking.

worried well   Individuals free from illness who are nonetheless concerned about their physical state and frequently and inappropriately use medical services.

yo-yo dieting   The process of chronically alternating between dieting and regular eating, leading to successive weight gains and losses; over time, yo-yo dieters increase their chances of becoming obese by altering their underlying metabolism.

References

Aaronson, N. K., Calais de Silva, F., Yoshida, O., van Dam, F. S. A. M., Fossa, S. D., Miyakawa, M., Raghavan, D., Riedl, H., Robinson, M. R. G., & Worden, J. W. (1986). Quality of life assessment in bladder cancer clinical trials: Conceptual, methodological and practical issues. *Progress in Clinical and Biological Research, 22,* 149–170.

Abel, G. G., Rouleau, J.-L., & Coyne, B. J. (1987). Behavioral medicine strategies in medical patients. In A. Stoudemire & B. S. Fogel (Eds.), *Principles of medical psychiatry* (pp. 329–345). Orlando, FL: Grune & Stratton.

Abraham, C., Sheeran, P., Spears, R., & Abrams, D. (1992). Health beliefs and promotion of HIV-preventive intentions among teenagers: A Scottish perspective. *Health Psychology, 11,* 363–370.

Abraham, S., Collins, G., & Nordsieck, M. (1971). Relationship of childhood weight status to morbidity in adults. *Public Health Reports, 86,* 273–284.

Abrams, D. B., Orleans, C. T., Niaura, R. S., Goldstein, M. G., Prochaska, J. O., & Velicer, W. (1996). Integrating individual and public health perspectives for treatment of tobacco dependence under managed health care: A combined stepped-care and matching model. *Annals of Behavioral Medicine, 18,* 290–304.

Abrams, R. D. (1966). The patient with cancer: His changing patterns of communication. *New England Journal of Medicine, 274,* 317–322.

Adams, J. D. (1978). Improving stress management: An action-research based OD intervention. In W. W. Burke (Ed.), *The cutting edge.* La Jolla, CA: University Associates.

Adams, P. F., & Murano, M. A. (1995, December). *Current estimates from the National Health Interview Survey, 1994* (Vital and Health Statistics, ser. 10, 193). Washington, DC: National Center for Health Statistics.

Adams, S. Jr., Dammers, P., Saia, T., Brantley, P., & Gaydos, G. (1994). Stress, depression, and anxiety predict average symptom severity and daily symptom fluctuation in systemic lupus erythematosus. *Journal of Behavioral Medicine, 17,* 459–477.

Aday, L. A., & Andersen, R. (1974). A framework for the study of access to medical care. *Health Services Research, 9,* 208–220.

Adelman, R.C., & Verbrugge, L.M. (2000). Death makes news: The social impact of disease on newspaper coverage. *Journal of Health and Social Behavior, 41,* 347–367.

Adkins, L. (1984). Hospice care for terminally ill children. *Child Welfare, 63,* 559–562.

Adler, N., & Matthews, K. A. (1994). Health and psychology: Why do some people get sick and some stay well? *Annual Review of Psychology, 45,* 229–259.

Adler, N. E., Boyce, T., Chesney, M. A., Cohen, C., Folkman, S., Kahn, R. L., & Syme, L. S. (1994). Socioeconomic status and health: The challenge of the gradient. *American Psychologist, 49,* 15–24.

Adler, N. E., Boyce, W. T., Chesney, M. A., Folkman, S., & Syme, L. (1993). Socioeconomic inequalities in health: No easy solution. *Journal of the American Medical Association, 269,* 3140–3145.

Affleck, G., Tennen, H., Croog, S., & Levine, S. (1987). Causal attribution, perceived control, and recovery from a heart attack. *Journal of Social and Clinical Psychology, 5,* 339–355.

Affleck, G., Tennen, H., Pfeiffer, C., & Fifield, C. (1987). Appraisals of control and predictability in adapting to a chronic disease. *Journal of Personality and Social Psychology, 53,* 273–279.

Affleck, G., Tennen, H., Urrows, S., & Higgins, P. (1994). Person and contextual features of daily stress reactivity: Individual differences in relations of undesirable daily events with mood disturbance and chronic pain intensity. *Journal of Personality and Social Psychology, 66,* 329–340.

Affleck, G., Tennen, H., Urrows, S., Higgins, P., Abeles, M., Hall, C., Karoly, P., & Newton, C. (1998). Fibromyalgia and women's pursuit of personal goals: A daily process analysis. *Health Psychology, 17,* 40–47.

Agras, W. S. (1992). Some structural changes that might facilitate the development of behavioral medicine. *Journal of Consulting and Clinical Psychology, 60,* 499–504.

Agras, W. S., Berkowitz, R. I., Arnow, B. A., Telch, C. F., Marnell, M., Henderson, J., Morris, Y., & Wilfley, D. E. (1996). Maintenance following a very-low-calorie diet. *Journal of Consulting and Clinical Psychology, 64,* 610–613.

Agras, W. S., Kraemer, H. C., Berkowitz, R. I., Korner, A. F., & Hammer, L. D. (1987). Does a vigorous feeding style influence early development? *Journal of Pediatrics, 110,* 799–804.

Agras, W. S., Rossiter, E. M., Arnow, B., Schneider, J. A., Telch, C. F., Raeburn, S. D., Bruce, B., Perl, M., & Koran, L. M. (1992). Pharmacologic and cognitive-behavioral treatment for bulimia nervosa: A controlled comparison. *American Journal of Psychiatry, 149,* 82–87.

Agras, W. S., Schneider, J. A., Arnow, B., Raeburn, S. D., & Telch, C. F. (1989). Cognitive-behavioral and response-prevention treatments for bulimia nervosa. *Journal of Consulting and Clinical Psychology, 57,* 215–221.

Agras, W. S., Taylor, C. B., Kraemer, H. C., Southam, M. A., & Schneider, J. A. (1987). Relaxation training for essential hypertension at the worksite: II. The poorly controlled hypertensive. *Psychosomatic Medicine, 49,* 264–273.

Aiken, L. H., & Marx, M. M. (1982). Hospices: Perspectives on the public policy debate. *American Psychologist, 37,* 1271–1279.

Ajzen, I., & Fishbein, M. (1980). *Understanding attitudes and predicting social behavior.* Englewood Cliffs, NJ: Prentice-Hall.

Ajzen, I., & Madden, T. J. (1986). Prediction of goal-directed behavior: Attitudes, intentions, and perceived behavioral control. *Journal of Experimental Social Psychology, 22,* 453–474.

Akil, H., Mayer, D. J., & Liebeskind, J. C. (1972). Comparaison chez le Rat entre l'analgesie induite par stimulation de la substance grise periaqueducale et l'analgesie morphinique. *C. R. Academy of Science, 274,* 3603–3605.

Akil, H., Mayer, D. J., & Liebeskind, J. C. (1976). Antagonism of stimulation-produced analgesia by naloxone, a narcotic antagonist. *Science, 191,* 961–962.

Akil, H., Watson, S. J., Young, E., Lewis, M. E., Khachaturian, H., & Walker, J. M. (1984). Endogenous opioids: Biology and function. *Annual Review of Neuroscience, 7,* 223–255.

Alagna, S. W., & Reddy, D. M. (1984). Predictors of proficient technique and successful lesion detection in breast self-examination. *Health Psychology, 3,* 113–127.

Albom, M. (1997). *Tuesdays with Morrie.* New York: Doubleday.

Albright, C. L., Altman, D. G., Slater, M. D., & Maccoby, N. (1988). Cigarette advertisements in magazines: Evidence for a differential focus on women's and youth magazines. *Health Education Quarterly, 15,* 225–233.

Alderman, M. H., & Lamport, B. (1988). Treatment of hypertension at the workplace: An opportunity to link service and research. *Health Psychology, 7*(Suppl.), 283–295.

Aldous, P. (1994). A hearty endorsement for aspirin. *Science, 263,* 24.

Alexander, F. (1950). *Psychosomatic medicine.* New York: Norton.

Alexander, J. A., & Bloom, J. R. (1987). Collective bargaining in hospitals: An organizational and environmental analysis. *Journal of Health and Social Behavior, 28,* 60–73.

Alexander, J. A., Morrissey, M. A., & Shortell, S. M. (1986). Effects of competition, regulation, and corporatization on hospital-physician relationships. *Journal of Health and Social Behavior, 27,* 220–235.

Alexandrov, A., Isakova, G., Maslennikova, G., Shugaeva, E., Prokhorov, A., Olferiev, A., & Kulikov, S. (1988). Prevention of atherosclerosis among 11-year-old school-children in two Moscow administrative districts. *Health Psychology, 7*(Suppl.), 247–252.

Alferi, S. M., Carver, C. S., Antoni, M. H., Weiss, S., & Duran, R. E. (2001). An exploratory study of social support, distress, and life disruption among low-income Hispanic women under treatment for early stage breast cancer. *Health Psychology, 20,* 41–46.

Ali, A., Toner, B. B., Stuckless, N., Gallop, R., Diamant, N. E., Gould, M. I., & Vidins, E. I. (2000). Emotional abuse, self-blame, and self-silencing in women with irritable bowel syndrome. *Psychosomatic Medicine, 62,* 76–82.

Ali, J., & Avison, W. (1997). Employment transitions and psychological distress: The contrasting experiences of single and married mothers. *Journal of Health and Social Behavior, 38,* 345–362.

Allison, D. B., Fontaine, K. R., Manson, J. E., Stevens, J., & VanItallie, T. B. (1999). Annual deaths attributable to obesity in the United States. *Journal of the American Medical Association, 282,* 1530–1538.

Allred, K. D., & Smith, T. W. (1989). The hardy personality: Cognitive and physiological responses to evaluative threat. *Journal of Personality and Social Psychology, 56,* 257–266.

Aloise-Young, P. A., Hennigan, K. M., & Graham, J. W. (1996). Role of the self-image and smoker stereotype in smoking onset during early adolescence: A longitudinal study. *Health Psychology, 15,* 494–497.

Alper, J. (2000). New insights into Type II diabetes. *Science, 289,* 37–39.

Alpert, B., Field, T., Goldstein, S., & Perry, S. (1990). Aerobics enhances cardiovascular fitness and agility in preschoolers. *Health Psychology, 9,* 48–56.

Alpert, J. J. (1964). Broken appointments. *Pediatrics, 34,* 127–132.

Altman, L. K. (1991, August 6). Men, women, and heart disease: More than a question of sexism. *New York Times,* pp. B5, B8.

Altman, L. K. (1997, February 19). Heart-disease progress linked to treatments. *New York Times,* p. B10.

Ambrosone, C. B., Flevdenheim, J. L., Graham, S., Marshall, J. R., Vena, J. E., Glasure, J. R., Michalek, A. M., Laughlin, R., Nemoto, T., & Gillenwater, K. A. (1996). Cigarette smoking, N-acetyltransferase 2 genetic polymorphisms, and breast cancer risk. *Journal of the American Medical Association, 276,* 1494–1501.

American Association of Health Plans. (2001). *How to choose a health plan.* Retrieved from http://www.aahp.org

American Cancer Society. (1997). *Cancer facts and figures—1996.* Atlanta, GA: Author.

American Cancer Society. (1999). *Leading sites of new cancer cases and deaths—1999 estimates.* Retrieved June 25, 2001, from http://www.cancer.org/statistics/

American Cancer Society (2000). *Cancer facts and figures 2000.* Retrieved from www.cancer.org/downloads/STT/F&F00.pdf

American Cancer Society. (2001a). *Cancer in minorities.* Retrieved June 27, 2001, from http://www.cancer.org/cancerinfo/

American Cancer Society. (2001b). *Tobacco use: Smoking cessation.* Atlanta, GA: Author.

American Diabetes Association. (1999). *Diabetes facts and figures.* Alexandria, VA. Retrieved from http://www.diabetes.org/ada/facts.asp

American Diabetes Association. (2002). *Weight loss: How you eat may be just as important as what you eat.* Retrieved from http://www. diabetes.org

American Heart Association. (2000a). *Heart and stroke a–z guide.* Dallas, TX: Author.

American Heart Association. (2000b). *Women's health statistics.* Dallas, TX: Author.

American Heart Association. (2001a). *Biostatistical fact sheet: Cigarette and tobacco smoke.* Dallas, TX: Author. Retrieved from www.americanheart.org

American Heart Association. (2001b). *2001 heart and stroke statistical update.* Dallas, TX: Author.

American Hospital Association. (1987). *Hospital statistics.* Chicago: Author.

American Hospital Association. (1989). *Hospital statistics.* Chicago: Author.

American Hospital Association. (1992). *Hospital statistics, 1992–1993.* Washington, DC: Author.

American Hospital Association. (2000). *Hospital statistics.* Chicago: Author.

American Psychiatric Association. (1980). *Diagnostic and statistical manual of mental disorders* (3rd ed.). Washington, DC: Author.

American Psychiatric Association. (1994). *Diagnostic and statistical manual of mental disorders: DSM-IV,* (4th ed.). Washington, DC: Author.

American Psychological Association. (1996). *1993 APA directory survey, with new member updates for 1994 and 1995.* Washington, DC: American Psychological Association Research Office.

American Psychological Society. (1996, April). *APS observer: Special issue HCI report 4—Health living.* Washington, DC: Author.

Ames, K., Wilson, L., Sawhill, R., Glick, D., & King, P. (1991, August 26). Last rights. *Newsweek,* pp. 40–41.

Amir, M., & Haskell, E. (1997). Organ donation: Who is not willing to commit? Psychological factors influencing the individual's decision to commit to organ donation after death. *International Journal of Behavioral Medicine, 4,* 215–229.

Amkraut, A., & Solomon, G. F. (1977). From the symbolic stimulus to the pathophysiologic response: Immune mechanisms. In Z. P. Lipowski, D. R. Lipsitt, & P. C. Whybrow (Eds.), *Psychosomatic medicine: Current trends and clinical applications* (pp. 228–252). New York: Oxford University Press.

Andersen, B. L. (1992). Psychological interventions for cancer patients to enhance the quality of life. *Journal of Consulting and Clinical Psychology, 60,* 552–568.

Andersen, B. L., Anderson, B., & deProsse, C. (1989a). Controlled perspective longitudinal study of women with cancer: I. Sexual functioning outcomes. *Journal of Consulting and Clinical Psychology, 57,* 683–691.

Andersen, B. L., Anderson, B., & deProsse, C. (1989b). Controlled perspective longitudinal study of women with cancer: II. Psychological outcomes. *Journal of Consulting and Clinical Psychology, 57,* 692–697.

Andersen, B. L., Karlsson, J. A., Anderson, B., & Tewfik, H. H. (1984). Anxiety and cancer treatment: Response to stressful radiotherapy. *Health Psychology, 3,* 535–551.

Andersen, B. L., Kiecolt-Glaser, J., & Glaser, R. (1994). A biobehavioral model of cancer stress and disease course. *American Psychologist, 49,* 389–404.

Andersen, B. L., Woods, X. A., & Copeland, L. J. (1997). Sexual self-schema and sexual morbidity among gynecologic cancer survivors. *Journal of Consulting and Clinical Psychology, 65,* 1–9.

Andersen, B. L,, Ho, J., Brackett, J., Finkelstein, D., & Laffel, L. (1997). Parental involvement in diabetes management tasks: Relationships to blood glucose monitoring adherence and metabolic control in young adolescents with insulin-dependent diabetes mellitus. *Journal of Pediatrics, 130,* 257–265.

Andersen, R. M. (1995). Revisiting the behavioral model and access to medical care: Does it matter? *Journal of Health and Social Behavior, 36,* 1–10.

Anderson, E. S., Winett, R. A., & Wojcik, J. R. (2000). Social-cognitive determinants of nutrition behavior among supermarket food shoppers: A structural equation analysis. *Health Psychology, 19,* 479–486.

Anderson, K. O., Bradley, L. A., Young, L. D., McDaniel, L. K., & Wise, C. M. (1985). Rheumatoid arthritis: Review of psychological factors related to etiology, effects, and treatment. *Psychological Bulletin, 98,* 358–387.

Anderson, K. O., & Masur, F. T., III. (1983). Psychological preparation for invasive medical and dental procedures. *Journal of Behavioral Medicine, 6,* 1–40.

Anderson, R. A., Baron, R. S., & Logan, H. (1991). Distraction, control, and dental stress. *Journal of Applied Social Psychology, 21,* 156–171.

Anderson, R. N. (2001). United States life tables, 1998. *National Vital Statistics Report, 48,* 1–39.

Andersson, S. A. (1979). Pain control by sensory stimulation. In J. J. Bonica, J. C. Liebeskind, & D. G. Albe-Fessard (Eds.), *Proceedings of the Second World Congress on Pain: Vol. 3. Advances in pain research and therapy* (pp. 569–586). New York: Raven Press.

Andrews, J. A., & Duncan, S. C. (1997). Examining the reciprocal relation between academic motivation and substance use: Effects of family relationships, self-esteem, and general deviance. *Journal of Behavioral Medicine, 20,* 523–549.

Andrykowski, M. A., Curran, S. L., & Lightner, R. (1998). Off-treatment fatigue in breast cancer survivors: A controlled comparison. *Journal of Behavioral Medicine, 21,* 1–18.

Aneshensel, C. S., Pearlin, L. I., & Schuler, R. H. (1993). Stress, role captivity, and the cessation of caregiving. *Journal of Health and Social Behavior, 34,* 54–70.

Angier, N. (2001, June 19). Researchers piecing together autoimmune disease puzzle. *New York Times,* pp. D1, D8.

Antoni, M. H., Lehman, J. M., Kilbourne, K. M., Boyers, A. E., Culver, J. L., Alferi, S. M., Yount, S. E., McGregor, B. A., Arena, P. L., Harris, S. D., Price, A. A., & Carver, C. S. (2001). Cognitive-behavioral stress management intervention decreases the prevalence of depression and enhances benefit finding among women under treatment of early-stage breast cancer. *Health Psychology, 20,* 20–32.

Appels, A., Bar, F. W., Bar, J., Bruggeman, C., & DeBaets, M. (2000). Inflammation, depressive symptomatology, and coronary artery disease. *Psychosomatic Medicine, 62,* 601–605.

Appels, A., & Otten, F. (1992). Exhaustion as precursor of cardiac death. *British Journal of Clinical Psychology, 31,* 351–356.

Armor, D. I., Polich, I. M., & Stambul, H. B. (1976). *Alcoholism and treatment.* Santa Monica, CA: Rand Corporation.

Armstead, C. A., Lawler, K. A., Gordon, G., Cross, J., & Gibbons, J. (1989). Relationship of racial stressors to blood pressure responses and anger expression in Black college students. *Health Psychology, 8,* 541–557.

Arnst, C. (1999, March 1). Conquering pain: New discoveries and treatments offer hope. *Business Week,* pp. 102–110.

Arthritis: Causes, incidence, and risk factors. (2001). Retrieved June 13, 2000, from http://health.yahoo.com/health/diseases_and_conditions/disease_feed_data/arthritis

Ary, D. V., Biglan, A., Glasgow, R., Zoref, L., Black, C., Ochs, L., Severson, H., Kelly, R., Weissman, W., Lichtenstein, E., Brozovsky, P., Wirt, R., & James, L. (1990). The efficacy of social-influence prevention programs versus "standard care": Are new initiatives needed? *Journal of Behavioral Medicine, 13,* 281–296.

Ashley, M. J., & Rankin, J. G. (1988). A public health approach to the prevention of alcohol-related problems. *Annual Review of Public Health, 9,* 233–271.

Aspinwall, L. G., Kemeny, M. E., Taylor, S. E., Schneider, S. G., & Dudley, J. P. (1991). Psychosocial predictors of gay men's AIDS risk-reduction behavior. *Health Psychology, 10,* 432–444.

Astin, J. (1998). Why patients use alternative medicine: Results of a national study. *Journal of the American Medical Association, 279,* 1548–1553.

Atkins, E., Solomon, L. J., Worden, J. K., & Foster, R. S., Jr. (1991). Relative effectiveness of methods of breast self-examination. *Journal of Behavioral Medicine, 14,* 357–368.

Audrain, J. E., Klesges, R. C., & Klesges, L. M. (1995). Relationship between obesity and the metabolic effects of smoking in women. *Health Psychology, 14,* 116–123.

Auerbach, S. M., & Kilmann, P. R. (1977). Crisis intervention: A review of outcome research. *Psychological Bulletin, 84,* 1189–1217.

Avison, W. R., & Turner, R. J. (1988). Stressful life events and depressive symptoms: Disaggregating the effects of acute stressors and chronic strains. *Journal of Health and Social Behavior, 29,* 253–264.

Avlund, K., Osler, M., Damsgaard, M.T., Christensen, U., & Schroll, M. (2000). The relations between musculoskeletal diseases and mobility among old people: Are they influenced by socio-economic, psychosocial, and behavioral factors? *International Journal of Behavioral Medicine, 7,* 322–339.

Axelrod, S., Hall, R. V., Weis, L., & Rohrer, S. (1974). Use of self-imposed contingencies to reduce the frequency of smoking behavior. In M. J. Mahoney & C. E. Thoresen (Eds.), *Self-control: Power to the person* (pp. 77–85). Monterey, CA: Brooks-Cole.

Baar, K. (1995, August 30). To eat: Perchance to lie. *New York Times,* p. B1.

Babyak, M., Blumenthal, J. A., Herman, S., Khatri, P., Doraiswamy, M., Moore, K., Craighead, W. E., Baldewicz, T. T., & Krishnan, K. R. (2000). Exercise treatment for major depression: Maintenance of therapeutic benefit at 10 months. *Psychosomatic Medicine, 62,* 633–638.

Baer, J. S., Kivlahan, D. R., Fromme, K., & Marlatt, G. A. (1991). Secondary prevention of alcohol abuse with college students: A skills-training approach. In N. Heather, W. R. Miller, & J. Greeley (Eds.), *Self-control and the addictive behaviours* (pp. 339–356). New York: Maxwell-McMillan.

Baer, J. S., & Marlatt, G. A. (1991). Maintenance of smoking cessation. *Clinics in Chest Medicine, 12,* 793–800.

Baer, J. S., Marlatt, G. A., Kivlahan, D. R., Fromme, K., Larimer, M. E., & Williams, E. (1992). An experimental test of three methods of alcohol risk reduction with young adults. *Journal of Consulting and Clinical Psychology, 60,* 974–979.

Baer, P. E., Garmezy, L. B., McLaughlin, R. J., Pokorny, A. D., & Wernick, M. J. (1987). Stress, coping, family conflict, and adolescent alcohol use. *Journal of Behavioral Medicine, 10,* 449–466.

Bages, N., Appels, A., & Falger, P. R. J. (1999). Vital exhaustion as a risk factor of myocardial infarction: A case-control study in Venezuela. *International Journal of Behavioral Medicine, 6,* 279–290.

Bahnson, C. B. (1981). Stress and cancer: The state of the art. *Psychosomatics, 22,* 207–220.

Baig, E. (1997, February 17). The doctor is in cyberspace: Myriad sites offer feedback and support. *Business Week,* p. 102E8.

Bakal, D. A. (1979). *Psychology and medicine: Psychobiological dimensions of health and illness.* New York: Springer.

Baker, C., Whisman, M. A., & Brownell, K. D. (2000). Studying intergenerational transmission of eating attitudes and behaviors: Methodological and conceptual questions. *Health Psychology, 19,* 376–381.

Baker, L. H., Cooney, N. L., & Pomerleau, O. F. (1987). Craving for alcohol: Theoretical processes and treatment procedures. In W. Miles Cox (Ed.), *Treatment and prevention of alcohol problems: A resource manual* (pp. 183–202). New York: Academic Press.

Baker, R. C., & Kirschenbaum, D. S. (1998). Weight control during the holidays: Highly consistent self-monitoring as a potentially useful coping mechanism. *Health Psychology, 17,* 367–370.

Baker, S. (1997, June 9). Apnea: The sleeper's worst nightmare. *Business Week,* pp. 118–119.

Bales, D. W., Spell, N., Cullen, D. J., Burdick, E., Laird, N., Peterson, L. A., Small, S. D., Sweitzer, B. J., & Leape, L. L., for the Adverse Drug Events Prevention Study Group. (1997). The cost of adverse drug events in hospitalized patients. *Journal of the American Medical Association, 277,* 307–311.

Balfour, L., White, D. R., Schiffrin, A., Dougherty, G., & Dufresne, J. (1993). Dietary disinhibition, perceived stress, and glucose control in young, Type I diabetic women. *Health Psychology, 12,* 33–38.

Bandura, A. (1977). Self-efficacy: Toward a unifying theory of behavioral change. *Psychological Review, 84,* 191–215.

Bandura, A. (1986). *Social foundations of thought and action: A social cognitive theory.* Englewood Cliffs, NJ: Prentice-Hall.

Bandura, A. (1989). Perceived self-efficacy in the exercise of control over AIDS infection. In S. J. Blumenthal, A. Eichler, & G. Weissman (Eds.), *Women and AIDS.* Washington, DC: American Psychiatric Press.

Bandura, A. (1991). Self-efficacy mechanism in physiological activation and health-promotion behavior. In J. Madden IV (Ed.), *Neurobiology of learning, emotion, and affect* (pp. 229–269). New York: Raven Press.

Bandura, A., Cioffi, D., Taylor, C. B., & Brouillard, M. E. (1988). Perceived self-efficacy in coping with cognitive stressors and opioid activation. *Journal of Personality and Social Psychology, 55,* 479–488.

Bandura, A., O'Leary, A., Taylor, C. B., Gauthier, J., & Gossard, D. (1987). Perceived self-efficacy and pain control: Opioid and nonopioid mechanisms. *Journal of Personality and Social Psychology, 53,* 563–571.

Banks, S. M., Salovey, P., Greener, S., Rothman, A. J., Moyer, A., Beauvais, J., & Spel, E. (1995). The effects of message framing on mammography utilization. *Health Psychology, 14,* 178–184.

Barbarin, O. A., & Chesler, M. (1986). The medical context of parental coping with childhood cancer. *American Journal of Community Psychology, 14,* 221–235.

Barber, T. X. (1965). Physiological effects of "hypnotic suggestions": A critical review of recent research (1960–64). *Psychological Bulletin, 63,* 201–222.

Barefoot, J. C. (1992). Developments in the measurement of hostility. In H. S. Friedman (Ed.), *Hostility, coping, and health* (pp. 13–31). Washington, DC: American Psychological Association.

Barefoot, J. C., Brummett, B. H., Helms, M. J., Mark, D. B., Siegler, I. C., & Williams, R. B. (2000). Depressive symptoms and survival of patients with coronary artery disease. *Psychosomatic Medicine, 62,* 790–795.

Barinaga, M. (1997). How much pain for cardiac gain? *Science, 276,* 1324–1327.

Barnes, V. A., Treiber, F. A., Turner, R., Davis, H., & Strong, W. B. (1999). Acute effects of transcendental meditation on hemodynamic functioning in middle-aged adults. *Psychosomatic Medicine, 61,* 525–531.

Barnett, R. C., Davidson, H., & Marshall, N. L. (1991). Physical symptoms and the interplay of work and family roles. *Health Psychology, 10,* 94–101.

Barnett, R. C., & Marshall, N. L. (1993). Men, family-role quality, job-role quality, and physical health. *Health Psychology, 12,* 48–55.

Barnett, R. C., Raudenbush, S. W., Brennan, R. T., Pleck, J. H., & Marshall, N. L. (1995). Change in job and marital experiences and change in psychological distress: A longitudinal study of dual-earner couples. *Journal of Personality and Social Psychology, 69,* 839–850.

Bar-On, D. (1986). Professional models vs. patient models in rehabilitation after heart attack. *Human Relations, 39,* 917–932.

Bar-On, D. (1987). Causal attributions and the rehabilitation of myocardial infarction victims. *Journal of Social and Clinical Psychology, 5,* 114–122.

Bar-On, D., & Dreman, S. (1987). When spouses disagree: A predictor of cardiac rehabilitation. *Family Systems Medicine, 5,* 228–237.

Barr, I. K. (1983). Physicians' views of patients in prepaid group practice: Reasons for visits to HMOs. *Journal of Health and Social Behavior, 24,* 244–255.

Bartlett, E. E., Grayson, M., Barker, R., Levine, D. M., Golden, A., & Libber, S. (1984). The effects of physician communications skills on patient satisfaction, recall, and adherence. *Journal of Chronic Diseases, 37,* 755–764.

Barton, J., Chassin, L., Presson, C. C., & Sherman, S. J. (1982). Social image factors as motivators of smoking initiation in early and middle adolescence. *Child Development, 53,* 1499–1511.

Bartrop, R. W., Lockhurst, E., Lazarus, L., Kiloh, L. G., & Penny, R. (1977). Depressed lymphocyte function after bereavement. *Lancet, 1,* 834–836.

Bastone, E. C., & Kerns, R. D. (1995). Effects of self-efficacy and perceived social support on recovery-related behaviors after coronary artery bypass graft surgery. *Annals of Behavioral Medicine, 17,* 324–330.

Battle, E. K., & Brownell, K. D. (1996). Confronting a rising tide of eating disorders and obesity: Treatment vs. prevention and policy. *Addictive Behaviors, 21,* 755–765.

Baum, A. (1990). Stress, intrusive imagery, and chronic distress. *Health Psychology, 9,* 653–675.

Baum, A. (1994). Behavioral, biological, and environmental interactions in disease processes. In S. Blumenthal, K. Matthews, & S. Weiss (Eds.), *New research frontiers in behavioral medicine: Proceedings of the national conference* (pp. 61–70). Washington, DC: NIH Publications.

Baum, A., Cohen, L., & Hall, M. (1993). Control and intrusive memories as possible determinants of chronic stress. *Psychosomatic Medicine, 55,* 274–286.

Baum, A., Friedman, A. L., & Zakowski, S. G. (1997). Stress and genetic testing for disease risk. *Health Psychology, 16,* 8–19.

Baum, A., & Grunberg, N. E. (1991). Gender, stress, and health. *Health Psychology, 10,* 80–85.

Baum, A., Grunberg, N. E., & Singer, J. E. (1982). The use of psychological and neuroendocrinological measurements in the study of stress. *Health Psychology, 1,* 217–236.

Baum, A., & Valins, S. (1977). *Architecture and social behavior: Psychological studies of social density.* Hillsdale, NJ: Erlbaum.

Baum, J. G., Clark, H. B., & Sandler, J. (1991). Preventing relapse in obesity through posttreatment maintenance systems: Comparing the relative efficacy of two levels of therapist support. *Journal of Behavioral Medicine, 14,* 287–302.

Bauman, K. E., Koch, G. G., Bryan, E. S., Haley, N. J., Downtown, M. I., & Orlandi, M. A. (1989). On the measurement of tobacco use by adolescents: Validity of self-reports of smokeless tobacco use and validity of nicotine as an indicator of cigarette smoking. *American Journal of Epidemiology, 130,* 327–337.

Bauman, K. E., Koch, G. G., & Fisher, L. A. (1989). Family cigarette smoking and test performance by adolescents. *Health Psychology, 8,* 97–105.

Baumann, L. J., Zimmerman, R. S., & Leventhal, H. (1989). An experiment in common sense: Education at blood pressure screening. *Patient Education Counseling, 14,* 53–67.

Becker, M. H. (1987). The cholesterol saga: Whither health promotion? *Annals of Internal Medicine, 106,* 623–626.

Becker, M. H. (1993). A medical sociologist looks at health promotion. *Journal of Health and Social Behavior, 34,* 1–6.

Becker, M. H., & Janz, N. K. (1987). On the effectiveness and utility of health hazard/health risk appraisal in clinical and nonclinical settings. *Health Services Research, 22,* 537–551.

Becker, M. H., Kaback, M., Rosenstock, I., & Ruth, M. (1975). Some influences on public participation in a genetic screening program. *Journal of Community Health, 1,* 3–14.

Beckett, M. (2000). Converging health inequalities in later life—an artifact of mortality selection? *Journal of Health and Social Behavior, 41,* 106–119.

Beckman, H. B., & Frankel, R. M. (1984). The effect of physician behavior on the collection of data. *Annals of Internal Medicine, 101,* 692–696.

Beecher, H. K. (1959). *Measurement of subjective responses.* New York: Oxford University Press.

Belar, C.D. (1997). Clinical health psychology: A specialty for the 21st century. *Health Psychology, 16,* 411–416.

Belisle, M., Roskies, E., & Levesque, J.-M. (1987). Improving adherence to physical activity. *Health Psychology, 6,* 159–172.

Belloc, N. D., & Breslow, L. (1972). Relationship of physical health status and family practices. *Preventive Medicine, 1,* 409–421.

Benight, C. C., Antoni, M. H., Kilbourn, K., Ironson, G., Kumar, M. A., Fletcher, M. A., Redwine, L., Baum, A., & Schneiderman, N. (1997). Coping self-efficacy buffers psychological and physiological disturbances in HIV-infected men following a natural disaster. *Health Psychology, 16,* 248–255.

Benoliel, J. Q. (1977). Nurses and the human experience of dying. In H. Feifel (Ed.), *New meanings of death* (pp. 123–142). New York: McGraw-Hill.

Benotsch, E. G., Christensen, A. J., & McKelvey, L. (1997). Hostility, social support, and ambulatory cardiovascular activity. *Journal of Behavioral Medicine, 20,* 163–182.

Benowitz, N. L., Hall, S. M., Herning, R. I., Jacob, P., & Mines, A. H. (1983). Smokers of low yield cigarettes do not consume less nicotine. *New England Journal of Medicine, 309,* 139–142.

Benschop, R., Geenen, R., Mills, P., Naliboff, B., Kiecolt-Glaser, J., Herbert, T., van der Pompe, G., Miller, G., Matthews, K., Godaert, G., Gilmore, S., Glaser, R., Heijnen, C., Dopp, J., Bijlsma, J., Solomon, G., & Cacioppo, J. (1998). Cardiovascular and immune responses to acute psychological stress in young and old women: A meta-analysis. *Psychosomatic Medicine, 60,* 290–296.

Ben-Sira, Z. (1980). Affective and instrumental components in the physician-patient relationship: An additional dimension of interaction theory. *Journal of Health and Social Behavior, 21,* 170–180.

Bensley, L. S., & Wu, R. (1991). The role of psychological reactance in drinking following alcohol prevention messages. *Journal of Applied Social Psychology, 21,* 1111–1124.

Benson, B. A., Gross, A. M., Messer, S. C., Kellum, G., & Passmore, L. A. (1991). Social support networks among families of children with craniofacial anomalies. *Health Psychology, 10,* 252–258.

Ben-Zur, H., Gilbar, O., & Lev, S. (2001). Coping with breast cancer: Patient, spouse, and dyad models. *Psychosomatic Medicine, 62,* 32–39.

Bergner, M., Bobbitt, R. A., Carter, W. B., & Gilson, B. S. (1981). The sickness impact profile: Development and final revision of a health status measure. *Medical Care, 19,* 787–805.

Berk, L. E., (1991). *Child development* (2nd ed.). Boston, MA: Allyn & Bacon.

Berkanovic, E., Gerber, B., Brown, H. G., & Breslow, L. (1983). Some issues concerning community-based chronic disease control programs. In C. Mettlin & G. P. Murphy (Eds.), *Progress in cancer control* (Vol. 4, pp. 271–282). New York: Liss.

Berkman, L. F. (1985). The relationship of social networks and social support to morbidity and mortality. In S. Cohen & S. L. Syme (Eds.), *Social support and health* (pp. 241–262). Orlando, FL: Academic Press.

Berkman, L. F., & Syme, S. L. (1979). Social networks, host resistance, and mortality: A nine-year followup study of Alameda County residents. *American Journal of Epidemiology, 109,* 186–204.

Berkowitz, R. I., Agras, W. S., Korner, A. F., Kraemer, H. C., & Zeanah, C. H. (1985). Physical activity and adiposity: A longitudinal study from birth to childhood. *Journal of Pediatrics, 106,* 734–738.

Best, J. A., Thompson, S. J., Santi, S. M., Smith, E. A., & Brown, K. S. (1988). Preventing cigarette-smoking among schoolchildren. *Annual Review of Public Health, 9,* 161–201.

Bianco, A., & Schine, E. (1997, March 24). Doctors, Inc. *Business Week,* pp. 204–206, 208–210.

Biglan, A., McConnell, S., Severson, H. H., Bavry, J., & Ary, D. (1984). A situational analysis of adolescent smoking. *Journal of Behavioral Medicine, 7,* 109–114.

Biglan, A., Metzler, C. W., Wirt, R., Ary, D., Noell, J., Ochs, L., French, C., & Hood, D. (1990). Social and behavioral factors associated with high-risk sexual behavior among adolescents. *Journal of Behavioral Medicine, 13,* 245–262.

Biglan, A., Severson, H., Ary, D., Faller, C., Gallison, C., Thompson R., Glasgow R., & Lichtenstein, E. (1987). Do smoking prevention programs really work? Attrition and the internal and external validity of an evaluation of a refusal skills training program. *Journal of Behavioral Medicine, 10,* 159–171.

Bijttebier, P., & Vertommen, H. (1999). Antecedents, concomitants, and consequences of pediatric headache: Confirmatory construct validation of two parent-report scales. *Journal of Behavioral Medicine, 22,* 437–456.

Billings, A. C., & Moos, R. H. (1982). Social support and functioning among community and clinical groups: A panel model. *Journal of Behavioral Medicine, 5,* 295–312.

Billings, A. C., & Moos, R. H. (1984). Coping, stress, and social resources among adults with unipolar depression. *Journal of Personality and Social Psychology, 46,* 877–891.

Billings, A. C., Moos, R. H., Miller, J. J., III, & Gottlieb, J. E. (1987). Psychosocial adaptation in juvenile rheumatoid disease: A controlled evaluation. *Health Psychology, 6,* 343–359.

Binger, C. (1973). Childhood leukemia—Emotional impact on siblings. In E. J. Anthony & C. Koupernik (Eds.), *The child and his family: The impact of disease and death.* New York: Wiley.

Bishop, G. D., Briede, C., Cavazos, L., Grotzinger, R., & McMahon, S. (1987). Processing illness information: The role of disease prototypes. *Basic and Applied Social Psychology, 8,* 21–43.

Bishop, G. D., & Converse, S. A. (1986). Illness representations: A prototype approach. *Health Psychology, 5,* 95–114.

Bjorntorp, P. (1996). Behavior and metabolic disease. *International Journal of Behavioral Medicine, 3,* 285–302.

Blackhall, L. J., Murphy, S. T., Frank, G., Michel, V., & Azen, S. (1995). Ethnicity and attitudes toward patient autonomy. *Journal of the American Medical Association, 274,* 820–825.

Blair, S. N., Kohl, H. W., III, Paffenbarger, R. S., Clark, D. G., Cooper, K. H., & Gibbons, L. W. (1989). Physical fitness and all-cause mortality: A prospective study of healthy men and women. *Journal of the American Medical Association, 262,* 2395–2401.

Blalock, S. J., DeVellis, R. F., Giorgino, K. B., DeVellis, B. M., Gold, D. T., Dooley, M. J., Anderson, J. J. B., & Smith, S. L. (1996). Osteoporosis prevention in pre-menopausal women: Using a stage model approach to examine the predictors of behavior. *Health Psychology, 15,* 84–93.

Blanchard, E. B., Andrasik, F., & Silver, B. V. (1980). Biofeedback and relaxation in the treatment of tension headaches: A reply to Belar. *Journal of Behavioral Medicine, 3,* 227–232.

Blanchard, E. B., McCoy, G. C., Wittrock, D., Musso, A., Gerardi, R. J., & Pangburn, L. (1988). A controlled comparison of thermal biofeedback and relaxation training in the treatment of essential hypertension: II. Effects on cardiovascular reactivity. *Health Psychology, 7,* 19–33.

Blaney, N. T., Millon, C., Morgan, R., Eisdorfer, C., & Szapocznik, J. (1990). Emotional distress, stress-related disruption and coping among healthy HIV-positive gay males. *Psychology and Health, 4,* 259–273.

Blanton, H., & Gerrard, M. (1997). Effect of sexual motivation on men's risk perception for sexually transmitted disease: There must be 50 ways to justify a lover. *Health Psychology, 16,* 374–379.

Blascovich, J., Spencer, S. J., Quinn, D., & Steele, C. (2001). African Americans and high blood pressure: The role of stereotype threat. *Psychological Science, 12,* 225–229.

Blitzer, P. H., Rimm, A. A., & Geifer, E. E. (1977). The effect of cessation of smoking on body weight in 57,032 women: Cross-sectional and longitudinal analyses. *Journal of Chronic Diseases, 30,* 415–429.

Bluebond-Langner, M. (1977). Meanings of death to children. In H. Feifel (Ed.), *New meanings of death* (pp. 47–66). New York: McGraw-Hill.

Blum, R. H. (1957). *The psychology of malpractice suits.* San Francisco: California Medical Association.

Blum, R. H. (1960). *The management of the doctor-patient relationship.* New York: McGraw-Hill.

Blumenthal, J. A., & Emery, C. F. (1988). Rehabilitation of patients following myocardial infarction. *Journal of Consulting and Clinical Psychology, 56,* 374–381.

Blumenthal, J. A., Emery, C. F., Madden, D. J., Schniebolk, S., Walsh-Riddle, M., George, L. K., McKee, D. C., Higginbotham, M. B., Cobb, F. R., & Coleman, R. E. (1991). Long-term effects of exercise on psychological functioning in older men and women. *Journal of Gerontology, 46,* P352–361.

Blumenthal, J. A., Emery, C. F., Walsh, M. A., Cox, D. R., Kuhn, C. M., Williams, R. B., & Williams, R. S. (1988). Exercise training in healthy Type A middle-aged men: Effects of behavioral and cardiovascular responses. *Psychosomatic Medicine, 50,* 418–433.

Blumenthal, J. A., Matthews, K., Fredrikson, M., Rifai, N., Schniebolk, S., German, D., Steege, J., & Rodin, J. (1991). Effects of exercise training on cardiovascular function and plasma lipid, lipoprotein, and apolipoprotein concentrations in premenopausal and postmenopausal women. *Arteriosclerosis and Thrombosis, 11,* 912–917.

Blumenthal, J. A., Siegel, W. C., & Appelbaum, M. (1991). Failure of exercise to reduce blood pressure in patients with mild hypertension: Results of a randomized controlled trial. *Journal of the American Medical Association, 266,* 2098–2104.

Bock, B. C., Albrecht, A. E., Traficante, R. M., Clark, M. M., Pinto, B. M., Tilkemeier, P., & Marcus, B. H. (1997). Predictors of exercise adherence following participation in a cardiac rehabilitation program. *International Journal of Behavioral Medicine, 4,* 60–75.

Bolger, N., DeLongis, A., Kessler, R. C., & Schilling, E. A. (1989). Effects of daily stress on negative mood. *Journal of Personality and Social Psychology, 57,* 808–818.

Bolles, R. C., & Fanselow, M. S. (1982). Endorphins and behavior. *Annual Review of Psychology, 33,* 87–101.

Bombardier, C., Gorayeb, R., Jordan, J., Brooks, W. B., & Divine, G. (1991). The utility of the psychosomatic system checklist among hospitalized patients. *Journal of Behavioral Medicine, 14,* 369–382.

Bonanno, G. A., Keltner, D., Holen, A., & Horowitz, M. J. (1995). When avoiding unpleasant emotions might not be such a bad thing: Verbal-autonomic response dissociation and midlife conjugal bereavement. *Journal of Personality and Social Psychology, 69,* 975–989.

Bond, M. R. (1979). *Pain: Its nature, analysis and treatment.* New York: Longman.

Bonnet, M. H., & Arand, D. L. (1998). Heart rate variability in insomniacs and matched normal sleepers. *Psychosomatic Medicine, 60,* 610–615.

Booth, A., & Amato, P. (1991). Divorce and psychological stress. *Journal of Health and Social Behavior, 32,* 396–407.

Booth, C. S., Safer, M. A., & Leventhal, H. (1986). Use of physician services following participation in a cardiac screening program. *Public Health Reports, 101,* 315–319.

Booth-Kewley, S., & Friedman, H. S. (1987). Psychological predictors of heart disease: A quantitative review. *Psychological Bulletin, 101,* 343–362.

Boscarino, J. (1997). Diseases among men 20 years after exposure to severe stress: Implications for clinical research and medical care. *Psychosomatic Medicine, 59,* 605–614.

Boscarino, J., & Chang, J. (1999). Higher abnormal leukocyte and lymphocyte counts 20 years after exposure to severe stress: Research and clinical implications. *Psychosomatic Medicine, 61,* 378–386.

Boskind-White, M., & White, W. C. (1983). *Bulimarexia: The binge/purge cycle.* New York: Norton.

Bosma, H., Marmot, M. G., Hemingway, H., Nicholson, A. C., Brunner, E., & Stanfeld, S. A. (1997). Low job control and risk of coronary heart disease in Whitehall II (prospective cohort) study. *British Medical Journal, 314,* 285.

Botvin, E. M., Botvin, G. J., Michela, J. L., Baker, E., & Filazzola, A. D. (1991). Adolescent smoking behavior and the recognition of cigarette advertisements. *Journal of Applied Social Psychology, 21,* 919–932.

Botvin, G. J., Dusenbury, L., Baker, E., James-Ortiz, S., Botvin, E. M., & Kerner, J. (1992). Smoking prevention among urban minority youth: Assessing effects on outcome and mediating variables. *Health Psychology, 11,* 290–299.

Bouchard, C., Tremblay, A., Despres, J.-P., Nadeau, A., Lupien, P. J., Thierault, G., Dussault, J., Moorjani, S., Pinault, S., & Fournier, G. (1990). The response to long-term overfeeding in identical twins. *New England Journal of Medicine, 322,* 1477–1487.

Boudewyns, P. A., & Nolan, W. P. (1985). Prospective payment: Its impact on psychology's role in health care. *Health Psychology, 4,* 489–498.

Boutelle, K. N., Kirschenbaum, D. S., Baker, R. C., & Mitchell, M. E. (1999). How can obese weight controllers minimize weight gain during the high risk holiday season? By self-monitoring very consistently. *Health Psychology, 18,* 364–368.

Bouton, M. E. (2000). A learning theory perspective on lapse, relapse, and the maintenance of behavior change. *Health Psychology, 19,* 57–63.

Bowen, D. J., Spring, B., & Fox, E. (1991). Tryptophan and high-carbohydrate diets as adjuncts to smoking cessation therapy. *Journal of Behavioral Medicine, 14,* 97–110.

Bowen, D. J., Tomoyasu, N., Anderson, M., Carney, M., & Kristal, A. (1992). Effects of expectancies and personalized feedback on fat consumption, taste, and preference. *Journal of Applied Social Psychology, 22,* 1061–1079.

Bower, J. E., Kemeny, M. E., Taylor, S. E., & Fahey, J. L. (1997). *Cognitive processing, discovery of meaning, CD 4 decline, and AIDS-related mortality among bereaved HIV-seropositive men.* Manuscript submitted for publication.

Bowlby, J. (1969). *Attachment and loss: Vol. 1. Attachment.* New York: Basic Books.

Bowlby, J. (1973). *Attachment and loss: Vol. 2. Separation.* New York: Basic Books.

Boyce, W. T., Adams, S., Tschann, J. M., Cohen, F., Wara, D., & Gunnar, M. R. (1995). Adrenocortical and behavioral predictors of immune responses to starting school. *Pediatric Research, 38,* 1009–1017.

Boyce, W. T., Alkon, A., Tschann, J. M., Chesney, M. A., & Alpert, B. S. (1995). Dimensions of psychobiologic reactivity: Cardiovascular responses to laboratory stressors in preschool children. *Annals of Behavioral Medicine, 17,* 315–323.

Boyce, W. T., Chesterman, E. A., Martin, N., Folkman, S., Cohen, F., & Wara, D. (1993). Immunologic changes occurring at kindergarten entry predict respiratory illnesses after the Loma Prieta earthquake. *Journal of Developmental and Behavioral Pediatrics, 14,* 296–303.

Bozzette, S., et al. (1998). The care of HIV-infected adults in the United States. *New England Journal of Medicine, 339,* 1897–1904.

Bradley, L. A. (1983). Relationships between the MMPI and the McGill Pain Questionnaire. In R. Melzack (Ed.), *Pain measurement and assessment.* New York: Raven Press.

Bradley, L. A., & Van der Heide, L. H. (1984). Pain-related correlates of MMPI profile subgroups among back pain patients. *Health Psychology, 3,* 157–174.

Bradley, L. A., Young, L. D., Anderson, K. O., Turner, R. A., Agudelo, C. A., McDaniel, L. K., Pisko, E. J., Semble, E. L., & Morgan, T. M. (1987). Effects of psychological therapy on pain behavior of rheumatoid arthritis patients: Treatment outcome and six-month followup. *Arthritis and Rheumatism, 30,* 1105–1114.

Bramwell, L. (1986). Wives' experiences in the support role after husbands' first myocardial infarction. *Heart and Lung, 15,* 578–584.

Brand, A. H., Johnson, J. H., & Johnson, S. B. (1986). Life stress and diabetic control in children and adolescents with insulin-dependent diabetes. *Journal of Pediatric Psychology, 11,* 481–495.

Brandon, T. H., Copeland, A. L., & Saper, Z. L. (1995). Programmed therapeutic messages as a smoking treatment adjunct: Reducing the impact of negative affect. *Health Psychology, 14,* 41–47.

Branegan, J. (1997, March 17). I want to draw the line myself. *Time,* pp. 30–31.

Branstetter, E. (1969). The young child's response to hospitalization: Separation anxiety or lack of mothering care? *American Journal of Public Health, 59,* 92–97.

Brantley, P. J., Mosley, T. H., Jr., Bruce, B. K., McKnight, G. T., & Jones, G. N. (1990). Efficacy of behavioral management and patient education on vascular access cleansing compliance in hemodialysis patients. *Health Psychology, 9,* 103–113.

Bray, G.A., & Tartaglia, L.A. (2000). Medicinal strategies in the treatment of obesity. *Nature, 404,* 672–677.

Brehm, J. W. (1966). *A theory of psychological reactance.* New York: Academic Press.

Brennan, P. L., & Moos, R. H. (1990). Life stressors, social resources, and late-life problem drinking. *Psychology and Aging, 5,* 491–501.

Brennan, P. L., & Moos, R. H. (1995). Life context, coping responses, and adaptive outcomes: A stress and coping perspective on late-life problem drinking. In T. Beresford & E. Gomberg (Eds.), *Alcohol and aging* (pp. 230–248). New York: Oxford University Press.

Brenner, G. F., Melamed, B. G., & Panush, R. S. (1994). Optimism and coping as determinants of psychosocial adjustment to rheumatoid arthritis. *Journal of Clinical Psychology in Medical Settings, 1,* 115–134.

Brescia, F. J., Sadof, M., & Barstow, J. (1984). Retrospective analysis of a home care hospice program. *Omega, 15,* 37–44.

Breslau, N. (1990). Stressors: Continuous and discontinuous. *Journal of Applied Social Psychology, 20,* 1666–1673.

Breslau, N., & Davis, G. C. (1987). Posttraumatic stress disorder: The stressor criterion. *Journal of Nervous and Mental Disease, 175,* 255–264.

Breslow, L., & Enstrom, J. E. (1980). Persistence of health habits and their relationship to mortality. *Preventive Medicine, 9,* 469–483.

Breslow, L., & Somers, A. R. (1977). The lifetime health-monitoring program. *New England Journal of Medicine, 296,* 601–608.

Brett, J. F., Brief, A. P., Burke, M. J., George, J. M., & Webster, J. (1990). Negative affectivity and the reporting of stressful life events. *Health Psychology, 9,* 57–68.

Brisson, C., LaFlamme, N., Moisan, J., Milot, A., Masse, B., & Vezina, M. (1999). Effect of family responsibilities and job strain on ambulatory blood pressure among white-collar women. *Psychosomatic Medicine, 61,* 205–213.

Broadstock, M., Borland, R., & Gason, R. (1992). Effects of suntan on judgements of healthiness and attractiveness by adolescents. *Journal of Applied Social Psychology, 22,* 157–172.

Broadwell, S.D., & Light, K.C. (1999). Family support and cardiovascular responses in married couples during conflict and other interactions. *International Journal of Behavioral Medicine, 6,* 40–63.

Brody, J. E. (1993, December 2). Heart attack risks shown in bursts of high activity. *New York Times,* p. A10.

Brody, J. E. (1996a, February 28). Good habits outweigh genes as key to a healthy old age. *New York Times,* p. B11.

Brody, J. E. (1996b, November 14). Decline is seen in death rates from broad range of cancers: Researchers elated by data from 1990 on. *New York Times,* p. A16.

Broman, C. L. (1993). Social relationships and health-related behavior. *Journal of Behavioral Medicine, 16,* 335–350.

Bromberger, J. T., & Matthews, K. A. (1996). A longitudinal study of the effects of pessimism, trait anxiety, and life stress on depressive symptoms in middle-aged women. *Psychology and Aging, 11,* 207–213.

Brondolo, E., Rosen, R. C., Kostis, J. B., & Schwartz, J. E. (1999). Relationship of physical symptoms and mood to perceived and actual blood pressure in hypertensive men: A repeated-measure design. *Psychosomatic Medicine, 61,* 311–318.

Bronzaft, A. L., & McCarthy, D. P. (1975). The effects of elevated train noise on reading ability. *Environment and Behavior, 7,* 517–527.

Brooks, N. (1999, September 23). Most workers who call in "sick" really aren't, study finds. *Los Angeles Times,* pp. C1, C5.

Brosschot, J., Godaert, G., Benschop, R., Olff, M., Ballieux, R., & Heijnen, C. (1998). Experimental stress and immunological reactivity: A closer look at perceived uncontrollability. *Psychosomatic Medicine, 60,* 359–361.

Brown, G. W., & Harris, T. (1978). *Social origins of depression: A study of psychiatric disorder in women.* New York: Free Press.

Brown, J. D. (1991). Staying fit and staying well: Physical fitness as a moderator of life stress. *Journal of Personality and Social Psychology, 60,* 555–561.

Brown, J. D., & McGill, K. L. (1989). The cost of good fortune: When positive life events produce negative health consequences. *Journal of Personality and Social Psychology, 57,* 1103–1110.

Brown, J. D., & Siegel, J. M. (1988). Exercise as a buffer of life stress: A prospective study of adolescent health. *Health Psychology, 7,* 341–353.

Brown, J. H., & Raven, B. H. (1994). Power and compliance in doctor/patient relationships. *Journal of Health Psychology, 6,* 3–22.

Brown, K. W., & Moskowitz, D. S. (1997). Does unhappiness make you sick? The role of affect and neuroticism in the experience of common physical symptoms. *Journal of Personality and Social Psychology, 72,* 907–917.

Brown, P. L. (1990, November 29). For some, "retired" is an inaccurate label. *New York Times,* pp. B1–B2.

Brown, S. L. (1997). Prevalence and effectiveness of self-regulatory techniques used to avoid drunk driving. *Journal of Behavioral Medicine, 20,* 55–66.

Brownell, K. D. (1988, January) Yo-yo dieting. *Psychology Today,* pp. 20, 22–23.

Brownell, K. D. (1982). Obesity: Understanding and treating a serious, prevalent and refractory disorder. *Journal of Consulting and Clinical Psychology, 50,* 820–840.

Brownell, K. D. (1990). *The Learn Program for weight control.* Dallas, TX: Brownell & Hager.

Brownell, K. D., Cohen, R. Y., Stunkard, A. J., Felix, M. R. J., & Cooley, B. (1984). Weight loss competitions at the work site: Impact on weight, morale, and cost-effectiveness. *American Journal of Public Health, 74,* 1283–1285.

Brownell, K. D., & Felix, M. R. J. (1987). Competitions to facilitate health promotion: Review and conceptual analysis. *American Journal of Health Promotion, 2,* 28–36.

Brownell, K. D., Greenwood, M. R. C., Stellar, E., & Shrager, E. E. (1986). The effects of repeated cycles of weight loss and regain in rats. *Physiology and Behavior, 38,* 459–464.

Brownell, K. D., & Kramer, F. M. (1989). Behavioral management of obesity. *Medical Clinics of North America, 73,* 185–201.

Brownell, K. D., Marlatt, G. A., Lichtenstein, E., & Wilson, G. T. (1986). Understanding and preventing relapse. *American Psychologist, 41,* 765–782.

Brownell, K. D., & Napolitano, M. A. (1995). Distorting reality for children: Body size proportions of Barbie and Ken dolls. *International Journal of Eating Disorders, 18,* 295–298.

Brownell, K. D., & Rodin, J. (1996). The dieting maelstrom: Is it possible and advisable to lose weight? *American Psychologist, 49,* 781–791.

Brownell, K. D., Steen, S. N., & Wilmore, J. H. (1987). Weight regulation practices in athletes: Analysis of metabolic and health effects. *Medicine and Science in Sports and Exercise, 19,* 546–556.

Brownell, K. D., & Stunkard, A. J. (1981). Couples training, pharmacotherapy and behavior therapy in the treatment of obesity. *Archives of General Psychiatry, 38,* 1224–1229.

Brownell, K. D., Stunkard, A. J., & McKeon, P. E. (1985). Weight reduction at the work site: A promise partially fulfilled. *American Journal of Psychiatry, 142,* 47–52.

Brownell, K. D., & Wadden, T. A. (1992). Etiology and treatment of obesity: Understanding a serious, prevalent, and refractory disorder. *Journal of Consulting and Clinical Psychology, 60,* 505–517.

Brownley, K. A., Light, K. C., & Anderson, N. B. (1996). Social support and hostility interact to influence clinic, work, and home blood pressure in Black and White men and women. *Psychophysiology, 33,* 434–445.

Brownley, K. A., West, S. G., Hinderliter, A. L., & Light, K. C. (1996). Acute aerobic exercise reduces ambulatory blood pressure in borderline hypertensive men and women. *American Journal of Hypertension, 9,* 200–206.

Brownson, R. C., Chang, J. C., Davis, J. R., & Smith, C. A. (1991). Physical activity on the job and cancer in Missouri. *Public Health Briefs, 81,* 639–640.

Broyard, A. (1989, November 12). Intoxicated by my illness. *New York Times Magazine,* pp. 10, 12.

Brubaker, R. G., & Wickersham, D. (1990). Encouraging the practice of testicular self-examination: A field application of the theory of reasoned action. *Health Psychology, 9,* 154–163.

Bruehl, S., McCubbin, J. A., Carlson, C. R., Wilson, J. F., Norton, J. A., Colclough, G., Brady, M. J., & Sherman, J. J. (1996). The psychobiology of hostility: Possible endogenous opioid mechanisms. *International Journal of Behavioral Medicine, 3,* 163–176.

Bruhn, J. G. (1965). An epidemiological study of myocardial infarction in an Italian-American community. *Journal of Chronic Diseases, 18,* 326–338.

Brummett, B. H., Babyak, M. A., Barefoot, J. C., Bosworth, H. B., Clapp-Channing, N. E., Siegler, I. C., Williams, R. B., & Mark, D. B. (1998). Social support and hostility as predictors of depressive symptoms in cardiac patients one month after hospitalization: A prospective study. *Psychosomatic Medicine, 60,* 707–713.

Buckalew, L. W., & Sallis, R. E. (1986). Patient compliance and medication perception. *Journal of Clinical Psychology, 42,* 49–53.

Buckingham, R. W. (1983). Hospice care in the United States: The process begins. *Omega, 13,* 159–171.

Budman, S. H. (2000). Behavioral health care dot-com and beyond: Computer-mediated communications in mental health and substance abuse treatment. *American Psychologist, 55,* 1290–1300.

Bukberg, J., Penman, D., & Holland, J. C. (1984). Depression in hospitalized cancer patients. *Psychosomatic Medicine, 46,* 199–212.

Buller, M. K., & Buller, D. B. (1987). Physicians' communication style and patient satisfaction. *Journal of Health and Social Behavior, 28,* 375–388.

Bulman, J. R., & Wortman, C. B. (1977). Attributions of blame and coping in the "real world": Severe accident victims react to their lot. *Journal of Personality and Social Psychology, 35,* 351–363.

Bundek, N. I., Marks, G., & Richardson, J. L. (1993). Role of health locus of control beliefs in cancer screening of elderly Hispanic women. *Health Psychology, 12,* 193–199.

Burger, J. M. (1989). Negative reactions to increases in perceived personal control. *Journal of Personality and Social Psychology, 56,* 246–256.

Burgess, C., Morris, T., & Pettingale, K. W. (1988). Psychological response to cancer diagnosis: II. Evidence for coping styles. *Journal of Psychosomatic Research, 32,* 263–272.

Burish, T. G., & Bradley, L. A. (1983). *Coping with chronic disease: Research and applications.* New York: Academic Press.

Burish, T. G., Carey, M. P., Wallston, K. A., Stein, M. J., Jamison, R. N., & Lyles, J. N. (1984). Health locus of control and chronic disease: An external orientation may be advantageous. *Journal of Social and Clinical Psychology, 2,* 326–332.

Burish, T. G., & Jenkins, R. A. (1992). Effectiveness of biofeedback and relaxation training in reducing the side effects of cancer chemotherapy. *Health Psychology, 11,* 17–23.

Burish, T. G., & Lyles, J. N. (1979). Effectiveness of relaxation training in reducing the aversiveness of chemotherapy in the treatment of cancer. *Journal of Behavior Therapy and Experimental Psychiatry, 10,* 357–361.

Burish, T. G., Snyder, S. L., & Jenkins, R. A. (1991). Preparing patients for cancer chemotherapy: Effect of coping preparation and relaxation interventions. *Journal of Consulting and Clinical Psychology, 59,* 518–525.

Burish, T. G., & Trope, D. M. (1992). Psychological techniques for controlling the adverse side effects of cancer chemotherapy: Findings from a decade of research. *Journal of Pain and Symptom Management, 7,* 287–301.

Burleson, M. H., Malarkey, W. B., Cacioppo, J. T., Poehlmann, K. M., Kiecolt-Glaser, J. K., Berntson, G. G., & Glaser, R. (1998). Postmenopausal hormone replacement: Effects on autonomic, neuroendocrine, and immune reactivity to brief psychological stressors. *Psychosomatic Medicine, 60,* 17–25.

Burnam, M. A., Timbers, D. M., & Hough, R. L. (1984). Two measures of psychological distress among Mexican Americans, Mexicans and Anglos. *Journal of Health and Social Behavior, 25,* 24–33.

Burns, J. W. (2000). Repression predicts outcome following multidisciplinary treatment of chronic pain. *Health Psychology, 19,* 75–84.

Burns, J., Wiegner, S., Derleth, M., Kiselica, K., & Pawl, R. (1997). Linking symptom-specific physiological reactivity to pain severity in chronic low back pain patients: A test of mediation and moderation models. *Health Psychology, 16,* 319–326.

Burns, J. W., & Katkin, E. S. (1993). Psychological, situational, and gender predictors of cardiovascular reactivity to stress: A multivariate approach. *Journal of Behavioral Medicine, 16,* 445–466.

Burns, J. W. (1997). Anger management style and hostility: Predicting symptom specific physiological reactivity among chronic low back pain patients. *Journal of Behavioral Medicine, 20,* 505–522.

Burns, M. O., & Seligman, M. E. P. (1989). Explanatory style across the life span: Evidence for stability over 52 years. *Journal of Personality and Social Psychology, 56,* 471–477.

Burroughs, T. E., Hong, B. A., Kappel, D. F., & Freedman, B. K. (1998). The stability of family decisions to consent or refuse organ donation: Would you do it again? *Psychosomatic Medicine, 60,* 156–162.

Burton, R. P. D. (1998). Global integrative meaning as a mediating factor in the relationship between social roles and psychological distress. *Journal of Health and Social Behavior, 39,* 201–215.

Bush, C., Ditto, B., & Feuerstein, M. (1985). A controlled evaluation of paraspinal EMG biofeedback in the treatment of chronic low back pain. *Health Psychology, 4,* 307–321.

Bush, J. P., Melamed, B. G., Sheras, P. L., & Greenbaum, P. E. (1986). Mother-child patterns of coping with anticipatory medical stress. *Health Psychology, 5,* 137–157.

Bush, P. J., & Osterweis, M. (1978). Pathways to medicine use. *Journal of Health and Social Behavior, 19,* 179–189.

Bushjahn, A., Faulhaber, H. D., Freier, K., & Luft, F. C. (1999). Genetic and environmental influences on coping styles: A twin study. *Psychosomatic Medicine, 61,* 469–475.

Business Week. (1996a, August 19). The list: Health check: Long-term-care patients, p. 4.

Business Week. (1996b, November 11). Longer life for American men, p. 26.

Business Week. (1997, April 7). The big picture: Health-care prognosis, p. 8.

Butler, L. D., Koopman, C., Classen, C., & Spiegel, D. (1999). Traumatic stress, life events, and emotional support in women with metastatic breast cancer: Cancer-related traumatic stress symptoms associated with past and current stressors. *Health Psychology, 18,* 555–560.

Butler, R. N. (1978). The doctor and the aged patient. In W. Reichel (Ed.), *The geriatric patient* (pp. 199–206). New York: HP.

Buunk, B. (1989). Affiliation and helping within organizations: A critical analysis of the role of social support with regard to occupational stress. In W. Stroebe & M. Hewstone (Eds.), *European review of social psychology* (Vol. 1). Chichester, England: Wiley.

Buunk, B. P., Doosje, B. J., Jans, L. G. J. M., & Hopstaken, L. E. M. (1993). Perceived reciprocity, social support, and stress at work: The role of exchange and communal orientation. *Journal of Personality and Social Psychology, 65,* 801–811.

Byock, I. R. (1991). Final Exit: A wake-up call to hospices. *Hospice Journal, 7,* 51–66.

Byrnes, D. M., Antoni, M. H., Goodkin, K., Efantis-Potter, J., Asthana, D., Simon, T., Munajj, J., Ironson, G., & Fletcher, M. A. (1998). Stressful events, pessimism, natural killer cell cytotoxity, and cytotoxic/suppressor T cells in HIV+ Black women at risk for cervical cancer. *Psychosomatic Medicine, 60,* 714–722.

Cacioppo, J. T., Malarkey, W. B., Kiecolt-Glaser, J. K., Uchino, B. N., Scoutas-Emch, S. A., Sheridan, J. F., Berntston, G. G., & Glaser, R. (1995). Heterogeneity in neuroendocrine and immune responses to brief psychological stressors as a function of autonomic cardiac activation. *Psychosomatic Medicine, 57,* 154–164.

Calfas, K. J., et al. (1997). Mediators of change in physical activity following an intervention in primary care: PACE. *Preventive Medicine, 26,* 297–304.

Calhoun, L. G., Cann, A., Tedeschi, R. G., & McMillan, J. (2000). A correlational test of the relationship between posttraumatic growth, religion, and cognitive processing. *Journal of Traumatic Stress, 13,* 521–527.

Califano, J. A., Jr. (1979a). *Healthy people: Background papers.* Washington, DC: U.S. Government Printing Office.

Califano, J. A., Jr. (1979b). *Healthy people: The surgeon general's report on health promotion and disease prevention.* Washington, DC: U.S. Government Printing Office.

Cameron, C. L., Cella, D., Herndon, J. E., II, Kornblith, A. B., Zuckerman, E., Henderson, E., Weiss, R. B., Cooper, M. R., Silver, R. T., Leone, L., Canellos, G. P., Peterson, B. A., & Holland, J. C. (2001). Persistent symptoms among survivors of Hodgkin's disease: An explanatory model based on classical conditioning. *Health Psychology, 20,* 71–75.

Cameron, L., Leventhal, E. A., & Leventhal, H. (1993). Symptom representations and affect as determinants of care seeking in a community-dwelling, adult sample population. *Health Psychology, 12,* 171–179.

Cameron, L., Leventhal, E. A., & Leventhal, H. (1995). Seeking medical care in response to symptoms and life stress. *Psychosomatic Medicine, 57,* 1–11.

Cameron, N. (1963). *Personality development and psychology: A dynamic approach.* Boston: Houghton Mifflin.

Campbell, B. M., Hunter, W. W., & Stutts, J. C. (1984). The use of economic incentives and education to modify safety belt use behavior of high school students. *Health Education, 15,* 30–33.

Cannon, W. B. (1932). *The wisdom of the body.* New York: Norton.

Caplan, R. D., & Jones, K. W. (1975). Effects of work load, role ambiguity, and Type A personality on anxiety, depression and heart rate. *Journal of Applied Psychology, 60,* 713–719.

Carels, R. A., Blumenthal, J. A., & Sherwood, A. (1998). Effect of satisfaction with social support on blood pressure in normotensive and borderline hypertensive men and women. *International Journal of Behavioral Medicine, 5,* 76–85.

Carey, M.P. (1999). Prevention of HIV infection through changes in sexual behavior. *American Journal of Health Promotion, 14,* 104–111.

Carey, M. P., & Burish, T. G. (1985). Anxiety as a predictor of behavioral therapy outcome for cancer chemotherapy patients. *Journal of Consulting and Clinical Psychology, 53,* 860–865.

Carey, M. P., Braaten, L. S., Maisto, S. A., Gleason, J. R., Forsyth, A. D., Durant, L. E., & Jaworski, B. C. (2000). Using information, motivational enhancement, and skills training to reduce the risk of HIV infection for low-income urban women: A second randomized clinical trial. *Health Psychology, 19,* 3–11.

Carey, M. P., & Burish, T. G. (1988). Etiology and treatment of the psychological side effects associated with cancer chemotherapy: A critical review and discussion. *Psychological Bulletin, 104,* 307–325.

Carey, M. P., Maisto, S. A., Kalichman, S. C., Forsyth, A. D., Wright, E. M., & Johnson, B. T. (1997). Enhancing motivation to reduce the risk of HIV infection for economically disadvantaged urban women. *Journal of Consulting and Clinical Psychology, 65,* 531–541.

Carey, R. G. (1975). Living with death: A program of service and research for the terminally ill. In E. Kübler-Ross (Ed.), *Death: The final stage of growth.* Englewood Cliffs, NJ: Prentice-Hall.

Carlier, I., Voerman, B., & Gersons, B. (2000). Intrusive traumatic recollections and comorbid posttraumatic stress disorder in depressed patients. *Psychosomatic Medicine, 62,* 26–32.

Carmelli, D., Chesney, M. A., Ward, M. W., & Rosenman, R. H. (1985). Twin similarity in cardiovascular stress response. *Health Psychology, 4,* 413–423.

Carmody, T. P., Istvan, J., Matarazzo, J. D., Connor, S. L., & Connor, W. E. (1986). Applications of social learning theory in the promotion of heart-healthy diets: The Family Heart Study dietary intervention model. *Health Education Research, 1,* 13–27.

Carmody, T. P., & Matarazzo, J. D. (1991). Health psychology. In M. Hersen, A. Kazdin, & A. Bellack (Eds.), *The clinical psychology handbook* (2nd ed., pp. 695–723). New York: Pergamon Press.

Carmody, T. P., Matarazzo, J. D., & Istvan, J. A. (1987). Promoting adherence to heart-healthy diets: A review of the literature. *Journal of Compliance in Health Care, 2,* 105–124.

Carney, R. M., Freedland, K. E., Eisen, S. A., Rich, M. W., & Jaffe, A. S. (1995). Major depression and medical adherence in elderly patients with coronary artery disease. *Health Psychology, 14,* 88–90.

Carney, R .M., Freedland, K. E., Stein, P. K., Skala, J. A., Hoffman, P., & Jaffe, A. S. (2000). Change in heart rate and heart rate variability during treatment of depression in patients with coronary heart disease. *Psychosomatic Medicine, 62,* 639–647.

Carroll, P., Tiggemann, M., & Wade, T. (1999). The role of body dissatisfaction and bingeing in the self-esteem of women with Type II diabetes. *Journal of Behavioral Medicine, 22,* 59–74.

Carstensen, L.L., & Fredrickson, B.L. (1998). Influence of HIV status and age on cognitive representations of others. *Health Psychology, 17,* 494–503.

Cartwright, A. (1991). Balance of care for the dying between hospitals and the community: Perceptions of general practitioners, hospital consultants, community nurses, and relatives. *British Journal of General Practice, 41,* 271–274.

Carver, C.S. (1997). You want to measure coping but your protocol's too long: Consider the Brief COPE. *International Journal of Behavioral Medicine, 4,* 92–100.

Carver, C. S., & Humphries, C. (1982). Social psychology of the Type A coronary-prone behavior pattern. In G. S. Saunders & J. Suls (Eds.), *Social psychology of health and illness* (pp. 33–64). Hillsdale, NJ: Erlbaum.

Carver, C. S., Pozo-Kaderman, C., Price, A. A., Noriega, V., Harris, S. D., Derhagopian, R. P., Robinson, D. S., & Moffatt, F. L., Jr. (1998). Concern about aspects of body image and adjustment to early stage breast cancer. *Psychosomatic Medicine, 60,* 168–174.

Carver, C. S., Pozo, C., Harris, S. D., Noriega, V., Scheier, M. F., Robinson, D. S., Ketcham, A. S., Moffat, F. L., Jr., & Clark, K. C. (1993). How coping mediates the effect of optimism on distress: A study of women with early stage breast cancer. *Journal of Personality and Social Psychology, 65,* 375–390.

Carver, C. S., Scheier, M. F., & Weintraub, J. K. (1989). Assessing coping strategies: A theoretically based approach. *Journal of Personality and Social Psychology, 56,* 267–283.

Case, R. B., Moss, A. J., Case, N., McDermott, M., & Eberly, S. (1992). Living alone after myocardial infarction: Impact on prognosis. *Journal of the American Medical Association, 267,* 515–519.

Cassileth, B. R., & Donovan, J. A. (1983). Hospice: History and implications of the new legislation. *Journal of Psychosocial Oncology, 1,* 59–69.

Cassileth, B. R., Lusk, E. J., Strouse, T. B., Miller, D. S., Brown, L. L., & Cross, P. A. (1985). A psychological analysis of cancer patients and their next-of-kin. *Cancer, 55,* 72–76.

Cassileth, B. R., Lusk, E. J., Strouse, T. B., Miller, D. S., Brown, L. L., Cross, P. A., & Tenaglia, A. N. (1984). Psychosocial status in chronic illness: A comparative analysis of six diagnostic groups. *New England Journal of Medicine, 311,* 506–511.

Cassileth, B. R., Temoshok, L. Frederick, B. E., Walsh, W. P., Hurwitz, S., Guerry, D., Clark, W. H., DiClemente, R. J., Sweet, D. M., Blois, M. S., & Sagebiel, R. W. (1988). Patient and physician delay in melanoma diagnosis. *Journal of the American Academy of Dermatology, 18,* 591–598.

Castro, F. G., Newcomb, M. D., McCreary, C., & Baezconde-Garbanati, L. (1989). Cigarette smokers do more than just smoke cigarettes. *Health Psychology, 8,* 107–129.

Catalano, R., Dooley, D., Wilson, C., & Hough, R. (1993). Job loss and alcohol abuse: A test using data from the epidemiologic catchment area. *Journal of Health and Social Behavior, 34,* 215–225.

Catalano, R., Hansen, H., & Hartig, T. (1999). The ecological effect of unemployment on the incidence of very low birthweight in Norway and Sweden. *Journal of Health and Social Behavior, 40,* 422–428.

Catania, J. A., Kegeles, S. M., & Coates, T. J. (1990). Towards an understanding of risk behavior: An AIDS risk reduction model (ARRM). *Health Education Quarterly, 17,* 53–72.

Cates, D. S., Houston, B. K., Vavak, C. R., Crawford, M. H., & Uttley, M. (1993). Heritability of hostility-related emotions, attitudes, and behaviors. *Journal of Behavioral Medicine, 16,* 237–256.

Catz, S. L., Kelly, J. A., Bogart, L. M., Benotsch, E. G., & McAuliffe, T. L. (2000). Patterns, correlates, and barriers to medication adherence among persons prescribed new treatments for HIV disease. *Health Psychology, 19,* 124–133.

Center for the Advancement of Health. (1999). *How managed care can help older persons live well with chronic conditions.* Washington, DC: Author.

Center for the Advancement of Health. (2000a). *Exercising your options: The benefits of physical activity.* Washington, DC: Author.

Center for the Advancement of Health. (2000b). *Health behavior change in managed care: A status report.* Washington, DC: Author.

Center for the Advancement of Health. (2000c). *Selected evidence for behavioral approaches to chronic disease managment in clinical settings. Cardiovascular disease.* Washington, DC: Author.

Center for the Advancement of Health. (2000d). *Selected evidence for behavioral approaches to chronic disease management in clinical settings: Chronic back pain.* Washington, DC: Author.

Center for the Advancement of Health. (2000e). *Selected evidence for behavioral approaches to chronic disease management in clinical settings: Depression.* Washington, DC: Author.

Center for the Advancement of Health. (2000f). *Selected evidence for behavioral approaches to chronic disease management in clinical settings: Diabetes.* Washington, DC: Author.

Center for the Advancement of Health. (2000g). *Selected evidence for behavioral risk reduction in clinical settings: Dietary practices.* Washington, DC: Author.

Center for the Advancement of Health. (2000h). *Selected evidence for behavioral risk reduction in clinical settings: Physical inactivity.* Washington, DC: Author.

Center for the Advancement of Health. (2000i). *Smoking.* Washington, DC: Author.

Center for the Advancement of Health. (2001). *Targeting the at-risk drinker with screening and advice.* Washington, DC: Author.

Centers for Disease Control. (1989). *Surgeon general's report on smoking: Reducing health consequences of smoking: 25 years of progress, 1964–1989.* Washington, DC: Central Office for Health Promotion and Education on Smoking and Health, U.S. Government Printing Office.

Centers for Disease Control and Prevention. (1994). *Cardiovascular disease surveillance: Stroke 1980–1989.* Washington, DC: Author.

Centers for Disease Control and Prevention. (1996). *National and international HIV seroprevalence surveys—Summary of results.* Washington, DC: Author.

Centers for Disease Control and Prevention (1997, May 23). Perspectives in disease prevention and health promotion: Smoking attributable mortality in years of potential life lost—US 1984. *Morbidity and Mortality Weekly Report, 46,* 444, 451.

Centers for Disease Control and Prevention. (1998). *National diabetes fact sheet.* Atlanta, GA. Retrieved from http://www.cdc.gov/diabetes/pubs/facts98.htm

Centers for Disease Control and Prevention. (1999a). *Diabetes: A serious public health problem.* Atlanta, GA. Retrieved from http://www.cdc.gov/diabetes/pubs/glance.htm

Centers for Disease Control and Prevention. (1999b, July 30). *National vital statistics reports.* Washington, DC: Author.

Centers for Disease Control and Prevention. (2000a). *11 leading causes of death, United States: 1998, all races, both sexes.* Washington, DC: Office of Statistics and Programming, National Center for Injury Prevention and Control.

Centers for Disease Control and Prevention. (2000b). *Physical activity and good nutrition: Essential elements for good health.* Atlanta, GA. Retrieved from http://www.cdc.gov/nccdphp/dnpa/dnpaaag.htm

Centers for Disease Control and Prevention. (2000c). *Preventing cardiovascular disease: Addressing the nation's leading killer.* Atlanta, GA. Retrieved from http://www.cdc.gov

Centers for Disease Control and Prevention. (2001a). *CDC's guidelines for school and community programs: Promoting lifelong physical activity.* Retrieved June 6, 2001, from http://www.cdc.gov/nccdphp/dash/phactaag.htm

Centers for Disease Control and Prevention. (2001b, February 7). *National vital statistics reports.* Washington, DC: Author.

Cepeda-Benito, A. (1993). Meta-analytical review of the efficacy of nicotine chewing gum in smoking treatment programs. *Journal of Consulting and Clinical Psychology, 61,* 822–830.

Cerebral Palsy. (2001). Retrieved July 11, 2001, from http://health.yahoo.com/health

Champion, V. L. (1990). Breast self-examination in women 35 and older: A prospective study. *Journal of Behavioral Medicine, 13,* 523–538.

Champion, V. L., & Springston, J. (1999). Mammography adherence and beliefs in a sample of low-income African American women. *International Journal of Behavioral Medicine, 6,* 228–240.

Chang, E. C. (1998). Dispositional optimism and primary and secondary appraisal of a stressor: Controlling for confounding influences and relations to coping and psychological and physical adjustment. *Journal of Personality and Social Psychology, 74,* 1109–1120.

Charles, S., Gatz, M., Pederson, N., & Dahlberg, L. (1999). Genetic and behavioral risk factors for self-reported joint pain among a population-based sample of Swedish twins. *Health Psychology, 18,* 644–654.

Chassin, L., Presson, C. C., Pitts, S. C., & Sherman, S. J. (2000). The natural history of cigarette smoking from adolescence to adulthood in a midwestern community sample: Multiple trajectories and their psychosocial correlates. *Health Psychology, 19,* 223–231.

Chassin, L., Presson, C. C., Rose, J. S., & Sherman, S. J. (1996). The natural history of cigarette smoking from adolescence to adulthood: Demographic predictors of continuity and change. *Health Psychology, 15,* 478–484.

Chaves, I. F., & Barber, T. X. (1976). Hypnotism and surgical pain. In D. Mostofsky (Ed.), *Behavioral control and modification of physiological activity.* Englewood Cliffs, NJ: Prentice-Hall.

Chen, Z., Sandercock, P., Pan, P., Counsell, C., Collins, R., Liu, L., Xie, J., Warlow, C., & Peto, R. (2000). Indications of early aspirin use in acute ischemic stroke: A combined analysis of 40,000 randomized patients from the Chinese acute stroke trial and the international stroke trial. *Stroke, 31,* 1240–1249.

Cheng, C., Hui, W., & Lam, S. (1999). Coping style of individuals with functional dyspepsia. *Psychosomatic Medicine, 61,* 789–795.

Cherny, N. I. (1996). The problem of inadequately relieved suffering. *Journal of Social Issues, 52,* 13–30.

Chesney, M. A., Eagleston, J. R., & Rosenman, R. H. (1981). Type A behavior: Assessment and intervention. In C. K. Prokop & L. A. Bradley (Eds.), *Medical psychology: Contributions to behavioral medicine* (pp. 485–497). New York: Academic Press.

Chilcoat, H. D., & Breslau, N. (1996). Alcohol disorders in young adulthood: Effects of transitions into adult roles. *Journal of Health and Social Behavior, 37,* 339–349.

Christenfeld, N. (1997). Memory for pain and the delayed effects of distraction. *Health Psychology, 16,* 327–330.

Christenfeld, N., Gerin, W., Linden, W., Sanders, M., Mathur, J., Deich, J. D., & Pickering, T. G. (1997). Social support effects on cardiovascular reactivity: Is a stranger as effective as a friend? *Psychosomatic Medicine, 59,* 388–398.

Christenfeld, N., Glynn, L. M., Phillips, D. P., & Shrira, I. (1999). Exposure to New York City as a risk factor for heart attack mortality. *Psychosomatic Medicine, 61,* 740–743.

Christensen, A. J., Edwards, D. L., Wiebe, J. S., Benotsch, E. G., McKelvey, L., Andrews, M., & Lubaroff, D. M. (1996). Effect of verbal self-disclosure on natural killer cell activity: Moderating influence of cynical hostility. *Psychosomatic Medicine, 58,* 150–155.

Christensen, A. J., Ehlers, S. L., Raichle, K. A., Bertolatus, J. A., & Lawton, W. J. (2000). Predicting change in depression following renal transplantation: Effect of patient coping preferences. *Health Psychology, 19,* 348–353.

Christensen, A. J., Moran, P. J., & Wiebe, J. S. (1999). Assessment of irrational health beliefs: Relation to health practices and medical regimen adherence. *Health Psychology, 18,* 169–176.

Christensen, A. J., Smith, T. W., Turner, C. W., Holman, J. M., Jr., Gregory, M. C., & Rich, M. A. (1992). Family support, physical impairment, and adherence in hemodialysis: An investigation of main and buffering effects. *Journal of Behavioral Medicine, 15,* 313–326.

Christensen, A. J., Wiebe, J. S., & Lawton, W. J. (1997). Cynical hostility, powerful others, control expectancies and patient adherence in hemodialysis. *Psychosomatic Medicine, 59,* 307–312.

Christensen, A. J., Wiebe, J. S., Smith, T. W., & Turner, C. W. (1994). Predictors of survival among hemodialysis patients: Effect of perceived family support. *Health Psychology, 13,* 521–525.

Christensen, K. A., Stephens, M. A. P., & Townsend, A. L. (1998). Mastery in women's multiple roles and well-being: Adult daughters providing care to impaired parents. *Health Psychology, 17,* 163–171.

Christman, N. J., McConnell, E. A., Pfeiffer, C., Webster, K. K., Schmitt, M., & Ries, J. (1988). Uncertainty, coping, and distress following myocardial infarction: Transition from hospital to home. *Research in Nursing and Health, 11,* 71–82.

Christophersen, E. R., Sosland-Edelman, D., & LeClaire, S. (1985). Evaluation of two comprehensive infant car seat loaner programs with 1-year follow-up. *Pediatrics, 76,* 36–42.

Ciccone, D., Just, N., & Bandilla, E. (1999). A comparison of economic and social reward in patients with chronic nonmalignant back pain. *Psychosomatic Medicine, 61,* 552–563.

Clark, J. H., MacPherson, B. V., & Holmes, D. R. (1982). Cigarette smoking and the external locus of control among young adolescents. *Journal of Health and Social Behavior, 23,* 253–259.

Clark, M. (1977). The new war on pain. *Newsweek,* pp. 48–58.

Clark, V., Moore, C., & Adams, J. (1998). Cholesterol concentrations and cardiovascular reactivity to stress in African American college volunteers. *Journal of Behavioral Medicine, 21,* 505–515.

Clarke, V. A., Lovegrove, H., Williams, A., & Macpherson, M. (2000). Unrealistic optimism and the health belief model. *Journal of Behavioral Medicine, 23,* 367–376.

Clarke, V. A., Williams, T., & Arthey, S. (1997). Skin type and optimistic bias in relation to the sun protection and suntanning behaviors of young adults. *Journal of Behavioral Medicine, 20,* 207–222.

Classen, P. L., Pestotnik, S. L., Evans, R. S., Lloyd, J. F., & Burke, J. R. (1997). Adverse drug events in hospitalized patients: Excess length of stay, extra costs, and attributable mortality. *Journal of the American Medical Association, 277,* 301–306.

Clavel, F., Benhamou, S., & Flamant, R. (1987). Nicotine dependence and secondary effects of smoking cessation. *Journal of Behavioral Medicine, 10,* 555–558.

Clay, R. A. (1996). Religion is the backbone of Black life. *APA Monitor, 27,* 46.

Cleary, P. D., Hitchcock, J. L., Semmer, N., Flinchbaugh, L. H., & Pinney, J. M. (1988). Adolescent smoking: Research and health policy. *The Milbank Quarterly, 66,* 137–171.

Clemmey, P. A., & Nicassio, P. M. (1997). Illness self-schemas in depressed and nondepressed rheumatoid arthritis patients. *Journal of Behavioral Medicine, 20,* 273–290.

Cloninger, C. R. (1987). Neurogenetic adaptive mechanisms in alcoholism. *Science, 236,* 410–416.

Cobb, S. (1976). Social support as a moderator of life stress. *Psychosomatic Medicine, 38,* 300–314.

Cochran, S. D., & Mays, V. M. (1990). Sex, lies, and HIV. *New England Journal of Medicine, 322,* 774–775.

Cockburn, J., Gibberd, R. W., Reid, A. Z., & Sanson-Fisher, R. W. (1987). Determinants of noncompliance with short-term antibiotic regimens. *British Medical Journal, Clinical Research Edition, 295,* 814–818.

Cockerham, W. C., Lueschen, G., Kunz, G., & Spaeth, J. L. (1986). Social stratification and self-manage-ment of health. *Journal of Health and Social Behavior, 27,* 1–14.

Codori, A., Slavney, P. R., Young, C., Miglioretti, D. L., & Brandt, J. (1997). Predictors of psychological adjustment to genetic testing for Huntington's disease. *Health Psychology, 16,* 36–50.

Cody, R., & Lee, C. (1999). Development and evaluation of a pilot program to promote exercise among mothers of preschool children. *International Journal of Behavioral Medicine, 61,* 13–29.

Cogan, J. C., & Ernsberger, P. (1999). Dieting, weight, and health: Reconceptualizing research and policy. *Journal of Social Issues, 55,* 187–205.

Cohen, F., & Lazarus, R. (1979). Coping with the stresses of illness. In G. C. Stone, F. Cohen, & N. E. Adler (Eds.), *Health psychology: A handbook* (pp. 217–254). San Francisco: Jossey-Bass.

Cohen, L., Cohen, R., Blount, R., Schaen, E., & Zaff, J. (1999). Comparative study of distraction versus topical anesthesia for pediatric pain management during immunizations. *Health Psychology, 18,* 591–598.

Cohen, L., Marshall, G. D., Jr., Cheng, L., Agarwal, S. K., & Wei, Q. (2000). DNA repair capacity in healthy medical students during and after exam stress. *Journal of Behavioral Medicine, 23,* 531–544.

Cohen, M. L. (2000). Changing patterns of infectious disease. *Nature, 406,* 762–767.

Cohen, R. Y., Brownell, K. D., & Felix, M. R. J. (1990). Age and sex differences in health habits and beliefs of schoolchildren. *Health Psychology, 9,* 208–224.

Cohen, R. Y., Stunkard, A., & Felix, M. R. J. (1986). Measuring community change in disease prevention and health promotion. *Preventive Medicine, 15,* 411–421.

Cohen, S. (1978). Environmental load and allocation of attention. In A. Baum, J. E. Singer, & S. Valins (Eds.), *Advances in environmental psychology* (Vol. 2, pp. 1–29). Hillsdale, NJ: Erlbaum.

Cohen, S. (1980). Aftereffects of stress on human performance and social behavior: A review of research and theory. *Psychological Bulletin, 88,* 82–108.

Cohen, S. (1988). Psychosocial models of the role of social support in the etiology of physical disease. *Health Psychology, 7,* 269–297.

Cohen, S., Doyle, W. J., Skoner, D. P., Fireman, P., Gwaltney, J. M., Jr., & Newsom, J. T. (1995). State and trait negative affect as predictors of objective and subjective symptoms of respiratory viral infections. *Journal of Personality and Social Psychology, 68,* 159–169.

Cohen, S., Doyle, W., & Skoner, D. (1999). Psychological stress, cytokine production, and severity of upper respiratory illness. *Psychosomatic Medicine, 61,* 175–180.

Cohen, S., Doyle, W. J., Skoner, D. P., Rabin, B. S., & Gwaltney, J. M., Jr. (1997). Social ties and susceptibility to the common cold. *Journal of the American Medical Association, 277,* 1940–1944.

Cohen, S., & Edwards, J. R. (1989). Personality characteristics as moderators of the relationship between stress and disorder. In R. W. J. Neufeld (Ed.), *Advances in the investigation of psychological stress* (pp. 235–283). New York: Wiley.

Cohen, S., Evans, G. W., Krantz, D. S., & Stokols, D. (1980). Physiological, motivational, and cognitive effects of aircraft noise on children. *American Psychologist, 35,* 231–243.

Cohen, S., Evans, G. W., Stokols, D., & Krantz, D. S. (1986). *Behavior, health, and environmental stress.* New York: Plenum Press.

Cohen, S., Glass, D. C., & Phillip, S. (1978). Environment and health. In H. E. Freeman, S. Levine, & L. G. Reeder (Eds.), *Handbook of medical sociology* (pp. 134–149). Englewood Cliffs, NJ: Prentice-Hall.

Cohen, S., Glass, D. C., & Singer, J. E. (1973). Apartment noise, auditory discrimination, and reading ability in children. *Journal of Experimental Social Psychology, 9,* 407–422.

Cohen, S., & Herbert, T. B. (1996). Health psychology: Psychological factors and physical disease from the perspective of human psychoneuroimmunology. *Annual Review of Psychology, 47,* 113–142.

Cohen, S., & Hoberman, H. M. (1983). Positive events and social supports as buffers of life change stress. *Journal of Applied Social Psychology, 13,* 99–125.

Cohen, S., Kamarck, T., & Mermelstein, R. (1983). A global measure of perceived stress. *Journal of Health and Social Behavior, 24,* 385–396.

Cohen, S., Kaplan, J. R., Cunnick, J. E., Manuck, S. B., & Rabin, B. S. (1992). Chronic social stress, affiliation, and cellular immune response in nonhuman primates. *Psychological Science, 3,* 301–304.

Cohen, S., Kessler, R. C., & Gordon, L. U. (1995). Conceptualizing stress and its relation to disease. In S. Cohen, R. C. Kessler, & L. U. Gordon (Eds.), *Measuring stress: A guide for health and social scientists* (pp. 3–26). New York: Oxford University Press.

Cohen, S., & Lichtenstein, E. (1990). Perceived stress, quitting smoking, and smoking relapse. *Health Psychology, 9,* 466–478.

Cohen, S., Lichtenstein, E., Prochaska, J. O., Rossi, J. S., Gritz, E. R., Carr, C. R., Orleans, C. T., Schoenbach, V. J., Biener, L., Abrams, D., DiClemente, C., Curry, S., Marlatt, G. A., Cummings, K. M., Emont, S. L., Giovino, G., & Ossip-Klein, D. (1989). Debunking myths about self-quitting: Evidence from ten prospective studies of persons quitting smoking by themselves. *American Psychologist, 44,* 1355–1365.

Cohen, S., Line, S., Manuck, S. B., Rabin, B. S., Heise, E. R., & Kaplan, J. R. (in press). Chronic social stress, social status, and susceptibility to upper respiratory infection in nonhuman primates. *Psychosomatic Medicine.*

Cohen, S., & McKay, G. (1984). Social support, stress, and the buffering hypothesis: A theoretical analysis. In A. Baum, S. E. Taylor, & J. Singer (Eds.), *Handbook of psychology and health* (Vol. 4, pp. 253–268). Hillsdale, NJ: Erlbaum.

Cohen, S., Sherrod, D. R., & Clark, M. S. (1986). Social skills and the stress-protective role of social support. *Journal of Personality and Social Psychology, 50,* 963–973.

Cohen, S., & Spacapan, S. (1978). The aftereffects of stress: An attentional interpretation. *Environmental Psychology and Nonverbal Behavior, 3,* 43–57.

Cohen, S., Tyrrell, D. A. J., & Smith, A. P. (1993). Negative life events, perceived stress, negative affect, and susceptibility to the common cold. *Journal of Personality and Social Psychology, 64,* 131–140.

Cohen, S., & Williamson, G. M. (1988). Perceived stress in a probability sample of the United States. In S. Spacapan & S. Oskamp (Eds.), *The social psychology of health* (pp. 31–67). Newbury Park, CA: Sage.

Cohen, S., & Williamson, G. M. (1991). Stress and infectious disease in humans. *Psychological Bulletin, 109,* 5–24.

Cohen, S., & Wills, T. A. (1985). Stress, social support, and the buffering hypothesis. *Psychological Bulletin, 98,* 310–357.

Cole, P. A., Pomerleau, C. S., & Harris, J. K. (1992). The effects of nonconcurrent and concurrent relaxation training on cardiovascular reactivity to a psychological stressor. *Journal of Behavioral Medicine, 15,* 407–427.

Cole, S. W., Kemeny, M. E., Taylor, S. E., Visscher, B. R., & Fahey, J. L. (1996). Accelerated course of human immunodeficiency virus infection in gay men who conceal their homosexual identity. *Psychosomatic Medicine, 58,* 219–231.

Colligan, M. J., Urtes, M. A., Wisseman, C., Rosensteel, R. E., Anania, T. L., & Hornung, R. W. (1979). An investigation of apparent mass psychogenic illness in an electronics plant. *Journal of Behavioral Medicine, 2,* 297–309.

Collijn, D. H., Appels, A., & Nijhuis, F. (1995). Psychosocial risk factors for cardiovascular disease in women: The role of social support. *International Journal of Medicine. 2,* 219–232.

Collins, B. E., & Aspinwall, L. G. (1989, May). *Impression management in negotiations for safer sex.* Paper presented at the Second Iowa Conference on Interpersonal Relationships, Iowa City, IA.

Collins, G. (1997, May 30). Trial near in new legal tack in tobacco war. *New York Times,* p. A10.

Collins, N. L., Dunkel-Schetter, C., Lobel, M., & Scrimshaw, S. C. M. (1993). Social support in pregnancy. Psychosocial correlates of birth outcomes and postpartum depression. *Journal of Personality and Social Psychology, 6,* 1243–1258.

Collins, R. L., Taylor, S. E., & Skokan, L. A. (1990). A better world or a shattered vision? Changes in perspectives following victimization. *Social Cognition, 8,* 263–285.

Compas, B. E., Barnez, G. A., Malcarne, V., & Worsham, N. (1991). Perceived control and coping with stress: A developmental perspective. *Journal of Social Issues, 47,* 23–34.

Compas, B. E., Worsham, N. L., Epping-Jordan, J.-A. E., Grant, K. E., Mireault, G., Howell, D. C., & Malcarne, V. L. (1994). When mom or dad has cancer: Markers of psychological distress in cancer patients, spouses, and children. *Health Psychology, 13,* 507–515.

Compas, B. E., Worsham, N. L., Ey, S., & Howell, D. C. (1996). When mom or dad has cancer: II. Coping, cognitive appraisals, and psychological distress in children of cancer patients. *Health Psychology, 15,* 167–175.

Conger, R. D., Lorenz, F. O., Elder, G. H., Jr., Simons, R. L., & Ge, X. (1993). Husband and wife differences in response to undesirable life events. *Journal of Health and Social Behavior, 34,* 71–88.

Connor, W. E., & Connor, S. L. (1977). Dietary treatment of hyperlipidemia. In B. M. Rifkind & R. I. Levy (Eds.), *Hyperlipidemia: Diagnosis and therapy.* New York: Grune & Stratton.

Conway, J. (1978). *Men in mid-life crisis.* Elgin, IL: Cook.

Cook, W. W., & Medley, D. M. (1954). Proposed hostility and pharasaic-virtue scales for the MMPI. *Journal of Applied Psychology, 38,* 414–418.

Coons, S. J., & Kaplan, R. M. (1992). Assessing health-related quality of life: Application to drug therapy. *Clinical Therapeutics, 14,* 850–858.

Cooper, C. J., & Marshall, J. (1976). Occupational sources of stress: A review of the literature relating to coronary heart disease and mental ill health. *Journal of Occupational Psychology, 49,* 11–28.

Cooper, J. K., Love, D. W., & Raffoul, P. R. (1982). Intentional prescription nonadherence (noncompliance) by the elderly. *Journal of the American Geriatric Society, 30,* 329–333.

Cooper, M. L., Frone, M. R., Russell, M., & Mudar, P. (1995). Drinking to regulate positive and negative emotions: A motivational model of alcohol use. *Journal of Personality and Social Psychology, 69,* 990–1005.

Corr, C. A., & Corr, D. M. (1985). Situations involving children: A challenge for the hospice movement. *The Hospice Journal, 1,* 63–77.

Coser, R. L. (1962). *Life in the ward.* East Lansing: Michigan State University Press.

Costa, P. T., Jr., & McCrae, R. R. (1980). Somatic complaints in males as a function of age and neuroticism: A longitudinal analysis. *Journal of Behavioral Medicine, 3,* 245–258.

Costello, R. M. (1975). Alcoholism treatment and evaluation: In search of methods. *International Journal of the Addictions, 10,* 251–275.

Courneya, K. S. (1995). Understanding readiness for regular physical activity in older individuals: An application of the theory of planned behavior. *Health Psychology, 14,* 80–87.

Courneya, K.S., & Friedenreich, C.M. (1999). Physical exercise and quality of life following cancer diagnosis: A literature review. *Annals of Behavioral Medicine, 21,* 171–179.

Cousins, N. (1979). *Anatomy of an illness.* New York: Norton.

Cover, H., & Irwin, W. (1994). Immunity and depression: Insomnia, retardation, and reduction in natural killer cell activity. *Journal of Behavioral Medicine, 17,* 217–223.

Cox, D. J., Tisdelle, D. A., & Culbert, J. P. (1988). Increasing adherence to behavioral homework assignments. *Journal of Behavioral Medicine, 11,* 519–522.

Coyne, J. C., Kessler, R. C., Tal, M., Turnbull, J., Wortman, C. B., & Greden, J. F. (1987). Living with a depressed person. *Journal of Consulting and Clinical Psychology, 55,* 347–352.

Coyne, J. C., & Smith, D. A. F. (1991). Couples coping with a myocardial infarction: A contextual perspective on wives' distress. *Journal of Personality and Social Psychology, 61,* 404–412.

Crandall, C. S., Preisler, J. J., & Aussprung, J. (1992). Measuring life event stress in the lives of college students: The Undergraduate Stress Questionnaire (USQ). *Journal of Behavioral Medicine, 15*, 627–662.

Crandall, L. A., & Duncan, R. P. (1981). Attitudinal and situational factors in the use of physician services by low-income persons. *Journal of Health and Social Behavior, 22*, 64–77.

Criqui, M. H. (1986). Epidemiology of atherosclerosis: An updated overview. *American Journal of Cardiology, 57*, 18C–23C.

Crnic, L. S. (1996). Transgenic and null mutant animals for psychosomatic research. *Psychosomatic Medicine, 58*, 622–632.

Cromwell, R. L., Butterfield, E. C., Brayfield, F. M., & Curry, J. J. (1977). *Acute myocardial infarction: Reaction and recovery.* St. Louis, MO: Mosby.

Croog, S. H. (1983). Recovery and rehabilitation of heart patients: Psychosocial aspects. In D. S. Krantz & J. S. Singer (Eds.), *Handbook of psychology and health* (Vol. 3, pp. 295–334). Hillsdale, NJ: Erlbaum.

Croog, S. H., & Fitzgerald, E. F. (1978). Subjective stress and serious illness of a spouse: Wives of heart patients. *Journal of Health and Social Behavior, 9*, 166–178.

Cross, C. K., & Hirschfeld, M. A. (1986). Psychosocial factors and suicidal behavior. *Annals of the New York Academy of Sciences, 487*, 77–89.

Croyle, R. T., & Barger, S. D. (1993). Illness cognition. In S. Maes, H. Leventhal, & M. Johnston (Eds.), *International review of health psychology* (Vol. 2, pp. 29–49). New York: Wiley.

Croyle, R. T., & Ditto, P. H. (1990). Illness cognition and behavior: An experimental approach. *Journal of Behavioral Medicine, 13*, 31–52.

Croyle, R. T., & Hunt, J. R. (1991). Coping with health threat: Social influence processes in reactions to medical test results. *Journal of Personality and Social Psychology, 60*, 382–389.

Croyle, R. T., & Jemmott, J. B., III. (1991). Psychological reactions to risk factor testing. In J. Skelton & R. Croyle (Eds.), *The mental representation of health and illness* (pp. 85–107). New York: Springer-Verlag.

Croyle, R. T., & Lerman, C. (1993). Interest in genetic testing for colon cancer susceptibility: Cognitive and emotional correlates. *Preventive Medicine, 22*, 284–292.

Croyle, R. T., Smith, K. R., Botkin, J. R., Baty, B., & Nash, J. (1997). Psychological responses to BRCA1 mutation testing: Preliminary findings. *Health Psychology, 16*, 63–72.

Croyle, R. T., Sun, Y.-C., & Louie, D. H. (1993). Psychological minimization of cholesterol test results: Moderators of appraisal in college students and community residents. *Health Psychology, 12*, 503–507.

Croyle, R. T., & Uretsky, M. B. (1987). Effects of mood on self-appraisal of health status. *Health Psychology, 6*, 239–253.

Cruess, D. G., Antoni, M. H., McGregor, B. A., Kilbourn, K. M., Boyers, A. E., Alferi, S. M., Carver, C. S., & Kumar, M. (2000). Cognitive-behavioral stress management reduces serum cortisol by enhancing benefit finding among women being treated for early stage breast cancer. *Psychosomatic Medicine, 62*, 304–308.

Cruess, D. G., Antoni, M. H., Schneiderman, N., Ironson, G., McCabe, P., Fernandez, J. B., Cruess, S. E., Klimas, N., & Kumar, M. (2000). Cognitive-behavioral stress management increases free testosterone and decreases psychological distress in HIV-seropositive men. *Health Psychology, 19*, 12–20.

Cruess, S., Antoni, M., Cruess, D., Fletcher, M., Ironson, G., Kumar, M., Lutgendorf, S., Hayes, A., Klimas, N., & Schneiderman, N. (2000). Reduction in herpes simplex virus type 2 antibody titers after cognitive behavioral stress management and relationships with neuroendocrine function, relaxation skills, and social support in HIV-positive men. *Psychosomatic Medicine, 62*, 828–837.

Cruess, S., Antoni, M., Kilbourn, K., Ironson, G., Klimas, N., Fletcher, M., Baum, A., & Schneiderman, N. (2000). Optimism, distress, and immunologic status in HIV-infected gay men following hurricane Andrew. *International Journal of Behavioral Medicine, 7*, 160–182.

Cullen, K., Bartholomew, L., Parcel, G. S., & Koehly, L. (1998). Measuring stage of change for fruit and vegetable consumption in 9- to 12-year-old girls. *Journal of Behavioral Medicine, 21*, 241–254.

Cummings, K. M., Becker, M. H., Kirscht, J. P., & Levin, N. W. (1981). Intervention strategies to improve compliance with medical regimens by ambulatory hemodialysis patients. *Journal of Behavioral Medicine, 4*, 111–128.

Cunningham, A. J. (1981). Mind, body, and immune response. In R. Ader (Ed.), *Psychoneuroimmunology* (pp. 609–617). New York: Academic Press.

Curbow, B. (1986). Health care and the poor: Psychological implications of restrictive policies. *Health Psychology, 5*, 375–391.

Curbow, B., Somerfield, M. R., Baker, F., Wingard, J. R., & Legro, M. W. (1993). Personal changes, dispositional optimism, and psychological adjustment to bone marrow transplantation. *Journal of Behavioral Medicine, 16*, 423–466.

Curry, S. J. (1993). Self-help interventions for smoking cessation. *Journal of Consulting and Clinical Psychology, 61*, 790–803.

Cushman, L. A. (1986). Secondary neuropsychiatric complications in stroke: Implications for acute care.

Archives of Physical Medicine and Rehabilitation, 69, 877–879.

Dahlberg, C. C. (1977, June). Stroke. *Psychology Today,* pp. 121–128.

Dakof, G. A., & Mendelsohn, G. A. (1986). Parkinson's disease: The psychological aspects of a chronic illness. *Psychological Bulletin, 99,* 375–387.

Dakof, G. A., & Taylor, S. E. (1990). Victims' perceptions of social support: What is helpful from whom? *Journal of Personality and Social Psychology, 58,* 80–89.

D'Amico, E.J., & Fromme, K. (1997). Health risk behaviors of adolescent and young adult siblings. *Health Psychology, 16,* 426–432.

Danoff, B., Kramer, S., Irwin, P., & Gottlieb, A. (1983). Assessment of the quality of life in long-term survivors after definitive radiotherapy. *American Journal of Clinical Oncology, 6,* 339–345.

D'Antonio, M. (1999, October 3). The enemy within. *Los Angeles Times Magazine,* pp. 19–21.

Dar, R., Leventhal, E. A., & Leventhal, H. (1993). Schematic processes in pain perception. *Cognitive Therapy and Research, 17,* 341–357.

Dasche, T. A., Cohen, R. J., & Rice, C. L. (1993). Health-care reform: Single-payer models. *American Psychologist, 48,* 265–269.

Dattore, P. I., Shontz, F. C., & Coyne, L. (1980). Premorbid personality differentiation of cancer and noncancer groups: A test of the hypothesis of cancer proneness. *Journal of Consulting and Clinical Psychology, 48,* 388–394.

Davidson, K., MacGregor, M. W., Stuhr, J., & Gidron, Y. (1999). Increasing constructive anger verbal behavior decreases resting blood pressure: A secondary analysis of a randomized controlled hostility intervention. *International Journal of Behavioral Medicine, 6,* 268–278.

Davidson, K. W., Hall, P., & MacGregor, M. (1996). Gender differences in the relation between interview-derived hostility scores and resting blood pressure. *Journal of Behavioral Medicine, 19,* 185–202.

Davidson, K. W., Reddy, S. S. K., McGrath, P., & Zitner, D. (1996). Is there an association among low untreated serum lipid levels, anger, and hazardous driving? *International Journal of Behavioral Medicine, 3,* 321–336.

Davidson, R. J., & Schwartz, G. E. (1976). Psychobiology of relaxation and related states: A multiprocess theory. In D. Mostofsky (Ed.), *Behavior modification and control of physiologic activity.* Englewood Cliffs, NJ: Prentice-Hall.

Davis, C., Kaptein, S., Kaplan, A., Olmstead, M., & Woodside, B. (1998). Obsessionality in anorexia nervosa: The moderating influence of exercise. *Psychosomatic Medicine, 60,* 192–197.

Davis, M., Matthews, K., & McGrath, C. (2000). Hostile attitudes predict elevated vascular resistance during interpersonal stress in men and women. *Psychosomatic Medicine, 62,* 17–25.

Davis, M., Vasterling, J., Bransfield, D., & Burish, T. G. (1987). Behavioural interventions in coping with cancer-related pain. *British Journal of Guidance and Counselling, 15,* 17–28.

Davis, M.C. (1999). Oral contraceptive use and hemodynamic, lipid, and fibrinogen responses to smoking and stress in women. *Health Psychology, 18,* 122–130.

Davis, M. C., Matthews, K. A., Meilahn, E. N., & Kiss, J. E. (1995). Are job characteristics related to fibrinogen levels in middle-aged women? *Health Psychology, 14,* 310–318.

Davis, M. C., & Swan, P. D. (1999). Association of negative and positive social ties with fibrinogen levels in young women. *Health Psychology, 18,* 131–139.

Davis, M. C., Twamley, E. W., Hamilton, N. A., & Swan, P. D. (1999). Body fat distribution and hemodynamic stress responses in premenopausal obese women: A preliminary study. *Health Psychology, 18,* 625–633.

Davis, M. S. (1966). Variations in patients' compliance with doctors' orders: Analysis of congruence between survey responses and results of empirical investigations. *Journal of Medical Education, 41,* 1037–1048.

Davis, M. S. (1967). Predicting non-compliant behavior. *Journal of Health and Social Behavior, 8,* 265–271.

Davis, M. S. (1968a). Physiologic, psychological, and demographic factors in patient compliance with doctors' orders. *Medical Care, 6,* 115–122.

Davis, M. S. (1968b). Variations in patients' compliance with doctors' advice: An empirical analysis of patterns of communication. *American Journal of Public Health, 58,* 274–288.

Davis, M. S., & Eichhorn, R. L. (1963). Compliance with medical regimen: A panel study. *Journal of Health and Social Behavior, 4,* 240–250.

Davison, G. C., Williams, M. E., Nezami, E., Bice, T. L., & DeQuattro, V. L. (1991). Relaxation, reduction in angry articulated thoughts, and improvements in borderline hypertension and heart rate. *Journal of Behavioral Medicine, 14,* 453–468.

Dawson, D. A., & Thompson, G. B. (1990). *Breast cancer risk factors and screening: United States, 1987* (DHHS Publication No. PHS 90-1500). Washington, DC: U.S. Government Printing Office.

Deaton, A. V. (1985). Adaptive noncompliance in pediatric asthma: The parent as expert. *Journal of Pediatric Psychology, 10,* 1–14.

DeBusk, R. F., Haskell, W. L., Miller, N. H., Berra, K., & Taylor, C. B. (1985). Medically directed at-home rehabilitation soon after clinically uncomplicated acute myocardial infarction: A new model for patient care. *American Journal of Cardiology, 55,* 251–257.

DeJong, G. M., Timmerman, I. G. H., & Emmelkamp, P. M. G. (1996). The survey of recent life experiences: A psychometric evaluation. *Journal of Behavioral Medicine, 19,* 529–542.

DeLongis, A., Coyne, J. C., Dakof, G., Folkman, S., & Lazarus, R. S. (1982). Relationship of daily hassles, uplifts, and major life events to health status. *Health Psychology, 1,* 119–136.

Dembroski, T. M., & Williams, R. B. (1989). Definition and assessment of coronary-prone behavior. In N. Schneiderman, P. Kaufmann, & S. M. Weiss (Eds.), *Handbook of research methods in cardiovascular behavioral medicine* (pp. 553–569). New York: Plenum Press.

Denollet, J., & Brutsaert, D. L. (1998). Personality, disease severity, and the risk of long-term cardiac events in patients with a decreased ejection fraction after myocardial infarction. *Circulation, 97,* 167–173.

DeQuattro, V., & Lee, D. D.-P. (1991). Blood pressure reactivity and sympathetic hyperactivity. *American Journal of Hypertension, 4,* 624S–628S.

Derogatis, L. R., Abeloff, M., & Melasaratos, N. (1979). Psychological coping mechanisms and survival time in metastatic breast cancer. *Journal of the American Medical Association, 242,* 1504–1508.

DeRosa, C. J., & Marks, G. (1998). Preventative counseling of HIV-positive men and self-disclosure of serostatus to sex partners: New opportunities for prevention. *Health Psychology, 17,* 224–231.

Des Jarlais, D. C. (1988). *Effectiveness of AIDS educational programs for intravenous drug users.* Unpublished manuscript, State of New York Division of Substance Abuse Services, New York.

Detweiler, J. B., Bedell, B. T., Salovey, P., Pronin, E., & Rothman, A. J. (1999). Message framing and sunscreen use: Gain-framed messages motivate beach-goers. *Health Psychology, 18,* 189–196.

DeVellis, B. M., Blalock, S. J., & Sandler, R. S. (1990). Predicting participation in cancer screening: The role of perceived behavioral control. *Journal of Applied Social Psychology, 20,* 659–660.

DeVellis, R. F., DeVellis, B. M., Sauter, S. V. H., & Cohen, J. L. (1986). Predictors of pain and functioning in arthritis. *Health Education Research, 1,* 61–67.

Devins, G. M., Mandin, H., Hons, R. B., Burgess, E. D., Klassen, J., Taub, K., Schorr, S., Letourneau, P. K., & Buckle, S. (1990). Illness intrusiveness and quality of life in end-stage renal disease: Comparison and stability across treatment modalities. *Health Psychology, 9,* 117–142.

De Vries, W. R., Bernards, N. T. M., De Rooij, M. H., & Koppeschaar, H. P. F. (2000). Dynamic exercise discloses different time-related responses in stress hormones. *Psychosomatic Medicine, 62,* 866–872.

DeWit, A. C. D., Duivenvoorden, H. J., Passchier, J., Niermeijer, M. F., Tibben, A., & the other members of the Rotterdam/Leiden Genetics Workgroup. (1998). Course of distress experienced by persons at risk for an autosomal dominant inheritable disorder participating in a predictive testing program: An explorative study. *Psychosomatic Medicine, 60,* 543–549.

Dhabhar, F. S., Miller, A. H., McEwen, B. S., & Spencer, R. L. (1995). Effects of stress on immune cell distribution: Dynamics and hormonal mechanisms. *Journal of Immunology, 154,* 5511–5527.

Diamond, J., Massey, K. L., & Covey, D. (1989). Symptom awareness and blood glucose estimation in diabetic adults. *Health Psychology, 8,* 15–26.

Dickinson, A. (1999, September 13). No school for sots: The family dinner table is the place to train your college-bound kids to think—not drink. *Time,* p. 85.

Diefenbach, M. A., Leventhal, E. A., Leventhal, H., & Patrick-Miller, L. (1996). Negative affect relates to cross-sectional but not longitudinal symptom reporting: Data from elderly adults. *Health Psychology, 15,* 282–288.

Dientsbier, R. A. (1989). Arousal and physiological toughness: Implications for mental and physical health. *Psychological Review, 96,* 84–100.

Diller, L. (1976). A model of cognitive retraining in rehabilitation. *Journal of Clinical Psychology, 29,* 74–79.

DiMatteo, M. R., & DiNicola, D. D. (1982). *Achieving patient compliance: The psychology of the medical practitioner's role.* New York: Pergamon Press.

DiMatteo, M. R., Friedman, H. S., & Taranta, A. (1979). Sensitivity to bodily nonverbal communication as a factor in practitioner-patient rapport. *Journal of Nonverbal Behavior, 4,* 18–26.

DiMatteo, M. R., Hays, R. D., & Prince, L. M. (1986). Relationship of physicians' nonverbal communication skill to patient satisfaction, appointment noncompliance, and physical workload. *Health Psychology, 5,* 581–594.

DiMatteo, M. R., Linn, L. S., Chang, B. L., & Cope, D. W. (1985). Affect and neutrality in physician behavior: A study of patients' values and satisfaction. *Journal of Behavioral Medicine, 8,* 397–410.

DiMatteo, M. R., Sherbourne, C. D., Hays, R. D., Ordway, L., Kravitz, R. L., McGlynn, E. A., Kaplan, S., & Rogers, W. H. (1993). Physicians' characteristics influence patients' adherence to medical treatment: Results from the Medical Outcomes Study. *Health Psychology, 12,* 93–102.

Dimond, M. (1979). Social support and adaptation to chronic illness: The case of maintenance hemodialysis. *Research in Nursing and Health, 2,* 101–108.

Dimsdale, J. E. (2000). Stalked by the past: The influence of ethnicity on health. *Psychosomatic Medicine, 62,* 161–170.

Dimsdale, J. E., & Herd, J. A. (1982). Variability of plasma lipids in response to emotional arousal. *Psychosomatic Medicine, 44,* 413–430.

Dimsdale, J. E., Pierce, C., Schoenfeld, D., Brown, A., Zusman, R., & Graham, R. (1986). Suppressed anger and blood pressure: The effects of race, sex, social class, obesity, and age. *Psychosomatic Medicine, 48,* 430–436.

Dimsdale, J. E., Young, D., Moore, R., & Strauss, H. W. (1987). Do plasma norepinephrine levels reflect behavioral stress? *Psychosomatic Medicine, 49,* 375–382.

Dinh, K. T., Sarason, I. G., Peterson, A. V., & Onstad, L. E. (1995). Children's perceptions of smokers and non-smokers: A longitudinal study. *Health Psychology, 14,* 32–40.

Dishman, R. K. (1982). Compliance/adherence in health-related exercise. *Health Psychology, 1,* 237–267.

Ditto, P. H., Druley, J. A., Moore, K. A., Danks, H. J., & Smucker, W. D. (1996). Fates worse than death: The role of valued life activities in health-state evaluations. *Health Psychology, 15,* 332–343.

Dobbins, T. A., Simpson, J. M., Oldenburg, B., Owen, N., & Harris, D. (1998). Who comes to a workplace health risk assessment? *International Journal of Behavioral Medicine, 5,* 323–334.

Doering, S., Katzleberger, F., Rumpold, G., Roessler, S., Hofstoetter, B., Schatz, D. S., Behensky, H., Krismer, M., Luz, G., Innerhofer, P., Benzer, H., Saria, A., & Schuessler, G. (2000). Videotape preparation of patients before hip replacement surgery reduces stress. *Psychosomatic Medicine, 62,* 365–373.

Dolcini, M. M., & Adler, N. E. (1994). Perceived competencies, peer group affiliation, and risk behavior among early adolescents. *Health Psychology, 13,* 496–506.

Doll, J., & Orth, B. (1993). The Fishbein and Ajzen theory of reasoned action applied to contraceptive behavior: Model variants and meaningfulness. *Journal of Applied Social Psychology, 23,* 395–341.

Doll, L. S., O'Malley, P. M., Pershing, A. L., Darrow, W. W., Hessol, N. A., & Lifson, A. R. (1990). High-risk sexual behavior and knowledge of HIV antibody status in the San Francisco City Clinic Cohort. *Health Psychology, 9,* 253–265.

Donaldson, S. I., Graham, J. W., & Hansen, W. B. (1994). Testing the generalizability of intervening mechanism theories: Understanding the effects of adolescent drug use prevention interventions. *Journal of Behavioral Medicine, 17,* 195–216.

Donaldson, S. I., Graham, J. W., Piccinin, A. M., & Hansen, W. B. (1995). Resistance-skills training and onset of alcohol use: Evidence for beneficial and potentially harmful effects in public schools and in private Catholic schools. *Health Psychology, 14,* 291–300.

Donovan, J. E., & Jessor, R. (1985). Structure of problem behavior in adolescence and young adulthood. *Journal of Consulting and Clinical Psychology, 53,* 890–904.

Donovan, J. E., Jessor, R., & Costa, F. M. (1991). Adolescent health behavior and conventionality-unconventionality: An extension of problem-behavior theory. *Health Psychology, 10,* 52–61.

Donovan, J. E., Jessor, R., & Costa, F. M. (1993). Structure of health-enhancing behavior in adolescence: A latent-variable approach. *Journal of Health and Social Behavior, 34,* 346–362.

Dorgan, C., & Editue, A. (1995). *Statistical record of health and medicine: 1995.* Detroit, MI: Orale Research.

Downey, G., Silver, R. C., & Wortman, C. B. (1990). Reconsidering the attribution-adjustment relation following a major negative event: Coping with the loss of a child. *Journal of Personality and Social Psychology, 59,* 925–940.

Dracup, K. (1985). A controlled trial of couples' group counseling in cardiac rehabilitation. *Journal of Cardiopulmonary Rehabilitation, 5,* 436–442.

Dracup, K., Guzy, P. M., Taylor, S. E., & Barry, J. (1986). Cardiopulmonary resuscitation (CPR) training: Consequences for family members of high-risk cardiac patients. *Archives of Internal Medicine, 146,* 1757–1761.

Dracup, K., Meleis, A., Clark, S., Clyburn, A., Shields, L., & Staley, M. (1984). Group counseling in cardiac rehabilitation: Effect on patient compliance. *Patient Education and Counseling, 6,* 169–177.

Dracup, K., & Moser, D. (1991). Treatment-seeking behavior among those with signs and symptoms of acute myocardial infarction. *Heart and Lung, 20,* 570–575.

Dressler, W. W., Bindon, J. R., & Neggers, Y. H. (1998). John Henryism, gender, and arterial blood pressure in an African American community. *Psychosomatic Medicine, 60,* 620–624.

Droge, D., Arntson, P., & Norton, R. (1986). The social support function in epilepsy self-help groups. *Small Group Behavior, 17,* 139–163.

Drossman, D. A., Leserman, J., Li, Z., Keefe, F., Hu, Y. J. B., & Toomey, T. C. (2000). Effects of coping on health outcome among women with gastrointestinal disorders. *Psychosomatic Medicine, 62,* 309–317.

Druley, J. A., Stephens, M. A. P., & Coyne, J. C. (1997). Emotional and physical intimacy in coping with lupus: Women's dilemmas of disclosure and approach. *Health Psychology, 16,* 506–514.

Duff, R. S., & Hollingshead, A. B. (1968). *Sickness and society.* New York: Harper & Row.

Duits, A. A., Boeke, S., Taams, M. A., Passchier, J., & Erdman, R. A. M. (1997). Prediction of quality of life after coronary artery bypass graft surgery: A review and evaluation of multiple, recent studies. *Psychosomatic Medicine, 59,* 257–268.

Dujovne, V. F., & Houston, B. K. (1991). Hostility-related variables and plasma lipid levels. *Journal of Behavioral Medicine, 14,* 555–565.

Dull, V. T., & Skokan, L. A. (1995). A cognitive model of religion's influence on health. *Journal of Social Issues, 51,* 49–64.

Dunbar, F. (1943). *Psychosomatic diagnosis.* New York: Hoeber.

Dunbar, J. M., & Agras, W. S. (1980). Compliance with medical instructions. In J. M. Ferguson & C. B. Taylor (Eds.), *Comprehensive handbook of behavioral medicine* (Vol. 3). New York: Spectrum.

Dunbar-Jacob, J., Dwyer, K., & Dunning, E. J. (1991). Compliance with antihypertensive regimen: A review of the research in the 1980s. *Annals of Behavioral Medicine, 13,* 31–39.

Duncan, S., Duncan, T. E., & Hops, H. (1998). Progressions of alcohol, cigarette, and marijuana use in adolescence. *Journal of Behavioral Medicine, 21,* 375–388.

Duncan, T. E., Duncan, S. C., Beauchamp, N., Wells, J., & Ary, D. V. (2000). Development and evaluation of an interactive CD-ROM refusal skills program to prevent youth substance use: "Refuse to use." *Journal of Behavioral Medicine, 23,* 59–72.

Duncan, T. E., & McAuley, E. (1993). Social support and efficacy cognitions in exercise adherence: A latent growth curve analysis. *Journal of Behavioral Medicine, 16,* 199–218.

Dunkel-Schetter, C., Feinstein, L. G., Taylor, S. E., & Falke, R. L. (1992). Patterns of coping with cancer. *Health Psychology, 11,* 79–87.

Dunkel-Schetter, C., Folkman, S., & Lazarus, R. S. (1987). Correlates of social support receipt. *Journal of Personality and Social Psychology, 53,* 71–80.

Dunkel-Schetter, C., & Wortman, C. B. (1981). Dilemmas of social support: Parallels between victimization and aging. In S. B. Kiesler, J. N. Morgan, & V. K. Oppenheimer (Eds.), *Aging: Social change* (pp. 349–381). New York: Academic Press.

Dunlop, D. (1970). Abuse of drugs by the public and by doctors. *British Medical Bulletin, 6,* 236–239.

Dunnell, K., & Cartwright, A. (1972). *Medicine takers, prescribers, and hoarders.* Boston: Routledge & Kegan Paul.

DuPont, R. L. (1988). The counselor's dilemma: Treating chemical dependence at college. In T. M. Rivinus (Ed.), *Alcoholism/chemical dependency and the college student* (pp. 41–61). New York: Haworth Press.

DuPont, R. L., & Gold, M. S. (1995). Withdrawal and reward: Implications for detoxification and relapse prevention. *Psychiatric Annals, 25,* 663–668.

Durel, L. A., Carver, C. S., Spitzer, S. B., Llabre, M. M., Weintraub, J. K., Saab, P. G., & Schneiderman, N. (1989). Associations of blood pressure with self-report measures of anger and hostility among Black and White men and women. *Health Psychology, 8,* 557–576.

Dush, D. (1985). Psychosocial care of the terminally ill: Research and clinical issues. In K. Gardner (Ed.), *Quality of care for the terminally ill: An examination of the issues* (pp. 113–123). Chicago: Joint Commission on Accreditation of Hospitals.

Dusseldorp, E., van Elderen, T., Maes, S., Meulman, J., & Kraaij, V. (1999). A meta-analysis of psychoeducational programs for coronary heart disease patients. *Health Psychology, 18,* 506–519.

Duxbury, M. L., Armstrong, G. D., Dren, D. J., & Henley, S. J. (1984). Head nurse leadership style with staff nurse burnout and job satisfaction in neonatal intensive care units. *Nursing Research, 33,* 97–101.

Dwyer, J. W., Clarke, L. L., & Miller, M. K. (1990). The effect of religious concentration and affiliation on county cancer mortality rates. *Journal of Health and Social Behavior, 31,* 185–202.

Ebbesen, B. L., Prkhachin, K. M., Mills, D. E., & Green, H. J. (1992). Effects of acute exercise on cardiovascular reactivity. *Journal of Behavioral Medicine, 15,* 489–508.

Eckenrode, J., & Gore, S. (Eds.). (1990). *Stress between work and family.* New York: Plenum Press.

Edwards, R., & Fillingim, R. (1999). Ethnic differences in thermal pain responses. *Psychosomatic Medicine, 61,* 346–354.

Egbert, L. D., Battit, C. E., Welch, C. E., & Bartlett, M. K. (1964). Reduction of postoperative pain by encouragement and instruction of patients. A study of doctor-patient rapport. *New England Journal of Medicine, 270,* 825–827.

Eichner, E. R. (1983). Exercise and heart disease. *American Journal of Medicine, 75,* 1008–1023.

Eifert, G. H., Hodson, S. E., Tracey, D. R., Seville, J. L., & Gunawardane, K. (1996). Heart-focused anxiety, illness beliefs, and behavioral impairment: Comparing healthy heart-anxious patients with cardiac and surgical inpatients. *Journal of Behavioral Medicine, 19,* 385–400.

Eisenberg, D. M., Kessler, R. C., Foster, C., Norlock, F. E., Calkins, D. R., & Delbanco, T. L. (1993). Unconventional medicine in the United States: Prevalence, costs, and patterns of use. *New England Journal of Medicine, 328,* 246–252.

Eisenberg, J. M., Kitz, D. S., & Webber, R. A. (1983). Development of attitudes about sharing decision-making: A comparison of medical and surgical residents. *Journal of Health and Social Behavior, 24,* 85–90.

Eiser, J. R., van der Plight, J., Raw, M., & Sutton, S. R. (1985). Trying to stop smoking: Effects of perceived addiction, attributions for failure, and expectancy of success. *Journal of Behavioral Medicine, 8,* 321–342.

Eiser, R., & Gentle, P. (1988). Health behavior as goal-directed action. *Journal of Behavioral Medicine, 11,* 523–536.

Ekkekakis, P., Hall, E. E., VanLanduyt, L. M., & Petruzzello, S. J. (2000). Walking in (affective) circles: Can short walks enhance affect? *Journal of Behavioral Medicine, 23,* 245–275.

Elder, J. P., Sallis, J. F., Woodruff, S. I., & Wildey, M. B. (1993). Tobacco-refusal skills and tobacco use among high-risk adolescents. *Journal of Behavioral Medicine, 16,* 629–642.

Elizur, Y., & Hirsh, E. (1999). Psychosocial adjustment and mental health two months after coronary artery bypass surgery: A multisystemic analysis of patients' resources. *Journal of Behavioral Medicine, 22,* 157–177.

Ellington, L., & Wiebe, D. (1999). Neuroticism, symptom presentation, and medical decision making. *Health Psychology, 18,* 634–643.

Elliott, D. J., Trief, P. M., & Stein, N. (1986). Mastery, stress, and coping in marriage among chronic pain patients. *Journal of Behavioral Medicine, 9,* 549–558.

Ellis, A. (1962). *Reason and emotion in psychotherapy.* New York: Lyle Stuart.

Ellison, C. G. (1991). Religious involvement and subjective well-being. *Journal of Health and Social Behavior, 32,* 80–99.

Emanuel, E. J., Fariclough, D., Clarridge, B. C., Blum, D., Bruera, E., Penlye, W. C., Schnipper, L. E., & Mayer, R. J. (2000). Attitudes and practices of U.S. oncologists regarding euthanasia and physician-assisted suicide. *Annals of Internal Medicine, 133,* 527–532.

Emery, C. F., Schein, R. L., Hauck, E. R., & MacIntyre, N. R. (1998). Psychological and cognitive outcomes of a randomized trial of exercise among patients with chronic obstructive pulmonary disease. *Health Psychology, 17,* 232–240.

Emmons, C., Biernat, M., Teidje, L. B., Lang, E. L., & Wortman, C. B. (1990). Stress, support, and coping among women professionals with preschool children. In J. Eckenrode & S. Gore (Eds.), *Stress between work and family* (pp. 61–93). New York: Plenum Press.

Emmons, C.-A., Joseph, J. G., Kessler, R. C., Wortman, C. B., Montgomery, S. B., & Ostrow, D. G. (1986). Psychosocial predictors of reported behavior change in homosexual men at risk for AIDS. *Health Education Quarterly, 13,* 331–345.

Endicott, N. A. (1998). Chronic fatigue syndrome in psychiatric patients: Lifetime and premorbid personal history of physical health. *Psychosomatic Medicine, 60,* 744–751.

Engebretson, T. O., & Matthews, K. A. (1992). Dimensions of hostility in men, women, and boys: Relationships to personality and cardiovascular responses to stress. *Psychosomatic Medicine, 54,* 311–323.

Engel, B. T. (1986). Psychosomatic medicine, behavioral medicine, just plain medicine. *Psychosomatic Medicine, 48,* 466–479.

Engel, C., Jr., Liu, X., McCarthy, B., Miller, R., & Ursano, R. (2000). Relationship of physical symptoms to posttraumatic stress disorder among veterans seeking care for Gulf War–related health concerns. *Psychosomatic Medicine, 62,* 739–745.

Engel, G. L. (1977). The need for a new medical model: A challenge for biomedicine. *Science, 196,* 129–136.

Engel, G. L. (1980). The clinical application of the biopsychosocial model. *American Journal of Psychiatry, 137,* 535–544.

English, E. H., & Baker, T. B. (1983). Relaxation training and cardiovascular response to experimental stressors. *Health Psychology, 2,* 239–259.

Ennett, S. T., & Bauman, K. E. (1991). Mediators in the relationship between parental and peer characteristics and beer drinking by early adolescents. *Journal of Applied Social Psychology, 21,* 1699–1711.

Ennett, S. T., & Bauman, K. E. (1993). Peer group structure and adolescent cigarette smoking: A social network analysis. *Journal of Health and Social Behavior, 34,* 226–236.

Enright, M. F., Resnick, R., DeLeon, P. H., Sciara, A. D., & Tanney, F. (1990). The practice of psychology in hospital settings. *American Psychologist, 45,* 1059–1065.

Epel, E. S., McEwen, B., Seeman, T., Matthews, K., Catellazzo, G., Brownell, K., Bell, J., & Ickovics, J. (2000). Stress and body shape: Stress-induced cortisol secretion is consistently greater among women with central fat. *Psychosomatic Medicine, 62,* 623–632.

Epilepsy Foundation. (2001). *Epilepsy rate among Texas adults unexpectedly high: CDC report shows major impact on living.* Retrieved from http://www.efa.org/epusa/media/n011801.html

Epker, J., & Gatchel, R. J. (2000). Coping profile differences in the biopsychosocial functioning of patients with temporomandibular disorder. *Psychosomatic Medicine, 62,* 69–75.

Epping-Jordan, J., Williams, R., Pruitt, S., Patterson, T., Grant, I., Wahlgren, D., Slater, M., Webster, J., & Atkinson, J. (1998). Transition to chronic pain in men with low back pain: Predictive relationships among pain intensity, disability, and depressive symptoms. *Health Psychology, 17,* 421–427.

Epping-Jordan, J.-A., Compas, B. E., & Howell, D. C. (1994). Predictors of cancer progression in young adult men and women: Avoidance, intrusive thoughts, and psychological symptoms. *Health Psychology, 13,* 539–547.

Epping-Jordan, J. E., Compas, B. E., Osowiecki, D. M., Oppedisano, G., Gerhardt, C., Primo, K., & Krag, D. N. (1999). Psychological adjustment in breast cancer: Processes of emotional distress. *Health Psychology, 18,* 315–326.

Epstein, A. M., Taylor, W. C., & Seage, G. R. (1985). Effects of patients' socioeconomic status and physicians' training and practice on patient-doctor communication. *American Journal of Medicine, 78,* 101–106.

Epstein, L. H., Kilanowski, C. K., Consalvi, A. R., & Paluch, R. A. (1999). Reinforcing value of physical activity as a determinant of child activity level. *Health Psychology, 18,* 599–603.

Epstein, L. H., Saelens, B. E., Myers, M. D., & Vito, D. (1997). Effects of decreasing sedentary behaviors on activity choice in obese children. *Health Psychology, 16,* 107–113.

Epstein, L. H., Valoski, A. M., Vara, L. S., McCurley, J., Wisniewski, L., Kalarchian, M. A., Klein, K. R., & Shrager, L. R. (1995). Effects of decreasing sedentary behavior and increasing activity on weight change in obese children. *Health Psychology, 14,* 109–115.

Epstein, L. H., Valoski, A., Wing, R. R., & McCurley, J. (1994). Ten-year outcomes of behavioral family-based treatment for childhood obesity. *Health Psychology, 13,* 373–383.

Epstein, S., & Katz, L. (1992). Coping ability, stress, productive load, and symptoms. *Journal of Personality and Social Psychology, 62,* 813–825.

Ernsberger, P., & Koletsky, R. J. (1999). Biomedical rationale for a wellness approach to obesity: An alternate to a focus on weight loss. *Journal of Social Issues, 55,* 221–260.

Esposito-Del Puente, A., Lillioja, S., Bogardus, C., McCubbin, J. A., Feinglos, M. N., Kuhn, C. M., & Surwit, R. S. (1994). Glycemic response to stress is altered in euglycemic Pima Indians. *International Journal of Obesity, 18,* 766–770.

Estabrooks, P. A., & Carron, A. V. (1999). Group cohesion in older adult exercisers: Prediction and intervention effects. *Journal of Behavioral Medicine, 22,* 575–588.

Esterling, B. A., Kiecolt-Glaser, J. K., Bodnar, J. C., & Glaser, R. (1994). Chronic stress, social support, and persistent alterations in the natural killer cell response to cytokines in older adults. *Health Psychology, 13,* 291–298.

Esterling, B. A., Kiecolt-Glaser, J. K., & Glaser, R. (1996). Psychosocial modulation of cytokine-induced natural killer cell activity in older adults. *Psychosomatic Medicine, 58,* 264–272.

Evans, G. W., & Kantrowitz, E. (2001). *Socioeconomic status and health: The potential role of suboptimal physical environments.* John D. and Catherine T. MacArthur Research Network on Socioeconomic Status and Health. Retrieved from http://www.macses.ucsf.edu/

Evans, R. I., Dratt, L. M., Raines, B. E., & Rosenberg, S. S. (1988). Social influences on smoking initiation: Importance of distinguishing descriptive versus mediating process variables. *Journal of Applied Social Psychology, 18,* 925–943.

Evers, A. W. M., Kraaimaat, F. W., Geenen, R., & Bijlsma, J. W. J. (1997). Determinants of psychological distress and its course in the first year after diagnosis in rheumatoid arthritis patients. *Journal of Behavioral Medicine, 20,* 489–504.

Everson, S. A., Goldberg, D. E., Kaplan, G. A., Cohen, R. D., Pukkala, E., Tuomilehto, J., & Salonen, J. T.

(1996). Hopelessness and risk of mortality and incidence of myocardial infarction and cancer. *Psychosomatic Medicine, 58,* 113–121.

Everson, S. A., Goldberg, D. E., Kaplan, G. A., Julkunen, J., & Salonen, J. T. (1998). Anger expression and incident hypertension. *Psychosomatic Medicine, 60,* 730–735.

Everson, S. A., Lovallo, W. R., Sausen, K. P., & Wilson, M. F. (1992). Hemodynamic characteristics of young men at risk for hypertension at rest and during laboratory stressors. *Health Psychology, 11,* 24–31.

Ewart, C. K. (1991). Familial transmission of essential hypertension: Genes, environments, and chronic anger. *Annals of Behavioral Medicine, 13,* 40–47.

Ezzel, C. (1993). Drug companies told to assess effects of drugs in women. *Journal of NIH Research, 5,* 37–38.

Faden, R. R., & Kass, N. E. (1993). Genetic screening technology: Ethical issues in access to tests by employers and health insurance companies. *Journal of Social Issues, 49,* 75–88.

Falek, A., & Britton, S. (1974). Phases in coping: The hypothesis and its implications. *Social Biology, 21,* 1–7.

Falk, A., Hanson, B. S., Isacsson, C., & Ostergren, P. (1992). Job strain and mortality in elderly men: Social network support and influence as buffers. *American Journal of Public Health, 82,* 1136–1139.

Fang, C. Y., & Myers, H. F. (2001). The effects of racial stressors and hostility on cardiovascular reactivity in African American and Caucasian men. *Health Psychology, 20,* 64–70.

Farkas, A. J., Pierce, J. P., Gilpin, E. A., Zhu, S.-H., Rosbrook, B., Berry, C., & Kaplan, R. M. (1996). Is stage-of-change a useful measure of the likelihood of smoking cessation? *Annals of Behavioral Medicine, 18,* 79–86.

Fauerbach, J. A., Heinberg, L. J., Lawrence, J. W., Munster, A. M., Palombo, D. A., Richter, D., Spence, R. J., Stevens, S. S., Ware, L., & Muehlberger, T. (2000). Effect of early body image dissatisfaction on subsequent psychological and physical adjustment after disfiguring injury. *Psychosomatic Medicine, 62,* 576–582.

Faust, J., & Melamed, B. G. (1984). Influence of arousal, previous experience, and age on surgery preparation of same day surgery and in-hospital pediatric patients. *Journal of Consulting and Clinical Psychology, 52,* 359–365.

Fawzy, F. I., Cousins, N., Fawzy, N. W., Kemeny, M. E., Elashoff, R., & Morton, D. (1990). A structured psychiatric intervention for cancer patients, I: Changes over time in methods of coping and affective disturbance. *Archives of General Psychiatry, 47,* 720–725.

Fawzy, F. I., et al. (1993). Malignant melanoma: Effects of an early structured psychiatric intervention, coping, and affective state on recurrence and survival six years later. *Archives of General Psychiatry, 9,* 681–689.

Fawzy, F. I., Kemeny, M. E., Fawzy, M. W., Elashoff, R., Morton, D., Cousins, N., & Fahey, J. (1990). A structured psychiatric intervention for cancer patients, II: Changes over time in immunological measures. *Archives of General Psychiatry, 47*, 729–735.

Feder, B. J. (1997, April 20). Surge in teen-age smoking left an industry vulnerable. *New York Times*, pp. 1, 14.

Federspiel, J. F. (1983). *The ballad of Typhoid Mary*. New York: Dutton.

Feifel, H. (Ed.). (1977). *New meanings of death*. New York: McGraw-Hill.

Feinglos, M. N., & Surwit, R. S. (1988). *Behavior and diabetes mellitus*. Kalamazoo, MI: Upjohn.

Feldman, J., Makuc, D., Kleinman, J., & Cornoni-Huntley, J. (1998). National trends in educational differentials in mortality. *American Journal of Epidemiology, 129*, 919–933.

Feldman, P., Cohen, S., Doyle, W., Skoner, D., & Gwaltney, J. (1999). The impact of personality on the reporting of unfounded symptoms and illness. *Journal of Personality and Social Psychology, 77*, 370–378.

Feldman, P. E. (1956). The personal element in psychiatric research. *American Journal of Psychiatry, 113*, 52–54.

Felitti, V. J., Anda, R. F., Nordenberg, D., Williamson, D. F., Apitz, A. M., Edwards, V., Koss, M. P., & Marks, J. S. (1998). Relationship of childhood abuse and household dysfunction to many of the leading causes of death in adults. *American Journal of Preventive Medicine, 14*, 245–258.

Felton, B. J., & Revenson, T. A. (1984). Coping with chronic illness: A study of illness controllability and the influence of coping strategies on psychological adjustment. *Journal of Consulting and Clinical Psychology, 52*, 343–353.

Ferguson, B. F. (1979). Preparing young children for hospitalization: A comparison of two methods. *Pediatrics, 64*, 656–664.

Fernandez, E., & Turk, D. C. (1992). Sensory and affective components of pain: Separation and synthesis. *Psychological Bulletin, 112*, 205–217.

Ferrando, S., Evans, S., Goggin, K., Sewell, M., Fishman, B., & Rabkin, J. (1998). Fatigue in HIV illness: Relationship to depression, physical limitations, and disability. *Psychosomatic Medicine, 60*, 759–764.

Fiatarone, M. A., Morley, J. E., Bloom, E. T., Benton, D., Makinodan, T., & Solomon, G. F. (1988). Endogenous opioids and the exercise-induced augmentation of natural killer cell activity. *Journal of Laboratory and Clinical Medicine, 112*, 544–552.

Field, T., Alpert, B., Vega-Lahr, N., Goldstein, S., & Perry, S. (1988). Hospitalization stress in children: Sensitizer and repressor coping styles. *Health Psychology, 7*, 433–445.

Fielding, J. E. (1978). Successes of prevention. *Milbank Memorial Fund Quarterly, 56*, 274–302.

Fielding, J. E. (1991). The challenge of workplace health promotion. In S. M. Weiss, J. E. Fielding, & A. Baum (Eds.), *Perspectives in behavioral medicine* (pp. 13–28). Hillsdale, NJ: Erlbaum.

Fife, B. L.. & Wright, E. R. (2000). The dimensionality of stigma: A comparison of its impact on the self of persons with HIV/AIDS and cancer. *Journal of Health and Social Behavior, 41*, 50–67.

Fifield, J., McQuinlan, J., Tennen, H., Sheehan, T. J., Reisine, S., Hesselbrock, V., & Rothfield, N. (2001). History of affective disorder and the temporal trajectory of fatigue in rheumatoid arthritis. *Annals of Behavioral Medicine, 23*, 34–41.

Fillingham, R. B., & Maixner, W. (1996). The influence of resting blood pressure and gender on pain responses. *Psychosomatic Medicine, 58*, 326–332.

Fillingim, R., Maixner, W., Girdler, S., Light, K., Harris, B., Sheps, D., & Mason, G. (1997). Ischemic but not thermal pain sensitivity varies across the menstrual cycle. *Psychosomatic Medicine, 59*, 512–520.

Findley, J. C., Kerns, R., Weinberg, L. D., & Rosenberg, R. (1998). Self-efficacy as a psychological moderator of chronic fatigue syndrome. *Journal of Behavioral Medicine, 21*, 351–362.

Findley, T. (1953). The placebo and the physician. *Medical Clinics of North America, 37*, 1821–1826.

Finney, J. W., Lemanek, K. L., Brophy, C. J., & Cataldo, M. F. (1990). Pediatric appointment keeping: Improving adherence in a primary care allergy clinic. *Journal of Pediatric Psychology, 15*, 571–579.

Finney, J. W., & Moos, R. H. (1992). The long-term course of treated alcoholism, II: Predictors and correlates of 10-year functioning and mortality. *Journal of Studies on Alcoholism, 53*, 142–153.

Finney, J. W., & Moos, R. H. (1995). Entering treatment for alcohol abuse: A stress and coping method. *Addiction, 90*, 1223–1240.

Fishbain, D., Cutler, R., Rosomoff, H., & Rosomoff, R. (1998). Do antidepressants have an analgesic effect in psychogenic pain and somatoform pain disorder? A meta-analysis. *Psychosomatic Medicine, 60*, 503–509.

Fishbein, M., & Ajzen, I. (1975). *Belief, attitude, intention, and behavior: An introduction to theory and research*. Reading, MA: Addison-Wesley.

Fisher, E. B., La Greca, A. M., Greco, P., Arfken, C., & Schneiderman, N. (1997). Directive and nondirective social support in diabetes management. *International Journal of Behavioral Medicine, 4*, 131–144.

Fisher, L., Soubhi, H., Mansi, O., Paradis, G., Gauvin, L., & Potvin, L. (1998). Family process in health research: Extending a family typology to a new cultural context. *Health Psychology, 17*, 358–366.

Fisher, W. A., Fisher, J. D., & Rye, B. J. (1995). Understanding and promoting AIDS-preventive behavior: Insights from the theory of reasoned action. *Health Psychology, 14,* 255–264.

Fitzgerald, T. E., Tennen, H., Affleck, G., & Pransky, G. S. (1993). The relative importance of dispositional optimism and control appraisals in quality of life after coronary artery bypass surgery. *Journal of Behavioral Medicine, 16,* 25–43.

Fitzgibbon, M. L., Stolley, M. R., Avellone, M. E., Sugerman, S., & Chavez, N. (1996). Involving parents in cancer risk reduction: A program for Hispanic American families. *Health Psychology, 15,* 413–422.

Fitzgibbon, M. L., Stolley, M. R., & Kirschenbaum, D. S. (1993). Obese people who seek treatment have different characteristics than those who do not seek treatment. *Health Psychology, 12,* 342–345.

Flay, B. R. (1985). Psychosocial approaches to smoking prevention: A review of findings. *Health Psychology, 4,* 448–488.

Flay, B. R., Koepke, D., Thomson, S. J., Santi, S., Best, J. A., & Brown, K. S. (1992). Six year follow-up of the first Waterloo school smoking prevention trial. *American Journal of Public Health, 68,* 458–478.

Flay, B. R., McFall, S., Burton, D., Cook, T. D., & Warnecke, R. B. (1993). Health behavior changes through television: The roles of de facto and motivated selection processes. *Journal of Health and Social Behavior, 34,* 322–335.

Fleming, R., Baum, A., Davidson, L. M., Rectanus, E., & McArdle, S. (1987). Chronic stress as a factor in physiologic reactivity to challenge. *Health Psychology, 6,* 221–237.

Fleming, R., Baum, A., Gisriel, M. M., & Gatchel, R. J. (1982, September). Mediating influences of social support on stress at Three Mile Island. *Journal of Human Stress,* 14–23.

Fleming, R., Leventhal, H., Glynn, K., & Ershler, J. (1989). The role of cigarettes in the initiation and progression of early substance use. *Addictive Behaviors, 14,* 261–272.

Flor, H., Birbaumer, N., & Turk, D. C. (1990). The psychology of chronic pain. *Advances in Behavior Research and Therapy, 12,* 47–84.

Flor, H., & Turk, D. C. (1989). Chronic back pain and rheumatoid arthritis: Predicting pain and disability from cognitive variables. *Journal of Behavioral Medicine, 11,* 251–265.

Florian, V., Mikulincer, M., & Taubman, O. (1995). Does hardiness contribute to mental health during a stressful real-life situation? The roles of appraisal and coping. *Journal of Personality and Social Psychology, 68,* 687–695.

Folkman, S., & Lazarus, R. S. (1980). An analysis of coping in a middle-aged community sample. *Journal of Health and Social Behavior, 21,* 219–239.

Folkman, S., Lazarus, R. S., Dunkel-Schetter, C., DeLongis, A., & Gruen, R. J. (1986). Dynamics of a stressful encounter: Cognitive appraisal, coping, and encounter outcomes. *Journal of Personality and Social Psychology, 50,* 992–1003.

Folkman, S., Schaefer, C., & Lazarus, R. S. (1979). Cognitive processes as mediators of stress and coping. In V. Hamilton & D. M. Warburton (Eds.), *Human stress and cognition: An information processing approach* (pp. 265–298). London, England: Wiley.

Fontana, A., Diegnan, T., Villeneuve, A., & Lepore, S. (1999). Nonevaluative social support reduces cardiovascular reactivity in young women during acutely stressful performance situations. *Journal of Behavioral Medicine, 22,* 75–91.

Ford, C. V., & Sbordone, R. J. (1980). Attitudes of psychiatrists toward elderly patients. *American Journal of Psychiatry, 137,* 571–575.

Fordyce, W. E. (1976). *Behavioral methods in chronic pain and illness.* St. Louis, MO: Mosby.

Fordyce, W. E. (1988). Pain and suffering: A reappraisal. *American Psychologist, 43,* 276–283.

Foreyt, J. P., Scott, L. W., Mitchell, R. E., & Gotto, A. M. (1979). Plasma lipid changes in the normal population following behavioral treatment. *Journal of Consulting and Clinical Psychology, 47,* 440–452.

Forsyth, A. D., & Carey, M. P. (1998). Measuring self-efficacy in the context of HIV risk reduction: Research challenges and recommendations. *Health Psychology, 6,* 559–568.

Foshee, V., & Bauman, K. E. (1992). Parental and peer characteristics as modifiers of the bond-behavior relationship: An elaboration of control theory. *Journal of Health and Social Behavior, 33,* 66–76.

Foster, G. D., Wadden, T. A., Kendall, P. C., Stunkard, A. J., & Vogt, R. A. (1996). Psychological effects of weight loss and regain: A prospective evaluation. *Journal of Consulting and Clinical Psychology, 64,* 752–757.

Foster, G. D., Wadden, T. A., & Vogt, R.A. (1997). Body image in obese women before, during, and after weight loss treatment. *Health Psychology, 16,* 226–229.

Foster, G. D., Wadden, T. A., Vogt, R. A., & Brewer, G. (1997). What is a reasonable weight loss? Patients' expectations and evaluations of obesity treatment outcomes. *Journal of Consulting and Clinical Psychology, 65,* 79–85.

Fox, B. H. (1978). Premorbid psychological factors as related to cancer incidence. *Journal of Behavioral Medicine, 1,* 45–134.

Frances, R. J., Franklin, J., & Flavin, D. (1986). Suicide and alcoholism. *Annals of the New York Academy of Sciences, 487,* 316–326.

Francis, A., Fyer, M., & Clarkin, J. (1986). Personality and suicide. *Annals of the New York Academy of Sciences, 487,* 281–293.

Frankenhaeuser, M. (1975). Sympathetic-adrenomedullary activity behavior and the psychosocial environment. In

P. H. Venables & M. J. Christie (Eds.), *Research in psychophysiology* (pp. 71–94). New York: Wiley.

Frankenhaeuser, M. (1991). The psychophysiology of workload, stress, and health: Comparison between the sexes. *Annals of Behavioral Medicine, 13,* 197–204.

Frankenhaeuser, M., Lundberg, U., Fredrikson, M., Melin, B., Tuomisto, M., Myrsten, A., Hedman, M., Bergman-Losman, B., & Wallin, L. (1989). Stress on and off the job as related to sex and occupational status in white-collar workers. *Journal of Organizational Behavior, 10,* 321–346.

Frankish, C. J., & Linden, W. (1996). Spouse-pair risk factors and cardiovascular reactivity. *Journal of Psychosomatic Research, 40,* 37–51.

Frasure-Smith, N., Lesperance, F., Juneau, M., Talajic, M., & Bourassa, M. G. (1999). Gender, depression, and one-year prognosis after myocardial infarction. *Psychosomatic Medicine, 61,* 26–37.

Frasure-Smith, N., Lesperance, F., & Talajic, M. (1993). Depression following myocardial infarction: Impact on 6-month survival. *Journal of the American Medical Association, 270,* 1819–1825.

Fredrickson, B. L., Maynard, K. E., Helms, M. J., Haney, T. L., Siegler, I. C., & Barefoot, J. C. (2000). Hostility predicts magnitude and duration of blood pressure response to anger. *Journal of Behavioral Medicine, 23,* 229–243.

Fredrikson, M., Robson, A., & Ljungdell, T. (1991). Ambulatory and laboratory blood pressure in individuals with negative and positive family history of hypertension. *Health Psychology, 10,* 371–377.

Fredrickson, M., & Matthews, K. A. (1990). Cardiovascular responses to behavioral stress and hypertension: A meta-analytic review. *Annals of Behavioral Medicine, 12,* 30–39.

Freedman, V. A. (1993). Kin and nursing home lengths of stay: A backward recurrence time approach. *Journal of Health and Social Behavior, 34,* 138–152.

Freeman, A., Simon, K., Beutler, L., & Arkowitz, H. (1989). *Comprehensive handbook of cognitive theory.* New York: Plenum Press.

Freidson, E. (1960). Client control and medical practice. *American Journal of Sociology, 65,* 374–382.

Freidson, E. (1961). *Patients' views of medical practice.* New York: Russell Sage.

French, A. P., & Tupin, J. P. (1974). Therapeutic application of a simple relaxation method. *American Journal of Psychotherapy, 28,* 282–287.

French, J. R. P., Jr. (1974). Person role fit. In A. McLean (Ed.), *Occupational stress* (pp. 70–79). Springfield, IL: Charles C. Thomas.

French, J. R. P., Jr., & Caplan, R. D. (1973). Organizational stress and the individual strain. In A. J. Marrow (Ed.), *The failure of success.* New York: Amacon.

French, S. A., & Jeffery, R. W. (1994). Consequences of dieting to lose weight: Effects on physical and mental health. *Health Psychology, 13,* 195–212.

French, S. A., Hennrikus, D. J., & Jeffery, R. W. (1996). Smoking status, dietary intake, and physical activity in a sample of working adults. *Health Psychology, 15,* 448–454.

Frenzel, M. P., McCaul, K. D., Glasgow, R. E., & Schafer, L. C. (1988). The relationship of stress and coping to regimen adherence and glycemic control of diabetes. *Journal of Social and Clinical Psychology, 6,* 77–87.

Freudenheim, M. (1993, August 18). Many patients unhappy with H.M.O.'s. *New York Times,* pp. 5, 16.

Friedman, E. M., & Irwin, M. R. (1995). A role for CRH and the sympathetic nervous system in stress-induced immunosuppression. *Annals of the New York Academy of Science, 771,* 396–418.

Friedman, H. S., & Booth-Kewley, S. (1987). The "disease-prone" personality: A meta-analytic view of the construct. *American Psychologist, 42,* 539–555.

Friedman, H. S., Tucker, J. S., Schwartz, J. E., Martin, L. R., Tomlinson-Keasey, C., Wingard, D. L., & Criqui, M. H. (1995). Childhood conscientiousness and longevity: Health behaviors and cause of death. *Journal of Personality and Social Psychology, 68,* 696–703.

Friedman, H. S., Tucker, J. S., Schwartz, J. E., Tomlinson-Keasey, C., Martin, L. R., Wingard, D. L., & Criqui, M. H. (1995). Psychosocial and behavioral predictors of longevity: The aging and death of the "Termites." *American Psychologist, 50,* 69–78.

Friedman, H. S., Tucker, J. S., Tomlinson-Keasey, C., Schwartz, J. E., Wingard, D. L., & Criqui, M. H. (1993). Does childhood personality predict longevity? *Journal of Personality and Social Psychology, 65,* 176–185.

Friedman, J.M. (2000). Obesity in the new millennium. *Nature, 404,* 632–634.

Friedman, M., & Rosenman, R. H. (1974). *Type A behavior and your heart.* New York: Knopf.

Friedman, M., Thoresen, C. E., Gill, J. J., Powell, L. H., Ulmer, D., Thompson, L., Price, V. A., Rabin, D. D., Breall, W. S., Dixon, T., Levy, R., & Bourg, E. (1986). Alteration of Type A behavior and its effect on cardiac recurrences in post myocardial infarction patients: Summary results of the recurrent coronary prevention project. *American Heart Journal, 112,* 653–665.

Friedman, M. A., & Brownell, K. D. (1995). Psychological correlates of obesity: Moving to the next research generation. *Psychological Bulletin, 117,* 3–20.

Friedman, R., Schwartz, J. E., Schnall, P. L., Landsbergis, P. A., Pieper, C., Gerin, W., & Pickering, T. G. (2001). Psychological variables in hypertension: Relationship to casual or ambulatory blood pressure in men. *Psychosomatic Medicine, 63,* 19–31.

Friman, P. C., & Christophersen, E. R. (1986). Biobehavioral prevention in primary care. In N. A. Krasnegor, J.

Arasteh, & M. F. Cataldo (Eds.), *Child health behavior: A behavioral pediatrics perspective* (pp. 254–280). New York: Wiley.

Friman, P. C., Finney, J. W., Glasscock, S. G., Weigel, J. W., & Christophersen, E. R. (1986). Testicular self-examination: Validation of a training strategy for early cancer detection. *Journal of Applied Behavior Analysis, 19,* 87–92.

Fritz, H. L. (2000). Gender-linked personality traits predict mental health and functional status following a first coronary event. *Health Psychology, 19,* 420–428.

Fromm, K., Andrykowski, M. A., & Hunt, J. (1996). Positive and negative psychosocial sequelae of bone marrow transplantation: Implications for quality of life assessment. *Journal of Behavioral Medicine, 19,* 221–240.

Fukudo, S., Lane, J. D., Anderson, N. B., Kuhn, C. M., Schanberg, S. M., McCown, N., Muranaka, M., Suzuki, J., & Williams, R. B., Jr. (1992). Accentuated vagal antagonism of beta-adrenergic effects on ventricular repolarization: Evidence of weaker antagonism in hostile Type A men. *Circulation, 85,* 2045–2053.

Fuller, T. D., Edwards, J. N., Sermsri, S., & Vorakitphokatorn, S. (1993). Gender and health: Some Asian evidence. *Journal of Health and Social Behavior, 34,* 252–271.

Fullerton, J. T., Kritz-Silverstein, D., Sadler, G. R., & Barrett-Connor, E. (1996). Mammography usage in a community-based sample of older women. *Annals of Behavioral Medicine, 18,* 67–72.

Funk, S. C. (1992). Hardiness: A review of theory and research. *Health Psychology, 11,* 335–345.

Futterman, L. G., & Lemberg, L. (2001). Lp(a) lipoprotein—An independent risk factor for coronary heart disease after menopause. *American Journal of Critical Care, 10,* 63–67.

Gal, R., & Lazarus, R. S. (1975). The role of activity in anticipating and confronting stressful situations. *Journal of Human Stress, 1,* 4–20.

Gallacher, J. E. J., Yarnell, J. W. G., Sweetnam, P. M., Elwood, P. C., & Stansfeld, S. A. (1999). Anger and incident heart disease in the Caerphilly study. *Psychosomatic Medicine, 61,* 446–453.

Galton, L. (1973). *The silent disease: Hypertension.* New York: Crown.

Galuska, D. A., Will, J. C., Serdula, M. K., & Ford, E. S. (1999). Are health care professionals advising obese patients to lose weight? *Journal of the American Medical Association, 282,* 1576–1578.

Gan, S. C., Beaver, S. K., Houck, P. M., MacLehose, R. F., Lawson, H. W., & Chan, L. (2000). Treatment of acute myocardial infarction and 30-day mortality among women and men. *New England Journal of Medicine, 343,* 8–15.

Ganster, D. C., Mayes, B. T., Sime, W. E., & Tharp, G. D. (1982). Managing organizational stress: A field experiment. *Journal of Applied Psychology, 67,* 533–542.

Garfinkel, P. E., & Garner, D. M. (1982). *Anorexia nervosa: A multidimensional perspective.* New York: Brunner/Mazel.

Garfinkel, P. E., & Garner, D. M. (1983). The multidetermined nature of anorexia nervosa. In P. L. Darby, P. E. Garfinkel, D. M. Garner, & D. V. Coscina (Eds.), *Anorexia nervosa: Recent developments in research.* New York: Liss.

Garrett, V. D., Brantley, P. J., Jones, G. N., & McKnight, G. T. (1991). The relation between daily stress and Crohn's disease. *Journal of Behavioral Medicine, 14,* 87–96.

Garrity, T. F., McGill, A., Becker, M., Blanchard, E., Crews, J., Cullen, J., Hackett, T., Taylor, J., & Valins, S. (1976). Report of the task group on cardiac rehabilitation. In S. M. Weiss (Ed.), *Proceedings of the National Heart and Lung Institute Working Conference on Health Behavior* (DHEW Publication No. 76-868). Washington, DC: U.S. Government Printing Office.

Gartner, A., & Reissman, F. (1976). Health care in a technological age. In *Self help and health: A report.* New York: New Human Services Institute.

Gatch, C. L., & Kendzierski, D. (1990). Predicting exercise intentions: The theory of planned behavior. *Research Quarterly for Exercise and Sport, 61,* 100–102.

Gatchel, R. J., Gaffney, F. A., & Smith, J. E. (1986). Comparative efficacy of behavioral stress management versus propranolol in reducing psychophysiological reactivity in postmyocardial infarction patients. *Journal of Behavioral Medicine, 9,* 503–513.

Gauvin, L., Rejeski, W. J., & Norris, J. L. (1996). A naturalistic study of the impact of acute physical activity on feeling states and affect in women. *Health Psychology, 15,* 391–397.

Geersten, R., Klauber, M. R., Rindflesh, M., Kane, R. L., & Gray, R. (1975). A re-examination of Suchman's reviews of social factors in health care utilization. *Journal of Health and Social Behavior, 16,* 426–437.

Gemming, M. G., Runyan, C. W., Hunter, W. W., & Campbell, B. J. (1984). A community health education approach to occupant protection. *Health Education Quarterly, 11,* 147–158.

Gerardo-Gettens, T., Miller, G. D., Horwitz, B. A., McDonald, R. B., Brownell, K. D., Greenwood, M. R. C., Rodin, J., & Stern, J. S. (1991). Exercise decreases fat selection in female rats during weight cycling. *American Journal of Physiology, 260,* R518–R524.

Gerbert, B., Stone, G., Stulbarg, M., Gullion, D. S., & Greenfield, S. (1988). Agreement among physician assessment methods: Searching for the truth among fallible methods. *Medical Care, 26,* 519–535.

Gerin, W., & Pickering, T. G. (1995). Association between delayed recovery of blood pressure after acute mental stress and parental history of hypertension. *Journal of Hypertension, 13,* 603–610.

Gerrard, M., Gibbons, F. X., Benthin, A. C., & Hessling, R. M. (1996). A longitudinal study of the reciprocal nature of risk behaviors and cognitions in adolescents: What you do shapes what you think, and vice versa. *Health Psychology, 15*, 344–354.

Gerritson, W., Heijnen, C. J., Wiegant, V. M., Bermond, B., & Frijda, N. H. (1996). Experimental social fear: Immunological, hormonal, and autonomic concomitants. *Psychosomatic Medicine, 58*, 273–286.

Gibbons, F. X., & Eggleston, T. J. (1996). Smoker networks and the "typical smoker": A prospective analysis of smoking cessation. *Health Psychology, 15*, 469–477.

Gibbons, F. X., & Gerrard, M. (1995). Predicting young adults' health risk behavior. *Journal of Personality and Social Psychology, 69*, 505–517.

Gibbons, F. X., Gerrard, M., & McCoy, S. B. (1995). Prototype perception predicts (lack of) pregnancy prevention. *Personality and Social Psychology Bulletin, 21*, 85–93.

Gibson, B. (1997). Suggestions for the creation and implementation of tobacco policy. *Journal of Social Issues, 53*, 187–192.

Gidron, Y., & Davidson, K. (1996). Development and preliminary testing of a brief intervention for modifying CHD-predictive hostility components. *Journal of Behavioral Medicine, 19*, 203–220.

Gidron, Y., Davidson, K., & Bata, I. (1999). The short-term effects of a hostility-reduction intervention on male coronary heart disease patients. *Health Psychology, 18*, 416–420.

Gil, K. M., Carson, J. W., Sedway, J. A., Porter, L. S., Schaeffer, J. J. W., & Orringer, E. (2000). Follow-up of coping skills training in adults with sickle cell disease: Analysis of daily pain and coping practices diaries. *Health Psychology, 19*, 85–90.

Gil, K. M., Wilson, J. J., Edens, J. L., Webster, D. A., Abrams, M. A., Orringer, E., Grant, M., Clark, W. C., & Janal, M. N. (1996). Effects of cognitive coping skills training on coping strategies and experimental pain sensitivity in African American adults with sickle cell disease. *Health Psychology, 15*, 3–10.

Gillespie, M. (1999, March 19). *Latest round in public debate over assisted suicide.* Retrieved June 19, 2001, from www.gallup.com/poll/releases/

Girdler, S. S., Hinderliter, A. L., Brownley, K. A., Turner, J. R., Sherwood, A., & Light, K. C. (1996). The ability of active versus passive coping tasks to predict future blood pressure levels in normotensive men and women. *International Journal of Behavioral Medicine, 3*, 233–250.

Girdler, S. S., Jamner, L. D., Jarvik, M., Soles, J. R., & Shapiro, D. (1997). Smoking status and nicotine administration differentially modify hemodynamic stress reactivity in men and women. *Psychosomatic Medicine, 59*, 294–306.

Given, C. W., Stommel, M., Given, B., Osuch, J., Kurtz, M. E., & Kurtz, J. C. (1993). The influence of cancer patients' symptoms and functional states on patients' depression and family caregivers' reaction and depression. *Health Psychology, 12*, 277–285.

Glaser, B. G. (1972). Disclosure of terminal illness. In E. G. Jaco (Ed.), *Patients, physicians, and illness* (pp. 204–213). New York: Free Press.

Glaser, R., Kiecolt-Glaser, J. K., Bonneau, R. H., Malarkey, W., Kennedy, S., & Hughes, J. (1992). Stress-induced modulation of the immune response to recombinant hepatitis B vaccine. *Psychosomatic Medicine, 54*, 22–29.

Glaser, R., Kiecolt-Glaser, J. K., Speicher, C. E., & Holliday, J. E. (1985). Stress, loneliness, and changes in herpesvirus latency. *Journal of Behavioral Medicine, 8*, 249–260.

Glaser, R., Kiecolt-Glaser, J. K., Stout, J. C., Tarr, K. L., Speicher, C. E., & Holliday, J. E. (1985). Stress-related impairments in cellular immunity. *Psychiatry Research, 16*, 233–239.

Glaser, R., Rice, J., Speicher, C. E., Stout, J. C., & Kiecolt-Glaser, J. K. (1986). Stress depresses interferon production by leukocytes concomitant with a decrease in natural killer cell activity. *Behavioral Neuroscience, 100*, 675–678.

Glaser, R., Sheridan, J., Malarkey, W. B., MacCallum, R. C., & Kiecolt-Glaser, J. K. (2000). Chronic stress modulates the immune response to a pneumococcal pneumonia vaccine. *Psychosomatic Medicine, 62*, 804–807.

Glasgow, M. S., & Engel, B. T. (1987). Clinical issues in biofeedback and relaxation therapy for hypertension. In J. P. Hatch, J. G. Fisher, & J. D. Rugh (Eds.), *Biofeedback* (pp. 81–121). New York: Plenum Press.

Glasgow, M. S., Engel, B. T., & D'Lugoff, B. C. (1989). A controlled study of a standardized behavioral stepped treatment for hypertension. *Psychosomatic Medicine, 51*, 10–26.

Glasgow, R. E., & Anderson, B. J. (1995). Future directions for research on pediatric chronic disease management: Lessons from diabetes. *Journal of Pediatric Psychology, 20*, 389–402.

Glasgow, R. E., Stevens, V. J., Vogt, T. M., Mullooly, J. P., & Lichtenstein, E. (1991). Changes in smoking associated with hospitalization: Quit rates, predictive variables, and intervention implications. *American Journal of Health Promotion, 6*, 24–29.

Glasgow, R. E., Terborg, J. R., Strycker, L. A., Boles, S. M., & Hollis, J. F. (1997). Take heart II: Replication of a worksite health promotion trial. *Journal of Behavioral Medicine, 20*, 143–161.

Glasgow, R. E., Toobert, D. J., Hampson, S. E., & Wilson, W. (1995). Behavioral research on diabetes at the Oregon Research Institute. *Annals of Behavioral Medicine, 17*, 32–40.

Glass, D. C., & Singer, J. E. (1972). *Urban stress.* New York: Academic Press.

Glass, J., & Fujimoto, T. (1994). Housework, paid work, and depression among husbands and wives. *Journal of Health and Social Behavior, 35,* 179–191.

Glass, T. A., DeLeon, C. M., Marottoli, R. A., & Berkman, L. F. (1999). Population based study of social and productive activities as predictors of survival among elderly Americans. *British Medical Journal, 319,* 478–483.

Glenn, S. W., Parsons, O. A., & Stevens, L. (1989). Effects of alcohol abuse and familial alcoholism on physical health in men and women. *Health Psychology, 8,* 325–341.

Glick, I. O., Weiss, R. S., & Parkes, C. M. (1974). *The first year of bereavement.* New York: Wiley.

Glinder, J. G., & Compas, B. E. (1999). Self-blame attributions in women with newly diagnosed breast cancer: A prospective study of psychological adjustment. *Health Psychology, 18,* 475–481.

Glynn, L. M., Christenfeld, N., & Gerin, W. (1999). Gender, social support, and cardiovascular responses to stress. *Psychosomatic Medicine, 61,* 234–242.

Goffman, E. (1961). *Asylums.* Garden City, NY: Doubleday.

Goffman, E. (1963). *Stigma: Notes on the management of spoiled identity.* Englewood Cliffs, NJ: Prentice-Hall.

Gogan, J. L., Koocher, G. P., Foster, D. J., & O'Malley, J. E. (1977). Impact of childhood cancer on siblings. *Health and Social Work, 2,* 41–57.

Goldberg, R. J. (1981). Management of depression in the patient with advanced cancer. *Journal of the American Medical Association, 246,* 373–376.

Goldberg, C. (1998, September 11). Little drop in college binge drinking: Study finds that fraternities and sororities still lead the way. *New York Times,* p. A12.

Golden, J. S., & Johnston, G. D. (1970). Problems of distortion in doctor-patient communications. *Psychiatry in Medicine, 1,* 127–149.

Goldman, M. S. (1983). Cognitive impairment in chronic alcoholics: Some cause for optimism. *American Psychologist, 38,* 1045–1054.

Goldman, S. L., Whitney-Saltiel, D., Granger, J., & Rodin, J. (1991). Children's representations of "everyday" aspects of health and illness. *Journal of Pediatric Psychology, 16,* 747–766.

Goldstein, M. S., Jaffe, D. T., Garell, D., & Berk, R. E. (1986). Holistic doctors: Becoming a non-traditional medical practitioner. *Urban Life, 14,* 317–344.

Goldstein, M. S., Jaffe, D. T., Sutherland, C., & Wilson, J. (1987). Holistic physicians: Implications for the study of the medical profession. *Journal of Health and Social Behavior, 28,* 103–119.

Gonder-Frederick, L. A., Carter, W. R., Cox, D. J., & Clarke, W. L. (1990). Environmental stress and blood glucose change in insuring insulin-dependent diabetes mellitus. *Health Psychology, 9,* 503–515.

Gonder-Frederick, L. A., Cox, D. J., Bobbitt, S. A., & Pennebaker, J. W. (1986). Blood glucose symptom beliefs of diabetic patients: Accuracy and implications. *Health Psychology, 5,* 327–341.

Goodall, T. A., & Halford, W. K. (1991). Self-management of diabetes mellitus: A critical review. *Health Psychology, 10,* 1–8.

Goode, K. T., Haley, W. E., Roth, D. L., & Ford, G. R. (1998). Predicting longitudinal changes in caregiver physical and mental health: A stress process model. *Health Psychology, 17,* 190–198.

Goodenow, C., Reisine, S. T., & Grady, K. E. (1990). Quality of social support and associated social and psychological functioning in women with rheumatoid arthritis. *Health Psychology, 9,* 266–284.

Goodman, E., & Capitman, J. (2000). Depressive symptoms and cigarette smoking among teens. *Pediatrics, 106,* 748–755.

Goodstein, R. (1983). Overview: Cerebrovascular accident and the hospitalized elderly—A multi-dimensional clinical problem. *American Journal of Psychiatry, 140,* 141–147.

Gordon, C. M., & Carey, M. P. (1996). Alcohol's effects on requisites for sexual risk reduction in men: An initial experimental investigation. *Health Psychology, 15,* 56–60.

Gordon, C. M., Carey, M. P., & Carey, K. B. (1997). Effects of a drinking event on behavioral skills and condom attitudes in men: Implications for HIV risk from a controlled experiment. *Health Psychology, 16,* 490–495.

Gordon, J. R., & Marlatt, G. A. (1981). Addictive behaviors. In J. L. Shelton & R. L. Levy (Eds.), *Behavioral assignments and treatment compliance* (pp. 167–186). Champaign, IL: Research Press.

Gordon, W. A., & Diller, L. (1983). Stroke: Coping with a cognitive deficit. In T. G. Burish & L. A. Bradley (Eds.), *Coping with chronic disease: Research and applications.* New York: Academic Press, pp. 113–135.

Gordon, W. A., & Hibbard, M. R. (1992). Critical issues in cognitive remediation. *Neuropsychology, 6,* 361–370.

Gorman, C. (1999, March 29). Get some sleep. *Time,* p. 225.

Gorsuch, R. L. (1995). Religious aspects of substance abuse and recovery. *Journal of Social Issues, 51,* 65–83.

Gottlieb, B. H. (1983). *Social support strategies: Guidelines for mental health practice.* Beverly Hills, CA: Sage.

Gottlieb, B. H. (Ed.). (1988). *Marshalling social support: Formats, processes, and effects.* Newbury Park, CA: Sage.

Gottlieb, N. H., & Green, L. W. (1984). Life events, social network, life-style, and health: An analysis of the 1979 national survey on personal health practices and consequences. *Health Education Quarterly, 11,* 91–105.

Gough, H. G. (1967). Nonintellectual factors in the selection and evaluation of medical students. *Journal of Medical Education, 42,* 642–650.

Gough, H. G., Hall, W. B., & Harris, R. E. (1963). Admissions procedures as forecasters of performance in medical training. *Journal of Medical Education, 38,* 983–998.

Gould, R. (1972). The phases of adult life: A study in developmental psychology. *American Journal of Psychiatry, 129*, 521–531.

Gout and hyperuricemia. (2001) [Online], Available: http://www.focusonarthritis.com/script/main/art.asp?articlekey=374 [2001, June 24].

Gove, W. R., & Zeiss, C. (1987). Multiple roles and happiness. In F. Crosby (Ed.), *Spouse, parent, worker* (pp. 125–137). New Haven, CT: Yale University Press.

Grady, D. (2000a, October 12). Exchanging obesity's risks for surgery's. *New York Times*, pp. A1, A24.

Grady, D. (2000b, February 3). Study says children with cancer suffer more than necessary. *New York Times*, p. A16.

Graham, M. A., Thompson, S. C., Estrada, M., & Yonekura, M. L. (1987). Factors affecting psychological adjustment to a fetal death. *American Journal of Obstetrics and Gynecology, 157*, 254–257.

Gramling, S. E., Clawson, E. P., & McDonald, M. K. (1996). Perceptual and cognitive abnormality model of hypochondriasis: Amplification and physiological reactivity in women. *Psychosomatic Medicine, 58*, 423–431.

Grassi, L., & Molinari, S. (1986). Intrafamilial dynamics and neoplasia: Prospects for a multidisciplinary analysis. *Rivista di Psichiatria, 21*, 329–341.

Graugaard, P., & Finset, A. (2000). Trait anxiety and reactions to patient-centered and doctor-centered styles of communication: An experimental study. *Psychosomatic Medicine, 62*, 33–39.

Graydon, J. E. (1988). Factors that predict patients' functioning following treatment for cancer. *International Journal of Nursing Studies, 25*, 117–124.

Green, J. H. (1978). *Basic clinical physiology* (3rd ed.). New York: Oxford University Press.

Green, L.W., & Cargo, M.D. (1994). The changing context of health promotion in the workplace. In M. P. O'Donnell & J. S. Harris (Eds.), *Health promotion in the workplace* (2nd ed., pp. 497–524). Toronto, Canada: Delmar.

Green, P. J., Kirby, R., & Suls, J. (1996). The effects of caffeine on blood pressure and heart rate: A review. *Annals of Behavioral Medicine, 18*, 201–216.

Greenberg, E. S., & Grunberg, L. (1995). Work alienation and problem alcohol behavior. *Journal of Health and Social Behavior, 36*, 83–102.

Greenberg, R. A., Strecher, V. J., Bauman, K. E., Boat, B. W., Fowler, M. G., Keyes, L. L., Denny, F. W., Chapman, R. S., Stedman, H. C., LaVange, L. M., Glover, L. H., Haley, N. J., & Loda, F. A. (1994). Evaluation of a home-based intervention program to reduce infant passive smoking and lower respiratory illness. *Journal of Behavioral Medicine, 17*, 273–290.

Greene, R. E., Houston, B. K., & Holleran, S. A. (1995). Aggressiveness, dominance, developmental factors, and serum cholesterol level in college males. *Journal of Behavioral Medicine, 18*, 569–580.

Greenfield, S., Kaplan, S. H., Ware, J. E., Jr., Yano, E. M., & Frank, H. J. L. (1988). Patients' participation in medical care: Effects on blood sugar control and quality of life in diabetes. *Journal of General Internal Medicine, 3*, 448–457.

Greer, S. (1974). Psychological aspects: Delay in the treatment of breast cancer. *Proceedings of the Royal Society of Medicine, 64*, 470–473.

Greer, S. (1987). Psychotherapy for the cancer patient. *Psychiatric Medicine, 5*, 267–279.

Gregerson, M.B. (2000). The curious 2000-year case of asthma. *Psychosomatic Medicine, 62*, 816–827.

Grembowski, D., Patrick, D., Diehr, P., Durham, M., Beresford, S., Kay, E., & Hecht, J. (1993). Self-efficacy and health behavior among older adults. *Journal of Health and Social Behavior, 34*, 89–104.

Grieco, A., & Long, C. J. (1984). Investigation of the Karnofsky Performance Status as a measure of quality of life. *Health Psychology, 3*, 129–142.

Grodner, S., Prewitt, L. M., Jaworski, B. A., Myers, R., Kaplan, R. M., & Ries, A. L. (1996). The impact of social support in pulmonary rehabilitation of patients with chronic obstructive pulmonary disease. *Annals of Behavioral Medicine, 18*, 139–145.

Gross, A. M., Eudy, C., & Drabman, R. S. (1982). Training parents to be physical therapists with their physically handicapped child. *Journal of Behavioral Medicine, 5*, 321–328.

Grossi, G., Perski, A., Feleke, E., & Jakobson, U. (1998). State anxiety predicts poor psychosocial outcome after coronary bypass surgery. *International Journal of Behavioral Medicine, 5*, 1–16.

Grossman, H. Y., Brink, S., & Hauser, S. T. (1987). Self-efficacy in adolescent girls and boys with insulin-dependent diabetes mellitus. *Diabetes Care, 10*, 324–329.

Groth-Marnat, G., & Fletcher, A. (2000). Influence of neuroticism, catastrophizing, pain, duration, and receipt of compensation on short-term response to nerve block treatment for chronic back pain. *Journal of Behavioral Medicine, 23*, 339–350.

Grunberg, N. E. (1985). Specific taste preferences: An alternative explanation for eating changes in cancer patients. In T. G. Burish, S. M. Levy, & B. E. Meyerowitz (Eds.), *Cancer, nutrition, and eating behavior: A biobehavioral perspective* (pp. 43–61). Hillsdale, NJ: Erlbaum.

Grunberg, N. E. (1986). Nicotine as a psychoactive drug: Appetite regulation. *Psychopharmacology Bulletin, 22*, 875–881.

Grunberg, N. E., & Acri, J. B. (1991). Conceptual and methodological considerations for tobacco addiction research. *British Journal of Addiction, 86*, 637–641.

Grunberg, N. E., & Straub, R. O. (1992). The role of gender and taste class in the effects of stress on eating. *Health Psychology, 11,* 97–100.

Gump, B. B., & Kulik, J. A. (1995). The effect of a model's HIV status on self-perceptions: A self-protective similarity bias. *Personality and Social Psychology Bulletin, 21,* 827–833.

Gump, B. B., & Matthews, K. A. (1998). Vigilance and cardiovascular reactivity to subsequent stressors in men: A preliminary study. *Health Psychology, 17,* 93–96.

Gump, B. B., & Matthews, K. A. (2000). Are vacations good for your health? The 9-year mortality experience after the multiple risk factor intervention trial. *Psychosomatic Medicine, 62,* 608–612.

Gump, B. B., Matthews, K. A., & Raikkonen, K. (1999). Modeling relationships among socioeconomic status, hostility, cardiovascular reactivity, and left ventricular mass in African American and White children. *Health Psychology, 18,* 140–150.

Gura, T. (1997). Obesity sheds its secrets. *Science, 275,* 751–753.

Guyll, M., & Contrada, R. J. (1998). Trait hostility and ambulatory cardiovascular activity: Responses to social interaction. *Health Psychology, 17,* 30–39.

Hackett, T. P., & Cassem, N. H. (1973). Psychological adaptation to convalescence in myocardial infarction patients. In J. P. Naughton, H. K. Hellerstein, & I. C. Mohler (Eds.), *Exercise testing and exercise training in coronary heart disease.* New York: Academic Press.

Haft, J. I. (1974). Cardiovascular injury induced by sympathetic catecholamines. *Progress in Cardiovascular Disease, 17,* 73.

Hagedoorn, M., Kuijer, R. G., Buunk, B. P., DeJong, G., Wobbes, T., & Sanderman, R. (2000). Marital satisfaction in patients with cancer: Does support from intimate partners benefit those who need it the most? *Health Psychology, 19,* 274–282.

Haines, V. A., Hurlbert, J. S., & Beggs, J. J. (1996). Exploring the determinants of support provision: Provider characteristics, personal networks, community contexts, and support following life events. *Journal of Health and Social Behavior, 37,* 252–264.

Halberstam, M. J. (1971, February 14). The doctor's new dilemma: Will I be sued? *New York Times Magazine,* pp. 8–9, 33–39.

Halford, W. K., Cuddihy, S., & Mortimer, R. H. (1990). Psychological stress and blood glucose regulation in Type I diabetic patients. *Health Psychology, 9,* 516–528.

Hall, A., & Crisp, A. H. (1983). Brief psychotherapy in the treatment of anorexia nervosa: Preliminary findings. In P. L. Darby, P. E. Garfinkel, D. M. Garner, & D. V. Coscina (Eds.), *Anorexia nervosa: Recent developments in research* (pp. 41–56). New York: Liss.

Hall, C. (1999, April 5). Living in pain affliction: For chronic pain sufferers, even hope can hurt (first of two parts). *San Franciso Chronicle.* Retrieved March 27, 2001, from http://www.sfgate.com/

Hall, J. A., Epstein, A. M., DeCiantis, M. L., & McNeil, B. J. (1993). Physicians' liking for their patients: More evidence for the role of affect in medical care. *Health Psychology, 12,* 140–146.

Hall, J. A., Irish, J. T., Roter, D. L., Ehrlich, C. M., & Miller, L. H. (1994). Gender in medical encounters: An analysis of physician and patient communication in a primary care setting. *Health Psychology, 13,* 384–392.

Hall, J. A., Rotter, D. L., & Katz, N. R. (1988). Meta-analysis of correlates of provider behavior in medical encounters. *Medical Care, 26,* 657–675.

Hall, M., Baum, A., Buysse, D. J., Prigerson, H. G., Kupfer, D. J., & Reynolds, C. F. (1998). Sleep as a mediator of the stress-immune relationship. *Psychosomatic Medicine, 60,* 48–51.

Hall, M., Buysse, D. J., Nowell, P. D., Nofzinger, E. A., Houck, P., Reynolds, C. F., & Kupfer, D. J. (2000). Symptoms of stress and depression as correlates of sleep in primary insomnia. *Psychosomatic Medicine, 62,* 227–230.

Hall, S. C., Adams, C. K., Stein, C. H., Stephenson, H. S., Goldstein, M. K., & Pennypacker, H. S. (1980). Improved detection of human breast lesions following experimental training. *Cancer, 46,* 408–414.

Hall, S. M., Ginsberg, D., & Jones, R. T. (1986). Smoking cessation and weight gain. *Journal of Consulting and Clinical Psychology, 54,* 342–346.

Hamburg, D., & Sartorius, N. (1989). Health and behavior: A worldwide perspective. In World Health Organization (Ed.), *Health and behavior* (pp. 206–220). Cambridge, England: Cambridge University Press.

Hamburg, D. A., & Adams, J. E. (1967). A perspective on coping behavior: Seeking and utilizing information in major transitions. *Archives of General Psychiatry, 19,* 277–284.

Hamilton, M. K., Gelwick, B. P., & Meade, C. J. (1984). The definition and prevalence of bulimia. In R. C. Hawkins, W. J. Fremouw, & P. F. Clement (Eds.), *The binge-purge syndrome* (pp. 3–26). New York: Springer.

Hamilton, V. L., Broman, C. L., Hoffman, W. S., & Renner, D. S. (1990). Hard times and vulnerable people: Initial effects of plant closing on autoworkers' mental health. *Journal of Health and Social Behavior, 31,* 123–140.

Hamlett, K., Eaker, E. D., & Stokes, J., III. (1989). Psychosocial correlates of alcohol intake among women aged 45 to 64 years: The Framingham Study. *Journal of Behavioral Medicine, 6,* 525–542.

Hammen, C., Marks, T., Mayol, A., & DeMayo, R. (1985). Depressive self-schemas, life stress, and vulnerability to depression. *Journal of Abnormal Psychology, 94,* 308–319.

Hampson, S. E., Andrews, J. A., Barckley, M., Lichtenstein, E., & Lee, M. E. (2000). Conscientiousness, perceived risk, and risk-reduction behaviors: A preliminary study. *Health Psychology, 19,* 496–500.

Hampson, S. E., Glasgow, R. E., & Toobert, D. J. (1990). Personal models of diabetes and their relations to self-care activities. *Health Psychology, 9,* 632–646.

Hampson, S. E., Glasgow, R. E., & Zeiss, A. M. (1994). Personal models of osteoarthritis and their relation to self-management activities and quality of life. *Journal of Behavioral Medicine, 17,* 143–158.

Han, S., & Shavitt, S. (1994). Persuasion and culture: Advertising appeals in individualistic and collectivistic societies. *Journal of Experimental Social Psychology, 30,* 326–350.

Hanson, C. L., & Pichert, J. W. (1986). Perceived stress and diabetes control in adolescents. *Health Psychology, 5,* 439–452.

Hanson, C. L., Henggeler, S. W., & Burghen, G. A. (1987). Models of associations between psychosocial variables and health-outcome measures of adolescents with IDDM. *Diabetes Care, 10,* 752–758.

Hanson, C. L., Henggeler, S. W., Harris, M. A., Burghen, G. A., & Moore, M. (1989). Family system variables and the health status of adolescents with insulin-dependent diabetes mellitus. *Health Psychology, 8,* 239–253.

Harburg, E., Erfurt, J. C., Havenstein, L. S., Chape, C., Schull, W. J., & Schork, M. A. (1973,). Socio-ecological stress, suppressed hostility, skin color, and Black-White male blood pressure: Detroit. *Psychosomatic Medicine, 35,* 276–296.

Harnish, J. D., Aseltine, R. H., & Gore, S. (2000). Resolution of stressful experiences as an indicator of coping effectiveness in young adults: An event history analysis. *Journal of Health and Social Behavior, 41,* 121–136.

Harrell, J. P. (1980). Psychological factors and hypertension: A status report. *Psychological Bulletin, 87,* 482–501.

Harrington, L., Affleck, G., Urrows, S., Tennen, H., Higgins, P., Zautra, A., & Hoffman, S. (1993). Temporal covariation of soluable interleukin-2 receptor levels, daily stress, and disease activity in rheumatoid arthritis. *Arthritis and Rheumatism, 36,* 199–207.

Harris, M. B., Walters, L. C., & Waschull, S. (1991). Gender and ethnic differences in obesity-related behaviors and attitudes in a college sample. *Journal of Applied Social Psychology, 21,* 1545–1566.

Hartley, H. (1999). The influence of managed care on supply of certified nurse-midwives: An evaluation of the physician dominance thesis. *Journal of Health and Social Behavior, 40,* 87–101.

Hassinger, H., Semenchuk, E., & O'Brien, W. (1999). Appraisal and coping responses to pain and stress in migraine headache sufferers. *Journal of Behavioral Medicine, 22,* 327–340.

Hastrup, J. L. (1985). Inaccuracy of family health information: Implications for prevention. *Health Psychology, 4,* 389–397.

Hatch, J. P., Moore, P. J., Borcherding, S., CyrProvost, M., Boutros, N. N., & Seleshi, E. (1992). Electromyographic and affective responses of episodic tension-type headache patients and headache-free controls during stressful task performance. *Journal of Behavioral Medicine, 15,* 89–112.

Hatfield, M. O. (1990). Stress and the American worker. *American Psychologist, 45,* 1162–1164.

Hatsukami, D., LaBounty, L., Hughes, J., & Laine, D. (1993). Effects of tobacco abstinence on food intake among cigarette smokers. *Health Psychology, 12,* 499–502.

Hauenstein, M. S., Schiller, M. R., & Hurley, R. S. (1987). Motivational techniques of dieticians counseling individuals with Type II diabetes. *Journal of the American Diabetic Association, 87,* 37–42.

Haug, M. R. (1994). Elderly patients, caregivers, and physicians: Theory and research on health care trends. *Journal of Health and Social Behavior, 35,* 1–12.

Haug, M. R., & Folmar, S. J. (1986). Longevity, gender, and life quality. *Journal of Health and Social Behavior, 27,* 332–345.

Haug, M. R., & Ory, M. G. (1987). Issues in elderly patient-provider interactions. *Research on Aging, 9,* 3–44.

Hawk, L., Dougall, L., Ursano, R., & Baum, A. (2000). Urinary catecholamines and cortisol in recent-onset post-traumatic stress disorder after motor vehicle accidents. *Psychosomatic Medicine, 62,* 423–434.

Hayes, D., & Ross, C. E. (1987). Concern with appearance, health beliefs, and eating habits. *Journal of Health and Social Behavior, 28,* 120–130.

Hayes-Bautista, D. E. (1976). Modifying the treatment: Patient compliance, patient control, and medical care. *Social Science and Medicine, 10,* 233–238.

Haynes, R. B. (1979a). Determinants of compliance: The disease and the mechanics of treatment. In R. B. Haynes, D. W. Taylor, & D. L. Sackett (Eds.), *Compliance in health care* (pp. 49–62). Baltimore, MD: Johns Hopkins University Press.

Haynes, R. B. (1979b). Strategies to improve compliance with referrals, appointments, and prescribed medical regimens. In R. B. Haynes, D. W. Taylor, & D. L. Sackett (Eds.), *Compliance in health care* (pp. 121–143). Baltimore, MD: Johns Hopkins University Press.

Haynes, R. B., McKibbon, K. A., & Kanani, R. (1996). Systematic review of randomized controlled trials of the effects on patient adherence and outcomes of interventions to assist patients to follow prescriptions for medications. *The Cochrane Library, 2,* 1–26.

Haynes, R. B., Wang, B., & da-Mota-Gomes, M. (1987). A critical review of intentions to improve compliance with prescribed medications. *Patient Education and Counseling, 10,* 155–166.

Haynes, S. G., Odenkirchen, J., & Heimendinger, J. (1990). Worksite health promotion for cancer control. *Seminars in Oncology, 17,* 463–484.

Haynes, S. N., Gannon, L. R., Bank, J., Shelton, D., & Goodwin, J. (1990). Cephalic blood flow correlates of induced headaches. *Journal of Behavioral Medicine, 13,* 467–480.

Hays, R. B., Turner, H., & Coates, T. J. (1992). Social support, AIDS-related symptoms, and depression among gay men. *Journal of Consulting and Clinical Psychology, 60,* 463–469.

Haythornthwaite, J., Lawrence, J., & Fauerbach, J. (2001). Brief cognitive interventions for burn pain. *Annals of Behavioral Medicine, 23,* 42–49.

Health Care Financing Administration. (2001). *Table 1: National health expenditures and selected economic indicators, levels and average annual percent change: Selected calendar years 1980–2010.* Retrieved June 15, 2001, from www.hcfa.gov/stats/NHE-Proj/proj2000/tables/t1.htm

Heaney, C. A., Israel, B. A., & House, J. A. (1994). Chronic job insecurity among automobile workers: Effects on job satisfaction and health. *Social Science and Medicine, 38,* 1431–1437.

Heath, A. C., & Madden, P. A. F. (1995). Genetic influences on smoking behavior. In J. R. Turner et al. (Eds.) *Behavior genetic approaches in behavioral medicine.* New York: Plenum Press.

Heatherton, T. F., Herman, C. P., & Polivy, J. (1991). Effects of physical threat and ego threat on eating behavior. *Journal of Personality and Social Psychology, 60,* 138–143.

Heatherton, T. F., Herman, C. P., & Polivy, J. (1992). Effects of distress on eating: The importance of ego-involvement. *Journal of Personality and Social Psychology, 62,* 801–803.

Heijmans, M., & deRidder, D. (1998). Assessing illness representations of chronic illness: Explorations of their disease-specific nature. *Journal of Behavioral Medicine, 21,* 485–503.

Heim, E., Valach, L., & Schaffner, L. (1997). Coping and psychosocial adaptation: Longitudinal effects over time and stages in breast cancer. *Psychosomatic Medicine, 59,* 408–418.

Heishman, S. J., Kozlowski, L. T., & Henningfield, J. E. (1997). Nicotine addiction: Implications for public health policy. *Journal of Social Issues, 53,* 13–33.

Helgeson, V. S. (1992). Moderators of the relation between perceived control and adjustment to chronic illness. *Journal of Personality and Social Psychology, 63,* 656–666.

Helgeson, V. S. (1993). Implications of agency and communion for patient and spouse adjustment to a first

coronary event. *Journal of Personality and Social Psychology, 64,* 807–816.

Helgeson, V. S. (1999). Applicability of cognitive adaptation theory to predicting adjustment to heart disease after coronary angioplasty. *Health Psychology, 18,* 561–569.

Helgeson, V. S., & Cohen, S. (1996). Social support and adjustment to cancer: Reconciling descriptive, correlational, and intervention research. *Health Psychology, 15,* 135–148.

Helgeson, V. S., Cohen, S., Schulz, R., & Yasko, J. (2000). Group support interventions for women with breast cancer: Who benefits from what? *Health Psychology, 19,* 107–117.

Helgeson, V. S., & Fritz, H. L. (1999). Cognitive adaptation as a predictor of new coronary events after percutaneous transluminal coronary angioplasty. *Psychosomatic Medicine, 61,* 488–495.

Helgeson, V. S., & Lepore, S. J. (1997). Men's adjustment to prostate cancer: The role of agency and unmitigated agency. *Sex Roles, 37,* 251–267.

Helmers, K. F., & Krantz, D. S. (1996). Defensive hostility, gender and cardiovascular levels and responses to stress. *Annals of Behavioral Medicine, 18,* 246–254.

Henifin, M. S. (1993). New reproductive technologies: Equity and access to reproductive health care. *Journal of Social Issues, 49,* 62–74.

Henry, J. P., & Cassel, J. C. (1969). Psychosocial factors in essential hypertension: Recent epidemiologic and animal experimental evidence. *American Journal of Epidemiology, 90,* 171–200.

Herbert, T. B., & Cohen, S. (1993). Stress and immunity in humans: A meta-analytic review. *Psychosomatic Medicine, 5,* 364–379.

Herman, C. P. (1987). Social and psychological factors in obesity: What we don't know. In H. Weiner & A. Baum (Eds.), *Perspectives in behavioral medicine: Eating regulation and discontrol* (pp. 175–187). Hillsdale, NJ: Erlbaum.

Herman, M. (1972). The poor: Their medical needs and the health services available to them. *Annals of the American Academy of Political and Social Science, 399,* 12–21.

Hermand, D., Mullet, E., & Lavieville, S. (1997). Perception of the combined effects of smoking and alcohol on health. *Journal of Health Psychology, 2,* 481–491.

Herrmann, C., Brand-Driehorst, S., Kaminsky, B., Leibing, E., Staats, H., & Ruger, U. (1998). Diagnostic groups and depressed mood as predictors of 22-month mortality in medical inpatients. *Psychosomatic Medicine, 60,* 570–577.

Herzog, A. R., House, J. D., & Morgan, J. N. (1991). Relation of work and retirement to health and well-being in older age. *Psychology and Aging, 6,* 202–211.

Herzog, T. A., Abrams, D. B., Emmons, K. M., Linnan, L. A., & Shadel, W. G. (1999). Do processes of change predict smoking stage movements? A prospective analysis of the transtheoretical model. *Health Psychology, 18,* 369–375.

Hibbard, M. R., Gordon, W. A., Stein, P. N., Grober, S., & Sliwinski, M. (1992). Awareness of disability in patients following stroke. *Rehabilitation Psychology, 37,* 103–120.

Hibbard, M. R., Grober, S. E., Gordon, W. A., Aletta, E. G., & Freeman, A. (1990). Cognitive therapy and the treatment of poststroke depression. *Topics of Geriatric Rehabilitation, 5,* 45–55.

Hibbard, M. R., Grober, S. E., Stein, P. N., & Gordon, W. A. (1992). Poststroke depression. In A. Freeman & F. M. Dattilio (Eds.), *Comprehensive casebook of cognitive therapy* (pp. 303–310). New York: Plenum Press.

Higgins-Biddle, J. C., Babor, T. F., Mullahyl, J., Daniels, J., & McRee, B. (1997). Alcohol screening and brief intervention: Where research meets practice. *Connecticut Medicine, 61,* 565–575.

Hilgard, E. R. (1965). *Hypnotic susceptibility.* New York: Harcourt, Brace & World.

Hilgard, E. R. (1971). Hypnotic phenomena: The struggle for scientific acceptance. *American Scientist, 59,* 567–577.

Hillhouse, J. J., Stair, A. W., III, & Adler, C. M. (1996). Predictors of sunbathing and sunscreen use in college undergraduates. *Journal of Behavioral Medicine, 19,* 543–562.

Hinton, J. M. (1967). *Dying.* Baltimore, MD: Penguin.

Hirayama, T. (1981). Non-smoking wives of heavy smokers have a higher risk of lung cancer: A study from Japan. *British Medical Journal, 282,* 183–185.

Hlatky, M. A., Lam, L. C., Lee, K. L., Clapp-Channing, N. E., Williams, R. B., Pryor, D. B., Califf, R. M., & Mark, D. B. (1995). Job strain and the prevalence and outcome of coronary artery disease. *Circulation, 92,* 327–333.

Hobfoll, S. E. (1989). Conservation of resources: A new attempt at conceptualizing stress. *American Psychologist, 44,* 513–524.

Hobfoll, S. E., Jackson, A. P., Lavin, J., Britton, P. J., & Shepherd, J. B. (1993). Safer sex knowledge, behavior, and attitudes of inner-city women. *Health Psychology, 12,* 481–488.

Hochbaum, G. (1958). *Public participation in medical screening programs* (DHEW Publication No. 572, Public Health Service). Washington, DC: U.S. Government Printing Office.

Hochschild, A. (1989). *The second shift: Working parents and the revolution at home.* New York: Viking Penguin.

Hoelscher, T. J., Lichstein, K. L., & Rosenthal, T. L. (1986). Home relaxation practice in hypertension treatment: Objective assessment and compliance induction. *Journal of Consulting and Clinical Psychology, 54,* 217–221.

Hoffman, C., Rice, D., & Sung, H. Y. (1996). Persons with chronic conditions: Their prevalence and costs. *Journal of the American Medical Association, 276,* 1473–1479.

Holaday, J. W. (1983). Cardiovascular effects of endogenous opiate systems. *Annual Review of Pharmacology and Toxicology, 23,* 541–594.

Holahan, C. J., & Moos, R. H. (1986). Personality, coping, and family resources in stress resistance: A longitudinal analysis. *Journal of Personality and Social Psychology, 51,* 389–395.

Holahan, C. J., & Moos, R. H. (1987). Personal and contextual determinants of coping strategies. *Journal of Personality and Social Psychology, 52,* 946–955.

Holahan, C. J., & Moos, R. H. (1990). Life stressors, resistance factors, and improved psychological functioning: An extension of the stress resistance paradigm. *Journal of Personality and Social Psychology, 58,* 909–917.

Holahan, C. J., & Moos, R. H. (1991). Life stressors, personal and social resources, and depression: A four-year structural model. *Journal of Abnormal Psychology, 100,* 31–38.

Holahan, C. J., Moos, R. H., Holahan, C. K., & Brennan, P. L. (1995). Social support, coping, and depressive symptoms in a late-middle-aged sample of patients reporting cardiac illness. *Health Psychology, 14,* 152–163.

Holahan, C. J., Moos, R. H., Holahan, C. K., & Brennan, P. L. (1997). Social context, coping strategies, and depressive symptoms: An expanded model with cardiac patients. *Journal of Personality and Social Psychology, 72,* 918–928.

Holden, C. (1980). Love Canal residents under stress. *Science, 208,* 1242–1244.

Holden, C. (1983). Hospices compared with conventional care. *Science, 222,* 601.

Holden, C. (1987). Is alcoholism treatment effective? *Science, 236,* 20–22.

Holland, J. C., & Massie, M. J. (1987). Psychosocial aspects of cancer in the elderly. *Clinics in Geriatric Medicine, 3,* 533–539.

Holland, J. C., & Rowland, J. H. (1981). Psychiatric, psychosocial, and behavioral interventions in the treatment of cancer: A historical overview. In S. M. Weiss, J. A. Herd, & B. H. Fox (Eds.), *Perspectives on behavioral medicine.* New York: Academic Press.

Hollis, J. F., Carmody, T. P., Connor, S. L., Fey, S. G., & Matarazzo, J. D. (1986). The nutrition attitude survey: Associations with dietary habits, psychological and physical well-being, and coronary risk factors. *Health Psychology, 5,* 359–374.

Hollon, S. D., & Beck, A. T. (1986). Cognitive and cognitive-behavioral therapies. In S. L. Garfield & A. E. Bergin (Eds.), *Handbook of psychotherapy and behavior change* (3rd ed., pp. 443–482). New York: Wiley.

Holmberg, S. D. (1996). The estimated prevalence and incidence of HIV in 96 large U.S. metropolitan areas. *American Journal of Public Health, 86,* 642–654.

Holmes, D. S. (1981). The use of biofeedback for treating patients with migraine headaches, Raynaud's disease, and hypertension: A critical evaluation. In C. K.

Prokop & L. A. Bradley (Eds.), *Medical psychology: Contributions to behavioral medicine* (pp. 423–441). New York: Academic Press.

Holmes, J. A., & Stevenson, C. A. Z. (1990). Differential effects of avoidant and attentional coping strategies on adaptation to chronic and recent-onset pain. *Health Psychology, 9,* 577–584.

Holmes, T. H., & Rahe, R. H. (1967). The social readjustment rating scale. *Journal of Psychosomatic Research, 11,* 213–218.

Holroyd, K. A., Andrasik, F., & Westbrook, T. (1977). Cognitive control of tension headache. *Cognitive Therapy and Research, 1,* 121–133.

Homme, L. E. (1965). Perspectives in psychology, XXIV: Control of coverants, the operants of the mind. *Psychological Record, 15,* 501–511.

Hongladrom, T., & Hongladrom, G. C. (1982). The problem of testicular cancer: How health professionals in the armed services can help. *Military Medicine, 147,* 211–213.

Hooper, E. M., Comstock, L. M., Goodwin, J. M., & Goodwin, J. S. (1982). Patient characteristics that influence physician behavior. *Medical Care, 20,* 630–638.

Hops, H., Duncan, T. E., Duncan, S. C., & Stoolmiller, M. (1996). Parent substance use as a predictor of adolescent use: A six-year lagged analysis. *Annals of Behavioral Medicine, 18,* 157–164.

Horan, J. J., Layng, F. C., & Pursell, C. H. (1976). Preliminary study of effects of "in vivo" emotive imagery on dental discomfort. *Perceptual and Motor Skills, 42,* 105–106.

Horan, M. J., & Roccella, E. J. (1988). Non-pharmacologic treatment of hypertension in the United States. *Health Psychology, 7,* (Suppl.), 267–282.

Horowitz, M. J. (1975). Sliding meanings: A defense against threat in narcissistic personalities. *International Journal of Psychoanalysis and Psychotherapy, 4,* 167–180.

Horwitz, A. V., Reinhard, S. C., & Howell-White, S. (1996). Caregiving as reciprocal exchange in families with seriously mentally ill members. *Journal of Health and Social Behavior, 37,* 149–162.

House, J. A. (1981). *Work stress and social support.* Reading, MA: Addison-Wesley.

House, J. S. (1987). Chronic stress and chronic disease in life and work: Conceptual and methodological issues. *Work and Stress, 1,* 129–134.

House, J. S., Kessler, R. C., Herzog, A. R., Mero, R. P., Kinney, A. M., & Breslow, M. J. (1990). Age, socioeconomic status, and health. *The Milbank Quarterly, 68,* 383–411.

House, J. S., Landis, K. R., & Umberson, D. (1988). Social relationships and health. *Science, 241,* 540–545.

House, J. S., & Smith, D. A. (1985). Evaluating the health effects of demanding work on and off the job. In T. F. Drury (Ed.), *Assessing physical fitness and physical activity in population-base surveys* (pp. 481–508). Hyattsville, MD: National Center for Health Statistics.

House, J. S., Strecher, V., Meltzner, H. L., & Robbins, C. A. (1986). Occupational stress and health among men and women in the Tecumseh Community Health Study. *Journal of Health and Social Behavior, 27,* 62–77.

House, W. C., Pendelton, L., & Parker, L. (1986). Patients' versus physicians' attributions of reasons for diabetic patients' noncompliance with diet. *Diabetes Care, 9,* 434.

Houston, B. K., Babyak, M. A., Chesney, M. A., Black, G., & Ragland, D. R. (1997). Social dominance and 22-year all-cause mortality in men. *Psychosomatic Medicine, 59,* 5–12.

Houston, B. K., & Vavak, C. R., (1991). Cynical hostility: Developmental factors, psychosocial correlates, and health behaviors. *Health Psychology, 10,* 9–17.

Hughes, J. E. (1987). Psychological and social consequences of cancer. *Cancer Surveys, 6,* 455–475.

Hughes, J. R. (1993). Pharmacotherapy for smoking cessation: Unvalidated assumptions, anomalies, and suggestions for future research. *Journal of Consulting and Clinical Psychology, 61,* 751–760.

Hughes, J. R., Gulliver, S. B., Fenwick, J. W., Valliere, W. A., Cruser, K., Pepper, S., Shea, P., Solomon, L. J., & Flynn, B. S. (1992). Smoking cessation among self-quitters. *Health Psychology, 11,* 331–334.

Hultquist, C. M., Meyers, A. W., Whelan, J. P., Klesges, R. C., Peacher-Ryan, H., & DeBon, M. W. (1995). The effect of smoking and light activity on metabolism in men. *Health Psychology, 14,* 124–131.

Hunt, W. A., & Matarazzo, J. D. (1973). Three years later: Recent developments in the experimental modification of smoking behavior. *Journal of Abnormal Psychology, 81,* 107–114.

Hunter, C. E., & Ross, M. W. (1991). Determinants of health-care workers' attitudes toward people with AIDS. *Journal of Applied Social Psychology, 21,* 947–956.

Huntington, R., & Metcalf, P. (1979). *Celebrations of death: The anthropology of mortuary ritual.* New York: Cambridge University Press.

Huntington disease. (2001). Retrieved July 11, 2001, from http://health.yahoo.com/health/Diseases_and_Conditions/Disease_Feed_Data/Huntington_disease/

Huselid, R. F., & Cooper, M. L. (1992). Gender roles as mediators of sex differences in adolescent alcohol use and abuse. *Journal of Health and Social Behavior, 33,* 348–362.

Hymowitz, N., Campbell, K., & Feuerman, M. (1991). Long-term smoking intervention at the worksite: Effects of quit-smoking groups and an "enriched milieu" on smoking cessation in adult white-collar employees. *Health Psychology, 10,* 366–369.

Ickovics, J. R., Hamburger, M. E., Vlahov, D., Schoenbaum, E. E., Schuman, P., Boland, R. J., & Moore, J. (2001). Mortality, CD4 cell count decline, and depressive symptoms among HIV-seropositive women. *Journal of the American Medical Association, 285,* 1466–1474.

Ickovics, J. R., Viscoli, C. M., & Horwitz, R. I. (1997). Functional recovery after myocardial infarction in men: The independent effects of social class. *Annals of Behavioral Medicine, 127,* 518–525.

Iezzi, T., Archibald, Y., Barnett, P., Klinck, A., & Duckworth, M. (1999). Neurocognitive performance and emotional status in chronic pain patients. *Journal of Behavioral Medicine, 22,* 205–216.

Illich, I. (1976). *Medical nemesis.* New York: Pantheon.

Ingram, R. E., Atkinson, J. H., Slater, M. A., Saccuzzo, D. P., & Garfin, S. R. (1990). Negative and positive cognition in depressed and nondepressed chronic-pain patients. *Health Psychology, 9,* 300–314.

Ironson, G., Wynings, C., Schneiderman, N., Baum, A., Rodriguez, M., Greenwood, D., Benight, C., Antoni, M., LaPerriere, A., Huang, H.-S., Klimas, N., & Fletcher, M. A. (1997). Posttraumatic stress symptoms, intrusive thoughts, loss, and immune function after Hurricane Andrew. *Psychosomatic Medicine, 59,* 128–141.

Irvine, J., Baker, B., Smith, J., Janice, S., Paquette, M., Cairns, J., Connolly, S., Roberts, R., Gent, M., & Dorian, P. (1999). Poor adherence to placebo or amiodarone therapy predicts mortality: Results from the CAMIAT study. *Psychosomatic Medicine, 61,* 566–575.

Irvine, J., Basinski, A., Baker, B., Jandciu, S., Paquette, M., Cairns, J., Connolly, S., Roberts, R., Gent, M., & Dorian, P. (1999). Depression and risk of sudden cardiac death after acute myocardial infarction: Testing for the confounding effects of fatigue. *Psychosomatic Medicine, 61,* 729–737.

Irwin, M. (1999). Immune correlates of depression. *Advances in Experimental Medicine and Biology, 461,* 1–24.

Irwin, M., Mascovich, A., Gillin, J. C., Willoughby, R., Pike, J., & Smith, T. L. (1994). Partial sleep deprivation reduces natural killer cell activity in humans. *Psychosomatic Medicine, 56,* 493–498.

Ishigami, T. (1919). The influence of psychic acts on the progress of pulmonary tuberculosis. *American Review of Tuberculosis, 2,* 470–484.

Ituarte, P. H., Kamarck, T. W., Thompson, H. S., & Bacanu, S. (1999). Psychosocial mediators of racial differences in nighttime blood pressure dipping among normotensive adults. *Health Psychology, 18,* 393–402.

Iwanaga, M., Yokoyama, H., & Seiwa, H. (2000). Effects of personal responsibility and latitude of Type A and B individuals on psychological and physiological stress responses. *International Journal of Behavioral Medicine, 7,* 204–215.

Jachuck, S. J., Brierley, H., Jachuck, S., & Willcox, P. M. (1982). The effect of hypotensive drugs on the quality of life. *Journal of the Royal College of General Practitioners, 32,* 103–105.

Jackson, K. M., & Aiken, L. S. (2000). A psychosocial model of sun protection and sunbathing in young women: The impact of health beliefs, attitudes, norms, and self-efficacy for sun protection. *Health Psychology, 19,* 469–478.

Jackson, T., Iezzi, A., & Lafreniere, K. (1996). The differential effects of employment status on chronic pain and health comparison groups. *International Journal of Behavioral Medicine, 3,* 354–369.

Jacob, R. G., Chesney, M. A., Williams, D. M., Ding, Y., & Shapiro, A. P. (1991). Relaxation therapy for hypertension: Design effects and treatment effects. *Annals of Behavioral Medicine, 13,* 5–17.

Jacobsen, P. B., Bovbjerg, D. H., & Redd, W. H. (1993). Anticipatory anxiety in women receiving chemotherapy for breast cancer. *Health Psychology, 12,* 469–475.

Jacobsen, P. B., Bobvjerg, D. H., Schwartz, M. D., Andrykowski, M. A., Futterman, A. D., Gilewski, T., Norton, L., & Redd, W. H. (1993). Formation of food aversions in cancer patients receiving repeated infusions of chemotherapy. *Behaviour Research and Therapy, 8,* 739–748.

Jacobsen, P. B., Manne, S. L., Gorfinkle, K., Schorr, O., Rapkin, B., & Redd, W. H. (1990). Analysis of child and parent behavior during painful medical procedures. *Health Psychology, 9,* 559–576.

Jacobsen, P. B., Valdimarsdottir, H. B., Brown, K. L., & Offit, K. (1997). Decision-making about genetic testing among women at familial risk for breast cancer. *Psychosomatic Medicine, 59,* 459–466.

Jacobsen, P. B., Bovbjerg, D. H., Schwartz, M. D., Hudis, C. A., Gilewski, T. A., & Norton, L. (1995). Conditioned emotional distress in women receiving chemotherapy for breast cancer. *Journal of Consulting and Clinical Psychology, 63,* 108–114.

Jacobson, P. B., Wasserman, J., & Anderson, J. R. (1997). Historical overview of tobacco legislation and regulation. *Journal of Social Issues, 53,* 75–95.

Jacobson, E. (1938). *Progressive relaxation* (2nd ed.). Chicago: University of Chicago Press.

Jacobson, M. F., & Brownell, K. D. (2000). Small taxes on soft drinks and snack foods to promote health. *American Journal of Public Health, 90,* 854–857.

Jacoby, D. B. (1986). Letter to the editor. *New England Journal of Medicine, 315,* 399.

James, S. A., Hartnett, S. A., & Kalsbeek, W. D. (1983). John Henryism and blood pressure differences among Black men. *Journal of Behavioral Medicine, 6,* 259–278.

James, S. A., Keenan, N. L., Strogatz, D. S., Browning, S. R., & Garrett, J. M. (1992). Socioeconomic status, John Henryism, and blood pressure in Black adults: The Pitt County study. *American Journal of Epidemiology, 135,* 59–67.

Janis, I. L. (1958). *Psychological stress.* New York: Wiley.

Janis, I. L. (1983). Improving adherence to medical recommendations: Prescriptive hypotheses derived from recent research in social psychology. In A. Baum, S. E. Taylor, & J. Singer (Eds.), *Handbook of psychology and health* (Vol. 4, pp. 113–148). Hillsdale, NJ: Erlbaum.

Janson, M. A. H. (1986). A comprehensive bereavement program. *Quality Review Bulletin, 12,* 130–135.

Janz, N. K., & Becker, M. H. (1984). The health belief model: A decade later. *Health Education Quarterly, 11,* 1–47.

Jarvinen, K. A. J. (1955). Can ward rounds be dangerous to patients with myocardial infarction? *British Medical Journal, 1,* 318–320.

Jason, H., Kagan, N., Werner, A., Elstein, A. S., & Thomas, J. B. (1971). New approaches to teaching basic interview skills to medical students. *American Journal of Psychiatry, 127,* 140–143.

Jay, S. M., Elliott, C. H., Woody, P. D., & Siegel, S. (1991). An investigation of cognitive-behavior therapy combined with oral Valium for children undergoing painful medical procedures. *Health Psychology, 10,* 317–322.

Jeffery, R. W. (1991). Weight management and hypertension. *Annals of Behavioral Medicine, 13,* 18–22.

Jeffery, R. W. (1992). Is obesity a risk factor for cardiovascular disease? *Annals of Behavioral Medicine, 14,* 109–112.

Jeffery, R. W., Boles, S. M., Strycker, L. A., & Glasgow, R. E. (1997). Smoking-specific weight gain concerns and smoking cessation in a working population. *Health Psychology, 16,* 487–489.

Jeffery, R. W., Epstein, L. H., Wilson, G. T., Drewnowski, A., Stunkard, A. J., Wing, R. R., & Hill, D. (2000). Long-term maintenance of weight loss: Current status. *Health Psychology, 19,* 5–16.

Jeffery, R. W., French, S. A., & Rothman, A. J. (1999). Stage of change as a predictor of success in weight control in adult women. *Health Psychology, 18,* 543–546.

Jeffery, R. W., Hennrikus, D. J., Lando, H. A., Murray, D. M., & Liu, J. W. (2000). Reconciling conflicting findings regarding postcessation weight concerns and success in smoking cessation. *Health Psychology, 19,* 242–246.

Jeffery, R. W., Pirie, P. L., Rosenthal, B. S., Gerber, W. M., & Murray, D. M. (1982). Nutritional education in supermarkets: An unsuccessful attempt to influence knowledge and produce sales. *Journal of Behavioral Medicine, 5,* 189–200.

Jeffery, R. W., & Wing, R. R. (1995). Long-term effects of interventions for weight loss using food provision and money incentives. *Journal of Consulting and Clinical Psychology, 63,* 793–796.

Jellinek, E. M. (1960). *The disease concept of alcoholism.* Highland Park, NJ: Hillhouse Press.

Jemmott, J. B., III, Croyle, R. T., & Ditto, P. H. (1988). Commonsense epidemiology: Self-based judgments from laypersons and physicians. *Health Psychology, 7,* 55–73.

Jemmott, J. B., III, Jemmott, L. S., & Fong, G. (1992). Reductions in HIV risk–associated sexual behaviors among Black male adolescents: Effects of an AIDS prevention intervention. *American Journal of Public Health, 82,* 372–377.

Jemmott, J. B., III, Jemmott, L. S., & Hacker, C. I. (1992). Predicting intentions to use condoms among African American adolescents: The theory of planned behavior as a model of HIV risk–associated behavior. *Ethnicity Discussions, 2,* 371–380.

Jemmott, J. B., III, Jemmott, L. S., Spears, H., Hewitt, N., & Cruz-Collins. (1992). Self-efficacy, hedonistic expectancies, and condom-use intentions among inner-city Black adolescent women: A social cognitive approach to AIDS risk behavior. *Journal of Adolescent Health, 13,* 512–519.

Jemmott, J. B., III, & Jones, J. M. (1993). Social psychology and AIDS among ethnic minorities: Risk behaviors and strategies for changing them. In J. Pryor & G. Reeder (Eds.), *The social psychology of HIV infection* (pp. 183–244). Hillsdale, NJ: Erlbaum.

Jenkins, C. D. (1990a). Health for all by the year 2000: A challenge to behavioural sciences and health education. *The International Journal of Health Education, 9,* 8–12.

Jenkins, C. D. (1990b). Model for an integrated patient motivation, management and evaluation programme for persons with diabetes mellitus. *Review,* World Health Organization, Geneva, Switzerland.

Jiang, W., Babyak, M., Krantz, D. S., Waugh, R. A., Coleman, R. E., Hanson, M. M., Frid, D. J., McNulty, S., Morris, J. J., O'Connor, C. M., & Blumenthal, J. A. (1996). Mental stress-induced myocardial ischemia and cardiac events. *Journal of the American Medical Association, 275,* 1651–1656.

Joffres, M., Reed, D. M., & Nomura, A. M. Y. (1985). Psychosocial processes and cancer incidence among Japanese men in Hawaii. *American Journal of Epidemiology, 121,* 488–500.

Johansson, E., & Lindberg, P. (2000). Low back pain patients in primary care: Subgroups based on the multidimensional pain inventory. *International Journal of Behavioral Medicine, 7,* 340–352.

Johnson, C. G., Levenkron, J. C., Suchman, A. L., & Manchester, R. (1988). Does physician uncertainty affect patient satisfaction? *Journal of General Internal Medicine, 3,* 144–149.

Johnson, E. H., Schork, N. J., & Spielberger, C. D. (1987). Emotional and familial determinants of elevated blood pressure in Black and White adolescent females. *Journal of Psychosomatic Research, 31,* 731–741.

Johnson, J. (1982). The effects of a patient education course on persons with a chronic illness. *Cancer Nursing, 5,* 117–123.

Johnson, J. E. (1984). Psychological interventions and coping with surgery. In A. Baum, S. E. Taylor, & J. E. Singer (Eds.), *Handbook of psychology and health* (Vol. 4, pp. 167–188). Hillsdale, NJ: Erlbaum.

Johnson, J. E., Christman, N., & Stitt, C. (1985). Personal control interventions: Short- and long-term effects on surgical patients. *Research in Nursing and Health, 8,* 131–145.

Johnson, J. G., Cohen, P., Pine, D. S., Klein, D. F., Kasen, S., & Brook, J. S. (2000). Association between cigarette smoking and anxiety disorders during adolescence and early adulthood. *Journal of the American Medical Association, 284,* 2348–2351.

Johnson, J. E., Lauver, D. R., & Nail, L. M. (1989). Process of coping with radiation therapy. *Journal of Consulting and Clinical Psychology, 57,* 358–364.

Johnson, J. E., & Leventhal, H. (1974). Effects of accurate expectations and behavioral instructions on reactions during a noxious medical examination. *Journal of Personality and Social Psychology, 29,* 710–718.

Johnson, R. J., & Wolinsky, F. D. (1993). The structure of health status among older adults: Disease, disability, functional limitation, and perceived health. *Journal of Health and Social Behavior, 34,* 105–121.

Johnson, S. B., Freund, A., Silverstein, J., Hansen, C. A., & Malone, J. (1990). Adherence-health status relationships in childhood diabetes. *Health Psychology, 9,* 606–631.

Johnson, S. B., Tomer, A., Cunningham, W. R., & Henretta, J. C. (1990). Adherence in childhood diabetes: Results of a confirmatory factor analysis. *Health Psychology, 9,* 493–501.

Jonas, B. S., & Mussolino, M. E. (2000). Symptoms of depression as a prospective risk factor of stroke. *Psychosomatic Medicine, 62,* 463–471.

Jonas, B. S., & Lando, J. F. (2000). Negative affect as a prospective risk factor for hypertension. *Psychosomatic Medicine, 62,* 188–196.

Jones, J. L., & Leary, M. R. (1994). Effects of appearance-based admonitions against sun exposure on tanning intentions in young adults. *Health Psychology, 13,* 86–90.

Jordan, B. (1983). *Birth in four cultures.* Montreal, Quebec: Eden Press.

Jorgensen, R. S., Frankowski, J. J., & Carey, M. P. (1999). Sense of coherence, negative life events and appraisal of physical health among university students. *Personality and Individual Differences, 27,* 1079–1089.

Jorgensen, R. S., & Houston, B. K. (1981). Family history of hypertension, gender and cardiovascular reactivity and stereotypy during stress. *Journal of Behavioral Medicine, 4,* 175–190.

Jorgensen, R. S., Johnson, B. T., Kolodziej, M. E., & Schreer, G. E. (1996). Elevated blood pressure and personality: A meta-analytic review. *Psychological Bulletin, 120,* 293–320.

Juengst, E. T. (1993). Developing and delivering new medical technologies: Issues beyond access. *Journal of Social Issues, 49,* 210–221.

Jung, W., & Irwin, M. (1999). Reduction of natural killer cytotoxic activity in major depression: Interaction between depression and cigarette smoking. *Psychosomatic Medicine, 61,* 263–270.

Kabat-Zinn, J., & Chapman-Waldrop, A. (1988). Compliance with an outpatient stress reduction program: Rates and predictors of program completion. *Journal of Behavioral Medicine, 11,* 333–352.

Kagan, N. I. (1974). Teaching interpersonal relations for the practice of medicine. *Lakartidningen, 71,* 4758–4760.

Kahn, R. L. (1981). *Work and health.* New York: Wiley.

Kalichman, S. C., Carey, M. P., & Johnson, B. T. (1996). Prevention of sexually transmitted HIV infection: A meta-analytic review of the behavioral outcome literature. *Annals of Behavioral Medicine, 18,* 6–15.

Kalichman, S. C., & Coley, B. (1996). Context framing to enhance HIV-antibody-testing messages targeted to African American women. *Health Psychology, 14,* 247–254.

Kalichman, S. C., Kelly, J. A., & Rompa, D. (1997). Continued high-risk sex among HIV seropositive gay and bisexual men seeking HIV prevention services. *Health Psychology, 16,* 369–373.

Kalichman, S. C., & Nachimson, D. (1999). Self-efficacy and disclosure of HIV-positive serostatus to sex partners. *Health Psychology, 18,* 281–287.

Kalichman, S. C., Nachimson, D., Cherry, C., & Williams, E. (1998). AIDS treatment advances and behavioral prevention setbacks: Preliminary assessment of reduced perceived threat of HIV-AIDS. *Health Psychology, 17,* 546–550.

Kalichman, S. C., Roffman, R. A., Picciano, J. F., & Bolan, M. (1998). Risk for HIV infection among bisexual men seeking HIV-prevention services and risks posed to their female partners. *Health Psychology, 17,* 320–327.

Kalish, R. A. (1977). Dying and preparing for death: A view of families. In H. Feifel (Ed.), *New meanings of death.* New York: McGraw-Hill.

Kalish, R. A., & Reynolds, D. K. (1976). *Death and ethnicity: A psychocultural investigation.* Los Angeles: University of Southern California Press.

Kaloupek, D. G., & Stoupakis, T. (1985). Coping with a stressful medical procedure: Further investigation with volunteer blood donors. *Journal of Behavioral Medicine, 8,* 131–148.

Kamarck, T. W., & Lichtenstein, E. (1998). Program adherence and coping strategies as predictors of success in a smoking treatment program. *Health Psychology, 7,* 557–574.

Kamen-Siegel, L., Rodin, J., Seligman, M. E. P., & Dwyer, J. (1991). Explanatory style and cell-mediated immunity in elderly men and women. *Health Psychology, 10,* 229–235.

Kane, R. L., Klein, S. J., Bernstein, L., Rothenberg, R., & Wales, J. (1985). Hospice role in alleviating the emotional stress of terminal patients and their families. *Medical Care, 23,* 189–197.

Kane, R. L., Wales, J., Bernstein, L., Liebowitz, A., & Kaplan, S. (1984). A randomized controlled trial of hospice care. *Lancet, 1,* 890–894.

Kanner, A. D., Coyne, J. C., Schaeffer, C., & Lazarus, R. S. (1981). Comparison of two modes of stress measurement: Daily hassles and uplifts versus major life events. *Journal of Behavioral Medicine, 4,* 1–39.

Kapel, L., Glaros, A. G., & McGlynn, F. D. (1989). Psychophysiological responses to stress in patients with myofascial pain-dysfunction syndrome. *Journal of Behavioral Medicine, 12,* 397–406.

Kaplan, G. A., & Reynolds, P. (1988). Depression and cancer mortality and morbidity: Prospective evidence from the Alameda County Study. *Journal of Behavioral Medicine, 11,* 1–13.

Kaplan, G. A., Seeman, T. E., Cohen, R. D., Knudsen, L. P., & Guralnik, J. (1987). Mortality among the elderly in the Alameda County Study: Behavioral and demographic risk factors. *American Journal of Public Health, 77,* 307–312.

Kaplan, H. I. (1975). Current psychodynamic concepts in psychosomatic medicine. In R. O. Pasnau (Ed.), *Consultation-liaison psychiatry.* New York: Grune & Stratton.

Kaplan, J. R., Manuck, S. B., & Shively, C. (1991). The effects of fat and cholesterol on social behavior in monkeys. *Psychosomatic Medicine, 53,* 634–642.

Kaplan, R. M. (1985). Quality of life measurement. In P. Karoly (Ed.), *Measurement strategies in health psychology* (pp. 115–146). New York: Wiley.

Kaplan, R. M. (1989). Health outcome models for policy analysis. *Health Psychology, 8,* 723–735.

Kaplan, R. M. (1990). Behavior as the central outcome in health care. *American Psychologist, 45,* 1211–1220.

Kaplan, R. M. (1991a). Assessment of quality of life for setting priorities in health policy. In H. E. Schroeder (Ed.), *New directions in health psychology assessment* (pp. 1–26). Washington, DC: Hemisphere.

Kaplan, R. M. (1991b). Health-related quality of life in patient decision making. *Journal of Social Issues, 47,* 69–90.

Kaplan, R. M. (2000). Two pathways to prevention. *American Psychologist, 55,* 382–396.

Kaplan, R. M., Atkins, C. I., & Lenhard, L. (1982). Coping with a stressful sigmoidoscopy: Evaluation of cognitive and relaxation preparations. *Journal of Behavioral Medicine, 5,* 67–82.

Kaplan, R. M., & Bush, J. W. (1982). Health-related quality of life measurement for evaluation research and policy analysis. *Health Psychology, 1,* 61–80.

Kaplan, R. M., & Hartwell, S. L. (1987). Differential effects of social support and social network on physiological and social outcomes in men and women with Type II diabetes mellitus. *Health Psychology, 6,* 387–398.

Kaplan, R. M., Orleans, C. T., Perkins, K. A., & Pierce, J. P. (1995). Marshaling the evidence for greater regulation and control of tobacco products: A call for action. *Annals of Behavioral Medicine, 17,* 3–14.

Kaplan, R. M., & Simon, H. J. (1990). Compliance in medical care: Reconsideration of self-predictions. *Annals of Behavioral Medicine, 12,* 66–71.

Kaplan, R. M., Ries, A. L., Prewitt, L. M., & Eakin, E. (1994). Self-efficacy expectations predict survival for patients with chronic obstructive pulmonary disease. *Health Psychology, 13,* 366–368.

Kaplan, R. M., & Toshima, M. T. (1990). The functional effects of social relationships on chronic illnesses and disability. In B. R. Sarason, I. G. Sarason, & G. R. Pierce (Eds.), *Social support: An interactional view* (pp. 427–453). New York: Wiley-Interscience.

Kapp, M. B. (1993). Life-sustaining technologies: Value issues. *Journal of Social Issues, 49,* 151–167.

Karasek, R., Baker, D., Marxer, F., Ahlbom, A., & Theorell, T. (1981). Job decision latitude, job demands, and cardiovascular disease: A prospective study of Swedish men. *American Journal of Public Health, 71,* 694–705.

Karoly, P., & Ruehlman, L. S. (1996). Motivational implications of pain: Chronicity, psychological distress, and work global construal in a national sample of adults. *Health Psychology, 15,* 383–390.

Kasl, S. V., & Berkman, L. (1983). Health consequences of the experience of migration. *Annual Review of Public Health, 4,* 69–90.

Kastenbaum, R. (1977). Death and development through the lifespan. In H. Feifel (Ed.), *New meanings of death* (pp. 17–46). New York: McGraw-Hill.

Kastenbaum, R. (1979). "Healthy dying": A paradoxical quest continues. *Journal of Social Issues, 35,* 185–206.

Kastenbaum, R., & Aisenberg, R. B. (1972). *The psychology of death.* New York: Springer.

Katz, J. L., Weiner, H., Gallagher, T. F., & Hellman, I. (1970). Stress, distress, and ego defenses: Psychoendocrine response to impending breast tumor biopsy. *Archives of General Psychiatry, 23,* 131–142.

Katz, R. C., & Jernigan, S. (1991). An empirically derived educational program for detecting and preventing skin cancer. *Journal of Behavioral Medicine, 14,* 421–428.

Katz, R. C., & Singh, N. N. (1986). Reflections on the ex-smoker: Some findings on successful quitters. *Journal of Behavioral Medicine, 9,* 191–202.

Katz, S. T., Ford, A. B., Moskowitz, R. W., Jackson, B. A., & Jaffee, M. W. (1983). Studies of illness in the aged: The index of ADL. *Journal of the American Medical Association, 185*, 914–919.

Kaufman, M. R. (1970). Practicing good manners and compassion. *Medical Insight, 2*, 56–61.

Kavanaugh, D. J., Gooley, S., & Wilson, P. H. (1993). Prediction of adherence and control in diabetes. *Journal of Behavioral Medicine, 16*, 509–522.

Kazdin, A. E. (1974). Self-monitoring behavior change. In M. J. Mahoney & C. E. Thoresen (Eds.), *Self-control: Power to the person* (pp. 218–246). Monterey, CA: Brooks-Cole.

Keane, T. M., & Wolfe, J. (1990). Comorbidity in posttraumatic stress disorder: An analysis of community and clinical studies. *Journal of Applied Social Psychology, 20*, 1776–1788.

Keefe, F. J., & Caldwell, D. S. (1997). Cognitive behavioral control of arthritis pain. *Advances in Rheumatology, 81*, 277–290.

Keefe, F. J., Caldwell, D. S., Queen, K. T., Gil, K. M., Martinez, S., Crisson, J. E., Ogden, N., & Nunley, J. (1987). Pain coping strategies in osteoarthritis patients. *Journal of Consulting and Clinical Psychology, 55*, 208–212.

Keefe, F. J., Dunsmore, J., & Burnett, R. (1992). Behavioral and cognitive-behavioral approaches to chronic pain: Recent advances and future directions. *Journal of Consulting and Clinical Psychology, 60*, 528–536.

Keefe, F. J., & Van Horn, Y. (1993). Cognitive-behavioral treatment of rheumatoid arthritis pain. *Arthritis Care and Research, 6*, 213–222.

Keene, R. J. (1980). Follow-up studies of World War II and Korean conflict prisoners. *American Journal of Epidemiology, 111*, 194–200.

Kegeles, S. S. (1985). Education for breast self-examination: Why, who, what, and how? *Preventive Medicine, 14*, 702–720.

Keita, G. P., & Jones, J. M. (1990). Reducing adverse reaction to stress in the workplace: Psychology's expanding role. *American Psychologist, 45*, 1137–1141.

Kelder, G. E., Jr., & Daynard, R. A. (1997). Judicial approaches to tobacco control: The third wave of tobacco litigation as a tobacco control mechanism. *Journal of Social Issues, 53*, 169–186.

Kellerman, J., Rigler, D., & Siegel, S. E. (1979). Psychological responses of children to isolation in a protected environment. *Journal of Behavioral Medicine, 2*, 263–274.

Kelly, J. A., Lawrence, J. S., Hood, H. V., & Brasfield, T. L. (1989). Behavioral intention to reduce AIDS risk activities. *Journal of Consulting and Clinical Psychology, 57*, 60–67.

Kelly, J. A., Murphy, D. A., Bahr, G. R., Koob, J. J., Morgan, M. G., Kalichman, S. C., Stevenson, L. Y., Brasfield, T. L., Bernstein, B. M., & St. Lawrence, J. S. (1993). Factors associated with severity of depression and high-risk sexual behavior among persons diagnosed with human immunodeficiency virus (HIV) infection. *Health Psychology, 12*, 215–219.

Kelly, J. A., Otto-Salaj, L. L., Sikkema, K. J., Pinkerton, S. D., & Bloom, F. R. (1998). Implications of HIV treatment advances for behavioral research on AIDS: Protease inhibitors and new challenges in HIV secondary prevention. *Health Psychology, 17*, 310–319.

Kelly-Hayes, M., Wolf, P. A., Kannel, W. B., Sytkowski, D., D'Agostino, R. B., & Gresham, G. E. (1988). Factors influencing survival and need for institutionalization following stroke: The Framingham Study. *Archives of Physical and Medical Rehabilitation, 69*, 415–418.

Kelty, M. F., Hastings, M. M., Cahn, J., Kaplan, R. M., Curbow, B., Bransfield, D. D., Gallant, S. J. A., DeLeon, P., Bryant, P., Wickram, I., & Millstein, S. G. (1989). Health policy. *Health Psychology, 8*, 773–775.

Kemeny, E., Hovell, M. F., Mewborn, C. R., Dockter, B., & Chin, L. (1988). Breast self-examination: The effects of prescribed frequency on adherence, accuracy, and detection ability. *American Journal of Preventive Medicine, 4*, 140–145.

Kemeny, M. E., Cohen, R., Zegans, L. S., & Conant, M. A. (1989). Psychological and immunological predictors of genital herpes recurrence. *Psychosomatic Medicine, 51*, 195–208.

Kemeny, M. E., Weiner, H., Duran, R., Taylor, S. E., Visscher, B., & Fahey, L. (1995). Immune system changes following the death of a partner in HIV positive gay men. *Psychosomatic Medicine, 57*, 549–554.

Kemeny, M. E., Weiner, H., Taylor, S. E., Schneider, S., Visscher, B., & Fahey, J. L. (1994). Repeated bereavement, depressed mood, and immune parameters in HIV seropositive and seronegative homosexual men. *Health Psychology, 13*, 14–24.

Kempen, G. I. J. M., Jelicic, M., & Ormel, J. (1997). Personality, chronic medical morbidity, and health-related quality of life among older persons. *Health Psychology, 16*, 539–546.

Kendler, K. S., Kessler, R. C., Heath, A. C., Neale, M. C., & Eaves, L. J. (1991). Coping: A genetic epidemiological investigation. *Psychological Medicine, 21*, 337–346.

Kendler, K. S., Silberg, J. L., Neale, M. C., Kessler, R. C., Heath, A. C., & Eaves, L. J. (1992). Genetic and environmental factors in the aetiology of menstrual, premenstrual and neurotic symptoms: A population-based twin study. *Psychological Medicine, 22*, 85–100.

Kendzierski, D. (1990). Exercise self-schemata: Cognitive and behavioral correlates. *Health Psychology, 9*, 69–82.

Kerckhoff, A. C., & Back, K. W. (1968). *The June bug: A study of hysterical contagion*. New York: Appleton-Century-Crofts.

Kerry, B., & Hofschire, P. J. (1993). Hidden problems in current health-care financing and potential changes. *American Psychologist, 48*, 261–264.

Kessler, M., Kronstorfer, R., & Traue, H. C. (1996). Depressive symptoms and disability in acute and chronic back pain patients. *International Journal of Behavioral Medicine, 3,* 91–103.

Kessler, R. C., Kendler, K. S., Heath, A. C., Neale, M. C., & Eaves, L. J. (1992). Social support, depressed mood, and adjustment to stress: A genetic epidemiological investigation. *Journal of Personality and Social Psychology, 62,* 257–272.

Kessler, R. C., & McRae, J. A., Jr. (1982). The effects of wives' employment on the mental health of married men and women. *American Sociological Review, 47,* 216–227.

Kessler, R. C., Mickelson, K. D., & Zhao, S. (1997). Patterns and correlates of self-help group membership in the United States. *Social Policy, 27,* 27–47.

Kessler, R. C., Turner, J. B., & House, J. S. (1987). Intervening processes in the relationship between unemployment and health. *Psychological Medicine, 17,* 949–961.

Kessler, R. C., Turner, J. B., & House, J. S. (1988). Effects of unemployment on health in a community survey: Main, modifying, and mediating effects. *Journal of Social Issues, 44,* 69–85.

Kessler, R. C., & Wethington, E. (1991). The reliability of life event reports in a community survey. *Psychological Medicine, 21,* 723–738.

Ketterer, M. W., Fitzgerald, F., Keteyian, S., Thayer, B., Jordon, M., McGowan, C., Mahr, G., Manganas, A., & Goldberg, A. D. (2000). Chest pain and the treatment of psychosocial/emotional distress in CAD patients. *Journal of Behavioral Medicine, 23,* 437–450.

Kiecolt-Glaser, J. K., Dura, J. R., Speicher, C. E., Trask, O. J., & Glaser, R. (1991). Spousal caregivers of dementia victims: Longitudinal changes in immunity and health. *Psychosomatic Medicine, 53,* 345–362.

Kiecolt-Glaser, J. K., Fisher, L., Ogrocki, P., Stout, J. C., Speicher, C. E., & Glaser, R. (1987). Marital quality, marital disruption, and immune function. *Psychosomatic Medicine, 49,* 13–34.

Kiecolt-Glaser, J. K., & Glaser, R. (1987). Psychosocial influences on herpesvirus latency. In E. Kurstak, Z. J. Lipowski, & P. V. Morozov (Eds.), *Viruses, immunity, and mental disorders* (pp. 403–412). New York: Plenum Press.

Kiecolt-Glaser, J. K., & Glaser, R. (1988). Methodological issues in behavioral immunology research with humans. *Brain, Behavior, and Immunity, 2,* 67–78.

Kiecolt-Glaser, J. K., Glaser, R., Caccioppo, J. T., MacCallum, R. C., Snydersmith, M., Kim, C., & Malarkey, W. B. (1997). Marital conflict in older adults: Endocrinological and immunological correlates. *Psychosomatic Medicine, 59,* 339–349.

Kiecolt-Glaser, J. K., Glaser, R., Gravenstein, S., Malarkey, W. B., & Sheridan, J. (1996). Chronic stress alters the immune response to influenza virus vaccine in older adults. *Proceedings of the National Academy of Science USA, 93,* 3043–3047.

Kiecolt-Glaser, J. K., Glaser, R., Williger, D., Stout, J., Messick, G., Sheppard, S., Ricker, D., Romisher, S. C., Briner, W., Bonnell, G., & Donnerberg, R. (1985). Psychosocial enhancement of immunocompetence in a geriatric population. *Health Psychology, 4,* 25–41.

Kiecolt-Glaser, J. K., Kennedy, S., Malkoff, S., Fisher, L., Speicher, C. E., & Glaser, R. (1988). Marital discord and immunity in males. *Psychosomatic Medicine, 50,* 213–229.

Kiecolt-Glaser, J. K., Malarkey, W. B., Chee, M.-A., Newton, T., Caccioppo, J. T., Mao, H.-Y., & Glaser, R. (1993). Negative behavior during marital conflict is associated with immunological down-regulation. *Psychosomatic Medicine, 55,* 395–409.

Kiecolt-Glaser, J. K., Marucha, P. T., Malarkey, W. B., Mercado, A. M., & Glaser, R. (1995). Slowing of wound healing by psychological stress. *Lancet, 346,* 1194–1196.

Kiecolt-Glaser, J. K., Newton, T., Caccioppo, J. T., MacCallum, R. C., Glaser, R., & Malarkey, W. B. (1996). Marital conflict and endocrine function: Are men really more psychologically affected than women? *Journal of Consulting and Clinical Psychology, 64,* 324–332.

Kiecolt-Glaser, J. K., Page, G. G., Marucha, P. T., MacCallum, R. C., & Glaser, R. (1998). Psychological influences on surgical recovery. *American Psychologist, 53,* 1209–1218.

King, A. C., Castro, C., Wilcox, S., Eyler, A. A., Sallis, J. F., & Brownson, R. C. (2000). Personal and environmental factors associated with physical inactivity among different racial-ethnic groups of U.S. middle-aged and older-aged women. *Health Psychology, 19,* 354–364.

King, D. W., King, L. A., Gudanowski, D. M., & Vreven, D. L. (1995). Alternative representations of war zone stressors: Relationships to posttraumatic stress disorder in male and female Vietnam veterans. *Journal of Abnormal Psychology, 104,* 184–196.

King, K. B., Reis, H. T., Porter, L. A., & Norsen, L. H. (1993). Social support and long-term recovery from coronary artery surgery: Effects on patients and spouses. *Health Psychology, 12,* 56–63.

Kirkley, B. G., Agras, W. S., & Weiss, J. J. (1985). Nutritional inadequacy in the diets of treated bulimics. *Behavior Therapy, 16,* 287–291.

Kirkley, B. G., & Fisher, E. B., Jr. (1988). Relapse as a model of nonadherence to dietary treatment of diabetes. *Health Psychology, 7,* 221–230.

Kirkley, B. G., Schneider, J. A., Agras, W. J., & Bachman, J. A. (1985). Comparison of two group treatments for bulimia. *Journal of Consulting and Clinical Psychology, 53,* 43–48.

Kirmayer, L. J., & Young, A. (1998). Culture and somatization: Clinical, epidemiological, and ethnographic perspectives. *Psychosomatic Medicine, 60,* 420–430.

Kirschbaum, C., Klauer, T., Filipp, S., & Hellhammer, D. H. (1995). Sex-specific effects of social support on cortisol and subjective responses to acute psychological stress. *Psychosomatic Medicine, 57,* 23–31.

Kirschenbaum, D. S., Sherman, J., & Penrod, J. D. (1987). Promoting self-directed hemodialysis: Measurement and cognitive-behavioral intervention. *Health Psychology, 6,* 373–385.

Kirscht, J. P. (1983). Preventive health behavior: A review of research and issues. *Health Psychology, 2,* 277–301.

Kirscht, J. P., & Rosenstock, I. M. (1979). Patients' problems in following recommendations of health experts. In G. C. Stone, F. Cohen, & N. E. Adler (Eds.), *Health psychology—A handbook* (pp. 189–216). San Francisco: Jossey-Bass.

Kivlahan, D. R., Marlatt, G. A., Fromme, K., Coppel, D. B., & Williams, E. (1990). Secondary prevention with college drinkers: Evaluation of an alcohol skills training program. *Journal of Consulting and Clinical Psychology, 58,* 805–810.

Kiyak, H. A., Vitaliano, P. P., & Crinean, J. (1988). Patients' expectations as predictors of orthognathic surgery outcomes. *Health Psychology, 7,* 251–268.

Klebanov, P. K., & Jemmott, J. B., III. (1992). Effects of expectations and bodily sensations on self-reports of premenstrual symptoms. *Psychology of Women Quarterly, 16,* 289–310.

Klem, M., Wing, R R., McGuire, M. T., Seagle, H. M., & Hill, J. O. (1998). Psychological symptoms in individuals successful at long-term maintenance of weight loss. *Health Psychology, 17,* 336–345.

Klepp, K.-I., Kelder, S. H., & Perry, C. L. (1995). Alcohol and marijuana use among adolescents: Long-term outcomes of the class of 1989 study. *Annals of Behavioral Medicine, 17,* 19–24.

Klesges, R. C., Eck, L. H., Hanson, C. L., Haddock, C. K., & Klesges, L. M. (1990). Effects of obesity, social interactions, and physical environment on physical activity in preschoolers. *Health Psychology, 9,* 435–449.

Klesges, R. C., Meyers, A. W., Klesges, L. M., & LaVasque, M. E. (1989). Smoking, body weight, and their effects on smoking behavior: A comprehensive review of the literature. *Psychological Bulletin, 106,* 204–230.

Klohn, L. S., & Rogers, R. W. (1991). Dimensions of the severity of a health threat: The persuasive effects of visibility, time of onset, and rate of onset on young women's intentions to prevent osteoporosis. *Health Psychology, 10,* 323–329.

Klonoff, E. A., & Landrine, H. (1992). Sex roles, occupational roles, and symptom-reporting: A test of competing hypotheses on sex differences. *Journal of Behavioral Medicine, 15,* 355–364.

Klonoff, E. A., & Landrine, H. (1999). Acculturation and cigarette smoking among African Americans: Replication and implications for prevention and cessation programs. *Journal of Behavioral Medicine, 22,* 195–204.

Klonoff, E. A., & Landrine, H. (2000). Is skin color a marker for racial discrimination? Explaining the skin color–hypertension relationship. *Journal of Behavioral Medicine, 23,* 329–338.

Klopfer, B. (1959). Psychological variables in human cancer. *Journal of Projective Techniques, 21,* 331–340.

Kobasa, S. C. (1979). Stressful life events and health: An inquiry into hardiness. *Journal of Personality and Social Psychology, 37,* 1–11.

Kobasa, S. C., & Puccetti, M. C. (1983). Personality and social resources in stress resistance. *Journal of Personality and Social Psychology, 45,* 839–850.

Koenig, H. G., George, L. K., & Siegler, I. C. (1988). The use of religion and other emotion-regulating coping strategies among older adults. *The Gerontologist, 28,* 303–323.

Koetting O'Byrne, K., Peterson, L., & Saldana, L. (1997). Survey of pediatric hospitals' preparation programs: Evidence of the impact of health psychology research. *Health Psychology, 16,* 147–154.

Kogan, M. M., et al. (1997). Effect of medical and psychotherapeutic treatment on the survival of women with metastatic breast carcinoma. *Cancer, 80,* 225–230.

Kohn, P. M., Lafreniere, K., & Gurevich, M. (1990). The inventory of college students' recent life experiences: A decontaminated hassles scale for a special population. *Journal of Behavioral Medicine, 13,* 619–630.

Kohn, P. M., Lafreniere, K., & Gurevich, M. (1991). Hassles, health, and personality. *Journal of Personality and Social Psychology, 61,* 478–482.

Kolata, G. (1994, January 6). Fetal ovary transplant is envisioned. *New York Times,* p. 8.

Koltun, A., & Stone, G. A. (1986). Past and current trends in patient noncompliance research: Focus on diseases, regimens-programs, and provider-disciplines. *Journal of Compliance in Health Care, 1,* 21–32.

Koo-Loeb, J. H., Costello, N., Light, K., & Girdler, S. S. (2000). Women with eating disorder tendencies display altered cardiovascular, neuroendocrine, and psychosocial profiles. *Psychosomatic Medicine, 62,* 539–548.

Koop, C. E. (1996, Fall). Manage with care. *Time,* p. 69.

Kop, W. J., Appels, A. P. W. M., Mendes de Leon, C. F., de Swart, H. B., & Bar, F. W. (1994). Vital exhaustion predicts new cardiac events after successful coronary angioplasty. *Psychosomatic Medicine, 56,* 281–287.

Kopelman, P. G. (2000, April 6). Obesity as a medical problem. *Nature, 404,* 635–643.

Koretz, G. (1997, July 14). Growing old, gracefully: Chronic disability has been waning. *Business Week,* p. 18.

Koretz, G. (2000, August 7). A health-cost time bomb? Aging boomers will test the system. *Business Week,* p. 26.

Koretz, G. (2001, January 15). Extra pounds, slimmer wages. *Business Week,* p. 28.

Korsch, B. M., & Negrete, V. F. (1972). Doctor-patient communication. *Scientific American, 227,* 66–74.

Kosa, J., & Robertson, L. (1975). The social aspects of health and illness. In J. Kosa & I. Zola (Eds.), *Poverty and health: A sociological analysis.* Cambridge, MA: Harvard University Press.

Kouyanou, K., Pither, C., & Wessely, S. (1997). Iatrogenic factors and chronic pain. *Psychosomatic Medicine, 59,* 597–604.

Kozena, L., Frantik, E., & Horvath, M. (1998). Cardiovascular reaction to job stress in middle-aged train drivers. *International Journal of Behavioral Medicine, 5,* 281–294.

Krantz, D. S. (1980). Cognitive processes and recovery from heart attack: A review and theoretical analysis. *Journal of Human Stress, 6,* 27–38.

Krantz, D. S., & Deckel, A. W. (1983). Coping with coronary heart disease and stroke. In T. G. Burish & L. A. Bradley (Eds.), *Coping with chronic disease: Research and applications.* New York: Academic Press, pp. 85–112.

Krause, N., Ingersoll-Dayton, B., Liang, J., & Sugisawa, H. (1999). Religion, social support, and health among the Japanese elderly. *Journal of Health and Social Behavior, 40,* 405–421.

Krause, N., & Markides, K. S. (1985). Employment and psychological well-being in Mexican American women. *Journal of Health and Social Behavior, 26,* 15–26.

Kreuter, M. W., Bull, F. C., Clark, E. M., & Oswald, D. L. (1999). Understanding how people process health information: A comparison of tailored and nontailored weight-loss materials. *Health Psychology, 18,* 487–494.

Kreuter, M. W., & Strecher, V. J. (1995). Changing inaccurate perceptions of health risk: Results from a randomized trial. *Health Psychology, 14,* 56–63.

Kristal-Boneh, E., Melamed, S., Bernheim, J., Peled, I., & Green, M. S. (1995). Reduced ambulatory heart rate response to physical work and complaints of fatigue among hypertensive males treated with beta-blockers. *Journal of Behavioral Medicine, 18,* 113–126.

Krittayaphong, R., Cascio, W. E., Light, K. C., Sheffield, D., Golden, R. N., Finkel, J. B., Glekas, G., Koch, G. G., & Sheps, D. S. (1997). Heart rate variability in patients with coronary artery disease: Differences in patients with higher and lower depression scores. *Psychosomatic Medicine, 59,* 231–235.

Kroeber, A. L. (1948). *Anthropology.* New York: Harcourt.

Kroner-Herwig, B., Jakle, C., Frettloh, J., Peters, K., Seemann, H., Franz, C., & Basler, H.-D. (1996). Predicting subjective disability in chronic pain patients. *International Journal of Behavioral Medicine, 3,* 30–41.

Kübler-Ross, E. (1969). *On death and dying.* New York: Macmillan.

Kübler-Ross, E. (1975). *Death: The final stage of growth.* Englewood Cliffs, NJ: Prentice-Hall.

Kubzansky, L. D., Berkman, L. F., Glass, T. A., & Seeman, T. E. (1998). Is educational attainment associated with shared determinants of health in the elderly? Findings from the MacArthur studies of successful aging. *Psychosomatic Medicine, 60,* 578–585.

Kugler, J., Dimsdale, J. E., Hartley, L. H., & Sherwood, J. (1990). Hospital supervised versus home exercise in cardiac rehabilitation: Effects on aerobic fitness, anxiety, and depression. *Archives of Physical Medicine and Rehabilitation, 71,* 322–325.

Kulik, J. A., & Carlino, P. (1987). The effect of verbal communication and treatment choice on medication compliance in a pediatric setting. *Journal of Behavioral Medicine, 10,* 367–376.

Kulik, J. A., & Mahler, H. I. M. (1987). Effects of preoperative roommate assignment on preoperative anxiety and recovery from coronary-bypass surgery. *Health Psychology, 6,* 525–543.

Kulik, J. A., & Mahler, H. I. M. (1989). Social support and recovery from surgery. *Health Psychology, 8,* 221–238.

Kulik, J. A., & Mahler, H. I. M. (1993). Emotional support as a moderator of adjustment and compliance after coronary artery bypass surgery: A longitudinal study. *Journal of Behavioral Medicine, 16,* 45–64.

Kulik, J. A., Moore, P. J., & Mahler, H. I. M. (1993). Stress and affiliation: Hospital roommate effects on preoperative anxiety and social interaction. *Health Psychology, 12,* 118–124.

Kuller, L. H., Gutai, J. P., Meilahn, E., Matthews, K. A., & Plantinga, P. (1990). Relationship of endogenous sex steroid hormones to lipids and apoproteins in postmenopausal women. *Arteriosclerosis, 10,* 1058–1066.

Kumanyika, S. K., Van Horn, L., Bowen, D., Perri, M. G., Rolls, B. J., Czajkowski, S. M., & Schron, E. (2000). Maintenance of dietary behavior change. *Health Psychology, 19,* 42–56.

Kunkel, L. E., & Temple, L. L. (1992). Attitudes towards AIDS and homosexuals: Gender, marital status, and religion. *Journal of Applied Social Psychology, 22,* 1030–1040.

Kunz, J. R. M. (Ed.). (1982). *The American Medical Association family medical guide.* New York: Random House.

Kutner, N. G. (1987). Issues in the application of high cost medical technology: The case of organ transplantation. *Journal of Health and Social Behavior, 28,* 23–36.

Lacayo, R. (1996, September 2). Put out the butt, junior. *Time*, p. 51.

Lacroix, J. M., Martin, B., Avendano, M., & Goldstein, R. (1991). Symptom schemata in chronic respiratory patients. *Health Psychology, 10*, 268–273.

Laerum, E., Johnsen, N., Smith, P., & Larsen, S. (1987). Can myocardial infarction induce positive changes in family relationships? *Family Practice, 4*, 302–305.

Laforge, R. G., Greene, G. W., & Prochaska, J. O. (1994). Psychosocial factors influencing low fruit and vegetable consumption. *Journal of Behavioral Medicine, 17*, 361–374.

Lai, H., Lai, S., Krongrad, A., Trapido, E., Page, J. B., & McCoy, C. B. (1999). The effect of marital status on survival in late-stage cancer patients: An analysis based on surveillance, epidemiology, and end results (SEER) data, in the United States. *International Journal of Behavioral Medicine, 6*, 150–176.

Lamb, R., & Joshi, M.S. (1996). The stage model and processes of change in dietary fat reduction. *Journal of Human Nutrition and Dietetics, 9*, 43–53.

Landrine, H., & Klonoff, E. A. (1994). Cultural diversity in causal attributions for illness: The role of the supernatural. *Journal of Behavioral Medicine, 17*, 181–194.

Landsbergis, P. A., Schnall, P. L., Deitz, D., Friedman, R., & Pickering, T. (1992). The patterning of psychological attributes and distress by "job strain" and social support in a sample of working men. *Journal of Behavioral Medicine, 15*, 379–414.

Lang, A. R., & Marlatt, G. A. (1982). Problem drinking: A social learning perspective. In R. J. Gatchel, A. Baum, & J. E. Singer (Eds.), *Handbook of psychology and health: Vol. 1. Clinical psychology and behavioral medicine: Overlapping disciplines* (pp. 121–169). Hillsdale, NJ: Erlbaum.

Langer, E. J., Janis, I. L., & Wolfer, J. A. (1975). Reduction of psychological stress in surgical patients. *Journal of Experimental Social Psychology, 11*, 155–165.

Langewitz, W., Eich, P., Kiss, A., & Wossmer, B. (1998). Improving communication skills—A randomized controlled behaviorally oriented intervention study for residents in internal medicine. *Psychosomatic Medicine, 60*, 268–276.

Langner, T., & Michael, S. (1960). *Life stress and mental health*. New York: Free Press.

Langston, C. A. (1994). Capitalizing on and coping with daily-life events: Expressive responses to positive events. *Journal of Personality and Social Psychology, 67*, 1112–1125.

Lankford, T. R. (1979). *Integrated science for health students* (2nd ed.). Reston, VA: Reston.

Lantz, P. M., Weigers, M. E., & House, J. S. (1997). Education and income differentials in breast and cervical cancer screening: Policy implications for rural women. *Medical Care, 35*, 219–236.

Larkin, K. T., & Zayfert, C. (1996). Anger management training with mild essential hypertensive patients. *Journal of Behavioral Medicine, 19*, 415–434.

Larsen, D. (1990, March 18). Future of fear. *Los Angeles Times*, pp. E1, E8.

Lau, R. R., & Hartman, K. A. (1983). Commonsense representations of common illnesses. *Health Psychology, 2*, 167–185.

Lau, R. R., Kane, R., Berry, S., Ware, J. E., Jr., & Roy, D. (1980). Channeling health: A review of televised health campaigns. *Health Education Quarterly, 7*, 56–89.

Lau, R. R., Quadrel, M. J., & Hartman, K. A. (1990). Development and change of young adults' preventive health beliefs and behavior: Influence from parents and peers. *Journal of Health and Social Behavior, 31*, 240–259.

Lautenbacher, S., Spernal, J., Schreiber, W., & Krieg, J. (1999). Relationship between clinical pain complaints and pain sensitivity in patients with depression and panic disorder. *Psychosomatic Medicine, 61*, 822–827.

Lavigne, J. V., Gidding, S., Stevens, V. J., Ewart, C., Brown, K. M., Evans, M., von Almen, T. K., & Weil, C. (1999). A cholesterol-lowering diet does not produce adverse psychological effects in children: Three-year results from the dietary intervention study in children. *Health Psychology, 18*, 604–613.

Lavin, B., Haug, M., Belgrave, L. L., & Breslau, N. (1987). Change in student physicians' views on authority relationships with patients. *Journal of Health and Social Behavior, 28*, 258–272.

Law, A., Logan, H., & Baron, R. S. (1994). Desire for control, felt control, and stress inoculation training during dental treatment. *Journal of Personality and Social Psychology, 67*, 926–936.

Law, M. R., Frost, C. D., & Wald, N. J. (1991). By how much does dietary salt reduction lower blood pressure? *British Medical Journal, 302*, 811–824.

Lazarus, A. A. (1971). *Behavior therapy and beyond*. New York: McGraw-Hill.

Lazarus, R. S. (1968). Emotions and adaptation: Conceptual and empirical relations. In W. Arnold (Ed.), *Nebraska symposium on motivation* (pp. 175–266). Lincoln: University of Nebraska Press.

Lazarus, R. S. (1983). The costs and benefits of denial. In S. Bresnitz (Ed.), *Denial of stress* (pp. 1–30). New York: International Universities Press.

Lazarus, R. S., DeLongis, A., Folkman, S., & Gruen, R. (1985). Stress and adaptational outcomes: The problem of confounded measures. *American Psychologist, 40*, 770–779.

Lazarus, R. S., & Folkman, S. (1984a). Coping and adaptation. In W. D. Gentry (Ed.), *The handbook of behavioral medicine* (pp. 282–325). New York: Guilford Press.

Lazarus, R. S., & Folkman, S. (1984b). *Stress, appraisal, and coping.* New York: Springer.

Lazarus, R. S., & Launier, R. (1978). Stress-related transactions between person and environment. In L. A. Pervin & M. Lewis (Eds.), *Internal and external determinants of behavior* (pp. 287–327). New York: Plenum Press.

Leake, R., Friend, R., & Wadhwa, N. (1999). Improving adjustment to chronic illness through strategic self-presentation: An experimental study on a renal dialysis unit. *Health Psychology, 18,* 54–62.

Leary, M. R., & Jones, J. L. (1993). The social psychology of tanning and sunscreen use: Self-presentational motives as a predictor of health risk. *Journal of Applied Social Psychology, 23,* 1390–1406.

Leary, M. R., Rapp, S. R., Herbst, K. C., Exum, M. L., & Feldman, S. R. (1998). Interpersonal concerns and psychological difficulties of psoriasis patients: Effects of disease severity and fear of negative evaluation. *Health Psychology, 17,* 530–536.

Leary, M. R., Tchividjian, L. R., & Kraxberger, B. E. (1994). Self-presentation can be hazardous to your health: Impression management and health risk. *Health Psychology, 13,* 461–470.

LeBlanc, A. J. (1993). Examining HIV-related knowledge about adults in the U.S. *Journal of Health and Social Behavior, 34,* 23–26.

Leclere, F. B., Rogers, R. G., & Peters, K. (1998). Neighborhood social context and racial differences in women's heart disease mortality. *Journal of Health and Social Behavior, 39,* 91–107.

Lee, C. (1993). Factors related to the adoption of exercise among older women. *Journal of Behavioral Medicine, 16,* 323–334.

Lee, D., Mendes de Leon, C., Jenkins, C. D., Croog, S. H., Levine, S., & Sudilovsky, A. (1992). Relation of hostility to medication adherence, symptom complaints, and blood pressure reduction in a clinical field trial of antihypertensive medication. *Journal of Psychosomatic Research, 36,* 181–190.

Lee, D. D.-P., DeQuattro, V., Allen, J., Kimura, S., Aleman, E., Konugres, G., & Davison, G. (1988). Behavioral versus beta-blocker therapy in patients with primary hypertension: Effects on blood pressure, left ventricular function and mass, and the pressor surge of social stress anger. *American Heart Journal, 116,* 637–644.

Lee, J. (2000, November). Easing the pain. *Money,* pp.179–180.

Leedham, B., Meyerowitz, B. E., Muirhead, J., & Frist, M. H. (1995). Positive expectations predict health after heart transplantation. *Health Psychology, 14,* 74–79.

Leffall, L. D., Jr., White, J. E., & Ewing, J. (1963). Cancer of the breast in Negroes. *Surgery, Gynecology, Obstetrics, 117,* 97–104.

Leger, D., Scheuermaier, K., Phillip, P., Paillard, M., & Guilleminault, C. (2001). SF-36: Evaluation of quality of life in severe and mild insomniacs compared with good sleepers. *Psychosomatic Medicine, 63,* 49–55.

Lehman, C. D., Rodin, J., McEwen, B., & Brinton, R. (1991). Impact of environmental stress on the expression of insulin-dependent diabetes mellitus. *Behavioral Neuroscience, 105,* 241–245.

Leigh, B. C., Schafer, J., & Temple, M. T. (1995). Alcohol use and contraception in first sexual experiences. *Journal of Behavioral Medicine, 18,* 81–96.

Leigh, B. C., & Stall, R. (1993). Substance use and risky sexual behavior for exposure to HIV: Issues in methodology, interpretation, and prevention. *American Psychologist, 10,* 1035–1045.

Leigh, H., & Reiser, M. F. (1986). Comparison of theoretically oriented and patient-oriented behavioral science courses. *Journal of Medical Education, 61,* 169–174.

Lekander, M., Furst, C., Rotstein, S., Blomgren, H., & Fredrikson, M. (1995). Anticipatory immune changes in women treated with chemotherapy for ovarian cancer. *International Journal of Behavioral Medicine, 2,* 1–12.

Lemoine, J., & Mougne, C. (1983). Why has death stalked the refugees? *Natural History, 92,* 6–19.

Lennon, M. C., & Rosenfield, S. (1992). Women and mental health: The interaction of job and family conditions. *Journal of Health and Social Behavior, 33,* 316–327.

Lepore, S. J. (1995). Cynicism, social support, and cardiovascular reactivity. *Health Psychology, 14,* 210–216.

Lepore, S. J., Evans, G. W., & Palsane, M. N. (1991). Social hassles and psychological health in the context of chronic crowding. *Journal of Health and Social Behavior, 32,* 357–367.

Lepore, S. J., Miles, H. J., & Levy, J. S. (1997). Relation of chronic and episodic stressors to psychological distress, reactivity, and health problems. *International Journal of Behavioral Medicine, 4,* 39–59.

Lerman, C. (1997). Psychological aspects of genetic testing: Introduction to the special issue. *Health Psychology, 16,* 3–7.

Lerman, C., Caporaso, N. E., Audrain, J., Main, D., Bowman, E. D., Lockshin, B., Boyd, N. R., & Shields, P. G. (1999). Evidence suggesting the role of specific genetic factors in cigarette smoking. *Health Psychology, 18,* 14–20.

Lerman, C., Gold, K., Audrain, J., Lin, T. H., Boyd, N. R., Orleans, C. T., Wilfond, B., Louben, G., & Caporaso, N. (1997). Incorporating biomarkers of exposure and genetic susceptibility into smoking cessation treatment: Effects on smoking-related cognitions, emotions, and behavior change. *Health Psychology, 16,* 87–99.

Lerman, C., Schwartz, M. D., Miller, S. M., Daly, M., Sands, C., & Rimer, B. K. (1996). A randomized trial of breast cancer risk counseling: Interacting effects of counseling, educational level, and coping style. *Health Psychology, 15,* 75–83.

Lesar, T. S., Briceland, L., & Stein, D. S. (1997). Factors related to errors in medication prescribing. *Journal of the American Medical Association, 277,* 312–317.

Leserman, J., Jackson, E. D., Petitto, J. M., Golden, R. N., Silva, S. G., Perkins, D. O., Cai, J., Folds, J. D., & Evans, D. L. (1999). Progression to AIDS: The effects of stress, depressive symptoms, and social support. *Psychosomatic Medicine, 61,* 397–406.

Leserman, J., Li, Z., Hu, Y., & Drossman, D. (1998). How multiple types of stressors impact on health. *Psychosomatic Medicine, 60,* 175–181.

LeShan, L. L., & Worthington, R. E. (1956). Personality as a factor in the pathogenesis of cancer: Review of literature. *British Journal of Medical Psychology, 29,* 49.

Lesperance, F., Frasure-Smith, N., & Talajic, M. (1996). Major depression before and after myocardial infarction: Its nature and consequences. *Psychosomatic Medicine, 58,* 99–110.

Lester, D. (1996). Psychological issues in euthanasia, suicide, and assisted suicide. *Journal of Social Issues, 52,* 51–62.

Leveille, S. G., et al. (1998). Preventing disability and managing chronic illness in frail older adults: A randomized trial of community-based partnership with primary care. *Journal of the American Geriatrics Society, 46,* 191–198.

Levenkron, J. C., Greenland, P., & Bowlby, N. (1987). Using patient instructors to teach behavioral counseling skills. *Journal of Medical Education, 62,* 665–672.

Leventhal, E. A., Easterling, D., Leventhal, H., & Cameron, L. (1995). Conservation of energy, uncertainty reduction, and swift utilization of medical care among the elderly: Study II. *Medical Care, 33,* 988–1000.

Leventhal, E. A., Hansell, S., Diefenbach, M., Leventhal, H., & Glass, D. C. (1996). Negative affect and self-report of physical symptoms: Two longitudinal studies of older adults. *Health Psychology, 15,* 193–199.

Leventhal, E. A., Leventhal, H., Schacham, S., & Easterling, D. V. (1989). Active coping reduces reports of pain from childbirth. *Journal of Consulting and Clinical Psychology, 57,* 365–371.

Leventhal, H. (1970). Findings and theory in the study of fear communications. In L. Berkowitz (Ed.), *Advances in experimental social psychology* (Vol. 5, pp. 120–186). New York: Academic Press.

Leventhal, H., & Baker, T. B. (1986). Strategies for smoking withdrawal. *Wisconsin Medical Journal, 85,* 11–13.

Leventhal, H., & Benyamini, Y. (1997). Lay beliefs about health and illness. In A. Baum, C. McManus, S. Newman, J. Weinman, & R. West (Eds.), *Cambridge handbook of psychology, health, and medicine.* Cambridge, England: Cambridge University Press.

Leventhal, H., & Cleary, P. D. (1980). The smoking problem: A review of the research and theory in behavioral risk modification. *Psychological Bulletin, 88,* 370–405.

Leventhal, H., Diefenbach, M., & Leventhal, E. A. (1992). Illness cognition: Using common sense to understand treatment adherence and affect cognition interactions. *Cognitive Therapy and Research, 16,* 143–163.

Leventhal, H., Glynn, K., & Fleming, R. (1987). Is the smoking decision an "informed choice"? Effect of smoking risk factors on smoking beliefs. *Journal of the American Medical Association, 257,* 3373–3376.

Leventhal, H., & Nerenz, D. R. (1982). A model for stress research and some implications for the control of stress disorders. In D. Meichenbaum & M. Jaremko (Eds.), *Stress prevention and management: A cognitive behavioral approach.* New York: Plenum Press.

Leventhal, H., Nerenz, D. R., & Steele, D. J. (1984). Illness representations and coping with health threats. In A. Baum & J. Singer (Eds.), *A handbook of psychology and health* (Vol. 4, pp. 219–252). Hillsdale, NJ: Erlbaum.

Leventhal, H., Nerenz, D., & Strauss, A. (1982). Self-regulation and the mechanisms for symptom appraisal. In D. Mechanic (Ed.), *Monograph series in psychosocial epidemiology, 3: Symptoms, illness behavior, and help-seeking* (pp. 55–86). New York: Neale Watson.

Leventhal, H., Prohaska, T. R., & Hirschman, R. S. (1985). Preventive health behavior across the life span. In J. C. Rosen & L. J. Solomon (Eds.), *Prevention in health psychology* (Vol. 8, pp. 190–235). Hanover, NH: University Press of New England.

Leventhal, H., Safer, M. A., Cleary, P. D., & Gutmann, M. (1980). Cardiovascular risk modification by community-based programs for lifestyle change: Comments on the Stanford study. *Journal of Consulting and Clinical Psychology, 48,* 150–158.

Levine, J. D., Gordon, N. C., & Fields, H. L. (1978). The mechanism of placebo analgesia. *Lancet, 2,* 654–657.

Levine, M. N., Guyatt, G. H., Gent, M., De Pauw, S., Goodyear, M. D., Hryniuk, W. M., Arnold, A., Findlay, B., Skillings, J. R., Bramwell, V. H., Levin, L., Bush, H., Abu-Zahra, H., & Kotalik, J. (1988). Quality of life in stage II breast cancer: An instrument for clinical trials. *Journal of Clinical Oncology, 6,* 1798–1810.

Levinson, R. M., McCollum, K. T., & Kutner, N. G. (1984). Gender homophily in preferences for physicians. *Sex Roles, 10,* 315–325.

Leviton, D. (1977). Death education. In H. Feifel (Ed.), *New meanings of death.* New York: McGraw-Hill.

Levy, R., Cain, K., Jarrett, M., & Heikemper, M. (1997). The relationship between daily life stress and gastrointestinal symptoms in women with irritable bowel syndrome. *Journal of Behavioral Medicine, 20,* 177–193.

Levy, S. M. (1983). Host differences in neoplastic risk: Behavioral and social contributors to disease. *Health Psychology, 2,* 21–44.

Levy, S. M., Fernstrom, J., Herberman, R. B., Whiteside, T., Lee, J., Ward, M., & Massoudi, M. (1991). Persistently low natural killer cell activity and circulating levels of plasma beta endorphin: Risk factors for infectious disease. *Life Sciences, 48,* 107–116.

Levy, S. M., Herberman, R. B., Lee, J. K., Lippman, M. E., & d'Angelo, T. (1989). Breast conservation versus mastectomy: Distress sequelae as a function of choice. *Journal of Clinical Oncology, 7,* 367–375.

Levy, S. M., Herberman, R. B., Lippman, M., D'Angelo, T., & Lee, J. (1991, Summer). Immunological and psychosocial predictors of disease recurrence in patients with early-stage breast cancer. *Behavioral Medicine 17,* 67–75.

Levy, S. M., Herberman, R. B., Maluish, A. M., Schlien, B., & Lippman, M. (1985). Prognostic risk assessment in primary breast cancer by behavioral and immunological parameters. *Health Psychology, 4,* 99–113.

Levy, S. M., Herberman, R. B., Simons, A., Whiteside, T., Lee, J., McDonald, R., & Beadle, M. (1989). Persistently low natural killer cell activity in normal adults: Immunological, hormonal and mood correlates. *Natural Immune Cell Growth Regulation, 8,* 173–186.

Levy, S. M., Herberman, R. B., Whiteside, T., Sanzo, K., Lee, J., & Kirkwood, J. (1990). Perceived social support and tumor estrogen/progesterone receptor status as predictors of natural killer cell activity in breast cancer patients. *Psychosomatic Medicine, 52,* 73–85.

Levy, S. M., Lee, J. K., Bagley, C., & Lippman, M. (1988). Survival hazards analysis in first recurrent breast cancer patients: Seven-year follow-up. *Psychosomatic Medicine, 50,* 520–528.

Lewis, J. W., Terman, S. W., Shavit, Y., Nelson, L. R., & Liebeskind, J. C. (1984). Neural, neurochemical, and hormonal bases of stress-induced analgesia. In L. Kruger & J. C. Liebeskind (Eds.), *Advances in pain research and therapy* (Vol. 6, pp. 277–288). New York: Raven Press.

Lewis, M. A., & Rook, K. S. (1999). Social control in personal relationships: Impact on health behaviors and psychological distress. *Health Psychology, 18,* 63–71.

Ley, P. (1977). Psychological studies of doctor-patient communication. In S. Richman (Ed.), *Contributions to medical psychology* (Vol. 1). Oxford, England: Pergamon Press.

Liberman, A., & Chaiken, S. (1992). Defensive processing of personally relevant health messages. *Personality and Social Psychology Bulletin, 18,* 669–679.

Liberman, R. (1962). An analysis of the placebo phenomenon. *Journal of Chronic Diseases, 15,* 761–783.

Lichtenstein, E. (1982). The smoking problem: A behavioral perspective. *Journal of Consulting and Clinical Psychology, 50,* 804–819.

Lichtenstein, E., & Cohen, S. (1990). Prospective analysis of two modes of unaided smoking cessation. *Health Education Research, 5,* 63–72.

Lichtenstein, E., & Glasgow, R. E. (1992). Smoking cessation: What have we learned over the past decade? *Journal of Consulting and Clinical Psychology, 4,* 518–527.

Lichtenstein, E., Glasgow, R. E., Lando, H. A., Ossip-Klein, D. J., & Boles, S. M. (1996). Telephone counseling for smoking cessation: Rationales and meta-analytic review of evidence. *Health Education Research: Theory and Practice, 11,* 243–257.

Lichtenstein, P., Holm, N. V., Verkasalo, P. K., Iliadou, A., Kaprio, J., Koskenvuo, M., Pukkala, E., Skytthe, A., & Hemminki, K. (2000). Environmental and heritable factors in the causation of cancer: Analyses of cohorts of twins from Sweden, Denmark, and Finland. *New England Journal of Medicine, 343,* 78–85.

Lichtman, R. R., Taylor, S. E., Wood, J. V., Bluming, A. Z., Dosik, G. M., & Leibowitz, R. L. (1984). Relations with children after breast cancer: The mother-daughter relationship at risk. *Journal of Psychosocial Oncology, 2,* 1–19.

Liegner, L. M. (1986–1987). Suffering. *Loss, Grief and Care, 1,* 93–96.

Lierman, L. M., Young, H. M., Kasprzyk, D., & Benoliel, J. Q. (1990). Predicting breast self-examination using the theory of reasoned action. *Nursing Research, 39,* 97–101.

Lifton, R. J. (1977). The sense of immortality: On death and the continuity of life. In H. Feifel (Ed.), *New meanings of death.* New York: McGraw-Hill.

Light, K. C., Brownley, K. A., Turner, J. R., Hinderliter, A. L., Girdler, S. S., Sherwood, A., & Anderson, N. B. (1995). Job status and high-effort coping influence work blood pressure in women and Blacks. *Hypertension, 25 (Part I),* 554–559.

Light, K. C., Turner, J. R., Hinderliter, A. L., & Sherwood, A. (1993a). Race and gender comparisons, I: Hemodynamic responses to a series of stressors. *Health Psychology, 12,* 354–365.

Light, K. C., Turner, J. R., Hinderliter, A. L., & Sherwood, A. (1993b). Race and gender comparisons, II: Predictions of work blood pressure from laboratory baseline and cardiovascular reactivity measures. *Health Psychology, 12,* 366–375.

Lin, N., Ye, X., & Ensel, W. (1999). Social support and depressed mood: A structural analysis. *Journal of Health and Social Behavior, 40,* 344–359.

Linden, W. (1994). Autogenic training: A narrative and quantitative review of clinical outcome. *Biofeedback and Self-regulation, 19,* 227–264.

Linden, W., & Chambers, L. (1994). Clinical effectiveness of non-drug treatment for hypertension: A meta-analysis. *Annals of Behavioral Medicine, 16,* 35–45.

Linden, W., Chambers, L., Maurice, J., & Lenz, J. W. (1993). Sex differences in social support, self-deception, hostility, and ambulatory cardiovascular activity. *Health Psychology, 12,* 376–380.

Linden, W., Stossel, C., & Maurice, J. (1996). Psychosocial interventions for patients with coronary artery disease. *Archives of Internal Medicine, 156,* 745–752.

Lindsay, M., & McCarthy, D. (1974). Caring for the brothers and sisters of a dying child. In T. Burton (Ed.), *Care of the child, facing death* (pp. 189–206). Boston: Routledge & Kegan Paul.

Lingsweiler, V. M., Crowther, J. H., & Stephens, M. A. P. (1987). Emotional reactivity and eating in binge eating and obesity. *Journal of Behavioral Medicine, 10,* 287–300.

Linkins, R. W., & Comstock, G. W. (1988). Depressed mood and development of cancer. *American Journal of Epidemiology, 128* (Abstract), 894.

Linton, S. J., & Buer, N. (1995). Working despite pain: Factors associated with work attendance versus dysfunction. *International Journal of Behavioral Medicine, 2,* 252–262.

Linville, P. W. (1985). Self-complexity and affective extremity: Don't put all your eggs in one cognitive basket. *Social Cognition, 3,* 94–120.

Lipid Research Clinics Program. (1984). The Lipid Research Clinics coronary primary prevention trial results: I. Reduction in incidence of coronary heart disease. *Journal of the American Medical Association, 251,* 351–374.

Lipkus, I. M., Barefoot, J. C., Williams, R. B., & Siegler, I. C. (1994). Personality measures as predictors of smoking initiation and cessation in the UNC Alumni Heart Study. *Health Psychology, 13,* 149–155.

Liss-Levinson, W. S. (1982). Reality perspectives for psychological services in a hospice program. *American Psychologist, 37,* 1266–1270.

Litman, T. J. (1974). The family as the basic unit in health and medical care: A social behavioral overview. *Social Science and Medicine, 8,* 495–519.

Littlefield, C. H., Rodin, G. M., Murray, M. A., & Craven, J. L. (1990). Influence of functional impairment and social support on depressive symptoms in persons with diabetes. *Health Psychology, 9,* 737–749.

Livingston, P. B., & Zimet, C. N. (1965). Death anxiety, authoritarianism, and choice of specialty in medical students. *Journal of Nervous and Medical Disease, 140,* 222–230.

Lobel, M., Dunkel-Schetter, C., & Scrimshaw, S. C. M. (1992). Prenatal maternal stress and prematurity: A prospective study of socioeconomically disadvantaged women. *Health Psychology, 11,* 32–40.

Locke, S. E., Kraus, L., & Leserman, J. (1984). Life change, stress, psychiatric symptoms, and natural killer cell activity. *Psychosomatic Medicine, 46,* 441–453.

Lollis, C. M., Strothers, H. S., Chitwood, D. D., & McGhee, M. (2000). Sex, drugs, and HIV: Does methadone maintenance reduce drug use and risky sexual behavior? *Journal of Behavioral Medicine, 23,* 545–557.

Lombard, D. N., Lombard, T. N., & Winett, R. A. (1995). Walking to meet health guidelines: The effect of prompting frequency and prompt structure. *Health Psychology, 14,* 164–170.

Lombardo, T., & Carreno, L. (1987). Relationship of Type A behavior pattern in smokers to carbon monoxide exposure and smoking topography. *Health Psychology, 6,* 445–452.

Lorber, J. (1975). Good patients and problem patients: Conformity and deviance in a general hospital. *Journal of Health and Social Behavior, 16,* 213–225.

Lorig, K., Chastain, R. L., Ung, E., Shoor, S., & Holman, H. (1989). Development and evaluation of a scale to measure perceived self-efficacy in people with arthritis. *Arthritis and Rheumatism, 32,* 37–44.

Los Angeles Times. (1993, March 30). Three-hundred-sixty days in row not overwork.

Los Angeles Times. (1997, May 30). Jenny Craig agrees to settle ad complaint, pp. D1, D5.

Loscocco, K. A., & Spitze, G. (1990). Working conditions, social support, and the well-being of female and male factory workers. *Journal of Health and Social Behavior, 31,* 313–327.

Lovallo, W. R., al'Absi, M., Pincomb, G. A., Passey, R. B., Sung, B., & Wilson, M. F. (2000). Caffeine, extended stress, and blood pressure in borderline hypertensive men. *International Journal of Behavioral Medicine, 7,* 183–188.

Love, R. R., Cameron, L., Connell, B. L., & Leventhal, H. (1991). Symptoms associated with tamoxifen treatment in postmenopausal women. *Archives of Internal Medicine, 151,* 1842–1847.

Love, R. R., Leventhal, H., Easterling, D. V., & Nerenz, D. R. (1989). Side effects and emotional distress during cancer chemotherapy. *Cancer, 63,* 604–612.

Lubeck, D. P., & Yelin, E. H. (1988). A question of value: Measuring the impact of chronic disease. *The Millbank Quarterly, 66,* 444–464.

Lucini, D., Covacci, G., Milani, R., Mela, G. S., Malliani, A., & Pagani, M. (1997). A controlled study of the effects of mental relaxation on autonomic excitatory responses in healthy subjects. *Psychosomatic Medicine, 59,* 541–552.

Luckow, A., Reifman, A., & McIntosh, D. N. (1998, August). *Gender differences in coping: A meta-analysis.* Poster session presented at the 106th annual convention of the American Psychological Association, San Francisco, CA.

Ludwick-Rosenthal, R., & Neufeld, R. W. J. (1988). Stress management during noxious medical procedures: An evaluative review of outcome studies. *Psychological Bulletin, 104,* 326–342.

Ludwig, D. S., Pereira, M. A., Kroenke, C. H., Hilner, J. E., Van Horn, L., Slattery, M., & Jacobs, D.R., Jr. (1999). Dietary fiber, weight gain, and cardiovascular disease risk factors in young adults. *Journal of the American Medical Association, 282,* 1539–1546.

Luecken, L., Suarez, E., Kuhn, C., Barefoot, J., Blumenthal, J., Siegler, I., & Williams, R. (1997). Stress in employed women: Impact of marital status and children at home on neurohormone output and home strain. *Psychosomatic Medicine, 59,* 352–359.

Lumley, M. A., Abeles, L. A., Melamed, B. G., Pistone, L. M., & Johnson, J. H. (1990). Coping outcomes in children undergoing stressful medical procedures: The role of child-environment variables. *Behavioral Assessment, 12,* 223–238.

Lundberg, U., & Frankenhaeuser, M. (1976). *Adjustment to noise stress.* Stockholm, Sweden: Department of Psychology, University of Stockholm.

Lustman, P. J. (1988). Anxiety disorders in adults with diabetes mellitus. *Psychiatric Clinics of North America, 11,* 419–432.

Lustman, P. J., Griffith, L. S., & Clouse, R. E. (1988). Depression in adults with diabetes: Results of a 5-year follow-up study. *Diabetes Care, 11,* 605–612.

Lustman, P. J., Griffith, L. S., Clouse, R. E., Freedland, K. E., Eisen, S. A., Rubin, E. H., Carney, R. M., & McGill, J. B. (1997). Effects of nortriptyline on depression and glycemic control in diabetes: Results of a double-blind, placebo-controlled trial. *Psychosomatic Medicine, 59,* 241–250.

Lustman, P. J., & Harper, G. W. (1987). Nonpsychiatric physicians' identification and treatment of depression in patients with diabetes. *Comprehensive Psychiatry, 28,* 22–27.

Lutgendorf, S., Logan, H., Kirchner, L., Rothrock, N., Svengalis, S., Iverson, K., & Lubaroff, D. (2000). Effects of relaxation and stress on the capsaicin-induced local inflammatory response. *Psychosomatic Medicine, 62,* 524–534.

Lutgendorf, S. K., Anderson, B., Sorosky, J. I., Buller, R. E., & Lubaroff, D. M. (2000). Interleukin-6 and use of social support in gynecologic cancer patients. *International Journal of Behavioral Medicine, 7,* 127–142.

Lutgendorf, S. K., Antoni, M. H., Ironson, G., Starr, K., Costello, N., Zuckerman, M., Klimas, N., Fletcher, M. A., & Schneiderman, N. (1998). Changes in cognitive coping skills and social support during cognitive behavioral stress management intervention and distress outcomes in symptomatic human immunodeficiency virus (HIV)–seropositive gay men. *Psychosomatic Medicine, 60,* 204–214.

Lyles, J. N., Burish, T. G., Krozely, M. G., & Oldham, R. K. (1982). Efficacy of relaxation training and guided imagery in reducing the aversiveness of cancer chemotherapy. *Journal of Consulting and Clinical Psychology, 50,* 509–524.

Lynch, D. J., Birk, T. J., Weaver, M. T., Gohara, A. F., Leighton, R. F., Repka, F. J., & Walsh, M. E. (1992). Adherence to exercise interventions in the treatment of hypercholesterolemia. *Journal of Behavioral Medicine, 15,* 365–378.

Madden, T. J., Ellen, P. S., & Ajzen, I. (1992). A comparison of the theory of planned behavior and the theory of reasoned action. *Personality and Social Psychology Bulletin, 18,* 3–9.

Maddox, G. L., & Clark, D. O. (1992). Trajectories of functional impairment in later life. *Journal of Health and Social Behavior, 33,* 114–125.

Maddux, J. E., Roberts, M. C., Sledden, E. A., & Wright, L. (1986). Developmental issues in child health psychology. *American Psychologist, 41,* 25–34.

Maeland, J. G., & Havik, O. E. (1987). Psychological predictors for return to work after a myocardial infarction. *Journal of Psychosomatic Research, 31,* 471–481.

Maes, S., Leventhal, H., & DeRidder, D. T. D. (1996). Coping with chronic diseases. In M. Zeidner & N. S. Endler (Eds.), *Handbook of coping: Theory, research, and applications* (pp. 221–251). New York: Wiley.

Magni, G., Silvestro, A., Tamiello, M., Zanesco, L., & Carl, M. (1988). An integrated approach to the assessment of family adjustment to acute lymphocytic leukemia in children. *Acta Psychiatrica Scandinavia, 78,* 639–642.

Magnus, K., Diener, E., Fujita, F., & Pavot, W. (1993). Extraversion and neuroticism as predictors of objective life events: A longitudinal analysis. *Journal of Personality and Social Psychology, 65,* 1046–1053.

Maguire, P. (1975). The psychological and social consequences of breast cancer. *Nursing Minor, 140,* 54–57.

Mahler, H. I. M., & Kulik, J. A. (1998). Effects of preparatory videotapes on self-efficacy beliefs and recovery from coronary bypass surgery. *Annals of Behavioral Medicine, 20,* 39–46.

Maixner, W., Fillingim, R., Kincaid, S., Sigurdsson, A., Odont, C., & Harris, B. (1997). Relationship between pain sensitivity and resting arterial blood pressure in patients with painful temporomandibular disorders. *Psychosomatic Medicine, 59,* 503–511.

Malarkey, W. B., Kiecolt-Glaser, J. K., Pearl, D., & Glaser, R. (1994). Hostile behavior during marital conflict alters pituitary and adrenal hormones. *Psychosomatic Medicine, 56,* 41–51.

Mallett, K., Price, J. H., Jurs, S. G., & Slenker, S. (1991). Relationships among burnout, death anxiety, and social support in hospice and critical care nurses. *Psychological Reports, 68,* 1347–1359.

Malt, U. F., Nerdrum, P., Oppedal, B., Gundersen, R., Holte, M., & Lone, J. (1997). Physical and mental problems attributed to dental amalgam fillings: A descriptive study of 99 self-referred patients compared with 272 controls. *Psychosomatic Medicine, 59,* 32–41.

Manber, R., & Bootzin, R. R. (1997). Sleep and the menstrual cycle. *Health Psychology, 16,* 209–214.

Mann, T. (2001). Effects of future writing and optimism on health behaviors in HIV-infected women. *Annals of Behavioral Medicine, 23,* 26–33.

Mann, T., Nolen-Hoeksema, S., Huang, K., Burgard, D., Wright, A., & Hanson, K. (1997). Are two interventions worse than none? Joint primary and secondary prevention of eating disorders in college females. *Health Psychology, 16,* 215–225.

Manne, S.L., & Glassman, M. (2000). Perceived control, coping efficacy, and avoidance coping as mediators between spouses' unsupportive behaviors and cancer patients' psychological distress. *Health Psychology, 19,* 155–164.

Manne, S. L., Bakeman, R., Jacobsen, P. B., Gorfinkle, K., & Redd, W. H. (1994). An analysis of a behavioral intervention for children undergoing venipuncture. *Health Psychology, 13,* 556–566.

Manne, S. L., Bakeman, R., Jacobsen, P. B., Gorfinkle, K., Bernstein, D., & Redd, W. H. (1992). Adult-child interaction during invasive medical procedures. *Health Psychology, 11,* 241–249.

Manne, S. L., Jacobsen, P. B., Gorfinkle, K., Gerstein, F., & Redd, W. H. (1993). Treatment adherence difficulties among children with cancer: The role of parenting style. *Journal of Pediatric Psychology, 18,* 47–62.

Manne, S. L., Redd, W. H., Jacobsen, P. B., Gorfinkle, K., Schorr, O., & Rapkin, B. (1990). Behavioral intervention to reduce child and parent distress during venipuncture. *Journal of Consulting and Clinical Psychology, 58,* 565–572.

Manne, S. L., Taylor, K. L., Dougherty, J., & Kemeny, N. (1997). Supportive and negative responses in the partner relationship: Their association with psychological adjustment among individuals with cancer. *Journal of Behavioral Medicine, 20,* 101–126.

Manne, S. L., & Zautra, A. J. (1990). Couples coping with chronic illness: Women with rheumatoid arthritis and their healthy husbands. *Journal of Behavioral Medicine, 13,* 327–342.

Manson, J. E., Colditz, G. A., Stampfer, M. J., Willett, W. C., Rosner, B., Monson, R. R., Speizer, F. E., & Hennekens, C. H. (1990). A prospective study of obesity and risk of coronary heart disease in women. *New England Journal of Medicine, 322,* 882–888.

Manson, J. E., Willett, W. C., Stampfer, M. J., Loiditz, G. A., Hunter, D. J., Hankinson, S. E., Hennekens, C. H., & Speizer, F. E. (1995). Body weight and mortality among women. *New England Journal of Medicine, 333,* 677–685.

Manuck, S. B., Cohen, S., Rabin, B. S., Muldoon, M. F., & Bachen, E. A. (1991). Individual differences in cellular immune response to stress. *Psychological Science, 2,* 111–115.

Manuck, S. B., & Krantz, D. S. (1986). Psychophysiological reactivity in coronary heart disease and essential hypertension. In K. A. Matthews, S. M. Weiss, T. Detre, T. M. Dembroski, B. Falkner, S. B. Manuck, & R. B. Williams, Jr. (Eds.), *Handbook of stress, reactivity, and cardiovascular disease* (pp. 11–34). New York: Wiley.

Mapou, R. L., Kay, G. G., Rundell, J. R., & Temoshok, L. R. (1993). Measuring performance decrements in aviation personnel infected with the human immunodeficiency virus. *Aviation, Space, and Environmental Medicine, 64,* 158–164.

Marbach, J. J., Lennon, M. C., Link, B. G., & Dohrenwend, B. P. (1990). Losing face: Sources of stigma as perceived by chronic facial pain patients. *Journal of Behavioral Medicine, 13,* 583–604.

Marcus, A. C., & Siegel, J. M. (1982). Sex differences in the use of physician services: A preliminary test of the fixed role hypothesis. *Journal of Health and Social Behavior, 23,* 186–197.

Marcus, B. H., Dubbert, P. M., Forsyth, L. H., McKenzie, T. L., Stone, E. J., Dunn, A. L., & Blair, S. N. (2000). Physical activity behavior change: Issues in adoption and maintenance. *Health Psychology, 19,* 32–41.

Marcus, B. H., & Owen, N. (1992). Motivational readiness, self-efficacy and decision-making for exercise. *Journal of Applied Social Psychology, 22,* 3–16.

Marcus, B. H., Rakowski, W., & Rossi, J. S. (1992). Assessing motivational readiness and decision making for exercise. *Health Psychology, 11,* 257–261.

Margolis, S., & Moses, H., III. (Eds.). (1992). *The Johns Hopkins medical handbook: The 100 major medical disorders of people over the age of 50.* New York: Rebus.

Marin, B. V., & Marin, G. (1990). Effects of acculturation on knowledge of AIDS and HIV among Hispanics. *Hispanic Journal of Behavioral Sciences [Special issue on Hispanics and AIDS], 12,* 153–164.

Markovitz, J. H. (1998). Hostility is associated with increased platelet activation in coronary heart disease. *Psychosomatic Medicine, 60,* 586–591.

Markovitz, J. H., Matthews, K. A., Wing, R. R., Kuller, L. H., & Meilahn, E. N. (1991). Psychological, biological and health behavior predictors of blood pressure changes in middle-aged women. *Journal of Hypertension, 9,* 399–406.

Marks, M., Sliwinski, M., & Gordon, W. A. (1993). An examination of the needs of families with a brain injured child. *Journal of Neurorehabilitation, 3,* 1–12.

Marlatt, G. A. (1990). Cue exposure and relapse prevention in the treatment of addictive behaviors. *Addictive Behaviors, 15,* 395–399.

Marlatt, G. A., Baer, J. S., & Larimer, M. (1995). Preventing alcohol abuse in college students: A harm-reduction approach. In G. M. Boyd, Jr., J. Howard, & R. A. Zucker (Eds.), *Alcohol problems among adolescents* (pp. 147–172). Northvale, NJ: Erlbaum.

Marlatt, G. A., Baer, J. S., Kivlahan, D. R., Dimeff, L. A., Larimer, M. E., Quigley, L. A., Somers, J. M., & Williams, E. (1998). Screening and brief intervention for high-risk college student drinkers: Results from a 2-year follow-up assessment. *Journal of Consulting and Clinical Psychology, 66,* 604–615.

Marlatt, G. A., & George, W. H. (1988). Relapse prevention and the maintenance of optimal health. In S. Shumaker, E. Schron, & J. K. Ockene (Eds.), *The adoption and maintenance of behaviors for optimal health.* New York: Springer.

Marlatt, G. A., & Gordon, J. R. (1980). Determinants of relapse: Implications for the maintenance of behavior change. In P. O. Davidson & S. M. Davidson (Eds.), *Behavioral medicine: Changing health life-styles.* New York: Brunner/Mazel.

Marlatt, G. A., & Gordon, J. R. (1985). *Relapse prevention: Maintenance strategies in the treatment of addictive behaviors.* New York: Guilford Press.

Marlatt, G. A., Larimer, M. E., Baer, J. S., & Quigley, L. A. (1993). Harm reduction for alcohol problems: Moving beyond the controlled drinking controversy. *Behavior Therapy, 24,* 461–504.

Marmot, M. G. (1998). Improvement of social environment to improve health. *Lancet, 331,* 57–60.

Marshall, E. (1986). Involuntary smokers face health risks. *Science, 234,* 1066–1067.

Marshall, J., Burnett, W., & Brasure, J. (1983). On precipitating factors: Cancer as a cause of suicide. *Suicide and Life-Threatening Behavior, 13,* 15–27.

Marsland, A. L., Cohen, S., Rabin, B. S., & Manuck, S. B. (2001). Associations between stress, trait negative affect, acute immune reactivity, and antibody response to hepatitis B injection in healthy young adults. *Health Psychology, 20,* 4–11.

Marteau, T. M., Bloch, S., & Baum, J. D. (1987). Family life and diabetic control. *Journal of Child Psychology and Psychiatry, 28,* 823–833.

Marteau, T. M., Dundas, R., & Axworthy, D. (1997). Long-term cognitive and emotional impact of genetic testing for carriers of cystic fibrosis: The effects of test result and gender. *Health Psychology, 16,* 51–62.

Marteau, T. M., Johnston, M., Baum, J. D., & Bloch, S. (1987). Goals of treatment in diabetes: A comparison of doctors and parents of children with diabetes. *Journal of Behavioral Medicine, 10,* 33–48.

Martin, J. E., & Dubbert, P. M. (1982). Exercise applications and promotion in behavioral medicine: Current status and future directions. *Journal of Consulting and Clinical Psychology, 50,* 1004–1017.

Martin, P., & Seneviratne, H. (1997). Effects of food deprivation and a stressor on head pain. *Health Psychology, 16,* 310–318.

Martin, R., Davis, G. M., Baron, R. S., Suls, J., & Blanchard, E. B. (1994). Specificity in social support: Perceptions of helpful and unhelpful provider behaviors among irritable bowel syndrome, headache, and cancer patients. *Health Psychology, 13,* 432–439.

Maslach, C. (1977, August). *Burn-out: A social psychological analysis.* Paper presented at the annual meeting of the American Psychological Association, San Francisco, CA.

Maslach, C. (1979). The burn-out syndrome and patient care. In C. Garfield (Ed.), *The emotional realities of life-threatening illness* (pp. 111–120). St. Louis, MO: Mosby.

Mason, E. (1970). Obesity in pet dogs. *Veterinary Record, 86,* 612–616.

Mason, H. R. C., Marks, G., Simoni, J. M., Ruiz, M. S., & Richardson, J. L. (1995). Culturally sanctioned secrets? Latino men's nondisclosure of HIV infection to family, friends, and lovers. *Health Psychology, 14,* 6–12.

Mason, J. W., Brady, J. V., & Tolliver, G. A. (1968). Plasma and urinary 17-hydroxycorticosteroid responses to 72-hour avoidance sessions in the monkey. *Psychosomatic Medicine, 30,* 608–630.

Mason, J. W., Kosten, T. R., Southwick, S. M., & Giller, E. L., Jr. (1990). The use of psychoendocrine strategies in post-traumatic stress disorder. *Journal of Applied Social Psychology, 20,* 1822–1846.

Mason, J. W., Sachar, E. J., Fishman, J. R., Hamburg, D. A., & Handlon, J. H. (1965). Corticosteroid responses to hospital admission. *Archives of General Psychiatry, 13,* 1–8.

Mason, L. W., Goolkasian, P., & McCain, G. A. (1998). Evaluation of a multimodal treatment program for fibromyalgia. *Journal of Behavioral Medicine, 21,* 163–178.

Massie, M. J., & Holland, J. C. (1987). Consultation and liaison issues in cancer care. *Psychiatric Medicine, 5,* 343–359.

Masters, J. C., Cerreto, M. C., & Mendlowitz, D. R. (1983). The role of the family in coping with childhood chronic illness. In T. G. Burish & L. A. Bradley (Eds.), *Coping with chronic disease: Research and applications* (pp. 381–408). New York: Academic Press.

Matarazzo, J. (1994). Health and behavior: The coming together of science and practice in psychology and medicine after a century of benign neglect. *Journal of Clinical Psychology in Medical Settings, 1,* 7–37.

Matarazzo, J. D. (1980). Behavioral health and behavioral medicine: Frontiers for a new health psychology. *American Psychologist, 35,* 807–817.

Matarazzo, J. D. (1982). Behavioral health's challenge to academic, scientific, and professional psychology. *American Psychologist, 37,* 1–14.

Matt, D. A., Sementilli, M. E., & Burish, T. G. (1988). Denial as a strategy for coping with cancer. *Journal of Mental Health Counseling, 10,* 136–144.

Matt, G. E., & Dean, A. (1993). Social support from friends and psychological distress among elderly persons: Moderator effects of age. *Journal of Health and Social Behavior, 34,* 187–200.

Mattar, M. E., Markello, J., & Yaffe, S. J. (1975). Inadequacies in the pharmacologic management of ambulatory children. *Journal of Pediatrics, 87,* 137–141.

Matthews, J. R., Friman, P. C., Barone, V. J., Ross, L. V., & Christophersen, E. R. (1987). Decreasing dangerous infant behaviors through parent instruction. *Journal of Applied Behavior Analysis, 20,* 165–169.

Matthews, K. A. (1982). Psychological perspectives on the Type A behavior pattern. *Psychological Bulletin, 91,* 293–323.

Matthews, K. A. (1992). Myths and realities of the menopause. *Psychosomatic Medicine, 54,* 1–9.

Matthews, K. A., Davis, M. C., Stoney, C. M., Owens, J. F., & Caggiula, A. R. (1991). Does the gender relevance of the stressor influence sex differences in psychophysiological responses? *Health Psychology, 10,* 112–120.

Matthews, K. A., Gump, B. B., Block, D. R., & Allen, M. T. (1997). Does background stress heighten or dampen children's cardiovascular responses to acute stress? *Psychosomatic Medicine, 59,* 488–496.

Matthews, K. A., Kuller, L. H., Wing, R. R., Meilahn, E. N., & Plantinga, P. (1996). Prior to use of estrogen replacement therapy, are users healthier than nonusers? *American Journal of Epidemiology, 143,* 971–978.

Matthews, K. A., Owens, J. F., Allen, M. T., & Stoney, C. M. (1992). Do cardiovascular responses to laboratory stress relate to ambulatory blood pressure levels? Yes, in some of the people, some of the time. *Psychosomatic Medicine, 54,* 686–697.

Matthews, K.A., Owens, J. F., Kuller, L. H., Sutton-Tyrrell, K., & Jansen-McWilliams, L. (1998). Are hostility and anxiety associated with carotid atherosclerosis in healthy postmenopausal women? *Psychosomatic Medicine, 60,* 633–638.

Matthews, K. A., Raikkonen, K., Everson, S. A., Flory, J. D., Marco, C. A., Owens, J. F., & Lloyd, C. E. (2000). Do the daily experiences of healthy men and women vary according to occupational prestige and work strain? *Psychosomatic Medicine, 62,* 346–353.

Matthews, K. A., & Rodin, J. (1992). Pregnancy alters blood pressure responses to psychological and physical challenge. *Psychophysiology, 29,* 232–240.

Matthews, K. A., Shumaker, S. A., Bowen, D. J., Langer, R. D., Hunt, J. R., Kaplan, R. M., Klesges, R. C., & Ritenbaugh, C. (1997). Women's health initiative: Why now? What is it? What's new? *American Psychologist, 52,* 101–116.

Matthews, K. A., Wing, R. R., Kuller, L. H., Meilahn, E. N., & Plantinga, P. (1994). Influence of the perimenopause on cardiovascular risk factors and symptoms of middle-aged healthy women. *Archives of Internal Medicine, 154,* 2349–2355.

Matthews, K. A., Woodall, K. L., & Allen, M. T. (1993). Cardiovascular reactivity to stress predicts future blood pressure status. *Hypertension, 22,* 479–485.

Matthews, K. A., Woodall, K. L., Kenyon, K., & Jacob, T. (1996). Negative family environment as a predictor of boys' future status on measures of hostile attitudes, interview behavior, and anger expression. *Health Psychology, 15,* 30–37.

Maugh, T. H., II (1999, October 27). As obesity rate soars, hormone offers new hope. *Los Angeles Times,* pp. A1, A20–A21.

Mauksch, H. O. (1973). Ideology, interaction, and patient care in hospitals. *Social Science and Medicine, 7,* 817–830.

Maxwell, T. D., Gatchel, R. J., & Mayer, T. G. (1998). Cognitive predictors of depression in chronic low back pain: Toward an inclusive model. *Journal of Behavioral Medicine, 21,* 131–143.

Mayer, D. J., Price, D. D., Barber, J., & Rafii, A. (1976). Acupuncture analgesia: Evidence for activation of a pain inhibitor system as a mechanism of action. In J. J. Bonica & D. Albe-Fessard (Eds.), *Advances in pain research and therapy* (Vol. 1, pp. 751–754). New York: Raven Press.

Mayer, J. A., & Kellogg, M. C. (1989). Promoting mammography appointment making. *Journal of Behavioral Medicine, 12,* 605–611.

Mayer, J. A., & Solomon, L. J. (1992). Breast self-examination skill and frequency: A review. *Annals of Behavioral Medicine, 14,* 189–196.

Mayne, T. J., Acree, M., Chesney, M. A., & Folkman, S. (1998). HIV sexual risk behavior following bereavement in gay men. *Health Psychology, 17,* 403–411.

Mayou, R. A., Gill, D., Thompson, D. R., Day, A., Hicks, N., Volmink, J., & Neil, A. (2000). Depression and anxiety as predictors of outcome after myocardial infarction. *Psychosomatic Medicine, 62,* 212–219.

McArdle, W. D., Katch, F. I., & Katch, V. L. (1981). *Exercise physiology: Energy, nutrition, and human performance.* Philadelphia: Lea & Febiger.

McAuley, E. (1992). The role of efficacy cognitions in the prediction of exercise behavior in middle-aged adults. *Journal of Behavioral Medicine, 15,* 65–88.

McAuley, E. (1993). Self-efficacy and the maintenance of exercise participation in older adults. *Journal of Behavioral Medicine, 16,* 103–113.

McAuley, E., & Courneya, K. S. (1992). Self-efficacy relationships with affective and exertion responses to exercise. *Journal of Applied Social Psychology, 22,* 312–326.

McAuley, E., Mihalko, S. L., & Bane, S. M. (1997). Exercise and self-esteem in middle-aged adults: Multidimensional relationships and physical fitness and self-efficacy influences. *Journal of Behavioral Medicine, 20,* 67–84.

McAuley, E., Talbot, H., & Martinez, S. (1999). Manipulating self-efficacy in the exercise environment in women: Influences on affective responses. *Health Psychology, 18,* 288–294.

McCann, B., Benjamin, A., Wilkinson, C., Retzlaff, B., Russo, J., & Knopp, R. (1999). Plasma lipid concentrations during episodic occupational stress. *Annals of Behavioral Medicine, 21,* 103–110.

McCann, B. S., Bovbjerg, V. E., Curry, S. J., Retzlaff, B. M., Walden, C. E., & Knopp, R. H. (1996). Predicting participation in a dietary intervention to lower cholesterol among individuals with hyperlipidemia. *Health Psychology, 15,* 61–64.

McCaul, K. D., Branstetter, A. D., O'Donnell, S. M., Jacobson, K., & Quinlan, K. B. (1998). A descriptive study of breast cancer worry. *Journal of Behavioral Medicine, 21,* 565–579.

McCaul, K. D., Branstetter, A. D., Schroeder, D. M., & Glasgow, R. E. (1996). What is the relationship between breast cancer risk and mammography screening? A meta-analytic review. *Health Psychology, 15,* 423–429.

McCaul, K. D., Glasgow, R. E., & O'Neill, H. K. (1992). The problem of creating habits: Establishing health-protective dental behaviors. *Health Psychology, 11,* 101–110.

McCaul, K. D., Monson, N., & Maki, R. H. (1992). Does distraction reduce pain-produced distress among college students? *Health Psychology, 11,* 210–217.

McCaul, K. D., Schroeder, D. M., & Reid, P. A. (1996). Breast cancer worry and screening: Some prospective data. *Health Psychology, 15,* 430–433.

McClearn, G., Johansson, B., Berg, S., Pedersen, N., Ahern, F., Petrill, S. A., & Plomin, R. (1997). Substantial genetic influence on cognitive abilities in twins 80 or more years old. *Science, 276,* 1560–1563.

McConnell, S., Biglan, A., & Severson, H. H. (1984). Adolescents' compliance with self-monitoring and physiological assessment of smoking in natural environments. *Journal of Behavioral Medicine, 7,* 115–122.

McCoy, S. B., Gibbons, F. X., Reis, T. J., Gerrard, M., Luus, C. A. E., & Sufla, A. V. W. (1992). Perceptions of smoking risk as a function of smoking status. *Journal of Behavioral Medicine, 15,* 469–488.

McCracken, L. M. (1991). Cognitive-behavioral treatment of rheumatoid arthritis: A preliminary review of efficacy and methodology. *Annals of Behavioral Medicine, 13,* 57–65.

McCullough, M. E., Hoyt, W. T., Larson, D. B., Koenig, H. G., & Thoresen, C. (2000). Religious involvement and mortality: A meta-analytic review. *Health Psychology, 19,* 211–222.

McDonough, P., Williams, D. R., House, J. S., & Duncan, G. J. (1999). Gender and the socioeconomic gradient in mortality. *Journal of Health and Social Behavior, 40,* 17–31.

McEwen, B. S., & Stellar, E. (1993). Stress and the individual: Mechanisms leading to disease. *Archives of Internal Medicine, 153,* 2093–2101.

McFall, R. M. (1970). The effects of self-monitoring on normal smoking behavior. *Journal of Consulting and Clinical Psychology, 35,* 135–142.

McFarland, A. H., Norman, G. R., Streiner, D. L., Roy, R. G., & Scott, D. J. (1980). A longitudinal study of the influence of the psychosocial environment on health status: A preliminary report. *Journal of Health and Social Behavior, 21,* 124–133.

McFarland, C., Ross, M., & DeCourville, N. (1989). Women's theories of menstruation and biases in recall of menstrual symptoms. *Journal of Personality and Social Psychology, 57,* 522–531.

McFarlane, T., Polivy, J., & McCabe, R. E. (1999). Help, not harm: Psychological foundation for a nondieting approach toward health. *Journal of Social Issues, 55,* 261–276.

McGinnis, J. M. (1984). Occupant protection as a priority in national efforts to promote health. *Health Education Quarterly, 11,* 127–131.

McGinnis, M. (1994). The role of behavioral research in national health policy. In S. Blumenthal, K. Matthews, & S. Weiss (Eds.), *New research frontiers in behavioral medicine: Proceedings of the national conference* (pp. 217–222). Washington, DC: NIH Publications.

McGinnis, M., Richmond, J. B., Brandt, E. N., Windom, R. E., & Mason, J. O. (1992). Health progress in the United States: Results of the 1990 objectives for the nation. *Journal of the American Medical Association, 268,* 2545–2552.

McGonagle, K. A., & Kessler, R. C. (1990). Chronic stress, acute stress, and depressive symptoms. *American Journal of Community Psychology, 18,* 681–706.

McGrady, A., Conran, P., Dickey, D., Garman, D., Farris, E., & Schumann-Brzezinski, C. (1992). The effects of biofeedback-assisted relaxation on cell-mediated immunity, cortisol, and white blood cell count in healthy adult subjects. *Journal of Behavioral Medicine, 15,* 343–354.

McGregor, D. (1967). *The professional manager.* New York: McGraw-Hill.

McGuire, F. L. (1982). Treatment of the drinking driver. *Health Psychology, 1*, 137–152.

McGuire, W. J. (1964). Inducing resistance to persuasion: Some contemporary approaches. In L. Berkowitz (Ed.), *Advances in experimental social psychology* (Vol. 1, pp. 192–231). New York: Academic Press.

McGuire, W. J. (1973). Persuasion, resistance and attitude change. In I. de Sola Pool, F. W. Frey, W. Schramm, N. Maccoby, & E. B. Parker (Eds.), *Handbook of communication* (pp. 216–252). Chicago: Rand-McNally.

McGuire, W. J. (1984). Public communication as a strategy for inducing health-promoting behavioral change. *Preventive Medicine, 13*, 299–319.

McIntosh, D. N., Silver, R. C., & Wortman, C. B. (1993). Religion's role in adjustment to a negative life event: Coping with the loss of a child. *Journal of Personality and Social Psychology, 65*, 812–821.

McKenna, M. C., Zevon, M. A., Corn, B., & Rounds, J. (1999). Psychological factors and the development of breast cancer: A meta-analysis. *Health Psychology, 18*, 520–531.

McKennell, A. C. (1973). Is addictive smoking an independent trait? *International Journal of the Addictions, 8*, 505–509.

McKinlay, J. B. (1975). Who is really ignorant—physician or patient? *Journal of Health and Social Behavior, 16*, 3–11.

McKinnon, W., Weisse, C. S., Reynolds, C. P., Bowles, C. A., & Baum, A. (1989). Chronic stress, leukocyte subpopulations, and humoral response to latent viruses. *Health Psychology, 8*, 389–402.

McKusick, L., Coates, T. J., Morin, S. F., Pollack, L., & Hoff, C. (1990). Longitudinal predictors of reductions in unprotected anal intercourse among gay men in San Francisco: The AIDS Behavioral Research Project. *American Journal of Public Health, 80*, 978–983.

McKusick, L., Horstman, W., & Coates, T. (1985). AIDS and sexual behavior reported by gay men in San Francisco. *American Journal of Public Health, 75*, 493–496.

McKusick, V. A. (1993). Medical genetics: A 40-year perspective on the evolution of a medical speciality from a basic science. *Journal of the American Medical Association, 270*, 2351–2357.

McLeod, J. D., Kessler, R. C., & Landis, K. R. (1992). Speed of recovery from major depressive episodes in a community sample of married men and women. *Journal of Abnormal Psychology, 101*, 277–286.

McNeil, D., & Rainwater, A. III (1998). Development of the fear of pain questionnaire–III. *Journal of Behavioral Medicine, 21*, 389–406.

Meagher, M., Arnau, R., & Rhudy, J. (2001). Pain and emotion: Effects of affective picture modulation. *Psychosomatic Medicine, 63*, 79–90.

Mechanic, D. (1972). Social psychologic factors affecting the presentation of bodily complaints. *New England Journal of Medicine, 286*, 1132–1139.

Mechanic, D. (1975). The organization of medical practice and practice orientation among physicians in prepaid and nonprepaid primary care settings. *Medical Care, 13*, 189–204.

Meichenbaum, D. H. (1971, September). *Cognitive factors in behavior modification: Modifying what clients say to themselves.* Paper presented at the annual meeting of the Association for Advancement of Behavior Therapy, Washington, DC.

Meichenbaum, D. H. (1975). A self-instructional approach to stress management: A proposal for stress inoculation training, In C. D. Spielberger & I. Sarason (Eds.), *Stress and anxiety* (Vol. 2, pp. 237–264). New York: Wiley.

Meichenbaum, D. H. (1977). *Cognitive-behavior modification.* New York: Plenum Press.

Meichenbaum, D. H., & Cameron, R. (1974). The clinical potential and pitfalls of modifying what clients say to themselves. In M. J. Mahoney & C. E. Thoresen (Eds.), *Self-control: Power to the person* (pp. 263–290). Monterey, CA: Brooks-Cole.

Meichenbaum, D. H., & Jaremko, M. E. (Eds.). (1983). *Stress reduction and prevention.* New York: Plenum Press.

Meichenbaum, D. H., & Turk, D. (1982). Stress, coping, and disease: A cognitive-behavioral perspective. In R. W. J. Neufield (Ed.), *Psychological stress and psychopathology* (pp. 289–306). New York: McGraw-Hill.

Meichenbaum, D. H., & Turk, D. C. (1987). *Facilitating treatment adherence: A practitioner's guidebook.* New York: Plenum Press.

Mei-Tal, V., Meyerowitz, S., & Engel, G. I. (1970). The role of psychological process in a somatic disorder: M.S. 1. The emotional setting of illness onset and exacerbation. *Psychosomatic Medicine, 32*, 67–85.

Melamed, B. (1995). The interface between physical and mental disorders: The need to dismantle the biopsychosocialneuroimmunological model of disease. *Journal of Clinical Psychology in Medical Setting, 2*, 225–231.

Melamed, B. G., & Brenner, G. F. (1990). Social support and chronic medical stress: An interaction-based approach. *Journal of Social and Clinical Psychology, 9*, 104–117.

Melamed, B. G., Meyer, R., Gee, C., & Soule, L. (1976). The influence of time and type of preparation on children's adjustment to hospitalization. *Journal of Pediatric Psychology, 1*, 31–37.

Melamed, B. G., & Siegel, L. (1975). Reduction of anxiety in children facing hospitalization and surgery by use of filmed modeling. *Journal of Consulting and Clinical Psychology, 43*, 511–521.

Melamed, S., Froom, P., & Green, M. (1997). Hypertension and sickness absence: The role of perceived symptoms. *Journal of Behavioral Medicine, 20,* 473–487.

Melzack, R. (1973). *The puzzle of pain.* New York: Basic Books.

Melzack, R., & Torgerson, W. S. (1971). On the language of pain. *Anesthesiology, 34,* 50.

Melzack, R., & Wall, P. D. (1982). *The challenge of pain.* New York: Basic Books.

Menaghan, E., Kowaleski-Jones, L., & Mott, F. (1997). The intergenerational costs of parental social stressors: Academic and social difficulties in early adolescence for children of young mothers. *Journal of Health and Social Behavior, 38,* 72–86.

Mendes de Leon, C. F. (1992). Anger and impatience/irritability in patients of low socioeconomic status with acute coronary heart disease. *Journal of Behavioral Medicine, 15,* 273–284.

Mendes de Leon, C. F., Kop, W. J., de Swart, H. B., Bar, F. W., & Appels, A. P. W. M. (1996). Psychosocial characteristics and recurrent events after percutaneous transluminal coronary angioplasty. *American Journal of Cardiology, 77,* 252–255.

Mensch, B. S., & Kandel, D. B. (1988). Do job conditions influence the use of drugs? *Journal of Health and Social Behavior, 29,* 169–184.

Mercado, A. C., Carroll, L. J., Cassidy, J. D., & Cote, P. (2000). Coping with neck and low back pain in the general population. *Health Psychology, 19,* 333–338.

Mermelstein, R., Cohen, S., Lichtenstein, E., Baer, J. S., & Kamarck, T. (1986). Social support and smoking cessation and maintenance. *Journal of Consulting and Clinical Psychology, 54,* 447–453.

Messeri, P., Silverstein, M., & Litwak, E. (1993). Choosing optimal support groups: A review and reformulation. *Journal of Health and Social Behavior, 34,* 122–137.

Mesters, I., van den Borne, H., McCormick, L., Pruyn, J., de Boer, M., & Imbos, T. (1997). Openness to discuss cancer in the nuclear family: Scale, development, and validation. *Psychosomatic Medicine, 59,* 269–279.

Metzler, C. W., Noell, J., Biglan, A., Ary, D., & Smolkowski, K. (1994). The social context for risky sexual behavior among adolescents. *Journal of Behavioral Medicine, 17,* 419–438.

Meyer, A. J., Maccoby, N., & Farquhar, J. W. (1980). Reply to Kasl and Leventhal et al. *Journal of Consulting and Clinical Psychology, 48,* 159–163.

Meyer, D., Leventhal, H., & Gutmann, M. (1985). Common-sense models of illness: The example of hypertension. *Health Psychology, 4,* 115–135.

Meyer, J. M., & Stunkard, A. J. (1994). Twin studies of human obesity. In C. Bouchard (Ed.), *The genetics of obesity* (pp. 63–78). Boca Raton, FL: CRC Press.

Meyer, M. H., & Pavalko, E. K. (1996). Family, work, and access to health insurance among mature women. *Journal of Health and Social Behavior, 37,* 311–325.

Meyerowitz, B. E. (1980). Psychosocial correlates of breast cancer and its treatments. *Psychological Bulletin, 87,* 108–131.

Meyerowitz, B. E. (1983). Postmastectomy coping strategies and quality of life. *Health Psychology, 2,* 117–132.

Meyerowitz, B. E., & Hart, S. (1993, April). *Women and cancer: Have assumptions about women limited our research agenda?* Paper presented at the Women's Psychological and Physical Health Conference, Lawrence, KS.

Michael, B. E., & Copeland, D. R. (1987). Psychosocial issues in childhood cancer: An ecological framework for research. *American Journal of Pediatric Hematology and Oncology, 9,* 73–83.

Michela, J. L. (1987). Interpersonal and individual impacts of a husband's heart attack. In A. Baum & J. E. Singer (Eds.), *Handbook of psychology and health* (Vol. 5, pp. 255–301). Hillsdale, NJ: Erlbaum.

Millar, M. G., & Millar, K. (1995). Negative affective consequences of thinking about disease detection behaviors. *Health Psychology, 14,* 141–146.

Millar, M. G., & Millar, K. (1996). The effects of anxiety on response times to disease detection and health promotion behaviors. *Journal of Behavioral Medicine, 19,* 401–414.

Miller, G. E., & Cohen, S. (2001). Psychological interventions and the immune system: A meta-analytic review and critique. *Health Psychology, 20,* 47–63.

Miller, G. E., Cohen, S., & Herbert, T. B. (1999). Pathways linking major depression and immunity in ambulatory female patients. *Psychosomatic Medicine, 61,* 850–860.

Miller, G. E., Dopp, J. M., Myers, H. F., Stevens, S. Y., & Fahey, J. L. (1999). Psychosocial predictors of natural killer cell mobilization during marital conflict. *Health Psychology, 18,* 262–271.

Miller, G. J., Cruickshank, J. K., Ellis, L. J., Thompson, R. L., Wilkes, H. C., Stirling, Y., Mitropoulos, K. A., Allison, J. V., Fox, T. E., & Walker, A. O. (1989). Fat consumption and factor VII coagulant activity in middle-aged men. *Atherosclerosis, 78,* 19–24.

Miller, L. C., Bettencourt, B. A., DeBro, S., & Hoffman, V. (1993). Negotiating safer sex: Interpersonal dynamics. In J. Pryor & G. Reeder (Eds.), *The social psychology of HIV infection* (pp. 85–123). Hillsdale, NJ: Erlbaum.

Miller, N. E. (1989). Placebo factors in types of treatment: Views of a psychologist. In M. Shepherd & N. Sartorius (Eds.), *Non-specific aspects of treatment* (pp. 39–56). Lewiston, NY: Hans Huber.

Miller, N. E. (1992). Some trends from the history to the future of behavioral medicine. *Annals of Behavioral Medicine, 14,* 307–309.

Miller, S. M., Brody, D. S., & Summerton, J. (1988). Styles of coping with threat: Implications for health. *Journal of Personality and Social Psychology, 54*, 142–148.

Miller, S. M., & Mangan, C. E. (1983). Interacting effects of information and coping style in adapting to gynecologic stress: Should the doctor tell all? *Journal of Personality and Social Psychology, 45*, 223–236.

Miller, S. M., Mischel, W., O'Leary, A., & Mills, M. (1996). From human papillomavirus (HPV) to cervical cancer: Psychosocial processes in infection, detection, and control. *Annals of Behavioral Medicine, 18*, 219–228.

Miller, W. C. (1999). Fitness and fatness in relation to health: Implications for a paradigm shift. *Journal of Social Issues, 55*, 207–219.

Miller, W. R., Taylor, C. A., & West, I. C. (1980). Focused versus broad-spectrum behavior therapy for problem drinkers. *Journal of Consulting and Clinical Psychology, 48*, 590–601.

Millman, M. (1980). *Such a pretty face: Being fat in America.* New York: Norton.

Mills, D. E., & Ward, R. P. (1986). Attenuation of stress-induced hypertension by exercise independent of training effects: An animal model. *Journal of Behavioral Medicine, 9*, 599–606.

Mills, P., Yu, H., Ziegler, M. G., Patterson, T., & Grant, I. (1999). Vulnerable caregivers of patients with Alzheimer's disease have a deficit in circulating CD62L T lymphocytes. *Psychosomatic Medicine, 61*, 168–174.

Mills, R. T., & Krantz, D. S. (1979). Information, choice, and reactions to stress: A field experiment in a blood bank with laboratory analogue. *Journal of Personality and Social Psychology, 4*, 608–620.

Mintzer, J. E., Rubert, M. P., Loewenstein, D., Gamez, E., Millor, A., Quinteros, R., Flores, L., Miller, M., Rainerman, A., & Eisdorfer, C. (1992). Daughters caregiving for Hispanic and non-Hispanic Alzheimer patients: Does ethnicity make a difference? *Community Mental Health Journal, 28*, 293–303.

Minuchen, S. (1977). *Psychosomatic diabetic children and their families* (DHEW Pub. No. ADM 77-477). Washington, DC: U.S. Government Printing Office.

Minuchen, S., Rosman, B. L., & Baker, L. (1978). *Psychosomatic families.* Cambridge, MA: Harvard University Press.

Miranda, J., Perez-Stable, E. J., Munoz, R. F., Hargreaves, W., & Henke, C. J. (1991). Somatization, psychiatric disorder, and stress in utilization of ambulatory medical services. *Health Psychology, 10*, 46–51.

Mishra, K. D., Gatchel, R. J., & Gardea, M. A. (2000). The relative efficacy of three cognitive-behavioral treatment approaches to temporomandibular disorders. *Journal of Behavioral Medicine, 23*, 293–309.

Mitchell, J. E., Laine, D. E., Morley, J. E., & Levine, A. S. (1986). Naloxone but not CCK-8 may attenuate binge-eating behavior in patients with the bulimia syndrome. *Biological Psychiatry, 21*, 1399–1406.

Mittag, W., & Schwarzer, R. (1993). Interaction of employment status and self-efficacy on alcohol consumption: A two-wave study on stressful life transitions. *Psychology and Health, 8*, 77–87.

Mohr, D. C., Dick, L. P., Russo, D., Pinn, J., Boudewyn, A. C., Likosky, W., & Goodkin, D. E. (1999). The psychological impact of multiple sclerosis: Exploring the patient's perspective. *Health Psychology, 18*, 376–382.

Mokdad, A. H., Serdula, M. K., Dietz, W. H., Bowman, B. A., Marks, J. S., & Koplan, J. P. (1999). The spread of the obesity epidemic in the United States, 1991–1998. *Journal of the American Medical Association, 282*, 1519–1522.

Moller, J., Hallqvist, J., Diderichsen, F., Theorell, T., Reuterwall, C., & Ahlbom, A. (1999). Do episodes of anger trigger myocardial infarction? A case-crossover analysis in the Stockholm Heart Epidemiology Program (SHEEP). *Psychosomatic Medicine, 61*, 842–849.

Monroe, S. (1983). Major and minor life events as predictors of psychological distress: Further issues and findings. *Journal of Behavioral Medicine, 6*, 189–205.

Montano, D. E., & Taplin, S. H. (1991). A test of an expanded theory of reasoned action to predict mammography participation. *Social Science and Medicine, 32*, 733–741.

Monteleone, P., Luisi, M., Colurcio, B., Casarosa, E., Ioime, R., Genazzani, A. R., & Maj, M. (2001). Plasma levels of neuroactive steroids are increased in untreated women with anorexia nervosa or bulimia nervosa. *Psychosomatic Medicine, 63*, 62–68.

Moody, L., McCormick, K., & Williams, A. (1990). Disease and symptom severity, functional status, and quality of life in chronic bronchitis and emphysema (CBE). *Journal of Behavioral Medicine, 13*, 297–306.

Moody, R. A. (1978). *Laugh after laugh: The healing power of humor.* Jacksonville, FL: Headwaters Press.

Mooradian, A. D., Perryman, K., Fitten, J., Kavonian, G. D., & Morley, J. E. (1988). Cortical function in elderly non-insulin dependent diabetic patients. *Archives of Internal Medicine, 148*, 2369–2372.

Moos, R. H. (1984). Context and coping: Toward a unifying conceptual framework. *American Journal of Community Psychology, 12*, 5–25.

Moos, R. H. (1985). Creating health in human contexts: Environmental and individual strategies. In J. C. Rosen & L. J. Solomon (Eds.), *Prevention in health psychology* (pp. 366–389). Hanover, NH: University Press of New England.

Moos, R. H. (1988). Life stressors and coping resources influence health and well-being. *Psychological Assessment, 4*, 133–158.

Moos, R. H. (1995). Development and applications of new measures of life stressors, social resources, and coping responses. *European Journal of Psychological Assessment, 11,* 1–13.

Moos, R. H., Brennan, P. L., & Moos, B. S. (1991). Short-term processes of remission and nonremission among later-life problem drinkers. *Alcoholism: Clinical and Experimental Review, 15,* 948–955.

Moos, R. H., & Finney, J. W. (1983). The expanding scope of alcoholism treatment evaluation. *American Psychologist, 38,* 1036–1044.

Moos, R. H., & Schaefer, J. A. (1987). Evaluating health care work settings: A holistic conceptual framework. *Psychology and Health, 1,* 97–122.

Mor, V., & Hiris, J. (1983). Determinants of site of death among hospice cancer patients. *Journal of Health and Social Behavior, 24,* 375–385.

Morbidity and Mortality Weekly Report. (2000, August 25). *Trends in cigarette smoking among high school students—United States, 1991–1999.* Washington DC: Author. Retrieved from www.cdc.gov/mmwr/preview/mmwrhtml/mm4933a3.htm

Morehouse, L. E., & Miller, A. T. (1976). *Physiology of exercise.* St. Louis, MO: Mosby.

Morell, V. (1993). Huntington's gene finally found. *Science, 260,* 28–30.

Morgan, D. L. (1985). Nurses' perceptions of mental confusion in the elderly: Influence of resident and setting characteristics. *Journal of Health and Social Behavior, 26,* 102–112.

Morimoto, Y., Dishi, T., Hanasaki, N., Miyatake, A., Sato, B., Noma, K., Kakto, H., Yano, S., & Yamamura, Y. (1980). Interrelations among amenorrhea, serum gonadotropins and body weight in anorexia nervosa. *Endocrinology in Japan, 27,* 191–200.

Morley, J. E., Kay, N. E., & Solomon, G. P. (1988). Opioid peptides, stress, and immune function. In Y. Tache, J. E. Morley, & M. R. Brown (Eds.), *Neuropeptides and stress* (pp. 222–234). New York: Springer.

Morris, P. L. P., & Raphael, B. (1987). Depressive disorder associated with physical illness: The impact of stroke. *General Hospital Psychiatry, 9,* 324–330.

Moses, H. (Producer). (1984, February 18). Helen. In *60 Minutes.* New York: CBS Television Network.

Mosley, T. H., Jr., Payne, T. J., Plaud, J. J., Johnson, C. A., Wittrock, D. A., Seville, J. L., Penzien, D. B., & Rodriguez, G. (1996). Psychometric properties of the Weekly Stress Inventory (WSI): Extension to a patient sample with coronary heart disease. *Journal of Behavioral Medicine, 19,* 273–287.

Moss-Morris, R., & Petrie, K .J. (in press). Discriminating between chronic fatigue syndrome and depression: A cognitive analysis. *Psychological Medicine.*

Mostofsky, D. I. (1998). Behavior modification and therapy in the management of epileptic disorders. In D. I. Mostofsky & Y. Loyning (Eds.), *The neurobehavioral treatment of epilepsy.* Hillsdale, NJ: Erlbaum.

Moyer, A. (1997). Psychosocial outcomes of breast-conserving surgery versus mastectomy: A meta-analytic review. *Health Psychology, 16,* 284–298.

Moyer, A., & Salovey, P. (1996). Psychosocial sequelae of breast cancer and its treatment. *Annals of Behavioral Medicine, 18,* 110–125.

Moynihan, J. A., & Ader, R. (1996). Psychoneuroimmunology: Animal models of disease. *Psychosomatic Medicine, 58,* 546–558.

Mroczek, D. K., Spiro, A., III, Aldwin, C. M., Ozer, D. J., & Bosse, R. (1993). Construct validation of optimism and pessimism in older men: Findings from the normative aging study. *Health Psychology, 12,* 406–409.

Mulder, C. L., de Vroome, E. M. M., van Griensven, G. J. P., Antoni, M. H., & Sandfort, T. G. M. (1999). Avoidance as a predictor of the biological course of HIV infection over a 7-year period in gay men. *Health Psychology, 18,* 107–113.

Muldoon, M. F., Kaplan, R., Manuck, S. B., & Mann, J. J. (1992). Effects of a low-fat diet on brain serotonergic responsivity in cynomolgus monkeys. *Biological Psychiatry, 31,* 739–742.

Muldoon, M. F., Ryan, C. M., Matthews, K. A., & Manuck, S. B. (1997). Serum cholesterol and intellectual performance. *Psychosomatic Medicine, 59,* 382–387.

Mullen, B., & Suls, J. (1982). The effectiveness of attention and rejection as coping styles: A meta-analysis of temporal differences. *Journal of Psychosomatic Research, 26,* 43–49.

Mullen, P. D., & Green, L. W. (1985, November–December). Meta-analysis points way toward more effective medication teaching. *Promoting Health,* pp. 6–8.

Multiple sclerosis. (2001). Retrieved July 3, 2001, from http://health.yahoo.com/health/Diseases_and_Conditions/Disease_Feed_Data/Multiple_Sclerosis/

Murphy, D. A., Mann, T., O'Keefe, Z., & Rotheram-Borus, M. (1998). Number of pregnancies, outcome expectancies, and social norms among HIV-infected young women. *Health Psychology, 17,* 470–475.

Murphy, K. (2000, May 8). An "epidemic" of sleeplessness. *Business Week,* pp. 161–162.

Murphy, S., Creed, F., & Jayson, M. I. (1988). Psychiatric disorder and illness behavior in rheumatoid arthritis. *British Journal of Rheumatology, 27,* 357–363.

Murphy, S. L. (2000, July 24). Deaths: Final data for 1998. *National Vital Statistics Reports* (NCHS), pp. 26, 73.

Murphy, T. J., Pagano, R. R., & Marlatt, G. A. (1986). Lifestyle modification with heavy alcohol drinkers: Effects of aerobic exercise and meditation. *Addictive Behaviors, 11,* 175–186.

Murphy, T. M. (1976). Subjective and objective follow-up assessment of acupuncture therapy without suggestion in 100 chronic pain patients. In J. J. Bonica & D. Albe-Fessard (Eds.), *Advances in pain research and therapy* (Vol. 1, pp. 811–816). New York: Raven Press.

Murray, D. M., Davis-Hearn, M., Goldman, A. I., Pirie, P., & Luepker, R. V. (1988). Four- and five-year follow-up results from four seventh-grade smoking prevention strategies. *Journal of Behavioral Medicine, 11,* 395–406.

Murray, D. M., Richards, P. S., Luepker, R. V., & Johnson, C. A. (1987). The prevention of cigarette smoking in children: Two- and three-year follow-up comparisons of four prevention strategies. *Journal of Behavioral Medicine, 10,* 595–612.

Musselman, D. L., & Nemeroff, C. B. (2000). Depression really does hurt your heart: Stress, depression, and cardiovascular disease. *Progress in Brain Research, 122,* 43–59.

Myers, M. M. (1996). Enduring effects of infant feeding experiences on adult blood pressure. *Psychosomatic Medicine, 58,* 612–621.

Myers, R. S., & Roth, D. L. (1997). Perceived benefits of and barriers to exercise and stage of exercise adoption in young adults. *Health Psychology, 16,* 277–283.

Nagourney, E. (2001, April 24). A good night's sleep, without the pills. *New York Times,* p. 8.

Nail, L. M., King, K. B., & Johnson, J. E. (1986). Coping with radiation treatment for gynecologic cancer: Mood and disruption in usual function. *Journal of Psychosomatic Obstetrics and Gynaecology, 5,* 271–281.

Najman, J. M., Klein, D., & Munro, C. (1982). Patient characteristics negative stereotyped by doctors. *Social Sciences and Medicine, 16,* 1781–1789.

Nakao, M., Nomura, S., Shimosawa, T., Yoshiuchi, K., Kumano, H., Kuboki, T., Suematsu, H., & Fujita, T. (1997). Clinical effects of blood pressure biofeedback treatment on hypertension by auto-shaping. *Psychosomatic Medicine, 59,* 331–338.

Nashold, B. S., & Friedman, H. (1972). Dorsal column stimulation for pain: A preliminary report on thirty patients. *Journal of Neurosurgery, 36,* 590–597.

National Cancer Institute. (1980). *Breast cancer: A measure of progress in public understanding* (DHHS/NIH Publication No. 81-2291). Washington, DC: U.S. Government Printing Office.

National Cancer Institute. (1987). *1986 annual cancer statistics review* (NIH Publication No. 87-2789). Bethesda, MD: National Institutes of Health.

National Cancer Institute Breast Cancer Screening Consortium. (1990). Screening mammography: A missing clinical opportunity? Results of the NCI Breast Cancer Screening Consortium and National Health Interview survey studies. *Journal of the American Medical Association, 264,* 54–58.

National Center for Health Statistics. (1996). *Health, United States, 1995.* Hyattsville, MD: U.S. Public Health Service.

National Center for Health Statistics. (1998). *Hospital utilization.* Retrieved from http://www.cdc.gov/nchs/fastats

National Center for Health Statistics. (1999). *Healthy People 2000 Review, 1998-99.* Hyattsville, MD: U.S. Public Health Service.

National Center for Health Statistics. (2001). *Health expenditures.* Retrieved July 5, 2001, from http://www.cdc.gov/nchs/fastats/hexpense.htm

National Center for Injury Prevention and Control. (1998). *1998 United States unintentional injuries and adverse effects.* Washington, DC: Retrieved from http://www.cdc.gov/safeusa/

National Committee for Quality Assurance. (2001). *Health plan report card.* Retrieved from http://www.ncqa.org/index.asp

National Health Education Committee. (1976). *The killers and cripplers: Facts on major diseases in the United States today.* New York: David McKay.

National Institute for Health Care Management. (2000, October 12). Prescription spending. *New York Times,* p. C2.

National Institute of Allergy and Infectious Diseases. (1999, December). *HIV/AIDS statistics, NIAID fact sheet.* Bethesda, MD. Retrieved from http://www.niaid.nih.gov/factsheets/aidsstat.htm

National Institute on Alcohol Abuse and Alcoholism. (October, 2000a). *Alcohol alert: New advances in alcoholism treatment.* Bethesda, MD. Retrieved from www.niaaa.nih.gov

National Institute on Alcohol Abuse and Alcoholism (2000b). *10th special report to the U.S. Congress on alcohol and health.* Bethesda, MD. Retrieved from http://silk.nih.gov/silk/niaaa1/publication/10report/10-order.htm

National Institute on Diabetes and Digestive and Kidney Disorders. (1999). *Diabetes Control and Complications Trial (DCCT).* National Institutes of Health Publication No. 97-3874 Retrieved from. http://www.niddk.nih.gov/health/diabetes/pubs/dcct1/dcct.htm

National Safety Council. (1999). *Report on injuries in America.* Retrieved June 21, 2001, from http://www.nsc.org/lrs/statinfo/99report.htm

National Vital Statistics System (NVSS) (2000). *Mortality data from the National Vital Statistics System.* Retrieved from www.cdc.gov/nchs/about/major/dvs/mort-data.htm

National Vital Statistics System (NVSS) (2000). *Table 12. Estimated life expectancy at birth in years, by race and sex: Death-registration states, 1900–28, and United States, 1929–98.* Retrieved from www.cdc.gov/nchs/fastats/pdf/48_18t12.pdf

Navarro, A. M. (1996). Cigarette smoking among adult Latinos: The California tobacco baseline survey. *Annals of Behavioral Medicine, 18,* 238–245.

Nemeroff, C. J. (1995). Magical thinking about illness virulence: Conceptions of germs from "safe" versus "dangerous" others. *Health Psychology, 14,* 147–151.

Nerenz, D. R. (1979). *Control of emotional distress in cancer chemotherapy.* Unpublished doctoral dissertation, University of Wisconsin, Madison.

Nerenz, D. R., & Leventhal, H. (1983). Self-regulation theory in chronic illness. In T. G. Burish & L. A. Bradley (Eds.), *Coping with chronic disease: Research and applications* (pp. 13–38). New York: Academic Press.

Netterstrom, B., Kristensen, T. S., Moller, L., Jensen, G., & Schnohr, P. (1998). Angina pectoris, job strain, and social status: A cross-sectional study of employed urban citizens. *International Journal of Behavioral Medicine, 5,* 312–322.

Neu, S., & Kjellstrand, C. M. (1986). Stopping long-term dialysis: An empirical study of withdrawal of life-supporting treatment. *New England Journal of Medicine, 314,* 14–19.

Neuling, S. J., & Winefield, H. R. (1988). Social support and recovery after surgery for breast cancer: Frequency and correlates of supportive behaviors by family, friends, and surgeon. *Social Science and Medicine, 27,* 385–392.

Newcomb, M. D., Rabow, J., Monte, M., & Hernandez, A. C. R. (1991). Informal drunk driving intervention: Psychosocial correlates among young adult women and men. *Journal of Applied Social Psychology, 21,* 1988–2006.

Newman, M. G., & Stone, A. A. (1996). Does humor moderate the effects of experimentally induced stress? *Annals of Behavioral Medicine, 18,* 101–109.

Newman, S. (1984). The psychological consequences of cerebrovascular accident and head injury. In R. Fitzpatrick et al. (Eds.), *The experience of illness.* London, England: Tavistock.

Newsom, J. T., Knapp, J. E., & Schulz, R. (1996). Longitudinal analysis of specific domains of internal control and depressive symptoms in patients with recurrent cancer. *Health Psychology, 15,* 323–331.

Newsom, J. T., & Schulz, R. (1998). Caregiving from the recipient's perspective: Negative reactions to being helped. *Health Psychology, 17,* 172–181.

New York Times. (1995, June 26). "Back to sleep" effort is said to save 1500, p. 5.

New York Times. (1997, May 5). Worldwide, people live longer, often in poor health, U.N. says, p. 10.

New York Times. (1999, September 28). Sleepy and drunken drivers: Equal peril, p. D9.

New York Times. (2000a, September 12). Men, women, and battles of the bulges, p. D8.

New York Times. (2000b, October 3). Passing along the diet-and-binge habit, p. D8.

New York Times. (2001, May 22). Diabetics reminded of heart risk, p. D8.

Niaura, R., Banks, S. M., Ward, K D., Stoney, C. M., Spiro, A., Aldwin, C. M., Landsberg, L., & Weiss, S. T. (2000). Hostility and the metabolic syndrome in older males: The normative aging study. *Psychosomatic Medicine, 62,* 7–16.

Nicassio, P. M., Radojevic, V., Schoenfeld-Smith, K., & Dwyer, K. (1995). The contribution of family cohesion and the pain-coping process to depressive symptoms in fibromyalgia. *Annals of Behavioral Medicine, 17,* 349–356.

Nides, M. A., Rakos, R. F., Gonzales, D., Murray, R. P., Tashkin, D. P., Bjornson-Benson, W. M., Lindgren, P., & Connett, J. E. (1995). Predictors of initial smoking cessation and relapse through the first two years of the Lung Health Study. *Journal of Consulting and Clinical Psychology, 63,* 60–69.

Nides, M. A., Rand, C., Dolce, J., Murray, R., O'Hara, P., Voelker, H., & Connett, J. (1994). Weight gain as a function of smoking cessation and 2-mg. nicotine gum use among middle-aged smokers with mild lung impairment in the first two years of the Lung Health Study. *Health Psychology, 13,* 354–361.

Niemcryk, S. J., Jenkins, S. D., Rose, R. M., & Hurst, M. W. (1987). The prospective impact of psychosocial variables on rates of illness and injury in professional employees. *Journal of Occupational Medicine, 29,* 645–652.

Niemi, M. L., Laaksonen, R., Kotila, M., & Waltimo, O. (1988). Quality of life 4 years after stroke. *Stroke, 19,* 1101–1107.

Nigg, C. R. (2001). Explaining adolescent exercise behavior change: A longitudinal application of the transtheoretical model. *Annals of Behavioral Medicine, 23,* 11–20.

Nivison, M. E., & Endresen, I. M. (1993). An analysis of relationships among environmental noise, annoyance and sensitivity to noise, and the consequences for health and sleep. *Journal of Behavioral Medicine, 16,* 257–271.

Nolan, R. P., Wilson, E., Shuster, M., Rowe, B. H., Stewart, D., & Zambon, S. (1999). Readiness to perform cardiopulmonary resuscitation: An emerging strategy against sudden cardiac death. *Psychosomatic Medicine, 61,* 546–551.

Nolen-Hoeksema, S., McBride, A., & Larson, J. (1997). Rumination and psychological distress among bereaved partners. *Journal of Personality and Social Psychology, 72,* 855–862.

Norman, P., Conner, M., & Bell, R. (1999). The theory of planned behavior and smoking cessation. *Health Psychology, 18,* 89–94.

Norris, F. H. (1990). Screening for traumatic stress: A scale for use in the general population. *Journal of Applied Social Psychology, 20,* 1704–1718.

Norris, F. H., & Murrell, S. A. (1984). Protective function of resources related to life events, global stress, and depression in older adults. *Journal of Health and Social Behavior, 25,* 424–437.

Nouwen, A., Gingras, J., Talbot, F., & Bouchard, S. (1997). The development of an empirical psychosocial taxonomy for patients with diabetes. *Health Psychology, 16,* 263–271.

Novotny, T. E., Romano, R. A., Davis, R. M., & Mills, S. L. (1992). The public health practice of tobacco control: Lessons learned and directions for the states in the 1990s. *Annual Review of Public Health, 13,* 287–318.

Nowack, K. M. (1989). Coping style, cognitive hardiness, and health status. *Journal of Behavioral Medicine, 12,* 145–158.

Nowack, R. (1992). Final ethics: Dutch discover euthanasia abuse. *Journal of NIH Research, 4,* 31–32.

Noyes, R., et al. (2000). Illness fears in the general population. *Psychosomatic Medicine, 62,* 318–325.

Nyamathi, A., Stein, J. A., & Brecht, M.-L. (1995). Psychosocial predictors of AIDS risk behavior and drug use behavior in homeless and drug addicted women of color. *Health Psychology, 14,* 265–273.

Nyklicek, I., Vingerhoets, A. J. J. M., Van Heck, G. L., & Van Limpt, M. C. A. M. (1998). Defensive coping in relation to casual blood pressure and self-reported daily hassles and life events. *Journal of Behavioral Medicine, 21,* 145–161.

Obesity: Definitions, facts, statistics. (2000). Retrieved June 6, 2001, from http://www.coloradohealthnet.org/obesity/obs_stats.html

O'Brien, A., Fries, E., & Bowen, D. (2000). The effect of accuracy of perceptions of dietary-fat intake on perceived risk and intentions to change. *Journal of Behavioral Medicine, 23,* 465–473.

O'Byrne, K. K., Peterson, L., & Saldana, L. (1997). Survey of pediatric hospitals' preparation programs: Evidence of the impact of health psychology research. *Health Psychology, 16,* 147–154.

Ockene, J. K. (1992). Are we pushing the limits of public health interventions for smoking cessation? *Health Psychology, 11,* 277–279.

Ockene, J. K., Emmons, K. M., Mermelstein, R. J., Perkins, K. A., Bonollo, D. S., Voorhees, C. C., & Hollis, J. F. (2000). Relapse and maintenance issues for smoking cessation. *Health Psychology, 19,* 17–31.

O'Connor, E. (2001, June). On the front lines. *APA Monitor,* pp. 30–37.

O'Day, J., & Scott, R. E. (1984). Safety belt use, ejection, and entrapment. *Health Education Quarterly, 11,* 141–146.

Offerman, L. R., & Gowing, M. K. (1990). Organizations of the future: Changes and challenges. *American Psychologist, 45,* 95–109.

Oken, D. (2000). Multiaxial diagnosis and the psychosomatic model of disease. *Psychosomatic Medicine, 62,* 171–175.

Oleck, J. (2001, April 23). Dieting: More fun with a buddy? *Business Week,* p. 16.

O'Leary, A., Goodhardt, F., Jemmott, L. S., & Boccher-Lattimore, D. (1992). Predictors of safer sex on the college campus: A social cognitive theory analysis. *Journal of American College Health, 40,* 254–263.

O'Leary, A., Shoor, S., Lorig, K., & Holman, H. R. (1988). A cognitive-behavioral treatment for rheumatoid arthritis. *Health Psychology, 7,* 527–544.

Oliver, G., Wardle, J., & Gibson, E.L. (2000). Stress and food choice: A laboratory study. *Psychosomatic Medicine, 62,* 853–865.

Orleans, C.T. (2000). Promoting the maintenance of health behavior change: Recommendations for the next generation of research and practice. *Health Psychology, 19,* 76–83.

Orleans, C. T., & Barnett, L. R. (1984). Bulimarexia: Guidelines for behavioral assessment and treatment. In R. C. Hawkins, W. J. Fremouw, & P. F. Clement (Eds.), *The binge-purge syndrome* (pp. 144–182). New York: Springer.

Orleans, C. T., Rimer, B. K., Cristinzio, S., Keintz, M. K., & Fleisher, L. (1991). A national survey of older smokers: Treatment needs of a growing population. *Health Psychology, 10,* 343–351.

Orr, S. P., Lasko, N. B., Shalev, A. Y., & Pitman, R. K. (1995). Physiologic responses to loud tones in Vietnam veterans with posttraumatic stress disorder. *Journal of Abnormal Psychology, 104,* 75–82.

Orts, K., Sheridan, J. F., Robinson-Whelen, S., Glaser, R., Malarkey, W. B., & Kiecolt-Glaser, J. K. (1995). The reliability and validity of a structured interview for the assessment of infectious illness symptoms. *Journal of Behavioral Medicine, 18,* 517–530.

Osman, A., Barrios, F., Gutierrez, P., Kopper, B., Merrifield, T., & Grittmann, L. (2000). The pain and catastrophizing scale: Further psychometric evaluation with adult samples. *Journal of Behavioral Medicine, 23,* 351–365.

Osteoarthritis: Causes, incidence, and risk factors. (2001). Retrieved June 13, 2001, from http://health.yahoo.com/health/diseases_and_conditions/disease_feed_data/osteoarthritis

Osterhaus, S., Lange, A., Linssen, W., & Passchier, J. (1997). A behavioral treatment of young migrainous and non-migrainous headache patients: Prediction of treatment success. *International Journal of Behavioral Medicine, 4,* 378–396.

Osterweis, M. (1985). Bereavement care: Special opportunities for hospice. In K. Gardner (Ed.), *Quality of care for the terminally ill: An examination of the issues* (pp. 131–135). Chicago: Joint Commission on Accreditation of Hospitals.

Owens, J. F., Matthews, K. A., Wing, R. R., & Kuller, L. H. (1990). Physical activity and cardiovascular risk: A cross-sectional study of middle-aged premenopausal women. *Preventive Medicine, 19,* 147–157.

Pacchetti, C., Mancini, F., Aglieri, R., Fundaro, C., Martignoni, E., & Nappi, G. (2000). Active music therapy in Parkinson's disease: An integrative method for motor and emotional rehabilitation. *Psychosomatic Medicine, 62,* 386–393.

Paffenbarger, R. S., Jr., Hyde, R. T., Wing, A. L., & Hsieh, C.-C. (1986). Physical activity, all-cause mortality, and longevity of college alumni. *New England Journal of Medicine, 314,* 605–613.

Paffenbarger, R. S., Jr., Hyde, R. T., Wing, A. L., & Steinmetz, C. H. (1984). A natural history of athleticism and cardiovascular health. *Journal of the American Medical Association, 222,* 491–495.

Pakenham, K. I. (1999). Adjustment to multiple sclerosis: Application of a stress and coping model. *Health Psychology, 18,* 383–392.

Palmer, C. E., & Noble, D. N. (1986). Premature death: Dilemmas of infant mortality. *Social Casework: The Journal of Contemporary Social Work, 67,* 332–339.

Paloutzian, R. F., & Kirkpatrick, L. A. (1995). Introduction: The scope of religious influences on personal and societal well-being. *Journal of Social Issues, 51,* 1–11.

Pardine, P., & Napoli, A. (1983). Physiological reactivity and recent life-stress experience. *Journal of Consulting and Clinical Psychology, 51,* 467–469.

Parker, J. C., Frank, R. G., Beck, N. C., Smarr, K. L., Buescher, K. L., Phillips, L. R., Smith, E. I., Anderson, S. K., & Walker, S. E. (1988). Pain management in rheumatoid arthritis patients: A cognitive-behavioral approach. *Arthritis and Rheumatism, 31,* 593–601.

Parker, P. A., & Kulik, J. A. (1995). Burnout, self- and supervisor-rated job performance, and absenteeism among nurses. *Journal of Behavioral Medicine, 18,* 581–600.

Parker, S. L., Tong, T., Bolden, S., & Wingo, P. A. (1996). Cancer statistics. *CA: A Cancer Journal for Clinicians, 46,* 5–28.

Parkes, C. M. P. (1977). *Evaluation of family care in terminal illness.* Alexander Ming Fisher lecture, Columbia University, New York, 1975. Cited in Saunders, C., Dying they live: St. Christopher's Hospice. In H. Feifel (Ed.), *New meanings of death.* New York: McGraw-Hill.

Parkinson's disease. (2001). Retrieved July 11, 2001, from http://health.yahoo.com/health/Diseases_and_Conditions/Disease_Feed_Data/Parkinson_s_disease/

Parsons, T. (1954). The professions and the social structure. In T. Parsons, (Ed.), *Essays in sociological theory* (pp. 34–49). New York: Free Press.

Pasch, L. A., & Dunkel-Schetter, C. (1997). Fertility problems: Complex issues faced by women and couples. In S. J. Gallant, G. P. Keita, & R. Royak-Schaler (Eds.), *Health care for women: Psychological, social, and behavioral influences* (pp. 187–202). Washington, DC: American Psychological Association.

Patterson, S. M., Marsland, A. L., Manuck, S. B., Kameneva, M., & Muldoon, M. F. (1998). Acute hemoconcentration during psychological stress: Assessment of hemorheologic factors. *International Journal of Behavioral Medicine, 5,* 204–212.

Patterson, T. L., Sallis, J. F., Nader, P. R., Rupp, J. W., McKenzie, T. L., Roppe, B., & Bartok, P. W. (1988). Direct observation of physical activity and dietary behaviors in a structured environment: Effects of a family-based health promotion program. *Journal of Behavioral Medicine, 11,* 447–458.

Pattison, E. M. (1967). The experience of dying. *American Journal of Psychotherapy, 21,* 32–43.

Pavalko, E. K., Elder, G. H., Jr., & Clipp, E. C. (1993). Work-lives and longevity: Insights from a life course perspective. *Journal of Health and Social Behavior, 34,* 363–380.

Pavalko, E. K., & Woodbury, S. (2000). Social roles as process: Caregiving careers and women's health. *Journal of Health and Social Behavior, 41,* 91–105.

Payne, E. D., & Krant, M. J. (1969). The psychosocial aspects of advanced cancer. *Journal of the American Medical Association, 210,* 1238–1242.

Pbert, L., Adams, A., Quirk, M., Hebert, J., Ockene, J., & Luippold, R. (1999). The patient exit interview as an assessment of physician-delivered smoking intervention: A validation study. *Health Psychology, 18,* 183–188.

Pearlin, L. I., & Schooler, C. (1978). The structure of coping. *Journal of Health and Social Behavior, 19,* 2–21.

Peay, M., & Peay, E. (1998). The evaluation of medical symptoms by patients and doctors. *Journal of Behavioral Medicine, 21,* 57–81

Peck, C. L., & King, N. J. (1982). Increasing patient compliance with prescriptions. *Journal of the American Medical Association, 248,* 2874–2877.

Peirce, R. S., Frone, M. R., Russell, M., & Cooper, M. L. (1994). Relationship of financial strain and psychosocial resources to alcohol use and abuse: The mediating role of negative affect and drinking motives. *Journal of Health and Social Behavior, 35,* 291–308.

Penick, S. B., Filion, R., Fox, S., & Stunkard, A. J. (1971). Behavior modification in the treatment of obesity. *Psychosomatic Medicine, 33,* 49–55.

Pennebaker, J. W. (1980). Perceptual and environmental determinants of coughing. *Basic and Applied Social Psychology, 1,* 83–91.

Pennebaker, J. W. (1983). Accuracy of symptom perception. In A. Baum, S. E. Taylor, & J. Singer (Eds.), *Handbook of psychology and health* (Vol. 4, pp. 189–218). Hillsdale, NJ: Erlbaum.

Pennebaker, J. W. (1997). Writing about emotional experiences as a therapeutic process. *Psychological Science, 8,* 162–166.

Pennebaker, J. W., & Beall, S. (1986). Confronting a traumatic event: Toward an understanding of inhibition and disease. *Journal of Abnormal Psychology, 95,* 274–281.

Pennebaker, J. W., Burnam, M. A., Schaeffer, M. A., & Harper, D. C. (1977). Lack of control as a determinant of perceived physical symptoms. *Journal of Personality and Social Psychology, 35,* 167–174.

Pennebaker, J. W., Colder, M., & Sharp, L. K. (1990). Accelerating the coping process. *Journal of Personality and Social Psychology, 58,* 528–537.

Pennebaker, J. W., Hughes, C., & O'Heeron, R. C. (1987). The psychophysiology of confession: Linking inhibitory and psychosomatic processes. *Journal of Personality and Social Psychology, 52,* 781–793.

Pennebaker, J. W., Kiecolt-Glaser, J., & Glaser, R. (1988). Disclosure of traumas and immune function: Health implications for psychotherapy. *Journal of Consulting and Clinical Psychology, 56,* 239–245.

Pennebaker, J. W., & O'Heeron, R. C. (1984). Confiding in others and illness rates among spouses of suicide and accidental death victims. *Journal of Abnormal Psychology, 93,* 473–476.

Penninx, B. W. J. H., van Tilburg, T., Boeke, A. J. P., Deeg, D. J. H., Kriegsman, D. M. W., & van Eijk, J. T. M. (1998). Effects of social support and personal coping resources on depressive symptoms: Different for various chronic diseases? *Health Psychology, 17,* 551–558.

Perkins, K. A. (1985). The synergistic effect of smoking and serum cholesterol on coronary heart disease. *Health Psychology, 4,* 337–360.

Perkins, K. A., Dubbert, P. M., Martin, J. E., Faulstich, M. E., & Harris, J. K. (1986). Cardiovascular reactivity to psychological stress in aerobically trained versus untrained mild hypertensives and normotensives. *Health Psychology, 5,* 407–421.

Perkins, K. A., Levine, M., Marcus, M. D., & Shiffman, S. (1997). Addressing women's concerns about weight gain due to smoking cessation. *Journal of Substance Abuse Treatment, 14,* 1–10.

Perkins, K. A., Rohay, J., Meilahn, E. N., Wing, R. R., Matthews, K. A., & Kuller, L. H. (1993). Diet, alcohol, and physical activity as a function of smoking status in middle-aged women. *Health Psychology, 12,* 410–415.

Perlis, M., Aloia, M., Millikan, A., Boehmler, J., Smith, M., Greenblatt, D., & Giles, D. (2000). Behavioral treatment of insomnia: A clinical case series study. *Journal of Behavioral Medicine, 23,* 149–161.

Perna, F. M., & McDowell, S. L. (1995). Role of psychological stress in cortisol recovery from exhaustive exercise among elite athletes. *International Journal of Behavioral Medicine, 2,* 13–26.

Persky, V. W., Kempthorne-Rawson, J., & Shekelle, R. B. (1987). Personality and risk of cancer: 20-year follow-up of the Western Electric Study. *Psychosomatic Medicine, 49,* 435–449.

Pervin, L. A. (1968). Performance and satisfaction as a function of individual-environment fit. *Psychological Bulletin, 69,* 56–68.

Perz, C. A., DiClemente, C. C., & Carbonari, J. P. (1996). Doing the right thing at the right time? The interaction of stages and processes of change in successful smoking cessation. *Health Psychology, 15,* 462–468.

Peters, M., Godaert, G., Ballieux, R., Brosschot, J., Sweep, F., Swinkels, L., van Vliet, M., & Heijnen, C. (1999). Immune responses to experimental stress: Effects of mental effort and uncontrollability. *Psychosomatic Medicine, 61,* 513–524.

Peterson, C., Seligman, M. E. P., & Vaillant, G. E. (1988). Pessimistic explanatory style is a risk factor for physical illness: A thirty-five-year longitudinal study. *Journal of Personality and Social Psychology, 55,* 23–27.

Peterson, L., Crowson, J., Saldana, L., & Holdridge, S. (1999). Of needles and skinned knees: Children's coping with medical procedures and minor injuries for self and other. *Health Psychology, 18,* 197–200.

Peterson, L., Farmer, J., & Kashani, J. H. (1990). Parental injury prevention endeavors: A function of health beliefs? *Health Psychology, 9,* 177–191.

Peterson, L., & Shigetomi, C. (1981). The use of coping techniques to minimize anxiety in hospitalized children. *Behavior Therapy, 12,* 1–14.

Peterson, L., & Soldana, L. (1996). Accelerating children's risk for injury: Mothers' decisions regarding common safety rules. *Journal of Behavioral Medicine, 19,* 317–332.

Peterson, L., & Toler, S. M. (1986). An information seeking disposition in child surgery patients. *Health Psychology, 5,* 343–358.

Petrie, K. J., Booth, R. J., Pennebaker, J. W., Davison, K. P., & Thomas, M. G. (1995). Disclosure of trauma and immune response to a hepatitis B vaccination program. *Journal of Consulting and Clinical Psychology, 63,* 787–792.

Petrie, K. J., & Weinman, J. A. (Eds.). (1997). *Perceptions of health and illness: Current research and applications.* Reading, England: Harwood Academic.

Pettingale, K., Greer, S., & Tee, D. (1977). Serum IgA and emotional expression in breast cancer patients. *Journal of Psychosomatic Research, 21,* 395–399.

Peyrot, M., McMurry, J. F., Jr., & Kruger, D. F. (1999). A biopsychosocial model of glycemic control in diabetes:

Stress, coping and regimen adherence. *Journal of Health and Social Behavior, 40,* 141–158.

Pfeifer, J. E., & Brigham, J. C. (Eds.). (1996). Psychological perspectives on euthanasia. *Journal of Social Issues, 52* (entire issue).

Philips, H. C. (1983). Assessment of chronic headache behavior. In R. Meizack (Ed.), *Pain measurement and assessment* (pp. 97–104). New York: Raven Press.

Phipps, S., & Srivastava, D. (1997). Repressive adaptation in children with cancer. *Health Psychology, 16,* 521–528.

Pickering, T. G., Devereux, R. B., James, G. D., Gerin, W., Landsbergis, P., Schnall, P. L., & Schwartz, J. E. (1996). Environmental influences on blood pressure and the role of job strain. *Journal of Hypertension, 14* (Suppl.), S179–S185.

Pickering, T. G., Schwartz, J. E., & James, G. D. (1995). Ambulatory blood pressure monitoring for evaluating the relationships between lifestyle, hypertension, and cardiovascular risk. *Clinical and Experimental Pharmacology and Physiology, 22,* 226–231.

Pickett, M. (1993). Cultural awareness in the context of terminal illness. *Cancer Nursing, 16,* 102–106.

Pierce, J. P., Choi, W. S., Gilpin, E. A., Farkas, A. J., & Merritt, R. K. (1996). Validation of susceptibility as a predictor of which adolescents take up smoking in the United States. *Health Psychology, 15,* 355–361.

Pike, J., Smith, T., Hauger, R., Nicassio, P., Patterson, T., McClintock, J., Costlow, C., & Irwin, M. (1997). Chronic life stress alters sympathetic, neuroendocrine, and immune responsivity to an acute psychological stressor in humans. *Psychosomatic Medicine, 59,* 447–457.

Pike, K. M., & Rodin, J. (1991). Mothers, daughters, and disordered eating. *Journal of Abnormal Psychology, 100,* 1–7.

Pillow, D. R., Zautra, A. J., & Sandler, I. (1996). Major life events and minor stressors: Identifying mediational links in the stress process. *Journal of Personality and Social Psychology, 70,* 381–394.

Pinkerton, S. D., & Abramson, P. R. (1993). Evaluating the risks: A Bernoulli process model of HIV infection and risk reduction. *Evaluation Review, 17,* 504–528.

Pitman, D. L., Ottenweller, J. E., & Natelson, B. H. (1988). Plasma corticosterone levels during repeated presentation of two intensities of restraint stress: Chronic stress and habituation. *Physiology and Behavior, 43,* 47–55.

Plante, T. G., & Rodin, J. (1990). Physical fitness and enhanced psychological health. *Current Psychology: Research and Reviews, 9,* 3–24.

Plehn, K., Peterson, R., & Williams, D. (1998). Anxiety sensitivity: Its relationship to functional status in patients with chronic pain. *Journal of Occupational Rehabilitation, 8,* 213–222.

Plomin, R. (1998). Using DNA in health psychology. *Health Psychology, 17,* 53–55.

Plomin, R., Scheier, M. F., Bergeman, S. C., Pedersen, N. L., Nesselroade, J. R., & McClearn, G. E. (1992). Optimism, pessimism, and mental health: A twin/adoption study. *Personality and Individual Differences, 13,* 921–930.

Plumb, J. D., & Ogle, K. S. (1992). Hospice care. *Primary Care: Clinics in Office Practice, 19,* 807–820.

Polivy, J., & Herman, C. P. (1985). Dieting and binging: A causal analysis. *American Psychologist, 40,* 193–201.

Poloma, M. (1988, October). *Gallup religious state of the American people survey.* Roundtable discussion conducted at a meeting of the Society for the Scientific Study of Religion, Chicago.

Pomerleau, O. F., & Pomerleau, C. S. (1984). Neuroregulators and the reinforcement of smoking: Towards a biobehavioral explanation. *Neuroscience and Biobehavioral Reviews, 8,* 503–513.

Pomerleau, O. F., & Pomerleau, C. S. (1989). A biobehavioral perspective on smoking. In T. Ney & A. Gale (Eds.), *Smoking and human behavior* (pp. 69–93). New York: Wiley.

Popkin, M. K., Callies, A. L., Lentz, R. D., Colon, E. A., & Sutherland, D. E. (1988). Prevalence of major depression, simple phobia, and other psychiatric disorders in patients with long-standing Type I diabetes mellitus. *Archives of General Psychiatry, 45,* 64–68.

Porter, L., Gil, K., Sedway, J., Ready, J., Workman, E., & Thompson, R., Jr. (1998). Pain and stress in sickle cell disease: An analysis of daily pain records. *International Journal of Behavioral Medicine, 5,* 185–203.

Power, M., Bullinger, M., Harper, A., & The World Health Organization Quality of Life Group. (1999). The World Health Organization WHOQOL-100: Tests of the universality of quality of life in 15 different cultural groups worldwide. *Health Psychology, 18,* 495–505.

Pratt, L. A., Ford, D. E., Crum, R. M., Armenian, H. K., Gallo, J. J., & Eaton, W. W. (1996). Depression, psychotropic medication, and risk of myocardial infarction: Prospective data from the Baltimore ECA follow-up. *Circulation, 15,* 3123–3129.

Prentice, D. A., & Miller, D. T. (1993). Pluralistic ignorance and alcohol use on campus: Some consequences of misperceiving the social norm. *Journal of Personality and Social Psychology, 64,* 243–256.

Pressman, E., & Orr, W. C. (Eds.). (1997). *Understanding sleep: The evolution and treatment of sleep disorders.* Washington, DC: American Psychological Association.

Presti, D. E., Ary, D. V., & Lichtenstein, E. (1992). The context of smoking initiation and maintenance: Findings from interviews with youths. *Journal of Substance Abuse, 4,* 35–45.

Preston, J., et al. (1998, December). The impact of a physician intervention program on older women's mammography use. *Evaluation and the Health Professions, 21,* 502–513.

Price, D. (2000, June 9). Psychological and neural mechanisms of the affective dimension of pain. *Science, 288,* 1769–1771.

Primeau, F. (1988). Post-stroke depression: A critical review of the literature. *Canadian Journal of Psychiatry, 33,* 757–765.

Prochaska, J. O. (1994). Strong and weak principles for progressing from precontemplation to action on the basis of 12 problem behaviors. *Health Psychology, 13,* 47–51.

Prochaska, J. O., & DiClemente, C. C. (1984a). Self change processes, self-efficacy, and decisional balance across five stages of smoking cessation. In A. R. Liss (Ed.), *Advances in cancer control: Epidemiology and research.* New York: Liss.

Prochaska, J. O., & DiClemente, C. C. (1984b). *The transtheoretical approach: Crossing traditional boundaries of therapy.* Chicago: Dow Jones/Irwin.

Prochaska, J. O., DiClemente, C. C., & Norcross, J. C. (1992). In search of how people change: Applications to addictive behaviors. *American Psychologist, 47,* 1102–1114.

Prochaska, J. O., Velicer, W. F., Rossi, J. S., Goldstein, M. G., Marcus, B. H., Rakowski, W., Fiore, C., Harlow, L. L., Redding, C. A., Rosenbloom, D., & Rossi, S. R. (1994). Stages of change and decisional balance for 12 problem behaviors. *Health Psychology, 13,* 39–46.

Prottas, J. M. (1993). Altruism, motivation, and allocation: Giving and using human organs. *Journal of Social Issues, 49,* 137–150.

Pruessner, J. C., Hellhammer, D. H., & Kirschbaum, C. (1999). Burnout, perceived stress, and cortisol responses to awakening. *Psychosomatic Medicine, 61,* 197–204.

Pryor, D. B., Harrell, F. E., Lee, K. L., Califf, R. M., & Rosati, R. A. (1983). Estimating the likelihood of significant coronary artery disease. *American Journal of Medicine, 75,* 771–780.

Putt, A. M. (1970). One experiment in nursing adults with peptic ulcers. *Nursing Research, 19,* 484–494.

Quick, J. C. (1999). Occupational health psychology: Historical roots and future directions. *Health Psychology, 18,* 82–88.

Quinlan, K. B., & McCaul, K. D. (2000). Matched and mismatched interventions with young adult smokers: Testing a stage theory. *Health Psychology, 19,* 165–171.

Quittner, A. L., Espelage, D. L., Opipari, L. C., Carter, B., Eid, N., & Eigen, H. (1998). Role strain in couples with and without a child with a chronic illness: Associations with marital satisfaction, intimacy, and daily mood. *Health Psychology, 17,* 112–124.

Rabkin, J. G., Ferrando, S. J., Lin, S., Sewell, M., & McElhiney, M. (2000). Psychological effects of HAART: A 2-year study. *Psychosomatic Medicine, 62,* 413–422.

Rachman, S. J., & Phillips, C. (1978). *Psychology and medicine.* Baltimore, MD: Penguin.

Radcliffe-Brown, A. R. (1964). *The Andaman Islanders.* New York: Free Press.

Radecki, C. M., & Jaccard, J. (1997). Psychological aspects of organ donation: A critical review and synthesis of individual and next-of-kin donation decisions. *Health Psychology, 16,* 183–195.

Raeburn, P., & DeGeorge, G. (1997, September 15). You bet I mind: A report shows new risks from secondhand smoke. *Business Week,* p. 91.

Raether, H. C., & Slater, R. C. (1977). Immediate postdeath activities in the United States. In H. Feifel (Ed.), *New meanings of death* (pp. 233–250). New York: McGraw-Hill.

Rahe, R. H., Mahan, J. L., & Arthur, R. J. (1970). Prediction of near-future health change from subjects' preceding life changes. *Journal of Psychosomatic Research, 14,* 401–406.

Raikkonen, K., Matthews, K. A., Flory, J. D., & Owens, J. F. (1999). Effects of hostility on ambulatory blood pressure and mood during daily living in healthy adults. *Health Psychology, 18,* 44–53.

Rains, J. C., Penzien, D. B., & Jamison, R. N. (1992). A structured approach to the management of chronic pain. In L. VandeCreek, S. Knapp, & T. L. Jackson (Eds.), *Innovations in clinical practice: A source book* (Vol. 11, pp. 521–539). Sarasota, FL: Professional Resource Press.

Rakoff, V. (1983). Multiple determinants of family dynamics in anorexia nervosa. In P. L. Darby, P. E. Garfinkel, D. M. Garner, & D. V. Coscina (Eds.), *Anorexia nervosa: Recent developments in research* (pp. 29–40). New York: Liss.

Rakowski, W., Fulton, J. P., & Feldman, J. P. (1993). Women's decision making about mammography: A replication of the relationship between stages of adoption and decisional balance. *Health Psychology, 12,* 209–214.

Ramos, J. C. (1996, Fall). Doc in a box. *Time,* pp. 55–57.

RAND Health Services Program. (1992). *36-item health survey.* Santa Monica, CA: RAND.

Raphael, K. G., Cloitre, M., & Dohrenwend, B. P. (1991). Problems of recall and misclassification with checklist methods of measuring stressful life events. *Health Psychology, 10,* 62–74.

Rapoff, M. A., & Christophersen, E. R. (1982). Improving compliance in pediatric practice. *Pediatric Clinics of North America, 29,* 339–357.

Raven, B. H., Freeman, H. E., & Haley, R. W. (1982). Social science perspectives in hospital infection control. In A. W. Johnson, O. Grusky, & B. Raven (Eds.), *Contemporary health services: Social science perspectives* (pp. 139–176). Boston, MA: Auburn House.

Reaby, L. L., & Hort, L. K. (1995). Postmastectomy attitudes in women who wear external breast prostheses compared to those who have undergone breast reconstruction. *Journal of Behavioral Medicine, 18,* 55–68.

Reader, G. C., Pratt, L., & Mudd, M. C. (1957). What patients expect from their doctors. *Modern Hospital, 89,* 88–94.

Reaney, P. (1998, November 19). Chinese tobacco deaths to soar to 3 million. Reuters News Service, www.reuters.com

Rebuffe-Scrive, M., Walsh, U. A., McEwen, B., & Rodin, J. (1992). Effect of chronic stress and exogenous glucocorticoids on regional fat distribution and metabolism. *Physiology and Behavior, 52,* 583–590.

Redd, W. H., Jacobsen, P. B., Die-Trill, M., Dematis, H., McEvoy, M., & Holland, J. C. (1987). Cognitive/attentional distraction in the control of conditioned nausea in pediatric cancer patients receiving chemotherapy. *Journal of Consulting and Clinical Psychology, 3,* 391–395.

Redman, S., Webb, G. R., Hennrikus, D. J., Gordon, J. J., & Sanson-Fisher, R. W. (1991). The effects of gender on diagnosis of psychological disturbance. *Journal of Behavioral Medicine, 14,* 527–540.

Redmond, W. H. (1999). Trends in adolescent cigarette use: The diffusion of daily smoking. *Journal of Behavioral Medicine, 22,* 379–395.

Redwine, L., Jenkins, F., & Baum, A. (1996). Relation between beta-adrenergic receptor density and lymphocyte proliferation associated with acute stress. *International Journal of Behavioral Medicine, 3,* 337–353.

Reed, G. M. (1989). *Stress, coping, and psychological adaptation in a sample of gay and bisexual men with AIDS.* Unpublished doctoral dissertation, University of California, Los Angeles.

Reed, G. M., Kemeny, M.E., Taylor, S. E., & Visscher, B. R. (1999). Negative HIV-specific expectancies and AIDS-related bereavement as predictors of symptom onset in asymptomatic HIV-positive gay men. *Health Psychology, 18,* 354–363.

Reed, G. M., Kemeny, M. E., Taylor, S. E., Wang, H.-Y. J., & Visscher, B. R. (1994). Realistic acceptance as a predictor of decreased survival time in gay men with AIDS. *Health Psychology, 13,* 299–307.

Reeves, R. S., Foreyt, J. P., Scott, L. W., Mitchell, R. E., Wohlleb, M. S., & Gotto, A. M. (1983). Effects of a low-cholesterol eating plan on plasma lipids: Results of a three-year community study. *American Journal of Public Health, 73,* 873–877.

Reid, G., Chambers, C., McGrath, P., & Finley, G. A. (1997). Coping with pain and surgery: Children's and parents' perspectives. *International Journal of Behavioral Medicine, 4,* 339–363.

Reif, J. S., Dunn, K., Ogilvie, G. K., & Harris, C. K. (1992). Passive smoking and canine lung cancer risk. *American Journal of Epidemiology, 135,* 234–239.

Reis, H. T. (1984). Social interaction and well-being. In S. Duck (Ed.), *Personal relationships, V: Repairing personal relationships* (pp. 21–45). San Diego, CA: Academic Press.

Rejeski, W. J., Thompson, A., Brubaker, P. H., & Miller, H. S. (1992). Acute exercise: Buffering psychosocial stress responses in women. *Health Psychology, 11,* 355–362.

Remennick, L., & Shtarkshall, R. (1997). Technology versus responsibility: Immigrant physicians from the former Soviet Union on Israeli health care. *Journal of Health and Social Behavior, 38,* 191–202.

Renneker, R. (1981). Cancer and psychotherapy. In J. G. Goldberg (Ed.), *Psychotherapeutic treatment of cancer patients* (pp. 131–166). New York: Free Press.

Renneker, R., & Cutler, M. (1952). Psychological problems of adjustment to cancer of the breast. *Journal of the American Medical Association, 148,* 833–838.

Repetti, R. L. (1989). Effects of daily workload on subsequent behavior during marital interactions: The role of social withdrawal and spouse support. *Journal of Personality and Social Psychology, 57,* 651–659.

Repetti, R. L. (1993a). The effects of workload and the social environment at work on health. In L. Goldberger & S. Bresnitz (Eds.), *Handbook of stress* (pp. 368–385). New York: Free Press.

Repetti, R. L. (1993b). Short-term effects of occupational stressors on daily mood and health complaints. *Health Psychology, 12,* 125–131.

Repetti, R. L., Matthews, K. A., & Waldron, I. (1989). Employment and women's health. *American Psychologist, 44,* 1394–1401.

Repetti, R. L.. & Pollina, S. L. (1994). *The effects of daily social and academic failure experiences on school-age children's subsequent interactions with parents.* Unpublished manuscript, University of California, Los Angeles.

Repetti, R. L., Taylor, S. E., & Seeman, T. E. (in press). Risky families: Family social environments and the mental and physical health of offspring. *Psychological Bulletin.*

Revicki, D. A., & May, H. J. (1985). Occupational stress, social support, and depression. *Health Psychology, 4,* 61–77.

Reynolds, D. V. (1969). Surgery in the rat during electrical analgesia induced by focal brain stimulation. *Science, 164,* 444–445.

Reynolds, J. R. (1997). The effects of industrial employment conditions on job-related distress. *Journal of Health and Social Behavior, 38,* 105–116.

Reynolds, P., & Kaplan, G. (1986, March). *Social connections and cancer: A prospective study of Alameda County residents.* Paper presented at the annual meeting of the Society of Behavioral Medicine, San Francisco, CA.

Rheumatoid arthritis: Causes, incidence, and risk factors. Retrieved June 13, 2001, from http://health.yahoo.com/health/diseases_and_conditions/disease_feed_data/rheumatoid_arthritis

Rhoades, R. A., & Tanner, G. A. (1995). *Medical physiology.* Boston: Little, Brown.

Rhodewalt, F., & Zone, J. B. (1989). Appraisal of life change, depression, and illness in hardy and nonhardy women. *Journal of Personality and Social Psychology, 56,* 81–88.

Rhymes, J. A. (1991). Home hospice care. *Clinics in Geriatric Medicine, 7,* 803–816.

Richards, J. C., Hof, A., & Alvarenga, M. (2000). Serum lipids and their relationships with hostility and angry affect and behaviors in men. *Health Psychology, 19,* 393–398.

Richardson, J. L., Marks, G., Johnson, C. A., Graham, J. W., Chan, K. K., Selser, J. N., Kishbaugh, C., Barranday, Y., & Levine, A. M. (1987). Path model of multidimensional compliance with cancer therapy. *Health Psychology, 6,* 183–207.

Richardson, S. A., Goodman, N., Hastorf, A. H., & Dornbusch, S. M. (1961). Cultural uniformity in reaction to physical disabilities. *American Sociological Review, 26,* 241–247.

Riese, H., Houtman, I. L. D., Van Doornen, L. J. P., & De Geus, E. J. C. (2000). Job strain and risk indicators for cardiovascular disease in young female nurses. *Health Psychology, 19,* 429–440.

Rietschlin, J. (1998). Voluntary association membership and psychological distress. *Journal of Health and Social Behavior, 39,* 348–355.

Rietveld, S., & Brosschot, J. F. (1999). Current perspectives on symptom perception in asthma: A biomedical and psychological review. *International Journal of Behavioral Medicine, 6,* 120–134.

Rigotti, N. A., Thomas, G. S., & Leaf, A. (1983). Exercise and coronary heart disease. *Annual Review of Medicine, 34,* 391–412.

Riley, M. W., Matarazzo, J. D., & Baum, A. (Eds.). (1987). *Perspectives in behavioral medicine: The aging dimension.* Hillsdale, NJ: Erlbaum.

Ringler, K. E. (1981). *Processes of coping with cancer chemotherapy.* Unpublished doctoral dissertation, University of Wisconsin, Madison.

Rini, C., Dunkel-Schetter, C., Wadhwa, P., & Sandman, C. (1999). Psychological adaptation and birth outcomes: The role of personal resources, stress, and sociocultural context in pregnancy. *Health Psychology, 18,* 333–345.

Rippetoe, P. A., & Rogers, R. W. (1987). Effects of components of protection-motivation theory on adaptive and maladaptive coping with a health threat. *Journal of Personality and Social Psychology, 52,* 596–604.

Ritz, T., & Steptoe, A. (2000). Emotion and pulmonary function in asthma: Reactivity in the field and relationship with laboratory induction of emotion. *Psychosomatic Medicine, 62,* 808–815.

Roan, S. (1993, April 6). Medicine turning its attention to women and heart disease. *Los Angeles Times.*

Robbins, C. A., & Martin, S. S. (1993). Gender, styles of deviance, and drinking problems. *Journal of Health and Social Behavior, 34,* 302–321.

Robbins, M. A., Elias, M. F., Croog, S. H., & Colton, T. (1994). Unmedicated blood pressure levels and quality of life in elderly hypertensive women. *Psychosomatic Medicine, 56,* 251–259.

Roberts, A. H. (1987). Biofeedback and chronic pain: An update. *Journal of Pain and Symptom Management, 2,* 169–171.

Roberts, A. H., Kewman, D. G., Mercier, L., & Hovell, M. (1993). The power of nonspecific effects in healing: Implications for psychosocial and biological treatments. *Clinical Psychology Review, 13,* 375–391.

Roberts, M. C., & Turner, D. S. (1984). Preventing death and injury in childhood: A synthesis of child safety seat efforts. *Health Education Quarterly, 11,* 181–193.

Roberts, W. C., Wurtele, S. K., Boone, R. R., Ginther, L. H., & Elkins, P. D. (1981). Reduction of medical fears by use of modeling: A preventive application in a general population of children. *Journal of Pediatric Psychology, 6,* 293–300.

Robertson, E. K., & Suinn, R. M. (1968). The determination of rate of progress of stroke patients through empathy measures of patient and family. *Journal of Psychosomatic Research, 12,* 189–191.

Robertson, L. S. (1975). Factors associated with safety-belt use in 1974 starter-interlock equipped cars. *Journal of Health and Social Behavior, 16,* 173–177.

Robins, L. N. (1990). Steps toward evaluating post-traumatic stress reaction as a psychiatric disorder. *Journal of Applied Social Psychology, 20,* 1674–1677.

Robinson, D. (1979). *Talking out of alcoholism: The self-help process of Alcoholics Anonymous.* London, England: Croom, Helm.

Robinson, R. G. (1986). Post-stroke mood disorder. *Hospital Practice, 21,* 83–89.

Robinson, R. G., & Benson, D. F. (1981). Depression in aphasia patients: Frequency, severity, and clinical-pathological correlations. *Brain and Language, 14,* 282–291.

Robinson, R. G., & Price, T. R. (1982). Poststroke depressive disorders: A follow-up study of 103 patients. *Stroke, 13,* 635–640.

Robinson, R. R. (Ed.). (1974). *Proceedings of the Frances E. Camp International Symposium on Sudden and Unexpected Deaths in Infancy.* Toronto: Canadian Foundation for the Study of Infant Deaths.

Robinson, T. N. (1999). Reducing children's television viewing to prevent obesity. *Journal of the American Medical Association, 282,* 1561–1567.

Rodin, G., & Voshart, K. (1986). Depression in the medically ill: An overview. *American Journal of Psychiatry, 143,* 696–705.

Rodin, J. (1990). Comparative effects of fructose, aspartame, glucose, and water preloads on calorie and macronutrient intake. *American Journal of Clinical Nutrition, 51,* 428–435.

Rodin, J. (1991). Effects of pure sugar versus mixed starch fructose loads on food intake. *Appetite, 17,* 213–219.

Rodin, J., Elias, M., Silberstein, L. R., & Wagner, A. (1988). Combined behavioral and pharmacologic treatment for obesity: Predictors of successful weight maintenance. *Journal of Consulting and Clinical Psychology, 56,* 399–404.

Rodin, J., & Ickovics, J. R. (1990). Women's health: Review and research agenda as we approach the 21st century. *American Psychologist, 45,* 1018–1034.

Rodin, J., & McAvay, G. (1992). Determinants of change in perceived health in a longitudinal study of older adults. *Journal of Gerontology, 47,* P373–P384.

Rodin, J., & Plante, T. (1989). The psychological effects of exercise. In R. S. Williams & A. Wellece (Eds.), *Biological effects of physical activity* (pp. 127–137). Champaign, IL: Human Kinetics.

Rodin, J., Radke-Sharpe, N., Rebuffe-Scrive, M., & Greenwood, M. R. C. (1990). Weight cycling and fat distribution. *International Journal of Obesity, 14,* 303–310.

Rodin, J., Schank, D., & Striegel-Moore, R. (1989). Psychological features of obesity. *Medical Clinics of North America, 73,* 247–346.

Rogentine, G. N., Van Kammen, D., Fox, B., Docherty, J., Rosenblatt, J., Boyd, S., & Bunney, W. (1979). Psychological factors in the prognosis of malignant melanoma: A prospective study. *Psychosomatic Medicine, 41,* 647–655.

Rogers, W. (1984). Changing health-related attitudes and behavior: The role of preventive health psychology. In I. H. Harvey, E. Maddux, R. P. McGlynn, & C. D. Stoltenberg (Eds.), *Social perception in clinical and counseling psychology* (Vol. 2, pp. 91–112). Lubbock: Texas Tech University Press.

Roitt, I., Brostoff, J., & Male, D. (1998). *Immunology* (5th ed.). London, England: Mosby International Limited.

Rokke, P. D., & Al Absi, M. (1992). Matching pain coping strategies to the individual: A prospective validation of the cognitive coping strategy inventory. *Journal of Behavioral Medicine, 15,* 611–626.

Ronis, D. L. (1992). Conditional health threats: Health beliefs, decisions, and behaviors among adults. *Health Psychology, 11,* 127–134.

Rook, K. S. (1984). The negative side of social interaction: Impact on psychological well-being. *Journal of Personality and Social Psychology, 46,* 1097–1108.

Rosal, M. C., Ockene, J. K., Yunsheng, M., Hebert, J. R., Ockene, I. S., Merriam, P., & Hurley, T. G. (1998). Coronary artery smoking intervention study (CASIS): 5-year follow-up. *Health Psychology, 17,* 476–478.

Rose, J. S., Chassin, L., Presson, C. C., & Sherman, S. J. (1996). Prospective predictors of quit attempts and smoking cessation in young adults. *Health Psychology, 15,* 261–268.

Rose, K. J., Derry, P. A., & McLachlan, R. S. (1995). Patient expectations and postoperative depression, anxiety, and psychosocial adjustment after temporal lobectomy: A prospective study. *International Journal of Behavioral Medicine, 2,* 27–40.

Rose, L. A., DeVellis, B. M., Howard, G., & Mutran, E. (1996). Prescribing of schedule II pain medications in ambulatory medical care settings. *Annals of Behavioral Medicine, 18,* 165–171.

Rosen, J. C., & Gross, J. (1987). Prevalence of weight reducing and weight gaining in adolescent girls and boys. *Health Psychology, 6,* 131–147.

Rosen, R. C., & Kostis, J. B. (1985). Biobehavioral sequellae associated with adrenergic-inhibiting antihypertensive agents: A critical review. *Health Psychology, 4,* 579–604.

Rosenblatt, R.A. (2001, May 5). Gains found in numbers, health of the elderly. *Los Angeles Times,* pp. A1, A6.

Rosenfield, S. (1992). The costs of sharing: Wives' employment and husbands' mental health. *Journal of Health and Social Behavior, 33,* 213–225.

Rosenman, R. H. (1978). The interview method of assessment of the coronary-prone behavior pattern. In T. Dembroski, S. Weiss, J. Shields, S. Haynes, & M. Feinleib (Eds.), *Coronary-prone behavior.* New York: Springer.

Rosenstock, I. M. (1966). Why people use health services. *Milbank Memorial Fund Quarterly, 44,* 94ff.

Rosenstock, I. M., & Kirscht, J. (1979). Why people use health services. In A. Stone, F. Cohen, & N. E. Adler (Eds.), *Health psychology* (pp. 189–206). San Francisco: Jossey-Bass.

Rosenthal, E. (1992, December 29). Chronic pain fells many yet lacks clear cause. *New York Times.*

Rosenthal, E. (1993, October 13). Does fragmented medicine harm the health of women? *New York Times.*

Roskies, E. (1980). Considerations in developing a treatment program for the coronary-prone (Type A) behavior pattern. In P. O. Davidson & S. M. Davidson (Eds.), *Behavioral medicine: Changing health lifestyles* (pp. 38–69). New York: Brunner/Mazel.

Roskies, E., Spevack, M., Surkis, A., Cohen, C., & Gilman, S. (1978). Changing the coronary-prone (Type A) behavior pattern in a nonclinical population. *Journal of Behavioral Medicine, 1,* 201–216.

Ross, C. E. (1994). Overweight and depression. *Journal of Health and Social Behavior, 35,* 63–78.

Ross, C. E., & Bird, C. E. (1994). Sex stratification and health lifestyle: Consequences for men's and women's perceived health. *Journal of Health and Social Behavior, 35,* 161–178.

Ross, C. E., & Duff, R. S. (1982). Returning to the doctor: The effect of client characteristics, type of practice, and experiences with care. *Journal of Health and Social Behavior, 23,* 119–131.

Ross, C. E., & Mirowsky, J. (1988). Child care and emotional adjustment to wives' employment. *Journal of Health and Social Behavior, 29,* 127–138.

Ross, C. E., Mirowsky, J., & Duff, R. S. (1982). Physician status characteristics and client satisfaction in two types of medical practice. *Journal of Health and Social Behavior, 23,* 317–329.

Ross, J. W. (1985). Hospice care for children: Psychosocial considerations. In K. Gardner (Ed.), *Quality of care for the terminally ill: An examination of the issues* (pp. 124–130). Chicago: Joint Commission on Accreditation of Hospitals.

Rossy, L. A., Buckelew, S. P., Dorr, N., Hagglund, K. J., Thayer, J. F., McIntosh, M. J., Hewett, J. E., & Johnson, J. C. (1999). A meta-analysis of fibromyalgia treatment interventions. *Annals of Behavioral Medicine, 21,* 180–191.

Roter, D. L., & Ewart, C. K. (1992). Emotional inhibition in essential hypertension: Obstacle to communication during medical visits? *Health Psychology, 11,* 163–169.

Roter, D. L., Hall, J. A., Merisca, R., Nordstrom, B., Cretin, D., & Svarstad, B. (1998). Effectiveness of interventions to improve patient compliance. *Medical Care, 36,* 1138–1161.

Roth, H. P. (1987). Measurement of compliance. *Patient Education and Counseling, 10,* 107–116.

Roth, J. (1977). Some contingencies of the moral evaluation and control of clientele: The case of the hospital emergency service. *American Journal of Sociology, 1972,* 836–839.

Rotheram-Borus, M. J., Murphy, D. A., Reid, H. M., & Coleman, C. L. (1996). Correlates of emotional distress among HIV+ youths: Health status, stress, and personal resources. *Annals of Behavioral Medicine, 18,* 16–23.

Rothman, A. J. (2000). Toward a theory-based analysis of behavioral maintenance. *Health Psychology, 19,* 64–69.

Rothman, A. J., & Salovey, P. (1997). Shaping perceptions to motivate healthy behavior: The role of message framing. *Psychological Bulletin, 121,* 3–19.

Rowe, M. M. (1999). Teaching health-care providers coping: Results of a two-year study. *Journal of Behavioral Medicine, 22,* 511–527.

Rubenstein, E., & Federman, D. D. (Eds.). (1983). *Medicine.* New York: Scientific American.

Ruble, D. N. (1972). Premenstrual symptoms: A reinterpretation. *Science, 197,* 291–292.

Ruchlin, H. (1997, July). Prevalence and correlates of breast and cervical cancer screening among older women. *Obstetrics and Gynecology, 90,* 16–21.

Rundall, T. G., & Wheeler, J. R. C. (1979). The effect of income on use of preventive care: An evaluation of alternative explanations. *Journal of Health and Social Behavior, 20,* 397–406.

Rushing, B., Ritter, C., & Burton, R. P. D. (1992). Race differences in the effects of multiple roles on health: Longitudinal evidence from a national sample of older men. *Journal of Health and Social Behavior, 33,* 126–139.

Russek, L. G., & Schwartz, G. E. (1997). Feelings of parental caring can predict health status in midlife: A 35-year follow-up of the Harvard Mastery of Stress study. *Journal of Behavioral Medicine, 20,* 1–13.

Russek, L. G., Schwartz, G. E., Bell, I. R., & Baldwin, C. M. (1998). Positive perceptions of parental caring are associated with reduced psychiatric and somatic symptoms. *Psychosomatic Medicine, 60,* 654–657.

Rutledge, T., Linden, W., & Paul, D. (2000). Cardiovascular recovery from acute laboratory stress: Reliability and concurrent validity. *Psychosomatic Medicine, 62,* 648–654.

Rutman, D., & Parke, B. (1992). Palliative care needs of residents, families, and staff in long-term care facilities. *Journal of Palliative Care, 8,* 23–29.

Ryan, J., Zwerling, C., & Orav, E. J. (1992). Occupational risks associated with cigarette smoking: A prospective study. *American Journal of Public Health, 82,* 29–32.

Ryff, C. D., & Singer, B. (1996). Psychological well-being: Meaning, measurement, and implications for psychotherapy research. *Psychotherapy and Psychosomatics, 65,* 14–23.

Ryff, C. D., & Singer, B. (1998). The contours of positive human health. *Psychological Inquiry, 9,* 1–28.

Ryff, C. D., & Singer, B. (2000). Interpersonal flourishing: A positive health agenda for the new millennium. *Personality and Social Psychology Review, 4,* 30–44.

Saab, P. G., Llabre, M. M., Schneiderman, N., Hurwitz, B. E., McDonald, P. G., Evans, J., Wohlgemuth, W., Hayashi, P., & Klein, B. (1997). Influence of ethnicity and gender on cardiovascular responses to active coping and inhibitory-passive coping challenges. *Psychosomatic Medicine, 59,* 434–446.

Sabol, S. Z., Nelson, M. L, Fisher, C., Gunzerath, L., Brody, C. L., Hu, S., Sirota, L. A., Marcus, S. E., Greenberg, B. D., Lucas, F. R., IV, Benjamin, J., Murphy, D. L., & Hamer, D. H. (1999). A genetic association for cigarette smoking behavior. *Health Psychology, 18,* 7–13.

Sadava, S. W., & Pak, A. W. (1994). Problem drinking and close relationships during the third decade of life. *Psychology of Addictive Behaviors, 8,* 251–258.

Safer, M. A., Tharps, Q. J., Jackson, T. C., & Leventhal, H. (1979). Determinants of three stages of delay in seeking care at a medical care clinic. *Medical Care, 17,* 11–29.

Sallis, J. F., Dimsdale, J. E., & Caine, C. (1988). Blood pressure reactivity in children. *Journal of Psychosomatic Research, 32,* 1–12.

Sallis, J. F., Nader, P. R., Broyles, S. L., Berry, C. C., Elder, J. P., McKenzie, R. L., & Nelson, J. A. (1993). Correlates of physical activity at home in Mexican-American and Anglo-American preschool children. *Health Psychology, 12*, 390–398.

Sallis, J. F., Patterson, T. L., Buono, M. J., Atkins, C. J., & Nader, P. R. (1988). Aggregation of physical activity habits in Mexican-American and Anglo families. *Journal of Behavioral Medicine, 11*, 31–42.

Sallis, J. F., Prochaska, J. J., Taylor, W. C., Hill, J. O., & Geraci, J. C. (1999). Correlates of physical activity in a national sample of girls and boys in grades 4 through 12. *Health Psychology, 18*, 410–415.

Salmon, P., Pearce, S., Smith, C. C. T., Heys, A., Manyande, A., Peters, N., & Rashid, J. (1988). The relationship of preoperative distress to endocrine and subjective responses to surgery: Support for Janis' theory. *Journal of Behavioral Medicine, 11*, 599–614.

Salovey, P., O'Leary, A., Stretton, M. S., Fishkin, S. A., & Drake, C. A. (1991). Influence of mood on judgments about health and illness. In J. P. Firgas (Ed.), *Emotion. and social judgments* (pp. 241–262). New York: Pergamon Press.

Samora, J., Saunders, L., & Larson, R. F. (1961). Medical vocabulary knowledge among hospital patients. *Journal of Health and Social Behavior, 2*, 83–89.

Sanderson, C. A. (1999). Role of relationship context in influencing college students' responsiveness to HIV prevention videos. *Health Psychology, 18*, 295–300.

Sarason, B. R., Sarason, I. G., & Gurung, R. A. R. (1997). Close personal relationships and health outcomes: A key to the role of social support. In S. Duck (Ed.), *Handbook of personal relationships* (pp. 547–573). New York: Wiley.

Sarason, I. G., Johnson, J. H., & Siegel, J. M. (1978). Assessing the impact of life changes: Development of the Life Experiences Survey. *Journal of Consulting and Clinical Psychology, 46*, 932–946.

Sarason, I. G., Sarason, B. R., Pierce, G. R., Shearin, E. N., & Sayers, M. H. (1991). A social learning approach to increasing blood donations. *Journal of Applied Social Psychology, 21*, 896–918.

Sarlio-Lahteenkorva, S., Stunkard, A., & Rissanen, A. (1995). Psychosocial factors and quality of life in obesity. *International Journal of Obesity, 19*, S1–S5.

Saunders, C. (1977). Dying they live: St. Christopher's Hospice. In H. Feifel (Ed.), *New meanings of death* (pp. 153–180). New York: McGraw-Hill.

Sausen, K. P., Lovallo, W. R., Pincomb, G. A., & Wilson, M. F. (1992). Cardiovascular responses to occupational stress in male medical students: A paradigm for ambulatory monitoring studies. *Health Psychology, 11*, 55–60.

Sauter, S. L., Murphy, L. R., & Hurrell, J. J., Jr. (1990). Prevention of work-related psychological disorders: A national strategy proposed by the National Institute for Occupational Safety and Health (NIOSH). *American Psychologist, 45*, 1146–1158.

Savard, J., Miller, S. M., Mills, M., O'Leary, A., Harding, H., Douglas, S. D., Mangan, C. E., Belch, R., & Winokur, A. (1999). Association between subjective sleep quality and depression on immunocompetence in low-income women at risk for cervical cancer. *Psychosomatic Medicine, 61*, 496–507.

Scarr, S., Phillips, D., & McCartney, K. (1989). Working mothers and their families. *American Psychologist, 44*, 1402–1409.

Schachter, S. (1982). Recidivism and self-cure of smoking and obesity. *American Psychologist, 37*, 436–444.

Schaefer, J. A., & Moos, R. H. (1992). Life crises and personal growth. In B. N. Carpenter (Ed.), *Personal coping, theory, research, and application* (pp. 149–170). Westport, CT: Praeger.

Schaeffer, J. J. W., Gil, K. M., Burchinal, M., Kramer, K. D., Nash, K. B., Orringer, E., & Strayhorn, D. (1999). Depression, disease severity, and sickle cell disease. *Journal of Behavioral Medicine, 22*, 115–126.

Schaeffer, M. A., McKinnon, W., Baum, A., Reynolds, C. P., Rikli, P., Davidson, L. M., & Fleming, I. (1985). Immune status as a function of chronic stress at Three Mile Island. *Psychosomatic Medicine, 47*, (abstract), 85.

Schag, C. A. C., & Heinrich, R. L. (1986). The impact of cancer on daily living: A comparison with cardiac patients and healthy controls. *Rehabilitation Psychology, 31*, 157–167.

Schag, C. A. C., Heinrich, R. L., Aadland, R. L., & Ganz, P. A. (1990). Assessing problems of cancer patients: Psychometric properties of the cancer inventory of problem situations. *Health Psychology, 9*, 83–102.

Schaie, K. W., Blazer, D., & House, J. S. (Eds.). (1992). *Aging, health behaviors, and health outcomes*. Hillsdale, NJ: Erlbaum.

Scheier, M. F., & Bridges, M. W. (1995). Person variables and health: Personality predispositions and acute psychological states as shared determinants for disease. *Psychosomatic Medicine, 57*, 255–268.

Scheier, M. F., & Carver, C. S. (1985). Optimism, coping, and health: Assessment and implications of generalized outcome expectancies. *Health Psychology, 4*, 219–247.

Scheier, M. F., Carver, C. S., & Bridges, M. W. (1994). Distinguishing optimism from neuroticism (and trait anxiety, self-mastery, and self-esteem): A reevaluation of the Life Orientation Test. *Journal of Personality and Social Psychology, 67*, 1063–1078.

Scheier, M. F., Matthews, K. A., Owens, J., Magovern, G. J., Sr., Lefebvre, R. C., Abbott, R. A., & Carver, C. S. (1989). Dispositional optimism and recovery from coronary artery bypass surgery: The beneficial effects on physical and psychological well-being. *Journal of Personality and Social Psychology, 57*, 1024–1040.

Scheier, M. F., Weintraub, J. K., & Carver, C. S. (1986). Coping with stress: Divergent strategies of optimists and pessimists. *Journal of Personality and Social Psychology, 51,* 1257–1264.

Scheufele, P. M. (2000). Effects of progressive relaxation and classical music on measurements of attention, relaxation, and stress responses. *Journal of Behavioral Medicine, 23,* 207–228.

Schiaffino, K. M., & Revenson, T. A. (1992). The role of perceived self-efficacy, perceived control, and causal attributions in adaptation to rheumatoid arthritis: Distinguishing mediator from moderator effects. *Personality and Social Psychology Bulletin, 18,* 709–718.

Schieken, R. M. (1988). Preventive cardiology: An overview. *Journal of the American College of Cardiology, 12,* 1090–1091.

Schleifer, S. J., Scott, B., Stein, M., & Keller, S. E. (1986). Behavioral and developmental aspects of immunity. *Journal of the American Academy of Child Psychiatry, 26,* 751–763.

Schmaling, K. B., Smith, W. R., & Buchwald, D. S. (2000). Significant other responses are associated with fatigue and functional status among patients with chronic fatigue syndrome. *Psychosomatic Medicine, 62,* 444–450.

Schmelkin, L. P., Wachtel, A. B., Schneiderman, B. E., & Hecht, D. (1988). The dimensional structure of medical students' perceptions of diseases. *Journal of Behavioral Medicine, 11,* 171–184.

Schnall, P. L., Schwartz, J. E., Landsbergis, P. A., Warren, K., & Pickering, T. G. (1998). A longitudinal study of job strain and ambulatory blood pressure: Results from a three-year follow-up. *Psychosomatic Medicine, 60,* 697–706.

Schneider, J. A., O'Leary, A., & Agras, W. S. (1987). The role of perceived self-efficacy in recovery from bulimia: A preliminary examination. *Behavioral Research and Therapy, 25,* 429–432.

Schneider, M. S., Friend, R., Whitaker, P., & Wadhwa, N. K. (1991). Fluid noncompliance and symptomatology in end-stage renal disease: Cognitive and emotional variables. *Health Psychology, 10,* 209–215.

Schneider, R. H., Sanford, I. N., Salerno, J. W., Sharma, H. M., Robinson, C. E., Nidich, R. J., & Alexander, C. N. (1998). Lower lipid peroxide levels in practitioners of the Transcendental Meditation® program. *Psychosomatic Medicine, 60,* 38–41.

Schneiderman, L. J., Kronick, R., Kaplan, R. M., Anderson, J. P., & Langer, R. D. (1992). Effects of offering advance directives on medical treatments and costs. *Annals of Internal Medicine, 117,* 599–606.

Schneiderman, N. (1999). Behavioral medicine and the management of HIV/AIDS. *International Journal of Behavioral Medicine, 6,* 3–12.

Schroeder, D. H., & Costa, P. T., Jr. (1984). Influence of life event stress on physical illness: Substantive effects or methodological flaws? *Journal of Personality and Social Psychology, 46,* 853–863.

Schultheis, K., Peterson, L., & Selby, V. (1987). Preparation for stressful medical procedures and person × treatment interactions. *Clinical Psychology Review, 7,* 329–352.

Schulz, R. (1978). *The psychology of death, dying, and bereavement.* Reading, MA: Addison-Wesley.

Schulz, R., & Aderman, D. (1974). Clinical research and the stages of dying. *Omega, 5,* 137–143.

Schulz, R., & Beach, S.R. (1999). Caregiving as a risk factor for mortality: The caregiver health effects study. *Journal of the American Medical Association, 282,* 2215–2219.

Schulz, R., Bookwala, J., Knapp, J. E., Scheier, M., & Williamson, G. (1996). Pessimism, age, and cancer mortality. *Psychology and Aging, 11,* 304–309.

Schulz, R., & Decker, S. (1985). Long-term adjustment to physical disability: The role of social support, perceived control, and self-blame. *Journal of Personality and Social Psychology, 48,* 1162–1172.

Schultz, R., O'Brien, A. T., Bookwala, J., & Fleissner, K. (1995). Psychiatric and physical morbidity effects of dementia caregiving: Prevalence, correlates, and causes. *The Gerontologist, 35,* 771–791.

Schumaker, S. A., & Grunberg, N. E. (Eds.). (1986). Proceedings of the National Working Conference on Smoking Relapse. *Health Psychology, 5* (Suppl.), 1–99.

Schuster, T. L., Kessler, R. C., & Aseltine, R. H., Jr. (1990). Supportive interactions, negative interactions, and depressed mood. *American Journal of Community Psychology, 18,* 423–438.

Schwab, J. J., & Hameling, J. (1968). Body image and medical illness. *Psychosomatic Medicine, 30,* 51–71.

Schwartländer, B., Garnett, G., Walker, N., & Anderson, R. (2000, July 7). AIDS in a new millennium. *Science, 289,* 64–67.

Schwartz, C. E. (1999). Teaching coping skills enhances quality of life more than peer support: Results of a randomized trial with multiple sclerosis patients. *Health Psychology, 18,* 211–220.

Schwartz, C. E., Kaplan, R. M., Anderson, J. P., Holbrook, T., & Genderson, M. W. (1999). Covariation of physical and mental symptoms across illnesses: Results of a factor analytic study. *The Society of Behavioral Medicine, 21,* 122–127.

Schwartz, G. E. (1982). Testing the biopsychosocial model: The ultimate challenge facing behavioral medicine? *Journal of Consulting and Clinical Psychology, 50,* 1040–1053.

Schwartz, J. E., Neale, J., Marco, C., Shiffman, S. S., & Stone, A. A. (1999). Does trait coping exist? A momentary assessment approach to the evaluation of traits. *Journal of Personality and Social Psychology, 77,* 360–369.

Schwartz, L. S., Springer, J., Flaherty, J. A., & Kiani, R. (1986). The role of recent life events and social support in the control of diabetes mellitus. *General Hospital Psychiatry, 8,* 212–216.

Schwartz, M. B., & Brownell, K. D. (1995). Matching individuals to weight loss treatments: A survey of obesity experts. *Journal of Consulting and Clinical Psychology, 63,* 149–153.

Schwartz, M. D., Lerman, C., Miller, S. M., Daly, M., & Masny, A. (1995). Coping disposition, perceived risk, and psychological distress among women at increased risk for ovarian cancer. *Health Psychology, 14,* 232–235.

Schwartz, M. D., Taylor, K. L, Willard, K. S., Siegel, J. E., Lamdan, R. M., & Moran, K. (1999). Distress, personality, and mammography utilization among women with a family history of breast cancer. *Health Psychology, 18,* 327–332.

Schwartz, M. W., Woods, S. C., Porte, D., Jr., Seeley, R. J., & Baskin, D. G. (2000, April 6). Central nervous system control of food intake. *Nature, 404,* 661–671.

Schwarzer, R., & Leppin, A. (1991). Social support and health: A theoretical and empirical overview. *Journal of Social and Personal Relationships, 8,* 99–127.

Schwarzer, R., & Renner, B. (2000). Social-cognitive predictors of health behavior: Action self-efficacy and coping self-efficacy. *Health Psychology, 19,* 487–495.

Schwarzer, R., & Weiner, B. (1991). Stigma controllability and coping as predictors of emotions and social support. *Journal of Social and Personal Relationships, 8,* 133–140.

Scott, D. W. (1983). Anxiety, critical thinking, and information processing during and after breast biopsy. *Nursing Research, 32,* 24–28.

Scrimshaw, S. M., Engle, P. L., & Zambrana, R. E. (1983, August). *Prenatal anxiety and birth outcome in U.S. Latinas: Implications for psychosocial interventions.* Paper presented at the annual meeting of the American Psychological Association, Anaheim, CA.

Seelman, K. D. (1993). Assistive technology policy: A road to independence for individuals with disabilities. *Journal of Social Issues, 49,* 115–136.

Seeman, M., Seeman, A. Z., & Budros, A. (1988). Powerlessness, work, and community: A longitudinal study of alienation and alcohol use. *Journal of Health and Social Behavior, 29,* 185–198.

Seeman, T. E., Berkman, L. F., Blazer, D., & Rowe, J. W. (1994). Social ties and support and neuroendocrine function: The MacArthur studies on successful aging. *Annals of Behavioral Medicine, 16,* 95–106.

Seeman, T. E., Berkman, L. F., Gulanski, B. I., Robbins, R. J., Greenspan, S. L., Charpentier, P. A., & Rowe, J. W. (1995). Self-esteem and neuroendocrine response to challenge: MacArthur studies of successful aging. *Journal of Psychosomatic Research, 39,* 69–84.

Seeman, T. E., & McEwen, B. (1996). Impact of social environment characteristics on neuroendocrine regulation. *Psychosomatic Medicine, 58,* 459–471.

Seeman, T. E., Singer, B., Horwitz, R., & McEwen, B. S. (1997). The price of adaptation—Allostatic load and its health consequences: MacArthur studies of successful aging. *Archives of Internal Medicine, 157,* 2259–2268.

Segerstrom, S. C., Taylor, S. E., Kemeny, M. E., & Fahey, J. L. (1998). Optimism is associated with mood, coping, and immune change in response to stress. *Journal of Personality and Social Psychology, 74,* 1646–1655.

Segerstrom, S. C., Taylor, S. E., Kemeny, M. E., Reed, G. M., & Visscher, B. R. (1996). Causal attributions predict rate of immune decline in HIV-seropositive gay men. *Health Psychology, 15,* 485–493.

Self, C. A., & Rogers, R. W. (1990). Coping with threats to health: Effects of persuasive appeals on depressed, normal, and antisocial personalities. *Journal of Behavioral Medicine, 13,* 343–358.

Selye, H. (1956). *The stress of life.* New York: McGraw-Hill.

Selye, H. (1974). *Stress without distress.* Philadelphia: Lippincott.

Selye, H. (1976). *Stress in health and disease.* Woburn, MA: Butterworth.

Semenchuk, E. M., & Larkin, K. T. (1993). Behavioral and cardiovascular responses to interpersonal challenges among male offspring of essential hypertensives. *Health Psychology, 12,* 416–419.

Senecal, C., Nouwen, A., & White, D. (2000). Motivation and dietary self-care in adults with diabetes: Are self-efficacy and autonomous self-regulation complementary or competing constructs? *Health Psychology, 19,* 452–457.

Seneff, M. G., Wagner, D. P., Wagner, R. P., Zimmerman, J. E., & Knaus, W. A. (1995). Hospital and 1-year survival of patients admitted to intensive care units with acute exacerbation of chronic obstructive pulmonary disease. *Journal of the American Medical Association, 274,* 1852–1857.

Sexton, M., Bross, D., Hebel, J. H., Schumann, B. C., Gerace, T. A., Lasser, N., & Wright, H. (1987). Risk-factor changes in wives with husbands at high risk of coronary heart disease (CHD): The spin-off effect. *Journal of Behavioral Medicine, 10,* 251–262.

Sexton, M. M. (1979). Behavioral epidemiology. In O. F. Pomerleau & J. P. Brady (Eds.), *Behavioral medicine: Theory and practice* (pp. 3–22). Baltimore, MD: Williams & Wilkins.

Seybold, K. S., & Hill, P. C. (2001). The role of religion and spirituality in mental and physical health. *Current Directions in Psychological Science, 10,* 21–24.

Shadel, W. G., & Mermelstein, R. J. (1993). Cigarette smoking under stress: The role of coping expectancies among smokers in a clinic-based smoking cessation program. *Health Psychology, 12,* 443–450.

Shadel, W. G., & Mermelstein, R. J. (1996). Individual differences in self-concept among smokers attempting to quit: Validation and predictive utility of measures of the smoker self-concept and abstainer self-concept. *Annals of Behavioral Medicine, 18*, 151–156.

Shaffer, W. J., Duszynski, K. R., & Thomas, C. B. (1982). Family attitudes in youth as a possible precursor of cancer among physicians: A search for explanatory mechanisms. *Journal of Behavioral Medicine, 15*, 143–164.

Shaham, Y., Singer, J. E., & Schaeffer, M. H. (1992). Stability/instability of cognitive strategies across tasks determine whether stress will affect judgmental processes. *Journal of Applied Social Psychology, 22*, 691–713.

Shalev, A. Y., Bonne, M., & Eth, S. (1996). Treatment of posttraumatic stress disorder: A review. *Psychosomatic Medicine, 58*, 165–182.

Shapiro, A. K. (1960). A contribution to a history of the placebo effect. *Behavioral Science, 5*, 109–135.

Shapiro, A. K. (1964). Factors contributing to the placebo effect: Their implications for psychotherapy. *American Journal of Psychotherapy, 18*, 73–88.

Shapiro, A. P., Schwartz, G. E., Ferguson, D. C. E., Redmond, D. P., & Weiss, S. M. (1977). Behavioral methods in the treatment of hypertension: A review of their clinical status. *Annals of Internal Medicine, 86*, 626–636.

Shapiro, D., & Goldstein, I. B. (1982). Biobehavioral perspectives on hypertension. *Journal of Consulting and Clinical Psychology, 50*, 841–858.

Shapiro, D., Hui, K. K., Oakley, M. E., Pasic, J., & Jamner, L. D. (1997). Reduction in drug requirements for hypertension by means of a cognitive-behavioral intervention. *American Journal of Hypertension, 10*, 9–17.

Shapiro, D. E., Boggs, S. R., Melamed, B. G., & Graham-Pole, J. (1992). The effect of varied physician affect on recall, anxiety, and perceptions in women at risk for breast cancer: An analogue study. *Health Psychology, 11*, 61–66.

Shapiro, S., Venet, W., Strax, P., Venet, L., & Roeser, R. (1985). Selection, follow-up, and analysis in the Health Insurance Plan Study: A randomized trial with breast cancer screening. *National Cancer Institute Monographs, 67*, 65–74.

Sharpe, M., et al. (1994). Why do doctors find some patients difficult to help? *Quarterly Journal of Medicine, 87*, 187–193.

Sharpe, T. R., Smith, M. C., & Barbre, A. R. (1985). Medicine use among the rural elderly. *Journal of Health and Social Behavior, 26*, 113–127.

Shattuck, F. C. (1907). The science and art of medicine in some of their aspects. *Boston Medical and Surgical Journal, 157*, 63–67.

Sheahan, S. L., Coons, S. J., Robbins, C. A., Martin, S. S., Hendricks, J., & Latimer, M. (1995). Psychoactive medication, alcohol use, and falls among older adults. *Journal of Behavioral Medicine, 18*, 127–140.

Sheeran, P., Conner, M., & Norman, P. (2001). Can the theory of planned behavior explain patterns of health behavior change? *Health Psychology, 20*, 12–19.

Sheffield, D., Biles, P., Orom, H., Maixner, W., & Sheps, D. (2000). Race and sex differences in cutaneous pain perception. *Psychosomatic Medicine, 62*, 517–523.

Shelton, J. L., & Levy, R. L. (1981). *Behavioral assignments and treatment compliance: A handbook of clinical strategies.* Champaign, IL: Research Press.

Shepperd, S. L., Solomon, L. H., Atkins, E., Foster, R. S., Jr., & Frankowski, B. (1990). Determinants of breast self-examination among women of lower income and lower education. *Journal of Behavioral Medicine, 13*, 359–372.

Sherbourne, C. D., Hays, R. D., Ordway, L., DiMatteo, M. R., & Kravitz, R. L. (1992). Antecedents of adherence to medical recommendations: Results from the medical outcomes study. *Journal of Behavioral Medicine, 15*, 447–468.

Sheridan, E. P. (1999). Psychology's future in medical schools and academic health care centers. *American Psychologist, 54*, 267–271.

Sheridan, E. P., Perry, N. W., Johnson, S. B., Clayman, D., Ulmer, R., Prohaska, T., Peterson, R. A., Gentry, D. W., & Beckman, L. (1989). Research and practice in health psychology. *Health Psychology, 8*, 777–779.

Sherman, B. F., Bonanno, G. A., Wiener, L. S., & Battles, H. B. (2000). When children tell their friends they have AIDS: Possible consequences for psychological well-being and disease progression. *Psychosomatic Medicine, 62*, 238–247.

Sherman, J. J., Cordova, M. J., Wilson, J. F., & McCubbin, J. A. (1996). The effects of age, gender, and family history on blood pressure of normotensive college students. *Journal of Behavioral Medicine, 19*, 563–576.

Sherwood, A., Hinderliter, A. L., & Light, K. C. (1995). Physiological determinants of hyperreactivity to stress in borderline hypertension. *Hypertension, 25*, 384–390.

Sherwood, A., & Turner, J. R. (1995). Hemodynamic responses during psychological stress: Implications for studying disease processes. *International Journal of Behavioral Medicine, 2*, 193–218.

Shewchuk, R. M., Richards, J. S., & Elliott, T. R. (1998). Dynamic processes in health outcomes among caregivers of patients with spinal cord injuries. *Health Psychology, 17*, 125–129.

Shiffman, S., Balabanis, M. H., Paty, J. A., Engberg, J., Gwaltney, C. J., Liu, K. S., Gnys, M., Hickcox, M., & Paton, S. M. (2000). Dynamic effects of self-efficacy on smoking lapse and relapse. *Health Psychology, 19*, 315–323.

Shiffman, S., Fischer, L. A., Paty, J. A., Gnys, M., Hickcox, M., & Kassel, J. D. (1994). Drinking and smoking: A field study of their association. *Annals of Behavioral Medicine, 16*, 203–209.

Shiffman, S., Hickcox, M., Paty, J. A., Gnys, M., Kassel, J. D., & Richards, T. J. (1996). Progression from a smoking lapse to relapse: Prediction from abstinence violation effects, nicotine dependence, and lapse characteristics. *Journal of Consulting and Clinical Psychology, 64*, 993–1002.

Shiffman, S., Kassel, J. D., Paty, J., Gnys, M., & Zettler-Segal, M. (1994). Smoking typology profiles of clippers and regular smokers. *Journal of Substance Abuse, 6*, 21–35.

Shifren, K. (1996). Individual differences in the perception of optimism and disease severity: A study among individuals with Parkinson's disease. *Journal of Behavioral Medicine, 19*, 241–272.

Shifren, K., Park, D. C., Bennett, J. M., & Morrell, R. W. (1999). Do cognitive processes predict mental health in individuals with rheumatoid arthritis? *Journal of Behavioral Medicine, 22*, 529–547.

Shih, F., Lai, M., Lin, M., Lin, H., Tsao, C., Chou, L., & Chu, S. (2001). Impact of cadaveric organ donation on Taiwanese donor families during the first 6 months after donation. *Psychosomatic Medicine, 63*, 69–78.

Shilts, R. (1987). *And the band played on: Politics, people, and the AIDS epidemic.* New York: St. Martin's Press.

Shinn, M., Rosario, M., Morch, H., & Chestnut, D. E. (1984). Coping with job stress and burnout in the human services. *Journal of Personality and Social Psychology, 46*, 864–876.

Shumaker, S. A., & Hill, D. R. (1991). Gender differences in social support and physical health. *Health Psychology, 10*, 102–111.

Shumaker, S. A., & Pequegnat, W. (1989). Hospital design, health providers, and the delivery of effective health care. In E. H. Zube & G. T. Moore (Eds.), *Advances in environment, behavior, and design* (Vol. 2, pp. 161–199). New York: Plenum Press.

Sicotte, C., Pineault, R., Tilquin, C., & Contandriopoulos, A.-P. (1996). The diluting effect of medical work groups on feedback efficiency in changing physician's practice. *Journal of Behavioral Medicine, 19*, 367–384.

Sidney, S., Friedman, G. D., & Siegelaub, A. B. (1987). Thinness and mortality. *American Journal of Public Health, 77*, 317–322.

Sieber, W. J., Rodin, J., Larson, L., Ortega, S., Cummings, N., Levy, S., Whiteside, T., & Herberman, R. (1992). Modulation of human natural killer cell activity by exposure to uncontrollable stress. *Brain, Behavior, and Immunity, 6*, 1–16.

Siegel, D., Grady, D., Browner, W. S., & Hulley, S. B. (1988). Risk factor modification after myocardial infarction. *Annals of Internal Medicine, 109*, 213–218.

Siegel, J. M. (1993). Companion animals: In sickness and in health. *Journal of Social Issues, 49*, 157–167.

Siegel, K., Karus, D., & Raveis, V. H. (1997). Correlates of change in depressive symptomatology among gay men with AIDS. *Health Psychology, 16*, 230–238.

Siegel, K., Mesagno, F. P., Chen, J. Y., & Christ, G. (1987, June). *Factors distinguishing homosexual males practicing safe and risky sex.* Paper presented at the Third International Conference on AIDS, Washington, DC.

Siegler, I. C., Peterson, B. L., Barefoot, J. C., & Williams, R. B. (1992). Hostility during late adolescence predicts coronary risk factors at mid-life. *American Journal of Epidemiology, 136*, 146–154.

Siegman, A. W., Dembroski, T. M., & Crump, D. (1992). Speech rate, loudness, and cardiovascular reactivity. *Journal of Behavioral Medicine, 15*, 519–532.

Siegman, A. W., & Snow, S. C. (1997). The outward expression of anger, the inward experience of anger, and CVR: The role of vocal expression. *Journal of Behavioral Medicine, 20*, 29–46.

Siegman, A. W., Townsend, S. T., Civelek, A. C., & Blumenthal, R. S. (2000). Antagonistic behavior, dominance, hostility, and coronary heart disease. *Psychosomatic Medicine, 62*, 248–257.

Siegrist, J., Peter, R., Runge, A., Cremer, P., & Seidel, D. (1990). Low status control, high effort at work, and ischemic heart disease: Prospective evidence from blue-collar men. *Social Science and Medicine, 31*, 1127–1134.

Silberstein, L. R., Striegel-Moore, R. H., & Rodin, J. (1987). Feeling fat: A woman's shame. In H. B. Lewis (Ed.), *The role of shame in symptom formation.* Hillsdale, NJ: Erlbaum.

Silver, E. J., Bauman, L. J., & Ireys, H. T. (1995). Relationships of self-esteem and efficacy to psychological distress in mothers of children with chronic physical illnesses. *Health Psychology, 14*, 333–340.

Silver, R. L., Boon, C., & Stones, M. (1983). Searching for meaning in misfortune: Making sense of incest. *Journal of Social Issues, 39*, 81–102.

Silver, R. L., & Wortman, C. B. (1980). Coping with undesirable life events. In J. Garber & M. E. P. Seligman (Eds.), *Human helplessness: Theory and applications.* New York: Academic Press.

Silverstein, M., & Bengtson, V. L. (1991). Do close parent-child relations reduce the mortality risk of older parents? *Journal of Health and Social Behavior, 32*, 382–395.

Simkin, L. R., & Gross, A. M. (1994). Assessment of coping with high-risk situations for exercise relapse among healthy women. *Health Psychology, 13*, 274–277.

Simkin-Silverman, L., Wing, R. R., Hansen, D. H., Klem, M. L., Pasagian-Macaulay, A., Meilahn, E. N., & Kuller, L. H. (1995). Prevention of cardiovascular risk factor elevations in healthy premenopausal women. *Preventive Medicine, 24*, 509–571.

Simon, G., Gater, R., Kisely, S., & Piccinelli, M. (1996). Somatic symptoms of distress: An international primary care study. *Psychosomatic Medicine, 58*, 481–488.

Simon, R. W. (1992). Parental role strains, salience of parental identity and gender differences in psychological distress. *Journal of Health and Social Behavior, 33,* 25–35.

Simon, R. W. (1998). Assessing sex differences in vulnerability among employed parents: The importance of marital status. *Journal of Health and Social Behavior, 39,* 38–54.

Simons, M. (2000, November 29). Dutch becoming first nation to legalize assisted suicide. *New York Times,* p. A3.

Simonton, O. C., & Simonton, S. (1975). Belief systems and management of the emotional aspects of malignancy. *Journal of Transpersonal Psychology, 7,* 29–48.

Singer, B. H. (Ed.). (2000). *Future directions for behavioral and social sciences research at the National Institutes of Health.* Washington, DC: National Academy of Sciences Press.

Singer, J. E., Lundberg, U., & Frankenhaeuser, M. (1978). Stress on the train: A study of urban commuting. In A. Baum, J. E. Singer, & S. Valins (Eds.), *Advances in environmental psychology* (Vol. 1). Hillsdale, NJ: Erlbaum.

Sinyor, D., Amato, P., Kaloupek, D. G., Becker, R., Goldenberg, M., & Coopersmith, H. (1986). Post-stroke depression: Relationships to functional impairment, coping strategies, and rehabilitation outcomes. *Stroke, 17,* 1102–1107.

Skelton, M., & Dominian, J. (1973). Psychological stress in wives of patients with myocardial infarction. *British Medical Journal, 2,* 101.

Sklar, L. S., & Anisman, H. (1981). Stress and cancer. *Psychological Bulletin, 89,* 369–406.

Slater, C., & Carlton, B. (1985). Behavior, lifestyle, and socioeconomic variables as determinants of health status: Implications for health policy development. *American Journal of Preventive Medicine, 1,* 25–33.

Slaven, L., & Lee, C. (1997). Mood and symptom reporting among middle-aged women: The relationship between menopausal status, hormone replacement therapy, and exercise participation. *Health Psychology, 16,* 203–208.

Sleek, S. (1998). How will genetic testing affect us emotionally? *APA Monitor, 29,* 35.

Sleet, D. A. (1984). Reducing motor vehicle trauma through health promotion programming. *Health Education Quarterly, 11,* 113–125.

Sloan, R. P., Shapiro, P. A., Bagiella, E., Myers, M. M., & Gorman, J. M. (1999). Cardiac autonomic control buffers blood pressure variability responses to challenge: A psychophysiologic model of coronary artery disease. *Psychosomatic Medicine, 61,* 58–68.

Smalec, J. L., & Klingle, R. S. (2000). Bulimia interventions via interpersonal influence: The role of threat and efficacy in persuading bulimics to seek help. *Journal of Behavioral Medicine, 23,* 37–57.

Smith, C. A., & Wallston, K. A. (1992). Adaptation in patients with chronic rheumatoid arthritis: Application of a general model. *Health Psychology, 11,* 151–162.

Smith, C. A., Wallston, K. A., & Dwyer, K. A. (1995). On babies and bathwater: Disease impact and negative affec-

tivity in the self-reports of persons with rheumatoid arthritis. *Health Psychology, 14,* 64–73.

Smith, G. E., Gerrard, M., & Gibbons, F. X. (1997). Self-esteem and the relation between risk behavior and perceptions of vulnerability to unplanned pregnancy in college women. *Health Psychology, 16,* 137–146.

Smith, L. (1997, September 29). Coming to a health plan near you: Yoga and belladonna. *Fortune,* pp. 169–170.

Smith, L., Adler, N., & Tschann, J. (1999). Underreporting sensitive behaviors: The case of young women's willingness to report abortion. *Health Psychology, 18,* 37–43.

Smith, M. T., Perlis, M. L., Smith, M. S., Giles, D. E., & Carmody, T. P. (2000). Sleep quality and presleep arousal in chronic pain. *Journal of Behavioral Medicine, 23,* 1–13.

Smith, T. W., Christensen, A. J., Peck, J. R., & Ward, J. R. (1994). Cognitive distortion, helplessness, and depressed mood in rheumatoid arthritis: A four-year longitudinal analysis. *Health Psychology, 13,* 313–317.

Smith, T. W., & Gallo, L. C. (1999). Hostility and cardiovascular reactivity during marital interaction. *Psychosomatic Medicine, 61,* 436–445.

Smith, T. W., Peck, J. R., Milano, R. A., & Ward, J. R. (1988). Cognitive distortion in rheumatoid arthritis: Relation to depression and disability. *Journal of Consulting and Clinical Psychology, 56,* 412–416.

Smith, T. W., Pope, M. K., Rhodewalt., F., & Poulton, J. L. (1989). Optimism, neuroticism, coping, and symptom reports: An alternative interpretation of the life orientation test. *Journal of Personality and Social Psychology, 56,* 640–648.

Smith, T. W., Ruiz, J. M., & Uchino, B. N. (2000). Vigilance, active coping, and cardiovascular reactivity during social interaction in young men. *Health Psychology, 19,* 382–392.

Smith, T. W., Turner, C. W., Ford, M. H., Hunt, S. C., Barlow, G. K., Stults, B. M., & Williams, R. R. (1987). Blood pressure reactivity in adult male twins. *Health Psychology, 6,* 209–220.

Sobal, J., & Stunkard, A. J. (1989). Socioeconomic status and obesity: A review of the literature. *Psychological Bulletin, 105,* 260–275.

Sobel, H. (1981). Toward a behavioral thanatology in clinical care. In H. Sobel (Ed.), *Behavioral therapy in terminal care: A humanistic approach* (pp. 3–38). Cambridge, MA: Ballinger.

Sobell, M. B., & Sobell, L. C. (1973). Individualized behavior therapy for alcoholics. *Behavior Therapy, 4,* 49–72.

Soderstrom, M., Dolbier, C., Leiferman, J., & Steinhardt, M. (2000). The relationship of hardiness, coping strategies, and perceived stress to symptoms of illness. *Journal of Behavioral Medicine, 23,* 311–328.

Solomon, G. F., Amkraut, A. A., & Kasper, P. (1974). Immunity, emotions, and stress (with special reference to the mechanism of stress effects on the immunity system). *Annals of Clinical Research, 6,* 313–322.

Solomon, G. F., Segerstrom, S. C., Grohr, P., Kemeny, M. E., & Fahey, J. L. (1997). Shaking up immunity: Psychological and immunologic changes after a natural disaster. *Psychosomatic Medicine, 59,* 114–127.

Solomon, L. J., Flynn, B. S., Worden, J. K., Mickey, R., Skelly, J. M., Geller, B. M., Peluso, N. W., & Webster, J. A. (1998). Assessment of self-reward strategies for maintenance of breast self-examination. *Journal of Behavioral Medicine, 21,* 83–102.

Solomon, L. J., Secker-Walker, R. H., Skelly, J. M., & Flynn, B. S. (1996). Stages of change in smoking during pregnancy in low-income women. *Journal of Behavioral Medicine, 19,* 333–344.

Solomon, M. Z., & De Jong, W. (1989). Preventing AIDS and other STDs through condom promotion: A patient education intervention. *American Journal of Public Health, 79,* 453–458.

Solomon, Z., Mikulincer, M., & Avitzur, E. (1988). Coping, locus of control, social support, and combat-related posttraumatic stress disorder: A prospective study. *Journal of Personality and Social Psychology, 55,* 279–285.

Somerfield, M. R., Curbow, B., Wingard, J. R., Baker, F., & Fogarty, L. A. (1996). Coping with the physical and psychosocial sequelae of bone marrow transplantation among long-term survivors. *Journal of Behavioral Medicine, 19,* 163–184.

Sommers-Flanagan, J., & Greenberg, R. P. (1989). Psychosocial variables and hypertension: A new look at an old controversy. *Journal of Nervous and Mental Disease, 177,* 15–24.

Sorensen, G., Thompson, B., Basen-Engquist, K., Abrams, D., Kuniyuki, A., DiClemente, C., & Biener, L. (1998). Durability, dissemination, and institutionalization of worksite tobacco control programs: Results from the working well trial. *International Journal of Behavioral Medicine, 5,* 335–351.

Sorrentino, E. A. (1992). Hospice care: A unique clinical experience for MSN students. *American Journal of Hospice and Palliative Care, 9,* 29–33.

Sourkes, B. M. (1980). Siblings of the pediatric cancer patient. In J. Kellerman (Ed.), *Psychological aspects of childhood cancer.* Springfield, IL: Charles C. Thomas.

Speca, M., Carlson, L. E., Goodey, E., & Angen, M. (2000). A randomized, wait-list controlled clinical trial: The effect of a mindfulness meditation–based stress reduction program on mood and symptoms of stress in cancer outpatients. *Psychosomatic Medicine, 62,* 613–622.

Spector, I. P., Leiblum, S. R., Carey, M. P., & Rosen, R. C. (1993). Diabetes and female sexual function: A critical review. *Annals of Behavioral Medicine, 15,* 257–264.

Speisman, J., Lazarus, R. S., Mordkoff, A., & Davidson, L. (1964). Experimental reduction of stress based on ego

defense theory. *Journal of Abnormal and Social Psychology, 68,* 367–380.

Spencer, S. M., Lehman, J. M., Wynings, C., Arena, P., Carver, C. S., Antoni, M. H., Derhagopian, R. P., Ironson, G., & Love, N. (1999). Concerns about breast cancer and relations to psychosocial well-being in a multiethnic sample of early-stage patients. *Health Psychology, 18,* 159–168.

Spiegel, D., & Bloom, J. R. (1983). Group therapy and hypnosis reduce metastatic breast carcinoma pain. *Psychosomatic Medicine, 45,* 333–339.

Spiegel, D., Bloom, J. R., Kraemer, H. C., & Gottheil, E. (1989). Effect of psychosocial treatment on survival of patients with metastatic breast cancer. *Lancet, 14,* 888–891.

Spinetta, J. J. (1974). The dying child's awareness of death: A review. *Psychological Bulletin, 81,* 256–260.

Spinetta, J. J. (1982). Behavioral and psychological research in childhood cancer: An overview. *Cancer, 50* (Suppl.), 1939–1943.

Spinetta, J. J., Spinetta, P. D., Kung, F., & Schwartz, D. B. (1976). *Emotional aspects of childhood cancer and leukemia: A handbook for parents.* San Diego, CA: Leukemia Society of America.

Spitzer, R. L., Yanovski, S., Wadden, T., Wing, R., Marcus, M. D., Stunkard, A., Devlin, M., Mitchell, J., Hasin, D., & Horne, R. L. (1993). Binge eating disorder: Its further validation in a multisite study. *International Journal of Eating Disorders, 13,* 137–153.

Sposito, A. C., Mansur, A. P., Maranhao, R. C., Rodrigues-Sobrinho, C. R., Coelho, O. R., & Ramires, J. A. (2001). Etofibrate but not controlled-release niacin decreases LDL cholesterol and lipoprotein (a) in type IIb dyslipidemic subjects. *Brazilian Journal of Medical and Biological Research, 34,* 177–182.

Spragins, E. (1996, June 24). Does your HMO stack up? *Newsweek,* pp. 56–61, 63.

Spring, B., Wurtman, J., Gleason, R., Wurtman, R., & Kessler, K. (1991). Weight gain and withdrawal symptoms after smoking cessation: A preventive intervention using d-Fenfluramine. *Health Psychology, 10,* 216–223.

Stacy, A. W., Bentler, P. M., & Flay, B. R. (1994). Attitudes and health behavior in diverse populations: Drunk driving, alcohol use, binge eating, marijuana use, and cigarette use. *Health Psychology, 13,* 73–85.

Stacy, A. W., Sussman, S., Dent, C. W., Burton, D., & Flay, B. R. (1992). Moderators of peer social influence in adolescent smoking. *Personality and Social Psychology Bulletin, 18,* 163–172.

Stall, R., & Biernacki, P. (1986). Spontaneous remission from the problematic use of substances: An inductive model derived from a comparative analysis of the alcohol, opiate, tobacco, and food/obesity literatures. *International Journal of the Addictions, 21,* 1–23.

Stampfer, M. J., Hu, F. B., Manson, J. E., Rimm, E. B., & Willett, W. C. (2000). Primary prevention of coronary heart disease in women through diet and lifestyle. *New England Journal of Medicine, 343,* 16–22.

Stansfield, S. A., Bosma, H., Hemingway, H., & Marmot, M. G. (1998). Psychosocial work characteristics and social support as predictors of SF-36 health functioning: The Whitehall II study. *Psychosomatic Medicine, 60,* 247–255.

Stanton, A. L. (1987). Determinants of adherence to medical regimens by hypertensive patients. *Journal of Behavioral Medicine, 10,* 377–394.

Stanton, A. L., Danoff-Burg, S., Cameron, C. L., Snider, P. R., & Kirk, S. B. (1999). Social comparison and adjustment to breast cancer: An experimental examination of upward affiliation and downward evaluation. *Health Psychology, 18,* 151–158.

Starr, K. R., Antoni, M. H., Hurwitz, B. E., Rodriguez, M. S., Ironson, G., Fletcher, M. A., Kumar, M., Patarca, R., Lutgendorf, S. K., Quillian, R. E., Klimas, N. G., & Schneiderman, N. (1996). Patterns of immune, neuroendocrine, and cardiovascular stress responses in asymptomatic HIV seropositive and seronegative men. *International Journal of Behavioral Medicine, 3,* 135–162.

Steegmans, P. H. A., Hoes, A. W., Bak, A. A. A., van der Does, E., & Grobbee, D. E. (2000). Higher prevalence of depressive symptoms in middle-aged men with low serum cholesterol levels. *Psychosomatic Medicine, 62,* 205–211.

Steele, C., & Josephs, R. A. (1990). Alcohol myopia: Its prized and dangerous effects. *American Psychologist, 45,* 921–933.

Steen, S. N., Oppliger, R. A., & Brownell, K. D. (1988). Metabolic effects of repeated weight loss and regain in adolescent wrestlers. *Journal of the American Medical Association, 260,* 47–50.

Stein, J., Newcomb, J. D., & Bentler, P. D. (1994). Psychosocial correlates and predictors of AIDS risk behaviors, abortion, and drug use among a community sample of young adult women. *Health Psychology, 13,* 308–318.

Stein, N., Folkman, S., Trabasso, T., & Richards, T. A. (1997). Appraisal and goal processes as predictors of psychological well-being in bereaved caregivers. *Journal of Personality and Social Psychology, 72,* 872–884.

Stein, P. N., Gordon, W. A., Hibbard, M. R., & Sliwinski, M. J. (1992). An examination of depression in the spouses of stroke patients. *Rehabilitation Psychology, 37,* 121–130.

Steinman, L. (1993). Autoimmune disease. *Scientific American, 269,* 107–114.

Steinmetz, K. A., Kushi, L., Bostick, R., Folsom, A., & Potter, J. (1994). Vegetables, fruit, and colon cancer in the Iowa Women's Health Study. *American Journal of Epidemiology, 139,* 1–15.

Stephenson, H. S., Adams, C. K., Hall, D. C., & Pennypacker, H. S. (1979). Effects of certain training parameters on detection of simulated breast cancer. *Journal of Behavioral Medicine, 2,* 239–250.

Steptoe, A., Doherty, S., Kerry, S., Rink, E., & Hilton, S. (2000). Sociodemographic and psychological predictors of changes in dietary fat consumption in adults with high blood cholesterol following counseling in primary care. *Health Psychology, 19,* 411–419.

Steptoe, A., Roy, M. P., & Evans, O. (1996). Psychosocial influences on ambulatory blood pressure over working and non-working days. *Journal of Psychophysiology, 10,* 218–227.

Stern, M. J., Pascale, L., & Ackerman, A. (1977). Life adjustment postmyocardial infarction: Determining predictive variables. *Archives of Internal Medicine, 137,* 1680–1685.

Stets, K. M., & Hanson, W. K. (1992). Alterations in perceptions of caregiving demands in advanced cancer during and after the experience. *Hospice Journal, 8,* 21–34.

Stetson, B. A., Rahn, J. M., Dubbert, P. M., Wilner, B. I., & Mercury, M. G. (1997). Prospective evaluation of the effects of stress on exercise adherence in community-residing women. *Health Psychology, 16,* 515–520.

Stevens, V., Peterson, R., & Maruta, T. (1988). Changes in perception of illness and psychosocial adjustment. *The Clinical Journal of Pain, 4,* 249–256.

Stevens, V. M., Hatcher, J. W., & Bruce, B. K. (1994). How compliant is compliant? Evaluating adherence with breast self-exam positions. *Journal of Behavioral Medicine, 17,* 523–535.

Stewart, A. L., King, A. C., Killen, J. D., & Ritter, P. L. (1995). Does smoking cessation improve health-related quality-of-life? *Annals of Behavioral Medicine, 17,* 331–338.

Stokols, D., Novaco, R. W., Stokols, J., & Campbell, J. (1978). Traffic congestion, Type A behavior, and stress. *Journal of Applied Psychology, 63,* 467–480.

Stokols, D., Ohlig, W., & Resnick, S. M. (1978). Perception of residential crowding, classroom experiences, and student health. *Human Ecology, 6,* 33–57.

Stolberg, S. G. (1999a, April 25). Sham surgery returns as a research tool. *New York Times,* p. 3.

Stolberg, S. G. (1999b, September 23). Study finds shortcomings in care for chronically ill. *New York Times,* p. A21.

Stone, A. A., Kennedy-Moore, E., & Neale, J. M. (1995). Association between daily coping and end-of-day mood. *Health Psychology, 14,* 341–349.

Stone, A. A., Mezzacappa, E. S., Donatone, B. A., & Gonder, M. (1999). Psychosocial stress and social support are associated with prostate-specific antigen levels in men: Results from a community screening program. *Health Psychology, 18,* 482–486.

Stone, A. A., & Neale, J. M. (1984). A new measure of daily coping: Development and preliminary results. *Journal of Personality and Social Psychology, 46,* 892–906.

Stoney, C., Bausserman, L., Niaura, R., Marcus, B., & Flynn, M. (1999). Lipid reactivity to stress: II. Biological and behavioral influences. *Health Psychology, 18,* 251–261.

Stoney, C. M., & Finney, M. L. (2000). Social support and stress: Influences on lipid reactivity. *International Journal of Behavioral Medicine, 7,* 111–126.

Stoney, C., Niaura, R., Bausserman, L., & Matacin, M. (1999). Lipid reactivity to stress: I. Comparison of chronic and acute stress responses in middle-aged airline pilots. *Health Psychology, 18,* 241–250.

Stoney, C. M., Owens, J. F., Guzick, D. S., & Matthews, K. A. (1997). A natural experiment on the effects of ovarian hormones on cardiovascular risk factors and stress reactivity: Bilateral salpingo oophorectomy versus hysterectomy only. *Health Psychology, 16,* 349–358.

Storer, J. H., Frate, D. M., Johnson, S. A., & Greenberg, A. M. (1987). When the cure seems worse than the disease: Helping families adapt to hypertension treatment. *Family Relations, 36,* 311–315.

Stotts, A. L, DiClemente, C. C., Carbonari, J. P., & Mullen, P. D. (2000). Postpartum return to smoking: Staging a "suspended" behavior. *Health Psychology, 19,* 324–332.

Straus, R. (1988). Interdisciplinary biobehavioral research on alcohol problems: A concept whose time has come. *Drugs and Society, 2,* 33–48.

Strauss, A., Schatzman, L., Bucher, R., Erlich, D., & Sarshim, M. (1963). The hospital and its negotiated social order. In E. Freidson (Ed.), *The hospital in modern society* (pp. 147–169). New York: Free Press.

Strauss, L. M., Solomon, L. J., Costanza, M. C., Worden, J. K., & Foster, R. S., Jr. (1987). Breast self-examination practices and attitudes of women with and without a history of breast cancer. *Journal of Behavioral Medicine, 10,* 337–350.

Straw, M. K. (1983). Coping with obesity. In T. G. Burish & L. A. Bradley (Eds.), *Coping with chronic disease: Research and applications* (pp. 219–258). New York: Academic Press.

Strax, P. (1984). Mass screening for control of breast cancer. *Cancer, 53,* 665–670.

Strecher, V. J., DeVellis, B. M., Becker, M. H., & Rosenstock, I. M. (1986). The role of self-efficacy in achieving health behavior change. *Health Education Quarterly, 13,* 73–92.

Striegel-Moore, R. H., Silberstein, L. R., Frensch, P., & Rodin, J. (1989). A prospective study of disordered eating among college students. *International Journal of Eating Disorders, 8,* 499–511.

Stroebe, M., Gergen, M. M., Gergen, K. J., & Stroebe, W. (1992). Broken hearts or broken bonds: Love and death in historical perspective. *American Psychologist, 47,* 1205–1212.

Strober, et al. (2000). Controlled family study of anorexia nervosa and bulimia nervosa: Evidence of shared liability and transmission of partial syndromes. *American Journal of Psychiatry, 157,* 393–401.

Stroebe, W., & Stroebe, M. S. (1987). *Bereavement and health: The psychological and physical consequences of partner loss.* New York: Cambridge University Press.

Strogatz, D. S., & James, S. A. (1986). Social support and hypertension among Blacks and Whites in a rural, Southern community. *American Journal of Epidemiology, 124,* 949–956.

Strube, M. J., Smith, J. A., Rothbaum, R., & Sotelo, A. (1991). Measurement of health care attitudes in cystic fibrosis patients and their parents. *Journal of Applied Social Psychology, 21,* 397–408.

Stuber, M. L., Christakis, D. A., Houskamp, B., & Kazak, A. E. (in press). Post trauma symptoms in childhood leukemia survivors and their parents. *Journal of Consulting and Clinical Psychology.*

Stunkard, A. J. (1979). Behavioral medicine and beyond: The example of obesity. In O. F. Pomerleau & J. P. Brady (Eds.), *Behavioral medicine: Theory and practice* (pp. 279–298). Baltimore: Williams & Wilkins.

Stunkard, A. J. (1988). Some perspectives on human obesity: Its causes. *Bulletin of the New York Academy of Medicine, 64,* 902–923.

Stunkard, A. J., Cohen, R. Y., & Felix, M. R. J. (1989). Weight loss competitions at the work site: How they work and how well. *Journal of Preventive Medicine, 18,* 460–474.

Stunkard, A. J., Sorensen, T. I. A., Hanis, C., Teasdale, T. W., Chakraborty, R., Schull, W. J., & Schulsinger, F. (1986). An adoption study of human obesity. *New England Journal of Medicine, 314,* 193–198.

Sturges, J. W., & Rogers, R. W. (1996). Preventive health psychology from a developmental perspective: An extension of protection motivation theory. *Health Psychology, 15,* 158–166.

Suarez, E. C., Bartolome, J. V., Kuhn, C. M., Schanberg, S. M., Williams, R. B., & Zimmermann, E. A. (1997). The influence of dietary cholesterol on cardiac and hepatic beta-adrenergic receptors in Egyptian sand rats. *International Journal of Behavioral Medicine, 4,* 179–188.

Suarez, E. C., Kuhn, C. M., Schanberg, S. M., Williams, R. B., & Zimmermann, E. (1998). Neuroendocrine, cardiovascular, and emotional responses of hostile men: The role of interpersonal challenge. *Psychosomatic Medicine, 60,* 78–88.

Suarez, E. C., Shiller, A. D., Kuhn, C. M., Schanberg, S., Williams, R. B., Jr., & Zimmermann, E. A. (1997). The relationship between hostility and B-adrenergic receptor physiology in healthy young males. *Psychosomatic Medicine, 59,* 481–487.

Sullivan, M. D., LaCroix, A. Z., Russo, J., & Katon, W. J. (1998). Self-efficacy and self-reported functional status in coronary heart disease: A six-month prospective study. *Psychosomatic Medicine, 60,* 473–478.

Suls, J., & Fletcher, B. (1985). The relative efficacy of avoidant and nonavoidant coping strategies: A meta-analysis. *Health Psychology, 4,* 249–288.

Suls, J., & Mullen, B. (1981). Life change in psychological distress: The role of perceived control and desirability. *Journal of Applied Social Psychology, 11,* 379–389.

Suls, J., Wan, C. K., & Sanders, G. S. (1988). False consensus and false uniqueness in estimating the prevalence of health-protective behaviors. *Journal of Applied Social Psychology, 18,* 66–79.

Suls, J., & Wan, C. K. (1993). The relationship between trait hostility and cardiovascular reactivity: A quantitative review and analysis. *Psychophysiology, 30,* 1–12.

Surwit, R. S., Feinglos, M. N., McCaskill, C. C., Clay, S. L., Babyak, M. A., Brownlow, B. S., Plaisted, C. S., & Lin, P.-H. (1997). Metabolic and behavioral effects of a high-sucrose diet during weight loss. *American Journal of Clinical Nutrition, 65,* 908–915.

Surwit, R. S., & Schneider, M. S. (1993). Role of stress in the etiology and treatment of diabetes mellitus. *Psychosomatic Medicine, 55,* 380–393.

Surwit, R. S., Schneider, M. S., & Feinglos, M. N. (1992). Stress and diabetes mellitus. *Diabetes Care, 15,* 1413–1422.

Surwit, R. S., & Williams, P. G. (1996). Animal models provide insight into psychosomatic factors in diabetes. *Psychosomatic Medicine, 58,* 582–589.

Sutton, S., McVey, D., & Glanz, A. (1999). A comparative test of the theory of reasoned action and the theory of planned behavior in the prediction of condom use intentions in a national sample of English young people. *Health Psychology, 18,* 72–81.

Sutton, S. R., & Eiser, J. R. (1984). The effect of fear-arousing communications on cigarette smoking: An expectancy-value approach. *Journal of Behavioral Medicine, 7,* 13–34.

Sutton, S. R., & Kahn, R. L. (1986). Prediction, understanding, and control as antidotes to organizational stress. In J. Lorsch (Ed.), *Handbook of organizational behavior* (pp. 272–285). Boston: Harvard University Press.

Swaim, R. C., Oetting, E. R., & Casas, J. M. (1996). Cigarette use among migrant and nonmigrant Mexican American youth: A socialization latent-variable model. *Health Psychology, 15,* 269–281.

Swan, G. E., Ward, M. M., Jack, L. M., & Javitz, H. S. (1993). Cardiovascular reactivity as a predictor of relapse in male and female smokers. *Health Psychology, 12,* 451–458.

Swartzman, L. C., & Lees, M. C. (1996). Causal dimensions of college students' perceptions of physical symptoms. *Journal of Behavioral Medicine, 19,* 95–110.

Swaveley, S. M., Silverman, W. H., & Falek, A. (1987). Psychological impact of the development of a presymptomatic test for Huntington's disease. *Health Psychology, 6,* 149–157.

Swindle, R. E., Jr., & Moos, R. H. (1992). Life domains in stressors, coping, and adjustment. In W. B. Walsh, R. Price, & K. B. Crak (Eds.), *Person environment psychology: Models and perspectives* (pp. 1–33). New York: Erlbaum.

Szapocznik, J. (1995). Research on disclosure of HIV status: Cultural evolution finds an ally in science. *Health Psychology, 14,* 4–5.

Talbot, F., Nouwen, A., Gingras, J., Belanger, A., & Audet, J. (1999). Relations of diabetes intrusiveness and personal control to symptoms of depression among adults with diabetes. *Health Psychology, 18,* 537–542.

Talbot, F., Nouwen, A., Gingras, J., Gosselin, M., & Audet, J. (1997). The assessment of diabetes-related cognitive and social factors: The multidimensional diabetes questionnaire. *Journal of Behavioral Medicine, 20,* 291–312.

Tangri, S. S., & Levitin, T. E. (1993). Introduction: An entree for social scientists. *Journal of Social Issues, 49,* 1–10.

Tapp, W. N., & Natelson, B. H. (1988). Consequences of stress: A multiplicative function of health status. *The FASEB Journal, 2,* 2268–2271.

Taubes, G. (1993). Claim of higher risk for women smokers attacked. *Science, 262,* 1375.

Taubes, G. (2001). The soft science of dietary fat. *Science, 291,* 2536–2545.

Taylor, C. B., Bandura, A., Ewart, C. K., Miller, N. H., & DeBusk, R. F. (1985). Exercise testing to enhance wives' confidence in their husbands' cardiac capability soon after clinically uncomplicated acute myocardial infarction. *American Journal of Cardiology, 55,* 635–638.

Taylor, L. A., & Rachman, S. J. (1988). The effects of blood sugar level changes on cognitive function, affective state, and somatic symptoms. *Journal of Behavioral Medicine, 11,* 279–292.

Taylor, S. E. (1983). Adjustment to threatening events: A theory of cognitive adaptation. *American Psychologist, 41,* 1161–1173.

Taylor, S. E. (1989). *Positive illusions: Creative self-deception and the healthy mind.* New York: Basic Books.

Taylor, S. E., & Aspinwall, L. G. (1990). Psychological aspects of chronic illness. In G. R. VandenBos & P. T. Costa, Jr. (Eds.), *Psychological aspects of serious illness.* Washington, DC: American Psychological Association.

Taylor, S. E., & Brown, J. D. (1988). Illusion and well-being: A social psychological perspective on mental health. *Psychological Bulletin, 103,* 193–210.

Taylor, S. E., & Clark, L. F. (1986). Does information improve adjustment to noxious events? In M. J. Saks & L. Saxe (Eds.), *Advances in applied social psychology* (Vol. 3, pp. 1–28). Hillsdale, NJ: Erlbaum.

Taylor, S. E., Falke, R. L., Shoptaw, S. J., & Lichtman, R. R. (1986). Social support, support groups, and the cancer patient. *Journal of Consulting and Clinical Psychology, 54,* 608–615.

Taylor, S. E., Helgeson, V. S., Reed, G. M., & Skokan, L. A. (1991). Self-generated feelings of control and adjustment to physical illness. *Journal of Social Issues, 47*, 91–109.

Taylor, S. E., Kemeny, M. E., Reed, G. M., Bower, J. E., & Gruenewald, T. L. (2000). Psychological resources, positive illusions, and health. *American Psychologist, 55*, 99–109.

Taylor, S. E., Klein, L. C., Lewis, B. P., Gruenewald, T. L., Gurung, R. A. R., & Updegraff, J. A. Biobehavioral responses to stress in females: Tend-and-befriend, not fight-or-flight. *Psychological Review, 107*, 411–429.

Taylor, S. E., Lichtman, R. R., & Wood, J. V. (1984a). Attributions, beliefs about control, and adjustment to breast cancer. *Journal of Personality and Social Psychology, 46*, 489–502.

Taylor, S. E., Lichtman, R. R., & Wood, J. V. (1984b). Compliance with chemotherapy among breast cancer patients. *Health Psychology, 3*, 553–562.

Taylor, S. E., Lichtman, R. R., Wood, J. V., Bluming, A. Z., Dosik, G. M., & Leibowitz, R. L. (1985). Illness-related and treatment-related factors in psychological adjustment to breast cancer. *Cancer, 55*, 2506–2513.

Taylor, S. E., Repetti, R. L., & Seeman, T. (1997). Health psychology: What is an unhealthy environment and how does it get under the skin? *Annual Review of Psychology, 48*, 411–447.

Taylor, S. E., & Thompson, S. C. (1982). Stalking the elusive "vividness" effect. *Psychological Review, 89*, 155–181.

Taylor, S. E., Wood, J. V., & Lichtman, R. R. (1983). *Life change following cancer*. Unpublished manuscript, University of California, Los Angeles.

Tehan, C. (1982). Hospice in an existing home care agency. *Family and Community Health, 5*, 11–20.

Telch, C. F., & Agras, W. S. (1993). The effects of a very low calorie diet on binge eating. *Behavior Therapy, 24*, 177–193.

Telch, C. F., & Agras, W. S. (1996). Do emotional states influence binge eating in the obese? *International Journal of Eating Disorders, 20*, 271–279.

Telch, C. F., & Telch, M. J. (1986). Group coping skills instruction and supportive group therapy for cancer patients: A comparison of strategies. *Journal of Consulting and Clinical Psychology, 54*, 802–808.

Temoshok, L. (1987). Personality, coping style, emotion and cancer: Towards an integrative model. *Cancer Surveys, 6*, 545–567.

Tempelaar, R., de Haes, J. C. J. M., de Ruiter, J. H., Bakker, D., van den Heuvel, W. J. A., & van Nieuwenhuijzen, M. G. (1989). The social experiences of cancer patients under treatment: A comparative study. *Social Science and Medicine, 29*, 635–642.

Tennen, H., Affleck, G., Urrows, S., Higgins, P., & Mendola, R. (1992). Perceiving control, construing benefits, and daily processes in rheumatoid arthritis. *Canadian Journal of Behavioral Science, 24*, 186–203.

Terry, D. J. (1994). Determinants of coping: The role of stable and situational factors. *Journal of Personality and Social Psychology, 66*, 895–910.

Tessler, R., & Mechanic, D. (1978). Psychological distress and perceived health status. *Journal of Health and Social Behavior, 19*, 254–262.

Thayer, R. E., Newman, R., & McClain, T. M. (1994). Self-regulation of mood: Strategies for changing a bad mood, raising energy, and reducing tension. *Journal of Personality and Social Psychology, 67*, 910–923.

Theorell, T., Blomkvist, V., Lindh, G., & Evengard, B. (1999). Critical life events, infections, and symptoms during the year preceding chronic fatigue syndrome (CFS): An examination of CFS patients and subjects with a nonspecific life crisis. *Psychosomatic Medicine, 61*, 304–310.

Thoits, P. A. (1986). Social support as coping assistance. *Journal of Consulting and Clinical Psychology, 54*, 416–423.

Thoits, P. A. (1994). Stressors and problem-solving: The individual as psychological activist. *Journal of Health and Social Behavior, 35*, 143–159.

Thoits, P. A., Harvey, M. R., Hohmann, A. A., & Fletcher, B. (2000). Similar-other support for men undergoing coronary artery bypass surgery. *Health Psychology, 19*, 264–273.

Thomas, C. (1995, April 10). H. M. overdose. *The New Republic*, pp. 11–12.

Thomas, C. B., & Duszynski, K. R. (1974). Closeness to parents and the family constellation in a prospective study of Eve disease states: Suicide, mental illness, malignant tumor, hypertension, and coronary heart disease. *Johns Hopkins Medical Journal, 134*, 251–270.

Thompson, D. R., & Cordle, C. J. (1988). Support of wives of myocardial infarction patients. *Journal of Advanced Nursing, 13*, 223–228.

Thompson, J. K., & Heinberg, L. J. (1999). The media's influence on body image disturbance and eating disorders: We've reviled them, now can we rehabilitate them? *Journal of Social Issues, 55*, 339–353.

Thompson, R. F., & Glanzman, D. L. (1976). Neural and behavioral mechanism of habituation and sensitization. In T. J. Tighe & R. N. Leatron (Eds.), *Habituation* (pp. 49–94). Hillsdale, NJ: Erlbaum.

Thompson, R. S., Rivara, F. P., & Thompson, D. C. (1989). A case-control study of the effectiveness of bicycle safety helmets. *New England Journal of Medicine, 320*, 1361–1367.

Thompson, S. C. (1981). Will it hurt less if I can control it? A complex answer to a simple question. *Psychological Bulletin, 90*, 89–101.

Thompson, S. C., Cheek, P. R., & Graham, M. A. (1988). The other side of perceived control: Disadvantages and negative effects. In S. Spacapan & S. Oskamp (Eds.), *The social psychology of health: The Claremont Applied Social Psychology Conference* (Vol. 2, pp. 69–94). Beverly Hills, CA: Sage.

Thompson, S. C., Nanni, C., & Levine, A. (1994). Primary versus secondary and central versus consequence-related control in HIV-positive men. *Journal of Personality and Social Psychology, 67*, 540–547.

Thompson, S. C., Nanni, C., & Schwankovsky, L. (1990). Patient-oriented interventions to improve communication in a medical office visit. *Health Psychology, 9*, 390–404.

Thompson, S. C., Sobolew-Shubin, A., Galbraith, M. E., Schwankovsky, L., & Cruzen, D. (1993). Maintaining perceptions of control: Finding perceived control in low-control circumstances. *Journal of Personality and Social Psychology, 64*, 293–304.

Thompson, S. C., Sobolew-Shubin, A., Graham, M. A., & Janigian, A. S. (1989). Psychosocial adjustment following a stroke. *Social Science and Medicine, 28*, 239–247.

Thompson, S. C., & Spacapan, S. (1991). Perceptions of control in vulnerable populations. *Journal of Social Issues, 47*, 1–22.

Thoresen, C. E., & Mahoney, M. J. (1974). *Behavioral self-control.* New York: Holt.

Thorsteinsson, E. B., James, J. E., & Gregg, M. E. (1998). Effects of video-relayed social support on hemodynamic reactivity and salivary cortisol during laboratory-based behavioral challenge. *Health Psychology, 17*, 436–444.

Tibben, A., Timman, R., Bannink, E. C., & Duivenvoorden, H. J. (1997). Three-year follow-up after presymptomatic testing for Huntington's disease in tested individuals and partners. *Health Psychology, 16*, 20–35.

Time. (1970, November 2). The malpractice mess, pp. 36, 39.

Time. (1996, October 7). Notebook: The bad news, p. 30.

Time. (1997, June 9). Biz watch: Smokin' Joe Camel near his last gasp, p. 47.

Time. (2001, June 25). Notebook: Verbatim, p. 19.

Timko, C., Baumgartner, M., Moos, R. H., & Miller, J. J., III. (1993). Parental risk and resistance factors among children with juvenile rheumatic disease: A four-year predictive study. *Journal of Behavioral Medicine, 16*, 571–589.

Timko, C., Finney, J. W., Moos, R. H., & Moos, B. S. (1995). Short-term treatment careers and outcomes of previously untreated alcoholics. *Journal of Studies on Alcohol, 56*, 597–610.

Timko, C., Stovel, K. W., Moos, R. H., & Miller, J. J., III. (1992). A longitudinal study of risk and resistance factors among children with juvenile rheumatic disease. *Journal of Clinical Child Psychology, 21*, 132–142.

Tomaka, J., Blascovich, J., Kelsey, R. M., & Leitten, C. L. (1993). Subjective, physiological, and behavioral effects of threat and challenge appraisal. *Journal of Personality and Social Psychology, 65*, 248–260.

Tomei, L. D., Kiecolt-Glaser, J. K., Kennedy, S., & Glaser, R. (1990). Psychological stress and phorbol ester inhibition of radiation-induced apoptosis in human peripheral blood leukocytes. *Psychiatry Research, 33*, 59–71.

Toobert, D. J., & Glasgow, R. E. (1991). Problem solving and diabetes self-care. *Journal of Behavioral Medicine, 14*, 71–86.

Toshima, M. T., Kaplan, R. M., & Ries, A. L. (1992). Self-efficacy expectancies in chronic obstructive pulmonary disease rehabilitation. In R. Schwarzer (Ed.), *Self-efficacy: Thought control of action* (pp. 325–354). London, England: Hemisphere.

Touchette, N. (1993). A breast-cancer gene on the horizon. *Journal of NIH Research, 5*, 34.

Toynbee, P. (1977). *Patients.* New York: Harcourt Brace.

Traue, H. & Kosarz, P. (1999). Everyday stress and Crohn's disease activity: A time series analysis of 20 single cases. *International Journal of Behavioral Medicine, 6*, 101–119.

Treue, W. (1958). *Doctor at court* (translated from the German by Frances Fawcett). London: Weidenfeld and Nicolson.

Trikas, P., Vlachonikolis, I., Fragkiadakis, N., Vasilakis, S., Manousos, O., & Paritsis, N. (1999). Core mental state in irritable bowel syndrome. *Psychosomatic Medicine, 61*, 781–788.

Trotta, P. (1980). Breast self-examination: Factors influencing compliance. *Oncology Nursing Forum, 7*, 13–17.

Tschann, J. M., Adler, N. E., Irwin, C. E., Jr., Millstein, S. G., Turner, R. A., & Kegeles, S. M. (1994). Initiation of substance abuse in early adolescence: The roles of pubertal timing and emotional distress. *Health Psychology, 13*, 326–333.

Tsutsumi, A., Tsutsumi, K., Kayaba, K., Theorell, T., Nago, N., Kario, K., & Igarashi, M. (1998). Job strain and biological coronary risk factors: A cross-sectional study of male and female workers in a Japanese rural district. *International Journal of Behavioral Medicine, 5*, 295–311.

Tuomilehto, J., Geboers, J., Salonen, J. T., Nissinen, A., Kuulasmaa, K., & Puska, P. (1986). Decline in cardiovascular mortality in North Karelia and other parts of Finland. *British Medical Journal, 293*, 1068–1071.

Tuomilehto, J., Lindstrom, J., Eriksson, J. G., Valle, T. T., Hamalainen, H., Ilanne-Parikka, P., Keinanen-Kiukaanniemi, S., Laakso, M., Louheranta, A., Rastas, M., Salminen, V., & Uusitupa, M. (2001). Prevention of Type 2 diabetes mellitus by changes in lifestyle among subjects with impaired glucose tolerance. *New England Journal of Medicine, 344*, 1343–1350.

Tuomisto, M. T. (1997). Intra-arterial blood pressure and heart rate reactivity to behavioral stress in normotensive, borderline, and mild hypertensive men. *Health Psychology, 16*, 554–565.

Turk, D. C. (1994). Perspectives on chronic pain: The role of psychological factors. *Current Directions in Psychological Science, 3*, 45–48.

Turk, D. C., & Feldman, C. S. (1992a). Facilitating the use of noninvasive pain management strategies with the terminally ill. In D. C. Turk & C. S. Feldman (Eds.),

Non-invasive approaches to pain management in the termi- nally ill (pp. 1–25). New York: Haworth Press.

Turk, D. C., & Feldman, C. S. (1992b). Noninvasive ap- proaches to pain control in terminal illness: The contri- bution of psychological variables. In D. C. Turk & C. S. Feldman (Eds.), *Non-invasive approaches to pain manage- ment in the terminally ill* (pp. 193–214). New York: Ha- worth Press.

Turk, D. C., & Fernandez, E. (1990). On the putative uniqueness of cancer pain: Do psychological principles apply? *Behavioural Research and Therapy, 28*, 1–13.

Turk, D. C., Kerns, R. D., & Rosenberg, R. (1992). Effects of marital interaction on chronic pain and disability: Ex- amining the downside of social support. *Rehabilitation Psychology, 37*, 259–274.

Turk, D. C., & Meichenbaum, D. (1991). Adherence to self- care regimens: The patient's perspective. In R. H. Rozensky, J. J. Sweet, & S. M. Tovian (Eds.), *Handbook of clinical psychology in medical settings* (pp. 249–266). New York: Plenum Press.

Turk, D. C., Meichenbaum, D. H., & Berman, W. H. (1979). Application of biofeedback for the regulation of pain: A critical review. *Psychological Bulletin, 86*, 1322–1338.

Turk, D. C., & Rudy, T. E. (1987). Toward a comprehensive reassessment of chronic pain patients. *Behavioral Re- search and Therapy, 25*, 237–249.

Turk, D. C., & Rudy, T. E. (1988). A cognitive-behavioral per- spective on chronic pain: Beyond the scalpel and sy- ringe. In C. D. Tollison (Ed.), *Handbook of chronic pain management* (pp. 222–236). Baltimore, MD: Williams & Wilkins.

Turk, D. C., & Rudy, T. E. (1991a). Neglected topics in the treatment of chronic pain patients—Relapse, noncom- pliance, and adherence enhancement. *Pain, 44*, 5–28.

Turk, D. C., & Rudy, T. E. (1991b). Persistent pain and the injured worker: Integrating biomedical, psychosocial, and behavioral factors in assessment. *Journal of Occupa- tional Rehabilitation, 1*, 159–179.

Turk, D. C., Rudy, T. E., & Salovey, P. (1986). Implicit mod- els of illness. *Journal of Behavioral Medicine, 9*, 453–474.

Turk, D. C., Wack, J. T., & Kerns, R. D. (1995). An empirical examination of the "pain-behavior" construct. *Journal of Behavioral Medicine, 8*, 119–130.

Turk, D. C., Zacki, H. S., & Rudy, T. E. (1993). Effects of in- traoral appliance and biofeedback/stress management alone and in combination in treating pain and depres- sion in TMD patients. *Journal of Prosthetic Dentistry, 70*, 158–164.

Turner, H. A., Hays, R. B., & Coates, T. J. (1993). Determi- nants of social support among gay men: The context of AIDS. *Journal of Health and Social Behavior, 34*, 37–53.

Turner, J. B., Kessler, R. C., & House, J. S. (1991). Factors fa- cilitating adjustment to unemployment: Implications for intervention. *American Journal of Community Psy- chology, 19*, 521–542.

Turner, R. J., & Avison, W. R. (1992). Innovations in the measurement of life stress: Crisis theory and the signif- icance of event resolution. *Journal of Health and Social Behavior, 33*, 36–50.

Turner, R. J., & Lloyd, D. A. (1999). The stress process and the social distribution of depression. *Journal of Health and Social Behavior, 40*, 374–404.

Turner, R. J., & Noh, S. (1988). Physical disability and de- pression: A longitudinal analysis. *Journal of Health and Social Behavior, 29*, 23–37.

Turner-Cobb, J. M., Sephton, S. E., Koopman, C., Blake- Mortimer, J., & Spiegel, D. (2000). Social support and salivary cortisol in women with metastatic breast can- cer. *Psychosomatic Medicine, 62*, 337–345.

Turnquist, D. C., Harvey, J. H., & Andersen, B. L. (1988). Attributions and adjustment to life-threatening illness. *British Journal of Clinical Psychology, 27*, 55–65.

Turrisi, R., Hillhouse, J., Gebert, C., & Grimes, J. (1999). Ex- amination of cognitive variables relevant to sunscreen use. *Journal of Behavioral Medicine, 22*, 493–509.

Uchino, B. N., Cacioppo, J. T., & Kiecolt-Glaser, J. K. (1996). The relationship between social support and physio- logical processes: A review with emphasis on underly- ing mechanisms and implications for health. *Psychological Bulletin, 119*, 488–531.

Uchino, B. N., Cacioppo, J. T., Malarkey, W., & Glaser, R. (1995). Individual differences in cardiac sympathetic control predict endocrine and immune responses to acute psychological stress. *Journal of Personality and Social Psychology, 69*, 736–743.

Uchino, B. N., & Garvey, T. S. (1997). The availability of so- cial support reduces cardiovascular reactivity to acute psychological stress. *Journal of Behavioral Medicine, 20*, 15–27.

Uchino, B. N., Kiecolt-Glaser, J. K., & Cacioppo, J. T. (1992). Age-related changes in cardiovascular response as a function of a chronic stressor and social support. *Jour- nal of Personality and Social Psychology, 63*, 839–846.

Ukestad, L. K., & Wittrock, D. A. (1996). Pain perception and coping in female tension headache sufferers and headache-free controls. *Health Psychology, 15*, 65–68.

Umberson, D. (1987). Family status and health behaviors: Social control as a dimension of social integration. *Jour- nal of Health and Social Behavior, 28*, 306–319.

Umberson, D., Wortman, C. B., & Kessler, R. C. (1992). Widowhood and depression: Explaining long-term gender differences in vulnerability. *Journal of Health and Social Behavior, 33*, 10–24.

UNAIDS: Report on the global HIV/AIDS epidemic, June 2000 (Joint United Nations Programme on HIV/AIDS, Geneva, 2000).

United Network for Organs Sharing (UNOS). (1996). *UNOS Bulletin.* Retrieved from www.unos.org

U.S. Bureau of the Census (2001, March 14). *Chances of hav- ing health insurance increase, reversing 12-year trend,*

Census Bureau says (press release). Washington, DC: U.S. Government Printing Office.

U.S. Department of Agriculture. (2000). *Dietary guidelines for Americans.* Washington, DC. Retrieved from http://warp.nal.usda.gov/fnic/dga

U.S. Department of Health and Human Services. (1981). *Alcohol and health.* Rockville, MD: National Institute on Alcohol Abuse and Alcoholism.

U.S. Department of Health and Human Services. (1986). *Utilization of short-stay hospitals* (DHHS Publication No. 86-1745). Washington, DC: U.S. Government Printing Office.

U.S. Department of Health, Education, and Welfare and U.S. Public Health Service, Centers for Disease Control and Prevention. (1964). *Smoking and health: Report of the advisory committee to the surgeon general of the Public Health Service* (Publication No. PHS-1103). Washington, DC: U.S. Government Printing Office.

U.S. Department of Labor. (1998). *Bureau of Labor Statistics.* Retrieved from http://stats.bls.gov

U.S. Public Health Service. (1982). *The health consequences of smoking: Cancer. A report to the surgeon general: 1982* (Publication of Superintendent of Documents). Washington, DC: U.S. Government Printing Office.

Uzark, K. C., Becker, M. H., Dielman, T. E., & Rocchini, A. P. (1987). Psychosocial predictors of compliance with a weight control intervention for obese children and adolescents. *Journal of Compliance in Health Care, 2,* 167–178.

Valentiner, D. P., Holahan, C. J., & Moos, R. H. (1994). Social support, appraisals of event controllability, and coping: An integrative model. *Journal of Personality and Social Psychology, 66,* 1094–1102.

Valois, P., Desharnais, R., & Godin, G. (1988). A comparison of the Fishbein and Ajzen and the Triandis attitudinal models for the prediction of exercise intention and behavior. *Journal of Behavioral Medicine, 11,* 459–472.

Valois, R. F., Adams, K. G., & Kammermann, S. K. (1996). One-year evaluation results from CableQuit: A community cable television smoking cessation pilot program. *Journal of Behavioral Medicine, 19,* 479–500.

Vanable, P. A., Ostrow, D. G., McKirnan, D. J., Taywaditep, K. J., & Hope, B. A. (2000). Impact of combination therapies on HIV risk perceptions and sexual risk among HIV-positive and HIV-negative gay and bisexual men. *Health Psychology, 19,* 134–145.

VanderPlate, C., Aral, S. O., & Magder, L. (1988). The relationship among genital herpes simplex virus, stress, and social support. *Health Psychology, 7,* 159–168.

van der Velde, F. W., & Van der Pligt, J. (1991). AIDS-related health behavior: Coping, protection, motivation, and previous behavior. *Journal of Behavioral Medicine, 14,* 429–452.

VanderZee, K. I., Sanderman, R., Heyink, J. W., & de Haes, H. (1996). Psychometric qualities of the RAND 36-Item Health Survey 1.0: A multidimensional measure of general health status. *International Journal of Behavioral Medicine, 3,* 104–122.

van Dulmen, A. M., Fennis, J. F. M., & Bleijenberg, G. (1996). Cognitive-behavioral group therapy for irritable bowel syndrome: Effects and long-term follow-up. *Psychosomatic Medicine, 58,* 508–514.

van Eck, M., Berkhof, H., Nicolson, N., & Sulon, J. (1996). The effects of perceived stress, traits, mood states, and stressful daily events on salivary cortisol. *Psychosomatic Medicine, 58,* 447–458.

van Lankveld, W., Naring, G., van der Staak, C., van't Pad Bosch, P., & van de Putte, L. (1993). Stress caused by rheumatoid arthritis: Relation among subjective stressors of the disease, disease status, and well-being. *Journal of Behavioral Medicine, 16,* 309–322.

Van Rood, Y. R., Bogaards, M., Goulmy, E., & van Houwelingen, H. C. (1993). The effects of stress and relaxation on the *in vitro* immune response in man: A meta-analytic study. *Journal of Behavioral Medicine, 16,* 163–182.

van't Spijker, A., Trijsburg, R. W., & Duivenvoorden, H. J. (1997). Psychological sequelae of cancer diagnosis: A meta-analytic review of 58 studies after 1980. *Psychosomatic Medicine, 59,* 280–293.

Van YPeren, N. W., Buunk, B. P., & Schaufelli, W. B. (1992). Communal orientation and the burnout syndrome among nurses. *Journal of Applied Social Psychology, 22,* 173–189.

Varni, J. W., Setoguchi, Y., Rappaport, L. R., & Talbot, D. (1992). Psychological adjustment and perceived social support in children with congenital/acquired limb deficiencies. *Journal of Behavioral Medicine, 15,* 31–44.

Vasterling, J., Jenkins, R. A., Tope, D. M., & Burish, T. G. (1993). Cognitive distraction and relaxation training for the control of side effects due to cancer chemotherapy. *Journal of Behavioral Medicine, 16,* 65–80.

Vedhara, K., & Nott, K. (1996). The assessment of the emotional and immunological consequences of examination stress. *Journal of Behavioral Medicine, 19,* 467–478.

Velicer, W.F., Prochaska, J. O., Fava, J. L., Laforge, R. G., & Rossi, J. S. (1999). Interactive versus noninteractive interventions and dose-response relationships for stage-matched smoking cessation programs in a managed care setting. *Health Psychology, 18,* 21–28.

Vendrig, A. (1999). Prognostic factors and treatment-related changes associated with return to working: The multimodal treatment of chronic back pain. *Journal of Behavioral Medicine, 22,* 217–232.

Verbrugge, L. M. (1983). Multiple roles and physical health of women and men. *Journal of Health and Social Behavior, 24,* 16–30.

Verbrugge, L. M. (1985). Gender and health: An update on hypotheses and evidence. *Journal of Health and Social Behavior, 26,* 156–182.

Verbrugge, L. M. (1989). The twain meet: Empirical explanations of sex differences in health and mortality. *Journal of Health and Social Behavior, 30,* 282–304.

Verbrugge, L. M. (1990). Pathways of health and death. In R. D. Apple (Ed.), *Women, health, and medicine in America: A historical handbook* (pp. 41–79). New York: Garland.

Verbrugge, L. M. (1995). Women, men, and osteoarthritis. *Arthritis Care and Research, 8,* 212–220.

Vernon, D. T. A. (1974). Modeling and birth order in response to painful stimuli. *Journal of Personality and Social Psychology, 29,* 794–799.

Vernon, S. W., Gritz, E. R., Peterson, S. K., Amos, C. I., Perz, C. A., Baile, W. F., & Lynch, P. M. (1997). Correlates of psychologic distress in colorectal cancer patients undergoing genetic testing for hereditary colon cancer. *Health Psychology, 16,* 73–86.

Vila, G., Porche, L., & Mouren-Simeoni, M. (1999). An 18-month longitudinal study of posttraumatic disorders in children who were taken hostage in their school. *Psychosomatic Medicine, 61,* 746–754.

Vinokur, A., & Caplan, R. D. (1986). Cognitive and affective components of life events: Their relations and effects on well-being. *American Journal of Community Psychology, 14,* 351–370.

Visintainer, M. A., Volpicelli, T. R., & Seligman, M. E. P. (1982). Tumor rejection in rats after inescapable or escapable electric shock. *Science, 216,* 437–439.

Visotsky, H. M., Hamburg, D. A., Goss, M. E., & Lebovitz, B. Z. (1961). Coping behavior under extreme stress. *Archives of General Psychiatry, 5,* 423–428.

Vitaliano, P. P., Maiuro, R. D., Russo, J., Katon, W., DeWolfe, D., & Hall, G. (1990). Coping profiles associated with psychiatric, physical health, work, and family problems. *Health Psychology, 9,* 348–376.

Vitaliano, P. P., Scanlan, J. M., Krenz, C., & Fujimoto, W. (1996). Insulin and glucose: Relationships with hassles, anger, and hostility in nondiabetic older adults. *Psychosomatic Medicine, 58,* 489–499.

Vogele, C., Jarvis, A., & Cheeseman, K. (1997). Anger suppression, reactivity, and hypertension risk: Gender makes a difference. *Annals of Behavioral Medicine, 19,* 61–69.

Vogler, R. C., Common, J. V., & Weissbach, T. A. (1975). Integrated behavior change techniques for alcoholics. *Journal of Consulting and Clinical Psychology, 43,* 233–243.

Volgyesi, F. A. (1954). "School for Patients" hypnosistherapy and psychoprophylaxis. *British Journal of Medical Hypnotism, 5,* 8–17.

Vrijkotte, T., van Doornen, L., & de Geus, E. (1999). Work stress and metabolic and hemostatic risk factors. *Psychosomatic Medicine, 61,* 796–805.

Wadden, T. A., Stunkard, A. J., & Brownell, K. D. (1983). Very low calorie diets: Their efficacy, safety and future. *Annals of Internal Medicine, 99,* 675–684.

Wadden, T. A., Vogt, R. A., Andersen, R. E., Bartlett, S. J., Foster, G. D., Kuehnel, R. H., Wilk, J., Weinstock, R., Buckenmeyer, P., Berkowitz, R. I., & Steen, S. N. (1997). Exercise in the treatment of obesity: Effects of four interventions on body composition, resting energy expenditure, appetite, and mood. *Journal of Consulting and Clinical Psychology, 65,* 269–277.

Wade, T. D., Bulik, C. M., Sullivan, P. F., Neale, M. C., & Kendler, K. S. (2000). The relation between risk factors for binge eating and bulimia nervosa: A population-based female twin study. *Health Psychology, 19,* 115–123.

Wadman, M. (1999, November 22). A heart attack of her own. *Fortune,* p. 228.

Waggoner, C. D., & LeLieuvre, R. B. (1981). A method to increase compliance to exercise regimens in rheumatoid arthritis patients. *Journal of Behavioral Medicine, 4,* 191–202.

Wagner, P. J., & Curran, P. (1984). Health beliefs and physician identified "worried well." *Health Psychology, 3,* 459–474.

Waitzkin, H. (1985). Information giving in medical care. *Journal of Health and Social Behavior, 26,* 81–101.

Waitzkin, H., & Stoeckle, J. D. (1976). Information control and the micropolitics of health care. *Journal of Social Issues, 10,* 263–276.

Wald, M. L. (2001, May 21). Low seat belt use linked to teenage death rates. *New York Times,* p. A12.

Waldron, I., & Johnston, S. (1976). Why do women live longer than men? Part 2. *Journal of Human Stress, 2,* 19–30.

Waldron, I., Weiss, C. C., & Hughes, M. E. (1998). Interacting effects of multiple roles on women's health. *Journal of Health and Social Behavior, 39,* 216–236.

Waldstein, S. R., Burns, H. O., Toth, M. J., & Poehlman, E. T. (1999). Cardiovascular reactivity and central adiposity in older African Americans. *Health Psychology, 18,* 221–228.

Waldstein, S. R., Jennings, J. R., Ryan, C. M., Muldoon, M. F., Shapiro, A. P., Polefrone, J. M., Fazzari, T. V., & Manuck, S. B. (1996). Hypertension and neuropsychological performance in men: Interactive effects of age. *Health Psychology, 15,* 102–109.

Wall, E., Rodriguez, G., & Saultz, J. (1993). A retrospective study of patient care needs on admission to an inpatient hospice facility. *Journal of the American Board of Family Practice, 6,* 233–238.

Wallston, B. S., Alagna, S. W., DeVellis, B. M., & DeVellis, R. F. (1983). Social support and physical health. *Health Psychology, 2,* 367–391.

Wallston, K. A., Wallston, B. S., & DeVellis, R. (1978). Development of the Multidimensional Health Locus of Control (MHLC) Scale. *Health Education Monographs, 6,* 161–170.

Walsh, D. C., & Gordon, N. P. (1986). Legal approaches to smoking deterrence. *Annual Review of Public Health, 7,* 127–149.

Waltz, M. (1986). Marital context and postinfarction quality of life: Is it social support or something more? *Social Science and Medicine, 22,* 791–805.

Wanburg, K. W., & Horn, J. L. (1983). Assessment of alcohol use with multidimensional concepts and measures. *American Psychologist, 38,* 1055–1069.

Wang, S., & Mason, J. (1999). Elevations of serum T3 levels and their association with symptoms in World War II veterans with combat-related posttraumatic stress disorder: Replication findings in Vietnam combat veterans. *Psychosomatic Medicine, 61,* 131–138.

Ward, K. D., Klesges, R. C., & Halpern, M. T. (1997). Predictors of smoking cessation and state-of-the-art smoking interventions. *Journal of Social Issues, 53,* 129–145.

Ward, S., & Leventhal, H. (1993). *Explaining retrospective reports of side effects: Anxiety, initial side effect experience, and post-treatment side effects.* Series paper from the School of Nursing, University of Wisconsin, Madison.

Ward, S. E., Leventhal, H., & Love, R. (1988). Repression revisited: Tactics used in coping with a severe health threat. *Personality and Social Psychology Bulletin, 14,* 735–746.

Ware, J. E., Jr. (1994). Norm-based interpretation. *Medical Outcomes Trust Bulletin, 2,* 3.

Ware, J. E., Jr., Bayliss, M. S., Rogers, W. H., & Kosinski, M. (1996). Differences in four-year health outcomes for elderly and poor, chronically ill patients in HMO and fee-for-service systems: Results from the Medical Outcomes Study. *Journal of the American Medical Association, 276,* 1039–1047.

Ware, J. E., Jr., Davies-Avery, A., & Stewart, A. L. (1978). The measurement and meaning of patient satisfaction: A review of the literature. *Health and Medical Care Services Review, 1,* 1–15.

Warner, K. E., & Murt, H. A. (1982). Impact of the anti-smoking campaign on smoking prevalence: A cohort analysis. *Journal of Public Health Policy, 3,* 374–390.

Warren, M., Weitz, R., & Kulis, S. (1998). Physician satisfaction in a changing health care environment: The impact of challenges to professional autonomy, authority, and dominance. *Journal of Health and Social Behavior, 39,* 356–367.

Wasserman, R. C., Inui, T. S., Barriatua, R. D., Carter, W. B., & Lippincott, P. (1984). Pediatric clinicians' support for parents makes a difference: An outcome-based analysis of clinical-parent interaction. *Pediatrics, 74,* 1047–1053.

Watkins, J. D., Roberts, D. E., Williams, T. F., Martin, D. A., & Coyle, I. V. (1967). Observations of medication errors made by diabetic patients in the home. *Diabetes, 16,* 882–885.

Watkins, L. L., Grossman, P., Krishnan, R., & Sherwood, A. (1998). Anxiety and vagal control of heart rate. *Psychosomatic Medicine, 60,* 498–502.

Watson, D., & Clark, L. A. (1984). Negative affectivity: The disposition to experience aversive emotional states. *Psychological Bulletin, 96,* 465–490.

Watson, D., & Pennebaker, J. W. (1989). Health complaints, stress, and distress: Exploring the central role of negative affectivity. *Psychological Review, 96,* 234–264.

Wechsler, H., Davenport, A., Dowdall, G., Hoeykens, B., & Castillo, S. (1994). Health and behavioral consequences of binge drinking in college: A national survey of students at 140 campuses. *Journal of the American Medical Association, 272,* 1672–1677.

Wechsler, H., Levine, S., Idelson, R. K., Rothman, M., & Taylor, J. O. (1983). The physician's role in health promotion: A survey of primary care physicians. *New England Journal of Medicine, 308,* 97–100.

Weidner, G., Archer, S., Healy, B., & Matarazzo, J. D. (1985). Family consumption of low fat foods: Stated preference versus actual consumption. *Journal of Applied Social Psychology, 15,* 773–779.

Weidner, G., Boughal, T., Connor, S. L., Pieper, C., & Mendell, N. R. (1997). Relationship of job strain to standard coronary risk factors and psychological characteristics in women and men of the family heart study. *Health Psychology, 16,* 239–247.

Weidner, G., Connor, S. L., Chesney, M. A., Burns, J. W., Connor, W. E., Matarazzo, J. D., & Mendell, N. R. (1991). Sex differences in high density lipoprotein cholesterol among low-level alcohol consumers. *Circulation, 83,* 176–180.

Weidner, G., Rice, T., Knox, S. S., Ellison, C., Province, M. A., Rao, D. C., & Higgins, M. W. (2000). Familial resemblance for hostility: The National Heart, Lung, and Blood Institute Family Heart Study. *Psychosomatic Medicine, 62,* 197–204.

Weil, P. A., & Stam, L. (1986). Transitions in the hierarchy of authority in hospitals: Implications for the role of the chief executive officer. *Journal of Health and Social Behavior, 27,* 17–29.

Weinberg, J., Diller, L., Gordon, W. A., Gerstman, L. J., Lieberman, A., Lakin, P., Hodges, G., & Ezrachi, O. (1977). Visual scanning training effect in reading-related tasks in acquired right brain damage. *Archives of Physical Medicine and Rehabilitation, 58,* 479–486.

Weinhardt, L. S., & Carey, M. P. (1996). Prevalence of erectile disorder among men with diabetes mellitus: Comprehensive review, methodological critique, and suggestions for future research. *Journal of Sex Research, 33,* 205–214.

Weinhardt, L. S., Carey, M. P., Carey, K. B., Maisto, S. A., & Gordon, C. M. (2001). The relation of alcohol use to sexual HIV risk behavior among adults with a severe and persistent mental illness. *Journal of Consulting and Clinical Psychology, 69,* 77–84.

Weinhardt, L. S., Carey, M. P., Johnson, B. T., & Bickman, N. L. (1999). Effects of HIV counseling and testing on sexual risk behavior: A meta-analytic review of published research, 1985–1997. *American Journal of Public Health, 89,* 1397–1405.

Weinman, J., Petrie, K. J., Moss-Morris, R., & Horne, R. (1996). The illness perception questionnaire: A new method for assessing the cognitive representation of illness. *Psychology and Health, 11,* 431–445.

Weinstein, A. M. (1987). *Asthma.* New York: McGraw-Hill.

Weinstein, N. D. (1988). The precaution adoption process. *Health Psychology, 7,* 355–386.

Weinstein, N. D. (1993). Testing four competing theories of health-protective behavior. *Health Psychology, 12,* 324–333.

Weinstein, N. D., & Klein, W. M. (1995). Resistance of personal risk perceptions to debiasing interventions. *Health Psychology, 14,* 132–140.

Weinstein, N. D., Rothman, A. J., & Sutton, S. R. (1998). Stage theories of health behavior: Conceptual and methodological issues. *Health Psychology, 17,* 290–299.

Weintraub, M. (1976). Intelligent noncompliance and capricious compliance. In L. Lasagna (Ed.), *Patient compliance.* Mt. Kisco, NY: Futura.

Weisenberg, M. (1977). Pain and pain control. *Psychological Bulletin, 84,* 1008–1044.

Weisman, A. D. (1972). *On death and dying.* New York: Behavioral Publications.

Weisman, A. D. (1977). The psychiatrist and the inexorable. In H. Feifel (Ed.), *New meanings of death* (pp. 107–122). New York: McGraw-Hill.

Weisman, C. S., & Teitelbaum, M. A. (1985). Physician gender and the physician-patient relationship: Recent evidence and relevant questions. *Social Sciences and Medicine, 20,* 1119–1127.

Weiss, R. S., & Richards, T. A. (1997). A scale for predicting quality of recovery following the death of a partner. *Journal of Personality and Social Psychology, 72,* 885–891.

Weiss, S. M. (1992). Behavioral medicine on the world scene: Toward the year 2000. *Annals of Behavioral Medicine, 14,* 302–306.

Welch-McCaffrey, S. (1985). Cancer, anxiety, and quality of life. *Cancer Nursing, 8,* 151–158.

Wellisch, D. K. (1979). Adolescent acting out when a parent has cancer. *International Journal of Family Therapy, 1,* 230–241.

Wellisch, D. K. (1981). Intervention with the cancer patient. In C. K. Prokop & L. A. Bradley (Eds.), *Medical psychology: Contributions to behavioral medicine* (pp. 224–241). New York: Academic Press.

Wellisch, D. K., Gritz, E. R., Schain, W., Wang, H.-J., & Siau, J. (1991). Psychological functioning of daughters of breast cancer patients: I. Daughters and comparison subjects. *Psychosomatics, 32,* 324–336.

Wessely, S., Nimnuan, C., & Sharpe, M. (1999). Functional somatic syndromes: One or many? *Lancet, 354,* 936–939.

Whisman, M. A., & Kwon, P. (1993). Life stress and dysphoria: The role of self-esteem and hopelessness. *Journal of Personality and Social Psychology, 65,* 1054–1060.

White, L. P., & Tursky, B. (1982). Where are we…where are we going? In L. White & B. Tursky (Eds.), *Clinical biofeedback: Efficacy and mechanisms* (pp. 438–448). New York: Guilford Press.

Whittam, E. H. (1993). Terminal care of the dying child: Psychosocial implications of care. *Cancer, 71,* 3450–3462.

Wholey, D. R., & Burns, L. R. (1991). Convenience and independence: Do physicians strike a balance in admitting decisions? *Journal of Health and Social Behavior, 32,* 254–272.

Wichstrom, L. (1994). Predictors of Norwegian adolescents' sunbathing and use of sunscreen. *Health Psychology, 13,* 412–420.

Wickelgren, I. (1998, May 29). Obesity: How big a problem? *Science, 280,* 1364–1367.

Wickrama, K. A. S., Conger, R. D., & Lorenz, F. O. (1995). Work, marriage, lifestyle, and changes in men's physical health. *Journal of Behavioral Medicine, 18,* 97–112.

Widows, M., Jacobsen, P., & Fields, K. (2000). Relation of psychological vulnerability factors to posttraumatic stress disorder symptomatology in bone marrow transplant recipients. *Psychosomatic Medicine, 62,* 873–882.

Wilcox, S., & Stefanick, M.L. (1999). Knowledge and perceived risk of major diseases in middle-aged and older women. *Health Psychology, 18,* 346–353.

Wilcox, S., & Storandt, M. (1996). Relations among age, exercise, and psychological variables in a community sample of women. *Health Psychology, 15,* 110–113.

Wilcox, V. L. (1992). Effects of patients' age, gender, and depression on medical students' beliefs, attitudes, intentions, and behavior. *Journal of Applied Social Psychology, 22,* 1093–1110.

Wilcox, V. L., Kasl, S. V., & Berkman, L. F. (1994). Social support and physical disability in older people after hospitalization: A prospective study. *Health Psychology, 13,* 170–179.

Willenbring, M. L., Levine, A. S., & Morley, J. E. (1986). Stress induced eating and food preference in humans: A pilot study. *International Journal of Eating Disorders, 5,* 855–864.

Williams, C. J. (2001, April 24). Entertained into social change. *Los Angeles Times,* pp. A1, A6–A7.

Williams, G., Ryan, R., Rodin, G., Grolnick, W., & Deci, E. (1998). Autonomous regulation and long-term medication adherence in adult outpatients. *Health Psychology, 17,* 269–276.

Williams, K. J., Suls, J., Alliger, G. M., Learner, S. M., & Wan, C. K. (1991). Multiple role juggling and daily mood states in working mothers: An experience sampling study. *Journal of Applied Psychology, 76,* 664–674.

Williams, P. G., Wiebe, D. J., & Smith, T. W. (1992). Coping processes as mediators of the relationship between hardiness and health. *Journal of Behavioral Medicine, 15,* 237–256.

Williams, R. B. (1984). An untrusting heart. *The Sciences, 24,* 31–36.

Williams, R. B., Barefoot, J. C., Califf, R. M., Haney, T. L., Saunders, W. B., Pryor, D. B., Hlatky, M. A., Siegler, I. C., & Mark, D. B. (1992). Prognostic importance of social and economic resources among medically treated patients with angiographically documented coronary artery disease. *Journal of the American Medical Association, 267,* 520–524.

Williams, R. B., Barefoot, J. C., & Shekelle, R. B. (1985). The health consequences of hostility. In M. A. Chesney & R. H. Rosenman (Eds.), *Anger and hostility in cardiovascular and behavioral disorders* (pp. 173–185). New York: Hemisphere/McGraw-Hill.

Williams, R. B., Sasaki, M., Lewis, J. G., Kuhn, C. M., Schanberg, S. M., Suarez, E. C., Feaganes, J. R., & Adams, D. O. (1997). Differential responsivity of monocyte cytokine and adhesion proteins in high- and low-hostile humans. *International Journal of Behavioral Medicine, 4,* 262–272.

Williams, S., & Kohout, J. L. (1999). Psychologists in medical schools in 1997. *American Psychologist, 54,* 272–276.

Williamson, G. M. (2000). Extending the activity restriction model of depressed affect: Evidence from a sample of breast cancer patients. *Health Psychology, 19,* 339–347.

Williamson, G. M., Shaffer, D. R., & Schulz, R. (1998). Activity restriction and prior relationship history as contributors to mental health outcomes among middle-aged and older spousal caregivers. *Health Psychology, 17,* 152–162.

Wills, T. A. (1984). Supportive functions of interpersonal relationships. In S. Cohen & L. Syme (Eds.), *Social support and health* (pp. 61–82). New York: Academic Press.

Wills, T. A. (1991). Social support and interpersonal relationships. In M. S. Clark (Ed.), *Prosocial behavior* (pp. 265–289). Newbury Park, CA: Sage.

Wills, T. A., & Cleary, S. D. (1999). Peer and adolescent substance use among 6th–9th graders: Latent growth analyses of influence versus selection mechanisms. *Health Psychology, 18,* 453–463.

Wills, T. A., Gibbons, F. X., Gerrard, M., & Brody, G. H. (2000). Protection and vulnerability processes relevant for early onset of substance use: A test among African American children. *Health Psychology, 19,* 253–263.

Wills, T. A., Pierce, J. P., & Evans, R. I. (1996). Large-scale environmental risk factors for substance use. *American Behavioral Scientist, 39,* 808–822.

Wills, T. A., & Vaughan, R. (1989). Social support and substance use in early adolescence. *Journal of Behavioral Medicine, 12,* 321–340.

Wilson, D. K., & Ampey-Thornhill, G. (2001). The role of gender and family support on dietary compliance in an African American adolescent hypertension prevention study. *Annals of Behavioral Medicine, 23,* 59–67.

Wilson, G. T. (1984). Toward the understanding and treatment of binge eating. In R. C. Hawkins, W. J. Fremouw, & P. F. Clement (Eds.), *The binge-purge syndrome* (pp. 77–103). New York: Springer.

Wilson, G. T. (1985). Psychological prognostic factors in the treatment of obesity. In J. Hirsch & T. B. Van Italie (Eds.), *Recent advances in obesity research* (Vol. 4, pp. 301–311). London, England: Libbey.

Wilson, G. T. (1994). Behavioral treatment of childhood obesity: Theoretical and practical implications. *Health Psychology, 13,* 371–372.

Wilson, R. (1963). The social structure of a general hospital. *Annals of the American Academy of Political and Social Science, 346,* 67–76.

Winett, R. A. (1995). A framework for health promotion and disease prevention programs. *American Psychologist, 50,* 341–350.

Winett, R. A., Wagner, J. L., Moore, J. F., Walker, W. B., Hite, L. A., Leahy, M., Neubauer, T., Arbour, D., Walberg, J., Geller, E. S., Mundy, I. L., & Lombard, D. (1991). An experimental evaluation of a prototype public access nutrition information system for supermarkets. *Health Psychology, 10,* 75–78.

Wing, R. R. (2000). Cross-cutting themes in maintenance of behavior change. *Health Psychology, 19,* 84–88.

Wing, R. R., Blair, E., Marcus, M., Epstein, L. H., & Harvey, J. (1994). Year-long weight loss treatment for obese patients with Type II diabetes: Does including an intermittent very-low-calorie diet improve outcome? *American Journal of Medicine, 97,* 354–362.

Wing, R. R., Epstein, L. H., Nowalk, M. P., Koeske, R., & Hagg, S. (1985). Behavior change, weight loss, and physiological improvements in Type II diabetic patients. *Journal of Consulting and Clinical Psychology, 53,* 111–122.

Wing, R. R., Epstein, L. H., Nowalk, M. P., & Lamparski, D. M. (1986). Behavioral self-regulation in the treatment of patients with diabetes mellitus. *Psychological Bulletin, 99,* 78–89.

Wing, R. R., Epstein, L. H., Nowalk, M. P., Scott, N., Koeske, R., & Hagg, S. (1986). Does self-monitoring of blood glucose levels improve dietary competence for obese patients with Type II diabetes? *American Journal of Medicine, 81,* 830–836.

Wing, R. R., & Jeffery, R. W. (1999). Benefits of recruiting participants with friends and increasing social support for weight loss and maintenance. *Journal of Consulting and Clinical Psychology, 67,* 132–138.

Wing, R. R., Jeffery, R. W., Burton, L. R., Thorson, C., Nissinoff, K. S., & Baxter, J. E. (1996). Food provision versus structured meal plans in the behavioral treatment of obesity. *International Journal of Obesity, 20*, 56–62.

Wing, R. R., Matthews, K. A., Kuller, L. H., Meilahn, E. N., & Plantinga, P. L. (1991). Weight gain at the time of menopause. *Archives of Internal Medicine, 151*, 97–102.

Wing, R. R., Nowalk, L. H., Marcus, M. D., Koeske, R., & Finegold, D. (1986). Subclinical eating disorders and glycemic control in adolescents with Type I diabetes. *Diabetes Care, 9*, 162–167.

Wingard, D. L. (1982). The sex differential in mortality rates: Demographic and behavioral factors. *American Journal of Epidemiology, 115*, 205–216.

Wingo, P. A., Tong, T., & Bolden, S. (1995). Cancer statistics, 1995. *CA: A Cancer Journal for Clinicians, 45*, 8–30.

Winkleby, M. A., Kraemer, H. C., Ahn, D. K., & Varady, A. N. (1998). Ethnic and socioeconomic differences in cardiovascular disease risk factors. *Journal of the American Medical Association, 280*, 356–362.

Winslow, R. W., Franzini, L. R., & Hwang, J. (1992). Perceived peer norms, casual sex, and AIDS risk prevention. *Journal of Applied Social Psychology, 22*, 1809–1827.

Wisniewski, L., Epstein, L., Marcus, M. D., & Kaye, W. (1997). Differences in salivary habituation to palatable foods in bulimia nervosa patients and controls. *Psychosomatic Medicine, 59*, 427–433.

Wolinsky, F. D., Mosely, R. R., II, & Coe, R. M. (1986). A cohort analysis of the use of health services by elderly Americans. *Journal of Health and Social Behavior, 27*, 209–219.

Wolpe, J. (1958). *Psychotherapy by reciprocal inhibition*. Stanford, CA: Stanford University Press.

Wong, M., & Kaloupek, D. G. (1986). Coping with dental treatment: The potential impact of situational demands. *Journal of Behavioral Medicine, 9*, 579–598.

Woodall, K. L., & Matthews, K. A. (1993). Changes in and stability of hostile characteristics: Results from a 4-year longitudinal study of children. *Journal of Personality and Social Psychology, 64*, 491–499.

Worden, J. W., & Weisman, A. D. (1975). Psychosocial components of lagtime in cancer diagnosis. *Journal of Psychosomatic Research, 19*, 69–79.

World Health Organization. (1948). *Constitution of the World Health Organization*. Geneva, Switzerland: World Health Organization Basic Documents.

World Health Organization. (1995-1996). *Cancer around the world: World health statistics annual*. Geneva, Switzerland: Author.

World Health Organization. (1996). *The global burden of disease: A comprehensive assessment of mortality and disability from diseases, injuries, and risk factors in 1990 and projected to 2020*. (C. J. L. Murray & A. D. Lopez, Eds.). Cambridge, MA: Harvard University Press.

World Health Organization. (2000). *World health report selected indicators and country ranking*. Retrieved July 3, 2001, from http://www-nt.who.int/whosis/statistics/whr_statistics/

World Health Organization. (2001). *World health report 2000: Statistics*. Retrieved from www.who.int/whr/2001/archives/2000/en/index.htm

World Health Organization European Collective Group. (1982). Multifactoral trial in the prevention of coronary heart disease. 2. Risk factor changes at two and four years. *European Heart Journal, 3*, 184–190.

Wortman, C. B., & Brehm, J. W. (1975). Responses to uncontrollable outcomes: An integration of reactance theory and the learned helplessness model. In L. Berkowitz (Ed.), *Advances in experimental social psychology* (Vol. 8, pp. 278–336). New York: Academic Press.

Wortman, C. B., & Dunkel-Schetter, C. (1979). Interpersonal relationships and cancer: A theoretical analysis. *Journal of Social Issues, 35*, 120–155.

Wright, L. (1984, April). *A possible biochemical mechanism for explaining Type A related coronary artery disease*. Presented at the Michael Dinoff Memorial Lecture, University of Alabama, Tuscaloosa.

Wright, L. (1988). The Type A behavior pattern and coronary artery disease: Quest for the active ingredients and the elusive mechanism. *American Psychologist, 43*, 2–14.

Wright, L. B., Treiber, F. A., Davis, H., & Strong, W. B. (1996). Relationship of John Henryism to cardiovascular functioning at rest and during stress in youth. *Annals of Behavioral Medicine, 18*, 146–150.

Wulfert, E., & Wan, C. K. (1993). Condom use: A self-efficacy model. *Health Psychology, 12*, 346–353.

Wulfert, E., Wan, C. K., & Backus, C. A. (1996). Gay men's safer sex behavior: An integration of three models. *Journal of Behavioral Medicine, 19*, 345–366.

Wulsin, L. R., Vaillant, G. E., & Wells, V. E. (1999). A systematic review of the mortality of depression. *Psychosomatic Medicine, 61*, 6–17.

Wynder, E. L., Kajitani, T., Kuno, I. J., Lucas, J. C., Jr., DePalo, A., & Farrow, J. (1963). A comparison of survival rates between American and Japanese patients with breast cancer. *Surgery, Gynecology, Obstetrics, 117*, 196–200.

Wysocki, T., Green, L., & Huxtable, K. (1989). Blood glucose monitoring by diabetic adolescents: Compliance and metabolic control. *Health Psychology, 8*, 267–284.

Yarnold, P., Michelson, E., Thompson, D., & Adams, S. (1998). Predicting patient satisfaction: A study of two emergency departments. *Journal of Behavioral Medicine, 21*, 545–563.

Ybema, J. F., Kuijer, R. G., Buunk, B. P., DeJong, G. M., & Sanderman, R. (2001). Depression and perceptions of inequity among couples facing cancer. *Personality and Social Psychology Bulletin, 27,* 3–13.

Yokoyama, K., Nishikitani, M., & Araki, S. (1999). Reasons for drinking in relation to problem drinking behavior in a sample of Japanese high school students. *International Journal of Behavioral Medicine, 6,* 135–149.

Yoshiuchi, Z., Kumano, H., Nomura, S., Yoshimura, H., Ito, K., Kanaji, Y., Ohashi, Y., Koboki, T., & Suematsu, H. (1998). Stressful life events and smoking were associated with Graves' disease in women, but not in men. *Psychosomatic Medicine, 60,* 182–185.

Young, J. W. (1980). The effects of perceived physician competence on patients' symptom disclosure to male and female physicians. *Journal of Behavioral Medicine, 3,* 279–290.

Young-Brockopp, D. (1982). Cancer patients' perceptions of five psychosocial needs. *Oncology Nursing Forum, 9,* 31–35.

Zastowny, T. R., Kirschenbaum, D. S., & Meng, A. L. (1986). Coping skills training for children: Effects on distress before, during, and after hospitalization for surgery. *Health Psychology, 5,* 231–247.

Zatzick, D. F., & Dimsdale, J. E. (1990). Cultural variations in response to painful stimuli. *Psychosomatic Medicine, 52,* 544–557.

Zautra, A. J., Burleson, M. H., Matt, K. S., Roth, S., & Burrows, L. (1994). Interpersonal stress, depression, and disease activity in rheumatoid arthritis and osteoarthritis patients. *Health Psychology, 13,* 139–148.

Zautra, A. J., & Manne, S. L. (1992). Coping with rheumatoid arthritis: A review of a decade of research. *Annals of Behavioral Medicine, 14,* 31–39.

Zautra, A. J., Maxwell, B. M., & Reich, J. W. (1989). Relation among physical impairment, distress, and well-being in older adults. *Journal of Behavioral Medicine, 12,* 543–557.

Zautra, A. J., Okun, M. A., Roth, S. H., & Emmanual, J. (1989). Life stress and lymphocyte alterations among patients with rheumatoid arthritis. *Health Psychology, 8,* 1–14.

Zelinski, E. M., Crimmins, E., Reynolds, S., & Seeman, T. (1998). Do medical conditions affect cognition in older adults? *Health Psychology, 17,* 504–512.

Zillman, D., de Wied, M., King-Jablonski, C., & Jenzowsky, S. (1996). Drama-induced affect and pain sensitivity. *Psychosomatic Medicine, 58,* 333–341.

Zimbardo, P. G. (1969). The human choice: Individuation, reason, and order versus deindividuation, impulse, and chaos. In W. J. Arnold & D. Levine (Eds.), *Nebraska symposium on motivation.* Lincoln: University of Nebraska Press.

Zimet, G. D., Lazebnik, R., DiClemente, R. J., Anglin, T. M., Williams, P., & Ellick, E. M. (1993). The relationship of Magic Johnson's announcement of HIV infection to the AIDS attitudes of junior high school students. *Journal of Sex Research, 30,* 129–134.

Zimmerman, M. (1979). Peripheral and central nervous mechanisms of nociception, pain and pain therapy: Facts and hypotheses. In J. J. Bonica, J. C. Liebeskind, & D. G. Albe-Fessard (Eds.), *Proceedings of the Second World Congress on Pain: Vol. 3. Advances in pain research and therapy* (pp. 3–34). New York: Raven Press.

Zimmerman, R. S., Safer, M. A., Leventhal, H., & Baumann, L. J. (1986). The effects of health information in a worksite hypertension screening program. *Health Education Quarterly, 13,* 261–280.

Zisook, S., Shuchter, S. R., Irwin, M., Darko, D. F., Sledge, P., & Resovsky, K. (1994). Bereavement, depression, and immune function. *Psychiatry Research, 52,* 1–10.

Zola, I. K. (1966). Culture and symptoms—An analysis of patients' presenting complaints. *American Sociological Review, 31,* 615–630.

Zola, I. K. (1973). Pathways to the doctor—From person to patient. *Social Science and Medicine, 7,* 677–689.

Zucker, R. A., & Gomberg, E. S. L. (1986). Etiology of alcoholism reconsidered: The case for a biopsychosocial process. *American Psychologist, 41,* 783–793.

Zuger, A. (1999, May 4). A simpler, cheaper plan for fighting high blood pressure. *New York Times,* p. D12.

Name Index

Subject Index